LE
PARFAIT
PROCUREUR.

LE PARFAIT
PROCUREUR,

CONTENANT

La nouvelle maniere de proceder, dans toutes les Cours
& Jurifdictions du Roïaume, tant en matiére Civile,
que Criminelle, & Beneficiale, Aides, Tailles, Gabeles,
Lods & Ventes, Criées, & Adjudications par Décret.

Tirée des Ordonances , des Arrèts & des Coûtumes
de France.

A V E C

La refolution des Queftions les plus fréquentes de Droit & de
Pratique : même fur les Droits honorifiques des Seigneurs
dans les Eglifes.

Par PIERRE NE'EL DUVAL, Sieur de la Liffandriere,
Avocat en Parlement.

TOME PREMIER. F 2712.

A LYON,
Chez ANTOINE BOUDET, Libraire, ruëMerciere.

M. DCCV.
Avec Privilége du Roi.

mies du monde. De si grands emplois sont des Garans presque infail-
libles d'un mérite universel : mais vôtre nom seul, détaché de tous
ces ornemens extérieurs, ne nous donneroit-il pas la même idée de Vôtre
Science, de Vôtre Prudence, & de Vôtre Vertu ?

On sait que tous ces avantages sont attachez à vôtre famille par
droit de succession : Et la Postérité, qui verra une suite de Grands
Hommes, également chargez de tous les éloges que mérite la vertu,
doutera lequel de ces Illustres Personages a été surnommé le GRAND
BIGNON. *

*Jérôme Bi-
gnon, Avocat
Général au
Parlement de
Paris, a mé-
rité le surnom
de GRAND.

En éfet, MONSEIGNEUR, on admire en Vous, la droiture &
la supériorité du génie, la force & les charmes de l'Eloquence, l'étenduë & la vivacité des lumieres, la justesse & la solidité des décisions :
Vous partagez vôtre tems entre les fonctions savantes, & les fonctions
pieuses : en un mot, Vous réünissez en Vous, tous les talens d'un sa-
vant Philosophe, d'un profond Théologien, d'un éloquent Prédicateur,
d'un subtil Mathématicien, & d'un sage Jurisconsulte.

C'est sous cette derniere qualité que j'ose Vous regarder, MON-
SEIGNEUR, pour Vous offrir un Livre qui contient des reigles
& des éxemples sur toutes les Matiéres qui concernent la Formalité des
Procédures, & l'ordre Judiciaire.

Quoique cette matiere soit bien au dessous de vos études ordinaires,
& de vos illustres emplois, on sait bien qu'elle ne Vous est pas inconnuë :
Et le même Esprit, avec lequel Vous Vous elevez aux Sciences les plus
sublimes pour en pénétrer tous les misteres, ne dédaigne pas de s'abaisser
jusqu'à la connoissance des reigles épineuses de la Pratique du Palais.

Il est réservé à des persones plus habiles que moi, de Vous loüer digne-
ment : mon partage est une profonde admiration, & un silence respec-
tueux. Je suis, avec toute la soûmission dont je suis capable, & que
Vous méritez,

MONSEIGNEUR,

Vostre tres-humble, & tres-obéissant serviteur,
ANTOINE BOUDET,
Libraire à Lyon.

AVERTISSEMENT DU LIBRAIRE
au Lecteur.

IL y a si long-tems qu'on imprime des Livres concernant la Pratique Judiciaire ; & tous ces Livres se débitent avec tant de rapidité, qu'il ne faut presque pas d'autre preuve de l'utilité de ces sortes d'Ouvrages.

On a donné à celui-ci le Titre de *Parfait Procureur*, parce qu'il contient la maniere de proceder en toutes sortes de matieres, & dans toutes les Jurisdictions : Et comme les Procureurs sont maîtres des Procédures, & qu'ils sont garans de leur validité, ils sont plus étroitement obligez d'entendre & d'observer les formalitez de l'ordre Judiciaire.

Ce n'est pas que cet Ouvrage ne convienne aussi aux autres Praticiens, & même aux Jurisconsultes, & aux Magistrats : parce que, outre les regles & les éxemples qu'il contient sur toutes les matieres qui concernent la Pratique du Palais, il donne des décisions tres-solides sur les principales questions du Droit Civil, & des Coûtumes.

Il explique toutes les Actions civiles & ordinaires, avec la maniere de les intenter, & de s'en défendre ; Il contient les formalités des Lods & ventes, & des Adjudications par Decret; Il parle des Crimes, & de leur punition ; Il traite des matieres Bénéficiales, & des Droits honorifiques ; il instruit sur les Procedures qui se font pour les Tailles, Aides, & Gabelles : En un mot, on trouvera dans ce Livre, la métode, la suite, & l'enchainement de toutes les Procédures qu'il faut faire dans les Instances qui se forment, soit en demandant & défendant, soit pour les Interventions ; dans les affaires Civiles, Criminelles, & Bénéficiales, & dans les matieres de Finance ; pour toutes les Cours & Jurisdictions Séculieres & Eclésiastiques, du Roïaume.

Mais pour donner une connoiſſance facile & parfaite de la Procédure, on a ajoûté les Exemples aux Préceptes, en inſerant des Formules ou Modeles de tous les Actes qui ſe font en Juſtice, ſoit pour l'inſtruction, ſoit pour la déciſion des procés : Et la facilité que ces ſortes de Formules aporteront aux Praticiens, ne ſera pas un des moindres avantages de ce Livre.

On a auſſi inferé, à la fin de l'Ouvrage, tous les Réglemens qui ont été faits dépuis l'année 1665. juſqu'à préſent, pour la Taxe des dépens adjugés, tant par la Cour de Parlement, que par les Juriſdictions qui y reſſortiſſent.

Enfin, on a raſſemblé dans ces deux Volumes, tout ce qu'on a crû néceſſaire pour la perfection de l'Ouvrage : & ceux qui prendront la peine de le lire, conviendront ſans doute qu'il eſt ſuffiſant pour former non-ſeulement un *Parfait Procureur*, mais encore un bon Juriſconſulte.

TABLE

TABLE

DES CHAPITRES ET FORMULES
contenus dans ce Premier Tome.

CHAPITRE PREMIER.

Tome I.   ẽ

TABLE

DES CHAPITRES ET FORMULES.

é ij

TABLE

DES CHAPITRES ET FORMULES.

TABLE

DES CHAPITRES ET FORMULES.

TABLE

Formule

DES CHAPITRES ET FORMULES.

Tome I.

TABLE DES CHAPITRES ET FORMULES.

APROBATION

De Monsieur Aubert, Ancien Echevin de la Ville de Lyon, Procureur du Roi de la Police de ladite Ville, & Juge du Comté de Lyon.

J'AI lû, par ordre de Monseigneur le Chancelier, un Manuscrit intitulé, *Le Parfait Procureur*, &c. composé par le Sieur DE LA LISSANDRIERE; cet Ouvrage contient une Instruction de l'Ordre Judiciaire observé dans les diferentes Jurisdictions du Roïaume, ainsi que de leur Jurisprudence sur plusieurs points importans: Et j'estime qu'il peut être utile au Public, s'il plait à Monseigneur le Chancelier d'en permetre l'Impression. FAIT à Lyon le premier Octobre mil sept-cent quatre.

Signé, AUBERT.

PRIVILEGE DU ROY.

LOUIS PAR LA GRACE DE DIEU ROY DE FRANCE ET DE NAVARRE: A nos amez & feaux Conseillers les Gens tenans nos Cours de Parlement, Maîtres des Requêtes ordinaites de nôtre Hôtel, Grand Conseil, Prevôt de Paris, Baillifs, Sénéchaux, Prevôts, leurs Lieutenans, & à tous autres nos Justiciers & Oficiers qu'il apartiendra, SALUT, ANTOINE BOUDET, Libraire & Imprimeur à Lyon, Nous a fait exposer qu'il lui a été mis és mains un Manuscrit qui a pour Titre, *Le Parfait Procureur*, & dont l'Impression pourroit être utile au Public, s'il Nous plaisoit de la lui permetre par nos Lettres sur ce necessaires. A CES CAUSES, desirant favorablement traiter l'Exposant, Nous lui avons permis & accordé, permettons & accordons par ces Presentes, d'imprimer ou faire imprimer, vendre & debiter dans les lieux de nôtre Roïaume, par tel Imprimeur ou Libraire qu'il voudra choisir, ledit Livre intitulé, *Le Parfait Procureur*, en tant de Volumes, d'telle Marge & Caractere, & autant de fois que bon lui semblera, l'espace de six années consecutives, à compter du jour & datte des Presentes; défendons à tous Imprimeurs, Libraires, & autres personnes de quelque qualité & condition qu'elles soient, d'imprimer, faire imprimer, ou contrefaire, vendre ni debiter ledit Livre, & d'en faire aucun Extrait, sous quelque pretexte que ce puisse être, même d'Impression étrangere, sans le consentement par écrit de l'Exposant, ou de ceux ayans causes, sous peine de quinze cens livres d'amande contre chacun des contrevenans, aplicable un tiers à Nous, un tiers à l'Hôtel-Dieu de Paris, & l'autre tiers à l'Exposant, de confiscation des Exemplaires contrefaits, & de tous dépens, domages & interêts, à condition de faire enregistrer ces Presentes dans les Registres de la Communauté des Imprimeurs & Libraires de Paris, que l'Impression dudit Livre sera faire en beaux caracteres, sur de beau & bon papier, dans nôtre Roïaume & non ailleurs, conformement aux Reglemens de la Librairie,& qu'avant l'expofition dudit Livre en vente, il en fera mis deux Exemplaires dans nôtre Biblioteque publique , un dans le Cabinet de nos Livres en nôtre Château du Louvre , & un dans la Biblioteque de nôtre tres-cher & feal Chevalier Chancelier de France le fieur Phelypeaux , Comte de Pontchartrin, Commandeur de nos Ordres ; le tout à peine de nullité des Prefentes , du contenu defquelles Nous Vous mandons & enjoignons de faire joüir l'Expofant pleinement & paifiblement , fans foufrir qu'il en foit aucunement empêché ; & Voulons que la copie des Prefentes qui fera imprimée au commancement ou à la fin du Livre , foit tenuë pour duëment fignifiée , & qu'aux copies qui en feront collationnées par l'un de nos amez & feaux Confeillers & Secretaires l'on y ajoûte foy comme à l'original. Commandons au premier nôtre Huiffier ou Sergent , de faire pour l'execution des Prefentes tous Actes requis & neceffaires, fans demander autre Permiffion, & nonobftant clameur de Haro, Chartre Normande, & Lettres à ce contraires. C(AR TEL EST NÔTRE PLAISIR. DONNE' à Verfailles le troifiéme jour de Decembre , l'an de Grace mil fept-cent quatre, & de nôtre Regne le foixante-deuxiéme.

Par le Roy en fon Confeil : LE PETIT.

Regiftré fur le Livre de la Communauté des Libraires & Imprimeurs de Paris à page 401. N° 292. *conformement aux Reglemens, & notamment à l'Arrêt du Confeil du* 13. *Aouft* 1703. *A Paris ce* 31. *Decembre* 1704.

P. EMERY *Syndic.*

LE

LE PARFAIT
PROCUREUR.

Avant que de faire conoître la nouvele maniere de proceder en Juſtice, il eſt bon de conoître les diferens Juges qui prononcent le Droit, & les Juriſdictions où la Juſtice eſt exercée, enſuite dequoi, on verra quel eſt le devoir d'un Parfait Procureur.

CHAPITRE PREMIER.

Des Juriſdictions en general.

LA Juriſdiction eſt le pouvoir, *Juris dicendi*, de prononcer le Droit, c'eſt à dire, de rendre la Juſtice à ceux qui ſont du Territoire ou Reſſort.

Le Territoire eſt une étendue d'heritages dans les limites, ou dans le détroit d'une Seigneurie.

Le Reſſort eſt un lieu, dont un, ou pluſieurs Territoires dépendent, il eſt pris auſſi pour le lieu où les apelations des Juges inferieurs ſont portées & reſſortiſſent.

La Juriſdiction Spirituelle qui n'a point en France de Territoire, eſt atachée au Sacerdoce, & la Temporelle à la Royauté.

La Juſtice qui eſt la ſource de toutes Juriſdictions, eſt émanée de Dieu, ainſi le Pape & le Roy, ſont deux Images de la Divinité, *Fecit Deus, duo luminaria magna in firmamento Cœli.*

Le Roi ſeul en France par le droit de ſa Courone, a donc tout

Tome I.   A

pouvoir pour le Temporel, *Deus judicium suum Regi dedit.* ℣*salm.*

Sa Majesté a la propriété de la Justice, & la peut souverainement exercer par prévention, & autrement sur les personnes, & sur les biens de ses sujets ; mais comme le droit public l'ocupe assés, il ne juge que rarement les afaires des Particuliers, il en commet le soin à des Oficiers qui achetent, depuis que les charges de Judicature sont venales, l'exercice de la Justice, moienant certains droits qui leur sont atribués.

Il y a neanmoins beaucoup de Seigneurs dans le Royaume, qui ont chacun dans un Territoire la propriété de la Justice, c'est une tolerance que l'on estimera digne de la bonté de nos Monarques, puisqu'ils auroient pû legitimement réünir toutes ces Justices Seigneuriales & subalternes, aux Justices Royales, ou établir des Juges Royaux, au lieu de ceux des Seigneurs Justiciers.

Voici quel est l'origine de ces Juges.

Au commencement de la troisième race de nos Rois, des Gouverneurs de Provinces, & des Soldats de fortune qui tenoient à foy & hommage des Terres qui leur avoient été données pour recompense, pour en joüir pendant leur vie, se prévalant des troubles, obtinrent de Charles Martel, que leurs Fiefs & Arriere-Fiefs seroient hereditaires, & qu'ils auroient la propriété de la Justice qui s'y rendroit, avec le droit de commetre des Juges pour l'exercer.

Ceux qui resterent dans les bornes de leur devoir, n'eurent ni la propriété de leurs Fiefs, ni celle de la Justice, l'une & l'autre fut conservée à la Couronne.

Les Rois avoient donc seuls avant ce tems-là toute la Justice dans le Royaume, & elle n'a été ainsi partagée, que par des concessions particulieres, c'est pourquoi quand la Justice est contestée à un Seigneur, il est obligé de raporter le Titre primordial, ou d'établir son droit sur une longue possession, que l'on trouveroit souvent être une usurpation, si on pouvoit remonter jusqu'à sa source.

Aucun Seigneur n'a droit de rendre la Justice en personne, il doit commetre un Juge, ainsi quand je parle du Haut-Justicier, par raport à l'exercice de la Justice, j'entens parler du Juge qui est préposé pour la rendre.

La Jurisdiction Roiale est ordinaire, ou extraordinaire, & la Seigneuriale est seulement ordinaire.

Dans celle qui est ordinaire, on y juge toutes les matieres sous certaines reserves dans les diferens degrés ; mais les Jurisdictions extraordinaires ont des atributions particulieres pour de certains cas, ou pour de certaines personnes.

La Jurisdiction Consulaires, par exemple, est pour le Negoce, celle des Elûs pour les Tailles & pour les Aydes, celles des Eaux & Forests, pour les Bois, la Pesche & la Chasse ; celle de l'Amirauté pour la Marine, celle de la Prevôté de l'Hôtel, pour les Marchands privilegiez, suivant la Cour, &c.

Il y a trois degrez dans la Jurisdiction ordinaires, & il n'y en a que deux dans l'extraordinaires, cependant c'est une regle generale, qui reçoit neanmoins des exceptions.

On voit dans le Royaume certains lieux où par des démembremens de justice où autrement, il y a quatre degrez dans la Justice ordinaire.

On voit aussi qu'il y en a quelquefois trois dans l'extraordinaire ; c'est pourquoi il faut en tout suivre ce qui ce pratique, & ne passer dessus aucun degrez, que dans les cas permis.

Le premier degré est la Jurisdiction Royale, ou Seigneuriale du domicile du Défendeur ; Le second est un Siége superieur, où les apelations des jugemens de l'inferieur ressortissent : Et le troisiéme est un Tribunal Souverain, où ressortissent celles du second Juge.

Tout Juge inferieur, par raport à son superieur, est un Juge subalterne.

On se pourvoit d'abord aux premiers Juges, qui ont diferens noms, selon les diferentes Provinces.

Dans les unes on les apelle Châtelins, en d'autres Prévôts, & en d'autres Vicomtés, Viguiers, où autrement, selon leurs Titres où leurs possessions.

De tous ces Juges qui font le premier degré de la Jurisdiction Roïale, on se pourvoit par apel aux Baillifs & Senéchaux ou Présidiaux, qui font le second degré ; & les apelations de ceux-là, & des autres Juges du second degré, ressortissent aux Parlemens.

Si les parties sont dans l'étenduë d'une Justice Seigneuriale, on se pourvoit d'abord pardevant le Juge de la Seigneurie apelée Prevost, où autrement selon les diferens lieux, de là au Bailliages ou Senéchauffées, en matiére Civile, & ensuite aux Parlemens.

Les Justices des Duchez Pairies ont ce privilége, que les apelations, ressortissent directement au Parlement de Paris.

On voit quantité de Fiefs sans droit de Justice, & un Seigneur pourroit vendre son Fief & conserver sa Justice, s'il en avoit une ; parce que le Fief & le droit de Justice n'ont rien de commun.

Il y a seulement dans quelques Coûtumes des Fiefs où est attachée une espece de Justice apelée fonciere, dont tout le pouvoir est li-

A ij

mité à condamner les redevables à payer aux Seigneurs cenfiers &
fonciers les Cens & Rentes foncieres.

Il fera parlé de la Jurisdiction Ecclefiaftique en general & en particulier, au dernier Chapitre des Jurisdictions.

CHAPITRE II.

De la baſſe Juſtice.

IL y a trois eſpeces de Juſtice Seigneuriales; ſçavoir, la baſſe, la
moïenne, & la haute.

Il y a des Seigneurs qui n'ont que la baſſe : mais quiconque à la
moïenne, à auſſi la baſſe, & quand on a la haute, on a toutes les trois.

Le bas Juſticier connoît de toutes matiéres perſonnelles entre ſes
Sujets, juſqu'à ſoixante ſols Pariſis, & des délites dont l'amande eſt de
dix ſols Pariſis & au deſſous, & ſi le délit requiert plus grande amande, il en doit avertir le Haut-Juſticier, & prendra ſur l'amande ajugée
ſix ſols Pariſis.

Le Pariſis eſt le quart en ſus, c'eſt à dire, le quart au deſſus du
total ; de ſorte que trois livres Pariſis ſont trois livres quinze ſols, &
que ſix ſols Pariſis, ſont ſept ſols, ſix deniers.

Il peut prendre, où faire arrêter ſur ſes Terres tous les délinquans,
& pour cet effet avoir Maire, Sergent & Priſon, à la charge toutefois de faire incontinent mener le Priſonnier au Haut-Juſticier.

Peut auſſi le bas Juſticier, meſurer & mettre les Bornes entre ſes
Sujets, de leur conſentement, connoître de la cenſive, & condamner ſes Sujets en amande par faute de Cens non payés, conformement à la Coûtume du lieu.

Neanmoins; il faut obſerver ici, que ſi le droit de Cens eſt conteſté
en tout ou en partie, il n'eſt pas Juge competant, il doit ordonner
que les Parties ſe pourvoiront devant le Juge Royal qui en doit connoître.

Il peut demander renvoy au Haut-Juſticier, des cauſes & matieres qui ſont de leur connoiſſance, & s'il étoit refuſé, il peut pour la
conſervation de ſes droits, ſe pourvoir pardevant le Juge Royal, ou
le Haut-Juſticier reſſortit, à l'effet d'eſtre maintenu.

Ce qui doit être jugé, lors que le Haut-Juſticier n'a ni Titre, ni
longue poſſeſſion pour établir ſa prétention ; car il eſt du devoir des
Juſtices où la prévention à lieu, c'eſt à dire, celuy qui eſt ſaiſi de la
cauſe le premier, doit la juger privativement à l'autre.

Le bas Justicier n'a point de Procureur Fiscal, parce qu'il ne juge aucune cause où le Roy & le Public aïent interest.

On trouvera quelque basses Justices où les droits sont plus étendus, par des Coûtumes particuliere, par des concessions, ou par de longues possessions, mais ce qui vient d'être raporté est le droit cõmun.

On n'apele point de la basse Justice à la moïenne, on va droit à la Haute, *omisso medio*, & on apele de la moïenne à la Haute.

Ainsi quiconque voudra connoître à fond les Justices Seigneuriales, doit principalement lire Baquet au Traité des droit de Justice, Loiseau au Traité des Seigneurs, Coquille en son Institution au droit François, Titre des droits de Justice, & par dessus tout cela il faut étudier les Coûtumes & l'Usage du païs de Droit Ecrit, que j'expliquerai dans les diferens Chapitre de ce Livre, sur le fait de la Procedure.

CHAPITRE III.

De la moyenne Justice.

LE pouvoir des Juges de la moïenne Justice, aussi bien que celuy de la basse Justice, est limité dans toute l'étenduë du Royaume.

Le moïen Justicier connoît en premiere Instance de toutes actions civiles, réelles, personnelles, mixtes, & des délits, ausquels l'amande n'excede envers Justice soixante sols Parisis, & si le crime commis en sa Terre meritoit plus grande peine, il doit le faire sçavoir au Haut Justicier, pour en connoître & juger.

Les actions mixte sont celles qui participent des réelles & des personnelles.

Il connoît aussi des actions de tutelles, des curatelles, des émancipation entre roturiers, & des scellés & des inventaires, quand il est le Juge de la tutelle ou de la curatelle, & non autrement.

Les Juges des Seigneurs prétendent que les Notaires Royaux ne peuvent pas faire inventaire des biens de leur Justiciables, que lors que le Roy à la prévention sur leurs Officiers, & même que leurs Tabellions doivent exclure les Notaires, lors qu'ils ont droit de Tabellionage; Mais il y a plusieurs Arrêts contraires, en faveur des Notaires, creés à *l'instar*, de ceux de Paris, même lors qu'il y a contestations, & sans qu'ils soient obligés de deposer une expedition au Greffe, ny qu'ils puissens prendre pour la cloture un plus grand droit que celui qui leur est atribué par le Reglement.

Pour l'exercice de la moyenne Justice, il doit avoir Siége, Juge ,,

Procureur d'Office, ou Fifcal, Greffier, Sergent, Prifons murés de chauffée, claufes & bien fermées.

Il peut prendre ou faire prendre tous délinquans qu'il trouve en fa Terre, les emprifonner, informer, tenir le Prifonnier pendant vingt-quatre heures feulement, pendant lequel temps il peut inftruire le Procés, jufques à Sentence difinitive inclufivement, & aprés les vingt-quatre heures paffées, fi le crime merite plus grande punition que de foixante fols Parifis envers Juftice, il doit faire conduire le Prifonnier au Haut-Jufticier, & y faire porter le Procés pour y être jugé.

Si le Haut-Jufticier donne Sentence contre aucun fujet du moïen Jufticier, ou autres, dont-il aura fait fa capture, & iceluy fait méner aux Prifons du moïen Jufticier, ledit moïen Jufticier prendra préalablement fur l'amande où confifcation, foixante fols Parifis, avec les frais de la capture, & autres femblables.

Peut pareillement le moïen Jufticier faire mefurer, arpenter & mettre des bornes dans l'étenduë de fa Juftice, à la referve des chemins publics où il n'a nulle infpection.

Il a auffi droit d'élire des Meffiers dans la faifon, aufquels il doit faire taxe raifonnable, & condamner fes Sujets en l'amande par faute de cens non payé, aux Juftices où l'amande eft dûë.

Des criées & adjudications par decret ne fe peuvent pas faire pardevant le moïen Jufticier, elle ne fe peuvent faire qu'en la Haute-Juftice, des biens qui y font fitués.

Si une Caufe fe prefente pardevant luy, entre les Habitans de fon Territoire, dont la reparation ou l'amande excede fon pouvoir, il doit ordonner que les Parties fe pourvoiront pardevant le Haut-Jufticier.

Le détroit & le territoire, font deux mots fi finonimes, c'eft l'étenduë de la Juftice, & competence fignifie ce qu'il apartient de juger.

Les apellations des moyens Jufticiers, vont pardevant les Seigneurs Haut-Jufticiers.

CHAPITRE IV.

De la Haute-Juftice.

LE Haut-Jufticier connoît de tous crimes & cas, pour lefquels il y a peine de mort, mutilation de menbres & autres pèines corporeles, comme Fuſtiger, mettre au Poteau ou Carquant, & condamner à Amandes-honnorables.

Il peut auſſi faire Cris & Proclamation, bannir de ſa Terre & Juridiction & marquer ; toutefois il ne peut pas connoître des Cas Royaux, comme par exemple, de crime de Léze-Majeſté, fauſſe Monnoïe, port-d'Armes, Aſſemblées illicites, Vols & Aſſaſſinats ſur les grands chemins.

Pour l'execution de ſa Juſtice, il doit avoir Juge & Officiers, Geoliers, Priſons bonnes, ſures & raiſonnables, de hauteur & l'argeur competente & non infectées, & ces Priſons doivent être baſties à rés de chauſſées, ſans uſer de ceps, grillons, gruës, ny autres inſtrumens ſemblables.

Les Comtes, les Barons & les Châtelins ont droit de Pilory, Echelles & Fourches patibulaires à trois, ou quatre Pilliers, & auſſi les Haut-Juſticiers, leſquels ſont fondés en Titre ou poſſeſſion immemoriale.

Le Haut-Juſticier en païs Coûtumier, à droit de conſiſcation de biens, meubles & heritages qui ſont en ſa Juſtice, excepté pour crime de Léze-Majeſté & Fauſſe-Monnoïe.

Qui confiſque le corps, confiſque auſſi les biens.

Le Mary confiſque ſeulement la moitié des meubles & conquêt, immeubles & tous ſes propres, à la charge du doüaire coûtumier ou préfix de la femme, & autres conventions de ladite femme, & la femme ne confiſque au préjudice du mary, que ſes propres ſeulement.

En païs de Droit-Ecrit, la confiſcation n'a lieu qu'en crime de Léze-Majeſté.

Suivant la diſpoſition de la Coûtume de Paris, & de pluſieurs autres Coûtumes du Royaume, les Seigneurs ſont tenus des dettes juſqu'à la concurrence de ce dont ils amandent des biens auſquels ils ſuccedent à titre de confiſcation ; neanmoins on peut agir hipotiquairement contre un ſeul, juſqu'à la concurrence des mêmes biens, ſauf, entr'eux à faire ventilation de ce que chacun d'eux en doit porter.

*Les deſherences & biens vacans qui ſont en la juſtice du Seigneur Haut-Juſticier, lui apartiennent, auſſi-bien que les eſpaves trouvés en icelles, c'eſt à dire, les bêtes qui ſont égarées, comme les chevaux, les bœufs & autres, & dont on ne connoît pas le maître.

Leſquelles eſpaves ſelon leſdites Coûtumes, ſe doivent dénoncer dans vingt-quatre heures, par celui qui les aura trouvées, & à faute de ce faire dans ledit tems, celui qui les aura trouvées ſera amandable à l'arbitrage du Juge, sinon, qu'il y eut juste cause.

Et sera tenu ledit Seigneur Haut-Justicier, de faire publier & dénoncer aux lieux accoûtumés à faire Cris & Proclamations , par trois Dimanches consecutifs, & aux Prônes des Parroisses lesdits espaves , & si dans quarante jours aprés la premiere Publication, celui auquel elle apartenoit les vient demander , elles luy doivent être renduës en payant la nourriture , garde & frais de Justice, & ledit tems passé , elles sont acquises & apartiennent au Haut-Justiciers.

Tresor caché d'anciéneté & de tems immemorial, sera distribué ; à sçavoir, à celui qui le trouvera en son heritage la moitié , & au Seigneur Haut-Justicier, l'autre moitié, & celui qui le trouvera dans l'heritage d'autrui , aura un tiers, & le Seigneur Haut-Justicier l'autre tiers.

Le Roy est seul Seigneur Voyer, s'il n'y a Titre au contraire , ou possession immemoriale , & où il y a Titre , le Roy est toûjours en concurrence , pour juger quand il y a preuve , excepté en païs de Droit-Ecrit , ainsi qu'il sera dit ci-aprés au Chapitre desherences & confiscations.

Le Seigneur Haut-Justicier, peut si bon lui semble destituër ses Officiers à sa volonté , s'il ne sont pourvûs pour recompense de service, ou à Titre onereux, moyennant finance, ainsi qu'il est porté par l'Article 17. de l'Ordonnance de Roussillon , & jugé par Arrest du 30. May 1625. raporté par Dufresne, encore que cette crainte de destitution porte souvent des Officiers à faire plusieurs choses, contre leur inclination & leur devoir.

Dans les Provisions des Seigneurs Temporels , la seule énonciation des services suffit , & obliges leurs heritiers & successeurs , parce qu'étant proprietaires de leurs Terres & Seigneuries , ils en peuvent aliéner & engager les droits.

Mais elles ne suffiroit pas dans les Provisions des Seigneurs Ecclesiastiques ; car n'étant qu'usufruitier, ils ne peuvent engager ny aliéner les droits de leurs Benefices au préjudice de leurs Successeurs.

Tellement qu'à l'égard desdits Seigneurs Ecclésiastiques, il faut de necessité rapporter la preuve des services rendus à l'Eglise, ou au Benefice, & non à la personne du Beneficier, comme il a esté jugé par plusieurs Arrests, tant du Parlement de Paris , que des autres , raportez par Brodeau sur Monsieur Loüet, Lettre O. nombre 3.

L'Acquereur d'une Terre à titre singulier , ne peut pas destituër les Officiers pourvûs par son vendeur à Titre onereux, quand même il offriroit de le rembourser , ainsi qu'il a esté jugé par Arrest du 3.

Avril

Avril 1629. & que cet Acqueurer eût fait décreter fur lui la Terre par lui acquife , pour en purger les hypoteques , attendu que fon Decret eft relatif à fon Contrat.

Autre chofe feroit fi un Etranger s'étoit rendu adjudicataire , ou que le Decret eût été neceffaire & forcé , & qu'il ni eut pas d'opofition de la part des Officiers pourvûs à Titre onereux , où pour recompenfe des fervices ; car un Decret de cette qualité, purge toutes fortes d'hipoteques & droits réels & fonciers.

Il faut dire auffi , qu'un Officier qui a été pourvû par un Beneficier , d'un Office dependant de fon Benefice à Titre onereux ou pour recompenfe , peut être deftitué par le fucceffeur dudit Beneficier, s'il n'eft juftifié, que les fervices ont été rendus au Benefice, & non au Beneficier , ou que la finance qui a été payée , a tourné au profit de l'Eglife , parce que , comme j'ay dit , les Beneficiers n'étant qu'ufufruitiers , ils ne peuvent pas engager les biens qui dependent de leurs Benefices , que pour le tems de leur vie , & ne peuvent faire préjudice à leurs fucceffeurs.

Mais il ne pouroit pas deftituër un Officier qu'il auroit lui-même pourvû à Titre onereux , quoy qu'il eut baillé les Provifions étant Mineur , parce que fa Minorité en matiere Ecclefiaftique n'eft pas confiderable ni fuffifante, pour détruire telles Provifions, en forte que fi les fervices de l'Officier étoient bien & deuëment juftifiés , il ne peut pas être deftitué par le Beneficier Mineur, ainfi qu'il a été jugé par Arreft du 14. Avril. 1611. raporté par Brodeau , Lettre O.

Les Communautés Ecclefiaftiques ne peuvent pas auffi ôter les Officiers qu'elles ont pourvûs à Titre onereux, parce que les Communautés ne mourant point , elles font toûjours reputées les même , & que comme il a été dit ci-deffus , les Beneficiers qui ont établi un Officier , ne le peuvent deftituër eux-mêmes.

Il n'eft pas même neceffaire de raporter la preuve des fervices rendus à ces Communautés ; car fuivant mon fentiment, la feule énonciation qui en auroit été faite dans les Provifions , eft fuffifante , parce que ces Provifions ne fe donnent par les Communautés , qu'avec connoiffance de caufe , & aprés une mure déliberation.

Or il s'enfuit, que dans les cas où les Seigneurs , tant Ecclefiaftique , que Laïque peuvent deftituër leurs Officiers , ils ne le peuvent pas faire avec claufe infamante , ny injurieufe , s'ils ne leur ont auparavant fait faire leur Procés , & convaincus des cri-

mes & malverfations , pour lefquels ils les peuvent deftituër ;
car autrement un Seigneur ôteroit à fon Officier, par fa deftitutiõ,
plus qu'il ne lui a donné, en lui ôtant l'honneur & la reputation.

Les Seigneurs Haut-Iufticiers ne peuvent point établir un Lieutenant en titre d'Office , où ils n'ont accoûtumé d'avoir qu'un
Baillif , ny créer d'autres Officiers nouveaux , d'autant que le
Roy même ne peut pas créer d'Officier fans Lettres Patentes, bien
& dëuement verifiées.

Il y a un Arrêt dans la premiere Partie du Journal du Palais ,
p.96. du Parlement d'Aix du 13. Févr. 1672. qui a jugé qu'un Haut-
Jufticier ne pouvoit pas établir un fecond Juge , pour juger en l'abfence du Baillif, au préjudice des plus anciens Avocats du Siége.

Il a encore été jugé au même Parlement, le 2. Juin 1673. dans
la fuite des Arrêts de Boniface, Tome 1. page 43. qu'un Seigneur
étoit obligé de faire rendre la juftice fur les lieux , & de faire bâtir un Auditoire hors de fon Château.

Autrefois ils n'y avoit que les Juges Royaux qui puffent connoître des complaintes , maintenant les Haut-Jufticiers en connoiffent en matiere Profane ; mais ils n'en peuvent pas connoître
en matiere Beneficiale , encore que les Benefices foient fituez
dans le d'étroit de leur Haute-Juftice , ainfi qu'il a été jugé par
plufieurs Arrêts, tant du Parlement de Paris, que des autres, raportez par Brodeau fur Monfieur Loüet.

L'Article dernier du Titre des Complaintes de l'Ordonnance
de 1667. femble auffi attribuër aux Juges Royaux la connaiffance
des Complaintes , & réintegrandes en ces termes , *les Jugemens
rendus par nos Juges fur les demandes en Complaintes & réintegrandes , feront executeź par provifion en baillant caution* , ce que ne
peuvent faire ceux des Seigneurs.

Mais , l'Article 4. du Titre 15. de la même Ordonnance , ôte
aux Juges des Seigneurs la connoiffances des Complaintes en matieres Beneficiales , encore que les Benefices foient de la fondation defdits Seigneurs , & que la prefentation ou collation leurs
en âpartiennent.

Le Haut-Iufticier ne peut pas connoître du poffeffoire des Dixmes, exceptez des Dixmes infeodées, qui foient tenuës en Fief du
Seigneur Haut-Jufticier , & encore la prévention en apartient-
elle pour ce fujet aux Baillifs & Senéchaux.

Il connoît neanmoins des caufes des Nobles, s'ils font demeurans dans fon Territoire , ainfi qu'il eft porté par la Declaration

du Roy François I. sur l'Edit de Crémieux du 14. Février 1535, verifiée au Parlement le 23. Avril 1537.

Neanmoins cette Déclaration ne déroge point aux Coûtumes contraires qui attribuent au Baillifs & Senéchaux, la connoissance des causes des Nobles, le Roy François I. n'ayant pas entendu donner aux Juges des Seigneurs, plus de droit qu'ils n'avoient auparavant.

L'Article 28. du Reglement de la Cour du 10. Decembre 1565. donne aux Lieutenans Generaux, des Baillifs; les Scélez & Inventaires des Nobles; à plus forte raison doivent-ils connoître des autres matieres contensieuses qui les regardent, à l'exclusion des Juges des Seigneurs, d'autant plus que leur faveur diminuë beaucoup, où il y a nombre des Juges qui moins dépendent d'eux.

C'est pour cette raison, que Bouthilier Livre 2. Titre 1. de la somme Rurale, dit, que le Roy à prévention & connoissance des doüaires, dût à Dame, ou Damoiselle Veuve.

L'usage est neanmoins, que les Scélez & Inventaires des Nobles se font aujourd'hui par les Juges des Seigneurs, sans préjudice aux contestations qui sont portées devant les Juges Royaux, dans les Coûtumes où ils ont droit d'en connoître.

Il en est de même à l'égard des Ecclesiastiques; mais, j'estime que le Lieutenant General à encore droits d'aposer le Scélé en leur maison, lors qu'ils sont gros Décimateurs, à cause des reparations dont ils sont tenus.

Le Haut-Justicier ne peut plaider contre ses Sujets, pardevant son Juge, que pour ses droits Seigneuriaux & Féodaux seulement; car en autre cause, comme par exemple, pour promesses ou obligations & reparations d'injures, il faut qu'il plaide contr'eux pardevant un autre Juge que le sien.

La cause doit être aussi renvoyée, lors que le droit prétendu par le Seigneur; ou son Receveur est contesté, attendu que les droits s'établissent peu à peu par de pareils jugemens, contre lesquels personne n'ose soûtenir des apelations en son particulier.

Un Officier de Seigneur, n'est pas aussi obligé d'informer contre son Seigneur, & tout ce qu'il fait pour la décharge est reputé suspect.

Le Juge du Seigneur Haut-Justicier connoît encore de tous contrats & obligations passées sous le Scél Royal, parce qu'en France le Scél Royal n'est pas atributif de jurisdiction, excepté, le scél du Châtelet de Paris, celui d'Orleans, & celui de Montpellier.

B ij

Cette maxime que le féel Royal, n'eft pas atributifs de jurifdiction, s'entend qu'un autre Juge Royal ne laiffe pas d'en pouvoir
connoître ; mais il n'apartient pas pour ce fujet aux Juges des Seigneurs dans les Coûtumes qui leur en interdifent la connoiffance,
& tel Titre qu'ils en puiffent avoir, ils ne l'ont pas à l'exclufion
des Juges Royaux, le Roy n'étant pas préfumé en avoir privé fes
propres Officiers, ni confenti que ce qui eft Royal devienne Seigneurial.

C'eft une maxime certaine, que la conceffion de la jurifdiction eft toûjours préfumé avoir été faite par le Superieur, *cumu-
lativè, non privativè, Menochius de præfumpt. lib. 2. præfumpt* 18.

C'eft pourquoi Bouthilier en fa fomme Rurale, Liv. 2. Tit. 1.
dit, que les Juges Royaux doivent connoître des Lettres fcélées
de fcél Royal, circonftances & dépendances, & de toutes l'explication qui s'enfuit à faire fur icelle, comme auffi de toutes
Lettres fcellées de fcél, quel qu'il foit.

Il eft vrai qu'à prefent on ne plaide prefque plus dans les Jurifdictions Royales, à caufe des droits exceffifs qui fi levent ; ainfi
il n'eft pas jufte que la poffeffion faffe préjudice aux Officiers
du Roy, lors qu'ils font fondez en Titre ou Coûtumes, ne pouvant empêcher les diftractions que fond les Procureurs & les
Parties.

Si par Contrat ou Obligation le fujet du Haut-Jufticier, s'étoit
foûmis à la Jurifdiction du Juge Royal, étant âpelé pardevant lui,
il ne peut pas demander fon renvoi, ni en cas de refus âpeler, s'il
n'étoit revendique par fon Seigneur, parce que tous les fujets des
Seigneurs Haut-Jufticiers, étant fujet du Roy, le Juge Royal dans
le reffort duquel ils demeurent ; peut connoître de leur diferens,
s'ils ne font revendiquez par leurs Seigneurs, qui ont feuls intereft
au renvoi, pour la confervation de leurs Juftices, qui leur font patrimoniales, & en ce cas l'Ordonnance de 1667. permet aux Parties de décliner.

Dans les matieres fommaires, les Juges des Pairies & autres
Juges fubalternes qui reffortiffent immediatement au Parlement,
peuvent juger difinitivement nonobftant l'apel, jufqu'à la fomme
de quarante livres, & ceux des autres Jurifdictions fubalterne non
reffortiffant fans moyens au Parlement, jufqu'à vingt-cinq livres,
encore qu'il ni ait aucun Contrat, Obligation ni Promeffe reconnuë.

En toutes matieres fommaires, qui n'excedent point la fomme

de mille livres, les Sentences par provision, de quelque Juge que ce soit, doivent être executée nonobstant âpel, en baillant caution.

Le Haut-Justicier ne connoît pas du crime de Léze-Majesté, ni des crimes & cas Royaux.

Il ne connoît pas aussi des crimes commis par les Ecclesiastiques, Nobles & Officiers Royaux, un inferieur n'ayant aucun droit d'animadversion sur ceux qui sont au dessus de lui, par le caractere dont le Souverain les a distinguez, c'est pourquoi toutes les concessions qui sont faites aux Seigneurs des droits & cas Royaux sont nulles, si elles ne sont faites aux enfans des Rois par leurs Apanages.

Ces concurrences de Justices dans un même lieu, sont cause que souvent tout conspire pour acabler le malheureux,& que personne ne paroît pour s'oposer à la violence & à l'opression.

Ainsi selon mon sentiment, il seroit a propos, qu'on pût menager des associations de Jurisdictions, pour rendre la Justice au nom du Roy & des Seigneurs dans la même Ville, en donnant aux Seigneurs la disposition d'un certain nombre de Charges pour les indemniser ; & qu'il fût constant que ces sortes d'unions ne seroient pas repetées aliénations à l'égard des Ecclesiastiques, comme tendantes au bien public, la Justice leur étant plus onereuse qu'utile.

Si un Criminel duquel la confiscation apartient au Haut-Justicier en cas de condamnation, avoit obtenu du Roy des Lettres de remission, le Seigneur Haut-Justicier, n'est pas recevable à s'oposer à l'enterinement de ses Lettres, pour l'interest qu'il a, à la confiscation, ainsi qu'il a été jugé par plusieurs Arrêts, raportez par Baquet, au Chapitre 16. du Titre du Droit de Justice.

La confiscation du Fief du Vassal condamné à mort âpartient au Seigneur Haut-Justicier, dans le Territoire duquel sondit Fief est situé, attendu que c'est un des fruits de sa Jurisdiction & non au Seigneur féodal duquel il releve, si ce n'étoit qu'il eut été condamné pour felonie, commise en la personne dudit Seigneur féodal, dans les païs où la confiscation à lieu.

Le Haut-Justicier à qui la confiscation a été ajugée, est obligé de païer les dettes du condamné.

L'interêt civil de la Partie, se prend avant les amandes & confiscations, suivant l'Arrêt du mois de Janvier 1681. rendu en la Grand Chambre.

Neanmoins selon un ancien Arrêt, raporté par Chopin sur la

Coûtume de Paris, le Roy est preferé pour l'amande aux Créanciers hypotequaires posterieurs à la condamnation, & à tous les Créanciers perfonels; mais il y a de plus fortes confiderations pour la Partie qui doit avoir fon interêt civil par preference, d'autant que l'interêt civil est une dette du condamné, qui doit être acquitée par le fifc, & que l'amande est dûë à Titre lucratif.

Le bas & moïen Justicier en païs Coûtumier n'ont point de part à la confifcation, elle apartient au feul Seigneur Haut-Justicier; mais il y ont part en païs de Droit-Ecrit.

Les biens vacans de ceux qui n'ont pas d'heritiers dans les païs de Coûtumes, apartiennent auffi par droit de déherence au Haut-Justicier du lieu où les biens font affis.

Ceux des Etrangers apartiennent au Roy feul, par droit Daubaine.

Mais les biens des Bâtards decédez fans enfans, apartiennent au Haut-Justicier, pourveu que trois chofes concurent. *Primò*, que le Bâtard foit né dans fa Haute-Juftice. *Secondò*, qu'il y ait fon domicile; *Tertiò*, qu'il y foit décédé, enforte, que fi l'une de fes trois chofes manquent, les biens des Bâtards, tant meubles qu'inmeubles, apartiennent au Roy, par droit de Bâtardife, en quelque endroits qu'ils foient fituez, excepté en païs de Droit-Ecrit.

Les Haut-Justiciers ont les premiers honneurs dans les Eglifes bafties en l'étenduë de leur Haute-Juftice, après les Patrons, qui font ceux qui ont fait bâtir ou qui ont doté ces Eglifes, & s'il n'y a pas de Patron, ils doivent avoir leur Siége au lieu le plus honnorable & le plus éminent de l'Eglife, & après leur decés leurs heritiers y peuvent mettre une Littre ou Cinture funebre, fur laquelle leur Armes font peintes.

Autrefois, le Haut-Justicier étoit refponfable de fon Juge, & étoit condamné à l'amande pour le mal-jugé; mais cet ufage a été abrogez, & le Seigneur n'eft plus condamné à l'amande, ni obligé de foûtenir les Sentences de fon Juge, en matiere civile ou criminelle, finon, lors que fon Procureur Fifcal y eft feul partie, auquel cas il doit être intimé fur l'apel, & non fon Juge & Procureur Fifcal, fi ce n'étoit que ce Juge, ou Procureur Fifcal pour malverfations ne fut pris à partie en fon propre & privé nom.

Si les Seigneurs Haut-Justiciers relevent immediatement du Roy, les apelations interjetées de leurs Sentences, fe relevent pardevant les Baillifs & Sénéchaux des Provinces; mais s'ils relevent d'un Seigneur Suzerain, qui ait droit de reffort, elles fe re-

Ieveront pardevant le Juge de ce Seigneur Suzerain.

Les Seigneurs Suzerains, font des Ducs, des Comptes, & autres Grands Seigneurs, qui relevent immedaitement du Roy.

Si le Seigneur Suzerain eft Pair de France, les apelations fe relevent immediatement au Parlement ; mais s'il n'eft pas Pair de France, pardevant lefdits Baillifs & Sénéchaux.

Cependant, les apelations des Pairs en certains lieux du Royaume reffortiffent, pardevent les Préfidiaux, lors que les Caufes n'excedent pas leur pouvoir, à moins qu'il ne s'agiffe du domaine de la Pairie, ou que le Procureur Fifcal ne foit partie, ou le Seigneur en fon nom ; mais à prefent on donne cet avantage à la plûpart des nouveles Pairies, auffi-bien qu'aux anciennes.

Il y a outre les Pairs encore d'autres Seigneurs, qui ont le même privilege, comme étoit Monfieur l'Archevêque de Paris, avant qu'il eut été fait Duc & Pair, l'Abbé de faint Denis en France, & quelques autres.

Par Edit du mois d'Aouft 1559. nul n'eft reçû apelant de quelque Juge que ce foit, qu'en confignant l'amande de douze livres.

Il y a un novel Edit qui oblige les Officiers des Seigneuries à fe faire recevoir, à peine de nullité de leurs jugemens & procedures; mais comme fes receptions fe font fouvent par le premier Juge feul, ils ne font prefque jamais examinés dans les Provinces.

Si un Juge fubalterne, & même un Juge Royal êtoit decreté d'ajournement perfonnel ou de prife de corps, pour quelque crime où malverfation, il ne peut pas continuër l'exercice de fa Charge durant l'inftruction de fon Procés, parce que fuivant l'Article 11. du Titre 10. de l'Ordonnance de 1670. touchant les matieres Criminelles, les decrets d'ajournement perfonnels, & les prifes de corps emportent de droit interdiction contre toutes fortes d'Officiers.

Neanmoins un Ecclefiaftique en ajournement perfonnel n'eft pas interdit d'affifter au Chœur, fi le Superieur Ecclefiaftique lui permet.

On tient auffi à prefent la même chofe à l'égard d'un Officier.

Aucun ne peut être pourvû des Charges de Baillif, Sénéchal, Prevôt, Châtelain ou d'autre chef de Juftice Seigneuriale, tenuës en Pairies, où dont l'apel refforti neüement aux Cours de Parlement en matiere Civile, qu'il ne foient Licencié, & n'ait fait le Serment d'Avocat, felon une Declaration du Roy, du 26. Février 1680.

CHAPITRE V.

Des Châtelenies & Prevôts Royaux.

LEs Prevôts & Châtelains, font les premiers Juges Royaux, c'eſt à dire, ce ſont ceux qui connoiſſent en premiere Inſtance des diferens qui n'aiſſent entre les Sujets du Roy.

Ils ſont apelez Prevôts en la plus grande partie des Provinces de ce Royaume, ils ſont apelez Châtelains en Bourbonnois, en Auvergne & lieux voiſins, Vicomtes en Normandie, Viguier en Languedoc & en Provence.

Tellement que les Prevôts, Châtelains, Vicomtes & Viguiers, ſont tous Juges du même pouvoir, & de même autorité, & qui ne diferent que de nom.

Ils connoiſſent de toutes ſortes de matieres, à l'exception des cauſes de Noble, & celle qui ſont reſervées aux Baillifs & Senéchaux, ſpecifiés dans l'Edit de Crémieux, qui a été fait pour regler le pouvoir & la Juriſdiction des Prevôts & des Baillifs, dans les Declarations qui ont interpretés cet Edit, & dans pluſieurs Arrêts & Reglemens, qui ont été rendus en conſequence, entre les Baillifs & les Prevôts, compilez par Fileau, Tome 1. Partie 2. Titre 5.

Par l'Article 2. dudit Edit de Crémieux, les Prevôts & Châtelains devoient avoir la connoiſſance entre Roturiers, de toutes matieres civiles, perſonnelles, réelles & mixtes, & de tous crimes & délits, à l'exception de ceux qui ſont reſervez auſdits Baillifs & Senéchaux.

Ils connoiſſent auſſi des Fermes du Domaine du Roy, quand le fond n'eſt point conteſté, & que le Subſtitut de Monſieur le Procureur General n'eſt point partie principale.

Des cauſes des Egliſes qui ſont dans leur Prevôté, ſi ces Egliſes n'ont pas de garde & gardienne, de la Police, & des abus & malverſations qui s'y commettent.

Il faut dire, auſſi, que quoique par Contrat paſſé, entre les ſujets de la Prevôté, il y eut ſoûmiſſion à la Juriſdiction du Baillif, neanmoins, l'Article 9. 10. & 11. de la troiſiéme Declaration du Roy Henri II. ſur l'Edit de Crémieux, laquelle eſt du mois de Juin 1559. porte que nonobſtant telles ſoûmiſſions, la connoiſſance deſdits Contrats apartiendra aux Prevôts & premiers Juges.

Mais

Mais si la soûmission à la jurisdiction du Baillif Royal, est faite
par les justiciables des Seigneurs Haut-Justiciers, dont les Terres
& Seigneuries sont enclavez dans les Prevôtés Royales; celui qui
auroit fait cette soûmission, seroit obligé de subir la Jurisdiction
du Baillif, excepté qu'il ne fut reclamé & revendiqué par son
Seigneur, auquel cas le Baillif seroit tenu de renvoïer la cause au
Haut-Justicier, parce que les Justices étant patrimoniales aux
Seigneurs, leurs Sujets ne s'en peuvent pas distraire par de telles
soûmissions.

On ne laisse pas encore de soûtenir, qu'une pareille soûmission
jointe à la force du Scel Royal, atribuë pleine Jurisdiction au
Baillif Royal.

Monsieur d'Agentré sur la Coûtume de Brétagne, Article 11;tient
que cette prorogation en faveur du Juge superieur a éfet, même,
à l'égard de la veuve & des heritiers de celui qui si est engagé,
d'autant que toutes les actions, tant active que passives, passent
aux heritiers.

Christinæus sur la Coûtume de Malines, titre 6. art. 3. nomb.7.
confirme la même chose.

Mais, il n'y a aucun doute, qu'une Sentence sur Contrat ne
donne toute jurisdiction pour l'execution.

Toutefois, quand le sujet d'un Haut-Justicier n'est pas revendiqué par son Seigneur, il peut valablement être âpelé pardevant le Prevôt, ou le Ballif, & la connoissance en ce cas demeure
à celui des deux qui à preuvenu, suivant l'Arrêt de la Cour, portant verification de la Declaration du Roy Henri II. du mois de
Juin 1554. sur l'Edit de Crémieux, qui audit cas établi la prévention entre les Prevôts & les Baillifs Royaux.

Ainsi, lors que le sujet du Haut Justicier est âpelé devant l'un
ou l'autre des Juges Royaux, il ne peut pas demander son renvoi
pardevant le Juge de son Seigneur, s'il n'est revendiqué par sondit
Seigneur, ou par son Procureur Fiscal; car, étant sujet du Roy,
incomparablement plus qu'il ne l'est de son Seigneur, il ne peut
decliner sa Jurisdiction, & il n'y a que l'interêt & la revendication de son Seigneur, qui pût obtenir son renvoi.

Cependant l'Ordonnance de 1667. est contraire à la disposition
de cet Article, & permet de prendre à partie le Juge qui refuse le
renvoi sur la requisition de la partie.

Ce qui n'est pas toutefois observé au Palais à la rigueur, à moins
que le Juge n'ait témoigné trop d'affectation, & n'ait été poussé

Tome I. C

par d'autres motifs , que par la feule envie de juger.

Ils ne font pas obligez de renvoïer devant un ancien Praticien, lors que les Officiers du Seigneur fe trouvent parens ou intereffez de l'une des Parties , à caufe du crédit qu'elles pourroit avoir dans les inftructions , par le moïen des Juges fes parens , & qu'on pourroit foûfrir des griefs irreparables en caufe d'apel.

Par l'Article 19. de l'Edit de Crémieux , il eft porté , qu'en matiere de complainte & action poffeffoires , il y aura lieu à la prévention , entre les Prevôts , les Baillifs & Senéchaux , que les demandeurs pourront intenter leur complainte pardevant l'un ou l'autre defdits Juges , ainfi que bon leur femblera , foit que les chofes foient fituées en leur Prevôté , ou en une autre Prevôté.

Mais , par l'Article 12. de l'Edit du Roy Henri II. du mois de Juin 1559. & par les Reglemens que la Cour à depuis donnés , pour les Prevôts Diffoudun & de Chaumont en Baffigni , dés 11. Juillet 1577. & 14. May 1601. raportez par Fileau , Partie 2. Titre 5. Chap. 13. & 14. la prévention eft reftrainte aux fujets des Haut-Jufticiers qui font dans le reffort de la Prevôté , lefquels en matieres poffeffoires , peuvent s'adreffer au Prevôt ou au Baillif , & à l'égard des neüement fujet de ladite Prevôté , la connoiffance des actions poffeffoire intentées par eux , eft atribuée aux Prevôts , privativement aux Baillifs.

Neanmoins , fi l'action poffeffoire étoit intentée pour un Fief , la connoiffance apartiendroit au Baillif ou Senéchal , parce que par l'Article 4. de l'Edit de Crémieux , & les Reglemens donnés fur icelui , la connoiffance des Fiefs & de routes matieres féodales , eft atribuées aux Baillifs & Senéchaux , à l'exclufion des Prevôts.

Toutefois , fi en la fucceffion d'une perfonne Roturiere , il y avoit un Fief , le partage en doit être fait pardevant le Prevôt où premier Juge , fuivant l'Article 7. dudit Edit de Crémieux.

Si au contraire en la fucceffion d'un Noble , il y avoit des heritages en roture , & qu'il y eut procez fur le partage , la connoiffance en âpartiendroit au Baillif , privativement audit Prevôt , ainfi qu'il eft porté par ledit Article 7.

Dans les Prevôtés & Châtellenies Royales , les caufes font reputées fommaires , fuivant l'Ordonnance de 1667. jufqu'à la fomme de deux cens livres , comme en toutes Jurisdictions , à l'exception des Parlemens & Cours Souveraines , où les caufes font reputée fommaires jufqu'à la valeur de quatre cens livres.

Outre les caufes de deux cens livres & au deffous, il y a encore toutes celles qui concernent fes matieres fpecifiées aux Articles 3. 4. & 5. du Titre 15. de ladite Ordonnance de 1667. qui font auffi reputées fommaires, pourvû qu'elles n'excedent point la valeur de mille livres, & cela à lieu non-feulement aux Prevôtés & Châtellenies; mais encore en toutes fortes de Jurifdictions, tant fouveraines qu'inferieures.

Elle doivent être jugées en l'Audiance en toutes Cours & Jurifdictions, incontinent après les délais échûs fur un fimple Acte, pour venir plaider, fans autres procedures ni formalité, & fi le diferend ne peut être jugé fur le champ, les pieces feront laiffée fur le Bureau fans inventaires de production, écriture ni memoires, pour y être prononcé au premier jour à l'Audiance, fans épices ni vacations, à peine de reftitution du quadruple.

Ainfi ils peuvent juger difinitivement dans les matieres fommaires, nonobftant l'apel & fans y préjudicier, jufqu'à la fomme de foixante livres, encore qu'il ni ait contrat, obligation, ni promeffe reconnuës, & par provifion jufqu'à mille livres, & leur jugement executé en baillant caution.

Et fi la Sentence étoit fondée fur contrat, obligation, ou promeffe reconnuës, elle feroit executée indéfiniment pour toute la fomme portée par le contrat, obligation, ou promeffe, parce que les contrats, obligations & promeffes reconnuës, font de leur nature executoires par provifion.

Par l'Art. 33. du Titre 3. de la nouvelle Ordonnance, les Juges fubalternes, tant Royaux que des Seigneurs, font tenus en toutes leurs Sentences, foit à l'Audiance ou fur Procés par écrit, de liquider les dépens, fans aucune Declaration de dépens; à peine de vingt livres d'amande, & de reftitution des deniers qui auroient été par eux perçûs.

Les Regiftres des Mariages, Baptêmes & Sepultures, doivent être paraphez par le Prevôt du lieu où l'Eglife Paroiffiale eft fituée, & non par le Baillif du lieu, attendu que par Arrêt du privé Confeil du 23. Septembre 1668. rendu entre le Viguier & les Officiers de la Senéchauffée de Thoulouse, ce droit a été jugé au Viguier, qui eft un Magiftrat de même autorité que le Prevôt.

Par Edit du Roy Henri III. du mois de Decembre 1581. Défenfes tres-expreffes, font faites aux Baillifs & Senéchaux, de prendre aucune connoiffance des matieres Civiles & Criminelles, qui âpartiennent au Prevôts, fous prétexte de prévention ou autrement.

C ij

En conféquence dequoi , par Arrêt du Parlement de Paris du 14. Juillet 1601. entre le Prevôt & le Lieutenant Criminel d'Orleans , il a été ordonné que le Prevôt privativement au Lieutenant Criminel , aura la connoiffance de tous Crimes & Délits , les Cas Royaux exceptez , commis au dedans de la Ville & Banlieu d'Orleans, fans que ledit Lieutenant Criminel en puiffe prendre connoiffance par prévention , dont la Cour la debouté.

Il y a plufieurs Arrèts femblables, raportez par Fileau , Partie 2. titre 5. chap. 17. & entre autre, ceux de fainte Menehouft, & Diffaudum , dans lefquels la Cour à aporté le même temperament , que le Lieutenant Criminel en pourra ufer de prévention , finon, au cas que le Prevôt fut negligent , & en demeure , d'informer trois jours aprés le crime & délit commis.

Ce qui a été confirmé par l'Ordonnance du mois d'Août 1670. Titre 1. Article 7. en ces termes : *Nos Juges n'auront aucune prévention entr'eux , neanmoins au cas que trois jours aprés le crime commis , nos Juges ordinaires n'ayent informé decreté , les Juges fuperieurs pourront en connoître.*

Surquoi il faut obferver ici , que les Juges Royaux , foit Prevôts ou Baillifs, ne peuvent en matiere criminelles prévenir les Officiers des Seigneurs Haut-Jufticiers, pourveu que lefdits Officiers ayent informé & decreté dans les vingt-quatre heures , aprés le crime commis, fuivant l'Article 9. du Titre 1. de la même Ordonnance.

Les Prevôts ont féance & voix déliberative aux Audiances des Baillifs & Senéchaux ou les apelations de leurs jugemens reffortiffent , & même à la Chambre du Confeil aux jugemens qui fi rendent , pourvû qu'il ne s'agiffe pas des apelations de leurs Sentences , ainfi qu'il a été jugé par les Reglemens donnés entre les Lieutenans Generaux & les Prevôts.

Pas aucuns defdits Reglemens , il a féance aprés le Lieutenant General , Particuliers & Criminel , avant les Confeillers du Bailliage, qu'il précede en toutes affemblées , & neanmoins il ne peut point prefider aufdites Audiances où Châbre du Confeil , mais en l'abfence dudit Lieutenant General & Particulier , le plus ancien Confeiller Prefide.

Cependant depuis ce Reglement , le Prefident en la Prevôté Dumans, a été debouté de la Préféance par lui demandée , contre les Confeillers en la Senéchauffée Prefidiale , comme auffi de la féance & voix déliberative en l'Audiance du Prefidial , par Arrêt du 12. May 1658.

Il y a des Prevôts de la Campagne, qui n'ont rang qu'aprés les
Elûs, quoi qu'ils ayent leur Siége dans la Ville.

Si le Prevôt n'a pas été reçû au Parlement ; mais seulement au
Presidial où relevent ses apelations , il ne peut pas préceder les
Conseillers du Presidial où il a été reçû , parce qu'il n'est pas raisonnable qu'il précede ceux qui l'on reçû , ainsi qu'il a été jugé
par Arrêt du 25. Novembre 1615. raporté par M. Laurens Bouchel en son Recueil chapitre 9.

Il faut dire aussi, que si un Prevôt Royal faisoit la fonction d'A-
vocat dans un Bailliage où Siege Presidial , il doit avoir séance au
dessus du plus ancien Avocat , ainsi qu'il a été jugé au profit du
Prevôt Royal de Beauquesne , contre les Avocats du Presidial
d'Amiens , qui ne lui vouloient donner séance , que du jour de sa
Matricule , par Arrêt du 16. Janvier 1655. raportez par Dufresne ,
Livre 3. Chapitre 3.

CHAPITRE VI.
Des Baillifs & Senéchaux.

ILs connoissent privativement à tous autres Juges.

Primò, Des apelations , tant des Prevôts Royaux , que des
Seigneurs Haut-Justiciers qui sont dans leur ressort & Jurisdiction.

Secondò, En premiere Instance , privativement aux Prevôts
Royaux, de toutes causes concernans les Fiefs possedez , tant par
les Nobles que par les Roturiers.

Tertiò, Du Ban & Arriere-Ban , Cens & Rentes Seigneuriale ,
roüage, foüage, lods & ventes, saisines & amandes, des Lettres de
remission , pardon & abolition , rapel de Ban , foire & marchez
affranchis.

Quartò, Du crime de Léze-Majesté divine & humaine, sacrilege, fausse Monnoïe ; Assemblées illicites, Port d'Armes , émo-
tion Populaires, des causes des Eglises de fondation Roïale , du
domaine d'icelle, du possessoire des Dixmes , & des Ecclesiastiques qui ont Lettres de gardes gardienes.

Quintò, Des causes des Nobles en matieres civiles, personnelle
& possessoires, tant en demandant qu'en defendant, & des causes
crtminelles des Nobles , quand lesdits Nobles sont defendeurs &
accusés.

Sextò, Des Tutelles , Curatelles, Beaux, Confection d'inven-

C. iij.

taires des biens des mineurs Nobles, & de l'execution de leurs Testamens.

Septimò, Du partage des successions universelles, tant entre Nobles, que Roturiers, si en icelles il se trouve des biens situez en diverses Prevôtés, & quand aux sujets des Haut-Justiciers, la connoissance en apartient aux Prevôts & Baillifs concurrément & par prévention au cas qu'ils ne soient vendiques.

Octavò, De tenir la Police generale, & y faire les Reglemens; mais l'execution & le jugement des contraventions âpartiennent aux Prevôts.

Nonò, Ils connoissent aussi des Ponts, Ports, Chemins & Passages publics, des comptes des deniers communs des Villes, & du Domaines d'icelles, & autres choses semblables.

Dixesimò, Des Portions congruës des Curés, nonobstant tous déclinatoires & Privileges.

Vndecimò, de tous les Cas Royaux, dont est fait une exacte énumeration, en l'Art. 11. du Titre 1. de l'Ordonnanne de 1670. touchant les matieres criminelles, privativement aux Prevôts Royaux & aux Juges des Seigneurs Haut-Justiciers, & aussi de l'incendie, comme compris dans les cas expliquez par les Ordonnances & Reglemens, dont parle le même Article; mais ce n'est pas un cas Prevôtal, non plus que le Rapt, ainsi ils n'en peuvent connoître qu'en Bailliage.

Les Sentences difinitives renduë par les Baillifs & Senéchaux en matieres sommaires, sont executoires par provision, nonobstant l'apel, jusqu'à la somme de cent livres, au lieu que les Prevôts & Châtelains Royaux, ne peuvent juger difinitivement, nonobstant l'apel, que jusqu'à la somme de soixante livres.

Au reste les mêmes matieres qui sont reputées sommaires dans les Prevôtés & Châtelenies, le sont aussi dans les Bailliages.

Par exemple, le pouvoir de juger par Provision jusqu'à la somme de mille livres, l'obligation de decider lesdites matieres sommaires à l'Audiance, sans frais & sans espices, regardent egalement les Juges de l'une & de l'autre Iurisdiction.

Il est défendu au Baillifs & Senéchaux de liquider les dépens par leur Sentence, tant par l'Article 1. que par l'Article 32. du Titre 31. de l'Ordonnance de 1667. qui portent qu'ils seront taxés en la même forme & maniere qu'aux Cours Souveraines.

Si dans l'étenduë d'une Prevôté il y a des Seigneurs, qui n'ayent que basse & moïenne Justice, le Prevôt Royal doit connoî-

noître du diferend de leurs fujets, excedant le pouvoir de la baffe
& moïenne Juftice, & même des apelations de leurs Sentences.

La connoiffance des actions réelles entre Nobles, âpartiens.
auffi au Prevôt, non au Baillif, quand elles font intentées pour
heritages Roturiers, bien qu'il foit Juge des Nobles, fuivant l'Article 10. de l'Edit de Cremieux.

Le Prevôt connoît encore, privativement au Baillif, des reglemens des Mêtiers, des chefs-d'Oeuvres, Maitrifes & chofes en
dépendantes, pourvû qu'il ne s'agiffe que de l'execution des Reglemens & Statuts des Maitriffes; mais s'il s'agiffoit de faire des
Statuts & Reglemens Generaux, cela ne ce pourroit faire que
par le Baillif, en vertu de Lettres Patentes, bien & deüement
verifiées.

Si le Prevôt avoit condamné un Procureur ou un Sergent à l'a-
mande, pour avoir détruit fa Jurisdiction, & que le Procureur ou
Sergent en interjette apel, cet apel doit être relevé en la Cour,
parce que le Baillif, quoi que Juge fuperieur immediat du Prevôt, n'en peut pas connoître, comme étant lui - même intereff-
fé, quand la Jurisdiction du Prevôt eft diftraite en fa faveur.

Sur quoi il faut obferver ici, que par une Declaration du Roy
du 28. Janvier 1682. Sa Majefté à abrogé l'ufage de prononcer des
condamnations d'amandes, fous prétexte de tranfport de Jurisdiction, avec défenfes à toutes Cours fuperieures d'y condamner,
ni foûfrir que les Juges fubalternes de leur reffort y condamnent
aucun fujet; en quelque occafion que ce puiffe être, à peine de
nullité, le Roy s'étant refervé à lui & à fon Confeil lors du jugement de reglement de Juge, de condamner ceux qui feront trouvés mal-fondés, en telles peines qu'il fera jufte & convenable.

Par l'Article 21. de l'Edit de Crémieux, il eft enjoint aux Baillifs & Senéchaux, de punir & muleter d'amandes les Prevôts negligens, de châtier les délinquans.

Mais, Dufrefne au Chapitre 15. du premier Livre de fon Journal, dit, qu'il a été jugé par divers Reglemens; que les Baillifs
& Senéchaux ne peuvent pas condamner les Prevôts de leur reffort
en l'amande, pour faute commifes en leurs charges, & que la
Cour s'eft refervée privativement à tous autres Juges la connoiffance des mœurs des Officiers du Roy.

Les apellations interjettées des jugemens de Baillifs & Senéchaux, fe relevent devant les Prefidiaux, pourvû que la condamnation n'excede pas leur pouvoir, & fi elle excede, il faut relever l'apel au Parlement.

CHAPITRE VII.

Du Bailliage du Palais.

LE Baillif du Palais à Paris, connoît de toutes caufes, tant civiles que criminelles de fon reffort.

Avant l'Edit de création du nouveau Châtelet du mois de Février 1674. la Iurisdiction du Baillif du Palais s'étendoit, outre
l'enclos du Palais, fur le Marché-neuf, Place Dauphine, & quelqu'autre ruë de l'Ifle du Palais, & fur le Fauxbourgs S. Jâques.

Mais par cet Edit, elle a été reduite à ce qui eft compris dans
la Sale & les Galeries du Palais.

Il avoit autrefois la Police, le droit de Jurande & reception des
Maîtres dans toute l'étenduë de fon reffort, maintenant il n'a plus
que la Police dans la Sale & la Galerie du Palais.

Il a le même pouvoir que les Lieutenans Generaux, Baillifs
& Senéchaux, dont je parle ci-deffus, & peut juger nonobftant
l'apel jufqu'à femblables fommes.

Les apelations interjettées de fes Sentences, fe relevent au Parlement, tant en matiere civile que criminelle, comme celles qui
font interjettées des autres Baillifs & Senéchaux.

CHAPITRE VIII.

Des Prefidiaux.

LEs Prefidiaux ont été crée par Edit du Roi Henri II. du mois
de Janvier 1551. verifié en Parlement le 15. Février enfuivant.

Le pouvoir qui leur a été atribué par cet Edit, confifte en deux
Chefs.

Le premier eft de juger difinitivement en dernier reffort, jufques à deux cens cinquante livres pour une fois payée, & jufques
à dix livres de rentes, ou revenus annuels & des dépens, à quelque fomme qu'ils puiffent monter.

Le fecond, de juger par provifion nonobftant l'apel, jufqu'à
cinq cens livres une fois payées, & vingt livres de rente, en baillant caution, par celui qui aura obtenu lefdites Sentences provi-
foire.

Quand

Quand les Presidiaux jugent en dernier ressort & definitive-ment ; on dit que leurs jugemens sont au premier chef de l'Edit, & quand ils jugent par provision nonobstant l'apel, on dit, que leurs Sentence sont au second chef de l'Edit.

Les jugemens donnés par défaut, ou forclusion, ont le même éfet, que s'ils avoient été rendus contraditoirement, pourvû qu'ils soient donnés au nombre de sept Juges au moins.

Par Arrêt du 2. Octob. 1562. Il est dit, que quand les Presidiaux juge au premier chef de l'Edit, ils ne doivent pas prononcer par Jugement souverain ; mais par Jugement dernier, & au second chef par Jugement Presidial.

Ils leurs est aussi enjoint par Arrêt de la Cour du 16. Novem-bre 1651. de mettre au pied de leurs Jugemens, *Jugé Presidialement ou en dernier ressort*, d'autant que l'inscription & intitulation seu-le ne fait pas le jugement tel, s'il n'est dit au dispositif, ou sur la fin du jugement.

Ils ne peuvent pas non plus, prononcer au premier chef de l'Edit & en dernier ressort, par l'âpelation & Sentence au néant, cela n'apartient qu'aux Cours Souveraines, ils doivent prononcer par bien où mal jugé.

Ils doivent être au nombre de sept, pour pouvoir juger Presi-dialement & en dernier ressort, & s'ils se trouvent moins de Juges, pour remplir le nombre de sept, ils doivent prendre des Avocats du Siége non suspects, à l'un, ni à l'autre des Parties, ainsi qu'il est porté par l'Edit de Création.

Les vois des Prevôts des Maréchaux non graduez, & celles des Conseillers honoraires non graduez, ne font pas comptées dans le nombre de sept.

Il semble même que celles des Juges, lesqu'elles à cause des pa-rentés & alliances ne font qu'une, ne peuvent pas remplir un plus grand nombre, quoi qu'on ait souvent observé le contraire, sous prétexte qu'il se trouve toûjours sept Juges.

Neanmoins si dans la même Ville où le Presidial est établi, il y a un Prevost & un Lieutenant en Prevôté, ils doivent être âpelés, & pris pour Juges par lesd. Presidiaux, préferablement aux Avocats, pourvû qu'il ne s'agisse pas en la cause de l'âpel d'une Sentence, renduë par ledit Prevôt où son Lieutenant, comme il a été jugé par Arrêt, raportez par Chenus, Partie 1. Titre 3. Chapitre 1.

Pour juger en dernier ressort les causes de reculations proposées contre l'un d'eux, en une cause qui n'excede pas leur pouvoir, ils doivent être au nombre de cinq, & s'ils se trouvent moins de

Tome I. D

Juges ils peuvent prendre des Avocats du Siége, non ſuſpeƈt aux Parties, ſuivant l'Art. 27. de l'Ordonnance de Moulins, & l'Article 28. du Titre 24. de la nouvelle Ordonnance.

Si la demande faite pardevant leſdits Preſidiaux n'eſt point limitée, où ſi elle excede leur pouvoir, il faut ſi le demandeur veut être jugé par jugement dernier, qu'il reſtraigne ſa demande dans les bornes du pouvoir des Preſidiaux.

Cette reſtriƈtion doit être faite par l'âpointement de conteſtation, ſoit en cauſe principale où d'âpel, ou avant icelui.

Toutefois, j'eſtime qu'elle ſe peut faire en tout état de la cauſe avant le jugement, & tel eſt l'uſage.

Mais ſi l'une ou l'autre des Parties ſont reſpeƈtivement demandeurs, comme par exemple, en cas de ſaiſie & nouvelleté, il faut qu'elle ſoit faite par les deux Parties.

Les Tuteurs & adminiſtrateurs des bien d'Egliſe, ne peuvent pas faire telle reſtriƈtion, pour leurs Mineurs ou pour les biens de l'Egliſe dont ils ont l'adminiſtration, parce que c'eſt une eſpece d'alienation, & que les biens d'Egliſe & de Mineurs ne peuvent pas être alienez par les Tuteurs & Adminiſtrateurs.

Cela ſeroit bon s'il s'agiſſoit de quelque immeubles; mais ne s'agiſſant que de la valeur de deux cens cinquante livres, il leur eſt plus avantageux d'être jugez tout d'un coup ſans âpel, d'autant que les Mineurs & les Communautez ſont ordinairement ruinées par les ſollicitations éloignées.

Neanmoins les droits de Sceau, qui âpartiennent aux Secretaire du Roy ſur les Sentences Preſidiales, font que les Communautés, & même la plûpart des Parties ne plaident preſque plus en Preſidial.

Si un Procés de nature a être jugé en dernier reſſort ſe trouve parti, il doit en ce cas être renvoyé au plus prochain Preſidial, & non pas departi par les Avocats du Siége, ainſi qu'il a été jugé par Arrêt du 13. Juillet 1587. raporté par Chenu, au Livre ci-deſſus cotté, Chapitre 1.

Il eſt plus à propos d'âpeler quelqu'autre Avocat, d'une ſuſiſance & integrité connuë, ainſi que le porte l'Edit des Preſidiaux; mais on âpele le plus ancien de ceux qui frequentent ordinairement le Barreau.

Il eſt défendu aux Preſidiaux d'évoquer les cauſes pendante pardevant les Juges, dont les âpelations reſſortiſſent en leur Siége, par l'Article 2. de l'Edit d'empliation d'iceux, du mois de Mars 1551. qui leur enjoint de juger ſeulement l'âpel porté par

devant eux , & de renvoïer les Parties pardevant le Juge dont eſt
àpel , ſi la Sentence eſt confirmée , ou pardevant un autre ſi elle
eſt inferieure.

Cependant par l'Article 2. du Titre 6. de l'Ordonnance de 1667
il ſemble que l'évocation ſoit permiſes à tous Juges ſuperieurs ,
pourvû qu'en évoquant , ils jugent définitivement à l'Audiance
& ſur le champ , par un même jugement.

Ce qu'ils ne peuvent pas neanmoins faire pour excés , lors qu'on
plaide pardevant eux ſur une Requête en défenſes , parce qu'il
n'y a rien de certain dans la Sentence du premier Juge , à moins
qu'il ni ait reſtriction de la part de la Partie , & que les dommages & interêts en cas d'abſolution de l'acuſé , ne montent pas âpa-
rament à une ſi grande ſomme.

Les matieres qui ſont exceptées de la competance des Preſidiaux , & qu'ils ne peuvent juger en dernier reſſort , ſont les cauſes
qui concernent le Domaine du Roy , & les Eaux & Forêts , les immeubles de l'Egliſe & des Mineurs , & les choſes qui ne peuvent
recevoir , eſtimation par argent , comme auſſi les cens & rentes ,
portant lods & ventes , les tenuës féodales , les retraites lignagers
& féodaux , les incompetences & fin de non proceder , & enfin
les cauſes auſquelles les qualités d'heritier ou de commune ſeront
controverſées.

Le cas de réalité , & même les ſervitudes ne ſont pas exceptée
de l'Edit , c'eſt pourquoi il peuvent juger une cauſe en deſiſtement ,
pourvû qu'on ſe rétraigne à une certaine ſomme , ſi l'on ne veut
pas abandonner l'heritage ou s'exempter de la ſervitude.

On juge même ſouvent au grand Conſeil , qu'encore qu'il ni ait
pas de reſtriction , ſi le fond que l'on demande vaut évidemment
moins que la ſomme dont-il peuvent connoître , comme s'il ne s'a-
giſſoit que de quelques verges ou arpens de Terres , ils ont été
competens.

Ils connoiſſent auſſi d'une demande en ceſſion , ſi la créance
n'excede leur pouvoir , d'autant que ce n'eſt qu'une exception
contre l'amande.

On prétend encore qu'ils doivent connoître en dernier reſſort
d'un inſcription en faux , incidente dans une afaire qui n'excede
pas le premier Chef de l'Edit.

Mais j'en ferois dificulté , d'autant que ce n'eſt pas un cas qui
leur ſoit atribué par un jugement dernier , à moins que ce ne ſoit
par jugement Preſidial au ſecond chef de l'Edit.

Par la même raiſon , je ne crois pas auſſi qu'ils puiſſent interdi-

D ij

re un Officier par un jugement dernier , d'autant qu'il s'agit de l'honneur & des fonctions , que l'on ne peut pas eftimer.

Autre chofe eft de tous les âpels incidens, comme par exemple, d'incompetance, qui doivent être jugez au premier où fecond chef de l'Edit.

On a auffi jugé depuis peu en la Grand Chambre du Parlement de Paris, au raport de Monfieur Barentin , par Arrêt du 10. Juillet 1688. en faveur des Prefidens de Melun , qu'encore qu'il s'agit des qualités d'heritier ou de commune, les Prefidiaux ne laiffoient pas d'être competens , ce qui doit s'entendre au fecond chef de l'Edit, où l'âpel en eft reçû.

Les Arrêts ont jugés , que lors qu'il s'agit de l'interpretation d'un article de l'Ordonnance ou d'un point de Coûtume, en une caufe qui n'excede pas le pouvoir des Prefidiaux , qu'ils ne peuvent pas juger en dernier reffort.

Neanmoins s'il faloit excepter ce cas, il n'y auroit pas de caufe qu'on ne voulut faire rouler fur l'interpretation de l'Ordonnance & de la Coûtume , & au contraire , j'eftime que c'eft alors qu'on devroit avoir plus de foy pour leurs jugemens, quand il s'agit d'un point de Coûtume.

L'Edit des Prefidiaux en parlent des dépens, à quelque fomme qu'il puiffent monter , ne doit être entendu que des dépens adjugés par Sentence donnée en dernierr effort, qui font acceffoires au principal, a jugé par la même Sentence, & non pas des dépens étrangers qui tiennent lieu de demande principale, comme le remarque Mr. le Prêtre , Centurie 1. Chapitre 61.

Mais l'âpel fufpend pour les dépens à l'égard des caufes des Bailliages , & de celles des autres Juges.

Les arrerages de Rentes ne font auffi confidérés que , comme acceffoires à telle fomme qu'ils puiffent monter, à la diference des interêts d'obligations, qui fe joignent au principal pour compenfer la fomme , dont les Prefidiaux peuvent connoître, à caufe que les payemens font imputés fur le principal des obligations.

L'Edit de Création des Prefidiaux, n'ayant parlé que des dépens qu'ils peuvent juger à quelque fomme qu'ils puiffent monter , il ne doit pas être entendu aux dommages & interêts , d'autant que cet Edit n'eft pas favorable, en ce qu'il reftraint la liberté d'âpeler.

Ils peuvent juger en dernier reffort les premieres Inftances introduites pardevant eux , auffi-bien que les âpelations qui leurs font portées des Juges inferieurs, lefquelles doivent être relevées dans fix femaines , à compter du jour de la fignification de l'acte.

d'apel, faite au domicile de la Partie adverse ou à son Procureur.

Les âpelations des Juges inférieurs pardevant les Presidiaux, doivent être relevé dans six semaines.

L'Amande du fol âpel, est de dix livres parisis, suivant l'Edit de leur création, qui reviennent à douze livres dix sols.

Mais par l'Edit du mois d'Août 1669. pour être reçû âpelant devant les Presidiaux, il ne faut consigner que six livres tournois, & quand les âpelans succombent, ils ne doivent être condamnés qu'en la même somme qu'ils ont consignées.

Quoi qu'il y ait plusieurs âpelations interjetées par les mêmes Parties, neanmoins il ne doit être consignés qu'une seule amande, ainsi qu'il est porté par cet Edit.

Toutefois, si d'une même Sentence les Parties sont respectivement âpelantes, il doit être consigné deux amandes ; selon le même Edit, mais on n'en consigne pas pour les âpelations qui s'interjettent sur le Barreau.

Si le condamné par une Sentence en dernier ressort interjette âpel & le releve au Parlement, l'Intimé doit se pourvoir au Grand Conseil, protecteur de la jurisdiction des Presidiaux, qui condamnera l'âpelant en l'amande, & lui fera défenses de poursuivre son âpel.

Sur quoi il faut observer ici, que si la Sentence en dernier ressort avoit été obtenuë par surprise, ou qu'il y eût erreur manifeste, il faut pour la faire reformer, se pourvoir par Requête Civile pardevant lesdits Presidiaux, sans que pour cela, il soit besoin d'obtenir en Chancellerie Presidiale aucune Lettre ; car il suffit de se pourvoir par simple Requête, suivant l'Art. 4. du Titre 35. de l'Ordonnance de 1667.

Il semble aussi qu'il n'y ait pas de nullité, faute d'avoir raporté une consultation d'Avocats, & d'avoir consigné l'amande, l'Ordonnance n'ayant prescrit ses formalitez que pour les Lettres.

La Partie qui a la voye de Requête Civile, doit se pourvoir dans six mois, à compter du jour de la signification de la Sentence.

Il n'est pas necessaire de consigner l'amande avant que d'être reçû à poursuivre la Requête Civile, d'autant que la nouvelle Ordonnance n'en parle point à l'égard des Presidiaux, & n'ordonne la consignation, qu'à l'égard des Requêtes Civiles, obtenuës contre les Arrêts des Cours Souveraines.

Celui qui succombe en la Requête Civile, est condamné à dix livres d'amande parisis, aplicable moitié au Roy, & l'autre à la Partie, ainsi qu'il est porté par l'Art. 6. de l'Edit du mois de Mars

1551. portant ampliation de l'Edit de Création des Presidiaux.

A laquelle amande de dix livres parisis, ou douze livres dix sols tournois, suivant la maniere de compter d'aujourd'hui, il se faut tenir, puisque la nouvelle Ordonnonce de 1667. n'en parle point.

S'il y avoit âpel interjetté de la taxe des dépens, ou de quelqu'autre actes fait en execution d'une Sentence en dernier ressort, il doit être relevé pardevant les mêmes Juges Presidiaux, qui ont taxés les dépens & rendu la Sentence.

Dans les Chancelleries Presidiales, on ni expedies que des Commissions, Reliefs d'âpel, anticipation, desertion, & conversion d'âpel en oposition, & non aucunes autres Lettres.

Le Scel des Presidiaux est executoire par tout le ressort du Parlement, dans lequel le Siége Présidial est établi.

Il jugent aussi en dernier ressort en matieres Criminelles, de la Competance des Prevôtés des Maréchaux, selon l'Article 15. du Titre 2. de l'Ordonnance de 1670.

Comme aussi de toutes les personnes & crimes, dont connoissent les Prevôts des Maréchaux, par préferance ausdits Prevôts des Maréchaux, Lieutenans Criminels de Robbe-Courte, Vice-Baillifs, & Vice-Senéchaux, pourvû que les Presidiaux ayent decreté avant eux ou le même jour.

L'Article 12. dudit Titre 1. de la même Ordonnance, explique les cas Prevôtaux, dont les Prevôts des Maréchaux & lesdits Presidiaux peuvent connoître concurrément, & les juger en dernier ressort & sans âpel, en ces termes, *Les Prevôts des Maréchaux, les Lieutenans Criminels de Robbe-Courte, les Vice-Baillifs & Vice-Senéchaux, connoîtront en dernier ressort de tous les Crimes commis par Vagabons, gens sans aveu & sans domicile, ou qui auront été condamnés à peine corporelle bannissement, ou amande-honorable, connoîtront aussi des oppressions, excés, & autres Crimes commis par Gens de Guerre, tant en leur marche, lieux d'Etapes, que d'Assemblées & séjour pendant leur marche, des Deserteurs d'Armées, Assemblées illicites, avec Port-d'Armes, levées de Gens de Guerre sans Commission, & de vols faits sur les grand Chemins, connoîtront aussi des vols faits avec éfraction, Port-d'Armes & violence publique, dans les Villes qui ne seront point celles de leur residence, comme aussi des Sacrileges avec éfraction, assassinats prémedités, seditions, émutions populaires, fabrication de fausse Monnoye, alteration ou exposition contre toutes sortes de personnes.*

L'exception qui est dans le dernier membre de cet Article, au cas que les crimes ayent été commis hors les Villes de leur refidance, n'a pas lieu à l'égard des personnes mentionnées aux deux premiers membres du même Article.

Il faut aussi remarquer ici, que ces termes, *avec éfraction, Port-d'Armes & Violence publique*, s'entendent, *disjunctim non conjunctim*, quoi que les autres Ports-d'Armes & violence publique s'entendent conjointement.

Il n'est pas necessaire que l'éfraction ait été faite dans les dehors de la maison, il suffit qu'on ait rompu quelque porte où coffre au dedans.

Il n'est pas aussi necessaire que l'éfraction soit reconnuë dans vingt-quatre heures, d'autant que l'Ordonnance ne distingue pas, & qu'on ne se plaint pas toûjours aussi-tôt après le vol ; mais il faut que l'éfraction soit justifiées par des preuves incontestables.

On peut dire, que les Fauxbourgs ne sont pas compris sous le nom de la Ville de leur residance, suivant les termes de la Loy 2. *ff. de verbor significat. urbis appellatio muris finitur*, quoi qu'il soit dit ensuite, que Rome comprend encore tous les bâtimens qui sont au tour de la Ville.

Le seul Titre de l'accusation ne suffit pas pour établir la Competance d'un Prevôt, s'il n'est soûtenu par des probabilités & presomptions resultantes des Charges, autrement il seroit facile de colorer une plainte d'assassinat prémedité, ou de vol de grand chemin, pour engager un acusé dans un état à n'avoir pas le tems de se défendre.

Ainsi, suivant la Coûtume de Sanlis, tous les cas qui arrivent sur les grands chemins ne sont pas Prevôtaux, quoi qu'ils soient Royaux.

C'est pourquoi, un domicilié qui a pris un Cheval, ou une Vache, qui paissoient sur un grand chemin, ne doit pas être jugé Prevôtablement, s'il ni a pas de violence, quoique ce soit un crime qualifié, à cause de la sureté publique.

Il semble aussi que le Receleur domicilié ne puisse pas être jugé Prevôtablement, lors que le vol est fait avec éfraction, où quand il a été commis par un Soldat ou par un Vagabond, parce que le recelé est posterieur à l'action.

Neanmoins on observe le contraire à cause de la connexité, & on tient que le cas Prevôtal attire l'ordinaire ; mais il faut que la Competance soit jugée contre chacun des accusés, avant le jugement difinitif, sinon, il doivent être renvoyés pardevant le Juge ordinaire, ainsi qu'il a été jugé au grand Conseil, le 12. Août 1693.

Mais, lors que l'on a satisfait à cette formalité, ceux qui ont donné ordre, les Receleurs, & autres complices, doivent être jugés par même jugement, à moins qu'il ne soit Ecclesiastiques ou privilegiez, auquel cas le plus Noble attire le moins Noble.

Au reste la Competance de ceux qui ont contribué à l'action, laquelle est jugée Prevôtale, peut être jugée après le jugement difinitif des autres accusés.

Plusieurs Praticiens du Siécle veulent, qu'un Prevôt ne puisse plus connoître d'un vol avec éfraction, s'il ni a procés verbal fait de la fraction dans les vingt-quatre heures.

Neanmoins, ils ne laissent pas tous les jours d'en connoître, d'autant que les crimes ne se découvrent que long-temps aprés, & que les Parties souvent negligent de se plaindre, jusqu'à ce que les Criminels soient arrêtés & convaincus; mais il faut que l'éfraction se justifie par Témoins & autres marques.

A la verité, il seroit plus dificile en ce cas, d'ôter la connoissance à un autre Juge, qui s'en trouve le premier saisi, à moins que la qualité de l'éfraction ne soit tres-clerement prouvée.

Outre l'Edit des Presidiaux du mois de Janvier 1551. & l'Edit d'Empliation du mois de Mars ensuivant, il y a encore un grand nombre d'autres Edits & Declarations, d'Arrêts & de Reglemens, qui donnent aux uns des atributions, que d'autres non pas, & qui reforment les abus & malversations.

Il seroit impossible d'expliquer ici ces diferences; car les Juges comme j'ay deja dit, ont assés de soin de conserver, & même d'étendre leurs Jurisdictions.

Toutefois, il est à propos de raporter en cet endroit les termes d'une Declaration du Roy, du 14. May 1685. pour le Presidial de Nîmes, on verra comment se donnent les atributions, & on ne s'étonnera pas de ce que la Competence des Juges, d'un même rang ou d'un même ordre, n'est pas par tout semblable.

Il plait donc, entre autre choses, à Sa Majesté par cette Declaration, que les Officiers de la Senéchaussées de Nîmes, à l'exemple de plusieurs autres Senéchaussées & Bailliages du Royaume, tiennent tous les ans au temps qu'ils voudront marquer, leurs assises pendant trois jours consecutifs dans la Ville la plus commode du ressort de la Senéchaussée.

Il est enjoint à tous les Juges Royaux où des Seigneurs, & à leurs Lieutenans, à tous Huissiers ou Sergens & autres Officiers du même ressort, de se presenter en personne à la premiere Séance de ces assises, & d'y demeurer pendant les trois jours, pour repondre

dre aux plaintes qui pourront être faites contre eux, & aux conclusions qui feront prises par le Procureur du Roy de la Sené-chauffée, pour contraventions par eux commifes aux Ordonnances Royaux, excés des droits, émolumens par eux perçûs, & autres contraventions faites dans les fonctions de leurs Charges.

Il eft dit auffi, que les Parties pourront remettre leurs dénonciations, plaintes, memoires & pieces entre les mains du Procureur du Roy, pour y être pourvû pendant la tenus des affifes par les Officiers, fans forme ni figures de Procés.

Sa Majefté veut encore, que ceux qui auront quelque fufpection contre les Juges ordinaires Royaux, où des Seigneurs puiffent faire affigner leur partie directement en matiere civile aux affifes, & qu'il puiffe être fait droit fur les demandes, pourvû que les caufes n'ayent été conteftées devant les Juges ordinaires, & qu'elles foient à l'Audiance des affifes.

CHAPITRE IX.

Du Châtelet de Paris.

LA Jurisdiction du Châtelet, eft une Prevôté Royale où il y a Prefidial, & où les Juges ont non-feulement le pouvoir de ceux des Baillifs & Senéchaux, Mais même des atributions particulieres, & des prérogatives qui fervent à le diftinguer.

Cette Prevôté eft compofée d'un Lieutenant general Civil, d'un Lieutenant general de Police, d'un Lieutenant general Criminel, & d'un de Robe-Courte, de deux Lieutenans particuliers, de plufieurs Confeillers, & d'un Juge âpelé Auditeur, d'un Procureur du Roy, quatre Avocats du Roy, deux Subftituts du Procureur du Roy, & de plufieurs Commiffaires.

La reception de tous les Officiers du Châtelet, âpartient à Monfieur le Lieutenant Civil, & il connoît de toutes actions perfonnelles, réelles & mixtes, de tous contrats, teftamens, promeffes, matieres Benéficiales & Eccléfiaftiques, de l'apofition des Scélés, confections d'Inventaires, Tutelles, Curatelles, avis de Parens, émancipations, & de toutes autres matieres concernant la Juftice contentieufe & diftributive, dans l'étenduë de la Ville, Prevôté & Vicomte de Paris, à l'exception des matieres qui regardent la Police.

Il connoît à l'exclufion des autres Juges, de l'execution des con-

trats paſſés ſous le Séel de la Prevôté de Paris , contre les contractans & leurs heritiers ſeulement.

Ainſi , celui qui c'eſt obligé par Contrat paſſé ſous le Séel du
Châtelet , qui eſt atributif de Juriſdiction au Prevôt de Paris , y
peut être âpelé pour l'execution du même Contrat , ençore que
ſa demeure ſoit dans l'étenduë d'une autre Juriſdiction.

Il eſt auſſi Juge conſervateurs des Privileges Royaux des perſonnes en particulier , qui compoſent l'Univerſité , & non des affaires qui regardent le Corps de ladite Univerſité , leſquelles ſont
directement portées au Parlement.

On tient tous les jours au Châtelet , depuis neuf heures , juſques à midy , à la reſerve des Lundis , des Audiances , où les aſſignations ſont donnée à huitaine ; l'une eſt âpelée l'Audiance de
la Prevôté , & l'autre l'Audiance du Preſidial.

Monſieur le Lieutenant Civil , tient les Audiances de la Prevôté au Parc-civil , où ſe font les Publications de tous les Actes qui
doivent être publiées , les certifications des criées , & les requiſi-
tions & acceptations des Gardes Nobles & Bourgeoiſes.

On y plaide les Cauſes Beneficiales & Eccleſiaſtiques de la competance du Châtelet , les Cauſes où il s'agit de l'état des perſonnes , des qualités d'heritier , & de femme commune ou ſeparée ,
des Lettres de Repy , des ceſſions de biens , des ſeparations d'habi-
tations & biens , des interdictions des perſonnes , des ſervitudes ,
des conteſtations ſur les Scélez & ſur la confection , d'inventaires ,
des diferens entre les Commiſſaires , Notaires , Procureurs , Sergens , & autres Officiers , pour la fonctions de leurs Charges , &
generalement toutes les Cauſes dont la connoiſſance apartient au
Prevôt de Paris , à la reſerve de celles qui doivent être portées aux
autres Audiances , & qui ſont ci-après ſpecifiées.

Les deux Lieutenans Particuliers, tiénent alternativement l'Audiance du Preſidial où l'on plaide ; *Primò* , Les âpelations verbales
des jugemens rendus par les Juges qui reſſortiſſent au Châtelet ,
à quelques ſommes qu'elles puiſſent monter ; *Secondò* , Les Cauſes
qui ſont aux deux chefs de l'Edit des Preſidiaux ; *Tertiò* , Les Cauſes où il s'agit des matieres perſonnelles , réelles & mixte , dont
les demandes principales & incidentes ne ſont que de 1200. livres
& au deſſous , pourvû qu'elles ne ſoient pas dans le cas de l'Audiance de la Prevôté ; *Quartò* , Les Cauſes de la connoiſſance deſquelles Monſieur le Lieutenant Civil eſt obligé de s'abſtenir.

C'eſt Monſieur le Lieutenant Civil qui regle l'ordre de la Plai-
deirie.

Il fait tous les mois deux Rôles, l'un des âpelations verbales & des caufes Prefidiales dont-on Plaide les Jeudis, & l'autre des affaires où il s'agit de 1200. livres & au deffous, dont-on plaide les Mardis.

Il eft pourtant permis aux Lieutenans Particuliers de faire plaider les Mercredis, Vendredis & Samedis de ces fortes de Caufes qui n'excedent pas 1200. livres, fur des Placets qui leur font prefentés.

Monfieur le Lieutenant Civil avant l'Audiance de la Prevôté, & aprés qu'elle eft finie, l'un des Lieutenans Particuliers, ou le plus ancien des Confeillers qui ont affifté à l'Audiance tiennent chacun à leurs jours accoûtumez les Audiances âpelées ordinaires, pour y juger les Caufes qui regardent les inftructions des affaires qui doivent être portées aux Audiances de la Prevôté, & les inftructions des Procès par écrit.

C'eft à ces Audiances ordinaires, par exemple, que l'on donne les affignations a trois jours, en reconnoiffance de promeffe.

Il y a encore une autre Audiance âpelée l'Audiance de la Chambre Civile, où toutes les affignations font données à trois jours.

Elle fe tient les Mercredis & les Samedis par Monfieur le Lieutenant Civil, & en fon abfence par l'un des Lieutenans Particuliers.

On y plaide les Caufes où il s'agit de vuider des lieux & du payement des loyers, des faifies & executions de meubles faites en confequence, des établiffemens & de charges des Gardiens & des Commiffaires, des reparations des Bâtimens, des falaires des Regens, Precepteurs & maîtres d'Ecôles, de ceux des Medecins, Apoticaires, Chirurgiens, Huiffiers, Sergens, & autres Officiers de cette qualité.

Des penfions, nouritures, ventes faites pour provifion de Maifons, falaires & peines d'Ouvriers & d'Artifans, quand il n'y a point de marchez par écrit, ports de hardes & de paquets, ventes, loüages & nouritures de Chevaux, vente de marchandifes par les Marchands Forains, fans jours, fans termes & fans écrits, & des autres matieres fommaires & provifoires, dont les demandes principales & incidentes n'excedent la fomme de cent livres.

Le Lieutenant general de Police, eft propofé pour la fureté de la Ville, Prevôté & Vicomté de Paris.

Il connoît du Port-d'Armes prohibées par les Ordonnances, du nétoïement des ruës & des Places publiques, circonftances & dépendances.

Il donne les ordres neceſſaire en cas d'incendie ou d'inondation, il connoît de toutes les proviſions neceſſaires pour la ſubſiſtance de la Ville, amas, magazins, prix & taux qui en ſont faits, de l'envoy des Commiſſaires & autres perſonnes neceſſaires ſur les Rivieres, pour le fait des amas de foin, bottelage, conduite & arrivée du foin à Paris.

Il regle les Etaux des Boucheries & les adjudications qui en ſont faites, il a la viſite des Halles, Foires & Marchés, & des Hôtelleries, Auberges, Maiſons garnies, Brelans, Tabac, & des lieux mal-famez.

Il connoît des aſſemblées illicites, tumultes, ſeditions & deſordres qui en peuvent arriver, des Manufactures & de leurs dépendances, des Elections des Maîtres & Gardes des ſix corps des Marchands, des Brévets d'Aprantiſſages, & des receptions des Maîtres, de la reception des Raports, des viſites des Maîtres-Gardes, & de l'execution de leurs Statuts & Reglemens, enſemble des renvois des jugemens où avis de Monſieur le Procureur du Roy, ſur le fait des Arts & Métiers.

Il a le pouvoir d'étaloner les Poids & les Balances de toutes les Communautés de la Ville & des Fauxbourgs de Paris, à l'excluſion de tous autres Juges.

Il connoît des contraventions commiſes à l'execution des Ordonnances, Statuts & Reglemens, pour le fait de l'Imprimerie en l'impreſſion des Livres & Libelles défendus, & par les Contreporteurs en la vente & diſtribution des même Livres où Libelles.

Il connoît auſſi de tous les crimes commis en fait de Police en flagrand délit, & peut juger ſeul les Coupables, quand il ne s'agit point de peines aflictives ; mais quand il s'en agit il en doit faire ſon raport au Preſidial.

Enfin, l'execution des Ordonnances, Arrêts & Reglemens, & ce qui les concernes, circonſtances & dependances lui âpartient, & il en joüit comme en ont joüit Meſſieurs les Lieutenans Civils avant l'Edit de Création de ſa Charge du mois de Mars 1667.

Il y a pourtant quelqu'unes de ces matieres dont-il ne connoît que concurrement ou par prévention avec d'autres Juges ; c'eſt pourquoi l'Edit porte, que c'eſt ſans innover, ni préjudicier aux droits & jurisdictions que peuvent avoir, où poſſeſſions en laquelle peuvent être les Lieutenans Criminels & Particuliers, le Procureur du Roy, & le Prevôt des Marchands & Echevins.

Il tient ſon Siége ordinaire au Châtelet, où il entend les Raports des Commiſſaires, & où il juge ſommairement toutes les matieres 'de Police, les jours qui font marqués, & comme il fe trouve à propos.

Les âpelations de fes jugemens fe relevent au Parlement.

Le Roy le commet fouvent pour juger des affaires extraordinaires qui ne font pas de fa competence, & Sa Majefté lui donne quelquefois le pouvoir de juger en dernier reffort, & le tout eft reglé par la Commiffion qu'il reçoit.

Monfieur le Lieutenant Criminel eft le Juge de tous les crimes qui fe commettent dans l'étenduë, de la Ville & des Fauxbourgs de Paris.

Son pouvoir eft femblable à celui des autres Lieutenans Criminels des Sieges où il y a Prefidial.

Le Titre 1. de l'Ordonnance de 1670. touchant les Matieres criminelles regle fa competence, & il a encore des attributions particulieres qui lui ont été confervée par l'Edit de Creation du Lieutenant general de Police, par prévention & concurrement.

Il donne Audiance les Mardis & Vendredis, & même un troifiéme jour de la femaine s'il eft befoin, dépuis midy jufqu'à deux heures, pour les affaires criminelles, où il s'agit d'injures, rixes & autres matieres legeres, qui ne meritent pas d'inftruction.

Les conteftations font vuidées fur le champt, fur les conclufions d'un des Avocats du Roy, à qui les informations, s'il y en a, ont été communiquées.

Lors qu'il voit lui-même les informations ou autres procedures, il ordonne qu'elles feront mifes fur le Bureau, & prononce la Sentence à la prochaine Audiance.

Les deux Lieutenans Particuliers, tiennent alternativement de mois en mois l'Audiance du Prefidial, ainfi qu'il a été dit ci-deffus.

Celui qui eft de fervice à l'Audiance du Prefidial, tient en l'abfence du Lieutenant Civil de Police, & Criminel, les Audiances des Chambres Civile, de Police & Criminel.

L'autre tient les Mercredis & les Samedis l'Audiance des Criées, & fait toutes les fonctions des Lieutenans Civils, de Police & Criminel en cas d'abfence, recufation ou d'autre empêchemens legitime.

Le plus ancien des deux fe trouve en la Chambre du Confeil, ou en la Chambre Criminelle aux heures où il n'eft point obligé de fervir ailleurs, Prefide au jugement des Procés Civils & Criminels, en l'abfence des Lieutenans Civils & Criminels.

Que fi l'un des deux n'eft pas en état de faire quelqu'une des

E iij

fonctions attribuées à leurs charges, l'autre exerce en sa place.

Ils peuvent avant les heures d'Audiances raporter les Procés Civils & Criminels, qui leurs ont été diſtribués.

Les Conſeillers du Châtelet ſont partagés en quatre colonnes, pour ſervir ſucceſſivement à l'Audiance de la Prevôté, à celle du Preſidial, en la Chambre du Conſeil, pour le jugement des Procés Civils & de Police, & en la Chambre Criminelle.

Le Procureur du Roy eſt un ſubſtitut de Monſieur le Procureur general.

Il fait au Châtelet toutes les fonctions des autres Procureurs du Roy, établis dans tous les Bailliages & Senéchauſſées où il y a Preſidial.

Il connoît outre cela, de tout ce qui concerne les Corps des Marchands, Arts & Métiers, Maîtriſes, Receptions de Maîtres & Jurandes, en ſorte qu'il donne ſon avis en forme de jugement, ſur tous les diferends qui arrivent en ces matieres & le Lieutenant de Polices les confirmes où les infirmes, & l'âpel d'un avis eſt porté au Parlement.

Il y a quatre Avocats du Roy, dont le plus ancien tient toûjours la premiere place en l'Audiance de la Prevôté, & aſſiſte aux Audiances de la Chambre Civile, & de la grande Police.

Les trois autres aſſiſtent ſucceſſivement à l'Audiance de la Prevôté en la ſeconde place, & les deux qui ne ſont pas de ſervice à la Prevôté, aſſiſtent à l'Audiance du Preſidial.

Celui qui ſert dans la ſeconde place en l'Audiance de la Prevôté, ſert durant le même temps aux Audiances de la petite Police, & celui qui ſert dans la ſeconde place à l'Audiance du Preſidial, aſſiſte à celles qui ſe tiennent pour les matieres Criminelles.

Les affaires où le Roy & le Public ont interêts, leur ſont communiquées, il en font le recit & l'on ſuit leurs concluſions quand elles ſont trouvées raiſonnables.

Le plus ancien reſout en l'abſence de Monſieur le Procureur du Roy, toutes les concluſions préparatoire & definitives ſur les informations & Procés Criminels, & ſur les Procés Civils qui ont accoûtumé d'être communiqués au Procureur du Roy.

Les Subſtituts repreſentent Monſieur le Procureur du Roy, ils ont été crées; parce qu'un ſeul Officier ne pourroit pas vacquer en même temps à toutes les affaires d'une ſi grande Ville, où on a beſoin de ſon miniſtere.

Les Commiſſaires du Châtelet ont des fonctions particulieres, comme d'oüir les comptes, de taxer les dépens, d'interroger ſur faits & articles , d'apofer des fcélez , de recevoir des plaintes, & de faire les informations , & les enquêtes.

Leur principal foin doit être d'informer Monfieur le Lieutenant Criminel , & Monfieur le Procureur du Roy , des crimes qui fe commettent dans l'étenduë des quartiers où ils font diftribués dans le jour qu'il en ont connoiffance.

Quand il arrive quelque difficulté confiderable au fujet des plaintes qu'ils reçoivent ou des requifitions des Parties, pour faire arrêter des perfonnes hors le flagrant-délit, ils en informent Monfieur le Lieutenant Criminel.

Ils font auffi obligés d'executer les Ordres & Mandemens de Meffieurs les Lieutenans Civils , & de Police.

Le Chevalier du Guet eft propofés avec fes Archers à la garde de la Ville pendant la nuit , il eft obligé de prêter main - forte à l'execution des Ordres & Mandemens des Magiftrats.

Le Lieutenant Criminel de Robbe-Courte , ou d'Epée , connoît en dernier reffort, comme Monfieur le Lieutenant Criminel, concurremment & par prévention entre eux , dans la Ville & dans les Fauxbourgs de Paris , des cas & crimes mentionnés en l'Article 12. du Titre 1. de l'Ordonnance de 1670. en faifant juger préalablement leur Competence , fuivant la forme prefcripte par la même Ordonnance, & par les Arrêts du Confeil des 19. Juillet & 2. Septembre 1678.

Mais s'ils ont decretés le même jour , c'eft Monfieur le Lieutenant Criminel qui connoît preferablement du Crime dont l'acufé eft prévenu.

Le Lieutenant Criminel de Robe - Courte connoît à la charge de l'âpel au Parlement , à l'exclufion de Monfieur le Lieutenant Criminel des rebellions commifes à l'execution de fes jugemens , des crimes & délits commis par les Officiers & les Archers de fa Compagnie, même par fon Greffier , en faifant les fonctions de leur charges fous fes ordres , & en execution de fes jugemens.

Il connoît auffi à la charge de l'âpel par concurrence & prévention , avec Monfieur le Lieutenant Criminel , des meurtres ou attentats à la vie des Maîtres par leurs Domeftiques , des crimes de viol & enlevement , contre toutes fortes de perfonnes de quelque qualité qu'elles foient , excepté contre les Ecclefiaftiques.

Il lui eft enjoint où au Officiers de fa Compagnie , de conftituër en Prifon toutes perfonnes prifes en flagrant-délit , ou à la clameur publique, & d'en dreffer des Procés Verbaux , qu'ils doivent remettre au Greffe Criminel du Châtelet , pour y être pourvû par Monfieur le Lieutenant Criminel.

Il ne lui eft pas permis délargir ceux qui ont été conftitués Prifonniers en vertu de décret de prife de corps par lui décernés, que fur les conclufions de Monfieur le Procureur du Roy, & par déliberation prife à la Chambre du Confeil.

Auffi-tôt qu'il a inftruit les Procés, fon Greffier eft tenu de les porter au Greffe Criminel du Châtelet, pour être diftribué par Monfieur le Lieutenant Criminel, en prefence du Lieutenant Particulier, qui eft de fervice à l'Audiance du Prefidial ou de l'autre en fon abfence, & du plus ancien des Confeillers de fervice au Criminel.

En cas qu'il foit recufé, abfent ou malade, ou de quelqu'autre empêchement pendant vingt-quatre heures, pour ce qui requiert celerité, & où il y a peril en la demeure, & pendant trois jours pour les autres affaires; l'inftruction des Procés de fa competence âpartient au Lieutenant Particulier qui eft de fervice à l'Audiance du Prefidial, ou de l'autre en fon abfence, ou du plus ancien Confeiller, qui eft de fervice au criminel.

Mais lors que l'empêchement ceffe, il reprend l'inftruction commencée par le Lieutenant Particulier & la continuë.

Il commet tous les mois un Exempt & dix Archers de fa compagnie, qui executent les Decrets & Mandemens de Juftice, qui font décernés par Monfieur le Lieutenant criminel auffi-tôt qu'ils en font avertis.

L'Exempt & les Archers ainfi commis, ne doivent travailler à autre affaire pendant le temps de leur commiffion, fans la permiffion par écrit de Monfieur le Lieutenant criminel.

En cas que le nombre ne foit pas suffifant, il eft enjoint aux autres Officiers & Archers de s'y joindre, & d'obéïr aux ordres de la Juftice.

Lui & fes Lieutenans recoivent les plaintes, & procedent aux informations des crimes qui font de fa competence.

Il âpofe fes Scélez fur les papiers & autres éfets des acufés, pour y faire la perquifition des pieces qui peuvent fervir à leur conviction.

c'eft le Parlement qui regle les confins de Jurisdiction d'entre Monfieur le Lieutenant criminel, & celui de Robe-courte.

Le Prevôt de l'Ifle de France, eft un Prevôt des Maréchaux, qui connoît comme les autres Prevôts des Maréchaux, des crimes exprimés au Titr. 1. de l'Ordonnance de 1670. & qui doit obferver les formalités prefcriptes par le Titre 2. pour la procedues.

Pour

Pour les fonctions & les droits des Greffiers du Châtelet, il faut voir les Edits, Declarations & Arrêts dés 23. Mars 1673. dernier Mars, dernier Juillet & 4. Septembre 1674. Février 1679. l'Edit du mois de Mars 1690. verifié au Parlement le 17. Avril, & le Tarif de leurs droits arrêté au Conseil Royal des Finances le 21. du mois de Mars 1690. lequel on trouvera à la fin du 2. Tome de ce Livre.

Le juge Auditeur connoît definitivement, & par provision des causes personnelles seulement, jusques à la somme de cinquante livres.

Il tient ses Audiances ou Auditoires au bas du Châtelet, & les âpelations de ses jugemens se relevent au Presidial.

Les assignations y sont donnée à trois jours, parce que toutes les causes y sont sommaires.

Il lui est permis quand les faits ne sont pas assés éclaircis par les Procureurs ou par les Clers du Châtelet qui y plaident, d'ordonner que les pieces seront mises sur le Bureau, & il prononce à la prochaine Audience son jugement definitif, pourvû que les pieces des deux Parties où de l'une des Parties lui ayent été mises entre les mains, en consequence du jugement, qui porte qu'il en sera déliberé.

Le plus diligent fait signifier des qualités, leve le jugement, & le fait signifier avec sommation à la Partie averse, de joindre ses Pieces, sans aucunes écritures.

CHAPITRE X.

Des Conservateurs des Privileges.

LEs Rois ont de tout temps accordé des Privileges aux Ecôliers, & à ceux qui les enseignent, & d'autres qu'ils ont estimés ne devoir être distraits de leurs exercices où occupation.

Ces Privileges Royaux sont établis sur des Lettres de Garde-Gardienne, qui atribuent à certains Juges, en demandant & défendant, la connoissance des Causes civiles, personnelles & mixte des privilegiés, & celles qui regardent le possessoire des Benefices.

Il y a des Communautés Ecclesiastiques, Regulieres & Seculieres, qui ont des Lettres de Garde-Gardienne.

Il y a aussi des Privileges pour certaine Foire, qui ont des Juges Conservateurs, dont je parleray dans le Chapitre suivant.

Si le Privilegié est Demandeur, il attire contre la regle ordinaire , le Défendeur hors de la Jurisdiction de son domicile, & si le même privilegiés est Défendeur , il lui est libre de demander son renvoy devant le Juge Conservateur de son privilege, excepté que dans l'un & dans l'autre cas , la Partie adverse eut un privilege égal ou plus fort , ou que le privilegiés fît trafic , ou que le Procureur du Roy fût Partie.

Ces sortes de Privileges sont le plus ordinairement accordés aux Universités & aux personnes qui les composent, soit en general , ou en particulier.

Il a été observé , par exemple, que Monsieur le Lieutenant Civil du Châtelet de Paris , est le Juge conservateurs des Particuliers, qui composent l'Université , & que le Parlement de Paris est conservateur du corps de l'Université.

Ainsi, un Regent ou autre de l'Université, se pourvoit d'abord pour son affaire particuliere devant Monsieur le Lieutenant Civil, & par âpel au Parlement , au lieu que les affaires qui regardent tout le corps de l'Université , se porte directement au Parlement.

Ces Privileges sont tellement personnels , que si quelqu'un n'ayant pas droit d'en user, faisoit assigner ou renvoyer une Cause devant les Juges du Privilege , il en courroit l'amande de soixante quinze livres, áplicable moitié au Roy, & moitié à la Partie Civile , & dont-il sera délivré executoire au Greffe , encore que par omission ou autrement , elle n'ait pas été adjugée par le Jugement où Arrêt, suivant l'Article 32. du Titre 4. de l'Ordonnance de 1669.

Le même Titre fait aussi mention de ceux qui joüissent du Privilege , & on verra ci-aprés dans le Traite de la Procedure en matiere Civile, les personnes qui joüissent du privilege de Scolarité , & ceux qui peuvent être âpelés pardevant les Juges Conservateurs des Universités , & comme on doit proceder en vertu des Lettres de Garde-Gardienne, & qu'elles exceptions & limitations reçoivent ces Privileges.

Les Juges Conservateurs sont ordinairement, ceux du Presidial du lieu où l'Université est établie , & les âpelations de leurs Sentences se rélevent au Parlement où ils ressortissent.

Il y a encore d'autres Conservateurs des Privileges des Universités, qui sont âpelés Conservateurs Apostoliques.

Ils connoissent des Privileges qui leurs sont accordés par les Papes; mais il ne connoissent des matieres Spirituelles, qu'entre personnes Ecclesiastiques , & suivant les Privileges à eux accordés.

Il n'y a que le Pape qui puisse donner des Conservateurs Apostoliques, parce qu'il ni a que lui qui puisse distraire les Sujets de la Jurisdiction ordinaire.

Ces Conservateurs n'ont pouvoir que sur les personnes qui sont dénommées, & qui sont de la qualité requise, pour être sous la protection du Pape, comme un Convent, ou une Communauté Reguliere.

Pour être Conservateur Apostolique, il faut être en dignité, comme Evêque, Abbé, Prieur, Grand Vicaire, Chanoine d'une Eglise Cathedrale.

CHAPITRE XI.

Des Conservateurs des Foires.

IL y a en France des Conservateurs des Foires, comme de celles de Lyon, de Champagne, & d'autres.

Ils connoissent des causes entre Marchands, pour raison des Marchandises venduës & achetées ausdites Foires, argent prêté, qui se doit rendre en icelle, & autres negoces faits en Foire.

Un Marchand Forain, peut aussi faire assigner pardevant lesdits Conservateurs un Marchand non Forain, pour le payement d'une Lettre de Change, quoi que la Lettre ne soit pas paiable ausdites Foires.

Les Sentences de ces Juges sont executoires nonobstant l'âpel, à quelques sommes qu'elles puissent monter, & en cas d'âpel, soit comme de Juge incompetant où autrement, ils peuvent passer outre nonobstant icelui, à l'execution de leur Jugement.

Les âpelations des Sentences desdits Conservateurs des Foires, vont directement au Parlement.

Ce Privilege est si fort, que celui qui seroit assigné en consequence, ne pourroit pas demander son renvoi, quoi qu'il eut droit de *Committimus*.

CHAPITRE XII.

Des Prevôts des Marchands, Maires & Echevins.

A Paris les Prevôt des Marchands & Echevins, exercent la Justice à l'Hôtel de Ville.

Le Prevôt des Marchands est ordinairement un Officier de Cour

Souveraine , comme un Prefident des Enquêtes , un Maître des Requêtes ou un Procureur General de la cour des Aydes.

C eft le Roy qui le nommé pour trois ans , & il arrive affés fouvent que Sa Majefté le continuë pour trois autres années.

Les Echevins ne font qu'un an , il doivent être choifis entre les Bourgeois , les Marchands y viennent ordinairement à leur tour , quand ils font d'une probité connuë , & qu'ils ont paffé par d'autres dignités , comme eft celle de Confeiller de Ville , les autres Bourgeois , comme font les confeillers du châtelet , les Avocats , les Medecins & les Notaires , font indiftinctement choifis , felon leur merite où felon la faveur.

Les Ordonnances , Edits , Declarations du Roy & Reglemens pour la Ville de Paris , établiffent la Jurisdiction de Monfieur le Prevôt des Marchands , privativement à tous autres Juges , pour fait de Marchandifes arrivé par eau fur le Port de ladite Ville de Paris , foit que les diferends naiffent fur les Ports de la Ville , où foit qu'ils furviennent dans les Provinces avant l'arrivée des Marchandifes.

Ils connoiffent auffi des caufes des Officiers de police , pour raifon de leurs Offices & de leurs fonctions.

Ces Officiers de la police , font les Mouleurs de bois , aydes à mouleurs , Geogeurs de vin , mefureurs de charbon , & autres perfonnes propofées pour faciliter les ventes de toutes les provifions , & pour empêcher les fraudes & les abus.

Ils mettent le Taux aux marchandifes & Denrées , & ils ont infpection fur tous les rivages de la riviere de Seine , tant en remontant qu'en defcendant , à l'éfet de rendre la navigation libre.

Ils jugent tous les diferends qui naiffent entre les païeurs & Rentiers , & entre les Païeurs , Contrôleurs & autres Officiers & leurs Commis , pour raifond es Rentes conftituées fur l'Hôtel de Ville.

Ils connoiffent en matieres criminelles , de tous délits commis par les marchands , leurs commis & Facteurs , au fait de la marchandife , & par les Officiers de police en l'exercice de leurs charges , comme auffi de toutes les rixes & querelles qui arrivent entre les Bâteliers & autres gens d'eau fur les ports de la Ville de Paris.

Les âpelations de leurs Jugemens fe relevent au parlement , à l'égard de celles de leurs déliberation qui concernent les affaires du Roy , elles vont directement au confeil.

Il y a un Procureur du Roy créé en Titre d'Office , il y a auffi des Greffiers , des procureurs postulans & des Huissiers.

Les mêmes Juges de l'Hôtel de Ville , connoissent encore des contestations qui surviennent , pour raison des fonctions & des droits des Couriers, Commis & Essaïeurs des Eaux de Vie, & esprit de Vin ; mais les âpelations des Sentences renduës sur ces matieres sont portées à la Cour des Aydes, suivant la Declaration du Roy, du 24. May 1694.

Dans les autres Hôtels de Villes , il y a toûjours eu aussi des Jurisdictions , qui ont été exercée par des Officiers , qui ont reçû differens noms , selon la differences des Provinces.

Il y en a , où on les a âpelés comme à Paris , Prevôts des Marchands & Echevins dans les autres , Maires & Echevins , dans d'autres Majors , Consuls , Capitouls , Jurats , Pairs & Gouverneurs.

Par Edit du mois d'Août 1691. le Roy a crée en chaque Ville un Maire de Ville , à l'exception des Villes de Paris & de Lyon , dont les Prevôts des Marchands doivent être nommez en la maniere accoûtumée.

L'Edit porté , que les Maires auront les mêmes droits & avantages dont joüissoient auparavant les autres Maires , Jurats , Consuls , Capitouls, Prieurs , premiers Echevins , &c.

Leur fonction est de convoquer aux Hôtels de Villes , pour le service du Roy , ou pour les affaires de la Communauté , des Assemblées generales où particulieres , & d'y Presider.

Ils recoivent le Serment des autres Officiers inferieurs de la Ville , & même du Procureur du Roy , dans les Villes où il n'y a pas de Parlement.

Ils President à l'examen , audition & clôture des comptes qui font rendus par les Receveurs & autres Officiers , de l'administration qu'ils ont euë des deniers & des affaires des Villes & Communautés.

Ils connoissent avec les Echevins , Capitouls , Jurats ou Consuls de l'execution de l'Ordonnance du mois d'Août 1669. concernant les Manufactures , & de toutes les autres matieres , dont ceux qui ont fait la fonction des Maires ont eut droit de connoître.

La Competence n'est pas par tout semblable , il y a dans chaque Ville des attributions differentes , & la plus generale est la reception des Marchands & Artisans , les contestations qui naissent à ce sujet , & la Police pour la subsistance de la Ville.

Dans chaque Hôtel de Ville , il y a un Procureur du Roy , qui assiste aux Assembles generales & particulieres , pour proposer

& requerir ce qui eſt avantageux pour le ſervice de Sa Majeſté
& utilité public à la Communauté.

CHAPITRE XIII.

Des Juges & Conſuls, de la Procedure, & de leur Competence.

LA Juſtice Conſulaire eſt Roïale, elle eſt exercée à Paris par
cinq Marchands, qui doivent être natif du Royaume, dont le
premier s'âpele *Juge*, & les quatre autres *Conſuls*; & tous les ans
on fait élection d'un nouveau Juge, & de quatre Conſuls.

Il y a pluſieurs Villes où il n'y a qu'un Juge & deux Conſuls,
enſorte que par l'Article 18. de l'Edit de leur création du mois de
Novembre 1593. ils ſuffit qu'ils ſoient au nombre de trois, pour
juger les cauſes de leur Competence.

Ils connoiſſent de tous Procés & differens, mûs entre Marchands, pour fait de Marchandiſes ſeulement, leurs Veuves,
Marchandes publiques, leurs Facteurs & Serviteurs, ſoit que leſdits differens procedent d'obligations, cedules, recepiſſés, lettres
de changes, ou credit, réponſes, aſſurances, tranſports, de dettes
& novations d'icelles, comptes, calcul, ou erreur en iceux, compagnies & aſſociations.

On peut auſſi aſſigner devant eux en ſommation un particulier,
non Marchand, pourveu que la garantie prétenduë ait une entiere connexité, & qu'elle dépende de l'action principale.

De tous billets de changes entre Negocians & Marchands, où
dont-ils doivent la valeur, & des lettres de Changes, payée, re-
miſes d'argent, faite de place en place, ſuivant l'Article 2. du
Titre 12. de l'Ordonnance de 1673. touchant le Reglement du
Commerce.

Mais il leur eſt défendu de connoître d'aucun billets de change
faits entre particuliers, autres que Marchands & Negocians, où
dont-il ne devront la valeur, enſorte que pour ces ſortes de billets, les Parties ſe doivent pourvoir pardevant le Juge ordinaire,
comme pour ſimple promeſſe.

Neanmoins, les Financiers & autres Fermiers & Commis pour
les affaires du Roy, ſont condamnés par Corps, pour ces ſortes
de billets.

Les lettres & billets de Changes, doivent être proteſtées dans
les dix jours, non compris le jour de la chéange, mais le jour du

proteft, & ceux des Dimanches & Fêtes, même des folemnel-les, font compris dans les dix jours, & en ce cas on doit agir en garantie contre le Tireur, ou Endoffeur dans la quinzaine, s'ils font domiciliés dans les dix lieües, & fi les ordres ont paffé fuc-ceffivement à plufieurs, chacun doit avoir le même délay, fuivant la deftination des lieux, & ces délais font comptés du l'endemain des proteft, jufqu'au jour de l'action en garantie inclufivement.

Si la lettre de Change étoit adhirée, elle peut être païée en vertu d'une feconde lettre, faifant mention de la perte de la pre-miere, fuppofé qu'elle foit païable à un particulier, fans qu'il foit befoin de donner caution.

Mais, fi elle étoit païable au Porteur, ou a ordre, elle ne peut pas être païée en vertu d'une feconde, s'il n'y a Ordonnance de Juftice & caution baillée, d'autant que celui qui l'auroit trouvée auroit pût paffer un ordre à fon profit, à la difference de celle qui y eft à païer à un particulier, dont un autre ne peut fe fervir.

Aprés trois ans les cautions données pour ce fujet, font déchar-gées de droit, à moins qu'il n'y ait quelques promeffes de païer, qui ait fait tourner la dette en crédit ordinaire.

Cependant l'action pour lettres & billets de changes eft pre-fcrites aprés cinq ans, à compter du lendemain de l'échéance, ou du proteft, ou de la derniere pourfuite, fans que la minorité, ni l'abfence puiffent empêcher la prefcription.

Si on avoit payé avant le temps une Lettre tirée à huit jours de veuë, qui auroit été volées ; celui à qui elle apartient pourroit encore l'exiger.

Il faut que l'ordre foit datté, & rempli du nom de celui qui a fourni la valeur de la lettre de Change, finon, elle n'a pas éfet de tranfport fans fignification dans le temps, & elle eft préfumée âpartenir à celui qui la endoffée, & peut être faifie par fes créan-ciers, ou compenfée par fes debiteurs.

Le billet eft reputé billet de change en deux cas.

Le premier, lors qu'il eft pour caufe de lettres de changes, four-nies pour les lieux où l'on avoit befoin d'argent.

Le fecond, quand pour la valeur reçuë, on promet fournir lettres de changes dans un tel lieu.

Ceux pour lettres de changes fournies, doivent faire mention, de celui fur qui elles ont été tirées, & fi la valeur a été payée en deniers, Marchandifes, où autrement, & ceux pour lettres à fournir doivent faire mention du lieu où elles font tirées, & fi la valeur en a été reçuë, & de qu'elle perfonnes, finon, elles ne pafferont que pour fimple promeffes.

Les billets de changes païables à un particulier y nommé, ne font reputés âpartenir à un autre, encore qu'il y eût un tranfport fignifié, s'ils ne font païables au Porteur ou à ordre, & pour lors ils ont autant d'éfet que le tranfport fignifié.

L'Ordre mis fur le billet fimple n'a pas éfet de tranfport, & le debiteur eft liberé par la quittance de fon Créancier, à la diffe-rence des ordres mis fur lettres & billets de changes qu'on fçait pouvoir être negociés, & qu'on ne doit païer qu'à ceux qui en font porteurs.

Le billet païable à une perfonne defignée, peut être revoqué par celui qui la donné, fi on n'a pas fatisfait aux conditions, & celui avec qui on la negocié fans ordre, doit recevoir les mêmes exceptions qui pourroient être propofés aux cedans.

Partant on ne doit point traiter de ces fortes de billets, fans être feur de l'aceptation.

Le porteur d'un billet de change negocié, doit fommer le de-biteur de païer où de fournir lettres de changes, dans dix jours, s'il eft pour valeur reçuë, ou en lettres de changes, & dans trois mois, s'il eft pour valeur reçuë en Marchandife, & fi le billet avoit été donné aprés les dix jours où les trois mois, l'on ne feroit obli-gé à aucunes diligences, finon, dans le temps ordinaire pour les affaires, autres que de Commerce.

J'eftime, que les billets à ordre pour Marchandifes à païer dans un temps, & le mois d'échéance, n'obligent pas à la diligence, finon, dans les trois mois, dans lefquels le mois d'échéance ne doit être compris, attendu qu'il fait partie du terme ftipulé, & que l'on n'a pût agir, ni faire protefter avant l'expiration du mois d'échéance.

Il n'en eft pas de même du mois qui fe donne par grace fuivant l'ufage, qui n'empêche pas de faire des diligences, ni d'exiger caution.

Neanmoins j'ay trouvé les avis partagés fur cette queftion, en une affaire où j'avois interêt.

La folidité a lieu, à l'égard des Tireurs, Accepteurs, Endof-feurs, & même à l'égard de ceux qui ont mis leur aval, c'eft à dire, qui ont promis de les faire valoir faute de païement.

Le porteur d'une lettre de change, eft reçû à prouver, que celui fur qui elle eft tirée, n'avoit pas de provifion, ni lors que le pro-teft a dû être fait, ni lors que la lettre a été livrées, ainfi qu'il a été jugé par Arrêt de la troifiéme Chambre des Enquêtes, au

raport

raport de Monfieur Barentin, le 12. Août 1681. raporté dans la troifiéme partie du Journal du Palais, page 69.

Ils connoiffent auffi des differens pour raifon de vente faite par des Marchands à des Artifans, fi ces Artifans & gens de Mêtiers ont acheté pour revendre, ou pour travailler de leur profeffion, comme fi des Tailleurs d'habits ont acheté des étoffes, des paffe-mens, & autres fournitures, les Boulangers & Patifiers du bled, ou de la farine, les Maffons, de la Pierre, du Moilon, ou du Plâtre, & ainfi des autres.

Toutefois les Artifans ne doivent pas être compris dans les Rôles & Impofitions pour dettes des Communautés des Marchands, ne profitant pas de la Jurisdiction Confulaire, à moins qu'ils ne faffent d'ailleurs quelque trafic, ou qu'ils ne faffent des amas confiderables de leurs Ouvrages dans des Boutiques ou Magazins.

Mais, ceux qui tiennent des Fermes à la Campagne, paffent pour Marchands, d'autant qu'ils font affigner aux Confuls les Cabaretiers, Boulangers & autres à qui ils ont vendu leurs denrées qui proviennent de leurs Fermes.

Il en eft de même des Bourgeois qui font un Commerce notable de grains qu'ils achetent & revendent.

Il faut dire, encore, que fi un Officier, ou autres perfonnes non Marchand, avoit accepté une Lettre de Change, il peut être apelé pardevant lefdits Juges & Confuls, pour fe voir condamner à païer le contenu en ladite Lettre de Change.

La raifon eft, que les Lettres de Changes étant une efpece de trafic d'argent, quiconque les accepte, de quelque qualité qu'il foit, fe rend Jufticiable de la Jurisdiction Confulaire, pourveu que la Lettre foit tirée d'une place à une autre, & non pas au même lieu, que le Tireur ait pareille fomme entre les mains de celui fur qui il tire, où du moins qu'il tire fur fon credit.

Il n'y a point de Lettre de Repis qui puiffe empêcher l'execution des Lettres de Change, comme il a été jugé par Arrêt du Parlement de Bourdeaux du 14.Mars 1682.raporté en la deuxiéme partie du Journal du Palais.

Il connoiffent auffi des gages, falaires, penfions des Commiffionnaires, Facteurs, ou Serviteurs de Marchands pour le fait du trafic feulement.

L'Article 7. du Titre 12. de l'Ordonnance de 1673. leur atribuë auffi la connoiffance des affurances, groffes avantures, promeffes, obligations & contrats, qui concernent le commerce de la

Tome I. G

Mer, le fret, & le naulage des Vaiſſeaux.

Du Commerce & Marchez fait pendant les Foires, tenuës és lieux de leur établiſſement, à moins que ſa connoiſſance n'en ſoit attribuée aux Juges Conſervateurs du privileges des Foires.

De l'execution des Lettres Royaux, lors qu'elles ſont incidentes aux affaires de leur competence, au cas qu'il ne s'agiſſe pas de l'état & qualité des perſonnes, ainſi il peuvent juger des Lettres de Reciſion pour cauſe de dol ou autres obtenuës incidemment dans les affaires pendantes pardevant eux.

Les Eccleſiaſtiques, Gentilhommes & autres perſonnes, peuvent auſſi faire aſſigner pardevant eux, pour vente de bled, de vin, de beſtiaux où autres denrées, procedans de leur crut, les redevables, pourveu que ces denrées ayent été achetées par des Marchands ou Artiſans, faiſant profeſſion de les vendre.

Les veuves & heritiers des Marchands & Negocians, peuvent encore indifferemment y être âpelés, ſi ce n'eſt que la qualité d'heritier, pur & ſimple, ou par benifice d'Inventaire fut conteſtée, où qu'il s'agit de doüaire, ou de legs, auquel cas les Parties doivent être renvoïées pardevant les Juges ordinaires, pour être par eux reglées ſur ces qualités, ſur le doüaire ou ſur le legs, pour aprés le jugement rétourner aux Juges & Conſuls.

Il a été jugé par Arrêt de la Cour du 18. Mars 1659. contre les Conſuls de la Ville d'Auxerre, qu'ils n'avoient pû prendre connoiſſance d'un differend, d'entre deux Marchands de la Ville de Joigny, parce que la Ville de Joigny n'eſt pas du Bailliage d'Auxerre; mais de celui de Troye.

Neanmoins, par l'Article 17. du Titre 12. de ladite Ordonnance de 1673. le Créancier a le choix de faire âpeler ſon debiteur, ou pardevant les Juges & Conſuls du domicile de ſon debiteur, ou pardevant ceux du lieu où la promeſſe a été faite, & la Marchandiſe fournie, ou pardevant ceux du lieu où le païement doit être fait.

La Declaration du Roy Charles IX. du 28. Avril 1565. leur attribue auſſi la connoiſſance des contrats & obligations, paſſées ſous le Scel du Châtelet de Paris, entre Marchands, & pour fait de Marchandiſe.

Cependant ils ne doivent pas s'attacher aux ſubtilités de droit qui ſont dans les Contrats; mais ſeulement à la bonne foy.

C'eſt pourquoi il a été jugé par Arrêt du Parlement de Toulouſe du 17. Juin 1672. raporte en la deuxiéme Partie du Journal du Palais, que deux Marchands ayant acheté enſemble des Mar-

chandifes, & fait leur billet figné des deux , fans parler de la folidité , ne laiffoient pas d'être obligés folidairement.

Mais on juge le contraire, à moins qu'ils ne foient affociés, d'autant qu'ils doivent fçavoir , que les coobligés ne font tenus que de
leur part & portion perfonnelle , s'il n'y a claufe qui les obliges
l'un pour l'autre , & cette folidité n'a lieu qu'à l'égard des Affociés
qui font connus pour tels , & qui exercent eux mêmes le commerce , & non pas à l'égard des Affociés fecrets.

Neanmoins on tient que la fignature ou acceptation d'une même Lettre de Change par plufieurs Marchands, les oblige folidairement : mais je ne crois pas qu'un Marchand mineur puiffe être
reftitué de l'obligation folidaire dans laquelle il eft entré avec
d'autres , ni qu'un maître puiffe defavoüer la folidité contractée
par fon inftituteur , d'autant que c'eft un cautionnement qui excede le pouvoir d'un fimple Commis.

Il eft défendu à tous Juges de caffer , ou furfeoir les pourfuites
& procedures faites en execution des fentences defdits Juges &
Confuls , ni de faire défenfes de proceder pardevant eux , à peine
de nullité & de cinq cens livres d'amende , tant contre les Parties
qui auront prefenté requête à ces fins , que contre les Procureurs
qui les auront fignées, & les Huiffiers qui les auront fignifiées.

Toutefois, fi un Marchand étoit affigné pour fait de Marchandife
devant un Juge ordinaire , il ne pourroit pas décliner , d'autant
que l'Article 4. de la décharge des contraintes par corps , de
l'Ordonnance de 1667. permet aux Cours & autres Juges de condamner par corps en pareil cas, ce qui fupofe que la connoiffance
ne leur eft pas interdite.

Ce feroit autre chofe , s'il s'agiffoit de la Police des Marchandifes , qui âpartiennent aux Maires & Echevins , à l'exclufion de
tous autres Juges.

Dans les matieres de la competence des Juges & Confuls , ils
peuvent juger nonobftant tout déclinatoire, âpel d'incompetance,
prife à partie , renvoi requis & fignifié, même en vertu de lettres
de *Committimus* aux Requêtes de l'Hôtel ou du Palais , du privilege des Univerfités , des Lettres de Garde-Gardienne , & tous autres; mais ils font obligés de faire mention dans leurs Sentences
des déclinatoires qui feront propofés.

Quand il s'agit d'un differend , qui n'eft pas de la connoiffance
de leur Jurisdiction, ils doivent ordonner, que les Parties fe pourvoiront pardevant le Juge ordinaire.

Ainfi,celui qui n'eft point jufticiable des Juges & confuls,& qui âpelé pardevant eux , doit décliner & demander son renvoi , & si on ne difere point à son déclinatoire , il doit interjetter âpel comme de Juge incompetant , & si on ne defere point encore à cet âpel, ont peut obtenir des défenses de la Cour, qui ne pourront être refusées, parce que par l'Article 14 du même Titre, il est enjoint ausdits Juges & Consuls , de deferer au déclinatoire & à l'âpel d'incompetence , quand une cause est portée devant eux , dont la connoissance ne leur âpartient point.

Et quand ils n'obéïssent pas à l'Ordonnance, c'est à la Cour à les rétenir dans leur devoir , & dans les bornes de leur Jurisdiction.

Mais, comme tous les détours sont incommodes pour des affaires de peu de consequence , on s'adresse encore aujourd'hui aux Présidiaux, pour arrêter les procedures des Juges & Consuls, s'ils s'agit de matiere qui ne soit aucunement de leur competence , d'autant qu'un miserable , qui n'a pas moïen d'aller au Parlement se trouveroit emprisonné sans se pouvoir défendre , où avant qu'il en ait le temps , comme il arrive tous les jours à l'égard des Marchands de Chevaux, qui traduisent les Laboureurs aux Consuls , pour les faire condamner par corps , sous prétexte de la qualité de Marchand qu'on leur a donnée dans un billet.

La Cour est toûjours superieure en cas que les Presidiaux ayent excedé leur pouvoir.

Les Juges & Consuls rendent gratuitement la Justice , & donne audiance les Lundis, Mercredis & Vendredis, le matin & de relevées.

Les Parties plaident en personnes ou chargent qui bon leur semble de leur Procuration par écrit, pour répondre pour eux; on trouve certains particuliers dâs la Cour de la Jurisdiction qui sont agréés des Juges , qui se charhent des Procurations & des Causes des Parties , moïennant un salaire raisonnable , il est pourtant libre d'en charger d'autres.

Les assignations doivent être données au premier jour d'Audiance, le Demandeur choisit le matin ou l'aprés midi, & il n'y a pas de délai pour les Parties qui sont de Paris , on assigne au lendemain , & même du demain au matin ou à l'aprés-midi; mais quand on assigne à comparoir dans le jour, l'Huissier doit cotter l'heure qu'il fait l'Exploit & l'heure de l'assignation , afin qu'on connoisse que l'assigné à en un temps suffisant pour se rendre à l'assignation.

On fait en registrer les Exploits , & on âpelle les Causes à leur rang , & personne ne s'en rétourne le jour de l'assignation, sans avoir Audiance.

Les Causes de la Campagne se plaident ordinairement le matin ,

& quand il en reste, on les âpeles les premieres de relevée.

Celles là font terminées fur la premiere affignation, & les Sentences qui interviennent par défaut font definitives, le défaillant n'a que la voïe de donner fa requête qu'il a dreffé aux Juges & Confuls, & qu'il fait répondre par l'un des cinq, qui permet par une Ordonnance qu'il met au bas d'affigner à la prochaine Audiance, & cependant fait défenfes d'executer la Sentence par défaut.

A l'égard des caufes de Paris, ils donnent des défauts contre les Défaillans, & il faut faire réaffigner fur le défaut par un Huiffier de la Jurifdiction, pour avoir une Sentence definitive.

Les Défaillans ont la même voïe de fe pourvoir par Requête, que ceux de la Campagne pour faire raporter la Sentence.

Il eft permis en tout tems de fe pourvoir contre toutes fortes de Sentences par défaut ou contraditoire, & d'en demander le raport.

On ne peut pas dire, que ce foit un moïen de diferer l'execution des jugemens, puifque le Juge ou le Conful, à qui on prefente la Requête pour le raport d'une Sentence contraditoire, ne donne des défenfes qu'en tres-grandes connoiffance de caufe, & que d'ailleurs le délay eft toûjours prochain.

Lors que le Demandeur ou le Deffendeur n'eft pas prefent, & que les Juges eftiment qu'il eft neceffaire de l'entendre par fa bouche, ils ordonnent qu'il fera affigné à cet effet, & en cas de maladie, ils commettent l'un deux pour prendre l'interrogatoire que le Greffier redige par écrit.

S'il eft neceffaire de voir les pieces, on nomme en prefence des Parties ou de ceux qui font chargez de leurs memoires & procurations d'un ancien Conful ou un autre Marchand, pour les examiner, & on rend fur fon raport le jugement à la prochaine Audiance.

Cela fe fait, lors que l'afaire eft de grande difcution, autrement les pieces font veuës fur le champ dans la Chambre du Confeil par un ou deux Confeillers qui affiftent à l'Audiance, & qui en font leur raport.

Ces Confeillers non plus que les Juges, ne font pas en titre d'office, ce font des gens qu'on choifit dans chaque Corps pour être prefens aux jugemens, & fe rendre dignes de parvenir au Confulat.

Il arrive fouvent qu'on entend des Témoins à l'Audiance, à caufe que contre la Loi generale, la preuve par Témoins eft admife dans cette Jurifdiction au deffus de cent livres, & qu'il peut auffi arriver

G iij

que les parties avancent des faits contraires, dont la preuve soit recevable par témoins.

Ainsi, dans l'un & dans l'autre cas les Juges accordent un délai pour faire comparoir les témoins, qui sont sommairement oüis à l'Audiance & les reproches proposées sur le champ, s'il y en a, en suite de quoi la cause est jugée à l'Audiance ou à la Chambre du Conseil sur la lecture des pieces.

Que si les témoins de l'une des Parties ne comparoissent point, les Juges & Consuls peuvent accorder un nouveau délai, & alors les témoins sont oüis secretement en la Chambre du Conseil, & leur déposition rédigée par écrit.

Tous les Sieges des Juges & Consuls du Royaume se doivent conformer à celui de Paris, puis qu'ils connoissent des mêmes matieres, & qu'ils observent les mêmes reglemens.

Neanmoins, la connoissance des inscriptions de faux incidents aux instances pendantes pardevant eux, leur est interdite, par l'Article 20. du titre 1. de l'Ordonnance de 1670. touchant les matieres Criminelles, qui porte *que tous Juges, à la reserve des Juges & Consuls & des bas & moyens Justiciers*, peuvent connoître des inscriptions de faux incidentes aux affaires pendantes pardevant eux & des rebellions commises à l'execution de leurs jugemens.

Or il s'ensuit, qu'au terme de cet article, les Juges & Consuls ne peuvent aussi connoître des rebellions faites à l'execution de leur Jugemens, principalement si la rebellion étoit telle, qu'il y échut peine corporelle ou banissement, & en ce cas la connoissance en est devoüe aux Baillifs, Senefchaux & Presidiaux.

Ils jugent en dernier ressort jusqu'à la somme de cinq cens livres tournois, suivant l'article 8. de l'Edit de leur créances, mais le Parlement ne laisse pas de recevoir les apelations au dessous de cinq cens livres, cependant on s'adresse au grand Conseil pour arrêter les procedures sur l'apel.

Quoi que leurs Jugemens excedent ladite somme de cinq cens livres, il peut neanmoins estre executé nonobstant l'apel & sans préjudice d'icelui, & l'apel doit être relevé au Parlement, dans trois mois à compter du jour de la signification de l'acte d'apel.

Toutes Sentences des Juges & Consuls, tant en dernier ressort, qu'autrement, sont executoires par corps, contre les condamnez, mais non contre sa veuve, ni contre ses heritiers.

On ne peut pas en vertu de leur Jugement faire aucune criée dans leur Jurisdiction, elles doivent être faites pardevant les Juges Royaux.

Mais les faifies de meubles, établiffement de Commiffaire, les ventes & diftributions des deniers, fe font en vertu de leur Sentences, toutefois fi le Commiffaire ne veut pas faire fa charge, il ne peut point y eftre condamné par les Juges & Confuls.

Ils ne font pas auffi competans pour leur faire rendre compte des fruits des chofes faifies, attendu qu'il ne s'agit plus de fait de marchandife.

Ils ne peuvent pas auffi regler la préference entre creanciers, lors qu'ils y en a qui ne font pas leurs jufticiables, & à qui il eft dû pour caufes dont ils ne peuvent connoître.

On peut affigner celui entre les mains duquel on fait arreft pardevant les Juges & Confuls pour faire fa déclaration, mais fi elle eft contestée, on doit plaider devant fon Juge.

Le Formule de toutes fortes d'Exploits d'affignation, & demandes, & la maniere de faire toutes fortes de proteft, eft au Chapitre des Jurifdictions Confulaires, de mon Stile general des Huiffiers & Sergens.

CHAPITRE XIV.

Des Treforiers de France, aux Bureaux des Finances, & des Chambres du Domaines.

L'Edit du mois de Mars 1693. verifié au Parlement, le premier Avril, contient l'Hiftoire en abregé de la Jurifdiction des Treforiers de France & de la Chambre du tréfor.

Ainfi, c'eft une Jurifdiction, qui originairement a été établie pour connoître en premiere inftance, de toutes les caufes qui concernent le Domaine du Roy en toute l'étenduē du Royaume.

Les Treforiers de France, en font les chefs, & les Prefidens nez; mais il y affiftent tres-rarement, & la jurifdiction en eft exercée par huit Confeillers, conjointement avec un Lieutenant General, qui a été creé depuis ces huit Confeillers.

Neanmoins, originairement ils en exerçoient feuls la Jurifdiction, les Confeillers de ladite Chambre n'ayant été crées que lors que par l'augmentation du Domaine, les Treforiers étant diftraits par d'autres occupations plus importantes, n'ont plus eu le temps d'y vacquer.

De forte, que les grandes occupations defdits Treforiers les obligerent de commettre cette Jurifdiction & la decifion des Pro-

cez , concernant le Domaine du Roy , à des gens experts & entendus au fait de judicatures.

Mais n'ayant pas été trouvé raifonnable de laiffer la connoiffance du Domaine du Roi, & la décifion des differends qui en pouvoient naître , à des perfonnes pures & privées, quatre Confeillers
furent créez en titre d'Offices , pour avec les Treforiers de France,
ou en leur abfence , juger les procez & differends qui feroient
meûs pour raifon du Domaine , & des droits en dependans.

Et parce que les quatre Confeillers étoient quelquefois partie
en opinions , il en fut créé un cinquiéme en l'année 1500. par le
Roy Loüis XII. & depuis en 1543. Le Roy François I. en créa encore trois autres pour faire le nombre de huit.

Il y a eu depuis de nouvelles créations de Treforiers de France,
& ayant été diftribuez par Generalité pour compofer les Bureaux
des Finances , ils ont eu feuls à l'exclufion de tous les Baillifs & Senéchaux la connoiffance des affaires du Domaine.

Il eft pourtant arrivé dans la generalité de Paris que les Juges
ordinaires qui n'étoient point du reffort de la Chambre , fe font
maintenu dans la poffeffion où ils étoient de connoître des affaires
contentieufes du Domaine, mais par un nouvel Edit Sa Majefté
a uni la Jurifdiction de la Chambre du Trefor au Corps des Tréforiers de France de la Generalité de Paris , & lui a atribué la
connoiffance de tout ce qui concerne le Domaine dans l'étenduë
de la même Generalité.

De forte qu'ils ont encore prefentement le droit de Prefider en
ladite Chambre du Tréfor , & pour preuve de cela , c'eft qu'après
que les Treforiers de France ont prêté le ferment en la Chambre des Comptes , ils faut qu'ils foient inftalez en la Chambre du
Tréfor , par l'un des Maîtres des Comptes, avant que d'être receu
en leur Bureau.

La Chambre du Tréfor a pour territoire la Prevôté de Paris , &
les huit Baillages circonvoifins , qui font Senlis, Melun, Brie Com-
terober , Etampes, Dourdan , Mante , Meulan, Baumon fur Oyfe,
& Crepy en Valois.

L'Edit dont je viens de parler, porte auffi fuppreffion de l'Office
de Lieutenant General & Particulier & des Offices de Confeillers
de ladite Chambre du Tréfor, en forte que toute la Jurifdiction
de ladite Chambre eft demeurée incorporée aux Treforiers pour
juger en premiere inftance de toutes les affaires du Domaine &
droits qui en dépendent , même ceux qui font joints à la Ferme
generale du Domaine dans l'étenduë de lad. Generalité de Paris,
fauf l'àpel au Parlement.   Le

Le même Edit porte création d'un second Prefident au Bureau des Finances & de fept Tréforiers pour faire avec les vingt-trois dont le Bureau étoit rempli, le nombre de trente, & compofer deux Chambres, dans l'une defquelles fe jugent les affaires qui concernent les Finances, Voiries, & autres qui étoient auparavant l'union, de la Competance des Tréforiers de France.

La Voirie eft l'infpection fur les chemins, tours, rampars, portes; fur les édifices, alignement, ponts, levées, cloaques, fontaines, maifons, reparations d'Eglifes, refection du pavé, apofition & refection des auvans, enfeignes, goutieres & autres avances.

Par Edit du premier Avril 1693. les Tréforier de France font confirmez dans la connoiffance de tout ce qui regarde la grande & la petite Voirie, de la Ville, des Fauxbourgs & de la Generalité de Paris.

Le même Edit a encore creé quatre Commiffaires pour avoir cette infpection dans les quartiers qui leur font defignez, & pour faire leur raport au Bureau des Finances.

Leurs jugemens fur le fait de la Voirie, font fans apel, & c'eft pour cela qu'ils font au rang des Cours Souveraines.

Dans l'autre Chambre âpelée la Chambre du Domaine, on juge les affaires qui concernent le Domaine du Roy dans l'étendüe de la generalité de Paris, & qui étoient de la competence de la Chambre du Tréfor.

L'enregiftrement de tous les Brevêts de dons, droits d'Aubaine, batardife, défherans, confifcation, droits Seigneuriaux & autres cafuels dependans du Domaine, & des Lettres Patentes expediées fur les brevêts, enfemble de toutes les lettres de naturalité & de legitimation, doit être fait à la Chambre du Domaine, à laquelle la connoiffance de ce qui concerne l'execution des mêmes Brevêts de dons eft atribuée.

On y fait auffi les Baux & les Adjudications du Domaine du Roy, elle eft dans la grand falle du Palais, & on y donne Audiance les Mercredis & Samedis, aux Procureurs du Parlement & aux Avocats.

L'enregiftrement des Lettres de Nobleffe, direction & d'autres femblables, fe fait en la Chambre d'eftinée pour les Officiers de la Competence ordinaire du Bureau des Finances, à laquelle âpartient auffi la reception de tous les Officiers des Elections, greniers à Sels, Receveurs generaux des Finances, Receveurs des tailles, & autres Officiers de l'étendüe de la generalité de Paris,

Tome I. H

qui ont coûtume de se faire recevoir au Bureau, qui est dans la Cour du Palais.

Il y a dans chaque chambre un Procureur & un Avocat du Roy.

Il est du devoir du Procureur du Roy de la Chambre du Domaine de faire proceder à sa requête par voye de saisie sur les biens & effets qui échoient à Sa Majesté par droit d'Aubaine, batardise, d'esherans, confiscation & autres cas semblables dans l'étenduë de la generalité, comme faisoit cy-devant le Procureur du Roy de la Chambre du tresor.

Comme aussi de faire à sa requête les saisies feodales des fiefs mouvans de sad. Majesté dans la generalité, faute par les Vassaux d'avoir rendu la foi & hommage & fournir leur aveux & dénombremens en la Chambre des Comptes dans le tems prescrit par les coûtumes.

Il est permis à Monsieur le Procureur General de la Chambre des Comptes en cas de negligence du Procureur du Roi de la Chambre du Domaine, de faire aussi saisir feodalement à sa requête.

Il y a des Bureaux des Finances dans les autres generalitez où les Tresoriers de France font les mêmes fonctions, il y a même quelque endroit comme à Roüen, des Chambres du Domaine a l'instar de celles de Paris.

Les droits de Justice, de feodalité, de censive, de patronage, de quint, requints, reliefs, rachats, lot & ventes, les droits d'aubaines, de batardise, ded'esherans, despaves, les biens vacans, le droits de Franc-fiefs, de banalité, de poids, de mesurage, de talonage, de vienage, de bertage, de peage, de travers, de roüage, de roüage, les tresors trouvez, les droits de champart & de terrage, les confiscations, & les amandes adjugées au Roy, les dixmes infeodées du domaine ou qui sont tenuës en fiefs de Sa Majesté, sont tous droits Royaux dont la connoissance apartient aux Tresoriers de France dans toutes les generalitez, & la Chambre du Domaine en celle de Paris, où les Procureurs du Parlement postulent.

La procedure se fait de la même maniere que dans les autres Jurisdictions du Royaume.

Ils ne peuvent ni évoquer, ni faire défense aux Juges ordinaires, qui ne sont pas dependant d'eux de connoître des causes du Domaine, cela n'apartient qu'aux Cours Souveraines, tout ce qu'ils peuvent ordonner en ce rencontre, est de faire défense aux Parties de proceder ailleurs que par devant eux, sur peine d'amende, & en cas de désobéïssance déclarer l'amande encouruë par la Partie, & ensuite le faire contraindre au payement d'icelle.

Et si nonobstant tout cela , il ne laisse pas de poursuivre pardevant le Juge ordinaire , il faudra que le Procureur du Roy en ladite Chambre , le Fermier du Domaine , ou celui qui aura été attiré
devant le Juge ordinaire, interjette âpel comme de Juge incompetant,de tout ce qui aura été fait & ordonné par ledit Juge ordinaire,& fasse par Arrêt du Parlement renvoyer sa cause en la Chambre du Tresor.

Ils connoissoient autrefois , de la proprieté des Eaux & Forêts
du Domaine du Roy , privatiment aux Officiers des Eaux & Forêts , mais cela a été changé par l'Ordonnance de 1669. sur le
fait des Eaux & Forêts , à laquelle Sa Majesté n'a pas dérogé par
les nouveaux Edits , dont j'ay parlé cy-dessus , en sorte qu'aujour-
d'hui par l'article 2. de l'adite Ordonnance , la connoissance du
fond & proprieté des bois du Domaine du Roy , est attribuée aux
Officiers de la Table de Marbre.

Si un Aubain ou un Bâtard , décede en la Prevôté de Paris , le
scel doit être aposé & l'Inventaire fait par un Commissaire du
Châtelet , à la Requête du Procureur du Roy de la Chambre du
Tresor , à la charge de raporter par ledit Commissaire la minute
de son procez verbal au Greffe du Tresor , & non au Greffe du
Châtelet.

Et si ledit Bâtard ou Aubain est décedé dans l'un des huit Bailliages de la generalité de Paris , lesdits scellé & l'Inventaire doivent être faits par les Baillis des lieux à la charge de renvoyer
leurs procez Verbaux & l'inventaire à ladite Chambre du Tresor , ainsi qu'il a été jugé par un ancien Arrêt de Reglement du 5.
Janvier 1552.conformement aux articles 2.3.& 4.de l'Edit de 1543.

Par l'Edit de 1627. portant attribution aux Trésoriers de France
de la Jurisdiction du Domaine , il est dit que le scellé sera aposé &
les saisies faites par les Baillis Royaux , mais la confection de l'Inventaire lui est interdite , & à eux enjoint d'envoyer dans trois
jours leurs procez verbaux d'aposition de scellés & les Exploits de
saisies par eux faits au Bureau des Tresoriers , mais cet Edit n'est
pas exactement observé.

Quand le donataire du Roi , d'un droit d'Aubaine , de batardise ou de confiscation, a fait verifier ses lettres de don à la Chambre du Trésor , il faut qu'il demande par Requête à être subrogé
aux droits du Roy , pour joüir de l'effet de son don , & que cette
Requête soit communiquée au Procureur du Roy , qui sur icelle
donne ses Conclusions.

Ensuite, elle est portée à un des Conseillers de lad. Chambre du

H ij

Tréfor,au raport duquel intervient Sentence,qui lui adjuge lefdits biens,en vertu de cette Sentence, il s'en peut mettre en poffeffion.

Les âpellations des Jugemens rendus à la Chambre du Domaine & Trefor fe relevent au Parlement,& le tems pour les relever eft de fix femaines.

Les Tréforiers de France, peuvent prononcer nonobftant l'âpel qu'en matiere d'inftruction, jufqu'au jugement deffinitif incluſivement, mais leur Sentence deffinitive ne peut pas être executée nonobftant l'apel, finon dans les cas aufquels les Iuges ordinaires peuvent prononcer nonobftant l'apel fuivant la difpofition de l'Ordonnance de 1667. Excepté toutefois, comme j'ai dit cy-deffus dans le cas de Voirée où ils font Juge Souverain & fans âpel.

CHAPITRE XV.

Des Eaux & Forefts , des Sieges des Grands Maitres, ou leurs Lieutenans au Siege de la Table de Marbre.

ON voit dans les anciennes Ordonnances, que dés le commencement de la Monarchie les Rois de France ont établi dés Officiers pour conferver les Eaux & Forefts, & des Juges pour punir les délits & malverfations.

Mais fans remonter filoin, il n'y a qu'à voir mon Traité Univerfel des Eaux & Forêts, furl Ordonnance du 13. Aouft. 1667. pour être parfaitement inftruit fur cette matiere, & fur celles des chaffes, & de la pefche, auffi-bien que fur les procedures qui s'obfervent dans ladite Jurifdiction des Eaux & Forêts.

Il y a cinq fortes de Juges, le Gruier, le Garde-Marteau, le Maitre Particulier & fon Lieutenant, le Juge de la Table de Marbre, & le Grand Maître.

Les Capitaines des Chaffes font auffi Juges pour le fait de la Chaffe fous certaines limitations, & tous ces Juges connoiffent des matieres qui leur font atribuées, à l'exclufion des autres Juges,fans que les privilegiez puiffent demander leur renvoy devant les Juges de leurs privileges.

Le Gruier a un lieu fixé où il tient fon fiege dans le détroit de la Grurie.

Il connoît en premier Inftance, & par âpel en la Maîtrife, des délits dont l'amande n'eft que de douze livres, & il renvoye les parties pardevant le Maître Particulier quand il échoit de prononcer une plus grande peine.

Il n'y a des Gruiers que pour les bois & buiffons qui font éloignés des Maîtrifes, & leurs fonctions font reglées par un titre particulier de ladite Ordonnance de 1669. que j'ay tres-amplement expliqué dans mon Traité Univerfel des Eaux & Forêts de France, pefche & chaffe, où on peut avoir recours pour être informé du devoir de tous les Officiers defdites eaux & forêts.

Les âpelations de ces premiers Juges fubalternes doivent être relevées & pourfuivies dans la quinzaine, à compter du jour de la condamnation, finon les Sentences s'executent par provifion, & aprés le mois, fans âpel & fans pourfuite, elles paffent en force de chofes jugées, de même que fi elles avoient été renduë en dernier reffort.

Lorfque les âpelations font portées aux Maîtrifes qui font le fecond dégré de la Jurifdiction des eaux & forêts, elles doivent être jugées définitivement & fur le champ par le Maître Particulier, où elles reffortiffent.

Mais comme il y a des Juftices ou des Seigneuries particulieres, qui ont des Gruiers ou autres Officiers pour le fait des eaux & forêts, il eft bon de fçavoir, que les âpelations de ceux-là, font directement portées aux tables de Marbre de leur reffort, & doivent neanmoins être levées & jugées de même que fi elles avoient été portées à la Maîtrife.

Les Maîtres Particuliers ou leurs Lieutenans de robe-longue, connoiffent en premiere Inftance, foit de partie à partie, ou à la requête du Procureur du Roy, tant au civil qu'au criminel de toutes les actions intentées pour raifon des forêts, bois, buiffons, & garennes qui âpartiennent au Roy.

Ils connoiffent auffi des affictes, ventes, coupes, délivrances & recollemens, mefures, fafons, defrichement ou repeuplement des bois de Sa Majefté & de ceux trouvés en grurie, grairie, fegrairie, tiers, d'anger, apanage, engagement, ufufruit, & par indivis, ufages, communes, landes, marais, patis, paturages, panage, poiffon, glandée, affiete, motion & changement de bornes & limites dans les mêmes bois.

Les mêmes Juges connoiffent auffi des entreprifes ou prétentions fur les rivieres navigables & flotables, tant pour raifon de la navigation & flotage, que des droits de pefche, paffage, pontage & autres, foit en efpece ou en deniers, conduite, rupture & loiers de flette, bacs & batteaux, épaves fur l'eau, conftructions & démolitions d'éclufes, gords, pefcheries, & moulins affis fur les rivieres, vifitation de poiffon, tant en bateaux que boutiques & refervoirs, & des filets,

Engeins & instrumens servans à la pesche, & generalement de tout ce qui peut préjudicier à la navigation, charroi & flotage des bris des forests du Roy.

Neanmoins, sans préjudice de la Jurisdiction des autres Officiers, qui sont en possession de connoître de ces matieres en tout ou en partie, comme sont les Prevôts des Marchands & Echevins de la Ville de Paris, qui connoissent de tout ce qui regarde la provision de Paris, à l'exclusion des Juges des Eaux & Forêts.

Ils connoissent encore des differens sur le fait des Isles, Islots, Javeaux, atterissemens, acroissemens, alluvions, viviers, palus, bâtard d'eaux, chantiers, auzelées & curement des rivieres Roïales, boires & fossés qui sont sur leurs rives.

Ils jugent les questions qui naissent entre Marchands & autres, pour fait de Marchandises de bois de chaufage ou merrein, cendre & charbon, lors que les Contrats ou autres Actes ont été faits avant que les Marchandises ayent été transportées, hors les bois, rivieres & étangs.

C'est aussi pardevant eux, que s'intentent les actions pour raison des journées & salaires de ceux qui travaillent dans les bois & forêts de sa Majesté, & des pescheurs, aides à bâteaux, ou passagers des bois établis sur les rivieres Roïales.

Ils connoissent pareillement de toutes les causes, instances & procés sur le fait de la chasse & de la pesche, prises de bêtes dans les forêts & larcins de poissons sur l'eau.

Ils informent des querelles, excés, assassinats, & meurtres commis à l'occasion de ces choses, & en instruisent & jugent les procés entre toutes sortes de personnes; mais à l'égard des autres crimes, qui ne sont pas dans les cas ci-dessus, comme vols, meurtres, rapts, brigandages & excés sur les personnes qui passent, ils n'en peuvent pas connoître, quoi qu'ils ayent été commis dans les forêts, ou sur les eaux, si ce n'est, qu'ils eussent surpris les coupables en flagrant délit, auquel cas après avoir informé & décreté, ils doivent renvoïer le Prisonnier avec les charges aux Juges ordinaires.

C'est le lieu qui regle le domicile quand il s'agit de délits, abus, & malversations, & c'est la situation de la forêts & des eaux, quand il est question d'usages & de propriété, ou de contrat pour Marchandises qui en proviennent.

Dans les differens de Partie à Partie, ils ne connoissent point de la propriété des eaux & des bois qui apartiennent aux Communautés ou aux Particuliers, sinon, lors qu'elle est necessairement connexée un fait de reformation ou de visitation, ou incidente & proposée pour défenses contre la poursuite.

Ils exercent fur les eaux & forefts des Prélats & des autres Ecclefiaftiques, Chapitres & Communautez de tous Particuliers la même
Jurifdiction qu'ils exercent fur les eaux & forêts de Sa Majefté en ce
qui concerne le fait des ufages, délits, abus & malverfations, lorfqu'ils en font requis par l'un ou l'autre des Parties.

Dans les Juftices où les Seigneurs particuliers ont des gruiers ou
d'autres Officiers pour le fait des eaux & forêts, les Maîtres particuliers ne joüiffent de la prévention, que quand ils ont été requis
par l'une ou l'autre des Parties, mais en tout autre cas ils ont & la pre-
vention & la concurrence fans avoir été requis.

A quoy il faut ici ajoûter, qu'ils connoiffent auffi indiftinctement
des abus & délits commis par les Benéficiers fur les eaux & forêts dépendans de leurs Benefices, ou par les Particuliers fur celles qui leurs
âpartiennent.

La provifion eft le droit qu'un Juge à d'attiter à lui la connoiffance d'une affaire; parce qu'il en a été faifi le premier.

La concurrence eft lors que deux ou plufieurs Juges peuvent connoître d'une même matiere, & qu'il eft libre de s'adreffer indiftinctement à l'un deux.

Le Garde-Marteau dont les fonctions font reglée par mon Traité
Univerfel des eaux & forêts de France, pefche & chaffe, fait en
execution de l'Ordonnance de 1669. affifte aux Audiances, & en
la Chambre du Confeil au jugement des affaires.

Il a voix délibérative, avec le Maître & le Lieutenant, & en
leur abfence il adminiftre la Juftice.

L'âpel des Sentences renduës dans une Maîtrife, fe releve immediatement au Siége de la Table de Marbre, où elle reffortit, &
s'il n'eft pas relevé dans le mois, à compter du jour que la Sentence
a été prononcée ou fignifiée & mis en état de juger dans les trois mois
de la prononciation ou fignification, la condamnation eft execu tée
en dernier reffort, à moins qu'il ne s'agiffe de peine afflictive ou
infammante, auquel cas la faculté d'âpeler ne fe prefcrit que par
l'efpace de vingt années.

Les jugemens interlocutoires font executés, nonobftant l'apel,
lorfque le cas eft reparable en deffinitif.

Il en eft de même des Sentences deffinitives qui n'excedent pas la
fomme de mil livres en principal & de cent livres de rente.

Les âpelations des jugemens rendus aux Maîtrifes particulieres,
font portées aux Tables de Marbres où elles reffortiffent.

Il eft pourtant permis de les porter immediatement aux Parlemens,
lors que l'apel eft d'un Jugement qui touche le fond des bois & fo-

rêts du Roy, & de ceux tenus en grurie, grairie, fegrairie, tiers & dangers, indivis, apanage, engagement ou ufufruit.

Il y a un Maître particulier à Paris, qui a fon Siége prés la Conciergerie du Palais, & qui connoît de toutes les matieres concernant les eaux & forêts de fon reffort, comme font les autres Maîtres particuliers établis dans les Provinces.

Les âpelations de fes jugemens reffortiffent aux eaux & forêts de la Table de Marbre de la grande Salle du Palais.

Les Maîtres particuliers tiennent les affifes ou hauts jours deux fois l'année, conformément à l'Ordonnance, & il y a dans la même Ordonnance des regles que le Procureur du Roy doit obfevrer, pour l'interêt de Sa Majefté & du public, que j'ay auffi expliqué tout au long dans mon Traité univerfel des eaux & forefts.

Dans châque département compofé de plufieurs gruiers & Maîtrifes, il y a un grand Maître, dont la fonction eft de faire par chafcun an vifite generale pour s'informer de la conduite des Officiers, & pour reprimer les abus.

Il connoift en premiere inftance à la charge de l'apel au Parlement où il reffortit, de toutes les actions intentées pardevact lui dans le tems de fes vifites, ventes & reformations des eaux & forefts entre telles perfonnes, & en quelque cas & matieres que ce foit.

Les Lettres patentes, Ordre & Mandement de Sa Majefté fur le fait des eaux & forefts lui font adreffez pour les faire executer.

Il a féance & voix déliberative à la Table de Marbre de fon département, il y préfide en l'abfence des Juge en dernier reffort, & tous les jugemens font intitulez de fon nom & de fes qualitez, foit qu'il ait été prefent ou abfent.

Il a le pouvoir en procedant à fes vifites de faire toutes fortes de reformation, & de juger tous les délits, abus & malverfations qui fe commettent dans fon département par les Officiers ou par les particuliers, & de faire le procés aux coupables jufqu'à Sentence définitive inclufivement & nonobftant l'apel, fauf l'execution s'il en eft âpelé.

Il peut auffi (fi bon lui femble) en cas qu'il ne veille juger, porter ou envoyer les procez qu'il a inftruit ou fait inftruire par fes Subdeleguez au Greffe de la Table de Marbre pour y être jugés par lui ou par fes Lieutenans.

Il connoift en dernier reffort des abus & malverfations commis au fait & à l'occafion des eaux & forefts par les Bucherons, Chartiers, Paftres, Gardes bêtes, & autres Ouvriers employez dans l'exploitation & voiture des bois, à l'éfet de quoy il porte le procez au Préfidial du délit, pour le juger au nombre de fept Juges au moins. Son

Son pouvoir eſt d'une grande étenduë ſur les bois & foreſts, ſur les eaux, ſur la chaſſe, & ſur la peſche ; ainſi qu'on peut voir dans mon Traité univerſel des eaux & foreſts de France, peſche & chaſſe.

La Chambre de la Table de Marbre à Paris eſt compoſée d'un Lieu-tenant general, d'un Lieutenant particulier & de pluſieurs Con-ſeillers, d'un Procureur du Roy & d'un Avocat du Roy.

Son reſſort s'étend au delà du Parlement de Paris, les âpellations des Maîtriſes qui ſont dans d'autres Parlemens où il n'y a pas de Ta-ble de Marbre y ſont portées, & elle a la prévention ſur les autres Ta-bles de Marbre.

Les Ducs & Pairs y ont le même privilege qu'à la Grand-Cham-bre du Parlement de Paris, où ils ne peuvent même ſe pourvoir pour les matieres qui ſont de ſa competence.

Les Officiers des Tables de Marbre jugent tous les procez civils & criminels qui concernent le fond & la proprieté des eaux & foreſts du Roy, iſles & riviers, bois tenus en grurie, grairie, ſegrairie, tiers & dangers, apanage, uſufruit, engagement & par indivis, & tous ceux qui leur ſont portés ou envoyés par le grand Maître des eaux & foreſts de leur département, à la charge neanmoins de l'âpel au Parlement où ils reſſortiſſent.

Ils connoiſſent de toutes les âpelations des jugemens rendus par les Officiers des maîtriſes particulieres & des autres Juges de leur reſ-ſort, comme auſſi de ceux rendus dans les juſtices où les Seigneurs ont des Juges particuliers pour le fait des eaux & foreſts.

Il ne leur eſt pas permis de donner des défenſes d'executer ou de ſurſeoir les jugemens dont eſt âpel, lorſqu'ils ont été rendus au ſujet des délits, malverſations, confiſcations & deſtitutions des Officiers.

Il jugent auſſi en dernier reſſort les âpelations des jugemens rendus ſur le fait des uſages, abus, délits & malverſations commiſes dans les eaux & foreſts du Roy, ou dans celles des ſujets de Sa Majeſté.

Quand les jugemens ſont rendus à l'extraordinaire, il eſt neceſ-ſaire qu'un Préſident à Mortier aſſiſte aux jugemens avec des Con-ſeillers du Parlement, qu'il y ait au moins dix Juges, & que le nom-bre de Meſſieurs du Parlement excede de la moitié celui des Offi-ciers de la Table de Marbre.

Si le jugement eſt à l'ordinaire, l'âpel doit être relevé dans le tems & ſuivant les limitations cy devant obſervées ſur les âpelations des Maiſtres particuliers.

A quoy il faut ajoûter que leurs Sentences qui n'excedent point la ſomme de deux cens livres en principal, ou vingt livres de rente s'e-xecutent par proviſion, ſans préjudice de l'âpel.

Les âpelations des sentences renduées à l'Audiance & sur les procez verbaux de visite & raports se plaident à l'Audiance par Avocats, & quand elles sont intervenuës sur des apointemens en droit, il est permis aux parties de conclure comme en procez par écrit.

Les Capitaines des chasses connoissent de tout ce qui regarde la capture des délinquans, les saisies des armes, bâtons, chiens filets, & engins défendus, comme aussi de la contravention aux articles de l'Ordonnance, sur le fait de la chasse, c'est à dire, la premiere information seulement; car l'instruction & le jugement, en apartiennent au Lieutenant des eaux & forêts de robe longue, à la diligence du Procureur du Roy.

Il est pourtant permis au Capitaine & à son Lieutenant d'assister aux Jugemens des affaires dont ils ont pris connoissance concurrement avec les Officiers des eaux & forêts, ou par prévention, en sorte même que le Capitaine prend seance avant le Maître, & le Lieutenant du Capitaine avant le Lieutenant de la Maîtrise.

Les Capitaines des chasses de saint Germain, de Fontainebleau, de Chambort, du bois de Boulogne, de la varanne du Louvre, de Livri, de Vincennes, de Compeigne; & ceux dont Sa Majesté a envoyé l'état à la Cour des Aides, ont un pouvoir beaucoup plus étendu.

Ils peuvent instruire & juger à la diligence des Procureus du Roi, de leurs Capitaineries, tous les procez civils & criminels pour fait de chasse, en âpelant avec eux les Lieutenans de robe-longue & d'autres Juges & Avocats pour conseil.

Lors que leurs jugemens contiennent des peines afflictives, le Lieutenent de robe-longue & les autres qui ont été âpelez pour conseil, signent sur les minutes qui demeurent au Greffe de la capitaineries, & ont fait mention de leurs noms & de leurs qualités dans les expeditions.

Si la condamnation pour toutes restitutions & reparations, n'est que de soixante livres, sans autres peines ni amandes, le jugement est executé par provision & sans préjudice de l'âpel, & s'il y a âpel d'un jugement qui contienne la condamnation d'une amande pecuniaire pour laquelle l'âpelant soit emprisonné, il ne peut être élargi pendant l'âpel, qu'après avoir consigné, & l'âpel doit être relevé au conseil.

CHAPITRE XVI.

De la Connetablie & Maréchaufsée de France.

LE plus ancien de Messieurs les Maréchaux de France, est le chef de cette jurisdiction.

Elle est exercée par un Lieutenant General, un Lieutenant particulier & un Procureur du Roy.

Ils connoissent suivant les anciennes Ordonnances recüeillies par Guenois dans sa conference, Livre 1. titre 20.

Primò. De tous excés, crimes & délits commis par les gens d'armes des Ordonnances du Roy, & autres gens de guerre, tant de pied que de cheval, au camp ou en leurs garnisons, y allant & revenant, ou tenant les champs, & des excés qui leur peuvent être faits, comme aussi les débats qui peuvent naistre entr'eux pour raison des butins, rançons & autres choses semblables.

2°. Des cassations de gens de guerre, qui sont faites par les commissaires, en faisant les montres & reveües.

3° Des matieres qui peuvent venir à l'encontre des explorateurs, proditeurs, deserteurs, militaires, & semblablement des actions personnelles, que les Huissiers, Herauts d'Armes & trompettes, peuvent avoir les uns contre les autres.

4° Des actions personnelles que les gens de guerre peuvent avoir les uns contre les autres, en vertu des contrats, obligations, & autres conventions par eux faites, touchant le fait & l'occasion de la guerre.

5° Des matieres qui peuvent arriver pour le fait de la guerre, comme de reddition de ville & autres places fortes, renduës par la faute & malversation de ceux qui en auroient la garde.

6°. Des Gentilshommes qui refusent d'aller au ban & arriere ban.

7° Du payemens des gens de guerre, des gages des Prevots des Maréchaux, Vice Bailis, Vice Seneschaux, leurs Lieutenans, Grefiers, Archers, mortes payés, à l'encontre des tresoriers & payeurs.

8° Des malversations commises par lesdits Tresoriers & payeurs, leurs clercs, & commis des comptes & assignations qu'ils se baillent les uns aux autres pour le fait de leurs charges.

9° Des fautes & malversations commises par les Prevôts des Maréchaux, leurs Lieutenans, Greffiers & Archers en l'exercice de leurs charges.

10° Des procez & differends que les commissaires des Guerres,

Contrôleurs, Tréforiers & Payeurs, Herauts-d'armes, Capitaines &
conducteurs de charroi de l'Artillerie & autres Officiers de la gendarmerie & des guerres, peuvent avoir, tant en demandant, qu'en
défendant, à caufe de leur charge & adminiftration.

11° Des états chargés, commiffions & des excés qui leur peuvent
être faits ; & aux perfonnes par eux appellées à leur aide en exerçant leurs charges.

12° De la caffation & deftitution des Archers par les Prevôts des
Marchands ou leurs Lieutenans.

13° Des lettres de remiffions, de pardon, ou d'inocence, qui font
adreffées aufd. Officiers de la Connétablie, pour crimes commis par
lefd. gens de Guerre, Tréforiers, Payeurs, Prevôts des Maréchaux,
leurs Lieutenans, Archers & autres femblables perfonnes étant aux
camps, en garnifon, y allant ou revenant, & exerçant leurs dites
charges.

14° Des caufes, tant en demandant, qu'en défendant, des commiffaires, contrôleurs ordinaires & extraordinaires des guerres,
Tréforiers, Payeurs de la Gendarmerie touchant le fait de leur adminiftration.

Lefquels commiffaires, contrôleurs, Tréforiers & payeurs font
tenus deux mois après l'expédition de leurs lettres de provifion, de
les faire enregiftrer au Greffe dudit Siege de la Maréchauffée de
France, avec une declaration fignée d'eux, contenant le lieu de leur
refidence.

Comme auffi font tenus lefdits Tréforiers & payeurs, de faire enregiftrer les actes des receptions de leurs cautions, deux mois après
la reception defdites cautions, autrement & à faute de ce faire, ils
ne feront pas payez de leurs gages.

Ils font encore prêter ferment aux Officiers des Maréchauffées
lors de leurs receptions, de ne jamais plaider ailleurs que devant eux.

Ils jugent deffinitivement en matieres fommaires jufqu'à la fomme de cent livres nonobftant l'apel, & par provifion jufqu'à mille
livres.

Les âpelations de leurs jugemens fe relevent au parlement, & un
privilegié ne peut pas en matiere civile faire renvoïer la caufe aux
requêtes en vertu de fon *Commitimus*, fi elle eft de la qualité portée
par l'Article 13. & 14. du Titre 17. des matieres fommaires de l'Ordonnance de 1667. il faut qu'il procede à la Connétablie, ainfi qu'il
eft porté par l'Ordonnance du Roy Charles IX. de 1573.

Le Prevôt general de la Connétablie, eft Juge des Camps & Armées du Roy.

Il connoît des cas Prevôtaux, & juge en dernier reffort au civil, au criminel, & pour fait de Police dans les Camps & Armées, & il a des Lieutenans, qui à cet éfet fervent dans les differends corps d'Armées, comme il fert dans l'Armée Roïale.

Les Suiffes ne font pas fujets à la Jurifdiction des Prevôts des Armées, ils ont leurs juges à part qui les fuivent.

Il y a pour le Regiment des Gardes Françoife un grand Juge, un grand Prevôt, un Greffier, & dans chaque Compagnie un Juge, il y a de petits Prevôts, des Archers & un Executeur, & la Compagnie generale a un grand Juge à part.

Meffieurs les Maréchaux de France font Juges du point d'honneur entre les Gentil-hommes, & entre ceux qui font profeffion d'Armes.

Ils ont en chaque Bailliage & en chaque Senéchauffée un Lieutenant & un Garde de la Connétablie.

La fonction de Lieutenant eft de connoître & de juger les differends qui furviennent entre les Gentil-hommes ou autres faifant profeffion des Armes, à caufe des chaffes, des droits honorifiques des Eglifes, des préeminences, des Fiefs & des Seigneuries, ou autres querelles mêlées avec le point d'honneur.

Les Juges du point d'honneur condamnent celui qui a perdu au jeu fur fa parole à païer à celui qui a gagné, ce qui ne fe pratique pas dans les autres Jurifdictions.

Quand il y a un differend dans la Province, le Lieutenant y pourvoit fur le champ, conformément à l'Edit du mois d'Août 1679. confirmé par celui du mois de Mars 1693. & en donne avis à Meffieurs les Maréchaux de France, pour travailler à l'accommodement.

S'il y a des paroles piquantes ou autres caufes qui touchent l'honneur, & qui femble porter les Parties à quelque reffentiment, il leur envoïe auffi-tôt des défenfes de fe rien dire, ni demander, par voïe de fait, & les fait affigner devant lui pour être reglé, & même s'il prevoit les voïes de fait, il leur envoïe un Archer de la Connétablie, pour fe tenir auprés d'eux, à leurs dépens, jufques à ce qu'ils fe foient rendus pardevant lui.

Lors que les parties font de diferens départemens, le Lieutenant qui prend connoiffance le premier de l'affaire, en demeure le Juge exclufivement à l'autre, par droit de prévention, & en cas d'abfence de l'un, celui du département le plus proche, qui en eft le premier informé connoît du differend à l'exclufion des autres.

Meffieurs les Maréchaux de France ont la nomination de ces Lieutenans, qui neanmoins doivent prendre des provifions du Roy, & fe faire recevoir dans le Bailliage de leur département.

Cette atribution de Juridiction est principalement pour empêcher les duëls, dont le point d'honneur entre les Gentils-hommes est presque toûjours la cause.

Les Lieutenans font dans leurs départemens, ce que l'ancien de Messieurs les Maréchaux de France fait à Paris, sur le raport d'un Conseiller d'Etat, ou d'un Maître des Requêtes, qu'il nomme avec l'agréement du Roy.

CHAPITRE XVII.

De l'Amirauté.

L'Amiral a des Lieutenans Generaux dans les Siéges generaux, & des Lieutenans particuliers dans les Siéges particuliers, pour rendre la Justice dans les matieres qui sont de sa connoissance.

Les âpelations des Lieutenans particuliers vont pardevant les Lieutenans generaux.

Il y a trois Siéges generaux de la Mirauté, sçavoir la Table de Marbre du Palais à Paris, pour le ressort du Parlement de Paris, un autre à Roüen, pour la Province de Normandie, & le troisiéme en Bretagne; & dans tous les Ports & Havres de ce Royaume il y a des Siéges particuliers.

Les Officiers des Siéges particuliers de la Mirauté connoissent privativement à tous autres Juges de tous les faits, querelles, differends, crimes & délits commis, tant durant la guerre & à l'occasion d'icelle, que durant la paix, pour le fait des Marchandises, pescherie & autres choses quelconques servant en la mer & sur les greves d'icelle.

Item, Ils ont la connoissance & Jurisdictions civiles & crimineles, la correction & punition de tous les faits qui arivent dans les Navires armez pour la guerre.

Item, Du fait de marchandises, pescherie, frettement, affrettement, vente & bris de Navires, des Contrats passez pour les choses susdites, chartres parties, brévets & autres choses quelconques survenant sur la mer & greves d'icelle.

Item, De tous les Contrats faits & passez sur le fait de la guerre sur mer, des marchandises & pescheries.

Item, De tous Contrats & conventions qui concernent le port ou voiture des marchandises de la mer & autres choses du fait de navigation.

Item, Des causes civiles & criminelles des Ostrelins, Anglois, Ecossois, Portugais, Espagnols & autres Etrangers, soit que les procés ou differends, soit entre eux ou avec les naturels François; & ce dans les cas seulemét qui concernent le fait & le trafic de la marine.

Item, Des naufrages & bris, marchandises & biens jettez à terre & engranage de la mer, tirez, sauvez ou échoüez le long de la coste de la mer.

Item, Des Embarquemens, armages de Vaisseaux, visitation de marchandises & vitailles, privativement à tous autres Juges.

Ils doivent avoir leur audiance reglée à certain jour & à certaine heure; pour ceux de la ville où ils sont établis, & du pays circonvoisin, mais pour les Marchands forains, ils doivent exercer leur jurisdiction de jour à jour, & d'heure à heure.

Ils peuvent juger deffinitivement jusqu'à la somme de soixante livres nonobstant l'apel, selon l'article 13. des matieres sommaires de l'Ordonnance de 1667.

Les Officiers du Siége de la Table de Marbre de Paris, & les autres Siéges generaux ressortissans immediatement au Parlement, connoissent des apellations qui sont interjettées des sentences renduées dans les Siéges particuliers, lesquels doivent être relevées dans quarante jours sous le séel de l'Amiral.

Ils connoissent aussi en premiere instance de la plû-part des matieres ci dessus mentionnées, quand les causes & diferends sont de grande importance, parce qu'en ce cas les Officiers des Siéges particuliers sont obligez de leur renvoyer.

Item Des Lettres de remission obtenuës par gens roturiers pour faits arrivez dans les Vaisseaux sur la mer ou dans les ports, à l'exclusion desdits Siéges particuliers, car pour celles qui sont obtenuës par des Gentils-hommes pour faits arrivez dans les ports ou sur les vaisseaux, elles doivent estre adressées au Parlement.

Ils connoissent encore des prises des vaisseaux & infraction de paix sur la mer, par la disposition expresse de l'Ordonnance.

Par Arrét contradictoire du Consul d'Etat du 13. Avril 1679. rendu entre feü Monsieur le Duc de Vermandois Amiral de France & les Officiers generaux & particuliers, des Amirautés du Royaume, & les Juges & Consuls de Paris, Marseille, Bourdeaux & autres Villes; Le Roy a maintenu & gardé deffinitivement les Juges de l'Amirauté au droit & possession de connoître des diferends, procedans des asûrances, grosses avantures, promesses, contrats & obligations touchant le Commerce de la Mer, le fret & naulage des Vaisseaux, comme ils auroient pû faire avant l'Article 7. du Titre 12. de l'Ordonnance de 1673.

Et par l'Ordonnance du mois d'Août 1681. touchant la Marine, Sa Majesté a déclaré de la Competance des Juges de l'Amirauté,

toutes actions qui procedent de chartres parties, afretemens ou no-
lissemens, connoissemens ou police, déchargement, fret, ou nolis,
engagement & loyers de Matelots, & des victuailles qui leur seront
fournies pour leur nourriture par ordre du Maître, pendant l'équi-
pement du vaisseaux, ensemble des polices d'assurances, obligations
à la grosse avanture ou à retour de voiage, & generalement de tous
contrats concernant le commerce de la mer, nonobstant toutes soumissions & privileges à ce contraires.

Il leur est défendu aussi bien qu'aux autres Sieges genéraux d'é-
voquer des Sieges particuliers, si les causes & instances n'excedent
la valeur de trois mille livres.

D'où il s'ensuit, que si lesdites causes & instances excedent trois
mille livres, ils ont pouvoir de les évoquer, ce qui souffre neanmoins
une exception entre les Juges de l'Amirauté & les Juges ordinaires.

A l'égard des Juges ordinaires, les évocations sont odieuses, comme faites au préjudice de la jurisdiction des juges inferieurs, ce
qui n'est pas à l'égard des Officiers de l'Amirauté en la Table de marbre; parce que le pouvoir d'évoquer, qui leur est donné, n'est fondé que sur l'imperitie des Officiers des Sieges particuliers dans les
matieres importantes, & sur leur impuissance de faire executer
leur jugement.

Et de fait la même Ordonnance porte, qu'en ces deux cas d'impuissance ou de défaut de Conseil, ils renvoient les matieres importantes au Siege de la Table de Marbre, ainsi s'ils sont obligez de renvoyer les matieres importantes, on ne leur fait pas de tort de les évoquer.

Les Officiers de la Table de Marbre peuvent juger deffinitivement en matiere sommaire, jusqu'à la somme de cent livres, nonobstant l'âpel, suivant l'article 13. dudit titre 17. de lad. Ordonnance de 1667. & par provision, jusqu'à mille livres, comme tous autres Juges, encore qu'il n'y ait aucuns contrats, obligations, ni promesses reconnuës.

Par l'article 53. de l'Ordonnance de 1584. Il est porté, que les
Officiers des Sieges particuliers jugeront deffinitivement & sans
âpel jusqu'à six livres, & les Officiers de la table de Marbres jusqu'à douze livres, & quand les Sentances de ladite table de Marbre
excedent & qu'il y a âpel, il doit être relevé au Parlement dans trois
mois, à compter du jour de la condamnation.

Les jugemens de l'Amirauté prononcent tous la contrainte par
corps, en matieres de vente & d'achap de Vaisseaux, fret ou nolis,
engagemens ou loiers de Matelots, assurances, grosses avantures &
autres

autres contrats maritimes qui concernent le commerce & la pesche de la mer.

Il y a aussi un Intendant general de la Justice, de Police, & des Finances de la Marine & des Finances navales de France, qui a l'autorité sur les Officiers Mariniers & Matelots de toutes les Provinces maritimes du Royaume.

Il juge en dernier ressort avec le Presidial qu'il veut choisir ou le nombre de graduez portés par l'Ordonnance.

CHAPITRE XVIII.

De la Grande Paneterie de France.

LA Jurisdiction du Grand Panetier est composée d'un Lieutenant, & Particulier, Maître & Garde de la Grande Paneterie de France, & d'un Procureur du Roy.

Ils connoissent des reglemens entre les Boulangers & autres semblables Marchands & Negosians.

CHAPITRE XIX.

De la Massonnerie.

IL y a une Jurisdiction particuliere pour les Massons, elle se tient au Palais à Paris.

Les âpelations des Juges qui l'exercent sont portées au Parlement.

Ces Juges ont été crées par Edit du mois de May 1645. auquel ont peut avoir recours.

Ils sont âpelez generaux des œuvres de massonneries de France, & ils tiennent leur Siege, tantôt à Paris & tantôt à Versailles.

Ils connoissent entre Massons, Charpentiers, Manœuvres, & autres ouvriers, de tous les diferens qui regardent les bâtimens

La procedure est semblable à celle des autres Jurisdictions réglées, & y il a des Procureurs en titres d'Offices autres que ceux du Parlement.

CHAPITRE XX.

Des *Arbitres*.

CEux qui veulent terminer leurs diferens fans plaider, ou qui ne font plus dans la volonté de foûtenir le procez qu'ils ont commencé, fe foûmettent ordinairement, lors qu'ils ne fe pouvent accorder entr'eux, à l'arbitrage de quelques perfonnes de probité dont ils conviennent.

Le meilleur expediant & le plus prompt pour fortir d'afaire, eft que les Parties donnent procuration à des perfonnes de confiance pour tranfiger, fuivant l'avis du tiers qui ne foit pas fufpect.

On met les Memoires entre les mains des deux qui font fondés chacun, d'une procuration.

Ils doivent examiner conjointement avec le tiers les conteftations & aprés avoir arrêté tous les chefs ou tous les articles, l'un d'eux dreffe fa tranfaction fans en rien communiquer aux Parties, & aprés qu'elle a été aprouvée de tous les trois, ou de l'un d'eux & du tiers on la fait recevoir par les Notaires qui annexent les procurations à la Minute & qui délivrent du tout des expeditions aux Parties.

Cette Tranfaction équipole a un Arreft, & on ne peut y donner atteinte que par des lettres de refcifion, mais pour cela il faut avoir de bons moyens de reftitution.

L'autre expediant qui a fouvent des fuites tres facheufes, eft la voye des compromis.

Le compromis eft un acte par lequel les Parties nomment un ou plufieurs arbitres, aufquels ils donnent conjointement pouvoir de regler, & decider leurs procez & diferens, dans un tems, par une Sentence arbitrale que les mêmes Parties promettent avoir pour agléable, à peine de payer par le contrevenant une certaine fomme à celui qui y voudra acquiefcer ou à l'Hôpital.

Les Arbitres chargés de ce pouvoir rendent leur Sentence arbitrale, & à Paris ils la mettent entre les mains du Notaire, qui la met enfuite du compromis & la prononce aux Parties.

Le Notaire délivre du tout une Expedition en forme & celui qui a interêt d'en pourfuivre l'execution la fait fignifier à l'autre avec commandement d'y fatisfaire.

Dans les lieux où les Notaires n'ont pas comme à Paris une efpece de Jurifdiction dans les arbitrages, il eft neceffaire pour l'éxecution des Sentences arbitrales de les faire émologuer par le Juge ordinaire des Parties, ou par devant celui où étoit pendant le procez sur lequel on a compromis.

Homologation est une Sentence, par laquelle le Juge ou Magistrat condamne ses Parties à executer la Sentence arbitrale qui a été renduë entr'eux ; & mande à tous Huissiers ou Sergens qui en seront requis de la mettre à execution.

Elle doit être demandée avec le Procureur qui occupe en la cause & bailler copie de la Sentence, & en suite lui sera presenté & signifié l'âpointement d'homologation, lequel est signé de lui & de Monsieur le Procureur general.

Il doit être receu au Greffe, & s'il y a raporteur, ledit âpointement lui sera baillé avec une requéte pour le faire recevoir & quand une des parties est refusante de signer & passer l'âpointement d'homologation, il faut la faire assigner à cette fin, & la poursuivre à l'ordinaire par les mêmes procedures qui se font ausdites Cours sur d'autres demandes.

Etant homologuée, elle peut être executée nonobstant oposition ou âpelation quelconque & sans préjudice d'icelle, tant en principal que dépens, ainsi qu'il est dit par l'article 3. & 4. de l'Ordonnance de François II. de 1560. & l'article 83. de celle de Moulin.

On peut âpeler des Sentences arbitrales, & les âpelations sont portée au Parlement ou aux Présidiaux, si la matiere jugée par les arbitres est au cas de l'Edit des Présidiaux, mais celui qui âpelle doit payer le dédit porté par le compromis, avant que de pouvoir être oüi sur son apel.

Tous ceux qui sont en état de proceder de leur chef pardevant les Juges ordinaires ont la liberté de se soumettre à l'arbitrage, & on compromet sur toutes sortes d'afaires, pourveu que le Roi & le public n'i ait aucun interêt, mais les arbitres ne peuvent point remettre, moderer, ni liquider les depens si le pouvoir ne leur en est expressément donné par le compris.

On est obligé d'observer devant les arbitres les formalités de la procedure, de même que si on plaidoit en justice ordinaire & reglée, si ce n'est que les arbitres fussent Marchands & qu'il s'agit de Marchandises, auquel cas on passe par dessus les ceremonies.

Celui qui a une fois accepté l'arbitrage n'est plus reçû à s'en déporter sans excuse legitime, & tous arbitres qui ne rendent pas leurs jugemens dans le tems marqué n'ont plus de fonction, il faut une prorogation consentie & signée de toutes les parties.

Ils ne peuvent pas aussi exceder leur pouvoir, car ils n'ont de jurifdiction que celles que les Parties leur donnent.

Lors que le tems pour Juger est indefini, il est libre, quand on veut, de revoquer les arbitres, mais quand le tems est défini, ils ont le pouvoir nonobstant la revocation de l'une des parties, de rendre le jugement à la requisition de l'autre.

Il est necessaire que tous les arbitres soient présens au jugement, & en cas d'absence ou de refus, on en nomme d'autres aux termes du compromis, mais s'ils ont été tous presents, la Sentence arbitrale passe de l'avis du plus grand nombre.

Par exemple, s'ils sont trois & que l'un deux soit d'avis contraires l'avis des deux autres, doit prévaloir, & le refus que feroit celui-là de la signer ne seroit d'aucune consequence.

Que si tous les trois avoient chacun un sentiment contraire, le compromis deviendroit sans effet, & les parties seroient au même état qu'elles étoient auparavant. *Tot. tit. ff. de Recept. tis arbitris.*

S'il y a peine portée par le compromis & qu'il y ait âpel de la Sentence arbitrale, il faut que l'acquiescant qui sera intimé sur cét âpel baille sa requête à la Cour, à ce que l'àpelant soit condamné à payer la peine, & jusqu'à ce toute audience lui soit déniée.

Il y a des regles particulieres établies par l'Ordonnance de 1673, pour les Marchands qui font en societé & leurs veuves, heritiers & ayant cause.

Les diferens qui naissent au sujet des afaires de la societé doivent être terminez par des arbitres nommés par les parties, ou d'Office par le Juge pour ceux qui refusent d'en nommer.

La même Ordonnance veut qu'il soit libre aux arbitres sans le consentement des parties de convenir d'un tiers, en cas qu'ils soient partagez en opinions, & que s'ils n'en conviennent, il en soient nommés un par le Juge.

Elle veut aussi que ces arbitres jugent sur les pieces & memoires, sans aucune formalités, & que leurs Sentences arbitrales soient homologuées dans les Jurisdictions consulaires s'il y en a, sinon par les Juges Royaux ordinaires, ou par ceux des Seigneurs justiciers.

Lorsque les Parties sont devant les Juges ordinaires ou devant les Consuls, & que les juges les obligent de convenir d'arbitres, on en nomme d'office pour sur l'avis de ces arbitres être ordonné ce que de raison.

Ainsi on ne peut pas dire que ces sortes d'avis soient des Sentences arbitrales, ils ne sont proprement que des raports d'experts.

Les âpelations des Sentences arbitrales, sont toutes âpelations verbales, qui sont porté à la Grand Chambre & non aux Enquê-

tes, encore-que les fentences ayent été renduées fur production &
contredits des parties.

Aprés un apointement au Confeil ou un Arreft interlocutoire,
l'âpelant n'eft pas recevable à demander la peine portée par le
compromis, il faut la demander auparavant, mais s'il y a apel,
& qu'il n'ait pas été relevé, la peine eft düe dés le moment qu'il
eft interjetté.

CHAPITRE XXI.

Des Requeftes de l'Hôtel.

MEffieurs les Maîtres des Requêtes font au nombre de qua-
tre-vingt, ils font diftribuez en quatre quartiers, & fervent chafcun fix mois, fçavoir trois mois aux Requêtes de l'Hôtel, & trois mois au Confeil du Roy.

Chafcun quartier a fon Doyen qui préfide aux Requêtes de
l'Hôtel durant fon quartier; mais le Doyen des Doyens préfide,
non feulement durant fon quartier, mais encore durant les premiers mois des autres quartiers.

Leur fonction au Confeil eft de raporter les requeftes & inftances dont ils font chargez, tant au Confeil privé ou des parties,
qu'au Confeil d'E'tat ou des Finances.

Ils exercent de deux fortes de jurîdictions aux Requêtes de l'Hôtel, l'une ordinaire, & l'autre extraordinaire.

A l'Ordinaire ils connoiffent des caufes perfonnelles, poffeffoires & mixtes, des Princes, des Officiers de la Couronne, des
commenfeaux de la Maifon du Roz, & autres perfonnes qui ont
droit de *Committimus*, tant au grand qu'au petit Sceau, concurrément avec Meffieurs des Requeftes du Palais.

Les Apelations des jugemens rendus à l'Ordinaire vont au Parlement, tout-ainfi-que de Meffieurs des Requeftes du Palais.

A l'Extraordinaire ils connoiffent des diferends qui naiffent pour
raifon du titre des Offices & du Sceau, des falfifications du Sceau,
des caufes qui leur font renvoyées par Arreft du Confeil privé ou
du confeil d'E'tat, des âpelations interjetées, des apointemens
donnez par un Maître des Requeftes en l'inftruction d'un procez
au confeil, des forclufions, taxes & executoires de depens, de
l'execution des Arrefts du Confeil, des caufes intentées pour le
falaire des Avocats dudit confeil, & des privileges accordez aux
Imprimeurs & Libraires.

K iij

Leurs jugemens en ces matieres font fouverains, & quand ils y prononcent, ils ont accoûtumé de commencer leur prononciation par ces mots, *les Maîtres des Requêtes, Juges Souverains en cette Partie &c.*

Or il s'enfuit que quand ils ont jugé fouverainement, il n'y a que la voye de la Requête civile contre leur jugement, tout-ainfi qu'aux autres Jurîdictions Souveraines, & pour juger ainfi, ils doivent être au nombre de fept.

Ils ont aufli des commiffions extraordinaires dans les Provinces & dans les Armées, où ils exercent la charge d'Intendant de la Juftice, Police & Finances, & Prefident dans tous les Préfidiaux des Generalitez où ils font départis.

Les apelations des Ordonnances qu'ils rendent pendant leurs Intendances font portées au Confeil, & comme ils font Ambulans, & qu'ils ne refident pas toûjours dans les principales Villes des Generalitez, ils ont des Subdeleguez qui inftruifent les affaires en leur place.

Un Subdelegué eft un Juge, auquel un autre Juge chargé d'une premiere délegation du Souverain, communique une partie de fon pouvoir.

La délegation d'un Intendant eft une Commiffion qui le fubftituë en la place de fa Majefté, pour faire executer fes ordres, dans le Département de chaque Province du Royaume, *ff. de Officio Pro-Confulis & legati.*

Ils font reputés du corps du Parlement, & ils ont féance en la Grand-Chambre, tant aux Audiances, qu'aux Confeils, aprés les Prefidens, & au deffus des Confeillers; mais ils ne peuvent y venir qu'au nombre de quatre, en forte qu'étant reputés du corps du Parlement, ils ont droit d'indult, comme les Prefidens & Confeillers dudit Parlement.

Ils font chacun à leur tour le fervice à la Chancelerie du Palais à Paris, ils tiennent le petit Sceau, & préfident en la place de Monfieur le Chancelier, reçoivent ou refufent les Lettges de Refcifion & autres Lettres de Juftice, aprés qu'elles leur ont été raportées par des referendaires qui en ont été chargés par les Impetrans ou par leurs Procureurs.

Les affignations à l'extraordinaire aux Requêtes de l'Hôtel, ne doivent pas être données en vertu de *Committimus*, mais fur fimple Requête, ou fur Commiffion, lors qu'il s'agit de chofes dont-ils ont droit de connoître entre les Parties, quoi que non privilegiés.

Par exemple, s'il s'agit d'un Privilege d'Imprimer, un manuſcrit obtenu par un Libraire ou par l'Auteur, un autre Libraire ou Auteur, prétend que ce privilege a été ſurpris ou obtenu ſubreptivement, & qu'ainſi il doit être revoqué, il faut en ce cas preſenter requête, dans laquelle aprés avoir expoſé le fait ; on conclut à ce qu'il ſoit permis de faire aſſigner tel, &c.

On fait mettre au bas de la requête, *Soit partie âpelée*, & enſuite en donner copie à la partie adverſe, avec aſſignation dans le tems de l'Ordonnance.

Cette Requête ſuffit pour donner l'aſſignation, au cas que la Partie ſoit demeurante dans Paris, ou qu'elle ſoit donnée par un Huiſſier des Requêtes de l'Hôtel, mais pour la faire donner par un autre Huiſſier ou Sergent Royal, il faut ſur cette Requête, obtenir une Commiſſion.

Dans les requêtes qu'on preſente au Souverain, on met, *A Noſſeigneurs des Requêtes de l'Hôtel, Juges Souverains*.

Les Jugemens rendus à l'ordinaire commencent ainſi, *la Cour à ordonné & ordonne, &c.*

La diſtribution des Inſtances ou procez qui ſont à juger ſe font à chacun des Meſſieurs par ſemaine, tour à tour.

Ils tiennent leurs Audiances les Lundis, Mardis, Jeudis & Vendredis matin, il n'y en a point de relevées, ſi ce n'eſt à l'extraordinaire.

Les cauſes ſommaires ſe vuident au Parquet où on plaide les Mercredis & Samedis matin, en preſence d'un ou de deux de Meſſieurs qui ſont de quartier.

Il y a auſſi le Parquet de Meſſieurs les gens du Roy, où on va communiquer à Monſieur le Procureur du Roy, qui eſt Procureur General dans les affaires qui ſe jugent Souverainement.

CHAPITRE XXII.

Des Requeſtes du Palais.

LA Juriſdiction des Requêtes du Palais à Paris, eſt exercée par un certain nombre de Conſeillers tiré du Corps du Parlement qui ſont Commis pour juger les cauſes des privilegiés, qui ont droit de *Committimus*, de même que font Meſſieurs des Requêtes de l'Hôtel & concurremment avec eux.

Il y a une Chambre des Requêtes du Palais dans tous les Parlemens de France, & il y en a deux à Paris, compoſées chacune de deux Prefidens & de douze Conſeillers.

Les Prefidens & Conſeillers des Requêtes du Palais montent à la grand Chambre, comme les Conſeillers des Chambres des Enquêtes, en vendant leur Commiſſions des Requêtes du Palais qui eſt une choſe diſtincte & ſeparée de leurs Offices de Conſeiller au Parlement, pourveu qu'ils n'ayent pas demeuré auſdites Requêtes plus de cinq ans, autrement & s'ils y avoient demeuré plus long-tems, ils ne feroit plus receu à monter a la grand Chambre.

Ils connoiſſent des cauſes de tous les Privilegiez mentionnés au Chapitre précedant, tant en matieres perſonnelles, que poſſeſſoires & mixtes, concurremment avec Meſſieurs les Maîtres des Requeſtes de l'Hôtel, étant aux choix des commanſeaux de la Maiſon du Roi & autres qui ont droit de *Committimus*, de faire âpeler leur parties, ou renvoyer leurs cauſes en l'une ou en l'autre de ces deux Juriſdictions.

L'action mixte eſt celle qui eſt en partie réelles & en partie perſonnelle & qui participe de la nature de l'une & de l'autre.

On ne peut pas faire renvoïer ni évoquer aux Requeſte du Palais en vertu de *Committimus*, les cauſes & procés qui concernent le Domaine du Roi, ceux où les Procureurs du Roi ſont ſeuls parties, les cauſes pendantes au Grand Conſeil, aux Chambres des Comptes, Cour des Aydes, Cour des Monnoies, Elections, Grenier à ſels, celles qui ſont pendantes pardevant les Juges extraordinaires ou Commiſſaires à qui la connoiſſance en âpartient par le titre de leur établiſſement, ou par atribution.

Il y a encore pluſieurs autres cas, ou on ne peut pas auſſi évoquer aux Requêtes du Palais & de l'Hôtel; que j'ay expliqué au Chapitre des privilegiés, en ſorte que quiconque n'eſt pas privilegié, & qui ſe pourvoit devant des Juges de privilege pour diſtraire la partie adverſe de la Juriſdiction naturelle, encourt l'amende de 75. livres.

Meſſieurs des Requêtes de l'Hôtel & du Palais ſont Juges de leurs competences, ils évoquent, ils retiennent les cauſes & caſſent les Jugemens rendus par les autres Juges au préjudice des renvoies requis par les privilegiés, mais ils ne font pas droit ſur les déclinatoires & quand ils rendent des Sentences de retentions dans les cas où ils doivent recevoir les Parties en d'autres juriſdictions, on ne peut point en âpeler au Parlement & lés âpelations ſe vuident au Parquet de Meſſieurs les Gens du Roi à l'expedient comme les autres âpelations de déni de renvoi & d'incompetence.

Quoi

Qnoi que la connoiſſance de Meſſieurs des Requêtes du Palais & de l'Hôtel ſoit reſtraintes aux afaires civiles, neanmoins, ils connoiſſent pourtant incidemment des crimes & de ceux commis dans leurs Auditoires ou dans les excutions qui ſont faites de leurs Jugemens par les Officiers de leurs Juriſdictions,

Ils peuvent Juger définitivement juſqu'à la ſomme de trois cens livres, & mille livres par proviſion & leurs Sentences executées nonobſtant opoſitions ou âpelations quelconques & ſans y préjudicier, quand ladite condamnation eſt de trois cens livres, & au deſſous, bien qu'il n'y ait aucuns titres.

Par l'Ordonnance de 1567. titre. 17. article 1. des Matieres Sommaires, les cauſes pures perſonnelles qui n'excedent pas la valeur de quatre cens livres, ſont reputées ſommaires aux Requêtes du Palais & de l'hôtel, auſſi bien qu'aux Cours Souveraines.

Par l'Article 17. les Jugemens définitifs des Requêtes du Palais, ſont executoires juſqu'à la ſomme de trois cens livres par proviſion, nonobſtant l'âpel en baillant caution, & par l'article 14. en Matiere Sommaire les Sentences de proviſion qui n'excedent point mille livres donnée par quelque Juge que ce ſoit, doivent être executées nonobſtant l'âpel, ſans préjudice en baillant caution, encore qu'il n'y eût point de contrat, obligation ou promeſſe reconnuës.

Il y a auſſi un Parquet aux Requêtes du Palais, pour l'inſtruction des procedures & pour les cauſes proviſoires qui requierent celerité.

C'eſt un des Preſidens & un des Conſeillers de l'une des deux Chambres deſdites Requêtes du Palais qui tiennent le Parquet & aux Requêtes de l'Hôtel, c'eſt un Maître des Requêtes.

CHAPITRE XXIII.
Du Parlement de Paris.

IL y a dix Parlemens en France, ſçavoir, celui de Paris qui a pour reſſort, les principales Provinces du Royaume ; celui de Roüen pour la Normandie, de Rennes pour la Bretagne, de Bourdeaux pour la Guyenne ; de Toloſe, pour le Languedoc ; d'Aix pour la Provence. de Grenoble pour le Dauphiné, de Dijon pour la Bourgogne ; de Pau pour le Bearn, & de Mets, pour les trois Evêchez, de Mets, Toul, & Verdun.

Depuis peu on a augmeïté le reſſort du Parlement de Mets,

en y ajoûtant les Baillages de Sedan, de Mouzon avec toutes les conquêtes faites par le Roi dans la Duché de Luxembourg & païs de Haynaut.

On veut aussi mettre au rang des Parlemens, les Conseils Souverains d'Artois, de Perpignant, & de Pignerol, ils n'en n'ont pourtant ni l'authorité ni les prérogatives, on voit par exemple que le Conseil d'Artois n'est Souverain que dans les matieres criminelles, & que les âpelations de ses jugemens dans les afaires civiles ressortissent au Parlement de paris.

Ainsi il est tres-necessaire de sçavoir ici l'état present du Parlement de Paris, sa competence & l'ordre qui y est observé.

Il est composé de la Grand Chambre, de la Chambre de la Tournelle criminelle de la Chambre de la Tournelle civile, de cinq Chambres des Enquêtes, & des deux Chambres des Requêtes du Palais,

Dans les afaires d'importance qui regardent l'état ou le public ou certaines afaires extraordinaires, comme par exemple, s'il s'agissoit de faire le procez à un des Messieurs, à un Pair de France, à un grand Officier de la Couronne, ou à un des Messieurs de la Chambre des Comptes, toutes ces Chambres s'assemblent dans la plus commode, & elles representent par Deputés ou autrement le Corps entier du Parlement.

Messieurs les Présidens des Enquêtes n'ont pas le Mortier, non plus que ceux des Requêtes du Palais.

La Grand Chambre connoît en premiere instance des causes où Monsieur le Procureur General est partie pour les droits du Roy, & de la Couronne & des Terres qui sont tenuës en âpanage, des causes des régales de tous les Dioceses du Royaume, de celles des Ducs & des Comtes & Païrs, quand elles concernent les droits de leurs pairies, de celles de l'Hôtel Dieu de Paris, du Grand Bureau des pauvres de l'Hôpital General, de Monsieur l'Archevêque de Paris, de Monsieur le Prêvost de Paris, du Corps de l'Université, & encore d'autres personnes & communautés qui ont ce privilege special de porter directement leur afaires à la Grand Chambre, comme sont les Jurés Vendeurs de Marée pour raison de la marée seulement.

Surquoi, il faut observer ici, que les contestations qui arivent sur cette matiere, sont portées pardevant Monsieur le Doyen des Conseillers de la Grand Chambre & Jugées en la Cour sur son raport, c'est-à-dire, des procés verbaux qu'il dresse, & au bas desquels il met son Ordonnance de soit referé.

Toutes les âpelations verbales des Sentences renduës par les diferens Juges qui réfortiffent immediatement au Parlement font portées à la grand Chambre.

Les âpelations des Sentences des Juges & Confuls, & des Sentences Arbitrales, y font auffi indiftinctement portées.

Un âpel verbal eft celui d'un Jugement rendu à l'Audiance, ou qui eft cenfé y avoir été rendu.

C'eft à la Grand Chambre où on plaide les requêtes civiles obtenuës contre toutes fortes d'Arrêts du Parlement en matiere civile, mais quand elles font enterinées ou apointées, les parties font renvoyées aux Chambres où les Arrêts font intervenus, pour être Jugées de même que fi les chofes étoient entieres.

Quoi qu'il ne s'agiffe que de deux mille livres ou audeffous, la grand Chambre connoît à l'exclufion de la Tournelle Civile des caufes qui concernent les Domaines & les droits de la Couronne, des âpelations, comme d'abus des matieres beneficiales, des caufes qui concernent l'Etat des perfonnes, de celles où il s'agit de la qualité d'heritier ou de commune, des droits honorifiques, des reglemens entre Officiers, des reglemens de Police & des Perfonnes qui ont leur caufe commifes à la grand Chambre.

Les grandes Audiances font tenuës le matin, les Lundis, Mardis & Jendis, & de relevée, les Mardis & les Vendredis.

Les caufes font plaidées fur des rôles par les Avocats du parlement.

Il y a huit Rôles où fe mettent les âpelations verbales qui fe plaident les Lundis & les Mardis au matin; fçavoir, celui de Vermandois, qui commence à la faint Martin & finit à la fin de l'année; celui d'Amiens, la premiere quinzaine de Janvier; celui de Senlis, pendant l'autre quinzaine; celui de paris pendant le Carême; celui de Champagne, depuis pâque, jufqu'au milieu du mois de May; & celui de poitou, le refte du mois de May, & pendant les mois de Juin; celui de Lyon, pendant la premiere quinzaine Juillet; celui de Chartres, le refte des plaidoiries.

Cependant comme il eft impoffible que toutes les caufes foient vuidées aux Audiances, c'eft pourquoi celles qui ne font pas venuës à leur tour font apointées au Confeil par l'apointement general qui eft prononcé à la fin de châque Rôle, tant à l'égard de celles qui ont été d'abord mifes fur le Rôle, qu'à l'égard de celles qui y ont été ajoûtées depuis la publication du Rôle.

Il y a quatre Rôles pour les Jeudis, fçavoir, celui de la faint

Martin, celui de la Chandeleur, celui de Pafques & celui de la Saint Jean.

Monfieur le premier Préfident y fait mettre les apelations comme d'abus, les requêtes civiles & toutes les afaires qu'il juge importantes.

Il intervient auffi à la fin de châque rôle un âpointement general pour les caufes mifes au rôle ou ajoûtées, & qui n'ont pas pu être plaidées.

Il fait encore faire quatre rôles pour les mêmes tems de la Saint Martin, de la Chandeleur, de Pâques & de la Saint Jean, qui fe plaident les Mardys & Vendredys de relevée, où fe metent indifferemment les âpelations de toutes les Juftices & beaucoup de demandes principales.

Le Préfident qui tient les Audiances de relevée donne ordinairement les Vendredys pendant la derniere heure Audiance fur des Placets qu'il fait âpeler par le premier Huiffier.

Le Vendredy matin fe plaident toutes fortes de caufes fur placets ou fur un rôle que Monfieur le Premier Préfident fait faire, & les Mercredys & Samedys on expedie les apointemens avifez au parquet ou à l'Audiance, & les requêtes qui font aux petits rôles qui fe font tous les quinze jours pour les afaires provifoires, les incidents qui regardent l'inftruction, les opofitions à l'execution des Arrefts de défenfes, les afaires de Police & les autres qui requierent celerité.

Les Claufes qui font dans tous ces rôles des Mercredys ne font jamais apointées par aucun apointement general, on les fait mettre au rôle fuivant, lorfque le rôle eft fini fans qu'elles ayent été plaidées.

Défunt Monfieur le Premier Préfident de Novion a introduit l'ufage des Audiances qui fe donnent tous les jours à fept heures du matin.

On plaide une infinité de caufes qui ne font pas de grande difcufion, c'eft Monfieur le premier Préfident qui regle ces Audiances comme toutes les autres, felon le pouvoir qu'il en a par les anciennes & nouvelles Ordonnances.

Toutes les âpelations verbales des jugemens rendus en matieres criminelles font portées à la Chambre de la Tournelle criminelle.

Les procez par écrit, c'eft-à-dire, les âpelations des Sentences qui n'ont point été rendües aux Audiances des premiers Juges y font pareillement portées dans les cas ou les condamnations font à des peines aflictives.

Les caufes fe plaident le Samedy matin fur des rôles, & elles font apointées par un apointement general, lorſqu'elles ne viennent pas à leur tour.

Neanmoins il en faut excepter les âpelations comme d'abus, & les Requeſtes civilles qui ſont miſes dans les rôles ſuivans quand elles n'ont pas été apelées.

Les âpelations des permiſſions d'informer, informations, decrets & de procedures ſont auſſi âpelations verbales, & par conſequent miſes aux rôles & portées à l'Audiance pour y être jugées definitivement ſur les concluſions de Monſieur l'Avocat General, lorſque les cauſes qui lui ont été communiquées ſont aſſez bien entenduës pour n'avoir pas beſoin de plus grande inſtruction que celle qui a été faite devant les Juges dont eſt apel.

C'eſt le cas où Meſſieurs de la Tournelle criminelle ont le pouvoir d'évoquer le principal & d'y faire droit.

Il y a auſſi le Mercredy & le vendredy des Audiances pour toutes les cauſes ſommaires & celles qui regardent l'inſtruction de la procedure & les matieres proviſoires.

Le cinquiéme Préſident à Mortier aſſiſté des autres Préſidens à Mortier reçûs aprés lui, & de pluſieurs Conſeillers de la Grand-Chambre & des Enqueſtes, préſide aux Audiances & à la Chambre du Conſeil.

C'eſt auſſi un Préſident à Mortier qui préſide à la Tournelle civile, & les Conſeillers de la Grand-Chambre & ceux des Enquêtes y vont comme à la Tournelle criminelle tour à tour, c'eſt d'où vient le mot de *Tournelle*.

On ne met aux rôles que Monſieur le premier Préſident fait faire pour cette Chambre, que les âpelations verbales des Sentences où il s'agit de deux mille livres & au deſſous, ou de cent lives de rente, encore faut-il qu'elles ne ſoient point de la nature des cauſes qui ſôt reſervées à la Grand-Chambre

Les cauſes miſes aux rôles y doivent être plaidées, ſans qu'elles puiſſent demeurer apointées par aucun apointement general, & à la fin du Parlement celles qui n'ont pas été âpelées ſont portées à la Chambre des Vacations.

Quand une cauſe a été apelée ſur le rôle, l'Arreſt qui intervient par défaut ou ſur congé ne peut avoir aucune atteinte que par requeſte civile ou par un Arreſt du Conſeil ſur une requeſte en caſſation; & comme les moyens de caſſation ſont dificiles à rencontrer, que les moyens de requeſte civile ne ſont pas frequents dans les cauſes d'Audiance, & que l'opoſition n'eſt recevable dans aucun tems, cet Arreſt devient une Loy.

L. iij

Ainſi pour éviter la ſurpriſe, les Avocats qui ont des cauſes du rôle à plaider doivent avoir le ſoin d'être ſur le Bareau, & ne point attendre qu'elles ſoient ſur le point d'être âpelées, parce qu'il y a quelque-fois des débris de rôle, & que tel dont la cauſe eſt éloignée, eſt ſouvent obligé de plaider.

On appointe à la Tournelle civile comme ailleurs les cauſes qui ne peuvent pas eſtre aſſez bien entenduës par les plaidoyez des Avocats, mais c'eſt aux Enqueſtes que les afaires âpointées ſont diſtribuées, inſtruites & jugées.

Les âpelations des Sentences renduës en matieres civiles ſur procez par écrit ſont portées aux Enqueſtes pour y être diſtribuées dans les cinq Chambres.

On porte auſſi aux Enqueſtes les âpelations des Sentences renduës en matieres criminelles ſur procez par écrit dans les cas où les condamnations ne ſont que pecunieres ſans être acompagnées d'aucune peine afflictive, c'eſt ce qu'on âpele le petit criminel.

Meſſieurs des Enqueſtes connoiſſent aſſez ſouvent de beaucoup d'afaires qui leur ſont renvoyées par des Arreſts du Conſeil ſur des évocations & ſur d'autres matieres.

Le Parlement à Paris finit le ſept Septembre, & Monſieur le premier Préſident fait le neuf l'ouverture de la Chambre des vacations, avec le Préſident à Mortier qui la doit tenir juſques à la Feſte de Saint Simon & Saint Jude, & les Conſeillers du Parlement nommez dans la Commiſſion que le Roy envoye tous les ans pour cette Chambre comme pour la Tournelle civile.

Monſieur le premier Préſident n'y vat que le premier jour, à moins qu'il ne ſurviennent des afaires publiques ou qu'interviennét des Ordres de Sa Majeſté d'y aller pour des afaires importantes.

Les Audiances s'y tiennent le matin, & il dépend du Préſident d'en donner de relevée pour l'expedition des afaires.

Les cauſes de la Tournelle civile du rôle de Saint Jean-Baptiſte qui n'ont point été apelées, & celles du rôle de la Tournelle criminelle ſont portées à cette Chambre pour y être plaidées & jugées.

Le plus ancien des Subſtituts de Monſieur le Procureur general fait la fonction d'Avocat general pendant les vacations.

Elle inſtruit & juge les cauſes, les inſtances & les procez dont la connoiſſance apartient à la Chambre de la Tournelle criminelle, mais elle ne connoiſt pas du crime de rapt, des cauſes qui concernent l'état des perſonnes, des âpelations comme d'abus, ni des requeſtes civilles.

On y expedie les cauſes ſommaires qui ſont expliquées aux cinq premiers articles du titre 17. de l'Ordonnance de 1667. les requêtes afin de défenses ou de surséance, & requêtes afin d'opofition à l'exécution des Arrefts.

Neanmoins on obtient aucun Arreft de provifion que dans les affaires où Meffieurs des vaccations ont le pouvoir de juger definitivement.

Les caufes y peuvent y être apointées, mais elles font renvoyées après la Saint Martin pour eftre diftribuées aux Enquêtes ; & par confequent ils ne peuvent pas juger les inftances apointées ni les procez conclus à la Grand-Chambre avant les vaccations, ou aux Enqueftes, foit au civil en matiere fommaire ou autrement, foit au petit criminel.

Les Arrefts n'y peuvent être rendus qu'il n'y ait au moins huit Juges, tant au civil qu'au criminel.

Les Ecclefiaftiques & les Gentils-Hommes acufez de crimes n'y peuvent point être jugez quand ils veulent demander leur renvoy aufdites Chambres de la Tournelle criminelle & de la Grand-chambre, car ils ont ce privilege de demander les deux Chambres affemblées, & qu'elles ne s'affemblent pas en vacations.

Meffieurs de la chambre des vacations vont auffi aux eaux & forefts, de même que Meffieurs de la Grand-chambre.

Le Parquet de Meffieurs les Gens du Roy eft compofé d'un Procureur General & de trois Avocats generaux.

Meffieurs les Avocats generaux portent la parole aux Audiances à l'exclufion de Monfieur le Procureur general dans les caufes où le miniftaire des Gens du Roy eft requis, comme font les caufes criminelles, celles des Eglifes, des mineurs & toutes les autres où Sa Majefté & le public ont interefts.

Les Expedians en afaire d'Audiance doivent être vifez par Meffieurs les Avocats generaux, & en procez par écrit ils font fignez par Monfieur le Procureur general à qui la plume apartiét entierémét.

Or, comme il y a beaucoup d'inftances & de procez qui regardent le Roy ou le public, & qui doivent paffer par le Parquet, Monfieur le Procureur general les diftribue à fes Subftituts qui en font leur raport au Parquet, où il delibere les conclufions avec ceux de Meffieurs les Avocats generaux qui s'y rencontrent.

Quand il n'y a qu'un Avocat general, c'eft la voix de Monfieur le Procureur general qui prévaut en cela comme en tout le refte.

Il peut auffi hors du Parquet donner feul fes conclufions fur des requeftes qui lui font prefentées, ou fur des afaires qui requierent celerité.

La parole lui apartient quand il s'agit d'afaires publiques ou d'enregiſtrement d'Edits, declarations ou des intereſts de Sa Majeſté, pourveu-que ce ne ſoit point des afaires d'Audiance.

Il communique à Meſſieurs les Avocats generaux les afaires qui concernent le ſervice du Roy, à la reſerve de celles qui lui ſont adreſſées en particulier.

C'eſt Monſieur le Procureur general qui vacque dans les commiſions ordinaires & extraordinaires, ou qui commet un de ſes Subſtituts.

La reception des Officiers & tout ce qui la doit preceder lui apartient.

Tous les Procureurs & Avocats du Roy dans les juſtices Royales du reſſort du Parlement de Paris ſont ſes Subſtituts, & il a inſpection ſur eux & ſur ceux des Seigneurs, & doivent executer ſes Mandemens.

Meſſieurs les Procureurs & les Avocats generaux des autres Parlemens ont les mêmes pouvoirs, & rempliſſent les mêmes fonctions dans leur reſſort.

Les Avocats n'ont à répondre de leur conduite qu'à Meſſieurs les Gens du Roy & au Parlement.

Les Baſtonniers qu'ils éliſent tous les ans, ſuivant l'ordre du Tableau, ſont propoſés pour veïller ſur la conduite des autres, & de dénoncer au Parquet ceux qui manquent à leur devoir & qui deshonnorent la profeſſion.

Les Avocats ſont un corps ſeparé des Procureurs, quand à la dignité, mais ils ne compoſent enſemble qu'une communauté, pour ce qui regarde la diſcipline & l'ordre qui doit être gardé dans la procedure.

Le Bâtonnier préſide dans l'aſſemblée, lorſqu'il trouve à propos de s'y trouver.

Leurs Aſſemblées ſe tiennent dans la Sacriſtie, lorſqu'il s'agit de déliberer ſur les afaires particulieres de la Communauté ou de regler un point de diſcipline, mais elle ſe tient dans une des chambres du Parlement le Lundis, Jeudis, Mercredis & Samedis, où les Anciens de la Communauté écoutent les plaintes ſur les mauvaiſes procedures, & donnent leurs avis ſous le bon plaiſir de la Cour.

Entre les Procureurs on en choiſit quatre qui reglent pendant trois années les afaires de la Communauté, & qui ſont apelez Procureurs de la Communauté pendant leur exercice, & après qu'ils ſont ſortis de charge, les plus anciens des quatre préſidens aſſiſtez des trois autres des anciens Procureurs de la Communauté ſortis de charge,

charges & de fix qu'on âpele tous les ans entre ceux qui ont été receveurs.

Ils repréfentent tout le Corps & donnent enfemble, leurs avis
fur les plaintes qui font faites à la Communauté touchant la procedure.

Ces avis ont la force des Jugemens, ainfi je peut dire que la Communauté a une efpece de Jurifdiction, ils ne font pourtant pas executoires; mais quand il arive qu'un Procureur n'y veut pas déferer,
les quatre Procureurs en charge en informent le Parquet, & Meffieurs les Gens du Roi vont à la Grand'Chambre, où fur leurs conclufions intervient un Arrêt portant condamnation d'amande contre le refractaire, & même à une autre peine, comme de fufpenfion
ou d'interdiction fi le cas y échet.

Il y a auffi une Chambre des Tiers compofée de dix Procureurs
qui font nommés de quinzaine en quinzaine, entre ceux qui ont
dix ans de poftulation, pour regler les diferens qui naiffent dans
les taxes des dépens, foit que le demandeur en taxe & le défendeur
ne s'acordent pas entr'eux, foit que l'un ou l'autre, ou tous les deux
ne fe tiennent pas à ce que le Procureur tiers a arêté.

Si les opinions des Procureurs de la Chambre des Tiers fe trouvent
partagées, la conteftation doit être portée à la Communauté pour
être reglées par les anciens.

Sur l'arêté du Procureur Tiers on obtient un executoire, & il eft
encore permis d'interjetter âpel au Parlement de la taxe & de l'executoire; mais cét âpel ne s'inftruit plus à l'Ordinaire; on obtient à
la Grand'Chambre un Arrêt de renvoi pardevant un Procureur de
la Communauté pour en paffer par fon avis, qui devient un Arrêt,
parce qu'il eft reçû par forme d'âpointement.

La Bazoche eft la Jurifdiction des Clercs du Palais, elle eft compofée d'un Chancelier, d'un Tréforier & d'autres Oficiers de Clericature qui fe font tous les ans par élection.

Ils jugent les diferens qui arivent entre Clercs, & les particuliers
qui ont des demandes à former contre des Clercs, les peuvent porter à la Bazoche, mais un Clerc ne peut pas avec fon Privilege diftraire un autre perfonne de fa jurifdiction naturelle.

Leurs jugemens font en dernier reffort & qualifiez d'Arrêts en
tout le reffort du Parlement.

Les diferens qui furviennent entre les Oficiers de la Bazoche, foit au fujet des élections, foit pour le rang ou pour la difcipline
qu'ils doivent obferver, font portez pardevant l'ancien Confeil, c'eft
à dire, pardevant les Procureurs de Communauté.

Tome I.   M

CHAPITRE XXIV.

Des Elûs.

ILs connoiſſent des Tailles, Taillon, crûës, & ſubſiſtances des aydes, & de toutes autres impoſitions & ſubſides.

Taille, eſt un certain tribut que le Roi leve tous les ans ſur ſes
Sujets.

En Provence & en Languedoc, la Taille eſt réelle & ſe leve ſur
les immeubles ſeulement ; mais dans les autres Provinces & Genera-
lités, la Taille eſt mixte, c'eſt-à-dire, partie perſonnelle & partie
réelle, parce qu'elle s'impoſe ſur les perſonnes, mais ſur le pied &
& à proportion de leurs biens, & de leurs facultez.

Cependant, ſuivant mon ſentiment, il y auroit beaucoup de
juſtice de donner quelque recompenſe aux peres & meres, ſurvi-
vans pour ce qu'on leur en fait païer, en égard aux biens de leurs
enfans dont ils ſont tuteurs, atendu que ſouvent ils ſe trouvent ac-
cablés par le poids des charges publiques.

Ainſi, j'eſtime que les meubles d'une femme ſeparée, quant aux
biens qui demeurent dans la même Paroiſſe avec ſon mari, peuvent
être executés pour la taille, parce que l'on impoſe à raiſon des biens
des deux, ſauf le recours de la femme, pour ce dont le Mari doit
être tenu, autrement pluſieurs ſe mettroient à couvert de la Taille
par une ſéparation concertée.

Mais lors que le mari païe ce qu'il doit, je conviens que la femme
ſeparée qui demeure dans la Paroiſſe ou ailleurs, ne doit pas être
impoſée de ſon chef, n'ayant aucun être civil.

Dans les Provinces où la Taille eſt réelle, les heritages qui ſont tenus en rotures, ſont taillables, mais les Fiefs ſon francs & non ſujets
à la taille, tellement qu'en ces Provinces les Roturiers n'y doivent
rien pour les Fiefs qu'ils y poſſedent, & au contraire les Nobles &
Gentilshommes y doivent la taille, pour les heritages qu'ils poſſedent en rotures.

Neanmoins où la taille eſt mixte les gens d'Egliſe, les Gentils-
hommes & les Privilegiez en ſont exempts ; mais s'ils ſont trafic en
marchandiſes, ou tiennent des terres à fermes, ils doivent y être
impoſez, auſſi bien que les autres particuliers, car en ce cas ils dérogent à leur privilege, encore qu'ils n'agiſſent que comme fondez
de Procuration.

Les Privilegiez, ſont les Oficiers Commenſeaux de la Maiſon

du Roi, de la Reine, de la Reine Mere, des Fils, Filles, Freres &
Sœurs des Rois, des premiers Princes du Sang, les Oficiers des
Cours Souveraines, les Secretaires du Roi & plusieurs autres Offi-
ciers, tant de la Guerre, que des Finances, aufquels, par Edit des
Rois, l'exemption des Tailles a été accordée.

Cependant il faut obferver ici, que beaucoup de ces Privileges
ont été revoqués, & depuis aucuns rétablis; mais tous les Reglemens exigent que ces Oficiers aïent fervice actuel & qu'ils foient
couchez fur l'Etat pour 25. Ecus de gages qui fe païent actuellement.

Toutesfois la Cour des Aydes les repute tous exemts de la Taille
lors qu'ils font fur fon Etat.

Par Edit du mois d'Avril 1667. il a été ordonné, que les Eclefiaftiques, Gentilshommes, Chevaliers de Malthe, Oficiers privilegiez & Bourgeois de Paris, ne pourront tenir qu'une ferme par
leurs mains, dans une même Paroiffe & fans fraude.

Sçavoir lefdits Eclefiaftiques, Gentilhommes, Chevaliers, de
Malthe, le Labour de quatre charuës, & lefdits Oficier privilegiez & Bourgeois de Paris de deux charuës chacun, fans qu'ils puiffent joüir de ce privilege que dans une feule Paroife; & s'ils ont des
heritages ailleurs, ils font tenus de les bailler à ferme à gens taillab-
bles, autrement ils feront eux mêmes cottifez comme feroit un Fermier qui exploiteroit lefdits heritages.

Neanmoins on ne laiffe pas d'impofer ceux qui exploitent pour
eux en vertu de procuration, ou qui font prépofés à des granges
pour recevoir leurs dixmes, d'autant que ce ne font que des couleurs
pour afranchir leurs biens des tailles.

Sur quoi il faut remarquer ici, que par Edit du mois d'Aouft
1669. verifié tant au Parlement qu'à la Cour des Aydes, le Roi a
déclaré que le trafic fur mer ne déroge point à Nobleffe, pourveu
que ceux qui l'exercent, ne vendent pas en détail.

Taillon, eft une nouvelle Taille, qui a feulement été établie du
tems d'Henry II. en 1549. pour l'entretennement, vivres & munitions des gens de guerre.

Cette nouvelle Taille monte à peu prés au tiers de la Taille principale, & fe leve fur les mêmes perfonnes que la taille, & au fol la
livre, de ladite taille principale; mais le taillon eft préfentement
aboli, & eft confondu avec la taille.

Le Roi regle & arrête tous les ans en fon Confeil, les fommes
qu'il veut être levées & impofées fur fon peuple, en chacune des
Generalitez de fon Royaume, & fuivant ce, envoïe fes Commif-

fions aux Tréforiers Generaux de France, en leur Bureaux, qui départiffent la fomme que Sa Majefté veut être levée fur leur Generaralité, ou aux Elections de leur generalité.

Enfuite de-quoi on envoïe les Commiffions avec la tâche des Tréforiers de France aux Elûs, qui départiffent les fommes portées par leurs Commiffions aux paroiffes de leurs Elections.

Les Sindics & Marguilliers des Paroiffes aïant reçû lefdites commiffions, font affembler les habitans, qui élifent des Affeurs & Collecteurs, lefquels font leur Rôles, dans lefquels ils cottifent tous les particuliers à proportion de leur facultez.

Font la Collecte des deniers, les portent, ou doivent porter de trois mois en trois mois au Receveur particulier de leur Election, qui les porte au Receveur general de la Generalité, & le Receveur general au Tréfor Roïal.

Aydes, eft generalement toutes les Impofitions qui fe levent fur les denrées & Marchandifes qui fe vendent dans le Royaume, tant en gros qu'en détail.

Par exemple, le gros, le vingtiéme, le huitiéme, & quatriéme, les entrées & forties des Villes, l'impôt fur le cidre, & biére, & tous autres brevages, l'impôt fur le pied fourché, & fur le poiffon de mer, frais & falé, l'impofition du bois à brûler & à bâtir, marrin ouvré & à ouvrer, l'impofition fur les drogueries, huiles & épiceries, fur les cuirs, toiles, laines, merceries, & draperies; l'impofition de la baterie de cuivres, ferronneries, acier, étains & plombs, & toutes autres fortes de denrées, & Marchandifes.

Par Edit du mois d'Aouft 1669. il eft enjoint aux Elûs de juger fommairement & en l'Audiance, les opofitions en furtaux, fans apointer les parties, ni prendre aucun droits d'épices, & ordonné qu'à l'égard des taux de 20. livres & au deffous, ils pourront juger en dernier réfort, fans que les Parties fe puifent pourvoir par âpel en la Cour des Aydes, à laquelle défenfes font faites d'en recevoir les apelations, ce qui a dépuis été étendu jufqu'à la fomme de cinquante livres.

Les âpelations de leurs Jugemens fe relevent en la Cour des Aydes dans quarante jours, & l'amande de l'âpel eft comme aux autres Cours Souveraines, de douze livres, qui eft l'amande ordinaire, laquelle il faut configner avant que d'être reçu à faire aucune procedure, ou l'amande du fol âpel qui eft de foixante quinze livres.

Toutefois en matieres de cottes faites d'Ofice par les Intendans & & Elûs, par Edit du mois d'Avril 1667. il a été ordonné que les âpelations fe releveront au Confeil, à caufe que la Cour des Aides

a coûtume de les reformer & de n'y avoir aucun égard , mais
il faut obferver que l'Edit porte , que le reglement n'eſt que pour
deux ans.

Ils connoiſſent auſſi des Inſcriptions de faux-incidentes aux procez
& inſtance pendantes pardevant eux , ſuivant l'article 20.du titre 1.
de la nouvelle Ordonnance Criminelle , qui porte que tous Juges
peuvent connoître des inſcriptions de faux-incident , à l'exception
feulement des Juges & Conſuls des Marchands, & des bas & moïens
Juſticiers.

Item , des matieres criminelles, quand il y a rebellion commiſe
contre les Collecteurs, Sergens executeurs des rôles des tailles ou
contre les Fermiers des Aïdes.

Et ſi les Commis faiſant leurs fonctions ont excedé , les Elûs doivent faire l'inſtruction par proviſion, pendant le conflit ; mais ſi leſdits Commis avoient été ofenſez, ils ſont tenus de s'adreſer à la Ju.
riſdiction du défendeur ou acuſé , ainſi qu'il a été Jugé par deux
Arreſts du Parlement de Paris , pour le Bailly du Comté de Beauvais.

Neanmoins l'Ordonnance des Aïdes de 1681. atribuë aux Juges
Roïaux la connoiſſance des délits que commettent les Commis.

Or il s'enſuit , que ſi les Collecteurs ou Fermiers faiſant leurs col-
lectes, ou exigeant les droits des Aïdes avoient commis quelque délit ſou fait quelque violence aux ſujets du Roi mal à propos , & ſans
avoir été provoqué par aucune rebellion , la connoiſſance &
la punition du crime ou délit, âpartient au Juge ordinaire , ainſi
qu'il ſe juge & regle au Parquet de Meſſieurs les Gens du Roi, quand
tel'es dificultés ſe preſentent.

Les Exploits devant les Elûs, ſe font en la maniere ordinaire, ils
doivent être libellez & donnés à la perſonne ou au domicile, ils doivent contenir les concluſions & ſommairement les moïens,

Il faut auſſi donner dans la même fuëille ou dans le meſme cahier
de l'exploit des copies tout au long ou par extrait des pieces qui ſervent à établir la demande,

Que ſi on veut former une demande contre une Communauté
d'Habitans, on donne l'exploit un Dimanche ou une Feſte à l'iſſuë
de la Meſſe Paroiſſiale ou de Vêpres, en parlant au Sindic, ou
en ſon abſence au Marguillier en preſence de deux habitans que le
Sergent doit nommer dans l'exploit, dont le formule eſt au Chapitre
des ajournemens de mon Stile general des Huiſſiers & Sergens.

Dans les Villes où il y a des Maires & Echevins , les aſſignations
ſe donnent à leurs perſonnes ou à leurs domiciles.

M iij

On affigne à trois jours ceux qui font domiciliez au lieu où le Siége eft établi, & à huitaine ceux qui n'y demeurent pas & qui font du reffort, on ne compte ni le jour de la fignification de l'exploit ni le jour de l'écheance: mais les Feftes & le Dimanche font comptés.

Il eft permis aux Parties de plaider en perfonne fans fe faire affifter de Procureur, neanmoins l'ufage de l'Election de Paris où il y a des Procureurs créés en titre d'Office, eft pourtant contraire.

Lorfque l'une des Parties ne comparoît pas à l'affignation, les Juges font obligés dès la premiere Audiance de donner défaut au Demandeur ou congé au défendeur, & pour le profit ajuger fur le champ les conclufions, mais l'opofition eft recevable dans les trois jours de la fignification de la fentence, & il eft neceffaire que l'Acte d'opofition contienne fommation de venir plaider trois jours après.

On n'eft pas recevable à former une feconde opofition, fi on a été débouté de la premiere.

Le défendeur peut fournir des défenfes par écrit, pourveu qu'il les faffe fignifier avant le jour de l'Audiance avec les pieces juftificatives de fes défenfes.

Quand il eft neceffaire de voir les pieces ou de refléchir fur la queftion, on ordonne un déliberé fur le Regître, auquel cas les Parties laiffent leurs pieces fur le Bureau, les Juges en déliberent, & à la prochaine Audiance le jugement eft prononcé & écrit fur le Regître, fans qu'il y ait eu ni inventaire de production ni aucunes autres écritures.

Lorfque les Parties font contraires en faits, & que la preuve eft admiffible, ils donnent un délai pour faire comparoir refpectivement les témoins.

Les reproches doivent être propofés verbalement à l'Audiance, les témoins y font auffi entendus, ou bien l'un des Juges eft commis pour les entendre, & la caufe eft jugée.

La mefme procedure eft auffi obfervée dans les Juridictions des greniers à fels, & autres Juges qui connoiffent des droits des Fermes du Roi.

Les dépens doivent être liquidés par le même jugement qu'ils rendent à l'Audiance, mais à l'égard des afaires criminelles dont la connoiffance leur eft attribuée, comme font celles qui regardent les infcriptions en faux incidentes & les autres, on les inftruit & on les juge en la maniere ordinaire, & il eft permis lorfqu'il y a des Parties civiles de fe taxer des épices fur les fentences qu'ils rendent.

Par une declaration du Roi du 17. Février 1688. il eft permis aux Juges des Fermes de Sa Majefté de moderer les amendes portées par l'Ordonnance du mois de Juin 1680.en certains articles,sans neanmoins qu'elles puissent estre moindres de vingt-cinq livres châcune.

CHAPITRE XXV.
Des Gabelles & des Grenetiers.

LA Gabelle est le droit que le Roi prend sur le sel, dont il n'y a personne qui soit exemt dans les Provinces où le droit se leve, car les Nobles & les gens d'Eglise, aussi bien que les Roturiers doivent acheter le sel dont ils usent, au plus prochain grenier de leur domicile.

Il y a neanmoins plusieurs Provinces qui en sont exemtes & qui ont achepté cette exemtion du Roi Henry II. sçavoir celles de Poïtou, Xaintonge, Païs d'Aulnis, de Perigord, de la Marche, d'Angoulmois, & du haut & bas Limosin.

Toutes lesquelles Provinces s'apelent le païs de France salé, le Comté de Boulonnois, la Ville de Calais &les Païs reconquis en sont aussi exemts.

Le Roi fait trois fermes de ses gabelles, la premiere comprend la plus grande partie du Roiaume, & s'apelle le grand parti, la seconde est celle du Lyonnois & du Languedoc, la troisiéme est celle de la Provence & du Dauphiné.

Il y a aussi en France des greniers volontaires & des greniers d'imposts.

Dans l'étenduë des greniers volontaires châcun particulier ne prend du sel qu'autant que bon lui semble & qu'il en a besoin, mais aux greniers d'impôts le sel s'impose comme la taille, & châcune Paroisse en doit prendre la quantité à laquelle elle est imposée, & le distribuer aux particuliers habitans à proporion de leurs familles, & s'ils ne le vont pas querir on le porte chez eux, & on les contraint de le païer.

Par Edit du mois d'Avril 1667. plusieurs Paroisses des Generalitez de Tours, Bourges & Orleans ont été déchargées de l'impôt du sel, & ordonné qu'à l'avenir le sel y sera distribué par vente volontaire.

Il y a des Oficiers commis pour juger de la bonté du sel & de la quantité qu'il en faut pour les Paroisses qui dépendent de leurs greniers, & pour empêcher qu'il ne soit vendu plus que le Roi ne l'a ordonné, & prendre garde aux mesures, & faire le procez aux Faux-Saulniers.

Ces Oficiers sont âpelez Grenetiers, & connoissent aussi de tous les diferens qui furviennent dans les ventes & diftributions de cette marchandife, & en dernier reffort, tant en principal que dépens, de la reftitution des droits des Gabelles, jufques à un minot, & dix livres d'amendes.

Les âpelations de leurs fentences vont à la Cour des Aides, ainfi que celles des Sentences des Elûs.

Les Greniers à Sels ont été réünis aux Elections dans les Villes où il y a des Elections.

CHAPITRE XXVI.

Des Traites-Foraines.

TRaites-Foraines font les droits qui fe païent pour les entrées & forties des Marchandifes, dedans ou dehors le Roïaume.

Comme pour grains, beftiaux, chevaux & autres métaux, or, argent, étofes de draps de toutes fortes, tapifferies, linges, dantelles, épiceries, pelleteries & autres marchandifes, quoi-qu'ils foient mifes en œuvres, comme des habits, pourveu qu'elles foient neufs & qu'ils n'aïent jamais été portez, car autrement ils ne font pas fujets à ce droit.

On païe pour ce droit le fol pour livre fuivant l'Ordonnance.

Les Marchands à qui les marchandifes apartiennent ou autres ne peuvent pas empêcher la vifite de leurs marchandifes; & fi dans leurs coffres, malles ou valifes il fe trouvoit des marchandifes, pour lefquelles ce droit fut dû fans l'avoir declaré, & aïant declaré au contraire qu'ils n'avoient aucunes defdites marchandifes, le tout eft fujet à la confifcation.

La vifite des marchandifes doit être faite en prefence du Maître des Ports ou d'un Lieutenant és Villes où il y a des maîtrifes établies, au cas que les Parties le requierent, finon elle fe fait par les Commis.

S'il n'y a ni Maître ni Lieutenant on peut requerir que les marchandifes foient vûës & vifitées en prefence des Magiftrats de Ville.

Les Oficiers des Traites Foraines font les Maîtres des Ports & leurs Lieutenans, lefquels ordonnent la confifcation lors que le cas y échoit, & qui taxent les droits dûs pour raifon des marchandifes dont eft queftion.

Si en leur abfence le Juge Roïal du lieu faifoit quelques procedures, il eft obligé de renvoïer les arties pardevant le Maître des Ports pour leur être fait droit.

Il y a plufieurs chofes qui font exemtes de ce droit, 1° les livres en blanc en blanc ou reliés, 2° le Papier, 3° les Tableaux, 4° les Horologes, 5° la Menuſerie, 6° la Verrerie, & autres choſes dont la façon eſt plus précieuſe que la matiere, comme les Diamans & toutes ſortes de pierreries.

Les âpelations de ces Juges vont à la Cour des Aydes.

CHAPITRE XXVII.

De la Cour des Aides.

IL y a huit Cours des Aides dans le Royaume, ſçavoir, Paris, Roüen, Clermon en Auvergne, Bourdeaux, Grenoble, Monpellier, Aix, & Dijon.

Les trois dernieres ſont unies aux Chambres des Comptes.

Celle de Paris eſt compoſée de trois Chambres, Monſieur le Premier Preſident tient la premiere avec le plus ancien des autres Preſidens & des Conſeillers; il y a auſſi dans chacune des deux autres Chambres, deux autres Preſidens avec des Conſeillers.

Le Parquet de Meſſieurs les Gens du Roi eſt compoſée d'un Procureur General & de deux Avocats Generaux; Monſieur le Procureur General a des Subſtitus, & tous les Procureurs du Roi des Juriſdictions qui réſortiſſent à la Cour des Aides, ſont auſſi ſes Subſtitus.

Les Cours des Aides connoiſſent de toutes les âpelations Civiles & Criminelles, qui concernent les Aides, Tailles & Gabelles de France, & dont les Elûs & Greneriers ont connu en premiere inſtance, même les Juges des Traites-Foraines, Maîtres des Ports & leurs Lieutenans.

Elles verifient auſſi les Edits, Ordonnances & Déclarations que les Rois font, concernant leſdites matieres.

Font les Reglemens pour les charges des Oficiers des Elections & Gabelles & autres de leur réſort.

Reçoivent les Preſidens, Lieutenans, Elûs & Greneriers, & connoiſſent en premiere inſtance ou par âpel, comme dit eſt, de toutes querelles, débats, rébellions, injures, excés, meurtres, & autres crimes procedans du fait des Tailles, Taillon, Aides & Gabelles; & de toutes autres impoſitions, au nombre de neuf Juges à Paris, & de huit aux autres Cours.

Les jours des grandes Audiances en la premiere Chambre, ſont les Mercredis & Vendredis matin, depuis neuf heures juſqu'à onze, & aprés qu'elle est levée, les autres Chambres donnent Audiance.

Il y a d'autres Audiances les autres jours aux Chambres, selon que les afaires le requierent, & un des Messieurs les Avocats Generaux y plaide où le Roi ou le Public y ont interêts, dans les procés dont ils ont pris communication.

Elles connoissent encore de la validité des titres de Noblesse, à l'éfet de l'exemtion des Tailles & autres impositions dont les Nobles sont exemts.

Et defait, la Déclaration du Roi du mois de Septembre 1657. pour la recherche des usurpateurs de Noblesse, est adressée à des Commissaires de la Cour des Aides de Paris, & y est verifiée.

Ladite Cour des Aides de Paris connoît aussi des Lettres d'anoblissement qui y doivent être verifiées, & des Privileges des Oficiers & Commensaux de la Maison du Roi, dont l'état par chacun an est porté & enregistré en ladite Cour des Aides; mais ces privileges y sont beaucoup restraints, à cause qu'ils vont à la surcharge du peuple.

Les mêmes régles qui sont établies pour le Parlement par l'Ordonnance de 1667. sont aussi établies pour la Cour des Aides, comme il paroît par l'Article 1. du titre 1. par l'article 4. du titre 10. par les articles 1. & 14. du titre 11. par les articles 1. & 16. du titre 17. par l'article 1. du titre 13. & autres.

Ainsi s'il y a quelques diferences en la maniere de proceder, elles sont fort peu considerables.

L'une des plus considerables, est qu'en la Cour des Aides, les âpelans n'ont que quarante jours pour relever âpel, & au Parlement ils ont trois mois.

Au reste, les mêmes procureurs qui ocupent au parlement, ocupent aussi en la Cour des Aides.

CHAPITRE XXVII.

De la Prévôté de l'Hôtel, & Grand Prévôt de France.

LA charge de Prévôt de l'Hôtel, qu'on âpelle Monsieur le Grand Prévôt, est une des prémieres Charges de la Maison du Roi.

Sa Jurisdiction s'étend sur le Louvre & sur la Maison du Roi.

Il connoît de toutes les caufes, tant civiles, que criminelles des Oficiers & Marchands privilegiés qui fuivent la Cour.

C'eft lui qui taxe le pain, le vin, la viande, & generalement toutes les denrées neceffaires pour la fubftfiance de la Cour.

Il donne des lettres aux Marchands privilegiez fuivant la Cour, par lefquelles il les déclare francs, quittes & exemts de tous peages, entrées & paffages.

Il connoît de tous les crimes & délits qui fe commettent à la fuite de la Cour & à dix lieües aux environs: il peut faire aprehender les criminels & délinquans, leur faire faire par fes Lieutenans de Robe-longue, leur procés fouverainement & en dernier réfort, en y âpelant les Maîtres des Requêtes qui fe trouveront à la fuite de la Cour, jufqu'au nombre de fix, & à leur défaut fix Avocats.

Il a quatre Lieutenans de Robe-courte & deux de Robe-longue, lefquels Lieutenans de Robe-longue exercent fa Jurifdiction contentieufe, & jugent les procés civils & criminels, qui en dépendent.

Les Lieutenans de Robe-longue tiennent leur Audiances en la fale baffe du Grand Confeil, & la procedure s'y obferve comme dans les autres Jurifdictions, fuivant l'Ordonnance.

Les Lettres de grace, abolition ou remiffion, lui font auffi adreffées & l'enterinement lui en apartient, quand elles font pour crimes commis à la fuite de la Cour.

Il y a un Arrêt du Confeil d'Etat du Roi du 22. Janvier 1682. qui fait défenfes aux Oficiers de la Prevôté de l'Hôtel de connoître d'aucunes afaires civiles & criminelles, autres que celles dont la connoiffance leur eft atribuée par les Edits & Déclarations, où qui leur feront renvoyées par une atribution particuliere de Sa Majefté.

Cet Arrêt a été rendu en faveur de plufieurs particuliers de la Province de Guienne, qu'un Garde du Roi vouloit diftraire de leur Jurifdiction, par une Commiffion qu'il avoit obtenuë pour les faire affigner comme détemteurs & débiteurs des biens provenans d'une fucceffion commune.

Les âpelations interjetées des jugemens du Prévôt de l'Hôtel, vont au grand Confeil.

CHAPITRE XXVIII.

Du Grand Conseil.

LE grand Conſeil eſt compoſé de deux Semeſtres, en chacun deſquels il y a quatre Préſidens & vingt-ſept Conſeillers.

Les Préſidens doivent être Maîtres des Requêtes.

Le premier Préſident eſt Monſeigneur le Chancelier, qui y va quelquefois, quoique tres-rarement, tenir l'Audiance en cette qualité.

Le défunt Monſieur le Chancelier Le Tellier, y a une fois tenus l'Audiance, comme a fait pareillement défunt Monſieur Boucherat & Monſeigneur le Chancelier d'apreſent.

Outre les Juges, il y a un Procureur General & deux Avocats Generaux & pluſieurs Subſtituts.

Les Préſidens & Avocats Generaux commencent leur Semeſtre au premier Janvier & au premier Juillet, & les Conſeillers commencent le leur au premier Avril & au premier Octobre; c'eſt pourquoi on âpele l'un, le Semeſtre d'Eté, & l'autre le Semeſtre d'Hyver.

Ainſi les Préſidens & Avocats generaux ſervent trois mois au Semeſtre d'Hyver, & trois mois au Semeſtre d'Eté.

Le Procureur General eſt perpetuel & ſert aux deux Semeſtres.

La Juriſdiction du Grand Conſeil eſt Souveraine, elle a augmenté par diferentes attributions.

On voit, par exemple, une augmentation aſſez conſiderables dans la Déclaration du Roi du 14. Aouſt 1687. qui veut que les procés évoqués ſur parentées & aliances, tant du Parlement de paris que des autres Parlemens y puiſſent être renvoyés,

Il connoît au civil & incidemment au criminel des matieres qui concernent le titre des Benefices conſiſtoriaux qui n'ont point été conferés en régale, du Serment de fidelité des Evêques & Archevêques, des droits qui ſont dûs à Sa Majeſté; pour ſont joieux avenement à la Couronne; des indults, de la contravention aux privileges des Secretaires du Roi, du retrait ou de la faculté de réchat des biens Ecléſiaſtiques alienez pour cauſe de ſubvention.

Des Immunitez & Franchiſes des Ecléſiaſtiques & de pluſieurs évocations qui concernent les anciennes ſubſtitutions des grandes Maiſons du Roïaume & les grands Ordres, comme

Cluny, Citeaux, Premontré, Grandmont, la Trinité, le Saint Esprit, Frontevrault & Saint Jean de Jerusalem.

Il connoist aussi des contrarietez d'Arrests rendus dans differentes Cours, des differents qui naissent entre les Cours Souveraines, entre les Parlemens & les Presidiaux pour l'execution des deux chefs de l'Edit, entre les Prevôts des Maréchaux & les Juges ordinaires, & encore les autres Oficiers dont les âpelations ressortissent en diverses Cours souveraines.

Par exemple, entre les Juges Roiaux ordinaires qui ressortissent au Parlement, & les Elûs & Grenetiers qui ressortissent en la Cour des Aides, suivant l'Ordonnance de 1669. Titre des Reglemens des Juges.

Item, des âpellations des Sentences renduës en la Prevôté de l'Hôtel, de celles renduës en la Venerie du Louvre, & de celles renduës en la Chambre generale de la réformation des Hôpitaux & Maladeries.

Enfin, il connoist des Commissions du premier Medecin pour les raports des Corps-morts, noyez & blessez & des Statuts qu'il fait touchant la Pharmacie, de l'execution des Statuts du premier Barbier, & generalement des causes & instances & procez qui lui sont renvoyez par le Conseil privé sur toutes sortes de matieres civiles & criminelles.

L'autorité du Conseil privé est souvent necessaire pour la rétention ou le renvoy des afaires, à cause que le Parlement & les autres Cours Souveraines ne déferent pas aux Arrests du grand Conseil.

Il y a des Procureurs créez en titre d'Ofices, & la procedure est conforme à l'Ordonnance de 1667. & aux autres Ordonnances generales pour toutes les autres Jurîdictions, & particulieres pour celles-là.

Tous Huissiers, même ceux de la Jurisdiction ne peuvent pas signifier ni executer aucuns Arrests ni aucunes Ordonnances ou commissions hors le lieu où le Conseil tient sa séance, sans être scellez.

Cette maxime est conforme au droit commun, & est établie sur un Arrest du Conseil Privé du 12. Decembre 1679.

Par une Declaration du 14. du même mois & an, Sa Majesté veut que Messieurs du Grand Conseil ne puissent donner en matiere de duël aucune commission en reglement de Juges d'entre les Prévôts des Maréchaux ou autres Oficiers de Robe-Courte, & les Juges ordinaires, lorsqu'il paroist que l'un des Juges a pris connoissance du fait.

Mais dans les autres cas il leur est permis de juger les conflicts, à condition que dans les Arrests ou Commissions en Reglemens de Juges il soit dit que l'instruction sera continuée par l'un des Juges que

N iij

le Conſeil eſtimera à propos juſqu'à ſentence definitive excluſivement, & juſqu'à ce que le conflict ou reglement de Juges ait été jugé.

CHAPITRE XXIX.

De la Chambre des Comptes

IL y a douze Chambres des Comptes dans les Etats du Roi, qui jugent ſouverainement les comptes de tous les Oficiers comptables & des Finances, tant au civil qu'au criminel.

Sçavoir, Paris, Roüen, Dijon, Nantes, Montpellier, Grenoble, Aix, Pau, B'ois, Liſle en Flandre, Aire & Dole.

Celle de Paris, eſt compoſée de deux Semeſtres, il y a à châque Semeſtre cinq Préſidens & trente-ſix Maîtres des Comptes, qui travaillent au grand Bureau, il y a un premier Préſident, un Procureur general & un Avocat general qui ſervent toûjours.

Il y a deux autres Chambres, celle des Correcteurs des comptes & celle des Auditeurs, & ils ſervent par Semeſtre.

Elle connoiſt des dons & des dépenſes des Rois, ordinaires & extraordinaires, & les examine exactement.

Elle enterine ainſi que les autres, châcunes dans ſon reſſort, les lettres de legitimation & de naturalité des Aubaines.

Elle fait la verification des Apanages, Contrats de Mariage des Enfans de France & aliénation du Domaine du Roi, laquelle ne ſe peut faire que dans deux cas, le premier eſt pour l'Apanage des Enfans de France, le deuxiéme quand la neceſſité dés afaires de l'Etat le requiert.

Mais au dernier cas l'alienation ne ſe peut faire qu'à condition du rachat perpetuel, ſuivant l'Ordonnance du Roi Charles IX. de 1566.

Elle connoiſt des procez qui interviennent entre les comptables & les autres particuliers pour raiſon des comptes du tréſor Roial, & ceux de la Maiſon du Roi par eux vendus & des Maiſons Roiales.

Les autres Chambres y envoient tous les ans les doubles des comptes de leurs Provinces, afin qu'elle puiſſe faire les verifications & les corections de tous les comptes dudit tréſor Roial & des comptables qui y prennent leurs aſſignations

Elle reçoit le ſerment de tous les Oficiers qui ſont reçûs, & celui des Comptables & des Fermiers generaux ou particuliers.

C'est à la mesme Chambre des Comptes où se font aussi les enregistremens des sermens de fidelité des Evêques & des Archevêques,
& où se reçoivent les foi & hommages que rendent les Vassaux des
Principautez, Duchez, Pairies Marquisats, Comtez, Vicomtez,
Baronies & Châtelenies.

Elle peut encore recevoir les foi & hommages pour les autres Fiefs
qui relevent immediatement de la Couronne.

Les aveus & dénombremens de tous les Vassaux de son ressort, &
les actes de foi & hommages reçûs par les Tresoriers de France y
sont agardez.

On y enregistre les declarations de guerre, les traitez de paix,
les réünions des Lettres de naturalité, d'amortissement, de legitimation, de don, de gratification, de privileges acordez aux Villes
& aux Communautez, & toutes les autres qui ont raport aux droits
de la Couronne.

Pareillement les lettres qui portent création des Principautez,
Duchez, Pairies, Marquisats, Comtez, Vicomtez, Baronnies,
Châtelenies & hautes Justices.

Item, les lettres de Noblesse, de confirmation & de réabilita-
tion en cas de dérogeance.

Ils liquident la finance de l'indemnité qui est dûë au Roi & aux
Communautez par les Anoblis, & procedent à la verification de tout
ce qu'ils enregistrent; & comme ils sont établis pour la conservation des droits de la Couronne, ils ne passent rien qui soit préjudiciable à l'Etat, sans en donner avis à Sa Majesté, par de tres-humbles
remontrances.

Ils raportent tous les procez qui sont survenus à cause des Parties
rayées, dont les comptables ou leurs heritiers poursuivent le paiement contre les Parties prénéanties en vertu d'executoires, comme
aussi tous les procez survenus sur les opositions formées aux lettres su-
jettes à verification.

Ils décretent les requêtes qui sont presentées pour former une ins-
scription de faux, aprés le raport qui en a été fait, & celles qui sont
presentes pour le rétablissement des Parties rayées, superceffion,
soufrances ou indecision, soit qu'il y ait lettres patentes ou non,
pour le rétablissement desdites Parties qui sont du raport de Messieurs
les Auditeurs.

Au bas de celles qui sont de leur raport, ils mettent *Soit montré*,
& à celles qui sont au raport de Messieurs les Auditeurs pour parties
raiées, ils mettent, *Soit montré au Procureur General du Roy, vû le
compte fait, & raporté par le Conseiller Auditeur Raporteur, fait à*

&c. & fur celles qui font en foufrances on met, *Soit vû le compte &*
fait raport.

Ils répondent les requêtes de *committimus* d'Ofice, foit pour informer des vies & mœurs d'un Oficier, ou pour autres caufes fujettes à information.

Les Semeftres s'affemblent lorfqu'il s'agit de recevoir des Oficiers
fujets à l'examen, à moins qu'ils n'ayent déja été examinés, car en ce
cas ils ne les obligent pas à un nouveau examen, mais le Procureur
General fait faire une information de vie & mœurs.

Ils s'affemblent aufli quand il s'agit du reglement pour le fervice du
Roi ou du public.

C'eft au grand Bureau que fe reçoivent les hommages que les Vaffaux du Roi font obligez de faire.

On peut fe pourvoir par deux manieres contre les Arrefts de la
Chambre des Comptes, l'une par correction s'il s'agit d'un Arreft
rendu fur un compte, & l'autre par revifion, laquelle fe peut faire
de toutes fortes d'Arrefts, même de ceux de correction.

Il y a difference entre correction & revifion, en ce que la correction
eft une voye ordinaire, & que la revifion ne fe peut faire qu'en vertu des Lettres Patentes du Roi.

Les revifions fe jugent en la Chambre du Confeil par un Préfident,
cinq Confeillers du Parlement affemblez, avec un Préfident & cinq
Maîtres des Comptes, ou affifté d'un Greffier de châque Compagnie.

En matieres criminelles ils inftruifent les procez jufqu'à la queftion
exclufivement, & pour paffer outre ils apellent un Préfident du
Parlement & fix Confeillers.

Les comptes doivent être préfentez au grand Bureau en prefence
de Monfieur le Procureur general aprés qu'il les a fait enregiftrer
dans fon regiftre, cependant le compte ne fuffit pas pour être prefenté, mais il faut un bordereau, c'eft-à-dire un abregé du compte,
lequel doit être figné du Comptable, s'il eft en prefence, & de
fon Procureur, & fi le Comptable n'eft pas prefent, il n'eft figné
que de fon Procureur.

Il faut encore que le bordereau, lorfque le compte eft prefenté,
foit figné de celui de Meffieurs les Préfidens qui préfident, & du
plus ancien de Meffieurs les Maîtres qui fe trouvent au Bureau.

Les Comptables & leurs Enfans ne font jamais reçûs Oficiers des
comptes qu'ils n'aient un Arreft de décharge qui contienne la preuve que les comptes ont été verifiés par les Correcteurs, Examinateurs, par les Auditeurs, & arreftés par Meffieurs les Préfidens &
Maîtres des Comptes.

fuivant

Suivant la difposition de deux Arrefts du Confeil d'Etat du Roi des 18. Avril & 10. Juin 1684. les corrections doivent être inftruites & jugées par écrit.

Les avis de correction étant fignifiés au Comtable , il fournit des défenfes , enfuite l'âpointement à écrire & produire eft ofert par le Défendeur à Monfieur le Procureur General , ou par lui au Défendeur, & le Grefier expedie l'âpointement fur les qualitez fignifiée & le délivre aux plus diligents fans qu'il ait été prononcé à l'Audiance.

Cette procedure eft toute contraire à l'article 9. du tit^re 11. de l'Ordonnance de 1667, mais elle eft autorifée par une Declaration du Roi du 15 Septébre 1684. portant dérogation expreffe à l'Ordonance.

Sur quoy il faut obferver ici, qu'aux termes de la même Declaration s'il y a opofition aux qualitez, ou quelqu'autre empêchement à la reception de l'âpointement , la conteftation fur l'incident doit être portée à l'Audiance pour y être jugée.

CHAPITRE XXX.

De la Cour des Monoyes.

Elle eft compofée d'un premier Préfident & d'un Procureur general qui fervent toute l'année , de huit autres Préfidens , de plufieurs Confeillers , de deux Avocats generaux, de deux Subftituts , d'un Grefier en chef & de dix-huit Huiffiers.

Il y a un Prévôt General des Monoyes & Maréchauffées de France qui inftruit avec fon Affeur & un Procureur du Roi les procez criminels , & les porte à la Cour des Monoyes où ils font jugés avec lui , mais il n'a feance qu'après le dernier Confeiller.

Tous ces Oficiers fervent par femeftre , excepté le premier Préfident, le Procureur General & le Grefier en chef qui font toûjours de fervice.

Il y a un des Confeillers qui eft commis au Comtoir pour faire les inftructions des boëtes ou travail des Monoyes , & il y en a deux autres qui font Contrôleurs generaux dudit Comtoir.

Dans les Hôtels des Monoyes il y a des premiers Juges dont les âpelations refortiffent à la Cour des Monoyes de Paris , qui eft la feule en France qui juge fouverainement fur les matieres qui lui font atribuées.

Neanmoins par un nouveau Edit Sa Majefté a dépuis-peu créé plufieurs autres Cours fouveraines des Monoyes à l'inftar de celle de Paris dans plusieurs Villes de son Royaume , comme , par exemple à Lyon, où il y en a une d'établie dépuis cet Edit, dont les Oficiers joüissent des mêmes droits que celle de Paris & des mêmes prérogatives, mais comme tel Edit est sujet à revocation , je ne parleray ici que de celle de Paris.

Elle conoist de toutes sortes d'especes de Monoyes , comme aussi des metaux dont elles sont fabriquées, des mines & des poids, du titre , du cours, du prix des mêmes especes & la police des monoyes, ensemble des boëtes de toutes les monoyes du Royaume qui dépendent de la jurîdiction , des abus & malversations commises par les Oficiers & par les Marchands & Artisans dans la manufacture des ouvrages.

Deux Présidens & plusieurs Conseillers vont faire tous les ans la visite dans les Provinces , & jugent souverainement toutes les afaires qui sont de la competance de la Cour des Monoyes , privativement aux Gardes & Prévôts des Hôtels qui sont les premiers Juges.

Mais quand il s'agit de crime capital & délit commis au fait des monoyes dont ils jugent par concurrence & prévention avec les Prévôts des Maréchaux, ils doivent apeler sept ou huit Conseillers de Cours souveraines ou des Présidiaux.

Messieurs de la Cour des Monoyes conoissent aussi par une atribution particuliere des Contrôles de la vesselle d'or & d'argent dont la chambre du Tresor a connu auparavant.

Les Procureurs du Parlement y postulent , & on y procede comme dans les autres Jurîdictions de l'enclos du Palais.

CHAPITRE XXXI.

Du Conseil d'Etat du Roy.

IL y a diférens Conseils pour déliberer avec le Roy sur les diférentes afaires de l'Etat & du Public.

Sçavoir le Conseil de conscience, le Conseil de Guerre, le Conseil des Dépêches, le conseil d'Etat & des Finances, & le Conseil Privé ou des Parties.

Le Roy, Monsieur le Chancelier, un Chef du Conseil qui est d'épée, Monsieur le Contrôleur general, Messieurs les Intendans des Finances, Conseillers d'Etat & Maîtres des Requêtes composent le Conseil Royal des Finances.

Les afaires des Finances, des Domaines & des droits de la Couronne y font traitées, & les diferens qui naifent entre les traitans ou autres au fujet de ces afaires y font jugées.

Par exemple, un Intendant des Finances eft chargé du raport des diferens qui furvienent au fujet des Francs-Fiefs, un particulier qui fe prétend Noble a été taxé comme Roturier par Meffieurs les Commiffaires, le particulier donne fa Requête au Roi, la met entre les mains de l'Intendant des Finances avec les pieces qui juftifient fa Nobleffe, & l'afaire communiquée au Procureur General nommé par la commiffion, eft raportée & jugée au Confeil Roial des Finances.

La même chofe eft, lorfqu'un Roturier prétend avoir été trop taxé, & qu'il demande une moderation, enforte-que toutes les affaires dont le Roi fe referve la conoiffance & à fon Confeil, ne peuvent pas être portées ailleurs.

Le Confeil d'Etat eft compofé de Monfieur le Chancelier ou Garde des Seaux, de vingt-un Confeillers d'Etat & des Maîtres des Requeftes qui fervent par quartier avec les Confeillers d'Etat, mais le Roi ne s'y trouve point, cependant les Requêtes font pourtant adreffées *au Roi & à Noffeigneurs de Son Confeil, &c.*

Il eft établi pour juger certaines affaires entre particuliers, comme font les demandes en caffation d'Arrefts des Cours Souveraines, ou du Confeil, les évocations, les reglemens de Juges, & les autres afaires qui y font retenuës.

Le Confeil d'Etat fe tient deux fois la femaine dans les jours qui font indiquez par Monfieur le Chancelier, & ce Confeil eft âpelé le Confeil des Parties.

Les Maîtres des Requêtes fe tienent débout derriere les chaifes, & raportent feuls au Confeil des Parties, fuivant l'ordre qui leur eft prefcrit par Monfieur le Chancelier, & ils opinent débout & découverts.

Le Raporteur eft derriere la chaife du Roi, & fait fon raport débout & découvert.

Il fufit que les avis paffent d'une voix pour faire un Arreft, & au cas qu'il y ait égalité de fuffrages, il n'y a point de partage, mais l'Arreft eft conclu fuivant l'avis de Monfieur le Chancelier.

On ne raporte point de Requête au Confeil qu'elle n'ait été fignée d'un Avocat du Confeil, qui font avec la fonction d'Avocat, celle de poftulant à la fuite de tous les Confeils de Sa Majefté, où ils font en titre d'Ofice & pourvûs de provifion expediée en Chancelerie.

Lorfqu'un particulier a de la fufpicion contre tout un Siége ou contre toute une Province, le Roi lui acorde des Lettres d'Evocation generale, porrant âtribution à d'autres Juges, ce qui ne s'accorde que pour des caufes importantes & tres efentielles.

Les Parties intereflééspeuvent pourfuivre au Confeil la caffation de ces Lettres.

Le Roi évoque encore à foi & à fon Confeil, foit pour toutes les affaires d'un particulier ou d'une Communauté, foit pour des afaires particulieres.

On évoque auffi à caufe des parentez & alliances ; mais comme l'évocation diftrait les Parties de leur Jurifdiction naturelle, l'Ordonnance de 1669. Titre des Evocations, a prefcrit des regles qui arrêtent les entreprifes des mauvais plaideurs.

La diftribution des inftances ne fe fait que trois jours aprés la fignification de l'apointement, & la fubrogation huitaine aprés la fin de châque quartier.

Monfieur le Chancelier faifant la diftribution des inftances, commet auffi deux ou quatre Confeillers d'Etat au plus, aufquels les Raporteurs font tenus de communiquer, & les Inftances & Requêtes qui leur ont été communiquées, ne peuvent être raportées qu'en leur prefence.

Les Parties peuvent cotter fur leur Requête afin de diftribution, les Maîtres des Requêtes & Confeillers d'Etat qui leur font fufpects jufques au nombre de trois de châque ordre, afin que Monfieur le Chancelier en diftribuant les inftances y ait tel égard que de raifon.

Le Grefier tient deux Regiftres, dont l'un demeure par-devers Monfieur le Chancelier, & l'autre par-devers le Grefier.

Sur ces Regiftres font diftribuées les inftances, fans que les Maîtres des Requêtes s'en puiffent charger que fuivant la diftribution qui leur en a été faite fur le Regiftre, à peine de nullité des Arrefts.

Le Raporteur qui a été commis ou fubrogé ne peut pas être changé, non plus que les Confeillers d'Etat qui ont été commis, que par voïe de recufation ou aprés la fin du quartier.

Les Confeillers d'Etat qui ont été commis ne fignent les Arrefts que dans le Confeil, & aprés qu'ils y ont été déliberez & arrêtez.

Les Raporteurs font obligez de faire eux-mêmes leurs Extraits, & les écrire de leurs mains, de même que les difpofitifs des Arrefts rendus à leur raport, & les figner avant la levée du Confeil.

Il peuvent neanmoins avec la permiffion de Monfieur le Chancelier remettre la fignature des Arrefts qui feroient trop longs & plus importants au Confeil fuivant.

Celui qui a été Raporteur d'une Requête fur laquelle un Arreft eft intervenu introductif d'une Inftance, ne peut être Raporteur de l'Inftance.

Aucun Maître des Requêtes ne peut fe charger d'une Requête dépendante d'une inftance en laquelle un Raporteur a été commis fur quelque incident que ce foit, à moins qu'une Partie ne fe plaignit des procedures & ordonnances du Raporteur.

Aucun ne peut être Raporteur d'une Requête en caffation des Arrêts rendus à fon raport, s'il n'y a confentement par écrit de toutes les Parties.

Les Maîtres des Requêtes font tenus de mettre au Greffe à la fin de leur quartier, un état des procés dont ils ont été chargés durant leur quartier, & qui n'ont point été jugés, quoi que les confignations aïent été confommées, & cét état eft remis par le Grefier entre les mains de Monfieur le Chancelier.

Tous les Reglemens incidens font donnés par les Raporteurs, & mis au pied des Requêtes & fignifiez aux Avocats, & il eft défendu de les faire étendre par le Grefier.

Les Raporteurs des Requêtes qui ont été refufées, les doivent mettre à l'inftant entre les mains du Grefier, qui eft tenu d'en faire Regiftre, & faire mention du refus fur la requête qui demeure au Greffe.

Aprés qu'une Requête a été refufée, aucune autre concernant le même fait, ne peut être prefentée, s'il n'y eft fait mention de celle qui a été refufée, & le Raporteur tenu faire mention au commencement du raport, du refus de la prefente Requête.

Si la feconde Requête eft refufée, celui qui la prefente, eft condamné en trois cens livres d'amande, laquelle ne peut être moderée.

Le Grefier eft tenu raporter à Monfieur le Chancelier le l'audemian de chacun Confeil, deux refultats fignés de lui, de toutes les afaires qui ont été raportées, contenant les qualités & le difpofitifs des Arrêts, avec les noms des Raporteurs & des Avocats, dont Monfieur le Chancelier donne l'un au Roi, & l'autre eft pour lui.

Quand une Inftance ou les Requêtes refpectives font en état de part & d'autre, le Raporteur peut-être continué pour en faire fon raport au Confeil dans le quartier fuivant, en forte neanmoins qu'il ne peut-être continué que pendant un feul quartier, à peine de nullité.

Le Confeil d'Etat ne connoît d'aucunes afaires qui font de la competence des Cours, pour les juger à fonds, fi ce n'eft par un

O iij

ordre exprés de Sa Majefté , ni des afaires concernant l'exécution des Edits , Déclarations & Lettres Patentes, encore qu'elles n'aïent été enregiftrées aux Compagnies qui en font competans, à la referve neanmoins des afaires des Finances dans lefquelles fadite Majefté a interêt , lefquelles , s'il eft jugé à propos , peuvent être retenuës au Confeil.

Mais à l'égard des autres aufquelles les particuliers feulement font intereffez , encore qu'elles concernent les Finances & procedures de l'execution des Edits , elles font renvoïées aux Compagnies qui en font competantes , à la charge neanmoins de les juger conformément aux Edits, Déclarations & Lettres Patentes.

Les Maîtres des Requêtes voïent & examinent en leurs affemblées les inftances, évocations, reglemens de Juges & autres afaires du Confeil , dont ils font chargés , fans qu'ils puiffent prendre ou recevoir aucun droits ou confignation pour le raport, vifite & examen des forclufions, congez, défauts, ni pour les Requêtes refpectives , fi lefdites Requêtes refpectives ne font pour les évocations, & réglemens de Juge , conformement à l'Ordonnance de 1669.

Quand on évoque d'un Parlement & que l'évocation eft acordée , les Parties font renvoyées à un autre Parlement , du Grand Confeil au Parlement de Paris , d'une Cour des Aides à une autre , d'une Chambre d'un Parlement à une autre Chambre , lors que tout le Parlement n'eft pas fufpect ; d'un Préfidial à un autre en matiere criminelle.

Les Juges à qui le renvoi eft fait , font obligez de juger fuivant la Coûtume du lieu dont on a évoqué.

Par exemple , fi l'afaire eft renvoyée du Parlement de Paris , à celui de Roüen, on Juge à Roüen felon la Coûtume de Paris, & non pas felon celle de Normandie.

Il y a un titre dans la même Ordonnance de 1669. qui concerne les reglemens des Juges , on voit que quand deux Cours Souveraines ou autres Jurifdictions inferieures , indépendantes l'une de l'autre , & qui ne réfortiffent en même Cour, font faifies d'un même diferend , il eft neceffaire pour n'avoir pas deux procés fur un fait , d'obtenir des Lettres ou un Arrêt du Confeil Privé en reglement de Juge.

Quand on fe plaint d'un Arrêt contradictoire en ce qu'il contient des condamnations contraires aux difpofitions des Coûtumes ou des Ordonnances , on fe pourvoit au Confeil Privé en caffation ; c'eft un dernier remede qui opere aussi rarement que la Requête Civile, qui est trés-souvent refusée.

Le Roi donne souvent des Commissaires qu'il choisit entre Messieurs les Conseillers d'Etat, pour juger des afaires importantes entre personnes de consideration.

Sa Majesté veut bien aussi quelquefois Juger dans sa Chambre sur le raport d'un Conseiller d'Etat ou d'un Maître des Requêtes, avec Monsieur le Chancelier, Monsieur le Contrôlleur General, des Conseillers d'Etat, qui ont le titre de Conseiller au Conseil Roïal, & telles autres personnes qu'il lui plait, des diferens entre particuliers, & les jugemens qui interviennent sont des Arrêts du Conseil d'Enhaut, comme sont ceux qui se rendent sur les afaires d'Etat.

Il arrive dans certaines ocurrences, que le Roi tire des personnes de son Conseil pour composer des Chambres Souveraines, comme a été, jadis, la Chambre Ardente, & Sa Majesté donne aussi des Juges ordinaires à certaines Compagnies ou à certains Ordres, on en voit des exemples dans la Chambre Roïale de l'Arsenal, pour les afaires de l'Ordre de saint Michel.

CHAPITRE XXXII.
Des Chanceleries de France.

MOnsieur le Chancelier Préside non-seulement aux Conseils du Roi, & l'acompagne au Parlement, où il explique les intentions de Sa Majesté; mais il est encore Garde des Seaux, & a le pouvoir pour les Lettres de Justice & de Grace, qu'il scelle ou fait sceller, & qu'il acorde au nom de Sa Majesté, & prescrit aux Juges la forme de proceder & d'adoucir la rigueur du Droit.

Les Docteurs & les Historiens ont fait des curieuses recherches sur l'Origine des Chancelleries de France, & sur les prérogatives & le pouvoir du Chancelier & Garde des Sceaux; mais ce que l'on peut aujourd'hui remarquer ici, de plus considerable, est qu'on le reconnoît le premier de la Robe, il n'y a que le Roi seul qui ait Jurisdiction sur lui; & qu'il est le dispensateur de la bonté & de la clemence de sa Majesté.

Il y a deux sortes de Chanceleries dans le Roïaume, sçavoir, la Grande & la Petite.

Dans la Grande où Monsieur le Chancelier Préside, est le grand Sceau, dont on scelle les Edits & Déclarations, les Lettres d'Anobliffement, de legitimation, de naturalité, de réhabilitation, les abolitions, rétabliffement, afranchiffemens, amortiffement, privileges, évocations, executions, dons & autres Lettres.

Monfieur le Chancelier tient le Sceau avec des Maîtres des Requêtes & des Secretaires du Roi, qui ont dreffé les Lettres qui doivent être fcelées.

Il n'y a que les Oficiers neceffaires qui entrent dans la Chambre, comme font le grand Audiencier, le Contrôleur, le Chaufecire, & les Maîtres des Requêtes, qui font le raport des Lettres de Juftice.

La petite Chancelerie, eft celle qui fe tient prés le Parlement de Paris, & où un Maître des Requêtes préfide en l'abfence de Monfieur le Chancelier, qui ni va jamais.

Il y a auffi des Chanceleries établies prés les autres Parlemens, & autres Cours fuperieures, & les Préfidiaux & des Gardes des Sceaux.

Suivant les regles particulieres de la Chancelerie de Paris, les Lettres de la Chancelerie doivent être lifibles, fans rature, interlignes, renvois, ni apoftilles; l'adreffe ne s'en fait qu'aux Juges Roiaux, Huiffiers ou Sergens Roiaux, le fait y doit être fommairement expofé, elles ne doivent contenir d'autres conclufions que celles qui ont du raport à la matiere, & elles ne doivent porter aucune défenfes.

Les Lettres de Juftice de la petite Chancelerie, font les reliefs d'apel fimple ou comme d'abus, les anticipations, debitis, compulfoires, defertions, peremptions, commiffions pour faire affigner, furannation, récifion, requête civile, & autres qu'on connoît par l'ufage.

Les Lettres de grace de la petite Chancelerie font les émancipations ou benefices d'âge ou d'inventaire, *committimus*, terriers, atributions de jurifdictions pour criées, main fouveraine, remiffions, pardons, affietes, ceffions de biens & autres qui fe trouvent auffi dans l'ufage, & qu'on verra fur les diferentes matieres qui leur conviennent dans les diferens chapitres de ce Livre.

Il y a un Arrêt du Confeil du 19. Août 1684. par lequel on voit quelles font les Lettres que les Secretaires du Roi dreffent à l'exclufion de tous autres, & quelles font celles qu'ils dreffent concurrement avec les Referendaires & les Procureurs.

Le Roi par Edit du mois de Mars 1674. a établi un Greffe & dépôt des Minutes de toutes les Lettres qui font fcelées à la Grande Chancelerie, & a créé pour l'exercice de ce Greffe, quatre Grefiers gardes & dépofitaires.   Et

Et par autre Edit, Sa Majefté a auffi établi dans les petites Chanceleries qui font prés les Parlemens, Cours Superieures & Préfidiaux, un femblable Grefier de dépôt des minutes & créé, des Grefiers confervateurs defdites Minutes & Expeditionaires, de toutes les Lettres de quelque nature, titre & qualité qu'elles foient, pour en délivrer des copies colationées quand ils en font requis.

Leurs droits font réglés par un Tarif, arrêté au Confeil Roïal des Finances le 5. Mars 1692.

Le mois d'Avril enfuivant la réünion des huit charges de Gréfiers des Lettres de la Chancelerie établies prés le Parlement de Paris, a été faite à la Communauté des Procureurs.

Les Secretaires du Roi & les Referendaires de la Chancelerie, peuvent pourtant auffi dreffer les Minutes & les faire mettre en parchemin de même que les Procureurs.

Mais aucunes Lettres ne doivent être prefentées au Sceaux pour être fcelées que la minute n'en ait été remife aux Procureurs propofés par la Communauté à l'exercice du Greffe, & qu'ils n'aient mis le colationné avec leur paraphe au bas de l'expedition.

CHAPITRE XXXIII.

De la Jurifdiction Ecléfiaftique, des Dixmes, & Mariages.

ELle apartient aux Evêques, Archevêques & Primats, qui la tiennent du Roi par une grace, & un privilege fpecial qui leur a été acordé par les Rois de France, non pas en Fiefs comme les Seigneurs, mais comme un privilege acordé à l'Egife.

Les Evêques & Archevêques ont de deux fortes de Jurifdictions, l'une au for Interne & l'autre au for Externe.

Celle au for Interne, ne s'étend que fur les ames & fur les chofes purement fpirituelles, qu'ils tiennent de Dieu feul, & à laquelle toutes les perfonnes de leurs Diocefes, tant Ecléfiaftiques que Laïques font fujets.

Celle au for Externe, eft le pouvoir de terminer & vuider les diferens des Ecléfiaftiques dans les chofes même temporeles, & ceux des Laïques en certains cas feulement par les voies judiciaires & contentieuffe.

Au for Interieur & de confcience, la jurifdiction Ecléfiaftique eft exercée par les Evêques & les Archevêques, par leur Penitenciers, par les Curés & par les Confesseurs, & au for Exterieur, par les Oficiaux.

Neanmoins un Evêque ne peut pas difpofer de fa Jurifdiction à fa volonté, & autrement qu'il n'eft acoutumé, en forte qu'il ne peut point retenir la connoiffance d'une caufe ou d'un procés, foit pour le juger, ni commettre une autre perfonne que fon Oficial ordinaire.

Ainfi quand ces matieres contentieufes font portées devant les Evêques, ils doivent les renvoier à leurs Oficiaux, & ne pas les juger eux-mêmes, fi ce n'eft dans le cours de leurs vifites où ils peuvent le faire.

Si l'Evêque eft abfent & que l'Oficial ne puiffe pas connoître de l'afaire, cét Oficial ne peut point auffi fubdeleguer, principalement lorfqu'il n'eft lui-même que delegué, comme pour l'enterinement des difpenfes & autres refcrits, ou lors qu'il fe trouve parent ou intereffé, il n'eft pas jufte, felon mon fentiment, qu'il delegue des Juges fufpects.

La caufe ne doit pas être auffi dévoluë aux Vicaires Generaux, fi elle n'eft pas de leur competence; mais je crois que pour l'expedition des afaires, les Vicaires en l'abfence de l'Evêque, peuvent commettre un Vicegerent.

Dans les crimes notoires, il fufit de donner une Sentence déclinatoire de la peine, fi elle eft réglée par les Canons, ce qu'on apelle, *Sententia Canonis*, & les Evêques ou leurs Vicaires, peuvent juger en ce cas aprés avoir cité le coupable.

Mais il faut que la notorité foit connuë aux Juges & aux témoins, & ne puiffe être niée par l'acufé, car il pourroit défavoüer le fait, l'information feroit neceffaire, & l'Oficial en connoîtroit.

Si d'une Evêché ou d'une Abaïe dépend une Terre où il y ait droit de Juftice, l'Evêque ou l'Abé ne la peut pas faire exercer par une perfonne Ecléfiaftique, mais il eft tenu de la faire exercer par un Juge Laïque, ainfi qu'il eft porté par l'Ordonnance du Roi Philipe le Bel de l'année 1287. & par les Arrêts raportez pas Tournet en fon Recuëil, Lettre 1. Chapitre 55.

Les Oficiaux & Juges d'Eglife, conoiffent des matieres perfonnelles entre Ecléfiaftiques, ou quand le défendeur eft Ecléfiaftique.

Toutefois fi un Ecléfiaftique poffedoit un Ofice Roïal, ou quelque autre Ofice feculier, s'il trafiquoit ou tenoit des héritages à ferme, il feroit jufticiable du Juge Laïque, pour les fonctions de fon Ofice , pour fon commerce , ou pour fa ferme.

Un Ecléfiaftique convenu avec un Laïque comme caution ou coobligé ne peut pas auffi décliner.

Il ne doit pas non plus être convenu pardevant l'Oficial de fon Evêque en action hipotequaire , parce que cette action eft mixte, c'eft-à-dire , partie réelle & partie perfonnelle , ainfi qu'il fera montré au Chapitre des actions , & que l'Oficial ou Juge d'Eglife ne peut connoître d'un action réelle , ou participante de la réalité , ni qui concerne une immeuble , en quelque façon que ce foit.

Le Juge d'Eglife ne peut pas auffi connoître d'une queftion de préféance & d'un fait de poffeffion , même en matiere fpirituelle, & entre des Ecléfiaftiques, Feuret de l'Abus, Livre 4. Chapitre 8. nombre 12.

Cependant fi un Ecléfiaftique étoit âpellé en reconoiffance de promeffe ou billet, & en païer le contenu, devant un Juge Laïque, il peut demander fon renvoi pardevant l'Oficial , pour ce qui eft du principal , s'il prétend que la promeffe foit nulle ou aquitée ; mais pour ce qui eft de la reconoiffance , il eft tenu de la faire devant le Juge Laïque , parce que par la difpofition de l'Ordonance , tous Juges font competans pour la reconoiffance d'une promeffe , & ce Juge Laïque , s'il eft Roial , après la réconoiffance , ou verification de promeffe en cas de negation, peut condamner l'Ecléfiaftique par provifion , & le renvoïer pardevant l'Oficial.

L'Ordonnance de Charles I X. à Rouffillon , en Janvier 1563. article 10. & Theveneau fur cet article, réprend Maître Julien Brodeau, fans toutefois le nommer , de ce qu'en fon Commentaire fur Monfieur Loüet , lettre H. nombre 15. il donne pouvoir aux Juges fubalternes , auffi bien qu'aux Juges Roïaux de condamner par provifion après la reconoiffance de la promeffe.

Ainfi l'opinion de Theveneau femble plus conforme au texte de l'Ordonance.

Le fujet pourquoi la réconoiffance de la promeffe doit être faite pardevant le Juge Laïque , eft principalement parce qu'elle emporte hypoteque , ce qu'elle ne feroit pas , fi elle étoit faite pardevant le Juge de l'Eglife ; mais le Juge Laïque ne peut pas donner de provifion , fi la promeffe a été faite par une perfonne dont l'inhabileté eft évidente.

Les Contrats paffez pardevant les Notaires Apoftoliques , n'emportent ni hypotheque , ni execution, patée fur les biens des contractans, comme font les Contrats pardevant les Notaires Roiaux , ou de Cour Laïque , & ne valent que pour écritures privées.

Neanmoins un Teſtament paſſé par deux Notaires de Cour d'Egliſe, en la Coûtume de Chartre, a été déclaré bon & valable, par Arrêt de la Cour, du mois de Novembre 1530. raporté par Monſieur Loüet, lettre N. nombre 5.

Mais dépuis, les Ordonnances de François I. des années 1535. 1536. & 1539. aïant de beaucoup diminué la Juriſdiction Ecléſiaſtique, ont pû avoir changé cette ancienne Juriſprudence.

Et defait, Charondas au premier Livre de ſes Réponſes, Chapitre 56. dit qu'il a lui-même jugé au contraire, & que la Sentence a été confirmée par un Arrêt de l'année 1569.

Cependant il y a des Coûtumes qui permettent indiferemment aux Notaires de Cour d'Egliſe & de Cour Laïe, de recevoir les Teſtamens; comme par exemple, celles de Vermandois article 58. celles de ſaint Quentin, article 21. celles de Châlons, article 67. celles d'Amiens, article 55. contre leſquels il ſemble que la conſideration des Ordonnances ne pourroit pas militer, parce qu'elles ont été reforméesdepuis par des Commiſſaires de la Cour, qui en avoient une plaine & entiere conoiſſance, & neanmoins leſdits articles y ont été paſſez ſans aucune contradiction.

Joint que par la pluſpart des Coûtumes, il eſt permis aux Curez & à leurs Vicaires, qui ſont perſonnes Ecléſiaſtiques, de recevoir des Teſtamens.

Toutefois, on voit peu de Teſtamens paſſez par des Notaires Apoſtoliques, dans les Coûtumes même qui le permettent, en ſorte qu'on peut dire que ces Teſtamens ne pourroient pas donner une hypoteque individuë ſur les biens du Teſtateur, ni de ſes héritiers.

Par la diſpoſition de l'article 62. de l'Ordonnance de Blois & du nouveau Reglement fait en la Cour le 28. Janvier 1658. l'Oficial peut juger par proviſion juſques à la ſomme de vingt-cinq livres, nonobſtant opoſitions ou âpelations quelconques, en baillant caution, & ſuivant l'article 5. de l'Ordonnance de 1539. & l'article 59. de ladite Ordonnance de Blois, il peut auſſi en matiere de correction & de diſcipline Ecléſiaſtique, paſſer outre, nonobſtant l'âpel comme d'abus, atendu qu'en ces matiéres les âpelations comme d'abus ſont ſeulement dévolutives, & non ſuſpenſives.

Si un Ecléſiaſtique a été aſſigné en qualité d'héritier d'un Laïque pour reconoître & païer le contenu en la promeſſe d'icelui dont il eſt heritier, il eſt en cette qualité juſticiable de Juge Laïque, tout ainſi qu'étoit celui qu'il repreſente.

Par l'article 40. de l'Ordonnance de Moulins, nul ne peut joüir du privilege de Clericature, soit en matiere civile ou criminelle, s'il n'est constitué aux Ordres Sacrez & pour le moins Soûdiacre, ou Clerc actuel résidant & servant aux Ofices, Ministeres & Benefices qu'il tient en l'Eglise.

Et par la Déclaration du Roi Charles IX. du mois de Juillet 1566. sur cet article, il est porté que les simples Clercs tonsurez joüiront de ce privilege, pourveu qu'ils soient Beneficiers, ou Ecoliers étudians actuellement.

On ne peut pas en vertu de la Sentence d'un Oficial, portant condamnation de quelque somme, proceder par voie de saisie réelle sur les immeubles du condamné, mais seulement sur ses meubles parce que l'Oficial n'a point de Jurisdiction sur les immeubles.

La nouvelle Ordonance, article 15. titre des Saisies, porte que les personnes constituées aux Ordres Sacrez de Prêtrise, Diaconat, ou Soûdiaconat, ne pourront être executées en leurs meubles destinez au service Divin, ou servans à leur usage necessaire, de quelque valeur qu'ils puissent être, ni même en leur livres qui leur seront laissés jusques à la valeur de cent cinquante livres.

Ainsi, un Prêtre ne peut pas être contraint par Corps, si la dette est purement civile, dans les cas même ausquels les Laïques peuvent être contraint par cette voie, suivant l'Ordonnance de 1667. pour dépens excedans la somme de deux cens livres.

Mais s'il avoit commis quelque délit, fraude ou malversations, comme par exemple, quelque Stellionat qualifié, il peut être condamné par corps, & la condamnation executée, contre lui.

Chenu raporte un Arrêt celebre du 9. Août 1607. par lequel un Prêtre a été condamné par corps au payement d'une Lettre de Change, parce qu'en l'aceptant, il avoit malicieusement dissimulé sa qualité, & pris celle de Bourgeois.

Par l'article 62. de l'Ordonnance de Blois, il est dit, que les Sentences de Provision données par les Oficiaux sur contrats, obligations & cedules reconnuës, non excedans la somme de ving-cinq livres, seront executées nonobstant l'apel, & sans préjudice, en baillant caution, & que l'execution pourra être faite par les Apariteurs de l'Officialité ; mais hors ce cas de l'Ordonnance, les Juges d'Eglise ne peuvent faire mettre leurs Sentences à execution pour saisie d'aucuns biens temporels, & principalement d'immeubles, il faut que pour cela ils aïent recours au Juge feculier , par la feule autorité duquel les faifies & executions peuvent être faites.

Les Oficiaux conoiffent auffi des matieres criminelles & des délits commis par les Ecléfiaftiques, & peuvent contre eux decerner décrèt de prife de corps; mais ils ne peuvent pas faire executer leur décret que dans leur Auditoire, en forte que pour l'executer hors de-là, il faut qu'ils implorent pareillement le bras feculier, comme pour l'execution de leurs Sentences en matiere civile.

Si un Ecléfiaftique avoit commis un crime , le Juge laïque, foit Roial ou non Roial peut informer du délit , & décreter contre lui, & le faire emprifonner, fauf à le renvoyer à fon Juge Ecléfiaftique, s'il y échoit.

Neanmoins, fi le crime eft capital & merite la mort, il n'eft pas obligé de le renvoyer, comme par exemple, le vol fur les grands chemins, l'homicide, l'empoifonnement, la fodomie & autres femblables, parce que par l'atrocité de ces crimes l'Ecléfiaftique eft déchû de tout privilege , & que d'ailleurs l'Eglife qui ne touche jamais au fang, n'a point de peine fuffifante pour le punir.

Mais fi le crime n'eft pas de cette qualité, l'Ecléfiaftique doit être renvoyé par-devant l'Oficial pour juger le délit commun , à la charge du cas privilegié, s'il y en a.

Il y a des crimes & délits qui fe peuvent cometre par des perfonnes de toutes conditions, en péchant contre les Loix naturelles & politiques, tels que font le larcin, l'homicide, les outrages, excez & injures, l'adultere, l'ufure, & autres femblables.

Il y en a d'autres qui fe cometent en contrevenant à des Loix particulieres, & qui ne lient pas toutes fortes de perfonnes, comme font les délits qui fe cometent par les Soldats & gens de Guerre en contrevenant à la difcipline militaire, & pour lefquels ils font punis militairement.

Les délits & crimes Ecléfiaftiques font de même nature, parce qu'ils ne fe peuvent cometre que par les Chrêtiens, & particulierement par les gens d'Eglife, en contrevenant à la difcipline & aux Loix Ecléfiaftiques, qui font les Saints Decrets & Conftitutions Canoniques.

La diftinction d'entre les délits communs & militaires eft établie en la Loi feconde *de re militari*, & celle d'entre les délits communs & les Ecléfiaftiques par les Nouvelles 79. 83. & 123. par lefquelles la conoiffance des délits Ecléfiaftiques eft attribuée aux Évêques privativement aux Juges feculiers, tant fur les Ecléfiaftiques, que fur les Laïques, & au Juge feculier la conoiffance des délits communs, privativement au juge d'Eglise, tant sur les Laïques, que sur les Ecléfiastiques.

Nos Rois plus favorables à l'Eglise que l'Empereur Justinien, ont laissé aux Evêques & à leurs Oficiaux, non-feulement la connoissance des crimes & délits Ecléfiastiques, mais encore la connoissance des délits communs sur les Ecléfiastiques, & ne se sont reservez, & à leurs Juges, que la connoissance de certains cas Royaux qui sont apelez *Privilegiez*, ensorte que par les délits communs, j'entend toutes sortes de délits qui ne sont pas privilegiez.

Les crimes & délits privilegiez sont generalement, tous les crimes qui se commettent contre le bien & le répos public, & que le Roi a interest de faire punir pour l'exemple & la sureté de ses Sujets, comme tous les vols, meurtres, assasinats & autres semblables.

L'Adultere est aussi reputé cas privilegié, lorsque le Mari s'en plaint, ou qu'il est public & scandaleux, encore que le Procureur General du Parlement de Provence en 1517 & celui de Paris en 1547 aïent acordé sur les memoires du Pape, de renvoïer pour ce sujet les Clercs devant leurs Juges.

Un Ecléfiastique qui est aprehendé en portant les armes ou un habit de Soldat, ne peut pas demander son renvoi par devant le Juge d'Eglise, parce que par cet habit & par la profession des armes il se rend indigne de son privilege.

Ainsi, s'il y a contestation, sçavoir, si l'Ecléfiastique étoit en habit feculier ou Ecléfiastique, la conoissance du declinatoire doit appartenir au Juge Laïque.

Les crimes purement Ecléfiastiques, sont la simonie, la confidence, le sacrilege commis sans violence & autres semblables qui contreviennent aux Saints Décrets & Constitutions Canoniques, comme aussi toutes les fautes qui sont commifes par les Ecléfiastiques, tant en omettant à faire ce qui est de leur devoir, qu'en faifant ce qui leur est défendu.

Comme par exemple, si un Curé omettoit malicieusement de dire la Messe & de faire le service Divin les jours de Fêtes & Dimanches; s'il réfusoit d'administrer les Sacremens à ses Paroissiens, & qu'il en arrivât quelque inconvenient; s'il celebroit la Sainte Messe étant yvre ou aïant fait la débauche ou sans êtes vêtu de ses habits Sacerdotaux, s'il faisoit le métier de Comedien ou de Baladin, s'il exerçoit la Chirurgie ou quelque autre Art indécent à sa profession.

Par l'Article 22. de l'Edit de Melun, le procez pour le délit commun, & pour les cas privilegiez, doit être fait & instruit conjointement par le Juge Ecléfiastique & par le Juge feculier, & en ce cas le Juge feculier doit aller au Siege de la Jurifdiction Ecléfiaftique.

Suivant les Declarations du Roi du mois de Février 1678. & du mois de Juillet 1684. la conoiffance des Ecléfiaftiques acufez des cas privilegiez apartient aux Baillifs & Senéchaux des lieux où le crime a été commis, qui en doivent être inceffament avertis par les Oficiaux, à peine de tous dépens, domages & interefts, même d'être la procedure réfaite à leur dépens, & ne peut le Juge Roial juger fur autres procedures que celle redigée par fon Grefier, conjointement avec l'Oficial, & neanmoins fi ledit Oficial avoit entendu lés Témoins avant fon arrivée, il fufiroit de les recoler.

Il n'en eft pas de même lorfque l'Acufé eft vendiqué par le Promoteur de l'Oficialité, à caufe du délit commun, toutes les procedures faites par le Juge Roïal fubfiftent.

La même Declaration veut aufli que le Juge Royal, que l'Oficial oblige de fe tranfporter dans fon Siége, ne foit contraint de demander ni territoire ni pareatis à celui du lieu où eft l'Oficialité, auquel l'inftruction & jugement du procez fera dévolu, en cas que l'autre neglige de venir dans la huitaine du jour de la fommation à lui faite à la Requête du Procureur de l'Oficialité.

Ces deux Juges étant affemblez ils ne font pas obligez de prononcer conjointement par une même Sentence, ils doivent rendre châcun leur jugement feparément.

Quoi que l'Ecléfiaftique ait été jugé par le Juge d'Eglife feul & condamné pour le délit commun & fatisfait à la condamnation, neanmoins il peut être repris par le juge Laique & par lui puni derechef pour le cas privilegié, quand même il auroit été renvoyé abfous par le Juge d'Eglife, ainfi qu'il a été jugé par Arreft du 20. Janvier 1604. raporté par Tournet, Lettre P. nombre 191.

Mais fi au contraire il avoit été envoié abfous par le Juge Laique, ou qu'il eût obtenu grace du Roi, qui eût été enterinée, le Juge d'Eglife ne pourroit pas le réprendre ni lui faire fon procez, & s'il l'entreprenoit, il y auroit abus.

Les peines que peut impofer le Juge d'Eglife, eft la fufpenfion, l'interdit, l'excommunication, les jeunes, les prieres, la privation pour un tems du rang dans l'Eglife, de voix déliberative dans le Chapitre, des diftributions, ou d'une partie des gros fruits, la privation de fes Benéfices, a prifon pour un tems & la prifon perpetuelle.

L'Eglife n'a point de punition qui puiffe aller au delà de celles dont je viens de parler, parce que, comme j'ai dit ci-deffus, elle ne touche point au fang; & par confequent elle ne peut pas condamner à mort ni à aucune mutilation de membre, ni à aucune peine qui emporte éfufion de fang.

Cependant il peut condamner à une amende pecuniaire, pourveu-que par la Sentence elle foit apliquée à certaines œuvres pies,
qui foient déclarées & fpecifiées par icelle, autrement non, parce
que l'amende ajugée purement & fans aplication tourneroit au profit de fon Evêque, ce qui feroit abufif, parce que l'Eglife n'a point
de fife, comme ont les Seigneurs temporels.

Il ne peut pas banir du Diocefe de fon Evêque, parce que l'Eglife
n'a pas de territoire, mais fans ufer du mot de *baniffement*, il peut
enjondre à un Prêtre de fe retirer hors de fon Diocefe, quand ce
Prêtre eft d'un autre Diocefe.

Il ne peut point auffi condamner au galere, il n'y a que le Juge feculier qui a ce pouvoir, toutefois il peut condamner à la queftion,
pourveu qu'elle foit moderée, enforte qu'il ne s'en enfuive aucune
mutilation de membre; il peut pareillement condamner un Clerc à
faire amende honorable dans fon Prêtoire tête nuë, parce qu'en
cela il n'y a pas d'entreprife fur la Jurifdiction temporelle.

Les Oficiaux n'ont pas pareille Jurifdiction fur les Moines & les
Religieux comme fur les Ecclefiaftiques feculiers, car quand il ne
s'agit que de la difcipline reguliere, les Moines & les Religieux
doivent être corrigez par leurs Superieurs reguliers; mais quand
il eft queftion de crime, *& agitur in forma judicij*, la Jurifdiction &
la conoiffance en apartient à l'Evêque.

Par l'article 11. des Etats d'Orleans, tous les Abés, Abeffes,
Prieurs & Prieures qui ne font pas Chefs d'Ordre, font déclarez indiferemment fujets aux Evêques & Archevéques pour le regard de
la vifite & punition des crimes, fans qu'ils puiffent en ce cas s'aider
d'aucuns privileges de leur exemption.

Neanmoins ils n'ont pas droit de vifite dans les Monafteres qui
font exemts de leur Jurifdiction, ils n'ont droit de vifite que dans
les Cures qui dépendent defdits Monafteres, exemts de leurfdites
Jurifdictions, foit que le Curé foit Religieux ou non, parce que tout
Relligieux quelque privilegié qu'il puiffe eftre, eft fujet à la Jurifdiction des Evéques, en ce qui concerne les fonctions Curiales & l'adminiftration des Sacremens.

Par l'article 4 de l'Ordonnance de 1539 les Juges d'Eglife n'ont
Jurifdiction fur les Laiques qu'en matieres de Sacremens & autres
chofes pures Spirituelles & Eclefiaftiques.

Mais Baquet raporte en fon traité des droits de juftice, chapitre
7. nombre 26. que Meffieurs les Gens du Roi portant la parole en
une caufe de Mariage plaidée au Parlement de Paris, le 11. Février
1557 dirent qu'il avoit quatre fortes de caufes, dont les Juges d'E-

Tome I.   Q

glise pouvoient prendre conoissance , desquelles deux étoient civiles , sçavoir , les Dixmes & les Mariages ; & deux criminelles,
sçavoir l'Heresie & la Simonie.

Surquoi il faut observer ici , qu'il y a de trois sortes de Dixmes,
sçavoir les réelles ou prédiales, les personnelles & les mixtes.

Les Dixmes réelles , sont celles qui se levent sur les heritages
qui ont toûjours porté des fruits , & principalement des grains de
toutes sortes , des vins & autres.

Les Dixmes personnelles & les mixtes, sont celles qui sont dûës
de la nourriture & croît de bestiaux.

Ils se divisent aussi en grosses & ménuës Dixmes , les grosses,
sont les bleds , fromens , seigle , orge, & avoine,& les autres fruits,
sont compris sous les menuës Dixmes.

Il y a encore une autre espece de Dixmes , sçavoir , les dixmes
infeodées , qui sont celles qui ont été données autrefois par les
Papes aux Gentils-Hommes , pour défendre l'Eglise , lesquelles
pour cet efet ont été infeodées & incorporées aux Fiefs qui apartenoient à ceux à qui elles ont été acordées & elles sont mouvan-
tes en Fief de ceux qui sont proprietaires desdits Fiefs.

On âpelle Dixmes insolites & inusitées, celles qui de memoire
d'Homme n'ont jamais été payées dans une Paroisse ou dans un
territoire , comme par exemple , si les dixmes des legumes , des
foins , ou autres especes de fruits , n'ont jamais été païées dans
une Paroisse ou territoire,& que les Decimateurs les veüillent prétendre , il en sera debouté en vertu de l'Ordonnance du Roi Philipe le Bel.

Pour prétendre par un Laïque le droit des Dixmes infeodées, il
faut qu'il justifie que l'infeodation a été faite par un Pape avant le
Concile de Latran , qui fut celebré sous Alexandre III. l'an 1179.
& l'an 1180. par lequel furent anathematisés ceux qui bailloient
les dixmes aux Laïques , suivant le Chapitre. *Prohibemus. Extrà
de Decimis.*

C'est pourquoi celui qui prétend que les Dixmes d'une Paroisse
lui apartiennent , comme étant infeodées , doit justifier du titre
de l'infeodation avant ce Concile.

Neanmoins la Cour a toûjours jugé,que si le titre primitif d'infeodation étoit perdu , on est reçû à prouver la possession & joüissance de tems immemorial par aveus & dénombrement anciens &
non suspects , lesquels soient avant cent ans , sans qu'il y ait titres
ou possession contraires.

La raison est, que cette possession immemoriale fondée sur des aveus plus anciens que cent ans, sans opoſition, ou inquiétation, fait préſumer que l'infeodation eſt avant le Concile de Latran.

Entre les Dixmes réelles ont met les Dixmes qu'on ápelle novales, qui eſt lors qu'une terre eſt défrichée & miſe en nature de labour, & portant fruit décimal, comme les prés reduits & convertis en terres labourées, deſquelles on ne paioit pas auparavant les dixmes, les Curez ſont fondez à prendre les dixmes ſur telles terres.

Cependant le droit de percevoir les Dixmes ſur les novales ſe preſcrit par quarante ans par les Seigneurs qui auroient poſſedé les novales avec les Dixmes infeodées, comme il a été jugé par pluſieurs Arrêts, tant du Parlement de Paris que des autres.

Le Juge d'Egliſe ne connoît que des Dixmes Ecléſiaſtiques, & non des Dixmes infeodées dont la conoiſſance apartient au Juge Roïal, tant au poſſeſſoire qu'au petitoire, en ſorte que ſi le poſſeſſeur d'une dixme infeodée eſt apelé pardevant le Juge d'Egliſe, il n'eſt pas obligé pour obtenir ſon renvoi pardevant le Juge Laïque, de préſenter ſes titres par devant le Juge d'Egliſe, il ſuffit qu'il alegue l'infeodation.

Le poſſeſſeur des Dixmes infeodées n'eſt pas tenu de raporter le titre original de l'infeodation pardevant le Juge Roïal, pour ſe maintenir en la poſſeſſion d'icelles, il ſuffit qu'il allegue que l'infeodation a été faite avant le Concile de Latran & qu'il prouve par titres que lui & ſes prédeceſſeurs ont joüi des Dixmes pour leſquelles il eſt inquieté en qualité de Dixmes infeodées depuis un tems immemorial.

Cette poſſeſſion immemoriale ne ſe peut prouver que par des anciens avûs & dénombremens dans leſquels les Dixmes aient été emploiées, & par leſquels il paroiſſe qu'elles ſont veritablement tenuës en Fiefs, autrement elles ſeront préſumées uſurpées ſur l'Egliſe plûtôt qu'infeodées, ainſi qu'il a été jugé par Arrêt du 31. Août 1658. raporté dans le ſecond Tome du Journal des Audiances.

Le Juge d'Egliſe ne peut connoître des Dixmes Ecléſiaſtiques, qu'au petitoire, & non au poſſeſſoire, dont la conoiſſance apartient au Juge Roïal, toutefois le Juge d'Egliſe peut conoître du petitoire des Dixmes entre deux Ecléſiaſtiques, & entre un Ecléſiaſtique, & un Laïque, en deux cas.

Le premier, quand la proprieté du droit de Dixmes eſt conteſtée entre deux Ecléſiaſtiques, par exemple, quand célui à qui la Dixme apartient par bon titre, & qui en a été dépoſſedé depuis vingt ou trente ans, agit pour y rentrer, contre celui qui l'a usurpée.

Le second, quand il ne s'agit que de l'exemtion de la Dixme, par exemple, quand un Curé soûtient contre un Decimateur de Paroisse, que les terres du Domaine de sa Cure sont franches & exemtes des dixmes, ou quand les Chevaliers de Malthe, les Religieux de Cisteaux, & autres privilegiés, prétendent l'exemtion pour les terres & heritages qui dépendent de leurs Commanderies, ou de leurs Abaïes.

Le cas auquel le Juge d'Eglise peut conoître de la Dixme entre un Ecléfiastique & un Laïque, est lors qu'il ne s'agit que de la prestation, c'est-a-dire, quand le Laïque est negligent ou refusant de païer la dixme au Decimateur.

Le Juge Roial conoît aussi de la qualité des Dixmes entre Ecléfiastique, quand il ne s'agit que de la prestation ou du payement de la dixme, dont le droit n'est pas revoqué en doute, ainsi qu'il a été jugé par Arrêt raporté par Tournet lettre D. Chapitre 69.

Le Laïque ne doit jamais avoir de procés pour la proprieté d'une dixme Ecléfiastique, étant incapable de la possèder.

Il n'en peut pas pareillement avoir pour la franchise & l'exemtion de ses terres, parce que c'est une maxime certaine, que toutes terres possèdées par des Laïques, sont sujetes à la dixme.

Tellement que les Laïques ne peuvent avoir diferend pour la Dixme Ecléfiastique, que quand il s'agit de la prestation & du payement, de-quoi le Juge Roial peut conoître; ainsi il semble qu'il n'y a point de cas auquel le Juge d'Eglise puisse conoître de la dixme privativement au Juge Roial, contre une personne Laïque.

Si un Laïque est poursuivi pour la prestation d'une dixme insolite, il peut demander son renvoi pardevant le Juge Roial, en vertu de l'Ordonnance du Roi Philipe le Bel, de l'année 1303. âpelée *la Philipine*, qui défend aux Ecléfiastiques de lever aucunes dixmes insolites & non acoûtumées, de laquelle Ordonance l'execution apartient au Juge Roial.

Suivant l'article 50. de l'Ordonance de Blois, & 29. de celle de Melun, les Dixmes se doivent lever par les Ecléfiastiques, suivant les coûtumes des lieux & la cotte acoûtumée en iceux, & où la coûtume est obscure & incertaine, celle des lieux circonvoisins doit être suivie.

Ainsi, comme la possession d'un seul particulier, de ne pas païer la dixme qu'à une certaine cotte, ne le peut exemter de la païer à la cotte acoûtumée dans la Paroiſſe, auſſi la poſſeſſion de ne point païer la dixme d'une certaine eſpece de fruits, ne lui peut pas aquerir la preſcription, étant obligé de ſuivre la coûtume du lieu, tant pour la quotité, que pour la qualité de la dixme.

Neanmoins la dixme ne ſe païe pas toûjours d'une maniere uniforme, d'autant que ſouvent on a diminué la charge pour exciter à cultiver la terre.

Quoi qu'un heritage ait été vendu par des Religieux à un Laïque francs & exemts de dixmes, toutefois il ne peut pas joüir de l'exemtion, atendu que cette exemtion eſt perſonelle, & ne paſſe point des perſonnes Ecléſiaſtiques, Religieux & Hôpitaux, auſquels elle eſt acordée, en celle des aquereurs Laïques.

Cependant ſi ces aquereurs avoient joüi long tems de cette exemtion, ils pourroient être âpelez au petitoire pardevant l'Oficial, pour ſe voir condamner à païer la dixme à l'avenir.

Il a été jugé pour pluſieurs particuliers de Beauvais, en la deuxiéme Chambre des Enquêtes, le premier Septembre 1683. contre le Curé de Brinvilliers, que les Religieux de Ciſteaux aïant vendu franc de dixmes des héritages ſur leſquels originairement la dixme leur apartenoit, le Curé ne pouvoit pas inquiéter les aquereurs.

Si ces aquereurs prénoient l'action au petitoire pour trouble & demandoient être maintenus en leur poſſeſſion, l'Oficial ne peut pas en ce cas retenir la conoiſſance du fait de la poſſeſſion, ſi la poſſeſſion étoit conteſtée, parce que la conoiſſance des dixmes quand il ne s'agit que du poſſeſſoire, apartient au Juge Laïque; mais ſi le Demandeur déclaroit ne point conteſter la poſſeſſion au Défendeur, & demandoit acte de ce qu'il entend ſeulement conclure au petitoire, à ce que l'exemtion prétendüe ſoit déclarée nulle, & le Défendeur condamné à païer la dixme, en ce cas l'Oficial pourroit donner acte au Demandeur de ſa déclaration, & ordonner que les Parties procederont pardevant lui au Petitoire.

Le Juge d'Egliſe conoît auſſi des cauſes auſquelles il eſt queſtion de promeſſe de mariage, de fiançailles, & de la validité ou invalidité des mariages, quand ils ſont prétendus nuls par impuiſſance, par parenté ou aliance en dégrez prohibez, ou autres empêchemens dirimans.

Mais il ne peut pas conoître de la validité d'un mariage ou d'une promeſſe de mariage, entr'autres perſonnes que le mari & la femme, l'acordé & l'acordée, comme, par exemple, ſi un pere ou une mere avoient promis leur fille en mariage , & pour elle acordé les conventions matrimoniales , ils ne pourroient pas être âpelez par devant l'Oficial pour executer leurs promeſſes.

Il faut dire auſſi, que ſi aprés la mort d'un homme ſon mariage eſt conteſté par ſes héritiers contre ſa veuve, le Juge de l'Egliſe n'en peut point conoître

Pareillement s'il étoit queſtion de convention matrimoniales ou de domages & intérêts prétendus, faute par l'une des Parties de vouloir acomplir le mariage.

Ainſi , aprés avoir prononcé ſur la validité ou invalidité des pro-meſſes de mariages ou du mariage même , l'Oficial doit renvoyer les Parties pour toutes ces choſes pardevant le Juge Roial, qui eſt le ſeul competant d'en conoître , comme étant purement temporelles, diſ-tinctes & ſeparees du Sacrement , autrement s'il en prénoit conoiſ-ſance , il y auroit abus , car l'Oficial ne peut conoître que *ſuper fæ-dere matrimonii*.

Tout ce qui vient en execution des Sentences des Oficiaux ne décend plus aux Juges Subalternes ; mais eſt dévolu aux Juges Ro-iaux à cauſe de l'aſſiſtance mutuelle que ſe doivent la puiſſance Ro-iale & Ecléſiaſtique , & même le Roi à prévention pour les dons & âſens de mariage, ſans en faire renvoi a aucun Juge des lieux où les âſens ſont ſituez , circonſtances & dépendances.

Quant à la ſéparation de corps & d'habitation d'entre le mari & la femme qu'on âpelle vulgairement divorce , le Juge en conoît or-dinairement.

Neanmoins on peut auſſi la demander pardevant le Juge Laique, ſpecialement quand la demande en eſt fondée ſur les mauvais traite-mens & ſeviées du mari.

Tellement qu'on peut dire que cette matiere eſt de l'une & de l'autre Juriſdiction , & qu'il y a lieu à la prévention ; mais quand le Juge d'Egliſe en conoît , il ne peut en conſequence de la ſeparation de corps , ordonner la ſeparation de biens , comme fait le Juge Laique.

S'il y a acuſation de rapt, c'eſt au Juge Seculier d'en conoître ; & d'autant que c'eſt une queſtion préjudiciable , laquelle doit être jugée auparavant, le Juge Seculier doit faire défenſes au Juge d'E-gliſe de paſſer outre au jugement de la cauſe du mariage.

Le Juge d'Egliſe ne peut pas auſſi pourvoir à la nourriture de l'enfant , ni aux frais des couches de la mere , il faut en ce cas avoir recours au Juge Laique.

Pareillement au cas de promeſſe de mariage avant la copulation charnelle , & que touchant la validité de cette promesse les Parties fussent en procez pardevant l'Oficial , il faudroit recourir au juge Laique pour faire adjuger une provision pour les fruits des couches & pour la nourriture de l'enfant , & l'Oficial ne le pourroit pas faire.

Par l'article 7. de l'Ordonnance de 1639 touchant les mariages, il est expressement défendu à tous Juges , même au Juge d'Eglise , de recevoir la preuve par témoins, des promesses de mariage, ni autrement que par écrit, qui soit arestée en présence de quatre proches parens de l'une & de l'autre des Parties, encore qu'elles soient de basse condition.

Il y a un Arrêt du 5. Mars 1633. raporté par du Fresne, Livre 2. Chapitre 108. rendu sur les conclusions de défunt Monsieur l'Avocat General Talon, par lequel défenses ont été faites au Lieutenant Criminel de Paris, de prendre conoissance des causes où il sera question de promesses de mariage , & lui enjoint de les renvoier pardevant l'Oficial.

Par autre Arrêt du 2. Janvier 1626. il a été jugé qu'un mari n'étoit pas recevable à acuser sa femme d'inceste , par devant le Lieutenant Criminel , aprés que son mariage avoit été déclaré bon & valable par l'Oficial.

Le Juge d'Eglise est seul competant , pour conoître du crime, d'Heresie contre un Laique , & punir par des peines Canoniques, celui qui en est coupable , mais si l'Heretique par sa contumace & opiniatreté merite la mort, ou quelque autre peine corporelle , la punition en apartient au juge Laique, ainsi qu'il est porté par les Ordonances des Rois François I. & Henri II. par lesquelles il est enjoint aux juges Roiaux de faire recherche & punition des Heretiques.

Ces Ordonances ont été long tems sans être en usage , depuis que par les Edits de pacification , la liberté de conscience a été acordée à ceux de la Religion prétenduë reformée.

Cependant elles revivent aujourd'hui avec plus de force que jamais, par la Déclaration de nôtre Invincible Monarque Loüis XIV. à présent regnant , du mois d'Octobre 1685. & cela par les soins de défunt Monsieur le Chancelier le Tellier , qui est mort la même année au mois de Novembre , dans une entiere satisfaction d'avoir signé cette déclaration , portant la revocation de l'Edit de Nante.

Outre le juge d'Eglise qui conoît de la Simonie , le juge Roial en peut aussi conoître incidemment , même entre Ecléfiastiques , en jugeant le possessoire des Benefices.

Par exemple, si un dévolut, dont la cause seroit portée pardevant lui étoit fondée fur la Simonie, il pourroit non-feulemen maintenir le dévolutaire en la poffeffion du Benefice contentieux comme vacant par l'incapacité & indignité du Simoniaque, mais encore punir le Simoniaque par condamnation d'amande ou autre peine, fuivant la qualité du crime.

Toutefois il ne peut pas conoître d'une fimple rixe & querelle arrivée dans l'Eglife entre Laiques, pour préféance, ou autre chofes femblables.

Mais fi des Laiques avoient troublé ou empêché le fervice Divin, ou fait quelque chofe au mépris des Sacremens ou du fervice Divin, en ce cas l'Oficial en doit conoître, ainfi, qu'il a été jugé par Arrêt raporté par Tournet, lettre A. Chapitre 99. fondé fur ce que les foins du fervice Divin apartiennent à l'Evêque & à ces Oficiaux, & que tous les Dimanches aux Prônes des Paroiffes, y aiant Excommunication fulminée contre ceux qui troublent & empêchent le fervice Divin.

Ainfi, tous ceux qui cometent ce crime peuvent être âpelez pardevant l'Oficial, pour voir dire qu'ils ont encourus l'excommunication & être punis des peines Canoniques, fauf au Juge Roial, à les punir de peines corporelles, fi le cas le merite, & s'il y a quelque chofe de privilegié.

Les opofitions formées à la publication des lettres Monitoires décernées par l'Oficial, doivent être jugée par le Juge Laique, par la permiffion duquel lefdites Lettres ont été obtenuës & publiées, pour avoir preuve des faits articulez pardevant lui.

Et fi l'Oficial dans ces Lettres de Monitoire avoit inféré la claufe, qu'en cas d'opofition, les Parties feroient affignées pardevant lui, cette claufe feroit abufive, & l'âpel comme d'abus en feroit indubitable.

S'il y a âpel de la Sentence de l'Oficial, & qu'il foit qualifié comme d'abus, il faut le relever au Parlement; mais s'il eft pur & fimple & à l'ordinaire, il faut le relever pardevant le Juge Superieur Ecléfiaftique, qui eft l'Oficial de l'Archevêque.

Il y a quatre degrés, en la Jurifdiction Ecléfiaftique, car de l'Oficial de l'Evêque, on âpele à celui de l'Archevêque, de celui de l'Archevêque, à l'Oficial du Primat, & de l'Oficial du Primat, (qui eft l'Archevêque de Lyon) au Pape.

Il y a des Archevêques qui font immediatement foûmis au Pape, & qui ne reconoiffent point le Primat, de forte que leurs âpelations vont directement au Pape.

Cependant dans les âpelations pures & fimples on ne peut pas
paffer

paſſer par ces quatre dégrez ; car par le concordat fait entre le Pape Leon X. & le Roi François I. Chapitre *de Cauſis*, il eſt porté qu'en la Juriſdiction Ecléſiaſtique, quand il y a trois Sentences définitives confirmées, on ne peut plus âpeler.

Quand l'âpel eſt interjeté pardevant le Pape, il délegue & donne des Commiſſaires pour juger l'âpel ſur les lieux.

Il a été jugé par Arrêt, raporté par du Freſne, qu'après deux Sentences difinitives, & une troiſiéme donnée ſur une deſertion par le Juge d'Egliſe, par laquelle l'apel avoit été déclaré deſert, on n'étoit plus recevable d'en âpeler au Pape & obtenir reſcrit pour avoir des Juges *in partibus*.

S'il y avoit âpel comme d'abus interjeté de la Sentence d'un Oficial, ſur la pourſuite du Promoteur, il faudroit intimer l'Evêque, ſi ce n'étoit que le Promoteur & l'Oficial euſſent malverſé en leurs Charges & fuſſent pris à Partie, auquel cas il les faudroit intimer en leurs noms.

Si un Evêque a été commis par la Cour pour Juger un diferend entre des Parties qui ne ſeroient pas de ſon Dioceſe, ni même de ſa Province, & par conſequent qui ne fuſſent pas ces juſticiables autrement que par cette Comiſſion, & qu'il y eût âpel à l'Ordinaire de la Sentence par lui renduë, il faut ſe pourvoir en la Cour par laquelle il a été Commis, & lui demander des Juges pour prononcer ſur cet âpel.

Les Juges d'Egliſe ſont obligez dans l'inſtruction des procez Civils & Criminels, de garder les formalitez preſcrites par les Ordonances, aïnſi qu'il eſt dit par l'article 1. du titre 1. de l'Ordonance de 1667.

CHAPITRE XXXIV.
Du Sindic Général du Clergé.

LE Clergé eſt une eſpece de Juriſdiction Ecléſiaſtique.
Par les Ordonances du Roi Henri III. des années 1579. & 1580. la Juriſdiction du Sindic General du Clergé, fut départie dans les Villes de Paris, Toulouſe, Lyon, Bourdeaux, Roüen, Aix & Tours, pour conoître des Procés entre les Beneficiers, & les Receveurs & Commis des Decimes, tant pour raiſon de la taxe, que de l'adminiſtration des deniers levez ſur eux.

Par les mêmes Ordonances il eſt porté, que ſi les procez ſont en deux Provinces, il eſt au choix des Parties de s'acorder de Juge de la Ville plus proche, ou d'atendre le terme de l'Assemblée Generale du Clergé, avec défenses à tous autres Juges de prendre conoissance desdites taxes & des deniers levez sur les Beneficiers.

Dépuis il y a eu divers reglemens és années 1566. 1606. 1610. & 1611. touchant cette Jurisdiction, par lesquels il a été permis au Clergé de comettre & députer en chacune desdites villes & autres lieux qui seront trouvez à propos, nombre sufisant de personnes capables, pour juger Souverainement de la taxe & administration desdits deniers.

Autrefois, le Sindic General du Clergé étoit nommé par le Roi, mais en 1567. la nomination en fût acordée au Clergé.

CHAPITRE XXXV.

De la diference des Personnes en general.

IL y a en ce Roïaume plusieurs sortes de personnes, dont la qualité donne lieu à quantité de contestations, neanmoins elles se peuvent diviser en quatre manieres, suivant les regles & les maximes reçûës en France.

La premiere division des personnes, est que de tous les habitans de ce Roïaume, les uns sont Regnicoles, & les autres Aubains.

Les Regnicoles, sont les naturels François, autrement ceux qui sont nez sujets du Roi.

Les Aubains sont les Etrangers, qui sont demeurans & se sont habituez en ce Roïaume, âpelez en Latin, *Albini quasi alibi nati*, comme qui diroit nés ailleurs.

La seconde division des personnes, est en legitimes, & en Batards.

Les ligitimes, sont ceux qui sont nez & procréés de legitimes mariages.

Les Batards, sont ceux qui sont nez hors le mariage, & de conjonction illegitime,

La troisiéme division des personnes, est en Nobles & Roturiers.

La quatriéme & dernicre division des personnes, est des personnes qui sont usantes & joüissantes de leurs droits, & de celles qui sont sous la puissance d'autrui.

Celles qui joüissent de leurs droits sont les majeurs de vingt-cinq ans, qui font fains d'entendement, qui ne font point interdits, & qui ont la liberté & adminiftration de leurs biens.

Ceux qui font fous la puiffance d'autrui, font les enfans qui font fous la puiffance de leur Pere, les Pupilles & Mineurs qui font en la Tutelle ou Curatelle de leurs Tuteurs ou Curateurs, les Furieux & les Prodigues qui font fous la conduite & direction de leurs Curateurs.

Ainfi, comme les actions préfupofent neceffairement des perfonnes qui les exercent, & des chofes pour lefquelles elles font exercées, il a été jugé à propos de parler des perfonnes qui agiffent, & des biens pour lefquels ont n'agit, avant que de traiter des actions & de montrer quelle eft la forme de proceder en Juftice.

CHAPITRE XXXVI.

Des Aubains, & droit d'Aubaine.

AUbain fignifie une perfonne née dans un autre Roïaume. Ce mot Aubain eft opofé à celui de Regnicoles, fuivant la divifion remarquée ci-deffus.

Il y a des diferences tres-confiderables entre les Aubains & les Regnicoles.

Les Aubains vivent comme perfonnes libres; mais ils décedent comme efclaves & fous la puiffance du Roi; ils peuvent bien difpofer de leurs biens fituez dans le Roïaume, par Contrats entre vifs, par vente, échange, donation entre-vifs, & autres; ils peuvent auffi aquerir des biens dans la France; mais ils ne peuvent pas poffeder ni exercer des Ofices Roïaux, ni être pourvûs de Benefices Ecléfiaftiques.

Ils ne peuvent point difpofer de leurs biens par derniere volonté, foit par Teftament, Codicile, Donation à caufe de mort, *Fidei-commis*, & autres, & même s'il y avoit lieu de préfumer de la fraude & de l'intelligence entre le donateur & le donataire, pour fruftrer les deniers du Roi, les donations entre-vifs, faites par un Aubain feroient nulles & fans éfet.

Suivant le fentiment commun des Docteurs, autorifé par l'ufage, il eft permis aux Etrangers de fe faire don mutuel par Contrat de mariage, foit que le don mutuel foit fait entre deux Etrangers, ou entre un François & un Etranger.

Les Etrangers peuvent auffi par Contrat de mariage fe faire un

don mutuël de tous leurs biens propres, pour apartenir en pleine
proprieté au survivant,au cas qu'il n'y ait pas d'enfant,& telle convention n'eft pas reputée faite en fraude du droit d'Aubaine , parce que c'eft une donation entre-vifs faite en faveur de mariage ,
laquelle n'a fon execution qu'au jour du décés du premier décedé,
ainfi qu'il a été jugé par Arrêt raporté par Baquet au Traité du
droit d'Aubaine,Chapitre 21.

Le droit d'Aubaine eft un droit Roïal, qui apartient au Roi
privativement à tous autres.

Neanmoins il y a quelques coûtumes ou les Hauts-Jufticiers,
l'on prétendu ; mais ils en ont été déboutés , & il a été jugé qu'ils
ne le peuvent, à moins que d'en avoir un titre particulier &
précis.

Les enfans des Aubains nez dans le Roïaume fuccedent à leurs
Pere & Mere , comme les enfans étant Regnicoles & naturels
François , ils font capables des éfets civils & de toutes fuccef-
fions.

Il eft vrai que leurs Peres & Meres étant étrangers ne peuvent
point avoir d'heritiers , & leurs biens doivent apartenir au Roi
par droit d'Aubaine; mais en faveur des enfans legitimes nez dans
le Roïaume , cét ufage eft introduit de les admettre à la fucceffion
de leurs Peres & Meres, quoi que les parens collateraux des étrangers nez dans le Roïaume , en foient exclus.

Et quoi que les enfans nez dans le Roïaume fuccedent à leurs
Peres & Meres étrangers,neanmoins, les étrangers ne fuccedent
pas à leurs enfans nez dans le Roïaume , parce que la même faveur n'eft pas acordée aux étrangers.

On demande , fi un François s'étoit habitué & marié en païs
étrangers , les enfans qu'il y auroit eû, pourroient fucceder en
France à leurs parens.

Mon fentiment eft contraire à celui de Baquet,qui tient l'afir-
mative;car quoi que celui qui c'eft habitué & marié en pais étrangers, puiffe fucceffeder en France ,au cas qu'il n'y ait point obtenu
des Lettres de Naturalité, cependant les enfans ne doivent pas
avoir le même avantage.

Le François habitué & marié en pais étrangers, ne ceffe pas
d'être reputé François , & on préfume qu'il a toûjours confervé
l'inclination de revenir en France; mais ces enfans étant nez en
païs étrangers, font veritablement Aubaines,& partant incapables
de fuceder en France.

Il faut dire auffi, que fi une Françoife s'étoit mariée en païs étrangers, & qu'elle y demeurat, elle pourroit recuëillir en France les Suceffions qui lui écheroient.

Quoi qu'un étranger ne foit pas naturalifé, il peut neanmoins pourfuivre & fe défendre en jugement, mais quand il eft demandeur, il eft obligé de bailler caution de païer les dépens, au cas qu'il fucombe dans fa demande, à moins que la chofe ne fut de petite confequence, ainfi qu'il a été jugé par Arrêt, remarqué par Robert, Livre 9. Chapitre 2.

Tous les Etrangers ne font pas fujets au droit d'Aubaine, il y en a plufieurs qui en font exemts.

Primò. Les Ambaffadeurs, par la raifon qu'ils reprefentent les Princes ou les Rois qui les ont envoiés, & il feroit trop déraifonables, que les Princes vouluffent fe fervir de ce droitl,es uns envers les autres.

Secundò. Les Marchands trafiquans en France ne font point fujets à ce droit fur les Marchandifes & fur les meubles qu'ils ont âportez, étant venus dans le deffein de s'en retourner en leur païs.

Le Roi Charles I X. a fait un Edit & Déclaration en faveur des Marchands frequentans les Foires de Lyon, par lequel ils font exemts du droit d'Aubaine.

Tertiò. Ceux qui font habitans des Pais conquis, font exemts de ce droit, comme aiant été faits Regnicoles, & partant capables de joüir des mêmes droits & privileges que les naturels François.

Quartò. Les Etrangers qui par privilege à eux fpecialement acordé par les Rois de France, ont été déclarez exemts de ce droit, comme les Suiffes & les Ecoffois de la Garde du Roi, par Lettres Patentes du Roi Henri I I.

Monfieur Lebret au Traité de la Souveraineté des Rois, Livre 2 Chapitre 11. eft d'avis que les Ecoliers étrangers ne font point fujets au droit d'Aubaine.

Baquet eft de fentiment contraire, & il me femble mieux fondé.

La raifon eft, que c'eft une maxime generale, que tous étrangers font fujets au droit d'Aubaine, excepté ceux qui en font exemts par privilege & grace particuliere.

D'où il s'enfuit, qu'il n'y a que ceux aufquels les Rois ont acordé cette exception qui s'en puiffent dire exemts, en forte, que les Univerfitez aufquelles les Rois ont acordé ce privilege en doivent joüir, & non point d'autres, à l'égard defquelles il faut ufer du droit commun.

R iij

LE PARFAIT

Quintò. Les Aubains naturalifez, font auffi exemts du droit d'Aubaine & ont les mêmes droits , & joüiffent des mêmes privileges que les François qui font nez dans le Roiaume , en forte qu'ils peuvent faire teftament , & difpofer de leurs biens par derniere volonté.

Ainfi, leurs parens leur fucedent, pourveu qu'ils foient nez en France , ou s'ils font étrangers & qu'ils foient naturalifez, ils peuvent fuceder à leurs parens , capables de fuceder en France.

Il n'y a que le Roi feul qui puiffe acorder des Lettres de Naturalité, lefquelles doivent être verifiées & enregiftrées à la Chamre des Comptes , & non ailleurs.

Les plus proches parens d'un Aubain naturalifé demeurans en France , non naturalifez, ne lui peuvent pas fuceder au préjudice de fes autres parens plus éloignez qui feroient naturalifez ou Regnicoles , lefquels quoi que plus, éloignez lui doivent fuceder, étant capables de fuceder.

La raifon eft, que fuivant cette Loi generale de ce Roiaume , *le mort faifit le vif*, *fon hoirs plus proche eft habile à lui fuceder* , fes fucceffions paffant à ceux qui font plus proches & habiles à fuceder , les autres parens plus proches étant reputez morts , lefquels fe trouvent incapables de recüeillir les fucceffions échües.

Or il s'enfuit que le Roi ne pourroit pas valablement fuceder aux Aubains, au lieu en place de leurs plus proches parens , d'autant que ceux qui font incapables de fuceder non jamais eu droit dans les fucceffions qu'ils ne pouvoient pas recüeillir, & partant le Roi n'en peut pas prétendre *ex eorum perfona.*

Baquet au Traité du droit d'Aubaine , chapitre 25. nombre 5. dit avoir été jugé ainfi.

C'eft auffi la difpofition de la Coûtume de Sens , en l'Article 90.

Le même Baquet raporte un Arrêt prononcé en Robe rouge, le 27. Mai 1569. par lequel les biens d'un étranger naturalifé , décedé fans héritiers ont été ajugez au Seigneur Haut-Jufticier.

Cependant cet Auteur dit qu'il y avoit quelques circonftances qui avoient meu la Cour à juger ainfi.

Mais par autre Arrêt du 15. Juillet 1581. confirmatif d'une Sentence du Balli de Touraine , les biens d'un étranger naturalifé, décedé fans héritiers , furent ajugés au Roi.

Sa Majefté prenant la fucceffion des Aubains , eft obligé de paier leurs dettes, jufqu'à la concurrence de leurs biens.

CHAPITRE XXXVII.

Des Bâtards, & du droit de Bâtardise.

LES enfans naturels, communément nommés Bâtards, font ceux qui font nés hors le mariage, ou pendant un mariage il-legitime.

Les uns font nés, *ex soluta & soluta*, âpellés proprement enfans naturels, d'autres font adulterins, nés en adultere, d'autres incef-tueux, nés de parens dans un degré défendu, c'eft à dire, dans le-quel le mariage eft prohibé par le droit Canonique, que nous fui-vons en ce point, c'eft à dire, jufques au quatriéme degré inclufi-vement, dans lefquels font les petits enfans des coufins germains.

Quand un Mariage eft non legitimement contracté, comme en-tre parens en degré prohibé, ou du vivant du premier mari, ou de la premiere femme, les enfans font non-legitimes, & incapables de fucceffion, à moins qu'ils n'aïent été conçus dans la bonne foi de leurs pere & mere, ou dans la bonne foi de l'un ou de l'autre, ainfi qu'il a été jugé par plufieurs Arréts, remarqués par Braudeau fur Mr. Loüet lettre D. Chapitre 14. & par autres Arrêts raportés dans le Journal des Audiances.

Si la bonne foi ne fe rencontre pas en la perfonne du pere ni de la mere au tems de la conception des enfans, ils font non-legitimes & incapables de fuceffion.

C'eft le fondement de l'Arrêt de Jean Maillard du 15. Mars 1674. rendu en l'Audiance de la troifiéme Chambre des Enquêtes, dans l'efpece duquel la femme de Jean Maillard abfent dépuis plus de quarante années, avoit contracté mariage avec le fieur de la Boif-fiere, aïant l'un & l'autre âporté des preuves qu'ils favoient fauffes & fupofées, de la mort de Jean Maillard, & en confequence aprés une abfence de quarante années, le mariage a été déclaré nul, & l'enfant qui en étoit iffu, a été déclaré Bâtard & incapable de fu-ceder à fes pere & mere.

L'Enfant né onze mois aprés le decés de fon pere, eft reputé le-gitime & capable de lui fuceder, comme il a été jugé par Arrêt du 6. Septembre 1653. raporte par Dufrene, neanmoins Mr. Bou-guier lettre E. Chapitre 4. en râporté un autre du 22. Août 1626. qui a jugé le contraire, rendu conformément à la Nouvelle 39. Cha-pitre 2. & à la Loi 19. ff *de liber & pofthum.* & à la Loi 8. §. 11. ff. *de fuis & legit.*

La déclaration du Pere & de la Mere , que l'Enfant né pendant leur mariage ne feroit pas legitime , ne changeroit pas pour cela l'état de l'enfant , par la raifon du droit que , *Pater eft quem jufiæ nuptiæ demonftrant.*

On ne feroit pas même reçû de faire preuve au contraire en confequence d'une femblable déclaration, d'autant qu'il feroit dangereux d'admettre à la preuve en ce cas ; auffi par Arrêt du 5. Juillet 1655. raporté par Dufrefne ; Un enfant a été déclaré legitime , quoi que le mari eut déclaré qu'il étoit impuiffant , & que la mere eut affuré la même chofe.

Par Arrêt du 26. Janvier 1664. raporté dans le deuxiéme Tome du Journal des Audiances , il a été jugé qu'un enfant ne peut pas être prétendu adulterain , lors que le mari a pût voir fa femme.

Il faut dire auffi la même chofe , quoique le mari eut convaincu fa femme d'adultere auparavant & pendant fa groffeffe , La raifon en eft renduë en la Loi 11. ff. *leg. Jul. de adulter.* en ces termes. *Non utique crimen adulterij, quod mulieri obiicitur infanti prajudicet ,cùm poffit illa adulterna effe & impubes defunctum patrem habere.*

Neanmoins toutes fortes de mariages ne rendent pas les enfans parfaitement legitimes , incapables de fuceder à leur Pere ; car par la difpofition de l'Ordonnance de 1639. il n'y a que quatre fortes de mariages qui peuvent être valables , quant au Sacrement , & qui ne le font pas quant aux éfets civils , c'eft à dire , que les enfans qui en font procréés , ne font pas pour cela capables de fuceder, tant en ligne directe que colaterale.

La premiere efpece de ces mariages imparfaits, font ceux qui font contractés par les raviffeurs , avec les perfonnes ravies ou enlevées , dont les enfans font déclarés indignes & incapables à jamais des fucceffions de leurs Pere, Mere , Aïeuls , & de toutes autres directes & colacterales, par l'Arricle 2.& 3.de ladite Ordonnance de 1639 & ce nonobftant le confentement de leur Pere & Mere , Tuteur ou Curateur.

La deuxiéme efpece , eft de ceux qui tiennent leurs mariages fecrets & cachés pendant leur vie , dont les enfans font pareillement déclarés incapables de toutes fuceffions , auffi bien que leur pofterité , par l'Article 9. de la même Ordonnance.

La troifiéme eft de ceux qui époufent à l'extremité de la vie , les femmes qu'ils ont entretenuës, dont les enfans font auffi déclarés incapables de fuceffions , par l'Article 6. de ladite Ordonnance.

Neanmoins cette Ordonnance n'eft pas toûjours obfervée à la rigeur, en telle forte qu'il ne foit rien laiffé à la veuve ni aux enfans;

car

car il y a certains cas où la Cour en a moderé la rigueur par fes Arrêts.

Par exemple, dans le cas de Concubines époufées à l'extremité de la vie avant lad. Ordonnance de 1639. ces fortes de mariages étoient déclarés bons & valables par les Arrêts de la Cour.

Il y en a deux râportés par Dufrefne en fon Journal; le premier du 30. Decembre 1632. rendu au profit des enfans de Jean Guinon, qui avoit époufé Jeanne Tiffier fa fervante cinq jours feulement avant fon decés, & le fecond eft du 4. Mars 1636. contre les Conclufions de défunt Mr. l'Avocat General Bignon, qui avoit conclut à ce que le mariage fut déclaré valable quand au Sacrement, & non quant aux éfets civils, pour ce qui concernoit la veuve & fes enfans.

Mais dépuis ladite Ordonnance, la caufe des enfans du fieur Rames Maître des Comtes en Normandie, qui dix-fept jours avant fon decés avoit fait un Contrat de Mariage, & époufé une femme qu'il avoit long temps entretenuë, & de laquelle il avoit éu cinq enfans, ayant été portés à l'Audiance de la Grand'Chambre, par Arrêt du 7. Avril 1650. fur l'âpel comme d'abus, qui avoit été interjeté de la celebration du mariage; LA COUR a mis les Parties hors de Cour & de Procés, & par ce moïen a déclaré le mariage valable quant au Sacrement, & néanmoins elle a exclus les enfans de la fuceffion de leur Pere, qu'elle adjuge aux Parens collateraux, fur icelle toutefois préalablement pris la fomme de fix vingt mille livres pour les enfans, & mille livre de rente viagere pour la femme, par le moïen de quoi la rigueur de ladite Ordonnance fut moderée & les enfans & la veuve ne furent pas exclus de la fuceffion du défunt.

Il y a auffi eut pareil Arrêt au profit du fieur Chambon, raporté par Demaifon en fon Recueil d'Arrêts, en datte du mois de Mars mil cinq cent cinquante-huit.

La même Ordonnance de 1639. n'a pas non plus lieu à l'égard des mariages contractés avec les femmes entretenuës, quand même ils n'auroient été celebrés que dépuis la naiffance des enfans, & plufieurs années avant le decés du Pere, attendu que par Arrêt du 8. Février 1633. auffi raporté par Demaifon en fon Recueil, il a été jugé au profit de la veuve & des enfans du défunt fieur Debaumon, que tels enfans n'étoient point exclus de la fuceffion de leur Pere, quoique nés avant fon mariage avec leur Mere.

Toutefois par autre Arrêt rédu entre la veuve & les enfans heritiers du Comte de Laval, le 28. Mars 1647. raporté par Dufrefne en fon Journal, les enfans dudit fieur Comte de Laval ont été exclus de fa fuceffion pour avoir le mariage été tenu fecret, mais le legs qui leur avoit été fait par leur Pere, de tout ce dont il pouvoit difpofer par les Coûtumes, leur a été confervé.

Auffi eft-il à préfumer, fuivant mon opinion, que caffant le Teftament, la Cour leur auroit adjugé quelques fommes confiderables fur fes biens, comme elle a fait dépuis aux enfans du fieur Derames.

Quoi qu'il en foit, les enfans nés de tels mariages tenus fecrets, ne peuvent cependant rien prétendre aux fuceffions collaterales, ainfi qu'il a été jugé contre les enfans du nommé Tardif, qui par un Arrêt du mois d'Août 1662. raporté dans la continuation du Journal des Audiances, ont été exclus de la fuceffion de leur Oncle Paternel.

Il en eft de même dans le cas des mariages contractés par perfonnes condamnés à mort ; car tels mariages étoient autrefois reprouvés, & les enfans qui en étoient iffus exclus de la fuceffion de leur Pere & Mere condamnés long-tems avant ladite Ordonnance de 1639. comme il fe voit par deux Arrêts, l'un prononcé à la Nôtre-Dame d'Août 1585. raporté par Demonthelon Chapitre 36. par lequel tous les biens d'une femme condamnée à mort par Arrêt du Parlement de Paris, pour avoir tué fon Mari, & qui dépuis c'étoit remariée en Brétagne, ont été adjugés aux enfans de fon premier mariage, à l'exclufion des enfans du fecond qu'elle avoit contracté dépuis fa condamnation.

L'autre eft du 13. Février 1625. raporté par Dufrefne, par lequel les biens du fieur de la Roche-Boiffeau ont été adjugés aux enfans de fon premier mariage, à l'exclufion des enfans du troifiéme mariage qu'il avoit contracté dépuis un jugement de mort rendu contre lui par Contumace, pour avoir tüé fa feconde femme, & ce nonobftant qu'au jour de fon decès, & de l'ouverture de fa fuceffion arrivées en 1623. le crime qui avoit été commis en 1600. fut préfcrit.

Il eft vrai que fuivant l'ufage general qui eft obfervé en France, nonobftant la difpofition du Droit Ecrit fur ce fujet, que j'ai remarqué fur l'Article 318. de la Coûtume de Paris, & au Code fur l'Article des enfans naturels, les Bâtards peuvent bien acquerir des biens & en difpofer, tant par Donation entre vifs, que par Teftament & Ordonance de derniere volonté, mais ils ne fucedent pas à leur Pere & Mere, ni à leurs Parens, & leur Parens ne leur fucedent point, ainfi qu'il a été jugé par Arrêt du Mardi 14. May 1624. raporté par Henri, Tome 1. Livre 6. Chapitre 3. Queftion 9. fur la queftion file Bâtard né, *ex foluto & foluta*, pouvoit fuceder à fa Mere en Païs de Droit-Ecrit.

L'Enfant naturel fut debouté de fa demande , neanmoins la Cour *ex æquitate* , lui adjugea le tiers de la fuceffion , pour en joüir en plaine proprieté & lui tenir lieu d'alimens.

Les enfans naturels ne fucedent pas à leur Pere , parce que felon la Loi *neque gentem familiani habent* , par la même raifon ils ne peuvent point laiffer leur fuceffion à leur Parens colactereaux ; car s'ils ont des enfans , foit fils ou filles , ou autres décendans en quelque dégré que ce foit , les enfans leur fucedent & ils fucedent à leurs enfans , par la raifon que la naiffance de leurs enfans étant legitimes, le droit de fuceffion legitime a lieu entre eux, & leur enfans nés en legttime mariage.

La legitimation fe fait en France par deux moïens ; Le premier eft le fubfequant mariage , lors que celui qui a des enfans d'une Concubine contracte mariage avec elle, & en paffe un Contrat dans les formes ordinaires : & le deuxiéme moïen de legitimer les enfans naturels fe fait par Lettres de legitimation obtenuës du Roi , & verifiées en la Chambre des Comptes , par lefquels un Pere fait déclarer legitimes fes enfans naturels.

Cependant , il faut faire ici diftinction , entre les Bâtards legitimés par le fubfequant mariage de leur Pere & Mere , & ceux qui font legitimés par Lettres du Roi.

Les premiers font rendus parfaitement legitimés par le fubfequant mariage de leurdits Pere & Mere , mais à l'égard de ceux qui font legitimés par Lettres du Roi , ils ne font reputés legitimes & habiles à fuceder qu'à ceux de leurs Parens qui ont confenti à leur legitimation.

Ainfi pour la legitimation des enfans legitimes par le fubfequant mariage de leur Pere & Mere , il eft neceffaire que ces enfans aïent été baptifés comme enfans des contractans , & non pas fous d'autres noms , en forte que l'ufage eft , que tels enfans foient prefens à la celebration du mariage de leur Pere & Mere.

Neanmoins quoique tels enfans euffent été baptifés fous d'autres noms , s'ils avoient été réconus pour leur Pere & Mere , pour leurs Enfans , ils ne feroient pas moins pour cela legitimés , quand même il y auroit des enfans iffus du fubfequant mariage de leur Pere & Mere ; mais, felon mon opinion, ce feroit les expofer à la dificulté de prouver leur filiation , & en ce cas , il faut que par le Contrat de mariage il foit déclaré qu'ils font enfans des Contractans, pour ôter lieu à toute conteftation.

Il n'eft pas auffi neceffaire que pareils enfans foient fous le Poile lors du Contrat de leur Pere & Mere , quoi qu'on l'obferve journellement pour plus grande précaution, il fufit feulement de déclarer dans le Contrat de mariage qu'ils âpartienent aux Pere & Mere, & qu'ils les reconoiffent pour leurs enfans, & en cas que toutes fes déclarations foient obmifes, j'eftime qu'il eft à propos de faire aprés le mariage une déclaration expreffe pardevant Notaire, en prefence des plus proches Parens fi faire fe peut.

L'éfait de la legitimation par le fubfequant mariage, eft que les enfans qui font nés auparavant, devienent legitimes & tombent dans la puiffance de leur Pere & Mere, parce que la Loi par une faveur fpeciale veut que le mariage ait un éfet retroctatif au jour de leur naiffance, comme s'ils avoient été contractés au tems de leur conception, ce qui a lieu, quoi qu'ils naiffe des enfans du mariage, ou qu'il n'y en ait aucuns, L. 5. *& feqq C. de naturalib. liber.*

Neanmoins fi fes enfans ne pouvoient pas être rendus legitimes au tems de leur naiffance par une caufe qui fervit d'empêchement à leur naiffance, comme par un autre mariage de leur Pere & Mere, ou de l'un d'eux, le fubfequant mariage ne produiroit pas leur legitimation, & pour cet éfet il faut confiderer s'il n'y avoit point d'empêchement au tems de leur conception, & non au tems de leur naiffance, felon l'opinion des Docteurs.

Les Arrêts ont jugés que les enfans adulterains ne pouvoient pas être legitimés par le fubfequant mariage, non plus que les inceftueux & les enfans des Prêtres nés dépuis la promotion de leur Pere à l'Ordre de Prêtrife, quand même ils auroient obtenus du Roi des Lettres de legitimation, & les auroient fait en regiftrer en la Chambre des Comptes, avec claufe de pouvoir fuceder à leur Pere & Mere, cette claufe leur feroit inutile, & préfumée furprife par obreption.

Il y a même un de ces Arrêts qui a été donné à l'Audiance de la Grand' Chambre du Parlement de Paris, le Jeudi 3. Février 1661. raporté dans le deuxiéme Tome du Journal des Audiances, qui l'a ainfi jugé.

Un mariage intermediere qui feroit dépuis diffous par le decés de l'un des conjoints, n'empêcheroit pas la legitimation des enfans nés auparavant par un mariage fubfequant de leur Pere & Mere, parce qu'il fufit qu'au jour de la conception des enfans naturels, leur Pere & Mere aïent pû contracter mariage enfemble, quoi que dépuis il furviéne empêchement qui feroit ceffé.

Le petit Fils eft legitimé par le fubfequant mariage de fes Ayeuls, & Ayeules, fon Pere ou fa Mere étant décedés auparavant.

Si le prédecedé des deux conjoints par mariage étoit Aubaine, & non naturalifé, il n'y a que le Roi qui a le feul pouvoir de lui fuceder par droit d'Aubaine, à l'exclufion de l'autre conjoint furvivant.

Si au contraire le prédécedé de l'un des conjoints étoit Batard, ce seroit le survivant qui lui succederoit à l'exclusion du Roi & même du Seigneur Haut-Justicier, parce que la sucession de l'un des conjoints à l'autre est en usage en la France coûtumiere, non seulement en cas de desherence ; mais encore quand le prédécedé est Bâtard, ou Aubain Naturalisé.

Cependant cela n'empêche pas que la sucession des Bâtards qui décedent sans enfans, n'apartienne toutefois aux Seigneurs Hauts-Justiciers, lors que dans ces cas trois conditions s'y rencontrent, suivant le sentiment de Baquet, des autres Docteurs, & de la Chambre du Trésor.

1°. Que le Bâtard de la sucession duquel il s'agit, soit nez dans la Seigneurie & Justice du Seigneur Haut-Justicier. 2°. Qu'il y ait eû son domicile au tems de son décez. 3°. Qu'il y soit décédé, de sorte que quand l'une de ces trois choses manque, le Seigneur Haut-Justiciers est exclus de la sucession & elle apartient au Roi.

Or, ces trois conditions se rencontrant au profit d'un Seigneur, il ne peut prendre que les biens qui se trouvent dans sa Haute-Justice, soit meubles ou immeubles, & les autres biens qui sont hors d'icelle apartienent au Roi, par la raison que les Seigneurs Hauts-Justiciers n'ont aucun droit hors l'étenduë de leur Justice, ce qui a lieu même pour les meubles, suivant cette regle qui en ce cas veut que *Mobilia sequuntur personam.*

CHAPITRE XXXVIII.

Des Nobles & Roturiers.

LA Noblesse est une qualité qui distingue les Nobles des autres personnes.

Les Nobles sont Nobles de Race ou anoblis, c'est-à-dire, Roturiers dévenus Nobles.

Les Nobles de Race sont ceux dont les décendans étoient Nobles, au cas qu'ils n'aient fait aucuns Actes dérogeans à leur Noblesse, ou s'ils en ont fait, ils s'en soient purgez par Lettres de Rabilitation du Prince.

Il y a deux sortes de condition de Roturiers, les uns sont de condition servile, comme sont ceux dont il est parlé dans les Coûtumes de Nivernois, Bourbonnois, Trois & Vitri, & les autres sont de condition Franche.

Mais quoi qu'en France l'on dit communement, que toutes perfonnes font franches, & que même fi-tôt qu'un Efclave de païs étranger y eft entré, il eft afranchi ; neanmoins cela fe doit entendre, que dans le Roiaume il n'y a pas d'Efclaves ni de Serfs, tels que ceux qui étoient autrefois chez les Romains, fur lefquels les Maîtres avoient droit de vie & de mort.

Toutefois, les perfonnes de Condition fervile dont il eft parlé dans les Coûtumes ci-deffus, ne font pas de cette qualité ; car toute leur fervitude ne confifte en ce qu'ils ne peuvent pas fe retirer de la Terre de leur Seigneur pour s'aller habituer ailleurs fans leur permiffion, qu'ils font taillables envers leurs Seigneurs, & que leur Seigneurs ne leur fuccedent qu'en certain cas, en un pais aux meubles, & en un autre aux immeubles.

L'une des principales diferences qui eft entre la condition des Nobles & de celle des Roturiers, eft que les Nobles font francs & exemts de la Taille & des autres charges & fubfides perfonelles aufquelles les Roturiers font fujets, & en plufieurs Coûtumes les biens entre Nobles fe partagent autrement qu'entre Roturiers.

Il y a de trois fortes de Nobleffe, felon le fentiment de Maître Charle Loyfeau.

La premiere, eft celle des Princes ; la feconde, eft celle des Seigneurs & la troifiéme eft celle des fimples Gentilshommes.

Surquoi, il faut remarquer ici, qu'il y a cette diference entre la Nobleffe des Princes & celle des Seigneurs & Gentil'hommes.

Que celles des Seigneurs & Gentil'Hommes eft d'autant plus eftraintes qu'elle eft ancienne & éloignée de fa fource, au lieu que celle des Princes eft d'autant plus grande qu'elle eft proche de fa fource & diminuë à mefure qu'elle s'en éloigne.

Les Roturiers peuvent devenir Nobles par deux moiens, l'un par Lettre du Roi, fondée fur des fervices rendus à fa Majefté, bien & deüement verifiés en la Cour du Parlement, en la Chambre des Comptes, & la Cour des Aides ; & l'autre par aquifition d'Ofices Anobliffans, d'où il s'enfuit que tout homme eft Roturiers s'il ne juftifie fa Nobleffe, parce qu'il faut un titre pour obtenir cette qualité.

Les Charges & Ofices qui donnent le titre de Nobleffe aux Titulaires, ce font celles de Chancelier, de Garde des Sceaux, de Confeiller d'Etat, fervant actuellement, de Secretaire d'Etat, c'eft-à-dire, que toutes les premieres dignitez militaires de Juftice & de la Maifon du Roi, ont toûjours de tout tems été afectés à la plus haute Nobleffe, ainfi que le raporte Monfieur Lebret, en fon Traité de la Souveraineté, Livre 2. Chapitre 10.

L'Ofice de Conseiller dans une Cour Souveraine anoblit aussi celui qui la possede, mais elle n'anoblit pas sa posterité ; excepté que la possession de cette Ofice n'ait été continuée de Pere en Fils, en sorte que pour être pleinement Noble par cette voie, il faut qu'un homme puisse justifier que son Pere & son Ayeul ont possedez cette Ofice jusqu'à leur décez.

Les Fiefs de dignité ni les Justices, n'anoblissent point en France ceux qui les possedent, c'est la disposition de l'Ordonance de Blois, Article 258.

La Noblesse ne s'aquiert pas aussi par le moien de la prescription, par la raison que la Noblesse vient du Prince, & par consequent elle ne peut être aquise que par le moien qui a été autorisé pour cet éfet.

Quoi que le Pere, l'Ayeul & les autres ascendans ayent vécus en qualité de Nobles, ne l'étant pas éfectivement, leurs enfans ne peuvent pas prétendre d'être Nobles, neanmoins Loyseau au Traité des Seigneurs, Chapitre 24. est d'avis contraire.

Les Etrangers qui sont Nobles en leur pais, & qui viennent s'habituer en France, y conservent leur qualité de Noblesse, suivant le sentiment de Baquet au Traité des Frans Fiefs, Chapitre 6. Nombre 7.

Le pouvoir d'anoblir, est un pouvoir qui n'apartient qu'au Roi, & un droit de Souveraineté qui ne peut apartenir aux Seigneurs, ni aux Princes.

De tems en tems les Rois de Frances ont créés un certain nombre de Noblesses daus les Provinces moienant certaine finance ; mais ensuite ils ont revoqués les Lettres qu'ils en avoient acordées, cependant aujourd'hui on a rétablis cette premiere creation de Noblesse.

Le Roi Henry I V. par Edit donné à Paris au mois de Janvier 1598. revoqua les Lettres d'Anoblissement qui avoient été acordées dans les vingt années précedentes ; & d'autant que plusieurs ce sont trouvez avoir usurpé la qualité d'écuïer & de Noble, il y a eu depuis plusieurs Edits & Déclarations, même sous le Roi d'apresent Loüis X I V. pour la recherche des usurpateurs de Noblesse, par lequel les faux Nobles ont été condamnez à payer certaine finance pour avoir usurpé cette qualité.

La veritable Noblesse passe aux descendans en ligne directe, par la ligne masculine.

Les Filles joüissent aussi du Privilege de Noblesse de leur Pere, pourveu qu'elles ne se marient point ; mais elles ne communiquent

pas leur Nobleſſe , ni à leur mari , ni à leurs enfans , parce que la
femme prend la qualité de ſon mari & les enfans celle du pere.

Il y a des Coûtumes en France où le ventre anoblit , comme celle de Trois article 1. mais c'eſt ſans préjudice des droits du Roi, ainſi
ceux qui ſont nez d'un Pere Roturier & d'une Mere Noble, ſont co-
tiſables à la Taille ſujets aux droits des Francs Fiefs, & autres Droits
auſquels ſont ſujets les Roturiers.

Si la Fille Noble mariée à un Roturier étoit ſeparée d'avec lui
de corps & de biens , elle ne joüiroit pas pour cela des Privileges
de Nobleſſe , ſelon le ſentiment de Chopin , ſur la Coûtume d'Anjou , Livre 2. chapitre 1. article 3. nombre 1.

Les femmes veuves joüiſſent des Privileges de Nobleſſe de leur
mari tant qu'elle demeurent dans le veuvage ; mais ſi elles ſe remarient à des Roturiers , elles perdent tous les droits & privileges dont
elles joüiſſent en qualité de veuves de leur maris Nobles, & devien-
nent Roturieres par la condition de leur mari.

Toutefois, ſi après le décez de leur mari Roturier , elles déclarent
en Juſtice qu'elles entendent dorénavant vivre Noblement , elles re-
couvrent leur qualité & leur privilege de Nobleſſe , pourveu que de
rechef elle ne ſe remarient pas à des Roturiers.

Cependant par Arrêt de la Cour des Aides du 17. Janvier 1676.
rendu au raport de Maître Goureau de la Proutiere , la veuve de
Maître Jacque Boulai Prévôt de Mondidier , a été condamnée à
paier la Taille pour trois années depuis ſa viduité juſqu'à l'obtention de ſes lettres de Réhabilitation.

Mais nous obſervons en France que celles qui ont épouſé un homme qui a vécu Noblement, comme un Oficier de Judicatures ou de
maiſon Roiale, un Avocat, ou un Medecin, doit joüir des Privileges
de Nobleſſe, ſans aucunes lettres de Réhabilitation.

Il faut dire auſſi le contraire d'une Fille Noble, laquelle ſeroit dé-
chuë de ſa Nobleſſe en épouſant un Roturier ; car après la mort
d'icelui elle rentreroit dans les droits de Nobleſſe, ſans lettres de
Réhabilitation, ſelon le ſentiment de Loyſeau.

La Nobleſſe des Peres, paſſe en la perſonne de leurs enfans en legitime mariage, ou legitimez par ſubſequant mariage ; mais elle ne
paſſe pas en la perſonne des Bâtards, ou de ceux qui ont été legitimés
par Lettres du Prince.

Par le Reglement general ſur le fait des Tailles , fait à Paris au
mois de Mars 1600. article 26. il eſt porté, que pour le regard des
Bâtards, encore qu'ils ſoient iſſus de Peres Nobles, qu'ils ne ſe pourront atribuer le titre & qualité de Gentil'hommes, que préalablement

ment ils n'obtienent des lettres d'Anobliffement, fondées fur quelque grande confideration de leur merite, ou de leur Pere, verifiées, où il apartiendra.

Il y a un autre Edit, de 1629. qui porte la même chofe.

La Nobleffe des Peres fe communique aux enfans nés avant la Nobleffe de leur Pere, conformement aux Edits portant création de Nobleffes, ce qui eft auffi conforme aux Loix Romaines, *L. Senatoris. ff. de Senatorib.*

Il y a cinq cas par où la Nobleffe fe perd.

Premierement, quand celui qui eft Noble fait Actes dérogeans, comme trafic & marchandifes, fuivant l'Ordonnance d'Orleans, article 109. & celle de Loüis XIII. du mois de Janvier 1629.

Neanmoins il faut excepter le trafic qui fe fait en gros fur mer, fuivant l'Edit du mois d'Août 1669. verifié en Parlement par lequel le Roi déclare que le trafic de Mer ne déroge point à Nobleffe, pourveu que ceux qui l'exercent ne vendent pas en détail, cependant il faut obferver ici, que par un feul acte de marchandifes, le Noble ne déchet pas de fa Nobleffe, mais il faut une continuatiõ de commerce, fuivant la Loi, *Nobiliores C. de mercimon. & mercat.*

En deuxiéme lieu, quand le Noble exerce des Charges dérogeantes, comme font celles de Procureur en toutes Cours & Jurifdition du Roiaume, celles de Gréfiers, Huifiers, & autres femblables,

Céte queftion eft prefentées à l'Audiance de la Grand'Chambre du Parlement de Paris, fçavoir, fi les Avocats qui exercent conjointement la procure dans les lieux où il n'y a pas de Procureurs, dérogent à la Nobleffe, il a été jugé que non, par Arrêt du 15. Juin 1665. c'eft auffi le fentiment de Chopin au Traité *de Privileg. Rufticor. part. 3. nombre 4.*

En troifiéme lieu, la profeffion des Arts mécaniques, mais non celle des Sciences; il a été même jugé que ceux qui tienent des Penfionaires aufquels ils enfeignent la Grand-mere & les Elemens des Langues Latine & Grecque, ne font point Acte dérogeant.

La peinture ne déroge pas à la Nobleffe pour ceux qui s'y apliquent pour leur plaifir; mais pour ceux qu'y en font métier pour gagner leur vie, ils font auffi acte dérogeant.

En quatriéme lieu, la condamnation à une peine, emportant infamie de plein droit, comme le baniffement ou la condamnation aux Galeres pour quelque tems; car à l'égard de la condamnation perpetuelle, elle emporte encore dérogeance à Nobleffe, puifqu'elle caufe la mort civile.

Tome I.   T

La raifon pour laquelle la condamnation qui emporte infamie déroge, eft qu'il n'y a rien de fi opofé à la Nobleffe que l'infamie, en forte qu'il fe faut faire Réhabiliter par Lettres du Prince.

Tiraqueau & Loyfeau au Ttraité de l'Ordre, Chapitre 5. nombre 88. font diftinction entre la Nobleffe qui vient par le moïen de quelques charges, & celle qui vient de naiffance; car quant à la premiere, l'infamie caufe la dérogeance à cette Nobleffe, mais à l'égard de l'autre, non.

C'eft encor le fentiment de Tiraqueau au Traité de la Noblef-Chapitre 36. où il dit, que quand le pere a fait acte dérogeant à Nobleffe, ou qu'il a perdu autrement fa nobleffe, fes enfans en font déchûs, felon la t oi, *Emancipatur, §. ult. ff. de Senator.*

Loyfeau tient pareillement que quand les enfans ont leur Nobleffe de leur Pere en vertu d'une Charge qui anoblit, ils la perdent par la perte que leur Pere fait de la fcience; mais que quand les enfans font nobles de race, ils la confervent, fuivant la même Loi.

La claufe extraordinaire qu'on met ordinairement dans les Lettres de Nobleffe qui dépendent de la grace du Prince, ne fait pas de confequence à la chofe; car de quelle manieres que céte claufe foit exprimée, le Roi y peut enfuite déroger quand bon lui femble.

Il faut pour les obtenir prefenter un placet au Roi, dans lequel on expofe les fervices, fuivant les emplois & les commandemens qu'on a eû dans les armées de Sa Majefté.

On met ce placet à l'Ordinaire qui eft tous les Lundis à Verfaille & aprés que le rapott en a été fait au Confeil, on le renvoie au Miniftre d'Etat de quartier, qui expedie des Lettres de Nobleffe & les fait fceller du grand Sceau, enfuite de quoi il faut donner fa Requête à la Cour des Aides & les faire enregiftrer.

Requefte pour enregiftrement de Lettres de Nobleffe.

À Noffeigneurs de la Cour des Aides.

Suplie humblement . . . . A

Difant, qu'en confideration de ces fervices, il a plû au Roi l'anoblir pour joüir par lui des Privileges & exemptions atribués aux Nobles du Roiaume par Lettres Patentes de Sa Majefté, à tel jour . . . . . adreffées à la Cour; c'eft pourquoi il a recours à Vous pour y être pourvû.

Ce confideré Noffeigneurs, il vous plaife entheriner lefdites Lettres , & en confequence ordonner icelle être enregiſtrée au Greffe de la Cour , pour enfuite joüir par le Supliant de l'éfet defdites Lettres ; Et vous ferés bien.

CHAPITRE XXXIX.

Des Tutelles & du devoir des Tuteurs.

IL y a de trois fortes de Tutelles , fuivant le Droit Romain ; fçavoir , la Teſtamentaire , la Legitime & la Dative.

La Teſtamentaire eſt celle qui eſt déferée par Teſtament, comme quand un Pere donne par fon Teſtament un Tuteur à fes enfans.

La Legitime , eſt celle qui eſt déferée par la Loi au plus proche Parent des enfans au défaut de la Tutelle Teſtamentaire ; car la Tutelle Teſtamentaire eſt préferée à la legitime , en ce que la difpofition du Pere doit être préferée à celle de la Loi.

Ainfi le Frere du Pupille quand il eſt majeur de vingt-cinq ans, il eſt âpelé par la Loi à la Tutelle de fes Freres , ou bien l'Oncle à la Tutelle de fes Neveus quand il eſt le plus proche parent , pourvû toutefois que la mere des Pupiles foit décedée , car autrement la Tutelle lui âpartiendroit préferablement à tous autres , fur quoi il faut remarquer ici , qu'il n'y ait rien à dire fur fa conduite, & qu'elle ne fe remarie pas , âtendu que les fecondes Nopces font perdre à la Mere la Tutelle de fes enfans.

La Dative eſt celle qui eſt déferée par le Magiſtrat au défaut de la Tutelle Teſtamentaire & de la Legitime ; mais par toute la France Coûtumiere on tient pour maxime conſtante , que toutes Tutelles font dativcs.

C'eſt à dire , qu'encore qu'un homme ait été donné pour Tuteur à des Pupilles par Teſtament de leur Pere , & qu'il foit même le plus proche parent de fes Pupilles , neanmoins il ne fera pas Tuteur s'il n'eſt confirmé par le Juge ordinaire du domicile des Pupiles.

Il n'y a qu'un cas par le Droit nouveau , auquel la Mere ne peut pas donner des Tuteurs à fes enfans ; fçavoir , quand pour quelque juſte caufe elle les désherite ; car le Droit aïant permis aux Meres de donner des Tuteurs à leurs enfans au cas qu'elles les inſtituent , auffi quand elles les exheredent , elles ne peuvent pas prétendre cét avantage.

T ij

L'Ayeul Paternel felon le Droit Romain, qui avoit fes petits enfans dans fa puiffance, leur pouvoit donner ci-devant des Tuteurs
aprés la mort de leur Pere ; mais préfentement que dans le Païs de
Droit-Ecrit le mariage des enfans émancipe, c'eft pourquoi les petits enfans ne font plus dans la puiffance de leur Ayeul, ainfi il ne
peut plus leur donner des Tuteurs.

Le Tuteur Teftamentaire dans les Provinces de Droit-Ecrit eft
préferé à la Mere des Pupilles, cependant elle peut comme Tutrice
naturelle de fes enfans, défendre en Juftice l'interêt de fes Mineurs;
toutefois une partie peut l'obliger à raporter une Acte de Tutelle ; mais on ne peut pas y obliger un Pere, parce qu'il eft Tuteur
de droit, à moins qu'on n'en élife un autre.

Il faut dire auffi, que la Tutelle du Pere eft dative ; car pour être
Tuteur de fes enfans aprés la mort de fa femme, il faut qu'il foit
nommé par les plus proches Parens de fes enfans, & que céte nomination foit confirmée par le Juge ordinaire des Pupilles.

Pareillement, la Mere aprés le decés de fon Mari, ne peut être
Tutrice de fes enfans, que par avis des plus proches Parens des Pupilles, il eft vrai, que comme la Loi fait les Peres & Meres adminiftrateurs de la legitime de leurs enfans, c'eft ce qui fait qu'on ne leur
en peut pas ôter la Tutelle, à moins qu'on ne juftifie de leurs malverfations, encore faut-il qu'elle foit confiderable pour pouvoir leur
ôter fe droit.

Aucun Juge ne peut pas donner un Tuteur à des Mineurs, de
fon propre fait, il faut que la chofe fe faffe avec conoiffance de caufe, autrement la Procedure qui auroit été faite dans une telle nomination & fans conoiffance de caufe feroit nulle, & le Juge blâmé,
fi l'âfaire étoit portée devant fes Superieurs, & même tenu envers les Pupilles de tous les frais qui auroient été faits; mais afin que
la chofe foit valable, voici ce qu'il faut faire.

Si l'un des Conjoints par mariage eft decedé, laiffant des enfans
mineurs, il faut que le furvivant préfente Requête au Juge du domicile des Pupilles.

Requeſte pour l'Election d'un Tuteur à des Mineurs.

A Monſieur le Prévôt ou Baillif de tel lieu . . . .

Suplie humblement D. . . .

Diſant, que H. . . . . ſa femme, ou P. . . . ſon fils, étant décedé dépuis peu de jours, il auroit laiſſé A . . . . & B . . . ſes enfans mineurs & en bas âge, auſquels il eſt beſoin de pourvoir de Tuteur.

Ce conſiderè, MONSIEUR, il Vous plaiſe, permétre audit Supliant de faire âſigner & âpeler pardevant Vous, les Parens & Amis deſdits Mineurs, doner leurs avis ſur l'élection d'un Tuteur, & ſubrogé Tuteur auſdits Mineurs, requerant à céte fin la jonction de Monſieur le Procureur du Roi ou Fiſcal, & vous ferés bien.

Le Juge met au bas de cette Requête ſon Ordonnance, de *ſoit aſſigné*, enſuite de quoi il faut faire donner aſſignation aux Parens ou amis des Mineurs.

Il eſt neceſſaire qu'il comparoiſſe ſept Parens ou Amis, tant du côté Paternel que Maternel, leſquels donnent leur avis, qui ſe prend par le Grefier, ſur l'élection d'un Tuteur & ſubrogé Tuteur, aprés quoi l'on procede à l'élection; c'eſt-à-dire, que le Juge ordonne que tel . ., ſera Tuteur & tel, . . ſubrogé Tuteur des enfans mineurs de défunt tel . . . ou telle . . . &c.

Si ceux qui ſont nommés ſont preſens, on leur fait accepter ſur l'heure même la charge de Tuteur & de ſubrogé Tuteur; & s'il le refuſe, il leur faut faire donner aſſignation pardevant le même Juge, pour voir accepter les charges qui leur ſont déferées, & les obliger cependant à faire les diligences neceſſaires pour l'adminiſtration des biens des mineurs.

Lorſque la ſuceſſion eſt oberée, & qu'il eſt à propos que les mineurs, l'aceptent ſous benefice d'inventaire, il faut par le même avis que les Parens des Pupilles déclarent qu'ils ne jugent pas à propos, que les mineurs ſe portent heritiers, que ſous benefice d'inventaire, & cela étant, le Juge dans l'Acte de Tutelle ordonne que tel . . nommé Tuteur poura obtenir lettres de benefice d'inventaire, pour par eſdits mineurs ſe dire & porter heritier de L. . . . & en pourſuivre l'enterinement ſuivant l'avis des Parens.

Le benefice d'inventaire a été introduit par l'Empereur Juſtinien, pour mettre les heritiers à couvert des charges d'une ſucceſſion.

Cette diſpoſition a été reçûe par toute la France, en obtenant, comme il a été dit ci-deſſus, des Lettres en Chancelerie, ces

LE PARFAIT

Lettres se peuvent obtenir en tout tems, même jusqu'à trente ans, pourveu qu'il n'y ait point d'autre heritier.

L'adresse s'en fait au Juge ordinaire du lieu où la succession est ouverte, de même que le benefice d'âge, dont il sera parlé ci-aprés.

Il faut remarquer ici en passant, qu'en matiere d'heritier, suivant l'article 142. de la Coûtume de Paris, l'heretier pur & simple, exclut l'heritier beneficiaire en ligne collaterale, & non pas en ligne directe, ce qui a lieu dans toutes les autres Coûtumes du Roïaume, qui non pas des dispositions contraires, comme en la Coûtume de Poitou, &c.

Neanmoins il y a des Coûtumes, comme celles d'Arras & de Troys, qui veulent que sans distinction, entre la ligne collateralle & la directe, l'heritier pur & simple donne l'exclusion à l'heritier beneficier; Il y en a d'autre qui d'ailleurs ne soufrent pas qu'un heritier pur & simple qui est en pareil dégré, puisse exclure l'heritier Beneficier. Mais pour reconcilier toutes ces Coûtumes telles qu'elles soient, il faut, selon mon sentiment, emploier dans les Lettres de benefice d'inventaire, soit en ligne directe ou collacteralle, la clause ordinaire qui est, *pourveu qu'aucun ne veüille se porter heritier pur & simple.*

Il y a encore plusieurs personnes outre les pupilles à qui on donne des Tuteurs; car dans la France Coûtumiere on en donne aussi quelquefois aux enfans émancipez, comme quand il s'agit de faire un partage ou licitation, en ce cas on donne un Tuteur à ceux qui sont émancipez à l'éfet seulement du partage, afin qu'il soit fait avec un legitime contraditeur; mais cela n'empêche pas qu'ils ne se puissent pourvoir contre le partage étant dévenus majeurs lors qu'ils sont lésez par icelui.

La même chose est à l'égard de ceux qui ont pere & mere, quand ils ont des droits à contester & défendre contre leur pere & mere, ce qui arive quand leur ayeul les a instituez, ou leur a fait quelque legs contesté par leur pere & mere, auquel cas les enfans étant mineurs, ils ont besoin d'un Tuteur pour intenter action ou défendre contre l'action intentée contre eux par leur pere & mere.

Aprés le Tuteur, c'est le subrogé Tuteur qui est donné aux pupilles, pour être présent & assister à l'inventaire qui est fait par le Tuteur principal des biens de ses mineurs, lequel n'a autre fonction que celle-là, ainsi qu'il a été jugé par Arrêt du 7. Septembre 1604. raporté par Monsieur Loüet, lettre T. nombre 13. & par

Leprêtre , au Recüeil des Arrêts de la cinquiéme Chambre
des Enquêtes du Parlement de Paris, où il eſt dit , que le Tuteur ſubrogé, n'eſt pas tenu d'aucune adminiſtration , ni même de
reliquat de compte dû par le Tuteur, pourveu toutefois qu'il n'y
ait pas de fraude de ſa part , & que l'Inventaire ait été fait en ſa
preſence , encore que dans l'eſpece de cet Arrêt le ſubroge Tuteur, eût été donné par l'acte de Tutelle , non ſeulement par l'inventaire , mais encore pour les actions de partage & redition de
compte que le Mineur pourroit avoir contre ſon Tuteur.

Il faut faire diference entre, les Pupilles de qualités, & ceux qui
ſont roturiers ; car quand ils ſont de qualitez on leur donne de
deux ſortes de Tuteurs ; ſçavoir, des Tuteurs honoraires & des
Tuteurs oneraires , ce que les Pupilles roturiers n'ont pas.

Le Tuteur oneraire, fait la même fonction que celle des Tuteurs qui ſe donnent aux Pupilles roturiers, ils adminiſtrent les
biens de ſes Mineurs, dont il eſt pareillement obligé de rendre
compte,& le Tuteur honoraire , eſt celui qui eſt donné pour veiller à la conduite des Pupilles & pour prendre garde que le Tuteur
oneraire ne faſſe rien contre l'interêt de ceux dont il eſt Tuteur.

Ce ne ſont ordinairement que des perſonnes de qualitez qu'on
nomme pour Tuteur honoraires , parens des Pupilles ; mais pour
Tuteur oneraires, il ſufit que ce ſoit un homme qui ſache les afaires , comme un Avocat, ou un Procureur à qui on donne des apointemens , lequel Tuteur honoraire eſt auſſi reſponſable de la Tutelle , aprés diſcution faite de ceux qui ont adminiſtré.

Celui qui a été nommé Tuteur, peut être contraint d'acepter la
la Tutelle , par ſaiſie & execution de ſes meubles , & même le Juge lui peut auſſi obliger par empriſonnement de ſa perſonne,aten-
du que la Tutelle eſt une charge publique autoriſée par la Loy ;
c'eſt ce qui fait que celui qui a été nommé Tuteur peut être contraint d'acepter la Tutelle.

Il y a trois choſes eſſentielles à obſerver dans la fonction d'un
Tuteur, pour ſe bien aquiter de ſon devoir.

Primò. Il doit pardevant le Juge prêter ſerment d'adminiſtrer
avec ſoin & fidelité les afaires des Pupilles,& même ſelon le Droit
Romain,il eſt obligé de donner caution, ce qui ne s'obſerve pourtant pas dans la France coûtumiere, ſi ce n'eſt en quelques Coûtumes qui le requierent expreſſement.

Secundò. Il eſt obligé de faire faire inventaire fidelle & exat
des biens des Pupilles, & le faire clore dans trois mois, excepté
qu'il n'y ait quelque raiſon , pour laquelle il n'a pû être fait dans

le tems, autrement il feroit condamné aux domages & interêts des Mineurs, c'eſt à-dire, que lors que par ſa negligence il n'a pas fait d'inventaire, il doit être condamné à une ſomme d'argent envers les Pupilles, ſelon qu'il eſt juſtiſté par témoins ou autrement, de la valeur des éfets mobiliaires laiſſez aprés le décez de leur pere & mere.

S'il refuſe d'acepter & adminiſtrer la Tutelle ; le Juge en ce cas doit à la Requête du Procureur du Roi ou Fiſcal, faire ouvrir l'inventaire pour l'intérêt des Pupilles, que le Tuteur entrant par aprés en charges eut recoler ſi bon lui ſemble.

Que ſi on juſtiſie des divertiſſemens, des litirations & ſoûtractions, le Juge aiant bien examiné toutes les circonſtances, il doit en ce cas prendre l'interêt de Mineurs contre le Tuteur, lequel doit être préſumé avoir pris plus qu'il n'eſt juſtiſté, âtendu que ces ſortes de preuves ſont dificiles.

Ce qui ſoufre neanmoins une exception en la perſonne du ſurvivant des pere & mere, lequel n'eſt pas obligé de faire inventaire s'il ne veût, quand il eſt Tuteur de ſes enfans, car ne faiſant pas inventaire, il y a continuation de Communauté, entre les enfans Mineurs & le ſurvivant des pere & mere, ſi bon ſemble aux enfans, ſuivant l'article 240. & autres ſuivans de la Coûtume de Paris, ce qui a lieu pareillement, quoique le ſurvivant ſe remarie.

Tertiò. Il doit faire vendre les biens des Pupilles ſelon la maniere acoûtumées, enſuite il doit païer les détes, & s'il y a des deniers reſtant, il en doit faire emploi, faute de quoi il eſt obligé en ſon nom, de païer l'interét des ſommes qui ſont reſtées entre ſes mains, comme s'il les avoit reçûës, en ſorte que quand les deniers de la vante des meubles du Pupille ne ſufiſent pas pour paier ſe dettes, le Tuteur peut en ce cas vendre, & aliener ſes immeubles pour en parachever le païement.

Par l'article 508. de la Coûtume de Brétagne, l'alienation & ventes des immeubles des Mineurs doit êre faite par avis des parens, & avec l'Ordonnance du Juge, par lequel il ſoit permis de faire l'alienation, autrement la vente ne ſeroit pas valable ; outre plus, que céte Ordonance ne peut être donée par le Juge qu'avec conoiſſance de cauſe, & qu'il n'aparoiſſe qu'il y a tres-grande neceſſité de faire l'alienation.

Si les biens qu'on veut aliener ſont ſituez hors la Juriſdiction du Mineur, l'Ordonance doit être émanées du Juge, du domicile du Pupille qui a diferé la Tutelle, parce que c'eſt à lui a en conoître

toutes les actions & droits qui peuvent s'exercer contre le Tuteur & le Pupille pour raison de l'administration de, la Tutelle qu'il a diferé.

Ainsi, la cause necessaire de l'alienation étant les dettes présentés du Pupille, lesquelles ne se peuvent pas aquiter autrement que par l'alienation de ses immeubles, & le consentement des parens, metent le Tuteur à couvert du dol & de la fraude dont le mineur le pourroit soupçonner quelque jour ; c'est pourquoi j'estime que le Tuteur peut sans crainte faire l'alienation des immeubles de son Mineur, & de ce qui en proviendra, païer avec toute sureté le surplus de ses dettes, & du restant, si restant il y a, en faire emploi au profit de son Mineur.

L'alienation & vente des meubles des Pupilles doit être publiée au Siege de la Jurisdiction où les biens sont situez, & les afiches mises en l'Auditoire, afin de rendre la vente publique, & ensuite on vend la chose, au plus ofrant & dernier encherisseur ; jugé par Arrêt du 9. Avril 1630. raporté par Dufresne, livre 2. chapitre 57. sur l'avis de Monsieur le Procureur General.

Neanmoins pour la sureté de l'aquereur, j'estime que la vente doit être faite par Decret & avec les solemnitez des criées, & suivies de l'adjudication, comme il a été jugé par Arrêt du 24. Avril 1664. raporté dans le second Tome du Journal des Audiances.

Les immeubles des Mineurs ne pouvant pas être vendus sans necessité, il s'ensuit que l'alienation ne peut être valablement faite qu'aprés la discusion de leurs meubles, ainsi qu'il a été jugé par plusieurs Arrêts, tant du Parlement de Paris que des autres.

Les afaires du Pupille doivent être dirigées par le Tuteur seul, & non pas conjointement avec le Pupille, en sorte que le Pupille ne doit pas intervenir dans les actes qui se font concernant l'administration de la Tutelle, soit qu'il faille recevoir une succession, passer quelque obligation, assigner quelqu'un ; ou soit qu'il s'agisse de quelque donation faite par un particulier au Pupille, c'est au Tuteur à l'acepter pour son Pupille, autrement la donation seroit nulle & le Mineur ne pourroit pas se faire relever du défaut d'aception aprés la mort du Tuteur.

Il doit fournir au Pupille toutes les choses necessaires pour son entretien ; avoir soin de son éducation, selon sa qualité & ses facultez, comme aussi generalement faire au nom du Pupille en qualité de Tuteur, tout ce qui se peut faire pour son interêt.

Comme de poursuivre ses debiteurs, maintenir les droits qui

lui apartienent, défendre contre les actions qui font intentées contre lui , en cas qu'elles foient mal fondées, & en un mot faire profiter les deniers provenans des rentes & revenus qui lui ont été païés , finon il en eft refponfable : cependant ce n'eft pas à dire que le Tuteur foit obligé de le faire dés qu'il a reçû les deniers pour fon Pupille , mais il le doit faire quand les interêts ou revenus païés font une fomme confiderable.

Lettret de Benefice d'Inventaire.

LOUIS, &c. A nôtre Prévôt ou Bailif , de tel lieu , ... ou fon Lieutenant , SALUT. Nôtre amé tel .... nous a fait remontrer qu'il eft habile à fucceder à tel ...... neanmoins dans la crainte que fa fucceffion ne lui foit plus onereufe que profitable , il n'ofe fe dire heritier pur & fimple , & défirant l'acepter fous benefice d'Inventaire , il Nous a tres-humblement fait fuplier de vouloir bien lui acorder nos Lettres fur ce neceffaires. A CES CAUSES , voulant favorablement traiter , l'Expofant nous lui avons permis & acordé , permetons & acordons par ces prefentes , de fe dire & nommer heritier fous benefice d'inventaire , dudit défunt tel .... fon pere, ou fon oncle .... & en cette qualité lui apartiendra tous & chacuns fes biens, meubles & immeubles, pourveu toutefois qu'il n'ait fait aucun acte d'heritier pur & fimple, à la charge de faire faire bon & fidel Inventaire, fi fait n'a été , de la valeur duquel il bailiera caution qui fera receu pardevant vous , & que fi aucun fe veut porter heritier pur & fimple dudit défunt, il y fera reçû. CAR tel eft nôtre plafir , Donné à &c.

Par le Confeil ,
Tel....

Nota , que le Benefice d'Inventaire eft donné aux héritiers des Receveurs des Confignations , & à ceux des Fermiers Generaux, & aux autres comptables.

CHAPITRE XL.

De l'Emancipation , ou Benefice d'âge du Mineur , & de la définition de la Tutelle à l'égard du Tuteur.

LEs Loix Civiles nous donent quatre moïens par où la Tutelle finit, eu égard à la perfone du Pupile.

Premierement , par la puberté du Mineur , parce que pour lors il commence d'avoir un Curateur, & il ceffe d'être en Tutelle.

La Puberté par le droit Romain, eft reglée dans les mâles à l'âge de quatorze ans acomplis , & dans les filles à l'âge de douze ans

acomplis ; mais dans la France coûtumiere, il faut avoir vingt-
cinq ans acomplis, excepté en quelques coûtumes particulieres
qui repute les enfans majeurs à vingt ans.

La Coûtume de Paris, par exemple, fait finir la garde Noble
à vingt ans pour les mâles, & quinze ans les filles, la garde Bourgeoise à quatorze ans pour les garçons, à douze ans pour les
filles.

Celle de Senlis requiert douze ans pour les mâles, & seize pour
les filles.

Artois, Amiens & Anjou, veulent de même vingt-ans pour les
mâles & seize pour les filles.

Celle de Sens, ne demande que dix - huit ans aux uns , &
quatorze ans aux autres.

Moulins *idem*, dix-huit & quatorze ans.

Pareil âge dans la Coûtume de Melun.

Tournai dix-huit & quinze ans.

Château-neuf en Themerois, Arras, & Vitri le François ne
demandent que quinze ans pour les garçons, & douze ans pour les
filles.

Troyes tient un enfant hors de garde & de Tutelle à quatorze
ans pour les mâles, & à douze pour les filles.

Orleans *idem*, quatorze & douze ans.

Celle de Boulogne, quinze & seize ans.

Meau fait cesser la Tutelle dés la quatorziéme année pour les
mâles , & la douziéme pour les filles.

Celle de saint Quintin est la même chose.

Toutefois par la Coûtume de Bourge l'émancipation se peut
faire à quelque âge que ce soit, même à sept ans; mais quand
l'âge n'est pas reglé par la Coûtume, on s'en raporte presentement à celle de Paris, suivant la Jurisprudence d'un nouveau Arrêt du 5. Avril 1672. ou bien au droit Romain, dans les Provinces à qui le privilege en a été acordé & confirmé par nos Rois,
comme dans l'Auvergne.

En second lieu, par la mort du Pupile, mais elle ne finit pas
par celle du Tuteur, si ce n'est à son égard ; car le Tuteur étant
mort, les proches parens du mineur procedent à la nomination
d'un autre Tuteur.

En troisiéme lieu, quand le Pupille se marie, car le mariage
émancipe

Et en quatriéme lieu, il peut à dix-huit ou vingt-ans sortir de
tutelle, comme il a été ci-devant dit, en se faisant émanciper

par lettres du Prince prifes en Chancelerie, qu'il faut aprés l'obtention faire enteriner pardevant le Juge ordinaire [des lieux, c'eft-à-dire, du domicile de celui qui eft en tutelle, par l'avis des parens affemblés pour cet éfet pardevant lui, lefquels déclarent que le mineur dont il s'agit eft capable de dériger & gouverner fes biens, s'étant toûjours jufqu'à lors comporté fagement & avec une conduite raifonable.

L'adreffe de fes Lettres ne fe fait jamais à des Cours Superieures, ni à des Juges des privileges, elle fe fait toûjours aux Juges ordinaires des lieux, quelque liticipendances qu'il y ait ailleurs entre les Parties, ou les Lettres pourroient être incidentes.

Le Pupille étant une fois émancipé, il lui eft permis de difpofer de fes meubles, faire les baux de fes inmeubles & en toucher le revenu, mais il ne peut pas vendre, ni hypotequer fes immeubles, efter en jugement, contracter, ni trangiger, touchant lefdits immeubles, s'il n'eft affifté d'un Curateur qui ordinairement lui eft donné en émancipant.

Il y a encore d'autres coûtumes en France, par lefquelles la Tutelle finit felon la difpofition du droit écrit, comme celle de Nivernois, de Montargis & autres, &c.

Elle finit auffi a l'égard du Tuteur par trois manieres. La premiere, eft la mort naturelle ou civile : la deuxiéme eft la caufe legitime par laquelle il auroit été excufé, & la troifiéme eft quand le Tuteur nommé eft dépoüillé de fa fonction, ou parce qu'il feroit fufpect de fraude, ou qu'éfectivement il auroit frauduleufement adminiftré les biens du Pupille.

Il y a encore autre claufe par laquelle la Tutelle finit, fçavoir, par les fecondes nopces de la mere, c'eft la difpofition du droit écrit & l'ufage de la France coûtumiere.

La raifon eft, que les femmes qui fe remarient fe dépoüillent entierement del'afection que les meres doivent avoir pour leurs enfans, & qu'il n'y a rien qu'elles ne faffent à leur préjudice pour l'interêt de leur fecond mari ; mais quoique cete raifon puiffe avoir lieu en la perfonne des Peres qui fe remarient, neanmoins comme il n'y a pas tant de foibleffe dans les hommes que dans les femmes, les Loix Romaines que nous fuivons en ce cas, n'ont pas crû qu'il falut dépoüiller un Pere de la tutelle de fes enfans, en confequence des fecondes nopces qu'il auroit contractées.

Le Tuteur dans la France Coûtumiere peut auſſi être dépoüillés de ſa Charge, s'il eſt ſuſpeƈt, mais cela arive rarement.

L'aƈtion par ou un Tuteur eſt pourſuivit comme ſuſpeƈt, doit être
intentée par les Parens qui conoiſſent les malverſations du Tuteur;
cependant ils ne le peuvent faire qu'en faiſant intervenir le Procureur du Roi où Fiſcal; car comme il s'agit de l'interêt des Pupilles
leſquels ſont ſous la proteƈtion du Roi, & des Seigneurs; c'eſt
pourquoi il faut neceſſairement, que ceux auſquels les interêts du
Roi ou des Seigneurs ſont commis, ſoient joints en cauſe.

Céte aƈtion peut auſſi être intentée par le Procureur du Roi, ou
le Procureur Fiſcal, ſur la dénonciation qui lui eſt faite de la mal-
verſation du Tuteur, ainſi qu'il ſera obſervé dans la pourſuite des
crimes, âtendu que cete aƈtion eſt publique, & par conſequent elle
ſe doit pourſuivre de même que les crimes, par les Procureurs du
Roi ou Fiſcaux, ou par les Parties, avec la jonƈtion deſdits Procureurs.

Lors que le Pupille a procés pour ſes immeubles, il doit ſe faire
aſſiſter de ſon Curateur, ſoit en demandant ou défendant, autrement la procedure qui auroit été faite avec lui ſans Curateur ſeroit
nulle, encore qu'il fut marié, outre plus, que le mari mineur qui
a beſoin d'un Curateur pour être en Juſtice, ne peut pas autoriſer
ſa femme majeure, d'autant qu'il ſeroit lezé par l'indemnité qu'auroit ſa femme contre lui, ainſi le Creancier peut toûjours executer
ſon obligation ſur les meubles, mais dans ce cas où il ne s'agit pas
de l'interêt du mari, le mari peut autoriſer ſa femme.

Si le Tuteur & le Pupille ont procés l'un contre l'autre, le Tuteur
doit faire nommer un Curateur à ſon Pupille par avis de Parens
confirmés par le Juge, à l'éfet ſeulement du procés, & la fonƈtion
de ce Curateur fini quand le procés eſt terminé.

Lettres d'Emancipation, ou Benefice d'âge.

LOUIS, &c. A nôtre Prévôt ou Bailli de … ou ſon Lieutenant, de la
part de nôtre amé tel … fils de feu tel … Nous a été expoſé qu'aiant preſentement âteint l'âge de vingt ans, & s'étant toûjours bien comporté dépuis le decés
dudit feu ſon pere, il eſt capable de joüir des biens qui lui a delaiſſés, s'il Nous
plaiſoit lui acorder nos Lettres ſur ce neceſſaires. A CES CAUSES, voulant favorablement traiter l'Expoſant, Nous vous mandons que ſes parens, tant paternels, que maternels âpeléspardevant vous s'il vous, âpert que ledit tel … ait
âteint l'âge de vingt ans, & qu'il ſoit capable de gouverner ſes biens & revenus, en ce cas du conſentement deſdits parens, permétiés à icelui Expoſant de
joüir deſdits biens, meubles, & du revenu de ſes immeubles, tout ainſi que
s'il étoit en âge de majorité, l'aiant quant à ce habilité & diſpenſé, à la char-

ge neanmoins qu'il ne pourra vendre , aliéner , ni hipotequer ses immeubles , qu'il n'ait ateint l'âge de vingt-cinq ans , à peine de nulité ; Car tel est nôtre plaisir. Donné , &c.　　　Par le Conseil , Tel...

Ces Lettres obtenuës en Chancélerie selon les formes que j'ai préscrit ci-dessus , il faut ensuite presenter Requête au Juge où elles sont adressées afin d'interinement d'icelles.

Requéte pour enterinement de Lettres d'Emancipation ou Benefice d'âge.

A Monsieur le Prévôt , ou Bailli de... &c.

Suplie humblement , B.r..

Disant , qu'il a obtenu des Lettres d'Emancipation , ou de Benefice d'âge , pour avoir l'administration de son bien , lesdites Lettres données à... le tel jour... signées par le Conseil tel... & scelées , de la grace desquelles desirant de jouir , il a récours à Vous.

Ce consideré Monsieur , il Vous plaise permétre au Supliant , de faire ásigner pardevant Vous ses plus proches parens ou amis , pour ensuite de leurs avis enteriner lesdites Lettres & jouir par le Supliant de l'éfet d'icelles , Et vous ferés bien.

Le Juge met au bas de cette Requête, *Soient les Parens & Amis du Supliant ápelés pardevant lui aux fins de ladite Requéte;*ensuite dequoi il faut faire donner assignation aux Parens du Mineur , à comparoir à un tel jour , & à telle heure , pardevant ledit Juge , ou son Lieutenant en son Auditoire , en tel lieu , heure d'Audiance , pour donner leur avis sur l'enterinement des Lettres d'émancipation obtenuës par ledit tel , & en consequence lui être pourvû d'un Curateur , jusqu'à ce qu'il ait ateint l'âge de majorité , &c.

Dans le païs de Droit Ecrit , l'usage est diferent du païs Coûtumier , il n'est point necessaire de Lettres de Chancélerie , on se pourvoit seulement pardevant le Juge , lequel ensuite du consentement du Pere du mineur , ou à son défaut les plus proches parens , sur un procés verbal fait au Greffe , assisté d'un Procureur : l'enfant est tenu pour émancipé.

CHAPITRE XLI.

Des actions que les Mineurs ont contre les Tuteurs , & les Tuteur contre les Mineurs.

L'Administration de la Tutelle produit de deux sortes d'action , tant en faveur du Pupille, que du Tuteur ; sçavoir, l'actions directe & l'action contraire.

La directe est donnée au Pupille contre le Tuteur, pour l'obliger à rendre compte de son administration; car la Tutelle étant finie le Tuteur est responsable par cête action de la perte & du dédomage qu'il auroit pût causer au Pupille par sa faute legere, & selon quelques Docteurs par sa faute tres-legere

La contraire est celle qui est acordée au Tuteur, pour repeter contre son Mineur les dépenses utilement faites pour ses afaires,

Le Pupille n'a hipoteque sur les biens de son Tuteur, pour le reliquat du compte dont-il se trouve redevable à son Mineur, que du jour de l'Acte de Tutelle, & à l'égard du Tuteur il n'a hipoteque sur les biens de son Pupille, que du jour de la cloture de son compte, ainsi qu'il a été jugé par plusieurs Arrêts.

Sur quoi sera noté, que le Mineur ne peut prétendre aucuns interêts contre son Tuteur dépuis la cloture du compte, *nisi ex mora regulari,* en consequence d'une interpellation judiciaire, quand même elle seroit suivie de Sentence, qui les auroit adjugés, au lieu que jusqu'à ce tems-là le Tuteur en est tenu, *ex mora iregulari.*

L'obligation du Tuteur envers son Mineur, est lors que la Tutelle a été déferée à plusieurs, & qu'ils ont tous administré, ils sont tous responsables de l'administration les uns des autres, & même ils peuvent être poursuivis solidairement selon la Loi *Tres, ff. de administr. & periclur,* quand bien l'administration n'auroit été commise qu'a un seul d'entre plusieurs Tuteurs, cela n'empêcheroit pas que ceux qui n'auroient point administré ne soient garends & responsables de son administration & poursuivis solidairement, âtendu qu'ils ont dû prendre garde qu'il n'y ait rien à redire à sa conduite, s'achant que l'evenement en pouroit rétomber sur eux, aïent pû eux mêmes administrer conjointement la Tutelle, sans consentir que l'administration des biens du Pupille ait été commises à un seul, dont-ils ne conoissent pas assés la diligence & l'industrie.

Le Tuteur a quatre moïens, suivant la Loi, pour avoir son indemnité, lors qu'il est poursuivi solidairement; sçavoir, le benefice de division, le benefice d'ordre, la cession de biens & l'action utile, *negotiorum gestorum.*

Le benefice de division est acordé entre plusieurs Tuteurs, qui ont administrés la Tutelle, sans en partager l'administration, enforte que celui qui est poursuivi solidairement pût demander que la poursuite soit divisée & faite contre tous les autres à proportion, comme étant également obligés à l'indemnité du Pupille.

Mais, si l'administration étoit divisée par la volonté du Tuteur, suivant la disposition de la Loi, comme s'il y avoit plusieurs parens plus proches au même degré , en ce cas les Tuteurs ne peuvent être poursuivis que pour raison des biens & des afaires qu'ils auroient separement administrés , de même que leur fidejusseur.

Le benefice d'ordre a lieu , lorsque de plusieurs Tuteurs , l'un a administré , & l'autre non.

Par ce benefice les Tuteurs non garans , doivent demander , que le Pupille soit obligé de discuter celui qui a geré ses cautions , & le Juge subsidiérement , avant qu'ils puissent être poursuivis.

La cession de biens a lieu , quand celui qui a été poursuivi pour les autres par le Pupille, demande qu'il lui fasse cession de ses droits & actions , pour pouvoir poursuivre son Cotuteur insolvable en cas qu'il reviéne dans une meilleure fortune , qui lui permit de le pouvoir indemniser pour la part qu'il auroit païe pour lui.

L'Action utile, *negotiorum gestorum* , est acordée au Tuteur qui a satisfait entierement le Pupille contre ses Co-tuteurs , pour repeter d'eux leur part & portion de ce qu'il a païe pour eux au Pupille.

Les interêts des interêts sont dûs par le Tuteur , de l'épargne du revenu des biens des Mineurs, pour les années où la Tutelle a duré , sans considerer , si ce qui a été reçû par le Mineur provénant des sommes capitales ou des interêts ; ensorte qu'aprés que la Tutelle a cessé , soit par l'âge & émancipation , ou par le mariage , il faut faire le calcul de la recepte & dépense du compte & du reliquat , dont le Tuteur se trouvera redevable , & dont il doit les interêts jusqu'au payement actuël du reliquat, sans toutefois pouvoir prétendre par le Mineur les interêts des interêts qui échoiront dépuis la Tutelle finie.

Deux années de revenus des biens des Mineurs se trouvent oisives entre les mains du Tuteur sufisent pour faire un germe qui produit interêts, à commencer dans six mois du jour que le Tuteur est présumé avoir les deniers entre ses mains.

Neanmoins les interêts aïant une fois produit interêt , ils ne peuvent plus une seconde fois produire interêts les années suivante emporte tout le *finito* d'une année dans la recepte de l'autre indifiniment , mais il faut faire diverses colones, & métre dans l'une les sommes mortes , & les autres les porter dans la recepte de l'année suivante , & à la fin du compte il se fait un *finito* general, tant des sommes qui ont produit interêts qu'autre , & du tout le Tuteur en doit païer l'interêt.

Un Procureur ne peut pas s'adresser à un Tuteur pour ses salaires, aprés qu'il a rendu compte, encore qu'il ait ocupé pour lui en qualité de Tuteur, atendu qu'il a été contraint d'accepter la tutelle & de défendre le Mineur, ainsi l'on ne peut agir contre lui que par voies d'Arrêts & Saisie.   Il

Il n'en est pas de même du Tuteur qui a chargé lui-même le Procureur pour ses mineurs, car il est de son fait de païer ceux qu'il a emploiés.

CHAPITRE XLII.

Des Curateurs.

L'Autorité des Curateurs ne s'étend que sur les biens de ceux qui sont en Curatelle.

Il y a de quatre sortes de persones à qui on dóne des Curateurs; scavoir, les mineurs, quelquefois les majeurs de vingt-cinq ans, & quelquefois les Pupilles & les Posthumes, c'est-à-dire, ceux qui sont encore dans le ventre de leur mere, au tems de la mort du Pere.

Le Curateur ne se dóne au mineur que quand il a âteint l'âge de puberté, & pour lors son Tuteur quite sa fonction, & on élit un Curateur en sa place.

Celui qui a été Tuteur du Pupille dans le païs de Droit Ecrit, ne peut pas être contraint à être son Curateur; mais dans la France coûtumiere on en use autrement, car par la plus grande partie des Coûtumes, la tutelle ne finit, comme il a été ci-devant remarqué, que par l'émancipation du mineur, laquelle se fait ordinairement à dix-huit ou vingt ans.

De plus ceux qui ont fait la fonction de Tuteur, font après l'émancipation celle de Curateur, la Coûtume de Nivernois chapitre 30. article 8. dit, que les Tuteurs demeurent Curateurs, néanmoins il faut que le Tuteur soit nommé par le Juge sur l'avis des Parens pour l'enterinement des Lettres d'émancipation, & s'il y avoit quelque chose à redire à sa conduite, les Parens peuvent nommer un autre Curateur pour les mineurs.

On dóne un Curateur au Pupille de vingt-cinq ans, lors qu'après la mort de son pere ou de sa mere, il se fait émanciper à l'éfet de joüir de ses rentes & revenus, ce qui se fait en vertu de Lettres d'émancipation, âpellées Lettres de benefice d'âge.

Pour l'enterinement de ces Lettres, il faut que celui qui les a obtenuës, fasse assigner en vertu d'icelles, ses plus proches parens, tant paternels que maternels, pour, sur leur avis, enteriner icelles, & nommer un Curateur; de sorte que quand les parens consentent à l'émancipation, le Juge par sa Sentence enterine les Lettres que le mineur a obtenuës, & suivant leurs avis il nomme un d'enti'eux, pour curateur au pupille & done acte de ce que le Curateur nommé a volontairement acepté la charge.

Si le Curateur nommé refufoit d'acepter céte charge, il le faut faire affigner pour fe voir condamner & être contrait de l'acepter. En ce cas, voiés mon Stile general des Huiffiers & Sergens.

Que fi les parens n'étoient pas d'avis de la nomination, le mineur doit être debouté de l'enterinement de fes Lettres, parce que fuivant l'ufage general, l'émancipation ne fe fait que fur l'avis des parens; cependant fi quelques-uns d'entr'eux confentoient à l'enterinement, & que l'autre partie s'y opofaffent, le Juge alors doit ordoner ce que de raifon.

Le Curateur peut autorifer fon Mineur dans deux cas.

Primò. Quand c'eft par la paffation d'un acte, il faut que le Curateur foit prefent au tems qu'il eft paffé, & qu'il foit déclaré qu'il autorife fon mineur pour la validité d'icelui, & lui faire figner l'acte.

Secundò. Quand c'eft une action, fi c'eft le Mineur qui la pourfuit, il faut qu'elle foit intentée à la Requête du Mineur & du Curateur en la qualité qu'il procede.

Lors qu'on veut pourfuivre un Mineur en jugement, il faut faire affigner lui & fon Curateur, afin qu'ils interviennent tous deux dans l'inftance.

Si on pourfuit un Mineur qui n'ait pas de Curateur, il faut demander au Juge qu'il en nomme un d'ofice. *Ad caufas*, pour rendre valable le Jugement qui interviendra, c'eft dans ce cas que le Juge nôme ordinairement un Procureur de fa Jurifdiction pour Curateur.

Le Pupille ne peut point intenter d'action criminelle fans être affifté de fon Curateur, fuivant la Loi *Clarum. C. de autor. & præft.* mais le Pupille à fon égard peut être pourfuivi pour crime fans céte autorité de Curateur, & contre ce qui eft contenu dans la loy, atendu que les jugemens qui interviennent fur des acufations & dans des procés criminels, font fondez fur les charges & informations, recolemens & confrontations, lefquels fe font fans l'affiftance des Tuteurs ou Curateurs, joint d'ailleurs que les actions fe font par autorité du Roi & à la pourfuite de fes Procureurs, & de ceux des Seigneurs.

En matiere Beneficiale le Mineur peut agir fans l'autorité de fon Curateur, tant pour ce qui concerne le poffeffoire, que pour les droits, fruits & revenus des benefices, felon l'article 24. du titre 15. de la nouvele Ordonance de 1667. en forte que fi un Mineur eft condamnés aux dépens en matieres beneficiales, foit qu'il foit affifté d'un Curateur ou non; fi les dépens excedent deux cens livres, il peut être contraint par corps aprés les quatre mois, au paiement d'iceux, suivant l'article 2. du titre 34. de ladite Ordonance.

Monarc sur la Loi 7. *ff. de minor.* remarque un Arrêt du Parlement de Paris du 13. Octobre 1607. qui en pareil cas a condamné un Mineur par corps au païement des dépens.

Le Pupille ne peut pas contracter mariage, sans l'autorité de son Curateur, car sans l'autorité du Curateur le mariage est nul, excepté qu'il ne soit fait par avis de ses plus proches parens, ou que le pere ou la mere n'aient la tutelle ou curatelle de leurs enfans, auquel cas leur consentement sufit.

On ne peut pas ôter à un Pere la qualité de Curateur de son enfant, sans lui faire injure, & qu'il n'y ait des raisons considerables pour cela.

La mere doit être aussi nommée Curatrice de ses enfans, préferablement à toutes autres personnes, & à défaut des pere & mere, l'on nomme ordinairement le plus proche parent mâle, aiant son domicile dans le lieu de la demeure du mineur, à moins qu'il n'y ait de justes causes pour lesquelles les parens en nommeroient un plus éloigné.

Plusieurs Docteurs du Droit François, prétendent que le mari peut être Curateur de sa femme ; & moi j'estime que la femme mariée n'a pas besoin de Curateur, d'autant que son mari a l'administration de ses biens ; elle n'en peut avoir besoin que quand il est question de faire l'alienation de ses immeubles, comme pour âquiter les détes de la succession de ses Pere & Mere, dont elle c'est portée heritiere, en ce cas je conviens qu'à la verité il lui faut faire créer un Curateur autre que son mari pour son interêt, à cause des soustractions que le mari pourroit faire au préjudice de sa femme; car il pourroit suposer des dettes, dont il feroit dans la suite paroître le paiement, lesquelles seroient fausses & suposées, ainsi il absorberoit une grande partie des biens de la succession.

La disposition du Droit Ecrit, est aussi conforme à cet usage, le mari ne peut pas être Curateur de sa femme, quand même elle y doneroit son consentement, la Loy *Maritus* 2. *C. qui dare tut. vel curat. poss.* dit *Maritus & si rubus uxoris suæ debet affectionem, tamen curator ei creari non potest.* La raison qu'en rend la Glose est parce que, *Si male gerat vir, uxor propter affectionem remitteret.*

La raison & le cas, qui a obligé de doner des Curateurs aux Mineurs de vingt-cinq ans, est lors qu'ils sont incapables d'administrer leurs biens, comme s'ils sont furieux, insensez, sourds ou muets, & quand ils sont prodigues ou débauchés ; car alors on leur donne des Curateurs qui ont entierement l'adminiſtration de leurs biens & de leurs afaires, ſans l'autorité deſquels ils ne peuvent rien faire.

C'eſt pourquoi, quand on pourſuit celui qui eſt notoirement inſenſé, il faut demander au Juge qu'il lui ſoit créé un Curateur par avis des parens.

L'interdiction des prodigues ſe pourſuit à la Requête de la femme, des enfans & des autres proches parens heritiers préſomptifs, ainſi qu'il eſt porté par l'article 519. de la Coûtume de Bretagne; neanmoins il arive rarement que la femme pourſuive l'interdiction de ſon mari, il faudroit pour cela qu'il y eut des éfets de prodigalité bien conſiderables, & qu'elle fuſſe âſiſtée des plus proches parens de ſon mari.

Pour parvenir à l'interdiction des prodigues, il faut preſenter Requête au Juge ordinaire du domicile des Parties, tendentes à ſon interdiction.

Requête afin d'interdiction d'un Prodigue débauché.

A Monſieur le Prévôt ou Bailif de . . . . .

Suplie humblement G . . . .

Diſant que quelque ſoin qu'il ait pris, pour donner une bonne éducation à I . , . . . ſon fils, il lui a été impoſſiale de vaincre ſes méchantes inclinations, dont le déreglement eſt devenu ſi grand, qu'il c'eſt enfin abandonné à toutes ſortes de débauches, dans les Caabrets où il s'en yvre, & dans d'autres lieux infames, où il eſt journellement, & pour ſoûtenir ſa dépenſe & ſa prodigalité, il a fait pluſieurs Billets de changes & obligations de ſommes conſiderables qu'il a diſipées, & lors qu'il n'a plus eu de credit dans le monde, il eſt revenu dans la maiſon de ſupliant, ou le tel jour . . . . il a rompu un cabinet & a pris tout l'argent qu'il y a trouvé, & enſuite c'eſt retiré dans un cabaret avec les compagnons de ſa bande, de ſorte que ſi le Supliant ſoufroit la continuation de telle prodigalité il ſe trouveroit dans peu de jours reduit à la mendicité, c'eſt pourquoi il a recours à Vous.

Ce Conſideré, Monſieur, il vous plaiſe permettre au Supliant de faire aſſigner & âſembler pardevant Vous les plus proches parens dudit J . . . . . tant du côté paternel que maternel, pour, ſur leur avis, être procedé à ſon interdiction, & en conſequence que défenſe lui ſeront faite, de contracter, vendre, aliener, ni hypotequer ſes biens, & à toutes perſonnes de paſſer avec lui aucuns actes de quelque nature & qualité qu'elles ſoient à peine de nulité, & de tous dépens domages & interêts, ce faiſant, voir dire & ordoner que ledit I . . . ſera mis en la maiſon de . . . . pour être enfermé dans les lieux de force, pendant tel tems . . . (ou) juſqu'à ce qu'il en ait été autrement ordoné, enſemble que le Supliant ſera nommé, & demeurera Curateur de la perſonne & bien dudit J. . . aux ofres qu'il fait dés à preſent d'en accepter la charge, & d'en faire le Serment requis & acoûtumé, & que la Sentence qui interviendra ſera ſignifiée aux Syndics & Communautés des Notaires de cete Cour, enjoignant à eux d'inſerer le nom dudit J . . . . dans le tableau des interdits , & icelle enfuite publiée , & afichée ou befoin fera , & ferez bien.

Si c'eſt un furieux contre qui on donne la Requéte afin d'inter-diction , ou contre quelque perſonne qui a l'eſprit foible.

Il faut dir, que depuis un tel tems, tel . . . a été dangereuſement malade , dont il lui a reſté une eſpece de fureur ſi violente qu'il ſe veut ſouvent précipiter par la fenêtre de la Chambre où il couche, qu'il veut mettre le feu dans la maiſon, & fait des cris éfroïables , & que dans de certaines intervales , il devient ſi foi-ble , & ſi facile à perſuader qu'il croit tout ce que l'on lui dit, écrit & ſigne ce que l'ont veut ſans aucun diſcernement , en forte qu'il pourroit ſigner des ac-tes qui lui ſeroient préjudiciables , & même des promeſſes ou la vente de ſon bien , & enfuite conclure comme cy-deſſus.

Sur cette Requête le Juge ordone que les plus proches parens du prodigue ou du furieux, feront aſſignés pardevant lui , pour ſur leur avis être procedé à ſon interdiction & lui être pourveu d'un Cura-teur , auquel cas la femme peut avoir la Curatelle de ſon mari ; & pour lors elle n'a pas befoin de l'autorité de ſondit mari pour eſter en jugement, & pour contracter a l'effet de cete curatelle , non plus que pour l'adminiſtration de ſes propres biens , âtendu qu'aïant l'adminiſtration de ſes biens & de ceux de ſon mari par autorité de Juſtice, elle eſt préſumée n'être plus ſous ſa puiſſance , & eſt cenſée être ſufiſament autoriſée par Juſtice, pour ce qui concerne ladite adminiſtration, mais non pas pour aliener ni hypotequer ces biens.

Les parens doivent être oüis par leur bouche, & l'avis pris par le Grefier en la preſence du Juge ; & s'ils refuſent de lui nommer un Curateur, en diſant , qu'il n'eſt pas , un prodigue , ou bien qu'il n'eſt pas hors de ſon bon ſens, le Supliant doit pour ſa ſureté preſenter Requête au Juge de le faire interroger.

Requête pour faire interroger un Prodigue , ou un furieux ſur le refus fait par ſes Parens, de lui nommer un Curateur.

A Monſieur le Prévôt, ou Bailli de tel lieu . . . .

Suplie humblement R.

Diſant, que pour raiſon de la prodigalité ou de la démence de S . . . . . . il vous auroit donné ſa Requête à ce qu'il lui fut permis de faire aſſigner & âſem-bler pardevant vous ſes plus proches parens , tant du côté paternel que mater-nel , pour ſur leur avis être procedé à ſon interdiction , & à la nomination d'un Curateur à ſa perſonne & biens, deſorte qu'en vertu de vôtre Ordonance du tel jour . . . . étant au bas de ladite Requête , le Supliant a fait aſſigner les parens dudit S . . . lefquels aiant enfuite comparu pardevant Vous, & doné leur avis, ils auroient refufés de lui nommer un Curateur, fous pretexte, à ce qu'il difent, qu'il n'eft pas hors de fon bon fens, mais comme tel avis n'eft pas dans les regles & qu'il eft contraire à la verité, c'eft pourquoi il a recours à Vous.

Ce Confideré, Monsieur, il vous plaife Ordonner, que ledit S . . . fera amené pardevant vous le tel jour . . . en vôtre Hôtel, ou de vouloir bien vous tranfporter au domicile dudit S . . . pour être par vous, ou, par tel autre Juge qu'il vous plaira nommer, interrogé & examiné fur les faits & articles de la Requête du Supliant. pour enfuite fans avoir égard à l'avis defdits parens, être procedé à fon interdiction & à la nomination d'un Curateur en la maniere acoûtumée ; Et vous ferez bien.

Le Juge enfuite de céte Requête fe doit tranfporter dans la maifon de celui qui eft prétendu furieux, prodigue, ou infenfé en cas qu'il ne puiffe être amené en fon Hôtel.

L'interrogatoire fe fait au malade fur fon âge, s'il a des enfans, s'il fait en quoi confifte fon bien, quelle eft fa religion, s'il peut avoir foins de fes afaires, s'il veut qu'on lui donne un Confeil, &c.

Il faut que le Grefier écrive l'interrogatoire & les réponfes de la maniere que le malade le veut dire, & exprimer, fes geftes, fon action, s'il rit ou s'il pleure, en forte que par la lecture de céte interrogatoire le Juge puiffe conoître l'état de fon efprit.

Les Prodigues ne font reputez tels que quand ils ont été ainfi déclarés par le Juge, & qu'il leur a été pourvû de Curateur ; c'eft pourquoi lors que l'on veut intenter quelque action contre un prodigue, perfone ne peut demander qu'il lui foit nommé un Curateur, s'il n'eft notoirement conu par tel.

Ce qui fait qu'il y a une diferance notable, entre le furieux & le prodigue.

Toutes les actes qui ont été faites par un prodigue avant fon interdiction, enfemble tous les Jugemens qui ont été rendus contre lui non fufpects de fraude, font valable, c'eft la difpofition de la coûtume de Brétagne, article 519.

Il n'en eft pas de même à l'égard du furieux, lequel eft notoirement tel, car il eft interdit de plain droit, & ceux qui ont quelques interêts contre lui, comme les préfomptifs heritiers, font recevable à demander de faire preuve de la notorieté publique.

Les affignations qui fe donent aux prodigues & aux furieux, doivent être données à leur Curateur, âtendu que le prodigue & le furieux, en ce cas font comparez aux pupilles, mais le Curateur aux caufes feules n'eft pas capables de recevoir une affignation, elle doit être donée au mineur, d'autant que le Curateur n'eft neceffaire que pour autorifer le mineur pour agir en juftice, & non pour l'adminiftration de fes biens.

La Curatelle du Prodigue & du Furieux finit par Sentence du Juge, ce qui ne se doit faire neanmoins qu'avec conoissance de cause.

Sçavoir, pour ce qui est du Prodigue, quand on réconoît qu'il a changé de vie, & qu'il c'est toûjours gouverné pendant son interdiction avec une grande moderation ; mais il ârive rarément qu'on leve l'interdiction d'un prodigue, si ce n'est par avis de Parens, lesquels aïant interét à ce que l'interdiction subsiste, ne donnent pas le plus souvent leur consentement.

Le furieux qui est rentré dans son bon sens peut lui même poursuivre la levée de son interdiction, sur tout quand c'est du consentement des Parens, par l'avis desquels il a été interdit, mais si c'est contre leur volonté, il faut qu'il fasse ordoner contre eux, & en ce cas les Parens sont reçus à justifier par témoins dignes de foi, des extravagances qu'il auroit fait dépuis peu, ensorte qu'il ne sufiroit pas qu'il eût quelque bons intervales de bon sens, pour faire lever son interdiction, & faire cesser sa Curatelle ; car il faut qu'il soit entierement revenu de son égarement, ce qui ârive lors que la privation du bon sens est prouvés par quelque cause dont il auroit perdu la memoire avec le tems, comme quand ce malheur ârive par le déplaisir d'un procés, ou autrement.

Les Sentences d'interdiction des prodigues & des furieux doivent être publiées suivant les Arrêts de la Cour, dans les Jurisdictions où elles sont renduës, & dans les Marchés & Carefours, à son de Trompe & Cris public, pour empêcher qu'aucun ne contracte avec eux, & le nom de l'interdit doit être écrit dans un Tableau, qui doit être mis aux Etudes des Notaires, autrement telle Sentence d'interdiction ne seroit pas publique.

Il y a certain cas où une persone peut demander soi même son interdiction, & se faire nommer un Curateur, comme par exemple, quand une persone est âteint de vieillesse & infirmités, il peut pour lors dóner sa Requête au Juge.

Requête pour demander soi-même son interdiction.

A Monsieur le Prêvôt ou Bailli de...

Suplie Sumblement F....
Disant, qu'à cause de sa vieillesse, infirmités & de la foiblesse de sa veuë, il lui est imposible de vâquer lui même à la poursuite de ses âfaires, & recevoir ses revenus, ce qui l'oblige de se confier à plusieurs persones qui peuvent le tromper & lui faire signer des promesses au lieu de quitance, & comme telle

surprife lui feroit un préjudice confiderable, il a récours à Vous, pour y être pourvû.

Ce confideré, Monsieur, il vous plaife dóner Acte au Supliant de fa déclaration qu'il ne veut paffer aucuns contrats, ni quittances & autres Actes de quelque qualité qu'ils foient, que pardevant Q... Notaire en la prefence de O.. Avocat ou Procureur en la Cour, qu'il accepte dés à prefent pour Curateur de fa perfonne & biens, & en confequence ordonner, que toutes les Actes qui fe trouveront faites par lui pardevant d'autres Notaires, ou en l'abfence dudit O... fon Curateur, feront déclarés nuls, à l'éfet de quoi, que la Sentence qui interviendra fur la prefente Requête, fera fignifiée aux Sindics & Communauté des Notaires, pour être le nom du Supliant inferé dans le Tableaux des interdits, & vous ferés bien.

On dóne pareillement des Curateurs aux Poftumes, lors qu'une femme eft enceinte au tems de la mort de fon Mari, & pour cela il faut faire âpeller les Perens du défunt pardevant le Juge ordinaire, pour être par lui, fuivant leurs fufrages élû & créé un Curateur au ventre de la veuve, pour pourfuivre, intenter, foûtenir & défendre les droits & actions qui peuvent âpartenir à l'enfant, dont on efpere la naiffance, & faire faire inventaire dés qu'il eft créé dans céte charge, comme, par exemple, fi le défunt à laiffé un Fief, le Curateur au ventre doit demander foûfrance au Seigneur pour le ventre.

La Curatelle des Poftumes ceffe dés que le Poftumes eft né, & pour lors il faut lui créer un Tuteur, & ce Tuteur, peut demander la redicton de compte au Curateur au ventre, au cas qu'il ait geré & adminiftré.

Les Pere & Mere qui ont des enfans mineurs de l'un ou de l'autre fexe, dont-ils n'ont pas eu foin de coriger les défauts, pour empécher que leur inclination ne deviéne tout-à-fait méchante, peuvent auffi les faire renfermer dans des lieux de force, jufqu'à ce qu'ils foient majeurs, fans avis de Parens, en vertu de la permiffion que le Juge done fur une fimple Requéte qu'on lui prefente.

Requefte pour faire enfermer un Mineur par forme de correction.

A Monfieur le Prévôt ou Baillif de tel lieu....

Suplie humblement V....

Difant, que X.... fon fils âgé de.. ans, au lieu de continuër fes études, les a quitiées à la folicitation de jeunes gens de fon âge, & a perdu au jeu l'argent que le fupliant lui avoit dóné pour païer fa penfion, a vendu fes Livres & quelque hardes qu'il a prifes dans la maifon du fupliant, & comme cete débauche pourroit avoir des fuites dangereufes, c'eft pourquoi il a récours à Vous, pour y être pourvû.

Ce

Ce confideré, Monsieur, il Vous plaife, permétre au Supliant de métre & rétenir X... fon fils dans la maifon de ... où il fera enfermé par formé de corection Paternelle, Et vous ferés bien.

L'Ordonance du Juge au bas de céte Requéte doit être conforme
aux Conclufions ; néanmoins fi le Mineur âprochoit de fa majorité,
& que fon Pere & fa Mere fuffent morts, il faudroit faire affembler
les Parens, de peur que la permiffion qui eft demandée de le faire renfermer, ne foit plûtôt pour empêcher un compte de Tutelle
au furvivant, que dans l'efprit de la corection.

Il y a encore huit autre cas, efquels on done aufi des Curateurs.

Le premier, quand un debiteur a fait abandonement de biens à
fes Créanciers, en ce cas les Créanciers font en droit de faire créer
un Curateur, contre lequel ceux qui prétendent quelques droits
contre le debiteur intentent leur actions, & le Curateur fe défend
contre les actions intentées contre lui, comme étant au lieu du debiteur.

Le deuxiéme, eft quant au bien de confifqués par un Seigneur,
il eft élû un Curateur, contre lequel les Créanciers peuvent faire leur pourfuite ; car celui qui dont les biens font confifqués,
n'eft pas capable de fe défendre en Juftice, quoi qu'il n'ait été condamné qu'à mort civile, comme étant incapable des éfets civils,
& les faifies & criées des heritages confifqués font faites fur le Curateur.

Le troifiéme, eft quand on crée un Curateur aux biens vacans,
c'eft à dire, aux biens délaiffés par un défunt fans heritiers âparens,
contre lequel fe font toutes les pourfuites, au nom duquel on pourfuit le debiteur de la fuceffion.

Le quatriéme eft lors qu'un Curateur eft créé aux biens déguer-
pis à caufe des charges réelles, comme Cens, Rentes foncieres &
autres dont-ils font chargés, fuivant l'Article 101. de la Coûtume
de Paris.

Le cinquéme, eft lors qu'on crée un Curateur aux biens délaiffés & abandonés par le poffeffeur pour les hipoteques de fon vendeur, dont-il n'a pas eut conoiffance au jour de la vente, felon le
même Article 101. de ladite Coûtume de Paris.

Le fixiéme, eft, quand un mari eft abfent, & qu'on ignore le lieu
de fa demeure, enforte qu'il n'y ait pas lieu d'efperer qu'il réviéne,
& que la femme demande feparation de bien, il faut pour lors
qu'elle lui faffe créer un Curateur, à l'éfet de pourfuivre la feparation & avoir la joüiffance & l'adminiftration de fes biens.

Tome I.   Y

Le septiéme, est quand un debiteur est absent & qu'un Créancier veut faire saisir ses immeubles réellement; en ce cas il faut lui faire créer un Curateur pour proceder valablement à l'adjudication des choses saisies, pour à quoi parvenir, il faut presenter Requête au Juge, pour avoir permission d'informer de l'absence.

Requête pour informer de l'absence d'un debiteur.

A Monsieur le Prévôt ou Baillif de tel lieu, &c...

Suplie humblement A...

Disant qu'il est Créancier de N.... de la somme de... pour les causes portées par tel Contrat ou Obligation, passée pardevant Z.... Notaire, où en quoi il a été envers lui condamné par Sentence de Monsieur le Baillif de... du tel jour... faute de païement, de laquelle somme il auroit fait proceder par voie de saisie réelle & établissement de Commissaire & criées des maisons & héritages dudit N.... seize à... Et comme ledit Supliant esperoit de continuër ses poursuites, il a eu avis de l'absence de N..... (exposer le fait) c'est pourquoi il a récours à Vous, pour pour y être pourvû.

Ce consideré, MONSIEUR, il vous plaise, permétre au Supliant de faire informer pardevant Vous, de l'absence dudit N... âtendu icelle il sera créé un Curateur pour la validité des poursuites, que ledit Supliant entant faire, jusqu'à fin de païement de son dû, & vous ferés bien.

Au Châtelet de Paris, l'information se fait pardevant un Commissaire du Châtelet, que Mr. le Lieutenant Civil nomme par l'Ordonnance qu'il met au bas de la Requête, lequel ensuite délivre son Ordonnance pour âsigner les Témoins, mais dans les autres Jurisdictions où il n'y a pas de Commissaires, l'information se fait pardevant le Juge du domicille des Parties.

Si les Témoins ne comparoissent pas à l'âsignation qui leur a été donée, le Juge ou Commissaire done défaut, par vertu duquel iteratif commandement leur doit être fait, & s'ils ne comparent pas, il délivre un second défaut, portant les Parties renvoiées pardevant le Juge, mais si les Témoins ont déposés, il procede à l'information; & icelle faite, elle doit être communiquée à Mr. le Procureur du Roi ou Fiscal, lequel baille ses conclusions, & par icelle consent, âtendu l'absence qu'il soit créé un Curateur.

Cela fait le Juge rend sa Sentence, portant création de Curateur, contre lequel le créancier peut intenter & diriger ses actions, lui faire doner assignation pour voir déclarer executoires les obligations ou Sentences obtenuës contre l'absent & proceder contre le Curateur de même qu'il feroit contre son debiteur s'il étoit present.

Le huitiéme & dernier cas, est lors qu'on done un Tuteur au Cadavre ou à l'homme mort, pour le défendre quand il est acusé de s'être défait lui même.

L'Article 2 du Titre 22. de l'Ordonance Criminelle porte, *le Juge nomera d'ofice un Curateur au Cadavre du défunt, s'il est encore extant, sinon à sa memoire.*

Lesquels Curateurs sont tous obligés de faire serment, lequel doit être prété pardevant le Juge du lieu ; cependant aux Requête du Palais & au Parlement, le serment est reçû pardevant le Grefier.

CHAPITRE XLIII.

Des causes ou excuses legitimes pour se faire décharger de la Tutelle ou Curatelle.

IL y a plusieurs causes par où le Tuteur élû par les Parens, ou nommé par le Juge ; se peut faire décharger de la Tutelle & Curatelle.

La premiere est le nombre des enfans, & l'usage de toute la France est, qu'il faut avoir cinq enfans vivans, soit qu'ils soient mariés, ou non mariés.

Les Bourgeois de Paris ne s'en peuvent pas même exemter, que par ce nombre d'enfans, ne joüissant pas en cela du Privilege des Citoiens Romains, lesquels se déchargeoint des Tutelles & Curatelles par le nombre de trois enfans.

Les petits enfans, soit du fils ou de la fille, ne sont comptés que pour un, comme representant leur Pere, ainsi l'on ne suit pas en ce cas le Droit Romain, par lequel les petits enfans nés d'une fille ne servoient pas à leur Pere pour l'excuser de la Tutelle, parce ce qu'ils n'étoient pas dans la famille de leur Ayeul maternel.

Mais, d'autant qu'en France les petits enfans ne chargent pas moins les Aeyuls Maternels que les Paternels, étant les uns & les autres obligés d'en avoir soin au cas du decés des pere & mere des petits enfans, & de leur fournir des alimens, suposé que leur pere & mere ne soit pas dans la puissance de le faire ; c'est pourquoi les petits enfans ne sont comptés que pour une Tête, à l'éfet de décharger leur Ayeul maternel de la Tutelle qui leur a été deferée.

Les enfans qui sont entrés dans des Communautés, & qui ont fait Profession, n'étant plus à charge à leur Pere, ils ne lui fournissent pas de causes pour s'exemter de la Tutelle ou Curatelle dont il auroit été chargé.

Il n'en eft pas de même à l'égard des filles qui font en Religion, il ya plus de dificultés à caufe qu'elles en peuvent fortir & être obligées de fe rétirer chez leur Pere; car fupofé que le Convent fut ruïné, leur Pere eft obligé de leur fournir un autre dot; c'eft ce qui a fait acroire à quelques Docteurs, comme par exemple, à M. Potier, fur l'Article 180. de la Coûtume de Bourbonnois, qu'un Pere peut compter les filles qu'il a en Religion, pour s'excufer d'une Tutelle ou d'une Curatelle.

La deuxiéme caufe qui exempte des Tutelles & des Curatelles, eft l'interêt public.

Premiere^ment ceux qui maniét les deniers publics ou ceux du Prince, enforte que tant que dure l'aminiftration, elle fournit une excufe legitime pour tous autres emplois, qui pouroient y être contraire.

En fecond lieu, ceux qui font abfens pour le fervice public, peuvent s'excufer, tant que dure leur abfence; cependant s ils ont été nommés avant leur depart, ils doivent réprendre leur fonction dés qu'ils font de rétour, mais quand ils font nommés, pendant leur abfence, ils ont un an entier à compter dépuis leur rétour, pour faire la fonction de Tuteur ou Curateur.

C'eft une faveur particuliere que la Loi done à ceux qui font abfents pour les afaires publiques; ce que ceux qui font abfents pour d'autres raifons n'ont pas; car après leur nomination ils ne peuvent pas s'excufer en confequence de leur abfence, au contraire ils font obligés pendant leur abfence de faire adminiftrer les afaires des Pupilles par d'autres, du fait defquels ils font refponfables.

Or il s'enfuit, que dés qu'ils font de rétour, ils font obligés de prendre eux mémes l'adminiftration, néanmoins il faut ici obferver en paffant, qu'on ne nomme pas ordinairement un abfent pour Tuteur, à moins que fon abfence ne foit de peu de durées, autrement ont nommeroit un autre Tuteur, dont la fonction ne finiroit pas par le rétour de celui qui auroit été nommé s'il n'eût point été abfent, âtendu qu'on ne nomme pas un Tuteur fous condition pour un certain tems, il faut que la chofe foit fixe & folide.

En troifiéme lieu, ceux qui ont des charges dans les Cours Souveraines, ou quelques Ofices qui ait privilege d'exemter de la Tutelle & Curatelle.

En quatriéme lieu, ceux qui font regent profeffent publiquement la Rétorique, la Granmaires, & la Medecine dans des Univerfités fameufes, mais quant aux Docteurs en Medecine, il n'y a que ceux de la Faculté de Paris qui joüiffent de ce Privilége.

La troifiéme caufe eft, l'incapacité de pouvoir exercer la Tutelle qui fe rencontre.

Premierement, en la perſone de celui qui eſt déja chargé de trois tutelles, voire d'une ſeule, ſi elle eſt grande & dificile, & & qu'il n'a pas récherchées, car il ſe peut excuſer de la quatriéme.

En ſecond lieu, dans la perſonne de celui lequel eſt acablés de pauvreté & d'indigence.

En troiſiéme lieu, en la perſone de celui qui eſt malade d'une maladie incurable, & qui le rend incapables d'agir, & même d'avoir ſoins de ſes propres afaires.

Toutefois le Tuteur nomé ne ſeroit pas déchargé de la tutelle, au cas que celui qui ſeroit excuſé par une maladie incurable fut revenu enſuite; mais ſi le Tuteur venoit à mourir, le Tuteur qui ſeroit excuſé, pourroit être nomé pour la ſeconde fois, & pour lors, il ſeroit obligé d'acepter la nomination, d'autant que dés que la maladie ceſſe, l'excuſe ceſſe auſſi.

En quatriéme lieu, quand la tutelle ou curatelle eſt de grande importance, & que la perſone qui a été nommée ne ſache lire ni écrire.

Le Droit Romain ajoûte une limitation à cette cauſe, qui cependant n'eſt pas ſuivie en France, qui eſt, que quand celui qui ne ſçait ni lire ni écrire, eſt experimenté dans les afaires, il eſt contraint d'acepter la tutelle, au cas que cette experience puiſſe ſupléer à ce défaut

En cinquiéme lieu, en la perſonne de ceux qui ſont mineurs de vingt-cinq ans ou âgées de ſoixante & dix ans.

La ſixiéme cauſe, eſt l'opinion qu'on a que celui qui eſt nommé Tuteur adminiſtre mal, ou avec negligence, la charge qui lui eſt donée, & cet opinion, eſt fondée ſur les cauſes ſuivantes.

Premierement, ſur le procez que le Tuteur a avec ſon pupille touchant une ſucceſſion, ou pour des afaires de conſequence, c'eſt au Juge d'en juger ſuivant les circonſtances; comme, par exemple, ſi le pere des pupilles avoit laiſſé un procez contre celui qui a été nommé tuteur touchant ſa qualité, aiant prétendu qu'il étoit Roturier, ou qu'il n'étoit pas legitime, il ſeroit en ce cas tres-dangereux de lui cometre l'adminiſtration des biens des pupilles, ſelon mon ſens, il y auroit lieu de craindre qu'il ne ſe vengeat ſur les enfans l'injure qui lui auroit été faite par le pere,

En ſecond lieu, ſur les inimitiez capitales que le Tuteur & le Pere des pupilles auroient eu enſemble, l'un pour l'autre, ſans qu'ils ſe fuſſent reconciliez avant la mort du pere.

En troiſiéme & dernier lieu, en la perſone de ceux qui ſont Prêtres ou Beneficiers; atachés au ſervice Divin, car l'Egliſe ne veut pas que des Ecléfiaftiques puiffe être contrains d'acepter des charges publiques ; néanmoins cela fe peut faire , exceptez les Evêques à caufe de l'ocupation de leur Diocefes , qui ne leur permet pas de prendre d'autres foins.

La femme ne peut point être contrainte d'acepter la tutelle de fon enfant, quoi qu'on ne la puiffe pas ôter à la mere au cas qu'elle la veüille prendre.

La raifon eft, que la tutelle eft une charge virille qui n'eft acordée aux femmes que par une grace particuliere , à laquelle par conféquent elle peut renoncer, fans qu'elle foit obligée de déclarer la caufe pour laquelle elle veut s'excufer de la tutelle à laquelle elle a été nommée.

Le beau-pere peut être contraint d'acepter la tutelle de fa femme du premier lit ; car c'eft une charge à laquelle il fuccede au lieu & place de fa femme , & tout fon bien & celui de fa femme eft affecté & oblige envers le mineur.

Si celui qui a été nommé tuteur a été reputé le plus propre pour l'adminiftration de la tutelle & que fa nomination ait été confirmée par le Juge , il n'a en ce cas aucun fujet de fe plaindre, en forte , que quoi qu'on nomme ordinairement pour tuteur ou curateur le plus proche parent , néanmoins les parens , fuivant mon fentiment, peuvent s'écarter de cet ufage & nommer celui d'entr'eux qu'ils jugeront le plus capable.

Il eft auffi certain que le plus proche parent qui n'a pas été nommé tuteur, ne fe peut pas pourvoir contre la nomination ; car bien loin qu'il ait receu quelque injure, c'eft un avantage qu'on lui fait de ne l'avoir pas nommé à une charge onereufe que chacun évite autant qu'il peut , ainfi s'il s'emplaignoit , il deviendroit fufpect, il n'y a que le furvivant des pere & mere qui pût fe plaindre avec raifon lors qu'il n'eft pas nommé à la tutelle de fon enfant, vû qu'elle lui apartient de droit.

Les pere & les mere fuivant l'ufage ordinaire, doivent être nommez à la tutelle comme les autres, parce qu'il y pourroit y avoir des raifons pour lefquelles les parens n'auroient pas voulu les nommer ; cependant ils doivent être préferez à tous autres lors que de gré ils veulent bien l'acepter.

Néanmons fi le furvivant des Pere & Mere étoit mineur lors du décez du premier mourant, il ne peut pas avoir la tutelle de fes enfans , il faut que le Juge en nomme un autre par avis de parens, jufqu'à ce que le furvivant de fefdits Pere & Mere ait acompli l'âge de vingt-cinq ans, & par fe moien le furvivant prend la tutelle dés qu'il eſt paruenu à ſa majorité, ſans qu'il ſoit beſoin d'une ſeconde nomination.

Il faut dire auſſi, que ſi un autre tuteur étoit donné, parce que le ſurvivant des pere & mere ſeroit mineur, & qu'il n'en fut pas fait mention par la nomination faite par le Juge, il faudroit en ce cas proceder à la nomination du ſurvivant à la tutelle de ſes enfans par avis de parens, la raiſon eſt que les pere & mere ne ſont pas âpelez ſimplement à la tutelle de leurs enfans par la diſpoſition de nos coûtumes, mais il faut que ce ſoit par l'autorité du Juge qu'elle leur ſoit donnée.

On peut nommer un parent à la tutelle, quoi qu'il ne ſoit pas preſent à la nomination, car il ſufit que les plus proches parens aient jugé quelqu'un des parens deſdits mineurs plus capable qu'un autre d'exercer la charge de tuteur deſdits mineurs, pour obliger celui qui a été nommé d'acepter cette charge, à moins qu'il n'eut d'ailleurs une excuſe ſuffiſante pour s'en exemter.

Il ſe voit par l'autentique, *Minoris. C. qui dat.* qui toutefois n'eſt pas obſervée en France, qu'on ne peut pas nommer pour tuteur celui qui eſt le débiteur, ou le créancier des mineurs ; mais celui qui eſt nommé tuteur aux pupilles, d'où il ſe prétent creancier, doit déclarer ce qu'il prétent lui être deub avant que d'acepter la tutelle, & de faire l'inventaire, autrement il pourroit ſe mettre au hazard de perdre ſa déte par la préſomption qu'il pouvoit y avoir, qu'il auroit ſoûtrait les quitances de paiement, ſupoſé qu'il y eut des conjectures qui fiſſent préſumer le païement & la ſoûtraction des quitances.

Il eſt permis à celui qui a excuſe valable pour ſe décharger de la tutelle à laquelle il a été nommé de ſe porter pour âpelant de ſa nomination, ſans néanmoins être obligé de propoſer ſes excuſes devant le Juge qui l'a nommé, cependant il peut les propoſer s'il veût ; & ſi le Juge n'y a pas égard, il peut en âpeler, ce qui s'obſerve dans la France coûtumiere ; mais l'uſage du Droit Écrit eſt contraire, ſuivant lequel on eſt pas recevable à l'apel, excepté que les cauſes n'aient été propoſées devant le Jugé de la nomination, & par lui rejetées, conformement à la diſpoſition du Droit.

La pourſuite que fait le Tuteur pour ſa déchargé de la tutelle aprés qu'il a été nommé, n'empêche pas que pendant la pourſuite, il ne ſoit tenu d'adminiſtrer & recevoir les revenus des mineurs, à peine de tous dépens, domages & interêts deſd. mineurs, ce qui a même lieu, quoi que la Sentence de nomination de la tutelle ait été donée par défaut, de ſorte que quoique dans la ſuite il fut déchargé de la tutelle, cela n'empêcheroit pas qu'il ne foit tenu des domages & interêts des mineurs, atendu que leur afaire n'a pas dû être abandoné, & qu'en ce cas l'âpel ne fufpend pas l'execution de la Sentence de nomination de tutelle.

Celui qui s'eft fait décharger de la tutelle par Sentence du Juge, eft refponfable en vers les pupilles de la mauvaife adminiftration de la tutelle faite par celui qui a été nommé en fa place, au cas que par Arrêt la Sentence ait été confirmée & qu'il ait été contraint de prendre la tutelle.

Néanmoins il a été jugé au contraire en la quatriéme Chambre des Enquêtes du Parlement de Paris, par Arrêt du 30. Aouft 1672. raporté dans le Journal du Palais, l'Arrêt eft fondé fur ce qu'en France les tutelles font datives, & ainfi comme c'eft au Juge à nommer les tuteurs, c'eft aufli à lui à décharger ceux qui font élûs par les parens, quand les caufes lui aparoiffent raifonables.

CHAPITRE XLIV.

De la diférence des biens en general.

LEs biens peuvent être confiderés par quatre fortes de maniere, la premiere, par la qualité de ceux qui les poffedent; la feconde, par leur propre nature; la troifiéme, par la maniere en laquelle ils font tenus; & la quatriéme par la maniere par laquelle ils nous font avenus, & qu'ils nous apartienent.

Les confiderant par la qualité de ceux qui les poffedent, les biens apartienent ou à l'Eglife, & font confacrez à Dieu, ou au public, c'eft-à-dire, au Roi, ou aux Corps & Comunautez, ou aux Particuliers.

Les regardans par leur propre nature, & ce qu'ils font en eux mêmes, ils font corporels & incorporels, c'eft-à-dire, que les corporels font meubles, & les incorporels, immeubles; les meubles ce font ceux qui fe peuvent toucher & qui font perceptibles par les fens, comme une maifon, un cheval, des marchandifes, &c.

Les incorporels font ceux qui ne fe peuvent toucher, qui ne confiftent qu'en droits, & ne fe perçoivent que par l'entendement, & non par les fens, comme une promeffe ou obligation, un ofice, un droit de fervitudes, ou les chofes fur lefquelles on a droit de fervitude.

Cependant ce que l'on touche n'eft pas ce que l'on poffede; on
touche

touche du papier ou du parchemin , & ce que l'on poſſede eſt le droit d'exiger, ce qui eſt deû par les obligations ,de faire les fonctions d'un ofice, ou de joüir & ſe ſervir des choſes ſur leſquelles on a droit de ſervitudes, qui ſont toutes choſes incorporeles qui ne ſe perçoivent que par l'entendement.

Si nous les conſiderons par la maniere en laquelle ils ſont tenus , ils ſe diviſent en heritages tenus en cenſives & rotures, ou en fiefs , ou franc-âleû.

Le fief eſt tout ce qui eſt tenu d'un Seigneur en foi & homage , & à la charge de certain droits en cas de mutation, ſuivant la coûtume du lieu où le fief eſt aſſis, ou ſuivant le titre de la conceſſion.

Toutefois , toutes ſortes de choſes ne peuvent pas être tenuës en fief, il n'y a que les terres & heritages, ou les droits qui ſe prenent ſur des heritages , comme des cenſives, des champars, des vignes & des dixmes infeodées.

Les Juſtices ſont pareillement tenuës en fiefs , comme auſſi certains ofices , mais en petit nombre,

Les rotures ſont les heritages tenus en cenſives , chargés par chacun an de quelque redevance en argent , en grain , ou autres eſpeces envers le Seigneur duquel il eſt tenu , & qui lui eſt païé en reconoiſſance de ſa Seigneurie directe , ſur les heritages qu'il n'a baillé qu'à la charge de céte redevance.

Le franc-aleu eſt un heritage franc de tous droits & devoirs Seigneuriaux , & qui ne reconoît autre Seigneur que le Roi.

Les conſiderant auſi par la maniere par laquelle ils nous ſont avenus & nous apartienent , ce ſont biens qui ont été par nous aquits , ou qui nous vienent de ſucceſſions.

Ceux qui ont été par nous aquis , ont été aquis par nous ſeuls, ou pendant nôtre mariage , c'eſt pourquoi ils ſe diviſent en propres, aquets & conquêts , ainſi qu'il ſera expliqué ci-aprés.

CHAPITRE XLV.

Des biens apartenans à l'Egliſe.

NOus âpelons biens de l'Egliſe toutes les choſes qui ſont conſacrées & dediées à Dieu par des conſecrations ſolemneles faites par les Evêques , ou par ceux qui ſont par eux commis pour cet éfet.

Comme ſont les Temples ou Egliſes , les Chapelles , les Autels,

Tome I. Z

les Cemetieres où reposent les corps des fidéles, le Reliques, les Vases Sacrez, & les Ornemens qui servent à la celebration du Service Divin.

Suivant les Canons & saint Conciles, les Vases Sacrez & Ornemens de l'Eglise servans au Service Divin, ne peuvent être vendus, alienés, engagés, ni hipotequés, & quiconque les dérobe s'ils sont meubles, comme un calisse ou autre choses semblables, les prophane, ou s'en emparé violamment, est coupable du crime de sacrilege.

Néanmoins il a été Jugé par un Arrêt raporté par Papon en son recüeil Livre 1. titre 1. Arrest 8. où il se voit qu'un Religieux aiant baillé à sa sœur un Calice d'or en gage pour cent écus qu'il avoit emprunté d'elle, étant dépuis décedé sans l'avoir retiré, il a été jugé, toutes les Chambres assemblées, que l'Abé succedant à la dépoüille, & céte morte de ce Religieux, on ne pouvoit pas contraindre céte sœur à rendre se calice, qu'en lui rendant les cent écus pour lesquels il étoit engagé.

Et de fait nous voïons tous les jours qu'on dóne & legue par testament des calices & autres ornemens, bien que consacrez, c'est ce qui fait que ceux à qui ils apartienent, les vendent & les changent sans crainte chez les Orfévres, & tout cela se soufre, & est autorisé en Justice, parce que c'est la matiere qui se vend & qui se done, & non pas le calice entant qu'il est consacré; car quiconque le vendroit entant que consacré, commet un sacrilege.

Il faut dire aussi, que quand il se commet dans une Eglise un meurtre, ou quelque violence jusqu'à éfusion de sang, ou un adultaire, celui qui commet l'un ou l'autre de ces actes doit être puni de mort, ce qui ne seroit pas s'il avoit commis se crime ailleurs que dans un lieu sacré.

Les terres, heritages, & maisons qui âpartienent à l'Eglise ne sont pas apelées ni mises au rang des choses sacrées, âtendu que ce ne sont que des choses âpelées purement prophanés, car il n'y a pas d'aparence de dire, qu'une terre, qu'un pré, ou une maison qui se loüe ou s'aferme à des particuliers, soit une chose sacrée, mais elle participent seulement au privilege des choses sacrées, à cause que le revenu qui en provient est destiné à l'entretenement du Service Divin, & à la nourriture des Prêtres, & autres Ministres qui sont emploiés à l'Eglise.

Le Privilege des biens Ecléfiastiques, est qu'ils ne peuvent être vendus ni alienez, s'il n'y a necessité pressante ou utilité manifeste, & aparente, si bien que pour la validité de l'alienation, il faut que céte necefité ou utilité foit juftifiée, & pour cela l'alienation doit être faite avec les formalitez prefcrites par le Droit & par l'Ordonance.

Ces formalités font la permifion du Roi, le confentemént du Patron, s'il y en a, l'autorité du Superieur, l'information de la comodité ou incomodité qui en peuvent revenir à l'Eglife, de forte que fi tels biens avoient été alienés fans y avoir obfervé toutes ces formalitez & que l'aquereur en eût joüi l'efpace de quarante années, il eft certain qu'il y auroit prefcription, car dans les regles on préfcrit contre l'Eglife par l'efpace de quarante ans, avec titre & bonne foi.

Néanmoins la dificulté eft de fçavoir, fi pour aquerir céte prefcription, il faut que le titre dont je vient de parler, foit revêtu de toutes ces formalitez.

Sur cela il y a diverfitez d'opinions, même dans le Parlement de de Paris; car en la Grand'Chambre, & en la quatriéme & cinquiéme Chambre des Enquêtes on a caffé les alienations des biens d'Eglife, & les baux emphiteotiques qui en avoient été faits, quand ils ne font pas trouvés revêtus des formalités dont je viens de parler, encore que l'aquereur ou le preneur à bail emphiteotique eut joüi paifiblement en vertu de fon titre plus de cent années.

En la premiere eft troifiéme Chambre des Enqueftes, on a jugé au contraire, que la joüiffance paifible de quarante ans couvre tous ces défauts & acquiert la prefcription contre l'Eglife.

D'autres on fait diftinction, quand l heritage aquife de l'Eglife par un titre defectueux fe trouve encore après les quarante ans entre les mains de l'aquereur ou de fes heritiers, ou quand il paffe entre les mains des tiers détenteurs, qui ont ignoré l'aveû du du titre de leur auteur.

Au premier cas, ils ont dit, que la prefcription ne pouvoit avoir lieu au cas de la mauvaife foi qui eft préfumée en la perfonne de l'aquereur & de fes heritiers, mais qu'elle doit avoir lieu au fecond cas, à caufe de la bonne foi des tiers détenteurs.

De plus, que fi dans certaines Provinces on eft fi rigide pour faire rentrer les Ecléfiaftiques dans les anciens alienations, il fe trouvera qu'ils abforberoient tous les biens, *omnia conficerent nihil eficerent*, comme le remarque Mr Dargentre fur l'article 150. de la Coûtume de Bretagne.

Les biens des Hôpitaux & ceux de Colleges, des Univerfitez, ont aufi les mêmes privileges que les biens d'Eglife.

C'eft-à-dire, que quand les biens d'Eglife ou des Communautés

Z ij

ont été vendus ou aliénés par les Superieurs à vil prix & fans neceffités, ou fans avoir obfervez les formalités requifes, ils peuvent.
fuivant les Canons & les Loix du Roïaume, fe pourvoir en Juftice
contre le contrat de vente & le faire caffer, pour à quoi parvenir il faut doner fa Requête au Privé Confeil où les Ecléfiaftiques
& Comunautez ont leurs caufes comifes.

Requête, pour rentrer en poffeffion des biens d'Eglife vendus ou aliénés.

A Noffeigneurs du Grand Confeil.

Suplient humblement les Religieux, Prieur & Convent de tel lieu, ...

Difant, que telle année ..... Pere F ... leur Prieur, a vendu à J...... la
Terre de .... apartenant audit Convent, moienant la fomme de . . quoi qu'il
n'y eût aucune neceffité de vendre des biens du Couvent qui avoit un revenus
fufifant pour toute la dépenfe ordinaire & extraordinaire & que le prix qui n'eft
pas la jufte valeur de ladite Terre, n'a pas même été utilement emploié, de plus
que l'acte, en vertu du laquel ladite vente a été faite, n'a pas été fignés par
les Religieux Capitulairement afemblés au fon du timbre en la maniere acoûtumée, c'eft pourquoi les Suplians aiant été informés de telles nulitez, ils font
obligez d'avoir recours à Vous,

Ce Confideré, NOSSEIGNEURS, il vous plaife ordoner Comifion être
délivré aux Suplians, aux fins de faire affigner au Confeil par devant Vous ledit I. ... pour voir déclarer ledit contrat de vente nul, & en confequence ordoner que les fuplians rentreront en la poffeffion & joüiffance de ladite Terre,
que défenfes feront faites audit I. . . de les y troubler & qu'il fera condamné à
rendre les fruits par lui perçus dépuis la detention injufte de ladite Terre, fuivant la liquidation qui en fera faite, avec depens, domages, interêts, & vous
ferez bien.

Il faut obtenir des Comiffions ou des Arrêts fur les Requêtes
portant pouvoir d'affigner.

CHAPITRE XLVI.

Des chofes publiques.

LEs chofes publiques font celles dont l'ufage eft ouvert, &
permis à un chacun & dont la proprieté apartient au public.

Scavoir, l'Eau de la pluie, les grands Chemins, les Places publiques, les Rivieres navigables, la Mer, les Rivages, & autres
chofes femblables.

Il n'y a en France que le Roi seul qui a pouvoir de disposer de toutes ces choses. & à qui tout ce qui est public apartient comme Souverain Maître de l'État, parce que par maxime reçûë dans le Roïaume, toutes les choses qui de droit naturel étoient comunes, ou qui sont publiques, apartienent au Roi, suivant le sentiment de Baquet, en son Traité des droits de Justice, chapitre 30. nombre 4.

Il n'y a ausi que lui seul en France qui puisse faire équiper des Vaisseaux & les metre en mer.

Persone ne peut faire entrer dans les ports, le poisson qui auroit été pesché en mer, sans l'autorité de Sa Majesté, ni persone ne peut ausi avoir des Salines que lui ; c'est pourquoi il faut convenir que c'est donc des droits que les Rois se sont reservés à eux seuls dans leurs Roïaumes, ce qui est une marque de leur Souveraineté.

Ainsi, comme les choses publiques sont celles qui sont destinées specialement, pour l'usage de ceux qui sont demeurans dans un Roïaume, & ainsi apelées, parce qu'elles semblent particulieres à un certain peuple, il y en a trois qui de cête espece.

La premiere, est les ports, la seconde, est les rivieres, & la troisiéme est le bord des rivieres.

Ces choses sont publiques, quant à l'usage, c'est ce qui fait qu'un chacun se peut servir des ports, des fleuves & des bords d'iceux pour son utilité.

Par la disposition du Droit Romain, chacun pouvoit librement pescher dans les ports & dans les rivieres, parce que la propriété des choses publiques n'apartenoit à persone ; mais il n'en est pas de même en France, où toutes choses à son maître ; la propriété des ports est au Roi, ainsi persone n'y peut pécher sans son consentement, La propriété des rivieres est ausi à lui ; mais les Rois ont acordé droit de justice aux Seigneurs, ausquels droits il y a des charges & aventages anexés à la Courone, comme par exemple, les droits de confiscation, de pesches dans les rivieres en l'étenduë de leurs Seigneuries, & autres.

A l'égard du bord des rivieres, la propriété en apartient à ceux qui ont des héritages auprés d'iceux, chacun selon l'étenduë de leur héritage, ensorte que les arbres qui y naissent leur apartienent, ce qui est fondé sur l'obligation qu'ils ont de munir les bords des rivieres & d'empêcher qu'elles ne s'étendent sur leur terres dans la suite des tems.

Mais, quoique la propriété des bords des rivieres apartiene

Z iij

à ceux aufquels les heritages prochains âpartienent ; toutefois , ils ne peuvent pas empêcher l'ufage aux particulier , qui confifte à y faire aborder des Bâteaux à y faire & mètre toutes autres chofes, dont ils ne peuvent pas aufi empêcher l'ufage aux autres Particuliers , comme je l'ai remarqué dans mon Traité des Eaux & Forêts.

Par le droit naturel la Chaffe en France étoit permife à un chacun, & les bêtes fauvages avant qu'elles fuffent prifes n'âpartenoient à perfone , mais dépuis les Rois fe la font refervée , & l'on acordée feulement aux Seigneurs dans l'étenduë de leurs Terres.

Les deniers publics font aufi compris dans les chofes publiques , & font âpellés ainfi deniers publics , parce que c'eft ceux qui font deftinés pour l'entrétenement de la Maifon Roïale , & l'acquit de toutes les charges de l'Etat.

Ils proviénent du Domaine du Roi , lequel confifte en Duchés , Comtés & autres Terres unies à la Courone , tant en droit d'Aubaines , de Bâtardifes , Desherences , Confifcations , que Régales & autres femblables.

Ils proviénent aufi des Tailles , Aïdes , Gabelles & autres nouvelles impofitions.

Cependant , comme il y a diference entre le Domaine du Roi & les Tailles , Aïdes, Gabeles & autres impofitions , il faut ici en paffant , dire, que les Juges ordinaires & les Tréforiers de France, conoiffent en premiere inftance des caufes du Domaine , & le Parlement par âpel; mais à l'égard des Tailles , Aides , Gabéles , & autres impofitions , ce font les Elûs & Grénetiers qui en conoiffent en premiere inftance , & la Cour des Aides par âpel.

Le Domaine du Roi fe peut aliéner en deux cas , quoique de fa nature il foit inaliénables.

L'un pour âpanager les Enfans puifnés de France , mais cét âpanage ne fe done jamais qu'à la charge de révifion à la Courone, par le decés des puifnés arivant , quand ils decédent fans hoirs mâles.

L'autre pour fubvenir aux urgentes neceffités de l'Etat , mais quand le Domaine s'aliéne pour ce fujet , c'eft toûjours à la faculté perpetuelle de réachat, parce que , comme dit eft , de fa nature il eft inaliénable , & eft imprefcriptible, aufi-bien que tous les droits Roiaux.

Le droit d'Aubaine , de Bâtardife , de Desherance ou de confifcation qui échoit au Roi , ne font pas réputés de fon Domaine , & inaliénables, s'ils n'i font réünis expreffément ou tacitement.

Expreffément par Lettres Patentes du Roi , & tacitement quand les Receveurs & Oficiers de fa Majefté les ont tenus & adminiftrés

par l'efpace de dix années , & qu'ils font entrés en ligne de comtes, dans les comtes du Domaine, ainſi qu'il eſt porté par l'Article 2.
de l'Ordonnance faite à Moulins en l'année 1566. pour la réünion
& conſervation du Domaine.

Aufi voïons nous que le Roi done tous les jours ces fortes de biens
qui lui échoient par Aubaines & confifcations à des perſones de diſtinction , pour récompenfe de quelques fervices rendus à l'Etat
ou autremenr , à l'exception du tiers que le Roi referve aux Fermiers du Domaine, non pas pour le réünir , mais pour en difpofer
par le Fermier comme un fruit de la France.

Tous donataires font tenus defaire verifier leurs dons dans 3 mois.

Céte verification doit être faite à la Chambre des Comptes , &
au Trefor pour la délivrance , enforte que ſi deux donataires d'un
droit d'Aubaine, ou d'une confifcation , le fecond avoir fait verifier le premier fon don aprés les trois mois expirés, à compter du jour
du don fait au premier, il fera préferé ; mais ſi le premier eſt encore
dans le tems de faire verifier le ſien , ce fera lui qui fera preferé au
fecond.

C H A P I T R E   XLVII.

Des Communautés & des chofes qui leurs ápartienent.

IL y a de deux fortes de Communautés ; Sçavoir , les Communautés Ecléfiaſtiques & les Communautés Laïques.

Les Ecléfiaſtiques fe divifent aufi en deux manieres ; Sçavoir ,
des Communautés Seculieres & des Communautés Regulieres.

Les Communautés Seculieres font les Chapitres des Eglifes Ca-
thedrales & Collegiales ; & les Communautés Regulieres , font les
Communautés & Monafteres , tant Religieux que Religieufes.

Il y a aufi de plufieurs fortes de Communautés Laïques , les unes
fe contractent par la feule demeure & cohabitation en un même
lieu, comme font les Communautés des Villes & Villages ; car dés
qu'un homme a établi fon domicile en un lieu & y a demeuré par
an & jour, il eſt fait Habitant de ce même lieu , & fait nombre de
Communauté defdits Habitans.

Les autres fe contractent par la profeſſion d'un même Trafic , d'un
même Art , & d'un même Métier , comme font tous les Corps des
Marchands & Artifans, aufquels ont peut ajoûter les Corps des Oficiers.

Il y en a encore d'autres qui se contractent par la Religion , par la Société & Devotion , comme font les Paroisses & Confrairies.

Les choses âpartenant au Corps & Communautés sont celles qui sont âpellés par le droit , *Rès Vniversitatis*, qui sont destinées pour l'usage de ceux qui composent des Corps ou Communautés, qui sont comme il vient d'être dit , des Villes , Colleges , Confreries & autres semblables.

Ainsi les lieux publics de chaque Villes, les biens qui âpartienent aux Villes en proprieté & dont l'usage est permis à ceux qui en sont les membres , sont des choses âpellées , *Rès Vniversitatis* , d'autant que la proprieté en âpartient à tout le Corps.

D'où il s'ensuit , que ces sortes de choses sont hors le Commerce, & ne peuvent pas être aliénées par le seul consentement de quelques Particuliers , mais il faut celui des principaux Habitans & des Chefs; même en cas que ce soit des biens d'Eglise & des Hôpitaux , il faut pour en faire une aliénation valable , la permission du Roi & le consentement du Patron , s'il y en a un , & l'autorité du Superieur , l'information de la comodité & utilité qui en peut revenir à l'Eglise.

Tous ceux qui sont du Corps ou Communautés participent dans les droits & priviléges d'icelle.

Un François qui vient s'habituër dans une Ville , Bourg ou Village , est fait Habitant du lieu , quant il y a demeuré par an & jour, & doit joüir des mèmes droits & privileges des anciens Habitans, comme, par exemple, du droit de paturage dans une prérie, du chaufage dans une Forèts , ou d'y prendre du bois pour bâtir, & generalement de tous autres droits, excepté qu'il ny ait quelques Coûtumes ou Titres contraires.

Il n'en est pas de même des honeurs & dignités ; car il y a beaucoup de Villes , ou pour être Maires ou Echevins , il faut être natif du lieu.

On peut dire aussi , qu'un nouvel Habitant est tenu de contribuër au païement des détes créés long-tems avant qu'il soit venu demeurer dans le lieu , ainsi qu'il a été jugé par Arrêt de la Cour des Aides du mois de Mars 1596. Raporté par Monsieur Lebret en ses Actions, Acte 44.

Autre chose est de celui qui a quité la Paroisse , âtendu qu'il n'est plus sujet aux détes, aussi-tôt qu'il a acquis son domicille ailleurs.

Il y a un Arrêt de la Cour des Aides du 11. Janvier 1673. râporté dans la deuziéme partie du Journal du Palais , page 320. par lequel on a déchargé celui qui avoit changé de domicille un an & jour avant la confection du Rôle, quoi qu'il eut signé la Procuration des

Sindic

Sindics, pour s'obliger avec tous les autres Habitans en leur propre & privé nom, d'autant qu'il devient sujet aux charges d'un autre Paroisse.

Aliud, de celui qui demeurant dans le même lieu, feroit signifier qu'il n'est plus Marchand, pour s'exemter de contribuër aux détes de la Comunauté des Marchands.

Il semble pourtant qu'aïant profité dans le tems du sujet pour lequel les détes ont été créés, il ne peut se dispenser de quelques contributions.

Neanmoins les Habitans d'une Paroisse ou Ville, ne peuvent pas être contrains, ni leurs biens saisis pour les détes de la Comunauté, parce que par la disposition de droit, les détes de la Comunautés ne sont pas les détes des Particuliers; tellement, que quand une Comunauté doit, on ne peut saisir que les biens qui âpartiénent à la Comunauté, & si elle n'en a pas, il faut faire condamner le Sindic, ou le Maire & les Echevins, à lever & imposer la somme dûë sur tous les Habitans, afin que chacun en païe sa cote-part, ensorte que si les Echevins étoient refusans de le faire aprés quelques délais, ils doivent être condamnés à paier eux mêmes.

Si en ce cas, il y avoit rebellion, il doit être ordonné, que quatre ou six des principaux Habitans, *voire*, quelquefois tous les Habitans feront contraints solidairement.

Il ne se peut faire aucune levée de deniers sur une Paroisse ou Comunauté, sans la permission du Roi, & sans avoir obtenu de sa Majesté des Lettres d'Assiétes, en consequence desquelles l'on oblige le Sindic de faire nommer des Asseurs, qui sont contraints au païement faute de faire l'Assiéte dans le tems.

C'est pourquoi, à l'heure qu'il est, on ne peut pas s'adresser directement, comme autrefois, à certains nombre d'Habitans, des plus haut cotisés, parce que ce feroit un emprunt forcé que l'on exigeroit d'eux, ainsi il est plus juste, que celui qui a prêté à une Comunauté fasse les poursuites lui même, que des particuliers, qui ne doivent que leur part, souvent sans en avoir profité.

Il y a encore certains cas favorables & urgens, ausquels on contraint un certain nombre d'Habitans, comme pour logement de Curés, Portion congruë, qui est à la charge des Paroissiens, & autres legeres réparations d'Eglise.

Les Sindics & Echevins ne peuvent pas obliger une Comunauté d'Habitans au paiement des sommes qu'ils auroient empruntées, ou d'une Rente qu'ils auroient constituée en qualité de Sindics ou Echevins; il faut que pour cet éfet les convoquer, & s'assembler au fon de la Cloche un jour de Dimanche aprés le Service, afin de paffer Procuration, & outre cela, que les denifs par eux empruntés, foient tournés au profit & utilité de la Comunauté, autrement la Comunauté ne feroit pas obligée.

Surquoi il faut obferver ici, que les Echevins étant une fois fortis de charges, ils ne peuvent pas être pourfuivis pour les détes qu'ils ont créés en céte qualité, ainfi les Creanciers fe doivent adreffer au noveau Sindic ou Echevins, au cas que l'emploi des den. foit juftifié, à moins qu'ils ne fufent obligés en leur propre & privé nom.

Plufieurs eftiment, que les Comunautés Laïques, telles que font les Corps des Marchands & des Artifans, & Gens de Métiers, peuvent librement difpofer de leurs biens, comme peuvent faire les particuliers, & que même quand il y a lézion dans les aliénations qu'ils ont faites, ils ne peuvent être reftitués qu'aprés les dix années.

D'autres ont crû, que toutes Comunautés joüiffoient du privilege des Mineurs, ce qui eft certain à l'égard des Hôpitaux, des Coléges, & des Univerfités, parce que conftament ils joüiffent des priviléges de l'Eglife, de forte que leurs biens ne peuvent être vendus ni aliénés qu'en y obfervant les folemnités requifes en l'aliénation des biens d'Eglife.

Les Habitans & Comunautés de Village, peuvent aufi aliéner leurs biens, du confentement de leur Seigneur dans leur Territoire; mais ils ne peuvent pas vendre ni aliéner leurs prés ou bois comunes, átendu qu'ils n'en ont pas la propriété, feulement ufufruitier, & que la propriété en âpartient au Roi, ou aux Seigneurs qui les leurs ont âcordés, pour âtirer des Habitans dans leur Terre, leur doner moïen de les faire valoir, & d'y nourir des Beftiaux.

Ce qui fait que les Habitans qui y font aujourd'hui ne peuvent pas aliéner au préjudice de ceux qui y viendront aprés eux, de crainte que les Terres ne demeurent incultes & defertes, faute de ces comodités.

Il eft permis tant aux Comunautés Ecléfiaftiques, que Laïques, d'acquerir en France des heritages, mais il faut qu'ils païent au Roi le droit d'amortiffement, & au Seigneur le droit d'indemnité, parce que à proportion que les Comunautés acquiérent, la faculté des particuliers diminuë, quoi qu'il païent feuls les Tailles, & qu'ils fuportent les autres charges de l'Etat, dont il faut indemnifer le Roi, en lui païant le droit d'amortiffement.

A l'égard des Seigneurs, elles font obligées de leur païer le droit d'indemnité, parce que les heritages âquis par les Comunautés, tombent ordinairement de Main morte, & ne changent plus de main, par le moïen dequoi les Seigneurs font privés à jamais du droit de quint, rachats, lods & ventes, qui leur font dûs aux mutations des poffeffeurs qui tienent d'eux des heritages en Fief ou Roture.

Si les Comunautés & Gens de Main-morte, ne veulent pas païer ce droit, le Subftitut de Monfieur le Procureur General, pour l'interêt du Roi, ou le Procureur Fifcal du lieu pour l'interêt du Seigneur, les doit faire âfigner, pour voir dire, qu'ils feront tenus d'exhiber les Titres & Contrats, en vertu defquels ils poffedent tels Héritages, en païer à Sa Majefté les droits d'Amortiffement qui lui font dûs, ou au Seigneur le droit d'Indemnité, finon, & à faute de ce faire, qu'ils feront tenus de métre les Héritages par eux aquis hors de leur main dans l'an, &c.

Quand les Gens de Main-morte ont acquis un Fief, ils font aufi obligés de doner au Seigneur, homme vivant & mourant.

L'Homme vivant & mourant eft doné pour être païé par le Seigneur du droit de relief, ou de rachat, enforte que quant il viendroit à decéder, & que celui qui a été doné pour homme vivant & mourant feroit decédé, les Gens de Main morte font obligés d'en bailler un autre.

Surquoi il faut remarquer, que quoi que l'homme vivant & mourant ait été doné, cela n'empêche pas qu'en matiere de Fiefs, ils ne foient encore tenus de païer au Seigneur les droits d'indemnité, fuivant l'avis de Baquet & les Arrêts qu'il en a râportés fur ce fujet.

A l'égard des rotures, il fufit de païer l'indemnité, âtendu que l'homme vivant & mourant ne fe done principalement que pour la foi & homages à chacune mutation, ainfi il n'eft pas dû de foi & homages pour les rotures.

Les droits d'Amortiffement, font arbitraires & fe taxent au Confeil du Roi; mais pour ce qui eft du droit d'indemnité en matiere de Fiefs, c'eft le tier du prix de la chofes, & en matiere de rotures, c'eft la cinquiéme partie feulement.

L'heritage roturier dont le droit d'indemnité a été païé au Seigneur, n'eft pas pour cela déchargé des droits de Cens envers ledit Seigneur; car regulierement ils en demeurent chargés, fur tout lors que le droit de Cens n'a pas été compris en l'eftimation de l'indemnité.

D'où il s'enfuit, qu'un heritage qui auroit été à mort, & dont l'indemnité auroit été païée, & aprés elle fut renduë par des gens de Main-morte, le droit de lods & ventes en feroit dû au Seigneur, quand même la revente en feroit faite à d'autres gens de Main-morte, parce que le droit d'indemnité eft perfonel, & ne profite qu'à

A a ij

ceux qui l'ont païé, ainfi l'heritage fortant de leurs mains, ils re-tourne en fa premiere nature, & s'il retombe en Main-morte, il faut païer un fecond droit d'indemnité.

L'indemnité fe partage également; lors que la Cenfives & la Haute-Juftice d'un Territoire âpartiénent à diferens Seigneurs.

La moitié eft baillée au Seigneur Féodal ou Cenfier, pour l'in-demnifer de fes droits & profits ordinaires, tels que font les droits de quint, requint, rachat, lods & ventes.

L'autre moitié eft baillée au Seigneur Haut-Jufticier, pour l'in-demnifer des droits extraordinaires qui lui âpartiénent, tels que font les desherences & confifcations, fuivant le fentiment de Brodeau fur l'Article 167. de la Coûtume de Paris, nombre 6.

Par Arrêt du 28. Mars 1692. la Cour des Aïdes a decidé, que fi-tôt que des gens de Main morte auront acquis des heritages fitués dans la cenfives d'un Seigneur cenfier auquel la Haute-Juftice n'âpar-tient pas, l'indemnité du Seigneur Haut-Jufticier fera de la dixié-me partie de la fomme en laquelle le droit d'iademnité qui fera païé lors de l'aquifition, fe trouvera monter, & encore que cête portion pourra être diminuée, fi par la Coûtume des lieux il y a difpofi-tion, ou des circonftances particulieres dans les afaires qui donent lieu de le faire.

Les particuliers d'une Ville où il n'y auroit pas de Maîtrifes éta-blies, faifant profeffion d'un même Art ou Métier, ne peuvent pas de leur autorité s'ériger en Comunauté & fe faire des Statuts; car aucune Comunauté ne peut être érigée, ni aucuns Statuts ne peuvent être faits qu'en vertu de Lettres Patentes du Roi, verifiées au Parlement, où lefdits Statuts doivent aufi être verifiés & enre-giftrés, ainfi qu'il eft porté par l'Article 59. de l'Ordonance d'Or-leans, & par les Arrêts de la Cour, qui l'ont ainfi jugé.

Cependant, ces Statuts de Métiers ont toûjours été la ruïne des Villes médiocres à caufe des vexations qui fi cométent, fous ce prétexte, d'autant plus qu'il y en a beaucoup qui ne peuvent pas fubfifter d'un feul Métier.

L'Univerfité de Paris eft un corps qui eft mixte, compofé d'E-cléfiaftiques & de Laïques; mais en Juftice il eft cenfé & repeté Laïque ainfi qu'il a été jugé.

Affiete par Lettres.

LOUIS, &c. ... A nos Amés & Féaux Confeillers, les Préfidens, Tréfo-riers Generaux de France au Bureau de nos Finances, A....

SALUT, Nous vous mandons, & Ordonons, que par les Elus de l'Election de.... Vous fasiés asseoir , imposer & lever la presente année , sur les Manans & Habitans de la Paroisse de. ... le plus également que faire se poura au fur de nos Tailles, la somme de.... à laquelle lesdits Habitans ont été condamnés envers tel , par Sentence du Prévôt ou Baillif de... ci-âtachées sous nôtre contre-séel , & de laquelle lesdits Habitans qui n'ont aucuns deniers comuns , ny patrimoniaux, ont consenti la levée sur eux par Acte de leur Assemblée , & la somme de.... pour le sceau & expedition des Presentes, outre ce qui conviendra pour l'execution d'icelles, faisant contraindres les redevables , & cotisés au païement de leur Taxe , par toutes voïes deües & raisonables , comme pour nos deniers & afaires , nonobstant opositions ou apellations quelconques , & sans préjudice d'icelles, pour être ladite somme païée & délivrée audit tel ... sur sa simple Quitance, sans être divertie allieurs, pourveu toutefois qu'il n'y ait âpel de ladite Sentence , & que nos deniers ni soient rétardés ni diminüés. Car tel est nôtre plaisir. DONNÉ à , &c...

Autre , sur un consentement d'Habitans , ny emploïer & servir aux necessités de leur Comunauté.

L O U I S , &c. ... A nos Amés & Féaux Conseillers, les Présidens, Trésoriers Generaux de France, au Bureau de nos Finances , A...
S A L U T , Nous vous mandons , que par les Président, Lieutenans, Elûs de l'Election de ... Vous fasiés asseoir , imposer & lever la presente année le plus également que faire se pourra aufur de nos Tailles , sur les Manans & Habitans de nôtre Ville de... la somme de ...contenuë en l'Acte d'Assemblée , déliberation & consentement desdits Habitans du.... ensemble la somme de...pour les fraïs & expeditions des Presentes , outre ce qui conviendra pour l'execution d'icelles , pour être ladite somme de ....emploïée aux réparations du pavé & autres necesités de ladite Ville , ainsi qu'il est porté par ledit consentement, sans qu'ils puissent être divertis à autres éfets , à peine d'en répondre par les Ordonnateurs en leurs propres & privés noms,& au païement de leurs cotes, contraindre les refusans à païer , comme pour nos deniers , nonobstant opositions ou apellations quelconques , pourveu toutefois que nos deniers ne soient rétardés, ni diminués : Car tel est nôtre plaisir. DONNÉ , &c...

Autres Lettres.

L O U I S , &c. ... A nos Amés & Féaux Conseillers , les President , Trésoriers Generaux de France au Bureau de nos Finances , A....
S A L U T , nos bien Amés , les Manans & Habitans de la Ville de ..... Nous ont tres-humblement fait remonter , qu'ils n'ont aucuns deniers d'octroi & patrimoniaux , pour subvenir aux dépenses ordinaires de ladite Ville , ce qui les a obligé d'avoir récours à Nous , pour leur permetre l'imposition de quelque petite somme de deniers. A CES CAUSES, Nous vous mandons & ordonnons , que suivant le consentement desdits Habitans , porté par leur Acte d'assemblée & déliberation ci-âtaché , sous le Contreséel de nôtre Chancelerie, Vous fasiés asseoir & lever la presente année , par les Presidens , Lieutenans & Elûs de l'Election de .. le plus également que faire se pourra aufur de nos Tailles , sur les Manans & Habitans de la Ville de .. la somme de ...ensemble la

A iij

fomme ds . . . . par le fceau des prefentes , outre ce qu'il conviendra pour l'execution d'icelles , ponr être ladite fomme de . . . . employée , ainfi qu'il eft porté par ledit confentement , fans qu'elle puiffent être divertie ailleursà peine d'en
répondre par les ordonateurs en leur propre & privé nom , & au païement des
taxes , contraindre lefdits habitans refufans de païer , comme pour nos deniers,
nonobftant opofitions ou apellations quelconques , pouveu toutefois , que nos
deniers n'en foient retardés , ni diminués , CAR , tel eft nôtre plaifir. Donné à . . &c.

De par le Confeil ,
Tel . . . .

Les affietes s'obtiennent en Chancellerie , ou par Lettres , ou
par Arrêts,

Les premieres fi fcelent jufqu'à la fomme de cent cinquante
livres , & les autres jufqu'à celle de trois cens livres.

Les affietes par Lettres , s'enregiftrent àl'Audiance de la Chancelerie , & font déchargées fur le Regiftre par Monfieur le Maître
des Requêtes tenant le fceau.

L'adreffe de fes Lettres eft toûjours faite aux Tréforiers de
France.

CHAPITRE XLVIII.

Des Ofces de Judicature.

L'Ofice de Judicature , à proprement parler , eft une dignité avec
fonctions publiques.

Une dignité , parce qu'on s'en peut qualifier & en prendre le
titre.

Avec fonctions publiques, parce qu'il n'y a fi petits Oficiers qui
n'ait quelques fonctions publiques.

Il y a de deux fortes d'Ofices dans le Roïaume, fçavoir, les Ofices
venaux , & les Ofices non venaux.

Les Ofices venaux font celles qui n'ont point de finance, & qui
ne tombent pas aux partis cafuels , comme font la plufpart des
Ofices de la Maifon du Roi , bien que par abus, on en foufre le
commerce entre les particuliers , voire même des fimples Co-
mifions.

Il y a aufi de deux fortes d'Ofices venaux , fçavoir , les domaniaux & les cafuels.

Les domaniaux font celles qui ont été démembrés du Domai-

ne du Roi, & qui ne se peuvent vendre, ni aliener que par contrat, à faculté de rachapt perpetuel, comme sont les Grefiers &
Tabelionages lesquels, quoi que ceux qui les possedent vienent
à mourir, elles ne tombent pas aux parties casuelles, au contraire,
elles passent à leurs heritiers, tout ainsi qu'un heritage, & peuvent
même être possedés par une femme & par des enfans, qui les donent à ferme, & les font exercer par autrui.

Les Casuels sont celles dont les Oficiers sont pourvûs à vie, par
Lettres de provision du Roi, & dont ils ne peuvent être déposedé
qu'en trois cas; sçavoir, par mort, par resination, ou par for-
faitures.

On les apelles casuels, parce que celui qui en est pourveu
venant à deceder sans avoir resiné, ou païé la polete, l'Ofice
vaque par sa mort & tombe aux parties casuelles au profit du
Roi, qui ensuite en dispose ainsi que bon lui semble.

CHAPITRE XLIX.

Des servitudes & de l'usufruit, de la garde-Noble ou Bourgeoise
& de l'usage en general.

SErvitude est un droit, ou qualité opofée aux heritages contre leur nature, par lesquelles elle servent à certains heritages, ou à autres qu'à celui qui en a la proprieté.

Il y a en France de deux sortes de servitudes, les unes sont
proprement réelles & les autres personelles.

Les servitudes réelles sont celles qui sont dûës aux heritages
par les heritages même; ainsi, celui qui n'a point d'héritage en
proprieté, ne peut pas prétendre aucun droit de servitude sur
l'heritage d'autrui.

Il y a aussi de deux sortes d'heritages, sçavoir, les heritages
des villes, les heritages des champs, en sorte, que comme il y a
de deux sortes d'heritages, aussi il y a t'il de deux sortes de servitudes, l'une urbaine, & l'autre champêtre.

Les heritages des Villes, apellés par les Jurisconsultes, *Urba-
na prædia*, sont des maisons, & édifices baties pour l'habitation des
hommes, c'est pourquoi une maison bâtie au milieu des champs,
est un heritage de ville.

Les heritages champâtres ou rustiques, que les Jurisconsultes
apellent *Rustica prædia*, sont tous heritages, hors les maisons édifi-

ces deſtinés auſi pour l'habitation des particuliers, quoi qu'ils ſoient ſituez dans les villes.

Les ſervitudes urbaines, ſont celles qui ſont deües aux heritages des villes; & les ſervitudes champêtres, au contraire, ce ſont celles qui ſont deües aux heritages des Champs.

Les principales eſpeces des ſervitudes urbaines ſont celles qui ſuivent.

La premiere, eſt qu'il n'eſt pas permis au proprietaire d'une maiſon, d'élever ſa maiſon ou ſon mur par delà une certaine hauteur, pour l'interêt de la maiſon voiſine ; c'eſt ce qui fait que céte ſervitude eſt apelée par les Juriſconſultes, ſervitude *Altius non tollendi.*

La deuxiéme, eſt de recevoir ſur ſa maiſon, ou dans ſa cour, les eaux qui tombent ſur la maiſon, ou dans la cour de la maiſon voiſine, apelée ſervitude, *Servitus ſtillicidii avertendi.*

La troiſiéme, eſt celle par laquelle on eſt obligé de ſuporter les charges de la maiſon voiſine, apellés *Servitus oneris ferendi*, comme ſi celui à qui apartient un mur depuis le fondement juſqu'au plancher du premier étage d'une maiſon apartenant au voiſin, eſt obligé de ſuporter le mur qui eſt bâti déſus, en ſorte que céte ſervitude & les précedentes ſont fort frequentes à Paris.

La quatriéme, eſt de ſoufrir que le voiſin place ſes poûtres & ſolives ſur ſon mur apelée, *tigni immitendi*, ce qu'il ne pouroit pas faire ſans ſervitude, car s'il vouloit ſe ſervir du mur dans lequel il n'auroit aucun droit de proprieté, il ſeroit obligé d'en païer la moitié pour le rendre métoïen.

Céte ſervitude eſt diferente de la précedente, en ce que celui qui eſt obligé de ſuporter les charges de la maiſon voiſine, doit faire refaire à ſes frais & dépens le mur de la maiſon, en cas qu'il tombe en ruine, ainſi il faut qu'il ſoit capable de ſoufrir leſdites charges, à quoi celui qui doit la ſervitude, *tigni immitendi*, n'eſt pas obligé.

La cinquiéme, eſt de ſoufrir que le voiſin ait des ſaillies ſur nôtre heritage apellée *projiciendi*, *vel protegendi.*

La ſixiéme, eſt de ne point empêcher la veüe de la maiſon voiſine, ou ne rendre pas la maiſon plus obſcure, par quelque maniere que ce ſoit apellée, *Ne luminibus vel proſpectui officiatur.*

La ſeptiéme, eſt de ſoufrir que le voiſin paſſe par nôtre maiſon, à la charge neanmoins qu'il ne pourra ſe ſervir de céte ſervitude que pendant le jour, c'eſt la ſervitude *itineris.*

A l'égard des eſpeces des ſervitudes ruſtiques, ſont celles qui ſuivent.

La

La premiere, eſt *Iter*, ou droit de petit chemin ou ſentier dans l'heritage de ſon voiſin, pour y paſſer & ſe promener à pied & à cheval.

La deuxième, eſt *actus*, c'eſt-à-dire, droit de chemin dans le fond de ſon voiſin, par lequel on peut faire paſſer des chariots & autres voitures.

La troiſiéme, eſt *via*, ou droit de faire paſſer toutes ſortes de voitures par l'heritage de ſon voiſin, ainſi céte ſervitude renferme les deux précedentes, & elle difere de la derniere, en ce qu'elle contient plus de largeur.

Voïez dans le Digeſte le titre *de ſervit. prædior. ruſticor*, atendu qu'en France nous ne diſtinguons pas ces deux ſortes de ſervitudes, car quand l'on établit une ſervitude de chemin, on doit déclarer la largeur par l'acte, par lequel elle eſt conſtituée.

La quatriéme, eſt, le droit d'aqueduc, c'eſt à dire, de faire paſſer de l'eau par l'heritage d'autrui, par des tuyaux de plomb, ou d'autre matiere.

La cinquiéme, eſt le droit de puiſer de l'eau dans la fontaine, ou dans le puits de ſon voiſin.

La ſixiéme, eſt le droit de partager dans les terres d'autrui.

La Septiéme, eſt le droit de cuire de la chaux, tirer du ſable, ou de la terre ou de la pierre, dans le fond de ſon voiſin.

Les ſervitudes réelles s'établiſſent par acte entre vif, ou par derniere volonté, par ceux qui en ont le pouvoir ; car ceux qui ne peuvent pas diſpoſer de leur biens, ne peuvent pas le charger de ſervitudes.

Suivant la diſpoſition du droit Romain, les ſervitudes s'aquierent par la preſcription de dix ou vingt ans, comme les heritages ſi on les poſſede avec titre, ou bien par trente ans, ſi celui qui en jouït n'eſt fondé d'aucuns titre, mais par l'article 186. de la Coûtume de Paris, il y a diſpoſition contraire, qui eſt, que le droit de ſervitude ne s'aquiert point par une lõgue jouïſſance telle qu'elle puiſſe être ; excepté qu'on en ait joüi pendant cent ans, ce qui eſt auſi conforme à la plus grande partie des coûtumes du Roïaume.

Il y a pluſieurs manieres par où s'éteignent les ſervitudes réeles.

La premiere, eſt la confuſion de la proprieté, c'eſt-à-dire, lors que le proprietaire de l'heritage dominant fait aquiſition de l'heritage qui doit la ſervitude, ou plûtôt lors que le proprietaire des deux heritages, dont l'un eſt chargé de ſervitude en vers l'autre, ſont réünis à une même perſone.

La deuxiéme, eſt le non-uſage, pendant le tems déterminé

par les Loix, fçavoir, dix ans, entre prefens, & vingt ans, entre abfens.

Par l'article 186. de la Coûtume de Paris, la liberté fe peut réaquerir contre le titre de fervitude par trente ans, entre agez & non-privilegiez.

La troifieme, eft la renonciation à la fervitude, faite par celui à qui elle eft deûe.

La quatriéme, eft quand la refolution du droit de celui qui a conftitué une fervitude fur un heritage, en a caufé l'extinction, comme, par exemple, fi celui qui feroit chargé de reftituer un heritage, pendant fa joüiffance, fe chargeoit d'une fervitude, elle feroit éteinte dés lors qu'il en fera la reftitution.

La cinquiéme, eft la perte de la chofe qui eft chargée de fervitude, comme fi une maifon étoit tombée en ruine, & qu'elle ne fut pas rétablie.

La fixiéme, eft le decret, lequel purge les fervitudes vifibles, mais non pas celles qui ne font pas aparentes.

Les fervitudes perfonelles, font celles qui font duës par les heritages aux perfones.

Elle fe divifent en trois efpeces, fçavoir, l'ufufruit, l'ufage, & l'habitation.

L'ufufruit eft un droit de joüir & percevoir les fruits de quelque heritage ou autres chofes, fans en alterer la propriété, ni fans en diminuer la fubftance.

De céte definition il fenfuit,

Primò, Que tous les fruits, & toute l'utilité qu'on peut tirer de l'heritage dans lequel l'ufufruit eft établi, apartienent à l'ufufruitier, ce qui s'entend de toutes fortes d'ufufruits.

Secundò, Que l'ufufruitier ne peut rien faire pendant la joüiffance, qui puiffe diminuer le prix & la valeur de la chofe dont il a l'ufufruit, qu'il ne la peut charger de fervitude & qu'il la doit entretenir de menuës reparations, qui, fuivant l'article 262. de la Coûtume de Paris, font toutes reparations d'entretenement, excepté les quatre gros murs, poutres & entieres couvertures de voûtes.

Il eft aufi obligé à païer les charges réelles, comme les cens & les rentes foncieres,

Tertiò, Que l'ufufruit ne peut être conftitué dans les chofes qui ne periffent pas par la joüiffance.

L'ufufruit eft établi par celui qui a la faculté de difpofer de fes biens par acte entre vifs, ou par derniere volonté, ou par la difposition de la Loi, & du droit Coûtumier.

La Loi établit l'ufufruit des biens adventices des enfans au profit de leur pere, au cas qu'ils foient dans fa joüiffance.

Le Droit coûtumier nous établit l'ufufruit par plufieurs moiens.

Le premier, eft le doüaire âpelé doüaire coûtumier, confiftant dans l'ufufruit de la moitie des heritages que le mari avoit au jour des époufailles & benediction nuptiale, & de ceux qui lui font échûs pendant le mariage, en ligne directe, ainfi qu'il eft porté par l'article 248. de la Coûtume de Paris, à la quelle plufieurs autres coûtumes font conformes en ce point.

Le deuxiéme, eft le don mutuel fait entre conjoins par mariage, par lequel le furvivant des conjoints a l'ufufruit de la part de la communauté apartenante aux heritiers du prédécedé.

La troifiéme, eft en l'article 314. de ladite coûtume de Paris.

La quatriéme, eft la garde-Noble ou Bourgeoife, qui eft un droit par lequel le furvivant des conjoints Noble ou Bourgeois a l'ufufruit des biens apartenans à fes enfans mineurs, à la charge de les nourir & entretenir, & païer leurs dettes perfonels.

La garde-Noble ou Bourgeoife, s'accepte & finit en jugement, fuivant l'article 269. de lad. Coûtume de Paris, après quoi le gardien eft obligé de faire inventaire, & enfuite de la demande faite de la garde, le gardien en doit prendre acte au Greffe.

Par l'article 268. de la même Coûtume, le garde-Noble dure aux enfans mâles, jufqu'à vingt ans, & aux femelles jufqu'à vingt cinq ans acomplis.

La garde-Bourgeoife dure aux enfans mâles jufqu'à quatorze ans, & aux femelles, jufques à douze ans finis & acomplis

Le tout pourveu que lefdits pere & mere, aïeul ou aïeule ne fe remarient, auquel cas la garde eft finie.

Elle finit aufi par les Nobles, quand les mâles qui font en garde, ont acomplis leur vingtiéme année, & encore quand les mâles ont acompli leur quatorziéme, les filles leur douziéme.

De plus, cet ufufruit finit pareillement par le mariage de celui qui a la garde-Noble ou Bourgeoife.

Primò. L'ufufruit confifte à la vie de l'ufufruitier, & finit par la mort naturelle ou civile dudit ufufruitier.

Quant à la mort civile, elle fe doit entendre du baniffement & de la condamnation aux galeres à perpetuité, & non pas de l'entrée en Religion, la quelle ne caufe point l'extinction de l'ufufruit, neanmoins l'ufufruitier n'en joüit pas pour cela, ni même

le Monaftere pour lui en fon nom , mais ce droit paffe à fes heritiers pendant fa vie.

Secundò. Eft lors que l'ufufritier laiffe prefcrire ce droit de jouïr
de la chofe par la non-joüiffant de dix ans , entre prefens , & par
vingt ans entre abfens , felon la difpofition du Droit Romain &
du Droit Coûtumier , au moins contre un tiers aquereur.

L'argument de l'article 184. de la Coûtume de Paris , & l'article 186. qui porte que la liberté fe peut réaquerir contre le titre
de fervitude par trente ans , n'eft pas contraire à cête difpofition,
d'autant qu'il fe doit entendre contre celui lequel a eu conoiffance
ce de la fervitude dont étoit chargé l'heritage qu'il poffedoit ,
ou qu'il a conftitué lui même pour l'utilité de l'heritage voifin ; car en ce cas il faut un non-ufage , & une non joüiffance de
trente ans , pour prefcrire contre l'ufufruit établi , ou contre toute
autre fervitude.

Tertiò. Par le décret de l'heritage fujet à ufufruit, fans opofition
de la part de l'ufufruitier.

L'ufufritier eft obligé de bailler caution , fçavoir , le legataire
d'un ufufruit , le donataire mutuel , quand le don mutuel a lieu ,
& que par le Contrat de mariage il eft reftreint à l'ufufruit , fuivant l'article 280. de la Coûtume de Paris ; en forte que cête
caution eft fi neceffaire , que le donataire mutuel ne gagne les
fruits que du jour qu'elle la prefentée en Juftice , pendant lequel
tems les fruits demeurent à l'heritier , ainfi qu'il eft dit par l'article 285.

Suivant l'article 169 de la même coûtume, le gardien Bourgeois
eft auffi obligé de doner caution.

Toutefois il y a certains cas, où l'ufufruitier eft déchargé de bailler caution.

Sçavoir , les Beneficiers , lefquels , quoique fimples ufufruitiers
de leurs Benefices , ne font pas obligés de bailler caution.

Le gardien-Noble , par l'article 269. n'y eft pas auffi obligé,
de même que les pere & mere qui joüiffent par ufufruit des
biens délaiffés par leurs enfans , qui ont été acquis par lefdits pere
& mere , & qui par le décez de l'un d'eux , font venus à l'un
defdits enfans décedez fans enfans , ni décendans d'eux , article
314.

Autre chofe eft de la femme, laquelle doit joüir de fon douaire
après la mort de fon mari à fa caution juratoire , felon ledit article
314. de ladite Coûtume de Paris.

L'ufage , eft le droit de jouïr de la chofe d'autrui fans en percevoir les fruits , ni fans en déteriorer la fubftance.

Il y a plufieurs diferences confiderables entre l'ufage & l'ufufruit.

La premiere, eft que celui qui a l'ufage ne fe fert des fruits du fonds , que pour fa neceffité & de celle de fa famille , mais l'ufufruitier prend tous les fruits du fond pour fon utilité.

La deuxiéme, eft que celui qui a l'ufage d'un fond . ne peut pas ceder à un autre le droit de perçevoir les fruits, il n'y a que l'ufufruitier feul à qui cela eft permis.

La troifiéme, eft que celui qui a l'ufage d'une maifon s'en peut fervir pour y habiter avec fa famille, mais il ne peut pas loüer ce droit à un autre.

La quatriéme , eft que celui qui a l'ufage des chevaux , s'en peut fervir pour fon utilité & pour celle de fa famille , mais il ne peut pas les emploïer pour d'autres perfonnes.

La cinquiéme , eft que celui qui a l'ufage des beftiaux, & des troupeaux , s'en peut aufi fervir pour fumer fes terres ; mais il ne peut pas en prendre le lait , la laine , les veaux , ni les agneaux.

La fixiéme & derniere, eft qu'on ne peut pas leguer une partie de l'ufage , comme de l'ufufruit.

L'habitation eft le droit d'habiter dans la maifon d'autrui , *Salvâ fubftantia* , elle difere avec l'ufage d'une maifon , en ce que celui qui a l'habitation la peut loüer , ou ceder à un autre pour enjoüir en vertu du droit du cedant & en fon nom , mais celui qui a l'ufage de quelque chofe ne le peut pas ceder.

CHAPITRE L.

Des biens Meubles , & Immeubles.

LEs biens Meubles, font les chofes qui fe peuvent mouvoir, & tranfporter d'un lieu à un autre , comme l'argent monoïé , les chofes mobilaires, quoi que d'un tres-grand pris, comme de la vaiffelle d'argent, Tapifferies , Pierres précieufes & autres chofes femblables.

Les materiaux préparés , deftinés, & ménés fur le lieu pour bâtir , les Preffes d'Imprimerie, les Métiers des Tifferans & autres Artifans, les Uftanciles d'hôtel qui ne font point âtachés à fer , & à cloud, les Moulins fur bâteaux qui fe peuvent facilement tranfporter , le poiffon en boutique, ou refervoir, bois coupé, bleds, foins ou graines foïe ou fauché , font auffi reputé bien meubles.

De même que le doüaire préfix d'une somme de deniers , pour une fois païer , & venus aux enfans, comme encore les Cedules & Obligations faites pour somme de deniers, marchandises, ou autre chose mobiliaires.

Les Immeubles par fiction sont les meubles, qui quelquefois prénent pareillement la qualité d'immeubles , ainsi que les immeubles prénent aussi quelquefois par fiction la qualité de meubles, ce qui se fait par clauses d'ameublissement , quand l'heritage ameubli se trouve encore en nature au jour du decès de celui ou de celle à qui il ápartient.

L'heritier des propres y sucede , & non l'heritier des meubles , parce que les stipulations de propre ou d'ameublissement n'ont lieu qu'entre les conjoints.

Un Pere mariant sa fille , stipule, que la somme de six mil livres lui sera propre, si elle decéde sans enfans , son Pere sucede à ses six mil livres, en qualité d'heritier des meubles ; mais le contraire est à l'égard d'une maison qui auroit été ameublie ; car les Freres de la défunte l'empêchent, ainsi qu'il a été jugé pour les Freres, contre la mere, par Arrêt raporté par Mr. Loüet , lettre P. nombre 40.

La fiction qui donne la qualité d'immeubles aux choses mobiliaires, est fondée sur trois causes ; la premiere est l'union, incorporation & cession de meubles à l'immeuble ; la deuxiéme est la réprefantion de l'immeuble, c'est à dire , lors que le meuble réprefente l'immeuble, ou fait partie d'icelui; & la troisiême, est la disposition & la destination de l'homme, confirmée par la disposition de la Coûtume.

Par la premiere cause, les choses qui suivent sont reputées immeubles.

Sçavoir, les Maisons & toutes autres sortes d'heritages, les Tableaux qui sont cramponés à fer & à cloux , les Statuës aposées sur bases ou pilliers, ou dans les galeries des maisons, ou dans des Jardins , & generalement toutes sortes de choses qui sont âtachées dans les Maisons & Hôtels, à fer & à cloux, ou scellées en plâtre , & qui ne peuvent être transportées sans fraction & déterioration.

Neanmoins, si ces choses avoient été mises & âtachées par le Proprietaire d'une maison , en ce cas elles sont présumées y avoir été mises & âtachées ou scellées en plâtrées, pour y demeurer perpetuellement ; mais si elles avoient été mises par le Locataire, ou par un Usufruitier, il en seroit autrement , atendu que le Locataire ou l'usufruitier peut les réprendre , après que son bail, ou son usufruit aura été fini , en rémetant & rétablissant les lieux en l'état qu'ils étoient lors qu'il y est entré.

Par la deuxiéme, font reputés Immeubles les deniers comtans donés pour le suplément de partage, dans la division de la fuccffion d'un défunt ; les arérages de rentes, le loüage de maifon & heritages échûs ou a échoir, les boutiques du Palais, les materiaux d'un Edifice démoli, l'Artillerie, les Arquebufes à Croc, & les munitions de Guerre qui font mifes dans un Château pour fa fortification & confervation.

Les Tableaux, ornemens d'une Chapele qui eft dans un Château, les bacs d'un Seigneur de Fief, font encore reputés immeubles, en ce qu'ils s'aferment comme un domaine, & forment une perpetuelle fervitude, & une demeure conftante dans le paffage, ainfi qu'il a été jugé par plufieurs Arrêts, raportés par Brodeau, Article 90. nombre 7.

Par la troifiéme caufe, eft aufi reputés immeubles; *Primò*, les rentes conftituées à prix d'argent, jufqu'à ce qu'elles foient rachetées, fuivant l'article 94. de la Coûtume de Paris, laquelle eft en ce cas, contraire à plufieurs autres, qui reputent meubles les rentes conftituées.

Or il s'enfuit que fi le creancier & le debiteur d'une rente conftituée, ont leur domicile dans diverfes Coûtumes, dont l'une déclare les rentes meubles, & l'autre immeubles, elle fe reglent fuivant la Coûtume où demeure le debiteur d'icelle.

Secundò. Le Poiffon qui eft dans un Etang ou dans un Vivier, les Pigeons en le Colombier, les deniers comtans du rachat des rentes apartenantes à des Mineurs, ou de la vente de leurs biens, font reputés immeubles, comme étoient les rentes rachetées, ou les immeubles vendus, à l'éfet d'apartenir aux Parens aufquels lefdites rentes ou les immeubles auroient âpartenus, fuppofé que le Mineur decéde en minorité.

Tertiò. Suivant l'article 232. de ladite Coûtume de Paris, les deniers provenans de la vente de quelques heritages, ou du rachapt des rentes apartenantes à l'un des conjoins, font aufi reputez immeubles à l'éfet feulement d'être repris fur les biens de la Comunauté hor part, & fans confufion, par celui auquel apartenoit l'heritage vendu, ou la rente rachetée, quoi que par le Contrat de mariage le remploi n'ait pas été ftipulé.

Quartò. Les fervitudes, parce qu'elles font infeparables de l'héritage, les promeffes & obligations, lors qu'elles font paffées pour fait d'heritage, ou pour quelque autre chofe d'immobile, font reputez immeubles.

Quintò. La nature des Ofices a ci-devant été incertaine, mais prefentement ils ont été déclarés immeubles, par la Coûtume & par les Arrêts.

Les raisons pour laquelle les Ofices ont été reputés immeubles, sont expliquées dans l'article 95. de la Coûtume de Paris.

La premiere, est que toute sortes d'Ofices venaux sont sujets aux formalitez des criées & du décret, comme les veritables immeubles.

Surquoi il faut ici excepter les ofices de Judicatures, lesquelles ne peuvent être saisis ni mis en criées, vendus, ni ajugés par décret, mais la Cour condamne le debiteur à passer procuration *ad resinendum*, de son Ofice dans un certain tems, aprés lequel l'Arrêt vaut procuration, faute par le debiteur d'y avoir satisfait, & ensuite ses créanciers traitent de l'Ofice, & sur leur Traité on expedie des Provisions.

Il faut encore ausi excepter les Ofices des maisons Roiales & des Princes, lesquels ne peuvent pas pareillement être saisie ni décretés, parce que ce ne sont que de simples commisions non sujetes au droit anuel.

La deuxiéme, est parce que celui qui est pourveu d'un Ofice & en joüit, peut former complainte pour le trouble qui lui est fait dans sa possession.

La troisiéme, parce que l'Ofice dont le mari est pourveu au tems du mariage, n'entre pas en Communauté.

La quatriéme, parce que dans la succession directe & collaterale, les Ofices sont hereditaires, & si tellement afectés a la ligne; que les heritiers collateraux paternels en sont preferez à la mere de celui de la succession duquel il s'agit.

La cinquiéme, parce que l'Ofice n'est pas compris dans un legs fait des meubles & des éfets mobiliaires de l'Ofice.

Ci-devant dans les cas de déconfitures les deniers provenans de la vente des Ofices, étoient distribuez par contribution au sol livre, suivant ledit article 95 de ladite Coûtume de Paris, mais par Edit du mois de Fevrier 1683. le Roi a dérogé à cet article qu'il abolit, & ordonne que les deniers provenans de la vente des Ofices seront doresnavant distribués par ordre d'hipoteque.

Par la quatriéme cause, qui est la disposition & la destination de l'homme, confirmée par la Coûtume ou par les Arrêts.

Une somme de deniers donnée par un pere à leur enfans en faveur de mariage, pour être emploïée en achat d'heritage ou autre chose mobiliaire, comme un meuble meublant, hardes, marchandises & autres choses semblables, prend encore la qualité d'immeuble, & tient lieu de propre au futur époux, ou à la future épouse, par la convention & stipulation de ceux qui contractent

mariage

mariage, ou qui dotent celle qui le contrafe, ou bien quand par le même contrat on a ameubli juſqu'à une certaine ſomme de choſes veritablement immeubles, pour les faire entrer en la Communauté des contrâtans juſqu'à la valeur de la ſuſdite ſomme.

Ainſi, la ſtipulation qu'on apoſe aux contrats de Mariage ſont toutes diferentes les unes des autres, c'eſt pourquoi elles produiſent diferens éfets.

Les fruits des Terres-Nobles, des prez & des vignes, ſont auſi cauſés & reputés immeubles, tant qu'ils ſont pendans par les raſines, c'eſt à dire, tant qu'ils ſont atachez au fond, & juſqu'à ce qu'ils en aient été coupés & ſeparés, ſelon la diſpoſition de l'article 29. de la Coûtume de Paris; mais il y a d'autres Coûtumes où les fruits pendans, par les raſines ſont reputez meubles, ſçavoir à l'égard des foins, aprés la mi-Mai, pour les bleds, aprés la ſaint Jean-Baptiſte, & pour les vignes, aprés la mi-Septembre.

Les fermages ſont auſſi partie du fond, tant que les fruits ſont ſur pied, & par conſequent ils apartienent à l'heritier des propres de celui des conjoints à qui l'heritage apartient, en rendant à l'autre la moitié des labours & ſemences; mais auſſi-tôt que les fruits ſont ſeparés, les fermages ſont mobiliaires, en ſorte que ſi dés le lendemain de la dépoüille les heritages étoient ſaiſis réellement, le Commiſſaire aux ſaiſies réelles ne peut pas exiger les fermages au préjudice des déleguez, ou arêtans.

On peut à la verité ſaiſir les fruits futurs, & même ils apartiennent au premier ſaiſiſant, à moins que le fond ne ſoit ſaiſi réellement, auquel cas, ils ſe touchent par hipoteque, nonobſtant toutes ſaiſies ou tranſpors; cependant on a introduit en France un autre uſage, qui eſt que le ſaiſiſant ne touche que par concuſence avec les opoſans, les arerages de rentes échûs depuis les opoſitions.

La même choſe a été jugée, nonobſtant les délegations, à moins que le ceſſionaire n'ait un privilege ſur la choſe.

Il y a encore une ſeconde diviſion des veritables immeubles, céte diviſion ſe fait en fiefs, ou biens poſſedez par conceſſion féodale en l'heritage poſſedé roturierement, à cens ou cenſives, & heritages poſſedez alaudialement, âpellés Franc-Aleu, dont je traiterai dans le chapitre ſuivant.

Revenant à nôtre premier principe, il eſt certain qu'il y a pluſieurs principales diferences, entre les meubles & les immeubles.

Primò. Que les biens meubles n'ont pas de ſuite par hipoteque, mais les immeubles y ont ſuite , ainſi les plus anciens creanciers hipotequaires ſont préferez pour ce qui leur eſt deû , ſur le prix provenant de la vente d'iceux par décret , chacun ſuivant l'ordre & la proprieté de leurs hipoteques , & leurs Créanciers peuvent pourſuivre hipotequairement le poſſeſſeur des immeubles afectez & hipotequés à leur dettes.

Secundò. Les meubles ſuivent la perſone & ſe reglent ſuivant la Coûtume du domicile de celui auquel ils apartienent, quoi qu'il y en ait en diferentes Coûtumes au tems de ſa mort , & les immeubles au contraire ſuivent la Coûtume du lieu où ils ſont ſituez.

Tertiò. En meubles il n'y a pas de reſciſion pour lézion d'autre moitié de juſte prix , comme dans les immeubles.

Quartò. En meubles , ſi ce n'eſt pour univerſalité de meubles, il n'y a point de complainte , ni de réintegrande , comme dans les immeubles.

Quintò. Donation de meubles n'eſt pas ſujéte à inſinuation`, comme celle des immeubles.

Sextò. Les meubles dans la ſucceſſion , ſe reglent autrement que les immeubles.

Septimò. Les immeubles , ſe vendent par criées , & décrit , mais les meubles duquel prix & valeur qu'ils ſoient, ne ſe vendent qu'à l'encan ſans aucunes formalitez.

Octavò. Les meubles ſe preſcrivent par troir ans , & les immeubles par 10. 20. 30. ou 40. ans.

C H A P I T R E L I.

Des Fiefs & matieres Feodales.

LEs Fiefs ſe diviſent en trois ſortes de manieres , ſçavoir, en Fiefs de dignité , en Fiefs ſimples qui n'ont aucun tiltre de dignité , & en Fiefs liges.

Les Fiefs de dignité ſont les Duchez , les Comtez , Marquiſats & les Principautez & Baronies , leſquels Fiefs de dignité ont pluſieurs prérogatives.

La premiere eſt , que la plûpart relevent immediatement de la Courone ; en quoi il y a cete diference , ſuivant l'avis de Maître Charle Loyſeau au Traité des Seigneurs, Chapitre 6. nombre 7. que les Seigneurs qui relevent de la Courone ne peuvent rendre leurs hômages, & aveûs qu'en la Chambre des Comptes; au lieu que ceux qui relevent du Roi à cause de quelque Duché ou Comté réunis à la Courone, le peuvent rendre pardevant les Oficiers des lieux d'où ils relevent.

La seconde est, que les mêmes fiefs de dignité, autrement âpelés grandes Seigneuries, participent en quelque façon aux honeurs des Seigneuries Souveraines, parce que ceux qui en sont investis portent leurs armes couronées en timbre.

Sçavoir, les Ducs d'une couroné fleuronée, & les Comtes d'une courone perlée, les Marquis d'une courone mélée, & les Seigneurs d'une Principauté, d'un cercle d'or, sans aucuns dessus, qui jadis étoit l'ancienne forme des courones.

La troisiéme est, que les Fiefs de dignité, ou grandes Seigneuries, sont indemisibles & impartageables, si ce n'est par estimation & recompense, c'est-à-dire, qu'en succession, l'Aîné mâle prend la Duché, Marquisat ou Comté, tout entier, & donne à ses puis nez une autre portion hereditaire, & les recompense d'ailleurs, suivant l'estimation de leur portion, telles qu'ils l'auroient eû en especes aux simples fiefs.

Il y a certain cas où les Fiefs de dignité & grandes Seigneuries, anoblissent ceux qui en sont investis, & dans d'autres cas, non.

Par l'article 258. de l'Ordonance de Blois, il est précisément déclaré, que si un Roturier avoit achepté un Fief-Noble, de quelques revenus ou valeur qu'il puisse être, encore qu'il ne soit précisément parlé de grande Seigneuries & Fiefs de dignité, que néanmoins ce Fief n'anoblit pas celui qui en est investis, si ce n'est que l'investiture en ait été donnée anciennement par le Roi à un Roturier, parce qu'en ce cas Sa Majesté est présumée avoir habilité, le Roturier à tenir ce Fief de dignité, dont autrement il seroit incapable.

Toutefois s'il en avoit été investi par autre que par le Roi, & même par la Chambre des Comptes, il ne seroit pas non seulement pour cela anobli, mais il pourroit encore être contraint d'en vuider ses mains, comme étant incapable & inhabile à le posseder.

Cependant, si le pere & l'ayeul en avoient joüi, il est certain que le petit fils seroit indubitablement noble, quand même il paroîtroit d'ailleurs que ses prédécesseurs fussent Roturiers, à l'exemple des Ofices anoblissans, qui bien qu'ils ne produisent qu'une noblesse personelle, qui ne passe pas aux heritiers, néanmoins, quand le pere & l'aïeul en ont été honorez, leur posterité dévient Noble à perpetuité, Loiseau au Traité des Seigneurs, chapitre 8. nombre 24.

Les Fiefs simples, sont ceux qui n'ont pas de dignité annexée, & pour lesquels il n'est deub par le vassal à son Seigneur qu'une simple foi & homage dont l'obligation est plus réelle que personnelle, en sorte que quand on est simplement vassal d'un Seigneur, pour raison de quelques fiefs, en le quitant & l'abandonant, on est exempt de toutes sujétions envers le Seigneur de qui il releve.

Le Fief lige, est un Fief mixte, c'est-à-dire, en partie réel & en partie personel, parce que celui qui en est investi, est obligé en faisant la foi & hômage à son Seigneur, de faire serment sur les Saints Evangiles de le servir & défendre, tant à la vie qu'à la mort, envers & contre tous, sans aucune persone reserver, ni excepter, ensemble lui soumettre & obliger, non seulement son honneur & sa vie, mais aussi tous ses biens indistinctement, tant feaudaux, que Roturiers, au moien de quoi un Vassal ligié ne peut pas en renonçant à son Fief se décharger de l'obligation qu'il a contractée en portant la foi & homage à son Seigneur.

L'hômage lige n'est deû qu'aux Souverains, & il ne peut être prêté par un Vassal qu'à un seul Souverain, atendu que nul ne peut être soûmis en même tems à deux diferens Seigneurs, de céte sujétion entiere & absoluë, *Nemo potest duobus dominis servire.*

C'est pourquoi, quand il est rendu aux Ducs & aux autres Grands-Seigneurs qui l'ont usurpé, il faut toûjours excepter le Roi, ou le Souverain, comme il a été décidé aux Etats tenus à Tours, en Mars 1468. sous le Roi Loüis XI. ainsi que nous le raporte Philipe de Comines, en la vie de Loüis XI. chapitre 45. où il se voit, que le Comte de Ponthieu avoit fait saisir la Terre & Seigneurie de saint Valeri, relevant du Comté de Ponthieu, pour lui avoir refusé l'homage & le serment de fidelité, envers & contre tous sans exception d'aucunes persones, ni du Roi même.

Or comme telle protestation de serment tendoit à la diminution de l'autorité & Souveraineté du Roi, Souverain Seigneur de tous les deux, par l'avis des Etats, il fut conclu & ordonné que le Duc de Bourgogne seroit ajourné à comparoir en persone au Parlement de Paris, pour casser & anuler tout ce qui avoit été par lui fait par âtentat & entreprise sur la Souveraineté du Roi, Chopin livre 3. du Domaine, titre 12. nombre 19.

Les Fiefs se divisent encore en fiefs servans, fiefs dominans, & arriere-fiefs.

Le Fief servant, est un Fief qui releve d'un autre, & pour lequel le propriétaire eſt obligé à la foi & hômage envers le propriétaire du Fief duquel il eſt mouvant.

Le Fief dominant eſt celui duquel un autre fief releve, cependant il faut remarquer, qu'un fief n'eſt dominant, qu'à l'égard de celui duquel il releve, parce qu'en fief dominant à l'égard d'un fief, il peut être ſervant, & à l'égard d'un autre, au contraire, ainſi les termes de fief ſervant & fief dominant, ſont donc relatifs, puis qu'un même fief eſt ſervant à l'égard de celui duquel il releve, & qu'il eſt dominant à l'égard de ceux qui relevent de lui.

Ariere-fief, eſt un fief qui dépend d'un autre fief, & qui s'apelle ariere-fief à l'égard du Seigneur duquel il eſt tenu immediatement.

C H A P I T R E L I I.

Du devoir du Vaſſal envers ſon Seigneur, & des droits du Seigneur ſur ſon Vaſſal.

L E devoir du Vaſſal envers ſon Seigneur, eſt de lui faire la foi & hômage, de lui bailler un aveu & dénombrement des terres & droits qu'il tient de lui, comme auſi de lui païer le rachât ou relief en certain cas, ou le quint denier du prix de l'aquiſition du fief qu'il a achepté mouvant de lui.

La foi & hômage, eſt le ſerment de fidelité que le Vaſſal eſt obligé de faire au Seigneur du fief dont il releve, & par ce moien il devient l'Homme & le Vaſſal de ſon Seigneur.

Elle doit être faite par le Vaſſal au lieu Seigneurial dont eſt mouvant le fief ſervant & non ailleurs, à moins que le Seigneur n'y conſente, ſuivant l'article 64. de la Coûtume de Paris.

Mais quand le fief du Vaſſal & le fief dominant, ſont, ſituez en diferentes coûtumes, il faut en ce cas, touchant la foi & hômage, ſuivre la coûtume du fief dominant; & à l'égard du relief, rachats & autres droits utiles de la ſaiſie feodale, il faut ſuivre la Coûtume du fief ſervant où il eſt ſitué, ſelon le ſentiment de Lhommeau en ſes Maximes livre 3. chapitre 18. ſur la fin.

La maniere de faire la foi & hômage, eſt que le Vaſſal eſt tenu d'aler vers ſon Seigneur, dont eſt tenu & mouvant ſon fief, & y étant il doit demander ſi le Seigneur eſt audit lieu, ou bien s'il y a quelqu'un pour lui, qui a charge de recevoir là foi & hômage & ofre.

Il doit mettre un genoüil à terre & nuë tête, sans épée ni éperons, & dire qu'il lui porte & fait la foi & hômage qu'il est tenu de lui faire à cause de son fief mouvant de lui, & déclarer à quel titre ledit fief lui est échû, lui requerant qu'il lui plaise le recevoir.

S'il ne trouve pas le Seigneur, ou autres aiant pouvoir de lui, il sufit de faire la foi & hômage & ofres devant la principale porte du manoir, après avoir apelé à haute voix le Seigneur par trois fois, & quand il n'y a pas de manoir, ni lieu Seigneurial, dont dépend le fief, il faut en cas d'absence du Seigneur & de ses Oficiers, faire notifier les ofres par le prochain Juge voisin du lieu Seigneurial, & en laisser copie, ainsi qu'il est dit par l'article 73. de la Coûtume de Paris.

Le Seigneur n'est pas obligé de recevoir la foi & hômage ailleurs qu'au fief dominant, si bon ne lui semble, suivant l'article 74 de ladite Coûtume, & par conséquent il en est de même du Vassal, lequel ne peut pas non-plus être obligé de prêter la foi hômage ailleurs qu'au fief dominant si bon ne lui semble.

Tout nouveau Vassal est tenu de faire en persone la foi & hômage, lors que le Seigneur est prêt de la recevoir ausi en persone; mais si le Seigneur passe procuration à un tiers pour la recevoir, le Vassal peut ausi la faire par Procuration.

Si le Seigneur fait recevoir la foi & hômage par les Oficiers de sa Justice, le Vassal ne doit au plus que l'expedition du Grefier au lieu du Notaire, les Oficiers n'étant que pour la Justice, & non pas pour les actes feodaux, outre que le Seigneur les doits stipendier, s'ils font ce qu'il doit faire lui même.

Le Roi n'est pas obligé de faire la foi & hômage à aucun Seigneur pour les fiefs qu'il possede, il n'est pas même tenu de la faire par homme vivant & mourant.

Il y a encore plusieurs autres cas, esquels le Vassal ne fait pas la foi & hômage en persone, mais par Procureur.

Primò. Quand le Vassal est malade d'une longue maladie, s'il est en extrémité de vieillesse, s'il est furieux & insensé, ou absent pour le service du Roi, ou à cause de troubles & inondation, ou qu'il soit Oficier de Cour Souveraine, qui ne peut desemparer le service, pour lors la Seigneur est obligé de recevoir la prestation de fidelité par Procureur, ou donner délai & soufrance au Vassal, tant que dureront les empêchemens, laquelle soufrance vaut foi tant qu'elle dure, selon le sentiment de L'hommeau en ses Maximes, livre 11. article 7.

Secundò, Si le Fief eſt poſſedé par une Comunauté, un College, ou une Abaïe, la foi & homage doit être fait au Seigneur dominant par l'un de ladite Comunauté, ou College fondés de Procuration de tout le corps, ou par l'homme vivant & mourant, qui ſera baillée à céte fin audit Seigneur, pour raiſon du Fief.

Tertiò, Ceux qui ſont en Tutelle ou Curatelle, ſont la foi & homage par leur Tuteur, à moins que le Seigneur féodal ne leur done délai & ſoûfrance juſques à leur majorité féodale, & la demande de la ſoûfrance doit être faite par le Mineur, ou par ſon Tuteur, ou Curateur.

A l'égard de la preſcription de la foi & homage, la majorité eſt eſtimée pour les mâles & reputée âgé, à l'âge de vingt ans acomplis, & pour les filles à quinze ans acomplis.

Il faut auſſi que le Seigneur ait âteint cet âge, pour doner céte ſoûfrance à ſes Vaſſeaux, autrement ce ſeroit à ſon Tuteur ou Curateur à la doner, ainſi qu'il eſt porté par l'Article 41. de la Coûtume de Paris.

Il y a d'autres Coûtumes où l'âge pour prêter la foi & homage eſt reglée diverſement, en déclarant neanmoins par le Vaſſal ſon titre, & à la charge en cas d'âquiſition d'exhiber le Contrat & de païer les droits ou les reliefs, s'il y a mutation qui les ait âquis.

Quartò, Les Créanciers du Vaſſal qui ont fait ſaiſir ſon Fief peuvent, pour & au lieu de Vaſſal ôfrir au Seigneur de lui faire le ſerment de fidelité, par un Curateur ou Comiſſaire établi par eux à cet éfet, ce qui ſe doit entendre au cas qu'il y ait ouverture de la part du Vaſſal ſaiſi, ſur quoi il faut remarquer, que le Curateur ou le Comiſſaire étant mort, il n'y a plus d'ouverture au Fief, âtendu que tant que le debiteur eſt vivant, c'eſt lui qui eſt le Proprietaire de ſes biens quoique que ſaiſis.

Quintò, Le fils aîné faiſant la foi & homage au Seigneur féodal, âquite ſes ſœurs de leur premier mariage, au cas qu'il la faſſe pour lui & pour elles.

Sextò, Le mari fait la foi & homage pour ſa femme, pendant le mariage, deſorte qu'elle en eſt âquitée aprés le decés de ſon mari, tant pour le régard de ſes propres, que pour les Fiefs qui lui échéent aprés la mort de ſon mari, pour ſa part de la Comunauté.

Septimò, Les Bailliſtres & Gardiens, font auſi la foi & homage, pour les Mineurs dont ils ont la garde.

Octavò, La femme doüairiere peut faire la foi & homage au nom des heritiers de ſon mari à leurs refus ou abſence, comme par une procuration tacite & légale, & en ce cas le Seigneur eſt tenu de la recevoir, finon, lui doner foûfrance pendant que fon doüaire durera

Lors que la foi & homage fe fait par Procureur, il faut que celui qui la fait foit fondé de procuration fpeciale, d'autant que la generale ne fûfiroit pas.

La foi & homage doit être faite par le proprietaire du Fief, & non par l'ufufruitier; neanmoins fi le proprietaire eft negligent, l'ufufruitier ou Comiffaire pour empêcher la perte des fruits la peut faire, mais outre ce cas, l'ufufruitier ne la peut pas faire, d'autant qu'il n'eft pas l'homme du Seigneur, ainfi par céte raifon les droits honorifiques n'âpartient pas à l'ufufruitier par plufieurs raifons.

Primò, Que le donataire d'un Fief avec reftitution d'ufufruit par le donateur, eft obligé de faire la foi & homage, & païer les droits au Seigneur, & à faute de foi & homage fait par le donataire, le Seigneur peut faire faifir le Fief, la raifon eft, que dés que la donation eft parfaite, le donateur ce défaifit & ce dévefti de la proprieté de la chofe donée au profit du donataire.

Secndò, Que la femme doüairiere n'eft pas tenuë pour fon doüaire de faire la foi & homage, ni de paier aucuns droits pour le fief, fur lequel elle prent fon doüaire, d'autant que les heritiers de fon mari font obligés de les acquiter, comme Seigneur & Proprietaire d'icelui, finon, le fief peut être faifi par le Seigneur, à moins qu'elle ne la voulut faire au nom des heritiers.

La foi & homage doit être faite au Seigneur du fief dominant, & non pas à l'ufufruitier, mais fuivant l'Article 2. de la Coûtume de Paris les droits & profits féaudaux âpartienent à l'ufufruitier.

L'ufufruitier du fief dominant, peut à fa requête peril & fortune faire faifir, les fiefs & arieres fiefs ouverts, mouvans & dépendans du fief dont il joüit par ufufruit, faute d'homme, droits & devoirs non faits & non payés, pourveu toutefois, que dans l'Exploit de faifie le nom du Seigneur du fief dominant foit mis & âpofé, & que fomation ait été préalablement faite audit Seigneur de faire faifir, enforte qu'il ne peut doner main-levée de céte faifie qu'en paiant les droits à l'ufufruitier, mais l'ufufruitier ne peut pas faifir faute de dénombrement; car cela regarde principalement le Seigneur du fief dominant.

S'il y a plufieurs Seigneurs d'un même fief, il fufit que le Vaffal l'ait fait faire à un d'eux, au nom de tous au principal manoir du fief dominant, & fi le fief dominant dépend du domaine du Roi, & qu'il foit engagé ou aliené à faculté de rachat, il faut que les Vaffaux de ce fief faffent faire la foi & homage à l'engagifte au manoir ou lieu principal dudit fief engagé, à moins que par l'engagement la foi & hômage n'ait été refervé. Si

Si plusieurs Seigneurs possedent aussi un fief par indivis, ou autrement, chacun d'eux peut faire la foi & homage pour sa part & portion hereditaire, pour empêcher la saisie féodale, ou pour en avoir main levée; c'est pourquoi le Seigneur dominant se peut pourvoir contre ceux qui n'ont pas fait la foi & homage.

La representation de fidelité par l'un d'eux, n'aquite pas les autres, excepté lors que le fils aîné la fait pour lui & ses sœurs.

Il faut dire de même du puisné, ou du fils de l'aîné, qui après la mort de l'aîné avant que d'avoir fait la foi & homage, déchargé de la foi & homage ses Sœurs ou ses Tantes, par la prestation de fidelité, & pour lesquels il a fait la foi & homage, mais il ne peut pas faire la même chose pour ses puisnés, si ce n'est dans les Coû-.umes qui le permetent expressement.

Le nouveau Seigneur d'un Fief dominant qui veut obliger la Vassal à lui faire la foi & homage, ne peut pas faire saisir le Fief qui est mouvant de lui, que préalablement il n'ait déclaré & dûement fait à sçavoir à ses Vassaux par signification ou par dénonciation, qu'ils aïent à lui venir faire la foi & hômage dans quarante jours, & cela fait, les quarante jours étant passés, si le Vassal ne se presente pas, il peut pour lors faire saisir & exploiter le Fief tenu & mouvant de lui, & faire les fruits siens, pourveu aussi que les proclamations & significations aïent été faites.

Sçavoir, quant aux Fiefs étant en Duchés, Comtés, Baronies, Châtelenies dont ils sont mouvans, par proclamations, à son de Trompe & Cris public, par trois jours de Dimanches, & deux s'il y a marché.

A l'égard des Fiefs étant hors desdits Duchés, Comtés, Baronies, & Châtelenies, par signification faites au Vassal à sa persone, ou au lieu du Fief, s'il y a manoir, ou au Procureur dudit Vassal, si aucun y a, sinon au Prône de l'Eglise Paroissiale du lieu, un jour de Dimanche, ou autres jours solemnel.

Le Vassal est obligé de faire la foi & homage à son Seigneur, & de lui païer les droits Seigneuriaux, toutefois & quante y a ouverture de Fief, laquelle ouverture de Fief est lors qu'il y a mutation de la part du Seigneur ou de la part du Vassal.

S'il y a mutation de la part du Seigneur, il n'est dût au nouveau Seigneur par l'ancien Vassal que la bouche & les mains, c'est à dire, que la seule foi & homage, sans aucuns droits féaudaux, ainsi qu'il est dit par l'Article 66. de la Coûtume de Paris.

Mais, quand la mutation arive de la part du Vassal, il y a trois cas à distinguer; le premier, quand le fief est échû au Vassal par succession en ligne directe, comme quand c'est une fille qui succede à son à son pere, ou un petit-fils qui sucede à son ayeul, ou un pere à un ayeul qui sucede à leur fils, ou petit-fils. Le second, quand le fief lui est échu en ligne colaterale, ou a été aquis par donation, ou par échange; le troisiéme, quand il l'a acheté ou pris en payement; ou ventes rachetables.

Au premier cas, regulierement & suivant ladite Coûtume de Paris, il n'est dû par le nouveau vassal à son Seigneur, que la foi & homage, avec le serment de fidelité; au second cas, outre la foi & homage, il est dû au Seigneur droit de relief ou de rachat; & au troisiéme cas, il est dû au Seigneur le droit de quint.

Il faut neanmoins excepter ici les fiefs de Vixsin le François, pour lesquels il est dû relief à toute mutation.

Quand le fief est aquis au vassal par donation entre vifs ou legs testamentaires, il n'est dû au Seigneur que le seul droit de rachat, tout ainsi que quand il lui est échu par sucession en ligne colaterale.

Si au contraire le fief est aquis par échange, il est dû aujourd'hui le droit de quint, suivant les Edits & Declarations du Roy du mois de Mars 1674. soit que le fief ait été échangé contre des rentes, ou contre d'autres heritages, au lieu que cy-devant il n'étoit dû que droit de relief, ou de rachat, selon la disposition de la Coûtume de Paris, & de la plûpart des autres Coûtumes du Royaume, à la disposition desquels sa Majesté a dérogé par ses Edits & Declarations.

Le droit de quint qui se paye par le fief échangé, apartient au Roi en vertu des Edits dont j'ai parlé ci-dessus, & non pas au Seigneur feodal, excepté que le Seigneur feodal n'ait aquis le droit de sa Majesté; mais sur ce qui provient du droit de quint, ledit Seigneur feodal prend son droit de relief ou de rachat, tel qu'il se prenoit avant lesdits Edits, & le surplus apartient au Fermier du domaine.

Le droit de relief, ou de rachat, est le revenu du fief durant le cours d'une année, ou le dire de preud'homme, ou une somme pour une fois oferte de la part du vassal, au choix & election du Seigneur feodal, selon la coûtume de Paris Article 47.

Ce revenu se prend sur les fruits du fief, en deduisant neanmoins les semences & fruits de labours, & autres frais pour la recolte des fruits, suposé que le vassal eût doné à moisson les terres feodales.

Dans ce revenu sont compris les fruits qui ne se perçoivent pas par chacun an, suivant l'Article 48. de ladite coûtume de Paris, comme sont les biens Taillis & autres choses semblables.

L'année du relief commence au jour que les ofres qui ont été faites par le vassal, ont été acceptées, ou qu'elles ont été valablemens faites par le vassal jusqu'à pareil jour & l'an resolut, il ne sufit qu'une seule cuillete d'une sorte de fruits, par l'Article 49.

Le vassal est tenu du comuniquer au Seigneur les Titres & papiers de recéte, afin qu'il ne soit pas trompé dans le choix, ou de lui en extraire une declaration sur iceux, aux dépens neanmoins du Seigneur, atendu que c'est pour son utilité, & non pas pour celle du vassal, suivant l'Article 50.

Il n'est pas au choix du Seigneur de prendre le revenu d'une année ou une somme oferte par le vassal dans les cas suivans.

Primò, Quand le Seigneur n'a pas pris le revenu d'une année, car en ce cas, il ne peut demander que l'estimation des fruits de ladite année.

Secundò, Lors que le vassal a donné à ferme l'heritage tenu en fief, ou partie d'icelui sans fraude ; car en ce cas, le Seigneur est obligé de se contenter de la redevance duë par le Fermier, pour ce qui est baillé à ferme, quoique l'année tombe en rachat, quand même ce seroit la derniere du bail du Fermier.

Tertiò, Quand le vassal a donné son fief à rente, & que la rente est infeodée; car si elle n'étoit pas infeodée, il pourroit prendre le revenu des Terres, par l'Article 59. de la susdite coûtume de Paris.

Si le fief consiste dans une Maison, le Seigneur se doit contenter du loïer ; & si elle n'est pas loüée, il doit prendre lui-même le loïer, au dire de gens à ce connoissans, selon l'Article 58.

Le Seigneur choisissant le revenu des Terres, peut se servir des caves, greniers, granges, étables, pressoirs, & celliers, qui sont dans le principal manoir & basse cour, pour recueillir & garder les fruits qu'il percevra pendant l'année, avec une portion du logis pour se loger, sans toutefois déloger son vassal.

Le droit de relief se paye par le proprietaire du fief servant à l'usufruitier du fief servant, suivant l'Article 2. de ladite coûtume de Paris.

Il faut cependant excepter les mineurs qui sont en garde noble ou bourgeoise, lesquels, quoique proprietaires, ne sont pas obligez à le païer, mais les gardiens sont tenus de les aquiter, lorsqu'ils sont dûs du chef des mineurs, pour les fiefs qui tombent en la garde noble, par l'Article 40.

Le droit de Quint, est la cinquiéme partie du prix de l'aquisition, lequel est dû au Seigneur par l'aquereur dans le même cas auquel les lods & ventes sont dûs.

Le Seigneur feodal ne peut pas user de saisie feodale sur le fief de son vassal decedé, que quarante jours aprés le deceds de sondit vasfal, à compter du jour qu'il est decedé ; mais si aprés les quarante jours expirez il ne se presente aucun nouveau vassal, pour faire la foi & homage, & pour les droits feodaux, le Seigneur feodal peut faire saisir & mettre en sa main le fief mouvant de lui, & l'exploiter en pur pere, c'est à dire, en faire les fruits siens tant que durera la saisie, à la charge toutefois d'en user comme un bon pere de famille.

Pendant lequel tems il ne lui est pas permis de couper les arbres fruitiers, ni autres arbres de haute sutaïe, non plus que les taillis, **ni** pescher les étangs, que dans le tems de leur coupe & pêche ordinaire, selon l'Article 1 de la Coûtume de Paris.

La saisie feodale ne dure que trois ans, & doit être renouvellée de trois ans en trois ans ; car autrement, aprés les trois ans, le Comissaire est déchargé par l'Article 31.

Or, si le fief étoit saisi réellement à la requête des Fermiers du vassal, & que pendant la saisie réelle il y eût ouverture de fief, la foi & homage doit être faite au Seigneur, pour empêcher la saisie feodale par le Curateur ou Comissaire etabli au fief saisi, à la requête desdits Creanciers, sauf au Seigneur à se pourvoir à l'ordre pour ses droits, à moins qu'ils ne fussent aquis par une mutation necessaire, suivant l'Article 34.

Ce n'est pas assez au vassal d'avoir fait la foi & homage à son Seigneur, & d'avoir payé les droits Seigneuriaux, il faut encore qu'il donne audit Seigneur son denombrement en forme & authentique écrit en parchemin, passé pardevant Notaire ou Tabellion, dans quarante jours, à compter du jour de la reception en foi & homage.

Quand il est obligé de le donner aux Oficiers de la justice, il ne doit, comme j'ai ci-devant dit, que l'expedition du Grefier.

L'Acte de dénombrement est une description par le détail de tous les droits, redevances, charges & heritages dependans du fief servant qu'il possede, avec les confins, tenans & aboutissans & limites.

Cet acte doit être fait & baillé par le vassal à ses frais & dépens, parce que c'est son titre & l'inventaire de son fief, en sorte que si dans les quarante jours le vassal ne donne pas son dénombrement, le Seigneur feodal pourra faire saisir le fief mouvant de lui & y mettre Comissaire, jusqu'à ce que le dénombrement ait été donné ; mais il ne peut pas faire les fruits siens, & le dénombrement baillé, il est obligé de rendre compte au vassal.

Le Seigneur doit recevoir, ou blâmer le dénombrement dans les quarante jours, sinon & à faute de ce faire dans ledit tems, & icelui passé, il est tenu pour reçû ; neanmoins le vassal est obligé d'aler ou d'envoïer querir le blâme au lieu du principal manoir dont son fief

eſt mouvant, & aprés qu'il a reçû le blâme de ſon Seigneur, il faut;
ſi le blâme n'eſt pas raiſonable, qu'il faſſe aſſigner le Seigneur pardevant ſon Juge, pour répondre ſur ce que le défendeur a fait ſaiſir un fief mouvant de lui apartenant au Demandeur, faute d'avoir
fait la foi & hômage, à quoi ledit Demandeur aïant dépuis ſatisfait
& baillé ſon à vû & dénombrement, ledit Défendeur ne veût pas
lui donner main levée de cette ſaiſie, & même continuë de pourſuivre les fins; c'eſt pourquoi, il conclut à ce que main levée lui ſoit
faite de ladite ſaiſie feodale, & que ledit Défendeur ſoit condamné à reſtituer les fruits par lui perçûs, ſauf à lui à blâmer l'avû,
ſi bon lui ſemble, & en outre répondre & proceder ainſi que de
raiſon, requerant dépens, & ſignifier que tel Procureur ocupera
pour le Demandeur.

La verité du dénombrement ſe verifie par actes, titres & anciens
aveux & dénombrement de la teneur de ſon fief, qui ſont réciproc-
quement communiqués lors de la pourſuite entre le Seigneur & le
Vaſſal, ils ſont même obligés de s'en purger par ſerment s'ils en ſont
requis, ſi bien que le Vaſſal doit ſatisfaire le premier à la requiſition qui lui a été faite par ſon Seigneur.

On tient pour maxime en France, que tant que le Vaſſal dort
le Seigneur veille, & tant que le Seigneur dort le Vaſſal veille.

C'eſt-à-dire, que quand le Seigneur eſt negligent de faire ſaiſir
le fief de ſon Vaſſal, il ne fait pas les fruits ſiens, quoi que le fief
ſoit ouvert, mais auſſi quand il a ſaiſi il fait toûjours les fruits ſiens,
tant que le Vaſſal eſt negligent de faire ſon devoir, en renouvellant
toutefois la ſaiſie feodale de trois ans en trois ans, ainſi que j'ai ci-
devant dit.

Néanmoins ſi un Seigneur avoit mal à propos fait ſaiſir feodalement le fief de ſon Vaſſal, il eſt permis aux heritiers de lui faire
donner aſignation à comparoir à tel jour, pardevant le Juge, heure
d'Audience, pour répondre ſur ce que le défendeur a fait ſaiſir le
fief de &c. apartenant au Demandeur, faute d'hommes, droits, devoir de fiefs dûs & non-faits, rachât non païez avû & dénombrement non baillé, lequel fief eſt échû audit Demandeur par le partage des biens démeurez après le décez de défunt tel, fait entre lui
& ſes coheritiers en la ſucceſſion dudit défunt, pardevant Notaire
le tel jour, ainſi qu'il ofre ſe purger par ſerment, & de ce dont il pourra être enquis à cauſe du fait en queſtion, ſuivant l'Ordonance, &
en conſequence, conclu à ce que ledit Défendeur ſoit condamné
de déclarer préciſement pour quelle cauſe, droit & profit, il pretent
avoir ſaiſi feodalement ledit fief, & pour ce fait, dire par le De-

D d iij,

mandeur ce que de raifon, finon & à faute de ce faire, que main
levée lui fera faite de ladite faifie avec dépens domages & interéts, &c.

Quoi que le Seigneur ait fait faifir le fief de fon Vaffal, & qu'il
en ait joüi par l'efpace de vingt ans, ou trente ans, il ne prefcrit pas
pour cela contre fon Vaffal, la proprieté du fief, ni le Vaffal la foi
& hômage qu'il doit à fon Seigneur, même par cent ans, cependant le profit des fiefs échûs fe prefcrivent par trente ans.

S'il y a débat entre le Seigneur de qui releve le fief & un autre
Seigneur qui lui contefteroit le même fief, & que chacun d'eux pretende que le fief releve de lui, l'aient fait faifir par devoir & droit
feodaux non-faits & non-payez, en ce cas le Vaffal eft obligé pour
avoir la main levée de la faifie faite fur ledit fief, d'obtenir Lettres
de Chancelerie adreffantes au juge Roïal, pour joüir du fief par
main Souveraine en confignant néanmoins les droits, & pour lors
la main levée n'a lieu que du jour de la fignification faite à chacun
des Seigneurs contendans de la confignation és mains de juftice.

Mais fi la mouvance étoit conteftée au Roi par un Seigneur particulier, il faut que l'hômage foit faite à Sa Majefté par provifion,
& en ce cas les quarante jours prefcris au Vaffal pour faire la foi &
hômage, courent du jour de la fignification de la Sentence ou Jugement qui a décide ce diferent entre les deux Seigneurs, ainfi qu'il
eft dit par l'article 60. de la Coûtume de Paris.

Il y a dans ces fortes de matieres le crime de felonie, qui eft un
crime qui fe commet par le Vaffal, envers la perfonne de fon Seigneur, ou envers fa reputation.

Comme, par exemple, en le maltraitant, batant, ou outrageant,
& pour lors il fait tomber fon fief en comife & en pure perte, enforte qu'il eft aquis au Seigneur & rénni à fon Domaine, parce qu'ordinairement le crime de felonie commis en pareil cas par le Vaffal,
emporte de foi-même la confifcation de fon fief.

Le Vaffal perd aufi fon fief pour felonie, quand malicieufement
il défavoüe fon Seigneur, foûtenant qu'il ne tient pas fon fief de
lui, & qu'il releve d'un autre Seigneur; mais pour caufer cet éfet, il
faut que le défaveu foit fait en jugement & à deffein prémedité,
fuivant l'article 43. de ledire Coûtume de Paris.

Cependant fi un Seigneur ofenfoit griévement fon Vaffal, il feroit
aufi obligé de lui faire telle reparation que le cas pourroit meriter,
& outre cela, le Vaffal fe feroit encore afranchir & décharger de
fa fujection envers fon Seigneur feodal.

Lettres de main Souveraine.

LOUIS, &c. A nôtre Baillif de .... SALVT, de la partie de nôtre Amé
tel ... Efcuïer, fieur de tel lieu .... nous a été expofé que par Sentence des
Requêtes de nôtre Palis du tel jour ... il a aquis par un Décret la Terre & Seigneurie de tel endroit ..... dependant & relevaut en Fief & hômage du fieur
tel .... dénommé en ladite Sentence, en confequence de laquelle ajudication
il auroit fait la foi & hômage audit fieur tel .... & payé les droits & devoirs
Seigneuriaux, cependant il n'auroit pas laiffé d'y être troublé par tel Seigneur qui auroit prétendu la mouvance de ladite terre, & craignant d'encourir la rigueur de la coûtume, atendu la pourfuite & diligence faite par l'un
defdits Contendans, il a recours à Nous, & Nous a tres-humblement fait fuplier de le faire joüir de fadite Terre par main Souveraine, en confequence
du païement par lui fait des droits qui en peuvent être dûs. A CES CAUSES, voulant fubvenir à l'expofant, Nous vous Mandons que s'il vous apert de ce que
dit eft, & de la conteftation pour raifon de la mouvance de ladite Terre, en ce
cas, & en n'atendant le jugement dudit procez, & que l'expofan puiffe rendre la
foi & hômage audit tel ... s'ils lui font dûs, aïez à faire joüir ledit expofant
de ladite Terre de ... par main Souveraine fans être obligé de configner de
rechef les droits qui en peuvent être pour ce dûs, atendu le païement par lui
fait, CAR tel eft nôtre plaifir. Donné &c.

Par le Confeil
Tel, ...

Autres, lors qu'on n'a pas pû faire la foi & hômage, & païer les droits.

LOUIS, &c. ... à nôtre Ballif de tel lieu ... Salut, de la partie de nôtre
amée telle ..... nous a été expofé que depuis peu elle a aqnis tel Fief, duquel
elle n'a peu jufqu'à prefent faire la foi & hômage, ni païer les droits au moien
de la conteftation qui c'eft mené entre tel & tel Seigneur, qui tous deux pretendent la mouvance de ladite Terre, & craignant encourir la rigueur
de la Coûtume, atendu que lefdits Contendans ont fait leurs ponrfuites, &
diligences, & ont même fait faifir ledit fief, elle a recours à Nous, & Nous
a tres humblement fait fuplier, la faire joüir par main Souveraine en confignant les droits & devoirs qui en feront dûs. A CES CAUSES, voulant fubvenir
à nos fujets felon l'exigence des cas: Nous vous Mandons, que s'il vous apert
de ce que dit eft, & en n'atendant qu'elle puiffe rendre les foi & hômages à qui
ils feront dûs, aïez à faire joüir ladite expofante de ladite Terre de ... . & de
fes dependences, par main Souveraine, en confignant par elle les droits
& deniers qui pourront être pour ce dûs, CAR tel, eft nôtre plaifir. Donné &c.

CHAPITRE LIII.

Des simples Fiefs, & du partage d'iceux.

LEs Fiefs simples ne se partagent pas également, comme les biens Roturiers, ils se partagent diversement, suivant la coûtume des lieux où ils sont situez, mais suivant la Coûtume de Paris, en succession en ligne directe, le fils Aisné prend par principut le principal manoir, & la basse cour atenant & contiguë au manoir, destiné à icelui, encore que la basse cour fut entre deux, ensemble un arpent de terre de l'enclos ou jardin joignant.

Ledit manoir, si tant il y en a, & si ledit enclos contient davantage, l'Aisné peut retenir le tout en baillant recompense à ses puis nez de l'excedant d'un arpent en terre du même fief s'il y en a, sinon en un autre heritage de la succession.

Il y a encore ici plusieurs reflections à faire à l'égard du partage des simples fiefs.

Primò. Si le Fief ne consiste que dans un Château & en un arpent de terre, l'Aisné peut prendre ledit manoir tout entier avec l'arpent de terre pour son droit d'ainesse, sauf la legitimation aux autres enfans, laquelle il pourroit leur bailler en argent, s'il n'y avoit pas d'autres éfets de la succession pour les recompenser.

Secundò. Si dans la succession du Pere, ou de la Mere il n'y à qu'une portion de fief, consistant en un manoir & en un arpent de terre, l'Aisné retiendra le tout pour son droit d'aisnesse, parce qu'une partie du fief est un fief.

Tertiò. Si dans le fief il n'y a pas de maison ou de manoir, mais qu'il y ait seulement des terres, l'Aisné ne prendra qu'un arpent desdites terres pour son préciput, tel qu'il voudra choisir.

Quartò. Si dans l'enclos du manoir laissé pour préciput à l'Aisné, il y avoit un four, un pressoir, ou un moulin banal, le profit & émolument de la banalité se doivent partager comme le reste du fief; mais si le four ou pressoir ne sont point banaux ils apartiendront pour le tout à l'Aisné, en sorte qu'il n'y a que le moulin dont le profit doit être partagé, soit qu'il soit banal, ou non banal.

Toutefois le moulin à vant, suivant l'article 27. de ladite Coûtume de Paris, n'est pas reputé banal.

Le droit de banalité n'apartient qu'au Seigneur, & le suzerain ne le peut pas aquerir, à moins qu'il ne l'ait reservée par la succession.

Le

Le Seigneur ne peut pas auſi ceder à un autre Seigneur le droit de contraindre ſes ſujets, ſi ce n'eſt en lui cedant la Seigneurie.

Maître Edet ſur la Coûtume de Poitou, article 48. raporte un Arrêt ſur ce ſujet, qui a Jugé que Mr. l'Evêque de Poitiers qui avoit baillé à rente un moulin banal n'avoit pas pû tranſporter ce droit ſans le fief, d'autant qu'un Vaſſal ne peut être aſujeti par ſon Seigneur à un autre Seigneur.

C'eſt pourquoi au Preſidial de Beauvais on a été d'avis que les Auteurs du ſieur Marquis de Hois n'avoient pas pû ſtipuler un droit de banalité, des habitans de la Vaquerie, au préjudice des Chanoines d'Amiens leurs Seigneurs.

Il eſt vrai que ſi ces particuliers n'avoient pas eu ſujet de reclamer contre le titre qui étoit gratuit & ſans cauſe, il ſemble que le Chapitre d'Amiens avoit laiſſé preſcrire ce droit contre lui par un autre Seigneur, étant demeuré dans un ſilence de plus de quarante ans.

Quand le Meunier eſt pris chaſſant la farine hors de la Juriſdiction, dont il eſt meunier, on la peut ſaiſir, mais il faut venir par action.

Pluſieurs de nos Docteurs, tienent que la legitime ne peut pas être priſe ſur le fief au préjudice des droits de l'Aiſné, d'autant qu'elle ne ſe prend que ſur les biens qui entrent dans le partage, & ſeulement ſur les biens qui vienent du Pere, que le fief ne vient point de la liberalité, & par conſequent qu'il n'eſt pas ſujet à diviſion.

Céte raiſon n'eſt pas veritable dans nos Coûtumes, atendu qu'elle donent une certaine part & portion aux cadets.

Il y a en matiere de fief ſimple deux ſortes de legitimes, celle de l'Aiſné lors que les puiſnez ſont trop avantagez, & celle des Cadets, lorſqu'il n'y a pas d'autres biés que le fief où il puiſſe s'adreſſer.

Celle de l'Aiſné eſt la moitie de ce que la Coutume lui donne, quand la donation eſt faite à un Etranger; & au contraire elle eſt de tout ce que la Coûtume lui donne, ſi l'avantage eſt fait à un autre enfant.

Celle des Cadets eſt la moitié de ce qu'ils euſſent eu *ab-inteſtat*, dans le fief; mais mon ſentiment eſt, qu'il eſt plus équitable de leur abandoner tout ce que la Coûtume reſerve aux puiſnez, s'il n'y a pas d'autres biens dans la ſucceſſion.

Outre l'avantage que l'Aiſné prend hors part, qu'on âpelle, à proprement parler, le préciput de l'Aiſné, s'il concourt avec un ſeul coheritier, il prend les deux tiers de toutes les terres Nobles, étant

Tome I.   E e

de la succession dont il s'agit, paternelle ou maternelle, mais s'il y a plus que d'un cohéretier avec lui, il prend la moitié seulement des Terres-Nobles, l'autre moitié restant à partager entre les autres enfans, en quelque nombre qu'ils soient, suivant l'article 16. de la Coûtume de Paris.

Si dans la succession du pere & de la mere, il n'y a qu'un seul fief acquis par les pere & mere pendant la Communauté, consistant en deux manoirs ou Châteaux, il est permis à l'Aîné de les prendre avec ses autres droits, comme étant de deux successions diferentes.

Et si dans chaque succession des pere & mere, il s'y trouve plusieurs fiefs situez dans diferentes coûtumes, l'Aîné prendra aussi son droit d'aisnesse dans les fiefs qui se trouveront scis dans chaque provinses, suivant la coûtume d'icelle, si bien que dans une même succession, l'Aîné doit prendre plusieurs préciput selon la disposition de chaque coutume.

Le droit d'aisnesse a encore lieu dans les heritages Roturiers réunis & incorporés au fief, par celui de la succession duquel il s'agit à moins qu'il n'eût déclaré en faisant l'aquisition, qu'il veut & entent que les heritages qu'il aquerera demeureront en Rotures, ce qui n'a lieu que quand les heritages Roturiers aquis, sont dans la censive du fief apartenant à celui qui les aquiert, ainsi qu'il est dit par l'article 53. de ladite Coûtume de Paris.

Néanmoins le droit d'aisnesse n'a pas lieu dans les cas suivans.

Primò. Entre filles, ils partagent également la succession paternelle ou maternelle, par l'article 19.

Cependant les fils ou filles de l'aîné precede dans la succession de leur Aieul ou Aieule, concurant avec leur Oncle ou leurs Tantes, representant leur Pere dens le droit d'aisnesse, & ensuite elles partagent aussi également entre-elles, par l'article 324.

Il y a d'autres Coûtumes, où quand il n'y a que des filles, l'aînée desdites filles joüit du droit d'aisnesse dans la succession en ligne directe.

Secundò. Il n'y a pas de droit d'aisnesse quand l'aîné a renoncé à la succession, se tenant au don qui lui a été fait, & en ce cas ce droit ne passe pas aux puisnez, par les articles 27 & 30. de la susdite Coutume de Paris.

Tertiò. Le droit d'aisnesse n'a pas aussi lieu dans les successions collaterales, par l'article 33.

Ce qu'il y a de plus remarquable dans ces successions, c'est que les mâles excluent les femelles en pareil dégré, pour ce qui eft des fiefs, par l'article 25. mais les nieces qui vienent par repréfenta-tion n'excluent pas leur tentes qui fuccede, *Jure fuo*, au lieu que la fille venuë d'un mâle, ne reprefente pas avec fes oncles pour les fiefs, par l'article 323.

Il eft permis au Seigneur de fe joüer de fon fief & de le donner à cens pour le tout ou en partie, fuivant les coûtumes diferentes; mais à l'égard du fief, il n'en peut pas tranfporter la directe Sei-gneurie, car fi le Seigneur alienoit les cens, le poffeffeur ne peut prendre ni amandes, ni lods & ventes.

CHAPITRE LIV.

Des heritages tenus en Rotures ou en Cenfives, & des droits Seig-neuriaux dont ils font chargés.

L'Heritage Roturier, ou tenu en cenfive, eft celui qui eft chargé de certaines redevances anuelles, païables au Seigneur Cenfier, en argent, grains, volailles, & autres efpeces, en recon-noiffance de fa directe Seigneurie.

Pour bien entendre ce que c'eft que la directe Seigneuries du Seigneur Cencier, il faut fçavoir que les Seigneurs étoient autre-fois proprietaires de tous les heritages de leur Territoire, & que depuis ils les ont atribués aux particuliers, en forte que quand ils les ont donné aux particuliers, ils fe font refervés fur iceux le droit de Cens, pour reconoiffance de ce qu'ils, & font été les pre-miers & primitifs Seigneurs, & par ce moien on a admis de deux fortes de Seigneuries fur chaque heritage.

Sçavoir, la Seigneurie directe, qui eft celle que le Seigneur c'eft refervée, & la Seigneurie utile, qui eft celle qui apartient au proprietaire qui tient l'heritage à cens.

Le Cens ou la Cenfive fe doit païer par le fujet cenfier chaque année, s'il n'a été convenu au contraire entre le Seigneur, & le fujet cenfier, autrement le Seigneur pourroit faifir les fruits de l'heritage pour les arerages du cens, par l'article 74. de la Coûtu-tume de Paris; mais il ne les fait pas fiens, & même il eft obligé de les rendre, & de donner main levée de la faifie au fujet cenfier, en confignant entre fes mains trois années d'arerages des cens, par l'article 75. fans préjudice neanmoins des années precedentes juf-jufqu'à vingt-neuf ans.

Il auroit aufi main-levée s'il raportoit quitance des trois dernieres années, pourveu que par les quitances il n'y ait aucune referve des années précedentes, par la claufe, *fans préjudice*, ou autres équipolantes.

Si le Seigneur Cenfier ne païe pas le cens au jour convenu, il eft condamné en l'amande de cinq fols, excepté pour les maifons & heritages fituez en la Ville de Paris, ou aux Faubourgs & en la Banlieu, pour lefquels, faute de païement du cens, le fujet cenfier ne doit aucune amande, s'il ne fi eft volontairement & expreffement obligé, ainfi qu'il eft dit par l'article 86.

Cête amande eft plûtôt domaniale que penale, & elle n'eft dûë qu'une feule fois pour plufieurs Seigneurs.

Le droit de cens eft prefcriptible, & ne fe peut jamais prefcrire par le tenancier contre le Seigneur, même par l'efpace de cent ans, cependant la quotité de cens fe peut prefcrire par trente ans entre majeurs & non privilegiés, & par quarante ans contre l'Eglife.

Ainfi, celui qui par le titre de la conceffion ou bail à cens, ou par autres titres, feroit chargé de deux fols, n'aïant paié qu'un fol durant trente ans, auroit prefcrit la quotité, & ne feroit plus tenu de païer qu'un fol, nonobftant ledit titre ancien; mais bien que la quotité foit prefcriptible, neanmoins la qualité du cens ne l'eft pas; car quiconques doit du grain, des volailles, & autres certaines efpeces, encore qu'il juftifie que durant foixante & quatre vingt-ans, il ne païe que de l'argent, il n'a pas prefcrit pour cela, & doit tout le cens en efpece, comme il eft porté par le titre, jugé par les Arrêts cottés par Tournet & autres Commentateurs, fur l'article 124. de la Coûtume de Paris.

Le Seigneur ou Receveur qui veut fe prévaloir de la preftation pour établir la quotité, doivent reprefenter les lieux, bien fituez, atendu que la preftation continuée par un Fermier, ne doit pas toûjours fervir de regle principale quand il y a des Titres à caufe, que ce Fermier ne les a pas en fa poffeffion, & qu'il n'a pas eu fujet de contefter pour un interêt paffager, aient pû aufi ledit Seigneur ou Receveur colluder un dénombrement, qui quoi que public, ne doit pas être aufi alegué contre un tenancier, à moins qu'il ne foit fuivi d'une reconoiffance expreffe ou tacite.

La directe Seigneurie que le Seigneur du fief c'eft rétenu en aliénant partie de fon fief & en le donant à cens au fujet cenfier, oblige l'aquereur à païer certain droit au Seigneur, pour tous les Contrats de vente qui pourront en être faits, c'eft pourquoi, ces droits font apelés lots & ventes, lefquels confiftent à vingt deniers, qui eft la douziéme partie du prix de la vente, par l'article 76. de ladite Coûtume de Paris.

Ce droit eft dû au Seigneur par l'aquereur, toute & quante fois que l'heritage tenu de lui en cenfive, eft vendu à prix d'argent, ou baillé à rente rachetable, foit qu'il ait pris en faifinement ou non, & au cas que l'enfaifinement foit pris, il n'eft dû que douze deniers parifis, outre plus que par l'article 82. on eft pas obligé de le prendre, en forte que pour être païé de ce droit, le Seigneur n'a feulement que la voie de l'action.

L'éfet de l'enfaifinement, eft que l'an du retrait linager, ne commence à courir que du jour que la faifine a été prife, fuivant l'article 130.

Le Seigneur Cenfier, peut aufi pourfuivre par fimple action l'aquereur ou nouveau detenteur de l'heritage qui eft dans fa cenfive, & pour cet éfet lui faire donner afignation à comparoir à un tel jour, pardevant le Juge, heure d'audiance, pour répondre fur ce que le défendeur a aquis une maifon & heritage fize en tel lieu, étant en la cenfive dudit demandeur, fans avoir païé les droits qui lui font dûs à caufe de cette aquifition; c'eft pourquoi il conclut à ce que ledit défendeur foit tenu d'aporter & exhiber fes lettres d'aquifition fi aucunes il en a, pour être payé de fes droits de ventes, faifines & amandes, paffer titre nouvel & reconoiffance defdits droits pardevant Notaire, & le délivrer en bonne forme audit Seigneur Cenfier, finon & à faute de ce faire, qu'il lui fera permis de faire ces fruits fiens, fuivant la coûtume, & en outre repondre & proceder ainfi que de raifon, requerant depens, & fignifier que tel, eft Procureur, &c.

Il doit enfeigner font tenancier qui ofre de donner aveu en lui communiquant fes Lettres, d'autant que c'eft le Seigneur qui garde les aveus, & le Cenfietaire en paffe de conformes, en lui faifant aparoir des anciens, mais le tenancier eft tenu de fe retirer vers le Seigneur pour avoir communication du titre, s'il en a en fa poffeffion, de même qu'en matiere feodale.

Le tenancier n'eft pas obligé d'exhiber fes titres au nouveau Seigneur, comme celui qui entre en poffeffion, mais il doit donner une déclaration des heritages qu'il poffède avec les joignans, aprés toutefois que le Seigneur aura fait faire des proclamations.

Il y a quelques coûtumes qui permettent au Seigneur de le requerir quand bon lui femble, ce qui fe fait aux dépens du tenancier, mais si le Seigneur déclaroit qu'il n'a pas conoissance des Titres, le Vassal, ou Tenancier seroit tenu de satisfaire aux dépens du Seigneur, d'autant qu'il ne doit exhiber ses Titres & anciens aveus, qu'une fois dans sa vie.

L'ancien Seigneur qui a Lettres de Papier Terrier, en peut demander l'exhibition & déclaration pour la conservation de ses droits, & ensuite se pourvoir par action, mais ce doit être à ses dépens, à cause que cete exhibition se fait pour sa seule utilité.

Il peut aussi en cas de vente réelle & non notifiée par l'Aquereur, dans les vingt jours, à conter du jour de l'âquisition, poursuivre ledit âquereur à lui païer l'amende qui lui est deuë, en tel cas, qui est d'un écu & d'un quart-d'écu, par l'Article 77. ensorte que le Juge ne peut pas même moderer cet amande, pour quelque cause que ce soit.

Il y a plusieurs cas, pour lesquels les lods & ventes sont dûës au Seigneur Censier, comme par exemple, dans les cas suivans.

Primò, Il sont dûs pour vendition, où bail à rente rachetable & autres contrats équipolans à vendition, comme si un heritage étoit doné en païement.

Secundò, Les contrats d'échange d'heritage, contre des rentes y ont été assujeties par Déclaration du Roi, du 20. Mars 1673 quand même le change seroit fait d'heritage contre des rentes foncieres, âtendu que par Edit du mois de Février 1674. tous les contrats d'échange ont été reduits à la condition des contrats de vendition, pour ce qui est du païement des lods & ventes, nonobstant toutes Coûtumes & Usages à ce contraires, ausquelles sa Majesté a dérogé par son Edit.

Tertiò, Il n'est deû au Seigneur qu'un seul droit de lods & ventes, mais il est au choix dudit Seigneur de le réprendre ou sur le pied du prix du contrat, ou sur le pied de l'adjudication par Decret, lors que l'Aquereur a fait saisir & décreter sur lui l'heritage par lui âquis pour parger les hipoteques.

Quartò, Ils sont aussi dûs pour l'heritage licite entre les coheritiers, lors que tel heritage a été adjugé à un Etranger, mais non pas autrement, ainsi qu'il a été jugé par les Arrêts raportés par le même Comentateur sur l'Article 80. de la Coûtume de Paris.

Le Seigneur Censier ne peut pas rétirer l'heritage vendu dans sa Censive, si l'heritage est situé dans la Coûtume de Paris, mais il y a d'autres Coûtumes où le Seigneur Censier a droit de rétrait aussi-bien que le Seigneur féodal.

Le droit de Champart, qui est le droit de prendre & de percevoir certaine partie de fruits d'un heritage , comme la dixiéme , douziéme ou vingtiéme Gerbe , emporte auſi lods & ventes , s'il eſt Seigneurial , & tient lieu de chef cens ou autrement , mais ſi ce n'eſt qu'un droit foncier , conſtitué aprés le cens , il n'emporte pas lods & ventes.

Il n'eſt pas neceſſaire pour la conſervation du droit de Cens, de s'opoſer aux criées de l'heritage , par lequel il eſt dû , tout ainſi que pour le droit de Champart & Seigneurial ; car il tient lieu de chef cens , mais ſi c'eſt un droit réel conſtitué aprés le Cens, il faut s'opoſer, tout ainſi que pour les rentes foncieres.

Le Seigneur qui a beaucoup de redevance & un grand Territoire, eſt obligé d'avoir des Lettres de Terrier , qui à proprement parler , eſt une Comiſſion qui ſe prend en Chancélerie , pour faire âpeler pardevant un ou deux Notaires à ce commis , tous les debiteurs deſdites redevances & devoirs, afin de les réconoître, païer les arerages qui en ſont dûs , & en paſſer déclaration en forme authentique.

L'adreſſe de ſes Lettres doit être faite au Juge Roïal des lieux , quoique les Seigneurs & heritages ne ſoient pas aſſis en un Territoire ſujet en premiere inſtance à la Jurisdiction.

Je dis à un Juge Roïal , & non pas à un Sergent, parce que ces Lettres donent pouvoir de comettre un Notaire ou Tabélion de Cour Laïque pour la confection du Terrier, & telle Comiſſion deſire l'autorité du Juge.

Neanmoins ſi les Terres & Seigneuries pour leſquelles les Terriers ſe font , ne relevent pas en premiere inſtance du Juge Roïal, alors pour ne point fatiguer les Vaſſeaux , ont peut par les Lettres doner pouvoir au Juge de l'adreſſe du Terrier , de déleguer celui de la Seigneurie , pour regler les conteſtations des Vaſſaux & en inſerer la clauſe , aprés ces mots qui ſont dans le modelle ci-aprés (*pardevant Vous , ou autre Juges*) que Nous vous donons pouvoir par ces Preſentes de déleguer & de comettre , & au ſurplus ſuivre la Formule qui en ſuit.

Lettres de Terrier , pour redevances & droits Seigneuriaux.

L O U I S , &c. . . . . au Prevôt & Bailli de tel lieu . . . . Nôtre Amé tel. . . . nous a fait remontrer, qu'à cauſe de ſa Terre & Seigneurie de ... il a tous droits de Juſtice , haute, moïenne & baſſe, pluſieurs domaines , fiefs , ariére-fiefs , foi, homage, cens, rentes, terrages, champarts, & autres droits & devoirs Seigneuriaux, qui ſont dûs par pluſieurs perſones , tant nobles qu'autres, dont l'Expoſant a de tout tems joüit ; mais comme il craint que ſes livres, titres , papiers & terriers venans à ſe preſcrire, il ne perde ſes droits par la mauvaiſe foi d'aucuns détenteurs, la plûpart deſquels ſont refuſans de paſſer titre nouvel , bailler avеu

& dénombrement , s'ils n'y font contraints , & qu'il foit pourvû de nos Lettres fur ce neceffaires,qu'il nous a tres-humblement fait fuplier lui acorde r. A CES CAUSES , voulant favorablement traiter l'Expofant , le maintenir & confer- ver en fes droits , Nous vous mandons & enjoignons par ces prefentes, qu'à fa Requête , vous faffiez à fçavoir , tant par publication és Prônes des grandes Meffes , cris publics, que par âfiches és lieux acoûtumez defdites Terres & Seig- neuries, à tous vaffaux & détenteurs emphiteotes,& tenanciers des heritages fu- jets aufdits droits , que pardevant un ou deux Notaires , qui feront par l'Expo- fant nommez, & par vous commis , ils ayent, dans le tems qui leur fera prefix, à faire la foi & homages dûs , bailler par écrit, avû . dénombrement , & fidele declaration de noms contenans les tenans & aboutiffans,redevances & charges, tant en fiefs que rotures, des lieux qu'ils poffedent, redevables defdits droits, ra- porter titres nouvels en vertu defquels ils jouiffent , fe purger par ferment fur la verité d'iceux avûs , dénombrement & declaration , païer les arrerages dûs & échus ; à ce faire voulons les détenteurs être contrains par les voyes acoûtu- mées , & en cas de refus , opofition ou délai', nôtre main fufifamment garnie, quant aux chofes tennës noblement , voulons lefdites parties être par lefdits Notaires renvoyées ou affignées pardevant vous,ou autres Juges qui en devront conoître, & où ledit Expofant voudroit maintenir lefdits avûs , denombrement & declaration n'être veritables, voulons, aux dépens de qui il apartiendra, faire arpenter & mefurer lefdits lieux, parties prefentes , ou deuëment apelées ; faire planter bornes & limites és endroits neceffaires , Permettons en outre audit Ex- pofant s'aproprier toutes & chacunes les terres, prez, vignes , & autres herita- ges vacans, en toute l'étenduë defdites terres & fiefs, dont ne lui aparoitra au- cuns detenteurs en icelles,faire cultiver,fi bon lui femble, pendant trois années, durant lefquelles tous legitimes poffeffeurs pourront les reclamer , en payant les frais defdites cultures, & aprés icelle en demeurer plein poffeffeur & proprietai- re , & de tout faire par lefdits Notaires regiftre & papier Terrier , dans lequel pourront être par eux tranfcrites les declarations de tous & chacuns les autres fiefs, maifons, terres, prez, vignes, & autres heritages à lui apartenans,lui fervir & valoir ainfi que de raifon. M A N D O N S au premier nôtre Huiffier ou Sergent fur ce requis, faire pour l'execution des prefentes, dans toute l'étenduë du reffort de nôtre Parlement de. . . tous Exploits de Commandement, affigna- tions, & autres actes requis & neceffaires ; CAR tel eft nôtre plaifir. DONNE' à , &c.

Par le Confeil.

Tel . . .

Les Lettres expediées, il faut donner fa Requête au Juge du lieu où l'adreffe a été faite , par lequelle le Seigneur expofe , qu'à caufe de fa dtrecte en Seigneurie, il a obtenu du Roy Lettres patentes en forme de Terrier, en date du tel jour, fignées par le Confeil tel , & felées du grand Seau de cire jaune,Et comme l'adreffe d'icelles a été faite en la Cour, le fupliant defirant les faire enteriner,pour jouïr du benefice defdites Lettres , c'eft pourquoi il a recours au Juge, pour y être pourvû , à ce qu'il lui plaife recevoir icelles & les ente- riner felon leur forme & teneur , &c.

Enfuite

Enfuite on met céte Requête avec les Lettres entre les mains du Grefier pour les faire entherîner, & il vous délivre une Sentence d'enterinement; mais avant que de pourfuivre les vaffaux, il faut faire apofer afiches, & les faire publier aux Prônes des Paroiffes.

Afiches.

DE PAR LE ROY.

On fait à fçavoir à tous qu'il apartiendra, qu'à la Requête de A.... Seigneur de tel lieu... qui a obtenu Lettres patentes de fa Majefté en forme de Terrier, en date du tel jour.... fignées & fcelées, & enfuite Sentence d'enterinement do M. le Prevôt, ou Bailli de.... ou fon Lieutenant, du.... enfuivant, figné tel, qu'en confequence d'icelles, tous les vaffaux, tenanciers, & rentiers, qui tiénent & & poffedent des maifons & autres heritages relevans de fadite Seigneurie, ayent à bailler declaration par le menu tenans & aboutiffans de leurs maifons, terres, prés, bois, vignes, landes, brieres, palus, comunes, patis, & autres heritages qu'ils tiénent & relevent de ladite Seigneurie, reprefenter les titres, & contrats en vertu defquels ils poffedent lefdits biens, pour connoître s'ils n'ont point été ufurpés & mal alienés fur les chofes apartenantes audit A.... à caufe de fadite Seigneurie, pour par lefdits tenanciers fe faire infcrire au papier Terrier que le-dit Seigneur veut faire faire, lefquelles declarations feront paffées pardevant Maître D... Notaire, nommé par ledit fieur Bailli de.... pour recevoir lefdites declarations, declarant ledit Seigneur, qu'à faute de fatisfaire par lefdits tenan-ciers dans le jour.... qu'il les pourfuivra en juftice par les voyes ordinaircs, à leurs frais & dépens, à ce qu'ils n'en ignorent.

Cela fait, fi les Vaffaux n'exhibent pas leurs titres, il faut faire faire comandement d'aporter ou d'envoïer dans tel jour, en l'étude de Maître tel, Notaire, comis par le fieur Prevôt ou Bailli de.... les originaux des titres & contrats en vertu defquels ils poffedent tant d'arpens de terre fize à.... tenant d'une part à.... d'autre à.... étant de la Cenfive dudit Seigneur tel, à caufe de ladite Seigneu-rie, & lui en paffer pardevant Notaire titre nouvel en bonne forme, le tout fuivant & conformement aux Lettres de Terrier & Senten-ce d'enterinement, lui declarant que faute d'y fatisfaire dans ledit tems, qu'il fera procedé par voye de faifie fur ledit heritage, au defir defdites Lettres & Sentence, à ce qu'ils n'en ignorent, &c.

Aprés quoi, fi les Vaffaux ne fatisfont pas, le Seigneur feodal peut mettre en fa main le fief mouvant de lui, & les arierefiefs ouverts, & faire les fruits fiens pendant la main mife, faute d'homme, droits & devoirs non faits & non payez, & à céte fin établir Comiffaire; mais il ne peut pas faire les fruits fiens faute de lui doner dénom-bsement.

Tome I.   F f

La faifie feodale doit être renouvelée de trois ans en trois ans, autrement il y a peremption, excepté quand il y a inftance touchant la faifie, tant qu'elle dure la faifie tient, & il n'eft pas befoin de la renouveler ; en forte que le Seigneur feroit preferé, quand même un creancier auroit fait faifir avec lui.

Le Seigneur Cenfier peut auffi faire proceder par voye de faifie & brandons fur les fruits pendans en l'heritage à lui redevable de cens ou fonds de terres pour les arrerages qui lui font dûs ; mais à l'égard des proprietaires & creanciers, ils doivent être fondez en contrat ou permiffion du Juge pour faire valablemrnt céte faifie ; & fi celui que l'on établit Comiffaire ne vouloit pas acepter la comiffion, il faut lui donner affignation & le faire condamner.

Si les vaffaux baillent leur denombrement des heritages qu'ils poffedent, & qu'ils fatisfaffent à ce qui leur eft demandé, le Seigneur leur doit donner main-levée de la faifie, & après qu'ils ont paffez leurs declarations, le Notaire comis procede à la confection du papier Terrier, lequel étant achevé, il faut le faire clore, & à céte fin prefenter Requéte au Juge.

Requéte pour faire clore un Terrier.

A Monfieur le Prevôt, ou Bailli de... ,

Suplie humblemen B... Seigneur de tel lieu....

Dis ant, qu'en execution des Lettres de Terrier obtenuës de fa Majefté le..., & de la fentence d'enterinement d'icelles du... il auroit fait faire divers Comandemens & fomations aux tenanciers & vaffaux de ladite Seigneurie, par plufieurs Huiffiers & Sergens, de fatisfaire au defir defdites Lettres, & de ladite Sentence d'enterinement, & plufieurs publications aux Eglifes Paroiffiales des lieux dépendans de ladite Seigneurie, même fait apofer Afiches contre la principale porte defdites Eglifes, après quoi quelques tenanciers, ont paffez leurs declarations pardevant Maître J... Notaire nommé, tant par lefdites Lettres de Terrier, que par ladite fentence d'enterinement, & à icelui Notaire procedé à la confection d'un papier Terrier, lequel ledit Supliant defireroit de faire clore, fauf à lui à blâmer, augmenter, ou diminuer lefdites declarations, ainfi qu'il avifera bon être, fe refervant ledit Supliant, fes actions, droits & pretentions, comme auffi contre ceux qui n'ont pas paffez leurs declarations de ce qu'ils doivent & tiennent en fadite Seigneurie, aufquels droits & actions, & à tous autres, il ne veut deroger ni prejudicier.

Ce Confidere', Monfieur, il vous plaife, Veu lefdites Lettres en forme de Terrier, & autres pieces ci atachées, homologuer & clore ledit papier Terrier, felon fa forme & teneur, aux proteftations ci-deffus faites par ledit Supliant, & pour lui fervir en tems & lieu ce que de raifon, & vous ferez bien.

Le Juge met au bas de céte Requête, *Soit comuniqué au Procurent du Roi.*

Enfuite il faut porter la Requête chez Monfieur le Procureur du Roi, qui done fes Conclufions, & confent à la clôture du papier Terrier, aux proteftations qu'il ne poura préjudicier aux droits de Sa Majefté.

Cela fait, le Grefier de la Jurifdiction vous expedie une Sentence, portant le Terrier tenu pour clos, au bas duquel Terrier il faut tranfcrire la Requête & la Sentence de clôture, furquoi il faut ici obferver, que fi le Vaffal aïant une fois baillé fon dénombrement, le Seigneur ne peut pas faifir une feconde fois, pour l'obliger à le bailler, mais il fe doit pourvoir par action, & à céte fin le faire affigner pour exhiber fes Titres.

Si les Vaffeaux ne comparoiffent pas à l'affignation, il faut lever un défaut au Greffe, & les délais étans expirés faire juger, & enfuite leur faire fignifier la Sentence, aprés quoi, fi le Défendeur n'y fatisfait pas, il faut faire taxer les dépens & lever executoire pour le faire contraindre.

Mais, fi les Vaffeaux comparoiffent, il les faut pourfuivre, & obtenir condamnation.

Autres Lettres de Terrier, pour un Homme qui c'eft rendu adjudicataire d'une Terre Seigneuriale par Décret.

LOUIS, &c.... Nous a été expofé qu'il s'eft rendu adjudicataire par Decret de la Terre & Seigneurie de tel lieu.... de laquelle il a pris poffeffion : mais comme ledit Decret a été forcé, les anciens Propriétaires, leurs Receveurs ou Fermiers ont diverti la plus grande partie des Titres & Papiers, Terriers de Recepte, & autres enfeignemens des droits de Juftice, Haute, moïenne & baffe, Cens, Rentes & autres Béaux, & grand Droits féodaux & Seigneuriaux qui en dépendent, par le moïen de quoi l'Expofant à tout fujet de craindre la perte de la plûpart d'iceux, par la mauvaife foi d'aucuns détemteurs & redevables, s'il n'y étoit promtement pourvû, en faifant proceder à un nouveau Terrier, Réconoiffance, déclarations & aveû defdits droits, ce qu'il ne peut faire fans avoir nos Lettres fur ce neceffaires, qu'il Nous a tres-humblement fait fuplier lui octoïer ; A CES CAUSES, voulant favorablement traiter l'Expofant, le maintenir & conferver en fes droits, Nous mandons, &c. (faire au furplus comme deffus.)

Autres plus fucintes, pour un Seigneur de Fief, non Haut-Jufticier.

LOUIS, &c.... A nôtre Prévôt ou Bailli de.... SALUT, nôtre amé tel, Prieur du Prieuré de...Nous a fait remontrer qu'à caufe de fondit Prieuré, il a plufieurs Domaines, Cens, & Rentes, droits de Chaffe & de Pefche, & autres droits & devoirs Seigneuriaux qui lui font dûs par plufieurs perfones,

tant Nobles, qu'autres, lesquels se peuvent perdre, tant par la préscription de
ses Terriers, mutations des détemteurs, ténans & aboutissans, qu'autrement, s'il
ne lui est promtement pourvû de nos Lettres en forme de Comissions pour Terrier sur ce necessaires ; A CES CAUSES, Voulant favorablement traiter l'Exposant, & le conserver en ses droits, Nous vous mandons qu'à sa Requête,
vous fassiés Comandement de par Nous, à tous détempteurs, & propriétaires
des heritages sujers ausdites redevances, que pardevant l'un de nos Notaires &
Tabelions, ils aient à les réconoître incontinent & sans délai, & bailler par déclaration lesdits heritages & droits, exhiber leurs Lettres & Titres, pour en être
fait Registre & Papier Terrier en la forme & maniere acoûtumée, & en cas de
refus ou délai, nôtre main sufisament garnie, quand aux choses tenus noblement, Voulons iceux refusans où délaïans être assignés pardevant Vous,
pour en dire les causes, par le premier nôtre Huissier ou Sergent sur ce requis,
auquel de ce faire, & tous autres Exploits requis & necessaires donnons pouvoir,
CAR, tel est nôtre plaisir. DÔNNE' à, &c....

Par le Conseil,
Tel..

Autres pour un homme qui a acquis quelques Domaines de Sa Majesté
par engagement.

LOUIS, &c...... A nos Amés & Féaux Conseillers, Presidens, Tresoriers
Generaux de France, au Bureau de nos Finances, A.....SALUT, nôtre Amé
tel... Nous a fait remontrer, que par Contrat de vente à lui fait par les Comissaires par Nous députés, pour la vente de nôtre Domaine, en date du tel
jour.... il lui a été adjugé a faculté de rachât perpetuël nôtre Domaine de....
consistant en.... & autres droits & devoirs Seigneuriaux, generalement quelconques, exprimés & non exprimés par ledit Contrat, desquels droits ou de
partie d'iceux, il n'est pas servi, ni réconû par les Sujets redevables, faute d'en
pouvoir récourir les Titres, la plus part desquels ont été perdus, par la negligence des Receveurs & Fermiers ; c'est pour quoi, il desireroit les faire inscrire
dans un papier Terrier, & Cens avec les réconoissances, aveu, dénombrement &
déclarations des Sujets, ce qu'il ne peut faire sans nôtre autorité, & nos Lettres
sur ce necessaires, qu'il Nous a tres-humblement fait suplier lui octroïer. A CES
CAUSES, Nous vous mandons & enjoignons par ces Presentes, qu'à la Requête du
Substitut de nôtre Procureur General, poursuite & diligence de l'Exposant, Vous
aïés par vôtre Grefier ou Notaires Roiaux, qui seront par vous commis, à faire
proceder sous nôtre main à la confection dudit Papier Terrier & Censier, de nôtre Domaine, Terre & Seigneuries de. . dans lesquels après la publication, préalablement faite en la maniere acoûtumée ; Tous Sujets, Vassaux, Tenanciers
& redevables desdits droits & devoirs, seront tenus soûscrire & réconoître iceux
droits par eux dûs, bailler par avû, dénombrement & déclarations les heritages sujets à iceux, sur telles peines & amendes que de raison, representer les anciens avûs, dénombremens, déclarations & réconoissances, que vous poutés
faire compulser en la maniere acoûtumée en vertu des Presentes, & où il y auroit
aucune contestation ou oposition, nôtre main sufisament garnie, quant aux
choses tenuës noblement, lesdits Notaires ou Grefiers vous en renvoieront la conoissance, & feront les Parties assignées pardevant Vous, pour être jugées &

terminées, ainsi que de raison, & par âpel en nôtre Cour de Parlement. MAN-
DONS au premier nôtre Huissier ou Sergent, faire tous exploits, assignations
& autres Actes requis & necessaires, (Si c'est au grand Sceau où ordinairement
ces sortes de Terriers s'expedient) on âjoûte, sans demander autre permission,
Visa, ni Pareatis ; CAR, tel est nôtre plaisir. DONNE' à, &c.

Lors que les anciens Titres & Terriers sont perdus, on peut
étendre tout à la fin d'un Terrier la clause du Compulsoir, ainsi
qu'il ensuit.

Et pour la verification & éclaircissement desdits droits & executions des Presentes, MANDONS à nôtre premier Huissier ou Sergent sur ce requis, faire
exprés Comandement de par Nous, à tous Notaires, Tabelions, Grefiers &
autres persones publiques, qui ont aucuns Contrats de ventes, transports, échanges, donations & papiers Terriers des choses saisies ; qu'ils aïent à les montrer
& exhiber pardevant Vous, pour être compulsés, & d'iceux baillé copie, collationée aux Originaux, Parties presentes, ou à ce faire deüement âpelées dans le
tems & délai qui leur sera par Vous préfix, & où les Notaires, Tabellions, Grefiers
& autres seroient refusans d'exhiber & bailler copie desdits Contrats & papiers
Terriers, proceder contre eux par peines & amandes, telle que vous verrés être
à faire, que Voulons être lévées sur eux sans départ ; CAR TEL, est nôtre
plaisir, &c.

Pour parachever un Terrier.

LOUIS, &c. .... A nôtre Prévôt, ou Bailli de tel lieu .... ou son Lieutenant, de la part de nôtre Amé tel.... (avec les qualités de sa Seigneurie)
Nous a été exposé que le tel jour & an, il a obtenu de Nous en nôtre Chancelerie de .. une Comission en forme de Terrier à vous adressante, laquelle il avoit
comancé à mettre à execution dedans l'an & jour de l'obtention d'icelle ; mais lui
étant survenu d'autres afaires, il auroit été empêché d'en continuër l'execution
dépuis tel tems ; de sorte que le papier Terrier de l'Exposant encomencé à faire
en vertu de nosdites Lettres n'aïant pas été achevé, & desirant le continuër, il
doute que l'on ne fasse dificulté de le faire, au moïen de ladite discontinuation
& de la surannation desdites Lettres, s'il n'a nos Lettres de Provision sur ce necessaires, humblement requerant icelles ; A CES CAUSES, voulant favorablement traiter l'Exposant, Nous vous mandons, pour ce que lesdites Lettres en
forme de Terrier obtenuës par ledit Exposant, vous sont adressantes, & que
vous avés commencé de proceder à l'execution d'icelles, s'il vous âpert de nosdites Lettres & de l'execution encomencée dans l'an de leur obtention, qui fut
au mois de ... vous en ce cas, faites proceder au parachevement de leur execution & papier Terrier dudit Exposant, ainsi qu'il âpartiendra par raison, &
tout ainsi qu'on eût pû faire dans l'an de l'impetration & obtention de nosdites
Lettres de Terrier, & contraignant, ou faisant contraindre à ce faire & soûfrir,
tous ceux qu'il âpartiendra, par toutes voïes dûes & raisonables, nonobstant
que nosdites Lettres de Terrier soient sur-années, & que l'execution en ait été
discontinuée dépuis tel tems, à quoi Nous ne voulons nuire, ni préjudicier
audit Exposant en aucune sorte & maniere que ce soit ; CAR TEL, est nôtre
plaisir. DONNE' à .., &c.

Ff iij

Quand on a commencé à mettre un Terrier à execution, & que l'on la difcontinue pendant un an, alors les lettres étant furannées, il faut prendre une nouvelle Comiffion en Chancelerie pour faire parachever l'execution du Terrier furanné.

CHAPITRE LV.

Du Franc-Aleu.

LE Franc-Aleu, eft un heritage libre en France de tous les droits Seigneuriaux , & qui ne reconoît point d'autre Seigneur que le Roi, à caufe de fa Souveraineté.

Ainfi, le proprietaire d'icelui n'eft pas tenu de faire la fôi & hômage à aucun Seigneur, ni de païer aucuns droits ou rentes anuelles , pour marque de direct Seigneur , ni autres droits en confequence de fon aquifition.

Il y a en France de deux fortes de franc-Aleu, fçavoir, le franc-aleu Noble , & le franc-aleu Roturier.

Le franc-aleu Noble , eft celui auquel il y a Juftice , ou cenfives ou quelques fiefs qui en relevent & fe partage noblement, c'eft-à-dire , avec préciput & droit d'aifneffe , & dont les femelles n'heritent point avec les mâles en pareil degré , ainfi qu'il a été dit ci-deffus en parlant des Fiefs.

Le franc-aleu Roturier, eft un heritage fans juftice , qui n'a aucun heritage mouvant en fief ou en cenfive , & pour lequel il n'eft dû aucuns droits, ni devoirs à aucuns Seigneurs , & cet heritage fe partage roturierement.

Baquet au Traité des francs fiefs, chapitre 2. nombre 25. tient que le Seigneur feodal ne peut pas faire un franc-aleu Noble ou Roturier des terres qui relevent de lui , fans le confentement du Roi , par la raifon que les heritages font tenus du Roi , mediatement, ou immediatement.

Néanmoins Brodeau , fur l'article 68. de la Coûtume de Paris, eft d'avis contraire, atendu qu'ils peuvent doner une partie de leur domaine , exemt de tous droits , c'eft auffi mon fentiment.

Or, quoi que les détenteurs des franc-aleu foient Nobles, ou Roturiers, & qu'ils ne reconoiffent point d'autre Seigneur que le Roi à caufe de fa Souveraineté , toutefois , on ne peut pas dire la même chofe des poffeffeurs des fiefs & des heritages tenus en Rotures, parce qu'ils reconnoiſſent pour Seigneur direct, leur Seigneur feodaux ou cenſier.

Mais cela n'empeche pas que le franc-aleu, s'il n'y a point de Juſtice anexée, ne ſoit ſujet à la Juſtice des Seigneurs juſticiers, dans le territoire deſquels ils ſont ſituez, car la Juſtice n'a rien de commun avec la Seigneurie feodale, ou cenſuele, & les franc-aleu ſont ſeulement exems ou afranchis.

Il y a quelques-uns de nos Docteurs qui tienent qu'un franc-aleu Roturier aquis par un Seigneur Haut-Juſticier devient Noble par la réünion d'icelui à la juſtice, eſtimant que la réünion ſe fait de de plain droit.

D'autres au contraire, veulent qu'il n'y ait pas de réünion, parce que pour faire céte réünion il faudroit que le franc-aleu eut fait autrefois partie de la Juſtice, ce qui ne ſe peut dire, puiſque franc-aleu & Juſtice, n'ont rien de comun enſemble.

Surquoi, il faut ici diſtinguer trois ſortes de Provinces, ou de Coûtumes au ſujet du franc-aleu.

Les unes ſont alodiales, & portent expreſſement que tout heritage eſt franc & libre, excepté que celui qui le prétent ſujet à quelque charge ne le prouve par titre, comme, par exemple, celle de Troies, article 61. & autres, &c.

Il y en a d'autres qui à la verité, ſont non alodiales, & portent au contraire, que perſone ne peut avoir franc-aleu, s'il n'eſt juſtifié par titres, comme Poitou, article 52. & 99. & les troiſiémes ſont celles qui n'en parlent point, comme Paris.

A l'égard des deux premieres, il n'y a pas de dificulté, & même elles doivent être obſervées ſelon leur diſpoſition, mais à l'égard de celles qui n'en parlent pas, les uns veulent que c'eſt au Seigneur à prouver qu'une Terre qui eſt dans l'étenduë deſon fief releve de de lui, en foi & hômage, ou qu'elle eſt dans ſa cenſive, les autres ſoûtienent au contraire, que le franc-aleu doit être prouvé par titre.

C'eſt auſſi mon ſentiment, parce que céte maxime, *nulle Terre ſans Seigneur*, a lieu dans toutes les Provinces du Roïaume, excepté celles qui en diſpoſent autrement, cela a été jugé ainſi au profit des Seigneurs.

Le détenteur d'un heritage tenu en franc-aleu Roturier, ſitué & enclavé dans le territoire d'un Seigneur Cenſier, peut être contraint par le Seigneur à lui doner ſon heritage par déclaration, & à lui comuniquer les titres de ſa franchiſe, lorſque le Seigneur Cenſier fait proceder à la confection de ſon Papier terrier, afin qu'il puiſſe avoir conoiſſance de ce qui eſt ſujet à ſa cenſive & de ce qui en eſt exemt.

Si un franc-aleu Noble ou Roturier aquis par une **Comunau**té Ecleſiaſtique , tombe en main morte, il eſt dû le droit d'indemnité au Seigneur Haut-Juſticier , pour raiſon des droits de desherance & de confiſcation, que le Haut-Juſticier avoit ſur le francaleu , à cauſe de ſa Haute-Juſtice , & qu'il pert par le moien de ce qu'elle tombe en main morte.

Ainſi les poſſeſſeurs ne ſon|t pas exems de doner par aveu & déclaration , ce qu'ils tiennent de franc-aleu.

CHAPITRE LVI.

Des heritages & immeubles, & des propres.

LEs heritages & immeubles ſe diviſent en propre, aquêts & conquêts.

Propre , eſt un heritage ou immeuble , qui nous eſt échû par ſucceſſion, tant en ligne directe , que collaterale.

C'eſt-à-dire , que les heritages , ou immeubles qui nous ſont donés par nos pere & mere & autres aſcendans , tant par donation entrevifs , que par teſtament , nous ſont préſumés donnés en avancement de leur ſucceſſion , ainſi il nous ſont propres.

Aquêts , eſt un heritage ou immeuble , qui eſt par nous aquis , ſoit par titre onereux , ou lucratif.

Les immeubles qui nous ſont auſſi échûs par ſucceſſion ſont reputez acquêts ſuivant le ſentiment de Monare ſur la Loi 8. *digeſte pro ſolio* , & ſelon nôtre uſage.

La raiſon qu'on n'en raporte , eſt , que nous naiſſons nuds, cependant la Periere , Maxime premiere ateſte que le contraire eſt obſervé à Bourdeau , ſous pretexte que dans l'état civil nous naiſſons vêtus , encore que nous naiſſions nuds dans l'état naturel.

Conquêt, eſt un heritage par nous aquis , ou qui nous a été donné ou legué par nos parens Colateraux durant nôtre mariage, & qui entre en la comunauté, quoi qu'il ait été propre ancien à ceux qui nous ſont doné ou legué, & que nous ſoions heritiers préſomptifs des donateurs , lequel par conſequent , doit être entre le ſurvivant des conjoints , & les heritiers du prédécedé, au cas que la femme ou ſes heritiers aceptent la communauté , mais

en

en cas de renonciation, ils apartienent pour le total au mari ou à ses heritiers.

Il a été jugé qu'un legs universel fait à un présomptif heritier, & qui autrement auroit succedé *ab intestat*, étoit aussi reputé aquêt, par Arrêt du 26. Fevrier 1643. raporté par Dufresne, livre 4. chapitre 6. & par Brodeau sur Mr. Loüet, lettre A, nombre 2.

Toutefois si la donation avoit été faite à la charge que les choses donées seroient propres au donataire, en ce cas, elles n'entreroient pas dans la comunauté & demeureroient propres au donataire.

La clause, que ce qui échera par succession ou donation tiendra nature de propre, céte clause s'étend à ce qui est échû aux petits enfans en ligne directe, provenant de la succession de leur aïeul ou aïeule, dépuis la disolution du mariage, par la mort des pere & mere desdits petits enfans, autrement l'intention du donateur seroit trompée si les biens passoient à d'autres qu'aux petits enfans.

Il y a de deux sortes de propres, sçavoir, les propres naturels, qui sont ceux dont je viens de parler au sujet des heritages qui nous sont échûs par succession, tant en ligne directe, que collaterale, & les propres fiefs ou conventionels.

Propres fiefs ou conventionels, sont les sommes de deniers, ou autres choses qui naturellement ne sont pas propres, donées par pere & mere à leur enfans, par contrat de Mariage, ou autrement, pour leur être propres, ou pour être employées en achât d'heritages qui leur tienent lieu de propre.

La nature de ces sortes de propres veritables & naturels, diferent des autres biens en plusieurs cas.

Premierement, en ce qu'ils n'entrent pas dans la Communauté des persones mariées, car si des persones mariées font des aquêts, ou qui leur soit doné quelque heritage durant leur mariage, par autre que par leur pere & mere, ou autres ascendans, tout cela entre dans leur comunauté, de même que quand il leur échet par succession des meubles ou des éfets mobiliaires, mais les heritages qui leur échoient par succession leur sont propres, & n'entrent pas en comunauté.

En second lieu, ils diferent des autres biens, en ce qu'il est permis de disposer par testament de tous ses meubles, & de tous ses aquêts, mais il n'est pas permis de disposer de ses propres, que jusqu'à la concurence de certaine quotité limitée & définie en chacune coûtume, comme du quint en la coûtume de Paris, du tier, en celle de Vitri, de la moitié en celle de Vermandois, & ainſi des autres.

En troiſiéme lieu, ils diferent encore des autres biens en cas de ſucceſſion, car quand une perſone décede ſans enfans, ſes meubles & aquêts apartienent au plus proche de ſes parens, mais pour ce qui eſt de ſes propres, ils apartienent par nos coûtumes, à ſes parens du côté ligne, dont ils ſont avenus, quoique plus éloignés, en ſorte que ceux qui lui ſont échûs par la ſucceſſion de ſon pere, apartienent à ſes parens du côté paternel, & ceux qui lui ſont échûs par la ſucceſſion de ſa mere, à ſes parens maternels.

Il y a pluſieurs perſones, qui aujourd'hui, voudroient éluder l'éfet des coûtumes, en faiſant faire des ventes par les perſones moribondes, de leurs propres, cependant les heritiers ne doivent pas ſoufrir de préjudice, ſauf aux aquereurs à recourir contre les heritiers des meubles & acquêts, pour la reſtitution du prix, s'ils ont eu la facilité de le païer, d'autant que c'eſt une fraude où il ne ſe peut pas faire que l'aquereur n'ait eu part, ce qui doit avoir lieu, encore que le défunt ait expoſé ſon heritage en vente étant en ſanté, & qu'on l'ait donné pour demeurer quite de ſes dettes legitimes, ſauf à y faire contribuer les heritiers ſuivant la coûtume.

C'eſt pourquoi, le Juge doit auſſi admettre quelquefois la preuve contre les empruns, faits pendant la derniere maladie de ceux qui on la facilité de faire de telles ventes, dans la veüe de faire des avantages indirects.

Maître Charle Dumoulin, ſur l'article 8. de l'ancienne coûtume de Paris, qui eſt preſentement le 13. de la nouvelle, nombre 28. tient que ſi on avoit aliené un fief en fraude de l'Aiſné, il auroit une action revocatoire contre l'aquereur, à l'exemple de l'action *Calviſienne*, qui eſt donné au patron lors qu'il ſe trouve, que quoi que par l'évenement, le deſſein de fraude ne paroiſſe pas, & que le Patron ſoit encore obligé de faire voir qu'il y a eu, *& conſilium & eventus.*

D'où il s'enſuit, que cête Juriſprudence doit avoir lieu, beaucoup plûtôt à l'égard de l'heritier des propres, que non pas à l'égard d'autres, atendu qu'on aliene à ſon préjudice les quatre quints pendant la maladie, ainſi l'on n'eſt pas tenu de juſtifier, autre fraude que l'alienation, d'autant que l'intention d'un pere qui veut reduire les choſes à l'égalité, eſt encore plus ſpecieuſe.

On doit auſſi examiner ſi la vente a été faite à un étranger, & ſi elle a été faite à ſa juſte valeur, parce que l'on ſe ſerviroit de ces précautions pour mieux couvrir la fraude.

Les propres naturels ne ſont pas de même qualité des propres fiefs ou conventionels, car les uns ſont propres anciens, & les autres ſont propres naiſſans, qui ont quelque difference, pour ce qui eſt des ſucceſſions, leſquelles j'expliquerai au Chapitre des Succeſſions.

Le Propre Ancien, eſt un heritage, ou immeubles qui nous vient de nos aïeuls, biſaieuls, ou autres aſcendans, & qui a pluſieurs fois fait ſouche en ligne directe.

Le Propre Naiſſant, au contraire, eſt celui qui nous eſt acquis par nos pere & mere, & qui par ſucceſſion, nous étant écheu, commence à faire ſouche & devenir propre à nos perſones.

Les Propres fiefs & conventions, ſe font ordinairement par convention & ſtipulation dans les contrats de Mariage.

Les termes de ſes conventionels & ſtipulations ont acoûtumé d'être conçuës en trois manieres, qui ſont autant de dégrés en la ſtipulation de propre ; la premiere, quand il n'y a qu'une ſimple ſtipulation de propres au profit de l'un ou de l'autre des conjoints; la ſeconde, eſt quand non ſeulement il y a ſtipulation de propres au profit de l'un des conjoints, mais auſſi au profit des ſiens ou de ſes enfans & décendans, qui eſt la même choſe, & la troiſiéme, eſt quand aprés la ſtipulation de propres au profit de l'un de futurs conjoints & des ſiens, on ajoûte encore, *de ſon côté & ligne*, ou de ſon *eſtoc & ligne*.

Ainſi, ces ſortes de ſtipulations de propres, peuvent être faites, tant au profit du mari, que de la femme, ſurquoi il y a encore autres trois choſes à obſerver.

Primò. Quand il n'y a qu'une ſimple ſtipulation dans le contrat de Mariage & Conſtitution propre au profit de la future épouſe, cête clauſe de ſtipulation n'a autre éfet, ſinon que de rendre les deniers propres à l'égard du mari, & d'empêcher qu'ils n'entrent en la communauté, mais aprés le décés de la femme la fiction aïent eu ſon éfet, ils retournent en leur premiere nature de meubles, & comme tels, ils apartienent à l'heritier mobilier de la femme, ſi elle eſt décedée ſans enfans, & non pas à ſon heritier immobilier.

Secundò. Si la femme a laiſſé des enfans, & que ſes enfans ſoient décedez ſans enfans, leur pere leur doit ſucceder en qualité d'heritier mobilier, en ce qui concerne les deniers ſtipulez propres

G g ij

à la mere par fon contrat de mariage , en forte même que s'ils font plufieurs enfans, & que l'un décedé , fon pere lui fuccedera auffi comme heritier mobilier en fa part des deniers, à l'exclufion des enfans.

Il faut dire auffi, que fi les enfans qui auroient fuccedez à leur mere étoient décedez mineurs ou majeurs fans enfans, les deniers ftipulez propres au profit de la mere apartiendroient auffi à leur pe- re, comme plus proche heritier à l'exclufion de leur aïeul maternel duquel ils font précedé , le droit de revifion n'aïant pas lieu en ce cas au profit de l'aïeul, parce que l'aïeul n'a rien donné à fes pe- tits enfans de la fucceffion defquels il s'agit , mais à leur mere de la fucceffion de laquelle il ne s'agit pas, puis qu'elle a paffé à fes en- fans , fuivant le fentiment de Brodeau fur l'article 93. de la Coûtu- me de Paris.

Tertiò. Quand les deniers ont été ftipulez propres, non feulement à la future époufé, mais à elle & aux fiens, & qu'aprés fon décés elle eût laiffé plufieurs enfans, l'un d'iceux venant à deceder , les freres & fœurs, d'icelui lui doivent fucceder à l'exclufion du leur pere dans fa part aferante des deniers, parce que les ftipulations des propres au profit de la future Epoufe, & des fiens afectez, rend fes deniers dotaux , jufqu'à la quantité portée par la ftipulation , tel- lement propres aux enfans, que tant qu'ils vivent ou qu'il y a des defcendans d'eux, leur pere ne peut pas fucceder, mais fi tous lefdits enfans étoient décedez fans enfans, le pere fuccederoit à celui qui auroit furvécu le dernier, à l'exclufion des parens collate- raux.

Cependant, quoi que la ftipulation ait été faite au profit de la femme & de fes heretiers, néanmoins les collateraux ne peuvent pas être compris ni entendus fous le mot d'heritier, car dans ces fortes de ftipulations, le mot d'heritier ne s'entend que des heri- tiers en ligne directe, en forte que fi on veût pourvoir aux heritiers colateraux, il faut aprés le mot *de fiens*, ou le mot *d'heritiers*, ajoûter *de fon côté & ligne* , ou *de fon eftoc & ligne*, & que la claufe foit con- ceûe en ces termes , *demeureront propres à la future Epoufe , & aux fiens de fon cofté , & ligne, ou à fes heritiers de fon eftoc , & ligne.*

S'il n'y a pas de parens du côté de l'aquereur, les plus pro- ches du côté du défunt, l'emportent à l'exclufion de celui qui eft le plus proche parent du côté du pere ou de la mere de l'ac- quereur.

Si dans le Contrat de Mariage il y a deftintaion de deniers , donnez pour être employez en achat d'heritage , ou rentes , par céte clauſe : *Sera donné à la future Epouſe ſix mille livres, dont deux mille entreront en la Comunauté , & le ſurplus ſera employé en aquiſition d'heritage , ou rentes, qui ſortiront nature de propre à la future Epouſe & aux ſiens.*

Céte clauſe de deſtination d'employ de deniers donez ainſi par le contrat de Mariage , aura , ſans doute , en tout & par tout plus d'éfet & plus d'étenduë que non pas une ſimple ſtipulation de propres au profit de la future Epouſe ou des ſiens ; mais il faut diſtinguer ſi elle eſt faite au profit de la femme , ou au profit du mari.

Si elle a été faite au profit du mari , & que l'emploi n'ait pas eté fait au jour de ſon decés , elle n'a autre éfet , ſinon que d'avoir empêché que les deniers deſtinés ne ſoient entrés dans la Comunauté , & que la femme ne puiſſe pretendre aucune part par droit de Comunauté ; car le mari qui a ſtipulé qu'une partie de ſes deniers ſeront employés en achat d'heritages , étant lui-même le maître de ſes deniers , & ne les aïant pas emploïés , ils apartiendront comme meubles aprés ſon decés à ſon heritier mobilier , s'il decede ſans enfans , & non à l'heritier de ſes propres ; mais s'il laiſſe des enfans, & qu'ils vienent à deceder , leur mere leur doit ſucceder, & ces deniers deſtinés & non employés, comme étans meubles, lui apartiennent, ainſi qu'il a été jugé par Arrêt prononcé en Robe rouge le 22. Decembre 1609. raporté par M. Leprêtre Centurie 2. Chapitre 91.

Si elle eſt faite au profit de la femme , & des ſiens , & que les deniers aient été promis , & qu'ils n'aïent pas été païés , ni le mari autrement ſatisfait, en ce cas n'aïant pas été au pouvoir du mari d'en faire l'emploi, céte ſtipulation n'aura ſeulement autre éfet, que d'empêcher que les deniers n'entrent pas dans la Comunauté , & en exclure le mari ; car hors ce cas ces deniers, ou l'action pour les demander demeurent purement mobiliaires à l'égard des heritiers de la femme.

Et ſi au contraire les deniers ont été païés au mari , & qu'il ait negligé d'en faire l'emploi, ainſi qu'il eſt obligé , alors le mari , ne devant rien profiter de ſa negligence , la deſtination aura autant d'éfet à ſon égard, que ſi elle avoit été executée, & que ſi les deniers avoient été emploïés en achat d'heritages.

Or, comme il n'auroit pas pû profiter des heritages qui auroient été aquis, parce qu'ils auroient été propres à la femme , auſſi ne peut il pas profiter des deniers qui n'ont pas été emploïés par ſa negligence ; tellement que les enfans qui auroient ſurvêcu, leur mere

venant à deceder , il ne leur fucederoit pas non plus en ces deniers
non emploiés; mais ils apartiendront aux heritiers colateraux de fes
enfans , à fon exclufion , encore que dans la ftipulation ces mots, *de
côté & ligne*, n'aient pas été apofés.

De forte que fi ces mots, *de côté & ligne* , ont été apofés en la ftipulation d'emploi faite au profit de la femme, & que la femme vienne à deceder fans enfans , l'emploi n'aiant pas été fait , les deniers
quis n'auront pas été employés, apartiendront aux heritiers des propres par les mots, *de côté & ligne*; mais fi ces mots, *de côté & ligne*,
ont été apofés en la ftipulation d'emploi , la femme étant decedée
fans enfans , ou fes enfans decedés fans enfans, les deniers qui n'auront pas été employés , apartienent pour lors aux heritiers des propres de la femme, ou de fes enfans *de côté & ligne* , dont ces deniers
font provenus, felon qu'il a été jugé par Arrêt de 1600.raportê par
M. Bouguier.

Toutefois ces deniers ne font pas reputés propres,quand une fois
ils font parvenus aux colateraux ou aux heritiers des propres , la
ftipulation aiant eu fon éfet tout entier , atendu que la fiction ne
peut pas aler plus avant, c'eft pourquoi ils retournent dans leur premiere nature de meubles, & doivent être partagés comme tels en la
fuceffion colaterale où ils auront été recueillis comme propres.

Monfieur Lepreftre Centurie 2. Chapitre 91. eft d'avis, fuivant
l'opinion de Coquille; que fi enfuite de la ftipulation d'emploi,fai-
te au profit de la femme & des fiens, il y a claufe portant affignat
de fes deniers fur certains heritages du mari , que faute de l'emploi
ces heritages apartiendront à l'heritier des propres; parce que l'affignat fpecial eft une efpece de vente, & que neanmoins ces heritages donnés en affignat fe peuvent retirer par le mari , ou par les heritiers du mari, en rendant la fomme pour laquelle l'affignat a été
fait; mais fi l'affignat eft general fur tout les biens du mari, il ne produit qu'une hipoteque fur les biens dudit mari , pour recouvrir les
deniers dotaux de la femme ftipulés propres à elle & aux fiens, qui
en ce cas apartienent à fes heritiers mobiliers; ainfi qu'il a été
jugé par Arrêt du dernier Janvier 1636. raporté par Brodeau en fon
Comentaire fur l'Article 93. de la Coûtume de Paris.

Il auroit été autrement jugé , fi la ftipulation avoit été faite au
profit de la femme & de fiens de fon Côté & ligne.

La claufe qui permet à la femme & aux fiens (*Comme je l'ai jadis
vû ftipuler dans plufieurs Contrats de Mariage*) en renonçant à la Co-
mnauté , de prendre les colateraux de l'enfant mineur qui n'a pas fait
de choix,n'eft plus en ufage parmi nous, encore que l'heritier cola-

teral des propres fucede journelement aux deniers dont le remploi a
été ftipulé en faveur de la femme & des fiens, atendu que ce remploi
eft un propre reputé réel, au lieu que la reprife des deniers mis en
Comunauté n'eft qu'un propre conventionel, qui n'eft pas entendu
au delà de la Comunauté par le privilege de la Minorité.

Neanmoins lors que les deniers ont été realifés par une ftipulation d'emploi en faveur de la femme & des fiens, il n'eft pas jufte que
le pere qui a dû efectuer la claufe, profite de fon dol ou de fa negligence, au préjudice des colateraux du Mineur, qui eufent fuccedé aux heritiers s'ils fe fufent trouvés dans la fucceffion.

Voila le cas où fouvent il dépendroit des Peres ou des Tuteurs,
de rendre à la fucceffion mobiliaire ou immobiliaire injuftice, fi la
ftipulation étoit en faveur de ceux du côté & ligne.

La Majorité de l'Enfant heritier de fes pere & mere, & qui en même tems a été creancier & debiteur des mêmes deniers, n'a pas fait
de confufion de la même action, atendu auffi que la fiction a dû avoir
eu une fois fon éfet colateral.

C'eft une queftion, fçavoir fi les deniers ftipulés propres, ou
deftinés en achat d'heritage, font fi tellement propres, que ceux
aufquels ils apartienent n'en puiffent pas difpofer par teftament
que du Quint, comme des veritables propres.

Maître Julien Brodeau fur l'Article 93. de la Coûtume de Paris,
nous rapporte en ce cas un Arrêt du 9. Juillet 1618. par lequel y a
été jugé, qu'une femme avoit pû difpofer au profit de fon mari
d'une fomme qui lui avoit été ftipulée propre par fon Contrat de
Mariage, le leg qu'elle lui en avoit fait aiant été confirmé fans aucune reduction, fuivant la Coûtume de Chartres, qui permet aux
Conjoints de difpofer au profit l'un de l'autre, à caufe qu'il n'y avoit
qu'une fimple ftipulation de propre, fans deftination, ni emploi
d'heritier.

Mais un peu aprés le même Auteur ajoûte, que la deftination ne
produit pas un éfet perpetuel, qu'elle ne fert qu'à regler l'ordre des
fucceffions *ab inteftat*, & non pas les difpofitions teftamentaires, enforte que quand les deniers deftinés auroient été éfectivement emploïés, l'heritage qui en auroit été acquis ne feroit pas un veritable
propre, ainfi la femme en pourroit difpofer entierement au profit
de toutes autres perfones, que de fon mari, qui feul en feroit exclus
par la deftination, fupofé qu'il y ait des parens du côté & ligne.

Quoique la femme au terme de la Coûtume foit en droit de difpofer de l'emploi fait en l'heritage, comme d'un conquêts neanmoins
il eft certain que le défaut d'emploi, ne peut pas préjudicier au
mari.

Cependant céte clauſe toutefois n'eſt pas contre la femme, comme certains Auteurs l'on ci-devant prétendu, mais ſeulement à l'éfet d'empêcher le mari de diſpoſer des deniers à Titres de Comunauté, ou de ſucceſſion, quoi qu'au terme de la Coûtume de Paris, la femme en puiſſe diſpoſer au profit de ſon mari, âtendu qu'il y a d'autres raiſons qui empêchent l'éfet de ces ſortes de diſpoſitions; car ſuivant mon ſentiment, je ne crois pas qu'une femme, dont tout le bien conſiſte en propres conventions, avec clauſe de côté ligne, puiſſe leur faire changer de nature, en les leguant par Teſtament à un enfant, pour les faire paſſer à ſon mari par la ſucceſſion de cet enfant, d'autant que ce ſeroit éluder la clauſe du Contrat de mariage.

Ainſi pour le bien public j'eſtime qu'il faudroit empécher que l'on pût diſpoſer des propres conventionels, mais ſeulement du Quint, comme pour les propres naturels, d'autant que l'on fruſtre entierement la familles par des *Fidei-commis*, des dots des filles mariées en argent dés qu'il leur échet par ſucceſſion, en éfets mobiliaires; c'eſt pourquoi ces ſortes de diſpoſitions entre conjoints doivent être licites, à l'égard de ce qui entre en la communauté.

On juge auſſi que les propres conventions, tombent dans les legs univerſels des meubles, & aquêts; cependant l'intention des Teſtateurs eſt toûjours trompée, aïant cru les reſerver à leurs heritiers, ce qui fait que l'on ne doute pas dans certaine Coûtume, comme par exemple, en celle de Meaux, où les conjoints ſe peuvent leguer les meubles & acquêts, que la diſpoſition ne peut pas s'étendre aux propres conventionels, mais ſeulement à ce qui doit entrer en Communauté.

Le créancier de la femme, qui aura été coloquée ſur les biens de ſon mari pour les deniers dotaux qui lui ſont ſtipulés propres, aïant formé opoſition à ſa colocation, doit venir par ordre d'hipoteque, non ſeulement ſur ce qui ſera adjugé à la femme pour ces deniers dotaux ſtipulés propres, mais encore ſur tout ce qui lui ſera adjugé pour ſes autres conventions matrimoniales, comme pour ſon préciput & ſa chambre garnie.

La choſe a été reglée par une nouvelle Juriſprudence, râportée par Brodeau ſur Mr. Loüet, Lettre D. nombre 66. où il cotte les Arrêts qui l'ont jugé.

Il ſe voit par l'Article 273. 274. & 275. de la Coûtume de Sanlis, de quelle maniere le créancier de la femme doit auſſi venir en ſous ordres ſur ces actions.

Les premieres âquiſitions qui ſont faites par le mari, âprés avoir
reçû

reçû de la femme les deniers deftinés en emploi , ne font pas préfumées faites des mêmes deniers, niles chofes acquifes en confequence âpartienent à celui au profit duquel la deftination auroit été faite ; excepté toutefois, que dans le Contrat d'acquifition , il y en ait déclaration expreffe faite par le mari , & aceptée par la femme , autrement les chofes acquifes entrent dans la Communauté , comme conquêts.

A l'égard des biens du prix procedant de la vente d'un ancien propre , ils ne peuvent pas étre reputés propres, à moins que la ftipulation n'en ait auffi été faite par le Contrat de vente , & qu'il n'y en ait une déclaration expreffe dans le Contrat d'acquifition.

Or , il s'enfuit, que céte opinion me paroît tres-équitable pour la confervation des biens dans la famille , quoique dans les regles étroites , perfone ne puiffe empêcher l'éfet des loix , & que la regle, *paterna , patermis* , ne foûfre pas de fiction , felon plufieurs de nos Docteurs.

Les deniers par convention & fiction , peuvent devenir immeubles , & les immeubles peuvent auffi de même devenir meubles; c'eft à dire , qu'il peuvent être ameublis par convention faite par contrat de mariage, enforte que par l'éfet de de l'ameubliffement, l'heritage n'entre dans la Communauté , que jufqu'à concurence dudit ameubliffement, fi-bien que le mari le peut vendre , & en difpofer comme d'un éfet de la Communauté.

Neanmoins fi ces heritages immeubles n'ont pas été vendus par le mari , & fe trouvent encore en nature aprés le decés de la femme ou de fes enfans qui auroient furvêcu , ils apartiendront aux heritiers des propres , du côté & ligné d'où ils font provenus , & non pas aux heritiers mobiliaires d'icelle femme ou de fes enfans, l'ameubliffement n'aïant changé la nature de l'heritage qu'à l'égard de la Comunauté , envers laquelle il fert feulement de caution , pour la fomme qu'on a promis d'y aporter, mais non pas à l'égard des fuceffions, car nonobftant l'ameubliffement elles demeurent toûjours en fa nature d'immeubles.

La femme qui renonce à la Communauté , n'a plus rien à fon propre ameubli , au lieu que quand elle l'acepte , la moitié de la Comunauté lui demeure propre , comme auparavant, & la fiction aïant ceffé, elle n'en peut léguer que le quint , c'eft pourquoi le rétrait a lieu en cas qu'elle ait aliéné la même moitié ; mais fi le tout lui étoit revenu par le partage de la Communaué , il femble que la moitié doit être reputée aquêts ; cependant je crois que l'heritier des propres en doit profiter , n'ayant rien aquis de nouveau à cet égard;

Tome I. H h

autre chofe feroit fi elle avoit pris le propre ameubli pour fes reprifes , & autres conventions , d'autant que ce feroit une âquifition.

Ce qui vient à un enfant du propre ameubli de fon pere, par la fucceffion de fa mere paffe aux heritiers maternels , & un afcendant y
fuccede auffi; à un enfant ou afcendant , comme à un conquêts.

Un Oncle , dont les immeubles ne fe peuvent aifement partager ,
qui par fon Teftament ordone qu'ils feront vendus , & les deniers
diftribués à fes neveus qui étoient fes heritiers, l'un defdits neveus
étant decedé , il a été jugé que ces deniers font purs meubles,& non
pas propres en fuceffion , par Arrêt du 23. Avril 1626. râporté par
Tournet fur l'Article 93. de la Coûtume de Paris.

Les Notaires ne peuvent pas ftipuler par un Contrat de mariage,
que les meubles tiendront nature de propre , ou que les heritiers du
côté & ligne fucederont aux meubles & âquets , d'autant qu'il n'eft
pas permis aux particuliers de changer la nature de leur bien, outre
plus que les claufes des Contrats de mariages n'ont éfet qu'entre
les contraétans, finon à l'égard de leurs heritiers, quoi qu'il foit libre à un donataire d'impofer telle loi qu'il veut à fa liberalité , & de
ftipuler pour les heritiers.

Une charge âpartenant à la veuve lors de fon mariage, de laquelle
l'on avoit ameubli la fomme de fix mille livres, aïant paffé au mari,
qui s'en eft fait pourvoir , il femble que les enfans qui ont été heritiers de leur pere font préfumés y avoir fucedé , comme à un propre
pour la part de trois mil livres qui âpartenoit à leur pere au tems
de fon decés , à caufe de l'ameubliffement , & qu'ainfi la mere furvivante , n'avoit pas fucedé aux parts de fes enfans morts dépuis le
decés de fon mari , d'autant que le pere eft mort révêtu de l'ofice
qui étoit immeuble.

Cependant l'opinion contraire eft la plus certaine , âtendu que
la mere étoit debitrice envers la Comunauté , de la fomme ameu-
blée , & que les enfans heritiers de leur pere , n'ont qu'une aétion
mobiliaire contre leur pere, que la mere confond pour les parts aufquelles elle fucede à fes enfans.

La divifion des immeubles n'a pas lieu dans le pays de Droit-
Ecrit ; car comme ils n'ont pas de Comunauté , il n'y a pas de conquêts, & les plus proches heritiers fucedent aux meubles & aux immeubles , fi ce n'eft où la reprefentation a lieu ; fçavoir, quant les
Neveus fucedent avec leur Oncle, furquoi il faut excepter deux cas,
efquels les biens apartenans à ceux du côté defquels les biens font
avenus au défunt.

Le premier eft quand les afcendans fucedent à leurs afcendans ; car quand il y a des afcendans paternels & des afcendans maternels, cête regle a lieu en ce cas, *Paterna, paternis, materna mater-nis.*

L'autre eft quand il s'agit de la fucceffion de celui qui laiffe pour plus proches parens des freres confanguins & des freres uterains, & pour lors les immeubles paternels apartienent aux freres & fœurs confanguins, & les biens maternels aux freres & fœurs maternels.

CHAPITRE LVII.

Des Fruits.

IL y a de deux fortes de fruits; fçavoir, les fruits civils, & les fruits naturels.

Les fruits civils font ceux qui ne font reputez tels que par la Loi, lefquels ne font pas produits naturellement, par la chofe, mais à l'ocafion d'icelle; comme, par exemple, les loïers des maifons, les fermages des heritages de la campagne, les arerages des rentes, les interêts ajugez des obligations, les profits & émolumens des ofices, les reliefs, droits de quint, lods & ventes, amandes, confifcations & autres profits feodaux; car il eft certain que toutes ces chofes ne font pas produites naturelement par leur caufe efective; mais feulement par l'ofice de la loi & par la provifion de l'homme.

Les Naturels, font ceux qui font naturellement produits par la terre, comme font les fruits des arbres, les foins, les grains, & au-tres chofes femblables, lefquels fe divifent auffi en deux fortes, fça-voir, en fruits purement naturels & induftrieux.

Les fruits purement naturels, font ceux qui font produits par la Nature, fans aucune culture ni induftrie de l'homme, comme font les pomes, les poires, les foins, les bois & autres chofes fem-blables.

Les Induftrieux, font ceux que la nature produit par le moien de la culture & induftrie de l'homme, comme, par exemple, les grains, les vignes, que la nature ne produit pas, fi elles n'étoient cultivées, en forte que tous les fruits naturels font immeubles & font partie des immeubles, tant qu'ils font pendans par les racines, mais fitôt qu'ils font coupés & feparés du fond, ils font reputés meubles, bien qu'ils foient encore fur le champ & qu'ils n'aïent été enlevez, ainfi qu'il eft dit par l'article 92. de la coûtume de Paris.

Neanmoins il y a plufieurs coûtumes où les fruits pendans par les racines font meubles aprés un certain tems, comme les foins aprés la·mi Mai , les grains aprés la faint Jean & les vins aprés la-mi Septembre.

Il a été Jugé par Arrêt de l'année 1589. raporté par Monthelon , Arrêt 36. que la femme doüairiere qui décede les fruits étant meurs & prêts à cüeilir fur les heritages dont elle joüit , en vertu de fon doüaire , que les fruits apartienent aux proprietaires à qui les heritages doivent retourner aprés l'ufufruit fini , & non pas aux heritiers de la doüairiere , fans toutefois que le proprietaire foit tenü de rembourfer à fes heritiers aucuns labours , ni femence , cependant dans la Coûtume de Vermandois & de Reims, le proprietaire eft tenu de rembourfer , les labours & femences aux heritiers de la doüairiere.

Toutefois fi une veuve pour fon doüaire , joüiffoit par ufufruit d'une rente ou d'une maifon , qui ne font que des fruits civils , & qui échéent de jour en jour , les heritiers de ladite veuve doüairiere doivent prendre les loïers de la maifon , & les arerages des rentes jufqu'au jour du décez de la doüairiere , encore qu'en ce jour le terme du païement ne fut pas encore échû , mais fi c'étoit des rentes fur l'Hôtel de Ville , lefdits heritiers n'en peuvent prendre que les arerages échûs & païez au Bureau ouvert du tems de la douairiere.

Il faut dire auffi , que fi une doüairiere, ou autre ufufruitiere décedoit apres la recolte des grains & avant l'écheange du terme qui a été baillé aux Fermiers pour païer , comme, par exemple, aux feftes de faint Martin & Noël, l'apréciation de la ferme apartiendroit encore à l'heritier de la doüairiere, & non pas à l'ufufruitier , parce qu'il fufit que la doüairiere , ou l'ufufruitier ait fur vêcu à la recolte des fruits pour les gagner , ainfi l'on ne confidere point le tems de la penfion , qui n'eft qu'un terme doné au fermier pour lui faciliter fon païement.

Le furvivant de l'un ou de l'autre des conjoints par mariage, reprenant les heritages qui lui étoient propres , doit auffi avoir les fruits pendans fur iceux par les racines, en rembourfant toutefois aux heritiers du prédécedé la moitié des labours & femences , fuivant l'article 131. de la Coûtume de Paris, neanmoins la femme qui renonce à la Comunauté , doit entierement les labours & femences qui ont été mifes fur fon fond, mais elle ne doit rien de ce qui a été mis fur le fond de fon mari.

Les fruits d'un Benefice fe partagent entre le nouveau titulaire & les heritiers de fon prédécedé , à proportion du tems que le

defunt a vécu, à comencer l'année au premier Janvier ; de forte
que fi le défunt eft decedé le dernier Mars , les heritiers auront le
quart des fruits de l'année en laquelle il fera decedé , comme aiant
le défunt gaigné les fruits recueillis & en granges; ces fruits pour
lors apartiendront à l'heritier du défunt , parce que les fruits du benefice ne retrogradent pas.

C'eft pourquoi le nouveau Beneficier fe doit contenter des fruits
qui font échûs depuis fa prife de poffeffion , ainfi que le remarque
Baquet au Traité des Droits de Juftice, Chapitre 15 Nombre 60.&
aprés lui M. Julien Brodeau fur M. Loüet, Lettre F , nombre 12. où il
cotte les Arrêts qui l'ont jugé.

CHAPITRE LVIII.

Des actions & de leurs divifions en general.

L'Action eft le droit que nous avons de demander & de pourfuivre en juftice ce qui nous eft dû , ou ce qui nous apartient.

La principale divifion de l'action fe fait en deux fortes ; fçavoir,
les perfoneles & les réelles ; les mixtes font compofées de deux.

Les actions perfoneles font celles par lefquelles nous agiffons
contre ceux qui nous font obligés , pour les contraindre à paier ce
qu'ils nous doivent , ou à executer ce à quoi ils font obligés envers
nous.

Elles s'apelent perfoneles , parce qu'elles font atachées à la perfone obligée, la fuivant par tout, & ne fe donent que contre elle ,
ou contre ceux qui les reprefentent, comme font les heritiers.

Il y a auffi de deux fortes d'actions perfoneles, fçavoir les Civiles,
& les Crimineles.

Les Civiles, font celles qui s'intentent pour païement de détes,
ou autres chofes purement Civiles.

Les Crimineles, font celles par lefquelles nous demandons en juftice la reparation du tort ou de l'injure qui a été faite à nous, ou à
ceux qui nous apartiennent , laquelle s'intente ordinairement par
fimple Exploit , quand il ne s'agit que d'injures verbales & chofes
legeres ; ou par plainte & information,quand il s'agit d'injures grie-
ves, excés , & autres délits ou crimes atroces.

Les actions réeles, font celles qui regardent le fond & la proprieté d'un heritage , ou les droits réels dont eft chargé cét heritage,
comme font les cens, rentes foncieres, dixmes, champars, fervitudes,

H.h iij.

& hipoteques, fuivant le fentiment de Charrond, en fes Pandectes, livre 4. chapitre 10. au comencement.

Il y a auffi deux fortes d'actions réelles, fçavoir l'action petitoire, & l'action poffeffoire.

L'action petitoire, eft celle que la Loy donne au proprietaire d'un heritage, ou d'un droit réel dont l'heritage eft chargé, contre le poffeffeur ou ufurpateur, pour le contraindre à la reftitution.

D'où il s'enfuit, que l'on peut auffi dire, que c'eft l'action par laquelle le proprietaire pourfuit la reftitution de la chofe qui lui apartient, ainfi c'eft proprement ce qu'on apele en terme de Pratique, Revindication, parce que par icelle nous revindiquons ce qui nous a été pris, ou qui a été ufurpé fur nous, ou fur ceux dont nous avons les droits.

La poffeffoire, eft celle qui dans le Droit Romain s'apele interdit, & que la Loy donne au Proprietaire pour fe conferver dans la poffeffion, ou pour la recouvrir, quand il l'a perduë.

Les actions mixtes, font celles, où l'action perfonele eft jointe à la réelle, c'eft à dire, que nous ne demandons pas feulement la reftitution de la chofe qui nous apartient; mais encore nous foutenons que le détenteur que nous ataquons, nous eft perfonelement obligé, à caufe de la chofe, & pour la reftitution des fruits, ou pour les domages & interêts.

Neanmoins, fuivant le fentiment des Jurifconfultes, il n'y a ordinairement que de trois fortes d'actions mixtes.

Sçavoir, l'action de partage entre coheritiers; l'action de partage entre étrangers qui poffedent quelque chofe en comun & par indivis; & l'action de bornage entre voifins, pour faire mettre & planter bornes entre leurs heritages,

Mais dans nôtre ufage & dans nôtre pratique, nous faifons mixtes la plûpart des actions réeles, à caufe de la reftitution des fruits, & des domages & interêts que nous pretendons contre les détenteurs, & aufquels ils font perfonelement obligés.

L'action purement réele, eft celle qui ne s'atache qu'à la chofe & dont le détenteur eft quite en la donant, lors qu'en l'abandonant il n'en eft pas quite & demeure encore perfonelement obligé, ou pour la reftitution des fruits, ou pour les domages & interêts, nous difons auffi qu'elle eft mixte.

Cependant il y a diference entre une action, une inftance, & un procedé.

L'action eft, comme j'ai ci-devant dit, le droit que nous avons de demander en juftice le païement de ce qui nous eft dû, ou la restitution de ce qui nous apartient.

L'instance est l'execution de l'action, la demande est la poursuite que nous faisons en justice dépuis l'ajournement jusqu'à la contestation, & dépuis la contestation jusqu'à la Sentence, nôtre poursuite s'apele une cause, & aprés la Sentence, quand elle est renduë sur production & contredits des parties, s'il y en a apel, nous disons que c'est un Procés par écrit.

Ce qui s'entend lors qu'on prend ces mots dans leur étroite signification; car ce n'est pas faire une faute de dire, comme on fait journellement au Palais, *J'ai un Procés contre un tel*, quoique ce ne soit qu'une Instance, ou une Cause, & qu'il n'y ait encore ni contestation, ni sentence.

CHAPITRE LVIII.

Des Actions Réeles.

LEs Actions Réeles diferent d'avec les Personeles, en ce que les Actions Personeles sont attachées aux persones, & les Réeles aux choses qu'elles suivent en quelques mains qu'elles puissent passer.

En sorte que sous ce mot de choses, j'entens non seulement dire tous les heritages, mais encor tous les droits réels dont peuvent être chargés les heritages; comme par exemple, les cens, rentes, dixmes, champars, servitudes & hipoteques, bienque tous ces droits soient incorporels, ainsi qu'il a été montré ci dessus.

L'action possessoire parmi nous ne se donne pas pour un meuble particulier, mais seulement pour une universalité de meubles, comme si on étoit troublé en la possession d'une succession en laquelle il n'y avoit que des meubles; mais si quelqu'un possede ou retient quelque meuble qui nous apartient, nous avons pour lors contre lui l'action de revindication, qui parmi nous ne passe pas pour action réele, excepté qu'il ne s'agisse d'un heritage, ou d'un droit réel sur l'heritage.

De sorte, que quand on veut revindiquer un meuble, soit qu'il ait été enlevé ou retenu, il faut doner requête au Juge du lieu où la chose se trouve, pour avoir permission d'informer de l'enlevement, & en même tems les saisir & arrêter, avec assignation au possesseur, pour se voir condamner à en faire la restitution.

Mais quand c'est pour un droit réel à prédre sur un heritage, comme pour cens, rentes, ou champars, il faut conclure à ce que l'heritage soit declaré être en nôtre censive, ou sujet à tel droit, ce faisant le detenteur condamné à nous en paſſer déclaration, & reconoiſſance, nous en païer les arerages échûs & continuer à l'avenir, tant qu'il ſera détenteur dudit heritage.

Par l'article 24. de la nouvelle Ordonance de 1667. titre des Comitimus, la conoiſſance de ces ſortes d'actions a été interdite à Meſſieurs des Requêtes du Palais, nonobſtant que par le premier article de ce titre la conoiſſance des actions mixte leur ſoit atribuée, mais cet article 24. ne s'obſerve pas toûjours à la rigueur, en ſorte que ſi un privilegié fait apeler aux Requêtes du Palais, le detenteur d'un heritage en matiere purement réelle, ce particulier doit décliner la Juriſdiction, & demander ſon renvoi pardevant le Juge du lieu où le defendeur eſt demeurant, & quelquefois ou l'heritage eſt ſitué.

Car quoi qu'il s'intente peu d'actions purement réelles, & qu'il y ait preſque toûjours de la perſonelle mêlée a cauſe de la reſtitution des fruits & des domages & interêts, qui rendent l'action mixte, néanmoins la conoiſſance ne leur apartient pas.

Ainſi, pour conoître ſi l'action réelle eſt purement réelle, il n'y a qu'à obſerver s'il n'y a pas de concluſions perſonelles contre le défendeur, s'il en peut être quite en abandonant l'heritage qu'on lui demande, ou ſur lequel on lui demande quelque droit réel, rentes, ou autres ſemblables, cependant cela n'empêche pas qu'encore qu'il y ait concluſion perſonele contre le détenteur, afin de reſtitution des fruits, & au païement des arerages de ſon tems, que l'action ne paſſe pas pour action réelle, ſuivant le même article 24. de ladite Ordonance de 1667.

Celui qui fait demande de cenſives, ou de la proprieté de quelques heritages, rentes foncieres, charges réelles ou hipoteques, eſt obligé à peine de nulité de ſa demande, ſelon l'article 3. du titre 9. de la ſuſdite Ordonance, de déclarer par ſon exploit d'aſſignation, le bourg, le village ou hameau, le teritoire ou la contrée où l'heritage eſt ſitué, ſa conſiſtance, les nouveaux tenans & aboutiſſans, du coſté du Septentrion, Midi, Orient ou Occidant, ſa nature au tems de la demande, ſi c'eſt terre labourable, prés, vignes, ou autres choſes, afin que le défendeur ne puiſſe pas ignorer pour quel heritage il eſt aſſigné.

Telement, que ſi le demandeur ne ſatisfait pas à ce qui eſt porté par cet article 3. du titre 9. de l'Ordonance, le défendeur peut demander que l'exploit ſoit déclaré nul; & qu'il ſoit envoié abſous de la demande avec dépens; toutefois quoi que le demandeur ait ſatisfait à cet article de l'Ordonance, cela n'empêche pas que

le

le défendeur ne propose ces exceptions, & qu'il ne demande délai de garand.

Si le defendeur veut défendre, il peut dire, qu'il a aquis de
bone foi l'heritage pour lequel il est inquieté, qu'il l'a possedé
paisiblement pendant tel tems, & par consequent qu'il est prescrit.

Il peut aussi au peril & fortune de son garand, débatre de nulité ou de fausseté, le titre sur lequel le demandeur fonde son
droit, ou de proprieté, en l'heritage, ou de droit réel sur icelui.

La prescription en fait d'action réelle, est de trente ans, si le
demandeur est bon & valable, & que le défendeur n'ait pas de
titre, mais s'il a un bon titre, il ne faut que dix ans, entre presens, & vingt ans entre absens, & contre l'Eglise quarante ans,
avec titre & bonne foi, mais à l'égard des mineurs & autres privilegiés, il n'y a pas de prescriptions contre eux, ainsi qu'il sera
montré au chapitre des prescriptions.

Si le demandeur a un bon titre, & que le défendeur ne puisse
pas se défendre par la prescription, il faut qu'il quite, & abandone au demandeur originaire l'heritage par lui revendiqué.

Ou si l'action est intentée pour un droit réel prétendu sur l'heritage aquis, il faut qu'il déguerpisse ledit heritage pour sa décharge dudit droit, ou qu'il en passe reconoissance, mais si le défendeur a un bon garand qui ait pris pour lui le fait & cause, il doit
avoir son recours contre lui, atendu que c'est au garand à le défendre, & à le mettre à couvert de l'action contre lui intentée.

Néanmoins il y a certain cas où le défendeur n'est pas toûjours
quite en abandonant l'heritage, car il y a aussi quelques fois qu'il
doit être condamné à la restitution des fruits, comme quand il est
possesseur de mauvaise foi, c'est-à-dire, qu'il n'a pas de juste titre
pour posseder l'heritage, & que ce soit un usurpateur, quelque dé-
laissement & abandonement qu'il fasse, il doit toûjours la restitution des fruits qu'il a mal perçûs durant son injuste détention, mais
lors que le défendeur est possesseur de bone foi, & qu'il a aquis à
juste titre de celui qui croioit être le veritable proprietaire, il ne
peut pas être condamné à la restitution des fruits qu'il a perçûs
durant sa joüissance, atendu qu'il les a gaignés & fait siens en vertu de son titre.

Enfin, si le possesseur de bone foi, aprés avoir eu comunication
des titres du demandeur, conteste mal à propos, il doit être condamné à la restitution des fruits par lui perçûs depuis la contestation, quand même il n'auroit pas perçû lesdits fruits, ou qu'il les
eut laissé perdre par sa faute & negligence, parce que le possesseur

de mauvaise foi pendant tout le tems de sa joüissance, aussi bien que le possesseur de bonne foi, sont l'un & l'autre obligés de restituer les fruits non seulement qu'ils ont perçûs, mais encore ceux qu'ils ont peu percevoir.

Or, pour sçavoir, si tout possesseur évaincé peut reputer les impanses & ameliorations par lui faites dans l'heritage dont il est invaincé, il faut ici observer, qu'il y a de trois sortes d'impanses; sçavoir les necessaires, qui sont les reparations, les utiles, qui sont les meliorations, & les voluptuaires, qui ne sont que pour le plaisir du possesseur, sans utilité.

A l'égard des Necessaires, sans lesquelles l'heritage seroit déperi, ou tombé en ruine, elles peuvent être repetées par toutes sortes de possesseurs, tant de bonne foi, que de mauvaise foi, mais a l'égard des Utiles, il faut distinguer.

Le possesseur de bonne foi peut repeter tout ce qu'il a emploié, mais le possesseur de mauvaise foi ne le peut que jusqu'à la concurrence de ce dont la valeur de l'heritage est augmenté, de sorte que si la valeur de l'heritage n'est pas augmentée il ne peut rien repeter, néanmoins si ce qu'il y a mis se peut emporter sans deterioration de l'heritage, il le peut faire, & la même chose est à l'égard des voluptaires, le possesseur de bonne foi les peut pareillement emporter, parce qu'il les a faites en un fond qu'il croioit être sien, ce que le possesseur de mauvaise foi ne peut pas, il peut seulement les emporter, si cela se peut faire, sans deterioration de l'heritage, suivant le sentiment de Charondas en ses Pandectes, Livre 4. Chapitre 20.

Par l'article 52. de l'Ordonance de Moulins, il est porté que les proprietaires qui auroient obtenu jugement à leur profit rentreront en possession, en vertu d'iceux, en baillant par eux bonne & sufisante caution, de rembourser les impanses & ameliorations, sitôt qu'elles seront liquidées, la chose demeurant afectée & hipotequée pour cet éfet, si mieux n'aimoient les condamnés les faire liquider dans un mois pour tout délai.

Cependant par l'article 9. du titre 27. de l'Ordonance de 1667. celui qui a été condamné par Arrêt ou par Sentence, dont il n'y a pas d'apel à laisser la possession d'un heritage, en lui remboursant les impanses & améliorations, ne peut être contraint de quiter l'heritage qu'aprés avoir été remboursé, & pour cet éfet, il est tenu de faire liquider ces dites impanses & ameliorations dans un seul délai qui lui sera doné par la Sentence ou par l'Arrêt, sinon & à faute de l'avoir fait dans ce délai, la Partie doit être mise en possession des lieux , en donant caution de les païer aprés qu'elles auront été liquidées; mais s'il n'y a aucun remboursement d'impenses ou ameliorations , le condamné est obligé de laisser la possession de l'heritage dans quinzaine aprés la signification de la Sentence ou Arrêt, faite à sa persone ou à son domicile, ainsi qu'il est dit par l'Article 1. du Titre 17. de ladite Ordonance.

S'il n'obeït pas dans ce délai , le même Article porte qu'il sera condamné à deux cens livres d'amende , moitié envers le Roy, & l'autre moitié envers la Partie , qui ne pourra être remise , ni moderée.

Celui à qui le possessoire d'une chose a été adjugé , & qui doit la restitution, n'est pas garand du deperissement de la chose arivée sans sa faute.

Mais celui qui est assigné en desistement & qui a soufert la contestation de la chose, il semble qu'il est tenu de la perte , suposé que dépuis la conoissance qu'il a eu du droit de son adversaire , il soit en demeure, & qu'il ait été constitué en mauvaise foi , si celui à qui le fond apartenoit l'avoit pû vendre.

Neanmoins l'on adjuge en ce cas les domages & interêts, qu'eût égard aux joüissances que pert le propriétaire, tant pour le passé que pour le futur , & non pas à raison de la perte du fond, que lui-même n'eût pas pû éviter.

C'est l'opinion de Pierre Barbosa sur la Loy *Divortio*, *§. ult. part.* 8. *num.* 64. *ff. solut matrim.*

Requête pour saisir & arrêter les meubles enlevés ou retenus.

A Monsieur le Prevôt ou Bailli de . . . .

Suplie humblement D . . . .

DISANT que depuis le decés de sa femme , aïant été obligé de faire un voïage en tel lieu . . . pour finir quelque afaire particuliere de famille,& n'aïant pas pû mener avec lui deux enfans en bas âge , d'entre lui & sa defunte femme, il auroit été obligé de les laisser dans sa maison, de sorte que E . . . . son voisin s'étant ofert de lui rendre service dans cête ocasion , & d'avoir soin de ses enfans, il les lui auroit donné en garde le jour de son départ,& lui auroit laissé les clefs de sa maison pour les coucher le soir, ledit E . . . . n'aïant pas eu de place chés lui pour les loger ; mais au lieu d'en agir comme un veritable ami & un pere de famille, ainsi qu'il lui avoit promis à son départ,neanmoins pendant l'absence du Supliant, il a détourné de sa maison & enlevé la plus grande partie de ses meubles, tant linge qu'autres meubles meublans, lesquels il a transportés chés lui , & dont il se sert actuelement ; déquoi aïant été informé à son retour, il se feroit lui-même transporté dans la maison dudit E . . . . & les aïant reconnus, il lui en auroit demandé la reftitution en préfence de plufieurs perfones, ce qu'aïant refufé de faire, il a recours à vous.

CE CONSIDERE', Monfieur , il vous plaife permettre au Supliant de faire informer pardevant vous de la fouftration & enlevement defdits meubles, que ledit E . . . a divertit & furtivement mis en fa poffeffion pendant fon abfence, pour l'information faite & raportée, être condamné à reftituer audit Supliant les meubles en queftion, avec dépens, domages & interêts, & cependant pour furté & confervation d'iceux , & éviter un plus ample déperiffement , permettre de faire faifir & arrêter lefdits meubles, dont il fera dreffé procès verbal par le premier Huiffier ou Sergent fur ce requis , & enfuite mis en bonne & fure garde, jufqu'à ce qu'il en ait été par vous autrement ordonné , & vous ferés bien.

Sur céte Requête le Juge met, *Soit informé, & cependant permis de faifir & arréter les meubles enlevés ou retenus, dont il fera dreffé Procès verbal par le premier Huiffier ou Sergent fur ce requis , & enfuite icelle mifes en bonne & fure garde , jufqu'à fin de Procés , &c.*

Si la Requête eft donée au Châtelet de Paris, l'information doit être faite pardevant un Comiffaire dudit Châtelet, & conclure , *A ce qu'il foit permis au Supliant de faire informer pardevant tel . . . . Comiffaire dudit Châtelet, qu'il plaira au Lieutenant Civil de nomer, &c.*

A l'égard de l'Exploit d'affignation , qui fe done en action réele, il faut affigner la partie adverfe à comparoir le jour de... prochain, pardevant Monfieur le Prevôt ou Bailli de tel lieu , ou fon Lieutenant en fon Auditoire audit lieu , heure d'Audiance , pour fe voir condamner à fe defifter & départir de l'injufte ocupation qu'il fe force de faire d'une maifon fize à .... tenant d'une part à .... d'autre à ....ce faifant lui en laiffer la libre poffeffion & joüiffance, défenfe audit tel . . . de troubler dorenavant ledit demandeur en ladite joüiffance , & outre lui rendre & reftituer les fruits d'icelle maifon, fuivant l'eftimation qui en fera faite, avec dépens, domages & interêts, & en outre répondre & proceder ainfi que de raifon, & fignifier que Maître F.... Procureur , ocupera pour ledit demandeur, &c.

CHAPITRE LX.

Des Servitudes & des Actions Confeffoires & Negatoires qui fe donnent pour raifon d'icelles.

IL a été ci devant expliqué au Chapitre 49. ce que c'eft que fervitude, & de combien de fortes il y en a, & quelles font les actions par où elle peuvent être pourſuivies, leſquelles ſe diviſent en deux ſortes; ſçavoir, en action confeſſoire, & en negatoire.

L'action confeſſoire eſt celle par laquelle un voiſin vendique un droit de ſervitude ſur l'heritage de ſon voiſin, concluant à ce que tel droit de ſervitude, comme par exemple, de paſſage ſur l'heritage de nôtre voiſin, *ou* de puiſer de l'eau dans le fond de tel.... ſoit déclaré nous apartenir, ce faiſant, le voiſin condamné à nous ſoûfrir paſſer, aler & venir à pied ou à cheval ſur ſon heritage, y faire paſſer nos charois ou nôtre Troupeau (*ſi le titre de ſervitude le porte*) & pour nous en avoir empêché la joüiſſance, ſe voir condamner en tous nos dépens, domages & interêts.

La negatoire eſt, celle par laquelle le voiſin ſoûtient ſon heritage franc & libre, & dénie à ſon voiſin qu'il ait ſur lui aucun droit de ſervitude, & conclut en conſequence, à ce que nôtre heritage ſoit déclaré franc, & quite de la ſervitude prétenduë ſur icelui par nôtre voiſin ou autres perſones, ce faiſant que défenſes lui ſoient faites de plus paſſer ou faire paſſer à l'avenir ſes charois ſur nôtre heritage, à peine de tous dépens, domages & interêts.

Le droit de ſervitude, ſuivant l'Article 186. de la Coûtume de Paris, ne ſe peut pas aquerir par longue joüiſſance, il faut avoir un Titre, *poſé*, même qu'elle fut de cent ans, mais la liberté ſe peut acquerir contre le Titre de ſervitude par trente ans, entre âgés & non privilegiés.

On ne peut pas auſſi préſcrire le droit de paturage ou vaine pature ſans Titres, hors de la Seigneurie ou Territoire, par tel tems que l'on en ait joüi; cependant nos Docteurs prétendent que la ſervitude de paturage ſe préſcrit par cent ans, & même par trente, ſi on en païe anuellement une redevance au Seigneur, Lapeirere, lettre P. nombre 77.

Il faut dire auſſi, que la complainte n'a pas lieu pour ce ſujet, excepté que l'on ne ſoit fondé en Titre.

Pour établir une ſervitude, il faut que la deſtination du pere de famille ſoit par écrit, ſuivant la nouvelle diſpoſition de l'Article 216. de la Coûtume de Paris, autrement elle n'établit aucune ſervitude ſur la maiſon par lui bâtie, même entre les enfans & coheritiers, bien que dans leur partage il y eut clauſe generale, qu'ils joüiront des choſes en l'état qu'elles ſont, ainſi au terme de la diſpoſition de ce nouveau Article, céte clauſe ne s'étendroit que pour joüir ſelon le droit commun, & non pas pour établir aucun droit de ſervitude.

C'eſt ce qui fait, que l'on voit tous les jours des deſtinations

Ll iij

des peres de famille ſi anciennes & ſi évidentes pour la neceſſité de certaines maiſons qui avenant les unes ſur les autres, profitent de certains ſecours neceſſaires, que tres-ſouvent l'on eſt obligé de s'écarter quelquefois de la diſpoſition de la Coûtume de Paris, & de ſe ſervir de celle qui n'en diſpoſe pas, ſuivant les termes de la Loi, 2. *dig. de aqua & aquæ pluv. arcenda. Tria ſunt, lex, natura loci vetuſtas quæ ſemper pro lege habetur minuendarum litium causà.*

Cependant céte nouvelle diſpoſition de la Coûtume de Paris n'a pas lieu pour les ſervitudes créées avant la reformation de la Coûtume de l'an 1580. car il ſufit qu'il paroiſſe par acte plus ancien, que les deux maiſons apartenoient à un même proprietaire, & que depuis elles ont été diviſées afin de conſerver l'ancien état des lieux.

Il y a à la verité pluſieurs coûtumes qui portent pareillement que la deſtination du pere de famille doit être par écrit, mais elles n'ajoutent pas comme celle de Paris, *même par cent ans.*

L'article 323. de la Coûtume de Sedan, porte qu'un titre putatif & la poſſeſſion de cent années ſufit, & que la deſtination & diſpoſition réelle des bâtimens, & qui ſeroient par éfet, équipolle à un titre, ce qui doit être ſuivi à plus forte raiſon dans les Coûtumes qui ne contienent aucune diſpoſition ſur ce ſujet.

La nature du lieu oblige auſſi quelquefois de contribuer à la comodité du voiſin en indamniſant.

Il y a encore de certaines ſervitudes que la nature même a établies ſans la diſpoſition de l'homme, comme lors que le fond inferieur reçoit l'eau du ſuperieur, ſuivant le penchant naturel, & on ne peut rien faire par émulation pour l'arêter, ainſi que le prouve Brunement, *ad c. 1. dig. de aqua & pluvia arcenda.*

Pourtant il faut en ce cas une poſſeſſion immemoriale, qui eſt neceſſaire pour les ſervitudes diſcontinuées, & par céte raiſon on preſcrit le droit d'empêcher que l'on ne bouche une fontaine qui ſert à faire tourner un moulin, ou à autres uſages, même pour un moindre tems, parce que c'eſt une ſervitude continuée.

Or, il s'enſuit, que ſi un particulier avoit un pré, ou une terre à laquelle il ne pût aler pour en recüeilir les fruits qu'en paſſant par l'heritage de ſon voiſin, ce voiſin ſeroit obligé de lui livrer paſſage en lui païant l'eſtimation de ce droit de paſſage, ainſi qu'il a été jugé par les Arrêts raportés par Mr. Loüet en ſon Comentaire, Lettre C, nombre 1.

La liberté d'un heritage qui n'eſt chargé d'aucune ſervitude, conſiſte principalement, en ce que le proprietaire de cet herita ge étant maître du fol, apelé l'ufage du rez de chauffée,c'eft ce qui fait, qu'il eft en conféquence maître de ce qui eft au deffus & au défous, ainfi il peut bâtir & édifier par deffus ou par deffous, y faire puits,aifances, & autres chofes licites,telles que bon lui femblera, en forte qu'il peut regulierement élever fon bâtiment fi haut qu'il lui plaira, & même ôter la vûë à la maifon de fon voifin, parce que chacun peut faire de fon fond tout ce que bon lui femble, quoique tout cela nuife & faffe préjudice à fon voifin.

Par exemple, il peut faire un puits dans fa maifon, encore que par ce moien fon voifin foit privé de l'eau qu'il avoit dans le fien, néanmoins Charondas en fon Comentaire fur la Coûtume da Paris, titre des Servitudes, raporte un Arrêt du 4. Fevrier 1559.rendu au profit d'un nomé le Gras, par lequel il a été ordoné, qu'un mur qui avoit été élevé par fon voifin, fi haut que fa maifon en étoit entierement obfcurcie, feroit rabaiffé & reduit à une certaine hauteur limitée par l'Arrêt, & par ce moien le pouvoir du proprietaire fe doit entendre avec quelque forte de moderation.

Il peut bien pour fa comodité, nuire à la vcüe de fon voifin, mais il ne peut pas lui ôter toute la clarté & la lumiere, & rendre fa maifon inhabitable.

Quant à moi, mon fentiment eft contraire à celui de cet Auteur, car fuivant l'ufage general du Roïaume, il eft permis à un proprietaire de faire en fon heritage tout ce que bon lui femble, pourveu toutefois qu'il ne bleffe pas certains droits ou certaines fervitudes generales que tous les heritages voifins fe doivent les uns aux autres & qui font reglées par la coûtume.

Ainfi,pour fçavoir quels font ces droits de fervitudes en general, il faut obferver qu'un proprietaire ne peut pas percer le mur mitoien d'entre lui & fon voifin fans le confentement de fon dit voifin pour y faire des vûës & fenêtres, & ni paffer aucuns poutres que jufqu'à la moitié dudit mur.

Néanmoins fi le mur eft entierement à lui & joignant inmediatement à l'héritage de fon voifin, il peut bien affeoir les poutres,mais il ne peut pas y faire des fenêtres au deffus de neuf pieds pour le premier étage, & pour les autres étages au deffus de fept pieds,le tout à fermaille & verre dormant ; cependant fi ledit mur n'eft pas joignant inmediatement à l'heritage de fon voifin, il faut pour y pouvoir faire des fenêtres à veuës droites qu'il y ait fix pieds de diftance entre ledit mur & l'heritage du voifin, & pour y faire biés & veuës de côté, il faut qu'il y ait deux pieds,

Un proprietaire ne peut pas auffi faire en fa maifon aucuns étables, cheminées, fours, forges & fourneaux, puits, & aifances
contre le mur mitoien, entre lui & fon voifin, s'il ne laiffe les in-
tervalles & efpaces vuides, ou faire faire des contre-murs de
l'épaiffeur portée par la Coûtume.

Il y a encore plufieurs autres droits que les heritages voifins fe
doivent les uns aux autres, pour lefquels il faut voir la coûtume
aux titres des Servitudes.

Tous voifins font tenus refpectivement, à l'égard de leurs édifice
à fe clore l'un & l'autre, en forte que celui qui a bâtiment joignan
à cour, jardin, ou place vuide, peut auffi contraindre le voifin à fe
fermer, fuivant la Coûtume de Chartres, article 79. de Dreux, article 67. & de Château-neuf, article 94. fi mieux le voifin n'aime
abandonner un efpace fufifant pour pofer une goutiere fur foi, qu
contiene les eaux pour les porter dans la ruë, ou les faire tombe
fur foi.

Mais, c'eft une pure vifion que d'obliger un proprietaire à faire
un fecond patits contre ceux qui feparent les cours & jardins, comme on avoit ci-devant voulu le mettre en ufage dans certain
lieux, lors qu'il n'y a, ni terre jectiffe, qu'on ne veut, ni labourer ni fumer contre ledit mur, ou clôture, & en un mot, qu'il n'y
a ni écuries, ni fours, ni autres chofes qui puiffent incomoder, autrement on doneroit ocafion aux voifins de fe vexer les uns & le
autres par un infinité de procés.

Le voifin peut auffi à la rigueur être contraint à contribuer à la
conftruction ou reparation d'un mur ou palais, mais s'il veut laiffer perdre fon droit, ou fi le voifin l'a voulu faire à fes dépens, il
le peut faire, comme il l'a voulut, & doit laiffer fon voifin e
repos.

Il femble même que l'on doit être quite en abandonant la moi
tié de la terre, dans des quartiers éloignés des Villes où le fonc
ne vaut pas la dépenfe, en forte qu'aux termes de l'article 212. or
peut rentrer dans la comunauté d'un mur, ou d'une clôture, lor
qu'on a foufert que le voifin l'ait fait de nouveau, ou rétabli
l'ancien, fur la terre qui étoit comune, cela fe peut encore, fuivant l'article 194. de ladite Coûtume de Paris, lors qu'on veut bâtir actuellement contre le mur du voifin & percer dans icelui, aux
charges de la Coûtume.

C'eft ce qui fait qu'en ce cas, on eft quelquefois obligé de vendre partie de fon fond pour la décoration des Villes, afin que chacun puiffe ménager fon terrain.

Il

Il n'eſt pas neceſſaire de s'opoſer à un décret pour les ſervitudes viſibles & aparentes, come ſeroit une goutiere pendante ſur l'heritage décreté, parce que l'adjudicataire les peut voir, mais il il faut s'opoſer, pour les ſervitudes extentes & qui ne paroiſſent pas par l'inſpection des lieux, autrement elles ſeroient purgées par le décret, ſelon le ſentiment de Monſieur Loüet en ſon Commentaire, lettre S, nombre 1.

L'uſage du Roïaume, eſt qu'aucune ſervitude ne peut être établie que par un titre.

D'où il s'enſuit, qu'une maiſon qui auroit vûë ſans titres ſur la maiſon voiſine, mais toutefois pour la ſeule toleration du voiſin, étoit adjugée par décret ſans qu'il y eût aucune opoſition formée pour ces veües, l'adjudicataire ne peut pas en vertu de ſon décret s'en conſerver la poſſeſſion, atendu que l'adjudication par décret ne done pas plus de droit à l'adjudicataire, qu'en avoit le ſaiſi, ainſi qu'il a été jugé par Arrêt du 20. Juillet 1611. raporté par Mr. Leprêtre, en ſon Recüeil des Arrêts de la cinquiéme Chambre des Enquêtes.

Il faut dire auſſi, que celui qui poſſede une cave à titre particulier ſous la maiſon de ſon voiſin, n'eſt pas obligé pour ſe conſerver céte cave de s'opoſer aux criées de la maiſon de ſon dit voiſin, parce que en ce cas, la cave eſt poſſedée par droit de proprieté plûtôt que par droit de ſervitude, jugé par Arrêt, raporté par Mr. Bouguier, lettre S, nombre 3.

L'égoût qui pend de nôtre maiſon ſur l'heritage d'autrui, qui eſt une ſervitude, ne ſe peut pas auſſi aquerir ſans titre, même par une joüiſſance de cent ans, mais à l'égard de l'égoût qui eſt bâti & édifié dans l'heritage du voiſin, & y eſt adherant & incorporé, il le peut poſſeder ſans titre, la choſe étant préſumée par la qualité de l'égoût, parce qu'il ne peut être fait dans l'heritage du voiſin, ſans ſon ſeu & ſon conſentement, & que d'ailleurs un tel égoût n'eſt pas tant une ſervitude, qu'un droit de proprieté, ſuivant le ſentiment de Brodeau, ſur Monſieur Loüet, lettre S, nombre 1.

Si la moitié d'une maiſon chargée d'une ſervitude, latente come d'un droit de paſſage, ou bien de ne pouvoir élever plus haut ſes bâtimens, avoit été venduë & adjugée par décret, ſans qu'il y eût opoſition formée aux criées afin de conſerver céte ſervitude, & que la moitié de la maiſon qui a été ajugée fut indeviſe, la ſervitude ſera perduë pour le tout, atendu que la ſervitude eſt une choſe individuë, qui eſt tout entiere en chaque partie de l'he-

Tome I. K k

ritage qui en est chargé , c'est pourquoi elle ne se peut diviser , acquerir, éteindre, ou retenir pour partie, il faut qu'elle soit éteinte pour le tout , ou conservée pour le tout , c'est le sentiment de Brodeau, *ibid.*

Ces sortes de servitudes peuvent être établies par trois moiens; sçavoir, par contrat, quand le proprietaire d'un heritage en le vendant se reserve quelques servitudes, ou qu'il en aquiert quelqu'une sur l'heritage de son voisin.

Par partage, quand la maison d'un pere de famille étant partagée entre ses heritiers, on ordone que les choses demeureront en l'état que les possedoit le pere de famille, & qu'ainsi une des parties de céte maison aura sa veüe & ses égoûts sur l'autre, ou qu'il y aura droit de passage sur l'une pour aller à l'autre.

Par Testament, quand un testateur charge sa maison ou son heritage de quelque servitude au profit de son voisin, ou quand en legant sa maison ou son heritage , il retient quelque servitude pour la comodité d'un autre heritage qui demeure à son heritier.

Mais quoique ces servitudes soient établies, il y a néanmoins trois moiens pour les éteindre ; sçavoir, pour la ruine de la chose, par la confusion , & par la negligence de celui à qui la servitude est dûë.

Primò. Par la ruine de la chose, est que si l'heritage qui doit la servitude, ou que celui à qui elle est deüe vient à perir en ce cas, il ne peut plus y avoir de servitude ; c'est-à-dire, que si la maison de mon voisin en vers laquelle la miene est chargée de quelque servitude, étoit démolie & rafée, que la miene est encore chargée de céte servitude.

La même chose est, si le puits ou la fontaine de mon voisin où j'avois droit d'aller prendre de l'eau étoit tarie, je perts aussi mon droit de servitude, que si son pré par lequel j'avois encore droit de passer est inondé & rendu pour jamais inaccessible , je perts de même mon droit de passage , surquoi il faut neanmoins observer , que si les sources revienent , ou qu'elles soient remises en leur premier état, & que la maison soit pareillement retablie, la servitude qui étoit éteinte refuscitera , & aura même force qu'auparavant.

Secundò. Elles sont éteintes par la confusion , quand l'heritage qui doit la servitude, & que celui à qui elle est deüe , tombe en la main du même Maître ; car en ce cas, il ne peut pas avoir droit de servitude sur sa propre chose , mais la servitude ne reviroit pas s'il revendoit & metoit hors de sa main l'un de ses heri-

tages, il faudroit la continuer tout de nouveau, autrement l'heritage chargé demeureroit franc, pourveu toutefois que ce soit une
servitude latente, & qui ne paroisse pas par l'inspection, c'est-à-
dire, par exemple, comme une servitude de ne pouvoir élever
plus haut, & ne pouvoir nuire aux veües de sa maison voisine.

Tertiò. Par la negligence, est quand celui à qui la servitude est
duë, est negligeant d'en user, parce que, selon l'opinion comune,
toutes servitudes rustiques se perdent regulierement par la seule
negligence & par le non-usage, comme les droits de passage pour
homme, pour bestiaux ou pour charois, les droits de Peages, les
conduits d'eau, & autres droits qui ne sont pas atachés aux bâtimens, mais à l'égard des servitudes urbaines qui regardent les bâtimens, & qui y sont atachées, elles ne se perdent pas par la seule negligence d'en user, si celui qui en est chargé fait quelque
chose pour recouvrer la liberté de son heritage.

C'est-à-dire, si j'ai droit de veüe sur vôtre heritage, je ne pers
pas mon droit pour tenir mes fenestres fermées, mais si vous éle-
vés une muraille contre mes fenêtres, ou que vous fassiés quelques
autres ouvrages qui empêche ma veüe, & que pour lors je n'y con-
tredise pas, il est certain que ma negligéce me fera perdre mõ droit
& dés ce moment la prescription comence à courir contre moi.

Ainsi, pour éviter telle prescription, & empêcher le voisin de
lever plus haut son mur & de nuire aux veües de la maison voisines, il faut au terme de la coutume de Paris, se pourvoir par action
contre lui & lui faire doner assignation pardevant le Juge du domicile des Parties, à comparoir à jour certain, heure d'Audiance,
pour exhiber les titres & contrats, en vertu desquels il prétend
élever la muraille de sa maison, ou autres ouvrages, au devant
des fenêtres du Demandeur, regardant sur la cour du Défendeur,
& lui boucher entierement sa veüe, & à faute de ce faire, voir dire
& ordoner que ledit mur sera rasé & mis au même état qu'il étoit
auparavant, comme contraire à la coûtume, sinon qu'il sera permis audit Demandeur de le faire raser & remettre dans son premier état aux frais & dépens dudit Défendeur, avec défenses à lui
de plus à l'avenir faire tels édifices, à peine de tous dépens, domages & interêts, &c.

L'assignation donée, le Défendeur doit exhiber ses titres, &
fournir des défenses, aprés quoi le Procureur du Demandeur done
ses repliques & ensuite la cause est portée à l'Audiance, sur un
simple avenir, en sorte, si le Juge aprés avoir entendu les Parties,
juge à propos qu'avant faire droit, descente soit faite sur les lieux,

l'Arrêt ou jugement qui ordone là defcente , doit faire mention du nom du Comiffaire comis , ainfi qu'il eft dit par l'Article 4. du Titre 21. de l'Ordonnance de 1667.

J'expliquerai aux Chapitre des Defcentes & Râports d'Expers, les regles qui doivent être obfervées dans ces fortes de matieres , & les procedures qu'il faut faire.

CHAPITRE LXI.

De l Hipoteque , & de la perte de l'Hipoteque.

Hipoteque eft un Contrat où Obligation, par lequel le bien d'un débiteur eft obligé & afecté au Créancier pour la fureté de fon dût.

Neanmoins toutes fortes de biens ne font pas fufceptibles d'hipoteque ; car fuivant la regle generale reçuë dans tout le Pais Coûtumier, les meubles n'ont pas de fuite par hipoteque , cependant par le Titre 171. de la Coûtume de Paris, il y a certains cas où les meubles ne laiffent pas d'avoir fuite par hipoteque.

Le premier eft , en faveur des proprietaires des Maifons , des Villes & des Fermes des champs , lefquels peuvent faire fuivre les biens de leurs Locataires ou de leurs Fermiers , quoi qu'executés & tranfportés par d'autres Creanciers , pour être les premiers paiés du loïer de leurs Maifons ou du prix de leurs Fermes , & iceux arrêter jufqu'à ce qu'ils foient vendus & délivrés par autorité de Juftice, & le prix à eux paiés jufqu'à la concurence de leur dût.

Mais, pour aquerir céte hipoteque ou préferance, il faut que les meubles aient été tranfportés dans la Maifon ou dans la Ferme , ce qui ne s'entend qu'à l'égard des meubles exploitables , mis & aportés pour la fureté des loiers ou des fermages , entre lefquels on ne comprend pas les cedules , obligations & detes actives, comme auffi les Bagues , Pierreries , & autres femblables chofes mobilieres , mais feulement les meubles meublans.

Or, il s'enfuit , que le proprietaire ne peut pas exercer fon privilege fur l'or & l'argent qui fe trouve dans la Maifon, mais feulement ils l'exerce fur les habits , vêtemens, linges , Biblioteques & Livres, quoi qu'ils ne foient pas mis au rang des meubles meublans ; c'eft l'opinion comune de l'ufage.

Le privilege que done la Coûtume de Paris aux proprietaires des Fermes des champs, eft contraire au Droit-Ecrit , par lequel le proprietaire des heritages de la campagne n'a aucune preference ſur les meubles de ſon Fermier, à moins qu'il ne l'ait ſtipulé ; par la rai- ſon qu'il a ſa ſurté pour le païement de ſa Ferme ſur les fruits qui provienent de l'heritage.

De ſorte qu'en ſemblable cas la queſtion s'étant preſentée, ſça- voir ſi dans les Coûtumes qui n'en parlent point, il faut ſuivre celle de Paris, la Cour par Arrêt du 22.Novembre 1655.rendu au Rôle de Vermandois,en la coûtume de Laon,a confirmé la diſpoſition du droit Romain,qui fait diſtinction entre les maiſons des Villes, & les Fermes des Champs, & doné l'hipoteque au proprietaire ſur les meubles des locataires des maiſons des Villes, & non ſur les meubles & beſtiaux des Fermiers des heritages de la campagne,& ſuivant céte diſtinction déboute le proprietaire de la campagne de la preference par lui de- mandée ſur le prix des chevaux de ſon Fermier, ſans avoir égard à l'Article 171.de la Coûtume de Paris, qui fut citée, qu'elle jugea ne devoir être entenduë à cet égard dans les autres Coûtumes, contre la diſpoſition du Droit Romain.

La deuxiéme,eſt en faveur de celui qui a vendu une choſe mobi- liaire ſans jours & ſans termes, eſperant d'être payé promtement du prix de la vente,il pût pourſuivre la choſe en quelque lieu qu'elle ſoit tranſportée pour en être païé, ſuivant l'Art.176.de la Coût.de Paris.

Si bien que quand le vendeur auroit doné terme, & que la choſe ſe trouvant encore entre les mains de l'acheteur, quoique ſai- ſie par les creanciers,il a encor droit de ſuite & de preference ; mais ſi elle étoit paſſée à un tiers de bonne foi, & qu'elle ait été reven- duë ſans fraude,il ne la peut plus ſuivre,& pert ſon hipotheque con- tre le ſecond acheteur; c'eſt le ſentiment de Tournet ſur l'Article 176. de ladite Coûtume de Paris.

La troiſiéme eſt en faveur des hôteliers & aubergiſtes,ſur les meu- bles, hardes & chevaux des pelerins & paſſans, pour les frais & dé- penſes de nouriture par eux faits, tant pour eux,que pour leurs che- vaux & beſtiaux, par l'Article 175.

La quatriéme eſt au profit du creancier,ſur le meuble à lui baillé en gage par ſon debiteur, lequel eſt preferé pour ſa déte ſur le gage à tous autres creanciers, excepté toutefois celui qui auroit vendu le gage, & qui n'auroit pas été païé du prix de la vente, par l'Arti- cle 181.

L'éfet de l'hipoteque eſt, que celui au profit duquel il eſt intro- duit, eſt preferé ſur les meubles qui lui ſont hipotequés à tous autres creanciers du debiteur, & même au premier ſaiſiſſant, ſans qu'il ſoit

K k iij

tenu de venir à contribution en cas de déconfiture.

L'Article 171. de la Coûtume de Paris, nous diftingue de fix fortes de détes, qui en matiere de déconfiture, doivent être païés preferablement aux creanciers privilegiés des debiteurs decedés infolvables.

Primò, Les frais de juftice preferablement à toutes détes. *Secundò*, Les frais des obfeques & funerailles. *Tertiò*, Les loïers de la maifon. *Quartò*, Les fommes duës pour le prix des meubles vendus avec termes. *Quintò*, Les falaires des Medecins, Chirurgiens, & Apoticaires pour drogues & medicamens livrés durant la maladie dont le défunt eft decedé. *Sextò*, Les falaires des ferviteurs & fervantes.

Et aprés que toutes les détes privilegiées ont été païées, le premier faififfant doit être mis en ordre, fi le debiteur eft folvable, finon il vient à contribution au fol la livre avec tous les autres creanciers opofans.

Les immeubles de quelque nature qu'ils foient, font auffi fufceptibles d'hipoteques.

Neanmoins par Edit du mois de Fevrier 1683. dont il a été déja parlé ci-deffus, il a été ordoné que le prix de l'Ofice Venal vendu & adjugé par decret, qui par l'Article 95. de ladite Coûtume de Paris étoit reputé immeuble, & qui n'avoit fuite par hipoteque, que quand il étoit faifi fur le debiteur par autorité de juftice, avant la refignation au profit d'un tiers, & qui au furplus, fuivant le même Article, les deniers procedans de la vente, étoient diftribuez par contribution au fol la livre entre les creanciers opofans; en cas de déconfiture, feront dorenavant diftribuez par ordre d'hipoteque, comme le prix des autres immeubles, & par ce moïen l'Article 95. de la fufdite Coûtume de Paris a été abrogé à cét égard.

Cependant l'hipoteque fe peut aquerir fur les immeubles par deux fortes de manieres; fçavoir, par la difpofition de la Loy, ou par la convention des parties.

Par la difpofition de la Loy, ce font celles que nous apelons hipoteques tacite ou legale, que la Loy ou les Ordonances nous donent, fans qu'il foit befoin du confentement des parties, ni de l'autorité d'une perfone publique.

Par la convention des particuliers, ce font celles que nous apelons hipoteques conventioneles, qui s'aquier par la feule convention mutuele du debiteur ou du creancier, & par laquelle le debiteur afecte & affujetit fon bien à fon creancier pour la fureté de fon païement.

Il y a de plufieurs fortes d'hipoteques tacites ou legales, La premiere eft, l'hipoteque donnée au Mineur contre fon Tuteur ou Curateur du jour de l'acte de Tutelle ; mais le Tuteur ou le Curateur n'a hipoteque fur les biens du Mineur, que du jour du Jugement qui a été rendu contre fes Pupilles, pour ce qu'il a debourcé pour eux.

La deuxiéme eft, l'hipoteque contre les Oficiers de Judicature, pour ce qui eft dû & adjugé à caufe de la fonction & exercice de leur charge, & céte hipoteque eft privilegiée fur l'Ofice; c'eft pourquoi l'Ofice d'un Receveur des Confignations fert aujourd'hui de gage & de furté à ceux dont les deniers ont été confignez entre fes mains, & ils font preferez à tous autres creanciers fur l'Ofice.

La troifiéme eft, l'hipoteque de la femme fur les biens du mari pour l'adminiftration des deniers dotaux du jour du contrat de Mariage, s'il y en a un de paffé pardevant Notaire, finon du jour de la celebration.

La femme a auffi hipoteque tacite du jour du contrat de Mariage, ou de la celebration d'icelui, pour fon doüaire & pour la reftitution de fa dot, pourveu toutefois qu'elle juftifie ce qu'elle a aporté.

La quatriéme eft, l'hipoteque du fic fur tous les biens de ceux qui contractent avec lui, encore qu'il n'en foit rien dit par le contrat,

La cinquiéme eft, l'hipotheque de celui qui a vendu un heritage, & qui n'a pas touché le prix, il a hipoteque privilegiée fur l'heritage pour être païé de fon prix, quoi que par le contrat il n'ait pas été ftipulé.

La fixiéme eft, l'hipoteque de l'Eglife fur les biens du Prelat, pour fa mauvaife adminiftration.

La feptiéme eft, l'hipoteque des coheritiers, pour la recompenfe des détes qu'ils auroient aquitées, & dont leurs coheritiers étoient chargez pour leur part & portion.

La huitiéme eft, l'hipoteque des legataires pour le païement de leurs legs fur les biens du teftateur.

La neuviéme eft, l'hipoteque privilegiée des frais funeraires fur les immeubles du défunt, en cas que les meubles ne foient pas fufifans.

La dixiéme eft, celle du Maffon fur le prix de la maifon qu'il a bâtie ou rebâtie, & reparée, pour ce qui lui eft dû, pour le bâtiment ou reparation d'icelle, & l'hipoteque de celui qui a prêté fon argent pour la faire bâtir ou reparer, fupofé qu'il en foit fait mention dans le contrat.

La onziéme eft, l'hipoteque des Procureurs, pour leurs frais & falaires.

La douziéme eſt, l'hipoteque pour la guarantie des Lods, les uns contre les heritiers, ainſi qu'il a été jugé par les Arrêts.

La ſeule convention des Parties, paſſée entre-elles ſous ſignature privée, n'emporte aucune hipoteque; car pour conſtituer l'hipoteque, il faut le miniſtere des perſones publiques; ſçavoir, les Juges, & les Notaires.

Les Juges rendent des Sentences qui emporte hipoteque, & les Notaires paſent les Contrats, pour l'execution deſquels tous les biens ſont afectés & hipotequés.

Or, quoi que dans les Sentences, ou dans les Contrats, il ne ſoit fait aucune mention d'hipoteque, ou ſoit que les jugemens aient été rendus par défaut, neanmoins ils ne portent point d'hipoteque ſur les biens des debiteurs ou de ceux qui ſont obligés ou condamnés à faire ou à païer quelque choſe.

Tellement qu'un Contrat pour être autentiqué, il faut qu'il ſoit paſſé pardevant deux Notaires, ou par un Notaire en preſence de deux Témoins, donc l'un doit ſçavoir ſigner, & un jugement, pour être valable, doit être rendu par Juge competant, avec conoiſſance de cauſe, autrement l'hipoteque ne ſeroit pas valable.

Monſieur Bouguier, lettre C. nombre 9. nous raporte un Arrêt du 7. Septembre 1627. par lequel il a été jugé, que les Contrats & Obligations paſſées pardevant Notaires & Tabellions ſubalternes, entre perſones non juſticiables de leur Seigneur emportent hipoteque, pourveu toutefois, que leſdits Nataires & Tabellions aïent inſtrumens dans leurs détroits.

Cela eſt contraire à l'anciene Juriſprudence établie par les Arrêts raportês par Monſieur Loüet, lettre N. nombre 10. par leſquels il auroit été jugé, que les Contrats & Obligations paſſés pardevant les Notaires & Tabellions ſubalternes, entre perſones qui n'étoient pas de la juriſdiction de leur Seigneur n'emportoient pas hipoteque, ce qui a même encore été confirmé du dépuis par Arrêt du 9. Février 1644. raporté par Dufreſne en ſon Journal, Livre 5. Chap. 4. rendu en la troiſiéme Chambre des Enquêtes, & toutes les autres conſultées.

Mais, céte anciene Juriſprudence aïant été rétablie, elle n'a pas duré long-tems; car la même queſtion s'étant preſentée à la premiere Chambre des Enquêtes en ladite année 1659. elle fut trouvée de telle conſequence dans le public, que deux Conſeillers de la Grand' Chambre, & de deux chacune des Chambres des Enquêtes du Parlement de Paris, furent aſſemblées par l'avis de toutes leſdites Chambres, & aprés l'avoir eut, il intervient Arrêt le 7. Juin

de

de ladite année 1659. conformáment à celui de Monſieur Bouguier ci-deſſus raporté, par lequel il a été jugé, que les contrats & obligations paſſées pardevant des Notaires ſubalternes, entre perſones non juſticiables de leurs Seigneurs emportent hipoteque ſur les biens des obligés en quelque lieu qu'ils ſoient ſitués.

Cét Arrêt eſt raporté au 2. Tome du Journal des Audiances, Livre 2. Chapitre 26. enſorte que céte Juriſprudence a encore été confirmée de nouveau par un troiſiéme Arrêt celebre, rendu en la cinquiéme Chambre des Enquêtes le 14. Juillet 1672. raporté en la 2. Partie du Journal du Palais.

Il faut dire auſſi, que les Contrats paſſés par les François pardevant les Notaires des Païs Etrangers, emportent pareillement hipoteque ſur les biens qu'ils ont en France, pourveu que la forme du Contrat ſoit arrêtée par les Oficiers des lieux où les Contrats auront été paſſés, ainſi qu'il a été jugé par pluſieurs Arrêts, raportés par Monſieur Bouguier & par Dufreſne, au lieu ci-deſſus allegué.

L'hipoteque conventionelle, conſtituée par Contrat paſſé pardevant Notaire, eſt generale ou ſpeciale.

La generale eſt celle par laquelle tous les biens du debiteur ſont generalement afectés & hipotequés à la déte du Creancier, & l'hipotheque ſpeciale eſt celle par laquelle certain heritage eſt particulierement & ſpecialement obligé.

L'hipoteque ſpeciale n'empêche pas la generale, mais elle oblige le Creancier à la diſcuſſion de l'heritage qui lui eſt hipotequée ſpecialement, avant que de diſcuter les autres qui ſeroient paſſés en la poſſeſſion des tiers aquereurs, mais il ne ſeroit pas obligé à céte diſcuſſion à l'égard du debiteur qui ſe trouveroit en poſſeſſion de l'heritage qui lui auroit été ſpecialement & generalement hipotequé avec ces autres biens; car il peut s'adreſſer aux uns & aux autres, tant qu'ils ſeront entre les mains de ſon debiteur ou de ſes heritiers, parce que ſon debiteur & ſes heritiers lui ſont perſonellement obligés, & que l'obligation perſonelle, jointe à l'hipotequaire fait ceſſer la diſcuſſion.

Or céte clauſe, *ſans que la ſpeciale déroge à la generale, ni la generale à la ſpeciale*, eſt devenu un ſtile ordinaire des Notaires dans les Contrats & Obligations, il n'y a plus de diference entre l'hipoteque generale & l'hipoteque ſpeciale.

Ainſi céte clauſe eſt ſi importante à expliquer dans les Contrats & Obligations, que ſi ont l'avoit omiſe, ou que l'on la iſſât, le Creancier qui auroit une hipoteque ſpeciale ſur un heritage, ne ſeroit pas préféré ſur le prix d'icelui à un autre Créancier qui n'auroit qu'une hipoteque generale fur les biens de fon debiteur , fuivant le fentiment de Tronfon fur l'Article 100. de la Coûtume de Paris.

Toutefois celui qui a prêté fes deniers pour acheter un heritage,& qui a ftipulé une hipoteque fpeciale fur la chofe achetée de ces deniers, doit être preferé fur l'heritage à tous autres creanciers, pourveu qu'en ftipulant céte hipoteque fpeciale il y ait declaration faite par le debiteur qu'il a emprunté ces deniers pour les emploïer en l'aquifition de tel heritage,& que dans la quitance que fera le debiteur du prix de fon aquifition , il foit fait mention que le païement a été fait des deniers empruntez dudit creancier pour cet éfet.

La preferance & le privilege qu'il aura ne fera pas fondé fur la ftipulation qu'il aura faite d'une hipoteque fpeciale;mais fur la claufe par laquelle il aura ftipulé,qui eft que la chofe aura été achetée de fes deniers; car autrement la ftipulation d'hipoteque fpeciale fur un heritage poffedé par le debiteur ne done au creancier rien davantage que ce que lui doneroit l'hipoteque generale.

La fpeciale eft ftipulée par le Fermier ou locataire , fur la chofe loüée ou prife à ferme, & oblige le nouvel aquereur d'entretenir le bail d'où il ne le peut dépoffeder que jufqu'à ce qu'il foit expiré , ce qui ne feroit pas s'il n'avoit qu'une hipoteque generale.

Une cedule ou promeffe fous fignature privée reconuë pardevant Notaire ou en juftice emporte hipoteque du jour de la reconoiffance ; mais fi le debiteur eft refufant de la reconoître , elle n'emporte hipoteque que du jour de la Sentence , par laquelle elle fera tenuë pour reconuë , foit qu'elle foit renduë à l'Audiance ou à l'hôtel du Juge, encor que la condamnation pour le principal foit pofterieure, fuivant l'Article 9. de l'Edit du mois de Decembre 1685.

Si la reconoiffance a été faite pardevant un Oficial, ou pardevant un Notaire Apoftolique,il n'y a aucune hipoteque; mais fi elle avoit été faite par un Juge Seculier & incompetant , elle ne laifferoit pas d'emporter hipoteque, parce que tous Juges font competans pour la reconoiffance d'une promeffe par la difpofition de l'Ordonance.

Une Sentence emporte auffi hipoteque fur les biens du condamné, du jour de fa date ; mais fi elle eft par défaut,il faut qu'elle foit fignifiée dãs l'an,fi le défendeur n'a pas cotté Procureur,& dans trois ans fi l'Inftance a été liée par quelque acte judiciaire du défendeur.

On tient neanmoins que ce n'eft pas une nullité d'avoir fait fignifier une Sentence par défaut, faute de comparoit ou de défendre dans l'an, & celle obtenuë à l'Audiance dans les trois ans, d'autant que le condamné y peut former opofition lors qu'on lui fignifie, ainfi il feroit neceffaire qu'il y eût une regle fur ce fujet, afin d'empêcher la facilité qu'ont les Grefiers d'expedier ces fortes de jugemens long-tems aprés, c'eft pourquoi on ne peut pretendre aucune hipoteque d'une Sentence par défaut, finon du jour de la fignification.

S'il y a apel d'une Sentence & qu'elle foit confirmée, l'hipoteque fera du jour de fa date, & non de l'Arrêt qui l'aura confirmé, juf-qu'à la concurrance de ce qui aura été jugé par l'Arrêt, quoique la Sentence foit infirme, ce qui a lieu même à l'égard des dépens de caufe d'apel.

Les interêts & dépens adjugez en execution d'une obligation, ou leur hipoteque du jour de l'obligation, jufqu'auquel céte hipotequé, remonte & retrograde, ainfi qu'il a été jugé par Arrêt rendu au Par-lement de Paris, de l'avis de toutes les Chambres, raporté par M. Bouguier lettre H, nombre 6 bienque dans l'obligation dont il étoit queftion, la claufe, *à peine de tous dépens, domages & interêts,* n'eût pas été inferée; mais il faut prendre garde que cette Jurifprudence ne s'obferve pas en la plûpart des autres Parlemens, où on ne done hipoteque pour les interêts que du jour de la condamnation.

Par autre Arrêt du mois d'Août 1672. raporté au troifiéme Tome du Journal des Audiances livre 6. chap. 26. on a donné l'hipoteque pour les domages & interêts, enfemble pour les frais & mife d'exe-cution, que du jour de la condamnation, & non de celui qu'ils ont été liquidez, ni du jour des contrats où la claufe, *à peine de tous dé-pens, domages & interêts,* étoit inferée.

Cependant je crois que fi les domages & interêts étoient adjugez à caufe de l'inexecution du contrat en fa fubftance, comme fi l'on avoit acheté quelque fervitude où s'il manquoit quelque chofe à la maifon, ou fi quelqu'une des parties avoit refufé d'acomplir le traité, il feroit jufte que l'hipoteque eût lieu du jour qu'il a été paffé, à cau-fe de la garantie dont le vendeur étoit tenu; mais fi les domages & interêts étoient pretendus par quelque caufe arivée dépuis le con-trat, ou qui neceffairement n'en dépent pas, il femble que l'hipoteque ne doit avoir lieu que du jour de la Sentence qui les adjuge.

Lhommeau en fes maximes article 308. eft d'avis que l'hipoteque à l'égard des condamnations pecuniaires pour reparation de crimes, remonte & retrograde jufqu'au jour du delit, ce qui eft conforme à la difpofition de l'article 188. de l'anciene Coûtume de Bretagne, & de l'article 178. de la nouvele, qui pour toute forte de delits done hi-poteque du jour qu'ils ont été commis.

Neanmoins hors la Coûtume de Bretagne, il femble que cela ne doit avoir lieu que pour les crimes capitaux, dont ceux qui en font právenus, ont les mains liées pour la difpofition de leurs biens dés le moment qu'ils les ont comis, fuivant la Loy *poſt contraĉtum, ff. de do_nationibus*, & pour le crime de leze-Majeſté, dés le moment qu'ils en ont eu la penſée & formé le deſſein de le cometre, fuivant la Loy 5. au Code *ad leg. Juliam Majeſtatis.*

A l'égard des dépens criminels incidens en matiere civile, comme par exemple, ceux faits au fujet d'une infcription en faux, ou à l'o-cafion d'une rebelion, ils vienent du jour du contrat comme accef-foires, en forte qu'un pourfuivant ne répondroit pas de pareils frais, comme frais de criées; mais feulement comme frais de credit, en cas qu'il foit coloqué utilement, à moins qu'il n'ait agi pour le bien co-mun des creanciers.

Le partage fait entre coheritiers, emporte hipoteque tacite pour la garantie d'un lot contre un autre, encor que la garentie ni l'hipote-que n'ayent pas été ſtipulées, ainfi qu'il a été jugé par plufieurs Ar-rêts, raportez par Monfieur Loüet lettre H, nombre 2.

L'hipoteque des loïers d'une maifon, ou du prix d'une Ferme, dont le bail eſt paſſé pardevant Notaire, eſt du jour du bail.

La comune opinion eſt, que l'hipoteque du proprietaire, pour les loïers, ou pour le prix de la Ferme au cas de la tacite reconduĉtion, n'eſt que du jour de l'expiration de fon bail; c'eſt pourquoi que quãd le creãcier n'auroit contraté avec fon Fermier que dépuis le bail, il ne doit être preferé que fur les immeubles de fond. Fermier, mais il joüi-ra de fon privilege fur les fruits recueillis fur fes terres. Loüet *ibid.*

Les contrats & obligations paſſées au nom d'autrui, emportent hipoteques fur les biens de l'obligé, ayant paſſé procuration pour cet éfet; mais fi celui qui a paſſé le contrat ou obligation au nom d'autrui la fait fans procuration, & comme fe portant fort de celui au nom duquel il a contraté, en ce cas, parce qu'il ne peut obliger le bien d'autrui fans fon confentement, l'hipoteque n'a lieu que du jour de la ratification.

Elle a été donée aux Procureurs pour leurs frais & falaires, du jour de la procuration à eux paſſée par leurs parties, pour agir dans leurs afaires, ainfi qu'il a été jugé par deux Arrêts, l'un de l'année 1672. doné en la troifiéme Chambre des Enquêtes, au raport de Monfieur Lenain, aprés avoir demandé l'avis aux Chambres; & l'au-tre eſt du 19. Juin 1674.

Il femble que l'obligation paſſée par un mineur durant fa minori-té, & qu'il auroit ratifié étant majeur, ne done & emporte hipote-que que du jour de la ratification, parce qu'un Mineur par la difpo-fition de la Coûtume, aïant les mains liées, & ne peuvãt aliener ni hipotequer ſes immeubles, l'hipoteque ſur leſd. immeubles ne peut co-mêcer que du jour que le mineur a été en pouvoir de les hipotequer, c'eſt à dire, du jour de la ratification qu'il en a faite en majorité.

Toutefois il a été jugé au contraire par Arrêt du Parlement de Roüen, raporté par de Monthelon, chapitre 80. d'autant que le Tu-teur a peu les obliger, & il ſufit que le mineur ait ratifié pour do-ner tout l'éfet à l'acte, encor qu'il n'ait pas été preſent.

L'hipoteque eſt indiviſible, & eſt tout en chacune partie de la choſe hipotequée. *Tota in toto fundo, & in qualibet parte fundi.*

D'où il s'enſuit, que ſi une maiſon ou heritage a été achetée par pluſieurs particuliers, & partagée entre eux, pour en joüir diviſe-ment, chaque partie de ce fond ſera obligée, & hipotequée pour la dete entiere, & permis au Creancier de pourſuivre qu'il voudra de ces acheteurs ſolidairement, & pour toute ſa dete, ſauf ſon recours contre les autres; en ſorte que ſi dix arpens de terre ſont hipotequés à une ſomme de mil écus, le détenteur d'un ſeul de ces dix arpens poura être pourſuivi hipotequairement pour ladite ſomme de mil écus.

Neanmoins ſi l'un des heritiers avant le partage avoit hipote-que pour ſa portion indiviſe, l'hipoteque après le partage ſeroit transferée ſur la choſe échûë en ſon lot, comme il a été jugé par les Arrêts remarqués par Mr. Loüet, lettre H, chapitre 11.

La même choſe n'a pas lieu au partage entre mari & femme, ou d'aſſociés, comme entre coheritiers, atendu qu'à l'égard des co-heritiers, le fait de l'un n'eſt pas le fait de l'autre, & il ne ſeroit pas raiſonable que celui qui n'a point de dettes, ſoufrit pour celui qui en a fait; mais entre mari & femme ou entre aſſociés, le fait de l'un eſt le fait de l'autre, ſi bien que nonobſtant le partage, l'hipo-teque demeure ſur chacuns des immeubles de la Comunauté, & ſocieté: c'eſt pourquoi celui qui ſe trouve détenteur, peut être pourſuivi hipotequairement pour le tout, ſuivant le ſentiment de Co-quille, queſtion 27.

Il y a pluſieurs coûtumes dans le Roïaume où les contrats ne portent hipoteque du jour de leur date, comme en Picardie, ils ne portent pas d'hipoteque; excepté qu'ils ne ſoient nantis & rea-liſés; ce qui s'apelle païs de neantiſſement.

Pour ſçavoir ce que c'eſt que le mot de neantiſſement, & ce qu'il ſignifie, il faut obſerver ici, que c'eſt une formalité à laquelle eſt obligé celui qui veut aquerir hipoteque ſur des heritages ſituez audit païs de neantiſſement, & voici en quoi conſiſte céte for-malité.

Celui qui eft porteur d'une obligation ou d'un contrat, en vertu duquel il veut aquerir hipoteque fur des heritages, fe doit tranf-porter dans la Juftice du lieu où eft affis l'heritage, fur lequel il veut aquerir l'hipoteque, & là exhiber fes contrats ou fon obligation aux Oficiers de ladite Juftice fonciere & les requerir en prefence de té-moins que pour fureté de la dette ou continuation de la rente portée par ladite obligation ou par ledit contrat, à ce qu'ils aient à le néan-tifler fur l'heritage, & que dorefnavant ils ne reçoivent aucun néan-tiffement, que ce ne foit à la charge de fa rente & de la proprieté de fon droit; de quoi acte doit être délivré & endoflé fur fon obliga-tion ou fur fon contrat, & enfuite enregiftré au Greffe de la fuf-dite Juftice fonciere.

Dans la Coûtume de Vermandois, article 119. & de Reims, aux Baillages de Ponthieu, d'Amiens, & autres lieux voifins de Picar-die, ces formalitez font un peu diferentes, qu'il faut pourtant tou-tefois pratiquer felon les coutumes des lieux, mais qui cependant aboutiffent toutes à une même fin, qui eft de rendre notoires les hipoteques, & empêcher les ftellionas qui font fi ordinaires en la Coûtume de Paris, & autres lieux où les hipoteques font fecretes, & ne font pas conuës au public, comme elles le font en païs de néan-tiffement.

De forte, que pour bien entendre ce que c'eft que notorieté d'hi-poteque, il faut remarquer, que comme dans la Coûtume de Paris & autres femblables, les hipoteques font inconuës, c'eft pourquoi ce-lui qui achete un heritage ou qui prête de l'argent fur l'afsûrance de cet heritage, ne peut pas conoître s'il eft chargé ou non chargé d'hipoteques précedentes, ni s'il aquiert ou s'il prête furement, aten-du que les hipoteques s'aquierent en vertu de contrat, qui n'impri-ment aucune marque en l'heritage hipotequé, qui en faifant re-conoître le vice, & qui en avertiffe les aquereurs ou les creanciers; mais en païs de neantiffement, n'eft trompé qui ne veut, parce que les hipoteques font notoires par l'union de l'enregiftrement qui eft fait des néantiffemens au Greffe de la Juftice fonciere.

Telement, que quiconque veut aquerir un heritage, ou prêter fur icelui, n'a qu'à confulter les Regiftres des néantiffemens de la Juftice fonciere, par lequel les hipoteques font rendus notoires, qui eft la fin à laquelle tendét toutes les formalités prefcrites par les cou-tumes de Picardie & de Vermandois, qui convienent toutes en ce point, que les néantiffemens doivent être enregiftrés au Greffe des Juftices Foncieres.

Les hipoteques legales & tacites pour les femmes & pour les mineurs font auffi reçûs en païs de néantiffement ; car les mineurs ont hipoteque fur les biens de leur Tuteur ou Curateur, pour l'adminif-tration de leur tutelle, & les femmes fur les biens de leurs maris, pour leur doüaires & aport, fans aucun néantiffement, fuivant l'ar-ticle 124. de la Coûtume de Vermandois, & l'article 182. de celle de Rheims.

La raifon eft, que les mariage & les Tutelles font notoires, que ceux qui traitent avec des perfones mariées ou à charge de tutelle, ne peuvent ignorer leur condition, ni les hipoteques qui font fur leur biens.

Au refte, il y a plufieurs manieres par où l'hipoteque finit ; la pre-miere eft, le païement actuel de la dette ou autres actes équipolans au païement ; comme par exemple, les ofres réelles & configna-tions actuelles, de la fomme duë au refus du créancier de la rece-voir.

La deuxiéme, fi le creancier renonce à fon hipoteqne, ce qui fe fait ou expreffement en confentant par écrit que le debiteur vende, donc ou difpofe de la chofe déchargée de l'hipoteque qu'il avoit fur icelle.

Elle s'éteint tacitement, lors que le creancier figne au contrat de vente de la chofe qui lui eft hipotequée fans le décharger, jugé par Arrêt raporté par Monfieur Loüet lettre N, chapitre 6.

Pareillement, lorfqu'un Notaire recevant un contrat, par lequel fon debiteur déclare tous fes biens francs & quites de toutes dettes & hipoteques, il perd fon droit d'hipoteque fur iceux à l'égard de ce nouveau creancier.

La troifiéme eft, la perte de la chofe hipotequée, elle fe pert auffi par la perte de la groffe de l'obligetion ou du contrat de conftitu-tion, ainfi qu'il eft dit par l'Ordonance de 1539. article 78. qui dé-fent aux Notaires de délivrer aucune feconde groffe des Teftamens & des Contrats, s'il n'a été ordoné par Juftice, Parties prefentés ou deüement apelées.

C'eft auffi la difpofition de la Coûtume de la Marche, article 31. titre des Notaires.

Si le debiteur étoit affigné pour voir dire, qu'il fera permis au creancier de lever une feconde groffe de l'obligation, & qu'il alegue qu'il a païé la dette, le Juge en ce cas doit ordoner que le creancier prouvera la perte qu'il a fait de l'obligation, & fi le debiteur confent à la levée de la feconde groffe, il n'y a pas de dificulté, & c ete obli-gation a le même efet que la premiere à fon égard, fur les biens du debiteur, mais à l'égard des autres creanciers hipotéquaires il n'en eſt pas de même, car le créancier n'a hipoteque que du jour que la ſeconde groſſe a été levée.

La même choſe eſt, quand un debiteur de mauvaiſe foi aïant ſatisfait le plus ancien creancier & retiré de lui l'inſtrument de ſa dettes avec une quitance endoſſée, qui pluſieurs ânées après pouroit demander par intelligence & coluſion avec un autre creancier, qui lui fut permis de lever une ſeconde groſſe de l'obligation, laquelle étant levée, & ce creancier venant du jour & date d'icelle, cela cauſeroit un notable préjudice aux autres, c'eſt ce qui fait qu'aujourd'hui la Cour eſt fort ſevere ſur ce point.

La quatriéme eſt, la preſcription de quarante ans, à l'égard du debiteur, *L. fin. c. de præſcrip*, 30. *vel* 40. *annor*. parce que l'action perſonelle étant jointe à l'hipotequaire, eſt prorogée de quarante ans, ainſi qu'il ſera expliqué plus au long au Chapitre des Preſcriptions, dans le ſecond Tome de ce Livre.

Il ne faut que dix ans au detenteur de bonne foi entre preſens, & vingt ans entre abſens, ſuivant l'article 113. de la Coûtume de Paris.

L'hipoteque ne s'éteint pas par la novation, comme ſi celui qui dévroit par obligation la ſomme de ſix cens livres conſtitueroit une rente quelques ânées après à ſon creancier pour demeurer quitte envers lui de céte ſomme, le creancier auroit hipoteque ſur les biens de ſon debiteur du jour de l'obligation pour l'extinction, pour raiſon de la quelle la conſtitution de rente n'auroit pas été créée.

Jugé par Arrêt de 1601. & 1602. raportez par Monſieur Loüet & ſes Commentateurs, lettre N, chapitre 7.

CHAPITRE LXII.

Des actions Hipotequaires, & du déguerpiſſement.

L'Action hipotequaire, eſt une action réelle, par laquelle l'on pourſuit le detenteur & poſſeſſeur d'un heritage afecté & hipotequé à une dete, pour la voir déclarer telle par Sentence.

Il y a de trois ſortes d'actions hipotequaires; ſçavoir la pure hipoteque, qui a lieu contre le tiers détenteur de la choſe hipotequée par la diſcuſion du principal obligé, l'action en déclaration d'hipoteque, autrement dite l'action d'interuption, qui a lieu pareillement contre le tiers détenteur, avant la diſcuſion, & l'action perſonelle hipotequaire qui a lieu contre l'heritier & bien tenans,

ou

ou contre la femme détantrice des heritiers de la communauté.

Dans l'action purement hipotequaire, le Creancier conclut, à ce que l'heritage nouvellement acquis & possedé par le Défendeur, soit déclaré afecté & hipotequé au paiement de telle somme à nous deües par obligation de tel jour, ou au paiement & continuation de telle rente crée & constituée par tel, à nôtre profit, par contrat passé par devant Notaire au Châtelet de Paris, le &c. ce faisant, le Défendeur condamné comme détenteur dudit heritage à païer ladite somme de … ou ladite rente de … en passer titre nouvel & reconoissance par devant Notaire, si mieux n'aime le Défendeur déguerpir ou délaisser par hipoteque ledit heritage saisi, pour être vendu & adjugé par décret, & les deniers en provenans être le Demandeur païé de son deû, tant en principal, qu'interês, frais & dépens, & en outre répondre & proceder ainsi que de raison, &c.

Dans l'action en déclaration de simple hipoteque & d'interuption, le créancier conclut, contre le tier aquereur, à ce que l'heritage par lui aquis, soit déclaré afecté & hipotequé à la dete ou à la rente qui nous est dûë pour au défaut de païement déguerpir, afin qu'il soit vendu & adjugé par décret en la maniere acoûtumée, déduction préalablement faite du principal debiteur, *si c'est une obligation à une fois païer, ou si c'est une rente constituée hors la Coûtume de Paris*, parce qu'en la Coûtume de Paris, la discussion n'a pas lieu pour les rentes.

Dans l'action personelle & hipotequaire, le Creancier conclut à ce que tel, en qualité d'heritier de tel … soit condamné à païer la somme de mil livres personellement, pour sa part & portion, & hipotequairement pour le tout, &c.

Les conclusions interogatoires, ne laissent pas aussi d'avoir lieu en matiere de déclaration d'hipoteque, lors qu'on assigne plusieurs heritiers, entre lesquels on ne sçait pas qui possede.

La nature de l'action purement hipotequaire est mise par le Droit entre les actions réelles mais quelques Docteurs François la metent entre les actions mixtes; car le possesseur de l'heritage hipotequé à une rente n'est pas obligé d'en païer les arerages pendant la discussion, au cas qu'en faisant l'action il ait ignoré que cet heritage fut hipotequé à céte rente, & cela étant il n'est obligé de païer que ceux qui sont échus dépuis qu'il a été poursuivi par action hipotequaire, & que la cause a été contestée.

C'est la disposition de la Coûtume de Paris aux articles 102. &

103. ainfi le poffeffeur de l'heritage n'étant aucunement obligé perfonellement & n'y aiant point de perfonalité dans céte action, je foûtiens qu'elle ne doit pas paffer pour action mixte, enforte que ceux qui la regardent telle, ne le font qu'à caufe que le creancier conclut, à ce que le poffeffeur foit condamné perfonellement à païer la fomme pour laquelle l'hipoteque a été conftituée, comme s'il avoit contracté lui même, à moins qu'il n'aime mieux déguerpir la chofe hipotequée, & c'eft fur ce choix ; fçavoir, ou de reconoître la dete ou la rente & la païer, en paffer titre nouvel, ou deguerpir la chofe, que céte action eft cenfée mixte par plufieurs de nos Docteurs.

Voilà en quoi elle difere veritablement de l'action purement réelle, par laquelle le poffeffeur d'un heritage eft pourfuivi pour déguerpir & abandoner la chofe au Demandeur, comme lui apartenant, atendu que le Defendeur ne peut pas fe défendre par aucun moien pour s'empêcher de faire le déguerpiffement, car il n'a pas la même élection.

Ainfi par céte raifon, Meffieurs desRequêtes du Palais conoiffent auffi de l'action hipotequaire.

Il y a une diference tres-grande, entre le déguerpiffement, & le délaiffement par hipoteque, parce que le déguerpiffement fe fait pour éviter l'action perfonelle, & crainte de païer les rentes & charges foncieres, & le délaiffement a lieu aux fimples hipoteques & rentes conftituées.

Le déguerpiffement fe fait à celui qui autrefois a été proprietaire de la chofe, & le délaiffement au creancier.

De plus, celui qui déguerpit, quite la proprieté, mais celui qui fait le délaiffement, demeure proprietaire & joüiffant jufques au jour de l'adjudication par décret, & aprés la vente il retire le furplus du prix, fauf à fe pourvoir s'il lui eft dû quelque chofe de refte.

Le proprietaire d'un heritage hipoteque à une rente ou charge réelle, eft tenu hipotequairement à la païer avec les arerages fi aucuns font dûs, finon il doit déguerpir ledit heritage pour être vendu & adjugé, enforte que fi la rente eft fonciere, l'heritage fera adjugé à la charge d'icelle.

Cependant fi le tiers détenteur déguerpit avant al conteftation en caufe, il n'eft pas tenu de la rente, ni des arerages, fupofé même que les arerages fuffent échûs de fon tems, mais aprés la conteftation, il eft tenu de ceux échûs de fon tems jufqu'à la concurrence du revenu.

On entant la contestation, quand il y a reglement sur les demandes & défenses des parties, ou bien quand le défendeur est défaillant, apointement de produire ou d'informer, & en matiere criminelle la contestation est du jour du recolement & confrontation
des témoins.

Si le Défendeur reconoît l'insolvabilité de son vendeur, contre
lequel il ne peut esperer aucune garentie, & qu'il soit plus avantageux de déguerpir l'heritage que de païer la rente, il faut pour cet
éfet qu'il comparoisse au Greffe du juge des lieux pour faire son
acte de déguerpissement, ou qu'il baille procuration.

Acte de Déguerpissement.

Du .... jour de....

Est comparu en persone au Greffe de la Prevôté ou Baillage de .. tel .. demeurent à .. assisté de Maître tel .. son Procureur, lequel a dit & déclaré que pour se
liberer des poursuites contre lui faites, & déclaration d'hipoteque par tel . & en
consequence de la Sentence contre lui renduë au profit dudit tel .. il a déguerpi, comme par ces presentes il déguerpit & abandone en Justice aux périls & fortune de tel ... une maison ou heritage, size à ... qu'il a aquise dudit tel ...
par Contrat passé par devant tel, Notaire ...le ... moienant la somme de ...
le tout sans préjudice audit tel, de son recours à l'encontre dudit tel ... son
vendeur pour la restitution du prix porté par ledit Contrat de rente, fraix loïaux, coûts, dèpens, profits, domages, & interêts, dont & de ce que désus, ledit
Maître tel ....son Procureur a demandé acte à lui délivré.

Le déguerpissement aiant été reçû & signifié, il faut que le
Demandeur en action hipotequaire, fasse créer un Curateur.

Acte de Création de Curateur.

A tous ceux qui ces presentes Lettres verront, Pierre &c. ... Chevalier, Marquis de tel lieu .. Seigneur de ...& autres lieux, Conseiller du Roi, Prévôt
ou Bailli de ... SALUT, aujourdh'ui date des presentes, est comparu en persone devant Nous au Greffe de la Cour, tel ... demeurant à ... lequel sur
l'avis qu'il a eu que tel a déguerpi & abandoné en Justice une maison ou heritage, size à ... consistant ... qu'il a aquise de tel ... ainsi qu'il est contenu au
Contrat de vente d'icelle, ledit déguerpissement fait par acte du jour d'hier, il
Nous auroit requis de recevoir pour Curateur audit déguerpissement la persone
de tel .... surquoi & du consentement du Procureur du Roi en la Cour de
ceans, avons ledit tel ... créé & reçû, & par ces presentes, créons & recevons
pour Curateur à ladite maison ou heritage, déguerpie par ledit tel ... après que
l. dit tel, à ce present a pris, & accepté volontairement ladite charge, promis,
juré & afirmé faire son devoir en icelle; à l'éfet de quoi, il a élu son domicile en la maison de Maître tel ... Procureur en cête Cour, qu'il a constitué
pour son Procureur, auquel il done pouvoir de faire toutes poursuites requises
& necessaires en ladite Charge, dont & de ce que désus, icelui Maître tel, Pro-

cureur dudit tel , a requis acte à lui octroïé & delivré le prefent pour lui fervir à ce que de raifon,& a ledit tel curateur figné au regiftre,en témoin de ce avons fait fceler ces Prefentes , ce fait & donné à , &c.

Cela fait , il faut que celui qui a déguerpi donne fa Requête verbale au Juge pour être déchargé de l'action hipotequaire.

Requête Verbale.

Au premier jour à venir par Maître tel , Procureur de tel , demandeur en action hipotequaire.

Sur la Requête de Maître tel, Procureur de tel … défendeur, qui eft , atendu le déguerpiffement fait par led.défendeur au Gréfe de la Cour le tel jour… d'une maifon ou heritage fize à … par lui aquife de tel … par contrat paffé pardevant tel Notaire. … moïennant la fomme de … il foit dit que ledit tel , demeurera déchargé de l'action hipotequaire dudit tel intentée, par exploit du … . fauf audit tel à fe pourvoir contre le curateur creé par juftice à ladite maifon, ou heritage déguerpi , & à cet éfet lui fera baillé , avec ces prefentes , copie de l'acte de creation , en date du … à ce qu'il n'en ignore , & en outre proceder comme de raifon , & aler avant.

Céte Requête verbale fignifiée au Procureur du demandeur, l'on dreffe un Jugement conformément à icelle , & on le fait fignifier.

C'eft pourqrquoi quand il y a un curateur créé, on peut fe pourvoir contre lui , & fi on a quelqnes contrats, obligations, ou Sentences,il faut faire declarer le tout executoire fur lui ; & pour y parvenir,lui faire doner affignation au domicile par lui élû , à comparoir le tel jour prochain, pardevant Mr le Prevôt ou Bailli de tel lieu, ou fon Lieutenant, en fon Auditoire audit lieu, heure d'Audiance, pour voir declarer executoire fur ledit tel audit nom de curateur certain contrat de vente de telle maifon , ou heritage , fait au profit du demandeur par tel, moïennant la fomme de … pardevant tel Notaire le. … comme il étoit fur ledit tel, ce faifant ledit tel , audit nom, étoit condamné à rendre & reftituer audit tel ladite fomme de … pour le prix d'icelle maifon,ou heritage, porté par ledit contrat,fans préjudice d'autre dû & actions, &c.

L'affignation donée l'on prend un Jugement à l'Audiance contre le curateur ; & on le fait enfuite expedier, figner & fceler du fceel de la Jurifdictionn, & en vertu de céte Sentence , l'on fait faifir réelement la maifon, ou l'heritage, fur le curateur apartenant au garant ; mais fi quelque creancier a été plus diligent , il faut s'opofer aux criées.

Celui qui delaiſſe par hipoteque ne doit pas les dépens de l'exploit, ni ceux de la Sentence & autres frais ordinaires; mais il païe les fruſtratoires, comme les trente ſols pour viſer, le défaut, & ceux des conteſtations faites mal à propos, ſauf au creancier à reparer les autres, comme frais de criées ſur le prix de la choſe deguerpie.

CHAPITRE LXIII.

De la ſubrogation aux hipoteques, & des novations.

SUivant les principes du Droit Civil, un ſecond creancier hipotequaire qui a païé de ſes deniers un creancier anterieur, ſuccede à ſes privileges & hipoteques, même ſans la participation du debiteur malgré le creancier, ou à ſon refus en conſignant.

Il n'en eſt pas de même à l'égard du ſecond creancier chirographaire, dont les deniers ont ſervi à aquiter un premier creancier hipotequaire; car il ne ſuccede à ſon hipoteque qu'en vertu d'une ſtipulation à cet éfet avec le debiteur ou le creancier au tems du païement, ou bien en obtenant Sentence, autrement il ne peut exercer que les actiõs perſoneles du creancier, & non pas les hipoteques.

Un étranger qui a auſſi prêté ſes deniers pour païer un creancier, ne ſuccede pas non plus aux privileges & hipoteques de celui qui a reçu ſes deniers, s'il ne l'a pareillement ſtipulé, *cùm non habeat jus offerendi*, c'eſt pourquoi il n'y a que l'action apelée *condictio indebiti, aut negotiorum geſtorum*, ne pouvant ſucceder par ces moiens qu'aux actions perſoneles, d'autant que les hipotequaires ne ſont aquis qu'en vertu de ſtipulation qui doivent être faits *incontinenti*, pour faire paſſer les droits réels du creancier à un étranger, ſoit qu'il païe lui même, ou qu'il prête au debiteur pour païer, autrement il doit imputer la choſe à ſa facilité.

Il faut même en ce cas, ſuivant le Droit, une ceſſion expreſſe des actions du creancier, & c'eſt ſur ce fondement que l'on a voulu ſoûtenir que le privilege perſonel ne pouvoit être tranſmis à un tiers ſans une ceſſion expreſſe du même creancier; mais on peut dire avec plus de raiſon que le privilege venant plûtôt de la cauſe de la déte que de la perſone du creancier.

Il n'eſt pas neceſſaire que le creancier conſente la ſubrogation, ni même qu'il y en ait convention avec le debiteur, parce que pour aquerir le privilege perfonel, il n'eſt pas beſoin de ſtipuler une hipoteque ſur la choſe, d'autant que le privilege s'unit & ſe joint à l'action perfonele que le nouveau creancier aquier en prétant ſes deniers au debiteur.

Or, celui qui, par exemple, a païé ce qui eſt dû à un Apoticaire, a le même privilege ſur les meubles & immeubles du debiteur, & celui qui a païé ſuccede à ſon privilege; mais ſi le Roi avoit un privilege réel, la ſubrogation ſeroit neceſſaire pour exercer ſes hipoteques.

A l'égard des hipoteques ſpeciales & privilegiées, on prétent que la ſubrogation eſt neceſſaire, non ſeulement de la part du debiteur, mais auſſi du creancier, à la difference des hipoteques comunes auſquelles l'on ſuccede par la ſeule convention avec le debiteur; car il ſufit qu'il y ait declaration dans la quitance qu'on a païé des deniers d'un tel; & en éfet l'Ordonance de 1609 ne parle point aucunement des privileges, mais ſeulement de la ſubrogation aux hipoteques, mais les Arrêts de la Cour cy deſſus raportés comprenent les privileges auſſi-bien que les hipotheques.

On fait neanmoins diference entre un étranger qui veut entrer en la place d'un creancier & une caution & un aquereur qui a quité les hipoteques dont l'heritage eſt chargé.

Le premier a beſoin de ſubrogation de la part du creancier ou du debiteur, d'autant que l'Ordonance de 1609 ne parle que d'un étranger, mais la ſubrogation a lieu à l'égard des derniers, pour ce qui eſt des coobligez, coheritiers, cofidejuſſeurs, & des cotuteurs.

Cependant je crois qu'ils n'ont qu'une action utile pour leur recompenſe contre ceux qui doivent contribuer avec eux, à moins qu'ils n'aient une indemnité qui leur done l'hipoteque; ainſi la dificulté eſt de ſçavoir ſi la ceſſion du creancier même leur tranſmet les actions ſolidaires contre leurs coobligez ou coheritiers leur part confuſe, ſauf à contribuer aux parts des inſolvables, ce qui a été jugé à la verité differemment par les Arrêts.

Nôtre uſage n'a pas auſſi autoriſé la ſubrogation du ſecond creancier qui a païé de ſes deniers un plus ancien, à moins qu'il ne l'ait ſtipulé.

Baquet veut que ce ſoit le jour même de l'acte que le debiteur doit païer au creancier les deniers pour aquerir la ſubrogation à celui dont il a emprunté, ou ſinon, il eſt d'avis que le tems doit être limité à un intervale de dix jours, ſuivant la Loy *Si ventri. 8. ff. de privileg. creditor.* qui veut que les deniers ſoient delivrez peu de tems après l'acte paſſé entre les mains d'un creancier privilegié, *quod benignè accipiendum,* dit Ulpain, *dum non poſt aliquod intervallum hoc factum ſit.*

Néanmoins la gloſe ſur céte Loi, limite céte diſpoſition aux privileges perſonels qui ſont aquis ſans aucune convention de ſucceder aux privileges, & non pour les actions hipotequaires, parce qu'aiant pacté de ſucceder à l'hipoteque, il n'importe ſi l'on execute ce qui a été convenu, *Vel incontinenti vel ex intervallo,* les droits des creanciers intermedieres n'étant pas diminués par ce moien, ainſi il ſemble qu'un paiement fait cinq ou ſix mois aprés, avec la déclaration neceſſaire, ſeroient ſufiſant, atendu qu'il y a ſouvent des dificultez qui empéchent de païer auſſi-tôt.

Toutefois, il y a un Arrêt contre le ſieur Faiel de Bachivilier, qui le condamne à rembourſer, faute d'avoir fait l'emploi dans trois mois.

Je ne crois pas auſſi qu'il ſoit abſolument neceſſaire que ce ſoit les mêmes eſpeces, car l'on reçoit ſouvent de l'or que l'on done à un tiers pour de l'argent blanc, afin de lui faire plaiſir, neamoins le creancier eſt toûjours aquité de l'emprunt qu'on a fait.

La-ceſſion & ſubrogation, ou déclaration, que les deniers viennent d'un tel, doit être faite dans le corps de l'acte de rembourſement, & non pas en marge, ni par acte ſeparé, & lorſque les païemens ſont faits aux debiteurs du creancier, la déclaration ſe doit faire par la quitance, autrement on ne peut pas faire revivre les ſubrogations dans un compte qui ſe feroit dépuis avec le créancier ; c'eſt ce qui fait qu'il faut qu'elle ſe faſſe dans l'acte même du païement, du moment auquel la dete eſt éteinte.

Il y a pourtant certain cas où l'emploi réel tient lieu de ſubrogation, comme par exemple, ſi un mari avoit emploié des deniers ſtipulez propres à ſa femme en l'aquit de ſes anciens creanciers, & en ce cas il ſuſit qu'il y ait déclaration, que c'eſt les deniers de la femme, parce que le germe y eſt déja en faveur de la dot.

D'où il s'enſuit, que ſi le débiteur d'une femme décedée avoit rembourſé une rente à un créancier envers lequel la femme étoit obligée ſolidairement, il auroit valablement païé ſans ſubrogation, parce que les heritiers de la femme en ſont d'autant déchargez, ne s'agiſſant pas de repeter l'hipoteque d'un ancien creancier, mais ſeulement de la libération.

Un aquereur qui a païé une dete hipotequaire de ſon vendeur eſt auſſi ſubrogé de droit ſans autres conventions, pourveu qu'il ait été chargé par le contrat de la paier, ſuivant la Loi 3. *Cod. de*

his qui in prior. credit. loc. fucced. Mais l'on prétent que céte fubro-
tion legale de l'aquereur eft limitée fur la chofe aquife à l'éfet de
conferver fon hipoteque fur icelle.

Toutefois il me femble que dans céte ocafion, la fubrogation
conventionele devroit avoir plus d'éfet que la legale, & doner
droit au fubrogé d'exercer les droits du creancier contre le dernier
aquereur, mais en ce cas il prefcrivent par dix & vingt-ans,
quoique l'action du créancier ait été confervée pour caufe de
minorité, ou autrement.

L'expreffion dans la quitance que les deniers vienent d'un rel,
jointe à la ftipulation, fufit pour la validité de la fubrogation, encore que le creancier n'ait refufé de la confentir, & pour lors il
n'eft pas befoin de la prendre en Juftice fur fon refus, quoi qu'on
protefte ordinairement de le faire.

Sur ce fondement il me femble pareillement qu'un tuteur peut
fubroger, car pnis qu'il peut recevoir un rembourfement, il peut
auffi entendre des déclarations.

Le fidejuffeur d'une rente qui a été obligé de la rembourfer
pour éviter les pourfuites, doit opter, s'il veut la faire continuer,
ou à pourfuivre fon acquit.

En ce cas on veut qu'il ne puiffe pas profiter de la fubrogation
qu'il a ftipulée, d'autant qu'il auroit plus de droit que le creancier,
& par confequent qu'il ne peut pretendre aucune hipoteque, que du
jour de fon cautionement pardevant Notaire; mais que les interêts lui font dûs de plein droit, à moins qu'il n'ait laiffé long-tems
le debiteur en repos, fans lui dénoncer les pourfuites à caufe defquelles il a été contraint de païer, cependant les quité, veut que
la caution qui ne peut fe faire païer, exerce les droits du creancier.

On pretent que la caution ou le coheritier qui a païé par contrainte le principal, & les arerages d'une rente n'a hipoteque
pour les interêts de ces arerages, que du jour du païement, & que
s'il avoit païé volontairement, il n'auroit hipoteque pour les interêts des mêmes arerages, que du jour de la demande, fuivant
l'article 149 & 150. des Arrêts Placites de Normandie de 1666.

On tient auffi que ces interêts ne font pas fu jets à la prefcription
des cinq ânées, comme étant dûs pour caufe de prêt.

Depuis quelque tems l'on a voulu foûtenir que celui qui prête
au debiteur pour païer le principal & les arerages d'une rente,
ne doit avoir hipoteque pour les arerages convertis en principal
que du jour de fon contrat, & non pas fucceder aux hipoteques du

creancier

creancier, d'autant qu'une dete exigible est devenuë inexigible,
autrement la subrogation auroit beaucoup plus de droit que le
creancier; mais on ne peut pas prétendre en ce cas qu'il y ait novation, d'autant que l'Ordonance de 1609. en sa preface done la
subrogation à ceux qui prêtent en l'acquit des principaux & arerages.

Si un detenteur avoit païé le principal & arerage d'une rente
fonciere en vertu d'une sentence d'hipoteque, je ne doute pas
qu'il ne puisse pretendre la continuation de la rente contre son
vendeur; mais à l'égard des arerages qu'il a païez, comme ils ne
sont que mobiliaires, je ne crois pas qu'il puisse produire interêts, sans l'ofice du Juge, & même s'il avoit été contraint de
païer en vertu d'execution & saisie, ou pour les éviter; les interêts
des arerages qu'il auroit païez, ne pouroient pas être deûs par
maniere de domages & interêts, encor que l'on puisse dire, que
celui qui païe par force, n'a pas moins de privilege que celui qui
prête pour païer des arerages, auquel ils déviennent un principal.

Mais l'hipoteque pour les arerages ne peut avoir lieu que du
jour de la quitance du païement que l'on en a fait.

Plusieurs de nos Praticiens se font entr'eux journellement une
question; sçavoir, si un aquereur delegué qui a été contraint de
païer à un autre creancier anterieur à celui envers qui il étoit dé-
legué, aux droits duquel il c'est fait subrogé, & qui dépuis il a été
obligé de satisfaire à la délegation, peut exercer les droits du plus
ancien creancier, qu'il paie sans déguerpir l'heritage.

Je répons à cela, que si la subrogation est limitée à la chose acquise à l'éfet de s'y confirmer, on peut dire qu'il y a confusion des
droits actifs & pasifs, tant que l'aquereur ne déguerpit pas, & s'il
se veut pourvoir sur les autres biens, l'on reviendra sur lui en vértu
de l'hipoteque, ensorte que quoi qu'il ait prescrit sa qualité de détenteur, élude toûjours l'éfet de son action qui ne peut avoir lieu
qu'aprés le déguerpissement, atendu qu'il pouvoit consigner au
lieu de déguerpir & obliger le creancier à le faire dire avec le
delegué.

Les oposans avant le décret levé & scellé en sous ordre sur la
collocation d'un creancier de rentes ou droits inmobiliers doivent
toucher suivant l'ordre de leur hipoteque; au lieu que s'ils ne se
font oposés que dépuis le décret levé & scelé, ou qu'ils se soient con-
tentés d'un simple Arrêt & saisie, entre les mains du Receveur des
Consignations, ils ne viendroient que selon l'ordre.

La somme promise au lieu de partage à un coheritier, étant pu-

re mobiliaire par raport à l'objet de l'action, les creanciers opofans en fous ordre fur celui qui en eft creancier, ne peuvent pas
venir fur icelle par ordre d'hipoteque, mais feulement fuivant
la priorité de leur faifie ou par contribution en cas de confi-
ture.

Cependant s'ils étoient fubrogez aux privileges ou hipoteques
du coheritier, ils viendroient en fes droits, fans qu'il foit befoin
de faifine, ni de fentence, à la verité on peut venir fuivant la
faifine ou fentence, fur la part qui pouroit apartenir au debiteur
dans le fond hereditaire, fur lequel l'on avoit hipoteque ; mais le
partage aiant été fait de bonne foi & fans fraude, les creanciers
ne peuvent venir fans fubrogation après une intervale de tems
confiderable, aiant pû l'empêcher lors du partage.

On tient que la reconoiffance d'une dete prefcrite, ne peut pas
faire revivre un hipoteque éteinte, à la verité l'action fubfifte
nonobftant la prefcription, qui n'eft qu'une exception qui feulement empefche l'éfet, le tems n'eft pas un moien de diffoudre l'o-
bligation qui refte toûjours en vertu du droit naturel ; mais céte
reconoiffance ne peut point nuire aux autres créanciers qui ont
été liberés à la faveur de la prefcriptiõ de l'hipoteques anterieurs.

Il y a certains creanciers qui fouvent fe feroient utilement fubrogez, quand ils ont fait faire déclaration neceffaire, ou par exu-
berance pris une fubrogation en Juftice, fans avoir en main les
originaux du creancier, aux droits duquel ils veulent fucceder, mais
leurs précautions font fouvent inutiles, je crois bien à la verité que
fi les même originaux fe trouvoient produits dans un ordre où
ils ce font opofez, qu'ils les peuvent emploier pour eux, & non
autrement.

C'eft une chofe bien rigoureufe parmi nous, que de faire perdre
les hipoteques à un pauvre creancier qui a perdu la groffe original de fon contrat ; mais aufli voions nous tous les jours des gens
qui par malice cachent les premieres expeditions, pour ne pas
faire conoître au Juge les païemens ou notes qui y font infcrites, il
eft vrai que fuivant le Droit, la perte de l'inftrument ne nuifoit pas autrefois à un creancier, pourveu qu'il prouvât deux
chofes.

La premiere, la perte, & la feconde, qu'il raportaffe des preuves tres-manifeftes qu'il n'avoit pas été payé, *leg.* 1. *cod. de fide
inftrum. leg.* 10. *ibid.*

Je crois encore que celui qui auroit prêté pour païer les droits
dûs à un Seigneur à l'éfet d'être fubrogé en fes droits, & qui auroit

perdu la quitance du Seigneur contenant ladite déclaration, que c'est de ces deniers que la chose a été paiée, pourroit lever une autre expedition de la quitance, en vertu de laquelle il seroit coloqué, pourveu qu'il ait son contrat en bonne forme, la quitance du Seigneur n'étant d'aucune conséquence, sinon pour la preuve qui subsiste toûjours.

Les arerages d'arerage de rente fonciere qui ont été convertis en contrat de constitution, n'ont hipoteque que du jour du nouveau contrat; car quoique la contestation soit licite, il y a toûjours novation, quand on a rendu inexigibles des arerages qui auroient peu être exigibles.

Ceux qui sont subrogés chacun pour partie à une dete privilegiée, ne doivent avoir qu'un même droit, & ainsi ils ne peuvent venir que par concurence, quoique les detes soient diferentes, ensorte que s'il y avoit de la préference, ce seroit plûtôt en faveur des derniers qui auroient été subrogés aux creaneiers, dans un tems auquel les premiers subrogez ne pouvoient pas y parvenir, ni concourir; mais s'il y avoit cession d'action, ils les exerceroient avec le même privilege que celui qu'avoient les autres creanciers.

Ce qui fait une diference notable entre la cession & subrogation, & il en seroit de même s'il en avoit subrogé avec garentie, ou si l'on avoit renoncé à concourir avec le subrogé.

A present que le creancier exerce les droits de son debiteur, peut dire, comme je l'entens tous les jours, que celui envers qui le creancier est obligé viendra avant le subrogé, qui ne seroit venu qu'à prés lui pour son residu, *nom*,

Car en ce cas il me semble que le subrogé est le mieux fondé en la préference, d'autant que le tiers, quoi qu'exerçant les droits de son debiteur, ne peut venir qu'en vertu d'Arrêt, & saisie, qui en un mot ne peut pas prévaloir sur une subrogation consentie auparavant, qui a doné un droit en la chose, quoi que moins avantageux, que n'eût été veritablement le transport.

Par exemple, Titius prête à Mivius une somme, pour être emploiée à paier des arerages à divers creanciers, à l'efet d'être subrogé en leurs droits, ce qui est executé, on demande si Titius ne viendra encore qu'aprés toutes les rentes, ou bien divisement aprés chacune de celles qui seront utilement coloqués pour les arrerages des mêmes rentes, dont ventilation sera faite, il me semble donc qu'en ce cas la subrogation doit suivre la colocation de chacune rente en particulier; mais si un même creancier l'étoit de deux rentes ; & qu'il ne fût porté utilement que pour une , l'on peut dire que s'il eſt fait mention des deux rentes dans le contrat ; la ſubrogation ne peut avoir éfet qu'aprés la derniere.

Quelques-uns neanmoins ſont d'avis de coloquer aprés le premier, ſauf à faire reprendre par le creancier ce qui auroit été touché par le ſubrogé à ſon préjudice, ſupoſé que dans la ſuite le même creancier ſoit porté pour le tout ou pour partie ſur les autres rentes , mais on peut dire que les ſubrogations ſont de droit écrit.

Le creancier qui pert ſon tranſport ne fait aucun prejudice à ſon hipoteque, pourveu que le cedant n'y prétende plus rien , la choſe n'en eſt pas moins deuë , & la cauſe de la déte n'a pas été changée ; car il ſufit que la déte ait toûjours été éteinte , & que le debiteur n'ait pas été liberé , pourveu toutefois qu'il ne paroiſſe pas que l'on veüille faire revivre une déte éteinte, au préjudice d'un autre creancier du debiteur.

La traduction du contrat de rente ou obligation ſuivie de la preſtation ſufit, quand il y a bonne foi & poſſeſſion, ſans autres titres que la poſſeſſion deſdits titres, d'autant plus qu'en matiere de droits incorporels, la tradiction ſimbatique ſufit , *untus patientia uſus alterius pro traditione eſt, l.uli.de ſervit.l.ff.de uſufr.* & par la Loy 1.*Cod.de donation.* la tradiction de ſes titres d'aquiſition vaut donation & tradiction.

Dont il eſt vrai que celui qui a les originaux & des reconoiſſances du debiteur doit être coloqué par hipoteque , ou par privilege, quoi qu'il ait perdu ſon tranſport , c'eſt l'eſpece de la Loy 1.*Cod fide inſtrumentor,*

On tient que l'obligation de la caution eſt éteinte, lors que le debiteur a payé , quoique ce ſoit des deniers d'un autre , parce que l'action éteinte par le païement ne peut plus revivre , ſi ce n'eſt du conſentement de la caution.

La même choſe a été auſſi decidée par l'Article 132. des Arrêts placites de Normandie de 1666 c'eſt ce que l'on a même jugé en faveur d'un coobligé ſolidairement , à qui l'autre avoit doné une indemnité le même jour par un acte ſeparé , n'ayant pas conſenti à la ſubrogation, encor que le creancier ait cedé ſes actions, d'autant que celui qui donne quitance ne peut plus faire aucun tranſport.

Voyez ſur ce ſujet l'Arrêt du 14.Mars 1684 au Tome 4.du Journal de Audiances.

Cependant céte Juriſprudence a changé, & il a été arêté , que le principal obligé ou coobligé ſolidairement qui païe des deniers d'un autre , a pû le faire ſucceder aux anciennes hipoteques du crean-

'cier, au préjudice du fidejuffeur ou coobligé, qui n'ont pas parlé en
la quitance du rachat, ni confenti à la fubrogation,& que neanmoins
leurs conditions ne devienent pas moindres,& qu'ils ne peuvent pas
être contraints à rachat, fi l'emprunt étoit fait par une autre obligation exigible.

Si un heritage a été vendu par decret fur l'aquereur,le vendeur en
ce cas peut feul fubroger, comme étant le debiteur, & que l'aquereur
n'a pû faire aucune declaration au préjudice du vendeur qui a ftipulé fa liberation.

A la verité le contraire a été jugé par l'Arrêt de Tonécharente
du 10 Avril 1677. fondé fur ce que le vendeur n'a rien en fa chofe,
à moins que ces creanciers, ou ceux qui les reprefentent ne foient
païez, & que le vendeur n'a aucun pretexte raifonable pour empêcher que celui qui païe fes plus anciens creanciers n'entre en leur
place, autrement un aquereur trouveroit dificilement à credit ; mais
les derniers Arrêts ont jugé en faveur du vendeur, en forte que tant
qu'il eft dû au vendeur, ou aux creanciers par lui deleguez, la fubrogation acordée par l'aquereur ne lui peut faire aucun préjudice.

L'aquereur qui auroit ftipulé par un contrat, qu'il feroit fubrogé
aux droits du creancier qui eft chargé de païer celui dont il a emprunté, avec ftipulation qu'il fera fubrogé aux droits dudit creancier, ne peut pas fucceder aux hipoteques du même creancier,aten-
du que céte fubrogation conventionele eft feulement en faveur de
l'aquereur, & même il faut qu'elle foit limitée à la chofe aquife pour
s'y conferver.

Toutefois je crois qu'en cas d'éviction l'aquereur doit fucceder
aux hipoteques du creancier païé de fes deniers.

Neanmoins il n'en eft pas de même de celui qui prête à l'aquereur
pour païer les creanciers, d'autant que l'hipoteque étant éteinte par
le païement, l'on ne peut pas la faire revivre au préjudice du vendeur fans fon fçû ; ainfi on peut dire que celui qui prête fes deniers
à l'aquereur, doit exercer les décrits de fon debiteur, qui eft obligé
de le païer, en cas qu'il ne foit pas porté à l'ordre ; ce qui ne peut
avoir lieu, finon lors que l'aquereur a déguerpi pour les détes de fon
vendeur, & non fi l'heritage étoit vendu fur ledit aquereur pour
refte du prix, d'autant que celui qui a prêté à l'aquereur, ne peut
pas exercer les droits du même aquereur qui n'a pas fatisfait au
contrat.

Sur le principe que je viens d'établir, il femble que la fubrogation confentie par l'aquereur au profit de celui qui lui a prêté
pour faire des reparations dans une maifon en decadence, ne puiffe

N n iij

faire préjudice à celui qui a vendu, à condition qu'il fera aquité de tous proprietaires, fans les faits duquel on a fubrogé, cependant la faveur des reparations, fans laquelle les rentes ne pourroient être perceuës fur la chofe, doit l'emporter, eu égard à ce dont elle eft devenuë meilleure, & quand il y a eû des bâtimens, celui qui les a fait vient concurement comme le proprietaire du fond.

Le vendeur qui a garenti de tous troubles, en eft quite en raportant à l'aquereur inquité des quitances des creanciers hipotequaires, quoi qu'ils ayent été païez des deniers des autres qui ont été fubrogez en leur place, la fubrogation ne pouvant avoir éfet fur ce qui n'étoit pas dans les biens du vendeur, lequel ayant païé, a liberé l'aquereur qui n'a pas parlé.

La fubrogation n'a aufli éfet que fur les biens reftans au debiteur, & non fur ceux qu'il avoit alienez auparavant, fi bien que les aquereurs qui n'étoient tenus que fubfidiairement, n'y ayant pas confenti, c'eft la difpofition de la Loy, *Si debetur 2, ff de pignorat. act.* ou celui dont le jardin étoit hipotequé à Mevius, l'ayant dépuis vendu à Lucius, & enfuite emprunté de Titius pour païer le creancier, n'a pas transferé d'hipoteque fur ce qui n'étoit plus dans les biens.

Celui qui a prêté fes deniers pour païer le prix d'un heritage n'eft pas non plus preferé au vendeur pour ce qui lui eft dû de refte de fon prix, quoi qu'il ait touché les deniers du creancier, parce que le vendeur n'eft pas cenfé avoir doné fubrogation contre lui même à moins que l'on n'ait ftipulé la fubrogation, & l'hipoteque, & privilege, & même à la preference, & que le vendeur n'eût pas reclam par la quitance.

Pareille chofe a lieu en faveur des ouvriers à qui il eft encore d le prix de leurs ouvrages, lefquels ne font pas preferez par celui qu a prêté pour païer partie de ce qui leur a été dû.

Lapierere lettre H, nombre 51. tient, que celui qui a prêté fe deniers pour bâtir une maifon, doit venir concurement au fo la livre, avec le vendeur; mais il femble que le vendeur doit êtr preferé, eu égard au prix de l'heritage; neanmoins après la ventila tion faite du fond, & enfuite de la fuperficie & des bâtimens, il e jufte de doner à celui qui a bâti la valeur en l'augmentation du pri par le moyen des reparations.

C'eft pourquoi il n'eft pas neceffaire que ceux qui ont fait le reparations ayent ftipulé la preference pour avoir privilege, a prejudice de ceux qui ont une anciene hipoteque; car il fufit que leur argent & leur ouvrage ayent rendu la chofe neceffaire, *Salvam fecerint totius pignoris caufam.*

On a même Jugé que les Maçons preferent ceux qui ont prêté leur argent pour achât de la maison , & il sufit que les ouvrages paroissent avoir été faits sans qu'ils aient été specifiez au tems du prêt par un marché passé pardevant Notaire , d'autant qu'en Province où il n'y a presque pas d'Entrepreneurs , l'on est obligé de paier les ouvrages à la journée.

Or quoique le privilege se regle plûtôt par la cause , que par le tems , neanmoins entre deux creanciers hipotequaires privilegiez pour même cause , comme pour avoir prêté pour le prix de l'aquisition , celui qui est le premier en date , doit preferer l'autre , le debiteur n'aiant pû préjudicier par un contrat à celui avec qui il avoit contracté le premier.

Il n'en est pas de même des privileges personels pour lesquels on vient par concurence , si la cause n'est pas privilegiée.

Le creancier qui c'est oposé en vertu de l'hipoteque qu'il a sur tous les biens , sans se servir du privilege qu'il a sur d'autres biens, n'est pas obligé de consentir la subrogation au profit d'un creancier posterieur qui a interêts qu'il viene en vertu de son privilege, atendu qu'il n'y a pas de cause valable pour subroger , outre plus que je ne crois pas qu'une subrogation concertées puisse nuire aux autres creanciers , à moins que l'on ne paie de ses deniers l'ancien creancier.

Il n'y a pas dénovation à l'égard du créancier qui convertit en constitution de rente une dete exigible avec reserve des hipoteques , pourveu qu'il paroisse que le debiteur n'a pas été solvable , suivant un Arrêt raporté par Bardet , à l'égard d'un cessionaires ; mais à la verité il avoit obtenu auparavant sentence d'hipoteque contre celui qui avoit acquis de son débiteur, toutefois il avoit eu novation par la constitution de la rente , parce que le creancier c'étoit interdit la liberté de contraindre l'aquereur au paiement faute de déguerpir , il est vrai que le proprietaire du terme n'induit pas novation , mais l'alienation du principal change la nature de la dete.

Aussi l'aquereur seroit-il libre , si le debiteur avoit emprunté d'un tiers nonobstant la subrogation , s'il n'y avoit parlé.

La reduction d'une rente à un moindre deniers , n'est pas non plus une novation quoi que l'on ait ofert au creancier de lui rembourser le principal & les arerages , ainsi la caution n'est pas liberée par ce moien aiant bien voulu s'engager à une dete perpetuelle , dont la nature n'a pas été changée par ce moien , ensorte qu'il n'en seroit pas de même si le creancier avoit refusé de recevoir une dete exigible ; car la caution feroit liberée par l'acord fait avec le principal obligé.

Cependant l'on n'obferve pas tout-à-fait aujourd'hui la difpofition de la loi derniere, au Code, *de novat*, qui veut qu'il n'y ait pas de novation, à moins qu'elle ne foit expreffe, d'autant que céte Loi a été fubrogée par Tribonien, par quelque veüe intereffée contre l'efprit de tous les anciens Jurifconfultes, & l'on juge fouvent la novation par les confultes, & inductions neceffaires & évidentes, qui marquent l'intention des contractans, *Charondas livre* 7. *de fes reponfes Chapitre* 74. **Chriftin.** *vol.* 4. *decifion* 180. *nombre* 9. mais de fimples conjectures ne fufifent pas à moins qu'elles ne foient tres violentes, & encore telles conjectures ne doivent elle pas être facilement admifes contre les perfones fimples, comme a remarqué Bruneman fur la Loi *Solutum* 11, *dig. de pignorat. act. n.2.*

Et par confequnet la novation ne doit donc avoir lieu que lors que la fubftance du contrat a été alterée ; car s'il n'y avoit alteration qu'en l'un des accidens, le refte demeureroit en fa force.

La délégation emporte novation, quoique les contractans n'aiant pas manqué avoir eu intention d'innover, au lieu que fi j'avois doné ordre à mon debiteur de païer à Titius, encore que mon debiteur lui eût promis, je ne ferois pas dégagé envers Titius, fi on ne s'étoit pas fervi du terme de la délégation, ou autre aïant le même éfet.

Si on avoit conftitué une rente pour arerages de cenfives, il n'y a novation que pour les arerages, pour lefquels il n'y a hipoteque que du jour du contrat, au lieu que fi l'on s'étoit contenté de prendre une Sentence d'interêts, ils viendroient de pas égal avec le principal, & l'on colloqueroit par vingt-neuf ânées par concurence.

Les Fermiers à qui elles apartienent, font preferés les derniers, finon, pour les trois dernieres ânées.

Par Arrêt rendu au Parlement de Paris, le 6. Juillet 1690. toutes les Chambres affemblées, aprés avoir déliberé fur les articles préfentées par les gens du Roi, au fujet des fubrogations, il a été jugé fous le bon plaifir de fa Majefté, que pour fucceder & être fubrogé aux actions, droits & hipoteques, & privileges d'un ancien creancier fur les biens de tous ceux qui font obligés à la dete, ou de leurs cautions, & pour avoir droit de les exercer ainfi, & en la maniere que ledit creancier l'auroit pû faire, qu'il fufit que les deniers du nouveau creancier foient été tournez à l'un des débiteurs,

teurs, avec ftipulation faite par acte paffé pardevant Notaire, qui prend le païement, ou qui foit de même date, que le debiteur emploira lefdits deniers au païement de l'ancien creancier.

Que celui qui les a prêté, fera fubrogé aux droits dudit ancien creancier, & que dans la quitance ou dans l'acte, qui en tiendra lieu, lefquels feront auffi paffez pardevant Notaire, il fera fait mention que le renbourfement a été fait des deniers fournis à cet éfet par le nouveau creancier, fans qu'il foit befoin que la fubrogation foit confentie par l'ancien creancier ni par les autres débiteurs, & & cautions, ou qu'elle foit ordonée par juftice.

Qu'en atendant que le Roi en ait autrement ordoné, la Compagnie fuivra cete Jurifprudence, dans toutes les ocafions qui s'en prefenteront, & la même formalité a été depuis obfervée dans tous les Tribunaux dudit Parlement de Paris.

CHAPITRE LXIV.
Des Actions poffeffoires.

L'Action poffeffoire eft celle qui eft accordée au proprietaire pour fe conferver en la poffeffion d'un immeuble, quand il eft troublé, ou pour la recouvrir quand il en a été dépoüillé, ou pour l'aquerir au cas qu'il ne l'ait jamais eüe.

Pour bien entendre ce que c'eft qu'action poffeffoire, il faut ici obferver que la poffeffion eft la détention & joüiffance de quelque chofe mobiliaire en qualité de Maître ou de Proprietaire, & ou à l'intention de l'être, *poffeffio qnafi pedum pofitio*, c'eft-à-dire, que le mot de poffeffion, vient de pofition de pieds.

Telement que poffeder un heritage, c'eft proprement y metre le pied & y faire acte de joüiffance, & en éfet la poffeffion n'eft autre chofe que l'execution du droit de proprieté, parce que nous n'aquerons la proprieté d'une chofe que pour en avoir la joüiffance & la poffeffion, ainfi fi la proprieté étoit nuë & perpetuellement feparée de la chofe, la poffeffion nous feroit inutile.

Il y a deux fortes de poffeffions; fçavoir, la peffeffion naturelle, & la poffeffion civile.

La poffeffion naturelle eft celle pour laquelle nous poffedons naturelement & corporelement quelque chofe, comme fi c'eft un meuble quand nous le tenons en nos mains, ou que nous l'avons en nôtre puiffance, pour la prendre & nous en fervir toutes & quantes fois que bon nous femble, fi c'eft un immeubles quand nous l'ocupons ; par exemple , quand nous habitons une maifon , ou que nous cultivons ou faifons valoir pour nous , ou par autrui, un heritage qui nous apartient.

Or , d'autant qu'on ne peut prefcrire qu'en poffedant la chofe en qualité de proprietaire d'icelle, il s'enfuit que celui qui ne la poffede que naturellement , ne peut jamais prefcrire le gage par quelque tems qu'il l'ait en fa poffeffion , ni l'ufufruitier la chofe dont il a l'ufufruit , quelque longue qu'ait été la joüiffance.

La raifon eft, que celui qui ne poffede que naturellement , ne poffede pas à proprement parler , mais il eft feulement en poffeffion ; c'eft pourquoi , il faut poffeder pour prefcrire, *Sine poffeffione non procedit ufucapio* , *C. fine poffeffione de R. L. in 6.*

La poffeffion naturelle eft , celle qui eft plus de droit & d'opinion que défet & de réalité , comme quand on dit par la regle , *le mort faifit le vif* , il eft vrai qu'un heritier eft en poffeffion de tous les biens du défunt dés le moment de fon decés , mais céte poffeffion eft purement civile , & n'eft qu'une fiction de Droit , parce que cet heritier ne peut pas naturellement & veritablement poffeder , des chofes qui non feulement il n'a jamais aprehendées ni touchées, & même qui ne font pas encore venuës à fa conoiffance , ainfi céte poffeffion civile ne devient naturelle, que quand cet heritier a aprehendé la fuceffion du défunt , & qu'il eft entré en la joüiffance des biens qui dépendent d'icelle.

Mais pour fe conferver & rétenir la poffeffion civile , il n'eft pas neceffaire d'être toûjours , *in poffeffione* , il fufit d'avoir l'intention d'en être toûjours le maître & d'empêcher qu'un autre ne s'en empare à nôtre infçû , & qu'il n'en prene pas la poffeffion en qualité de maître, fibien que celui qui a la poffeffion civile d'un fond, fe la retiêt toûjours quoi qu'il foit abfent par long voïage dépuis plufieurs ânées.

De forte, que fi le proprietaire n'a pas fait de pourfuite pour interrompre la prefcription , elle s'acomplit par cette poffeffion pendant le tems aquis par la loi , quoique le poffeffeur fut abfent, & même qu'il n'eût laiffé perfone qui poffedat par lui l'heritage en fon nom , comme s'il avoit laiffé le fond en s'en alant , & qu'il eut demeuré abandoné & en friche pendant plufieurs années.

La poffeffion civile, s'étand encore auffi en la perfone du Beneficier qui a pris poffeffion de droit , à qui nous ne laiffons pas de doner la qualité & les actions de poffeffeur , bien que non-feulement il ne joüiffe pas , mais encore qu'il y ait un autre qui joüiffe du même benefice , ce qui ne fe pouroit pas faire en la poffeffion naturelle, parce que naturellement une même chofe ne peut être poffedée pour le tout par deux diferentes persones en même tems.

Or, il s'ensuit, que dans le Roïaume, il y a de trois sortes d'actions petitoires ; sçavoir, la complainte, la rintegrande & la récreance, ou provision.

Ces actions étoient apelées interdits par l'ancien Droit Romain, mais dépuis ces interdits ont été convertis en actions possessoires.

CHAPITRE LXV.

De la Complainte en cas de saisine & de nouvelleté.

COmplainte est une action possessoire qui est acordée au proprietaire d'un heritage pour se maintenir dans sa possession quand il est troublé.

Il y a parmi nous de deux sortes de Complaintes, *Primò*, la prophane, qui s'intente pour chose prophane, qu'on apele Complainte, en cas de saisine & de nouvelleté, *Secundò*, la beneficiale qui s'intente pour le possessoire des Benefices.

Le mot de Complainte, signifie proprement Requête ou Plainte, que fait le Demandeur pardevant le Juge, sur le trouble qui a été causé, & c'est par cête plainte que se forme l'action de Complainte.

Saisine en vieux langage de Pratique, signifie possession ; & nouvelleté, signifie trouble ou inovation en nôtre possession, tellement que la Complainte en cas de saisine & de nouvelleté, c'est à dire, Complainte en cas de trouble en nôtre possession.

Pour l'intelligence de quoi il faut ici observer, que la saisine est la tradiction, & comme l'investiture que le Seigneur Féodal ou le Seigneur censier done au nouvel aquereur d'un heritage tenu en sa Censive, par le moïen de laquelle il l'en met en possession, sans encourir l'amende.

Ce qüi se pratique encore aujourd'hui en beaucoup de Coutûmes, mais en la Coûtume de Paris, ne prend saisine qui ne veut, & elle n'y sert plus que pour faire courir l'an du rétrait lignager au profit du nouvel acquereur, contre les parens du vendeur qui voudroient rétraire.

La Complainte en cas de saisine & de nouvelleté, n'a pas lieu en matiere Beneficiale, àtédu que dàs cête matiere, il n'y a pas de saisine.

Neanmoins il y a grande diferance entre la Complainte en matiere Beneficiale, & la Complainte en matiere prophane ; car en matiere prophane, pour fonder la Complainte, il n'est pas necessaire de raporter aucuns Titres, il sufit de justifier, que l'on soit en possession par an & jour, & qu'on ait été troublé, mais en matiere Beneficiale, il faut raporter un Titre au moins coloré, parce que la possession seule sans Titres ne serviroit de rien, quand même elle seroit de 30. ans.

C'est à dire, que pour fonder une Complainte en matiere Beneficiale, il faut raporter des Provisions du Benefice, dans la possession duquel l'on se plaint d'avoir été troublé.

On peut être troublé dans une possession par deux manieres; sçavoir, par paroles & par fait.

L'on n'est troublé par paroles, quand quelqu'un nous a dénié un droit dont nous sommes en possession, ou quand par quelques Actes ou Exploits on se qualifie possesseur de ce dont nous joüissons, on prend l'acte ou Exploit pour trouble, & on forme complainte.

Par fait est, quand on nous empêche par voïe de fait de joüir de ce dont nous sommes en possession, par exemple, si on va enlever mes gerbes de dessus mon champ, ou si on m'empêche moi-même de les enlever, & ainsi des autres heritages.

En matiere de Complainte, le demandeur conclut, à ce qu'il soit maintenu & gardé en la possession & joüissance d'un tel, heritage, en laquelle il a été troublé, ce faisant la partie adverse condamnée de lui rendre & restituër les fruits qu'elle a perçûs, ou qu'elle lui a empêché de percevoir, & en tous ses dépens, domages & intérêts, & dépens de l'instance.

Surquoi il y a quatre choses necessaires à prouver, pour se faire adjuger ces Conclusions.

La premiere est, la possession réelle & actuelle du Demandeur.

Cète possession doit être naturelle & civile, cependant l'heritier peut sans possession réelle & actuelle, se servir de la Complainte, d'autant qu'en ce cas, la possession feinte est sufisante, par laquelle le mort saisit le vif, suivant l'article 318. de la Coutûme de Paris, qui contient une regle generalement observée par toute la France.

La possession se justifie par Témoins & par Titres, comme par Beaux à-loïer ou à ferme, par vente de coupe de bois, & par les Procés verbaux de la coupe & Exploitation qui en a été faite, & autre semblables.

La deuxiéme est, quand le Demandeur a joüit pendant l'an & jour entier avant le trouble, ce qu'on apelle les derniers Exploits & Acte de possession, sans qu'il soit besoin de raporter, & le Défendeur n'est pas recevable à justifier la possession vicieuse du Demandeur, pourveu toutefois qu'il n'ait pas aquis la possession par violence, ou *clam vel precario.*

Ce tems d'an & jour court, même contre les mineurs & les absens, enforte qu'ils ne peuvent pas être relevés, parce qu'ordinairement la restitutiõ ne s'acorde point côtre les prescriptions statuaires.

La troisiéme est, que le Demandeur ait été troublé dans la possession, ou qu'il en ait été expulsé par sa partie.

La quatriéme, que céte action soit intentée dans l'an du jour du trouble, fait dans la possession, selon l'Article 1. du Titre 18. de l'Ordonnance de 1667. autrement on n'y est plus recevable, parce que celui qui a fait ce trouble, est devenu lui même par nôtre negligence, possesseur par an & jour, aïant dût se défendre dans sa possession en vertu de son Titre, ce qui est sans dificulté, s'il a laissé perdre la possession dans laquelle étoit son Auteur, lorsqu'il lui a cedé son droit : mais quand son Auteur n'est pas en possession, il est obligé de faire joüir l'Aquereur, dés qu'il lui a vendu, suivant la Loi derniere. *Cod. de act. empti.*

Il n'en n'est pas de même à l'égard de celui qui est asigné en rintegrande ; car il n'en est pas quite en sommant sont garand, âtendu qu'on ne peut pas garentir la violence d'autrui, non plus qu'en matiere d'injure ou de dol, à moins que ce ne soit le sucesseur de celui qui en est l'auteur, comme le remarque Chopin, *de morib. Parif. lib.* 5. *tit.* 1. *n.* 12.

Le trouble se verifie aussi par Titres & par témoins, quand c'est un trouble par voie de fait, comme par transport de fruits, usurpation de servitude, empêchement fait à Nous ou à nos Domestiques, le trouble qui se fait par acte, par écrit, se verifie par le même Acte, par lequel il est fait, comme quand quelqu'un prend dans un acte le Titre de Seigneur d'une Terre qu'il ne lui âpartient pas.

L'action de Complainte doit être intentée par celui qui possède la chose en qualité de proprietaire, & même par l'usufruitier, pour la conservation de son droit d'usufruitier, aussi-bien que par le préneur a bail emphiteotique, & par tout autre qui prétendent quelques droits sur un heritage, comme d'usage, d'habitation & autres, parce que les actions possessoires ne se donent pas seulement aux veritables proprietaires de l'heritage quand ils sont troublés en leurs possessions : mais aussi à tous ceux qui sont en possession par an & jour, bien qu'ils ne soient pas proprietaires.

Ainsi il y a plusieurs choses pour raison de quoi la Complainte peut être intentée.

Primò, Elle s'intente pour les veritables immeubles, comme sont les maisons & les heritages, de quelque nature qu'ils soient & même pour les droits incorporels & prestations ânuelles, quoi qu'elle descendent d'obligations personelles, ce qui ne peut neanmoins avoir lieu qu'à l'égard d'un tiers, qui prétend que le droit lui apartient, & non à l'égard du debiteur qui dénie y être fujet, fuivant l'Article 96. de la Coûtume de Paris.

Secundò, Pour dixmes, comme quand un homme ayant eu paifible poffeffion de dixmes fans contredit, aprés l'infeodation legitimement faite, & qu'il eft troublé dans la perception d'iceles, il peut intenter complainte pour y être maintenu & confervé.

Tertiò, Pour fervitude, foit que nous foyons troublez en une fervitude dont nous avons droit de joüir, ou qu'on veüille entreprendre quelque fervitude fur nous; mais celui qui pretend la fervitude, doit raporter titre, même au poffeffoire, parce qu'aucune fervitude ne fe peut poffeder fans titres, à moins que ce ne foit dans les Coûtumes qui autorifent la prefcription des fervitudes.

Quartò, Pour troubles faits à un Seigneur, ou à fes Oficiers, en la libre adminiftration & exercice de fa Juftice, ou l'invafion ou ocupation de partie d'icele & des droits en dépendans.

Quintò, Pour rentes foncieres, affignées fur certain fond ou heritage, mais non pas pour rentes conftituées, apelées rentes volantes, qui tienent plus de la nature de fimples dètes perfoneles, que de la nature des heritages, ou droits réels pour lefquels fe don e la complainte.

Sextò, Pour univerfalité de meubles, comme pour une fucceffion mobiliaire, felon l'Article 97. de la Coûtume de Paris, & l'Article 1. de l'Ordonance de 1667. titre des complaintes, & en cet état les peres & meres peuvent intenter côplainte pour la fucceffion de leurs enfans.

Septimò, Pour droits honorifiques.

Octavò, Pour bancs & places dans les Eglifes, & droits de fepulture, comme il a été jugé par les Arrêts remarquez par Brodeau fur M. Loüet lettre E, chapitre 9.

Toutefois la complainte ne peut pas être intentée contre le Roi, ni contre les apanagiftes, ainfi qu'il a été jugé par Arrèt du 7. Mars 1654. au profit de défunt Monfieur le Duc d'Orleans, contre le Commandeur de Monlhery.

La raifon pour laquelle on ne peut intenter complainte contre le Roi eft, que la complainte eft une efpece d'acufation contre celui par lequel nous pretendons être injuftement troublez, laquelle acufation n'eft pas, à ce qu'il me femble, bien feante, & ne fe peut foufrir en la bouche d'un fujet contre fon Souverain, auquel il doit toute forte d'honeur & de refpect.

Voyez Chopain fur ce fujet en fon Traité du Domaine, livre 3. titre 10. nombre 8.

Le Vaſſal ne ſe peut pas pareillement ſervir de la complainte, contre la ſaiſie faite par ſon Seigneur ; mais il doit s'opoſer, & en cas que la ſaiſie ſoit mal fondée, il doit être condamné en ſes dépens, domages & interêts.

Elle ne peut pas auſſi être intentée pour raiſon d'un ofice, ſoit qu'il s'agiſſe du titre ou des fonctions, droits & émolumens de l'ofice, ſuivant l'opinion de Brodeau ſur l'article 79. de la Coûtume de Paris, contraire au ſentiment de la pluſpart de nos Docteurs, qui raportent que l'Oficier n'a que l'adminiſtration & l'exercice de ſon ofice, & non pas la proprieté, laquelle apartient au Roi, comme étant la ſource & le principe de toute Juriſdiction & puiſſance publique, de laquelle tous les Oficiers tirent leur pouvoir, qu'ils ne peuvent exercer qu'en vertu de ſes proviſions.

Le ſimple fermier qui eſt troublé en la poſſeſſion & en la joüiſſance, ne peut pas non plus intenter complainte, parce qu'un ſimple fermier n'eſt pas poſſeſſeur de l'heritage qu'il tient à ferme; c'eſt ſon Maître qui poſſede pour lui, & partant qui peut ſeul intenter cete action quand ſon fermier eſt troublé, *article 1. du titre 18. de la Nouvelle Ordonance de* 1667.

Les Auteurs qui ont ci-devant écrit ſur ce ſujet, ont tous fait un eſpece d'action réelle de la complainte, en ce que par icelle il s'agit de la poſſeſſion de quelque choſe, cependant je ſoûtiens qu'elle eſt mixte, réelle & perſonelle, & même ſouvent il y a plus de perſonalité, que de realité, comme quand pour céte action, le poſſeſſeur d'un heritage demande au Juge, qu'il ſoit fait défenſe au défendeur de le troubler dans ſa poſſeſſion, avec dépens, domages & interêts; car en ce cas, le demandeur ne demande rien de réel, & ainſi l'action n'eſt purement que du fait du défendeur.

Le demandeur en complainte peut intenter action pardevant le Juge du défendeur, ou pardevant le Juge du lieu où eſt ſitué l'heritage, dont il s'agit.

Meſſieurs des Requêtes du Palais en conoiſſent auſſi pour les privilegiez, & à l'égard des Juges ſubalternes, ils peuvent juger de la complainte en matiere prophane, par la déclaration du Roi Henri II. de l'an 1559. mais ſur cela la prévention du Juge Roïal a lieu, par Arrêt remarqué par Guenois, ſur la Conference des Ordonances, titre des Matieres Poſſeſſoires.

Or il s'enſuit qu'en matiere beneficiale le Juge Roial a droit de conoître de la complainte privativement aux Juges ſubalternes, & mêmes aux juges Ecleſiaſtiques, leſquels ne peuvent conoître que du petitoire des benefices, ſuivant l'article 4. du titre 15. de ladite

Ordonance de 1667.& ainſi l'on réſout ordinairemēt la complainte en domage & interêts, deſquels le Juge Ecléſiaſtique ne peut pas conoître, ne pouvant uſer de force pour maintenir celui qui eſt injuſtement troublé dans ſa poſſeſſion, ou qui en a été expulſé.

C'eſt pourquoi cela dépend abſolument de l'autorité du Magiſtrat, & le Juge Ecléſiaſtique ne peut pas doner permiſſion de ſaiſir ni ordoner le ſequeſtre, encor que le Benefice ſoit de la fondation du Seigneur, ou de ces auteurs, & qn'il en ait la preſentation, ou collation, parce que ce ſont des actes qui ſe font ſans l'autorité du Roi.

Le petitoire en matiere prophane ne ſe peut pas pourſuivre que le poſſeſſoire ne ſoit vuidé & que la Sentence n'ait été entierement executée, tant pour le principal, que pour les domages & interêts, ſelon l'article 5. dud. titre 18. de la même Ordonance de 1667. enſorte qu'aprés que le petitoire a été intenté, la complainte ne peut pas être formée, parce qu'au petitoire on reconoît la poſſeſſion du défendeur, ce qui eſt contraire à la complainte, par laquelle le demandeur ſe doit dire poſſeſſeur & ſe plaindre d'avoir été troublé en ſa poſſeſſion.

Le défendeur en complainte ne peut rien exciper de la proprieté, parce qu'en la complainte il ne s'agit que du poſſeſſoire, qu'il faut vuider avant que de venir au petitoire, ce qui fait que l'on ne peut pas acumuler le petitoire avec le poſſeſſoire, d'autant que la proprieté n'a rien de commun avec la poſſeſſion, & que ce ſont deux actions incompatibles.

Néanmoins on ne laiſſe pas que de ſoûtenir journellement que l'on doit acumuler le petitoire avec le poſſeſſoire, comme *Fachinæus contrav. lib.8. chap. 6. & Mynſinger. lib. 6. obſerv. 93.* atendu que c'eſt l'uſage d'Alemagne.

En éfet, il ſemble qu'il y a quelque choſe de rigoureux, que celui qui joüit par an & jour ſans titre où par uſurpation ait les fruits au préjudice de celui qui a de bons titres, & qui au terme de droit les peut repeter dépuis l'injuſte détention, s'il a aquis de bone foi.

Antoine Faber en ſon Code, *lib.3. titre 7. de fin. 1.* tient que la nature de la proprieté peut être cumulée à la diference de ceux où il s'agit de conſerver, de recouvrir, ou de conſerver la poſſeſſion, d'autant qu'il eſt plus incivil de demander ce qu'on n'a pas eû, que de ſe maintenir dans ce que l'on avoit.

Mais lors qu'il s'agit d'une entrepriſe legere ſur quelques verges ou métaiteries de terres, il me ſemble qu'on ne peut pas inten-

ter

la complainte, laquelle ne se peut pas aussi intenter, quand il n'y a pas de dérang, certain, ni immeuble.

La Sentence de maintenuë qui intervient sur la complainte en matiere prophane, doit être executée par provision, nonobstant oposition ou apellation quelconque, suivant l'article 9. dudit titre 15. de l'Ordonance du mois d'Avril 1667. mais à l'égard des dépens, il semble que ce soit un usage general en toutes sortes de matieres, de surfoir l'execution de la Sentence pendant l'apel, quoi qu'à la rigueur l'Ordonance puisse expliquer autrement.

CHAPITRE LXVI.

De la Reintegrande.

LA Reintegrande est une action qui n'est pas distinguée de la la Complainte, & qui même est comprise sous icelle, en sorte que la reintegrande est une seconde action possessoire, qui est donée au possesseur d'un heritage pour en reconoître la possession quand il l'a perduë.

Neanmoins tout possesseur qui a perdu la possession ne peut pas demander la reintegrande pour la recouvrer, il n'y a que celui qui de fait & de force, a été spolié de la possession, qu'il a pû demander.

Spoliation, est une déjection & expulsion violente & injurieuse de la possession d'une maison on d'un heritage.

On apelle aussi spoliation l'enlevement violent & injurieux des fruits qui nous apartienent, & autre chose mobiliaire.

Le demandeur en spoliation a deux moïens pour demander la reintegrande ; sçavoir, civilement par simple exploit, & criminellement par information ; mais quand le complaignant a choisi une de ces deux voies, il ne peut plus varier, ni se servir de l'autre, si ce n'est que le Juge en prononçant sur l'extraordinaire ne lui ait reservé l'action civile, selon l'article 2. du titre 18. de l'Ordonance de 1667.

Ainsi, il faut que celui qui se sert de l'action criminelle, déclare, que c'est sans préjudice de l'action civil, qu'il prétend poursuivre par après.

Pareillement, si le demandeur a comencé par l'action civile, il ne peut plus se servir de l'action criminelle, à moins qu'il ne se soit reservé le droit de s'en pouvoir servir, suivant la disposition

dudit titre 18. si bien que le Juge en prononçnt sur l'extraordinaire, doit reserver l'action civile au demandeur, lors qu'il le trouve à
propos.

L'espolié doit être réintegré en la possession de l'heritage dont
il a été expulsé avant que de proceder au petitoire, selon l'article
4. & 5. du même titre 18. de ladite Ordonance de 1667.

Et si le défendeur dénie la possession au demandeur, ou qu'il dénie de l'avoir troublé ou spolié, le Juge doit en ce cas apointer
les parties à informer, suivant l'article 3. dudit titre.

Le demandear en reintegrande, n'est pas obligé de faire preuve par détail des choses qui auront été priséees, & dont il aura été
spolié, mais il sufit qu'il fasse preuve de la spoliation en general;
car pour ce qui est du d'étail des choses qui lui ont été paiées, il
doit être crû à son serment, jusqu'à la somme qu'il plaira au Juge
d'arbitrer.

Pendant l'instance de reintegrande, on ne peut pas poursuivre
l'instance principale touchant la proprieté ou la possession de l'heritage, dont la spoliation a été faite, par ce que le demandeur en
reintegrande pût demander que toute Audiance soit déniée au défendeur, jusqu'à ce qu'il soit réintegré en la possession des choses
dont il a été dépoüillé, selon l'article 5. du même titre.

L'action civile pour être réintegrée coméce par une assignation
que la partie demanderesse fait doner au défendeur, à sa persone
ou à son domicile à comparoir le tel jour prochain, pardevant tel
Juge, en son Auditoire en tel lieu, heure d'Audience, pour répondre sur ce que le défendeur aiant dépossedé par violence le demandeur d'une maison, & heritage size à... dont il joüissoit paisiblement, en a pris & enlevé les grains & fruits, c'est pourquoi il
conclut à ce qu'il soit reintegré en la possession & joüissance de lad.
maison & heritage, grains & fruits d'iceux, ce faisant le défendeur
condamné en ses dépens, domages & interêts & en outre répondre
& proceder ainsi que de raison, requerant dépens, & signifier que
tel Procureur ocupera pour le demandeur, &c.

L'assignation donéc, il faut ensuite observer les délais & comuniquer les pieces, comme aux autres instances; & cela fait le Juge
doit ordoner que le demandeur sera rémis & reintegré en la possession & joüissance de ce dont il a été dépoüillé, & condamner le
défendeur à lui rendre & restituer les fruits, si aucuns il a perçus,
avec amende, domages, interêts & dépens, laquelle amende, suivant l'article 6. dudit titre 18. de l'Ordonance de 1667. doit être liquidée selon l'exigence du cas.

S'il y a apel de la Sentence de reintegrande, il fera dit qu'elle fera executée nonobftant l'apel ; & fans prejudice à icelui, tant pour le principal que pour les dépens, en donant caution, ainfi qu'il eft dit par l'article 4.& 7. dudit titre, en forte que fi le condamné à reintegrer intente un apel, & qu'il en pourfuive le jugement, il faut demander que toute audiance lui foit déniée, jufqu'à ce qu'il ait executé la fentence de reintegrande.

Et pour executer tele Sentence, il faut, en vertu d'icele, fe faire metre en poffeffion de la maifon & heritage dont on a été fpolié; & fi la partie adverfe l'empêche, & refufe d'obeïr, faire dreffer Procez verbal du refus & de la rebelion, & icelui dreffé, demander au Juge qu'il foit permis d'ufer de force, & de rompre les portes & ferrures.

Si les fruits, ou les domages & interêts qui auront été adjugez ne font pas liquidez par la Sentence, le demandeur pour les faire liquider doit former fa demande.

CHAPITRE LXVII.

De la Recreance, ou Provifion, & du Sequeftre.

R Ecreance eft auffi une action poffeffoire, par laqulle l'on demande par provifion la poffeffion & la joüiffance de la chofe litigieufe jufqu'à fin de procez, laquele, en matiere profane, s'adjuge à celui qui a la poffeffion la plus aparente.

Neanmoins quoique la recreance ait lieu, tant en matiere profane, que beneficiale, cependant on fe fert plus ordinairement de ces termes pour la provifion d'un benefice qui s'adjuge auffi pendant la caufe, à celui qui a le droit le plus aparent.

Celui qui poffede dépuis an & jour obtient la recreance, preferablement à celui qui juftifie d'une poffeffion plus anciene avec titre parce q'ue l'on n'examine pas la verité du fond dans ces fortes d'afaires fomaires, mais feulement quel eft celui qui eft en poffeffion, fuivant le fentiment de Du Moulin fur la Coûtume de Paris, article 1. glofe 4. nombre 40.

Mais la poffeffion civile ne peut pas l'empêcher fur la poffeffion naturele dans laquelle un autre fe trouve fondé, la fiction ne pouvant prévaloir fur la verité; il eft vrai que la poffeffion civile de l'heritier fufit lors qu'il fuccede à celui qui joüiffoit actuelement, autrement la poffeffion naturele, qui apartient à un autre, ne peut pas paſſer à l'heritier par la force de la fiction introduite par la coûtume en faveur des heritiers, ſelon que le remarque Peleius *de teſtam conjug.cap.ult.in fine.*

Il y a quelquefois des preſomptions violentes qui empêchent que l'on adjuge la recreance au poſſeſſeur, s'il ne juſtifie d'un titre au moins capable d'aquerir la preſcription avec le tems concurement, *pract. quæſt. c.*17.

La recreance ſe juge par la poſſeſſion & le trouble, qui eſt de fait, c'eſt pourquoi on informe par témoins, mais la preuve literale être preferée.

De ſorte que la récreance, ou proviſion, ou la poſſeſſion par proviſion, ſe demande par ceux qui ſe pretendent poſſeſſeurs de la même choſe.

Par exemple, ſi deux Seigneurs prétendent qu'un même heritage ſoit ſitué dans leurs Seigneuries, & qu'en conſequence ils pretendent l'un & l'autre qu'il leur apartiene, ou par droit de desherence ou de bâtardiſe, qu'ils s'en ſoient emparez l'un & l'autre en la forme & manière acoûtumée, ils ſont l'un & l'autre en poſſeſſion, ils doivent demander chacun la recreance ou la poſſeſſion par proviſion.

Toutefois la recreance ſe peut demander par l'exploit même de la complainte, en concluant à ce que nous ſoyons maintenus en garde en la poſſeſſion & joüiſſance de tel heritage, ou de tel benefice; & en cas de conteſtation, que la recreance ou la proviſion nous ſoit adjugée pendant le procez, ce qui ſe peut auſſi demander par des repliques, ou par quelque autre acte de la cauſe.

Elle ſe peut demander en tout état de cauſe, & la Sentence qui l'adjuge s'execute nonobſtant l'apel à la caution juratoire de celui qui l'aura obtenuë, ſuivant l'article 15. de l'Ordonance de 1667. qui a reformé l'anciene Juriſprudence, par laquelle celui qui avoit obtenu la recreance, étoit obligé pour l'executer nonobſtant l'apel, de bailler bone & ſufiſante caution.

S'il ne paroit pas au Juge qui des deux parties a le droit en la poſſeſſion la plus aparente, il doit en ce cas ordoner que pendant le procés les choſes litigieuſes, ou les fruits du Benefice contentieux ſeront ſequeſtrez, regis & gouvernez par un Comiſſaire ou ſequeſtre, & par ce moïen l'on ôte à l'une & à l'autre des parties la joüiſſance de la choſe litigieuſe.

Il y a de deux ſortes de ſequeſtre, ſçavoir ceux qui ſont nomez par la volonté & du conſentement des parties, & ceux qui ſont nomez par l'autorité du Juge.

Les maiſons, & les heritages, & les meubles de quelque nature qu'elles foient, peuvent être fequeftrées & mifes en fequeftre ; car quoique la chofe mobiliaire fe done plûtôt en garde & en dépoft qu'en fequeftre, neanmoins quand la garde eft ordonée par Juftice, c'eft un fequeftre, & non pas un dépôt, comme s'il eft ordoné par Juftice, que la fuceffion mobiliaire d'un défunt fera mife en main tierce, c'eft proprement un fequeftre.

On ordone auffi quelquefois qu'une fille, ou une femme mariée fera fequeftrée & mife en fequeftre, pour éviter aux mauvais traitement de fon mari.

Le fequeftre doit être demandé par celui qui eft depoffedé de la chofe litigieufe, & qui a interêt que fa partie adverfe ne diffipe pas les fruits pendant le procés.

Sur quoi il faut remarquer, que le fequeftre peut être demandé par l'une des parties avant la conteftation, tant en matiere prophane, qu'en matiere beneficiale, mais aïant été demandé, il fe peut pourfuivre en tout état de caufe.

Les demandes afin de fequeftre, doivent être formées par Requête, fuivant l'Article 1. du titre 19. de l'Ordonance du mois d'Avril 1667. laquelle Requête fera dreffée ainfi.

Requête pour faire fequeftrer des chofes contencieufes.

A Monfieur le Prevôt, ou Bailli de tel lieu...

Suplie humblement H....

DISANT, que fur les conteftations, d'entre le Supliant & L... pour raifon du poffeffoire de la Terre de... ou de tel Benefice... la Cour, ou tel Juge... auroit apointé les Parties en Droit à écrire & produire, & comme ledit L.... jouït de ladite Terre, ou dudit Benefice, dont il s'agit, il empêche par plufieurs détours & incidans, le jugement de l'inftance, en forte que le Supliant aïant interêt que ledit L.... foit depoffedé de ladite Terre, ou dudit Benefice, dont il n'eft pas proprietaire; c'eft pourquoi il a recours à Vous, pour y être pourvû.

Ce confideré, MONSIEUR, il Vous plaife, ordoner que les heritages & fruits de ladite Terre de... ou dudit Benefice en queftion, feront fequeftrés & à iceux établis Comiffaires, dont les Parties conviendront en âtendant le jugement de l'Inftance, & Vous ferés bien.

Le Juge au bas de céte Requête met font Ordonance, en ces termes, *viénent les Parties*; & après quelle aura été fignifiée au Procureur du Défendeur, elle doit être portée à l'Audiance fur un fimple Acte, contenant le jour de venir plaider, ainfi qu'il eft porté par l'Article 1. du Titre des fequeftres de ladite Ordonance de 1667.

La Sentence qui ordone le fequeftre doit contenir le nom du Confeiller, ou Comiffaire, pardevant lequel les Parties font obligées de

P p iij

proceder , & le tems auquel elles doivent comparoir y fera preſcrit pour convenir d'un ſequeſtre au regime de la choſe contentieuſe , ſoit que la Sentence ſoit rendue à l'Audiance, ou ſur apointé à mettre , ſuivant l'Article 3. de la même Ordonance.

Le ſequeſtre aïant été ordonné , le Demandeur doit prendre une Ordonance du Raporteur , s'il y en a , ou du Conſeiller , ou Comiſſaire qui a été comis par la Sentence , & en vertu d'icelle faire aſſigner ſa partie à comparoir à l'Hôtel dudit Raporteur , Conſeiller ou Comiſaire , à tel jour & à telle heure , aux fins de nommer un ſequeſtre en execution de la Sentence ; & ſi l'une des Parties ne comparoît pas à l'aſſignation , ou ſi étant comparu elle ne veut pas nommer un ſequeſtre , il faut demander défaut , & pour le profit le Juge en nommera d'ofice un ſufiſant & ſolvable reſidant au proche du lieu où ſont ſitués les choſes qui doivent être ſequeſtrées.

Cependant le Juge pouroit, ſi bon lui-ſemble, proroger l'aſſignation avec conoiſſance de cauſe , & ſuivant les circonſtances du fait, & doner un délai au Défeüdeur pour comparoir , lequel ne peut pas être plus long de huitaine, ſans toutefois qu'il le puiſſe après proroger, ſelon l'article 4. du titre 19. de l'Ordonance de 1667.

Le Juge peut nomer pour ſequeſtre, les mâles qui ont acompli leur vingt-cinquiéme âñee, qui ſont ſufiſans & ſolvables,demeurant, comme il vient d'être dit, proche le lieu où les choſes en queſtion ſont ſituées.

Les Femmes & les Mineurs ne peuvent pas être contrains d'acepter un ſequeſtre , ſur tout quant aux femmes mariées ; car elles ne le pouroient pas faire valablement ſans être autoriſées par leurs maris, autrement elles ne pouroient pas être pourſuivies pour la perte qu'elles auroient cauſées dans les choſes ſequeſtrées par quelque maniere que ce fut , mais ſi elles étoient independantes & majeures de vingt-cinq ans , elles pouroient l'accepter , & en conſequence être pourſuivies pour rendre compte de leur adminiſtration ; c'eſt ce qui fait que le Juge ne done pas ordinairemẽt de ſemblables comiſſions à des femmes,neanmoins elles peuvent prendre le Bail judiciaire des choſes ſequeſtrées au cas qu'elles ſoient ſufiſantes & ſolvables.

Entre les Majeurs de vingt-cinq ans , il y en a que le Juge ne peut pas nomer ſequeſtre ; ſçavoir, les parens du Juge & ſes alliés , juſqu'au titre de couſin germain incluſivement à peine de nullité , cent livres d'amende , & de répondre en ſon nom des domages & interêts des parties , en cas que le ſequeſtre ſoit inſolvable , conformement à l'Art.5. de la nouvelle Ordonance, Titre des ſequeſtres.

Il ne peut pas auſſi doner le ſequeſtre à l'une des Parties , atendu

que par ce moïen, ce feroit le mettre en poffeffion des chofes fequeftrées.

Le Raporteur, s'il y en a un, ou le Confeiller ou Comiffaire qui a
été commis par la Sentence, doit dreffer fon procés verbal, contenant la nomination du fequeftre, foit que les parties foient convenuës de fequeftre, ou qu'il ait été nommé d'ofice, & enfuite le Demandeur doit prendre une Ordonance du Juge, & faire affigner pardevant lui la perfone qui a été nommée pour acepter & faire le ferment, & la Partie pour le voir faire, ainfi qu'il eft dit par l'Article 6.

Que fi la Partie n'a pas du domicile fur le lieu où on le puiffe faire
affigner, foit pour convenir de fequeftre, ou pour lui voir prêter le
ferment, il faut obtenir jugement & faire ordoner, que les Exploits
faits au domicille des Procureurs, vaudra comme s'ils étoient faits
aux perfones des Parties, jufques à ce qu'ils aïent fait élection de domicile, en céte Ville, fuivant l'Ordonance, & en confequence de
ce jugement faire affigner les Parties au domicile de leur Procureur.

Si la Partie compare & qu'elle apele du jugement qui aura ordoné
le fequeftre, le Confeiller ou Comiffaire ne peut pas paffer outre,
nonobftant l'apel; mais il doit ordoner que les Parties fe pourvoiront
pardevers la Cour, ou pardevant le Juge qui aura comis, lequel dira
nonobftant l'apel, & aprés cela, il faudra que le Demandeur faffe
fignifier le jugement de nonobftant l'apel au Procureur du Défendeur, & continuër l'affignation comme devant.

Mais, fi la Partie apelle de la nomination d'ofice, il fera dit par
le Comiffaire ou delegué, nonobftant l'apel, & fi le fequeftre ne
comparoit pas à l'affignation qui lui aura été donée pour acepter &
prêter ferment, il fera doné défaut, par vertu duquel il fera ordoné
qu'il demeurera fequeftre aux lieux contentieux pour en jouïr, les
regler & gouverner, à la charge d'en rendre compte, & en païer le
reliquat à qui il apartiendra.

Il faut faire fignifier le jugement au fequeftre, & enfuite il doit
être mis en poffeffion des chofes comifes à fa garde par un Huiffier
ou Sergent, en vertu de l'Ordonance du Juge, à la Requête de la Partie pourfuivante; & fi le fequeftre apelle de ce jugement, il fera dit,
que ledit jugement fera executé, ce faifant qu'il exercera & fera fa
charge, nonobftant fondit apel, & fans préjudice d'icelui.

S'il compare, & qu'il refufe d'acepter & de prêter le ferment,
il faut demander qu'il foit tenus de prêter le ferment ou de doner fes
moïens d'excufe & de décharge.

Les chofes fequeftrées doivent être fpecialement déclarées par le
procés verbal du Sergent, felon l'article 8. de l'Ordonance de 1667.

& en ce cas voïez le chapitre des Sequeſtres de mon Stile general d
Huiſiers & Sergens.

Les moïens que peut propoſer le ſequeſtre pour être déchargé
ſa comiſſion eſt, de dire qu'il eſt Sexagenaire, chargé de trois tut
les ou comiſſion, qu'il a cinq enfans, & qu'il eſt ſujet, vaſſal, ou fermi
de l'une ou de l'autre des parties.

Quand les excuſes ſont ſufiſantes, le Juge ordone qu'il demeur
ra déchargé, & que les parties conviendront d'un autre perſone po
ſequeſtre, autrement qu'il en ſera par lui nomé un d'ofice ; mais
elles ne ſont pas ſufiſantes, il ordonera qu'il demeurera & comp
roitra pour faire le ſerment de bien & fidelement faire ſon devoir
ladite comiſſion de ſequeſtre.

S'il y a apel, le Juge doit ordoner que les parties ſe pourvoiro
& cependant qu'il demeurera chargé de ladite comiſſion, & ſi le
queſtre pour exercer ſa comiſſion demande de l'argent, il lui en d
être doné à l'arbitrage du Juge.

Il y a diference entre un Sequeſtre & un Comiſſaire établi à
biens ſaiſis par autorité de Juſtice, parce que le ſequeſtre eſt nor
par les parties, ou d'ofice par le Juge, & qu'après ſa nominatior
prête le ſerment en juſtice ; mais le Comiſſaire aux biens eſt éta
par un Sergent & ne prête pas de ſerment, en ſorte que le ſequeſ
eſt tenu de prêter ſerment, & non pas le Comiſſaire, la raiſon eſt,
le ſaiſiſſant eſt responſable du Comiſſaire qu'il fait établir, s'il ne
pas ſon devoir ; mais comme il n'y a perſonne pour répondre du
queſtre, ſon ſerment lui ſert de caution.

Le ſequeſtre ayant été établi, il doit faire proceder au bail ju
ciaire des choſes ſequeſtrées pardevant le Juge devant lequel l'
ſtance eſt pendante, ſi ce ſont choſes qui conſiſtent en joüiſſan
en cas qu'il n'y ait point de bail conventionel, ou qu'il ait été
en fraude, ou à vil prix, ſuivant l'article 10. de ladite Ordona
de 1667.

Si l'afaire eſt dans une Cour Souveraine ; ou aux Requêtes
de l'Hôtel, ou du Palais, Monſieur le Preſident comet un des M
ſieurs pour proceder au bail judiciaire ſur une Requête, laqu
doit être en la forme de celle qui ſuit.

Requête aux fins de faire cometre l'un des Meſſieurs les Conſeillers pour proc
au Bail judiciaire.

A Noſſeigneurs de . . . .

Suplie humblement A . . . Comiſſaire établi au regime & gouvernement d
maï

maifon ou heritage fiz à . .˙. . fequeſtré en execution d'une Sentence renduë en
la Cour , entre Q. & S . . . .

A ce qu'il vous plaiſe, Noſſeigneurs, pour proceder au Bail judiciaire de ladite maiſon ou heritage, comettre tel de Meſſieurs qu'il vous plaira,& vous ferez
bien.

Monſieur le Preſident comet ſur céte Requête l'un de Meſſieurs
les Conſeillers,& aprés cela on obtient une Ordonance de Monſieur
le Comiſſaire aux fins de proceder au bail judiciaire , par laquelle
il eſt enjoint au premier Huiſſier de la Cour, d'aſſigner Q . . . & S . . .
à comparoir le jour de . . . . . dix heures du matin , au parquet de . . . .
Levée de la Cour, pour voir pa rlui proceder au bail judiciaire à loïer
des choſes ſequeſtrées , ſinon & à faute de ce faire, il y ſera procedé, tant en preſence qu'abſence. Fait ce . . . .

Enſuite dequoi, pour parvenir au bail judiciaire, le ſequeſtre doit
faire proclamer les choſes ſequeſtrées aux Prônes des Paroiſſes , &
faire apoſer des afiches aux portes des Egliſes , & aux lieux acoûtumez.

Afiche.

DE PAR LE ROI, & Noſſeigneu s de . . .

On fait à ſçavoir à tous qu'il apartiendra,qu'à la Requête de A . . . Comiſſaire
établi par Juſtice au regime & gouvernement d'une maiſon & heritage ſequeſtrez en execution de la Sentence renduë par Noſſeigneurs de . . . entre Q . . . &
S . . . il ſera le jour de . . . prochain heure de . . . du matin levée de la Cour,par-
devant Monſieur G . . . . Conſeiller en icelle , Comiſſaire à ce deputé , procedé
au Bail judiciaire aloïer deſdites choſes ſequeſtrées , au plus ofrant & dernier
encheriſſeur , pour un , deux , ou trois ans , ſi tant la comiſſion dure, à la charge par l'adjudicataire de païer les droits Seigneuriaux , rembourcer les labours
& ſemences, & amendemens , ſi aucuns ſont dûs , le tout ſans diminution du
prix du bail , faire faire les reparations , locatiat , & les terres labourables,
vignes , bois & prés , par ſoles & caiſons convenables, coupes & tentures , &
rendre le tout en bon état , Enfin du bail doner bonne & ſufiſante caution , &
certificateur ſolvable & domicilié à . . . pour le prix d'icelui & clauſe
ſuſdite dans la huitaine aprés la declaration faite à ſon profit , autrement & à
faute de ce faire dans ledit tems, qu'il ſera procede à nouvelle adjudication dudit bail à ſa folle enchere, & icelui prix païer ; ſçavoir la premiere anée au
jour qui ſera ordonné par l'adjudication dudit bail , & enſuite continuer de ſix
mois en ſix mois en la maiſon dudit A . . . fize ruë . . . ſinon & à faute par les
fermiers judiciaires , leurs cautions & certificateurs de païer dans trois jours
aprés le premier comandement qui leur ſera fait , le prix échu de leur bail en
deniers ou quitances valables , demeureront leſdits fermiers cautions & certificateurs ſolidairement tenus des frais qu'il conviendra faire contre eux,ou l'un

d'eux pour le recouvrement des loïers, déclarant que toutes perfones feront reçuës à encherir, fauf aux fermiers conventionels defdits biens d'intervenir, ſ
bon leur femble, en la procedure du bail judiciaire, & de requerir la conven
tion de leurs baux conventionels en judiciaires, defquels ils doneront copie au
dit A... finon ils n'y feront plus reçûs après l'adjudication, de laquelle mai
fon & heritage fequeſtez la teneur enſuit.

Une maiſon fize à ... confiſtant en........
Item tant ... d'arpens de terre fiz à ...

L'afiche miſe & apofée, les parties doivent enſuite être apelée
au bail judiciaire, ainſi qu'il eſt dit en l article 10. de l'Ordonanc
de 1667. & à céte fin leur faire fignifier & declarer, à la Requêt
du Comiſſaire établi par juſtice aux choſes fequeſtrées en execu
tion de la Sentence de Noſſeigneurs de ... en date du ... & de l'Or
donance de Monſieur G... Conſeiller ; du ... donée en conſequen
ce, que ledit A.... a fait apofer afiches és lieux & endroits acoû
tumez, contenant que le tel jour, heure de ... du matin, au parque
de ... il fera procedé au bail judiciaire aloïer defdites choſes fe
queſtrées, pardevant mondit Sieur, levée de la Cour, au plus ofrai
& dernier encheriſſeur, aux charges & conditions portées en ladi
afiche, à ce qu'ils n'en ignorent, & ayent à comparoir & faire tro
ver encheriſſeurs, ſi bon leur femble, finon & à faute de ce faire
leur declarer qu'il y fera procedé tant en prefence qu'abſence, &c.

La fignification faite dans la forme ci-deſſus, on procede au ba
judiciaire des choſes fequeſtrées par un procez verbal, qui eſt dreſ
par le Juge, mais fuivant ce qui a été dit ci-devant, les parties r
peuvent pas, fuivant l'article 18. dudit titre 19 de ladite Ordonanc
de 1667. prendre directement ni indirectement le bail des choſes ſ
queſtrées, ni la partie faiſie fe rendre adjudicataire des fruits, à pe
ne de nulité du bail, ou de la vente, cinquante livres d'amenc
contre la partie faiſie, & pareille amende contre celui qui lui prêt
ra fon nom, le tout aplicable au faifiſſant.

Les frais du bail judiciaire doivent être arêtez lors de l'adjudic
tion, fans que le fequeſtre les puiſſe faire taxer feparément, à pei
de perte defdits frais & de vingt livres d'amende contre le fequeſtr
felon l'article 11. du titre 9.

Aux Sieges & Bailliages, Prevôtez & autres Juſtices fubaltern
les baux judiciaires, tant des choſes fequeſtrées, que des choſes ſ
fies, fe font par le Juge à l'Audiance.

Si pendant le bail judiciaire il étoit neceſſaire de faire des rep
rations & autres impenſes aux lieux fequeſtrés, elles ne peuve

être faites que par autorité de juſtice, & les parties deuëment apelées, autrement elles tomberoient en pure perte à ceux qui les auroient fait faire.

C'eſt la diſpoſition de l'article 12. dudit titre 19. de l'Ordonance de 1667. ainſi pour faire telles reparations, il faut doner requête
au Juge.

Requête pour avoir permiſſion de faire faire les reparations.

A Monſieur le Prevôt ou Bailli de . . . .

Suplie humblement A . . . . . .
DisANT qu'il a été établi ſequeſtre à une maiſon ſize . . . . . par Sentence du
tel jour. . . en laquelle maiſon il a pluſieurs reparations à faire faire pour la rendre habitable, c'eſt pourquoi il a recours à vous.

CE CONSIDERE', Monſieur, il vous plaiſe permetre au Supliant de faire
faire les reparations neceſſaires en ladite maiſon, & à cét éfet ordoner que les
lieux ſeront vûs & viſitez par Experts, dont les parties conviendront, & vous
ferez bien.

Le ſequeſtre aprés la Requête donée, doit obtenir Sentence, portant que les lieux ſeront vûs & viſitez par Experts, dont les parties
conviendront, & en ce cas la procedure doit être faite en la maniere acoûtumée, ainſi qu'il eſt expliqué au chapitre des décentes &
raports d'Experts, où je renvoye le Lecteur.

Le raport d'Experts fait, il faut faire un bail au rabais des ouvrages & impenſes neceſſaires en la même forme que les baux judiciaires, excepté toutefois que l'adjudication du bail au rabais ſe fait
au moins ofrant.

L'article 12. de ladite Ordonance de 1667. fait défenſe au ſequeſtre
de ſe rendre auſſi adjudicataire des reparations, à peine de les
perdre, vingt livres d'amende, & de tous dépens, domages & intérêts.

Celui qui empêchera par violence l'établiſſement ou adminiſtration du ſequeſtre, ou la levée des fruits, perdra le droit ſur les fruits
qu'ils aura enlevez, ſera condamné en trois cens livres d'amende
envers le Roi, & l'autre partie miſe en poſſeſſion des choſes con-
tentieuſes, ſans préjudice des procedures extraordinaires qui ſeront
faites par Meſſieurs les Procureurs Generaux, ou Procureurs de ſa
Majeſté ſur les lieux, contre ceux qui auront uſé de violence, ſelon l'article 16.

A l'inſtant que les conteſtations des parties auront été jugées difinitivement, le ſequeſtre établi aux choſes ſaiſies demeurera déchar-

Q q ij

gé de plein droit de la garde d'icelles , en rendant compte de sa Comiffion , fans obtenir aucun jugement de décharge , article 20.

Le Sequeftre eft pareillement déchargé , fi celui à la Requête duquel il a été établi, ne fait pas juger les diferens & opofitions dans trois jours, du jour de l'établiffement , fi ce n'eft que le fequeftre fut continué par le Juge en conoiffance de caufe , ainfi qu'il eft dit par l'article 21. dudit titte 19.

Il peut être contraint par corps pour le reliqua de fon compte & par emprifonement de fa perfone , comme dépofitaire de biens de Juftice ; mais s'il lui eft dû de refte , il doit fe pourvoir par faifie & execution fur les chofes fequeftrées.

Le Sequeftre aiant une fois executé & accepté fa comiffion , il faut continuer la pourfuite de la Complainte en la maniere expliquée au Chapitre de l'Execution des jugemens.

CHAPITRE LXVIII.

Des actions mixtes en general.

L'Action mixte, eft celle par laquelle on ne prétent pas feulement qu'une chofe purement réelle nous apartient , en ajoûtant à la demande de l'heritage du droit réel & Seigneurial que nous vendiquons , la demande des fruits ou des arerages ; mais on foûtient que la Partie adverfe contre qui nous agiffons eft perfonellement obligée de nous doner quelque chofe dans l'action perfonelle.

En forte que dans l'action mixte il y a de la réalité , & de la perfonalité.

Nous avons parmi nous trois fortes d'efpece d'action mixte; fçavoir, l'action pour le partage d'une fucceffion entre coheritiers , l'action pour le partage d'une chofe comune entre affociez , & coproprietaires , & l'action de bornage , qui eft pour mettre & planter des bornes entre voifins.

Les actions font pareillement apelées mixtes , par lefquelles participent auffi de l'action réelle & de l'action perfonelle.

De l'action réelle , parce qu'elle regarde l'heritage qui doit être partagé ou borné.

De l'action perfonelle , en ce qu'elle regarde la perfone du coheritier & du coproprietaire , ou du voifin qui font obligez per-

fon élement à rendre les fruits qu'ils ont perçûs de la chofe comune & indivife , & à rembourfer leur part des méliorations qui ont
été faites , ou à païer les domages & interêts de l'entreprife faite
fur l'heritage voifin.

Les actions mixtes font encore apelées par les Jurifconfultes, *du-
plicata judicia* , par la raifon qu'en chacune de ces trois actions
l'une & l'autre des parties plaidantes peut être demandeur &
défendeur ; car chacun des voifins peut demander le bornage,
cependant ce lui neanmoins qui a fait doner la premiere affignation , fait la fonction de demandeur.

L'action mixte ne fe peut pas prefcrire pour quelque efpace de
de tems que les coheritiers ou les coproprietaires aïent poffedez
par indivis, atendu qu'ils font toûjours recevables à demander le
partage & la division ; joint d'ailleurs que nul ne peut être contraint malgré foi de demeurer en Comunauté , ainfi par quelque
efpace de tems que les voifins aient poffedez leur heritage fans
bornes , ils font auffi toûjours recevables à en demander le bornage.

Voiez Charondas fur ce fujet , en fes Pandectes , Livce 4. Chapitre 24.

CHAPITRE LXIX.

*De l'action de partage d'une fucceffion entre coheritiers, & du raport
qu'ils font tenus de faire les uns aux autres.*

L'Action pour le partage d'une fucceffion , eft celle par laquelle un heritier demande à fes coheritiers le partage de la fucceffion qui leur eft échûë & qui leur apartient en commun.

Céte action a lieu encore entre tous ceux qui font fondez à
prendre une part ou portion indivife des biens délaiffez par le défunt , comme entre les heritiers des quatre quints des propres, &
les heritiers univerfels ou les legataires d'une certaine quotité,
comme du quint des propres, ou de la moitié des aquêts.

Elle a lieu auffi entre le furvivant des deux conjoints par mariage & les heritiers du prédecedé pour le partage des éfets de la
comunauté, & en ce cas le demandeur doit faire affigner le défendeur comme heritier de défunt tel , à comparoir le jour de . . . . . .
prochain, pardevant Monfieur le Prevôt ou Bailli de . . . . . ou fon
Lieutenant en fon Auditoire audit lieu, heure d'Audience, pour

Q q iij

voir dire & ordoner que partage & divifion feront faïtes entre les
parties des biens , tant meubles qu'immeubles de la fucceffion dudit défunt tel, leur pere ou leur oncle comuns , duquel ils font heritiers , pour leur être chacuns baillés leur part & portion
contingentes & à eux apartenantes , fuivant la Coûtume de
.... ou lefdits biens font affis & fituez , ce faifant que ledit défendeur fera tenu de remettre à céte fin és mains de Maître tel ,
Comiffaire Examinateur au Châtelet, les titres & pieces juftificatives de ladite fucceffion , pour être fur iceux dreffés les lots &
partages defdits biens , & en confequence voir auffi dire & ordoner que les maifons & heritages de ladite fucceffion feront prifes
& eftimées par experts & gens à ce conoiffans , dont les parties
conviendront , finon qu'il en fera nomez d'Ofice , & en outre repondre & proceder ainfi que de raifon , requerant dépens , & fignifier que tel Procureur ocupera pour le demandeur , &c.

Toutefois, fi les défendeurs conteftent au demandeur fa qualité
d'heritier , il y a deux chofes à diftinguer.

C'eft-à-dire , ou le demandeur , fe prétent heritier du défunt _ab-
inteftat_, comme parent en pareil dégré de celui qu'il fait affigner,
ou bien il fe prétent heritier en vertu d'un teftament , comme par
exemple , fi étant reculé d'un dégré, il a été rapellé par le défunt; ou fi n'étant parent , le défunt lui a legué le tiers, ou le
quart de fes biens.

Au premier cas , fi la qualité de parent lui eft conteftée , il faut
qu'il prouve la genealogie par titres , & à céte fin qu'il prénc
apointement pour informer.

Au fecond cas , fi la validité du teftament lui eft conteftée , il
faut qu'il le foûtiene & le faffe déclarer bon & valable, avant que
de pouvoir paffer outre en l'action de partage.

Si au contraire la qualité d'heritier n'eft pas conteftée au demandeur en partage , il faut qu'il obtiene un jugement par lequel
il foit ordoné que partage & divifion feront faites entre les parties
à frais comuns , de tous & chacuns les biens, tant meubles qu'immeubles délaiffés par le défunt , pour en être à chacuns des parties donné fa part & portion contingente , à la charge de raporter ou moins prendre , fuivant la coûtume du lieu où lefdits biens
fe trouveront affis & fituez , & qu'à céte fin les parties conviendront d'Experts & gens à ce conoiffans , pardevant tel Comiffaire,
pour faire les prifées & dreffer les lots defdits biens, autrement
qu'il en fera par ledit Comiffaire nommé d'ofice.

Enfuite de céte Sentence il faut faire affigner les parties pardevant le Juge ou Comiſſaire , pour nomer ou convenir d'Expers pour faire la viſitation , priſée & eſtimation des heritages, ou autres choſes qui vienent à partager, ſinon qu'il en ſera pris & nommé d'ofice par le Juge, auquel cas il faut ſuivre la procedure qui eſt expliquée au Chapitre des Deſcentes & raport d'Experts.

Les Parties y peuvent être preſentés pour montrer auſdits Expers les choſes qu'il faut priſer & partager ; mais la preſence du Juge ou Comiſſaire n'y eſt pas neceſſaire, parce que les Expers nomez doivent bailler pardevant lui le procés verbal de la priſée & eſtimation qu'ils ont faites, & des lots qu'ils ont dreſſez, lequel procés verbal les Expers doivent dreſſer ſeuls, & aprés qui'l a été fait , il faut le faire raporter devant le Juge ou Comiſſaire qui a été commis, qui enſuite doit dreſſer ſon Procés verbal , dans lequel il inſerera celui des Expers.

Duquel procés verbal de Comiſſaire , il faut bailler copie à la partie adverſe , & aprés en demander l'enterinement , & en conſequence que les lots ſeront jetez au ſort.

Il y a certains lieux dans le Roïaume où les lots ſont faits par les Expers , dans d'autres par l'aiſné des freres , & pour lors les puiſnés choſiſſent ; dans d'autres les demandeurs, & dans d'autres par les Juges.

Pour jeter au ſort , on fait des Billets dans leſquels eſt écrit, premier, ou deuxiéme , ou troiſiéme lots , & l'on fait tirer les billets par le premier venu, même par un enfant paſſant par la ruë, & chacun lot demeure à celui à qui il échet par le ſort ; enſorte que ſi un coheritier étoit évaincé de ſon lot , il a ſon recours de garentie contre ſes autres coheritiers, quoi qu'ils n'en ſoient pas convenu entr'eux en faiſant le partage.

La raiſon, eſt que les lots ſont garands les uns des autres, ainſi le le conpartageant n'eſt pas obligé à diſcuter ſon compartage avant que de pourſuivre, hipotequairement l'acquereur d'un heritage afecté à la garentie de ſon lot, comme il a été Jugé par les Arréts raportez par Brodeau ſur Mr Loüet.

Il n'y a pas d'apel de ce qui a été fait par les Expers ; & s'il y a apel, il doit étre paſſé outre au partage nonobſtant iceiui , cependant on peut apeler au Parlement du partage fait par le Juge, néanmoins il ſera executé nonobſtant l'apel.

En fait de partage, tous Juges ſont competans , pourveu que ce ſoit le Juge du Domicile des Parties, ou celui du lieu où la choſe eſt ſituée.

On peut auſſi faire partage à l'amiable , pardevant Notaire.

Le partage passés sous l'écriture privée n'emporte pas hypoteque pour la garentie contre le tiers aquereur, suivant le sentiment de Loüet lettre H, nombre 2. atendu qu'il ne l'a point encore veu juger, quoique dans le fait cela dépende des circonstances de la fraude.

Néanmoins par Arrêt du Parlement de Dijon du 23. Juin 1675. raporté dans la 4 partie du Journal du Palais, page 156. Il a été jugé qu'un coheritier devoit être preferé pour les biens restans de la succession, pour sa part hereditaire, aux creanciers de son coheritier qui a disipé les meubles, & qui a par ce moien absorbé sa part, quoi que les creanciers aient hipoteque anterieure sur la part des immeubles de leur debiteur, d'autant que les creanciers exercent seulement les droits de leurs debiteurs, n'y aïant pas de fraude.

S'il y a lezion notable au partage, il peut être cassé par Lettres de recision, comme d'un tiers, ou d'un quart.

Cependant si les compartageans ofroient de ercompenser celui qui a été lezé, cela empécheroit que le partage ne fut cassé, & que l'on ne procedat à un nouveau partage, excepté que cete lezion ne fut tout-à-fait extraordinaire, parce que les Cours Souveraines retranchent autant qu'elles peuvent les actions de discorde & de querelle, qu'engendrent entre les parens les procés de partages, ensorte qu'elles condamnent plûtôt les coheritiers à faire quelques suplemens à celui qui est lezé, que non pas de les remettre à la poursuite d'un nouveau partage.

C'est aussi le sentiment de Charondas en ses Pandectes, livre 4. Chapitre 24.

Il faut dire encor, que le partage fait par pere & mere entr'eux, & leurs enfans, & de leur consentement, est pareillement sujet à recision, lors qu'il y a aussi inégalité & lezion, si ce n'est toutefois, que la coûtume du lieu où le partage a été fait, ne permette d'avantager l'un de leurs enfans plus que l'autre.

Le partage fait avec un mineur est bon & valable, s'il a été fait par Sentence & autorité de Justice, & après la prisée & estimation des heritages qui étoient à partager, or que le mineur ne montra qu'il a été lezé.

On tient que lors que c'est le mineur qui a provoqué à partage, il n'est que provisionel; & au contraire, si c'étoit le majeur, il seroit difinitif; mais de telle maniere que ce soit, si les choses se font faites de bone foi & sans dol, je soûtiens que le partage doit être executé,

sans

sans avoir égard aux accidens qui ont pû survenir depuis , autrement les majeurs seroient malheureux d'atendre si long-tems pour
joüir de leur bien.

On peut se pourvoir contre un partage fait en Justice , aussi-bien
que contre celui qui se fait par contrat, s'il y a lezion.

Or, il s'ensuit que s'il y avoit lettres obtenuës contre un partage
pour cause de lezion entre majeurs , & que sur le procez les parties
eussent transigé, mon sentiment est, qu'on ne peut pas se faire restituer contre la transaction , sur tout lors qu'elle est intervenuë sur un
procez ; mais si c'est un partage qui ait été fait sous la forme & en
la maniere d'une transaction , on pourra se faire relever, s'il y a
lezion.

Si en une succession il s'y trouvoit des poisons, des livres de Ma-
gie, & autres choses défenduës , elles ne peuvent pas être partagées
entre les coheritiers , il faut que le Juge pardevant lequel se fait le
partage , les fasse rompre & brûler.

Quand les heritages ne peuvent être également partagez , que
les lots soient égaux , & qu'il en ait un plus fort que les autres , il
faut charger le lot qui se trouvera plus fort d'une soulte , en recompense envers les plus foibles, soit en argent, ou en une rente dont le
lot le plus fort demeurera chargé envers le plus foible.

En ligne collaterale,il n'y a point de raport,si le défunt ne l'a ordoné ; mais en ligne directe,toutes donations faites par peres,meres,
ayeuls,ou ayeules à leurs décendans, sont presumées faites en avancement d'hoirie, & par consequent sont sujetes à raport.

L'heritier est tenu de raporter l'estimation qui a été faite des
éfets de la succession , encore qu'il ait moins vendu les choses esti-
mées ; & s'il n'y avoit eu aucune estimation faite , il en est quite en
raportant le prix,pourvû qu'il n'y ait pas eu de fraude,suivant Chopin *de morib. Parif. lib.* 2.*tit.* 3 *n.*19.

Les fruits des choses donées en avancement d'hoirie,doivent être
raportez du jour de la succession échuë seulement.

Tous ceux qui doivent raporter quelque corps hereditaire,en tout
ou en partie, en doivent l'interêt , quoi qu'il n'y ait pas eu de demandé en justice , & que les autres ayent été plus avantagez sur les
biens du survivant, que l'on n'en doit raporter de ceux du predecedé,& ce qui a été païé depuis s'impute premierement sur les interêts,
& ensuite sur le principal.

En succession directe les interêts des sommes donées en avancement d'hoirie se raportent à raison du denier vingt, selon l'article
309. de la Coûtume de Paris, qui est en cela suivie par la plus gran-

de partie des autres Coûtumes ; la raison eſt, que les profits, revenus & arerages des rentes, & les interêts des deniers augmentent la ſucceſſion ; ainſi c'eſt un avantage tres-conſiderable pour ceux qui auroient été avantagez , au préjudice de ceux qui n'auroient rien reçû , le partage des biens hereditaires ne ſe faiſant que long-tems après que la ſucceſſion ſeroit échuë.

Neanmoins il y a quelques Coûtumes qui n'obligent au raport des fruits que du jour de la provocation à partage , comme Tours article 304. & autres ; mais en ligne colaterale il n'y a pas de raport des choſes donées, & les heritiers ſont ſeulement obligez de raporter les fruits des biens hereditaires dont ils auroient joüy après la mort du défunt, à compter du jour de ſon décez, comme étant des biens qui auroient augmentez la ſucceſſion.

La raiſon de la diference eſt, que ce qui eſt doné en ligne directe aux décendans, eſt toûjours cenſé doné en avancement d'hoirie. Et pour garder l'égalité entre tous ceux qui ſe portent heritiers d'un de leurs aſcendans, il faut que tout ce qui a été doné par lui ſoit raporté avec les fruits du jour du décez ; mais en ſucceſſion colaterale , ce ce qui eſt doné , n'eſt pas doné dans ce deſſein, ainſi il n'y a pas du raport.

Auſſi c'eſt pour cela qu'on ne peut être donataire entre vifs & heritiers en cette ligne , ſuivant l'article 301. de la Coûtume de Paris.

On peut apeler d'un partage, mais il s'execute nonobſtant l'apel.

Si une perſone eſt abſent du Royaume dépuis pluſieurs années, comme de dix ans, & qu'on n'ait point de ſes nouvelles, ſes plus proches heritiers peuvent partager ſes biens , ſelon l'article 164. de la Coûtume d'Anjou , & par l'article 287. de cele du Main, un homme s'étant abſenté par ſept ans , ſes heritiers peuvent partager ſes biens.

Dans la Coûtume de Hainaut , titre des Fiefs, article dernier , on repute pour mort celui qui eſt abſent dépuis trois ans,& ſes heritiers legitimes partagent licitement ſes biens.

Dufreſne en ſon Journal des Audiances , livre 1. chapitre 88. raporte un Arrêt du Parlement de Paris du 19. Fevrier 1616. par lequel il a été ordoné , que le diferend à l'occaſion d'un partage entre des heritiers ſeroit terminé & decidé par l'avis de cinq parens.

Cet Arrêt eſt conforme à l'Ordonance du Roi François II. de l'an 1560. article 3. qui porte qu'en matiere de partage, & diviſion, les parties nommeront des parens, amis, ou voiſins, pour par leur avis terminer leurs diferens.

Le Roi Charles IX. l'an 1566. article 85. a confirmé aussi céte Ordonance.

L'enfant qui raporte à la succession de son pere l'heritage qui lui a été doné en especes, doit être remboursé par ses coheritiers des impenses & meliorations utiles & necessaires qu'il a faite, & si ses coheritiers ne veulent pas le rembourser, il ne raportera seulement que l'estimation de l'heritage au tems du partage, déduction faite desdites impenses & meliorations.

Les heritiers en ligne collaterale ne sont pas obligés à raporter ce qui leur en a été doné par le défunt de la succession duquel il s'agit, excepté dans les Coûtumes qui l'ordonnent.

Cependant on ne peut être heritier & legataire, même en collaterale, par une maxime presque generalement veuë en France, suivant l'Article 300. de la Coûtume de Paris.

A l'égard des enfans ils font le raport des choses qui leur ont été donées par leur pere & mere à leurs successions, ensorte que l'enfant qui a survécu son pere, & qui a rénoncé à sa succession, venant à la succession de son ayeul, est tenu d'y raporter ce qui avoit été doné à son pere, suivant l'article 308. de la Coûtume de Paris.

Si un pere ou une mere, marie sa fille, aprés le decés du predecedé & lui done une somme en dot, tant pour la succession du predecedé déja écheuës, que sur les biens de celui qui dote, en ce cas la clause portant la constitution de dot sur la succession échûë, & sur celle qui est à échoir, la somme promise est imputée entierement sur celle qui est déja écheuës, si elle est suffisante, & le surplus est imputé sur la succession à échoir.

D'où il s'ensuit, que ce qui a été doné en mariage à une fille par ses pere & mere durant leur Comunauté doit être raporté, moitié à la succession du pere, & moitié à la succession de la mere.

Les Arrêts ont jugé, que le fils est tenu de raporter à la succession de ses pere & mere, les sommes qui lui ont été resté, & celles dont ils ont païé ses détes en son âquit.

Le petit-fils venant à la succession de son ayeul, est obligé, non-seulement d'y raporter ce qu'il a reçû de lui, mais aussi, ce qui a été prêté à son pere par sondit ayeul & payés à ses creanciers.

Neanmoins le petit-fils peut bien être donataire de son ayeul & heritier de son pere, sans être tenu de raporter à sa succession, le don qui lui a été fait par son ayeul paternel, qui avoit surdecedé sondit pere, sur tout quand l'ayeul n'a eu qu'un seul fils, & que ce fils a eu plusieurs enfans, dont l'un a été gratifié par l'ayeul; car en ce cas, celui qui a été gratifié par son ayeul, n'est pas obligé de raporter le don de son ayeul à la succession de son pere ; cela ne pouvant avoir lieu que quand il y a plusieurs heritiers en la succession de l'ayeul , dont l'un ne peut pas être plus avantagé que l'autre , ainsi qu'il a été jugé par Arrêt raporté par Dufresne, liv. 2. chap. 88.

La femme est tenuë raporter à la succession de son pere, ce qui a été par lui prête à son mari, au cas qu'elle acepte la comunauté, où qu'elle ait été obligée à le rendre conjointement avec son mari , mais si elle n'est ni obligée, ni commune elle n'est pas obligée au raport, les Arrêts raportés par Monsieur Loüet & son Commentateur , lettre R. nombre 13 l'ont jugé suivant céte distinction.

Mais la femme est tenuë de raporter ce qui lui a été doné en mariage, quoique dissipé par son mari, ou du moins prendre , & quoi qu'il soit decedé insolvable , sans qu'elle soit tenuë à raporter seulement l'action pour l'extinction de sa dot contre la succession de son mari.

L'heritier Beneficier en ligne directe est aussi obligé à raport.

Une fille qui a été dotée par ses pere & mere conjointement , des deniers de leur Comunauté , est obligée de raporter la moitié de sa dot à la succession maternelle, quoi qu'elle renoçasse à la succession du pere , & par consequent à la comunauté ; car quoi qu'il semble n'y avoir pas d'aparence de raport des deniers pris dans une Comunauté, à la succession de celle qui a renoncé à céte Comunauté , neanmoins il a été jugé par plusieurs Arrêts, tant du Parlement de Paris , que des autres, que quand une fille est dotée par ses pere & mere des biens de leurs comunauté , la moitié de ce qui lui a été doné est fait bien paternel, & l'autre bien maternel ; ensorte que quelque rénonciation qui soit aprés faite par la mere à ladite Comunauté, céte renonciation ne peut changer céte division, ni avoir un éfet rétroactif, pour faire qu'au tems de la donation , la mere n'ait rien eu en la Comunauté à laquelle elle a dépuis rénoncé.

Si le survivant des deux conjoints, donne en mariage à l'un de ses enfans , une somme de deniers purement & simplement , sans déclarer de quel bien elle procede, céte somme doit être entierement raportée à la succession du survivant qui la donée.

Neanmoins, il a été dépuis peu jugé en la troisiéme Chambre des Enquêtes au raport de Mr. Demonchal , pour le sieur Claude de Renonval de Beauvais , que tout ce qui étoit doné par le survivant des deux conjoints étoit imputé sur la succession échuës, & non pas même pour moitié, encore que la donation portat, tant sur la succession échûë, que sur celle à échoir.

Le fils aïant pris de l'argent à rente de son pere , doit raporter à sa

suceſſion la ſomme qu'il a touchée, ou du moins prendre ; car ſes offres ne ſeroient pas recevables de continuër la rente au profit de ſes
coheritiers, ainſi qu'il qu'il a été jugé par Arrêt du 28. Juin 1614.
remarqué par Brodeau ſnr Mr. Loüet, Lettre R. nombre 3.

Surquoi il faut ici obſerver , que les creanciers du fils anterieurs
auprêt qui lui a été fait par ſes pere & mere, ne ſont pas préferés
au ſurvivant deſdits pere & mere, & aux coheritiers dudit fils, parce
que ce qui a été prêté par les pere & mere, à leur fils, n'eſt pas tant
un prêt qu'une avance, laquelle doit être précontée & déduite ſur
la part de celui à qui elle a été faite.

L'Ofice doné par un pere à ſon fils eſt auſſi ſujet à raport, & le
raport en doit être fait ſur le pied de ce qu'elle valoit au tems du contrat, & non de ce qu'elle valoit au tems de la ſuceſſion échûë, parce
que l'augmentation & la diminution du prix d'un Ofice regarde le
Titulaire dés le moment qu'il en eſt pourvû.

De ſorte , que ſi un pere avoit doné ſon Ofice à ſon fils , pour
moindre prix que ſa juſte valeur, ſes coheritiers s'en peuvent plaindre comme d'un avantage indirect, mais s'il l'avoit doné pour le
prix qu'elle lui a coûté, quoi que ce prix fut beaucoup au deſſous de
ſa juſte valeur au tems de la donation, ſes autres enfans ne pouroient
pas faire caſſer la donation, ſous prétexte d'un avantage indirect,
pourveu toutefois que ce ſoit un Ofice de dignité, comme par exemple , celle de Preſident ou Conſeiller en une Cour Souveraine, ou
autre de Judicature, dont le pere eût voulu revêtir ſon fils, pour ſoûtenir l'honeur de ſa famille.

Il n'en eſt pas de même des Ofices qui n'ont pas de dignités, ainſi
qu'il a été jugé par Arrêt, raporté par Brodeau ſur Monſieur Loüet,
Lettre E. nombre 2. ſur la fin.

Le fils reſignataire d'un Ofice de dignité à lui reſigné par ſon pere,
pour le prix qu'il lui avoit coûté, a lieu de s'en faire pourvoir, s'il le
vend, il eſt tenu de raporter le prix de la vente qu'il aura faite dudit Ofice à la ſuceſſion de ſondit pere, parce que par céte lacheté, il
ſe rend indigne de la grace qui lui a été faite par ſon pere.

Cependant, il y a pluſieurs choſes qui ne ſont pas ſujetes à raport.

Primò, La donation remunatoire n'eſt point ſujete à raport, au
moins juſqu'à la valeur de l'eſtimation des ſervices rendus , s'ils
étoient tels qu'ils méritaſſent recompenſe.

Secundò, Les Ofices de la maiſon du Roi, ou de la Reine, n'y ſont
pas auſſi ſujets, parce qu'ils ne conſiſtent que dans de ſimples Comi
ſions, qu'on repute être ſur le comerce, quoi que la venalité en
introduite ; enſorte que quelque ſomme qu'elle ait coûté au

R r iij

pour en faire pourvoir fon fils , elle n'eft pas fujete à raport.

Tertiò , Les frais des Etudes & les Livres donés aux enfans pour les faire , ne font pas pareillement fujets à raport.

Il en faut dire de même des frais faits , pour obtenir par le pere pour fon fils quelques dignité ou benefice.

CHAPITRE LXX.

De l'action de partage de chofe finguliere , entre Coproprietaires , & des licitations.

L'Action dont il a été parlé au Chapitre précedant , compete à l'heritier pour demander partage generalement de tous les biens d'une fuceffion, tant meubles, qu'immeubles , & celle dont il eft parlé en ce Chapitre , compete aux proprietaires d'une maifon , ou autres heritages poffedés par eux par indivis.

Céte action eft mixte , elle eft réelle, en ce qu'elle pourfuit le le partage de la chofe comune & perfonelle , parce que ceux entre lefquels elle eft comune font obligés perfonellement de métre en partage les fruits & émolumens qu'ils en auroient tirés , & de reparer les domages qu'ils auroient caufés en la chofe.

Par céte action, le Demandeur conclut, à ce qu'il foit ordoné, que telle maifon comune entre lui & le Défendeur , & par eux poffedée par indivis,fera partagée & divifée,& donée à chacune des parties,la part & portion à elle apartenante , pour en joüir féparement & à divis , finon , & où il fe trouvera que ladite maifon ne fe puiffe comodement partager , qu'elle fera venduë & adjugée par licitation , au plus ofrant & dernier encheriffeur , en la maniere acoûtumée , pour être le prix de ladite adjudication , baillé aux parties , chacun pour telle part & portion qui lui apartient en ladite maifon , & qu'à céte fin afiches feront mifes aux lieux & endroits acoûtumés.

Si le Défendeur dit pour défenfes , que ladite maifon fe peut partager , il faut faire vifiter les lieux par Expers , & gens à ce conoiffans , dont les Parties conviendront , autrement en fera nomé d'ofice.

Aprés que les Parties auront convenûs d'Expers , ou qu'à leur refus le Juge en aura nomé d'ofice , il faut doner affignation aux Expers pour faire le ferment , & enfuite proceder à la vifitation en la maniere qui a été dite ci-deffus; & fi par le raport des Expers , il eft dit , que la maifon fe peut comodement partager , il faudra proceder au partage.

On peut auffi en procedant audit partage charger une partie de ladite maifon de quelque fervitude envers l'autre, pour la comodité des parties, fi le cas y échet.

Que fi au contraire les Experts difent par leur raport, que la maifon ne fe peut pas partager, il faut en ce cas demander l'enterinement de leur raport, ce faifant, atendu que ladite maifon ne fe peut comodement partager, qu'il fera procedé à la vente & adjudication du total d'icelle par licitation, au plus ofrant & dernier encherifleur, pour être le prix d'icele baillé & delivré aux parties par l'adjudicataire, pour telle part & portion qu'il leur en peut apartenir, & fans frais, à cette fin afiches mifes & apofées, &c.

Cela fait, il faudra faire apofer les afiches contenant la declaration de la fituation & continence de ladite maifon avec fes tenans & aboutiflans.

Les afiches ayant été mifes & atachées, toutes fortes de perfones, même les étrangers, font reçus à encherir, fur tout lors que les parties le veulent ainfi ; & on acoûtumé de mettre ordinairement à la fin des afiches, que toutes perfones feront reçuës à y encherir.

A l'égard de licitation, elle peut être faite avec un mineur, auffibien qu'avec un majeur; mais pour la validité de la licitation il faut lui faire créer un tuteur, encore qu'il foit émancipé, ce qui eft neceflaire en tout partage avec un mineur; parce qu'un partage eft une efpece de vente & d'alienation de fa part indivife, pour avoir une part indivife & feparée, laquelle alienation ne fe peut faire fans l'autorité d'un tuteur.

Il faut qu'il y ait au moins deux remifes, chacune de quinzaine avant que de pouvoir faire l'adjudication.

La licitation ne doit pas toûjours être faite en Juftice, ni les étrangers reçus à encherir, fi ce n'eft quand elle fe fait avec un mineur; mais quand tous les copartageans, ou coproprietaires font majeurs, la licitation fe peut faire entre eux feuls pardevant un Notaire, enforte que la maifon demeure à celui qui en donera le plus.

Toutes les chofes qui apartiennent à plufieurs perfones, & qui fe peuvent divifer, doivent être licitées, comme, par exemple, un Ofice.

Les terres & heritages de la campagne ne font pas regulierement fujets à licitation, parce que des terres & des vignes, & des prés, fe peuvent naturelement partager.

Neanmoins quand ils ont acoûtumé d'être affermez tous enfemble par le pere de famille, qui en a compofé une ferme, qu'on ne les peut faire valoir les uns fans les autres, ni demembrer la ferme fans diminuer la valeur des heritages qui la compofent, en ce cas, toute la ferme doit être licitée.

Quand la licitation a été faite entre coheritiers , ou coproprietaires , & que l'adjudication en a été faite à l'un d'eux , il n'est dû
aux Seigneurs aucuns lots & ventes ; car quoique dans l'article 80.
de la Coûtume de Paris , il ne soit parlé que des coheritiers , neanmoins la même chose a été jugée en faveur des coproprietaires, par
les Arrêts raportez par les Comentateurs sur ledit article.

Tellement qu'il n'est jamais dû de lots & ventes pour une licitation, si l'adjudication n'en a été faite à un étranger.

CHAPITRE LXXI.

De l'Action de Bornage.

L'Action de Bornage est celle par laquelle un voisin se plaint que
son voisin entreprend sur son heritage, & pour faire cesser l'entreprise , il demande que bornes soient mises & plantées entre son
heritage & celui de sondit voisin.

Ainsi cête action est intentée par les particuliers contre particuliers,pour les confins de leurs heritages voisins,tenans & aboutissans
les uns aux autres pour les separer, ou y planter de nouveles bornes,
ou rétablissant les anciennes qui avoient été transportées ailleurs , ou
par la violence des eaux, ou par le fait de l'une des parties.

Cête action est mixte , parce qu'elle poursuit la chose qui doit
être baillée par l'une des parties à l'autre ; car celui qui prétend que
son adversaire a usurpé & empieté sur ses terres,conclut contre lui par
cête action,à ce qu'il soit fait défense à sa partie adverse d'entreprendre sur sondit heritage , comme il a fait de telle quantité , & même
que pour l'avoir fait, il soit condamné à lui en rendre & restituer les
fruits qu'il en a perçus sur la quantité de terre qu'il a entreprise sur
lui, & en tous ses domages & interêts, & dépens, & que pour empêcher tele entreprise à l'avenir , lesdits heritages soient bornez & li-
mitez entre lui & le défendeur.

Cête action a lieu,particulierement entre les Curez & les decimateurs, pour tenir les limites de leurs Paroisses, & du droit de lever les
dixmes,& entre les Seigneurs pour les limites de leurs Justices , & ils
concluent,à ce que défenses soient faites à la partie adverse de lever
les dixmes, ou de faire aucune fonction curiale sur telles terres & en
tel lieu que nous prétendons de nôtre dixmage & Paroisse , & pour
empêcher les entreprises à l'avenir, que bornes seront mises & plantées

tées fur les confins des Paroiſſes & dimages.

Entre les Curez & Decimateurs on conclut à ce que défenſes ſoient faites à la Partie adverſe de lever dixmes, ou de faire la fonction de Curé ſur telles terres, & en tels lieux que le demandeur ſoûtient être dans ſa Paroiſſe & dans ſon dimage, &c.

Il faut conclure de même quand il s'agit entre les Seigneurs des confins de leurs territoires & Seigneuries.

Les confins des heritages des Paroiſſes ou des territoires, ſe prouvent par trois moiens ; ſçavoir, par les bornes & anciens monumens qui ont été mis ſur les confins pour ſervir de limite & de ſeparation, par titres & par témoins.

On reconoît quand une pierre a été miſe pour ſervir de borne & de limite, lors qu'on trouve ſous icelle des garands ou témoins; c'eſt à-dire, deux ou trois morceaux d'une pierre plate, que les Meſureurs & Arpenteurs ont acoûtumé de mettre aux côtez de la borne, quand ils les plantent, on les apelle garents ou témoins, parce qu'ils ſont des témoins muets qui certifient la verité de la borne.

Les titres ſont les papiers terriers, par leſquels l'étenduë & les limites d'un territoire ſont déclarez & déſignez.

Lorſque ces preuves manquent, on a recours à la preuve teſtimoniale, les témoins déclarant qu'ils ont vû tel particulier labourer tel heritage, ou faucher tel pré, juſqu'à un tel endroit, qu'ils ont toûjours vû tel Curé dixmer juſqu'à un tel chemin, & le Seigneur ſe faire païer de ſes droits de cenſives, & exercer la juſtice juſqu'à un tel endroit, qu'ils ont oüi dire à leur prédeceſſeurs, & que c'eſt la comune renomée que l'on a toûjours uſé de cete maniere.

En cas de meſurage general, les frais ſe reglent entre ceux qui ſe trouvent avoir trop & à proportion, au lieu que ceux qui ont ofert de raporter ce qu'ils avoient au delà de leur continence, ne contribuent pas aux fraix.

C H A P I T R E LXXII.

Des Actions perſonelles.

L'Action perſonelle, eſt celle par laquelle nous agiſſons contre celui qui eſt obligé à nous doner, ou à faire quelque choſe pour nôtre utilité.

Elle deſcend de l'obligation perſonelle laquelle provient de

LE PARFAIT

322

quatre caufes, qui font le contrat, le prefque contrat, le délit, &
le prefque délit, dont il fera parlé cy-aprés.

Céte action ne s'intente que contre ceux qui font perfonellement obligés par l'une de ces quatre caufes, ou contre leurs
heritiers, parce que les heritiers reprefentent ceux aufquels ils
fuccedent, & partant ils font perfonellement obligez par les mêmes caufes, par lefquelles ceux dont ils font heritiers étoient
obligez, excepté quant au délit, d'autant que les délits n'obligent
que ceux qui les ont comis.

L'action qui defcend des quatre caufes fufdites, eft apelée perfonelle, parce qu'elle eft tellement atachée à la perfone de l'obligé,
qu'elle ne peut pas être exercée contre un autre, fi ce n'eft contre
fon heritier, comme je viens de dire.

Ainfi, quand quelqu'un a reçû un dépoft, c'eft-à-dire, quand
une chofe lui a été baillée en garde, il eft obligé de la rendre à
celui qui la lui a donée toutesfois & quantes qu'il la lui redeman-
dera; & s'il ne le fait, le dépofant a droit de le pourfuivre pardevant le Juge, pour fe voir condamner à la lui rendre, & ce droit
eft ce que nous apelons, en termes de pratique, l'action de dépoft,
par laquelle perfone ne peut être pourfuivi que celui qui a reçû la
chofe en garde.

Le demandeur en action perfonelle conclut, fuivant la qualité
du contrat d'où procede l'action.

Par exemple, fi c'eft un contrat de prêt mutuel, le demandeur conclut, à ce que le défendeur foit condamné à lui païer la
fomme qu'il lui a prêtée, & lui païer les interêts à l'avenir.

Si c'eft un comodat, il conclut, à ce que le défendeur foit condamné à lui rendre une telle chofe qu'il lui a prêtée un tel jour,
ainfi des autres.

CHAPITRE LXXIII.

Des obligations, & des moïens par lefquels elles s'éteignent.

L'Obligation eft un lien de droit, par lequel nous fommes obligé de païer, ou à faire quelque chofe felon les loix du lieu où
eft nôtre domicile.

L'obligation fe prend encore d'une autre maniere, fçavoir, pour
un acte paffé pardevant Notaire, par lequel on s'eft obligé à païer
une certaine fomme à la volonté de celui au profit duquel elle eft
faite, ou dans un certain tems.

Si c'étoit une simple promesse sous signature privée, on ne l'apeleroit pas une obligation, mais un billet, une cedule, ou promesse, comme il sera dit au Chapitre du Prémutel.

Il y a de trois sortes d'obligations, sçavoir, l'obligation naturelle, la civile, & celle qui est mixte.

L'obligation naturele est celle par laquelle quelqu'un n'est obligé que par la seule équité naturelle, enforte qu'il ne peut pas être contraint par les voies civiles à executer, le à quoi il est obligé naturellement, comme si un pupille s'oblige sans l'autorité de son tuteur, ou une femme mariée sans l'autorité de son mari, telle obligation est naturelle, parce que l'équité naturelle veut que chacun acomplisse ce qu'il a promis; mais elle n'est pas civile, parce que les Loix n'autorisent pas telles obligations.

Surquoi il faut ici remarquer, que celui qui païe ce qu'il doit naturellement, ne le peut repeter, parce que la repetition n'est fondée que sur l'équité naturelle, au moien de laquelle il étoit débiteur.

L'obligation civile est celle qui est fondée sur l'autorité des Loix, mais qui est contre l'équité naturelle, comme celle par laquelle un particulier a confessé avoir reçû par prêt une somme qu'il n'avoit pas reçûë, ce que le Droit écrit apelle *literarum obligatio*; car par la présomption de droit, il est obligé à païer la somme qu'il a confessé avoir reçûë; neanmoins je soûtiens qu'il n'est pas équitable, qu'il rende ce qu'il n'a pas reçû.

L'obligation mixte est celle qui est conforme à l'équité naturelle, & qui est autorisée par la Loi, telles que sont les obligations qui provienent de quatre causes; sçavoir, le contrat, le quasi contrat, le délit, & le quasi délit.

Le contrat, est une convention faite entre deux ou plusieurs, personnes, par laquelle ils convienent entr'eux, que l'un donera à l'autre, ou fera quelque chose pour son utilité; & céte convention produit une obligation civile & une action entre les parties.

La quasi contrat, est certaines afaires, qui quoi qu'elles ne puissent être apellées contrats, à cause qu'il n'y a aucune convention entre les Parties obligées, ne laissent pas de produire des obligations & des actions semblables à celles qui naissent des contrats.

Par exemple, par céte sorte d'obligation, l'heritier d'un défunt est tenu de païer au legataire, ce qu'il lui a été legué par le défunt, encore que l'heritier n'ait pas contracté avec les legataires.

Celui qui a manié les afaires d'autrui, sans charge ni procuration, est obligé d'en rendre compte à celui pour lequel il a agi.

Le tuteur est aussi obligé de rendre compte à son pupille parvenu en l'âge de majorité, bien qu'il n'ait pas contracté avec sondit pupille.

Pareillement celui qui sans avoir contracté aucune societé, a joüi d'une somme comune, est obligé de faire part des fruits, & d'en rendre compte à son coproprietaire.

Malfice, ou délit, sont toutes les actions qui se cometent par les hommes, contre la prohibition des Loix & pour raison de quoi ils sont assujetis à quelques peines.

Quasi malfice, ou quasi délit, est une faute comise par imprudence, comme si quelqu'un avoit jeté ou laissé tomber quelque chose par une fenestre dans la ruë, dont quelqu'un eût été blessé, ses habits gâtez, ou quelque chose portée dans la ruë, rompuë & brisée, ou si un Chirurgien par imperitie avoit estropié une persone, ou un Artisan, fait quelque domage par ignorance, en ce qui est de son métier, & autres semblables.

La solidité n'est pas contractée entre plusieurs obligés, sans une stipulation expresse, & les conjectures ne sufisent pas aux termes de la Novelle 99. de Justinien, au lieu que par le droit ancien, on la présumoit suivant l'intention des contractans.

Il y a néanmoins quelquefois, des présomptions si fortes, qu'elles font présumer la novation en faveur du debiteur.

La solidité n'est pas aussi remise par un creancier, qui reçoit la part de l'un des coobligés, pour le gratifier, à moins qu'il ne paroisse que ce soit *animo dividendi*.

C'est pourquoi la reduction de la rente ne fait pas préjudice à l'hipoteque; mais il auroit novation, si d'une somme exigible l'on constituoit une rente, à l'égard de quelques-uns, pour demeurer quitte de leur part.

On tient encore que le creancier qui devient debiteur de la même dete, ne peut plus agir solidairement sa part confuse; mais seulement contre chacun pour sa part virile, à la charge de porter entr'eux les parts des insolvables, à cause qu'il y auroit contre lui reflexion de la même action solidaire.

Cependant on pourroit convenir, selon mon avis, que le créancier devenant l'un des débiteurs, ne perdroit pas sa solidité.

Il n'en est pas de même en matiere de rente fonciere, où la confusion d'actions, lors que la même persone dévient rentier &

proprietaire, fait perdre, & la folidité & le droit de faire contri-
büer par les parts des infolvables ; neanmoins il n'y a pas de novation pour la nature de la dette qui ne devient pas pour ce fujet
rembourfable.

On n'eft pas obligé de recevoir partie d'une dete , fuivant la
loi 3. *ff. famil. ercifc. leg.* 41. §. 1. de l'incomodité, néanmoins,
Fachinæus lib. 1. *controuv.*59. dit, que le Juge doit exciter à recevoir
ce que l'on ofre ; mais pour ce qui eft des rentes, il y a plus d'inconvenient, parce que le creancier ne trouve pas à remploïer auffi comodement par parties.

Le debiteur en faveur duquel le terme a été acordé , peut fe liberer avant le tems, même à la veille d'une diminution de monoie.

Autre chofe, fi le délai avoit été confenti en faveur du creancier,
en certain lieu, où il ne fe doit trouver qu'à certain tems, fuivant
les Loix 70. & 98. §. 4. *ff. de folution.*

On juge encore en matiere de lettres de Change, que l'on n'eft
pas obligé de recevoir avant le terme , & en cas de diminution de
monoie, & on obferve la même chofe pour les billets à ordre,que
l'on a interêt de pouvoir negocier.

Un Marchand qui a prêté à un inconu, à la perfuafion d'un autre, qui lui a recomandé par lettre, à l'action de mandat, ainfi qu'il
a été Jugé à Aix le dernier Juin 1658. fuite de Boniface , Tome 2.
page 497.

Il eft vrai que le mandant avoit promis toute dûë fatisfaction,
& on trouvoit que ce mandement ne regardant que le feul profit
du mandant, qui vouloit avancer fon frere, pouvoit être obligatoire de fa part feule.

L'obligation pardevant Notaire, portant reconoiffance d'une
promeffe fous fignature privée , n'exempte pas le creancier de reprefenter la promeffe ; felon l'Autentique , *ut fponfalitiæ largita-
tes* , tirée de la Novelle 119. & en la Loi 7. *cod. de edendo. Si quis
in aliquo documento mentionem faciat a lterins documenti,nulla ex hoc
memoria fiat. exactio nifi aliud documentum cujus memoria in fecun-
do facta eft proferatur,aut alia fecundum leges quantitatis debitæ pru-
batio exhibeatur.*

D'autant que la promeffe a pû être mal expliquée , & qu'elle
doit toûjours demeurer le fondement de la dete, les parties n'aiant
voulu la neantir ; il peut auffi y avoir des païemens infcrits fur la
promeffe, ou quelque erreur dans la fomme,du moins il faut qu'il
y ait des preuves ou préfomptions de la perte de la piece , & il ne

sufit pas de dire que l'on a perdu la premiere cedule, si l'on prétendoit qu'il y eût erreur dans la reconoissance qui avoit été faite pendant la maladie du debiteur.

Les principaux moiens par lesquels les obligations s'éteignent, sont le paiement de la chose, qui est dûë, la novation, le mutuel consentement des persones obligées, & la compensation.

Le païement se peut faire, soit par le debiteur ou par un autre en son nom, & en ces deux cas, le debiteur est déchargé de l'obligation, *ipso jure*; mais il faut que le païement soit de la chose dûë, autrement l'obligation ne seroit pas éteinte, ainsi le debiteur ne pouroit pas doner des heritages à son creancier pour une sômme qu'il lui devroit, à moins qu'il n'y consentit.

Novation, est le change d'une obligation en une autre, d'où il s'ensuit que la novation détruit l'anciene obligation, & elle en constituë une autre.

Elle se fait de quatre manieres,

1° Par un changement de la cause seulement, sans changer de debiteur. 2° Par délegation, quand la persone du creancier est changée. 3° Par le changement de la persone du debiteur. 4° Par le changement de la persone du creancier & du debiteur.

La compensation, est une exception par laquelle le défendeur poursuivi pour le païement d'une dete, demande qu'elle soit diminuée, ou entierement éteinte, pour une autre qui lui est dûë par le demandeur, pourveu que celle qui lui est dûë soit claire & liquide.

Elle peut être oposée en tout état de cause, même après une Sentence de condamnation, ou un Arrêt, parce que c'est une espece de païement qui ne blesse pas l'autorité des choses jugéess & si le Sergent vouloit passer outre à la contrainte pour le païement de la somme, le debiteur doit paier & s'oposer à la délivrance des deniers, jusques à ce qu'il en soit ordoné par Justice, à peine contre lui de restitution de la somme, & de tous dépens, domages & interêts.

Dans le pais de Droit écrit, la compensation se propose par des défenses, ou par Requête; mais selon l'usage du Droit coûtumier, il faut obtenir des Letres Roïaux, adressantes au Juge, pardevant lequel le debiteur est poursuivi, excepté dans la Coûtume de Paris, parce que par l'article 105. la compensation est admise de plein droit, & dans les autres coûtumes qui ont une pareille disposition.

Neanmoins, autrefois l'usage du Parlement de Paris, étoit

que quand la compenſation étoit demandée en la Cour entre parties
non domiciliées, en la Coûtume de Paris, il faloit des lettres de compenſation ; mais à preſent il n'en eſt plus beſoin.

CHAPITRE LXXIV.

Des Contrats en general.

IL y a de deux ſortes de Contrats ; ſçavoir, les Contrats qui ont un
nom certain , & les autres qui n'en ont point.

Les Contrats qui ont un nom certain , ſont ceux qui par la ſeule
expreſſion de leur nom , font connoître ce qui eſt de leur être & de
leur nature , comme le prêt, le dépôt, la vendition, le bail à loüage,
& autres.

Ceux qui n'ont pas de nom certain, ſont toutes ſortes de conventions & d'acords qui ſe font entre les hommes , autres que ceux qui
ont un nom certain , dont le nombre eſt infini , à cauſe de la varieté
des matieres, & neanmoins ſe peut reduire à quatre ſortes , que les
Interpretes de Droit expriment par les termes, *Do, ut des ; do, ut facias ;*
facio, ut des ; facio , ut facias.

Le premier eſt une convention, par laquelle je m'oblige de donner une choſe , afin qu'on m'en donne une autre , qui eſt à proprement parler, la permutation ou le change , qui ne paſſoit pas dans
le Droit pour avoir un nom certain , mais qui en a un dans nôtre
uſage.

Si on ſuit les principes du droit , qui ne donent pas d'action d'une
nuë convention , l'un des permutans peut ſe repentir avant que
l'autre lui ait livré la choſe ; mais comme nos conventions ſont obligatoires, l'on peut agir pour la perfection du contrat.

C'eſt auſſi le ſentiment de Mantica *de tacit. & ambig. lib. 1. tit. 8.*
num. 17.

Le deuxiéme eſt un contrat, par lequel je m'oblige de doner quelque choſe, afin qu'on me faſſe quelque ouvrage, ou qu'on me rende
quelque ſervice.

Par exemple , je m'oblige de doner de l'argent, du grain , ou des
marchandiſes, afin qu'on me bâtiſſe une maiſon, qu'on laboure ma
terre, ou qu'on faſſe un voyage pour moi.

Le troiſiéme , c'eſt le contraire, quand je m'oblige de faire quelque ouvrage , afin qu'on me done quelque choſe.

Le quatriéme eſt , un contrat par lequel je m'oblige de faire un

ouvrage , ou un certain travail pour autrui , afin qu'il en faſſe un autre pour moi.

Par exemple , ſi je m'oblige de labourer la terre de mon voiſin
qui eſt vigneron, afin qu'il faſſe mes vignes.

Or, il s'enſuit, que tous ces contrats, tant ceux qui ont un nom certain , que ceux qui n'en ont point , doivent être redigez par écrit,
lors qu'ils ſont faits pour choſes qui excedent la valeur de cent livres , ainſi qu'il eſt porté par l'article 54. de l'Ordonance de Moulins, autrement la preuve n'en ſeroit pas recevable par témoins.

L'éfet des contrats eſt , de produire une obligation civile , & une
action entre les parties , & pour cela il n'eſt pas neceſſaire qu'ils
ſoient paſſez pardevant Notaires ; car quoi qu'ils ne ſoient paſſez
que ſous écritures privées , ils ne laiſſent pas de faire foi , pourvû
qu'ils ſoient ſignez des parties.

Le lieu où le contrat a été paſſé doit être deſigné dans l'acte, ainſi
il ne ſuſit pas, ſuivant Aufrerius *quæſt.*491.de dire, que le contrat a
été paſſé dans le quartier du Change de Touloufe , cependant je
ſoutiens que ce ne ſeroit pas une nullité , mais une cauſe de ſuſpicion , en ſorte que celui qui s'en voudroit ſervir, ſeroit tenu de juſtifier en quel lieu l'acte a été paſſé.

L'Article 3. de l'Ordonance de 1550. défend aux Notaires de recevoir aucuns Actes entre leurs Parens, ſur tout les Actes en matieres Beneficiale , juſques au degré de Couſins germains incluſivement , à peine de nullité , ce qui ſemble auſſi devoir être étendu
aux autres Actes à cauſe des conſequences , ſelon le ſentiment de
Mornac ſur la Loi 7.*ff. de teſtibus* , & de Lapeirere , lettre N. nombre 44. principalement lors qu'ils y a de la ſuſpicion, & que des tiers
qui n'ont pas aſſiſté à l'acte, s'y trouvent intereſſés.

Suivant la Coûtume de Rome , article 165. les peines conventionelles limitées par un contrat , n'ont éfet que juſqu'à la concurrence
de l'interêt de celui à qui on a manqué , pourquoi le Juge permet
de jurer, *in litem* , juſqu'à la ſomme qu'il a arbitrée, à l'exception
neanmoins des peines des compromis, ou de la peine du double ſtipulée en cas d'éviction , qui ne doivent être moderées ; mais en
France céte derniere paſſeroit pour trop rigoureuſe , & il y en a pluſieurs autres où la peine ſtipulée ſeroit encouruë.

Les contre-Lettres paſſées par les Parties contre les Contrats , &
autres Actes par elles paſſés pardevant Notaires , ou ſous Ecritures privées , devroient être abſolument défenduës , ſelon céte penſée de Ciceron , *lib* 3. *offic. Tollendum in rebus contrahendis omne men-
dacium* ; Et Pline ſecond , *lib.*5. *epiſt.* 1. témoigne qu'il ne voulut pas s
consentir

confentir à une femblable diffimulation, *refpondebam moribus meis non convenire aliud agere fecreto.*

Mais en bone juftice elles ne doivent avoir éfet, finon, entre ceux qui ont figné, & non au préjudice d'un tiers qui a contracté avant, ou depuis la contre-Lettre.

Le Contrat eft obligatoire, & demeure fans éfet, quoi qu'il ne foit pas figné de toutes les Parties qui y font reprifes, comme obligées, d'autant que l'on ne s'engage fouvent que dans la veuë d'avoir d'autres perfones avec foi, ou pour en tirer du fecours, ou pour contribuër.

De forte que celui qui veut obliger les autres, fait auffi en confideration de plufieurs, ce qu'il ne feroit pas pour un feul, mais le mari qui s'oblige avec fa femme, dont il fe fait fort, ne laiffe pas de demeurer obligé, encore que fa femme ne figne pas.

Il femble qu'il en foit de même, lorfqu'il promet avec fa femme, fans s'en faire fort dans les cas où il peut difpofer feul des éfets de la comunauté.

Neanmoins, il n'eft pas jufte en ce cas, que ce qui eft utile, foit vitié par ce qui eft inutile; cependant la fignature du mari ne fufiroit pas, fi l'Obligation regardoit le propre de la femme, d'autant qu'elle feroit confiderée comme partie neceffaire.

Il y a encore plufieurs autres Contrats, outre ceux dont j'ai parlé ci-deffus, qui n'ont auffi aucun nom certain, dont j'expliquerai les principaux dans le Chapitre du prêt & des interêts.

CHAPITRE LXXV.

De l'execution des Contrats & Obligations.

LEs Contrats & Obligations paffés pardevant Notaires fous féel Roïal ou féel authentique, non Roïal, font executoires fur les meubles, & immeubles de l'obligé, par tout le Roïaume, en quels lieux & Jurifdictions que les biens foient affis & fitués, ainfi qu'il eft dit par l'article 164. & 165. de la Coûtume de Paris, & l'article 65. de l'Ordonance de 1539. mais ordinairement on prend une permiffion du Juge, dans le reffort duquel on les veut faire executer, qui eft une efpece de *Pareatis.*

Il en eft de même de ceux, & celles qui font paffés pardevant le Notaire & Tabellion d'un Seigneur Haut-Jufticier, pourveu qu'au tems que le Contrat ou Obligation a été paffé, l'obligé fut demeu-

Tome I. T t

rant dans les détroits & dans la Jurisdiction du Seigneur, pardevant l'Oficier duquel le contrat ou l'obligation a été passée, Article 66. de ladite Ordonance de l'an 1539.

L'hipoteque a lieu sur les biens situés ailleurs, pourveu que les contractans soient couchans & lévans sur la Terre du Seigneur, comme le preuve Lapierere, lettre N, nombre 38.

Il faut encore qu'ils soient scellés du sceau de la Jurisdiction, lequel est necessaire pour doner authorité à l'Acte, & le pouvoir au Sergent de le mettre à execution ; car c'est une marque publique, qui fait conoître, que le contrat n'est pas faux & suposé, autrement on pouroit leur mettre entre les mains des contrats sous des fausses signatures, qui pouroient les engager mal à-propos dans des executions mal-fondées.

On ne connoît pas la signature des Notaires & des autres persones publiques, mais on conoît les sceaux, où se voient les Armes du Roi ou d'un Seigneur.

Il y a de deux sortes de sceaux ; sçavoir, le sceau Roïal & le sceau Authentique.

A l'égard du sceau Roïal il est executoire, comme je viens de dire, par tout le Roïaume.

La raison est, que l'autorité du Roi, est difuse par tout son Roïaume, & qu'il seroit absurde de restreindre le pouvoir du sceau dans des certains lieux, outre que le sceau du Roi est conu par tout, & persone ne le peut ignorer.

La même chose n'est pas du sceau des Seigneurs, parce que n'étant conu que dans l'étenduë de la Justice Seigneuriale, il ne doit pas avoir son execution parée hors les limites, ce qui est encore fondé sur ce que le pouvoir des Seigneurs est borné dans leur territoire, & n'aïant point d'autorité dans les autres lieux, les Juges n'étant pas obligés de réconoître leur sceau, il faut leur *Pareatis*, pour mettre à execution les contrats & obligations.

Ce qui a été dit ci-dessus des sceaux authentiques, se doit entendre des sceaux des Seigneurs des Justices seculieres, & non de ceux des Evêques, lesquels n'ont aucun pouvoir sur les biens Temporels.

On ne peut pas de plein droit faire executer un contrat, ou une obligation, contre une veuve & les heritiers d'un obligé, il faut auparavant les faire déclarer executoires contr'eux, mais l'on peut cependant pour sureté, faire saisir & arrêter les biens de la sucession, ou de la comunauté, par Ordonance du Juge, qui se done sur simple Requête ; Commandement préalablement fait à la veuve & aux heritiers, suivant l'article 69. de la Coûtume de Paris.

La raison est, que les obligations & les condamnations sont personelles, ainsi elles ne peuvent être executées que contre les condamnés, & ceux qui y sont dénomés, & non contre leurs veuves & leurs heritiers, avant qu'ils soient déclarés tels; car la veuve peut rénoncer à la comunauté, & par ce moïen elle se décharge entierement de toutes les détes de la comunauté, & même quand elle l'accepteroit, elle ne pouroit pas être poursuivie pour les détes de la comunauté, que jusqu'à concurence de ce qu'elle en pouroit amender.

Ainsi les Obligations passées par le mari, ou les condamnations rendués contre lui, ne peuvent pas être executées contre sa veuve, à moins que par jugement elles ne soient déclarées executoires contre elle, pour la moitié seulement des biens qu'elle peut prétendre, en qualité de commune.

Pareillement le présomptif heritier d'un défunt, n'est reputé tel, que jusqu'à ce qu'il ait pris qualité, parce que nul n'est heritier qui ne veut, selon l'article 316. de ladite Coûtume de Paris, & qu'il a quarante jours pour déliberer, après que l'Inventaire est fait, s'il acceptera la succession, ou s'il y rénoncera.

C'est pourquoi les obligations & condamnations faites & rendués contre le défunt, ne peuvent pas être executées sur les biens de son heritier, s'il n'est ordoné auparavant, mais après que l'heritier présomptif a pris qualité pure & simple, les obligations & condamnations faites & rendués contre le défunt, peuvent être executées contre lui, & ce faisant, dire, & ordoner auparavant par Sentence du Juge, suivant l'Edit du Roi Henri II. du 4. Mars 1549.

Le Juge aïant déclaré executoire contre les heritiers les contrats & obligations passés par le défunt, les créanciers les peuvent executer sur les biens propres de l'heritier, par saisie & execution réelles des biens qui lui apartienent, à moins que cet heritier ne soit heritier par benefice d'Inventaire, car en ce cas l'execution ne pût être faite que jusqu'à concurence de ce dont-il amende de la succession.

Il faut encore observer ici, que s'il y a plusieurs heritiers, l'execution ne peut être faite contre chacun d'eux sur leurs biens propres, que pour telle part & portion, dont ils sont heritiers, d'autant que les détes personelles se divisent, *ipso jure*, entre les heritiers, selon la portion dont ils sont heritiers, outre laquelle ils peuvent être poursuivis personellement, ensorte que chacun des heritiers est déchargé de l'obligation personelle, en païant aux creanciers sa part de la déte contenuë en l'obligation.

Suivant céte maxime de Droit, *le mort execute le vif, & le vif n'execute pas le mort*, l'heritier du créancier peut faire executer le contrat ou obligation passés au profit du défunt sans Ordonance du Juge.

La raison de la diference est, que la cause du debiteur ne change pas par la mort de son créancier, & sa condition est telle qu'elle étoit auparavant, & l'heritier du créancier exerce les droits de celui auquel il a succedé, mais quand le debiteur est mort, il n'est pas juste de commencer par la saisie & execution, qui est une voie de rigueur contre celui qui ignore, ou peut ignorer l'obligation.

CHAPITRE LXXVI.

Du Prêt & des Interêts.

LE mot de prêt en nôtre Langue est équivoque, & signifie deux contrats de diferente nature.

Le premier est, quand nous prétons quelque chose qui se consome par l'usage, comme par exemple, sont toutes les choses qui consistent en poids, nombre & mesure, qui sont l'argent monnoié, le bled, le vin, l'huile, & autres choses semblables.

Le second est, quand nous prêtons quelque chose qui ne se consomme pas par l'usage, comme peut être un Cheval, un Livre, de la Vaisselle d'argent, une Tapisserie, &c.

Il y a deux diferences essentielles dans ces deux contrats. Au 1.cas, quand nous prêtons quelque chose qui se consome par l'usage, nous en perdons en même temps la proprieté qui est transferée à celui à qui nous la prêtons, lequel n'est pas obligé de nous rendre & restituër le même corps, que nous lui avons prété; mais un autre de pareille quantité, valeur & bonté, comme quand nous prêtons de l'argent, du bled, ou du vin, c'est afin que celui qui l'emprunte le consome, autrement le prét lui seroit inutile, & il n'est obligé que de nous rendre pareille quantité d'argent, de bled ou de vin, & non pas le méme corps que nous lui avons prété.

Mais au second cas, nous ne perdons pas ni la proprieté, ni la possession de la chose que nous prétons, nous en abandonons seulement l'usage pour un tems à celui à qui nous la prétons, qui est obligé de nous rendre & restituër le méme corps que nous lui avons prété, & non pas un semblable, comme au contrat precedant

Comme par exemple, si je préte mon Cheval ou ma Vaisselle d'argent, celui à qui je l'aurai prêté, n'eſt pas quite en me rendant un autre cheval, ou d'autre vaiſſele d'argent, il faut qu'il me rende le même corps qu'il a reçu de moi.

Le ſecond contrat dont je viens de parler, qui eſt le _Commodatum_ des Latins, produit deux actions, parce qu'il eſt obligatoire de part & d'autre.

L'une au profit de celui qui a prêté, pour demander la reſtitution de la choſe qu'il a prêtée, qui s'apele l'action directe.

L'autre au profit de celui qui a emprunté, pour redemander les frais qu'il a été obligé de faire pour la conſervation de la choſe qui lui a été prêtée.

Par exemple, ſi en faiſant un voyage, on avoit ſaiſi ſur le chemin le cheval qui lui auroit été prêté, pour détes duës par celui à qui le cheval apartient, & qu'il eût été obligé de païer, pour pouvoir continuer ſon voyage, il a action pour repeter ce qu'il aura été contraint de païer.

Mais à l'égard du premier contrat, qui eſt le _Mutuum_ des Latins, il ne produit qu'une action au profit de celui qui a prêté, pour demander la reſtitution de l'argent, ou du blé, ou autres choſes qu'il a prêtées, parce qu'il n'eſt obligatoire que d'un côté, & qu'il n'y a que celui qui a emprunté qui ſoit obligé.

Il n'eſt pas permis en prêtant ſon argent, d'en ſtipuler l'interêt, cela eſt expreſſement défendu par pluſieurs Edits & Declarations du Roi, c'eſt pourquoi ce contrat doit être gratuit, en ſorte que s'il y avoit ſtipulation d'interêts, ce ſeroit uſure, qui, ſuivant la Loy, eſt un crime parmi nous.

Toutefois il y a des Provinces en ce Royaume, où il eſt permis de ſtipuler dans une obligation l'interêt de l'argent que l'on prête.

Il ſemble auſſi qu'on puiſſe ſtipuler les interêts par une tranſaction ſerieuſe, pourvû qu'il y ait eu concluſion à l'interêt.

Autre choſe, ſi on coloroit une obligation de la figure d'une tranſaction, encore qu'il y ait concluſion judiciaire.

Cependant il ſemble que l'on commence à autoriſer les ſtipulations d'interêts par tranſactions, lors qu'ils font partie de la convention, encore qu'il n'y ait pas eu de concluſion judiciaire, & même en pluſieurs autres cas, pourvû que ce ne ſoit pas pour cauſe de prêt.

C'eſt pourquoi on prétend que l'on a pû legitimement ſtipuler l'interêt pour arerages de Cenſives; mais je ne crois pas qu'il y ait en ce cas le même privilege pour l'acceſſoire, c'eſt aſſez de lui doner hipoteque du jour de la convention pardevant Notaires.

T t iij

Ce font toûjours des interêts d'arerages, pour lefquels un tiers même, en vertu de la fubrogation, n'a hipoteque que du jour de la nouvele conftitution.

L'intereft ne laiffe pas d'être dû pour preft fans conclufion judiciaire, lors qu'il eft adjugé d'ofice, en confequence de la requifition du terme fait par le debiteur & en ce cas l'intereft ayant pris cours, il continuë même aprés le terme échu, jufqu'à l'actuel païement.

La conclufion à fin de tous dépens, domages & interefts, n'équipole pas à la conclufion aux interefts d'une fomme.

La conclufion à l'intereft devant le Juge, fufit pour le rendre legitime, neanmoins le Juge peut auffi l'adjuger d'ofice, comme il a été dit ci-deffus, fi le condamné requiert terme.

Un tuteur peut prefter à intereft les deniers des mineurs fans alienation, afin de faciliter leur établiffement; mais on ne peut pas compofer une rente d'arerages dûs à des mineurs.

Plufieurs veulent auffi que la conclufion à l'intereft dans une Juftice tombée en peremption, fufit pour faire adjuger l'intereft du jour de la premiere demande; car quoique la procedure ne fervît plus de rien, il refte toûjours la preuve de la demeure du debiteur, qui eft le germe de l'intereft.

L'intereft des deniers des mineurs, continuë dépuis la majorité contre le tuteur fans conclufion; mais les interefts des interefts ceffent du moment de la majorité, & même pendant la minorité, fi le mineur fe marie, parce que l'autorité du tuteur n'a plus lieu ayant pû être pourfuivi.

Il n'y a pas de ftipulation d'intereft qui foit legitime pour preft d'argent, fi ce n'eft pour les deniers qui apartienent à des mineurs, dont le tuteur peut legitimement ftipuler l'intereft; car à l'égard des majeurs, ils ne peuvent pas bailler leur argent à intereft que par contrat de conftitution de rente, qui eft une efpece de contrat introduit par le Droit Canon, qui étoit inconnu en la Jurifprudence Romaine.

L'aquereur d'un fond doit l'intereft de fon aquifition, par un principe d'équité, qui ne permet pas que l'on foit privé de fa chofe, & en même tems des fruits, fuivant la Loy, *curabit, cod. de act. empt.* encore que par le contrat de vente d'icelui il ait un délai pour païer, felon l'opinion comune, & celle de Durandus *decif. Rotæ* 34 *n. 10. & feqq.* Ce qui foufre neanmoins de la dificulté; mais fi l'acheteur n'a pû recevoir aucuns fruits de la chofe, il ne doit l'intereft que du jour de la demeure, *l. 13. Cod. de action. empt. & vendit.* & encore Dumoulin veut-il, qu'en ce cas l'intereft ne foit dû qu'à caufe de la ftipulation.

A l'égard de la soute de partage, il semble que l'interêt n'est pas dû s'il n'est stipulé, d'autant que les copartageans peuvent avoir eu en leurs lots plusieurs choses qui ne produisent aucuns fruits, neanmoins il est certain que tous les raports de succession, ou de quote hereditaire produisent interêts.

On tient qu'un vendeur peut stipuler l'interêt à plus fort denier que celui de l'Ordonance, pourveu que l'on n'ait par comencé par l'expression du prix pourquoi on constituë une telle rente, d'autant que l'on peut dire en ce cas, que c'est plûtôt pour tel prix que pour le fond, que telle rente est créée, au lieu que lorsque l'on vend moïenant une telle rente, l'interêt fait partie de la convention.

Il est permis au debiteur de se liberer avant le tems, à moins qu'il n'eût été limité pour l'avantage du créancier, comme à l'égard des lettres de change, où il y a remise de place en place, on n'y peut satisfaire qu'aux lieux marquez.

CHAPITRE LXXVII.

Des Rentes Constituées.

LA constitution de rente est un Contrat, par lequel celui qui emprunte de l'argent, vend & constituë sur soi une rente au profit de celui qui lui prête, laquelle rente est rachetable, moïenant la restitution du sort principal, c'est-à-dire, de la somme qui a été prêtée.

Le Pape Pie V. avoit ordoné le 14. Fevrier 1568. qu'on ne pourroit constituer aucune rente, si elle n'étoit assignée sur un fond certain, lequel venant à perir ou à diminuer, la rente seroit éteinte ou diminueroit à proportion.

Le Pape Innocent I V. sur le Chapitre *in civit. ext.* est aussi du même sentiment.

A la verité céte constitution ne peut lier que les sujets du Pape, s'agissant d'un fait de Police, mais elle est fondée en grande justice, pour empêcher que les rentes n'excedent le fond; & en éfet, nous voïons que les anciennes coûtumes de ce Roiaume, entr'autres celle de Senlis, n'autorisoient les rentes que par assignat, & en se desaisissant de son fond jusqu'à la valeur d'autant, ainsi c'étoit plûtôt des engagemens d'un tel fond que des hipoteques generales.

Les rentes se pouvoient autrefois constituer au denier douze, dépuis par Edit du Roi Henri I V. du mois de Juillet 1601. elles ont été reduites au denier seize, pour celles qui seroient créées à l'avenir; ensuite par Edit du Roi Loüis XIII. verifié en Parlement le 16. Juin 1634. elles ont été reduites au denier 18. & enfin par Edit du Roi Loüis XIV. presentement regnant, verifié au Parlement le 22. Decembre 1665. au denier 20.

Enforte que depuis ce tems-là, on ne peut plus constituer des rentes qu'au denier 20. même les rentes à plus fort denier y sont reduites, lors que l'on a prêté pour rembourser le creancier avec clause de subrogation en ses droits, encore qu'il y ait cession d'actions par la quitance, d'autant que la subrogation en ce cas vient du debiteur, & elle peut être aquise sans que le créancier y consente.

Une rente ne se peut constituer pour autre chose que pour argent comptant, païé & nombré réellement & actuellement au tens du contrat & en la presence des Notaires, avec déclaration & numeration des especes, & non par une simple confession d'avoir reçû, qui est suspecte d'usure, & qui pourroit doner ouverture à l'imputation, au sort principal des arerages payés, bien que païez volontariement.

Neanmoins aprés la demeure du debiteur, la promesse ou obligation pour marchandise, peut être convertie en contrat de constitution de rente.

Il n'y a pas aussi d'inconvenient qu'on ne transporte pour vente de marchandises, une rente dûë par un tiers, & en ce cas, le cedant, en cas de Sentence de retrocession, doit rendre le principal & les arerages, à moins qu'il ne paroisse par les circonstances que le transport n'a été fait que pour autoriser les interêts.

La numeration réelle & actuelle n'est pas necessaire lorsque le contrat de constitution est fait pour demeurer quite d'une dére dûë sous seing privé, ou par obligation, ou par Sentence ou Arrêt; la Constitution de rente se peut faire sous signature privée; mais le contrat n'emporteroit point hipoteque sur les biens du débiteur.

Les rentes ne peuvent pas être constituées pour arrerages d'autres rentes échûës & adjugées par Sentence, parce que ce seroit interêt d'interêt, & que les interêts ne peuvent pas produire d'autres interêts.

On ne peut pas même stipuler que son debiteur pour demeurer

demeurer quite d'arerages de rente, continuera une rente en fon aquit à un autre, fuivant le fentiment de Brodeau fur Mr Loüet, lettre R, nombre 55. parce qu'un creancier negligeroit de fe faire païer, & engageroit le debiteur par de pareilles conventions; neanmoins un pareil traité feroit toleré à l'égard d'un aquereur, qui s'eft obligé de païer le principal & interêts, d'autant que ces interêts tienent lieu de principal à fon égard, & qu'il joüit des fruits.

Je crois auffi qu'un enfant qui renonce à la fucceffion de fon pere, qui pour conferver les heritages, fe fait ceder les principaux & arerages de rentes deuës par la fucceffion,peut convertir les arerages en principal, devant être confideré en céte ocafion comme un tiers aquereur; mais un fimple ceffionaire d'arerages n'auroit pas plus de droit que fon cedant.

Neanmoins celui qui prefte pour aquiter le principal & les arerages d'une rente à l'éfet d'être fubrogé, pourvû qu'il y ait declaration fufifante, à la même hipoteque du creancier pour les arerages, qui devienent un capital à fon égard,& hipoteque feulement du jour du preft,pour les arerages qui en font produits.

Mais, felon mon fentiment, il feroit plus jufte en ce cas de ne doner hipoteque pour la conftitution compofée d'arerages, que du jour du nouveau contrat, d'autant que le nouveau creancier a plus de privilege que l'ancien, à qui les arerages ne pouroient rien produire.

Il y a novation quand une déte exigible devient inexigible; en forte qu'il n'y a rien qui ruine tant un debiteur oberé que ces conftitutions pour arerages.

On peut encore ceder une rente, pour demeurer quite d'arerages d'une rente paffive, même fi le debiteur étoit infolvable, il femble qu'on pouroit recourir, non feulement pour le principal compofé d'arerages, mais auffi pour les arerages qui ont couru dépuis par maniere de domages & interefts, d'autant que le debiteur fût demeuré en repos, s'il eût payé en deniers ou tranfport velable.

Quoi qu'une rente eût été conftituée à plus haut prix qu'il n'eft permis par l'Ordonance,neanmoins le contrat ne feroit pas nul,mais la rente feroit feulement reductible au taux de l'Ordonance, & ce qui auroit été païé d'arerages à plus haut prix, feroit imputé au fort principal.

Il en eft de même de la rente conftituée pour le prix d'un ofice, laquele ne peut auffi être conftituée à plus haut prix que le taux de l'Ordonance; ainfi qu'il a été jugé par Areft du 29 Octobre 1648. contre un contrat, par lequel on avoit ftipulé l'intereft au denier seize du prix d'un ofice des Traites d'Anjou, qui fut reduit au denier dix-huit.

Mais à present que les ofices sont presque de la même nature que les autres immeubles, il semble qu'on pouroit stipuler l'interest à plus haut prix, qui feroit partie de la convention, à moins qu'on n'ait commencé *à venditione*, par l'expreffion du prix, & encore auroit-on pû stipuler son aquit envers un autre pour une rente à plus fort denier.

Si une rente avoit été conftituée en blé, ou autre espece; par exemple, si un homme avoit conftitué sur soi une rente de trois fepciers de blé par chacun an, moïenant une somme qu'il auroit reçu, en ce cas un contrat de céte qualité ne pouroit pas subfifter, & la rente conftituée en blé, feroit reduite en argent, fuivant l'Edit du Roi Charles IX. du mois de Novembre 1565. verifié en Avril 1566.

On ne peut pas auffi à l'égard des majeurs, ftipuler dans un contrat de conftitution de rente, que le debiteur fera tenu d'en faire le rachat dans un certain tems; car céte ftipulation ne peut être faite qu'à l'égard des mineurs, & non pas des majeurs.

Ainfi un tuteur peut valablement ftipuler le rembourfement dans un certain tems des deniers qu'il baille à rente pour fes mineurs fans qu'on puiffe prétendre que le contrat foit ufuraire & illicite, jugé par Areft du 15. Janvier 1622.

Laquelle precaution eft neceffaire pour l'établiffement des mineurs, qui n'auroient plus les mêmes facilitez, si leurs deniers étoient alienez.

Il n'en eft pas de même du fidejuffeur, lequel peut ftipuler que le principal debiteur fera tenu de racheter la rente pour laquelle il a cautioné, & dont il a promis de le faire décharger dans un certain tems.

La facilité de racheter les rentes conftituées ne fe peut point prefcrire, par quelque tems que ce foit, parce que les rentes de leur nature font rachetables à perpetuité.

Cependant on veut neanmoins que la rente refervée par un contrat de vente, où l'on a comencé par l'expreffion du prix, foit rachetable à toûjours, & que la faculté ne fe puiffe prefcrire en ce cas, quoi qu'une femblable rente ne foit pas diferente des autres, en plufieurs autres cas, ainfi qu'il eft dit par la Coûtume de Senlis, titre des ventes.

On ne peut pas non plus ftipuler que le debiteur ne poura pas faire le rachat de la rente, fans avertir dans un certain tems; car céte clauſe eſt contre la nature de la rente, & l'interêt doit ceſſer auſſi-tôt qu'on ofre de rembourſer; neanmoins la clauſe doit avoir éfet, pour indemniſer de la perte qu'on ſoufriroit ſur les monoies dans le tems limité.

Les rentes ſur les maiſons de Villes ſont auſſi rachetables, ſi elles ne ſont les premieres aprés le cens.

C'eſt-à-dire, celles qui ſont dûës dépuis long-tems par reconoiſſance du fond cedé, & non par nouvel arentement, ſuivant la Coûtume de Cambrai, article 1. & 4. du titre des Rentes.

Ils ont encore ſur ce ſujet en Flandre, une Ordonance du Roi d'Eſpagne Philipe II. de l'an 1587. qui veut que ces ſortes de rentes ne puiſſent pas paſſer pour cenſives, ou premiere rente aprés le cens, ſi elles ne ſont moindres que le ſeptiéme du revenu.

La même Coûtume de Cambrai, article 6 décide qu'elles perdent leur privilege de n'être pas ſujetes à rachat lors qu'elles ſont cedées à un autre.

Elles ceſſent auſſi d'étre Seigneuriales, n'apartenant plus au Seigneur, & l'on eſt obligé de s'opoſer au décret pour ces rentes, ſi elles ne ſont dûës au Seigneur, & impoſées par la conceſſion du fond.

Si le premier s'étoit obligé au remploi envers l'Egliſe en cas de rachat, la Loi dévroit être ſuivie pour les rentes de dons & de legs, on en eſt quite en faiſant le remploi de l'avis du Procureur du Roi.

Toutefois il y a céte inconvenient, que les revenus des Egliſes & des fabriques des Villes, ſont reduites à rien par ces ſortes de rachats, dont on ne fait pas de remploi, & que l'on autoriſe par ce moien l'alienation des biens d'Egliſe, qui ſont donés d'abord à ſurcens, dont on reçoit dans la ſuite le rembourſement.

Les rentes de don, & de legs pieux ſur les maiſons de Villes, ſont rachetables, eu égard au prix porté par le contrat, ſi ancien qu'il puiſſe être, ſinon au fort denier; partant on peut obliger de repreſenter le contrat originaire, ſinon de ſe purger par ſerment.

Il y a ſept cas par leſquels un creancier peut contraindre ſon debiteur de rachever la rente conſtituée à ſon profit.

Primò. Pour cauſe de ſtellionat, qui ſe comet lors que celui qui conſtituë ſur lui une rente, afecte & oblige à ſon creancier des choſes qui ne lui apartenoient pas.

Secundò. Quand il déclare ſes biens francs & quites de toutes detes, charges & hipoteques, & qui ne le ſont pas.

Que s'il avoit pris la qualité de Seigneur d'une Terre dont il ne joüiroit que par ufufruit, ou à charge de reftituer, fans l'avoir expreffément obligée & hipotequée, il ne tomberoit pas, fuivant mon avis, dans le crime de ftellionat, par la raifon que fouvent les ufufruitiers prenent le titre des Terres & Seigneuries dont ils ne joüiffent que par ufufruit, & qu'aprés des fubftituez ou chargés de reftituer, ils font en droit de fe qualifier des Terres qu'ils poffedent dont ils font vrais proprietaires, quoi qu'ils n'en puiffent pas difpofer; mais s'il avoit obligé ces heritages, ce feroit un ftellionat, & partant contrainiable au rachat.

Tertiò. Quand un Ofice eft afeté à une rente, & que le debiteur la vend à l'infçû du creancier.

Quartò. Quand le debiteur promet faire l'emploi de l'argent, & de le fournir dans un certain tems, ce qu'il n'auroit pas fait.

Quintò. Quand un heritage, ou une maifon eft achetée à la charge d'un doüaire préfix quand il aura lieu, & d'en païer cependant les interêts, le doüaire aïant lieu, l'aquereur peut être contraint au principal de la rente.

Sextò. Lorfqu'il eft convenu que l'acheteur païera les interêts, du prix de la vente d'un heritage, & que jufqu'à un certain tems il ne poura païer le principal, le tems étant échû il peut y être contraint.

Septimò. Quand le conftituant promet de bailler caution dans un certain tems, & qu'il ne le fait pas, ou que la caution n'eft pas fufifante.

Le proprietaire d'une rente conftituée, ne peut demander que cinq anées d'arerages de ladite rente; & fi le creancier en a laiffé couler davantage, celles qui prétendent ces cinq anées font prefcrites & perduës, à moins qu'il n'y ait des Comandemens faits de cinq ans, en cinq ans, lefquels fufifent fans autres procedures, à l'éfet d'interrompre la prefcription des cinq anées.

Il n'en n'eft pas de même des rentes conftituées pour foute de partage, ou vente d'heritage, quoi que l'on ait comencé par l'expreffion du prix dans le contrat, dont on peut demander vingt neuf anées, nonobftant un Arrêt centraire.

La prefcription des cinq anées n'a pas lieu, lors que l'on c'eft opofé à une faifie réelle; car encore qu'on ne demande que cinq anées, neanmoins les paiemens faits pendant les cinq anées s'imputent fur les anées précedentes, dont il n'y a pas de quitance.

On peut demander vingt-neuf anées du doüaire préfix, d'autant que ce n'est pas une rente constituée à prix d'argent.

Il en est la même chose pour les pensions viageres qui n'ont aucun assignat sur les heritages, à cause que l'Ordonance ne s'entend que des rentes constituées à prix d'argent, & qu'il n'y a rien d'odieux.

Henris Tome 2. livre 4. question 70. raporte un Arrêt du Parlement de Paris du 7. Septembre 1657. qui a jugé dix anées d'une pension dûë à une Religieuse; mais il étoit fondé sur la Coûtume de Bourbonois, qui admet la prescription de dix anées en plusieurs cas.

Cependant j'estime neanmoins que dans un ordre de creanciers, où tout est rigoureux, on ne doit pas juger plus de cinq anées, ni de doüaire préfix, ni des pensions, d'autant que par colusions ces arerages, quoi qu'aquitez, serviroient souvent de pretexte pour absorber le prix des biens en vertu d'anciennes hipoteques, en suprimant les quitances, qui ne s'émargent pas en ce cas sur le titre, toutefois on done neanmoins en ce cas la repetition contre le debiteur pour le surplus jusqu'à la concurence de vingt-neuf anées.

S'il en avoit fait demande en Justice dans les cinq anées, la demande qu'il en auroit faite, empêcheroit la prescription, cependant céte demande en Justice n'est pas absolument necessaire pour empêcher la prescription des cinq anées, car il a été jugé par les derniers Arrêts, qu'un simple exploit de commandement sufit.

On veut que le Comandement soit acompagné d'assignation non perimée pour interrompre la prescription des cinq anées, & que la conclusion & l'interêt tombe en peremption, s'il n'y a Sentence.

Mais je soûtiens que la conclusion doit subsister, nonobstant la peremption, comme un acte probatoire de la diligence, autrement on ruineroit en frais un debiteur, si on étoit obligé d'obtenir des jugemens tous les cinq ans.

Or, quoi qu'il en soit, on ne doit pas refuser de doner éfet à un simple comandement sans assignation, pour interrompre céte prescription, l'Ordonance n'exigeant pas d'autres formalités.

Un contrat de Constitution de rente peut aussi être fait sous écritures privées; mais il n'emporte pas d'hipoteque sur les biens de l'obligé.

Neanmoins par Arrêt du 24. Mai 1662. une promesse de 3000,

livres, sous écriture privée, par laquelle le debiteur s'obligeoit d'en passer contrat de constitution de rente à la volonté du creancier, a été déclarée immobiliaire, & comme telle adjugée au legataire des aquêts à l'exclusion du legataire des meubles.

Celui qui s'est rendu caution d'une rente n'a pas d'action contre le debiteur pour l'obliger à la rembourser ; car, suivant mon sentiment, s'il intentoit action, il semble qu'il seroit mal fondé en son action, d'autant qu'il a dû sçavoir, que l'obligation dans laquelle il entroit, étoit perpetuele.

La Loi, *Lucius* 38. *dig. mandati*, n'est pas contraire a céte doctrine, la dete dontelle parle étant exigible, *cum diutius in solutione mansit debitor*, ou lors qu'il dissipe tous les biens.

Il semble même qu'au cas de l'Arrêt du 7. Janvier 1603. raporté par Mornac, sur la Loi, *his consequens* §. *celsus*, *ff familiæ erciscundæ*, le coheritier qui se trouve obligé involontairement, devroit plûtôt contraindre un autre coheritier au rachat ; mais l'usage est contraire, & quand même un coheritier ce seroit chargé par le partage du total de la rente, il ne peut pas être contraint aprés dix ans au rachat, les autres ne l'aiant pas stipulé, encore qu'il soit garant de ses coheritiers, & que les cautions, & même les coobligez puissent faire contraindre de rembourser aprés dix ans.

Celui qui a cedé une rente avec garentie, aussi bien que les coobligez & cautions, peuvent ofrir le remboursement, si mieux le creancier n'aime les décharger, quoi qu'il soit fâcheux que celui qui a vendu une rente pour en joüir à toûjours, viene rembourser la veille d'une diminution des monoies, avant qu'il ait pû être inquieté par l'aquereur de la rente.

Je ne crois pas qu'il y ait rien contre la nature de la rente, en stipulant, que le preneur ne poura rembourser, sinon aprés avoir averti un certain tems auparavant, à la verité l'interêt cesse du jour de l'ofre de rembourser ; mais il n'y a rien d'illicite d'obliger le debiteur de garder son argent, d'autant plus que le tems peut-être oposé en faveur de celui qui prête, ainsi qu'on en use pour les Lettres de Change, nonobstant la clause de rendre les mêmes especes, en cas d'augmentation, le profit demeure au debiteur.

Du Moulin, *de usur. quæstion.* 90. *&* 92. *Grivel. decis.* 20. *& Menochius consil.* 258. est aussi de cet avis.

Le débiteur en profite de même en cas de diminution, & n'est pas obligé de fournir la valeur des especes, eu égard au tems du prêt ; pourveu qu'il satisfasse à la convention de rendre la même quantité des especes.

CHAPITRE LXXVIII.

Du Dépôt.

DEpôt, est un Contrat, par lequel on done une chose à garder à quelqu'un pour être renduë en espece gratuitement par le Dépositaire, toutesfois & quantes qu'il plaira à celui duquel il la reçûë.

Le dépôt procede ou de la pure volonté du déposant, & en ce cas, c'est un dépôt volontaire, apelé par les Jurisconsultes, *vulgare depositum*, ou elle se fait par une espece de contrainte, comme à raison d'un cas fortuit, tels que sont l'incendie la ruïne, le tumulte, & le naufrage, la necessité nous obligeant dans ce cas d'abandoner le soin de nôtre propre bien, pour le cometre à ceux dont souvent nous ne conoissons pas assez la conduite, & dont nous n'avons pas encore éprouvé l'integrité, c'est pourquoi il est apelé dépôt necessaire.

C'est aussi la raison pour laquelle la preuve par témoins en est admise, quoique la chose revendiquée monte beaucoup plus de cent livres ; au contraire à l'égard du dépôt volontaire, la preuve n'en est pas reçûë par témoins, pour chose excedant ladite somme de cent livres, d'autant que dans l'espece du dépôt volontaire, on se doit imputer de n'avoir pas choisi un ami assez fidéle, ou de n'avoir pas tiré une reconoissance par écrit de celui auquel on s'est volontairement fié.

L'éfet du dépôt est qu'il produit deux actions ; sçavoir, l'action directe, & l'action contraire.

L'action directe, est celle qui est acordée au déposant, contre le dépositaire, pour être condamné à lui restituer la chose déposée quand il le requiert, sans que le dépositaire puisse demander aucune recompense du soin qu'il auroit pris pour la garde ; neanmoins le dépositaire n'est pas tenu de la perte de la chose déposée, ni de sa déterioration, à moins qu'elle ne fut arivée par son dol ou par une si lourde faute qu'elle fit présumer du dol en la persone du dépositaire.

La lourde faute, ou faute grossiere est apelée par les Latins

Laia culpa, que l'on définit, *omissio diligentiæ quam omnes rebus suis adhibent , cum quis non facit vel intelligit quod omnes faciunt vel intelligunt , vel id facit, quod nemo facit.*

Ainsi, céte faute est comparée au dol en matiere civile , & non en fait de crime.

La raison pour laquelle le dépositaire n'est pas tenu de la chose déposée , c'est parce que le dépôt est fait en faveur & pour l'utilité du déposant ; ainsi , il n'est pas juste , que l'ofice que le dépositaire lui rend , soit préjudiciable au dépositaire.

Le dépositaire est tenu de rendre le dépôt en mêmes especes, en forte que si au tems de la restitution le prix est augmenté ou diminué, le gain ou la perte regarde le déposant mais le dépositaire ne peut pas retenir le dépôt pour ce qui lui est dû , & il faut qu'il agisse pour être païé de sa dete.

On a Jugé que des particuliers qui avoient déposé une somme tres considerable chez un Notaire de Paris , ne devoient pas être reçûs à prouver contre le Notaire , que c'étoit lui qui les avoit gagnez au jeu ; car quoi que le dépositaire n'ait pas dû abuser du dépôt, neanmoins aiant suivi sa foi , ils n'ont pas de suite sur leur deniers, à moins qu'ils ne justifient qu'ils ont été emportez par des mauvais artifices , ce qui étoit tres-dificile de verifier , il est vrai que le Notaire s'étoit lui-même fait restituer d'une promesse de six mille livres qu'il avoit faite en Alemagne pour argent perdu au jeu , dont il lui a été permis de faire preuve par témoins.

Mais il y a diference de ce que l'on alegue par excuption contre ce qui est demandé , d'avec l'action en repetition de ce qui a passé en d'autres mains.

C'est aussi un dépôt necessaire , quand nous somes logez dans une hôteleric, & que nous confions & donons à garde nôtre argent & nos ardes à l'hôte & à l'hôtesse.

Or , il s'ensuit , si un passant loge dans une hôtellerie , & qu'il ait baillé son argent à garder à l'hôte ou à l'hôtesse , & que le dé-dépôt en fut dénié , la preuve en pût être faite par témoins ; ainsi qu'il a été jugé par Arrêt rendu aux Grands-Jours de Clermont en Auvergne , le 25. Octobre 1582. raporté par le Vert, Arrest 173.

Il faut dire aussi , qu'un homme étant logé dans une hôteleric en une Chambre de laquelle la clef lui auroit été baillée , & que l'argent qu'il avoit mis en céte chambre se trouve volé sans fraction

de

de la Porte , par un autre homme logé dans la même Hôtellerie, l'hôte ou l'hôtesse est responsable de la chose, jugé par Arrêts , raportés par Dufresne , Livre 2. Chapitre 31.

La même chose est , des marchandises dérobées pendant la nuit, mises dans leur cour , dans des balots , par des Voituriers , comme il a été jugé par Arrêt du 24. Août 1582.

Ce n'est pas proprement un dépôt necessaire, quand on baille des hardes , des paquéts , ou de l'argent aux Messagers , Maîtres des Coches , ou Voituriers, pour les porter ou les voiturer , parce que le dépôt doit étre gratuit , ensorte que quoi qu'on baille de l'argent aux Messagers , Maîtres des Coches, ou Voituriers pour leurs ports & Voitures; neanmoins on les considere comme depositaires de dépôts necessaires, & on leur en aplique les regles & les decisions.

Il faut dire encore que , si un Messager ou Voiturier , avoit été chargé d'un coffre ou d'un bâlot , & qu'il le déniat, la preuve par témoins en est reçuë , quand méme la chose excederoit cent livres.

Ils sont responsables du vol des choses dont leurs Livres sont chargés , & non pas de l'argent qui a été enfermé dans le paquet dont ils sont été chargés , si la déclaration ne leur en a été faite , & n'est écrite sur leur Registre , ainsi qu'il a été jugé par Arrest du 15. Janvier 1527.

Cela n'est pas sans dificulté , d'autant qu'on pouroit détourner les paquets où l'on soupçone qu'il y auroit de l'argent, dans la veuë de ne rendre que le prix des hardes ; neanmoins s'il y a une grosse somme, je crois qu'on la doit déclarer, afin que le Messager prene plus de précaution pour conserver le paquet.

Ils ne sont pas responsables du vol fait dans leurs Bureaux par éfraction de la porte ou des fenétres , parce qu'il n'y a pas de leurs faute , & que c'est un malheur, dont le Proprietaire de la chose volée n'auroit pas pût la garentir, si elle avoit été en sa possession.

Pareillement un Messager & Maître des Coches, ou Voiturier, n'est pas aussi responsable de ce qui lui a été volé sur le chemin entre deux Soleils ; mais quand le vol a été fait de nuit, ils en sont tenus par la raison qu'ils doivent se rétirer à la fin du jour,& qu'ils ne doivent pas se mettre en chemin qu'au commencement.

CHAPITRE LXXIX.

Des Gages & Engagemens.

LE gage s'entend d'un meuble , & l'engagement des immeubles.
Gage ou engagement est un contrat , par lequel celui qui emprunte , met entre les mains de son creancier un meuble ou immeuble , pour assurance de son dû , & pour le rétenir jusques à ce qu'il ait été entierement païé & satisfait.

Tellement que ce contrat marche toûjours à la suite d'un autre, auquel il est accessoire, & pour la sureté duquel il est fait.

Enfin , il intervient toûjours à une autre obligation ; c'est pourquoi l'obligation du gage est éteinte , & elle ne peut plus subsister , quand celle à laquelle le gage est intervenu, ne subsiste plus , ainsi le creancier n'a plus d'obligation sur le gage dés que la somme dûë par le debiteur a été paiée par lui ou par un autre à son aquit.

La raison est, que l'accessoire ne subsiste plus aprés l'extinction du principal , quoi que le principal subsiste aprés l'extinction de l'accessoire.

Le creancier ne peut pas stipuler, en matiere d'engagement d'immeubles , qu'il prendra les fruits de l'heritage qui est engagé pour l'interêt de son argent; car une telle convention seroit une antechrise, qui étoit permise par le Droit Romain, mais qui comme usuraire & réprouvée par nôtre Droit François , est condamnée par les Arrêts.

De sorte que l'usure d'une telle convention consisteroit en ce que les fruits de l'heritage engagé pouroit valoir beaucoup plus que les interêts dûs au creancier.

Il en faut dire de même, du meuble qui est baillé en gage, le créancier ne peut pas aussi stipuler, que faute de le retirer par le debiteur dans un certain tems, il sera perdu pour lui & demeurera en propriété au créancier pour la somme qu'il a prêtée, atendu que céte convention est encore usuraire, parce qu'ordinairement ce qui est baillé en gage vaut beaucoup plus que ce qui a été prêté.

Le gage produit deux actions ; Sçavoir, la directe, & la contraire.

La directe est acordée au debiteur, contre le creancier pour la repetition de la chose donée en gage, aprés lui avoir païé la somme pour laquelle l'usage avoit été constitué, ou en lui ofrant deüement & réellement ladite somme , ou en faisant la consignation, & le creancier est tenu de la perte ou déterioration du gage arivé par sa faute legere, & non pas de celle qui feroit arrivée par fa faute tres-legere, ni par cas fortuit.

La raifon pour laquelle le creancier n'eft tenu que de fa faute le-gere dans ce contrat, eft parce que ce contrat eft fait pour l'interêt du creancier & du debiteur; car le creancier pour le moien du gage eft affuré de fa déte, & celui qui done des gages, trouve plus fa-cilement de l'argent à emprunter.

L'action contraire eft acordée au creancier contre le debiteur dans les cas fuivans.

Primò, S'il lui a donné une chofe en gage qui ne lui apartient pas, à l'éfet de lui en bailler une autre, *idem*, fi elle n'eft pas de la qualité dont il l'avoit déclarée.

Secundò, S'il a fait des impenfes & frais neceffaires pour la confer-vation du gage, pour la repetition d'iceux, comme fi le debiteur avoit doné un cheval en gage, en ce cas le debiteur feroit obligé de rembourfer le creancier des frais de nouriture.

Tertiò, Si par adreffe ou par fraude le debiteur avoit retiré le gage des mains de fon creancier.

Quartò, Pour voir ordoner la vente du gage, faute de paiement de la déte dans le tems convenu.

La vente en doit être faite publiquement aux lieux & jours acoû-tumés pour faire vente publique, autrement, & fi par fraude ledit gage avoit été vendu à vil prix, le creancier nonobftant la vente qui auroit été mal faite, feroit condamné de le reprefenter, ou de tenir compte de fa jufte valeur, à moins que ce ne foit du confentement du debiteur.

CHAPITRE LXXX.

Des Gageures.

EN fait de gageure on dépofe ordinairement le gage entre les mains d'un tiers pour être délivré à celui qui gagnera, & fera jugé victorieux en la queftion ou controverfe, fur laquelle on aura gagé.

Charondas, liv. 7. chap. 30. dit, que les gageures faites touchant la groffeffe des femmes a été reprouvée par les Arrêts du Parlement de Paris.

Neanmoins par Arrêt de la Cour des Aides du 21. Janvier 1615. raporté par Bouchel en fon Recueil, liv. 4. chap. 27. un Fermier des Aides ayant gagé contre un Tavernier, tous les droits qu'il lui pouroit devoir durant son bail , la gageure a été bonne & valable & en conſequence le Tavernier déchargé deſdits droits , tant que dureroit le bail dudit Fermier , contre lequel il avoit gagé.

Monſieur d'Expilli en ſon quatriéme Plaidoier , ſoûtient que les gajures ſont obligatoires, quand il y a gage depoſé, ſi elles ne ſont faites pour cauſes déſ honêtes , & qu'il a été ainſi jugé par Arrêt du Parlement de Grenoble , du 16. Novembre 1604.

On n'aprouve pas neanmoins les gageures au premier ou dernier marié, atendu qu'il y a ſouvent de l'indiſcretion , & qu'elles donent ſouvent lieu à traverſer des mariages , mais on ne laiſſe pas d'ajuger quelque ſomme à un Hôpital , ce qui eſt cauſe qu'on s'acomode preſque toûjours.

CHAPITRE LXXXI.

Du Contrat de vente.

VEnte eſt un contrat qui prend ſa forme du ſeul conſentement des Parties, par lequel on convient de la vente de quelque choſe & de ſon prix.

Ainſi il y a trois choſes qui conſtituent la ſubſtance de la vente ; ſçavoir, le conſentemĕt des Parties, la choſe qui eſt venduë, & le prix.

Le ſeul conſentement des Parties ſur la perfection de ce contrat, la tradition de la choſe, & le paiement du prix en cauſe la conſomation,

La proprieté de la choſe venduë ne paſſe pas en la perſone de l'acheteur en vertu de la perfection du contrat, elle ne lui eſt transmiſe que par la tradution qui lui en a été faite , d'autant que les contrats ne donent que *jus ad rem*, & non pas *jus in re*, c'eſt à dire la proprieté, laquelle s'acquiert par la tradition des choſes faite par une cauſe tranſlative de proprieté , ſuivant la loi *traditionibus , c. de pact.*

Delà vient, que ſi une même choſe avoit été venduë à deux acheteurs, celui auquel elle auroit été livrée, quoi que dernier acheteur, ſeroit preferé à l'autre, ſuivant la loi *quoties, C. de rei vindicat;* enſorte que céte clauſe que les Notaires métent dans les contrats de vente, n'eſt pas ſuſiſante pour transferer la proprieté des choſes venduës ; ſçavoir, que *le vendeur s'eſt deſaiſi de la choſe au profit de l'acheteur, auquel il tranſporte tous droits de proprieté;* cependant céte clauſe n'opere rien autre choſe , ſinon qu'elle done la faculté à l'acheteur, de s'emparer & ſe mettre en poſſeſſion de la choſe venduë, ſans atendre que la délivrance en ſoit faite par le vendeur; car la poſſeſſion ne pût être aquiſe, que par aprehenſion de fait, & par ocupation corporele.

Il y a deux chofes requifes pour la perfection d'un contrat de vente, l'une que la chofe venduë foit dans le comerce des homme & puiffe être venduë; l'autre que les Parties foient d'acord du prix.

On peut vendre toutes fortes de chofes, tant meubles, qu'immeubles, même les fervitudes & droits incorporels, à l'exception feulement des chofes facrées, des chofes qui apartienent au public, & de celles dont le comerce eft défendu par le Prince.

Une fucceffion peut être venduë, pourvû qu'elle foit déja échuë.

Les biens des Eglifes peuvent auffi être vendus, mais la vente peut être caffée, fi elle n'a été faite avec les formalitez requifes, & avec une jufte caufe d'alienation.

Les biens des mineurs peuvent pareillement être vendus.

Une fimple efperance peut encore être venduë, comme, par exemple, le poiffon qui eft pris d'un jet de filet; le profit qui reviendra d'une telle navigation, & autres chofes femblables, dont l'évenement eft incertain; car quoi qu'il ne foit rien pris par le jet de filet, & que le vaiffeau perit en mer, neanmoins l'acheteur ne laiffe pas de païer le prix, encore qu'il n'ait rien.

Il en eft de même des droits fucceffifs, car par l'évenement il peut ariver que la fucceffion foit onereufe, & qu'il n'y ait pas feulement dequoi païer les détes, cependant l'acheteur ne laiffera pas de païer le prix qu'il en aura promis.

Les chofes qui ne font pas encore en nature, peuvent auffi être venduës, comme les fruits de l'anée prochaine; neanmoins à l'égard des blés, il eft défendu de les vendre en vert & en herbe, fuivant les Ordonances raportées par Guenois en fa Conference livre 4. titre 11.

Le prix de la chofe venduë peut être remis par le contrat à l'arbitrage d'une tierce perfone; mais en ce cas la vente eft condicionele & imparfaite, jufques à ce que le prix ait été defini; & fi la tierce perfone à laquelle on s'en éft raporté ne le difiniffoit pas, elle demeureroit imparfaite par le défaut de la condition.

La vente produit deux actions, fçavoir, cele d'achat, & cele de vente.

L'action de vente eft cele par laquele le vendeur conclut à ce que l'acheteur foit condamné de païer le prix de la chofe qui lui a été livrée, avec les interefts du jour de la demande; fi c'eft un meuble, du jour de de la delivrance & tradition; fi c'eft un immeuble, des fruits duquel ledit acheteur ait joüi.

L'acheteur n'eft pas en demeure de païer, qu'il n'ait été mis en poffeffion de la chofe venduë, ou qu'il n'ait été fommé par le vendeur à lui païer le prix, lui faifant ofre de lui livter la chofe venduë, autre-

X x iij

ment il auroit droit d'opofer à l'action du vendeur, qu'il eft prêt de le païer, s'il lui avoit fait la délivrance de la chofe qu'il lui auroit vêduë.

L'action d'achat eft cele par laquele l'acheteur conclut, à ce que le vendeur foit condamné de livrer la chofe qu'il a venduë avec les fruis qu'il en a perçus depuis la vente, fi c'eft un un immeuble; ou avec domages & interêts, fi c'eft de la marchandife qu'il n'a pas livré au jour & lieu qu'il avoit promis & qu'il étoit obligé par le contrat.

Quoique céte action naiffe de la perfection du contrat de vente, neanmoins l'acheteur n'eft pas en droit de s'en pouvoir fervir, s'il n'a auparavant executé le contrat de fa part, en païant le prix convenu ou en faifant des ofres réeles au vendeur ; car comme ce contrat comence par l'acheteur, il eft tres-jufte qu'il comence par lui de recevoir fon acompliffement & execution, autrement le vendeur auroit raifon de retenir la chofe venduë comme pour nantiffement & fureté du prix convenu.

Le vendeur d'ue chofe mobiliaire, eft obligé à la livrer bone, loyale & marchande, finon, & fi la chofe par lui livrée, comme du blé, du vin, des étoffes, ou autres marchandifes, fe trouvant defectueufe il eft tenu de les reprendre & en rendre le prix, fi ce n'étoit que le vice & la defectuofité en eût été declarée à l'acheteur, & qu'il les eût bien voulu acheter en cet état.

Le peril de la chofe venduë doit tomber fur l'aquereur, lors que la vente eft parfaite, fuivant le §. 3. *inftit. de empt. & vendit.*

Neanmoins lors que la vente eft fous condition, le peril de la chofe regarde le vendeur jufqu'à ce qu'elle foit acomplie ; car quoique les contractans ne puiffent pas fe repentir, la vente eft toûjours imparfaire, comme a remarqué Mantica *de tacit. & ambig, convention lib.* 4 *tit.* 26. *n.* 17. & on ne peut pas agir auparavant, ni pour la tradition ni pour être païé du prix.

Lors que l'on a vendu un genre de marchandife, le peril tombe auffi fur le vendeur, comme, par exemple, fi un Libraire avoit vendu un Praticien de Ferriere, il n'en feroit pas déchargé, quoique tous les exemplaires fuffent peris, *Genus perire non dicitur, leg.* 11. *Cod. fi cert petat. leg.* 14 §. 1. *ff. de peric. & comm. rei vend.*

Il ne faut pas auffi que le vendeur foit en demeure de livrer la chofe, ni qu'il y ait de fa faute, ce qui s'entend de *levi culpa*, à caufe que ce contrat regarde l'utilité de l'un & de l'autre, c'eft pourquoi il faut que le vendeur conferve la chofe avec la diligence que ceux qui font mediocrement vigilans ont coûtume d'aporter en leur propre affaire.

Nonobftant les conditions refolutives, qui n'empêchent pas que l'acte ne foit parfait, & n'en arêtent pas l'execution, le peril ne laiffe pas de tomber fur l'aquereur, quoique dans la fuite l'acte eût été refolu.

Le contrat de vente produit encore une troifiéme action, qui eft l'action redhibitoire, laquelle eft donée à l'acheteur, pour contraindre le vendeur à reprendre une chofe defectueufe.

Neanmoins, il y a deux chofes à diftinguer. 1°. Celui qui a été trompé en l'achat d'un cheval vicieux, fi le vice eft aparent, comme fi le cheval eft borgne ou gâté de farcin, le vendeur n'eft pas obligé de le reprendre, parce que l'acheteur a pû connoître le défaut de ce qu'il achetoit. 2°. que fi le vice eft latent, il eft obligé de le reprendre.

Il y a trois fortes de vices latens, pour lefquels le vendeur eft obligé de reprendre un cheval, fçavoir, la pouffe, la mourve, & la courbature.

L'action redhibitoire à l'égard des chevaux, doit être intentée huit jours après celui de la vente & livraifon du cheval en queftion.

Un Marchand qui a vendu fa marchandife fans jour & fans terme, qui l'a livrée, efperant d'être païé fur le champ, & qui incontinent après eft faifie fur l'acheteur, ou par lui revenduë & tranfportée ailleurs, le Marchand la peut pourfuivre & revendiquer, en quelque lieu qu'elle foit, parce que la marchandife ainfi venduë n'apartient pas à l'acheteur, jufques à ce qu'il en ait païé le prix, felon l'article 176. de la Coûtume de Paris.

Il faut dire auffi, que le Marchand qui a doné terme à l'acheteur, & qui pendant ce terme la marchandife a été faifie fur lui par fes creanciers, eft preferé fur le prix aux autres creanciers de l'acheteur, pourvû que le meuble ou la marchandife ait été faifie fur l'acheteur, auquel cas il n'eft pas obligé à venir à contribution, & eft preferé à tous autres creanciers.

Mais fi ce premier acheteur avoit vendu, & que le meuble fût faifi fur un fecond acheteur, le Marchand perdroit fon privilege, ainfi qu'il a été jugé par Arrêt raporté par Tournet fur ledit article 176. de la Coûtume de Paris.

Si un mineur Lieutenant d'une Compagnie de Cavalerie avoit acheté un cheval à un prix exceffif, il en peut être relevé, jugé par Arrêt rendu au profit du Baron de Chantal, le 9. Avril 1630 pour un cheval qui lui avoit été vendu 150. livres, Dufrefne livre 2. chap 58.

Il faut dire encore, que fi la vente d'un cheval avoit été faite à un mineur pour une fomme exceffive, à païer quand l'acheteur feroit

Prêtre, mort, ou marié, il peut auffi être reftitué ; ainfi qu'il a été jugé au profit de Monfieur le General des Galeres, quoi qu'Oficier de la Courone, pour un cheval qui lui avoit été vendu fix mille livres, parce que la Cour a toûjours rejeté par fes Arrêts ces fortes de conventions dependantes du fort & de l'évenement douteux & incertain des chofes.

Les vendeurs de vin de la Ville de Paris, peuvent faire contraindre ceux qui ont acheté du vin d'eux fur l'étape, par emprifonement de leur perfone, à en païer le prix, fuivant le privilege qui leur en eft doné par les Ordonances de l'Hôtel de Ville, au Chapitre 5. concernant les vendeurs de vin, article 16.

Autrefois en fait d'immeuble, le vendeur n'étoit pas preferé fur le prix de l'heritage par lui vendu, au créancier de l'aqureur, fi en vendant il n'avoit ftipulé & refervé un hipoteque fpecial.

Maintenant on Juge le contraire, car encore que le vendeur n'ait ftipulé aucun hipoteque fpecial, il ne laiffe pas d'en avoir un tacite & privilegié, par le moïen duquel il eft preferé à tous les creanciers dudit aquereur.

Si l'aquereur d'un immeuble eft évincé, le vendeur en doit reftituer le prix audit aquereur, avec dépens, domages & interêts, enforte que quoique le vendeur eût vendu fans garentie, il ne laiffe pas d'être obligé à la reftitution du prix, fi le contraire n'a été expreffement ftipulé par le contrat de vente de l'immeuble dont il s'agit.

On peut vendre une heredité ou des droits fucceffifs échus, mais on ne peut pas vendre un heredité ou des droits fucceffifs à échoir ; ainfi qu'il a été jugé par Arrêt raporté par Brodeau, fur Mr Loüet, lettre H, nombre 6. par lequel une donation de toutes les fucceffions échûës ou à échoir, à la referve d'une penfion, a été déclarée bone & valable pour les fucceffions échûës, & nulle pour les fucceffions à échoir.

Si en la vendition d'un heritage, le vendeur fe trouve lezé, donc moitié de jufte prix, il peut s'en faire relever; mais fi c'eft l'aquereur qui ait été lezé, & qui ait acheté la chofe deux fois plus qu'elle ne vaut, il ne peut pas en être relevé, jugé par Arrêt, raporté par Brodeau, fur Monfieur Loüet, lettre B, nombre 10.

Cependant pour empêcher la refcifion de la vendition, fi l'aquereur ofroit de paier le fuplement du prix jufques à fa jufte valeur, il y feroit reçû.

Pour faire caffer une vendition fondée fur une vilité de prix, il fe faut pourvoir par Lettres Roïaux obtenuës en Chancellerie.   CHAPITRE

CHAPITRE LXXXI.

Du Retraït Conventionel.

LE Retrait se prend en general pour un droit de retirer une chose venduë des mains de l'acheteur.

Il y a de trois sortes de Retraits ; sçavoir, le conventionel, le
feodal & le lignager.

Le Retrait Conventionel, est le droit qu'a le vendeur de retirer l'heritage par lui vendu, à faculté de rachat, ou de remeré,
des mains de l'aquereur dans un certain tems stipulé par le contrat de vente, en remboursant à l'acheteur le prix qu'il en a païé,
avec ses loïaux coûts.

Le Retrait conventionel est preferé au retrait feodal, & au retrait lignager, parce qu'il fait partie du contrat de vente, & que
l'alienation n'a été faite qu'à céte charge.

La clause de remeré, doit etre conceuë en ces termes ou autres
semblables ; *Et toutefois a été convenu & acordé, que le vendeur, ses*
hoirs & aïans cause, pouront, si bon leur semble, retirer ledit heri-
tage dans cinq ans, en remboursant le prix qui a été touché par le
vendeur, mais s'il n'y a pas de tems limité, la faculté de retrait
durera trente ans.

On ne peut pas stipuler par la clause de remeré que le vendeur
poura retirer ou racheter la chose venduë quand bon lui semblera ; car céte faculté de racheter quand bon semblera au vendeur,
se prescrit par trente ans, ainsi qu'il a été jugé par plusieurs Arrêts,
tant du Parlement de Paris, que des autres, remarquez par Cha.
rondas en ses Pandectes, Livre 2. Chapitre 31.

Le retrait conventionel peut étré cedé, atendu que cet un
droit formé, & une action qui est cessible, & peut être exercé
par le creancier.

La même chose est du retrait feodal, quoi qu'introduit par le
benefice de la Loi, & non par la disposition de l'homme.

L'aquereur à faculté de rachat dans un certain tems limité, ne
devient pas pour cela proprietaire incomutable de la chose, dés
le moment que le tems du remeré est expiré ; car, par Arrêt du
18. Mars 165. la question demandée aux Chambres, il a été jugé,
qu'aprés le terme de remeré expiré, l'aquereur est tenu de faire
ordoner en Justice, Partie presente, ou deüement apelée, que faute

d'avoir par le vendeur remboursé le prix dans le tems porté par le contrat, l'heritage lui demeurera incomutablement, sinon & à faute de faire par l'aquereur céte diligence, la faculté de remeré expire.

L'Arrêt est raporté par Mr Leprêtre, en son Recuëil d'Arrêts de la cinquiéme Chambre des Enquêtes.

Si un particulier avoit vendu son heritage à faculté de rachat, dans un certain tems, lui étant décedé, ses heritiers ne peuvent pas le retirer pour chacun leur part & portion, parce que la faculté de retirer est individuë, ainsi il faut retirer le tout, & offrir le remboursement de tout le prix, autrement on est non recevable.

Les fruits pendans par les racines sur l'heritage, au tems du retrait conventionel apartienent au vendeur qui retire, en remboursant à l'aquereur ses labours & semences.

Les Lods & ventes ne sont point dû pour vente faite à faculté de rachat, pourveu que le tems doné pour racheter n'excede pas neuf ans; car s'il excedoit neuf ans, les lods & ventes seroient dûs, suivant le sentiment de Brodeau sur Monsieur Loüet, lettre V, nombre 12.

Mais on oblige l'aquereur d'avancer les droits, sauf à les repeter, en faisant neanmoins doner caution par le Seigneur ou Fermier, qui les reçoit, s'ils ne sont pas notoirement solvables; mais je soûtiens qu'on ne peut pas obliger le vendeur à les avancer dans les lieux où il en est chargé, à cause qu'il peut dire qu'il a l'esprit de rentrer.

Si l'aquereur avoit créé des hipoteques pendant la condition du remeré, sur l'heritage à lui vendu, le remeré venant à s'executer, l hipoteque qu'il avoit créé seroit éteinte & aneantie, parce que par l'execution du remeré, & la resolution du contrat de vente, l'heritage retourne au vendeur, au même état qu'il étoit avant qu'il l'eût vendu, la resolution n'étant faite que pour cause necessaire & inherente au contrat.

Il faut dire aussi, que si le remeré ne s'execute pas, & que l'heritage demeure incomutablemeut à l'acheteur, les Lods & ventes sont dûs au Fermier qui étoit au tems du contrat de vente, & non point à celui, qui étoit au tems que la faculté de remeré est expirée; mais si le remeré s'exerçoit après les neufs ans, je ne crois pas qu'il fut dû doubles droits, d'autant que le vendeur peut rentrer dans les trente ans, jusqu'à ce qu'il y ait un jugement qui repute l'aquereur proprietaire incomutable.

Pour exercer la faculté de rachat & de remeré, il faut que le vendeur fasse sommer l'acheteur de lui délaisser l'heritage suivant la clause aposée au contrat de vente, lui ofrir le prix de la vente, les frais & loïaux coûts, & l'assigner pour voir déclarer ses ofres bones & valables, ce faisant ordoner qu'il délaissera l'heritage, suivant ladite clause.

CHAPITRE LXXXII.

Du Retrait Feodal.

LE retrait Feodal ou retenuë de fief par puissance de fief, est un droit, par lequel un Seigneur peut retraire des mains de l'aquereur un fief mouvant de lui, vendu par le Vassal ; pourveu que le retrait se fasse dans quarante jours, à compter non pas du jour de la vente; mais du jour qu'elle a été notifiée au Seigneur par copie du contrat de vente à lui baillée par l'aquereur.

Le proprietaire du fief dominant peut user du retrait feodal, par l'article 20. de la Coûtume de Paris, & l'usufruitier du même fief, ensorte neanmoins que le proprietaire le poura retirer des mains de l'usufruitier ou de ses heritiers après que l'usufruit aura pris fin, en remboursant à l'aquereur le prix qu'il en a païé, avec les frais & loïaux coûts.

La retenuë feodale, est un fruit du fief dominant, dont l'usufruitier doit joüir durant le tems de son usufruit.

Si le mari aime mieux prendre le quint, que d'exercer le retrait feodal en vertu du fief dominant, apartenant à sa femme, il le peut ; car c'est le profit de la comunauté, de laquelle il est le maître, ensorte que la femme ne peut pas demander d'exercer le retrait au préjudice du droit du mari.

Les Arrêts ont jugé que ce droit est cessible, ainsi le Seigneur le peut ceder & transporter à qui bon lui semble, mais le retrait lignager ne l'est pas, comme étant ataché à la famille.

Le Roi peut user du retrait feodal, & le ceder, l'Eglise le peut aussi, à moins qu'il n'y ait disposition contraire, dans les Coûtumes des lieux où leurs biens sont situez ; cependant c'est un moien pour faire passer toutes les Seigneuries aux Eglises qui ont beaucoup de mouvance, empruntant pour cet éfet sous le nom de leur benefice.

Quoi que ce droit soit cessible, il faut dire, que la doüairiere &

tout autre ufufruitier le peut ceder, enforte neanmoins que l'ufufruit étant fini, le proprietaire du fief dominant le poura retirer
des heritiers de l'ufufruitier.

S'il y a plufieurs proprietaires du fief dominant, & que les uns
vouluffent exercer le retrait, d'autres recevoir le droit de quint;en
ce cas, l'aquereur n'eft pas obligé de foufrir la divifion du fief, &
il peut obliger ceux qui voudront exercer le retrait de retenir le
tout,& s'ils y confentent,il ne peut pas l'empêcher,enforte que l'un
ou l'autre des proprietaires du fief dominant ne peuvent pas retenir le tout fans le confentement de l'aquereur, ou ceffion des droits
de leurs cofeigneurs, & s'il le veut foûfrir, chacun des Seigneurs
exercera fon droit par moitié fur le fief par lui aquis.

Lorfque le Seigneur en partie a exercé le retrait pour le tout,
la totalité du fief n'eft pas réunie à fon fief dominant, parce qu'à
l'égard des autres portions, il n'eft confideré que comme un
étranger, & fubrogé en place de l'acquereur, ainfi il eft tenu d'en faire la foi & hômage, & païer les droits de quint à fes
cofeigneurs.

Le Seigneur cenfier ne peut pas exercer le retrait, ni retenir
fur les heritages roturiers qui font en fa cenfive, c'eft un droit que
la Coûtume de Paris n'acorde qu'au Seigneur feodal,fur le fief qui
releve de lui, mais il le peut en d'autres Coûtumes qui admetent
le retrait cenfuel.

Les heritages, tant propres, que d'aquêt, font auffi fujets au
retrait feodal.

Le Seigneur feodal eft obligé d'exercer le retrait, ou fon droit
de retenuë dans les quarante jours aprés que l'aquereur lui a noti-
fié fon aquifition, lui en a'ehxibé le contrat & baillé copie; fur
quoi il faut ici obferver, que la feule notification fans exhibition
des contrats n'eft pas fufifante pour faire courir contre le Seigneur feodal la prefcription de quarante jours, par ce qu'il n'eft
pas obligé de croire un fimple dire & recit de l'aquereur.

La notification & exhibition de contrat,doit être faite au Seigneur, en prefence de Notaire ou autres perfones publiques, qui
en puiffent doner acte par écrit, pour faire foi en Juftice.

Le tems d'exercer le retrait feodal, court contre toutes perfones, mineurs,abfens,furieux, Eglifes, & autres perfones privilegiées, fans efperance de reftitution.

Le jour de la notification faite par le Vaffal, & le jour de la
déclaration faite par le Seigneur,ne font pas compris, ni comptez
dans les quarante jours du retrait;car, ces deux jours,qui font les

deux termes de la prescription , l'un par laquelle elle comence, l'autre par laquelle elle finit , n'y sont pas compris.

S'il n'y a pas de notification faite au Seigneur , l'action du retrait feodal dure trente uns , après lesquels elle est prescrite.

L'instance est aussi perie par trois ans , soit que l'instance soit contestée ou non.

Quoique le Seigneur à qui le retrait feodal a été adjugé ne rembourse pas dans les quarante jours le prix , avec les frais & loïaux coûts, neanmoins , il n'est pas déchû du retrait ; car telle rigueur , non plus que les autres ausquelles sont sujets les retraits lignagers , n'ont pas de lieu au retrait feodal, parce que la Coûtume n'en parle point ; mais le Seigneur est seulement tenu de rembourser dans le tems qui lui est préfini par le juge, autrement déchû , ainsi qu'il a été jugé par Arrêt du Parlement de Renne, coté par Brodeau , sur l'article 29. de ladite Coûtume de Paris, nombre 25.

L'aparent lignager du vendeur est preferé au Seigneur feodal, au cas de la vente d'un fief propre, ce qui se doit entendre en la Coûtume de Paris & autres semblables , parce qu'il y en a d'autres où le droit de prélation, est préferé au retrait lignager ; mais dans la Coûtume de Paris , il peut prescrire l'heritage sur le Seigneur dans l'an & jour que le fief a été retenu par le Seigneur , & que la vente en a été publiée en jugement au plus prochain Siege Royal.

Celui qui a exigé les Lots & ventes ne peut plus retenir le fief par puissance , ni main Souveraine , en cas que la demande en ait été acceptée ; car, si l'on avoit contesté , le Seigneur seroit encore endroit de retirer.

CHAPITRE LXXXII.

Du Retrait Lignager.

LE Retrait Lignager est un droit & une faculté que la Coûtume done à un parent, pour retirer l'heritage vendu par son parent, & le conserver dans sa famille.

Il y a quatre choses à considerer dans le retrait lignager ; la premiere, quelles choses sont sujetes au retrait lignager ; la seconde, quelles persones en peuvent intenter l'action ; la troisiéme , dans quel tems ils la doivent intenter ; & la quatriéme , quelle formalité il faut observer.

Les heritages propres font sujets à retrait, quand ils ont été alié- nés par un contrat de vendition.

Je dis heritages, & non pas immeubles, parce qu'il n'y a que les heritages, qui font immeubles veritables & naturels, qui foient sujets au retrait lignager, & que les immeubles fictifs, qui n'ont aucune fituation fixe & certaine, comme les ofices & les rentes conftituées, ne font pas sujetes audit retrait.

Les rentes foncieres, les contrats d'emphiteofe, & les baux à lon- gues anées, les loges, boutiques, étaux, tenus & achetés du Roi à faculté de rachat, font sujets à retrait, suivant l'article 148. & 149. de la Coûtume de Paris.

Les coupes des bois de haute-fuftaïe ne font pas sujetes à retrait, neanmoins j'eftime que ces bois y font sujets, quand ils fervent d'or- nement.

L'heritage aliené par contrat de bail à rente rachetable, eft auffi sujet à retrait, parce qu'un contrat de bail à rente rachetable à un certain prix, équipole à une vendition, fans atendre que les trente ans, aprés lefquels céte faculté eft preferite, foient expirés.

La même chofe eft, de l'heritage baillé à rente non rachetable, ou bail emphiteotique, en la Coûtume de Paris, felon l'article 149. mais il y a d'autres Coûtumes, où ils n'y font pas sujets, comme par exemple en la Coûtume de Méaux, article 116. en la Coûtume de Vermandois, Article 242. & en la Coûtume de Rheins, Arti- cle 209.

Si aucun vend l'ufufruit de fon propre heritage à une perfone étrangere, cet ufufruit n'eft pas sujet à retrait.

Quand le debiteur d'une rente fonciere non-rachetable, rachéte du confentement du bailleur & Seigneur direct de l'heritage, ladite rente eft pareillement sujete à retrait; fuivant le fentiment de l'Ho- meaux, en fes maximes, article 164.

Neanmoins, il me femble qu'il feroit plus jufte qu'elle demeurat éteinte en faveur de la liberation, quoique l'hipoteque doive fubfi- fter, s'agiffant de l'intereft d'un tiers.

Le rachat & extinction d'une rente rachetable, conftituée par l'aquereur au vendeur pour le prix d'un heritage, n'eft pas sujet à retrait, parce que le creancier en recevant le rembourfement de fa rente rachetable, n'aliéne plus rien, aïant tout aliéné dés le mo- ment qu'il l'a baillé à rente rachetable, auquel tems il y a lieu à re- trait, auffi bien qu'au païement des lods & ventes.

Les heritages échangés, ne font pas auffi sujets au retrait, enfor- te que le retrait n'a pas lieu en contrat de change, s'il ni a foulte;

ex cedant la valeur de la moitié, mais s'il y a soulte excedant la valeur de la moitié, il y a lieu au retrait, selon l'article 145. de la Coûtume de Paris.

Toutefois quoi qu'il y ait soulte excedant la moitié, cependant il n'y a pas lieu au retrait pour la totalité de l'heritage, il n'y a lieu qu'à proportion, & jusques à la concurence de la soulte, si ce n'est que l'aquereur veüille obliger le retraiant à retirer le tout, comme il se peut, n'étant pas tenu de diviser son aquisition, quand même le change auroit été fait d'un heritage propre, contre une rente constituée & par consequent rachetable, parce qu'en la Coûtume de Paris les rentes constituées sont immeubles.

Quand celui qui a baillé des rentes en échange d'un heritage, rachete, ou reprend par retrocession lesdites rentes dans l'an de l'écheance, Brodeau sur ledit article 145. de ladite Coûtume de Paris, est d'avis que c'est une presomption sufisante de fraudes, & de déguiment, & en raporte plusieurs autorités, ainsi je crois qu'il y a lieu au retrait.

L'heritage échangée avec des meubles est encore sujete à retrait, quand même ce seroit contre des meubles précieux.

Si un propre a été échangé contre un ofice, l'ofice ne doit être consideré que comme un meuble précieux, qui tient lieu de prix & doit être estimé en argent, ce que Brodeau sur ledit article 145. de la Coûtume de Paris, dit avoir vû pratiquer en le change d'un ofice contre un propre.

Or il s'ensuit, que suivant son avis, il y auroit en ce cas lieu au retrait; c'est pourquoi il y a d'autant plus de dificulté sur ce sujet, que depuis que l'on touche par hipoteque le prix des Ofices, on a même depuis peu permis au sieur Delions Procureur du Roi de Pontoise, de retirer par retrait l'Ofice de Procureur du Roi adjugé sur son fils, à qui il l'avoit doné.

En vente d'universalité de meubles, il n'y a pas lieu au retrait, aussi bien qu'en toute sucession, qui ne consiste qu'en meubles; mais si en la sucession il y avoit des meubles & des heritages, en ce cas le retrait auroit lieu pour les heritages propres seulement, & pour cet éfet, il faut faire ventilation du prix, pour sçavoir ce qui doit être remboursé pour les heritages.

Neanmoins, il y a deux choses à distinguer à l'égard des heritages delaissés par une transaction, c'est à dire, quand par la transaction, celui qui possedoit est conservé en possession, il n'y échet point de retrait, bien que le possesseur baille de l'argent pour sortir de procés; mais si le possesseur est depossedé par la transaction & qu'il y ait transport de proprieté, il y a lieu au retrait.

L'heritage adjugé sur un Curateur à la chose abandonée & deguerpie, n'est pas aussi sujet au retrait, par l'article 153. de la Coûtume de Paris ; mais si le propre avoit été délaissé par hipoteque, il seroit sujet à retrait, parce qu'il demeure dans la famille jusqu'à la vente, au lieu que celui qui déguerpit perd aussi-tôt son droit.

Le retrait a encore lieu sur un heritage propre adjugé par decret, sur un Curateur aux biens vacans, ou sur l'heritier par benefice d'inventaire, ainsi qu'il est dit par l'article 151. de ladite Coûtume de Paris ; neanmoins il sufit que l'heritage ait été aquêt au défunt, parce que l'heritage fait souche en la persone de l'heritier beneficier.

Les heritages adjugés par decret, sont aussi sujets au retrait, tout ainsi que s'ils avoient été vendus volontairement ; mais les heritages aquis par une Ville ou Comunauté, ou par le Roi, pour l'usage, n'y sont pas sujets, non plus que les Dixmes infeodées, quand même ils retourneroient à l'Eglise par achat.

L'action en retrait lignager doit être intentée par le parent du du vendeur du côté & ligne, dont ledit heritage lui est échû.

Cependant, il n'est pas necessaire d'être parent du vendeur, pour pouvoir retirer l'heritage vendu ; car les enfans sont recevables au retrait, encore qu'ils ne soient pas heritiers de leur pere, parce que que le retrait est un droit d'usage & de la parenté, & non d'heredité.

On veut même que le pere, qui a sucedé à une action de retrait intentée sous le nom de son fils, du propre vendu par lui même, peut continuër lui-même d'agir pour retirer, d'autant que ce n'est pas venir contre son propre fait.

Neanmoins je soûtiens, qu'il faut necessairement être habile à succeder pour pouvoir venir au retrait, & c'est pour cela qu'un bâtard qui n'est pas habile à succeder, n'est pas habile à retraire.

Toutefois, si un bâtard avoit été legitimé par subsequent mariage, céte legitimation qui se fait par le benefice de la loi, le rendant legitime pour tous éfets, il seroit habile à retraire ; à l'égard de tous ses parens ; mais s'il avoit été seulement legitimé par Lettres, il ne pourroit retirer que les heritages vendus par son pere & par ses parens qui auroient consenti à sa legitimation.

Il n'est pas necessaire, selon la Coûtume de Paris, d'estre descendu en droite ligne de l'aquereur de l'heritage qui l'a mis dans sa famille, il sufit d'être parent du vendeur, du côté en ligne dont l'heritage est venu.

Par exemple, un Cousin germain peut retirer un heritage vendu

par

par fon coufin, qui avoit été aquis par le pere du fecond coufin, & fait propre naiffant en fa perfone.

On prétend même qu'il fufit que l'heritage ait paffé de collateral à collateral, pour être reputé propre à l'éfet du retrait, fans qu'il ait une fois fait fouche en directe.

Il y a Arreft pour ce fujet dans Brodeau fur l'article 129. de ladite Coûtume de Paris, nombre 6. du 7. Juillet 1633.

Lors qu'un heritage paffe d'une ligne à une autre par fucceffion, donation, ou autrement, & qu'il échet dépuis par la fucceffion du nouveau poffeffeur à quelqu'un de la famille de ce nouveau poffeffeur, la ligne de l'ancien proprietaire n'eft plus confiderée, mais feulement celle dans laquelle l'heritage eft entré.

A la verité, fi le nouvel aquereur eft auffi de la ligne du premier, le droit de l'anciene feroit confervé, & aprés qu'il y eft une fois échu par fucceffion, le retrait y a lieu pour les deux lignes; mais on n'admet pas au retrait ceux d'une ligne lors que ceux de l'autre vienent à manquer, comme pour les fucceffions.

Quand un particulier a vendu un heritage de fon propre, & que fon parent foit intervenu au contrat, comme caution & fidejuffeur de la vente, ce parent peut retirer l'heritage vendu, par retrait lignager, pourveu que par le contrat il n'ait pas expreffément renoncé au droit de retrait; mais s'ils avoient tous deux vendu folidairement, j'eftime en ce cas qu'il n'y auroit pas lieu au retrait.

Autre chofe eft de deux freres, ou de deux parens; car fi par un même contrat deux freres, ou deux parens avoient vendu deux diferentes portions d'un même heritage, dont ils joüiffent feparement, l'un d'eux peut retirer la part de l'autre.

Un tuteur peut auffi retirer par retrait en fon nom l'heritage de fon mineur, qui a été vendu & adjugé par decret fur lui en qualité de tuteur, tout de même qu'il peut en qualité de tuteur, retirer l'herige qui a été vendu fur lui en fon nom; mais fi un tuteur, ou curateur avoit vendu folidairement avec fon mineur, il ne feroit pas recevable au retrait.

Il faut dire encore, que fi un parent avoit encheri au decret de l'heritage adjugé par decret fur fon parent, il feroit pareillement reçu à retraire.

Le Juge pardevant lequel un heritage a été vendu par decret, eft auffi recevable au retrait.

Neanmoins on tient que celui qui a vendu en qualité de directeur des creanciers, ne peut plus retraire, à la diference de celui qui étoit opofant à la direction, lequel peut retirer, encore qu'il ait doné pouvoir aux directeurs de vendre; ainfi qu'il a été jugé aux Requêtes du Palais, au mois de Juin 1678. contre la Dame Abbeffe de Saint Paul lez Bauvais.

Un pere peut retirer fous le nom de fon fils, l'heritage par lui vendu, quand même le fils n'auroit pas encore été né au tems de la vente; car il fufit qu'il foit né, ou conçu au tems que l'action de retrait doit être intentée.

L'heritage retiré par le pere, fous le nom & comme tuteur naturel de fon enfant, apartient en propre audit enfant, en raportant à fes coheritiers l'argent & les frais debourfez pour ledit retrait, quand il viendra à la fucceffion de fon pere.

Cependant il femble qu'il faudroit fupofer que la mere fût decedée, & que l'enfant eût du bien de fon chef, autrement c'eft une moquerie que le pere viene contre fon propre fait, & retire fous le nom d'un enfant qui n'a aucun bien.

On juge auffi que le fils qui eft heritier de fon pere, ne peut pas retirer l'heritage par lui vendu, lors que le pere a promis garentir le contrat, & de n'y pas contrevenir.

Quand la femme eft lignagere du vendeur, le mari peut retirer feul & fans procuration de fa femme; mais il faut que l'affignation foit donée, & les ofres faites fous le nom de fa femme, à peine de nullité, ainfi qu'il a été jugé par Arrêt, raporté par Brodeau, fur l'article 119. de la Coûtume de Paris.

Il y a un cas, où le vendeur eft recevable à retirer l'heritage qu'il a vendu lui même, qui eft quand il a vendu à fon parent, qui a revendu à un étranger; car comme il ne l'avoit pas mis hors de la ligne, il n'a pût le retirer, quand celui auquel il avoit vendu l'a mis hors de la ligne.

L'action en retrait doit être intentée dans l'an & jour de l'enfaifinement du contrat, fi c'eft un heritage en roture qui ait été vendu, ou de la reception en foi & homage, fi c'eft un fief; mais s'il n'y a pas eu d'enfaifinement, ni de reception en foi & homage, elle dure trente ans.

Si l'heritage eft de franc-à-leu, l'an du retrait comence du jour que l'aquifition a été publiée & infinuée en jugment au plus prochain Siege Roïal; mais s'il y a fraude ou déguifement au contrat de vente, en ce cas l'an du retrait ne court que du jour que la fraude a été découverte.

Que fi le mari vend feul le propre heritage de fa femme, à la charge de la faire ratifier, l'an du retrait courra feulement du jour de la ratification; mais s'il avoit vendu en vertu d'une procuration de la femme, l'an & jour courroit du jour du contrat de vente, parce que la ratification n'est pas abfolument neceffaire quand il y a procuration; & fi la femme ratifie, fa ratification a éfet retroactif au jour du contrat.

Le mineur qui a vendu pendant fa minorité, & ratifié en majorité, l'an du retrait court du jour du contrat, jugé par Arrêt raporté par Maître Anne Robert livre 3. chapitre 17.

Si la proprieté d'un heritage a été renduë à celui qui en joüiffoit par ufufruit, l'an du retrait ne courra que du jour du décez de l'ufufruitier.

Quand un heritage a été vendu par contrat volontaire, avec faculté de le decreter fur foi, pour purger les hipoteques, l'an du retrait court du jour du contrat; mais s'il a été vendu par decret forcé, dont il y ait eu apel, il courra du jour de l'adjudication.

Le demandeur en retrait doit conclure, à ce que le défendeur foit condamné à délaiffer par retrait lignager l'heritage par lui aquis de tel, dépuis l'an & jour, aux ofres qui lui font faites en argent, & à deniers découverts, de le rembourfer du prix principal, & de fes frais & loyaux coûts, & à parfaire fuivant la Coûtume.

Ces ofres doivent être faites, tant par l'exploit d'ajournement, qu'à chaque journée de la caufe principale, jufques à conteftation inclufivement; & en caufe d'apel, jufques au jour de l'Arrêt de conclufion fur l'apel, auffi inclufivemennt, & à faute de faire fes ofres, le retrayant eft débouté du retrait, ainfi qu'il eft dit par l'article 140. de la Coûtume de Paris.

L'article 159. de la Coûtume de Melun porte, que le défendeur doit requerir la décheance du retrait à la même affignation, autrement le retrayant peut purger fa demeure; & Coquille fur l'article 5 du retrait de la Coûtume de Nivernois, tient que céte difpofition eft fi jufte, qu'elle doit être fuivie par tout.

Neanmoins on pratique au Palais le contraire, car fi le défendeur avoit paffé l'apointement de conteftation en caufe, fans demander la décheance faute d'ofres, il peut être relevé de céte omiffion.

Pour parvenir au retrait, il faut que le parent qui veut retraire, articule & preuve fa genealogie, par titres, ou par témoins; cependant fi elle n'étoit pas débatuë, il ne feroit pas neceffaire de la juftifier.

Il n'y a point de garant en fait de retrait, ni de garantie, excepté que le vendeur ne fe fût expreffément obligé de faire ceffer toute

Z z ij

demande en retrait, au quel cas il feroit tenu de le faire, finon condamné aux domages & interêts de l'aquereur, d'autant que ce n'eſt pas tant le fait d'autrui que ſon propre fait, que l'on ſtipule, §. *Si quis alium 3. inſtit. de inutil. ſtipulat.*

Mais on pouroit ſouvent par céte clauſe engager des vendeurs, à ſe faire, forts de ce qui n'eſt pas en leur pouvoir, enſorte que l'aquereur a ſçû, ou dû ſçavoir, le droit qui apartenoit à ceux de la ligne.

Le demandeur en retrait qui a eté débouté faute d'ofres, ne peut pas de nouveau faire ſa demande, ainſi qu'il a été jugé par Arrêt du Parlement de Paris, le 14 Juillet 1571.

Le parent le plus proche, n'eſt point préferé au plus éloigné; car en ce cas, il faut ſuivre les Coûtumes des lieux qui ſont diferentes ſur ce ſujet; mais en la Coûtume de Paris, celui qui a prévenu & a été le plus diligent, eſt preferé, article 141.

L'aſſignation en retrait peut être donée le dernier jour de l'année, auquel échet le retrait, pourveu qu'elle échée dans l'an & jour, ſelon l'article 130. de ladite Coûtume de Paris, bien que par ledit article, l'aſignation doive échoir dans l'an & jour; neanmoins il y a beaucoup de Coûtumes où il ſuſit que l'ajournement ſoit doné dans l'an, bien que l'aſignation échée aprés l'an.

Lhommeau, en ſon Commentaire, article 196. dit, que l'aſignation en retrait donée un jour de feſte, eſt bone & valable, pourveu que ce ſoit le dernier jour de ſon écheance.

C'eſt auſſi le ſentiment de Dumoulin, ſur l'article 322. de la Coûtume de Paris; la raiſon eſt, que les ofres que l'on eſt obligé de faire, ſont actes de Juriſdiction volontaire.

Le jour de la paſſation du contrat de vente de l'heritage qu'on veut retirer, n'eſt pas compris dans l'an & jour.

Il y a huit formalitez requiſes à obſerver dans l'exploit d'ajournement en retrait lignager, pour être valable & dans les formes.

Primò. Qu'il ſoit libellé ſuivant l'Ordonance.

Secundò. Qu'il contienne les ofres de bourſe déliée, deniers loyaux, coûts, & à parfaire, en mêmes termes qu'il eſt porté par la Coûtume du lieu où s'execute le retrait.

Tertiò. Que l'ajournement, non ſeulement ſoit doné dans l'an, mais auſſi que l'aſignation échée dans l'an, ce qui eſt particulier en la Coûtume de Paris, ainſi qu'il eſt dit cy-deſſus.

Quartò. Que l'Exploit d'ajournement ſoit ſigné du Sergent & de deux records ou témoins, tant en l'original, qu'en la copie.

Quintò. Qu'il ſoit fait mention de la demeure & qualité deſdits témoins.

Sextò. Que la signature desdits témoins est necessaire, quand même les Exploits seroient faits par les Huisiers de la Cour, qui entr'autres matieres, sont dispensez de prendre des records & témoins.

Toutefois, je crois que dans les Coûtumes qui ne parlent pas de témoins, il n'a pas été necessaire d'en apeler dépuis l'établissement du Contrôle des Exploits.

Septimò. Que l'asignation soit donée en Jugement, & non en l'Hôtel du Juge.

Octavò. Que ledit ajournement soit doné de jour,& non de nuit à heure induë.

Ainsi toutes ces formalitez sont si essentielles au retrait, que le manquement d'une seule emporteroit la décheance du retrait lignager, comme il a été jugé par plusieurs Arrêts, raportez par Brodeau, sur l'article 130. de la Coûtume de Paris.

De sorte, que si le demandeur en retrait étoit tombé en quelqu'une de ses nullitez, soit en l'exploit de demande, ou en quelqu'autre acte de la cause, il lui est impossible de reformer ledit acte ou exploit, ni recomencer une autre instance, quoi qu'il fut encore dans l'an.

Or, il s'ensuit que le demandeur ne peut pas raporter céte nullité, pour éviter la peine de la décheance, ni faire une nouvelle demande, parce que dés le moment que la contravention est comise, la peine est encouruë,& la décheance aquise de plain droit à l'aquereur.

Neanmoins il y a deux fautes, dont on peut coriger l'ereur, en l'Exploit d'ajournement en retrait, 1° Come si la femme étant lignagere, on avoit omis de parler d'elle; 2° Si au lieu de la ligne maternelle, on avoit mis la ligne paternelle, si bien que dans l'un & l'autre de ces deux cas, céte ereur peut étre corigée, & reformée, tant avant la contestation, qu'aprés, pourveu qu'on soit encore dans l'an, parce que ces ereurs n'emportent pas des nullitez essentielles, ni par consequent de décheance du droit.

Le retrait étant adjugé, le retraïant doit païer & rembourser l'aquereur des deniers qu'il a paiez au vendeur pour le prix de l'heritage retiré, ou les consigner, au refus dudit acheteur, icelui dûëment apelé à voir faire la consignation,& ce dans les vingtquatre heures aprés que le retrait aura été jugé.

C'est le défendeur qui est obligé le premier de satisfaire à la Sentence portant adjudication du retrait, car il faut qu'il mette son contrat au Greffe, & qu'il en afirme le prix ,avant que le demandeur foit obligé de le rembourfer, ainfi qu'il eft dit par l'article 136. de ladite Coûtume de Paris; & fi le défendeur ne veut pas metre fon contrat au Greffe, ni l'afirmer, en ce cas il faudra ofrir & configner.

Le retraïant n'eft pas tenu de configner les reparations, ni ameliorations faites par l'aquereur, il fufit qu'il configne le fort principal, auffi l'aquereur ne peut pas changer l'état des lieux ni faire faire aucunes reparations durant l'an & jour, fi elles ne font neceffaires.

S'il y a apel de la Sentence, & que ce foit un procés par écrit, il faut continuer les ofres jufques à l'Arrêt de conclufion inclufivement, & en apelation verbale, toûjours, parce que l'on conclut en plaidant.

Le retraïant n'eft pas non feulement obligé de rembourfer à l'aquereur le fort principal, il faut auffi qu'il rembourfe les frais & loïaux coûts dans les vingt-quatre heures aprés la liquidation.

Les frais & loïaux coûts, font les frais du contrat & les reparations neceffaires, enforte que les vins & épingles ftipulez par le même contrat ne font pas parties des frais & loyaux coûts; mais ils font partie du principal, & faute dans les vingt-quatre heures de rembourfer lefdits frais & loïaux coûts, le retraïant eft débouté de fon retrait, pourveu toutefois qu'il y ait eu interpellation & comandement de païer préalablement fait à l'aquereur.

J'ai de la peine à me rendre à l'avis de certains Praticiens du fiécle avec lefquels je converfe tres-fouvent au Palais, qui eftiment qu'un Roturier évincé par retrait, par un Gentilhomme, du fief qu'il avoit aquis, ne peut pas repeter ce qu'il a paié dans l'anée pour le droit de franc-fief, non pas qu'un noble foit tenu de céte charge, mais parce que l'aquereur doit être indemnifé.

Les fruits de l'heritage retiré apartienent au retraïant du jour de l'ajournement & des ofres; c'eft pourquoi en matiere de retrait lignager, les fruits ne font pas partagez, entre le retraïant & l'aquereur, à proportion du tems que l'un & l'autre ont joüi durant l'anée du retrait; car ils apartienent entierement au retraïant du jour dudit ajournement, & des ofres.

Il a été jugé qu'encore que le contrat eut été fait au mois de Juillet, les bleds étant prêts à recueillir, ils apartienent au retraïant, encore que l'aquereur eût aquis dés le mois d'Octobre précedant.

L'Arrêt en eft raporté par Brodeau fur l'article 134. de la Coûtume de Paris.

L'interest est dû à l'aquereur de son argent jusqu'à la consignation; mais suivant mon sentiment, il seroit beaucoup plus juste de partager les fruits à proportion du tems, parce qu'un retrayant vient souvent la veille d'une dépoüille, enlever à un aquereur les fruits de ses peines.

L'aquereur doit être remboursé de ses labours & semences, & s'il ne recueille pas les fruits, ils doivent être employez dans les frais & loyaux coûts.

Il n'en est pas de même des arerages de rentes & loïers de maison; car le retrayant ne les peut prétendre que du jour de sa demande & de ses ofres, l'Arrêt ci-dessus cotté ne pouvant avoir lieu que pour les fruits naturels.

L'action en retrait doit être intentée pardevant le Juge du domicile du défendeur, & non pas devant celui où l'heritage a été adjugé par decret, n'y aïant rien de conexe.

Mais en certaines coûtumes l'assignation ne seroit pas nulle pardevant les Baillifs & Senéchaux, à cause de la prévention qu'ils ont, sauf le renvoi, ce qui doit avoir lieu à plus forte raison, dans celles où les Baillifs & Senéchaux sont competans de conoître des causes des Nobles & Ecclesiastiques qui sont assignez directement devant eux, ou lorsque les mêmes Baillifs ont droit de conoître des diferens en consequence d'actes passez sous scel Roïal.

Toutefois si le Juge étoit tout-à-fait étranger, comme celui d'une autre Seigneurie, ou un Juge extraordinaire, l'incompetence feroit déchoir du retrait, ou plûtôt celui qui auroit dépuis fait assigner, auroit prevenu, & il ne sufit pas de ratifier l'assignation aprés coup, au préjudice de celui qui a aquis le droit.

Il ne faut pas de commission pour donner l'assignation en retrait, un simple Exploit sufit, & l'assignation donée, si la cause n'est pas jugée à l'Audiance, il faut écrire & produire, bailler contredits & salvations.

Il peut y avoir retrait sur retrait, c'est à dire, que si le Seigneur feodal avoit retiré, le lignager pourroit aussi retirer sur lui dans l'an & jour de la retenuë publiée au plus prochain Siege Roïal.

Le retrait lignager ne se peut point ceder, pour quelle cause que ce soit, & l'an du retrait court aussi bien contre les mineurs, que contre les majeurs, sans esperance de restituer, & pareillement contre les absens.

L'assignation donée à un absent, doit être donée au lieu de son dernier domicile.

L'Instance de retrait faute de poursuivre, perit par an & jour, & la peremption aquise.

Quand un heritage eſt retiré durant la comunauté d'entre le
mari & la femme, & icele diſſoluë, cet heritage apartient à celui
des conjoints du chef duquel il a été retiré, en rendant la moitié du
prix à l'autre conjoint, ou à ſes heritiers ; mais dans la ſucceſſion de
ce conjoint du chef duquel il a été retiré, il apartiendra à l'heritier
des propres, en rendant le prix à l'heritier des aqueſts.

L'heritage vendu par licitation, eſt auſſi ſujet à retrait, par l'article 154. de la Coûtume de Paris, où il eſt dit, *Portion d'heritage venduë par licitation eſt ſujete à retrait, à moins qu'elle ne ſoit adjugée à un
coproprietaire.*

Coquille ſur Nivernois, article 19. du retrait dit, que la diſpoſition
de cet article de la Coûtume de Paris, eſt contraire à la raiſon, à cauſe
de la difficulté d'évaluer, & du peril de tomber en comunauté, autrement la licitation auroit lieu à l'infini, parce que l'autre ne voudroit pas laiſſer aller ſa part.

On juge que l'heritage retiré par retrait lignager eſt ſujet aux hipoteques crees & conſtituées pour l'aquiſition de l'heritage, même
au profit de celui qui a été ſubrogé aux mêmes hipoteques, ſans
la participation du retrayant ; mais on ne peut pas l'aſſujetir aux autres hipoteques, pour autre cauſe que celle de l'aquiſition, qui ſon
éteintes, l'aquereur étant evincé pour cauſe neceſſaire.

La formule de l'Exploit d'ajournement, & retrait & la maniere de
ſa comporter en céte matiere, eſt au Chapitre des Ajournemens de
mon Stile general des Huiſſiers & Sergens, où je renvoïe le Lecteur

CHAPITRE LXXXIII.

Du Loüage & privileges acordez aux Proprietaires des maiſons, & heritages.

LOüage eſt un Contrat, par lequel un particulier baille à un autre une choſe mobiliaire ou immobiliaire, pour en joüir durant
un certain tems, moïenant un certain loïer, ou une certaine penſion
convenuë entre les parties.

Ce Contrat ne requiert pour ſa perfection, que le ſeul conſentement des contractans, touchant la choſe loüce, & la penſion pour
l'uſage d'icelle.

Le Loüage produit deux actions, l'une acordée au bailleur, & l'autre au preneur.

La premiere eſt, pour faire joüir le preneur de la choſe qui lui a
été baillée à ferme, ou à loüage, ſinon & à faute de ce faire le bailleur

leur doit être condamné en tous fes domages & interêts.

La deuxiéme eft, pour faire condamner le premier, à païer les loïers ou la penfion qu'il a promife, & à rendre la chofe qui lui a été baillée à loüer ou à ferme, après le tems expiré, en auffi bon état qu'elle étoit lors quelle lui a été baillée.

Neanmoins, il y a plufieurs chofes à diftinguer à l'égard de la chofe livrée, foit meuble ou immeuble, venant à perir entre les mains du preneur.

Comme, par exemple, fi un cheval venoit à mourir, ou une maifon à être brûlée, & que ce fut par la faute ou negligence du preneur, la perte tomberoit fur lui, & il feroit tenu de païer la valeur du cheval, ou de la maifon.

Mais, fi cela étoit arivé par cas fortuit, ou par force majeure, ou autrement, fans faute ou negligence, il n'en feroit pas tenu, & la perte tomberoit fur le bailleur.

On prétend que le locataire eft tenu de prouver, que l'acident eft arivé autrement que de fon fait, & de celui de fes domeftiques, atendu le contrat qui eft entre le locataire & le proprietaire, cependant plufieurs foûtienent au contraire, que la prefomption d'une faute tres-legere, ne fufit pas pour en charger le locataire, à moins qu'il ne paroiffe une faute legere de celui qui habite la maifon, ou de ceux dont il eft refponfable, comme fi on avoit quité une maifon fans prendre fes précautions dans les lieux où il y a du feu, fi on y avoit abandoné des enfans, fi on avoit des domeftiques fujets au vin, & quand même ils ne feroient pas vicieux, un maître doit foûfrir de la faute de ceux dont il fe fert.

Toutefois, il arrive plufieurs accidens dans une maifon laiffée feule, dont on ne peut être garand, comme fi un Chat, dont le poil a pris feu, le comuniquoit dans du bois, fi le fer, ou quelques carreaux de la cheminée venans à fauter, avoit pouffé le feu aux extremités de la chambre.

J'ai vû, par exemple, le feu prendre dans une cave à du grois bois, par une corde auprés de laquelle on avoit paffé une chandelle, en ce cas un locataire auroit de la peine à fe difpenfer de répondre de la faute de fes gens, quoique l'accident foit tres-rare.

Il en feroit de même fi on avoit laiffé une chandelle alumée fur une Table où il y auroit des papiers, qu'un Chat ou un Rat auroit renverfée, mais la faute feroit excufable fi la chandelle avoit été renverfée avec un Guéridon, ou étant à terre au milieu de la chambre d'un Malade.

Autre chofe eft à l'égard de la maifon d'un voifin, à laquelle le feu

Tome I. A A a

se comunique, n'y aiant aucun contrat entre locataire & le voisin, à moins que le voisin ne justifie que l'incendie est arivé par la faute du locataire, ou de ses gens, ainsi on n'arbitre pas dans ces occasions les domages & interêts à la rigueur, mais avec proportion.

Or, il s'ensuit, que si la chose n'étoit pas entierement perduë, mais seulement déteriorée par la faute du premier, il ne seroit tenu des domages & interêts qu'à proportion du dégat.

Toutes sortes de meubles sont aussi susceptibles de ce contrat, excepté ceux qui se consument par l'usage.

Les immeubles, tant naturels qu'efectifs, tels que sont les Greffes, les Tabellionages & tous autres ofices domaniaux, pareillement toutes sortes de droits ; tant certains que casuels, peuvent être donés à ferme ; mais une servitude prédiale ne peut pas être afermée, suivant la loi 44. *ff. locat & conducti*, non plus que l'usage, *ff. de usu & habitat. in princ.* mais l'usufruit & l'habitation se peuvent loüer, *l. 12. §. 2. ff. de usufr. l. 13. Cod. usufr. l. 5. § ff. præscr. verb.*

Le tems pour les baux des heritages, est de trois ans, six ans, ou neuf ans au plus.

Neanmoins Maître Tiraqueau, *de retr. §. gloss. 13. n. 79. & seqq.* soûtient que l'on peut loüer à perpetuité, sans que ce soit une emphiteose, d'autant que le contrat doit être reglé, par ce que les parties ont eu intention de faire au comencement, mais l'opinion contraire est la plus comune.

On tient que le Locataire ou Fermier peut avancer une année sans que le creancier puisse refuser de l'aloüer, à moins qu'il n'y ait de la fraude, ou que le fond ne soit saisi réellement.

Quand même le tems des baux d'heritage seroit pour douze, ou plus longues années, j'estime qu'ils ne seroient pas nuls pour cela entre majeurs, mais un Tuteur ne peut pas doner à ferme le bien de son pupille pour plus de neuf ans.

Le bail d'un Greffe, pour le tems que la guerre durera entre les deux Couronnes, est bon & valable, ainsi qu'il a été jugé pour le Fermier du Greffe de Mondidier, contre Madame de Coumartin proprietaire dudit Greffe, par Arrêt raporté par Dufresne, liv. 8. ch. 7.

Le mari peut bailler à loïer le bien de sa femme, pour six ans, si ce sont maisons scizes à Paris, & les heritages pour neuf ans seulement, selon l'Article 227. de la Coûtume de Paris.

Le loïer des maisons & heritages des Villes, est ordinairement en argent ; mais le loüer des champs est quelquefois en argent, & quelquefois en grains ou autres especes, suivant qu'il est convenu entre les Parties, ce qui est conforme à la Loi 8. & 21. *locati, conducti.*

Il y a quatre cas par où le proprietaire d'une maiſon peut faire reſoudre le bail & déloger ſon locataire.

Le premier eſt, ſi le proprietaire veut venir lui-même en perſone loger en ſa maiſon, il le peut en païant à ſon locataire ſes domages & interêts, qu'on liquide ordinairement à un demi terme,
ou à un ou deux termes, ſelon la condition du locataire, & le tems
qui reſte à expirer de ſon bail.

Cependant ſuivāt mon ſentiment, il faut que la cauſe ſoit ſurvenüe
dépuis le bail, ou dont l'évenement ne parût pas tout à-fait prochain,
autrement on ſe joüeroit d'un locataire, ainſi on doit doner non ſeulement les domages & interêts, mais même la recompenſe des aco-
modemens, que le locataire a été obligé de faire pour l'exercice de
ſon comerce.

Le deuxiéme eſt, s'il veut faire rébâtir ſa maiſon, pourveu qu'il
ſoit obligé de le faire.

Le troiſiéme, ſi le locataire mal verſe dans ſa maiſon, comme s'il
exerce un comerce défendu & infame.

Le quatriéme eſt, ſi le locataire ne païe pas les loïers ou la pen-
ſin convenüe, en ce cas il peut faire reſoudre le bail avec dépens,
domages & interêts ; mais le proprietaire d'une moitié, ou autre
partie de maiſon par indivis n'a pas le même privilege, excepté qu'il
n'ait le conſentement de tous ſes coproprietaires, ainſi qu'il a été jugé par Arrêt raporté par Brodeau ſur Mr. Loüet, lettre L. nombre 4.

Une mere Tutrice de ſa fille voulant ocuper la maiſon apartenant
à ſadite fille, peut auſſi expulſer ſon locataire.

Le proprietaire qui ocupe lui-même ſa maiſon, & qui en a reloüé
une partie, peut encore uſer de ſon privilege contre le locataire de
céte partie, mais le principal locataire n'a pas le même privilege
contre ſon ſous-locataire.

Mais, ſi le proprietaire vendant ſa maiſon, avoit chargé l'aquereur d'entretenir le bail qu'il en avoit fait, cet aquereur n'eſt pas exclus par céte clauſe de ſon privilege, ainſi qu'il a été jugé par Arrêt raporté par Brodeau ſur Monſieur Loüet, lettre L. nombre 4. attendu que céte clauſe n'a autre éfet que d'empêcher le nouvel aquereur d'expulſer ſon locataire pour y en mettre un autre, mais non
pas d'uſer de ſondit privilege.

Cependant dans les autres Villes où l'on ne déloge ordinairement
qu'une fois l'an, on laiſſe ſouvent achever l'année au locataire,
quand il ne reſte que quatre ou cinq mois, trouvant dificilement à
ſe placer auparavant, autrement il ſeroit obligé en peu de tems de-
demenager deux fois, c'eſt pourquoi on done pour ce ſujet des domages & interêts un peu plus forts.   A A a ij

Neanmoins ce privilege n'a pas lieu pour les Fermes des champs, comme pour les maisons des Villes; car le proprietaire d'une Ferme ne peut pas exclure son Fermier, sous prétexte de vouloir tenir sa Ferme par ses mains.

Si par le bail la maison loüée avoit été specialement affectée & hipotequée à la garentie dudit bail, je soûtient, en ce cas que le locataire ne peut pas être depossedé par un nouvel aquereur, la chose aiant passé avec la charge, d'autant que le locataire a par ce moien un droit en la chose, quoi qu'on puisse dire, que *resoluto jure dantis resolvitur jus accipientis*, mais il faut outre l'affectation de la maison à la garantie du bail, qu'il y ait eu promesse de ne pas loüer, suivant la loi, *si creditor §. ult. de distract. pignor.* où on donne éfet à une promesse de ne pas vendre, autrement la convention seroit illusoire, comme l'a remarqué Anton. Gomez, *tom. 2. var. resolut. cap. 3. n. 9. versu quarto limita.*

D'où il s'ensuit, que si céte maison ainsi specialement hipotequée à la garentie du bail étoit saisie réellement, & mise en criées par un creancier du bailleur, elle ne pourroit être ajugée qu'à la charge du bail, suivant l'avis de Brodeau sur Mr. Loüet, lettre P. nomb. 41. où il côte un Arrêt du 19. Janvier 1606. par lequel il dit avoir été ainsi jugé, mais Corrozet en sa pratique des Notaires sur le contrat du bail, dit, avoir apris que dépuis il a été jugé, que l'aquereur par decret pouvoit déposseder le locataire, sauf ses domages & interêts, pour lesquels il seroit colloqué sur le prix, neanmoins le bail doit être continué, si le premier se trouvoit le plus ancien creancier, à cause de l'hipoteque speciale stipulée par son bail, aux termes d'un Arrêt du 4. Decembre 1559. raporté par Charondas.

L'Aquereur à faculté de rachapt ne peut pas déposseder le locataire durant le tems de la faculté, atendu que pendant le tems de la grace, il n'est pas proprietaire incomutable, & qu'il peut lui-même être évincé par son vendeur; c'est pourquoi il n'est pas juste qu'il évince le locataire qui a droit de sondit vendeur.

Le proprietaire peut aussi réprendre sa maison pour y faire de grosses réparations, quoique non necessaires, en paiant domages & interêts, à raison d'une pour cinq anées, d'autres arbitres à l'une de trois, mais je conviens, que si les réparations étoient necessaires, il n'y auroit aucuns domages, ni interêts.

Neanmoins il ne peut pas être côtraint de bailler sa maison à l'ancié locataire, quand méme il ofriroit de lui faire pareille condition, que celui à qui il en a fait un nouveau bail, jugé par Arrêt du 21. Février 1628 raporté par Dufresne, liv. 2. ch. 3. fondé sur ce que chacun étans maître de son bien, il en doit disposer, ainsi que bon lui semble.

Les proprietaires des maisons & ceux des fermes des champs , ont hipoteque tacite sur les meubles qui sont en leurs maisons & fermes apartenans à leurs locataires & fermiers, en sorte qu'ils sont preferez sur iceux à tous autres creanciers saisissans , selon l'article 171.de la Coûtume de Paris.

Ce privilege a lieu pour trois quartiers à Paris, & pour un an dans les Provinces où le loïer se païe ordinairement à la fin de l'anée , & pour ce qui est échu de l'anée courante; mais je ne crois pas que l'on doive étendre ce privilege aux domages & interêts, pour l'inexecution du bail à l'avenir , autrement le proprietaire absorberoit toûjours tout, il peut chercher à reloüer sa maison à quelque autre.

Autre chose est d'une ferme, où l'on peut user de son privilege sur les fruits, tant que l'on en trouve.

On adjuge aussi ce privilege pour les reparations locatives, suivant la Loy 1.*ff. in quib. causf pign. vel hypoth.*

Le proprietaire ne peut pas directement saisir pour l'aquit des Censives, il faut qu'il fasse auparavant une sommation.

Cependant hors la Coûtume de Paris céte preference sur les meubles & bestiaux des fermiers des champs n'a pas lieu ; car le proprietaire d'une ferme des champs n'a privilege que sur les fruits, & non sur les meubles & bestiaux de ses fermiers, ainsi qu'il a été jugé en la Coûtume de Vermandois, par Arrêt raporté par Dufresne , livre 8. chapitre 19.

Neanmoins Maître Julien Brodeau en son Commentaire sur Monsieur Loüet, lettre F, nombre 4. raporte un Arrêt rendu en la Coûtume de Vitry, le 9. Fevrier 1639. au raport de Monsieurs de Bragelone, par lequel le proprietaire d'une ferme des champs a été preferé à un creancier premier saisissant , sur les grains , meubles, & bestiaux trouvez en sa ferme , pour le paiement de ce qui lui étoit dû.

Il y a moins de difficulté pour les chevaux & bestiaux qui sont nourris des fruits de la ferme , l'Ordonance permettant au proprietaire de les saisir par privilege ; mais à l'égard des autres meubles aportez dans la ferme, il ne doit pas y avoir de privilege dans les Coûtumes qui n'en disposent pas.

Toutefois ce privilege n'auroit pas lieu, s'il ne s'étoit oposé qu'aprés la vente, à moins qu'il n'y eût un jugement anterieur, qui eût ordoné que la chose seroit venduë à la charge de son privilege.

Le privilege du proprietaire n'a pas aussi lieu sur les marchandises, non plus que sur les meubles trouvez en la maison de son locataire.   A A a iij

Lafon, fur l'article 274. de la Coûtume de Vermandois dit, qu'il a été jugé par arrêt du 15. Mars 1605. raporté par Tronçon fur l'article 170. de la Coûtume de Paris, qui pour vin pris & levé fur l'étape, le Marchand qui l'a vendu étoit preferé au proprietaire de la maifon en laquelle il a été faifi, mais le proprietaire eft preferé aux autres.

Il faut dire encore qu'il n'eft pas preferé à un creancier premier faififfant, qui auroit fait faifir les meubles avant que d'être aportez en la maifon, quand même la faifie auroit été pourfuivie & continuée, parce qu'il ne peut aquerir aucun privilege au prejudice du gage d'autrui.

Le proprietaire d'une ferme doit être preferé fur les fruits provenans de fa ferme, tant pour le prix de l'anée courante, que pour les arerages precedens, ainfi qu'il a été jugé par Arrêt raporté par Monfieur Loüet lettre F, nombre 4.

Cependant, felon mon fentiment, j'eftime qu'il feroit jufte de reftreindre ce privilege à l'anée échuë & à la concurrante pour empêcher les collufions.

Le proprietaire qui a pris une obligation de fon fermier ou de fon locataire, & qui lui a permis le tranfport de fes meubles & de fes beftiaux, aprés le bail fini pert fon privilege furlefdits meubles & beftiaux; mais fi le locataire étoit refté dans la maifon, l'obligation n'empêcheroit pas que le proprietaire ne joüit du privilege ordinaire.

Celui qui auroit baillé au fermier le grain pour enfemencer les terres de fa ferme ou metairie, eft preferé au proprietaire fur les grains provenans defdites terres, comme il a été jugé par Arrêt du 8. Mars 108. raporté par l'auteur des nottes fur Fortin, fur l'article 171. de la Coûtume de Paris.

Mais la proprietaire ne laiffe pas d'avoir privilege fur les grains qui procedent de fon fond, refferrez dans une grange loüée ailleurs, fauf les loïers dûs au proprietaire de la grange.

Le proprietaire dans la ferme duquel font referrez les grains qui vienent d'une autre ferme confufement avec les fiens, n'a privilege que pour l'ocupation de la grange, & ils vienent chacun à proportion de ce qui leur a été dû, & par raport au prix de leurs baux, & de la valeur des fruits qui ont dû être engrangez.

Le proprietaire de la ferme ou maifon, eft preferable aux habits de dueil de la veuve ou des heritiers, qui ne doivent pas être habillez aux dépens d'autrui.

Les frais funeraires font preferables au proprietaire, fuivant la Loy *Si quis, §. fi colonus leg. funt perfonæ, ff. de relig. & fumpt. funer.*

On prátend que le Maçon qui a bâti la maifon eft preferé fur les loïers à un Apotiquaire, parce que celui-ci n'a privilege qu'à caufe de la perfone, & l'autre à caufe de la chofe pour laquelle les loïers font dûs.

Neanmoins je ne crois pas que le proprietaire doive avoir privilege pour fes domages & interêts, faute d'habitation, au prejudice des autres creanciers; car il peut chercher à loüer fa maifon, & c'eft affez qu'il foit païé du paffé.

Les Maréchaux n'ont pas de privilege fur les levées, mais feulement fur leurs fers trouvez en nature, fur les charettes & chariots.

Celui qui a vendu fon vin à credit, eft preferé fur le prix du même vin trouvé en nature, au proprietaire de la maifon.

Le fermier n'eft pas recevable au benefice de ceffion pour les penfions de fa ferme, ainfi qu'il a été jugé par Arrêt raporté par Monfieur Loüet lettre C, nombre 57. foit que la penfion par lui duë, foit en grain, ou en argent.

Il femble neanmoin qu'un fermier qui s'eft ruiné dans une ferme, & veut tout abandoner ce qui lui refte, ne foit pas moins digne de commiferation qu'un autre, principalement lorsqu'il ne s'agit pas de fermages en grains recueillis actuelement, ou d'avances à lui faites par le proprietaire.

Suivant le fentiment de Brodeau, il ne peut pas demander répit, cependant l'Ordonance des Répis, article 11. n'exclut que les moiffons de grains, qui font les fermages en grains; mais l'ufage eft de ne recevoir ni à la ceffion, ni au répit, des fermiers, foit que leur fermage foit dû en grain, ou en argent, comme tenant lieu d'aliment au proprietaire.

S'il y a fterilité, ou que par la guerre, ou autre force majeure le fermier a été empêché de joüir de fa ferme, il peut demander diminution.

Toutefois j'ai vû pratiquer le contraire par les baux des dixmes, d'autant qu'on ne laboure & qu'on ne feme rien, neanmoins Charondas livre 7. réponfe 137. raporte un Arrêt qui fait diminution d'un huitiéme, attendu que les diminutions font arbitraires; mais aprés la dépoüille le fermier ne peut plus demander diminution pour les accidens qui furvienent, parce que les fruits feparez du fond lui apartienent.

Il en eft de même fi on enlevoit fes chevaux & beftiaux, fuivant la Loy 12. au Code *de locato & conducto.*

Si on prétendoit qu'il revient des efprits dans la maifon, le locataire en peut fortir, en païant feulement ce qui eft échu.

Par un argument de la Loy 19. §. 1. ff. *loc ati, conducti.* on ne peut pas nier qu'il n'y ait certains corps formez d'air qui s'atachent dans les lieux déferts ; mais il ne faut pas écouter aifément les terreurs paniques , qui ne font que des éfets d'une imagination bleffée , ainfi il y a peu de foi à ajoûter aux hiftoires que l'on nous en raporte.

Pline au livre 7. de fes Epîtres, *Epift.* 27. en alegue plufieurs de fon tems , auffi bien que Chardan, *lib.* 16. *cap.* 93. *de varietate rer.* mais Ariftote *de Somnio animal. lib.* 2. *& de morib. animal. cap.* 6. remarque , qu'il fe forme à la verité des fantomes dans les efprits foibles par le mouvement local & les humeurs qui leur reprefentent des chofes qui ne font pas , mais que les impreffions arrivent peu à ceux qui font bien conftitués de corps & d'efprit.

Le Locataire qui fort à caufe de la pefte , n'eft pas tenu de païer fon loïer , fuivant le fentiment de Gomez, *Tome* 2. *var. refolut. cap.* 3. *num.* 3. neanmoins le contraire a été jugé par Arrêt du 10. Janvier 1646. à caufe qu'il avoit laiffé les meubles dans la maifon , & gardé les clefs.

Si aprés le tems du bail expiré , le locataire ou fermier demeure en la maifon ou en la ferme , du confentement du proprietaire, le bail par tacite reconduction , eft préfumé renouvellé & continué , pour un an feulement , à l'égard des heritages des champs, fauf à indemnifer pour l'inégalité des foles , ce qui eft caufe qu'ordinairement on lui done éfet pour trois ans , & à l'égard des maifons & heritages de la Ville , pour un quartier feulement.

Les conventions verbales de paffer bail par écrit ne s'étendent pas plus loin , lors qu'on n'y a pas fatisfait, & les baux ne font pas ordinairement moindres d'un an à l'égard des maifons des petites villes.

Le fucceffeur pourveu par mort d'un benefice , ou par dévolut même par démiffion pure & fimple , n'eft pas obligé d'entretenir ni continuer le bail fait par fon prédeceffeur , mais bien celui qui eft pourvû par refignation , ou par permutation.

La raifon eft , qne celui qui eft pourvû par refignation ou permutation , femble tenir fon droit en quelque façon de fon refignant , ou copermutant, & par confequent il eft tenu de fes faits & promeffes ; mais celui qui eft pourvû par mort ou autrement , ne tient fon droit que du collateur.

Ce qui n'a lieu à l'égard des pourvûs par réfignation , que pour les baux au deffous de neuf ans.

Le Succeffeur par mort ne peut pas du jour de fa prife de poffeffion , expulfer le fermier , ni prendre tous les fruits pendans par

le

par les racines , quand même il rembourferoit les labours & femences;car il doit lui laiffer achever l'anée comencée & recuëillir
les fruits, en païant le prix de fa ferme , à proportion de l'anée,
ainfi qu'il a été jugé par Arrêt, raportez par Brodeau , fur Monfieur Loüet , lettre S, nombre 11.

Celui qui a le choix ou de dépoüiller les fruits , ou de rendre les
labours & femences doit opter avant le tems , auquel il n'y a plus
de rifque pour les grains.

Autre chofe , fi un étranger avoit labouré & femé de lui même,
fans aucune aprobation , ni expreffe , ni tacite du proprietaire, ni
de juftice.

On a accoûtumé de caffer & anuller les baux faits par les Beneficiers, ou par les tuteurs par anticipation de deux ans , tant à
l'égard des fucceffeurs au benefice par mort ou refignation, qu'à
l'égard des mineurs , pourveu toutefois qu'ils ne foient pas déja co-
mencez de quelques anées , lors qu'on intente le procés pour les
faire caffer.

Quand dans un bail il y a claufe , que le preneur ne le poura
tranfporter fans le confentement du bailleur, le preneur ne peut
pas nonobftant céte claufe, le tranfporter à une perfone de pareille
condition , ainfi qu'il a été jugé par Arrêt raporté par Bouchel en
fon Recuëil, livre 1. chapitre 78.

Céte claufe mife dans un bail à ferme , peut avoir éfet , que le
païement fait par avance par le fous-fermier ne peut préjudicier
au proprietaire, qui peut faifir la dépoüille , comme fon gage, à la
diference du proprietaire de maifon, qui eft tenu d'aloüer. les quitances donées par le principal preneur, pourveu qu'il n'y ait pas
de fraude, d'autant qu'il s'en eft tenu à lui, & a droit de l'obliger
à garnir la maifon de meubles fufifans.

La même claufe a aufi éfet, que le bailleur eft obligé d'agréer
le fous bail , ou de décharger le preneur.

L'afignat fait par le debiteur fur le fermier, n'a pas éfet, aprés
l'alienation de l'heritage , parce que la chofe ne paffe pas à l'aquereur avec céte charge, d'autant que l'afignat n'eft que pour faciliter le païement des arerages, & ne change point la nature & la
qualité de la rente ; c'eft pourquoi celui qui n'a qu'un afignat fur
l'heritage, ne peut pas former complainte, & partant céte claufe fe refout par le changement du Proprietaire.

Quoique l'imputation des grains livrés par le fermier fe faffe
fur le dû le plus onereux, neanmoins, la livraifon faite par un fermier qui doit en grains, fe doit imputer fur la derniere anée, qui

Tome I.   B B b

est dûë en especes & le fermage des precedentes doit être apre-
cié, ce qui doit avoir lieu par la même raison, encore que les
grains des autres anées soient à moindre prix, quelque imputation que le creancier ait fait sur son Journal, sans le consentement du debiteur, & encore ne doit-on pas toûjours avoir égard
aux imputations, où la simplicité paroît avoir été surprise.

Par exemple, s'il étoit dû des anciens arerages, le proprietaire
ne pouroit pas imputer sur le courant au préjudice d'un tiers, même du consentement du debiteur, si la livraison étoit faite avant
le terme auquel l'anée courante doit être aquitée, dautant que la
fraude est évidente ; mais après le terme, un tiers ne peut pas se
plaindre que l'on ait imputé à son préjudice dans un tems non suspect, encore que les anciens arerages aient dû être livrés en especes par un nouvel accord, pendant le tems du nouveau bail.

A la verité si l'imputation n'avoit pas été faite par le debiteur,
en ce cas on imputeroit sur les anciens dûs en especes, comme le
dû le plus ancien.

Si on étoit convenu qu'en cas que le fermier dût quelque reste
d'une anée, on seroit obligé de recevoir en nature durant l'autre
anée, sans pouvoir aprecier ; car il sufit que la moitié ait été livrée
pour la premiere anée, & en ce cas le privilege pour les deux
anées étant égal, l'imputation se fait naturellement sur le dû le
plus ancien, à moins qu'il n'y ait un fermage plus onereux au debiteur, auquel cas on doit imputer *in durius*.

J'estime aussi, que dans le doute, l'imputation doit êre plûtôt présumée sur la dete pour laquelle on est contraignable par corps,
come le dû le plus onereux, que pour la liberation de celle dont
un autre est caution.

Les comptes entre le Proprietaire & le Fermier se doivent faire
tant sur le registre que sur les quitances, afin qu'il n'y ait pas de
surprise, sauf à faire droit sur les contestations, qui seront faites
sur la representation.

Le Fermier qui défend en une action de mesurage, ou sur une
demande de redevance fonciere, est mis hors de cause, en indiquant le proprietaire, & demeurant garand de l'indication.

Neanmoins à l'égard de la redevance, il semble que comme
c'est une charge des fruits, il a été valablement assigné, & qu'il
doit lui même mettre en cause le proprietaire ; mais il ne peut
pas refuser de comuniquer son bail aux dépens de celui qui le requiert, s'il ne s'en trouve pas chargé.

CHAPITRE LXXXIV.

Des Contrats de Mariages.

LE Mariage est un contrat civil & politique, qui prend son origine du droit naturel, élevé par la Loi du Christianisme à la dignité d'un Sacrement, par lequel l'homme & la femme sont conjoints par le lien d'une société indissoluble.

Il y a cinq choses à observer, pour la validité d'un mariage.

La premiere, est, que les contractans soient de la Religion Catholique; c'est pourquoi, que les Chrétiens & les Juifs ne peuvent pas contracter ensemble, parce que c'est un Sacrement qui présupose celui du Baptême.

Il est aussi défendu entre les Catholiques & Heretiques, par les Loix Canoniques, *propter metum perversionis.*

Par l'Edit de Nantes, il est permis entre les Catholiques & les Calvinistes; mais par un Edit de 1680. Sa Majesté a défendu aux Catholiques de contracter mariage avec ceux de la Religion prétenduë reformée, à peine de nulité d'iceux.

La deuxiéme, est, le consentement des parties contractantes aïant ateint l'âge de puberté, c'est-à-dire, quatorze ans acomplis pour les mâles, & douze ans pour les filles, autrement il seroit nul, comme il a été jugé par plusieurs Arrêts, tant du Parlement de Paris, que des autres.

La troisiéme, est, qu'il soit publié dans l'Eglise Paroissiale où les Parties sont demeurantes, par trois jours de Dimanches ou Fêtes.

Quoi que l'Ordonance de Blois déclare nuls les mariages faits sans publications de bancs, même entre majeurs, & que la Cour l'ait ainsi jugé autrefois par plusieurs Arrêts; néanmoins elle s'est départie de céte Jurisprudence, & dépuis quelques anées elle a jugé que le défaut de publication ne rend pas un mariage nul, quand il a été contracté entre majeurs.

La quatrieme, est, que la publication des bancs soit suivie de la benediction nuptiale du Curé de la Paroisse des contractans, en presence de quatre persones, ou témoins, parens ou amis, autrement un mariage contracté ailleurs seroit nul, à moins que ce ne fut avec la permission du Curé, ou de l'Evêque ou Archevêque.

La raifon eft, que les Curez n'ont jurifdiction que dans leurs paroiffés, & fur ceux qui y font demeurans, & ailleurs ils ne font reputez que comme de fimples Preftres.

C'eft pourquoi, il doit être celebré en la prefence du propre Pafteur des Parties, ainfi qu'il a été jugé contre le Curé de faint Sulpice du Faubourg faint Germain, celui de faint Germain en Laïe & plufieurs autres privilegiez, qui prétendoient avoir droit de celebrer des mariages entre toutes fortes de perfones, par Arrêt raporté par Brodeau fur Monfieur Loüet lettre **M**, nombre 6.

Le défaut de céte condition fait déclarer nuls les mariages faits *in extremis*, fur tout quand ils ont été précedez du concubinage.

La cinquiéme, eft, le confentement des pere & mere, ou tuteurs, fi ce font des mineurs qui contractent.

Il n'eft pas neceffaire par la validité d'un mariage, qu'il y ait contrat par écrit, parce que la coûtume fait un contrat pour ceux qui n'en font pas, & regle leurs conventions matrimoniales.

La feduction & fubornation d'un mineur ou d'une mineure, pour mariage, paffe pour un rapt, pour raifon duquel leur pere & mere ou tuteurs peuvent intenter l'action de rapt.

Il y a treize cas qui peuvent empêcher le mariage entre certaines perfones.

Primò. La Profeffion dans un Convent regulier aprouvé du Pape, faite dans un âge legitime, qui eft de feize anées acomplies.

Secundò. La violence ou la jufte crainte, car fans un confentement libre le mariage ne peut être contracté à moins que le mariage ainfi contracté par violence ne fut fuivi d'une copulation charnelle volontaire.

Tertiò. L'ereur à l'égard de la perfone, pourveu que céte ereur n'ait pas été purifiée par la cohabitation.

Quartò. La parenté en ligne directe en tout dégré, de même qu'entre ceux qui font *loco parentum & liberorum*, en ligne collaterale, comme les oncles ou tantes, les neveux & les nieces.

Mais à l'égard des autres Collateraux, la parenté ne fert d'empêchement au mariage que jufqu'au quatriéme degré incluſivement, c'eft-à-dire, que les petits enfans des coufins germains ne peuvent pas contracter mariage enfemble.

Quintò. L'adultere comis par l'un des conjoints avec une perfone avec promeffe de l'époufer avenant fa viduité, caufe un empêchement au mariage entre ceux qui ont comis cet adultere, après la diffolution du premier mariage.

Sextò. L'aliance empêche auffi le mariage entre ceux qui font *loco parentum & liberorum*, & entre ceux qui ne font alliez qu'en ligne colaterale, elle empêche jufqu'au quatriéme dégré, inclufivement.

Ainfi, aprés la mort de ma femme, je ne peus pas époufer la petite fille de fa coufine Germaine, parce qu'elle m'eft aliée en quatriéme degré.

L'aliance dont je viens de parler, eft celle que l'on n'apelle naturelle; il y en a une autre, laquelle eft fpirituelle, & met un empêchement dirimant entre le baptifé, fon pere & fa mere, & les parains & maraines.

Septimò. Le rapt, quoique la fille eût confenti au mariage étant mineure.

Octavò. L'honeteté publique fert d'empêchement au mariage entre le fils & celle avec laquelle le pere avoit été fiancé.

Nonò. Les Ordres facrez, quand ils font pris avant le mariage.

Decimò. Un mariage déja contracté, empêche même avant la confomation, la celebration d'un autre, du vivant des deux conjoints, fi ce n'eft que l'un des deux fe retira dans un Convent, & y fit profeffion avant que d'avoir confomé le mariage.

Undecimò. L'âge fert d'empêchement au mariage; & même il rend nul celui qui eft contracté avant le tems permis par les Loix.

Cet âge eft la puberté, fuivant le droit civil que nous fuivons en cette partie.

Duodecimò. La fureur ou la folie, au cas qu'elle ait precedé la celebration du mariage.

Decimotertiò. L'impuiffance de confomer le mariage; mais pour le faire déclarer nul, il faut que la femme fe pourvoit pardevant l'Oficial, parce que le Juge Laï ne peut pas prononcer fur la validité du mariage, en tant que Sacrement, mais feulement quant aux éfets civils.

Toutefois, il faut ici remarquer, que pour la preuve de l'impuiffance, l'Oficial ne peut plus ordoner le congrez, cela étant défendu aux Juges d'Eglife, par un Arrêt de réglement celebre, doné à l'ocafion du Marquis de Langeias, le 18. Fevrier 1677. raporté au cinquiéme Tome du Journal du Palais.

L'Ordonance de 1639. exclut de toutes fucceffions, les enfans nés d'un homme qui a époufe fa concubine à l'article de la mort, & les déclare bâtards & illegitimes.

La preuve des promeffes de mariage n'eft pas reçûë par témoins, elle ne fe peut recevoir que par écrit, qui ait été arrété en

prefence de quatre des plus proches parens des parties , quand
même elles feroient de baffe condition.

Un homme qui a abufé une fille fous promeffe de Mariage , ou
autrement, ne peut pas être cité devant l'Oficial pour leur Mariage
comencé par la copule ; car telles citations feroient abufives , ainfi
qu'il a été jugé par plufieurs Arrêts raportez par Monfieur Loüet,
& fon Comentateur lettre M, nombre 26.

La raifon eft,que la fornication & le concubinage, qui eft un pe-
ché , ne peut pas être un degré pour parvenir au Mariage , qui eft
un Sacrement.

Ainfi fi la fille eft mineure , & qu'elle ou fes parens fe plaignent
du rapt, il doit être condamné à mort, ou en de grands domages &
interefts, fi mieux il n'aime l'époufer, s'ils font de condition égale ;
mais fi la fille eft majeure & libre, comme elle aura volontairement
contribué à la débauche,il ne lui fera adjugé que les frais de fes couches, & le garçon condamné à fe charger de l'enfant.

Une femme qui pendant l'abfence de fon mari,qu'elle a crut mort,
a époufé un autre homme, & contracté un fecond Mariage , les enfans nés de ce Mariage font auffi legitimes que ceux du premier lit,
s'il y en a, à caufe de la bone foi des conjoints,qui ont cru le premier
mari decedé.

Il en eft de même d'un Prêtre qui auroit caché & diffimulé fa
qualité, & qui auroit époufé une fille qui ignoroit fa condition ; car
la bone foi de la mere feule fufit.

Le Mariage n'eft pas diffolu par la mort civile, comme par exemple, la condamnation aux galeres, ou baniffement perpetuel , il ne le
peut être que par la mort naturelle.

Le Contrat de Mariage eft le plus important de tous les Contrats
qui fe font entre les hommes, parce qu'il regle l'état & la condition
des familles.

Auffi eft il tellement inviolable , qu'aprés que le Mariage a été
celebré fous la foi & affurance d'icelui , il n'eft pas au pouvoir des
conjoints , même de leur mutuel confentement, d'en changer la
moindre claufe.

Les contre lettres ne peuvent pas empêcher l'execution des Contrats de Mariage , felon l'article 258. de la Coûtume de Paris ; car
toutes contre lettres faites à part & hors la prefence des parens qui
ont affifté au Contrat de Mariage font nulles.

D'où il s'enfuit, que fi une fille , par une contre-lettre, avoit promis à fon pere de ne lui rien demander de fon vivant de la fomme
qui lui a été promife en mariage par fondit pere, cette contre-lettre

est nulle, & ne peut produire aucun éfet.

La même chose est du fils, qui par son testament auroit legué à son pere les interests de la somme qui lui a été promise en Mariage par sondit pere; le legs n'est pas valable, ainsi qu'il a été jugé par Arrêt raporté par Dufresne, livre 2. chapitre 112.

Il y a trois choses à considerer en un Contrat de Mariage, la premiere, est la communauté qui se contracte entre le mari & la femme; la seconde est, la dot que la femme aporte au mari; & la troisiéme est le doüaire que le mari constituë au profit de la femme.

CHAPITRE LXXXV.

De la Communauté & separation de bien entre le mari & la femme.

LA Communauté de biens se contracte, ou par stipulation expresse, ou par la disposition de la Coûtume où le Mariage est contracté, *vi solius consuetudinis.*

La Communauté de biens se peut contracter par la convention des parties, quoique le Mariage soit fait dans le païs de Droit écrit, neanmoins on ne la peut pas stipuler dans la Coûtume de Normandie, parce que céte Coûtume défend qu'il y ait Communauté de biens entre mari & femme; mais si le Droit écrit ne l'a pas introduite, il ne la défend pas.

Ceux qui sont demeurans dans la Coûtume de Normandie, peuvent venir à Paris contracter Mariage, & y stipuler Communauté de biens avec soumission à la Coûtume de Paris, avec derogation à toute autre Coûtume à ce contraire.

La Communauté a lieu, *vi solius consuetudinis*, lorsque le Mariage a été contracté dans les Coûtumes qui l'établissent, & où les contractans ont leur domicile ordinaire.

Cependant si des persones du païs de Droit écrit venoient contracter Mariage à Paris, sans stipuler la Communauté de biens, dans le dessein de s'en retourner dans le lieu de leur domicile ordinaire, en ce cas la Communauté ne seroit pas établie entre eux, & la femme aprés la mort de son mari, ne seroit pas recevable à prétendre que les biens aquis pendant le Mariage fussent comuns entre elle & les heritiers de son mari, & en poursuivre contre eux le partage.

La Communauté se contracte du jour de la celebration du Mariage & de la Benediction nuptiale, & non pas du jour que le contrat a été paffé, quoi qu'elle foit ftipulée par le contrat.

Il y a des Coûtumes qui veulent que les conjoints aient demeuré enfemble par an & jour, pour qu'il y ait comunauté; fçavoir, Maine, Anjou, & autres.

L'éfet de la comunauté eft, que l'homme & la femme font comuns en biens, meubles & conquêts immeubles, faits durant leur mariage, & en toutes détes mobiliaires contractées, tant durant leur mariage, qu'auparavant.

Les joüiffances de la doüairiere entrent auffi dans la comunauté; neanmoins Chopin eftime que fi on avoit compofé pour une fomme, ce lui feroit un propre.

Si une rente proprietaire refervée par la vente d'un fond aquis pendant la comunauté étoit échüe par fucceffion à celui à qui le propre apartenoit, la recompenfe eft reputée un conquêt paffif de la comunauté, & la moitié eft düe à celui qui eft liberé; mais céte recompenfe par fa nature de propre, tombe dans le legs univerfel des meubles, acquêts & conquêts, faits par celui du chef, duquel la rente eft échüe par fucceffion.

Il a été jugé par Arrêt du 14. Septembre 1679. en la premiere Chambre des Enquétes du Parlement de Paris, au raport de Monfieur Quelin, qu'une Charge de la maifon Roiale, de grand prix, comme de Secretaire de Cabinet, étoit propre, & les deniers fujets à remploi, quoi qu'elle n'eût pas été ftipulée propre par le contrat de mariage.

Les aquefts faits par l'un ou l'autre des conjoints avant leur mariage, n'entrent pas en leur comunauté.

La même chofe eft d'un Ofice, dont le mari avoit été pourvû avant le mariage, ou par lui aquis pendant la comunauté, excepté que ce ne foit un Ofice purement domanial; car un Ofice de Judicature, ou un autre Ofice cafuel, n'y entreroit pas, & la femme decedant la premiere, fes heritiers n'auroient contre le mari que l'action de mi denier pour réprendre la moitié de ce qui auroit été pris dans la comunauté pour acheter ledit Ofice.

Le mari eft obligé, à caufe de la Comunauté, de paier les dettes contractées par la femme avant leur mariage; car c'eft un comun Proverbe, que quiconque époufe la femme, époufe les détes, mais cela ne s'entend que des détes mobiliaires.

Les détes mobiliaires, font toutes détes düës par promeffes ou obligations, legs d'une fomme de deniers, une fois paié, reliqua de compte, toutes amendes & réparations civiles.

Les

Les immobiliaires font les rentes foncieres, & conftituées à prix d'argent, les legs de penfions anuelles, dont la femme pouroit être chargée, & les foultes de partages.

Le mari durant la Comunauté, eft auffi obligé de paier les arerages des rentes & penfions annuelles; même aprés le decés de la femme, il eft tenu de tous les arerages échûs durant leur mariage, mais fes arerages, ceffent de courir contre lui dés le moment que fa femme eft décedée.

C'eft pourquoi, il femble que la femme qui rénonce à la Comunauté, n'eft pas tenuë des dépens d'une Inftance, où fon mari a fucombé pour le paiement de la cenfive & du champart, dont fon heritage étoit chargé.

Plufieurs veulent neanmoins que ces dépens étant dûs à caufe de la chofe, ils ne font pas perfonels, fauf, le récours de la femme fur les biens de fon mari.

Le mari qui époufe une femme qui ait recüilli une fucceffion, ne peut pas être pourfuivi, ni fes biens propres vendus, pour les détes de céte fucceffion, que pour la part, dont fa femme eft heritiere, ainfi qu'il a été jugé par les Arrêts raportés par Monfieur Bouguier, lettre C. nombre 5.

Toutefois, fi le mari n'avoit pas autorifé fa femme pour acepter céte fucceffion, il peut être pourfuivi pour les détes d'icelle, parce que par le moien de la Comunauté, il ne laiffoit pas de joüir des biens de ladite fucceffion, & même le mari qui époufe une femme avec fes droits, ne peut plus refufer fon autorité, lors qu'elle a intenté un procés avant le mariage, & il eft obligé de réprendre.

Mais fi le mari par le contrat de mariage a ftipulé qu'il ne feroit tenu des détes de fa femme, il ne peut pas être pourfuivi pour les détes de la fucceffion, pourveu qu'il ait fait faire bon & loial inventaire des biens de ladite femme; car en ce cas il eft quite en reprefentant le contenu audit inventaire, mais il faut que l'inventaire foit fait avant le mariage.

Il fufit de déclarer par le contrat de mariage, que la femme n'a aucuns meubles, ou d'y fpecifier ceux qu'elle a, ce qui doit être obfervé, même lors qu'il eft ftipulé qu'il n'y aura point de Comunauté, afin d'empêcher les fraudes.

L'inventaire feul de la femme fufit, lors qu'on ftipule qu'il n'aura aucune Comunauté, d'autant qu'elle n'a pût obliger fon mari à en faire de fa part.

Aprés le decés du mari, la femme doit paier les détes de la comunauté, au cas qu'elle l'accepte, mais fi elle y rénonce, & fait faire bon & loïal inventaire, elle n'eſt tenuë d'aucunes détes de ladite comunauté, ſelon l'article 237. de la Coûtume de Paris.

La même faculté de renoncer à la comunauté apartient auſſi aux enfans, aux peres & meres, & même aux collateraux, d'autant que les droits apartenans aux deffunts paſſent aux heritiers, ſauf à réprendre ce qui a été ſtipulé en leur faveur, mais céte repriſe eſt perſonelle, & n'a lieu qu'en faveur de ceux pour qui elle eſt ſtipulée.

Si la femme acepte la comunauté, elle prend la moitié des éfets de ladite comunauté, & païe la moitié de toutes les détes; au lieu que le mari eſt contraint de païer le tout, ſauf, ſon récours pour moitié contre les heritiers de la femme, cependant elle ne laiſſe pas d'être convenuë hipotequairement.

Neanmoins, ſi elle étoit obligée ſolidairement avec ſon mari, elle ſeroit contrainte pour le tout, ſauf ſon récours pour la moitié contre les heritiers de ſon mari, excepté qu'elle eût renoncé à ladite comunauté, auquel cas elle auroit ſon récours pour le tout, mais ſi elle s'étoit obligée à la dot d'un enfant, elle y contribueroit pour moitié ſur ſes propres, ſans en pouvoir demander l'indemnité, à moins que ſes biens ne fuſſent pas capables de porter céte charge.

Que ſi les détes de ladite comunauté excedent la valeur des éfets, elle ne ſera tenuë que juſqu'à la concuréce de ce dont elle aura amandé ladite comunauté, pourveu qu'elle ait fait bon & loïal inventaire.

Le mari mineur peut valablement autoriſer ſa femme majeure ainſi qu'il a été jugé par Arrêt raporté par Mr. Leprêtre, Cent. 2. ch. 161.

Il y a neanmoins Arrêt contraire au comencement de la troiſiéme partie du Journal du Palais, du 22. Juin 1673. d'autant que ſa femme auroit contre lui action de remploi ou d'indemnité, & ainſi le mineur ſeroit lezé, ce qui fait auſſi reſoudre l'acte à l'égard de la femme.

Le mari eſt le ſeul Seigneur & maître de tous les éfets de la comunauté, en ſorte qu'il les peut vendre, aliéner, hipotequer, & en faire & diſpoſer par donation ou autre diſpoſition entre vifs, ainſi que bon lui ſemble, ſans le conſentement de ſa femme, à perſone capable & ſans fraude, ſelon l'article 225. de la Coûtume de Paris.

Par le mot, & ſans fraude, c'eſt-à-dire, que le mari ne peut pas diſpoſer des éfets de la comunauté, pour enrichir lui & ſes heritiers au préjudice de ſa femme, & en diminution de la comunauté, comme s'il avoit diſpoſé de tous ſes meubles & aquêts par une donation univerſelle.

Céte donation comme faite en fraude de la comunauté ſeroit nulle, au préjudice de la femme, mais elle ſubſiſteroit ſur les biens de ſon mari.

Le mari ne peut rien doner par Teſtament au préjudice de la moi-tié qui doit après ſon décez apartenir à ſa femme en tous les éfets de la Comunauté.

Il ne peut pas auſſi vendre, échanger, ni faire partage, ou licita-tion, obliger, ni hipotequer les propres de ſa femme ſans ſon con-ſentement, & s'il le fait, l'acte ſeroit nul, & ne pouroit faire aucun préjudice à la femme.

Un mari, quoique tuteur naturel de ſa femme mineure, ne peut pas emploïer en conſtitution de rente, ou achat d'heritages, des deniers ſtipulez propres à ſa femme, & dont l'emploi a été ſtipulé, s'il n'y a avis de parens, ou ſi elle n'y conſent, en cas qu'elle ſoit majeure.

Il ne peut pas non plus convertir en conſtitution de rente une dé-te exigible, venát de ſa féme, quoiqu'il n'i ait pas novation à l'hipote-que, ou que l'on lui done cautió, ou autres ſuretez aparétes, ſi ſa féme n'y cóſent, ou ſes parens pour elle, autremét la perte le regarde, quoi-qu'il n'ait fait, que ce qu'un des plus prudés pere de famille auroit fait.

Le debiteur d'une rente propre à la féme, eſt liberé par le rembour-ſement fait au mari, encore que la femme n'ait pas ſigné la quitance ; car du moment que le debiteur a païé, la qualité fictice d'immeuble ceſſe, & la rente ſe reſout en deniers, dont le mari eſt maître, ſauf l'action que la Coûtume done à la femme, ou à ſes heritiers, après la diſſolution de la Comunauté, laquelle je ſoutiens mobiliaire en faveur de l'heritier des meubles.

C'eſt au mari à qui la Coûtume confie l'emploi des deniers pro-cedans du rachat des rentes, qui dépend uniquement de la volonté du debiteur, & partant il ſufit que le debiteur s'aquite entre les mains de celui qui a toute l'autorité pendant la Communauté.

L'Ordonance de 1639. faite à Compiegne, qui permet de rem-bourſer au mari ſeul la rente duë à la femme, n'a pas été revoquée par aucune autre.

Nos Coûtumes mettent les femmes ſous la tutele de leurs maris, c'eſt pourquoi ils ne peuvent pas moins recevoir un rachat de rente qu'un tuteur.

Si on avoit conſideré la reception du remboursement d'une rente, comme une lalienation d'immeuble, on n'auroit pas permis de rem-bourſer à un tuteur ſans l'autorité de la juſtice & une aſſemblée de parens pour veiller à l'emploi.

La faveur de la liberation d'un debiteur, qui payeroit deux fois, n'eſt pas moins puiſſante que celle d'une femme, à la ſureté de la-quele les loix ont aſſez pourveu.

D'ailleurs on ne pouroit pas ſe liberer de la rente duë à une femme mineure ou en demence, ainſi il feroit befoin d'une Loi nouvele pour l'avenir , ſi on vouloit pourvoir à la fureté des dots des femmes, qui confiſtent en rentes conſtituées.

S'il eſt dû de l'argent à une femme, ou qu'elle ſoit troublée en la poſſeſſion de ſes propres, , ſon mari peut ſans elle pourſuivre le debiteur, ou intenter l'action poſſeſſoire pour la reparation du trouble qui lui a été fait ; car le mari eſt Seigneur des actions mobiliaires & poſſeſſoires qui procedent du côté de ſa femme, ſuivant l'article 233. de la Coûtume de Paris.

Un mari n'eſt pas obligé d'autoriſer ſa femme , pour la pourſuite d'un droit réel à elle échu pendant le Mariage ; mais ſi ce droit lui étoit échu auparavant , & que le mari l'eût priſe avec ſes droits, il la doit autoriſer en la pourſuite, & juſqu'à ce toute audiance doit être déniée, d'autant que c'eſt un dol au mari de vouloir plaider ſans riſque , en ſorte qu'il profiteroit des dépens, s'ils étoient adjugez à ſa femme, auſſi bien que du principal.

Ce qui doit auſſi avoir lieu , à plus forte raiſon, pour la pourſuite d'un éfet mobilier qui doit entrer en Comunauté.

Le creancier du mari peut obliger la femme ſeparée , de lui païer partie de l'ocupation qu'elle fait d'une maiſon, dans laquelle le mari n'a que l'uſufruit ; mais il ne peut rien pretendre pour ce qui a precedé l'action.

Le mari peut apliquer à ſon profit les fruits provenans des propres de ſa femme , & pour cet éfet il en peut lui ſeul faire les baux à ferme & aloïers, ſçavoir des maiſons ſizes à Paris pour ſix ans, & des heritages des champs pour neuf ans.

Une femme ne peut pas s'obliger ſans le conſentement de ſon mari, ſi elle n'eſt ſeparée, ou Marchande publique, ainſi qu'il eſt dit par l'article 234 de la Coûtume de Paris.

Neanmoïns ſi étant autoriſée par Juſtice, au refus de ſon mari, elle avoit ſucombé dans un procez, ſes propres pouroient être vendus à la charge de l'uſufruit du mari.

L'action intentée contre la femme avant ſon Mariage , doit être pourſuivie contre le mari, c'eſt pourquoi il a été jugé que l'Arrêt, rendu contre une femme mariée en qualité de fille majeure, en conſequence des procedures faites avant ſon Mariage, ne peut être executé, ni contre le mari, ni contre elle, Arrêt du 8. Avril 1673. troiſiéme Tome du Journal des Audiances, livre 6. chapitre 6.

Une fille dépuis ſon contrat & avant ſon Mariage, n'a pû faire préjudice à ſon mari en contractant une obligation, laquelle ne peut être executée, ſinon ſur la proprieté, l'uſufruit du mari reſervé, neanmoins il femble que cette opinion eft trop rigoureufe , s'il ne paroit pas que le creancier ait eu part à la fraude.

La femme qui eft Marchande publique, eft celle qui fait une marchandife feparée, & autre que cele de fon mari, & non pas cele qui ne fait que débiter la marchandife dont fon mari fait trafic.

Si par contrat de mariage paffé par marchand groffier ou banquier, il eft porté qu'il n'y aura point de Comunauté, & qu'ils foiét demeurans dant un lieu où la Comunauté eft établie par la coûtume, ou par l'ufage, ils doivent faire publier à l'Audiance de la Jurifdiction Confulaire, s'il y en a, finon dàs l'Affemblée de l'Hôtel comun des Villes, la claufe qui dérogera dans ce contrat de Mariage, & la faire inferer dans un tableau expofé au lieu public, à peine de nullité, de forte que la claufe n'a lieu que du jour qu'elle aura été publiée & enregiftrée, ainfi qu'il eft ordonné par l'article 2. du Titre des Separations de biens de l'Ordonance du Comerce.

Ce qui eft auffi conforme à celé de Loüis XIII. art. 143 pour empêcher que les creanciers ne prêtent fi facilement leurs biens à ceux qui font feparez d'avec leurs femmes, car c'eft un avantage pour les creáciers du mari, que la féme foit comune avec lui, à caufe des biens qu'elle met dans la Comunauté, & dont le mari eft le maître.

Il a été jugé par plufieurs Arrêts, tant du Parlemét de Paris que des autres, que la féme feparée de biés, ne fe peut pas obliger sás l'autorité de fon mari, fondé fur ce que la feparation n'exemte point la féme de la puifsáce & autorité de só mari qui fubfifte tãt que le mariage dure.

Ces Arrêts font raportez par M. Julien Brodeau, fur Mr Loüet, lettre F, nombre 3. & par Mr Leprêtre premiere centurie chap 67.

Cependant fi la Coûtume du domicile des parties ne requiert pas l'autorité du mari, pour contracter ou pour tefter, elle n'eft pas auffi requife pour les biens fituez dans une autre Coûtume, où l'autorifation eft neceffaire, d'autant que pour la capacité d'agir la Coûtume eft perfonele; ainfi la femme étant interdite d'agir fans autorité par la Coûtume du lieu de fa demeure, elle l'eft par tout.

Il n'en eft pas de même de la difpofition, laquele eft limitée par la Coûtume de la fituation de la chofe, qui imprime un mode ou condition à la chofe de ne pouvoir être alienée par acte entre vifs, ou teftament, ou du moins finon à certain âge, ou de telle maniere.

Toutefois la femme feparée de biens, peut difpofer de fes meubles fans l'autorité de só mari, & du revenu de fes immeubles, en peut faire les baux à ferme & aloïer, en doner quitance, & même s'obliger à l'éfet de la feparation, & pour fa nourriture & entretenement, mais non pas pour autre fujet, ni par obligation qui hipoteque fes immeubles, ou par contrat qui emporte alienation. C C c iij

Ce qui a lieu, quoi que par contrat de mariage on lui ait laiffé la difpofition de fon bien, à moins qu'on ne l'ait autorifée pour ce qu'elle fera dans la fuite, autrement le contrat feroit nul faute d'autorifation, *ad hoc*, encore qu'elle eût contractée en la prefen-ce de fon mari, & en vertu de fa procuration; mais fi une femme feparée s'étoit obligée folidairement avec fon mari, & de lui au-torifée, elle n'auroit pas d'indemnité pour fa part perfonelle, fi elle ne l'avoit ftipulée, & elle n'a hipoteque pour ce fujet que du jour de la ftipulation par acte autentique.

La Sentence renduë contre le mari & la femme ne fuplée pas audéfaut d'autorifation, à moins qu'elle ne foit volontaire, au quel cas la prefence du Juge fufit, & fait valoir l'obligation, comme contractée en Juftice.

On tient qu'une femme feparée de biens, peut recevoir un ra-chat de rente, fans l'autorité de fon mari, parce que c'eft un ac-te d'adminiftration, & non volontaire où la fonction du mari n'eft pas neceffaire, puifqu'il ne peut pas mettre la main fur les deniers.

Neanmoins, comme le mari demeure garant de la dot de fa femme, quoique feparée, je foûtiens, qu'elle ne doit recevoir au-cun rachat, ni prix d'immeubles vendus, fi elle n'eft autorifée, & même je ne crois pas que l'on doive foufrir que des femmes foient autorifées par contrat de mariage, pour la difpofition & adminif-tration de leurs biens, parce que ce feroit un piege pour ruiner la femme, fans que le mari foit garand.

Sur ce fondement on ne peut pas païer à une femme feparée fes reprifes & remplois, fi elle n'eft autorifée.

Pour faire une feparation valable, il faut qu'elle foit faite avec conoiffance de caufe, information préalable contre le mari, Sen-tence fur icelle contre le mari, inventaire des biens de la comunau-té, & partage d'iceux exécuté, fi ce n'eft que la femme par la Sen-tence de feparation eut renoncé a la comunauté, auquel cas il n'eft befoin ni d'inventaire, ni de partage.

Le mari eft tenu de la dépenfe faite par fa femme jufqu'à la fe-paration; c'eft pourquoi elle ne peut pas pretendre les interêts du jour qu'elle en a fait la demande en Juftice.

Il y a Arrêt qui l'a ainfi jugé, au troifiéme tome du Journal des Audiances, livre 6. chapitre 23.

La comunauté de biens ne fe retablit que par un acte précis ou équipolent; comme par exemple, fi le mari & la femme avoient acheté en comun, mais ce ne feroit pas affez que le mari & la fem-

me euffent vécu enfemble , & fe fuffent obligés par un même
acte , & que le mari eût adminiftré les biens de fa femme.

La femme mariée, feparée ou non feparée , ne peut pas vendre
ni aliener fes propres, fans l'autorité de fon mari , felon l'article
233. de la Coûtume de Paris.

En païs Coûtumiers la femme n'a point de biens paraphernaux,
parce que les biens paraphernaux en pais de droit écrit, font ce
qui apartient à la femme, & qu'elle s'eft refervée , outre ce
qu'elle a conftitué en dot à fon mari, pour en joüir & difpofer, ainfi
que bon lui femblera, tant du fond , que des fruits, fans que le
mari en puiffe rien pretendre.

Or en païs coûtumier , tout ce qui apartient à la femme lors
qu'elle fe marie , ou qui lui échet dépuis par fucceffion , ou autrement , entre dans fa dot , & les fruits en apartienent au
mari.

Partant il eft vrai de dire, qu'en païs coûtumier , la femme n'a
pas de biens paraphernaux, puifqu'elle n'a aucuns biens dont elle
puiffe difpofer, ni pour ce qui eft du fond , ni pour ce qui eft des
fruits , fans l'autorité de fon mari.

Je conviens toutefois , qu'en la Coûtume de Normandie , il eft
parlé des biens paraphernaux de la femme ; mais ces biens paraphernaux en ladite Coûtume de Normandie , ne font rien autre
chofe que les meubles qui fervent à l'ufage de la femme , & qui
lui doivent être délaiffez , & délivrez après la mort de fon mari,
comme il fe voit par l'article 395. de la fufdite Coûtume.

Tellement que les biens paraphernaux en la Coûtume de Normandie, font la même chofe que ce qu'on apelle dans la Coûtume de Picardie, *la Chambre étorée de la femme*, qui lui doit être
délivrée après la mort de fon mari.

On peut par le contrat de mariage déroger à la Coûtume, &
ftipuler qu'il n'y aura point de comunauté entre l'homme & la
femme, même que la femme pour fon droit de comunauté ne
poura prendre qu'une certaine fomme limitée par le contrat, fuivant le fentiment de Tronçon, fur l'article 220. de la Coûtume de
Paris , fur le mot de Comuns.

La comunauté eft diffoluë par la mort de l'un des conjoints, ou
par la feparation.

Si la femme après la mort de fon mari renonce à la comunauté
les biens apartienent pour le tout à l'heritier du mari ; mais fi elle
l'accepte , ils font partagez par moitié entr'elle & l'heritier de
fondit mari, en païant par elle la moitié des detes de ladite comunauté.

Neanmoins , si lors du décez de l'un des conjoints, il y avoit des enfans mineurs de leurs mariages, la comunauté ne seroit pas dissoluë par la mort du predécedé , elle seroit continuée avec lesdits mineurs , si le survivant n'avoit fait faire bon & loïal inventaire; cependant il ne sufit pas au survivant pour la dissolution de la comunauté d'avoir fait faire un inventaire tel quel , il faut qu'il soit fait & parfait, avec un legitime contradicteur, à la charge de le clore trois mois après qu'il aura été fait.

L'inventaire signé d'un seul Notaire, ne sufit pas en la Coûtume de Paris pour dissoudre la comunauté, suivant l'Arrêt du 12. Fevrier 1682. raporté en la huitiéme partie du Journal du Palais.

Il faut dire aussi, que si lors du décés de l'un des conjoins, il y avoit des enfans mineurs & des enfans majeurs, la comunauté seroit continuée avec les uns, & les autres, selon le sentiment de Brodeau, sur Mr Loüet, lettre C , nombre 30.

Le predécedé des deux conjoints qui n'a laissé que des heritiers collateraux, ne peut pas faute d'inventaire demander la continuation de la comunauté contre le survivant, quoi que lesdits heritiers collateraux fussent mineurs, la continuation de comunauté n'aïant lieu en la Coûtume de Paris, que pour les enfans.

Il a été Jugé par Arrêt du 17. Août 1667. au raport de Mr Bernard Derezé, que le legataire universel d'un enfant ne pouvoit pas demander la continuation de la comunauté, il est raporté en la cinquiéme partie du Journal du Palais , page 220.

Le creancier de l'enfant mineur, ne peut pas non plus demander la continuation de la comunauté, ainsi qu'il a été jugé par Arrêt de la Chambre de l'Edit, raporté par Brodeau, sans date.

Un mari qui avoit droit de demander continuation de comunaunauté, ne l'aïant pas fait durant sa vie, sa veuve après sa mort ne la peut pas demander; ce droit de continuation de comunauté n'étant point transmissible à la veuve.

Si le survivant qui n'a pas fait d'inventaire, se remarie, aïant des enfans de son premier mariage, la comunauté doit être continuée pour un tiers, ensorte que les enfans du premier mariage auront un tiers, le mari & la seconde femme chacun un autre tiers, suivant l'article 242. de la Coûtume de Paris.

Or il s'ensuit, que si aucun des enfans avec lesquels la comunauté a été continuée vient à décéder, sa part en ladite comunauté acroîtra à ses freres & sœurs survivans; ainsi, si de plusieurs enfans, il n'en reste qu'un, il aura autant lui seul que si tous ses freres étoient vivans, sans que le pere ou la mere qui a continué
ladite

ladite comunauté , puisse profiter de la part des decedez:

Si lors du décez du premier mourant les enfans étoient majeurs, à la reserve d'un mineur qui est decedé depuis, ou a fait profession, on tient que les autres enfans majeurs peuvent demander la continuation de la comunauté du chef du mineur , dont le droit acroît à ses freres & sœurs au préjudice du survivant , pourvû que le mineur devenu majeur n'ait fait aucune déclaration contraire.

Neanmoins les creanciers, ni la femme, ni le mari, de l'enfant qui n'en a pas fait demande, n'en peuvent point profiter lors qu'il y a quelqu'autre enfant , au préjudice du droit d'acroissement; & s'il n'y en a qu'un , on tient que ses legataires ou creanciers peuvent demander la continuation de son chef, le survivant aïant droit en ce cas de succeder.

Durant la continuation de la comunauté , si le survivant marie quelqu'une de ses filles, la comunauté n'est pas pour cela dissoluë avec elle par le moien de son mariage, encore qu'elle ait été dotée par le survivant , & que moïenant sa dot , elle ait renoncé à tous droits successifs, jugé par les Arrêts raportez par Bordeau sur Mr Loüet , lettre C , nombre 30. en raportant la dot avec les interêts du jour de la donation, deduction faite de ce qu'elle eût pû coûter à la comunauté , si elle eût été nourie avec les autres.

Mais les biens publics , & le repos des familles, exigeroient qu'on autorisât ces sortes de renonciations des filles, afin d'empêcher que tout ne soit en combustion par l'avidité de ces gendres alterez.

Si l'une desdites filles a été mise en Religion, ses freres & sœurs survivans , qui lui succedent , doivent porter les frais de sa dot & la dépense de sa reception.

Cependant, s'il y a un heritier des meubles, il semble que l'on doive premierement épuiser le mobiliaire , avant que de toucher aux immeubles.

Toutefois, on juge le contraire, & tous les heritiers y contribuent à proportion , même dans les Coûtumes où celui qui succede aux meubles à titre universel , païe les detes mobiliaires, attendu que la profession fait ouverture à tous les heritiers, & que les meubles seroient souvent épuisez.

Suivant l'usage du Châtelet de Paris , l'inventaire pour la dissolution de la comunauté doit être comencé dans trois mois, à compter du jour du décés, ce tems étant necessaires pour metre les papiers en ordre, & clos & parfait dans autres trois mois à compter du jour qu'il a été comencé.

Tome I. DDd

Il feroit à fouhaiter que ce tems fut fatal, encore qu'elle n'ait pas été pourfuivie, d'autant que l'on atend fouvent à renoncer dans un tems où les chofes ne fe peuvent plus reconoître, du moins elles devroient confondre leur créances, n'aïant pas renoncé dans le tems, au lieu qu'on fe contente de la condamner aux dépens depuis l'action jufqu'à fa renonciation.

La clôture d'inventaire a éfet retroactif du jour du decez; c'est pourquoi, fi pendant ce tems, même avant ledit inventaire comencé, l'un des enfans vient à déceder, fa fucceffion mobiliaire apartiendra à fon pere ou à fa mere furvivant.

La femme qui a recelé une partie des meubles & éfets de la communauté, doit être privée de fa moitié dans les chofes qu'elle aura reccelés, apartenant pour le tout, à l'heritier du mari, ainfi qu'il a été jugé par Arrêt, raporté par Dufrefné livre 8. chapitre 28.

Si au contraire, une femme en est quite en perdant fa part dans les éfets recelez, la porte est ouverte à toutes les fraudes, enforte qu'une maifon est quelquefois pillée, fans que l'on puiffe faire preuve de la vingtiéme partie de ce qu'il y avoit.

Il est vrai qu'on la déclare comune, même à l'égard de l'heritier, lors qu'elle recele avant fa renonciation, ce qui dépend des circonftances du fait.

On pretent auffi que la conviction de recelé ne fufit pas pour empécher la diffolution de la comunauté, dont l'on demande la continuation aprés un inventaire, revêtu de toutes fes formes, quoi qu'un inventaire imparfait n'empêche pas la continuation.

Si le furvivant qui n'a pas fait d'inventaire avoit diffipé une partie des biens, les enfans peuvent demander, même contre les creanciers, l'eftimation de la comune renomée pour arbitrer ce qui leur pouvoit apartenir dans la comunauté au tems du decés de leur pere ou mere, pourquoi ils ont hipoteque du jour de l'acte de tutelle fur les immeubles; & à l'égard des meubles, il femble qu'ils n'y puiffent venir que par contribution, quoi qu'il y en ait encore plufieurs en nature.

Neanmoins je ne crois pas que les enfans qui étoient majeurs au tems de la diffolution de la comunauté, puiffent demander céte eftimation au préjudice des créanciers, d'autant qu'elle est toûjours tres-incertaine, & qu'on doneroit fouvent du bien à ceux qui n'en avoient pas, en jugeant par les aparences.

Si le mari étoit condamné en une peine emportant mort civile, comme par exemple, aux galeres ou à un baniffement perpetüël, les reparations & amendes aufquelles il auroit été condamné, ne peuvent pas être prifes fur la part des biens de la femme.

Mais fi le mari n'étoit bani que pour un tems, ou de certaine Province, en ce cas, n'étant pas mort civilement, ni la comunauté diffoluë, les reparations & amendes doivent être prifes fur la part de la femme, auffi-bien que fur la part du mari.

CHAPITRE LXXXVI.

De la Dot.

DOT, eft ce que la femme aporte à fon mari, foit en argent comptant, meubles ou immeubles, pour en joüir & en faire les fruits fiens durant le mariage, & pour lui aider à en fuporter les charges.

Neanmoins dans la France Coûtumiere, tout ce que la femme aporte en mariage, n'entre pas dans la comunauté, il n'y entre que ce qui eft mobilier, fur tout quand elle n'a que de l'argent comptant, on a coûtume de ftipuler que les deux tiers des deniers, ou quelques autres parties lui tiendra nature de propre, & n'entrera en la comunauté, mais s'il n'y a pas de ftipulation, je foûtien que tout ce qu'elle aporte de mobilier entre en la comunauté.

Les meubles & éfets mobiliers, entrent auffi dans la comunauté de biens, de quelque nature, quantité & valeur qu'ils foient, mais les heritages qui échoient à la femme pendant le mariage par fuc-ceffion de fes parens, lui font propres, & n'y entrent pas.

On prétend que ce qui eft doné de mobilier, au moïen de quoi la femme rénonce à la fucceffion, lui tient lieu de propre, jufqu'à con-curence de ce qui lui doit échoir d'heritage dans la même fucceffion, afin d'empêcher les avantages indirects, parce que les meubles qu'elle a eu en place, lui tiénent lieu de rétour de partage, qui felon les loix civiles du Roiaume, n'entrent en comunauté.

Mais ce qui lui eft doné de mobilier pendant le mariage, par quelque perfone que ce foit, n'entre pas dans la comunauté; neanmoins il y a deux chofes à diftinguer à l'égard des immeubles qui lui font donés.

Ceux qui lui font donés ou legués par fes pere & mere, ayeul, ou aïeule, ou autres afcendans à n'avencemét d'hoirie, ou autrement, lui font propres, & n'entrét point dans la comunauté, mais ceux qui lui font donés ou legués par fes parens collateraux ou par des étrangers , lui tienent lieu d'acquéts , & entrent dans la comunauté , si comme dit est, le donateur n'en a autrement disposé , encore qu'elle fût leur presomptive heritiere.

Cependant mon sentiment est, que si le mari avoit fait acepter le legs à sa femme mineure , afin d'en profiter , lui étant indiferend de prendre la succession ou le legs, elle pouroit opter la qualité qui lui seroit la plus avantageuse.

Les immeubles dones à ses pere & mere , sont comuns.

Il en seroit autrement , si on avoit doné à son pere rémarié , ou si les choses donées venoient de l'un ou de l'autre.

Il faut aussi faire la même distinction , pour ce qui est doné au mari.

Les pere & mere qui sont riches & comodes , sont obligés suivant le Droit Romain , de doter leurs filles ; neanmoins un fils de famille ne peut pas contraindre son pere à le marier, ni de doner malgré lui à un de ses enfans en faveur de mariage , pareil avantage qu'il a fait à ses autres enfans , ainsi qu'il a été jugé par Arrêt raporté par Maître Anne Robert , livre 3. chapitre 7.

Si une fille mineure avoit été mariée par son pere , à laquelle il auroit doné une somme de deniers , & que par le contrat de mariage on eut omis de stipuler qu'une partie lui tiendra nature de propre , ainsi qu'on a acoûtume de faire ; Je soûtien que céte fille mineure ne peut pas être relevée de céte omission , atendu que son pere est présumé l'avoir fait avec conseil & délibération.

Mais si elle avoit été mariée par un Tuteur , voire même par sa Mere, après le decés de son Pere , elle en seroit relevée , ainsi qu'il a été jugé par les Arrêts raportés par Brodeau sur Monsieur Loüet, lettre D. nombre 36.

Le mari , après dix ans , n'est pas recevable à demander la dot qui a été promise à sa femme lors de son mariage ; car ce tems passé il est présumé l'avoir reçuë , encore qu'il n'aparoisse d'aucune quitance, cependant s'il y avoit terme par le contrat, la préscription de dix ans ne couroit que du jour que le terme seroit écheu.

L'autentique , *quod locum, Cod. de dote , Cod. non numer.* a été jusques ici mal expliquée, pour autoriser indistintement la prescription de dix ans en faveur de ceux qui ont promis une dot.

Elle est dans le cas d'un mari qui n'a pû vivre avec sa femme , lequel ne peut plus prétendre que la dot ne lui soit pas été païée , s'il a laissé passer dix ans sans agir ; mais l'esprit de la loi, selon mon sentiment, n'est pas de dénier l'action dans le cas d'un mariage concordant , ensorte que ce cas de dix ans ne peut pas aussi préjudicier à l'action qu'on pouroit avoir d'ailleurs pour ce qui a été promis , & qui étoit plûtôt une déte , qu'une liberalité.

La femme ne raportant point de quitance , doit être colloquée en vertu de céte prefomption , fur les biens de fon mari , pour la reftitution de la dot qui lui a été promife.

Il n'eft pas befoin de quitance , lors que la femme déclare par fon contrat de mariage,qu'il lui apartient telles chofes.

Je foûtiens qu'un Gendre , qui s'eft contenté par contrat de mariage d'une dot , tant pour la fucceffion échûë à fa femme de pere ou mere , que fur celle du furvivant à échoir , ne peut plus aprés le decés de fa femme , demander compte de la fucceffion du prédecedé, quand même l'action tomberoit dans la comunauté à laquelle il a rénoncé , d'autant qu'il en profite à titre fingulier par acroiffement , & que c'eft une efpece d'action refcidante , qui n'apartient pas , fuivant les loix civiles du Roïaume , à un fucceffeur fingulier , s'étant contenté de céte fomme par fon contrat de mariage , & n'aïant pas agi pour fa femme de fon vivant.

La femme aprés la diffolution du mariage, par mort, ou par feparation , rénonçant à la comunauté, ne peut réprendre que fes propres, ou ce qui lui a été ftipulé propre , excepté que par claufe expreffe , la faculté lui ait été acordée de prendre tout ce qu'elle a aporté en mariage.

Or , il s'enfuit,fi que céte claufe de reprife , avoit été omife dans le contrat , la femme n'aiant aporté que de l'argent ou des meubles , fans aucune ftipulation de propre , perdroit tout , en renonçant à la comunauté.

La faculté de réprendre acordée à la femme , lui eft perfonelle , & ne paffe point à fes enfans , ni à fes heritiers collateraux , fi elle n'eft pareillement ftipulée à leur profit.

Si bien que pour ftipuler céte claufe au profit des enfans , il faut quelle foit conuë en céte maniere , *arivant la diffolution dudit mariage , il fera permis à la future Epoufe & aux fiens de rénoncer à la comunauté , & ce faifant reprendre tout ce qu'elle aura aporté en mariage ,* mais fi on veut ftipuler au profit des collateraux , il faut paffer plus avant , parce qu'ils ne font pas compris fous le mot de *fiens ,* & dire ; *fera permis à la future Epoufe , aux fiens , & à fes parens & heritiers collateraux , &c.*

La femme pour la reftitution de fa dot & autres conventions matrimoniales a hipoteque fur les biens de fon mari, du jour de fon contrat de Mariage , en forte que fi dans l'intervale du contrat & de la celebration dudit mariage , le mari contratoit des détes , elle doit

être preferées aux creanciers de fes détes , comme ayant une hipoteque anterieure ; car encore que les obligations, & hipoteques contractées par le contrat de mariage foient en fufpens , jufques à la celebration ; neanmoins ladite célebration arivant , fait valoir les hipoteques du jour du contrat de mariage.

Mais les articles fous fignature privée , ne peuvent préjudicier à
un tiers, encore qu'elles faffent loi à l'égard des contractans.

Le mari, en pays de Droit écrit, qui decéde infolvable, & qui ne
laiffe à fa femme que des meubles pour fa dot & conventions matrimoniales , eft préferée fur iceux à tous autres creanciers , mais en
pays Coûtumier , la femme n'a aucun privilege , & n'a rien fur les
meubles de fon mari , que par contribution au fols la livre, avec les
autres creanciers, ainfi qu'il a été jugé par plufieurs Arrêts , tant du
Parlement de Paris, que des autres, raportés par Monfieur Bouguier,
lettre D, nombre 14.

Je ne crois pas auffi que la Sentence , en vertu de laquelle la femme s'eft fait adjuger les meubles fur un curateur à la fucceffion vacante, excluë les autres creanciers de fon mari , qui ne fe font pas
opofé à la faifie , de demander peu de tems aprés à venir par contribution , ou à exercer les privileges, autrement les creanciers feroient
fouvent trompés ; car un tiers revient aifement contre ce qui s'eft
fait avec un curateur aux biens vacans.

Si durant le mariage , il eft vendu quelques heritages propre à l'un
ou à l'autre des conjoints, l'article 232. de la Coûtume de Paris , qui
par fon équité a été étéduë aux autres Coûtumes qui n'ont pas de difpofitions contraires , porte que celui à qui apartienent lefdits heritages en peut prendre le prix fur la maffe de la comunauté , avant
que de partager.

Mais les autres recöpenfes de comunauté ne fe prenent pas fur la
maffe avant le partage, mais feulement aprés le partage pour moitié,
fur la part de celui qui en eft tenu, l'autre moitié demeurant confufe
par le moien de la comunauté, ce qui revient pourtant à la même chofe ; mais dans la fucceffion du mari les remplois dûs à la femme font
payés par tous les heritiers, *pro rata*, quoi que la comunauté foit
enflée par ce moien , d'autant qu'en ce cas ils font confiderés comme détes perfonelles du mari & de la fucceffion , & non pas comme
charge de la comunauté.

Aliud , fi la femme étoit decedée la premiere, fon heritier des
meubles ne pouroit pas en aceptant la comunauté , préjudicier à
celui des propres.

L'hipoteque pour le remploi d'une rente propre à la femme & à

ceux de fon côté & ligne , échûë à un de fes enfans , & rembourfée au mari , pendant la minorité du même enfant , dont il étoit
tuteur, ne doit avoir lieu que du jour de la tutelle, parce que l'enfant n'a pas plus de privilege aprés la mort naturelle de fa mere ,
que fa mere en eut elle-même aprés la diffolution de la comunauté par la feparation.

De forte, que fi aprés la féparation le mari avoit reçû le rachat,
elle n'auroit hipoteque que du jour du remboursement, dont le
mineur ne peut pas repeter fon hipoteque de plus loin que du
jour de la tutelle, qui eft le jour du decez de la mere , le pere
étant tuteur naturel.

En éfet, la coûtume & les claufes du contrat de mariage , portent feulement , *en cas qu'il foit remboursé , renté pendant la comunauté , la femme aura l'action de remploi* ; mais aprés le décez de la
femme , la qualité du mari change de nature , & il ne peut agir
que comme tuteur , la proprieté de la rente aiant paffé à l'enfant.

Neanmoins je crois que la claufe *de côté & ligne* , done hipoteque du jour du contrat de mariage , l'affurance des collateraux
aïant été prévûë déslors contre le mari, afin de lui ôter les moiens
d'éluder les heritiers.

Si l'heritage propre qui a été vendu apartient à la femme , &
qu'il n'y ait aucuns biens en la comunauté fur lefquels elle en puiffe reprendre le prix , elle a la faculté de le reprendre fur les propres heritages du mari , ainfi qu'il a été jugé par plufieurs
Arrêts.

Que fi par le contrat de mariage , il a été ftipulé que la femme
ne fera pas tenuë des detes du mari , & qu'au cas qu'elle y fut
obligée, elle en feroit aquité par fondit mari, ou fi au défaut de
ftipulation, la coûtume des lieux y avoit pourvû , en ces deux cas,
elle doit avoir hipoteque pour fon indemnité du jour de fon contrat de mariage,

Mais s'il n'y avoit pas de ftipulation , & que la Coûtume n'en
parlât point , en ce cas elle n'a hipoteque que du jour des obligations, aufquelles elle auroit intervenu , autrement il feroit à la
faculté de la femme en s'obligeant pour fon mari envers fes creanciers pofterieurs, de les faire paffer avant tous fes creanciers anterieurs ; car l'indemnité de la femme faifant une partie de fes
conventions matrimoniales, elles font auffi remonter jufques au jour
de fon contrat de mariage l'hipoteque de fon indemnité , pour
les detes qui n'ont été contractées que dix ou vingt ans aprés.

Cependant, suivant les nouveaux Arrêts, elle a hipoteque du jour de son contrat de mariage pour ses remplois & indemnitez, soit qu'il y en ait stipulation ou non.

L'Edit des Enregistremens en contient une décision formelle, laquelle doit avoir lieu, encore que les formalitez prescrites, par cet Edit, aient été abrogées, ensorte que céte indemnité a lieu pour toute la dete, si la femme renonce à la comunauté, & pour moitié si elle a été comune; c'est pourquoi l'action peut être exercée par ses creanciers exerçans ses droits, quand même la femme n'auroit aucuns biens ni reprises.

Entre les actions de la femme, on colloque premierement les reprises de la dot, au nombre desquelles on compte les remboursemens des rentes, come alienations involontaires, encore qu'elle ait signé la quitance, & ses creanciers peuvent exercer en son lieu les mêmes actions, quoi qu'elles diminuent le doüaire.

On colloque ensuite le doüaire, & après les remplois le préciput, & l'indemnité la derniere; mais je crois que par le contrat de mariage, on peut stipuler que le doüaire des enfans précedera la reprise de la femme.

Les creanciers peuvent exercer les droits de la femme sur les biens du mari, lors qu'ils les ont saisis, encore qu'il n'y ait pas eu de rénonciation à la comunauté; neanmoins si l'on dénonçoit l'hipoteque à un aquereur qui a la femme obligée, il semble qu'on ne pouroit pas se dispenser de déclarer l'heritage affecté & hipotequé, pourveu que le creancier veüille se charger de l'hipoteque de l'aquereur lors qu'elle aura lieu, d'autant que si la femme acceptoit dans la suite la comunauté, elle seroit la débitrice du creancier.

La femme separée de biens d'avec son mari, étant obligée avec lui, n'a hipoteque pour son indemnité, que du jour de son obligation, encore que l'indemnité ait été stipulée par son contrat de mariage, d'autant que céte hipoteque n'a lieu qu'à cause de la puissance du mari qui cesse.

Si la femme est obligée solidairement avec son mari pour la dot d'un de leurs enfans, l'indemnité sur les biens du mari, n'a lieu que pour moitié, étant tenuë pour un dévoir naturel de contribuer de son chef pour l'autre moitié.

Il a été jugé en la troisiéme Chambre des Enquêtes du Parlement de Paris, en 1672. par Arrêt raporté au deuxième Tome du Journal des Audiances, livre 6. chapitre 24. que les heritiers de la femme qui ont droit de reprendre sa dot, n'avoient pas le mê-

mê

me privilege qu'elle pour les interêts ; cependant, je vois tous les jours au Palais obferver le contraire, & les heritiers exercent prefque toûjours les mêmes droits ; ainfi il eft conftant que les interêts font dûs aux heritiers de la femme, qui eft décedée la premiere, à caufe du privilege de la dete.

Ce qui a même auffi lieu à l'égard de la reprife, de ce que l'on avoit mis en comunauté & dans les autres cas où il n'y a aucune ftipulation de l'emploi, enforte, qu'on peut convertir ces interêts en conftitution de rente, ou faire adjuger par Sentence les interêts de ces interêts.

La claufe, que ce qui échera par fucceffion, donation, ou autrement, & qui tiendra nature de propre a pareillement lieu pour les meubles ; car aujourd'hui céte claufe eft ordinaire & comme un ftile à tous les Notaires.

Partant, il faut qu'elle foit expliquée dans les termes ordinaires pour être valable, & que la quantité & qualité des chofes ftipulées foit renduë certaine, par un inventaire ou partage.

CHAPITRE LXXXVII.

Des biens paraphernaux.

DAns le païs de Droit Ecrit, la femme a de deux fortes de biens ; fçavoir, la dot & les biens paraphernaux.

La dot, come il a été dit ci-deffus, c'eft ce qui eft doné par la femme ou par un autre, au nom de la femme, au mari pour foûtenir les charges du mariage, & céte dot peut côfifter en toutes fortes de chofes, come mobiliares, ou immobiliaires, corporeles, ou incorporeles.

Comme ; par exemple, font les fucceffions, les obligations, les detes & les actions.

Les biens paraphernaux, fuivant le Droit Ecrit, font ceux que la femme n'a pas compris dans fa dot, mais qu'elle c'eft refervée pour en pouvoir difpofer à fa volonté, même vendre & aliener fans le confentement de fon mari, & fans qu'il s'y puiffe valablemét opofer.

Cela a été introduit par la difpofition du Droit Romain, par lequel, la femme n'eft pas obligée de doner en dot à fon mari tous fes biens, à moins qu'ils ne foient convenus autrement par le contrat de Mariage.

La Coûtume d'Auvergne en l'article 1. chap. 14. fuit en cela la difpofition du Droit Ecrit, par lequel il eft dit, que la femme mariée eft reputée dame de fes droits, quant aux biens paraphernaux.

Tome I. E E e

Il eſt auſſi fait mention des biens paraphernaux , dans la Coûtume de Normandie , en l'article 395. mais dans une autre ſignification ; car dans cet article , il eſt dit , que les biens paraphernaux ſe doivent entendre des meubles , ſervans à l'uſage de la femme , comme ſeroient lits , robes , linges , & autres de pareille nature.

Il arrive encore quelquefois , que la femme permet pareillement
l'adminiſtration de ſes biens paraphernaux à ſon mari par contrat
du mariage.

CHAPITRE LXXXVIII.

Du doüaire coûtumier & prefix.

DOüaire eſt une donation que le mari fait à ſa femme , *in præ-
mium deflorata virginitatis,* ſelon quelques-uns de nos Docteurs,
ou pour mieux dire, c'eſt un certain droit acordé à la femme par la
Coûtume, ou par convention particuliere, à prendre ſur les biens du
mari, pour en joüir après la diſſolution du Mariage.

Ainſi quand la femme n'auroit pas aporté aucune dot, cela n'empêcheroit pas qu'elle n'eût droit de doüaire , atendu que le doüaire ne
laiſſe pas d'être dû, quoi qu'il n'y ait pas eu de dot promiſe, ni conſtitué, ſelon le ſentiment de Baquet en ſon Traité des Droits de Juſtice, chapitre 15. nombre 64.

A l'égard du doüaire coûtumier . il eſt dû ſi tôt que la dot a été
promiſe par la femme , ou par ſes pere & mere , ou ſon tuteur , &
qu'elle n'a pas été païée, parce que la Coûtume le donne , quoi qu'il
n'y ait point de contrat de Mariage ; mais pour ce qui eſt du prefix,
pluſieurs de nos Praticiens de ce ſiecle , ſont d'avis qu'il ne ſe peut
pas demander, excepté que la dot n'ait point été païée, & que s'il
en a été païé d'une partie, le doüaire prefix ne doit être païé qu'au
pro rata & à proportion, parce qu'ordinairement le doüaire prefix
eſt conſtitué au tiers de la dot.

Cette opinion me ſemble aſſez raiſonnable, ſur tout quand c'eſt la
femme qui a promis elle-même la dot à ſon futur époux, ou qu'elle
en eſt heritiere pour le tout de celui qui l'a promiſe pour elle ; mais
ſi elle en eſt ſeule heritiere , elle en doit être tenuë pour ſa part &
portion hereditaire, d'autant que la femme après le trépas de ſon
mari, demandant ſon doüaire, l'heritier de ſon mari lui demandera
le païement de la dot qu'elle a promiſe, ou en tout cas compenſation,

autrement, & s'il n'étoit ainfi , il feroit au pouvoir de la femme de tromper fon mari.

Cependant fi elle n'avoit pas promis elle-même ladite dot, ou qu'elle ne fût pas heritiere de celui qui la promife pour elle, fon douaire prefix lui eft dû, bienque fa dot n'ait pas été païée.

La femme par fon contrat de Mariage peut renoncer au droit de douaire, tant pour elle que pour les enfans qui naiffent de fon mariage & à leur préjudice; mais il faut que la renonciation foit expreffe & en termes precis; car s'il avoit été feulement ftipulé qu'une femme ne prendroit qu'une certaine fomme pour tous droits de Comunauté,on n'en pouroit pas induire l'exclufion du douaire,ainfi qu'il a été jugé par Arrêt du 2. Mars 1648. raporté par Dufrefne, livre 5. chapitre 31.

Le douaire n'a pas lieu dans le païs du Droit écrit; mais au lieu de douaire, le mari fait un avantage à fa femme, qu'on apelle augment de dot, qui eft ordinairement une donation à caufe de nôces, que le mari fait à fa femme par contrat de Mariage, par lequel il lui fait une donation en cas de furvie, qui peut valoir le tiers des biens qu'elle a aporté en dot.

Il y a de deux fortes de douaires, fçavoir le douaire coûtumier, & le douaire prefix.

Le douaire coûtumier eft la moitié des heritages que le mari poffede au jour du Mariage & benediction nuptiale, foit que ces heritages lui foient propres, ou aquets, & la moitié des heritages, qui dépuis la confommation du Mariage & durant icelui lui échéent en ligne directe.

Le douaire prefix ou conventionel eft quand au lieu du douaire coûtumier, la femme eft douée de certaine rente, ou d'une certaine fomme, à prendre fur les biens du mari après fon décez.

Touchant le douaire nous obferverons

Primò, Que la femme douée de douaire prefix, ne peut demander douaire coûtumier, s'il ne lui eft promis par le contrat de Mariage.

Scundò, Que le douaire, foit coûtumier ou prefix, n'eft que viager, au cas qu'il y ait des enfans.

Neanmoins fi par le contrat il étoit porté que le douaire feroit en pleine proprieté, il feroit dû à la femme, au cas qu'il n'y eût point d'enfans, ou que les enfans fe portaffent heritiers de leur pere; car en qualité d'heritiers de leur pere, ils feroient tenus de fes faits & promeffes.

C'eft auffi pour cela qu'il eft dit en l'article 251. de la Coûtume

EEe ij

de Paris, qu'on ne peut être heritier ou donataire tout enfemble.

Tertiò, Que fi les biens du mari fujets au doüaire, font fituez en diverfes Coûtumes, ou fi le doüaire prefix confifte en une fomme de deniers, il faut fuivre la Coûtume du lieu où le contrat de Mariage a été paffé.

Quartò, Quoique la femme decede avant fon mari, toutefois s'il y a des enfans iffus du Mariage, le doüaire leur apartient pour en joüir en pleine proprieté après la mort de leur pere, fuivant la difpofition de la Coûtume de Paris, parce que le doüaire eft le propre des enfans.

Il y a dans le Roïaume des Coûtumes par lefquelles le douaire, foit prefix ou coûtumier, n'eft qu'à la vie de la femme feulement, après le décez de laquelle il retourne aux heritiers du mari, fi dans le contrat il n'y a claufe au contraire, c'eft à dire, s'il n'eft ftipulé fans retour.

Quintò, Que fi le mari ne laiffe que des meubles, la femme pour fon douaire prefix viendra à contribution au fol la livre avec les creanciers de fon mari, fur les deniers qui proviendront de la vente defdits meubles, fans aucune preference, ni prerogative, parce que les meubles n'ont pas fuite par hipoteque.

Le douaire coûtumier fe prend fur les heritages, maifons, terres, & autres fonds, & les rentes conftituées, tant fur l'Hôtel de Ville, que fur des particuliers, dont le mari fe trouve poffeffeur au jour du Mariage & benediction nuptiale, & qui lui échéent en ligne directe durant ledit Mariage.

Tronçon fur l'article 248. de la Coûtume de Paris, veut, que les propres conventionels foient auffi fujets au douaire coûtumier, encore que la fomme ftipulée propre n'eût pas été emploïée.

D'autres limitent céte opinion, au cas qu'il y ait ftipulation d'emploi en achat d'herilage, quoi que l'on y ait pas fatisfait; mais fuivant mon fentiment, il n'y a aucune aparence d'affujetir au doüaire ce qui eft échû par fucceffion, donation, ou autrement, dont l'emploi a été ftipulé, d'autant que ce feroit doner une trop grande extenfion au doüaire fur les propres conventionels, & même la plus faine opinion eft, de ne pas affujetier au doüaire coûtumier les propres conventionels, dont l'emploi a été ftipulé, n'étant pas poffedez comme heritage au jour du mariage.

Sur ce fondement, de quoi, il faut ici obferver en paffant, que les deniers dotaux dûs à la mere du mari, aufquels ils fuccedent, ne font pas fujets au doüaire coutumier.

Le droit de doüaire coûtumier, fuivant Baquet, des droits de

Juſtice, chapitre 15. nombre 40. eſt éteint ſur les rentes rachetées durant le mariage ; mais il eſt juſte en ce cas de doner une recompenſe pour le doüaire, d'autant qu'il n'y auroit à l'avenir aucune aſſurance pour le doüaire ſur des rentes, dont on ſoliciteroit le rembourſement par des rigueurs ou autres intrigues.

Elles ceſſent auſſi d'y être ſujetes, ſi par partage elles tombent dans un autre lot ; mais s'il n'écheoit aucun immeuble, par partage, il ſemble qu'il ſeroit dû indemnité pour le doüaire coûtumier, qui auroit lieu ſur leſdites rentes.

Si des deniers provenans du rachat des rentes affectées & hipotequées, au doüaire, étoit fait aquiſition d'autres rentes ou heritages, ces rentes ou heritages nouvellement aquis, doivent être ſubrogées en la place des rentes, & pareillement afectées audit doüaire.

Que ſi le debiteur devient inſolvable & que l'on ne ſoit colloqué à l'ordre que pour une petite partie, le doüaire eſt reſtraint ſur la moitié de ce qui en revient, quoi qu'à la rigueur l'imputation doive être faite, premierement, ſur les arerages dûs & qui apartiénent à la Comunauté.

L'heritage acquis par le mari a faculté de rachat au jour de la benediction nuptiale, & dont il eſt poſſeſſeur, eſt auſſi ſujet au douaire coûtumier, pourveu que la faculté de rachat ne ſoit pas moindre de dix ans, & que le rachat n'ait pas été executé durant le mariage.

Mais ſi le rachat étoit fait aprés la mort du mari, & le doüaire aquis à la femme, elle joüiroit ſa vie durant de la moitié des deniers provenant dudit rachat, en baillant par elle bonne & ſuffiſante caution.

Le doüaire coutumier ſe prend encore ſur l'office dont le mari étoit pourvû au jour de ſon mariage ; mais ſeulement ſubſidiairement & au cas qu'il n'y ait pas d'autres biens, ſur leſquels led. doüaire puiſſe être pris, ainſi qu'il a été jugé par les Arrêts raportez par Brodeau, ſur Mr Loüet, lettre D, nombre 63.

Ce qui ſe doit entendre toutefois à l'égard de la femme, & non à l'égard des enfans, qui renonçant à la ſucceſſion de leur pere, ſe tienent au douaire, parce qu'à leur égard il a été jugé par d'autres Arrêts raportez au même lieu, que les Ofices ſont ſujets au douaire coutumier, ſoit qu'il y ait d'autres biens, ou qu'il n'y en ait pas.

Par Arrêt du 14. Mars 1610. cité par Pallu, ſur la Coûtume de Tours, article 326. le doüaire a été adjugé à une femme ſur un ofice d'Elûs à Tours, parce qu'elle n'avoit que trente ſix livres de

EE e iij

douaire par chacun an , fur les autres biens.

L'heritier inftitué en ligne directe, peut affigner le douaire de fa femme fur les biens fubftituez , qu'il eft prohibé d'aliener,pour-veu qu'il n'y ait pas d'autres biens, ou de propre ou d'aquêt; mais non pas l'heritage inftitué en ligne collaterale , comme il a été jugé par les Arrêts raportez par Monfieur Louët en fon Commen-tateur , lettre D , nombre 21.

Neanmoins , on a dépuis jugé la même chofe à l'égard des biens fubftituez par un collateral , afin de faciliter les ma-riages.

Les heritages qui échéent au mari en ligne directe durant le mariage , font fujets au douaire coutumier, encore qu'il n'y ait pas d'autres biens , & qu'il n'y ait eu aucune ftipulation de douaire préfix.

Cependant, il a été jugé par Arrêt raporté au fixiéme Tome du Journal du Palais , page 107. que l'heritage doné au mari par un étranger par contrat de mariage , étoit fujet au douaire.

A l'égard de ce que j'ai dit ci-deffus , que les heritages qui é-chéent au mari en ligne directe font fujets au douaire, cela s'en-tent de la ligne directe afcendente, & non de la directe defcenden-te , ainfi qu'il a été jugé par Arrêt folemnel rendu en la fecon de Chambre des Enquêtes, le 31. Juillet 1675. raporté au 4. Tome du Journal du Palais.

Par autre Arrêt du 28. Mars , rendu au profit de Damoifelle Su-fanne Methelet , veuve de Maître Jean Sauvage,Procureur du Roi à Verbrie , il a été jugé qu'elle feroit fournie de fon douaire fans aucune confufion ni contribution , à caufe de fon don mutuel en ufufruit , & que les heritiers des propres y contribueroient *à rata* avec la legataire univerfele, encore qu'il n'y eût que peu de pro-pres , & que le douaire fe prit fur la nuë proprieté.

Cet Arrêt, eft intervenu en la Cour , fur une Sentence rendu par trois Oficiers du Prefidial de Bauvais, dont étoit apel, avoi ordoné que le douaire contribueroit *à rata* , à caufe de fon ufu fruit.

Cependant , il ne laiffe pas d'être dur que le fond des quatre quints des propres foit diminué , tandis qu'il y a des meubles & aquêts.

Les detes créeés par le mari avant fon mariage , diminüent auff le doüaire coûtumier ; car on ne peut apeler le bien d'un homme que ce qui lui refte aprés fes detes païées.

Ce qui toutefois n'a lieu que pour les rentes dûës lors du mariage

& fi elle étoient rachetées dépuis , elles n'augmenteroient pas le
doüaire , mais il n'eft pas diminüé par les arerages qui précedent le
mariage , pour lefquels , auffi-bien que pour ceux échûs pendant
icelui , les doüairieres ont leur aquit contre la fucceffion.

Je crois auffi que les obligations pour le prix des heritages fujets
au doüaire coûtumier diminüent le même doüaire ; car quoi que l'a-
quereur ait pû avoir intention d'aquiter par le moien des éfets mobiliaires qu'il avoit , neanmoins ne l'aïant pas fait , il eft plus jufte
de faire porter par la chofe, ce qui eft dû à caufe d'elle , & en ce cas
il n'eft pas même dû de recompenfe , mais il en eft dû pour les autres obligations , & pour les comptes de tutelles & autres dettes perfonelles.

L'adjudication par decret de l'heritage fujet au düaire , faifi réellement pendant le mariage pour les dettes du mari , ne peut être
faite qu'à la charge du doüaire ; mais fi les creanciers hipotequaires
précedent le contrat de mariage , ils font bien fondés à empêcher
l'opofition formée par la douairiere afin de diftraire , & demander
que l'heritage foit vendu pour le tout , fauf à elle à fe pourvoir fur
le prix.

Quoique les biens du mari foient confifqués pour crimes, la femme ne pert pas pour cela fon douaire , & a toûjours hipoteque fur
iceux , atendu que le mari par fon crime ne peut pas faire préjudice
au douaire de fa femme.

Mais la femme qui a commis adultere pert fon douaire , fi le mari
en a fait plainte de fon vivant , & en ait commencé la pourfuite ,
autrement non , enforte que les heritiers du mari ne feroient pas recevables à lui objecter ce crime , pour la priver de fon douaire , fi
ledit mari de fon vivant ne s'en étoit pas plain; mais fi la femme avoit
vêcu impudiquement durant l'an du deuïl , en ce cas lefdits heritiers lui peuvent faire perdre fon douaire.

Celle qui prend le douaire préfix n'eft obligée à aucune chofe ,
mais celle qui prend le douaire coûtumier , eft tenuë d'entretenir
les heritages de toutes reparations viageres , qui font toutes reparations d'entretenement , hors les quatre gros murs , poutres & entieres couvertures & voutes , ainfi qu'il eft dit par l'article 262. de
de la Coûtume de Paris.

C'eft pourquoi la douairiere n'eft pas obligée de faire mettre des
folles , qui font partie des gros murs , à moins que la negligence de
reparer aux endroits neceffaires , n'ait doné lieu au domage , enforte
que c'eft une reparation laquelle durant plus que la vie de l'homme,
ne doit pas regarder l'ufufruit.

Lhommeau en ſes maximes eſt d'avis , que la femme pert ſon douaire faute de faire les reparations auſquelles elle eſt obligée , ce qui ſemble , ſuivant mon avis, rigoureux , ainſi il ſufiroit de la condamner à païer leſdites reparations , & aux domages & interêts du proprietaire , ſi aucun il a ſoufert.

La femme douée du douaire prefix, ne peut pas prendre ni choiſir le coutumier, s'il ne lui eſt promis par ſon contrat de mariage, ſelon l'article 261 de la Coutume de Paris.

Il faut dire auſſi que la femme, qui par ſon contrat de mariage , à l'option du droit prefix, ou coutumier , n'a pas opté durant ſa vie,la faculté d'opter doit être tranſmiſe à ſes enfans,& ſi les enfans étoient decedez mineurs ſans l'avoir conſommée , elle ſeroit encore tranſmiſe à leurs heritiers.

Si bien, que ſi les enfans mineurs avoient laiſſé des heritiers des meubles , & des heritiers des propres , & que les heritiers des propres optaſſent le douaire coutumier , & les heritiers des meubles le douaire prefix , il faut adjuger le douaire qui étoit le plus avantageux aux mineurs , & qui auroit été opté par eux s'ils avoient vécu.

La mere qui de ſon vivant a elle-même opté,ſon option ſufit pour lier ſes enfans.

Neanmoins ſi l'option étoit frauduleuſe , les enfans ne ſont pas obligez de s'y tenir , & même ſi l'acte d'option a été omologué en juſtice , ils ſont bien fondez à en interjeter apel.

En la Coutume de Paris le douaire,tant prefix que coutumier,eſt propre aux enfans , ſuivant l'article 249. de ladite Coutume , où le mot de *Coutumier* eſt ſuperflu, parce que le douaire prefix eſt auſſi propre aux enfans,ainſi qu'il ſe voit en l'article 255.

Le douaire ſtipulé ſans retour eſt auſſi propre aux enfans,pourveu qu'ils renoncent à la ſucceſſion de leur pere,parce que ces mots,*ſans retour*, s'entendent à l'égard des heritiers collateraux,& non des enfans iſſus du mariage.

Si les enfans ſont heritiers de leur pere , le douaire prefix ſans retour peut être alienè par la mere,ainſi qu'il a été jugé par Arrêt raporté par Baquet chapitre 15. nombre 59.

Quoique la mere prédecedé , qui eſt le cas auquel le douaire n'a pas lieu, neanmoins le douaire n'eſt pas éteint à l'égard des enfans, quand même ils auroient renoncez à la ſucceſſion de leur pere, parce qu'en la Coutume de Paris , le douaire tient lieu de legitime aux enfans.

Si le pere avoit vendus le heritages ſujets aux hipoteques, ou au
douaire,

douaire, l'aquereur en peut être inquieté par les enfans douairiers, nonobstant trente anées de jouïssance, atendu que la prescription ne comence à courir contre les enfans que du jour du decez de leur pere, d'autant que jusques à ce jour-là, il est incertain s'ils seront heritiers, ou douairiers.

Le decret des heritages adjugez ne purge point le douaire, & l'adjudicataire ne comence à prescrire contre les enfans douairiers en vertu de son titre, que du jour du décez du pere, suivant le sentiment de Monsieur Louët & son Comentateur, lettre D, nombre 20.

Les douairiers obtenant la distraction dépuis l'adjudication, il semble que le poursuivant est plûtôt obligé à raporter les frais, que non pas l'adjudicataire perdre le prix, parce que persone ne doit être trompé en justice, d'autant plus que le poursuivant a dû mieux conoître l'état des afaires; neanmoins on observe le contraire à cause que l'adjudicataire a pû prévoir céte éviction.

En fait de douaire, tous les enfans partagent également, & il n'y a point de droit d'aînesse, ainsi l'aîné n'a pas de préciput, quand même ils auroient tous renoncez à la succession de leur pere.

Les enfans douairiers sont sujets à raport à la succession de leur pere, ou de précompter sur le douaire tout ce qu'ils ont reçû de lui en faveur de mariage, ou autrement, ainsi qu'il est dit par l'article 252. de la Coûtume de Paris.

La femme qui accepte la comunauté d'aquiter la caution qui a répondu de son douaire, jusqu'à la concurrence de ce qu'elle amende.

Le douaire prefix se doit prendre sur la seule part du mari sans aucune confusion.

Quand le douaire est coûtumier, & que les enfans qui ont recueilli le douaire vienent à deceder, ce sont les parens paternels qui leur sucedent, parce que le douaire coûtumier est propre paternel; mais si le douaire est prefix & d'une somme de deniers seulement, ce sont les plus proches parens qui y succedent comme à un meuble.

Les heritages sujets au douaire ayant été saisis réellement aprés le décez du pere, la mere étant encore en vie, le douaire est purgé par le decret, suivant les derniers Arrêts raportez par Brodeau sur Monsieur Louët, lettre D, nombre 20.

Si le mari decede insolvable, la dot doit être preferée au douaire, ainsi qu'il a été jugé par plusieurs Arrêts, tant du Parlement de Paris que des autres, & les creanciers de la femme exercent ses droits, & sont colloquez suivant leur hipotheque ou saisine en sous ordre sur ses reprises avant le douaire, aprés lequel les mêmes creanciers vienent encore fur fes remplois & indemnitez.

Les aterages du douaire dûs à la femme , ou à ceux qui exercent fes droits , font colloquez concurement avec le fond du douaire dû aux enfans.

La legitime des enfans du fecond lit, n'eft pas preferable au douaire des enfans du premier lit.

Les fruits & aterages du douaire courent du jour du décez du mari.

L'article 25.de la Coûtume de Paris, porte que la femme eft faifie de fon douaire fans le demander en Juftice , neanmoins le douaire, même coutumier, ne faifit pas à l'égard d'un tiers détenteur, qui ne raporte les fruits , finon du jour de l'action.

CHAPITRE LXXXIX.

Des Donations , tant entre vifs , qu'à caufe de mort, & en faveur de Mariage.

DOnation eft une pure liberalité exercée par une perfone envers une autre , fans y être aucunement obligé.

Il y a de trois fortes de donations , fçavoir la donation entre vifs, la donation à caufe de mort, & la donation faite en faveur de mariage, que le droit apelle donation fimple & à caufe de nôces.

La donation entre vifs, eft cele qui fe fait par le donateur irrevocablement , & qui dans fon principe dépend de la volonté de celui qui done ; ainfi c'eft une liberalité que le donateur exerce en la perfone de celui qui la reçoit , provenant de fon propre mouvement & fans aucune caufe de contrainte; mais quand elle eft une fois parfaite , elle impofe au donateur la neceffité de delivrer au donataire les chofes à lui donées.

La donation à caufe de mort, eft celle que le donateur fait dans la penfée & contemplation de la mort, comme par exemple , lors qu'étant malade , ou fur le point d'entreprendre une navigation , ou un voïage perilleux , il done quelque chofe pour en jouïr par le donataire aprés fa mort, au cas qu'il viene à déceder de fa maladie, ou dans les perils de fon voïage, ou de la navigation , n'entendant pas fe dépouïller de fon vivant; mais feulement en cas de mort preferer le donataire à fon heritier.

La donation à caufe de mort eft autorifée par la Coûtume de Paris, fans qu'elle foit revêtuë des formalitez du teftament, neanmoins il faut garder les formalitez de l'acte qu'on veut faire, c'est à dire que le mot de cause mort y soit inseré, autrement elle seroit nulle & sans éfet.

Il y a deux diferences essentieles, entre la donation entre vifs, & la donation à cause de mort.

Primò. La donation entre vifs, dés le moment qu'elle est parfaite, elle est irevocable, & le Proprietaire de la chose donée, est transferées au donataire, au lieu que la donation à cause de mort, est perpetuellement revocable jusqu'à la mort du donateur, tout ainsi qu'un legs testamentaire, & n'aquiert au donataire aucun droit de proprieté en la chose donée avant la mort du donateur.

Secundò. Que si le donataire à cause de mort, décedé avant le donateur, la donation demeure caduque, & s'évanouït, au lieu que le donataire entre vifs étant fait proprietaire dés le moment de la donation, s'il décede avant le donateur, il transmet le droit qui lui est aquis à ses heritiers.

Neanmoins, les donations entre vifs ne sont pas toutes de même nature les unes aux autres.

Il y en a qui sont pures & simples, il y en a qui sont faites sous condition, & il y en a encore d'autres qui sont faites pour quelque cause qui y est exprimée.

Celles qui sont pures & simples, sont parfaites, dés le moment que le contrat a été passé en la forme, & avec les solemnitez prescrites par les Ordonances.

Les conditioneles dépendent de l'evenement de la condition, laquelle venant à défaillir, la donation demeure nulle & sans éfet.

Quant à celles qui sont faites pour quelques causes; comme, par exemple, pour doner moien au donataire de se marier avec une telle persone, d'acheter un Ofice, ou de faire quelqu'autre chose, si céte cause ne s'acomplit pas, elles demeurent nulles, & le donateur n'est point obligé de faire délivrance de la chose donée, ensorte que si la délivrance en a été faite, la Loi done action au donateur pour la repeter.

La donation simple & à cause de nopce, que nous apelons en France donation mutuelle, est celle qui se fait entre les conjoints par mariage.

Le don mutuel, est un don qui se fait de tous les biens meubles & conquêts immeubles faits durant & constant le mariage, & qui sont trouvez apartenir & être comuns entre les deux conjoints à l'heure du trepas du premier mourant, pour en joüir par le survivant d'iceux sa vie durant seulement, en baillant par lui bone & sufisante caution de restituer les biens dont il jouit par don mutuel aprés son trepas, suivant l'article 280. de la Coûtume de Paris.

Les Coûtumes qui permettent le don mutuel ne défendent pas de le faire pendant le mariage.

La raison est, que c'est un avantage qui est pour le survivant, & qui n'est pas au pouvoir de l'autre, veu qu'il n'a lieu qu'aprés la mort, & qu'il est incertain, lequel des deux décedera le premier.

Le don mutuel se peut faire par les conjoints par mariage, quoique mineurs, & les heritiers du predécedé ne s'en peuvent pas plaindre, parce que c'est un avantage reciproque dont l'évenement est incertain.

Il y a diference entre le don mutuel fait par contrat de mariage, & celui qui est fait pendant le mariage, en ce que par contrat de mariage, il peut être fait sans retour; mais pendant le mariage, il ne peut être fait que pour la jouïssance, & le donataire mutuel n'en peut pas jouïr qu'en donant bonne & sufisante caution.

Il y a encore céte diference, que par contrat de mariage, il peut être stipulé & convenu entre les Parties, que le survivant en jouïra à sa caution juratoire; mais quand il est fait pendant le mariage, les contractans ne peuvent décharger le survivant de doner bonne & sufisante caution.

La raison pour laquelle il est permis par contrat de mariage de décharger de la caution le survivant, est qu'il est permis par le contrat de mariage de stipuler le don mutuel en pleine proprieté, & sans retour, & par consequent il doit leur être permis de décharger le survivant de l'obligation de doner bonne & sufisante caution.

Mais quand il est fait pendant le mariage, les contractans ne peuvent pas par leur convention préjudicier aux droits de proprieté que les heritiers de celui qui décedera le premier auront dans les biens sujets au don mutuel, ce qui ariveroit ou pouroit ariver, si le donataire mutuel n'étoit pas obligé de bailler bonne & sufisante caution; car si ce donataire déterioroit considerablement les biens dont il jouïroit, en vertu du don mutuel, & qu'il n'eût pas de bien pour reparer ce domage, les heritiers du prédecedé soufriroient céte perte, sans pouvoir exercer aucun recours valable.

Le don mutuel ne se peut faire, soit par contrat de mariage, ou pendant le mariage, au préjudice des enfans comuns issus du mariage, suivant l'article 280. de la Coûtume de Paris.

Il y a cinq choses à observer pour la validité de toutes sortes de donations.

10 Le pouvoir de doner en la persone du donateur ; 2° La capacité de recevoir en la persone du donataire ; 3° La qualité des choses qui peuvent être donées ; 4° Les formalités qui se doivent observer aux donations ; 5° Les cas ausquels les donations peuvent être revoquées.

Les persones qui peuvent doner, tant par donation entre vifs, qu'autrement, sont ceux qui sont prohibez par les Loix, ou par les coûtumes.

Quant à l'âge, cela dépend de la disposition des coûtumes.

En celle de Paris, il n'y a que les persones âgées de vingt-cinq ans acomplis, & saines d'entendement, qui aïent le pouvoir de doner entre vifs, ainsi qu'il est dit par l'article 272. de ladite coûtume.

Les insensez, les prodigues, ausquels l'administration de leurs biens a été interdite, & les mineurs de vingt-cinq ans, ne peuvent faire aucune donation valable entre vifs.

Cependant, à vingt-cinq ans acomplis, un mineur selon ledit article 272. de la Coûtume de Paris, peut disposer de ses meubles par donation entre-vifs.

Les femmes mariées ne peuvent faire aucunes donations ni disposer de leur biens, quoi que majeures, si elles ne sont autorisées par leurs maris, bien que sans leur autorité & permission, elles en puissent disposer par testament.

Il y a certaine coutume dans le Roïaume, où les majeurs sains d'entendement, qui ont la faculté de doner entre-vifs, ne peuvent disposer que d'une certaine portion de leurs biens, tant meubles, qu'immeubles, propres & aquêts; mais en la Coûtume de Paris, ils peuvent disposer du total, par l'article 272.

Neanmoins ceux qui ont des enfans n'ont pas le même pouvoir; car en disposant de la totalité de leurs biens, ils sont obligez de laisser la legitime à leur enfans, & à faute de ce faire, la donation seroit reduite jusqu'à la concurence de céte legitime.

La legitime des enfans, par la disposition du Droit Romain, est le tiers du bien du donateur, s'il n'a que quatre enfans, & la moitié, s'il en a cinq, & au-dessus; mais en la Coûtume de Paris, c'est la moitié de la part & portion, que chaque enfant auroit en la succession de ses pere & mere, s'ils n'avoient pas disposé de leurs biens par donation entre vifs, ou autrement, fuivant l'article 298. de ladite coutume.

Selon l'anciene Jurifprudence, la quotité de la legitime qui n'a pas été reglée dans les coutumes, doit être reglée fuivant le Droit Romain ; mais par les derniers Arrêts on a jugé qu'il la faut regler felon la Coûtume de Paris.

Les maris & femmes ne fe peuvent pas faire aucune donation l'un à l'autre, foit directement ou indirectement par la difpofition de la plus grande partie de nos coutumes, finon par donation mutuelle.

C'eft un avantage indirect, & contraire à l'efprit de la Coûtume de Paris, lors qu'un des conjoints done à un Hôpital à condition que le furvivant joüira de l'ufufruit après fon décès, du moins les heritiers du predécedé doivent joüir fuivant mon fentiment, de cet ufufruit, encore qu'il foit fubftitué à l'Hôpital, en cas que la femme ou le mari n'en puiffe pas joüir.

Les perfones infames, les concubines entretenuës par des Prêtres ou par des perfones mariées, les bâtards adulterins & les inceftueux, font incapables de fe doner, ni de recevoir l'un & l'autre, que jufqu'à concurence des alimens.

Cependant, ils peuvent doner aux enfans l'un de l'autre, d'un précedant mariage, pourveu que celui qui done n'ait pas d'enfans, par un argument à fens contraire, qui fe tire de l'article 283. de la Coûtume de Paris, enforte que hors de ladite Coûtume, les donations faites par les conjoints par mariage aux enfans l'un de l'autre, ont toûjours été reputées avantages indirects, par Maiftre Iulien Brodeau, fur Mr Louët, lettre D, nombre 17.

Les Religieux font auffi incapables de donations, quoi qu'ils fortent de leur Convent par une permiffion de leur Superieur & un refcrit du Pape.

Il y a des Coûtumes dans lefqueles on ne peut difpofer par donation entre vifs, que d'une partie de fes biens ; mais en la Coûtume de Paris, les majeurs de vingt cinq ans, peuvent difpofer generalement de tous leurs meubles, & immeubles, tant propres qu'acquêts.

Par l'article 277. de la même coûtume, toutes donations faites par perfones gifantes au lit malades, de la maladie dont ils décedent, font reputées faites à caufe de mort, bien qu'elles foient conçûes entre-vifs, & par confequent elles ne peuvent valoir que jufques à concurence de ce dont on peut difpofer par teftament.

Mais pour faire que les donations aïent éfet en qualité de donataires à caufe de mort, il faut qu'on ait obfervé les formalitez de l'acte qu'on a voulu faire.

Plufieurs reclament encore contre ces converfions d'une efpece en une autre, dans les Coûtumes qui n'en difpofent pas, & ils tiennent qu'il n'y a que les donations faites en fanté qui puiffent avoir éfet de donations à caufe de mort, fans qu'on ait obfervé les formalitez prefcrites pour les teftamens, & que celles faites par perfones gifantes au lit malades, de la maladie dont ils font décedées, y font fujetes.

Quoique le mineur ait ateint l'âge de vingt ans acomplis, & obtenu Lettres de benefice d'âge, neanmoins il ne peut pas difpofer de fes meubles, foit par donation entre-vifs, ou par teftament, au profit de fon tuteur, pedagogue, ou autres adminiftrateurs & perfones prohibées, ni de leurs enfans.

Il y a deux formalitez requifes pour la validité d'une donnation.

Par l'article 3. de la déclaration du Roi Henri II. 4. ud Mars 1549. il eft porté, que les donations faites à perfones abfentes peuvent être acceptées par les donataires en l'abfence du donateur, pourveu que cete acceptation foit faite du vivant du donateur, qu'elle foit faite pardevant Notaire; & que dans l'acte d'acceptation, la donation foit tranfcrite, & infereée.

Neanmoins jufqu'à l'acceptation, je foutiens que le donateur a la liberté de revoquer, & s'il décede auparavant, la donation eft caduque & ne fe tranfmet pas à fes heritiers, qui ne peuvent reparer ce défaut.

Le Prefident Antoine Faber a foutenu le contraire en fon livre *de error. decad.* 47. *error.* 1. fondé fur les termes de la Loy *si quis argentum*, 35. §. *fed fi quidem* 5. *Cod. de donat.* mais on peut répondre, que la promeffe a été imparfaite jufqu'à ce qu'elle ait formé l'obligation par le confentement de deux.

L'acceptation d'une donation doit être faite en termes formels & precis, ainfi qu'il a été jugé par les Arrêts.

A l'égard des donations faites à des perfones mariées par leur contrat de mariage, elles font difpenfées de cete rigueur, parce que la confomation du mariage tient lieu d'acceptation.

Mais aucun mineur ne peut être relevé de ce défaut, ainfi qu'il a été jugé par Arrêt prononcé en Robes rouges, le 6. Septembre 1603. raporté par Monfieur Bouguier, lettre A, nombre 1. & par plufieurs autres, donnez en confequence.

Il ne fufit pas pour la validité d'une donation, qu'elle foit faite du

confentement des parties, il faut encore qu'elle foit infinuée, en forte que la donation ne comence à avoir fon éfet que du jour de l'infinuation, fuivant l'article 132. de l'Ordonance de François I. de 1539.
& cete infinuation eft fi tellement neceffaire dans les donations qui
la requierent, que les parties n'y peuvent pas déroger par leurs conventions particulieres, ainfi il n'y a perfone qui fe puiffe faire relever du défaut d'icelle, quoique ce foit un ruftique, ou un mineur, ou
d'ailleurs quand bien même la donation auroit été faite à une Eglife, ou autre lieu faint, & pour œuvres pies.

Par l'article 58. de l'Ordonance de Moulins, toutes donations entre vifs, mutueles, reciproques, onereufes, en faveur de mariage, &
autres de quelque forme & qualité qu'elles foient, font fujetes à l'infinuation.

Toutefois il y en a quelques unes qui en font exemptes, fçavoir
les donations faites par les Rois aux particuliers, les donations de
meubles, & les donations à caufe de mort.

La raifon pour laquelle l'infinuation a été introduite, c'eft pour
empêcher les fraudes qui fe pouroient comettre contre les creanciers de bone foi.

Elle a été auffi introduite en faveur des heritiers du donateur.

L'infinuation doit être faite au Gréfe des Sieges Royaux ordinaires de l'affiete des chofes donées, & de la demeure des parties
dans quatre mois, à compter du jour de fa date, pour les perfones
qui font dans le Royaume, & dans fix mois pour celles qui font hors
du Roïaume.

Quant aux Gréfes où l'infinuation doit être faite, la chofe n'é-
tant pas affez clairement expliquée, cela a donné lieu à plufieurs
conteftations, pour fçavoir fi par le mot de fiege ordinaire, il faloit
entendre les Prevôtez Roïales ou les Bailliages & Senéchauffées, en
forte que pour faire ceffer ces conteftations, a été faite la Declaration
du 17. Decembre 1612. verifiée le 26. Juillet, par laquelle il eft laiffé
au choix des donataires, de faire infinuer leurs donations aux Gréfes des Prevôtez ou au Gréfe des Bailliages & Senéchauffées, quand
les Prevôtez & Bailliages font en une même Ville.

Or, il s'enfuit que quoique l'Ordonance de Moulins porte ces
termes, *de la demeure des parties*, neanmoins il n'eft pas neceffaire
que la donation foit infinuée dans la Jurifdiction du domicile du donataire.

La donation faite pour heritages ou immeubles, eft nulle & de
nulle valeur, faute d'infinuation, tant à l'égard des creanciers du
donateur, qu'à l'égard de fes heritiers; mais fi la donation n'eft que
de

de meubles , elle fera valable fans infinuation , à moins qu'en vertu d'icelle on ne voulût pretendre hipoteque fur les immeubles du donateur.

L'infinuation peut auffi être faite aprés les quatre & fix mois portez par l'Ordonance expirez, pourveu que ce foit du vivant du donataire , qui même ne la peut pas empêcher , ainfi la donation ayant été infinuée de fon vivant, & aprés les délais expirez , elle n'eft pas nulle à l'égard de l'heritier du donateur ; mais elle l'eft à l'égard des creanciers qui auroient contractés avec le donateur dans l'intervale de la donation & infinuation.

La femme a quatre mois aprés le décez de fon mari, pour faire infinuer la donation qui lui a été faite par fon mari lors de fon contrat de mariage, parce que les quatre mois de l'Ordonance ne courent pas contre elle , tant qu'elle eft en la puiffance de fon mari.

Il y a trois caufes par où la donation entre vifs peut être revoquée.

Primò, Pour caufe d'ingratitude. *Secundò*, Pour injure atroce faite par le donataire au donateur. *Tertiò*, S'il a attenté à fon honneur ou à fa vie.

Elle peut auffi être revoquée par la furvivance des enfans, fuivant la difpofition de la Loy, *fi unquam*, au Code *de revocandis donationibus*; c'eft à dire, que fi un homme, ou une femme non mariés, done entre vifs une partie confiderable de fon bien, fi aprés cela il vient à fe marier & avoir des enfans, il peut revoquer la donation qu'il a faite fuivant la faculté qui lui en eft donée par la Loy *Si unquam*, fans qu'elle puiffe revivre par la mort des enfans.

Toutefois, une femme donataire de fon mari par fon contrat de mariage, & aiant des enfans de lui, fe remarient aprés fon décés, la donation qui lui a été faite par fondit mari, ne fera pas revoquée entierement ; mais elle doit être reduite à un ufufruit, & la proprieté aquife aux enfans de fon premier lit, par la difpofition de l'Ordonance vulgairement apelée l'Edit des fecondes nôces.

A l'égard des démiffions faites par les pere & mere, ou autre afcendans en faveur de leurs enfans ou petits enfans, il y a deux chofes à diftinguer au fujet de la revocation d'icelles.

Suivant les principes du droit écrit , il faut examiner fi ce font des veritables donations, ou des partages anticipez, comme il eft expliqué en la Loy, *Si filia nupta, §. fi pater, ff. famil. ercifc. fi pater in filios fine fcriptura bona fua divifa non videri fimplicem donationem, fed potius fupremi judicii divifionem, Papinianus ait.*

Et au contraire , s'il y a une donation en bone forme, les Loix veulent qu'elle ne puiſſe être revoquée, ſinon pour cauſe d'ingratitude, aux termes de la Loy 3. au Code *de revoc. donat. Poſſeſſionem quam in vos emancipatos per donationem mater contulit, ex pœnitentia ſola alienare non potuit.*

Nôtre Juriſprudence a conſideré les demiſſions en faveur des enfans même par forme de donation, comme des actes ſujets à revocation, quoique le donateur n'ait pû engager ni hipotequer au préjudice des enfans, & les Arrêts ont permis de revoquer, même à l'égard des biens qui avoient de plus fait ſouche.

Je crois que cête Juriſprudence s'eſt introduite à cauſe de diferentes Coûtumes.

Premierement dans les païs de Droit écrit, on ne peut pas valablement doner aux enfans non émancipez, à moins que ce ne ſoit par l'acte de leur émancipation.

Il y a encore pluſieurs Coûtumes, où toutes donations faites aux heritiers preſomptifs ſont nulles, les unes à l'égard des coheritiers, & les autres même au préjudice des creanciers qui ont contracté depuis, parce que telles donations ne paſſent que pour des prélegs ſujets à raport, & même à revocation.

A la verité l'on tenoit dans l'ancienne Coûtume de Paris, que les donations faites par les pere & mere, ou autres aſcendans étoient ſujetes à raport, même par les enfans qui renonçoient, comme le remarque Dumoulin ſur l'article 17. mais la nouvelle Coûtume permet de ſe tenir à ſon don.

Or il ſemble qu'on puiſſe induire que telles donations ont leur éfet preſent & irrevocable.

En éfet ſi l'on peut doner à l'un des enfans irrevocablement, pourquoi ne poura-t'on pas ſe demettre en faveur de tous en même temſ? c'eſt mon ſentiment, auſſi bien que celui de Maître Auzanet ſur l'article 274. de ladite Coûtume de Paris, afin de retrancher une infinité de Procez.

Ainſi je ſoûtiens que ces demiſſions doivent ſervir de loix dans la famille, quoique non inſinuées; mais elles ne peuvent pas préjudicier à un tiers ſans inſinuation, l'experience m'aïant déja aſſez fait conoître, que ces ſortes de revocations ne ſe font qu'à l'inſtigation de quelqu'un des enfans, qui veut profiter de la foibleſſe d'un pere ou d'une mere, c'eſt pourquoi on doit entretenir, tant que l'on peut, ce qui eſt fait avec égalité.

La donation mutuelle entre mari & femme, ne peut être que des meubles & conquêts, immeubles, faits durant leur mariage, & qui ſont comuns entre eux au jour du décez du premier mourant;

mais non pas de tous biens, suivant l'article 28. de la Coûtume de Paris.

Si l'un des conjoints étoit malade de la maladie, dont il feroit aprés décedé, la donation eft nulle, ainfi il faut pour être valable, qu'elle foit faite en fanté,

Toutes donations mutuelles faites entre les conjoints par mariage doit auffi être infinuée, parce que ce font des donations entre-vifs, & comme telles font comprifes en l'article 58. de l'Ordonance de Moulins.

J'eftime même que la femme n'a pas le benefice des quatre mois aprés la mort de fon mari, pour les donations qui ne font pas faites par contrat de mariage, la coûtume obligeant à l'infinuation indiftinctement, celles faites pendant le mariage.

Toutefois, une convention égale portée par contrat de mariage, par laquelle tout ou partie des éfets de la Comunauté font donés au furvivant, n'eft pas fujete à infinuation.

Il en eft de même, fi l'on avoit limité une certaine fomme à l'égard d'un des conjoints pour tous droits de comunauté, à caufe de l'incertitude, fi elle fera plus ou moins avantageufe; mais s'il n'y avoit pas de comunauté, & qu'on eût doné tous les meubles & aquêts au furvivant, l'infinuation feroit neceffaire.

On n'obferve pas à la rigueur les termes de l'Ordonance, & on juge qu'il fufit de faire infinuer une donation mutuelle en ufufruit, en la Juftice Roïale du domicile des conjoints, à caufe de l'incertitude des conquêts qui fe peuvent aliener, ou qui ne font pas encore exiftans; mais quoi qu'elle foit par contrat de mariage, il femble que ce ne foit pas affez de la faire infinuer pour la femme, au lieu de fon dernier domicile qu'elle a entierement quité pour fuivre fon mari, dont le feul domicile doit être confideré à caufe de l'immutabilité des claufes de contrat de mariage, l'infinuation n'aïant dû être faite que depuis le contrat qui affujetit la femme à fon mari.

Neanmoins, je crois qu'avant la celebration du mariage, l'infinuation de la femme a pû être faite à fon dernier domicile.

CHAPITRE XC.

Des Testamens , & de l'institution d'heritier , ou executeur testamen-
taire , & du Legs.

TEstament, est une déclaration solemnelle, de ce que nous voulons qui soit executé aprés nôtre mort.

Il y a quatre choses à considerer en un testament.

La premiere , est , la capacité de tester en la persone du testateur ; la seconde , est la qualité & quantité des biens dont il peut
disposer ; la troisiéme , est, la qualité des persones, au profit desquelles il peut disposer;& la quatriéme ,est, la forme du testament.

Toutes persones peuvent tester, pourveu qu'elles soient saines
d'entendement, qu'elles aïent l'âge requis par la Coûtume ou le
testament sera fait , & qu'il n'y ait en elles aucune inhabilité de
droit qui les en empêche.

L'âge pour pouvoir tester, suivant le Droit Romain , est de
quatorze ans accomplis pour les mâles , & douze ans pour les
femelles ; mais par la Coûtume de Paris, il faut avoir vingt-ans
acomplis pour pouvoir disposer de ses meubles & aquêts, & vingt-
cinq ans , pour pouvoir disposer de ses propres.

Ainsi , par les anciens Arrêts, l'âge devoit être reglé selon le
Droit Romain ; mais par un dernier Arrêt du 5. Avril 1672. il a
été Jugé en la Coûtume de Valois , qu'il le faut regler par la Coûtume de Paris , & cet Arrêt est raporté au premier Tome du Journal du Palais, chapitre 1.

Cependant, par la Coûtume de Senlis , & autres voisines, celui
qui a ateint la pleine puberté, peut disposer de ses meubles & acquêts.

En efet ,la plûpart des Loix qui parlent de la puberté, l'étendent de l'âge de dix-huit ans , *quæ dicitur prima lanugo* , suivant
Godefroi , *ad leg.* 57. *ff. de postul. quia ante hanc ætatem plerique*
non pubescunt , Paulus , lib.3. Sentent.c.5. On ne pouvoit pas afranchir un Esclave avant dix-hit ans , *instit.ex quib. cauf. manum, non*
licet. Celui qui adopte , doit aussi avoir ateint dix-huit ans , *leg.*
40. *ff.de adopt.* les alimens leguez jusqu'à l'âge de puberté n'étoient
dûs que jusqu'à dix-huit ans aux mâles , *leg.* 14. §. 1.*ff. Theod. de*
decurio. l'on ne pouvoit aussi engager sa liberté , en se faisant
décurion ou soldat avant cet âge , *leg. 19. Cod. Theod.de decurio.*

C'est pourquoi, cet âge doit être consideré comme le plus legitime pour la disposition de ses biens, & il semble que toutes nos Coûtumes l'ont eu en vûë, quand elles ont voulu que les témoins testamentaires fussent idoines & sufisans.

Il est vrai que la disposition de la Coûtume de Paris est encore plus juste ; mais elle ne nous done pas la loi, à moins que la Cour n'en fasse un reglement.

On tient qu'on peut rapeler ceux qui sont *intra terminos juris*, même pour les propres, à l'âge auquel on peut tester par la coûtume du lieu.

Autre chose est du rapel des petits neveux, qui n'a pas éfet de représentation, mais vaut seulement *per modum legati*.

Un étranger est incapable de tester, s'il n'a obtenu du Roi des Lettres de naturalité.

Il faut dire aussi que s'il a été condamné à un banissement perpetuel, ou aux galeres perpetuelles, ou qu'il ait été déclaré prodigue, & pour ce sujet interdit de l'administration de ses biens, s'il est sourd & muet de nature, qu'il n'ait jamais parlé ni oüi, il est pareillement incapable de faire aucun testament.

La femme peut tester, sans l'autorité de son mari, atendu que l'autorisation du mari n'est necessaire à la femme, que quand elle passe un acte entre vifs.

Le Religieux profez n'a pas le même pouvoir, car il ne peut point tester.

Celui qui a la faculté de disposer de ses biens, ne peut tester que de ses meubles & aquêts, & de telle portion de ses propres qui lui est permis par la coutume ; comme, par exemple, du quint, en la Coûtume de Paris, & en d'autres coûtumes de la moitié, ou du tiers, & non pas de tous ses biens.

La même chose est, d'un homme ou une femme qui n'auroit que des meubles & des aquêts, aïant des enfans, il est obligé de garder la legitime à ses enfans, à laquelle il ne peut faire de préjudice, ni par testament, ni par donation entre vifs.

La legitime des enfans, selon l'article 298. de la Coutume de Paris, est la moitié de tout ce que les enfans auroient eu, si leur pere ou mere étoient décedé *intestat*, & n'avoit pas disposé de son bien ; mais il y a beaucoup d'autres Coutumes, qui reglent la legitime suivant le Droit Ecrit, qui est le tiers des biens des pere mere, quand il n'y a que quatre enfans & audessous, & la moitié quand ils sont plus de quatre.

Lors qu'une coutume ne regle pas la legitime, les anciens Acrêts on jugé qu'il faut suivre la disposition du Droit Romain; mais par un nouvel Arrêt du dix Mars 1672. raporté au premier Tome du Journal du Palais, il a été jugé en la cause de Madame la Princesse de Guimené, qu'il faloit suivre la Coutume de Paris.

Quand les pere & mere ont exheredez leurs enfans sans aucune cause legitime, ou que sans les avoir exheredez, ni fait mention d'eux, ils ont donez tous leurs biens à des étrangers, les enfans doivent intenter l'action d'inoficiosité contre ceux à qui leur pere & mere ont doné leurs biens à leur préjudice, & faire déclarer nul & inoficieux le testament, ou la donation par laquelle ils ont été dépoüillés, & en consequence faire ordoner qu'ils partageront les biens délaissez par leursdits pere & mere, comme s'ils étoiens décedez *intestat*, ou sans avoir fait de donation.

Les enfans que les pere & mere n'ont pas exheredez injustement, ni méprisés; mais qui ont seulement épuisé la plus grande partie de leur bien en legs, en sorte que la legitime ne reste pas entiere; les enfans ne sont pas en droit de faire casser leur testament, comme nul & inoficieux, mais ils peuvent demander la restitution des legs & des donations, jusques à la concurrence de leur legitime, ou demander les quatre quint des propres, qui ne sont pas diminuez par les legs faits aux autres enfans.

Un pere aiant marié ses premiers enfans, tombant en pauvreté, ne se trouvant rien en sa succession pour satisfaire à la legitime des derniers enfans, les premiers enfans qui se sont tenus à leurs dons de mariage, sont tenus de le raporter, jusqu'à la concurrence de la legitime des derniers enfans, ainsi qu'il a été jugé par Arrêt du 3. Decembre 1642. raporté par Dufresne, livre 4. chapitre 5.

C'est ce qui a été aussi jugé en 1675. par l'Arrêt de Faverolles; mais il a été dépuis jugé en la grand'Chambre du Parlement de Paris le 19. Mars 1688. sur les conclusions de défunt Monsieur le President Talon, alors Avocat General, entre les enfans de Dame Marie Curtin, veuve de Monsieur de Vedeau, Conseiller au Parlement, qu'il falloit premierement faire contribuer les derniers donataires, & successivement les autres en retrogradant.

D'où il s'ensuit, que les derniers enfans prenant ainsi leur legitime, ils ne sont pas obligez à païer les dettes de leur pere; car quoique regulierement les enfans ne puissent demander la legitime sur les biens de leur pere & mere, s'ils n'en sont heritiers; cependant en ce cas particulier, le prenant sur un bien qui n'apartenoit plus à leur pere & mere au jour de leur déceds, & qui étoit à couvert contre leurs creanciers, ils ne font pas obligez de païer les détes, en forte que quand même ils auroient pris pour leur legitime dès biens delaiffez par leur pere, ou mere, ils ne font pas tenus des détes au delà de ce dont ils en ont amendé.

Il y a plufieurs perfones aufquellés il n'eft pas permis, n'aïant point d'enfans, de difpofer de leurs biens par teftament, ou autrement, au profit de qui bon leur femble, comme, par exemple, en la Coutume de Paris, & en beaucoup d'autres femblables, où les conjoints par mariage ne fe peuvent pas doner l'un à l'autre par donation entre vifs, ni par teftament, directement ou indirectement.

Neanmoins, s'ils ont des enfans d'un precedent mariage, ils peuvent doner aux enfans l'un de l'autre, pourveu qu'ils n'aient pas d'enfans communs, & que celui qui done n'en ait point d'un precedant mariage, fuivant l'article 283. de ladite Coutume de Paris.

Cela eft fingulier pour céte Coutume feulement, & n'eft pas reçu aux autres Coutumes, qui défendent aux conjoints de s'avantager l'un l'autre directement ou indirectement, telle donation au profit des enfans de l'un des conjoints, ayant eté condamnée par les Arrêts comme des avantages indirects.

Le mari peut valablement doner au frere de fa femme, & la femme au frere de fon mari, ainfi qu'il a été jugé par deux Arrêts raportez par Dufrefne, livre 3. chapitre 13.

Les Tuteurs, Curateurs, Bailliftres, & Adminiftrateurs, font auffi perfones prohibées; car par l'article 131. de l'Ordonance de 1539. & de la Declaration du Roi Henri II. fur icelle, & par l'article 276. de la Coûtume de Paris, toutes donations faites par perfones mineurs & en puiffance d'autrui, directement ou indirectement, au profit de leurs Tuteurs, Curateurs, ou autres adminiftrateurs durant le tems de leur adminiftration, jufqu'à ce qu'ils aïent rendu compte, font nulles & de nul éfet.

Cependant les mineurs âgez de vingt-cinq ans, & qui font encore en tutele, peuvent difpofer de leurs meubles & éfets mobiliers, en quoi bien fouvent confifte tout leur bien, & les pouroient doner à leurs Tuteurs, ceffant la prohibition de l'Ordonance & de la Coûtume.

Les pere & mere qui font Tuteurs ou Tutrices, ne font pas compris en céte prohibition; car leurs enfans mineurs peuvent tefter à leur profit, de ce dont il leur eft permis de difpofer par la Coûtume, pourveu qu'ils ne foient pas remariez, ainfi qu'il eft porté par l'article 276. de la Coûtume de Paris.

De forte que s'ils font remariez, les legs qui leur font faits font nuls ; mais céte rigueur ne leur eſt tenuë qu'en la Coûtume de Paris, où il y en a diſpoſition expreſſe.

Aux autres Coûtumes on ne conſidere pas s'ils ſont remariez ou non , comme il a été jugé par pluſieurs Arrêts.

Céte prohibition de l'Ordonance & de la Coûtume a encore été étenduë aux Medecins, Chirurgiens & Apotiquaires, qui traitent le malade durant la maladie dont il eſt decedé , & à leurs enfans, comme auſſi aux Convents & Maiſons Religieuſes , au profit deſquelles ceux qui ſont profeſſion,ne peuvent faire aucune donation ni legs.

Il eſt encore prohibé de doner aux perſones infames les donations univerſelles, ou de la plus grande partie des biens du teſtateur , étant nulles,quand elles ſont faites au profit de ces ſortes de perſones; comme ſi un Prêtre, ou un homme marié, avoient faits des donations au profit de leurs concubines , ou de leurs enfans inceſtueux & adulterins,elles ſeroient declarées nulles, & reduites aux alimens.

Le teſtament eſt ou ſolemnel, ou olographe.

Le teſtament ſolemnel eſt celui qui requiert pluſieurs ſolemnitez introduites par le Droit , ou par la Coûtume du lieu où le teſtament eſt paſſé.

Le teſtament olographe eſt celui qui eſt entierement écrit & ſigné de la main du teſtateur , & ne requiert aucunes ſolemnitez ; il n'eſt pas même neceſſaire pour ſa validité,qu'il ſoit daté ; mais auſſi il faut qu'il ſoit entierement écrit, & ſigné de ſa main , parce qu'autrement , & s'il y avoit d'autre écriture mêlée , ou que le teſtateur l'eût fait écrire par un tiers, & l'eût ſeulement ſigné, il ſeroit nul.

Au contraire le teſtament ſolemnel ſeroit nul , s'il n'étoit pas daté, c'eſt pourquoi l'Ordonance de Blois ordone aux Notaires de dater les actes & teſtamens qui ſont paſſez pardevant eux.

Il faut que les perſones qui reçoivent les teſtamens ſoient perſones publiques , c'eſt à dire qu'un teſtament , pour être ſolemnel, doit être paſſé pardevant deux Notaires Royaux,ou de Juſtice ſubalterne , & non pardevant des Notaires Apoſtoliques ; & au cas qu'il ſoit fait pardevant deux Notaires,il ſuſit qu'il ſoit ſigné du teſtateur, s'il ſçait ſigner, & s'il ne peut ſigner, qu'il ſoit fait mention , qu'il a été interpelé de le faire, & la cauſe pour laquelle il ne la pût faire.

Par exemple,qu'il ne ſçait écrire, ni ſigner, ou qu'il ne l'a pû ſigner, à cauſe de ſa foibleſſe & debilité, &c.

Il peut auſſi être fait pardevant un Notaire,ou le Curé de la Parroiſſe du teſtateur, ou ſon Vicaire, ou bien pardevant le Curé ſeulement,ou ſon Vicaire & trois témoins,ou enfin pardevant un Notaire & deux témoins.

Suivant

Suivant l'article 289. de la Coûtume de Paris, les témoins doivent être mâles âgez de vingt-ans acomplis, & non legataires.

En toutes sortes de testamens, hormis les olographes, il est requis, à peine de nullité, qu'ils aïent été dictez & nomez par le testateur ausdits Notaires, Curez & Vicaires, & qu'ils soient par eux reçûs en présence des témoins, & qu'il soit fait mention dans ledit testament, qu'il a ainsi dicté, nomé, lû & relû, sans suggestion d'aucune persone.

Il faut qu'il soit écrit par lettres ordinaires & entieres, & non par chifres, qu'il soit signé de ceux qui l'on reçû, des témoins, s'il y en a, & du testateur, ou sinon faire mention, comme il a été dit ci-dessus, de la cause pour laquelle ils n'ont pû signer ; ainsi qu'il est dit par l'article 63. de l'Ordonance de Blois, qui enjoint aux Notaires, Curez & Vicaires, de faire signer les testateurs & les témoins, ou de faire mention de l'interpellation par eux faite au testateur, & aux témoins pour signer, & de la cause pour laquelle ils n'ont pû signer.

Un testament fait sur l'interrogatoire du Notaire par un testateur qui n'a répoudu qu'*Oüi*, est nul.

Il faut aussi qu'il soit daté, & qu'il soit fait mention du tems qu'il est passé, devant ou après midi, selon l'article 167. de la même Ordonance, qui veut que les Notaires déclarent dans les Contrats, actes, testamens, & le tems devant ou après midi, & le lieu où ils sont faits.

Par la disposition du Droit Ecrit, il n'y a point de testamens sans institution d'heritier ou executeur testamentaire ; mais elle n'est pas necessaire pour la validité du testament dans la France coutumiere, & même une institution d'heritier ne peut pas valoir, comme telle par le Droit coutumier ; mais elle vaut obliquement, comme legs, ou comme un fideicommis particulier, pour ne pas rendre nulle la disposition d'un testament, suivant l'article 199. de la Coutume de Paris ; car nous ne reconoissons point d'autres heritiers ou executeur testamentaire, que ceux qui le font par la Loi, desorte que nous ne pouvons laisser par testament que des legs universels ou particuliers, ou des fideicommis.

Les institutions d'heritiers se font par le Droit Ecrit, ou en premier dégré, ce qu'on apele proprement institution, ou en second & autre dégré.

Legs, est une espece de donation de quelque chose, faite par le défunt dont l'heritier doit faire délivrance, & les legataires peuvent poursuivre pour cet éfet l'heritier, à moins que le testateur

Tome I. HHh

n'eût nomé quelqu'autre persone pour executer son testament; car en ce cas, les legataires doivent s'adresser à lui pour avoir la délivrance des legs mobiliaires qui leur sont faits.

Aussi, c'est pour cela que la Coûtume de Paris, en l'article 297. veut que l'executeur testamentaire, soit saisi durant l'an & jour, à compter du jour du décés du testateur, des biens meubles & éfets mobiliaires délaissez par le défunt, pour l'acomplissement de son testament.

Neanmoins, si les heritiers ofroient à cet executeur testamentaire de lui remettre entre les mains une somme sufisante pour l'acomplissement de tout ce que le défunt avoit ordoné, ledit executeur en délivrant cete somme, ne seroit pas saisi des meubles, & les heritiers, en pourroient disposer, ainsi que bon leur sembleroit.

Les executeurs ne font pas saisis contre les creanciers, n'aïant pas plus de privilege que le défunt qui eût été dépossedé par la saisie.

Cependant, s'ils étoient notoirement solvables, on les devroit laisser en possession, jusques à ce que les detes fussent liquidées, ou les éfets vendus.

Le devoir de l'executeur testamentaire, au cas qu'il ne lui soit délivré une somme sufisante pour l'execution du testament, est de faire faire promtement inventaire des biens délaissez par le défunt, sitôt que son déceds est venu à sa conoissance, l'heritier presomptif present ou deüement apelé.

Les legataires pour la poursuite de leurs legs, ont l'action personelle, l'action reelle, & l'action hipotequaire, en sorte qu'ils peuvent se servir de l'action personelle contre l'heritier, pour la délivrance de leurs legs, comme étant personellement obligé par l'aprehension de la succession.

Ils ont aussi l'action réelle contre tous possesseurs des choses qui leurs ont été leguées, dont la proprieté est passée en sa persone dés le moment du décés du testateur, de sorte que les legataires ne reçoivent que la possession des mains de l'hereitier, ainsi puis qu'ils ont l'action réelle, à plus forte raison ont-t'ils l'action hipotequaire contre les possesseurs des biens de la succession, comme afectez & hipotequés à la délivrance de leur legs.

C'est à dire, lors que le legs leur a été fait d'une somme d'argent, car l'heritier n'a pas pû disposer des biens du testateur, qu'à la charge d'executer sa derniere volonté, pour l'accomplissement de laquelle la Loi a voulu que tous les biens hereditaires passasfent en la perfone des aquereurs fans céte charge.

Le legs univerfel, eft celui qui comprend tout ce que la coûtume permet de difpofer par derniere volonté.

Ainfi, dans la Coûtume de Paris, il comprent tous les meubles, aquêts & conquêts, immeubles, & le quint des propres, pourveu qu'il n'y ait pas d'enfans qui retraignent céte difpofition, à caufe de leur legitime qui leur doit être laiffée.

Le legataire univerfel ne peut pas être pourfuivi pour aucune dete, par delà la quantité des biens compris dans fon legs; mais il faut qu'il ait fait faire inventaire; car quand il auroit beaucoup plus que l'heritier, néanmoins comme il ne reprefente pas la perfone du défunt, il n'eft pas tenu de fatisfaire aux detes par delà la valeur des biens compris dans fon legs.

Fideicommis, eft une liberalité, qu'un teftateur exerce en la perfone de quelqu'un par le miniftere d'un autre, comme s'i *mon heritier, vous donerez à Mevius cinquante piftoles mort*, céte difpofition a le même éfet que le leg diferente que par la maniere, ou les termes dont ch

CHAPITRE XCI.

Des fucceffions & heritiers par benefice d'inventaire.

SUcceffion eft un moien d'aquerir tous les biens d'un défunt au tems de fa mort.

Elle eft déferée ou par teftament ou par la Loi, enforte que céte derniere eft apelée legitime, c'eft-à-dire, déferée au plus proche parent de celui qui eft décedé, *inteftat*, & habile à lui fucceder, par la regle, *le mort faifi le vif, fon plus prochain & plus habile à fucceder*.

Neanmoins, fi fon plus proche parent étoit Religieux Profez, il ne pouroit pas lui fucceder; car les Religieux en ce Roïaume ne fuccedent à aucunes fucceffions, étant reputez morts civilement, ni parcillement leur Convent pour eux; mais la profeffion tacite ne fufit pas pour rendre incapable des éfets civils, à moins qu'aprés avoir porté l'habit pendant un long-tems, le prétendu Religieux ne décede avec un efprit religieux, & fans avoir témoigné aucune penfée de vouloir profiter, ni difpofer des biens du monde.

L'article 337. de la Coûtume de Paris, & les autres Coûtumes,

HHh ij

excluent seulement les Religieux Profez, à la verité il y en a quatre, comme Blois, article 147. Bourbonois, article 319. celle de
Berri & d'Auvergne, qui ajoûtent de profession expresse ou tacite;
mais Dumoulin sur l'article 147. de celle de Blois dit, que cête opinion n'est plus suivie, & qu'un simple désavû sufit pour revenir
contre la profession tacite, *sufficit allegare dissensum.* La profession
même expresse sans probation est inutile, chapitre 8. & 16. *extr.
de Regul.*

Il y a de deux sortes de successions; sçavoir, les successions en
ligne directe, & les successions en ligne collaterale, laquelle succession en ligne directe se divise aussi en deux sortes; sçavoir, des
ascendans aux descendans, qui sont en quelque façon contre nature.

Les successions des ascendans aux ascendans, sont celles par lesquelles les enfans ou les petits enfans succedent à leur pere, &
mere, aïeul ou aïeule.

Surquoi, il faut ici observer, que quand la succession d'un défunt vient des enfans, & des petits enfans, ils ne succedent pas
tous également, ensorte que les petits enfans ne vienent que par
representation de leur pere, ne prenant tous ensemble que la part
qu'il auroit pris s'il avoit vécu.

La representation en ligne directe a lieu jusqu'à l'infini; c'est
pourquoi les arriere petit fils, vienent avec leurs grands oncles à la
succession de leurs bisaïeuls.

Les filles du fils aîsné prédécedé, par l'article 334. de la Coûtume de Paris, representent leur pere, en la succession de leur
aïeul, & partagent le tout également entr'elles; mais en d'autres
coûtumes, quand le fils aîsné décedé ne laissant que des filles, le
droit d'aînesse passe à ses freres puisnez à l'exclusion de ses filles.

Les successions des ascendans aux descendans, sont celles par
lesquelles les pere & mere & les aieuls succedent à leurs enfans, &
à leurs petits enfans, & autres descendans d'eux, décedez sans
enfans.

Les ascendans succedent à tous les biens de leurs descendans,
s'il ne se trouve pas d'autres parens, ou heritiers qu'eux; mais si
les défunts ont laissé des freres ou autres parens collateraux, en
ce cas, les peres ou aïeuls, ne succedent à leurs enfans decedez
sans enfans, qu'en certains biens seulement.

1º Aux meubles & acquets faits par leursdits enfans ou petits enfans; 2o aux heritages qui ont été par eux donés à leursdits enfans, qui leur retournent, encore que ce soient propres anciens,

& font partagez comme propres en leurs fucceffions ; s'ils leur é-
toient propres , avant que de les avoir donez; mais s'ils avoient
fuccedé aux acquêts ou conquêts faits par leurs enfans , ils paffent
aux heritiers de leurs aquêts ou legataires , d'autant que la fucceffion des afcendans ne fait pas de propres.

Ainfi , les peres & meres, aïeuls ou aïeules , ne peuvent pas
fucceder à autres propres délaiffés par leurfdits enfans ou petits enfans, finon à ceux qui leur font venu d'eux , parce que regulierement, en ligne directe, le propre heritage ne remonte point,
& à l'égard d'iceux , les collateraux font preferez aux afcendans.

Toutefois, s'il ne fe trouvoit point de parens collateraux du
côté & ligne d'où font venus ces propres, lefdits afcendans ne
laifferoient pas de fucceder ; mais je croi que les peres & meres
qui n'ont pas de quoi fubfifter, peuvent demander des alimens fur
les propres , délaiffez par leurs enfans, les heritiers aiant fuccedé
à l'obligation des mêmes enfans.

Les peres fuccedent auffi à la moitié des conquêts, faits par leurs
enfans, & qui leur eft échûë par le decés de leur mere, c'eft-à-dire,
en ufufruit feulement, encore n'eft-ce, qu'au cas que lefdits enfans décedez n'aient pas laiffé des freres , car s'ils en avoient laiffez, ils excluroient leur pere; & au cas que lefdits enfans décedez
n'aient point laiffé de freres , ladite moitié des conquêts aprés
l'ufufruit du pere fini, retourne à leurs plus proches parens du côté
de leur mere.

La même chofe a lieu à l'égard de la mere, quand elle a furve-
cu fon mari & partagé avec leurs enfans comuns , les éfets de la
comunauté , enforte qu'il n'y a pas de diference entre le pere &
la mere; car ils joüiffent tous deux également par ufufruit de la
moitié des conquêts échûs à leurs enfans par le decés de l'un ou de
l'autre prédécedé.

Il n'eft par neceffaire en ligne directe de fe porter heritier,
parce qu'en ce Roïaume, n'eft heritier qui ne veut.

Les freres & fœurs , en la Coutume de Paris, fuccedent également quant aux meubles & aquêts de leurs freres & fœurs décedez, encore qu'ils ne foient freres ou fœurs que de pere ou de mere ; mais il y a d'autres coutumes qui ont des difpofitions contraires , & aufquelles la conjonction du double lien , eft requife pour
fucceder aufdits meubles & aquêts.

S'ils ne touchent que d'un côté , ils ne fuccedent qu'aux propres
de ce côté-là.

HHh iij

Mais en ligne collaterale, les freres & fœurs ne fuccedent pas également aux fiefs de leurs freres & fœurs décedés; car en ce cas les mâles excluent les femelles en pareil dégré.

S'il n'y a que deux freres, l'aîné d'iceux ne prendra preciput que comme le prend le fils aîné en ligne directe, parce qu'en ligne collaterale il n'y a point droit d'aînesse, fur tout en la Coutume de Paris.

Si le défunt a laissé des freres & des enfans d'autres freres décedez, les enfans de ces autres freres décedez, ne viendront pas à la succession dudit défunt également avec leur oncle; mais seulement par representation de leur pere, & ils ne prendront tous ensemble qu'autant qu'auroit pris leur pere, en forte que la succession du défunt fera partagée par souche, & non par tête.

Le rapel a le même éfet dans les Coutumes où la representation n'a pas lieu en collaterale; mais à l'égard des arriére-néveus, il n'y a lieu que par maniere de legs, à moins qu'il n'ait été fait par contrat de mariage, auquel cas il peut avoir éfet d'institution.

Il y a des cas favorables où on devroit doner éfet à la difposition d'un défunt qui a ordoné le partage par tête; comme par exemple, fi un frere avoit plufieurs enfans mâles, & que de l'autre côté il n'y eût qu'une niéce ou deux, s'il y avoit des arriere néveux du même nom, n'y auroit-il pas de la juftice de les faire venir par souche? mais la Loi emporte fur les confiderations.

Que fi le défunt n'avoit laissé que deux néveux enfans de fes freres predécedez fans aucuns freres furvivans, en ce cas, n'ayant plus de representation, & tous les néveux étans en pareil degré, & venans de leur chef, ils partageroient également entr'eux la fuccession par tête, & non pas par souche, encore que d'un frere il n'y eût qu'un feul néveu, & que d'un autre il y en eût dix.

Mais s'il n'y avoit qu'un oncle & un néveu, ils fuccederoient également, comme étant en pareil degré, ainfi qu'il eft dit par l'article 339. de la Coutume de Paris.

Ce qu'il faut auffi reftraindre aux propres anciens & aux meubles, d'autant qu'à l'égard des propres naissans, le néveu exclut l'oncle, comme étant décendu de l'aquereur, & l'heritage ayant fait souche en fa perfone.

Les degrez en matiere de fuccession, fe comptoient autrefois fuivant le droit Civil; mais à prefent, felon l'Ordonance de 1167. on fuit la fuputation Canonique.

Ainfi pour fçavoir en quel degré eft chaque collateral, parce qu'il eft éloigné du défunt d'autant de degrez qu'il y a de generations

entr'eux, *§. hactenus 7. inſtitut. de gradu cognat.* il faut monter à la ſouche comune, au défunt & au collateral qui veut ſucceder, & de là
compter combien de generations il y a eu, tant du côté du défunt
que du collateral, leſquelles jointes enſemble, montrent le degré auquel eſt le collateral.

L'oncle eſt au troiſiéme degré, *§. tertio gradu, inſtitut.* parce que le
défunt fils de ſon frere eſt décendu de l'ayeul, tige comune par deux
generations, & l'oncle par une.

Pareillement le Couſin germain du défunt eſt au quatriéme degré, *§. quarto gradu, inſtitut. cod.* parce que le défunt eſt décendu de
l'ayeul, tige comune par deux generations, & le couſin qui veut
ſucceder par autres deux.

Semblablement le petit fils du frere eſt au quatriéme degré, *d. §.
quarto gradu,* parce qu'il eſt décendu de ſon biſayeul, tige comune
par trois generations, & le grand oncle par une.

Il faut continuer à compter en céte ſorte en quel degré que ce
ſoit le collateral, & s'il eſt queſtion de ſçavoir ſi quelqu'un eſt dans
le degré défendu pour ſe marier, on compte les degrez autrement,
neanmoins on ſe ſert de ce compte quand il s'agit de ſucceſſion.

Mais lors qu'il eſt dit, que pour ſçavoir en quel degré eſt chaque
collateral, il faut monter à la ſouche comune au défunt & au collateral qui veut ſucceder, & de là compter combien de generations
il y a eu, tant du côté du défunt, que du collateral.

Cela s'entend de la ſouche comune au défunt & au collateral qui
veut ſucceder.

S'il y a divers collateraux qui veulent ſucceder, il n'eſt pas beſoin
pour lors de monter juſques à la ſouche comune à tous leſdits collateraux pretendans droit en la ſucceſſion du défunt, mais ſeulement quand il faudra ſçavoir le degré auquel eſt chaque collateral,
on montera juſqu'à la ſouche comune à tous les collateraux.

Il ſufit au collateral qui veut ſucceder au défunt, de montrer qu'il
eſt parent du défunt, ce qu'il ne peut faire ſans monter à ladite ſouche comune qui a inſtitué le même ſang & à lui & au défunt, & qui
par ce moïen les a fait parens enſemble, c'eſt pourquoi ce n'eſt pas
ſon affaire de montrer le parentage des autres collateraux, qui prétendent de ſucceder au défunt, ou conjointement avec lui, ou à ſon
excluſion, c'eſt à eux de montrer le parentage & le degré d'icelui
avec le défunt pour lui ſucceder.

Ainſi ledit collateral n'eſt pas obligé, pour montrer en quel degré
il eſt, de monter juſqu'à la ſouche comune à tous les collateraux,
mais il ſufit que chaqu'un monte juſqu'à la ſouche comune à lui &

au défunt , quoi qu'elle ne foit pas comune à tous les autres.

En ligne directe, ni collaterale , les heritiers d'un défunt ne peuvent pas être heritiers & legataires tout enfemble , fur tout en la Coutume de Paris ; mais il y en a d'autres où il y a difpofition contraire, & pour lors s'il eft heritier dans une Coutume, & qu'il y ait des biens fituez dans une autre , où il n'eft pas habile à fucceder, dans laquelle ces deux qualitez foient compatibles , il poura encore être legataire dans cête Coutume ; mais la diverfité des lignes n'empêchent pas que ce ne foit une même fucceffion d'une même perfone.

Cête incompatibilité eft encore éludée , en foufrant que l'enfant foit legataire lors que le pere eft heritier.

Toutefois on peut être donataire entre vifs , & heritier en ligne collaterale ; mais nõ en ligne directe, en laquelle fi un donataire vouloit être heritier, il feroit tenu de raporter ce qui lui auroit été doné ; & fi le donataire avoit aliené, les coheritiers auroiét le choix de faire raporter, ou fur le pied de l'eftimation faite par le contrat de donation , ou bien eu égard au prix de l'alienation , cependant fi le donataire avoit doné l'heritage aux enfans par contrat de mariage, moïennant certain prix , le raport s'en feroit fuivant l'eftimation, au dire d'experts.

Les heritiers d'un défunt font perfonelement obligez de païer fes détes , pour telle part & portion qu'ils font heritiers, & hipotequairement pour le tout.

Il faut dire auffi que l'heritier & bien-tenant y eft obligé hipotequairement, fans difcuffion ni divifion , mais après avoir deguerpi & delaiffé aux creanciers les immeubles de la fucceffion, il en eft quite en païant fa part perfonele ; neanmoins s'il avoit vendu & profité des immeubles de la même fucceffion, il femble qu'en ce cas ce prix fuccede au lieu de la chofe.

Le deguerpiffement ne fe peut faire qu'en juftice , & partie apelée, & quand méme il auroit deguerpi , il feroit toûjours tenu de raporter les joüiffances de fon tems.

Plufieurs Praticiens du fiecle objectent, que l'heritier n'eft pas tenu perfonelement, mais feulement hipotequairement de part & d'autre, il ne peut plus être convenu en vertu de l'action hipotequaire, qui n'a lieu que contre le détenteur, & qui ceffe lors qu'il a ceffé de poffeder, fauf à agir hipotequairement contre l'aquereur.

Je répond à cela, que l'action perfonele ayant concuru avec l'hipotequaire, il eft tenu fans divifion ni difcuffion, & qu'il ne doit pas être traité plus favorablement, lors qu'il a aliené à fon profit.

C'eft

C'eft ainfi qu'il faut concilier ce qui a été dit par Loyfeau, Baquet & Mr Loüet en fon Commentaire, lettre H, nombre 19.

Ils tienent auffi la même chofe à l'égard des heritiers de ceux qui ont poffedez des immeubles de la fucceffion, quoi qu'ils n'aient fuccedé à aucun immeuble.

A cet égard, je crois que celui qui a eu en fon lot une rente qui lui a été rembourfée avant l'action, ne doit pas être confideré comme bien tenant, parce que ce n'eft qu'un immeuble pour un tems.

L'heritier beneficier n'eft pas tenu hypotequairement pour le tout, ni de déguerpir, mais feulement de rendre compte jufqu'à la concurence & valeur d'icelui, pour telle part & portion qu'il eft heritier, les biens de la fucceffion demeurans afectez au païement des detes pour lefquelles on les peut décreter fur lui.

Les frais qui fe font pour la confervation des biens de l'heredité, doivent être portez pas chacun des heritiers, eu égard aux parts qu'ils y ont, auterme de la Loi. *Sororib. 6. §. 1. ff. Si pars heredit. petat.*

Autre chofe eft, des heritiers qui ont des parts inégales, lefquels ont foûtenu un procés, où ils ont fuccombé, ils portent également la peine de la temerité, foit que ce foit avant ou aprés le partage.

Si dans une même fucceffion, il y a plufieurs fortes d'heritiers, dont les uns fuccedent aux meubles & aquèts, & les autres aux ropres, chacun defdits heritiers eft obligé de contribuer aux païement des detes, pour telle part & portion, & au rata de ce dont il amende ladite fucceffion.

Le fils aifné prenant fon préciput, ne doit pas contribuer au païement des détes de la fucceffion, à proportion de la valeur de fon préciput; car il doit avoir fondit préciput franc & fans charge de detes, enforte qu'il ne contribuë pas davantage que fes freres coheritiers.

Que fi le défunt n'a point laiffé d'heritiers defcendans, afcendans ou collateraux, celui qui lui étoit conjoint par mariage lui fuccede à l'exclufion du fic.

Mais le mari qui eft feparé par autorité de juftice, ne fuccede pas à fon conjoint, fuivant la Loi unique, *§. ut autem, un. ff. undevir & uxor.* cependant, fi les mariés ce font feparés volontairement, nonobftant céte feparation le furvivant peut fuceder auprédécedé.

Le Mari ne fuccede pas à fon défunt conjoint, fi le mariage a été illicité, *d. l. m. in princ. ff. unde & uxor.* car puifque tel mariage ne peut point fucceder, même par teftament, à fon défunt conjoint, moins encore lui peut-il fuceder *inteftat*.

Il ne fucede pas auffi à fon conjoint étranger décedé en ce Roïaume, ains le Roi feul lui fuccede à l'exclufion dud.marié;mais fi led. étranger a été naturalifé, le conjoint par mariage regnicolé à défaut d'autres parens, lui fuccede à l'exclufion du Roi; ainfi qu'il a été jugé par Arrêt du Parlement de Paris, le 9. Aouft 1613. en faveur de la veuve d'un Piemontois naturalifé, parce que le Roi ne fuccede pas à l'étranger naturalifé.

Le mari qui a tué fon conjoint pour l'avoir furpris en adultére, ne lui peut pas fucceder, s'il n'a obtenu du Prince abolition ou lettre de grace du meurtre par lui commis, & deüement enterinées.

Jugé par Arrêt du 16.Avril 1603. contre un mari qui avoit tué fa femme furprife en adultére, à laquelle par faute d'heritier il prétendoit fucceder.

A défaut de tous les heritiers dont j'ai parlé ci-deffus, l'heredité apartient au Roi, même à l'exclufion, tant des Comunautez, Villes, ou Citez, qui ont obtenu le Privilege de Sa Majefté, que de ceux qui ont nouri ou alaité le défunt, qui n'ont aucun droit de de lui fucceder.

Si les biens de celui qui eft décedé fans heritiers, font fituez & affis en la haute Juftice de quelque Seigneur particulier, ce Seigneur fuccede au défunt; car quoi que ce droit de biens vacât, fuivant les Jurifconfultes, foit un droit de regale, *d. tit. quæ funt regalia*, & que partant il n'apartienent proprement qu'au Roi, neanmoins les Hauts-Jufticiers ont ufurpé ce droit fur le Roi, par la conivence des Oficiers Roïaux.

Or, il s'enfuit, qu'il ne fuccede non feulement à fon Vaffal, mais même encore aux meubles que le défunt avoit hors d'icelle, à l'intention de les y remettre, ainfi qu'il a été jugé par Arrêt du Parlement de Grenoble le 28. Fevrier 1530.

Cependant, fi le défunt n'a pas eu intention de raporter lefdits meubles, ils ne lui apartienent pas, ils apartienent au Seigneur en la Juftice duquel ils fe font trouvez; car le Seigneur Haut-Jufticier, fuccede au défunt, bien qu'il ne foit pas fon Vaffal, & ne demeure pas fur fa Juftice.

Le bas ou moien Jufticier, ni le Seigneur feodal, n'ont pas le droit de desherence.

Les biens de l'étranger naturalifé décede hoirs regnicoles, apartienent au Roi, à l'exclufion de tous Seigneurs Hauts-Jufticiers.

Celui qui eſt mort civilement, eſt incapable de toute ſucceſ-ſion, quand même la condamnation de mort auroit été renduë par défaut.

Pareillement, le condamné aux Galeres perpetuelles, ne peut pas auſſi ſucceder.

Il en eſt de même de celui qui eſt bani à perpetuité, ſoit hors de ſa Juriſdiction ou du Roïaume.

Ainſi, tels condamnez à mort par défaut ne peuvent pas ſucceder quoique les ſucceſſions leur ſoient échûës pendant les cinq anées de l'Ordonance, durant lequel tems il leur eſt permis de purger leur contumace; car dés l'heure de leur condamnation, ils ſont cen-ſez mort civilement.

Toutefois, quoi que le condamné à mort naturelle ou civile ne puiſſe pas ſucceder, comme dit eſt, neanmoins les enfans de tel condamné peuvent ſucceder entr'eux & autres perſones.

Cependant, ſi celui qui a été condamné à mort avoit obtenu du Roi par Lettres de grace, l'abolition de ſon crime, & que par l'en-terinement d'icelles, il fut été reſtitué & rétabli en bonne renom-mée, il peut ſucceder à l'heredité qui lui a été déferée dépuis ſa condamnation & avant la reſtitution.

Il faut dire auſſi, que celui qui n'eſt pas bani de certaine Ville, n'eſt pas privés des ſucceſſions qui lui ſont déferées par droit com-mun, même les biens qui ſont ſituez dans le territoire de ſon baniſ-ſement, il eſt ſeulement privé de la ſucceſſion qui lui eſt deferée par ſtatut du lieu dont il eſt exilé.

Celui qui n'eſt pas bani hors le Roïaume qu'à certain tems, a droit de ſucceder pendant ſon ban.

Le condamné à mort par Sentence, dépuis confirmée par Ar-rêt, peut recüeillir une ſucceſſion échûe, *medio tempore*, pendant l'apel, enſorte que ſes creanciers ſe pourroient faire paier ſur céte ſucceſſion, au préjudice du fic; car l'apel de cete Sentence aiant éteint la force d'icele, il eſt capable de ſucceder, l'Arrêt confirma-tif n'aiant force que du jour qu'il a été rendu.

Il y a de deux ſortes d'heritiers; ſçavoir, les heritiers purs & ſim-ples, & les heritiers par benefice d'inventaire.

L'heritier par benefice d'inventaire ſe fait par Lettres du Prince, obtenuës en Chancelerie, qu'il faut faire enteriner en Juſtice, & dont j'ai ci-devant raporté la formule au Chapitre des Tutelles, & du devoir des tuteurs, où je renvois le Lecteur.

L'heredité acceptée par benefice d'inventaire, il faut enſuite faire bon & fidelle inventaire de tous les biens délaiſſez par le défunt,

III ij

& bailler caution du contenu en icelui, fi les creanciers le demandent.

L'heritier par benefice d'inventaire n'eſt pas tenu des detes du défunt, que juſques à la concurence des biens de la ſucceſſion.

Les meubles de la ſucceſſion, ne peuvent être vendus que publiquement par l'heritier beneficier, & aprés en avoir fait publier la vente devant la principale porte de l'Egliſe de la Paroiſſe, en laquelle le défunt demeuroit à l'iſſuë de la Meſſe paroiſſiale, & de laiſſer affiches contre la porte de la maiſon dudit défunt, ſelon l'article 344. de la Coûtume de Paris.

L'heritier des comptables ne ſe peut pas porter heritier par benefice d'inventaire, il faut qu'il demeure heritier pur & ſimple ; mais l'heritier pur & ſimple, exclut en ligne collaterale, l'heritier par benefice d'inventaire; mais non pas en ligne d'irecte, ſuivant l'article 342. de ladite Coûtume de Paris.

L'heritier beneficiaire, qui a été partie dans un procés eſt obligé de la continuer ſous ſon nom, même aprés qu'il a renoncé & rendu compte.

La ſaiſie réelle ſe pourſuit auſſi par lui; mais il n'eſt pas tenu des dépens faits depuis ſa renonciation à ſon compte, lors qu'il a aquieſce en ſon nom à la demande ou aux exceptions de ſon collitigant; cependant il eſt tenu en ſon nom des des dépens des actions dans leſquelles il ſucombe, encore qu'il n'y ait pas de Requête contre lui en ſon nom, d'autant que ce n'eſt qu'une précaution inutile, à la verité lors qu'il rend compte à un heritier ou legataire, il peut emploier dans ſon compte les frais qu'il a faits pour conſerver l'heredité quand il a obtenu à ſes fins, & même repeter contre eux les dépens qu'il n'a pas pû tirer de la Partie lors qu'il a fait le bien de la choſe.

Mais à l'égard de la Partie contre laquelle il a plaidé, il a contracté avec elle pour les dépens, qui ſont perſonels, & la peine de la temerité, ce qui a lieu encore que l'inſtance ait été commencée par le défunt.

L'heritier pur & ſimple des propres n'exclut pas l'heritier beneficiaire des meubles, d'autant que ce ſont des diferens biens auſquels ils ne ſuccedent pas en même tems.

L'heritier pur & ſimple en collaterale, n'a plus de droit aprés l'an, d'exclure l'heritier beneficiaire, ſelon la diſpoſition de pluſieurs coûtumes & Arrêts, & il peut ſeulement demander ſa part en la ſucceſſion, s'il ſe trouve en même dégré.

Le benefice d'inventaire n'a pas lieu entre les heritiers de l'heritier qui contribuent aux détes, tant de la succeffion beneficiaire qu'à celles de celui à qui ils fuccedent, à raifon de l'émolument, fans aucune feparation à l'égard des heritiers paternels ou maternels.

Lheritier beneficier qui renonce, perd fes frais, parce qu'il faut recomencer la procedure contre un curateur à la fucceffion vacante; mais il les pouroit emploïer dans fon compte, s'il le rendoit à un heritier pur & fimple, par qui il eft exclu.

La caution de l'heritier beneficiaire n'eft pas tenuë de ce qu'il a geré volontairement aprés fa renonciation, ayant été au pouvoir des heritiers, ou des creanciers de lui faire rendre compte, fuivant la Loy, *Licius Titius* 46. §.4.ff.de adminift.& pericul.tutor.où le fidejuffeur tuteur eft déchargé aprés la puberté de ce que le tuteur a geré volontairement, & qui n'avoit aucune connexité avec ce qu'il avoit fait auparavant.

Il eft vrai qu'il eft caution de ce qui eft compris dans l'inventaire,& de l'adminiftration pendant la tutele, & non pas des joüiffances qu'il a euës aprés fa fonction finie.

Suivant la Loy *Scimus,*§ 9.Cod.de jur.deliber. l'heritier beneficiaire qui recele, n'eft tenu que du double, ne pouvant préjudicier à la qualité qu'il a prife, ce qui dépend parmi nous du fait; car s'il y avoit du dol, il feroit reputé heritier pur & fimple.

La Coutume de Cambray, Titre des fucceffions, article 18 celle de Nevers, art.26 titre 34 Artois, article 113,Lifle article 6.titre du befice d'inventaire,& Berry article 15.titre 19.decident,que celui qui obmet par fraude dans l'inventaire, eft tenu des détes.

Le mari ne peut pas renoncer à une fucceffion échuë à la femme, ou aux mineurs, à moins que fa femme n'y confente par écrit.

Le tuteur ne peut pas auffi renoncer pour fes mineurs, fans un avis de parens, finon leurs creanciers peuvent obliger le tuteur à le raporter.

Il femble auffi que le mari doit autorifer fa femme, pour accepter ou renoncer à une fucceffion, autrement elle ne doit pas être reçuë.

Le mineur étant devenu majeur, peut être contraint de ratifier aprés un certain tems, la renonciation que fon tuteur a fait pour lui,quoique l'Ordonance lui done dix ans,parce qu'il n'eft pas jufte qu'on demeure fi long-tems dans l'incertitude.

Il eft permis felon certaines Coutumes, à l'heritier des biens d'un abfent, d'en demander partage par provifion, aprés cinq ou fept ans, & fuivant le droit le plus comun aprés dix ans, encore qu'il 'ny ait aucune nouvelle du décez. J I i iij

Il y a plusieurs persones qui veulent que les fruits échus pendant ce tems apartienent à l'heritier mobilier, & non à celui des propres, qui ne peut prétendre que ceux échus dépuis, & que s'il étoit venu quelque succession à l'absent, il seroit présumé avoir vécu jusqu'à ce tems, à l'éfet de la transmetre à ses heritiers, & la succession adjugée à ceux qui étoient en état de succeder à l'absent lors du partage, & non auparavant.

A mon égard, je soutiens le contraire, & juge que l'absent est reputé mort du jour de l'absence, ou de la derniere nouvelle.

Le majeur peut être relevé de l'aprehension d'une heredité qu'il auroit aceptée conjointement avec des mineurs, quand même le crcancier le voudroit décharger au pardessus de sa part vitile, n'aiant accepté l'heredité que dans la veuë d'avoir des coheritiers, & il n'est pas besoin en ce cas de lettres au majeur, d'autant que c'est moins une restitution, qu'une renonciation à une succession abandonnée par les autres; mais il faut que les renonçans raportent tous les meubles & fruits de ce qu'ils ont perçû.

CHAPITRE XCII.

Des Ajournemens & Délais.

AJournement est un Exploit fait par un Huissier ou Sergent, par lequel il ajourne un ou plusieurs particuliers pardevant un certain Juge, & à certain jour, pour être condamné à païer une certaine somme ou à délaisser la possession d'un immeuble, ou à faire délivrance d'un meuble, ou faire quelqu'autre chose, à quoi il est obligé par contrat, ou quasi contrat.

Les ajournemens ne ce faisoient pas autrefois sans Comissions & Permissions de Juges, mais par l'article 2. du titre 10. de l'Ordonance de 1667. il ne faut point de Permission ni de Comission pour faire assigner pardevant tous Juges, tant en cause principale, que d'apel, encore que l'ajourné soit demeurant hors le ressort du Juge, pardevant lequel il sera assigné.

Comme par exemple, si je veux faire assigner quelqu'un demeurans dans le Parlement de Roüen, pardevant le Prevôt de Paris, en vertu d'un contrat passé sous le scel du Châtelet de Paris, il le peut faire sans Permission, ni Comission du Juge des lieux, & sans Lettres de Chancellerie, ce qui soûfre neanmoins ses exceptions.

Primò, On ne peut faire ajourner aux Requêtes du Palais ou de l'Hôtel, qu'en vertu de lettre *de Commitimus*, bien & dûëment expediées & non furannée, fuivant l'art. 11. du titre 2. & le Sergent en doit donner copie dans la même feuille ou cahier de l'Exploit ; cependant s'il étoit neceffaire de faire quelque demande inherente, foit en fomation ou garentie, ou autrement, le même article porte, qu'on n'a pas befoin de Lettres, ni de Comiffion particuliere, pour faire affigner.

Neanmoins l'ufage eft de faire ces fortes de demandes par Requête ou Comiffion, foit aux Requêtes de l'Hôtel ou du Palais.

Sur quoi il faut ici obferver, qu'il ne faut qu'une fimple Requête fans Comiffion, pour faire affigner la Partie, en quelque lieu qu'elle demeure, pourveu que ce foit un Huiffier de la Cour qui done l'affignation, enforte que fi c'eft un autre Huiffier qui la done, foit que la Partie demeure en la Ville, ou ailleurs, il faut une Comiffion fur la Requête.

A l'égard de la Requête qu'on prefente pour affigner, on conclut, *A ce qu'il plaife à la Cour, en confequence de l'Inftance pendante en icelle, permettre au Supliant de faire affigner en ladite Cour, tel, pour fe voir condamner à, &c.*

On fait mettre par le Gréfier au bas de céte Requête, *Soit Partie apellée*, & enfuite, on done affignation pour proceder aux fins de la Requête.

Si on veut faire doner l'affignation par un autre Huiffier que ceux des Requêtes, comme lors que la Partie demeure hors la Ville & Fauxbourgs de Paris, pour lors il faut obtenir fur Requête une Comiffion qui fe dreffe ainfi :

C O M I S S I O N.

Les Maîtres des Requêtes ordinaires du Roi, à la Requête de tel, &c. M ANDONS au premier nôtre Huiffier ou Sergent Roïal fur ce requis, mettre l'Ordonance, étant au bas de la Requête ci-attachée, fous le contre-fcel de la Cour, à dûe & entiere execution, felon fa forme & teneur, & à cet éfet faire tous Actes & Exploits requis & neceffaires, de ce faire te donons pouvoir. DONNE' à Paris aufdites Requêtes, fous le fcel d'icelles, le tel jour & an.

Aux Requêtes du Palais on met, *les Gens tenans les Requêtes du Palais à Paris, Confeillers du Roi en fa Cour de Parlement, Comiffaires aufdites Requêtes*, à la Requête de, &c...

Secundò ; On ne peut pas doner aucun ajournement pardevant les Cours Souveraines, & les Juges qui jugent en dernier reffort, foit en premiere Inftance, par apel ou autrement, qu'en vertu de Lettres de Chancellerie, Comiſſions particulieres, ou Arrêts, ſuivant l'Article 12. de ladite Ordonance de 1667.

Il faut excepter ici ceux qui ont droit de plaider en premiere Inſtance pardevant les Cours des Parlemens de France, comme ſont les Ducs & Pairs, pour raiſon de leurs Pairies, l'Hôtel-Dieu, le Grand Bureau des Pauvres, & l'Hôpital General de la Ville de Paris, & autres perſones & Comunautés, leſquels peuvent y faire doner aſſignation, ſans Arrêts ni Comiſſion, ſelon le même Article 12.

Ainſi celui qui veut faire aſſigner quelqu'un au Parlement, comme en execution d'un Arrêt rendu audit Parlement, le peut faire en preſentant Requête, aux fins de faire aſſigner un tel, pour voir dire, que l'Arrêt ſera executé, ce faiſant, &c. au bas de laquelle le Gréfier met, *ſoit Partie apellée*, ce qui s'obſerve ainſi, lors que la Partie qu'on veut faire aſſigner, eſt demeurant dans la Ville ou Fauxbourg où eſt le Parlement, que l'aſſignation eſt donée par un des Huiſſiers dudit Parlement.

Car à l'égard de ceux qu'on veut faire aſſigner, qui ne ſont pas demeurans ſur les lieux, comme les frais ſeroient tres-grands de le faire faire par un Huiſſier du Parlement, on obtient en Chancellerie une Comiſſion, par laquelle on prend les mêmes Concluſions que celles de la Requète preſentée à la Chambre, ou d'une Comiſſion obtenuë en Chancellerie, ſuivant les diſtinctions ci-deſſus.

Pareillement, quand on veut aſſigner au Preſidial pour juger en dernier reſſort, il faut que le Demandeur obtiene une Comiſſion en la Chancellerie du Preſidial, comme il eſt porté par ledit Article 12. de ladite Ordonance de 1667. en ces termes, & *jugé en dernier reſſort, ſoit en premiere Inſtance par apel ou autrement*, & en ce cas l'Exploit comence ainſi, *L'an, &c. en vertu de certaine Comiſſion obtenuë en la Chancellerie de .... Signée & Scellée en queuë de Cire jaune, à la Requéte de tel, &c.*

Tertiò, On ne peut pas auſſi doner aucuns ajournemens au Conſeil du Roi, ni aux Requêtes de l'Hôtel pour juger en dernier reſſort, qu'en vertu d'Arrêt du Conſeil où Comiſſion du grand Sceau, ainſi qu'il eſt dit par l'Article 13.

Il y a dix formalités requiſes pour la validité de toutes ſortes d'ajournemens, à peine de nullité.

La premiere eſt, qu'ils ſoient faits par un Huiſſiers ou Sergens, qui s'achent écrire & ſigner, ſelon l'Article 14. de l'Ordonance de 1667.

La deuxiéme, que les ajournemens ſoient libellés, c'eſt-à-dire, qu'ils contiénent les concluſions du Demandeur, & ſomairement

les

les moïens fur lefquels fa demande eft fondée par l'Article 1.

Suivant l'Article 6. les Demandeurs font tenus de faire doner dans l'Exploit la copie des pieces fur lefquelles ils fondent leur demande, ou des extraits d'icelles, fi elles font trop longues, dont il faut faire mention dans l'Exploit, à faute de quoi les copies qu'ils en doneroient dans le cours de l'Inftance, n'entreroient point en taxe, & les réponfes qui y feroient faites, feroient à leurs dépens, & fans repetition.

La troifiéme eft, que s'il s'agit de droit de cenfives, de rentes foncieres, charges réelles ou hipoteques, où de la proprieté de quelques heritages, l'Exploit doit déclarer le Bourg, Village ou Hameau, le Terroir & la Contrée où l'heritage eft fitué, fa confiftance, fes nouvaux tenans & aboutiffans du Septentrion, Midi, Orient, & Occident, fa nature au tems de l'Exploit, & fi les Terres labourables, Prez, Bois, Vignes, ou d'autres qualités, en forte que le Défendeur ne puiffe pas ignorer, pour quel heritage il a été affigné, par l'article 3. dudit titre 9. des exeptions dilatoires de ladite Ordonance de 1667.

Mais quand il eft queftion du corps d'une Terre, les tenans & aboutiffans doivent être défignez de même, que quand il eft queftion d'un heritage, fuivant l'article 4.

La quatriéme eft, qu'en tous Siéges, & en toutes matieres où le miniftere des Procureurs eft neceffaire, les Exploits d'ajournement, d'intimation, ou anticipation, contienent le nom du Procureur du Demandeur, par l'article 6. du Titre des Ajournemens.

Ce qui a abrogé les prefentations qui fe faifoient auparavant par les demandeurs & apellans, fuivant l'article fecond du titre des Prefentations.

La cinquiéme eft, qu'ils foient fignifiez à la perfone ou au domicile du défendeur, & qu'il foit fait mention en l'original & en la copie de ceux aufquels ils ont été donez, à peine de nullité, & de vingt livres d'amende contre le Sergent, par l'article 2. & 3. du titre 2.

Un Exploit d'affignation doné au Parlement de Bourdeaux, & toutes les procedures qui avoient été faites en confequence, ont été caffées par Arrêt du Confeil de 1668. faute par le Sergent d'avoir declaré fon domicile & celui de la partie.

Que s'il ne fe trouvoit perfone au domicile du défendeur, l'Exploit doit être ataché à la porte de fa maifon, & le Sergent ou Huiffier en doit avertir le plus proche voifin, & lui faire figner l'Exploit; & s'il le refufe, ou qu'il ne fçache pas figner, il en doit faire mention;

& s'il n'y avoit aucun voisin proche, il doit faire parapher l'Exploit par le Juge du lieu, & dater le jour du paraphe, & en son absence ou refus, par le plus ancien Praticien, par l'article 3. & 4. des Ajournemens.

Ce qui est ainsi établi pour les fermes & maisons qui sont dans la campagne.

Neanmoins il y a plusieurs cas, où la signification des Exploits, n'est pas toûjours faite à la persone, ou à son domicile.

Primò, Ceux qui sont absens, ou qui n'ont aucun domicile conu, doivent être assignez par un seul cry public au principal Marché du lieu de l'établissement du Siege où l'assignation est donée, sans aucune perquisition.

A l'egard de ceux qui sont condamnez au bannissement & aux galeres à tems & des absens faillite, voyage de long cours, ou hors le Roïaume, ils doivent être assignez à leur dernier domicile, en sorte qu'il n'est pas necessaire de faire procez verbal de perquisition, ni de leur créer un curateur, comme il s'observoit autrefois, suivant l'article 9. des Ajournemens de la susdite Ordonance de 1668.

Quant à l'Exploit d'assignation doné à celui qui n'a pas eu de domicile conu, selon l'article 9. il doit être paraphé par le Juge des lieux qui met au bas, *Paraphé par nous, tel, ce requerant tel, Huissier, ou Sergent, &c. suivant l'Ordonance. Fait à, &c.*

Secundò, Les Exploits qui concernent les droits d'un benefice, peuvent être faits au principal manoir du beneficié, de même que ceux qui concernent les droits & fonctions des ofices ou commissions, doivent être faites aux lieux où s'en fait l'exercice, par l'article 3. des Ajournemens.

Si le Beneficier n'a pas de principal manoir, ni domicile au lieu de son benefice, en ce cas l'assignation en doit être donée à son domicile ordinaire, parce que le cas de l'exception cessant, il faut revenir à la regle generale, qui est, *Actor forum sequitur.*

Tertiò, Les étrangers qui sont hors le Roïaume, doivent être ajournez aux Hôtels des Procureurs generaux des Parlemens où ressortissent les apelations des Juges devant lesquels ils sont assignez, ainsi qu'il est dit en l'article 7.

Auparavant on leur donoit assignation sur la frontiere; mais cete formalité a été abrogée par la nouvele Ordonance.

Quartò, Ceux qui demeurent dans les Châtaux & Maisons fortes, sont obligez d'elire leur domicile en la plus prochaine Ville, & d'en faire regiftrer acte au Gréfe de la Jurifdiction Roïale du lieu; sinon les Exploits qui leur sont faits au domicile, ou aux persones de leurs fermiers, Juges, Procureurs d'ofice, & Gréfiers, valent comme faits à leur perſone, ſuivant l'article 15.

La ſixiéme formalité des Ajournemens eſt, qu'ils ſoient contrôlez dans les trois jours, non compris le jour de l'aſſignation, ſelon l'Edit du Contrôle, doné au mois d'Aouſt 1669. par lequel les Huiſſiers & Sergens ne ſe font plus aſſiſter de deux témoins ou Records comme il étoit porté par l'article 2. du titre des Ajournemens, excepté pour les Ajournemens en matiere de retrait lignager.

Ce qui eſt de conſequence à obſerver, autrement il y auroit nullité, dans l'Exploit en retrait, & le retraiant débouté de ſa demande.

Pareillement dans les ſaiſies, executions & ſaiſies réelles, il faut que le Sergent ou Huiſſier ſe faſſe auſſi aſſiſter de deux Records, ſinon il y auroit nullité.

La ſeptiéme eſt, que l'Huiſſier ou Sergent doit declarer la Juriſdiction où il eſt immatriculé, & ſon domicile, auſſi-bien que celui de ſes témoins & aſſiſtans, par l'article 2.

La huitiéme eſt, que les Exploits contienent le domicile & la qualité du demandeur, par le même article.

La neuviéme eſt, qu'ils doivent faire mention de la juſtice ou du Juge pardevant lequel l'aſſignation eſt donée.

La dixiéme eſt, qu'ils doivent être datez du jour auquel ils ſont faits.

Les Exploits concernant les procedures & inſtructions des procez ſont exemts de Contrôlle par l'Edit ci-deſſus cité, pourveu que ces procedures ſoient faites avec un Procureur, & non avec les parties, parce que ſi elles ſont faites avec la partie, ou autre qu'un Procureur, comme par exemple, avec un Expert, ou un témoin, il faut neceſſairement les faire contrôller.

Le demandeur qui a fait aſſigner ſa partie adverſe devant un Juge, peut revoquer l'aſſignation qui lui a été donée, & le faire ajourner devant un autre Juge competant, pourveu que la cauſe ne ſoit encore conteſtée.

C'eſt ainſi qu'il faut entendre ces termes du Juriſconſulte Marcellus ſur la Loi, *Ubi acceptum* 3. *ff de judic. ubi acceptum ſemel eſt judicium, ubi finem accipere debet.*

Celui qui eſt aſſigné à la requête d'un inconu qui a des droits cedez, peut obliger le Procureur de lui indiquer celui contre lequel il a afaire, & il ne ſufit pas que le Procureur ſe rend garant dés dépens, domages & interêts, d'autant qu'il y a interêt de conoître ſon adverſaire, qui peut mourir, ou dont la conoiſſance lui peut fournir des moïens.

Les délais des affignations donées aux Prevôtés & Châtelenies Roïales à ceux qui font domiciliez au lieu où eft établi le Siege de la Prevôté ou Châtellenie , font au moins de trois jours, & ne peuvent être plus long de huitaine , felon l'article 1. du titre 3. de l'Ordonance de 1667.

Si le défendeur eft demeurant hors du lieu , mais dans l'étenduë du reffort , le délai de l'affignation fera au moins de huitaine, & pas plus long de quinzaine , par l'article 2. du même titre.

Il faut ici excepter neanmoins un cas porté par l'article 7. de l'Edit du mois de Janvier 1685. pour l'adminiftration de la Juftice au Châtelet de Paris , par lequel Mr le Lieutenant Civil peut permettre aux Parties d'affigner à un délai plus bref, lors qu'il s'agit de matieres qui requierent celerité , comme de la main levée des meubles, chevaux, beftiaux faifis & autres.

Les délais fur affignations donées pardevant les Juges Prefidiaux , Baillifs & Senêchaux Roïaux à ceux qui font domiciliez au lieu où eft le Siege établi , ou dans la diftance de dix lieües, ne font pas moindres de huitaine, ni plus longs de quinzaine; & à l'égard de ceux qui font éloignez dudit lieu de plus de dix lieües , le moindre délai eft de quinzaine, & le plus long de trois femaines, par l'article 3.

Les délais des affignations aux Requêtes de l'Hôtel ou du Palais & aux Siéges des Confervateurs des Privileges des Univerfités , font de huitaine pour qui font demeurans en la Ville où le Siege de la Jurifdiction eft établi , & de quinzaine pour ceux qui font dans l'étenduë de dix lieues , d'un mois pour ceux qui font dans la diftance de cinquante lieües , de fix femaines au delà des cinquante lieües dans le même Parlement.

Mais fi l'affignation eft donée hors le Parlement , le délai eft de deux mois , par l'article 4.

Dans les Sieges des Maîtrifes particulieres des Eaux & Forêts, Connetablies, Élections , Grenier à fel , Traites & Foraines, Confervations des privileges des foires , & aux Juftices des Hôtels & maifons de Villes & autres Jurifdictions inferieures , lors que le défendeur eft domicilié ou prefent au lieu de l'établiffement du Siege , le délai des affignations ne peut être moindre de vingt-quatre heures , s'il y a peril en la demeure, ni plus long de de trois jours & de huitaine au plus pour ceux qui font demeurans ailleurs, dans la diftance de dix lieües , par l'article 14. du titre des conteftations.

Que fi le défendeur , eft demeurant en lieu plus éloigné, le délai eſt augmenté à proportion, d'un jour pour dix lieües, & par l'article 15. l'aſſigné doit comparoir en perſone à la premiere Audience pour être oüi par ſa bouche, de ſorte qu'il n'y a pas de délai d'aſſignation en cete Juriſdiction, l'aſſignation pouvant être donée la la veille de l'Audience.

Es Cours de Parlement, grand Conſeil, & Cours des Aydes, tant en premiere inſtance, qu'en cauſe d'apel, les délais des aſſignations ſont de huitaine pour ceux qui demeurent en la même Ville où ſont établis leſdites Cours, & où le grand Conſeil fait ſa reſidence ; & de quinzaine pour ceux qui ſont demeurans hors la Ville, dans la diſtance de dix lieües, d'un mois pour ceux qui ont leur domicile au delà de dix lieües ; dans la diſtance de cinquante lieües, au cas qu'ils ſoient demeurans dans le même Parlement, & Cours des Aydes, & de deux mois pour ceux qui ſont domiciliez hors le reſſort ; & pour le grand Conſeil au delà de cinquante lieües, le délai des aſſignations eſt augmenté d'un jour pour dix lieües.

Le jour de la ſignification de l'exploit, ni celui de l'écheance, ne ſont pas compris dans les délais ci-deſſus, par l'article 6. du titre 3. de lad. Ordonance de 1667. mais tous les autres jours ſont continués & utilité, pour les délais des aſſignations & procedures, même les Dimanches & Fêtes ſolemnelles, & les jours de vacations & autres, auſquels il ne ſe fait aucune expedition de Juſtice.

Les Huiſſiers & Sergens mettent ordinairement dans leurs Exploits d'ajournemens, le tems de l'aſſignation, ſi c'eſt à trois jours, ou huitaine, ou quinzaine ; cependant ce ne ſeroit pas une nulité quand ils n'en feroient point mention, parce que l'Ordonance ne leur commande pas de le faire.

Pareillement ſi l'aſſignation étoit donée à trop longs jours, elle ne ſeroit pas nulle, mais le délai ſe regleroit ſuivant l'Ordonnance.

Pour aquieſcer ou défendre à la demande qui a été faite, & le tems étant échû ou même pendant icelui, le défendeur doit à peine de défaut, conſtituer Procureur, lequel ſe preſente pour lui, ainſi qu'il ſera parlé ci-après au chapitre des Preſentations.

Voyez mon Stile general des Huiſſiers & Sergens, vous y trouverés la formule de toutes ſortes d'Exploits & demandes, tant en matiere civile, que criminelle & beneficiale.

CHAPITRE XCIII.

Des Procureurs & de la Procuration.

CElui qui a été affigné pardevant un juge, en la maniere qu'il a été dit ci-deffus, doit charger un Procureur de fon Exploit.

Le Procureur eft celui qui agit pour un autre, ou qui fait les afaires d'un autre, en vertu du pouvoir & de la Procuration qui lui eft donée.

Il faut avoir vingt-cinq ans acomplis pour être reçû Procureur, fuivant l'Ordonance d'Henri II. de l'an 1551.

De plus, il faut avoir demeuré dix ans chez les Procureurs en qualité de Clerc, & y avoir fait pendant trois ans pour le moins la fonction de premier Clerc; mais céte condition n'eft pas obfer-vée à la rigueur, principalement à l'égard des enfans des Procu-reurs, pour lefquels on a plus d'indulgence, qu'ils ne meritent d'or-dinaire; car tres-fouvent on reçoit des Procureurs qui font inca-pables de leurs fonctions, ainfi par leur peu de genie, ils font cau-fe de la perte des biens de plufieurs familles, par les mauvais pro-cés qu'ils foutienent, n'aiant pas toute l'experience qu'il faudroit avoir pour diftinguer une bone caufe, d'avec une mauvaife, en-forte qu'à l'avenir il feroit tres à propos de n'avoir pas plus d'égard pour les enfans des Procureurs, que pour les autres Clercs.

Il y a de deux fortes de Procureurs; fçavoir, les Procureurs, *ad lites*, & les Procureurs *ad negotia*.

Les Procureurs *ad lites*, font ceux qui font conftitués par les Parties qui plaident, pour les reprefenter en Juftice, & ocuper pour elles en leurs inftances & procés.

Ceux-là font établis en titre d'Ofice, prefques en toutes les Ju-rifdictions du Roïaume, tant Souveraines, qu'Inferieures & Subal-ternes.

Les Procureurs *ad negotia*, font ceux qui font conftituez pour paffer quelque contrat, ou faire quelqu'autre afaire, au nom & pour celui qui les conftitué.

Or il s'enfuit, que les uns & les autres ont befoin de pouvoir, ou de Procuration par écrit, pour pouvoir valablement occuper pour leurs Parties, autrement ils pouroient être défavoüés.

Il y a de deux fortes de Procurations, les generales, & les fpe-ciales.

Les generales à l'égard des Procureurs *ad lites*, font celles par lefquelles un Procureur eft conftitué pour ocuper en toutes les caufes & procés, qu'un particulier, un Seigneur, ou une comunauté poura avoir, tant en demandant qu'en défendant, dans les les Jurifdictions où le Procureur aura droit d'ocuper.

A l'égard d'un Procureur *ad nogotia*, ce font celles par lefquelles pouvoir eft doné au Procureur de gerer ou adminiftrer generalement toutes les afaires du conftituant en fon abfence ou en cas d'autre empêchement

Les fpeciales à l'égard des Procureurs *ad lites*, font celles par lefquelles on donne pouvoir au Procureur d'ocuper en un certain procés ou en certaine inftance fpecifiée, dans la Procuration.

Quant aux Procureurs, *ad negotia*, ce font celles par lefquelles pouvoir eft donné au porteur de la procuration, de vendre ou d'acheter un heritage, de bailler à rente, ou de recevoir un remboursement, de folliciter un certain procés, ou de tranfiger fur icelui, ou de faire quelqu'autre afaire particuliere, pour & au nom du conftituant.

Il n'eft pas neceffaire que ces Procurations foient paffées pardevant Notaire; car, le pouvoir de faire toutes chofes peut être doné par un écrit fous feing privé, & même par une fimple lettre mifive, en forte qu'un pouvoir ainfi doné fera obligatoire contre le conftituant; mais ceux avec lefquels le Procureur voudra traiter peuvent pour leurs furetez demander une Procuration autentique.

Le Procureur qui a fait atacher fa Procuration à la minute, ne doit pas être pourfuivi pour raporter la ratification, il faut s'adreffer à celui pour qui l'acte a été fait.

Autre chofe, fi le Procureur avoit alegué n'avoir qu'un pouvoir verbal, ou autre, qu'il n'a pas reprefenté, ou bien s'il avoit promis de raporter la ratification, fans exprimer, au nom du Procureur, il feroit préfumé s'y être obligé en fon nom.

L'Ofice & le devoir des Procureurs *ad lites*, eft d'avoir la charge & la conduite des caufes & procés, d'en faire les pourfuites & procedures neceffaires jufques à Sentence ou Arrêt difinitif.

Ils peuvent faire les demandes pour raifon defquelles la Procuration eft faite, fournir défenfes, repliques, écritures, productions, & generalement tout ce qui dépend de l'inftruction ordinaire d'une caufe ou d'un procés; mais ils ne peuvent faire aucune offre, ou paffer condamnation au profit de la partie adverfe, fi la chofe eft jufte & raifonable , fans avoir un pouvoir & procuration fpeciale de leur Partie , autrement ils font fujets à defavûs.

Neanmoins , il n'eft pas befoin de procuration pour ocuper en une caufe principale ; car comme l'Ordonance de 1667. article 3. titre des Ajournemens, ordonne que les Exploits d'affignation contiendront, le nom du Procureur du Demandeur à peine de nullité , il s'enfuit qu'un Procureur eft valablement fondé de procuration, pour faire tout ce qui eft neceffaire pour parvenir au jugement de l'inftance ou procés, pourveu qu'il ne s'agiffe pas d'Actes, qui requierent un pouvoir fpecial , en forte que la Partie qui l'auroit fait cotter Procureur dans l'Exploit d'affignation , ne peut pas defavoüer la procedure ordinaire qu'il auroit faite.

Il en faut dire de même du Défendeur ; car étant affigné & aïant mis l'affignation entre les mains du Procureur , il eft cenfé avoir doné procuration à ce Procureur pour plaider & faire tous Actes neceffaires pour défendre contre la demande contenuë dans l'affignation.

Cependant il y a plufieurs chofes qui peuvent tomber en l'inftruction d'un procés , & que les Procureurs ne peuvent pas faire fans procuration fpeciale.

1°. Ils ne peuvent pas former aucune demande novelle, ni interjeter apel : 2o. rénoncer aux apellations interjetées par leurs Parties, ni s'en defifter : 3°. faire aucune afirmation, ni aucune déclaration , qui foit importante & decifive : 4°. prêter aucun confentement, ni faire aucunes ofres : 5°. recufer un Juge, ni former aucune infcription de faux : 6°. reconoître une promeffe ou une écriture privée : 7o. faire un aveu, ou un defaveu, ni aucun autre Acte qui dépende du fait de la Partie , & qui ne foit pas de l'inftruction ordinaire des inftances & procés.

Cela s'entend pour ce qui concerne la procedure & l'inftruction , qui ne peut être faite que par lui & avec lui, mais non pas pour ce qui regarde le fond , à l'égard duquel il ne peut faire aucunes ofres, ni doner aucun confentement, fans procuration fpeciale de fa Partie.

Il eft enjoint aux Procureurs , par les Arrêts & Reglemens de la Cour, de vuider par expediant & hors le jugement, les afaires de peu de confequence , comme les defertions, folles intimations & autres.

Une déclaration faite par un Procureur, peut faire préjudice à fa Partie, s'il n'eft defavoü?.

Il faut dire, que s'il laiffe prendre un défaut contre fa Partie étant
chargé

chargé des pieces, il est tenu des domages & interêts encourus par sadite Partie, si c'est par sa faute ou par negligence, suivant l'article 7. de l'Ordonance de Roussillon, & l'article 67. de celle de Moulins, & 142. de celle de Blois, ou en tout cas on ne lui doit taxer aucuns salaires, ni débourcé, pour tout ce qu'il a falut faire pour être reçû oposant.

Si un Procureur avoit obmis de s'oposer à des criées pour une Partie qui l'auroit chargé de ses pieces, ou de produire en l'Instance d'ordre, il est tenu d'indemnifer sa Partie de la perte de son dû, arrivé par sa faute, ainsi qu'il a été jugé par Arrêt du Parlement de Paris du 26. Avril 1644. raporté par Dufresne en son Journal, Livre 4. Chapitre 14.

Il y a eu des anciens Arrêts qui ont donné récours sur un Procureur, qui en une instance de retrait lignager avoit obmis de faire enregistrer les ofres portées par la coûtume, au défaut desqueles il avoit été débouté, mais par les derniers Arrêts sur les demandes en sommations intentées par les retraïans contre leurs Procureurs, les Parties ont été mises hors de Cour & de Procés.

Toutefois si un Procureur pour faire plaisir à sa Partie emprisonnée pour détes, avoit par dol & par surprise obtenu son élargissement, il seroit obligé de le reintegrer, ou de païer la somme pour laquelle il étoit emprisoné, jugé contre un Procureur du Châtelet de Paris, par Arrêt du 22. Février 1647. raporté par Dufresne, Livre 5. Chapitre 3.

Il ne peut pas par des procedures volontaires & sans charge expresse, convertir une peremption qui est acquise à sa partie, en sorte que les procedures par lui faites, après la peremption acquise, ne peuvent faire aucun préjudice à sadite partie, comme il a été jugé par plusieurs Arrêts raportez par Brodeau sur Mr Loüet, lettre P, nombre 21.

Mais en tout autre cas, la faute qui seroit faite par un Procureur, peut être imputée à sa partie, à moins qu'il n'ait été desavoüé.

Les assignations donées à la partie, ou au domicile du Procureur, ne sont pas valables, si elles ne concernent l'instruction de la cause ou procez pour lequel le Procureur est constitué.

Il faut dire encore, qu'un Procureur chargé d'une procuration pour ocuper en un procez, ne peut pas en substituer un autre en sa place, sans le consentement de celui qui l'a constitué; mais ses substituts peuvent agir pour lui, & les significations qui leur sont faites, valent comme si elles étoient faites à lui-même.

Ces substituts sont deux autres Procureurs en la même Jurisdiction, que chaque Procureur en sa reception est tenu de nomer au Gréfier pour les representer, & substituer en son absence, & recevoir pour lui toutes significations qui lui doivent être faites.

Quoi qu'un procez soit jugé, un Procureur peut être contraint d'ocuper aux poursuites & instances qui sont faites en execution de la Sentence, ou Arrêt, selon l'article 7. de l'Edit de Roussillon, qui porte en termes exprés; que le Procureur qui aura procuration pour ocuper en la cause, sera tenu de comparoir en l'instance d'execution d'Arrêts, ou autres Jugemens, sans qu'une nouvelle procuration soit requise.

S'il y a apel d'une Sentence des Requestes du Palais, & que la Sentence dont est apel, ait été renduë sur procez par écrit, le procureur qui y aura ocupé, est obligé d'ocuper en cause d'apel, parce que l'apel peut être relevé par une simple requeste; mais si elle a été renduë à l'Audiance, il n'est pas tenu d'ocuper, atendu qu'en ce cas l'apel doit être relevé en la partie intentée en vertu de relief pris en Chancellerie.

L'article 4. du titre 3. de l'Ordonance de 1667. porte, si par Sentence ou Arrest il y a des domages & interests adjugez, le Procureur est obligé de proceder en l'instance de la liquidation.

Il en est de même à l'égard de la Requeste Civile obtenuë contre un Arrest intervenu sur une instance ou procez auquel il aura ocupé, pourveu que la Requeste Civile soit obtenuë & à lui signifiée dans l'an du jour & date de l'Arrest, suivant l'article 6. du titre 35. de la susdite Ordonance.

Les procez étans jugez, les Procureurs peuvent retenir entre leurs mains les procedures par eux faites, jusques à ce qu'ils soient païez; mais à l'égard des titres des parties ils ne peuvent pas les retenir sous pretexte de leurs salaires & vacations, cela leur est expressément défendu par l'article 5. de l'Ordonance de Charles VII. de 1448. qui leur permet seulement de se pourvoir par action.

Par un Arrest celebre du 7. Septembre 1634. rendu aprés que les Procureurs de Comunauté ont été oüis en la Chambre, & qui a été publié & registré en ladite Comunauté, il a été ordoné que les Procureurs seront tenus à l'avenir de faire aréter leurs frais, salaires & vacations par leurs parties dans six ans, à compter du jour qu'ils auront comencé d'ocuper, ou qu'ils auront fait arester les comptes de leurs procedures, frais & salaires, nonobstant qu'ils aïent continué d'ocuper pour les mêmes parties, & qu'autrement & à faute de ce faire, ils ne seront plus recevables à en demander le païement ou remboursement.

Il eſt auſſi ordoné par ce même Arrêt, que les précedens Reglemens qui leur preſcrivent le terme de deux ans, pour faire demande
de leurs frais, ſalaires & vacations, en cas de decés des parties, de
révocation, ou de continuation d'ocuper, ſeront gardés & obſer-
vés.

D'où il reſulte, que ſuivant ces trois cas, l'action des Procureurs
ſe preſcrit par deux ans, & hors ces trois cas, & qu'ils continuent
d'ocuper pour les mêmes Parties, par l'eſpace de ſix ans, en ſorte
qu'ils ne peuvent demander que ſix années de leurs ſalaires & vacations, ce qui eſt d'auparavant, étant preſcrit, ſi les Parties n'en ont
été arrêtées.

Neanmoins ils les peuvent demander par exception aprés ce
tems, lors que les parties les font aſſigner pour rendre les pieces &
& procedures qu'ils ont entre leurs mains.

Autre choſe eſt des titres qu'ils ne peuvent pas retenir ſous tel
pretexte que ce ſoit.

Ce qui eſt dit ci-deſſus a été confirmé par un nouvel Arreſt du
Parlement du 28. Mars 1692. deuëment publié & enregiſtré en la
Comunauté des Procureurs, & par tout ailleurs où beſoin a été.

Par autre Arreſt doné en la troiſiéme Chambre des Enqueſtes, au
raport de Monſieur le Nain en 1672. aprés avoir pris l'avis des
Chambres, on leur a doné hipoteque pour leurs ſalaires & vacations, du jour de leur procuration paſſée pardevant Notaires, nonobſtant les fraudes & les colluſions qui peuvent ariver; mais ſans
procuration, ils n'ont hipoteque que du jour que l'afaire a été
terminée, cependant on ne peut pas leur refuſer un privilege ſur
les meubles & immeubles qu'ils ont fait venir à leurs cliens par leurs
ſoins.

Sur quoi ils ſont tenus de déduire & précompter aux parties les
ſommes de deniers qu'ils ont receuës d'elles pendant le cours du
procez, encore que leſdites parties n'en ayent pas par devers elles
aucune preuve par écrit, & pour cela ils ſont obligez par les Ordonances, de tenir regiſtre de tout ce qu'ils recevront de leurs
parties, & de repreſenter le regiſtre toutesfois & quantes que les
parties le requerront.

Il y a Arreſt pour ce ſujet en la troiſiéme partie du Journal du Palais du 6. Mars 1674. contre Maître Marie.

Les Procureurs & Sergens ne ſont pas préſumez avoir debour-
ſé les couſts des Sentences, s'ils n'ont une procuration ſpeciale
à cette fin; attendu que ſouvent les bons ſoufrent pour les mauvais.

Par une déclaration, du Roi Henri IV. du onziéme Decembre
1597. verifiée au Parlement, le quatorze Mars 1605. l'action pour
demander aux Procureurs & Avocats, les procedures & productions des Parties & dont ils se font chargés par leur recepissés, a
été reduite à cinq ans; au lieu de trente anées, comme les autres
actions personelles, à compter du jour de la date des recepissez.

Neanmoins, la Cour par son Arrêt de virification a fait distinction entre les procés jugés & non jugés.

A l'égard des procés jugez, elle a reglé la prescription à cinq
ans, conformement à la déclaration du Roi, & à dix pour les procés indecis & non jugés.

Mais quand un Procureur a interêt en l'afaire, on a trente ans
pour agir en vertu de son recepiss.

Un Procureur peut occuper pour lui en son nom; cependant il
n'en peut prendre aucune action, ni transport de droits litigieux,
cela lui est défendu par l'Ordonance, aussi qu'aux Juges, Avocats,
Agens, & Soliciteurs de procés; mais ils ne manquent pas de mains
pour mieux joüer leur jeu.

Quand il a obtenu jugement pour sa Partie, il peut demander
que ses frais & salaires soient distraits de la déclaration de dépens,
ce qu'il doit faire avant que l'executoire soit levé, s'il craint que
les créanciers de sa Partie ne fassent saisir entre les mains de celui
qui est condamné aux dépens.

Le Procureur Syndic, est celui qui est éleu & nomé pour avoir
le soin & l'administration des afaires d'un corps d'habitans, ou
d'un corps de Métier, d'un Chapitre, d'un College, ou autre Comunauté, durant un certain tems.

La Procuration qui lui est donée requiert le consentement de la
plus grande partie du Corps, ou Comunauté, & le consentement de
tous n'est pas necessaire.

Les obligations passées par un Sindic en cete qualité durant le
tems qu'il est en charge, ne sont pas obligatoires sur lui ni sur ses
biens, à moins qu'il ne se soit personellement obligé en son propre & privé nom.

La Charge de Monsieur le Procureur General, & de ses Substituts dans les Baillages & Sieges Roïaux, & celles des Procureurs
fiscaux, des Seigneuries, ont aussi quelque raport à celles des Procureurs *ad lites*, ou *ad negotia*, dont je viens de parler, parce que
tout ainsi que les Procureurs sont constituez pour representer en
Justice les particuliers, & y défendre leurs droits & leurs interêts.

Aussi Monsieur le Procureur general & ses Substituts sont-ils établis pour representer le Roi en Justice & défendre ses droits & ses interêts, & ceux du public; & les Procureurs fiscaux pour representer leurs Seigneurs, défendre & soûtenir en Justice, leurs droits & leurs interêts, & ceux qui concernent le public dans l'étenduë de leurs Seigneuries.

Comme par exemple, la police, la punition des crimes, les interêts des mineurs, & autres choses semblables.

Comissions, pour frais & salaires de Procureurs.

Loüis, &c. au premier nôtre Huissier, &c. A la Requête de nôtre amé tel,... Procureur, &c. Nous te mandons assigner à certain & competant jour en nôtre Cour de Parlement, tel.... pour se voir condamner à païer & rembourser audit exposant, tous & un chacun les frais, salaires & vacations par lui faites & déboursez pour ledit tel.... au procés qu'il a eu en ladite Cour, à l'encontre de divers particuliers, jugé par Arrêts de nôtre dite Cour, le tel jour, & en outre proceder, ainsi que de raison, de ce faire te donons pouvoir. Car tel est nôtre plaisir : Done' a, &c.

CHAPITRE XCIV.

Des Presentations.

PResentation est une cedule, que le Procureur du défendeur, de l'intimé, ou de l'apelant anticipé, met au Greffe pour sa partie, sur le cahier des presentations, signé de lui.

Céte cedule ce fait ainsi pour le défendeur, *congé à tel, défendeur, &c. contre tel, demandeur, &c. du tel jour de .... qui est le* jour que l'assignation est échuë, *tel Procureur.*

Pour un intimé, *congé à tel, intimé, contre tel, apellant & anticipé, contre tel, anticipant, du tel jour de ... tel Procureur.*

Le Procureur du défendeur ou intimé est obligé, suivant l'Arrêt du Conseil d'Etat du mois de Mai 1668. de se presenter & faire enregistrer au Gréfe leurs presentations; neanmoins l'usage est qu'un acte d'ocuper sufit; & si au préjudice le Procureur du défendeur ou de l'apellant obtenoit défaut, le défendeur ou intimé seroit reçû oposant, sans refonder les dépens.

L'acte d'ocuper se dresse en cete maniere.

Acte d'Ocuper.

A la Requête de A...., Procureur au Parlement, ou autre Jurisdiction, soit fignifié & déclaré à Maître, tel, Procureur de C.... qu'il eft Procureur & chargé d'ocuper pour D. . . . fur l'affignation à lui doné, en telle Jurifdiction, le tel jour & an, à ce qu'il n'en ignore, dont acte.

L'ufage des préfentations pour les demandeurs, qui avoit été abrogé, par l'article fecond, du titre IV. de l'Ordonance du mois d'Avril 1667. a été rétabli en toute caufe, foit de premiere inftance ou d'apel, par l'Edit du mois d'Avril 1695.

Ainfi, les regles prefcrites par l'article premier, du titre IV. de ladite Ordonance de 1667. pour les préfentations des défendeurs & intimez, anticipez ferviront auffi à l'égard des demandeurs, & de ceux qui ont relevé leur apel, ou qui ont fait anticiper.

En toutes les Cours de Parlement, Grand Confeil, Cours des Aydes, & autres Cours Souveraines, où il y a des Greffes des préfentations, les demandeurs & défendeurs font tenus de fe prefenter, & cotter le nom de leur Procureur fur le cahier des prefentations, dans quinzaine de l'écheance de l'affignation.

En tous les autres Sieges, où il y a pareillement des Greffes de préfentations, dans huitaine.

Lors que les ajournemens font donez en matieres fommaires, les préfentations, font faites dans trois jours après l'écheance de l'affignation, tant aux Cours de Parlement, qu'autres Sieges.

Si l'exploit n'étoit pas la forme prefcrite par l'Ordonance, foit faute d'avoir doné le délai fufifant, felon la diftance des lieux, ou qu'il y ait quelqu'autre nullité, il faut neanmoins fe prefenter, mais le Procureur en fignant la préfentation peut y ajoûter, ces mots, *fans préjudicier à la nullité de l'exploit.*

Autrefois les préfentations au Parlement ne fe pouvoient faire que les Samedis, ou les Vendredis, quand le Samedi tomboit en un jour de fefte ; mais aujourd'hui, elles fe font tous les jours fans aucune diftinction, fuivant la difpofition de l'article 1. du titre 4. de l'Ordonance de 1667.

Les préfentations en matieres criminelles, doivent être faites comme en matieres civiles, par l'article II. du titre 26. de l'Ordonance du mois d'Aouft 1570. faite pour les matieres criminelles, pourveu que l'apel ne foit pas interjeté, d'une Sentence portant peine afflictive ou baniffement, parce qu'en ce cas il n'y a pas de préfentation à faire n'y aïant point d'affignation fur l'apel, & doit le prifonier avec fon procez, être renvoïé inceflament en la Conciergerie du Palais.

Ceux qui ont été condamnés à des moindres peines, ou qui ont été abfous par le même jugement, doivent auffi fe prefenter à la Cour lors du jugement.

Les Presentations cessent au Parlement en matiere Civile, au quatorziéme jour d'Aoust, & toutes celles qui échéent aprés ce jour, vont au lendemain de la Saint Martin; mais en matiere de petit criminel, elles se font durant tout le tems des vacations, & ne finissent qu'au vingt-septiéme Octobre, auquel jour tout le Palais est fermé jusques au lendemain de la Saint Martin.

À l'égard des Requêtes du Palais, elles ne finissent qu'au lendemain de Sainte Croix, jusqu'audit jour vingt-septiéme Octobre, veille de la feste de Saint Simon & Saint Jude, aprés laquelle, comme dit est, le Palais se ferme jusques à la Saint Martin.

CHAPITRE XCV.

Des Revocations des Procureurs & du desaveu.

LEs Procureurs peuvent être revoquez toutes & quantefois qu'il plait à celui qui les a constituez.

Il y a de deux sortes de Revocations, sçavoir celles qui se font tacitement, & celles qui se font expressement.

Celles qui se font tacitement, sont celles qui arivent par la mort du constituant; car par la mort du constituant le pouvoir du Procureur cesse, & sa procuration est revoquée.

Celles qui se font expressement, sont celles qui se font par des actes par écrit, signifiez au Procureur que l'on revoque.

L'acte de Revocation doit contenir deux choses, sçavoir la Revocation du Procureur duquel on ne veut plus se servir, & la constitution d'un nouveau Procureur à la place de celui qu'on revoque; car s'il n'y avoit pas constitution d'un nouveau Procureur, la revocation seroit nulle, & sans y avoir égard, la partie adverse pouroit continuer ses procedures contre le Procureur revoqué.

Il ne sufit pas de faire signifier au Procureur revoqué l'acte de sa revocation en constitution d'un autre Procureur en sa place, il faut aussi le faire signifier à la partie adverse, ou à son Procureur à ce qu'il n'en ignore, & n'ait plus à proceder avec le Procureur revoqué, mais avec celui qui est constitué en son lieu.

Si la revocation arive par le décez du constituant, & que la cause ou procez soit entierement instruit, l'afaire peut être jugée, nonobstant le décez de l'une des parties, suivant l'article 1. du titre 26. de l'Ordonance de 1667.

Mais si ce décez arivoit, la cause ou procez n'étant pas encore en état de juger, & que le Procureur de la Partie décédée en eût connoiſſance, il eſt obligé de faire ſignifier le décés à la partie adverſe, & ſi après cête ſignification le Procureur de la partie adverſe continuoit ſes procedures, tout ce qu'il feroit ſeroit nul, & il n'en pouroit pas même repeter les frais contre ſa propre partie, article 4. du même titre.

Cependant quoique le Procureur de la partie decedée, ſçachant ou ne ſçachant pas le décez ne faſſe pas ſignifier l'acte de revocation au Procureur de la partie adverſe, neanmoins toutes les pourſuites & procedures qui auront été faites par la partie adverſe ſont valables contre la perſone decedée.

Or, il s'enſuit que les pourſuites & procedures du Procureur de la partie adverſe ne peuvent être arrêtées que par la ſignification du décez, & ſont bonnes & valables juſques au jour de cête ſignification.

Les Procureurs conſtituez pour afaires, qu'on apele Procureur *ad negotia*, peut auſſi être revoqué, & pareillemét les Procureurs *ad lites*, dont j'ai auſſi parlé, pourveu que les choſes ſoient encore en leur entier; car ſi les choſes n'étoient plus en leur entier, & que la procuration fût pour la plûpart executée, elles ne pouroient plus être revoquées, & le conſtituant ſeroit contraint de ſoufrir, que ce qui ſeroit ſi avancé, fût achevé & conſommé, s'il n'avoit de puiſſantes raiſons pour l'empêcher.

Que ſi le conſtituant étoit decedé, les choſes étant encore entieres, & que neanmoins le Procureur ignorant le décez, eût executé le contenu en la procuration, ce qu'il auroit fait ſeroit bon & valable, ſuivant la diſpoſition du droit, §. *item ſi adhuc*, aux Inſtituts *de mandato*.

Un Procureur peut être deſavoüé en trois cas; le premier, quand il fait quelque choſe ſans pouvoir ſpecial, qu'il ne pouvoit pas faire autrement; le deuxiéme, quand il a ocupé ſans être Procureur, comme par exemple, s'il n'a pas été chargé des pieces par la partie qui l'a deſavoüé, ou s'il a ocupé après avoir été revoqué; le troiſiéme, quand il a été manqué dans la pratique & dans la procedure qui cauſe la nullité de ce qui auroit été fait.

Lors qu'on forme un deſaveu contre un Procureur, la partie adverſe doit être apellée, à cauſe de l'interêt qu'elle a que le deſaveu ne ſoit pas jugé, & que la partie en ſoit déboutée, à cauſe du recours en dépens, domages & interêts contre le Procureur deſavoüé, ainſi qu'il a été jugé par Arrêt raporté par Guenois ſur la Conference des Ordonances, titre des Procureurs.

Le

Le defaveu contre un Procureur, doit être pourfuivi pardevant le Juge où les procedures ont été faites.

Quid, Quand le defaveu eft jugé temerairement, celui-là qui l'a formé doit en ce cas être condamné aux domages & interêts envers la partie adverfe.

Un Procureur peut être defavoüé quand fa partie a tacitement aqüiefcé à ce qu'il a fait fans procuration fpeciale, comme fi un Procureur avoit fait de ofres à la partie adverfe fans un pouvoir fpecial, & qu'enfuite fa partie fe fût pourveüe par lettres, pour fe faire relever des ofres qui auroient été faites par fon Procureur, fous pretexte d'une erreur de fait, en ce cas elle n'eft pas recevable à former defaveu contre fon Procureur, pour rendre nulles les ofres qu'il auroit faites.

C'eft une maxime certaine, qu'on ne peut pas defavoüer un Procureur aprés fon décez, enforte que s'il y a quelque jugement rendu, il faut fe pourvoir par les voyes ordinaires, qui font l'apel, ou la Requête Civile; car un fimple defaveu ne fufit pas pour détruire une Sentence, ainfi il faut fe fervir de l'apel; & fi la Cour juge le defaveu bien fondé, elle infirme la Sentence & renvoye les parties au principal pardevant le même Juge; mais fi elle juge le defaveu temeraire, elle déboute l'apellant de fon apel.

Quand le defaveu eft bien fondé, la Cour caffe & anulle tout ce qui a été fait fans pouvoir fpecial, & elle condamne le Procureur defavoüé envers les parties à tous les domages, interêts & dépens; cependant à l'égard des dépens, ils font adjugez avant la decifion du principal, fuivant l'article 3. du titre des dépens, de l'Ordonance de l'an 1667.

Neanmoins lors qu'il s'agit de defaveu, la Cour renvoye ordinairement les parties pardevant la Comunauté des Avocats & Procureurs.

Les fautes des Procureurs dans l'inftruction de la caufe font nuifibles à leur partie, enforte que s'il s'eft laiffé condamner par défaut, la partie n'a que la voye d'apel, pour fe pourvoir contre la Sentence, ou la Requête Civile, ou l'opofition contre l'Arrêt, comme il fera dit ci aprés touchant l'execution des jugemens; mais le Procureur peut être intimé par fa partie pour fes domages & interêts, à moins qu'il n'y eût lieu au defaveu pour quelque nullité.

Dans les chofes revelées par une partie à fon Avocat, ou à fon Procureur, l'Avocat ni le Procureur ne peuvent pas être obligez de les découvrir, & les contraindre à fervir de témoins en cela contre celui dont ils font les afaires.

Mais dans les faits qu'un Avocat, ou un Procureur sçauroient autrement, & d'ailleurs que par le secret que lui en auroit fait sa partie, ils sont obligez de le declarer étant assignez comme témoins, pour déposer ce qu'ils en sçauroient, ainsi qu'il a été jugé par Arrêt de 1680. en la deuxiéme Chambre des Enquêtes du Parlement de Paris.

En l'espece de cet Arrêt, une femme après le décez de son mari, avoit soustrait des biens de la Comunauté, son Procureur s'étoit trouvé au tems du recelement, les heritiers du mari sçavoient que le Procureur en avoit connoissance, pour y avoir été present, le font assigner pour déposer de ce qu'il en sçavoit, il fait refus, & declare qu'il n'étoit point obligé de déposer & de servir de témoin contre sa partie, par le susdit Arrêt il fut jugé qu'il y étoit obligé, parce que ce n'étoit pas un fait qui lui eût été revelé en qualité de Procureur.

CHAPITRE XCVI.

Des Congez & Défauts.

Ongé, ou Défaut, est un Acte qui se done en Justice au demandeur de la Contumace du défendeur & défaillant.

C'est pourquoi dans toutes Jurisdictions inferieures ou Souveraines, le défendeur dans les délais qui lui sont acordez selon la distance des lieux, après le jour de l'assignation écheuë, est tenu de constituer Procureur, ensuite fournir des défenses, sinon le demandeur obtient défaut avec profit sans autres actes, ni sommation prealable, suivant l'article 1. du titre 5. de l'Ordonance de 1667.

Et si aprés les défenses fournies il y a un avenir signifié, soit de la part du demandeur, ou du défendeur, la partie adverse doit comparoir à l'Audiance, soit par Avocat, ou Procureur, ou en persone, c'est à dire, selon la Jurisdiction où l'afaire est pendante.

D'où il s'ensuit qu'il y a trois sortes de Congés, ou défauts; le premier, faute de se presenter; le deuxiéme, faute de défendre; le troisiéme, faute de plaider; à quoi il faut ajouter un quatriéme, sçavoir faute de conclure, ou de communiquer & bailler copie des pieces justificatives de la demande.

Ainsi, si dans la huitaine aprés l'écheance de l'assignation, le défendeur ne constituë pas Procureur, le demandeur peut lever son défaut au Gréfe, faute de se presenter, suivant l'article 5. du titre des délais fur affignation de ladite Ordonance de 1667.

Il en faut dire de même de l'intimé, lequel étant affigné en la Cour par l'apellant, doit dans le délai de l'Ordonance &. huitaine après l'écheance de l'affignation, conftituer Procureur.

Que fi l'affignation avoit été donée dans un tems moindre & plus court que celui de l'Ordonance, la huitaine ne comenceroit à courir que du jour de l'écheance de l'affignation, felon l'Ordonance, & non felon le tems porté par l'affignation, parce qu'il n'eft pas au pouvoir du demandeur d'ajourner dans un tems plus court qu'il n'eft porté par l'Ordonance.

Le défaut qui s'expedie au Greffe, fi le défendeur ne comparoit pas s'expedie ainfi,

Extrait des Regiftres de . . . .

Défaut à N. . . . Demandeur aux fins de l'exploit de tel jour . . . contre . . . . Q. . . . défendeur & défaillant, faute de comparoir à l'affignation qui lui a été donée par ledit exploit, après que le délai porté par l'Ordonance eft expiré, fait ce . . . .

Le demandeur ne peut pas faire juger le défaut qu'après un autre délai, qui eft de huitaine pour ceux qui font ajournez à huitaine ou à quinzaine; & à l'égard des autres qui font affignez à plus longs jours, le délai pour faire juger le défaut, outre celui de l'affignation, & de huitaine pour défendre, fera encore de la moitié du tems porté par le délai de l'affignation avant qu'on puiffe bailler le défaut à juger.

Après ces délais expirés, le profit du défaut, doit être jugé & les conclufions adjugées au demandeur, avec depens, fi la demande fe trouve jufte & bien verifiée.

Sentence fur défaut faute de comparoir.

Extrait des Regiftres de . . .

Veu le défaut de comparoir obtenu au Greffe de céte Cour le . . . par M . . . . Procureur de N. . . . , demandeur aux fins de l'exploit de tel jour . . . à ce que le défendeur ci-après nommé fut condamné . . . . . *il faut ici inferer les conclufions de l'exploit,* d'une part & Q. . . . défendeur & défaillant d'autre; la demande, titres, exploits du demandeur; Et tout confideré, Nous avons déclaré ledit défaut bien obtenu & pour le profit d'icelui condamnons le défendeur à . . . .

Le défendeur ne peut aussi obtenir congé contre un demandeur ou apelant , selon l'Edit du mois d'Avril 1695. qui a rétabli en toutes causes , soit de premiere instance ou apel, l'usage des presentations pour le demandeur , qui avoit été abrogé par l'article second du titre IV. de l'Ordonance de 1667.

Si les défendeurs ont obmis de nomer leurs Procureurs, & de satisfaire en ce point à l'Ordonance, en ce cas le défendeur n'est pas obligé de se presenter.

Surquoi il faut ici observer , que quand l'assignation est donée par l'apellant, en vertu de son relief d'apel, l'intimé peut anticiper, & par ce moien l'apelant est tenu de constituer Procureur sur l'anticipation, sinon l'intimé obtiendroit congé faute de se presenter.

Que si l'assignation est donée en premiere instance , il semble que le défendeur ne puisse pas, sur un simple défaut obtenu contre le demandeur , se faire décharger de la demande à lui faite. Pour moi je soutiens , que pour cet éfet, le défendeur doit faire assigner le demandeur , pour voir dire qu'il sera tenu de déclarer le Procureur qu'il prétend faire ocuper pour lui sur l'assignation qu'il lui a donée , & qu'à faute de ce faire , il sera déchargé de la demande qui lui a été faite avec dépens.

Si un apelant avoit interjeté apel par un acte , & que dépuis en vertu d'un relief il eut fait intimer sa Partie, sans nomer son Procureur par son exploit, cet exploit d'intimation seroit bien nul par la disposition de l'Ordonance ; mais l'acte d'apel subsisteroit toûjours , ainsi l'intimé ne sortiroit pas d'afaire, ne pouvant pas sur sa presentation au Parlement obtenir de congé contre l'apelant.

C'est pourquoi l'intimé en ce cas , pour se tirer d'afaire , & faire confirmer la Sentence qu'il a obtenuë, qui est peut-être de telle nature , que l'execution en est empêchée par cet apel , doit faire anticiper cet apelant , & dans les lettres d'anticipation inserer (*pour voir déclarer nul l'exploit d'intimation , avec dépens , domages & interéts , & l'amende de vingt livres encouruë contre l'Huissier ou Sergent.*

Dans les Jurisdictions inférieures , même aux Requêtes du Palais & de l'Hôtel , si le défendeur après avoir mis Procureur ne donne pas copie de ses défenses & pieces , il faut prendre défaut à l'Audiance , sans autre acte ni sommation préalable , & pour le profit, ses conclusions lui doivent être ajugées sur le champ.

Sentence par défaut faute de défendre.

Extrait des Regiſtres de . . . .

Entre P . . . demandeur aux fins de l'exploit du . . . . à ce que le défendeur ci-aprés només fut condamné à . . . . d'une part, & S . . . . défendeur d'autre, aprés que F . . . . Procureur du demandeur a conclu aux fins dudit exploit dont il a fait lecture, & requis défaut contre le défendeur, faute de fournir de défenſes à ſa demande, Nous avons donné défaut à F . . . audit nom contre le défendeur & pour le profit d'icelui le condamnons . . . . .

Mais dans les Cours Souveraines, le demandeur doit lever ce défaut au Greffe, qu'il doit faire ſignifier au Procureur du défendeur, & huitaine aprés il le doit bailler à juger.

L'article 4. du titre 5. de ladite Ordonance de 1667. porte, que ſi l'exploit d'aſſignation contient plus de trois chefs de demandes, le profit du défaut, doit être jugé ſur pieces veües & miſes ſur le Bureau, ſans qu'en ce cas les Juges puiſſent prendre aucunes épices.

Sentence par défaut ſur pieces veües.

Extrait des Regiſtres de . . . .

Entre G . . . . Nous avons ordoné que les pieces du demandeur ſeront miſes ſur le Bureau pour être par Nous vûës, ce fait, & aprés avoir vû icelles avons doné défaut au demandeur contre le défendeur, faute de défendre & pour le profit d'icelui Ordonons . . . .

Si aprés le défaut levé, & auparavant qu'il ſoit jugé le défendeur fourniſſe de défenſes, les Parties ſe doivent pourvoir à l'Audience; mais le défendeur doit refondre les dépens du défaut.

La raiſon eſt, qu'il doit porter la peine de ſa contumace, & de ce qu'il n'a pas obéi à l'Ordonance; mais s'il conſtituë ſeulement Procureur ſans fournir de défenſes, le demandeur peut pourſuivre le jugement de ſon défaut, ſans autres procedures ni ſommation.

Neanmoins l'uſage eſt en la Cour, & aux Requêtes de l'Hôtel & du Palais, de faire une ſommation au Procureur conſtitué de défendre.

Avant l'Ordonance de 1667. le premier défaut que nous apellons faute de comparoir, ou de défendre, n'emportoit que le débouté de défenſes, & il faloit que le demandeur fît réadjourner le défendeur, & le défaut ſur le readjournement emportoit l'adju-

dication des fins & conclufions; mais par l'article 2. dudit titre 5.
les déboutés de défenfes & les réadjournemens ont été abrogez,
comme il eft auffi porté par l'article 7. du titre 11. qui défend de
prendre à l'avenir aucuns défauts, fauf, purs & fimples aux Ordonances, ni permiffions de les faire juger, & de faire aucuns réadjournemens, de forte que le jugement du défaut emporte profit,
fans qu'il foit befoin d'acte, ni de fommation préalablement faite.

Ceux qui font affignez en premiere inftance en une Cour Souveraine, font tenus dans les délais déclarez ci-deffus, conftituer
Procureur, fournir de défenfes avec copie de pieces juftificatives,
s'il y en a, ou fi non, le demandeur peut lever font défaut au Greffe,
faute de comparoir, ou de défendre.

La demande pour obtenir le défaut faute de comparoir fe dreffe
en la forme qui fuit.

Défaut à B.... demandeur aux fins de l'exploit du tel, jour ... comparu par
S... fon Procureur, contre E... défendeur & défaillant, à faute d'être comparu à l'affignation à lui donée par ledit exploit échûë le.... aprés que le délai
porté par l'Ordonance eft expiré.

Le Procureur du demandeur figne céte demande, & la done au
Gréfier qui délivre le défaut en céte forme.

Défaut faute de Comparoir.

Extrait des Regiftres de ....

Défaut à B.... demandeur aux fins de l'exploit du tel jour .... comparant par
I.... fon Procureur, contre E... défendeur & défaillant, faute d'être comparu à l'affignation qui lui a été donée par ledit exploit, échûë le .... aprés que
le délai porté par l'Ordonance eft expiré, & avant faire droit fur le profit dudit
défaut, L A C O U R ordone que dans huitaine le demandeur produira fa
demande & pieces juftificatives, conformement à l'Ordonance, pour ce fait
étre ordoné ce qu'il aparriendra, fait ....

Si le défendeur a mis Procureur; mais qu'il n'ait pas fourni de
défenfes, le Procureur du demandeur doit faire fignifier au Procureur du défendeur le défaut qu'il a levé, & huitaine aprés la
fignification, il le doit bailler à juger, à l'égard de ceux qui auront été ajournez à huitaine ou quinzaine, & à l'égard des autres
qui feront affignez à plus longt jours, le délai pour faire juger le
défaut, outre celui de l'affignation, eft de huitaine pour défendre,
fera encore de la moitié du tems porté par le délai de l'affignation,
fuivant l'article 2. 3. & 4. du titre des délais & procedures de l'Ordonance de 1667.

Ainſi dans les Cours de Parlemenr, Grand Conſeil, & Cours des
Aydes, les défauts ne ſe jugent pas à l'Audiance, mais ils ſe baillent
à juger, & pour cet éfet, il faut que le Procureur du demandeur
dreſſe une demande, qui contiendra les Concluſions en cette forme.

Demande en profit d'un Défaut.

Demande au profit du Défaut que met & baille pardevant vous Noſſeigneurs
de....
F.... Demandeur aux fins de l'Exploit du tel jour.... Contre H.'.... défendeur & défaillant, faute de comparoir, à ce que par l'Arrêt qui interviendra,
il plaiſe à la Cour de declarer ledit défaut avoir été bien & deuëment obtenu, &
pour le profit condamner le défendeur à.... *inſerer les Concluſions de l'Exploit.*

Le défaut & la demande avec les pieces juſtificatives doivent être
produites au Gréfe dans un ſac, que le Gréfier enregiſtre ſur le dé-
poſt comun, & aprés que la diſtribution en a été faite en la maniere ordinaire, le Procureur du demandeur fait prendre le ſac à celui
de Meſſieurs auquel il a été diſtribué, qui ſigne le défaut qu'on
fait expedier par le Gréfier.

Si les concluſions du demandeur ſont trouvées juſtes & bien verifiées, elles lui ſeront adjugées avec dépens.

Enſuite le Procureur du Demandeur leve l'Arrêt ſur le défaut
faute de comparoir, ou de défendre, & le fait ſignifier au Procureur
du défendeur.

Aprés les défenſes fournies par le défendeur, ſi le demandeur
veut fournir de replique, il le peut faire dans le délay de trois jours,
mais cela ne retarde pas la procedure, & ne proroge pas le delay, ſuivant l'article 2. du titre 14. & ces trois jours expirez, aprés les défenſes fournies & la copie des pieces juſtificatives, la cauſe doit être
pourſuivie à l'Audiance ſur un ſimple acte ſigné du Procureur, &
ſignifié au Procureur de la partie adverſe, ſans prendre au Gréfe
aucune Ordonance, dont l'uſage eſt abrogé par l'article 8. du titre
11. & par l'article 1. du titre des Conteſtations en cauſe.

A venir.

A la Requête de L.... Procureur de C... Demandeur,
ſoit ſignifié & declaré à R... Procureur de X... défendeur, que le... jour de...
prochain, il pourſuivra en la Chambre de... l'Audiance en la cauſe d'entre les
parties ſur leurs demandes & défenſes, à ce que ledit X... ait à y faire trouver
ſon Avocat, ſi bon lui ſemble, declarant ledit L.... que Z.... eſt Avocat du
demandeur & chargé de la cauſe, dont acte

Il faut enfuite que les deux Avocats fe comuniquent refpective-ment leurs facs.

Aux Requêtes du Palais le défendeur peut, en faifant fignifier fes défenfes, doner un avenir pour plaider à celle des deux Chambres qu'il fouhaite ; & s'il ne le fait pas, le demandeur peut faire fignifier l'avenir ; mais auparavant que les défenfes foient fournies, une Chambre ne peut pas être faifie de la caufe.

Par l'article 3. dudit titre 14. de ladite Ordonance de 1667. les dupliques, tripliques, aditions, premieres, fecondes, & autres écritures femblables, font abrogées, neanmoins les Procureurs ne laiffent pas que d'en faire tous les jours fous le nom de réponfes.

Si au jour marqué par l'avenir, l'une des parties ne comparoit pas, l'autre obtiendra à l'Audiance défaut ou congé & pour le profit les conclufions du demandeur lui font adjugées, fi elles font trouvées juftes, ou le défendeur fera renvoyé abfous de la demande intentée contre lui, felon l'article 4. dudit titre des Conteftations en caufe.

Sentence par défaut contre le défendeur, faute de venir plaider.

Extrait des Regiftres de . . . .

Entre A . . . . demandeur aux fins de l'Exploit du . . . . d'une part, & C . . . . défendeur d'autre, après que F . . . Procureur du demandeur, a conclut aux fins dudit Exploit, & requis défaut contre H . . . . Procureur du défendeur non comparant, Nous avons doné défaut à F . . . audit nom, contre H . . . auffi audit nom, duëment apellé, & pour le profit d'icelui Ordonons . . . . . .]

Si le demandeur ne compare pas, le défendeur poura obtenir congé contre ledit demandeur.

Extrait des Regiftres de . . .

Entre A . . . demandeur aux fins de l'exploit du . . . d'une part, & C . . . défendeur d'autre, après que F . . . Procureur de C . . . a requis congé contre le demandent non comparant, & pour le profit d'icelui conclut, à ce que le defendeur fût déchargé de la demande contenuë audit exploit, avec dépens, & que le demandeur n'eft comparu ni Procureur pour lui, NOUS avons doné congé au défendeur contre le demandeur, & pour le profit d'icelui, avons déchargé le défendeur de l'affignation à lui donée, & condamne le demandeur aux dépens.

Il faut mettre les Sentences en forme pour les executer, c'eft à dire, qu'elles doivent être fcellées & intitulées, fçavoir, fi c'eft une Sentence renduë en un Prefidial ; *Les gens tenans le Siege Prefidial*

à

à ... à *tous ceux qui ces Prefentes Lettres verront ,* SALUT, *fçavoir fai-*
fons , qu'entre N .... *demandeur aux fins de l'Exploit du* ... *& ainfi des*
autres Juges de la maniere qu'on a coutume de les intituler.

Les défauts & congés peuvent être rabatus par le Juge en la même audience en laquelle ils ont été prononcés , s'il le trouve à
propos , & en ce cas l'on ne délivre aux parties aucune expedition
de Sentence renduë par défaut ou congé, ni de celles qui en ordonnent le raport ou rabat , à peine de nullité , & de vingt livres d'a-
mende contre chacun des Procureurs & Grefiers qui les auront obtenuës & expediées, fuivant l'article 5. dudit titre 14.

Ce qui s'obferve ordinairement aux Requêtes du Palais & de
l'Hôtel, où les Avocats ne fe trouvent pas toûjours dans le tems
qu'on prend des défauts contr'eux , étans ocupés à plaider où à la
Grand'Chambre, ou en quelqu'autres Chambres des Enquêtes , ou
à la Tournelle Civile , dans lefquelles on rabat fort peu les défauts
& congés.

On n'a pas befoin d'obtenir aucunes Sentences , comme il s'obfervoit avant l'Ordonance , ainfi qu'il eft défendu par ledit article 5.
mais il faut que l'Avocat qui le demande foit prêt à plaider , & s'il
le refufe, le défaut n'eft pas rabatu , à moins qu'il ne plaife à la Cour
renvoïer les Parties au premier jour.

Lorfque la caufe n'a point été apellée, l'une des Partie peut fignifier à l'autre un avenir pour plaider au premier jour d'audience,
felon l'article 6. du même titre.

Que fi la caufe avoit été commencée, elle feroit continuée au premier jour , ou autre, comme il plaît au Juge , fans qu'en ce cas il foit
neceffaire de fignifier un avenir.

Il faut dire auffi, qu'il n'eft pas befoin de fignifier un nouvel avenir , lorfque la caufe aïant été apelée , & n'aïant pû être comencée , le Juge a ordonné que les Parties viendront plaider au premier
jour.

Le défaut s'obtient par le demandeur contre le défendeur , & le
congé par le défendeur contre le demandeur, de forte que pour le
profit du défaut, les fins & conclufions font adjugées au demandeur;
mais le défendeur qui a obtenu congé, n'eft pas déchargé de la demande ni de l'action du demandeur , il eft feulement renvoïé de
l'inftance, fans que cela empêche le demandeur d'intenter une nouvelle demande contre lui, jufqu'à ce que l'action qu'il peut pourfuivre foit prefcrite.

Mais le défendeur peut fe pourvoir contre un jugement par défaut, contre lui rendu , ou par opofition , ou par Requête civile

Tome I. NNn

furquoi voïés ci - aprés touchant les moïens par lefquels ont peut fe pourvoir contre les jugemens.

Neanmoins il y a tres-grande diference entre les jugemens fur défauts, faute de comparoir ou plaider, & ceux de défendre ou conclure; car à l'égard de fes derniers, l'Ordonance n'a pas admis à fe pourvoir par opofition, ainfi ce n'eft qu'un ufage introduit au Palais, par la tolerance des Confeillers; encore ne foûfrent-ils pas d'opofitions aux Arrêts intervenus fur des défauts ou congés, faute de conclure; qui ne font pourtant que de la même efpece.

Voyez ci-aprés touchant les apellations, ce qui eft dit du défaut faute de conclure; & à l'égard de la fuite des Procedures pour l'inftruction des inftances, lors qu'il y a des défenfes fournies & d'autres conteftations, voyés mon ancien Clerc du Palais reformée, fuivant les nouvelles Ordonances dépuis peu imprimé à Paris, chez Lefevre au Soleil d'or, au Palais.

CHAPITRE XCVII.

Des Défenfes & Exceptions.

LEs demandes peuvent être établies fur le Droit comun, fur les claufes des contrats, fur l'Ordonance & fur les Coûtumes, foit par de fimples Exploits, ou par des Requêtes.

Dans les délais aprés l'écheance de l'affignation, le défendeur doit mettre un Procureur, & fournir fes défenfes avec copie de fes pieces juftificatives, ou aleguer ou propofer fes exceptions, finon, il eft condamné par défaut.

Ces termes de défenfes & exemptions fe prénent fouvent dans la même fignification.

Exception en terme de Droit, comprend generalement toutes fortes de défenfes, que celui qui eft apelé en juftice opofe à l'action qui eft intentée contre lui, foit pour en empêcher, ou pour diferer l'éfet, comme le païement d'une dette, la compenfation & autres.

Mais en terme de pratique & fuivant l'ufage du Palais, le nom de défenfes ne fe donent qu'aux feules exceptions, qui détruifent & éteignent l'action, & dont l'éfet eft de faire envoier le défendeur abfout de la demande.

Il y a de trois fortes d'exceptions; fçavoir, les exceptions déclinatoires, les dilatoires, & les peremptoires.

Les exceptions déclinatoires, font celles par lesquelles le défendeur décline la jurisdiction du Juge, pardevant lequel il eft apellé, &
demande fon renvoi pardevant fon Juge naturel, ou pardevant le Juge de la jurisdiction, ou par privilege il a fes caufes comifes.

Les dilatoires font celles qui n'ont pas le pouvoir d'éteindre l'action, mais feulement d'éloigner & rétarder pour un tems le jugement de l'inftance, & la condamnation du défendeur.

Les exceptions peremptoires, font celles, qu'en Pratique nous
apelons proprement des défenfes qui éteignent l'action, & ont la
forcede faire envoier le défendeur abfous de la demande.

Il faut emploier dans les défenfes les fins de non-recevoir, la nullité des Exploits & autres exceptions peremptoires, fi le défendeur
en a quelqu'une à propofer, pour y être préalablement fait droit.

Il eft avantageux aux Parties, principalement au défendeur de
ne rien dire d'inutile, de peur d'y mêler des chofes qui leur puiffent
nuire, comme il arrive fouvent à ceux qui parlent beaucoup.

Les moiens de fe défendre fe trouvent dans les Ordonances, tant
anciennes que nouvelles, ou dans les Coûtumes, ou par des Arrêts
contraires, à ceux qui auront fervi à former la demande, il les faut
expliquer fimplement fans embaraffer l'afaire de faits étrangers, de
citations, de Comentateurs de Coûtumes, de prétendus préjugés ou
d'Arrêts rendus en pareil cas, qui font des chofes fort inutiles, & tout
au plus de tres-foibles moiens qui par leurs nombres obfcurciffent
prefque toûjours ce qu'il y a de bon.

Les défenfes doivent être dreffées en la formequi fuit:

Défenfes de celui qui eft affigné pour boucher des veües.

P... Défendeur....
contre T.... Demandeur aux fins de l'Exploit du tel jour....
  DIT, pour défenfes qu'il eft vrai qu'il n'y a que quatre pieds de diftance entre la maifon du Demandeur, & le meur auquel le Défendeur a fait faire les
ouvertures en queftion, mais il a eu droit de les faire en l'état où elles font,
fuivant la permiffion que le Pere du Demandeur lui en a doné par Acte du...
dont il lui fera doné copie, en confequence de quoi requiert être decharge de la
demande qui lui a été faite avec dépens.

Ainfi il y a diverfes fortes de défenfes, & même le nombre en eft
infini, felon la diverfité des actions.

En matiere perfonelle, les défenfes font, qu'on ne doit pas ce qui
eft demandé, & qu'on a paié, ou autrement.

En action poffeffoire, qu'on n'a pas fait le trouble, ou qu'on eft
bien fondé de l'avoir fait, en confequence de ce qu'on prétend être

auſſi en poſſeſſion , & qu'on eſt maître & proprietaire de la choſe en laquelle le trouble a été fait.

En action réelle , que l'heritage pour lequel on eſt pourſuivi par cet action , nous apartient avec titre , ou par preſcription , & qu'ainſi le demandeur eſt mal fondé.

En action hipotequaire , que le titre en vertu duquel on agit par cette action, eſt nul, ou que la déte eſt aquitée, ou qu'il y a preſcription, ou que le titre eſt faux , & quand on établit ainſi ſes défenſes , il faut s'inſcrire en faux contre le titre ou le contrat.

Le défendeur eſt obligé de prouver ſes défenſes, lors qu'il les établit ſur quelque titre, ou quelque fait, parce que tout défendeur *in excipiendo actor eſt*, or celui qui agit doit prouver ce qu'il allegue & propoſe.

D'où il s'enſuit , que toutes défenſes ſont exceptions, mais que toutes exceptions ne ſont pas défenſes ; car celui qui decline la juriſdiction d'un Juge pardevant lequel il eſt aſſigné , ne propoſe aucuns moïens pour détruire la demande qui a été faite contre lui.

CHAPITRE XCVIII.

Des exceptions déclinatoires , & des renvois.

L'Exception déclinatoire eſt celle par laquelle on décline la juriſdiction d'un Juge , pardevant lequel on eſt aſſigné , demandant être renvoïé pardevant celui qui doit conoître du diferent des Parties.

Céte exception eſt fondée ſur pluſieurs cauſes.

La premiere , quand le défendeur eſt apellé pardevant un autre Juge , que celui de ſon domicile en matiere perſonelle , par celui qui n'eſt fondé ſur aucun privilege qui pouroit le détruire de ſa juriſdiction.

La deuxième , quand le défendeur eſt privilegié, & qu'il eſt aſſigné pardevant un autre Juge que celui de ſon privilege.

La troiſiéme , quand le défendeur a pour ſuſpect le Juge pardevant lequel il a été aſſigné ; car en ce cas , il peut le recuſer pour des cauſes legitimes.

La quatriéme , quand la même cauſe eſt pourſuivie entre les mêmes perſones en diferentes juriſdictions , en ce cas il faut ſe pourvoir en reglement de Juges.

La cinquiéme , quand on décline la juriſdiction où un procés eſt

pendant pour caufes de parentés & aliances, & qu'on pourfuit l'é-
vocation dans un autre Cour ou jurifdiction.

En fixiéme lieu, quand on décline la jurifdiction fur ce que le Juge pardevant lequel on eft affigné eft incompetant, *ratione materiæ*,
comme fi on eft affigné pardevant les Elûs, pour une caufe qui n'eft
pas de leur compeLance.

Exception declinatoire.

Pierre, tel, &c.....
Contre Jaques tel, &c..- demandeur aux fins de l'exploit du, &c...
  Dit pardevant vous, &c.....
que le défendeur eft mal affigné en la Cour, atendu qu'il n'en n'eft pas jufticiable, mais bien de tel Juge.... dans la jurifdiction duquel fon domicile eft fitué, & où il a dû être affigné, fuivant l'Ordonance.
  C'eft pourquoi il foutient que la caufe & les parties doivent être renvoyées
pour y proceder, & le demandeur condamné aux dépens.

On peut dreffer ainfi toutes fortes d'exceptions fur les autres raifons declinatoires ci-deffus remarquées.

Il faut faire fignifier les exceptions declinatoires fans faire aucunes procedures, fans avoir fait fignifier l'acte de conftitution de
Procureur, parce qu'il y en a beaucoup qui pretendent que l'acte
d'ocuper eft une aprobation que l'on fait de la Jurifdiction où on eft
affigné, & un confentement tacite d'y proceder.

Les renvois, incompetances & declinatoires, fe pourfuivent à
l'Audiance, & ils fe doivent juger fommairement, fans qu'il foit
permis au Juge d'apointer les parties, quand même il en feroit deliberé fur le regiftre, ni referver & joindre au principal, pour y être
prealablement, ou autrement fait droit, felon l'article 3 du titre des
fins de non proceder de l'Ordonance de 1667.

Les Juges ne peuvent pas retenir les caufes, inftances, ou procez,
dont la conoiffance ne leur apartient pas, ils doivent renvoyer les
parties pardevant les Juges qui en devoient conoître, ou ordoner
qu'elles fe pourvoiront à peine de nullité des jugemens, & en cas de
contravention, ils peuvent être intimez & pris à partie.

Que fi le défendeur eft débouté du renvoi, le jugement qui intervient porte, *La Cour fans avoir égard aux fins declinatoires du défendeur, ordone qu'il procedera en icelle, & defendra à la demande dudit
tel, &c. & le condamne aux dépens de l'incident.*

Si au contraire le Juge fait droit fur le declinatoire du défendeur,
il prononce, *La Cour ayant égard aux fins declinatoires dudit tel, &c...
a renvoyé & renvoye les parties pardevant tel juge, pour y proceder fur la*

demande dudit tel, &c... suivant les derniers erremens, condamne le dit
tel aux dépens.

Le renvoi se fait pardevant les Juges pardevant lesquels en a été
assigné, en sorte que si un Jugement étoit rendu par un Juge, nonobstant le declinatoire ou le renvoy demandé, il seroit nul.

Or, il s'ensuit que le renvoy doit être demandé avant les défenses
fournies, parce qu'aprés on n'y est plus recevable, le défendeur ayant
reconu par ce moyen pour Juge de la cause celui pardevant lequel il
a été assigné.

Mais ce qu'il peut faire, c'est qu'il peut en avertir le Procureur du
Roi de la Justice où il devoit être adjourné, lequel ne manquera pas
de reclamer & revendiquer, avec protestation de nullité des jugemens qui interviendroient, & être le Juge pris à partie.

Surquoi il faut ici excepter les Clercs, lesquels en tout état de cause, peuvent demander leur renvoi.

Neanmoins quelques-uns mettent cette diference entre l'incompetance de Jurisdiction, & le privilege qu'on a d'être renvoyé pardevant un autre Juge; que l'incompetance de Jurisdiction peut toûjours être alleguée en tout état de cause, parce qu'il n'est pas au
pouvoir d'une partie de doner Jurisdiction à celui qui n'en a point;
mais que si la Jurisdiction est competante, le défendeur ne peut pas
se servir de son privilege, quand par le moindre acte il a reconu la Jurisdiction d'un autre Juge que celui de son privilege.

Cependant je crois qu'à l'égard de l'incompetance, il faut faire
cette diference entre l'incompetance à raison de la matiere, & de
l'incompetance à raison de la persone.

Pour l'incompetance à l'égard de la matiere, les parties ne peuvent pas doner Jurisdiction à celui qui n'en a pas; ainsi les parties ne
peuvent pas consentir que Monsieur le Lieutenant Civil du Châtelet de Paris, juge les matieres apartenantes à l'Election; c'est pourquoi le défendeur dans une cause qui apartiendroit à l'Election, peut
en tout état de cause demander son renvoi; mais quand l'incompetance vient *ratione personæ*, comme si je suis assigné pardevant le Bailli
d'Orleans, & que j'aye bien voulu défendre, & que la cause y
ait été contestée, en ce cas par quelle raison puis je demander mon
renvoi? puisque le Bailli d'Orleans est Juge competant pour juger
le diferent.

L'article 1. du titre 6. de l'Ordonance de 1667. n'est pas contraire
à cette resolution, d'autant qu'il se doit entendre de l'incompetance à raison de la matiere, & en ce cas le Juge doit renvoyer les parties, pour éviter d'être pris à partie, suposé que le défendeur de-
mandât son renvoi.

Il faut dire auffi, que fi le jufticiable d'un Seigneur Haut-Jufticier eft apellé pardevant le Juge Roïal du lieu, il ne peut pas demander fon renvoi pardevant le Juge de fon Seigneur, s'il n'eft
revendiqué par fondit Seigneur ; mais s'il étoit apelé pardevant le
Juge d'un autre Seigneur, ou pardevant un autre Juge Roïal que
celui de fon domicile, en ce cas, il pouroit demander fon renvoi
lui feul, & fans être revendiqué.

Que s'il étoit revendiqué pardevant le Juge Roïal de deux differens Seigneurs qui le pretendiffent refpectivement leur Jufticiable, le Juge Roïal peut en ce cas retenir la conoiffance de la caufe, & la juger pendant le conflit des deux Seigneurs, par la même raifon qu'il peut ordoner qu'un Vaffal joüira par main Souveraine durant la conteftation d'entre deux Seigneurs feodaux.

Mais hors ces cas, le Juge Roïal ne peut pas retenir ni revoquer
les caufes qui font de la Jurifdiction des Seigneurs, ou des Sieges
qui lui font inferieurs, il ne le peut qu'en cas d'apel ou de conexité ; & pour juger difinitivement à l'Audience, & fur le champt
par un feul & même jugement.

CHAPITRE XCIX.

Des privileges, en vertu defquels on peut demander fon renvoi.

IL y a de quatre fortes de Privileges, en vertu defquels on peut
demander fon renvoi; fçavoir, le Committimus, les gardes gardiennes, le privilege de Clericature & celui de Secularité.

Le Committimus eft, un privilege par lequel celui auquel il eft
acordé, peut fe pourvoir pardevant Meffieurs des Requêtes de
l'Hôtel ou du Palais, ou faire renvoïer pardevant eux les caufes
civiles, poffeffoires, perfonelles & mixtes, qu'il a devant aucuns
Juges, entieres & non conteftées de fa part.

Il y a de deux fortes de Committimus, fçavoir, celui du grand
Sceau, & celui de la petite Chancellerie.

Il y a plufieurs diferences remarquables entre ces deux efpeces
de Committimus.

Primò. En ce que le Committimus du Grand Sceau s'execute par
tout le Roiaume, & celui du petit Sceau, ne s'execute que dans le
reffort du Parlement, d'où les lettres de Committimus font
émanées.

Secundò, En ce que le Committimus du grand Sceau ne s'expedie que pour la somme de mile livres & audessus ; & qu'à l'é-
gard de celui du petit Sceau , il sufit qu'il s'agisse de deux cens livres , ou au dessus , suivant l'article 2. du titre des Committimus.

Tertiò. En ce que celui qui a droit de Committimus au grand
Sceau a droit de Committimus au petit Sceau.

Ceux qui ont droit de Committimus au grand Sceau font dé-
nommez dans l'article 3. dudit titre de l'Ordonance des Committimus.

Sçavoir , les Princes du Sang , les Princes reconus en France,
les Ducs & Pairs & autres Officiers de la Courone.

Les Chevaliers & Officiers de l'Ordre du saint Esprit , les deux
anciens Chevaliers de l'Ordre de saint Michel , les Conseillers
au Conseil qui servent actuellement.

Ceux que Sa Majesté a emploié dans les Ambassades ; les Maîtres des Requêtes ordinaires de l'Hôtel du Roi, les Presidens, Conseillers , Avocats & Procureurs Generaux de sadite Majesté, Greffiers en chef, & premier Huisier du Grand Conseil.

Le Grand Prevôt de l'Hôtel , ses Lieutenans , Avocats, & Procureurs de sa Majesté & Grefiers.

Les Conseillers & Secretaires du Roi, & autres Oficiers de la
Chancellerie de France, les quinze agens Generaux du Clergé de
France , pendant leur agence, les Doyens, Dignitez & Chanoines
de l'Eglise de nôtre Dame de Paris.

Les quatre plus anciens de l'Academie Françoise, établie à Paris, suivant l'ordre de leur reception , qui doit être justifiée par
un extrait signé du Secretaire de l'Academie.

Les Capitaines, Lieutenans, sous-Lieutenans, Enseignes, Comissaires d'anciene creation , Sergent Major & son Aide, Prevôt,
Maréchal des Logis du Regiment des Gardes Françoises.

Les Oficiers domestiques & Commensaux de la Maison du Roi,
& de celles des Reines, Enfans de France , & premier Prince du
Sang , dont les états sont portés à la Cour des Aïdes , & qui servent ordinairement, ou par quartier aux gages de soixante livres
au moins.

Tous lesquels Oficiers ou domestiques sont tenus de faire aparoir par certificat en bone forme qu'ils y sont couchez & emploïez.

A l'égard de ceux qui ont droit de Committimus au petit Seau,
suivant l'art. 14. du titre de ladite Ordonance des Committimus,
sont ,   *Primò.*

Primò. Les Oficiers des Cours de Parlement ; fçavoir, les Prefidens , Confeillers , Avocats & Procureurs Generaux, Grefiers en
chef, Civil & Criminel , & des Prefentations, Secretaires & premier Huiffier, les Commis & Clercs du Greffe , les Avocats &
Procureurs Generaux,& le Grefier en chef des Requêtes de l'Hôtel , & le Grefier en chef des Requêtes du Palais.

Secundò. Les Oficiers des Chambres des Comptes; fçavoir , les
Prefidens, Maîtres Correcteurs & Auditeurs , les Avocats & Procureurs Generaux , Grefier en chef & premier Huiffier ; les Oficiers des Cours des Aides; fçavoir , les Prefidens, Confeillers,Avo-
cats & Procureurs Generaux , Grefier en chef, & premier Huiffier.

Tertiò. Les Oficiers des Cours des Monnoies ; fçavoir, les Prefidens, Confeillers, les Avocats & Procureurs Generaux,le Grefier
en chef, & premier Huiffier , les fix anciens Treforiers Generaux
de France établis à Paris, & les quatre anciens des autres Generalitez , entre lefquels il faut auffi comprendre le premier Avocat &
Procureur du Roi, fuivant l'ordre de leurs receptions.

Quartò. Les Confeillers, Chambres mi parties, Chambres
des Comptes & Cours des Aydes, le Prevôt de Paris, fes Lieutenans Generaux , Civil , de Police , Criminel ,& Particulier, & le
Procureur du Roi au Châtelet, le Bailli , Lieutenant & Procureur
du Roi au Bailliage du Palais à Paris, le Prefident , Doyen & Procureur du Roi en l'Election de Paris , les Officiers veterans de la
qualité ci-deffus, aprés en avoir obtenu des Lettres de Sa Majefté,
& non autrement.

Quintò. Les Doïens, Chantres & plus anciens des Chanoines
de l'Eglife de faint Germain de l'Auxerrois à Paris, & le Chapitre
pour les afaires comunes, le College de Navarre pour les afaires
comunes de la Maifon , & les Directeurs de l'Hôpital General de
Paris.

Sextò. Le Prevôt des Marchands & Echevins de la Ville de Paris, pendant leur charges, & aux Confeillers de Villes, Procureur
du Roi , Receveur & Grefier , & au Colonel des trois cens Archers
de Ville.

Septimò. Les douze anciens Avocats du Parlement de Paris , &
fix des autres Parlemens, du nombre de ceux qui font apelez au
jour des Sermens, dont le rôlle doit être areflé par Meffieurs les
premiers Prefidens, Avocats & Procureurs Generaux , & fera le
rôlle porté par chacune année aux Chancelleries , établies prés les
Parlemens.

Les femmes feparées joüiſſent auſſi du droit de Committimus, dont joüiſſent leurs maris , même contre leurs maris en cas de demandes en feparation & autres.

Pareillement les veuves de ceux qui ſont décedés en joüiſſance de ce privilege , tant qu'elle demeurent en viduité , joüiſſent du même droit ; mais les maris ne peuvent pas uſer de ce privilege apartenant à leurs femmes,ſervans dans les maiſons Roïales & emploiées dans les Etats , envoïez à la Cour des Aydes , ſuivant l'article 19. du titre de l'Ordonance des Committimus.

Ceux qui ont droit de Committimus,ont le choix de plaider aux Requêtes de l Hôtel ou du Palais , excepté Meſſieurs les Preſidens , Conſeillers , & autres Oficiers des Requêtes du Palais du Parlement de Paris , & leurs veuves , qui ne peuvent plaider en vertu de leur privilege , qu'aux Requêtes du Palais à Paris , en ſorte que dans leurs Lettres il en doit être fait mention, ainſi qu'il eſt porté par ledit article 19.

A l égard des Preſidens & Conſeillers des Requêtes du Palais , des autres Parlemens , le Juge de leur privilege eſt le principal Siege ordinaire de leur reſſort , au terme de l'article 20.

Il y a pluſieurs cas dans leſquels les privilegiez ſe peuvent ſervir de leur privilege.

Primò. Dans les actions réelles , comme pour paſſer déclarations ou titres nouvels de cenſives , ou rentes foncieres , ou pour païement des arerages qui en ſont dûs , à quelque ſomme qu'ils puiſſent monter , ou aux fins de quiter la poſſeſſion d'heritage ou immeubles, ou pour les élections de tutelles & curatelles , ſcellez & inventaires , acceptations de garde noble, ou pour matiere réelles , quoique par le même exploit la demande ſoit faite , à fin de reſtitution de fruits, ſuivant l'article 24. dudit titre de l'Ordonance des Committimus.

Ce qui a été ainſi ordoné par cet Article , pour abroger un uſage, par lequel Meſſieurs des Requêtes conoiſſoient incidament des matieres réelles , comme par exemple , en ce cas,

Je demande ſimplement, par mon exploit, pardevant Meſſieurs des Requêtes,la reſtitution des fruits d'une Terre qui m'apartient, & enſuite la cauſe étant retenuë , je conclus incidament contre le défendeur à ce qu'il ſoit condamné à me laiſſer la proprieté & la poſſeſſion de ladite Terre , en ce cas , Meſſieurs des Requêtes conoiſſoient de cête cauſe , & ils la joignoient avec l'inſtance premiere de reſtitution de fruits.

Suivant le ſentiment de pluſieurs de nos Docteurs de la Loi , il

semble qu'on ne puisse pas poursuivre aux Requêtes une action con-
fessoire, parceque ces actions sont mises entre les actions réelles ;
neanmoins je soûtiens le contraire, parce que par ces actions on poursuit un droit réel, & qui est anexé à la chose, mais on ne poursuit
pas la proprieté d'aucune chose, on poursuit seulement le possesseur
d'un fond, à ce qu'il soit obligé de soûfrir, par exemple, le droit de
passage dans sa Terre.

Secundò, Quand la cause qu'on voudroit faire renvoïer a été contestée, parce que le privilegié a par ce moien rénoncé à son privilege, de sorte même que l'heritier privilegié ne pouroit pas se servir de son privilege si la cause avoit été contestée avec le défunt,
aux droits duquel il seroit.

Cependant on demande si on peut faire renvoier une contestation
pour l'execution d'une Sentence, En ce cas il faut distinguer, si c'est
une Sentence par défaut, renduë contre le privilegié, il le peut, mais
si elle est contradictoirement renduë contre lui, non, parce qu'aiant
reconnu la jurisdiction du Juge, pour la decision du diferend, il est
tenu de la reconoître aussi pour l'execution du jugement qu'il a rendu.

Tertiò, Les causes & procés concernant le Domaine, & ceux où
les Procureurs du Roi ou Procureurs Generaux sont seuls parties, ne
peuvent pas être évoquées des Sieges ordinaires en vertu des Commitimus, selon l'article 25.

Quartò, Les causes pendantes au Grand Conseil, aux Chambres
des Comptes, Cours des Aides, Cours des Monoïes, Elections, Greniers à Sels, Juges extraordinaires, & dont la conoissance leur apartient, ou par le titre de leur établissement, ou par atribution, ne peuvent pas aussi être renvoïées en vertu de Committimus, par l'art. 26.

Quintò, Les Tuteurs oneraires & les Curateurs, ne peuvent pas
non plus se servir de leur droit de Committimus, pour les afaires de
ceux qui sont sous leurs charges, soit en demandant ou en défendant, suivant l'article 27.

Sextò, Il ne s'en peuvent point aussi servir pour assigner aux Requêtes de l'Hôtel ou du Palais, les debiteurs de leurs debiteurs, pour
afirmer ce qui doivent, si leur créance n'est établie par pieces autentiques, passée trois anées avant l'assignation donée, étant même
en ce cas obligés d'afirmer, s'ils en sont requis, que leur créance est
veritable, & qu'ils ne prétent pas leur nom, par l'article 23,

Septimò, Ils ne s'en peuvent pas encore servir dans les causes &
procés où ils sont parties principales, ou intervenantes en vertu de
transports à eux faits, si ce n'est pour détes veritables, & par Actes

O O o ij

passés pardevant Notaires, & signifiés trois ans avant l'action intentée ; étant de plus obligés de doner copie desdits transports, avec
l'assignation, & même en afirmer la verité en jugement, en cas de
declinatoire, s'ils en sont requis, à peine de cinq cens livres d'amende contre ceux qui auroient abusé de leurs privileges, aplicables moitié au Roi & moitié à la Partie.

Mais les privilegiés peuvent se servir de leur privilege pour les
cessions & transports faits par contrat de mariage, par des partages,
ou à titre de donation bien & deüement insinuée, selon l'article 22.

Octavò, Les Committimus n'ont pas aussi lieu dans les matieres
criminelles & de Police.

Les Privilegiés ne peuvent se servir de leurs privileges qu'en
vertu de Lettres de Committimus, lesquelles ne sont pas valables aprés
l'anée de leur expedition, ensorte que les Exploits faits en vertu des
Lettres suranées sont nuls, suivant l'article 7.

Et pour cet éfet, il est défendu à tous Huissiers & Sergens de faire
aucuns Exploits en vertu de Lettres de Committimus, s'ils n'en sont
porteurs, étant obligés d'en doner copie avec l'assignation, à peine de
nullité & de cinquante livres d'amende envers le Roi, contre les
Sergens ou Huissiers qui auroient contrevenu.

Par l'Article 8. les Huissiers ou Sergens doivent encore prendre
garde, que les Lettres soient paraphées par les Maîtres des Requêtes, ou Gardes des Sceaux, & que la datte soit remplie de leur main,
autrement elles seroient nulles, selon l'article 6.

Ce qui est ainsi ordoné afin qu'on ne se serve pas de Committimus, aprés l'année de l'expedition.

Il faut encore dire, qu'à l'égard des Eglises, Chapitres, Abaïes,
Corps & Comunautés qui prétendent droit de Committimus, ils sont
tenus d'en raporter les Titres à Monsieur le Chancelier, pour au
raport des Conseillers du Conseil, par lui commis y être pourvû, &
l'extrait envoyé és Chanceleries des Parlemens, & jusque à ce il ne
leur est acordé aucunes Lettres, par l'article 18.

Par l'article 12. aucunes Comissions ne peuvent être délivrées aux
Requêtes de l'Hôtel ou du Palais, pour apeller parties, sans Lettres
de Committimus, quoique le demandeur fût notoirement privilegié,
à peine de nullité des procedures & jugemens.

Voïés ce que j'ai dit ci dessus, au Chapitre des Ajournemens,
touchant la maniere de faire des demandes incidentes aux Requêtes
de l'Hôtel ou du Palais.

C O M M I T T I M U S.

Loüis, &c... Au premier nôtre Huiffier, &c... de la partie de nôtre amé
tel. ... (*il faut ici exprimer la qualité de fon privilege*) étant à caufe de ce en nôtre protection & fauve-garde ; Nous te mandons & enjoignons par ces Prefentes, que toutes les detes à lui dûës, tu les lui faffe païer, en y contraignant
fes debiteurs par toutes voïes dûës & raifonables, & ainfi qu'ils y font obligés,
& en cas de refus, opofition ou délai, affigner les opofans refufans ou délaïans;
Sçavoir, les redevables de deux cens livres & au deffus, pardevant nos amez
& feaux Confeillers en nos Confeils, les Maîtres des Requêtes ordinaires de
nôtre Hôtel, ou les Gens tenans les Requêtes de nôtre Palais à Paris, au choix
& options dudit Expofant, & pour les fommes au deffus, pardevant les Juges
qui en doivent conoître ; Et en outre Te mandons qu'en vertu des Prefentes,
Tu faffe renvoïer incontinant & fans délai efdites Requêtes de l'Hôtel ou de
nôtre Palais à Paris, de toutes les caufes perfonelles, poffeffoire & mixte, que
l'Expofant a où aura ci-aprés pardevant d'autres Juges, ou efquelles i. voudra
intervenir, & dont il voudra prendre la garentie, tant en demandant qu'en
défendant, pourveu qu'elles foient entieres & non conteftées, de ce faire Te
donons pouvoir, ces Prefentes cependant aprés l'an non-valables ; CAR tel eft
nôtre plaifir. DONNE' à, &c...

Par le Confeil,
tel....

Les Committimus ce dreffent à prefent comme avant la nouvelle
Ordonance, fi ce n'eft que par l'article 13. du titre 14. ils ne s'expedient au grand Sceau, comme j'ai déja dit ci-deffus, pour moindre fomme que celle de mille livres & au deffous, & au petit Sceau
pour celle de deux cent livres & au deffus, dont il doit être fait mention dans lefdites Lettres de Committimus à peine de nullité, ainfi
qu'il eft dit par l'article 2.

Les renvois en vertu de Comittimus, doivent être faits par Exploit
d'affignation donné à la Partie ou à fon Procureur, s'il y en a un de
conftitué, fans que les Huiffiers & Sergens foient tenus d'en faire
requifition aux Juges, felon l'article 9.

Affignation en vertu de Committimus, avec Renvoi.

L'AN, &c... & le jour de.. en vertu dès Lettres de Committimus obtenûës
en la Chancellerie du Palais à ... le tel jour ... fignées par le Confeil tel ..
& fcellées, & à la Requête de tel ... demeurant à .. où il a éîû fon domicile, j'ai tel... Huiffier ou Sergent immatriculé, à ... demeurant à ... foufig-
né, fignifié & déclaré à tel... en parlant à... en fon domicile, que je renvoïois,
comme de fait j'ai renvoïé la caufe d'entre tel & tel. pendant pardevant tel Juge ..... entiere & non conteftée, & les Parties d'hui en ..... jours, pardevant Noffeigneurs des Requêtes.... pour proceder fur la demande de tel .....
mentionée en l'Exploit du.... dénoncée à tel, ... par tel ... pour lequel il

QQo iij

prend le fait & caufe , & conclut à ce que tel . . . . foit debouté de fa demande avec dépens, & fignifié , que Maître tel. . . . Procureur en la Cour ocupera pour ledit tel. . . . & lui ai laiffé copie , tant dudit Committimus , que du prefent Exploit.

Du jour de la fignification du renvoi , toutes pourfuites , proce-dures & jugemens font finis en la jurifdiction d'où le renvoi eft de-mandé ; & s'il y avoit quelques procedures faites au préjudice, la caffation en doit être requife judiciairement, s'il n'y a pas de Pro-cureur conftitué de la part du Défendeur en renvoi, ou par Requê-te fignifiée , s'il y a Procureur, enforte que tout ce qui aura été fait au préjudice du renvoi fera caffé , quoi qu'il n'y eût pas lieu à la rétention de la caufe , fuivant l'article 9. & 10.

Sentence de caffation de Procedures , faites au préjudice du renvoi.

Extrait des Regiftres de . . . .

Sur ce qui a été judiciairement remontré par H. . .Procureur de L. . . qu'au préjudice du renvoi fait en la Cour par Exploit du tel jour . . . . de l'inftance d'entre P. . . & Q. . . pendante pardevant tel Juge. . . . H. . . a obtenu Senten-ce le. . . par laquelle Q. . . a été condamné à païer. . . Et comme c'eft une con-travention à l'Ordonance de fa Majefté , le Supliant requeroit qu'il plût à la Cour , caffer , revoquer & annuller tout ce qui a été fait par P. . . au préjudi-ce du renvoi , même ladite Sentence du. . . faire défenfes à P. . . de faire exe-cuter icelle, à peine de cinq cens livres d'amende, & de tous dépens, domages & interêts , furquoi aprés que ledit P. . . . a été apellé , & n'eft comparut , ni Procureur pour lui. LA COUR a donné défaut & pour le profit, a caffé & & revoqué, comme âtentat, tout ce qui a été fait dépuis , & au préjudice du renvoi fait en icelle , même la Sentence du . . . . fait défenfes à P. . . . de faire executer ladite Sentence , à peine de cinq cens livres d'amende, & de tous dé-pens,domages & interêts,& fera la prefente Sentence executée, nonobftant opo-fitions ou apellations quelconques , & fans préjudice d'icelle , & foit fignifié, &c.

Si le Défendeur en renvoi avoit mis Procureur, il faudroit don-ner une Requête par écrit, afin de caffation des procedures & de la Sentence renduë au préjudice du renvoi , fur laquelle Requête le Gréfier met, *viennent les Parties*, enfuite dequoi il la faut faire fignifier , & obtenir au Parquet Sentence de caffation , s'il y a lieu.

Lors qu'on veut faire fignifier une Sentence de caffation par un autre Huiffier que ceux des Requêtes, comme quand on la fait fi-gnifier hors de la Ville & Faubourgs de Paris, il faut dreffer la Sen-tence de caffation en forme.

Par l'article 11. aucune Evocation ne pourra être faite aux Requêtes de l'Hôtel ou du Palais sous pretexte de liticipendance , si ce n'est entre les mêmes parties , ou pour raison du même fait.

La demande afin d'évocation doit être faite par requête signifiée, pour y être fait droit à l'Audiance , & non autrement , sans toutefois que la demande puisse faire surseoir les procedures , ni le jugement en la Jurisdiction d'où l'évocation sera requise , jusqu'à ce qu'elle ait été acordée & signifiée.

S'il y a instance en une autre jurisdiction entre les mêmes parties, ou pour raison du fait, pendant aux Requêtes de l'Hôtel , ou du Palais, on peut judiciairement demander l'évocation par cette Requête qui doit être dressée , ainsi qu'il ensuit.

Requête afin d'Evocation.

A Nosseigneurs des Requêtes de ...

Suplie humblement F ....

Disant qu'il y a instance en la Cour , entre le Supliant & B... pour raison de ....cependant le Supliant est poursuivi pardevant le Prevôt ou Bailli de ... à la requête de B ... pour être condamné à ... quoi qu'il ne puisse obliger le Supliant de plaider en deux Jurisdictions pour un même fait.

CE CONSIDERE', Nosseigneurs , en consequence de l'instance pendante en la Cour entre les parties , il vous plaise évoquer l'instance dont est question, pour y proceder suivant les derniers erremens , faire défenses au Prevôt, ou Bailli de ... d'en conoître , & aux parties de faire poursuites ailleurs qu'en la Cour, à peine de nullité , cassation de procedures , & de tous dépens , domages & interêts , & vous ferez bien.

Le renvoi étant fait , il faut faire ordoner la retention de la cause pour saisir la Jurisdiction , parce qu'elle ne les pas par le renvoi, aprés quod on procede au principal

Sur quoi il faut observer , que si la partie adverse n'a pas comparu sur l'assignation donée en consequence du renvoi, le demandeur en renvoi levera son défaut au Gréfe dans les delais marquez ci-dessus , ensuite dequoi il fera juger le profit.

Sentence de Retention.

LA COUR sans avoir égard aux fins declinatoires de la partie de N ... a retenu & retient à elle la conoissance du diferent des parties, ordone qu'el'es procederont en icelle, suivant les derniers erremens , & condamne les défaillans aux dépens.

Que s'il y a Procureur constitué , il faut faire signifier un ave-

nir pour plaider au Parquet fur la retention de la caufe ; enfuite de
quoi fi les parties comparent à l'Audiance , c'eft au Juge à ordoner
ce que de raifon ; fi au contraire l'une des parties eft défaillante , défaut ou congé doit être doné contre le défaillant, & en confequence,
La Cour retiendra la conoiffance de la caufe, &c. Si c'eft un défaut ; &
fi c'eft un congé , le Iugement qui interviendra fur le congé porte,
La Cour declare ne vouloir retenir la caufe & diferent des parties, & en
confequence les a renvoyé & renvoye pardevant tel Juge , pour y proceder
fuivant les derniers erremens.

Si celui qui n'eft pas privilegié fait affigner ou renvoyer une
caufe pardevant des Iuges de privileges , il doit être condamné par
le Iugement ou Arrêt qui interviendra fur le declinatoire , en foixante & quinze livres d'amende, aplicable moitié au Roi, & moitié
à la partie , fuivant l'article 32. du titre des *Committimus*, & même
par cet article l'amende en ce cas eft aquife de plain droit , enforte
qu'il en doit être delivré executoire au Gréfe, quoique par omiffion,
ou autrement , elle n'eût pas été adjugée par le jugement.

Les Lettres de Gardes & gardienes , font des privileges acordez à
des Comunaütez, Chapitres, Abbayes, Prieurez , & Eglifes de fondation Royale , par lefquels elles peuvent atirer leurs debiteurs hors
leur Iurifdiction , & les affigner pardevant le Iuge Royal dénommé
dans leurs Lettres.

Ces Iuges font pour l'ordinaire les Baillifs Royaux , Meffieurs des
Requêtes & de l'Hôtel du Palais.

Pour l'execution de ces Lettres , il eft neceffaire qu'elles foient
verifiées en Parlement, aprés quoi les privilegiez aufquels elles font
acordées, ont le pouvoir de faire affigner pardevant le Iuge dénomé
dans les Lettres , & faire renvoyer pardevant lui toutes les caufes
qu'ils ont, ou aufquelles ils fe veulent joindre en matiere perfonele,
poffeffoire & mixte feulement , à moins qu'il ne foit fait mention
dans les Lettres d'un plus grand privilege.

La Cour reftraint toûjours le privilege des gardes & gardienes,
pour le reffort du Bailliage où le Chapitre eft fitué, dit Guenois fur
la Conference des Ordonances , livre 1. titre 15.part.2. §.19.

C'eft auffi le fentiment de Loiffeau , titre des Seigneurs, chapitre
14. nombre 90.

Ce qu'il faut entendre au cas que les Gardes gardienes ne foient
pas atribuées hors le reffort, & dans ce cas elles s'étendroient dans
le reffort du Palement par lequel elles auroient été verifiées.

On fait diference entre les Lettres de *Committimus* , & celles de
gardes & gardienes.

                                          Premierement

Premierement, en ce qu'un Huiſſier ou Sergent fait lui-même
le renvoi en vertu d'un Committimus ; mais il faut que ceux qui
ont des lettres de gardes & gardienes, le demandent aux Juges
pardevant leſquels ils ſont aſſignez, ce qui ſe fait à l'Audiance,
avant que de défendre ſur le different principal.

La raiſon de céte diference eſt, que Meſſieurs des Requêtes du
Palais ou de l'Hôtel, ſont eux-mêmes Juges des privileges des privilegiez, ce qui n'eſt pas accordé aux Juges Conſervateurs des
gardes & gardienes, enſorte que l'Ordonance des Committimus, article 9. & ſuivans, ne done ce droit qu'à ceux qui ont lettres de
Committimus.

En ſecond lieu, c'eſt que les lettres de gardes & gardiennes ne
ſont pas annales, comme les lettres de Committimus.

Celui qui eſt Clerc, & qui vit comme tel, ne peut être pourſui-
vis & aſſigné en matiere perſonelle, civil, pardevant le Juge Eccleſiaſtique ; mais il n'a pas droit par ce privilege de faire aſſigner
un Laic pardevant le Juge d'Egliſe, cela eſt expreſſement défendu
par les Ordonances.

On ne peut pas auſſi ce ſervir du privilege de Clericature pour
les actions mixtes, ni poſſeſſoires, d'autant que le Juge d'Egliſe ne
connoît point des cauſes où il y a de la réalité.

Que ſi au préjudice du renvoi demandé par le Clerc, le Juge
paſſe outre, en ce cas il faut apeler d'incompetance ou de déni
de renvoi.

Il y a pluſieurs perſones qui joüiſſent du privilege de Clericature.

Primò. Ceux qui ſont conſtituez és Ordres Sacrez, & pour le
moins Soudiacres ou Clercs actuellement, reſidans & ſervans aux
Offices, Miniſteres & Benefices qu'ils tiennent dans l'Egliſe, ſelon
l'article 40. de l'Ordonance de Moulins.

Secundò. Les ſimples Clercs tonſurez, beneficiers ou écoliers étudians actuellement, ſuivant la déclaration de Charle IX. du mois
de Juillet 1566.

Voyez au Traité des matieres criminelles, au ſecond Tome de
ce livre, & au Traité des Juriſdictions, ce qui a été dit touchant les
Ecleſiaſtiques & dans quel cas ils ſe peuvét ſervir de leur privilege.

Le privilege de Scolarité, conſiſte à plaider, tant en demandant, qu'en défendant, pardevant les Juges conſervateurs des Univerſitez, deſquels il eſt parlé au Traité des Juriſdictions.

Il y a auſſi pluſieurs perſones qui joüiſſent du privilege de Scolarité.

Tome I. P P p

Primò. Les principaux des Colleges, Docteurs, Regens, & autres, du Corps des Universitez, qui tienent des pensionaires, peuvent faire assigner de tous les endroits du Roïaume, pardevant les Juges des lieux de leur domicile, les redevables des pensions & autre choses par eux fournies à leurs écoliers, sans que les causes en puissent être évoquées ni renvoïées pardevant d'autres Juges, en vertu de Committimus ou autres privileges, suivant l'article 28. de l'Ordonance des Committimus.

Secundò. Les Recteurs, Regens & Lecteurs des Universitez, exerçant actuellement, ont leurs causes commises en premiere instance, pardevant les Juges Conservateurs des privileges des Universitez, ausquels l'atribution en a été faite par les titres de leur établissement, selon l'article 29.

Tertiò. Quant aux écoliers étudians dans les Universitez, ceux qui y ont étudié actuellement pendant six mois, joüissent des privileges de Scolarité, & ils ne peuvent être distraits, tant en demandant qu'en defendant, de la jurisdiction des Juges, de leur privilege, si ce n'est en vertu d'actes passés avec des persones domiciliées hors la distance de soixante lieües de la Ville où l'Université est établie ; mais ils ne s'en peuvent pas servir à l'égard des cessions, & transports qu'ils auroient acceptez & des saisies & Arrêts faits à leur Requête, ainsi qu'il est dit par l'article 30. si ce n'est en la maniere, portée aux titres, 21. & 22. du même titre.

Les écoliers, ne peuvent pas aussi se servir de leurs privileges contre celui qui est fondé sur le privilege du Committimus, parce que le privilege du Comittimus est plus fort que celui de scolarité.

De cet article, il s'ensuit, que les écoliers ne joüissent plus de ce privilege dés qu'ils cessent d'étudier ; il en est de même des Regens, Professeurs & supôts des Universitez, excepté que ceux qui ont Regenté pendant vingt ans dans les Universitez, joüissent de ce privilege, tant & si longuement qu'ils continuent d'y faire leur actuelle demeure, suivant l'article 31.

Le renvoi doit être demandé au Juge, qui doit ordoner avant que de refuser ou d'accorder le renvoi, à celui qui prétent avoir droit de scolarité, qu'il fasse aparoir de sa qualité & de l'interêt qu'il a dans la cause.

Quartò. Les Docteurs demeurans actuellement dans la maison de Sorbone & autres Colleges de l'Université.

Les Doyens, Procureurs & autres Officiers de l'université joüissent aussi du privilege de scolarité ; car quoi que l'Ordonance n'en fasse pas mention expresse, il sufit qu'elle ne les ait pas exclus pour qu'ils joüissent de ce privilege, comme avant l'Ordonance.

Quand un Ecolier demande son renvoi, il doit faire aparoir de ses lettres d'Ecolier juré pour l'obtenir, & l'interêt qu'il peut avoir en la cause dont il demande le renvoi, lesquelles lettres s'obtiennent du Recteur de l'Université.

Les Marchands à Lyon, ont aussi un espece de privilege pardevant les Juges Gardiens & Conservateurs de ladite Ville, & en ce cas, j'estime qu'ils doivent être aussi mis au rang des privilegiez.

CHAPITRE C.

Des recusations des Juges.

REcusation est une espece de déclinatoire, pour éviter la Jurisdiction d'un Juge qui nous est suspect, & pour l'empêcher de prendre conoissance de la cause en laquelle nous sommes partie.

Les recusations en matieres civiles sont valables en toutes Cours, Jurisdictions, & Justices, en sorte que ce moien peut être allegué en toutes matieres ; mais je ne parlerai ici principalement que des recusations en matiere civile.

Les causes des recusation sont celles qui suivent.

La premiere est, si le Juge est parent ou alié de l'une des Parties jusqu'aux Enfans des Cousins issus de Germain, qui font le quatriéme dégré inclusivement.

La deuxiéme cause de recusation est, que le Iuge pourra être recusé en matiere criminelle, s'il est parent ou alié de l'acusateur ou de l'acusé jusqu'au cinquiéme dégré inclusivement, & s'il porte le nom & armes, & qu'il soit de la famille de l'acusateur ou de l'acusé, il doit s'abstenir en quelque dégré de parenté ou aliance que ce puisse être, quand la parenté ou aliance sera conuë par le Juge, ou justifié par l'une des Parties, sans qu'en l'un ni en l'autre cas il puisse demeurer Juge, nonobstant le consentement de toutes les Parties, même des Procureurs Generaux ou des Procureurs du Roi, sur les lieux, & des Procureurs Fiscaux des Seigneurs.

Sur quoi, il faut ici observer, touchant la parenté & aliance, que la nouvelle Ordonance de 1667. titre des recusations, conte les dégrez de parenté, suivant la disposition canonique, & non pas suivant le Droit Civil.

La troisiéme cause est, que par Edit du 12. Fevrier 1681. il a été ordoné, que les voix des Oficiers des Cours & Sieges, tant titulaires, honoraires, que veterans, qui font parent au dégré de l'Ordonance, ne font comptées que pour une, lors qu'elles font uniformes.

La quatriéme eft, que fuivant l'article 3. du même titre, le Juge peut être recufé pour les caufes ci-deffus, tant en matiere civile, que criminelle, quand il eft parent ou alié commun des Parties.

La cinquiéme caufe eft, que la parenté ou aliance dans les dégrés, & les caufes marquées ci-deffus, ont auffi lieu, à l'égard de la femme d'une des Parties, c'eft-à-dire, fi la femme du Juge eft ma parente, ou aliée au Juge dans les dégrés fufdits; ou fi la femme du Juge eft ma parente ou aliée au Juge, aux mêmes degrés ; la Partie adverfe peut le recufer, au cas que la femmes foit vivante ; ou fi elle eft décedée, qu'il y ait des enfans vivans nez d'elle.

La raifon eft, que les enfans font entretenir & conferver l'aliance entre les Parties, laquelle autrement eft cenfée détruite, & comme fi elle n'avoit jamais été contractée par le mariage.

Que fi la femme étoit décedée fans enfans, l'article 4 du titre 24. de l'Ordonance de 1667. défend au beau-pere ou gendre, & aux beau-freres, d'être Juges des Parties.

La fixiéme eft, que l'aliance fpirituelle, qui fe contracte par le Baptéme, comme fi le Juge eft compere ou parain de l'une des Parties, eft un moien legitime de recufation, comme il a été jugé par Arrêt du 14. Decembre 1563. raporté par Charondas, en fes Pandectes, livre 4. chapitre 5.

Il femble neanmoins, fuivant mon fentiment, qu'un Juge, qui a tenu un enfant par importunité, n'aïant ofé honeftement le refufer, n'eft pas recufable pour ce fujet.

Autre chofe, fi le Juge avoit fait tenir fon enfant par l'une des Parties.

La feptiéme eft, que fi le Iuge a un diferent fur pareille queftion que celle dont il s'agit entre les Parties, il peut être recufé, pourveu qu'il y ait preuve par écrit, finon le Iuge en eft crû à fa déclaration, fans que celui qui propofe la recufation, puiffe être reçû à la preuve par témoins, ni même demander aucun délai pour raporter la preuve par écrit.

La huitiéme caufe eft, fi le Iuge done confeil à l'une ou l'autre des parties, ou s'il a conu auparavant du diferent, comme Iuge, ou comme arbitre, s'il a follicité ou recomandé pour l'une des parties, ou s'il a ouvert fon avis hors la vifitation & jugement ; en tous lefquels cas il eft crû à fa declaration, à moins qu'il n'y ait preuve par écrit, ainſi qu'il eſt porté par l'article 6. dudit titre 24.

Mais on peut dire que toutes ces cauſes ne ſont rien en comparaiſon de la crainte qu'ont certains Iuges, qu'on ne leur faſſe loger
des gens de guerre, ou que l'on ne les ſurcharge de tailles; ce qui
ne peut pourtant pas leur être alleguè comme cauſe de recuſation,
quoique l'on ſache que la vertu la plus auſtere cede quelquefois à
ces impreſſions.

La neuviéme eſt, ſi le Iuge a un Procez en ſon nom pour quelque cauſe que ce ſoit, pendant en une Chambre en laquelle une
des parties eſt jugèe; comme par exemple, j'ai procez contre un Preſident des Requêtes en la Grand Chambre, & un Conſeiller de la
Grand Chambre a en ſon nom un procez pardevant ce même Preſident, dans ce cas j'ai lieu de recuſer ce Conſeiller, étant à preſumer
qu'il ſera facilement porté à favoriſer cette partie, afin de pouvoir
atendre de lui le reciproque, lors que ſon procez ſe jugera en la
Chambre où il eſt Oficier, ſuivant l'article 7. du même titre.

La dixiéme cauſe eſt, ſi le Iuge a menacé une des parties verbalement ou par écrit dèpuis l'inſtance, ou dans les ſix mois prece-
dans, la recuſation propoſée, ou s'il y a eu inimitié capitale, ſelon
l'article 8.

Il en faut dire de même, ſi le recuſant a eu des procez Civils ou
Criminels contre le Iuge, ou contre ſes propres parens, ou s'ils ont
eu des querelles qui ayent éclaté par voye de fait, ou par menaces.

La onziéme eſt, ſi le Iuge, ou ſes enfans, ſon pere, ſes freres, oncles, néveux, ou ſes aliez en pareil degré, ont obtenu quelque benefice des Prelats, Collateurs & Patrons Eccleſiaſtiques, ou Laïques,
qui ſoient parties, ou intereſſez dans l'affaire, pourveu que les collations ou nominations ayent été volontaires & non neceſſaires, ſuivant l'article 9. dudit titre 24. de l'Ordonance de 1667.

Ainſi cet article met une limitation, qui eſt que la collation de
ce benefice ait été volontaire, & non neceſſaire.

Les collocations neceſſaires, ſont celles que les collateurs ſont
obligez, même malgré eux, de faire aux Graduez & aux Indultai-
res qui ne leur ont pas d'obligation, & par conſequent ces collations
qui ne ſont point des graces & des bienfaits, ne peuvent dòner ouverture à aucune recuſation.

La douziéme cauſe eſt, Protecteur ou Syndic de quelque Ordre,
& nomé dans les qualitez, s'il eſt Abbé, Chanoine, Prieur, Beneficier, ou d'un Corps d'un Chapitre, College, ou Comunauté, Tuteur honoraire ou oneraire, ſubrogé Tuteur ou Curateur, heritier

préfomptif, ou donataire, Maître ou domeftique de l'une des parties, il ne peut en tous ces cas demeurer Iuge, ainfi qu'il eft porté par l'article 10.

Les autres moyens de fait, ou de droit, pour lefquels un Iuge pouroit être valablement recufé, ne font point exclus, felon l'article 12. du chapitre 24. de l'Ordonance de 1667.

Un moyen de fait feroit par exemple, s'il s'agiffoit d'une poffeffion qu'une des parties pretendroit avoir prife fous l'autorité d'un Iuge, & que l'autre niât que cette poffeffion eût été prife, en ce cas ce Iuge ne pouroit pas être Iuge de fon propre fait.

Ce feroit un moyen de droit, fi une des parties recufoit un Iuge en confequence des débauches qu'il auroit fait avec fa partie adverfe; Et comme on n'a pas pû prévoir à tous les moyens de droit, c'eft pourquoi l'Ordonance dans ledit article 12. laiffe aux parties le pouvoir de recufer les Iuges pour des caufes de fait & de droit qui fe trouveront pertinentes & admiffibles.

Or, il s'enfuit que c'eft encore un moyen de recufation, s'il frequentoit, beuvoit & mangeoit fouvent avec une des parties; comme il a été jugé par Arrêt du Parlement de Touloſe, raporté par Mainard livre 1. chapitre 80.

Le fondement de cet Arrêt eft, qu'un Confeiller dudit Parlement de Toulouſe pouvoit être recufé, pour avoir joüé quelquefois avec l'une des parties avant le procez intenté, & qu'il devoit s'abftenir du raport & du Iugement du procez dont il étoit Raporteur.

C'eft auffi l'uſage du Parlement de Paris, neanmoins je ne vois pas que le jeu forme ordinairement une fi grande union dans les efprits, & il eft bien moins capable de doner de la prévention à un Iuge, que les fentimens d'amour, de haine, ou d'interêt.

Item, Si le Iuge eft vaffal de l'une des parties, s'il eft fon debiteur d'une fomme confiderable, ou s'il tient de lui quelque chofe à loüage; car en cette qualité il auroit interêt à la confervation du bien de fon debiteur, comme le remarque Charondas audit chapitre 5. du livre 4. de fes Pandectes.

Cependant il a été jugé au Parlement de Bourdeaux par Arrêt du 15. Iuillet 1672. raporté en la troifiéme partie du Iournal du Palais, page 215. qu'un Iuge ne pouvoit pas étre recufé, fous pretexte qu'il eft tenancier de la partie.

Item, S'il eft heritier préfomptif, quoi qu'au delà du quatriéme degré.

Item, S'il étoit donataire ou legataire, aiant conoiffance du Teftament.

Item, Si le Juge a inimitié contre une des Parties, mais il faut en articuler les caufes, & en faire preuve.

Les Juges des Seigneurs ne font pas auffi exclus de conoître de tout ce qui concerne les domaines, droits & revenus ordinaires ou cafuels, tant Fief, que roture de la Terre, même des baux, fous-baux en joüiffances, circonftances & dépendances, foit que l'afaire fut pourfuivie fous le nom du Seigneur ou du Procureur Fifcal, mais lors qu'il s'agit d'autres actions ou le Seigneur eft partie ou intereffé, le Juge n'en peut pas conoître.

Les Officiers des Cours, Bailliages, Senéchauffées & autres Siéges & Jurifdictions, même ceux des Seigneurs, peuvent foliciter, fi bon leur femble, dans les maifons des Juges, les procés, qu'eux, leurs enfans, pere & mere, oncles, tantes, neveux, ou niéces, & les mineurs de la tutelle ou curatelle defquels ils feront chargez, auront és Cours, Jurifdictions & Juftices, dont ils feront Oficiers; mais il leur eft défendu de les foliciter dans les lieux de la féance, de l'entrée defquels ils font obligés de s'abftenir pendant la vifitation & jugement du procés.

Si neanmoins lors qu'il eft procedé au jugement du procés, qu'un Juge recufé en fon nom, ou pour fes pere & mere, enfans ou mineurs dont il feroit tuteur ou curateur, il étoit neceffaire qu'il fut oüi par fa bouche, il ne peut pas fous ce prétexte, ou pour quelqu'autre que ce foit, aprés avoir été oüi, demeurer en la Chambre & lieu de l'Auditoire, dans lequel le procés a été examiné & déliberé, mais il eft tenu d'en fortir fans qu'il puiffe foliciter pour aucunes autres perfones, que celles dont il eft fait mention dans ces deux articles, fur peine d'interdiction, & de privation de fes gages pour un an, & céte peine ne peut étre remife ni moderée pour quelque caufe & ocafion que ce foit.

De forte, que pour l'obfervation de cet article, fa Majefté charge fes Procureurs en chacun Siége, d'avertir les Procureurs Generaux des Contraventions, & fes Procureurs Generaux de l'en avertir, à peine d'en répondre par eux chacun à leur égard & en leur propre nom.

Le Juge ou Comiffaire pour les defcentes, ne poura être recufé que trois jours avant fon départ, pourveu que le jour du départ ait été fignifié huit jours auparavant, encore que ce foit pour caufe dépuis furvenuë, & fera paffé outre, nonobftant les recufations, prifes à partie, opofitions ou apellations, & fans y préjudicier, fauf aprés la defcente & confection d'enquête à propofer & juger fes caufes de recufation.

Lors que le Prince souverain veut lui-même conoître d'une cause dans son Etat, il ne peut pas être recusé ; car il n'y a aucun Juge au dessus de lui, qui puisse juger lesdites recusations.

Le Procureur General du Roi qui est seule partie en un procés, ne peut pas aussi être recusé, quand même il y auroit contre lui des causes tres-pertinentes de recusation, soit en matiere civile, comme s'il s'agit du domaine de sa Majesté, ou autre chose publique, ou même en matiere criminelle, ainsi qu'il a été jugé au Parlement de Paris, par Arrêt donné toutes les Chambres assemblées le 27. Julliet 1661.

Car, outre qu'il n'est pas juge, cela seroit cause que les delinquans seroient rarement punis, & tout ainsi qu'un Juge ne peut pas imposer silence à une partie civile qui fait quelque demande de ce qui lui peut apartenir ; aussi ne peut-on pas recuser le Procureur General audit cas, qui en éfet n'est que partie, & non pas Juge.

Mais lors, qu'il est partie jointe au procés, & qu'il y a une partie civile, il peut être reçû ; & la même distinction est aussi observée és recusations des Substituts Procureurs des Fiscaux des Seigneurs Hauts-Justiciers.

Le Juge qui sait des causes valables de recusation en sa persone, sera tenu, sans atendre qu'elles soient proposées, d'en faire sa declaration, qui sera comuniquée aux parties.

Declaration du Juge, qu'il ne peut demeurer Juge.

B. . . . . a declaré à F. . . & I. . . . qu'il ne peut demeurer Juge du procés d'entr'eux, atendu qu'il est Cousin issu de Germain, de F. . . . *ou pour autre cause*, à ce que les parties aïent à se pourvoir, ainsi qu'elles aviseront, dont Acte.

En matiere civile le Juge poura demeurer Juge, si toutes les parties y consentent par écrit.

Acte de consentement, que le Juge demeure Juge.

A la Requête de F. . . .
SOIT signifié à I. . . qu'il consent que Monsieur. . . . Conseiller, demeure Juge du diferent des parties, quoi qu'il soit parent de I. . . . au degré de l'Ordonance, dont Acte.

Il est permis au Juge de se départir du jugement du procés avant que d'être recusé, suivant l'article 118. de l'Ordonance de Blois, s'il sait qu'il y ait contre lui cause legitime de recusation.

Neanmoins par l'article 18. du titre des recusations, de l'Ordonnance de 1667. il ne peut pas se départir de lui-même, il faut auparavant

paravant qu'il déclare en la Chambre les caufes pour lefquelles il ne peut pas demeurer Iuge, & fur fa déclaration, la Chambre ordone qu'il abftiendra, enforte que fi le Iuge fe déporte par Ordonance de la Chambre, il n'y a plus de procés.

Les Parties qui fçauront des caufes de recufations contre aucun Iuge, pour parenté, aliance, ou autrement feront tenus de les déclarer, & propofer par écrit, aufli-tôt qu'elles en auront conoiffance.

Declaration de caufes pour lefquelles on recufe le Juge.

A la Requête de tel, &c......

Soit fignifié & déclaré à tel, &c.... que tel, &c.... Confeiller, ne peur être Iuge du diferent des Parties, aïant procés en fon nom en la Juftice de... fur pareille queftion, par Exploit fait à la Requête de tel, &c.... *ou autre piece*, dont fera doné copie à tel,.. & lui déclare que tel, &c.... fe pourvoira, fuivant l'Ordonance, dont acte.

Si le Iuge ou l'une des Parties n'avoit point fait de déclaration, celui qui voudra recufer le pourra faire en tout état de caufe, en afirmant que les caufes de recufation, font venuës dépuis peu à fa conoiffance.

Les recufations doivent être propofées par Requète, qui en contiendra les moiens, & céte Requête fera dreffée ainfi,

Requête de Recufation.

A Monfieur le Prevôt ou Bailli de... ou à Noffeigneurs de....

Suplie humblement M.....

DISANT, que le Procés d'entre lui & D.... aïant été diftribué à Monfieur... Confeiller, le Suppliant a été averti que ledit fieur.... eft beau-frere de D...(*il faut auffi propofer les caufes de recufation*) ce qui oblige le fupliant de le recufer.

CE CONSIDERE', Monfieur, ou Noffeigneurs, il vous plaife déclarer lefdites caufes de recufation pertinentes & admiffibles, ce faifant ordoner que Monfieur.... Confeiller, s'abftiendra du Raport & Jugement du procés, & vous ferez bien.

Céte Requête doit être fignée de la Partie, ou d'un Procureur fondé de procuration fpeciale, qui fera attachée à la Requête; & fi la Partie eft abfente, le Procureur pourra en fon abfence figner la Requête fans pouvoir fpecial, & requerir que le Iuge ait à s'abftenir en cas que lui ou la Partie, ait reconu quelque caufe de recufation.

Tome I. QQq

Autrefois on propofoit verbalement les moiens ; mais prefente-ment cela n'eft plus d'ufage, excepté lorfqu'un Maître des Requê-tes fe trouve à l'Audience de la Grand'Chambre, car pour lors on peut propofer fes moiens de recufation verbalement, au cas qu'il aille aux opinions.

La raifon de céte exception eft, que comme Meffieurs des Requê-tes font en tres-grand nombre, il étoit incertain, fi celui qui peut être recufé viendroit à l'Audience.

Les recufations doivent être comuniquées au Juge que l'on veut recufer, qui enfuite eft obligé de déclarer fi les faits, & moiens de recufation font veritables, ou non, aprés quoi, la Cour doit proceder au jugement d'iceux, fans qu'il y puiffe affifter, fe-lon l'article 24. du titre des recufations de l'Ordonance de 1667.

Sur lequel article il faut ici remarquer, que le Iuge qu'on veut recufer, n'eft pas tenu de déclarer, fi les faits contre lui propofez font veritables ou non, lors que ces faits touchent fon honneur; c'eft le fentiment d'Acurfe fur la Loi, *cum apertifsimi*, *Cod. de judic.*

L'article 25. ordone qu'en toutes Iurifdictions Roïales, même dans les Juftices des Seigneurs, les recufations devant ou aprés la preuve, feront jugées au nombre de cinq au moins, s'il y a fix Juges, ou plus grand nombre, y compris celui qui eft recufé; & s'il y en a moins de fix, ou même fi le Juge recufé eft feul, elles fe-ront jugées au nombre de trois, & qu'en ces deux cas le nom-bre des Juges foit fuplée s'il eft befoin, par des Avocats du Siege, s'ily en a ; finon par les Praticiens, fuivant l'ordre du ta-bleau.

Les caufes de recufations, doivent être propofées avant contef-tation en caufe, parce que c'eft une exception dilatoire.

Aprés la déclaration du Juge ou de l'une des Parties, celui qui voudra recufer, eft tenu de le faire dans la huitaine, du jour que la déclaration aura été fignifiée, aprés lequel tems il n'y fera plus reçû.

Mais fi la Partie eft abfente, & que fon Procureur demande un délai pour l'avertir, & en recevoir Procuration expreffe, il lui fe-ra accordé, fuivant la diftance des lieux, fans qu'il puiffe être pro-rogé pour quelque caufe que ce foit, ainfi qu'il eft porté par l'ar-ticle 20.

Requête du Procureur de la Partie absente, afin d'avoir un délai pour l'avertir.

A Monfieur le Lieutenant General
de . . . . .

Suplie humblement C . . . . Procureur de E . . . .

DISANT, qu'il a eu avis que Monfieur . . . . Conseiller raporteur de l'infrance d'entre O . . . & Q . . . a connu comme arbitre du diferent dont eft question avant l'inftance intentée, ce qui pourroit doner lieu à E . . . . de recufer Monfieur . . . s'il étoit averti de ce fait.

CE CONSIDERÉ, Monfieur, attendu que E . . . . étant dans la Province de . . . Il vous plaife doner un délai de - . . jours au fupliant, pour l'avertir d'envoïer Procuration expreffe, à l'éfet de propofer fes moïens de recufation fi bon lui femble. & vous ferez bien.

On met fur céte Requête, *viennent les Parties*; il faut enfuite la faire fignifier & obtenir jugement.

L'article 15. du titre des recufations de la nouvelle Ordonance, défent expreffement au Juge recufé d'affifter en la Chambre ou Auditoire pendant le raport du procez, pour quelque caufe que ce foit; voulant qu'au cas que ce foit une caufe d'Audiance, il foit tenu de fe retirer, à peine de fufpenfion pour trois mois, fauf aprés la prononciation de reprendre fa place.

Le Prefident de la Chambre recufé eft auffi obligé de fe retirer lors du jugement du procez, fuivant l'article 16. qui abroge en cela un abus qui s'étoit introduit dans quelques Cours, où le Prefident recevoit les voix & prononçoit le jugement, voulant en ce cas ledit article 16. que la caufe foit apointée & l'inftance diftribuée, par celui des autres Prefidens, ou Juge, à qui la diftribution apartiendra.

Les jugemens & Sentences qui interviendront fur les caufes de recufation au nombre de cinq & de trois Juges, felon la qualité des Sieges, Iurifdiction, & Iuftice, feront executées, nonobftant opofition ou apellations, & fans y préjudicier, fi ce n'eft lors qu'il fera queftion de proceder à quelque defcente, information, ou enquête, efquels cas le Iuge recufé ne peut pas paffer outre, nonobftant l'apel, & il y fera procedé par autre, des Iuges Praticiens du Siege, non fufpect aux Parties, felon l'ordre du tableau, jufqu'à ce qu'autrement il n'en ait été ordoné fur l'apel du jugement de la recufation, fi ce n'eft que l'intimé déclare vouloir attendre le jugement de l'apel.

Les Iuges Prefidiaux pourront juger fans apel les recufations és matieres dont la conoiffance leur eft atribuée en dernier reffort, pourveu que ce foit au nombre de cinq, fuivant l'article 28. de l'Ordonance de 1667.

L'article 29. condamne à diferentes amandes ceux dont les recufations auront été déclarées impertinentes & inadmifibles ou qui en auront été déboutés faute de preuves, fuivant la diverfitez des Iurifdictions, fçavoir,

A deux cens livres aux Cours de Parlement, Grand Confeil, & autres Cours Souveraines.

A cent livres aux Requêtes de l'Hôtel du Palais.

A cinquante livres aux Prefidiaux, Baillages & Senéchauffées.

A trente-cinq livres aux Châtellenies, Prevôtez, & Vicomtez Roïales, Elections, Greniers à fel, & aux Iustices des Seigneurs, tant Duchez, Pairies, qu'autres reffortiffans nuëment aux Cours Souveraines.

A vingt-cinq livres, aux autres juftices des Seigneurs.

Toutes ces amandes font aplicables, moitié au Roi, ou aux Seigneurs dans leurs Iustices, & l'autre moitié à la Partie, fans que les amandes puiffent être remifes ni moderées, felon l'article 29.

Il y a encore une autre peine contre celui qui a propofé des caufes de recufations & qui ne les a pas pû prouver, portée par l'article 30. qui eft, que le Iuge recufé peut demander reparation des faits contre lui propofez, qui lui doit être adjugée felon fa qualité, & la nature des faits; mais en ce cas, il eft dit qu'il ne poura demeurer Iuge.

Ce qui fe doit entendre au cas que la Partie ait propofé des faits calomnieux contre le Iuge, qu'il n'auroit pas pû prouver; car autrement la difpofition de cet article n'auroit pas lieu.

Les apellations des Iugemens ou Sentences intervenuës fur les caufes de recufations, doivent être vuidées fommairement fans épices & fans frais, enforte que s'il intervient une Sentence difinitive ou interlocutoire au principal, & qu'il en foit apelé, l'apel de la Sentence, ou jugement rendu fur la recufation, fera joint à l'apel de la Sentence ou jugement intervenu au principal, pour y être fait droit conjointement, fuivant l'article 27.

Par exemple, pofons que j'aie recufé le Raporteur à qui l'inftance a été diftribuée, pour une caufe qui aura été déclarée inadmiffible, & que j'aie enfuite apellé de ce jugement; & fi nonobftant mon apelation on a procedé au jugement du procez, fuivant l'artic. 26. & qu'en confequence j'interjete apel de la Sentence definitive ou interlocutoire renduë fur le principal, en ce cas, l'apel de la

Sentence renduë fur la recufation fera joint à l'apel de la Sentence ou Iugement intervenu au principal , pour y être fait droit conjointement.

On dit que le fils ne peut pas être Iuge de l'apel interjeté d'une Sentence renduë par fon pere, comme fi le pere eft Iuge de la Prevôté , & le fils au Bailliage , par confequent fuperieur ; auquel cas on foutien que le fils peut être valablement & juftement recufé.

Neanmoins le contraire a été jugé au Parlement de Paris, par Arreft du 30. Iuillet 1535. raporté par Bouchet, en fa Biblioteque du Droit François, par lequel le recufant a été debouté de fa recufation, fondé fur ce que le fils ne fçait pas quel motif a eu fon pere, de doner fa Sentence, atendu qu'elle a été renduë par avis de Confeil.

Si un Iuge, aprés avoir été recufé, la partie confent qu'il conoiffe du diferent, il ne peut plus être recufé ; car dés qu'une partie a confenti d'avoir pour Iuge celui qu'elle avoit recufé, ou qu'elle pouvoit recufer, elle ne peut plus changer de fentiment, à moins que ce ne fût pour des caufes nouvelles & diferentes des premieres, par la raifon que la partie n'auroit confenti qu'il demeurât Iuge nonobftant les caufes pour lefquelles il auroit pû être recufé en premier lieu, & non celles qui pouroient furvenir dans la fuite.

CHAPITRE CI.

Des Prifes à partie.

PRife-à-partie, eft un moïen extraordinaire acordé à une partie contre fon Iuge, dans les cas portez par l'Ordonance.

L'éfet de la Prife-à-partie eft , que le Iuge qui a été juftement intimé , eft condamné aux dépens , domages & interefts des parties.

Sans m'aréter au Droit Romain, ni à l'ancien ufage de France, le Iuge peut être pris à partie,

Premierement, quand il a jugé contre la difpofition des nouvelles Ordonances, Edits & Declarations du Roi à prefent regnant, fuivant l'article 8. du titre 1. de l'Ordonance de 1667.

En deuxiéme lieu, quand le Iuge comet dol, fraude, ou concuffion en l'inftruction d'un Procez, & qu'il abufe de fon autorité, & qu'il contrevient aux Ordonances.

En troifiéme lieu , quand il fait acte de Iurifdiction étant incom-

petant, comme par exemple, s'il retient & évoque une afaire dont
la conoissance ne lui apartient pas, selon l'article 1. du titre 16. ou s'il
a jugé nonobstant la recusation.

En quatriéme lieu, s'il ordone quelque chose sans être requis
par l'une ou l'autre des parties, ou qu'il attente à l'autorité de la
Cour, en passant outre au préjudice des défenses.

En cinquiéme lieu, quand il refuse de juger un procez en état,
suivant l'article 4. du titre 25. ou s'il dénie de faire droit & de rendre justice aux parties, & enfin toutes & quantefois qu'il abuse de sa
charge & de son autorité, étant corrompu par faveur, par argent, ou
par present.

Par l'Ordonance de Blois, article 135. défenses sont faites aux Presidiaux de proceder à la verification & jugement d'aucuns procez
par Comissaires, à peine de nullité des Sentences & Iugemens qui
seront par eux donez, & des dépens, domages & interests des parties, pour lesquels ils ne pourront être pris à partie en leur propre &
privé nom.

L'article 143. de la méme Ordonance, défend aussi aux Conseillers
de se charger d'aucunes informations, si elle ne leur sont distribuées
par le President, ni d'interroger les apellans, soit d'un decret de prise
de corps, ou d'un ajournement personel, si par la Cour n'en est ordoné, à peine de nullité, & de repetition des dépens, domages &
interests des parties en leur propre & privé nom.

Il est pareillement défendu par l'article 147. à tous Iuges pardevant lesquels les parties tendront afin de non proceder, de se declarer competans, & de nier le renvoi des causes dont la conoissance
ne leur apartient pas, par les Edits & Ordonances ; sur peine d'être
pris à partie, au cas qu'ils ayent ainsi jugé, par dol, fraude, ou concussion, ou que la Cour trouve qu'il y ait faute manifeste du Iuge,
pour laquelle il doit être condamné en son nom.

Cela est aussi conforme à l'art. 1. du titre 6. de la nouvelle Ordonance de l'année 1667. en ce qui concerne l'incompetance, parce
que cet article fait défenses à tous Iuges Royaux, Ecclesiastiques, &
des Seigneurs, de retenir aucunes causes, instances, ou procez, dont
la conoissance ne leur apartient pas ; & il leur est enjoint de renvoier les parties pardevant les Iuges qui en doivent conoître, ou
d'ordoner qu'elles se pourvoiront, à peine de nullité des Iugemens,
& il est dit, qu'en cas de contravention, les Iuges pourront être intimez & pris à partie.

Enfin par l'article 154. de ladite Ordonance de Blois, il est dit
que les fins de non proceder seront jugées somairement par les Iu-

ges, fans apointer les parties à metre par devers eux, & fera fait prealablement droit fur les fins de non recevoir, propofées & alleguées par le défendeur auparavant que de regler & apointer les parties en contrarieté, & preuve de leurs faits, fans en faire aucune refervation; & en cas de contravention, pourront lefdits Iuges être intimez & pris à partie en leur propre & privé nom.

Si les Iuges dont il y a apel, ou autrement, font refufans, ou negligens de juger la caufe, inftance, ou procez qui fera en état, ils feront fommez de le faire.

Sommation au Juge dont il y a apel, de juger une inftance, ou procez en état.

A la Requête de A.......

Soit fommé, prié & requis Monfieur .... Confeiller du Roi, Prevôt de.... de juger inceffament l'inftance d'entre F.... & H..., laquelle eft en état d'être jugée, finon & à faute de ce faire A.... protefte d'en apeler comme déni de juftice, & de rendre ledit fieur Prevôt refponfable de fes dépens, domages & interêts, & à cette fin qu'il le fera intimer en fon nom, à ce qu'il n'en ignore, dont acte.

L'article 2.du titre 1.de l'Ordonance de 1667.enjoint à tous Huiffiers & Sergens de faire aux Iuges les fommations neceffaires, dés qu'ils en feront requis, à peine d'interdiction.

Ces fommations doivent être faites au domicile des Iuges, ou au Gréfier de leur Jurifdiction, en parlant à leur Gréfier, ou à leur Comis du Gréfe, felon l'article 3.

L'article fuivant porte, qu'aprés deux fommations de huitaine en huitaine pour les Juges reffortiffans nuëment és Cours Souveraines, & de trois jours en trois pour les autres Sieges,la partie poura apeller comme de déni de Juftice, & intimer en fon nom le Raporteur, ou celui qui devoit prefider.

Mais il faut remarquer que cet article ne s'entend que des Juges dont on ne peut pas apeller; car les Juges Souverains ne peuvent être fommez de juger, l'article 1.leur enjoignant de le faire, à peine des dépens, domages & interefts des parties, s'ils font declarez bien intimez.

Autrefois pour prendre un Juge à partie,& l'intimer en fon nom, il faloit lui faire doner affignation pardevãt le Juge où reffortiffent les apellations du Juge qui eft pris à partie,ce qui fe faifoit en vertu d'une Commiffion expreffe, fuivant l'article fecond de l'Ordonance de François I. du mois de Decembre 1540. qui porte que les Juges ne peuvent être pris à partie, s'il n'eft expofé par le relief d'ap... qu'il y a dol, fraude, ou concuffion, au fait dudit Juge in...

Mais dépuis par Arreſt de la Cour du 4. Juin 1699. rendu ſur les
Concluſions de Monſieur le Procureur general du Roi, les Chambres aſſemblées, défenſes ſont faites à toutes perſones de prendre à
partie aucuns Juges, ni les faire intimer ſur l'apel de leur jugement,
ſans en avoir auparavant obtenu la permiſſion expreſſe de ladite
Cour.

Ce qui me paroît tres-équitable, autrement les meilleurs
Juges ſeroient bientôt rüinés; car combien de fois voit-on ariver
que l'artifice l'emporte ſur la verité mal défenduë, & que le plus
éclairé ne peut pas diſcerner, ce qui eſt juſte d'avec ce qui eſt injuſte, au travers des nuages, dont-on a tâché de l'obſcurcir.

Combien auſſi y-à-t'il de Procureurs qui ne ſçavent pas la moitié de leurs cauſes, & qui mettent les meilleurs moiens; c'eſt pourquoi j'ai crû qu'il étoit à propos de raporter ici tout au longs le
prononcé de l'Arreſt de la Cour, dont je vient de parler, afin que
chacun ſoit emplement inſtruit ſur cette matiere.

*Ladite Cour faiſant droit ſur les Concluſions du Procureur general du
Roi, fait défenſes à toutes perſones de quelque état, & qualité quelles
ſoient, de prendre à partie aucuns Juges, ni de les faire inthimer en leur
propre & privé nom ſur l'apel des jugemens par eux randus ſans en avoir
auparavant obtenu la permiſſion expreſſement par Arrêt de la Cour, à
peine de nullité des procedures, & de telle amende qu'il conviendra;
Enjoint à tous ceux qui croiront devoir prendre des Juges à partie de ſe
contenter d'expliquer ſimplement & avec la moderation convenable, les
faits, & les moiens qu'il eſtimoient neceſſaires à la deciſion de leur cauſe,
ſans ſe ſervir de termes injurieux & contraires à l'honneur & à la dignité des Juges, à peine de punition exemplaire; Ordoné que le preſent Arrêt ſera envoié aux Bailliages & Senéchauſſées du reſſort, pour y être
lû & publié; Enjoint aux ſubſtituts du Procureur general du Roi d'y tenir la main, & d'en certifier la Cour dans un mois. Fait en Parlement
ce 14. Juin 1699. Signé, D O N G O I S.*

Le Juge qui a été intimé ne peut pas être Juge du diferent, à peine
de nulité & de tous dépens, domages & interêts des parties, ſi ce
n'eſt qu'il eût été déclaré follement intimé, ou que l'une, ou l'autre
des parties n'en donaſſet un conſentement par écrit, & ſans atendre le jugement de l'intimation, il doit être procedé au jugement
du principal diferent des parties, par autres des Juges, ou Praticiens
du Siege non ſuſpects, ſelon l'ordre du Tableau, à moins que la partie n'aime mieux atendre que l'intimation ſoit jugée.

L'article 2. de l'Ordonançe du Roi François I. condamne la partie

tie qui fucombe à la fole intimation, pour la premiere fois, à cent livres parifis d'amende envers le Roi, & autant envers le Iuge pris à partie ; pour la feconde fois, l'amende fera double ; & pour la troifiéme, outre l'amende, la partie doit être punie corporellement.

Neanmoins cette Ordonance ne s'execute pas à la rigueur, atendu que l'amende de la fole intimation, en ce qui concerne le Iuge pris à partie eft arbitraire ; cependant elle doit être proportionée à l'injure qui a été faite au Iuge, & aux domages & interefts qu'il a foufert.

CHAPITRE CII.

Des Reglemens des Juges.

ON peut fe pourvoir en reglement de Iuges, quand il y a conflit de Iurifdiction entre deux Cours en dernier reffort, ou entre deux Cours inferieures, independantes l'une de l'autre, lefquelles font faifies d'un même fait & d'une même inftance, entre mêmes, ou diverfes parties.

Comme par exemple, entre deux Cours de Parlement, entre un Parlement, le Grand Confeil, la Cour des Aydes, ou des Monoyes, ou entre la Cour des Monoyes, les Iuges ordinaires, & des Prevôts des Maréchaux ; car les Inftances qui ne peuvent être feparées, à caufe de leur conexité, quoiqu'elles foient pourfuivies entre diverfes parties qui font demeurantes dans diverfes Iurifdictions, doivent être renvoyées aux Cours & aux Iuges qui en doivent conoître pour éviter la diverfité des jugemens, & la contrarieté des Arrêts.

Et d'autant que les Cours ne peuvent pas décider ce diferend, il faut avoir recours au Confeil privé du Roi, & pour cela, il faut que celui qui veut être reglé de Juge, obtiene Lettres de la Grand Chancellerie, par lefquelles il lui foit permis de faire affigner les Parties au Confeil, pour être reglée des Juge, ainfi qu'il eft porté par l'article 1. du titre des Reglemens des Juges en matiere civile.

On peut auffi fe fervir pour cet éfet d'un Arrêt du Confeil Privé, fuivant le même article.

Il y a plufieurs formalitez requifes pour obtenir les Lettres en reglement de Juges.

Primò. Il faut qu'elles foient raportées au Sceau par les Maîtres des Requêtes ordinaires de l'Hôtel, ou Grands Raporteurs, aprés·

qu'elles ont été dreſſées & ſignées en queüe par un des Secretaires du Roi, ſuivant l'article 2. du même titre.

Secundò. Les Secretaires du Roi ne peuvent ſigner aucunes de ces Lettres & les preſenter au Sceau, ſi elles ne contienent élection de domicile chez un des Avocats au Conſeil du Roi, à peine de nul-lité des Lettres, & de demeurer reſponſable des dépens, domages & interêts des Parties, ſelon l'article 3.

Tertiò. Elles doivent faire mention des aſſignations ſur leſquelles elles ſont formées, & le tout doit être ataché ſous le contre ſcel, pour en doner copie à la partie, conjointement avec l'aſſignation, qui lui eſt donée au Conſeil Privé, comme il eſt porté par l'article 4.

Quartò. Ces Lettres doivent contenir la clauſe de ſurſeance des pourſuites en toutes les Juriſdictions ſaiſies du differend des Parties, pendant le délai acordé pour doner les aſſignations, & qu'à faute de faire doner les aſſignations dans le délai, les défenſes demeure-ront levées & ôtées, ſuivant l'article 5.

Surquoi il faut ici remarquer, que le temps porté par les lettres court du jour & date de l'expedition.

Quintò. Elles doivent contenir les délais dans leſquels les aſſi-gnations ſont donées, leſquels délais ne peuvent être que de deux mois au plus, ſelon l'article 6.

Surquoi, il faut auſſi obſerver, que le tems de deux mois peut être anticipé par l'impetrant, ainſi qu'il eſt trouvé à propos.

Ces Lettres étant expediées & ſcellées, celui qui les a obtenuës, les doit faire ſignifier aux Parties, & leur faire doner aſſignation au Conſeil par le même exploit; car ſi elles étoient ſignifiées ſans aſ-ſignation, les Juges n'y auroient aucun égard, & les Parties pour-roient continuer leurs pourſuites, comme ils auroient pû faire aupa-ravant, ſans qu'il ſoit beſoin de ſe pourvoir au Conſeil, pour faire lever les défenſes, ſuivant l'article 8.

Les Parties étant aſſignées pour être reglées de Juges, l'article 9. ordone que ſans atendre l'écheance des aſſignations, elles peu-vent obliger l'Avocat nommé dans les Lettres, à conteſter & four-nir de défenſes contre l'aſſignation.

Or, il s'enſuit, que les reglemens des Juges, tant en matiere ci-vile, que criminelle, doivent être inſtruits & jugez en la même forme & maniere que les évocations, ainſi qu'il eſt porté par l'ar-ticle 23. & 32. du titre des Evocations.

Le conflit de juriſdiction entre les Cours de Parlement, & les Cours des Aydes, eſt reglé par l'article 12. qui ordone pour cet éfet que les Avocats & Procureurs Generaux ſeront tenus de s'aſsembler tous les mois à certain jour, & plus souvent s'ils en sont requis, pour conferer & convenir, & que sur les résolutions qui seront prises entr'eux, & signées de part & d'autre ; les Parties se pourvoiront & procederont en celle des Cours dont ils seront convenus, & en cas de diversité, qu'ils délivreront leurs avis avec les motifs, aux parties, pour leur être fait droit.

CHAPITRE CIII.

Des évocations en general.

EVocation est un remede acordé par les Ordonances, à ceux qui ont pour suspects les Oficiers d'une Iurisdiction, pour en tirer le procés qui y est pendant, & le faire renvoier en une autre Jurisdiction.

Tellement que c'est une espece d'exception déclinatoire, qu'on propose, non seulement contre un Juge pour la recuser en particulier, mais en general contre tous les Juges d'une Compagnie Souveraine, ou d'une autre Jurisdiction.

Evocation, se prend dans plusieurs significations.

Primò. Evocation du principal, est, quand une partie a interjeté apel d'une Sentence qui n'est renduë que sur un incident, en ce cas, le principal peut être évoqué pour être jugé conjointement avec l'apel.

Secundò. Evocation de cause pour raison de liticipendance, est quand quelqu'un est poursuivi pour une même cause pardevant deux Juges par deux parties diferentes; car pour lors, il peut demander l'évocation de la cause pardevant le Juge qui en doit connoître, préferablement à l'autre, & en consideration de la conexité de la cause, afin que des jugemens diferents n'intervienent pas sur le même sujet.

Tertiò. Il y a des évocations de grace particulieres, qui sont acordées par les Rois à leurs sujets, pour de grandes & importantes raisons, comme si un Beneficier avoit plusieurs procés dans diferens ressorts & Jurisdictions pour droits, concernans son benefice, & que par une faveur singuliere, le Roi lui acordât des lettres d'évocation, par lesquelles il atribuât à une seule Cour la conoissance de tous les diferends qu'il pouroit avoir, pour raison des droits concernans ledit benefice.

Surquoi, il faut ici observer, que quand l'évocation est accor-

RRr ij

dée pour tous les diferends qui peuvent furvenir, c'eft une évocation generale.

Quartò. L'évocation fe fait dans une autre Cour ou jurifdiction du chef des parens, & pour lors, c'eft plûtôt une efpece de recufation, non contre un des juges; mais encore tous en general, comme quand on fe plaint que la Partie adverfe a dans la Cour ou Iurifdiction des Parens ou aliés, en ligne directe ou collaterale, afcendante ou defcendantes de quelque dégrez qu'ils foient, & à l'égard des autres collateraux, l'évocation eft accordée du chef des parens & aliez, jufques au troifiéme dégré inclufivement, ainfi qu'il eft dit par l'article 2. de l'Ordonance du Mois d'Aouft 1669.

Les dégrez de parenté ou aliance fe comptent, tant pour les évocations, que pour les recufations, fuivant la difpofition du Droit canonique, ainfi qu'il a été dit ci-deffus au chap. 91. des fucceffions, & au chap. 100. des recufations des Juges, de forte que les freres & les fœurs, les beau-freres & les belles-fœurs font au premier dégré, & Coufins germains font au fecond, & les coufins iffus de germains font au troifiéme, felon l'article 4. de la même Ordonance.

Et au cas qu'il y ait des parentés & aliances du fecond, ou troifiéme dégré au quatriéme, elles font comptées pour le quatriéme, ainfi la parenté qui eft entre le coufin germain & le petit-fils du coufin germain eft une parenté du fecond au quatriéme dégré.

Ce qui eft fondé fur la difpofition du Droit canonique, *cap. fin. ext. de confanguin. & affin.* qui veut que quand il s'agit de parenté en ligne inégale, on compte les dégrez à raifon de celui qui eft le plus éloigné de la fouche comune.

Les procés meus & à mouvoir, & ceux du Corps du Parlement de Paris, & Titulaires, qui ont jufques au nombre de huit proche parens ou aliez, & des autres parties qui n'étant du corps en ont dix aux dégrés marqués dans l'article 2 font évoqués & renvoïés au plus prochain Parlement, fi l'évocation eft demandée.

Dans les Parlemens de Tolofe, Bourdeaux, & Roüen, lors qu'aucun du Corps à cinq parens aux aliez au dégrez remarquez audit article 2. ou lors que les parties n'étant pas du Corps en ont fix, l'évocation peut être demandée.

Pour les Parlemens de Dijon, Aix, Grenoble, Bretagne, Peau & Mets, fi un du Corps a trois parens ou aliez au degré ci-deffus, ou fi la partie qui n'eft point du Corps en a quatre, l'évocation peut être demandée, fuivant l'article 5. du même titre.

La raifon pour laquelle l'Ordonance a établi, céte diverfité entre les Parlemens de France pour ce qui regarde les évocations, eft parce qu'où il y a un plus grand nombre de Juges, il est à propos qu'il faille un plus grand nombre de parens pour doner lieu à l'évocation.

A l'égard du Grand Conseil, ceux qui étant de la Compagnie & qui ont quatre parens ou aliez, ou qui n'étant pas de ladite Compagnie en ont six és dégrés marqués ci-dessus, l'évocation peut être demandée, & le renvoi en est fait au Parlement de Paris, à moins qu'il fût valablement excepté.

Les procés pendans à la Cour des Aydes à Paris peuvent être évoqués, lorsque l'une des parties étant du Corps, a quatre parens, ou qui n'en étant pas, en a six, selon l'article 7.

Mais quant aux autres Cours des Aydes, lors que l'une des parties est du Corps & qu'elle a trois parens ou aliez, ou qui n'en étant point, en a quatre, l'évocation est accordée avec renvoi en une autre plus prochaine & non suspecte, par l'article 8.

Si un des Messieurs les Presidens ou Conseillers est partie en un procez pendant en la Chambre où il est Oficier, sa partie adverse peut demander le renvoi en une autre.

A quoi il faut ajouter, que quoi qu'un Oficier ne fut pas partie, l'évocation neanmoins seroit accordée, si cet Oficier avoit solicité les juges en persone, consulté & fourni aux frais d'un procés qui y seroit pendant; car pour lors il est censé en avoir fait son propre fait, & la partie qui l'articuleroit, seroit recevable à en faire preuve par témoins, & demander l'évocation du procés de son chef, s'il n'a nombre sufisant de parens ou aliez aux dégrez déclarez ci-dessus, & l'évocation sera instruite & jugée avec toutes les parties, après que le fait propre aura été reçu par Arrêt rendu sur Requête deliberée au Conseil, ainsi qu'il est porté par l'article 43. de ladite Ordonance de 1669.

Quand l'une des parties a son pere, ou son fils, ou son gendre, ou son frere, beau-frere, oncle, néveu, ou cousin germain, Conseiller en ladite Chambre, le renvoi peut être demandé dans une autre Chambre.

Lors que l'une des parties n'a dans une Chambre que des parens en degré plus éloigné que ceux que je viens de raporter, la partie adverse peut demander son renvoi en une autre Chambre, si la partie adverse y a deux parens au troisiéme degré & trois au quatriéme, parce que ce nombre sufit pour faire renvoyer d'une Chambre en une autre, suivant l'article 9.

Ainsi au terme de cet article, l'évocation doit être acordée dans les cas ci-dessus à la simple requisition de l'une des parties.

On ne peut pas évoquer des Iuges inferieurs, parce qu'à la voye d'apel, pour faire reformer la Sentence, qui pouroit être injuste, ce qui soufre l'exception suivante, pour ce qui concerne les Presidens; car l'article 24. soit en matiere Civile, ou Criminelle, permet d'en évoquer, au cas que la partie y soit Oficier, ou qu'elle y ait son pere, son fils, ou son frere, & le procez doit être renvoyé au prochain Siege Presidial à la simple requisition.

Mais, selon mon avis, cet article se doit entendre quand la cause tombe dans le premier chef de l'Edit, c'est à dire, sans apel, & non pas des autres qui se jugent à l'ordinaire à la charge de l'apel.

Les Procez ne peuvent être évoquez, à moins que les deux tiers des parens & aliez, qui sont articulez, ne soient titulaires, pourveus & revêtus de leurs ofices, ensorte que les Ducs & Pairs, Oficiers Honoraires, ou Veterans, ne sont comptez que pour un tiers, par l'article 11. c'est à dire, que s'il y a trois Conseillers Honoraires ou titulaires, ils ne sont comptez que pour un.

L'évocation peut être demandée par l'une ou l'autre des parties sur les parentez & aliances comunes en égal degré, suivant l'article 12.

La raison est, que les Juges qui sont parens comuns des parties semblent devoir avoir une pareille afection pour l'une ou l'autre, en sorte qu'ils ne peuvent être poussez par aucun motif particulier plus pour l'une, que pour l'autre des parties.

Quant à ce que dit cet article, *en égal degré*, cela ne se doit pas entendre si étroitement; car quoi que ce ne fût pas en même degré, cependant pourveu que ce fût en degré à peu prés égal, sufiroit.

Sur quoi il faut ici observer, que l'Ordonance de 1669. titre des Recusations, article 3. est diferente de celle-ci, en ce qu'elle veut que les recusations soient valables, quoique le Juge soit parent ou alié comun des parties, & cette diference est fondée, sur ce qu'est bien plus préjudiciable à une partie d'acorder à l'autre l'évocation dans un autre Parlement, ou Jurisdiction, que de recuser un de plusieurs Juges.

C'est pourquoi je soutiens que l'évocation ne doit être acordé que tres-dificilement.

La parenté & aliance de Maître des Requêtes ordinaires de l'Hôtel, ne peuvent être receuës pour évoquer que du Parlement de Paris, suivant l'article 13. La raison est, que les Maîtres des Requêtes qui ont ordinairement leur domicile à Paris, prenent plus souvent seance dans le Parlement de Paris que dans les autres.

Si le décez d'un Oficier, ou la demission pure & simple de son

Ofice, fait ceffer l'évocation qui étoit demandée de fon chef, pourveu que le défendeur en évocation raporte la preuve de fon décez,
ou de fa demiffion avant le jugement du procez', & fi le demandeur
en évocation étoit débouté de fa demande en confequence dudit
décez, ou demiffion d'un des Oficiers, il ne feroit pas condamné aux
dépens, fuivant l'article 14.

Lequel article, felon mon fentiment, foufre une exception, qui eft
que fi celui qui s'eft demis de fa charge, a obtenu du Roi des Lettres
de Veteran, pour joüir aprés fa demiffion des droits & privileges de
fon Ofice, en cela l'évocation eft bien fondée.

On ne peut point évoquer fur les parentez & aliances des Syndics, ou Directeurs, Adminiftrateurs, Corps & Comunautez, Tuteurs & Curateurs, pourveu qu'ils ne foient pas intereffez en leur
nom, fuivant l'article 15. qui fe doit entendre des Directeurs des
creanciers, & des creanciers opofans, quoi qu'il n'y ait plus de
dificulté, comme il a été jugé par plufieurs Arrêts du Confeil, &
notamment par Arrêt du 21. May 1674. & autre du 16. Avril 1680.
contre le fieur Charles de Maupou, raportez dans la Conference des
nouvelles Ordonances fur ledit article 15. comenté par Bornier.

La raifon pour laquelle on ne peut pas évoquer des Corps ou Comunautez eft, parce qu'ils font ordinairement compofez d'un grand
nombre de perfones de toutes Provinces & de toutes qualitez, &
qu'il eft impoffible qu'il n'y en ait quelques-uns dans une Cour qui
y ayent des parens.

La partie intervenante peut évoquer, fi ce n'eft qu'on n'eût été
reçu intervenant qu'en caufe d'apel; car pour lors on ne peut évoquer que dans les deux cas fuivans.

Le premier eft, fi les droits de l'intervenant n'avoient pas encore
été ouvers; comme par exemple, fi lors de la Sentence dont auroit
été apel, il étoit abfent d'une abfence neceffaire.

Le deuxiéme eft, fi lui ou fes auteurs n'avoient pû agir avant le
jugement difinitif rendu en caufe principale, ou par une abfence
neceffaire, ou par la negligence d'un tuteur, ou curateur; car en ces
deux cas la partie intervenante en caufe d'apel peut évoquer, & on
peut évoquer de fon chef.

Celui qui a été affigné en garétie pour voir déclarer un Arrêt comun peut de fon chef demander l'évocation, fix femaines aprés que
la caufe a été mife au rôle, ou que le premier Acte pour venir plaider a été fignifié fi la caufe eft pourfuivie par Placet, ou dans deux
mois aprés le Reglement ou Apointement, de quelque qualité qu'il
puiffe être, & aprés les délais ci-deffus, il n'eft plus reçû à évoquer,
ainfi qu'il eft dit par l'article 21.

Il y a plufieurs afaires où on n'eft pas reçû à évoquer.

Primò, Pour afaire concernante le Domaine, par l'article 16. du Titre des Evocations de l'Ordonance de 1669.

Secundò, Pour les Decrets & les Ordres, fuivant l'article 17.

Mais quant aux opofitions, elles font fujetes à évocation, fuivant le même Article, en forte qu'un privilegié peut faire renvoïer l'inftance concernant fon opofition, d'autant que c'eft une action perfonelle, dans laquelle par confequent le privilegié a droit de joüir de fon privilege.

Il peut même faire évoquer l'inftance de criées, jufques à Sentence de congé d'adjuger, ainfi que je dirai ci-aprés, au fecond Tome de ce Livre, touchant les opofitions au Traité des Criées.

Tertiò, Les caufes & inftances des Requêtes civiles, & executions d'Arrêts, ne peuvent étre évoquées par ceux qui ont été parties aux procés, fur lefquels ils ont été rendus, à moins que dépuis il n'ait été contracté quelques aliances, ou qu'il foit intervenu quelque autre fait qui puiffe donner lieu à l'évocation par l'article 18.

La caufe, & le procés dont la plaidoirie ou le raport aura été commencée, ne peut pas étre évoqué fous prétexte de parentés & alliances, felon l'article 19. qui le défend expreffement; & en cas qu'il y eût fur ce fujet conteftation entre les parties, l'évoqué pour juftifier l'état de la caufe ou du procés, doit raporter, fi c'eft une caufe d'Audience, un certificat du Gréfier; & fi c'eft un procés par écrit, un Arrêt fur Requête, qui doit étre rendu en la Chambre où le procés eft pendant, portant que la plaidoirie ou le raport aura été comencé.

La raifon eft, que l'évoquant doit s'imputer à lui feul la faute d'avoir atendu à pourfuivre l'évocation quand le procés étoit déja comencé de juger; car on peut dire, que le jugement du procés comence dés la premiere plaidoirie, ou dés que le procés eft mis fur le Bureau.

Celui qui prétend évoquer fur parentés & alliances, doit fignifier au domicile du Procureur de la partie adverfe une cedule evocatoire qui doit contenir, 1°. La qualité & l'état du procés, 2°. Les noms & fur-noms des parties & alliés, 3°. Leurs dégrés de parentés & alliances, avec fommation de les réconoître & confentir à l'évocation & renvoi au Parlement, Chambre, & autre Cour plus proche, & non fufpecte; & en cas d'aceptation de la Cour plus proche, il doit côter les caufes & moïens dans la cedule évocatoire. 4°. L'élection de domicile en la maifon d'un Avocat au Confeil, fuivant l'article 22.

La

La Cedule Evocatoire se dresse ainsi.

Cedule Evocatoire.

A la Requête de tel, &c`... qui a élu son domicile en la maison de Maître tel, &c... Avocat au Conseil du Roi, sise ruë & Paroisse, &c....

Soit signifié & declaré à tel, &c... qu'au procez pendant au Parlement de, &c... en la premiere Chambre des Enquêtes, entre ledit tel, &c.... apellant de la Sentence renduë par tel Juge, &c.... le tel jour, &c.... & ledit tel, &c.... intimé, auquel procez ledit tel, &c... prétend faire confirmer ladite Senteuce renduë au profit de l'intimé, & ce faisant, &c.... Mais ledit tel, &c... apellant, ne peut pas esperer la justice qui lui est duë audit procez contre ledit tel, &c.... intimé, atendu le grand nombre de parens & aliances que ledit intimé a dans ledit Parlement, étant certain que Monsieur.... est gendre, &c... (*Il faut specifier toutes les parentés & aliances les unes aprés les autres que la partie a dans le Parlement, & puis mettre.*) outre plusieurs autres parentés & aliances que ledit intimé a audit Parlement dans le degré de l'Ordonance que ledit apellant ofre d'articuler quand besoin sera, desqueles parentés & aliances ledit apellant somme & interpelle ledit intimé de convenir & consentir l'évocation & le renvoi dudit procez dans un autre Parlement, ofrant en cas de déni, de faire preuve de tous les parens ci-dessus, & autres à articuler dans le degré, & ce dans le tems & les délais portez par l'Ordonance, protestant l'apellant de nullité, & de se pourvoir contre toutes les poursuites & procedures que l'intimé feroit au Parlement de, &c.... au préjudice de la presente Cedule Evocatoire, dont acte.

La cedule évocatoire ainsi dressée, il faut que le Procureur fondé de procuration speciale de sa partie, passée pour cet éfet pardevant Notaire, la fasse ensuite signifier au Procureur de la partie adverse, & même à la partie adverse ou à son domicile, s'il est demeurant sur le lieu, avec copie de la Procuration qui lui a été passée par sa partie, à peine de nullité, & de soixante livres d'amende, selon l'article 40.

Surquoi il faut observer ici, que toute cedule évocatoire, suivant l'article 77.dudit titre des Evocations, de l'Ordonance de 1669. doit être signifiée quinzaine avant la fin des Parlemens & des Semestres, à l'égard des Compagnies qui servent par semestres.

Il y a un Edit du 24. Novembre 1683.par lequel sur ce qu'on abusoit de la liberté de demander l'évocation des procez à la veille du jugement d'iceux, ou proche le tems des vacations, dont les évocans se desistent, quand il y a nombre de Juges qui se trouvent parens; Sa Majesté a ordoné ensuite, qu'il soit passé outre au jugement des procez par les Cours Souveraines, nonobstant toutes Cedules Evocatoires signifiées, à moins que les évocans n'ayent doné à cet éfet leur procuration speciale passée pardevant Notaires, & que les ce-

dules évocatoires feront fignifiées plus de quinze jours avant la fin
du Parlement ou des Semeftres, à l'égard des Compagnies qui fervent
par Semeftres.

Et que quant aux évocations qui font demandées fur les parentez
des Juges qui ont fait leur fait propre du procez , les Cours peuvent
auffi paffer outre au jugement d'icelui , à moins qu'il ne leur aparoiffe d'un Arrêt du Confeil, par lequel le fait propre aura été reçû.

L'évoqué doit dans la quinzaine aprés la fignification de la cedule évecatoire, reconoître, ou dénier precifémét les parentez & aliances qui auront été articuleés , & faire les exceptions des Parlemens
qui lui feront fufpects, fans qu'il puiffe avant la réponfe faire aucune pourfuite du procez , fuivant l'article 23. enforte que tout ce qui
feroit fait dépuis la fignification , feroit fujet à caffation ; de même
que ce qui feroit fait au préjudice des Lettres fignifiées , portant défenfes,& s'il excepte dans fa réponfe le Parlement le plus proche, il
doit en cotter les caufes & les moïés, ainfi qu'il eft porté par l'art. 22.

Que fi le défendeur en évocation ne fournit dans la quinzaine
aprés la fignification de la cedule évocatoire faite à perfone , ou au
Procureur, la reconoiffance ou denegation , l'évoquant doit reïterer
la fignification, , & à faute d'y répondre dans quinzaine aprés la feconde fignification , les faits font tenus pour averez & reconus , &
en confequence l'évocation eft acordée, fuivant l'article 24.

Si le défendeur reconnoit les parentez & aliances articulées par
l'évoquant , l'évocation eft ecordée.

Ainfi, quand les parties font convenuës des parentés & aliances articulées par la cedule évocatoire , & ont confenti refpectivement à
l'évocation & le renvoi de leur diferent au plus proche Parlement,
ou autre jurifdiction, il faut en ce cas que l'une des parties fe retire
pardevers Monfieur le Chancelier & Garde des Sceaux , pour les
refforts des Parlemens & autres Cours de Guyenne, Languedoc,
Grenoble , Aix , Rennes, & Pau , dans deux mois ; & pour les Parlemens & autres Cours comme Paris, Roüen, Dijon,& Mets, dans un
mois , à compter du jour de la fignification du confentement , pour
en obtenir Lettres d'évocation avec atribution de Jurifdiction aux
plus proches , & dont les parties font demeurées d'acord , lefquelles
font expediées en juftifiant & raportant prealablement la cedule
évocatoire & le confentement des parties qui demeurent atachez
fous le contre-feel , felon l'article 26.

Que fi l'évoquant ne raporte pas dans les délais prefix par l'article 26. les lettres d'évocation & atribution de Jurifdiction à la Cour
dont on feroit convenu, l'évoqué peut les obtenir aux frais de l'é-

voquant, & pour cet éfet, les même Lettres doivent contenir en forme d'executoire, la fomme reglée par icelle.

L'évocation aïant été demandée & confentie, les parties ne peuvent pas fe retracter, & font obligées de proceder en la Cour, dont elles font convenuës, ainfi qu'il est dit par l'article 42.

Si on ne convient pas de Juge pour le renvoi du procez, en ce cas la partie la plus diligente peut faire doner affignation à l'autre au Confeil, à un mois ou à deux mois, felon la diftance des lieux pour en convenir,& l'affignation doit être donné par exploit fcelé, & mis au bas de la cedule évocatoire, fans qu'il foit befoin d'Arêt, de Lettres, ni d'autre permiffion pour cet éfet.

Ce qui est contre la difpofition de l'article 13. du titre des Ajournemens de l'Ordonance de 1667. auquel le Roi a feulement en ce cas dérogé, par l'article 28. du titre des Evocations de l'Ordonance de 1669.

La même procedure doit être aufli obfervée, lors que l'évoqué demeurant d'acord de fes parentés & aliances,foûtient que l'afaire n'est pas fujete à évocation.

Que fi l'évoquant denie la parenté, il est tenu trois jours aprés la fignification de la cedule évocatoire, de prefenter requefte, à un Maître des Requeftes ordinaires de l'Hôtel,trouvé fur les lieux, ou en fon abfence au Bailli ou Senechal du lieu où le Parlement est établi aux fins de faire enquefte des parentés & alliances, & à céte requefte on doit atacher la cedule évocatoire & la fignification, fuivant l'article 30.

Il faut remarquer toutefois, que l'évoquant, n'est tenu de faire preuve que des parentés qui auront été déniées, & que les autres qui ont été averées, demeurent pour conftantes.

Cependant, l'artic. 32. permet à l'évoqué de faire une contre-enquête, & aux parties de fe faire interroger refpectivemēt fur faits, & articles de comuniquez; mais céte contre-enquête, ne doit être faite qu'aprés que l'évoquant aura fait la fiene, parce qu'il pouroit ariver que l'évoquant ne prouveroit pas la parenté & aliance, qu'il auroit articulée, ainfi il feroit inutile à l'évoqué de fe metre en peine de faire une contre enquête.

Les Enqueftes contre-Enqueftes & interogatoires, doivent être faites dans quinzaine, neanmoins aprés ce délai le Juge peut acorder aux parties un feul renouvellement de délai, lequel ne peut être que de quinzaine, felon l'article 32. & pour obtenir céte prorogation de délai, il faut prefenter requête au Commiffaire, & juftifier qu'il y a eu des caufes legitimes, qui ont empefché de faire l'enqueste ou la contre-enqueste, dans le délai de quinzaine,comme si les témoins n'ont voulu comparoir , & qu'il ait falu les y contraindre.

Il n'est pas besoin de Lettres , Arrêts , ni autre permission pour proceder aux enquestes contre-enquestes , & interrogatoires , il ne faut seulement que la permission , qui est acordée par le Comissaire , suivant le même article 3. lesquelles étant faites, il faut que les Parties presentent leur requêtes au Conseil pour faire commettre un Maître des Requêtes , & à son raport leur être fait droit.

Ensuite de quoi, on met les enquestes contre-enquestes,interrogatoires,& autres pieces justificatives de leurs pretentions entre les mains des Maîtres des Requétes , est l'évocation est jugée , sur ce qui est mis par devers lui sans autre contestation, procés verbaux, ordonance de referé , apointement, ou autres formalitez , sauf à l'évoqué à doner ses reponses dans trois jours pour tous délais,aprés la comunication qui a été donée des requestes & pieces , & le délai étant passé, il est procedé au jugement de l'évocation , sans qu'il soit besoin de sommation , ni comandement , suivant l'article 33.

Les Parties ne peuvent pas se pourvoir par restitution contre les Arrêts rendus par défaut ou congé en matiere d'évocation & de reglement de juge ; mais elles sont tenuës de doner leur requeste en cassation, s'il y échet, dans la quinzaine aprés que l'Arrêt a été signifié, & la requeste ne peut être raportée que trois jours aprés qu'elle a été signifiée , & que copie en a été donée à l'Avocat qui a signé la Requeste , sur laquelle l'Arrêt, dont la cassation est demandée , est intervenu, & que le tout a été comuniqué au Maître des Requêtes , au raport duquel l'Arrêt a été rendu, & qu'il a été oüi, s'il est à la suite du Conseil, & on ne peut pas aleguer ni recevoir pour moien de cassation, que l'Arrêt est rendu par défaut ou congé.

En fait de partage ou de recusation dans les Compagnies Semestres où il n'y auroit pas nombre sufisan de Juges pour se départir, ou pour juger , en ce cas, l'une des parties raportant certificat des Grefiers sur le fait du partage ou du nombre des Juges , obtient des lettres d'évocation avec renvoi en celui des Semestres qui n'en n'aura pas connu, ainsi qu'il est dit par l'article 45.du titre des évocations de ladite Ordonance de 1669.

Celui qui succombe dans l'évocation , ou qui s'en desiste est condamné en trois cens livres d'amende , moitié envers le Roi , &

moitié envers la partie, au cas qu'il ne soit survenu aucune des causes portées par l'article 14. de ce titre, & de plus il est condamné en tous les dépens qui sont taxés, en cas de désistement par les juges où le procés est pendant, qui doivent passer outre à l'instruction & jugement du procez, sans qu'il soit besoin de Lettres ni d'Arrêt de nouvel atribution, par l'article 35. suivant lequel l'évoquant n'étoit pas obligé de consigner l'amande ; mais le Roi par le reglement qu'il a fait pour le Conseil, le 3. de Fevrier 1673. article 70. a ordoné qu'auparavant qu'aucun puisse faire signifier une cedule évocatoire sur parentez & aliances, on presente requête au Conseil pour évoquer, à cause du fait propre d'aucuns Oficiers des Parlemens, ou autres Cours superieures, il soit tenu de consigner la somme de trois cent livres pour l'amande envers le Roi, & de cent cinquante livres pour celle envers les parties, entre les mains du Fermier general des domaines de sa Majesté, pour être renduës après le jugement des évocations, à qui il apartiendra.

Neanmoins, si le désistement est causé par le décez ou resignation de quelque Oficier de ceux qui auront été cottés dans la cedule évocatoire, pour lors il n'y aura point d'amande encouruë contre celui qui se desistera, suivant l'Edit du 24. Novembre 1683.

Les procedures faites au préjudice de l'évocation en matiere civile & le jugement difinitif du procez en matiere criminelle, ne sont pas *ipso jure*, mais dans ces cas, il y doit estre pourveu par le Conseil, & pour cet éfet, les procedures atentatoires doivent être remises és mains du Maitre des Requêtes qui a été commis pour le raport du principal, touchant l'évocation & non d'autre ; & la Requête ne peut être raportée qu'elle n'ait été signifiée à l'Avocat de la partie adverse, & que copie ne lui soit baillée des pieces justificatives trois jours avant que le raport en soit fait, ainsi qu'il est porté par l'article 41.

L'article 46. du titre des évocations de l'Ordonance de 1669. veut que les procés évoquez soient jugez suivant les coûtumes des lieux, d'où ils ont été évoquez, à peine de nullité, & cassation des jugemens & Arrêts qui auroient été rendus, pour raison de quoi les parties pouroient se pourvoir au Conseil.

Cet article se doit entendre, au cas que le procés eut été jugé selon la coûtume du lieu, d'où l'évocation est faite, & non autrement ; car par exemple, s'il s'agit d'un procez dans le Parlement de Paris, qui se doive juger selon la Coûtume de Touraine, & qu'il soit évoqué au Parlement de Normandie, celui de Paris, doit juger non pas suivant la Coûtume de Paris d'où l'évocation est faite; mais suivant la Coûtume de Touraine, ce qui est sans difficulté.

Quant au stile & à l'usage concernant l'instruction des procés, les Juges à qui le renvoi est fait, peuvent suivre celui qui est observé dans leurs Jurisdictions, n'étant pas obligez pour l'instruction d'un procez de changer leur stile, & sur leur usage, veu que cela doit être indiferent aux parties, pourveu qu'ils suivent les Ordonances.

CHAPITRE CIV.

Des exceptions dilatoires.

L'Exception dilatoire est un moien de diferer la poursuite de l'action intentée contre nous, mais non pas de la détruire & de l'éteindre.

Il y en a de plusieurs especes, les unes vienent de la qualité de l'action qui est intentée; d'autres de la qualité des persones qui les intentent; d'autres sont fondées sur la personne du défendeur.

Ainsi, comme il y en a de tant de sortes, il seroit dificile d'en faire ici une exacte énumeration; mais je peus raporter trois exemples des exceptions, fondées sur la qualité de l'action intentée.

Le premier est, lorsque le creancier qui a doné terme, poursuit son debiteur avant le terme échû, auquel cas, le debiteur peut demander, par une exception dilatoire, que le creancier soit déclaré non recevable quant à present, apelée en Droit exception, *pacti conventi*.

Le deuxiéme est, si un creancier hipotequaire, s'adresse à un tiers detenteur, en ce cas ce tiers détenteur poura pareillement demander par une exception dilatoire, que le creancier soit tenu de discuter son débiteur, avant que de pouvoir faire saisir & décreter l'heritage qu'il a aquis de lui.

Le troisiéme est, lors que le nouvel acquereur d'un heritage, étant ataqué par un proprietaire qui revendique, ou par un creancier hipotequaire, il peut demander un délai pour apeller ses garands, & par ce moien diferer sa condamnation.

Contre un demandeur au petitoire, on pouvoit ci-devant par la

même exception demander , qu'il fût tenu de faire veuë & montre
de l'heritage par lui revendiqué.

Maintenant , fuivant la nouvelle Ordonance , on peut demander
qu'il foit tenu de defigner cet heritage par fa fituation, fa confiftance, & fes tenans & aboutiffans, du côté d'Orient, de l'Occident, du
Septentrion, & du Midy , finon qu'il foit declaré non recevable en
fon action.

Les exceptions dilatoires fondées fur le demandeur , fe divifent
en quatre fortes de manieres.

Primò , Si une femme veut agir ou intenter quelque demande,
fans être autorifée par fon mari , ou par Juftice , au refus de fon
mari , n'étant pas d'elle-même capable d'intenter aucune action,
fans autorifation.

Secundò , Un mineur fans être affifté d'un curateur·

Tertiò , Un Religieux fans être autorifé de fon Superieur.

Ainfi on peut demander contre toutes ces fortes de perfones
qu'elles foient declarées non recevables en leur demande jufques
à ce qu'elles foient fufifament autorifées , ou affiftées de curateur.

Quartò , Tous demandeurs qui fondent leur action fur quelques
qualitez particulieres , l'exception leur peut être opofée , jufques à
ce qu'ils ayent juftifié de leurs qualitez.

Comme par exemple, celui qui agit en qualité d'heritier ou de donataire d'un défunt , doit faire aparoir de fa donation , ou du teftament du défunt , ou juftifier de fa genealogie , pour montrer qu'il
eft le plus proche parent , & habile à fucceder à celui duquel il fe
dit heritier.

Pareillement un retrayant lignager doit juftifier & articuler fa
genealogie , & jufques à ce qu'ils ayent fatisfait à toutes ces chofes,
ils font non recevables en leur demande.

Les exceptions qui provienent de la perfone du défendeur , font
les délais pour deliberer, les délais de garant, les Lettres d'Etat, & les
Lettres de Répi , dont je parlerai ci-aprés.

L'heritier d'un défunt ayant été apellé en juftice , pour voir declarer executoire contre lui une obligation paffée par ledit défunt,
peut opofer au demandeur l'exception dilatoire, & demander un délai pour deliberer s'il acceptera la fucceffion, ou s'il la repudiera, lequel délai ne lui poura être refufé , & pendant icelui il ne peut pas
être condamné.

Neanmoins toutes exceptions ne peuvent pas être propofées en
tout état de caufe, il les faut propofer avant que de défendre au fond;
autrement & fi on avoit défendu au fond , elles feroient couvertes,

& on ne feroit plus recevable à les propofer.

Celui qui a plufieurs exceptions dilatoires, ne peut pas les propofer les unes après les autres, afin de pouvoir éloigner le jugement du procez, il eft tenu de les propofer toutes par un feul acte, fuivant l'article 1. de l'Ordonance de 1667.

Cependant fi on affigne un heritier ou une veuve en qualité de comune, ils ne font pas tenus de propofer les exceptions dilatoires, qu'après le terme pour deliberer expiré.

Exception Dilatoire.

Pierre tel, &c. . . . .
Contre Jacques tel, &c . . . Marchand, &c . . . demandeur fuivant l'Exploit du . . . . . .

Dit pardevant, vous Monfieur le Prevôt, ou Bailli de . . . ou Noffeigneurs de, &c . . . que c'eft mal-à-propos que ledit tel, &c . . . l'a fait affigner pour lui païer la fomme de . . . . . d'autant qu'il paroit par telle piece, &c. . . que ladite fomme ne lui fera deuë qu'au jour de, &c. . . prochain, ainfi le défendeur conclut à ce que ledit tel, &c . . . foit declaré non recevable à demander ladite fomme avant ledit tems échu, & demande d'être déchargé de ladite affignation avec dépens.

Autre pour avoir comunication de pieces.

P. . .dit,qu'il ne peut défendre à la demande qui lui a été faite par F.. qu'il ne lui ait donné copie des pieces juftificatives de fa pretention, finon & à faute de ce faire, foutient qu'il doit être déchargé de fa demande avec dépens.

Autre de l'heritier fous benefice d'inventaire.

A . . .dit, que n'étant heritier de défunt G . . . . que fous benefice d'inventaire, il ne peut être pourfuivi qu'après l'inventaire fait des biens de la fucceffion dudit défunt, & jufqu'à ce foutient que toute Audiance doit être déniée au demandeur, & en cas de conteftation requiert dépens.

Autre.

Dit que, fuivant l'Ordonance, l'Exploit de demande qui lui a été fignifié, devoit être libellé, ne pouvant pas défendre fans fçavoir dequoi il s'agit, c'eft pourquoi foutient ledit Exploit nul, & qu'il ne peut être fait fur icelui aucunes procedures valables.

Autre lors qu'un Mineur fait quelque demande fans être affifté d'un curateur.

H . . . . Dit, que le demandeur n'eft pas partie capable pour agir en jugement fans l'autorité de fon curateur, lequel il doit faire intervenir pour la validité de la procedure de l'inftance, declarant que jufques à ce,il ne peut défendre à fa

demande

demande, & qu'il fera declarer nul celui qui fera fait au préjudice de la prefente exception.

Autre contre la demande faite par une femme qui n'eft pas autorifée de fon mari.

Dit que la demanderefle n'eft point autorifée de fon mari, & n'aïant pas de qualité pour agir, elle n'a pû faire affigner H... ainfi il n'eft pas obligé de défendre à fa demande, fi elle ne fe fait autorifer par un acte en bone forme.

En toutes actions qui concernent les afaires de la femme le mari n'eft pas obligé d'agir, & il peut même declarer qu'il n'entend pas l'autorifer ; mais il faut qu'aprés cette declaration elle foit autorifée par juftice, pour proceder feule valablement.

Acte d'autorifation par juftice.

Extrait des Regiftres de....

Du.... jour de.....

Aujourd'hui eft comparu pardevant nous...R.... lequel a dit & declaré qu'il ne veut & n'entend point autorifer N... fa femme, fe raporte à juftice de l'autorifer & en ordoner ainfi que de raifon, de laquelle declaration & refus avons doné acte à R.... & en confequence ordonons que N... demeurera autorifée & l'autorifons par juftice à la pourfuite de fes droits & actions, dont & de ce que deffus R...a requis acte, à lui octroyé, les jour & an que deffus.

Il faut doner copie de cet acte pour faire cefler l'exception.

Declaration du mari qu'il ne veut point autorifer fa femme.

R.... defendeur, &c...
Contre D... demandeur, &c....

Dit que la demande qui lui eft faite concernant N.... fa femme & comme dans cette caufe, elle doit difcuter perfonellement fes droits. D.... peut fe pourvoir contre elle, ainfi qu'il avifera bon être, declarant qu'il ne peut pas l'autorifer.

Acte d'autorifation de juftice.

Extrait des Regiftres de....

Sur ce qui nous a été judiciairement remontré par L....Procureur de D.... qu'il a fait affigner R....à caufe de N.... fa femme, pour fe voir condamner à.....laquelle il ne veut pas autorifer, ainfi qu'il a declaré, & comme D.... a interêt de faire une procedure reguliere, il requiert qu'il nous plaife ordoner que N... fera & demeurera autorifée à la pourfuite de fes droits, au refus de R... fon mari.

NOUS ordonons que N... fera & demeurera autorifée par juftice à la pourſuite de ſes droits & actions au refus de R . . . pour proceder ſur la demande en queſtion , & ſoit ſignifié.

Exception de la veuve ou de l'heritier , lorſque le délai pour deliberer
n'eſt pas expiré.

Q . . . dit qu'il ne doit pas être pourſuivi en qualité d'heritier dudit défunt, & ne peut défendre à la demande qui lui a été faite , juſques à ce que le delai pour deliberer ſoit expiré , & ainſi il proteſte de nullité de tout ce qui ſera fait au préjudice de cette exception.

CHAPITRE CV.

Des Délais pour deliberer.

CElui qui eſt habile à ſe porter heritier d'un défunt a trois mois de délai dépuis l'ouverture de la ſucceſſion pour faire inventaire , & quarante jours enſuite pour deliberer s'il aprehendera la ſucceſſion, ou s'il y renoncera ; enſorte que ſi pendant ce tems il eſt pourſuivi par les creanciers de la ſucceſſion, il peut propoſer ſes exceptions dilatoires , & demander au Juge qu'il ſoit ſurcis juſqu'à ce que le tems du délai ſoit expiré.

Neanmoins ſi l'inventaire avoit été fait auparavant les trois mois, il n'auroit que les quarante jours ſuivans pour deliberer , à compter du jour que l'inventaire aura été parachevé, ſelon l'article 1 du titre des délais pour deliberer, de l'Ordonance de 1667,

Mais ſi les quarante jours étoient paſſez au jour de l'écheance de l'aſſignation, le défendeur n'auroit aucun delai pour deliberer , ſuivant l'article 2. & au cas que les quarante jours ne fuſſent pas entierement expirez audit jour de l'écheance de l'aſſignation , le défendeur n'a que ce qui reſte des quarante jours , tant pour proceder à l'inventaire , que pour faire ſa declaration.

S'il avoit été negligent de faire inventaire , & que le délai porté par l'Ordonance fût expiré , il ne pouroit demander aucun délai pour deliberer, ſelon l'article 3. à moins qu'il ne juſtifiât que l'inventaire n'auroit pû être fait dans les trois mois , pour des cauſes legitimes.

Comme par exemple, s'il n'avoit pas eu conoiſſance du décez du défunt , ou à cauſe des opoſitions & conteſtations ſurvenuës, ou autrement, pour lors le Juge doit lui acorder un délai convenable pour faire inventaire , & quarante jours pour deliberer.

Ce délai ne peut être doné qu'à l'Audience, fans que fur ce le Juge puiffe apointer les parties, ainfi qu'il eft dit par l'article 4.

Aprés que les délais font expirés, le défendeur eft obligé de défendre fur l'affignation, ou de renoncer à la fucceffion, à moins qu'il n'ait fait acte d'heritier.

L'acte de renonciation fe fait au Greffe ou pardevant Notaire, celui qui le fait, déclarant qu'il a renoncé & renonce à la fucceffion de tel, dont il étoit habile à fe porter heritier, déclarant qu'il n'a pris ni aprehendé aucuns biens, étant de ladite fucceffion.

Si l'heritier prefomptif étoit abfent au tems du décés du défunt, & qu'il n'en n'eût eu conoiffance que long-tems aprés fon retour, étant pour cet éfet apelé en juftice pour faire fa déclaration, comme il n'y a eu aucun inventaire de fait pendant fon abfence, le Juge eft auffi tenu de lui accorder un délai convenable pour faire l'inventaire, & encore aprés, quarante jours pour déliberer.

Toutefois, fi cet heritier prefomptif étoit mineur, ces délais ne couroient pas contre lui, s'il n'avoit point de tuteur; mais s'il en avoit un, ils couroient contre le tuteur, auquel cas celui qui feroit obligé d'agir contre lui feroit tenu de lui faire créer un tuteur.

Que fi un mineur avoit été émancipé & qu'aprés que fon tuteur lui auroit rendu compte; il lui écheoit pendant fa minorité une fucceffion collaterale, en ces cas, les délais prefcrits par l'Ordonance de 1667. ne courent pas contre lui, tout ainfi que contre un majeur.

C'eft pourquoi, celui qui feroit obligé d'agir contre lui en qualité d'heritier du défunt eft tenu de lui faire de nouveau créer un tuteur, parce que fans l'autorité d'un tuteur, il ne peut pas acepter ni repudier une fucceffion, l'un & l'autre cas emportant alienation d'immeubles, en forte, que cet repudiation équipolle une alienation.

Et fi au contraire, il accepte une fucceffion qui foit onereufe, & chargée de dettes, il s'engage au payement de toutes ces dettes, qui dans la fuite peuvent avoir trait alienation de fes propres immeubles.

La veuve d'un défunt a le même délai que l'heritier prefomtif, tant pour faire inventaire, que pour déliberer, fi elle acceptera, ou renoncera à la comunauté.

Que fi avant le tems elle eft pourfuivie en qualité de comune, elle peut demander délai pour faire inventaire, & pour déliberer, de même que celui qui eft habile à fe porter heritier d'un défunt; & fi aprés ce tems elle veut renoncer à la comunauté, il faut qu'elle en paffe un acte au Greffe de la Jurifdiction, ou pardevant Notaire, pour s'en fervir quand il fera neceffaire.

Suivant le Droit Romain, l'inventaire doit auffi être fait dans trois mois, à compter du jour que l'heritier a fcû que l'heredité lui a été referée, felon la Loi derniere, §. *fin autem dubius*, *C. de jur. delib.* & la doctrine de Rebuffe, *in præmio conft. Reg. gl. 3. nombre* 80. & de Cujas, *ad nov. 1.* quoi qu'il y ait plufieurs Docteurs qui eftiment que ce tems ne comence à courir que depuis que l'heritier a accepté l'heredité ; même le Droit Romain acordoit un an aux heritiers, à compter dés le jour du decés du défunt, lors que les biens de l'heredité, ou la plus grande partie n'étoient pas fituez dans le lieu de la demeure de l'heritier, & pendant ce tems il ne pouvoit être actionée ni par les legataires ou fidei-comiffaire, ni par les creanciers.

Selon l'ufage du païs de Provence, un heritier peut en tout tems faire proceder à l'inventaire des biens du défunt, quand une fois il y a été admis, à moins que des creanciers legitimes ne l'en aient fait déchoir, & c'eft pour la preuve de ce fait, que Dame Françoife Chaftellane, veuve du fieur Jouques, fut admife à faire une enquête par Turbe, par Arreft du 23. Août 1666. contre le fieur Dalberas, fieur de faint Mefme, enforte que céte enquefte fut continuée & executée nonobftant l'abrogation des Enquêtes par Turbe, en vertu d'un Arreft de Dijon de 1666. confirmé par Arreft du Confeil d'Etat du 9. Septembre 1669. lequel eft raporté dans le Recueïl des Arrêts donés en interpretation des nouvelles Ordonances, page 126.

L'ufage du Parlement de Bourdeaux, eft de recevoir un heritier à repudier jufqu'à trente ans, & fuivant cet ufage, une veuve heritiere de fon mari, qui étoit demeurée une année & demie depuis l'ouverture de la fucceffion, fans faire inventaire, ni prendre cete qualité, fut neanmoins recûë à renoncer à l'heredité, par Arrét du Parlement de Bourdeaux du 19. Fevrier 1672. fondé fur ce que l'Ordonance de 1667. n'exclut pas un heritier inftitué de repudier l'heredité à lui deferée quand bon lui femblera.

L'Empereur, parlant au §. 2. de la Loi *Scimus, C. de jure delib.* des heritiers qui étoient incertains de ce qu'ils devoient faire, les difpenfe de toutes fortes de déliberations, & veut qu'ils aprehendent la fucceffion fans crainte, pourveu qu'ils faffent enfuite un inventaire dans le tems & en la forme par lui prefcrite, étant certain que l'adition & l'immixtion faite avant l'inventaire, ne rend pas l'heritier pur & fimple.

Et au §. 13. de cete Loi, qui eſt la concluſion de ce que l'Empe-reur a établi touchant le benefice d'inventaire, pour ôter la pei-ne & l'inquietude, rend cette raiſon, qu'on délibereroit en vain, parce qu'au moien du privilege accordé à l'heritier qui a fait in-ventaire de n'être tenu des dettes que juſques à la concurence des biens, il peut ſortir d'afaire ſans y rien perdre, & ſans ſoufrir aucun domage, pour s'être porté heritier, ce qui a lieu quoi qu'il ne renonce point & qu'il demeure heritier.

C'eſt la veritable ſignification des mots de ce §. *cum liceat ab ea ſine damno diſcedere,* comme il eſt prouvé amplement dans le plaidoïer pour Madame Pajot, recueilli dans la huitiéme partie du Iournal du Palais.

Auſſi, il eſt permis aux ereanciers, aux legataires & aux fidei-comiſſaires de faire preuve, qu'il y a d'autres biens, que ceux com-pris dans l'inventaire, ſuivant le §. *cum licentia,* de la même Loi, *Ut undique veritate exquiſitâ, neque lucrum, neque damnum aliquod hæres ex hujuſmodi ſentita hæreditate.*

Le Droit Romain pour empêcher que l'heritier ne ſe chargeât d'une ſucceſſion qui lui fut à charge, & pour lui doner le moien de reconoître, *num eſſet as latens,* & de délibérer en ſoi-même s'il la vouloit accepter, accordât à l'heritier, *dies erectionis,* qui eſt ce que nous apelons, délai pour délibérer, qu'il pouvoit être prorogé juſ-qu'à un an, & celui-là étoit apelé, *erectio;* en ſorte que quelque diligence qu'on y aportat, il arivoit aprés avoir accepté l'heredité, que les detes qui avoient demeuré cachées pendant ce délai, paroiſ-ſent en foule.

Iuſtinien done auſſi ce privilege à toutes ſortes d'heritiers de l'accepter ſous benefice d'inventaire, afin qu'il ne ſoit pas tenu au païement des detes, *ultra vires hæreditarias;* ce que le droit Fran-çois, c'eſt pareillement aproprié, tant au païs de Droit Ecrit, que dans le païs Coûtumier là où on eſt heritier qui ne veut, & l'uſage le plus comun, eſt de ſe rendre heritier par benefice d'inven-taire.

Le tems de faire l'inventaire ne court pas *à die aditionis, ut patat Accurſ. in l. ult. §. ſin autem dubius 2. in verbo delatum, ſed à quo potuit adire, d. l. & §.* Et lorſque l'heritier ne l'a pû faire pour quelque juſte empeſchement, il peut être relevé du laps de tems, par Lettres Roïaux, *Maſſier, au titre 32. des Succeſſions, nombre 29.*

Par Arreſt du Parlement de Bourdeaux du 9. Fevrier 1671. re-cueilli dans le premier Tome du Iournal du Palais, page 166. une veuve heritiere de ſon mari, qui avoit laiſſé paſſer une année &

demie , depuis l'ouverture de la fucceſſion', ſans faire inventaire ni
prendre qualité,& qui avoit procedé en divers actes en qualité d'heritiere,fut neanmoins reçûe à renoncer à l'heredité,ſur ce fondement
que l'uſage du Parlement de Bourdeaux eſt tel , que la faculté de repudier ne ſe preſcrit que par l'eſpace de trente ans.

Les enfans peuvent auſſi aprés pluſieurs années être reçûs à repudier l'heredité de leur pere , d'autant que ſuccedant à des biens qui
leur apartienent par le droit d'uſage , & non par l'éfet d'une liberalité étrangere , il eſt juſte de les laiſſer en tout tems dans la liberté
de recüeillir leurs propres biens, ou dè les abandoner.

Dans le §. *fin autem* , de la même Loi , le tems de faire inventaire eſt prorogé, juſqu'à un an , lors que l'heritier eſt abſent & éloigné des lieux où ſont les biens de la fucceſſion.

Exception , à ce qu'il ſoit accordé un nouveau délai pour faire Inventaire,
& quarante jours pour déliberer.

§. apellée en qualité d'heritier de &c. . . .
Contre T . . . .demandeur,

Dit , qu'il n'a pas pû faire inventaire dans le tems de l'Ordonance , pour
n'avoir pas eu conoiſſance du déceds dudit défunt , & lors qu'il a fait apoſer
le ſcellé ſur les biens & éfets de ſa fucceſſion , il y a eu pluſieurs opoſitions,
dont il a fait doner copie au demandeur.

C'eſt pourquoi requiert un nouveau délái pour proceder à la confection
de l'inventaire , & pour déliberer , & en cas de conteſtation demande dépens.

Déclaration qu'on ne veut pas être heritier.

O ., . .défendeur , déclare à E . . . .qu'il ne veut point être heritier de défunt
C . . . . ſon Oncle , & en conſequence , ſoûtient qu'il doit être déchargé de la
demande à lui faite en cete qualité par ledit E. . . . avec dépens.

CHAPITRE CVI.

Des Veuës & Montres.

LEs Exceptions de Veuës & Montres ont été abrogées pour quelque cauſe que ce ſoit , par l'article 3. 4. & 5. du titre 9. de l'Ordonance de 1667.

Ainſi au lieu de ces Exceptions & de toutes les procedures qui ſe
faiſoient pour faire conoître au défendeur les tenans & aboutiſſans
des choſes dont il s'agiſſoit , il faut ſeulement obſerver , que

lors qu'il s'agit d'une demande de Censives par action, ou de la propriété de quelque heritage, rente fonciere, charge réelle, ou hipoteque, le demandeur doit declarer par le premier Exploit à peine de nullité, le Bourg, Village, ou Hameau, le Territoire & la Contrée où l'heritage est situé, sa consistance, ses nouveaux tenans & aboutissans du côté du Septentrion, du Midy, de l'Orient & Occident, sa nature au tems de l'exploit, si c'est terres labourables, prez, bois, vignes, ou autres qualitez, en sorte que le défendeur ne puisse ignorer pour quel heritage il est assigné.

S'il s'agissoit d'un fief, ou d'une metairie entiere, il sufira d'en declarer le nom, & d'en designer la situation.

Le demandeur qui n'a pas observé dans son exploit toutes les formalitez requises par l'Ordonance, & que sur icelui il a neanmoins obtenu défaut en portant profit, ce défaut ne peut pas subsister, & le défendeur est bien fondé lors qu'on le voudra metre à execution contre lui, à s'oposer & demander que toute la procedure faite en consequence soit declarée nulle.

Que si sur cet exploit defectueux il se presente, il peut demander qu'il soit declaré nul, & ledit demandeur condamné aux dépens, qui consisteront principalement à son voïage, s'il n'est pas domicilié dans le lieu où est le Siege de la Jurisdiction en laquelle il est apellé.

Cela se pratique ordinairement dans les Justices inferieures; mais aux Requêtes de l'Hôtel & du Palais, & au Parlement, cette rigueur passeroit pour une chicane du défendeur.

Or donc, tout ce qu'il poura faire raisonablement aprés s'être presenté, ce sera de demander par des exceptions, que le demandeur soit tenu de cotter par tenans & aboutissans, suivant l'Ordonance, l'heritage qu'il revendique, ou sur lequel il prétend une rente fonciere, ou une hipoteque, & l'exploit comme nul n'entreroit pas en la taxe des dépens, si par l'évenement le demandeur les obtient.

L'Exception que le défendeur poura doner doit être en la forme de celle qui suit.

Exception.

R . . . . dit, qu'il ignore pour quel heritage il a été assigné, le lieu de sa situation, les tenans & aboutissans n'étant pas exprimez dans l'exploit de demande, ni si ce sont terres labourables, prez, bois, vignes, ou d'autres qualitez, & faute de l'avoir declaré, suivant l'Ordonance, proteste de nullité de tout ce qui a été & poura être fait.

Le défendeur peut alleguer une pareille Exception , s'il s'agit du Corps d'une terre , ou metairie , ainſi qu'il a été dit ci-deſſus, dont le nom & la ſituation n'ait pas été declarée, ou bien ſi c'eſt une maiſon de laquelle les tenans & aboutiſſans n'aïent pas été deſignez.

On peut auſſi ſe ſervir des autres Exceptions dilatoires ſur la regle de celle ci-deſſus.

CHAPITRE CVII.

Des Garants.

GArant, à proprement parler, eſt celui qui eſt tenu & reſponſable de l'éviction de quelque choſe, ſoit mobiliaire , ou immobiliaire ; parce que le mot *Garantir*, ſuivant l'opinion de Maître Charles Loyſeau, ſignifie aſſurer, & conſequament c'eſt celui qui aſſure un autre, & qui s'oblige de l'aquiter & l'indemniſer de quelque action ou procez.

Il y a de deux ſortes de garants, ſçavoir, le garant formel & le garant ſimple.

Le garant formel eſt ainſi nommé, parce qu'il eſt ſommé, non ſeulement d'aſſiſter en cauſe ; mais particulierement de prendre le fait & cauſe de l'aquereur & d'entrer en ſon lieu & place.

Comme par exemple, quand l'aquereur eſt pourſuivi par action hipotequaire par les creanciers de ſon vendeur , ou par action réelle pour quelque droit réel , comme ſervitude, ou rente fonciere, ou autre prétendu ſur l'heritage qu'il a acquis , ſous la charge duquel il a fait l'aquiſition.

C'eſt pour cela qu'avant la nouvelle Ordonance , il étoit tenu de proceder pardevant le Juge où la matiere principale étoit pendante, bien qu'il eût quelque privilege ſpecial pour declarer, comme entrant en la place du défendeur originaire & ſoutenant ſa perſone, ſuivant la Loy, *venditor* , *ff. de Jud.*

Celui qui intervient dans un contrat de vente, & s'oblige ſolidairement avec le vendeur à la garantie de la choſe venduë , eſt auſſi reputé garant formel de même que le vendeur.

La garantie formelle ceſſe en pluſieurs cas.

Le premier eſt , lors que l'aquereur eſt troublé en ſa poſſeſſion par force & par violence , auquel cas il ne peut pas faire apeler ſon vendeur en garantie pour faire ceſſer le trouble, d'autant qu'il n'y a ouverture à cette garantie que quand le trouble eſt fait par la voïe

de

de droit & par juſtice, & en cas de force & de violence, il doit recourir à l'autorité du Juge pour l'empêcher.

Le deuxiéme, quand le trouble eſt fait par le Prince, ou par l'autorité publique; comme ſi le Roi ou la Ville prend une maiſon, ou un
heritage pour la comodité publique, parce qu'en ce cas c'eſt une force majeure, dont on n'eſt pas garant.

Le troiſiéme, lors que l'aquereur eſt évincé par retrait lignager
ou feodal; car ce ſont des moïens introduits par la Coutume pour
évincer les aquereurs, qui ſe font ſan le fait des vendeurs, les aquereurs ne pouvant pas ignorer qu'aquerant des heritages ſujets au retrait, ils en pourront être évincé; d'ailleurs ils n'encourent aucune
perte, puis qu'ils ſont entierement rembourſez.

Neanmoins ſi le vendeur avoit promis de garantir l'acheteur du
retrait lignager, en ce cas il ſeroit obligé à la garantie, ainſi qu'il a
été jugé par pluſieurs Arrêts.

Le quatriéme, lors qu'une choſe leguée n'apartient pas au teſtateur, & que le legataire eſt évincé, il n'y a pas de recours contre ſon
heritier, au cas que le teſtateur ignorât que la choſe qu'il leguoit
ne lui apartenoit pas; mais s'il en avoit conoiſſance, l'heritier eſt
tenu d'en faire joüir le legataire, ou de lui en païer l'eſtimation.

C'eſt une diſtinction fondée ſur le Droit Romain, qui eſt d'uſage
en France.

Il faut excepter lors que le legs eſt fait à un enfant; car pour lors
ſans cette diſtinction les autres enfans heritiers ſeroient tenus de garantir la choſe leguée & en faire joüir le legataire, & lui en païer
l'eſtimation.

Le cinquiéme, ſi le locataire d'une maiſon ou le fermier d'une
terre eſt troublé en ſa joüiſſance, il ne peut pas apeller en garantie
celui qui lui a fait le bail, parce que la garantie ne peut pas être
exercée que quand il s'agit de la proprieté d'ue choſe, & non de la
poſſeſſion & joüiſſance pour un tems; mais en cas qu'il ait été expulſé par un tiers, il a ſon recours contre le bailleur à loïer ou à ferme pour ſes domages & interêts.

Le ſixiéme, lors que l'acheteur a renoncé expreſſement à la garantie en cas d'éviction, auquel cas neanmoins il peut repeter le
prix de la vente, à moins que la clauſe du contrat ne porte, *ſans ga-*
rantie ni reſtitution de deniers.

Le garant ſimple eſt celui qui eſt ſommé pour intervenir en la
cauſe, aſſiſter en icelle, & ſe joindre avec celui qui eſt pourſuivi.

Ce qui arive quand un heritier, ou un des coobligez ſolidairement eſt pourſuivi, en ce cas les coheritiers, ou les coobligez ſont

tenus de fe joindre en caufe avec celui contre lequel l'action eft intentée, parce qu'ils ont un interêt pareil & comun.

Cette garantie peut avoir lieu en toutes matieres ; mais la garantie formelle n'a lieu ordinairement que dans les matieres réelles &
hipotequaires, ainfi qu'il eft porté par l'article 1. du titre 8. de l'Ordonance de 1667.

Elle a lieu auffi entre les coheritiers pour le contenu dans le lots
les uns envers les autres, comme j'ai déja dit ailleurs.

Ainfi il y a grande diference entre la garantie fimple & la garantie formelle.

Dans la garantie formelle, le garant peut prendre le fait & caufe,
pour les garantis, & les faire metre hors de caufe, fuivant l'article
9. du titre 8. voire même les garans y font obligez, fi les garantis
le requierent avant conteftation, & qu'ils foient bien fondez en
leurs recours ; mais en la garantie fimple, les garants ne peuvent
prendre le fait & caufe pour les garantis, ils peuvent feulement intervenir & fe joindre en caufe, fi bon leur femble, fuivant l'article
12. du même titre.

En la garantie formelle, quand le garant a pris le fait & caufe
pour le garanti, la Sentence qui intervient n'eft executoire que
contre le garanti, que pour le principal feulement, & non pour les
dépens, domages & interêts, dont la taxe, ou liquidation, quand il
en eft adjugé, ne fe doit faire que contre le garant, felon l'article
11. dudit titre 8. mais en la garantie fimple, la condamnation fe prononce & s'execute contre le garanti, tant pour le principal, que
pour les dépens, domages & interêts, s'il en échet, fauf fon recours
contre fon garant que l'on condamne à l'aquiter & indemnifer, tant
du principal que defdits dépens, domages & interêts.

La raifon de ces diferences eft, que le garanti en garantie formelle n'eft pas obligé perfonelement envers le demandeur originaire, qui reclame & revendique la chofe entre fes mains; c'eft pourquoi quand fon garant, qui la lui a vendu ou baillé en échange
prend fon fait & caufe contre le demandeur originaire & contefte
contre lui, il eft liberé envers ce demandeur, & doit être mis hors
de caufe ; mais en la garantie fimple, le garanti eft perfonellement
obligé envers le demandeur originaire, ainfi il ne peut être liberé de
cette obligation perfonelle, par la prife du fait & caufe pour fon
garant.

Par exemple ; j'achete de tel, un heritage que je croyois lui
apartenir, & qui neanmoins ne lui apartient pas, il eft certain qu'il
me doit la garantie de cet heritage qu'il m'a vendu, & qu'il eft mon

garant formel, & par confequent fi je fuis inquieté par le veritable proprietaire de cet heritage, il doit prendre mon fait & caufe contre lui ; mais pour cela je ne fuis pas obligé perfonellement envers ce veritable proprietaire, parce que je n'ai pas contracté avec lui ce veritable proprietaire, a feulement contre moi une action réelle en revendication, à caufe qu'il me trouve détenteur de fon heritage ; mais je fuis libre de cete action envers lui, quant au lieu de contefter, j'apelle mon garant qui prend mon fait & caufe, & contefte la proprieté de l'heritage contre lui qui le revendique.

C'eft pourquoi, il ne feroit pas raifonable de faire tomber fur moi les dépens d'une conteftation que je n'ai pas faite, ni les domages & interêts, procedant d'une ufurpation dont je ne fuis pas coupable, aïant acheté de bone foi ; mais bien celui qui m'a vendu un heritage qui ne lui apartenoit pas.

Auffi, c'eft pour cela que par les Ordonances, tant ancienes que nouvelles, il eft dit qu'en matiere de garentie, que pour le principal, c'eft-à-dire, pour la reftitution de la chofe revendiquée, & non pour les dépens, domages & interêts, à l'égard defquels elles ne font executoires que contre les garants, & neanmoins aprés avoir difcuté le garant, les dépens ne laiffent pas de retomber fur le garenti, par le moien de l'hipoteque.

On agit auffi perfonellement contre le garenti pour les dépens, fi on a protefté de recourir contre lui en cas d'infolvabilité du garenti.

Il n'en eft pas de même en matiere de fimple garentie.

Je m'oblige folidairement avec tel, au paiement d'une fomme de trois mile livres ; mais parce que toute la fomme eft touchée par ledit tel, & qu'elle tourne entierement à fon profit, il me paffe une indemnité, par laquelle il s'oblige de m'aquiter envers le creancier, par le moien de quoi il eft certain qu'il eft mon garant, fi donc il arive que je fois pourfuivi par le creancier pour le paiement de céte fomme de trois mille livres, je ferai en droit de le faire apeler en garantie pour faire ceffer la pourfuite de ce creancier, & m'en aquiter & indamnifer, tant en principal, que domages, interêts & dépens.

Mais pour cela je ne ferai pas receveble à demander qu'il prene mon fait & caufe, ni en le prenant, que je fois mis hors de caufe, parce que je fuis perfonellement obligé envers le demandeur originaire, par le moien de l'obligation que j'ai paffée à fon profit, dont je ne fuis pas liberé pour avoir pris une indemnité de mon coobligé. V V u ij

Si un adjudicataire par décret étoit évincé par un doüaire ou une substitution, il a son recours contre le poursuivant criée, qui comme son garant formel, est tenu de prendre le fait & cause pour lui, & de faire subsister l'adjudication par décret, sinon lui rendre le prix de l'adjudication, qu'il en a païé ou consigné avec ses depens, domages & interêts, s'il en avoit soufert, sauf au poursuivant criée, son recours contre les creanciers colloquez en l'ordre, pour leur faire raporter les deniers qu'ils auroient touchez.

Par la disposition du Droit, un donateur n'est pas tenu à la garantie de ce qu'il aura doné, mais suivant nos mœurs, il y est obligé; c'est pourquoi dans les donations, les Notaires inserent ordinairement cete clause, *a doné & done, promet de faire joüir & garantir de tous troubles & empéchemens, &c.* & par ce moien, un donateur se trouve obligé à la garantie en cas d'éviction; mais sans domages & interêts; car cete clause cessant, il n'en est pas tenu, il faut une stipulation expresse.

On tient neanmoins que celui qui a doné par dol la chose d'autrui, est tenu de la garentie, lors que le contrat comence par la promesse, & non par la tradition, parce que celui qui fait la tradition ne done que ce qu'il a en la chose, au lieu que lors qu'il promet, la promesse demeure toûjours après l'éviction, ainsi qu'a remarqué Caballinus, en son Traité *de Eviction. §. 4. nombre 3.*

La garantie a lieu aussi, suivant les Docteurs, en la donation remuneratoire ou onereuse.

Quoi que dans un contrat de vente la clause de garantie soit été omise, cela n'empêche pas que le vendeur n'y soit obligé, parce qu'en en tous contrats de vente, de change, ou autres équipollens, la clause de garentie est toûjours sousentenduë, encore qu'elle ne soit pas exprimée.

La garentie de faits & promesse, n'empêche pas aussi la garentie, autrement l'on surprendroit tous les jours les simples, c'est pourquoi, il faut marquer expressement dans le contrat de vente, que c'est sans garentie, sinon de ses faits & promesse.

Quant à la question, si l'acquereur aiant acheté un heritage qu'il sçavoit bien n'apartenir pas au vendeur, pouroit en cas d'éviction le faire apeler en garentie pour la restitution du prix, elle n'est pas sans dificulté, aïant été agitée en la cinquiéme Chambre des Enquêtes, au raport de Mr Loüet, le procez fut parti, entre lui & Mr de Mesme, l'une des opinions étant à rendre le prix, & l'autre à mettre les parties hors de Cour sur la garentie.

Tellement que le procés n'aiant pas été departi , la question est demeurée indecise , comme il est remarqué par Mr. Loüet , lettre A , Chapitre 13.

Toutefois Maître Julien Brodeau en cet endroit , raporte un Arrest du 10. Decembre 1640. par lequel un vendeur a été condamné de rendre à un aquereur qui avoit acheté un heritage qu'il sçavoit n'apartenir point au vendeur , non seulement le prix de la vente ; mais encore deux cens livres pour ses domages & interêts.

Les garents, tant en garentie formelle , qu'en garentie simple, doivent être assignez sans comission ou mandement de Juge , en quelque lieu qu'ils soient demeurans , si ce n'est aux Cours Souveraines & pardevant les Juges qui jugent en dernier ressort , comme sont les Presidiaux au premier chef de l'Edit , pardevant lesquels l'assignation en garentie ne peut être donée qu'en vertu d'Arrêt , ou Comission.

L'exploit en garntie doit contenir copie des pieces justificatives de la garantie, de l'exploit du demandeur originaire & des pieces dont il aura doné copie , & toutes les autres formalitez requises par les ajournemens y doivent être observées.

Si c'est un garant formel , on conclut à ce qu'il soit condamné à prendre le fait & cause de celui contre qui le trouble est intanté , pour raison de tel heritage , dont il s'est porté garent par le contrat de vente du tel jour ... faire cesser le trouble qui lui est fait pour raison dudit heritage , sinon & à faute de ce faire, en cas d'eviction , condamné en tous ses domages, interèts & dépens.

Contre , le garant simple, on conclut , à ce qu'il ait à se joindre en la cause principale , & à proposer conjointement , avec lui les défenses qu'il peut avoir contre la demande originaire.

Le délai pour faire apeller le garant est de huitaine, du jour de la signification de l'exploit du demandeur originaire , & encore de tout le tems qui est necessaire pour apeler le garant , selon la distance du lieu de sa demeure, à raison d'un jour pour dix licües, & autant pour retirer l'exploit , suivant l'article 2. du titre 8. de l'Ordonance de 1667.

Ce qui soufre une exception portée dans l'article suivant , par lequel si le défendeur originaire est assigné en qualité d'heritier, & qu'il y ait lieu de lui doner un délai pour déliberer, le délai de garant ne comence à courir que du jour que le délai pour déliberer est expiré.

Ce qui est aussi pareillement observé à l'égard des veuves qui ſont aſſignées en qualité de comune.

Les défendeurs originaires n'ont pas d'autre délai pour amener garent, en quelque matiere que ce ſoit, que celui porté par ledit article 2. ſous pretexte de minorité, biens d'Egliſe, ou d'autres cauſes privilegiées, ſauf aprés le Jugement de la demande principale, pourſuivre ſa demande en recours de garentie contre les garents, ſelon l'article 7.

Neanmoins il pouroit perdre ſa garentie, ſi le garent faiſoit voir qu'il avoit des moiëns certains pour empêcher la condamnation, ſuivant les Loix, *ſi rem* 29. *in fine. Si id es* §. *Serennius* 63. *ff. de évictionibus & leg. ſi permutationis* 22. *eod.*

Mais comme il peut ariver que dans une même cauſe il y a pluſieurs garants à faire apeller, l'article 15. ordone, que les mêmes délais qui ſont acordés au premier, ſoient auſſi acordez à l'égard du ſecond, en ſorte que s'il y a pluſieurs garants intereſſés dans une même garantie, il n'y a qu'un ſeul délai pour tous, lequel eſt reglé ſelon la demeure du garant le plus éloigné.

Ceux qui ſont aſſignez en garantie formelle, ou ſimple, ſont tenus de proceder en la Juriſdiction où la demande originaire eſt pendente, encore dénient être garents, excepté,

Primò. Lors que le proprietaire eſt apellé en garantie par ſon locataire, car comme ce n'eſt pas une vraie forme de garantie, que la propre cauſe du proprietaire, il s'enſuit que le proprietaire peut demander ſon renvoi pardevant ſon Juge.

Secundò. Au cas que le garent ſoit privilegié, il peut demander ſon renvoi pardevant le Juge de ſon privilege, pourveu que ſon privilege ſoit un privilege ſpecial, comme de Bourgeois de Paris.

Tertiò. Quand il paroît par écrit ou par l'évidence du fait, que la demande originaire n'a été formée que pour traduire le garent hors de ſa Juriſdiction, le Juge doit renvoïer la cauſe pardevant ceux qui en doivent conoître, & en cas de contravention, il peut être pris à partie en ſon nom, ſuivant l'article 9.

Quoique le délai de l'aſſignation en garantie ne ſoit pas échû en même tems que celui de la demande originaire, neanmoins on ne peut pas prendre aucun défaut, contre le défendeur originaire, en donant par lui copie de l'exploit de la demande en garentie, & des pieces juſtificatives d'icelles.

Si le demandeur originaire ſoutient qu'il n'y a pas eu lieu au délai pour faire apeller les garants du défendeur, cet incident ſe doit juger ſommairement à l'Audience, & à cete fin, le demandeur fait faire une sommation au défendeur pour venir plaider, ainsi qu'il s'ensuit.

Sommation pour venir plaider.

A la Requête de A … demandeur

Soit sommé, & interpellé D … Procureur de H …. de comparoir demain en la Chambre & pardevant E …… pour plaider sur ce que le demandeur a soutenu qu'il n'y a pas lieu au délai de garant requis par D …. & sera declaré que O … Procureur du demandeur poursuivra l'Audiance, tant en presence, qu'absence, à ce qu'il n'en ignore, dont acte.

Si le Juge trouve que le défendeur originaire soit bien fondé, il lui acorde le délai de garant, & condamne le demandeur aux dépens de l'incident; que si au contraire le défendeur est mal fondé, il le déboute du délai de garant & le condamne aux dépens.

En garantie formelle, les garants peuvent prendre le fait & cause pour le garanti, lequel peut être mis hors de cause, s'il le requiert avant la contestation, ainsi qu'il est porté par ledit article 9. *loco citato*, du titre 8. de l'Ordonance de 1667.

Ce qui est aussi conforme à l'Ordonance de François I. à Villers Coterets en 1539. article 19. où il est dit que si le garant compare, & veut prendre la garantie, il sera tenu de le faire au jour de la premiere assignation.

Et à celle d'Henry III. de l'an 1485. qui dit, qu'aux matieres esquelles il y a lieu de garant formel, le garant sera tenu à prendre la garantie, & en ce faisant la partie principale mise hors de cause, sauf à elle, si bon lui semble, de demeurer en cause pour obvier à collusion.

Mais en garantie simple, le garanti ne peut être mis hors de cause, parce que le garant simple n'est pas obligé de prendre le fait & cause de celui qui l'apelle en garantie; il est seulement obligé de se joindre en cause avec lui, aïant tous deux un pareil interêt.

Par l'article 12. du titre des Garants, de l'Ordonance de 1667. il est porté, qu'en garantie simple, les garants ne peuvent pas prendre le fait & cause, mais seulement intervenir, si bon leur semble; & dans la garantie formelle, il n'importe pas au demandeur que le garanti soit hors de cause, puis qu'il a une autre partie principale, & que pour le principal le jugement est executé contre le garanti.

L'interêt qu'il pouroit avoir que le garant ne prît pas le fait & cause, seroit à cause des dépens du procez, en cas que le garanti fût insolvable; mais le garanti ne doit pas répondre, veu que ce n'eſt que par le fait du garant que la pourſuite a été faite contre lui , & qu'elle auroit comencé contre le garant, ſi le garanti n'avoit pas aquis l'heritage dont il s'agit.

Cependant , ſi au lieu de demander d'être mis hors de cauſe , il avoit fait une retroceſſion à ſon vendeur de la rente ou heritage , il ne laiſſeroit pas d'être tenu de raporter les fruits échus dépuis, & de porter les dépens.

Lors qu'il n'eſt pas mis hors de cauſe , il ne peut repeter les voïages & autres frais qui n'entrent pas en taxe , d'autant qu'il pouvoit n'y pas demeurer.

Quoique le garanti ait été mis hors de cauſe, neanmoins il y peut aſſiſter pour la conſervation de ſes droits, ſuivant l'article 10.

Le garant ſimple qui veut intervenir en cauſe, doit preſenter Requête au Juge pour être reçu partie intervenante en l'inſtance, entre le demandeur originaire & le défendeur originaire , par les raiſons & moïens qu'il déduit dans ſa Requête , laquelle ſera dreſſée ainſi.

Requête d'intervention d'un garant ſimple.

A Monſieur le Prevôt , ou Bailli de . . . .

Suplie humblement F . . . .

Disant , qu'en qualité d'heritier pour moitié de défunt G . . . il a paſſé titre nouvel en reconoiſſance de . . . livres de rente, conjointement avec I . . . . auſſi heritier pour moitié dudit défunt, par contrat du . . . . au profit de P . . . . auquel il a païé ſa part des arerages échus de ladite rente , neanmoins P . . . . pourſuit I . . . . obligé ſolidairement avec le Supliant , & ſupoſe que ledit Supliant ne lui a rien païé deſdits arerages , c'eſt pourquoi il a recours à vous pour y être pourveu.

Ce considere', Monſieur, il vous plaiſe recevoir le Supliant partie intervenante en l'inſtance d'entre P . . . & I . . . . & lui doner acte de ce que pour moïen d'intervention il employe le contenu en la preſente Requête, & la quitance de P . . . . du . . . . & en conſequence décharger I . . . . de la demande qu'il lui a faite , & condamner P . . . . en tous les dépens , tant en défendant, que de la ſommation, domages & interêts, & vous ferez bien.

Si l'inſtance eſt apointée lors que l'on done la Requête d'intervention, il faut aprés ces mots, *de ce que pour moïens d'intervention,* ajouter, *écritures & production* , & au bas d'icelle , ſi l'inſtance eſt pendante à la Cour, l'un des Meſſieurs , ou le Greffier met, *viennent les parties.*

Le garanti en garantie formelle , doit auſſi preſenter Requête
pour

pour être mis hors de caufe, le garant aïant pris le fait & caufe.

Requête à ce que le garanti foit mis hors de caufe.

A Monfieur , &c...

Suplie humblement O . . . .

D isant, qu'il a vendu une maifon & heritage à B .... lequel aïant été affigné en declaration d'hipoteque, à la Requête de M .... qui prétend être creancier du Supliant, B ... lui a denoncé cette pourfuite avec fommation de l'en aquiter & garantir, ainfi il eft obligé d'avoir recours à vous.

Ce considere, Monfieur, il vous plaife recevoir le Supliant à prendre le fait & caufe de B .... contre M ....& en ce faifant ordoner que B ....fera mis hors de caufe, & vous ferez bien.

On met au bas de cette Requête, *viennent les parties,* enfuite de quoi il faut la faire fignifier aufdites parties, avec un avenir pour plaider au premier jour, & le Juge contradictoirement, ou par défaut, met le garanti hors de caufe.

Si la demande principale & celle en garantie font en même tems en état d'être jugées, le Juge y doit faire droit conjointement, finon le demandeur originaire peut faire juger fa demande feparément, trois jours après avoir fait fignifier que l'inftance principale eft en état, & le même jugement doit prononcer fur la disjonction.

Que fi les deux inftances originaires & en garantie ont été jointes, fauf après le jugement du principal à faire droit fur la garantie, s'il y échet, ce qui arive quand la demande principale & la demande en garantie ont été jointes pour y être fait droit, & qu'enfuite la demande principale fe trouve plûtôt en état d'être jugée ; pour ne pas retarder le jugement, le Juge rend fon jugement fur la demande principale, apres que le demandeur originaire a fignifié aux parties que le procez étoit en état de juger, & par le même jugement il disjoint l'inftance en fommation d'avec la demande principale pour être jugée feparément.

Cet article fe doit entendre quand le garanti n'a pas été mis hors de caufe, & que le garant n'a pas pris le fait & caufe ; mais qu'il a contefté fur la demande en garantie ; car quand le garanti eft hors de caufe,la conteftation n'eft plus qu'entre le demandeur originaire & le garant, ainfi il n'y a qu'une caufe, & il ne faut qu'un jugement pour la terminer.

Par l'article 14. du titre 8. de l'Ordonance de 1667. les garants qui fuccombent font condamnez aux dépens de la caufe principale du jour de la fommation feulement qui leur a été faite, & non de

Tome I. XXx

ceux qui ont été faits auparavant, sinon de l'exploit de demande originaire.

La raison est, que le garanti doit s'imputer de n'avoir pas denoncé la poursuite dés le comencement; car le garant reconoissant qu'il n'étoit pas bien fondé à défendre contre l'action, il auroit consenti & acordé les fins & conclusions du demandeur, & quoique dans la suite il ait contesté, neanmoins le garanti ne peut pas repeter les dépens qu'il auroit fait avant la sommation, parce que l'Ordonance ne le permet pas.

Et quoique le garant fût insolvable, neanmoins le demandeur ne pouroit pas le poursuivre contre le garanti, quoi qu'il eût protesté contre lui, & qu'il l'eût fait apeler pour assister à la taxe des dépens, quand même il auroit perçu les fruits de la chose contentieuse, parce qu'il ne seroit pas juste que les dépens ausquels auroit sucombé le garant par son propre fait, retombassent sur le garanti.

Par Arrêt du 15. Fevrier 1646. doné en l'Audiance de la troisiéme Chambre du Parlement de Grenoble, raporté par Basset, livre 2. titre 31. chapitre 14. il a été jugé que lors que par l'Arrêt, ou jugement il est dit, *dépens compensez* entre le demandeur & le défendeur principal, ces dépens doivent être suportez par le garant dés le tems qu'il a été mis en cause, la raison, *quia litem in se suscipere, & pro reo defendere tenetur.*

Maynard livre 2. de ses Questions, chapitre 73. est d'un sentiment contraire; mais il dit aussi dans le même endroit, que le garant est tenu aux frais & dépens faits pour la défense & le soutien de la cause au principal, comme pour recouvrer les titres, instrumens, & autres actes necessaires, servant à l'instance principale, ou pour la preuve par témoins, ou la verification qui a été ordonée, *Unde satis judicatur ad omnem prorsus defensionem teneri venditorem; probabiliter ergo distinguendum, ut ad expensas pro hujusmodi instrumentis, testibus aut testationibus factas venditor teneatur, ad reliquos verò sumptus non teneatur.*

Les Jugemens rendus contre les garants formels sont executoires contre les garantis, pour ce qui est du principal seulement, & non pour ce qui est des dépens, domages & interêts, à l'égard desquels ils ne peuvent être executez que contre les garants; mais en matiere de garantie simple, les jugemens s'executent contre les garantis, tant pour le principal que pour les dépens, domages & interêts, s'il en échet, sauf leur recours contre leurs garants, qui ordinairement sont condamnez par le même jugement, à les en aquiter & indemniser.

Dumoulin fur l'article 20. de l'Ordonance de 1539. qui contient la même chofe, que la nouvelle, trouve cete indifpofition injufte, & qu'elle ne doit avoir lieu que lors que le garant formel eft folvable, ou du moins qu'il eft permis à celui à qui on opofe un garant de protefter des dépens, domages & interefts, après difcution faite des biens du garant; mais les Ordonances n'ont pas diftingué, ainfi, on peut dire, comme j'ai déja dit ci-deffus, que le creancier n'a pas lieu de fe plaindre fi on le fait plaider, contre celui avec qui il a lui-même contracté.

Il femble auffi que le garanti en foit quite après le procés, en offrant le principal, & les interefts, pour lefquels on lui a dénoncé les hipoteques, fans que les dépens, domages & interefts, puiffent être confiderés à cet egart comme acceffoires du principal; mais fi le garanti avoit deguerpi, le creancier pouroit venir en ordre pour fes dépens, domages & interefts, auffi bien que pour fon principal.

L'action en garantie dure trente ans, lefquels ne commencent à courir que du jour du trouble, qui peut doner ouverture à l'action de garantie, à l'égard de celui qui eft obligé à la garantie, fuivant la Loi, *empti actio, cod. de evictionibus.*

Mais à l'égard du tiers aquereur des heritages obligé à la garantie, il prefcrit cet hipoteque par dix ans entre prefens, par vingt ans, entre abfens; car encore que la prefcription ne commence à courir que du jour du trouble contre l'aquereur, & celui qui eft perfonellement obligé à la garantie, à caufe qu'auparavant il n'a pas droit d'agir, neanmoins elle court au profit du tiers aquereur, dés le moment de fon aquifition, fi elle n'eft interrompuë par celui qui a hipoteque pour garantie fur l'heritage par lui aquis.

Ce qu'il peut faire toutes & quantesfois que bon lui femble, s'il veut conferver fes affurances, ainfi qu'il a été jugé au profit d'un aquereur, par Arrêt du Grand Confeil du 30. Mars 1673. donné au public dans le Journal du Palais, d'autant que celui qui pretent la garentie, a pû agir en hipoteque; Loifeau, du Deguerpiffement, livre 3. chapitre 2. *n.* 18. Dumolin, *Confil.* 26. *nombre* 33. ainfi par la même raifon on a dû agir dans le tems en déclaration d'hipoteque pour les dettes conditionelles.

Il y a encore une autre forte de garentie; fçavoir, la garentie de droit, & la garentie de fait.

La garentie de droit eft celle que nous apellons formelle, dont il a été parlé ci deffus, par laquelle tous ceux qui vendent ou cedent une chofe mobiliaire ou immobiliaire à titre onereux, par quelque contrat que ce foit, font obligez de garentir, qu'elle leur apartenoit au tems qu'ils l'ont venduë d'en empêcher l'éviction; & au cas qu'elle arrive, de rendre & reftituer le prix ou la valeur de cet heritage, avec dépens, domages & interêts.

L'eftimation de la chofe évincée fe fait, eu égard au tems de l'éviction qui fe fait par l'autorité du Juge, fuivant Bartole, en la Loi, *fi duorum* 46. §. *Titius, nombre* 4. *de locat. conduct.*

La garentie de fait, eft celle par laquelle le vendeur eft garant, & refponfables des vices & défectuofitez qui fe trouvent dans la chofe venduë qu'il n'a pas déclaré, & qu'il a diffimulé en faifant la vente.

Il y a diference, entre la garantie de Droit, & la garantie de fait.

En la garantie de Droit, le contrat de vente fubfifte, même après l'éviction, & en execution d'icelui l'acheteur recouvre la valeur de la chofe, dont il eft évincé, avec fes domages & interêts.

Mais en la garantie de fait, le contrat eft entierement caffé & anullé, & le vendeur eft tenu de reprendre la chofe, & de rendre & reftituer à l'acheteur le prix qu'il en a touché.

Le demandeur en garantie de fait, conclut à ce que le défendeur foit condamné à reprendre la chofe mobiliaire ou immobiliaire, qu'il lui a venduë à caufe des vices & défauts qui s'y rencontrent, qu'il n'a pas déclarez, & de rendre à l'acheteur le prix qu'il a touché, & & cete action en Droit s'apelle redhibitoire.

Surquoi il faut ici obferver, que le prix aïant été reftitué, il ne doit pas indiftinctement être condamné aux domages & interêts de l'acheteur, mais feulement quand il a eu conoiffance du vice, & qu'il l'a diffimulé à l'acheteur pour le tromper.

En matiere d'heritage les vices & défauts qui donent lieu à l'action redhibitoire, ou garentie de fait, font les fervitudes, charges, devoirs, ou hipoteques, qui n'ont pas éte déclarées au vendeur par le contrat, enforte que fi le vendeur en avoit connoiffance, & les a malicieufement diffimulées, outre la reftitution du prix, il doit les domages & interêts, mais s'il les a ignorez, il n'en doit point.

En matiere de chofes mobiliaires, fi elles font achetées de Marchands ou Artifans, ce font generalement tous les vices & les défauts qui font condamnez par les Statuts & Reglemens de leurs Corps & Metier, parce que tous Marchands & Artifans font obligez de livrer tout ce qu'ils vendent, bon, loïal & marchand; autrement, & s'il eft defectueux, non feulement ils font obligez de la reprendre, mais encore ils doivent être condamnés à l'amande, fuivant les reglemens de Police.

La garantie de fait n'eft dûë par le vendeur qu'en trois cas.

Le premier, s'il y a dol & fraude de fa part, comme s'il y avoit quelques vices ou defectuofité latente, & cachée en la chofe qu'il a vendu, qui fut de fa conoiffance, & qu'il l'eut tû ou diffimulé à l'acheteur ; car pour les vices & défectuofités aparentes & que l'acheteur a pû voir, le vendeur n'en eft pas garant, & ne peuvent doner lieu à l'action redhibitoire.

Le fecond cas eft, quand le vendeur eft Marchand ou Artifan, & que la chofe qu'il a vendüe, n'eft pas de la matiere, & de la qualité qu'elle doit être, pour être expofée en vente, fuivant les Statuts & Reglemens de leur Corps & Meftier, duquel cas il a déja été parlé ci-deffus.

Le troifiéme & dernier, eft, quand le vendeur qui d'ailleurs ne feroit pas obligé à cete garantie de fait, s'y eft expreffement obligé par le marché ou par le contrat.

La garantie eft auffi dûë à l'aquereur pour la taxe du huitiéme denier ainfi qu'il a été jugé par Arreft du 18. Iuillet 1681 raporté dans la huitiéme partie du Journal du Palais, à moins que l'on ait exprimé, que c'étoit un bien d'Eglife aliené, d'autant que ce n'eft plus un fait du Prince, incertain, mais plûtôt un droit reglé au tems de la vente.

L'aquereur d'un fief taxé, à une année, à caufe que fon vendeur n'avoit pas païé, en 1672. par la capacité de poffeder fief à l'avenir, peut agir pour l'aquit à rata de la joüiffance de fon auteur, & non pour le tout, d'autant que s'il avoit aquis d'un Gentil'homme, on lui auroit fait païer cete taxe.

On ne peut pas agir en reconoiffance, contre celui qui a tranfporté un billet pour marchandifes, ou autres éfets, aprés trois mois, fi le ceffionaire n'a pas fait de diligence dans le tems, pourveu que le billet ait été negocié, c'eft-à-dire, qu'il ait paffé entre les mains d'un tiers, au moien de l'ordre qui eft au dos, ou qu'il foit païable au porteur, & même s'il a paffé en plufieurs mains, tous les ceffionaires n'ont enfemble que le même délai, au préjudice du premier cedant, mais il faut que l'ordre foit daté.

Les vices dont un Marchand vendeur de chevaux eft tenu, font la pouffe, morve, & courbature, parce que ce font vices cachez dont l'acheteur ne peut pas facilement avoir conoiffance au tems de l'achat ; car pour les autres vices qui font aparens, comme par exemple, fi un cheval étoit borgne, le vendeur n'en eft pas garant, & i

XX x iij

ne peut parmi nous doner lieu à l'action redhibitoire, parce que l'acheteur les a pû voir.

Neanmoins on n'a pas laissé, de condamner celui qui avoit vendu un cheval peint à le reprendre; car quoique ce ne soit qu'un fard exterieur, & qui ne diminuë pas la bonté intinseque, l'on n'a pas voulu autoriser la mauvaise foi, atendu qu'on y seroit souvent trompé.

L'action redhibitoire doit être intentée neuf jours après l'achat fait, suivant l'usage qui se pratique à Paris, aprés lesquels l'acheteur n'y est plus recevable, selon l'article 127. de ladite Coûtume de Paris.

A l'égard des Massons, la pratique du Châtelet, est de les rendre garants pour les gros murs par eux édifiés, durant dix ans, & pour les autres moindres ouvrages, durant trois ans seulement.

On doit aussi garantir les meules de Moulins de plusieurs pieces qu'on nomme par quartier, parce que ce sont ouvrages de massoneries, *aliud*, de celles d'une seule piece.

Par Arrest du 30. Mars 1673. raporté en la seconde partie du Journal du Palais, il a été jugé, que quand on dit que la prescription en recours de garantie, ne court que du jour du trouble, cela ne se doit entendre que de celui qui est personellement, obligé à la garantie, & non du tiers détenteur, qui a aquis dudit obligé personellement, l'heritage hipotequé à ladite garantie, parceque ce tiers detenteur peut aquerir la prescription par dix ou vingt ans de paisible possession, avant que le trouble ait été formé, celui qui est évincé de l'heritage qui lui est échû en partage, ou lui a été baillé en échange, se devant imputer si dans les dix ans ou vingt-ans, il n'a pas interrompu la prescription dudit tiers detenteur.

Il semble que l'éviction de quelque partie du fonds, que soufre un aquereur, qui doit partie du prix, & les interêts échus lors de l'action, ne doit pas être prise sur le prix principal à l'éfet d'en diminuer l'interêt à proportion, dépuis le jour de la vente, n'étant pas juste, que le vendeur profite de ce qui ne lui apartenoit pas au jour de son contrat, *Cùm non possit dici tuum esse, quod ex causa auferri potest.*

Neanmoins comme l'aquereur ne prétent qu'une recompense qui ne produit qu'une action personelle, la compensation a lieu de droit de la recompense qui étoit éxigible avec les interests aussi exigibles, d'autant plus que l'aquereur a joüi jusqu'au jour du trouble, de la continence qui lui a été venduë, autrement il seroit tenu de raporter les joüissances des fonds évincez, jusqu'au jour de l'éviction, il étoit déchargé des interests du jour de son aquisition.

Commiſſion en Sommation.

L O U I S , &c ... au premier nôtre Huiſſit, &c .... de la partie de nôtre amé tel , nous a été expoſé .... (*Il faut ſommairement expoſer le fait , comme par exemple , ſi c'eſt ſur un apel , expoſer brièvement ce que porte la ſentence*) de laquelle Sentence ledit Expoſant auroit interjetté apel , & icelui relevé en nôtredite Cour de Parlement , & deſireroit ſommer & dénoncer ledit apel auſdits tel & tel , & iceux faire aſſigner en nôtredite Cour de Parlement , pour ſe joindre , ce qu'il ne peut faire ſans avoir nos Léttres ſur ce neceſſaires. A CES CAUSES , deſirant ſubvenir à nos ſujets , ſelon l'exigence des cas , Nous te mandons aſ-ſigner à certain & competant jour , en nôtre Cour de Parlement , leſdits tel & tel , pour ſe joindre avec ledit Expoſant audit procez , lui fournir titres , pieces & memoires pour ſoutenir ledit apel , ſe voir condamner d'aquiter ledit Expo-ſant pour leur part & portion des condamnations intervenuës au profit dudit tel , en cas que ladite Sentence ſoit confirmée , & aux dépens , tant en deman-dant , défendant , que de la cauſe d'apel & de la preſente ſommation , leur de-clarant que Maître tel Procureur en nôtredite Cour , eſt Procureur dudit Expo-ſant & ocupera pour lui ; de ce faire te donons pouvoir. C A R tel eſt nôtre plaiſir. D O N É à , &c.

Par le Conſeil
Tel.

Autre pour mettre en cauſe des particuliers , qui n'étant point parties au procez , pour-roient recomencer le procez , ou l'inſtance aprés avoir été jugé.

L O U I S , &c ... au premier nôtre Huiſſier , &c ... de la partie de tel .... Nous a été expoſé .... (*Il faut expliquer le fait , & faire voir la neceſſité qu'on a de mettre en cauſe ceux qui n'y ſont pas.*) comme par exemple , que l'Expoſant a eu avis que tel , & tel .... qui ont même interêt que tel ... n'aïant point été aſſignez , pourroient tout de nouveau faire un procez à l'Expoſant , pour raiſon du même fait , qui eſt la matiere de leur conteſtation , & pour ſortir d'afaire par un ſeul & même Arrêt , l'Expoſant a été conſeillé de ſe pourvoir , & d'ob-tenir nos Léttres en forme de Commiſſion ſur ce neceſſaires. A CES CAU-SES , deſirant ſubvenir à nos ſujets ſelon l'exigence des cas , Nous te mandons aſſigner à certain & competant jour en nôtre Cour de Parlement à .... tel , & tel .... pour voir dire , que l'Arrêt qui interviendra entre ledit Expoſant d'u-ne part , & leſdits tel & tel d'autre , ſera declaré comun avec leſdits tel & tel , & condamnez aux dépens , declarant que Maître tel .... Procureur en nôtredite Cour de Parlement , ocupera pour ledit Expoſant ; de ce faire te donons pou-voir. C A R tel eſt nôtre plaiſir , &c ....

CHAPITRE CVIII.

Des Lettres d'Etat.

LEs Lettres d'Etat, font des Graces que le Roi fait à ceux qui font actuellement à fon fervice, pour furfoir les inftances & jugemens des procez où les impetrans ont interêt.

Ces Lettres font ainfi apellées, parce qu'elles arêtent & font demeurer le procez dans le même état qu'il étoit avant qu'elles fuffent obtenuës.

Elles font feulement acordées à ceux qui font actuellement employez aux afaires importantes de l'Etat, fuivant l'article 1. du titre des Lettres d'Etat, de l'Ordonance du mois d'Aouft 1669.

Sur quoi il faut ici remarquer, que les Lettres d'Etat n'ont plus lieu dans les procez où le Roi a interêt.

Elles s'obtiennent en la grande Chancellerie ; mais elles ne peuvent être expediées qu'aprés qu'elles ont été fignées par un exprés commandement de fa Majefté, par celui des Secretaires d'Etat dans le département duquel l'impetrant eft emploïé.

Les Oficiers Militaires qui les veulent impetrer, font obligez de raporter certificat au Secretaire d'Etat qui a le département de la guerre, de leur fervice actuel, fur peine de nullité, felon l'article 2.

Elles ne font acordées que pour le tems de fix mois au plus, lequel eft compté du jour de l'impetration, & elles ne peuvent être renouvellées que pour grandes & importantes confiderations, dont il doit être fait mention dans les Lettres, autrement elles feroient nulles, fuivant l'article 3.

Si les Lettres font débatuës d'obreption, fubreption, ou autrement, les parties doivent fe pourvoir au Confeil, avec défenfes à tous Juges d'en conoître, ni de paffer outre à l'inftruction & jugement des procez au prejudice de la fignification des Lettres, & aux parties de continuer leurs pourfuites, ni de s'aider des Jugemens qui pourroient être intervenus, fur peine de nullité, caffation des procedures, dépens, domages & interêts, ainfi qu'il eft porté par l'article 4.

L'article 5. permet aux creanciers, nonobftant la fignification des Lettres d'Etat, de faire faifir réellement les biens de leurs debiteurs, & de faire enregiftrer la faifie réelle, de forte neanmoins qu'il ne ne peut pas être procedé au bail judiciaire ; & si elles ont été signifiées dépuis le bail , les criées peuvent être continuées jusques au congé d'adjuger exclusivement.

Mais en matiere criminelle elles ne peuvent pas surseoir la procedure , suivant l'article 6.

A l'égard du droit de surseance acordé aux petits Oficiers de la Maison du Roi.

L'article 3. de l'Ordonance des Committimus dit, que s'il ne s'agit que de deux cens livres & au dessus , il est ordoné qu'à leur requisition , sans qu'il soit besoin de Lettres d'Etat , il soit sursis pendant leur service actuel à toutes procedures & jugemens , dans les afaires seulement pour lesquelles ils pouroient obtenir Lettres de Commitimus.

Sur l'article suivant, la même surseance est aussi acordée aux Oficiers de pareille qualité des Maisons des Reines , Enfans de France, & premier Prince du sang.

Sur quoi il faut ici remaquer , que ledit article 5. porte , que les parties se pouront pourvoir au Conseil pour avoir main-levée desdites surseance.

CHAPITRE CIX.

De la Discussion.

Discussion est une exception dilatoire , par laquelle le défendeur empêche ou retarde sa condamnation , en renvoyant le demandeur contre un tiers.

D'où il s'ensuit, que discuter un debiteur , est en matiere d'hipoteque , saisir & faire vendre tous les biens generalement quelconques , tant meubles qu'immeubles de son debiteur, & aprés, en cas d'insolvabilité, s'adresser au detenteur & possesseur de l'heritage par lui hipotequé pour la sureté d'une déte hipotequaire dans les Coûtumes & les cas où la discussion est receuë.

Un même creancier ne peut obliger qu'une fois le detenteur à cette formalité , encore qu'il soit échu dépuis d'autres biens au debiteur.

Il semble que ce soit contre l'esprit de la Coûtume d'obliger le detenteur d'avancer une somme pour les frais , d'autant que ce seroit un benefice onereux , & que les detenteurs d'heritages de peu de consequence , seroient presque toûjours obligez de déguerpir plûtôt que d'avancer pour la difcuffion des biens confiderables.

Toutefois l'ufage eft de faire avancer par l'indiquant une fomme modique par raport aux biens , encore qu'il indique des biens de beaucoup plus grande valeur que n'eft la déte.

Neanmoins on ne peut pas obliger un coheritier d'avancer pour les frais de la difcuffion qu'il eft tenu de faire avant que s'adreffer à fes coheritiers , parce qu'il eft obligé de fe conferver dans la poffef fion de fon lot , *debuit fe in poffeffione deffendere.*

Il n'y a pas de tems limité pour faire la difcuffion , cependant on peut faire arbitrer un tems raifonable, afin que l'aquereur ne foit pas toûjours en fufpens.

Le benefice de difcuffion fe compte à deux fortes de perfones, fçavoir aux cautions, ou fidejuffeurs , & aux aquereurs d'heritages hipotequez.

Par l'autentique , *Sed hodie* , *Cod. de obligat.* & *act.* cette exception eft donée aux cautions & fidejuffeurs, & par l'autentique, *Hoc fi de betur* , elle eft donée au poffeffeur & tiers detenteur de l'heritage hipotequé , & ces deux Loix font receuës parmi nous & autorifees par nôtre ufage.

Le ceffionaire d'un droit incorporel eft auffi tenu de difcuter,par ce qu'il eft cenfé Procureur en fa chofe, & qu'en matiere de droit incorporel, la feule ceffion a force de tradition, ce qui l'oblige à la confervation de la chofe, d'autant plus qu'un Procureur *ad judicia*, eft tenu de la faute tres-legere,comme remarque Scaccia *de commerc.* § *2.gl.5.num.255.& feqq.*

Le fidejuffeur, ou caution, doit propofer cette exception avant contestation ; car s'il avoit contefté au fond , il ne feroit plus reçu, & feroit condamné à païer aux creanciers la fomme pour laquelle il fe feroit conftitué caution , en lui cedant par le creancier fes actions contre le principal debiteur, en forte que le fidejuffeur, ou caution, qui eft pourfuivi par le creancier doit demander, que le creancier foit tenu de difcuter le principal debiteur avant que de pouvoir s'a- dreffer à lui.

Ceux qui fe font obligez folidairement avec le principal debiteur, & qui ont rénoncé aux benefices de divifion & de difcuffion , ne peuvent pas fe fervir de céte exception , & la rénonciation à ces benefices de divifion & difcuffion ,étant ordinaire du Stile des No- taires dans tous les Actes qu'ils paffent , il y a peu de cautions qui puiffent aujourd'hui demander la difcuffion ; neanmoins s'il y en avoit quelqu'uns qui fuffent fimplement obligés , comme caution , fans folidité ni rénonciation aufdits benefices, la difcuffion du principal debiteur ne leur pouroit pas être déniée.

Cependant on a jugé le contraire à l'égard des Marchands qui ont acheté enfemble de la marchandife , & figné le même billet ; mais les Marchands ne doivent pas moins fçavoir que les autres, l'éfet de comiffion de la claufe de folidité.

Il n'en feroit pas de même s'il y avoit focieté entre les Marchands obligés , d'autant que l'on prête à l'un fouvent à caufe de l'autre ; mais les cautions judiciaires ne peuvent pas demander céte difcuf-fion, ainfi qu'il a été jugé par Arrêt raporté par Monfieur Loüet let-tre F, nombre 23.

Autre chofe eft du certificateur de la caution judiciaire , car il peut demander que la caution foit difcutée avant qu'il puiffe être contraint , fuivant les Arrefts raportez par Brodeau fur Loüet en ladite lettre F,nombre 23. parce que le certificateur doit être con-fideré à l'égard de la caution , comme la caution à l'égard du prin-cipal debiteur, l'obligation du certificateur n'étant qu'acceffoire au principal debiteur, ainfi que le remarque Mr Lebret, action 42.

La Coûtume de Paris en l article 101. veut que fans difcuffion le creancier hipotequaire puiffe s'adreffer *recta*, au tiers détenteur pour être païé des arerages de la rente conftituées à lui dûë , & en lui en paffer titre nouvel ou déguerpir l'heritage ; mais fi l'hipo-teque n'étoit que pour une dette d'une fomme de deniers une fois païée , la difcuffion feroit neceffaire , parce que la difpofition de cet article 101. qui exclut la difcuffion à l'égard des rentes confti-tuées,étant contraire au droit comun , ne doit pas être étenduë hors de fon cas.

D'autres Coûtumes ordonent la difcuffion,& la plus grande par-tie des Coûtumes n'en parlent point , comé par exemple, celle de Normandie , & quelques autres femblables,qui n'admetent pas la difcuffion, & permetent feulement aux creanciers hipotequaires de s'adreffer directement aux proprietaires détenteurs de l'herita-ge hipotequé.

Surquoi il faut obferver ici, que dans les Coûtumes qui n'ad-metent point la difcuffion,le tiers denteur qui eft contraint de païer pour empêcher la vente de fon heritage, peut demander que le creancier foit condamné de le fubroger en fes droits, & cela ne lui peut pas être refufé.

Si un Prince ou un grand Seigneur de dificile difcuffion, avoit vendu un heritage par lui auparavant afecté & hipotequé au païement d'une rente ou de quelque autre dette, le creancier doit directement s'adreffer à l'aquereur,& tiers détenteur de cet heritage , fans être obligé de difcuter ce Prince ou ce grand Seigneur , ainfi qu'il a été jugé par deux Atrêts du Parlement de Paris , raportez par Monfieur le Preftre , Centurie 1. chapitre 76. l'un à l'égard de Madame la Princeffe de Condé , & l'autre à l'égard de Monfieur le Prince de Guimené , encore que l'heritage fut fitué en une coutume qui requiert difcuffion.

Il faut dire auffi , que fi les biens d'un debiteur qui doivent être difcutez , font fituez hors le reffort du Parlement de Paris , le creancier n'eft pas obligé d'en faire la difcuffion ; jugé par Arrêt du 24. Mars 1623. raporté par Lafond , fur l'article 116. de la coûtume de Vermandois.

Si l'âquereur dans une coûtume où la difcuffion a lieu , avoit acheté à la charge de la rente ou de la dete hipotequée fur l'heritage par lui acquis , il ne peut pas demander la difcuffion du debiteur , atendu que par fon contrat d'aquifition il s'eft foûmis & obligé perfonellement au païement de ladite dette , ou de ladite rente , mais il peut toûjours déguerpir.

La difcuffion n'eft pas neceffaire, quand le creancier ne veut intenter que la fimple action d'interuption , ou de déclaration d'hipoteque.

Elle n'eft pas auffi neceffaire au creancier pour former fon opofition aux criées de l'heritage qui lui eft hipotequé , quand il eft faifi fur l'âquereur ou tiers détenteur.

Par l'anciene Jurifprudence , fi un heritage étoit fpecialement afecté & hipotequé au païement d'une dette ou d'une rente , l'âquereur dudit heritage n'étoit pas recevable à demander la difcuffion du debiteur , mais on juge maintenant le contraire , comme le remarque prefentement Monfieur le Preftre au lieu ci-deffus alligué , & Maitre Julien Brodeau fur ledit article 101. de ladite Coûtume de Paris , nombre 14.

L'affignat n'a pas auffi plus d'éfet que l'hipoteque general ou fpecial , & Loyfeau prouve qu'il ne fert que de demonftration ou défignation , & non pas de condition ou de reftriction.

Il femble que l'âquereur d'un bien , fur lequel on a dénoncé hipotheque , ne puiffe pas obliger de difcuter , d'autant que c'eft une alienation , *mutandi judii caufa.*

Neanmoins il y a plufieurs grands Auteurs qui ont foûtenu le contraire , lorfque l'acquereur n'a pas eu conoiffance de l'action comme j'ai fait voir alieurs par plufieurs raifons , qui paffent le deffein de ces notes.

L'âquereur ou donataire de celui dont le bien eft hipotequé à un doüaire prefix, peut démander la difcuffion.

Autre chofe de celui qui a aquis de celui dont le bien eft fujet ou à un doüaire coûtumier, liquidé à certaine fomme par chacun an, à caufe que la chofe n'a pû être alienée au préjudicc de ce doüaire, pour lequel on peut agir en defiftement, en telles mains qu'elle ait paffé.

La difcuffion des biens du debiteur eft inutile, s'il eft infolvable; & pour juger s'il eft infolvable, il faut deduire les frais d'execution & de criées, par un argument de la Loi 73. *ff. ad leg. falcid.* 1.

Celui à qui on a cedé au premier & fimple commandement, qui pert les pieces, devient obligé à la difcuffion.

Il eft vrai que la perte de l'inftrument ne fait pas la liberation, mais le privilege & l'hipoteque de la piece fe perdent au préjudice de celui qui en étoit porteur, *res perit domino.*

Ainfi, il ne peut agir en garantie qu'aprés difcuffion, quoi qu'il n'y fut pas fujet par fon tranfport, enforte que fi par l'evenement, la dette ne valoit rien avec les originaux, je foûtien qu'il eft bien fondé en fa garentie; au lieu que la perte tombe fur lui, fi le défaut de pieces done lieu à la preference d'autres creanciers.

CHAPITRE CX.

Des Lettres de Repi & Ceffion de biens.

LEs Lettres de Repi, font des Lettres de furfeance ou délai de païer, ainfi apelees, parce qu'elles acordent quelque tems aux debiteurs, pour paier leurs creanciets.

Il n'y a que le Roi qui les puiffe acorder, & même les Juges Souverains ne peuvent doner aucun terme d'atermoïement, repi, ni délai de païer, qu'en confequence des Lettres Roïaux qui leur font adreffées, fur peine de nullité des jugemens, d'interdiction contre les Juges, dépens domages & interêts des parties en leur nom, cent livres d'amande contre la partie, & pareille fomme contre le Procureur qui a prefenté la requête, fuivant l'article 1. du titre des Repis, de l'Ordonance de 1669.

Ce même article neanmoins permet aux Juges, en condamnant au païement de quelque fomme, de donner furfeance à l'execution de la condamnation, laquelle ne peut être que de trois mois au plus, fans qu'elle puiffe être renouvellée.

Les Lettres de Repi, doivent être expediées au grand sceau de même que les Lettres d'Etat, & pour des considerations tres-fortes, comme s'il est arivé des pertes considerables à celui qui requiert ces Lettres, arivées par cas fortuits, comme par incendie ou autres, ou par des banqueroutes véritables, dont il doit y avoir commencement de preuves par actes autentiques, lesquelles doivent être expliquées dans les Lettres, & atachées sous le contre-scel.

Elles sont adressées au plus prochain Juge Roïal du domicile de l'impetrant, à moins qu'il n'y ait instance pendante pardevant un autre Juge, avec la plus grande partie des creanciers hipotequaires; car en ce cas elles doivent lui être adressées en sorte qu'aucunes des parties ne pouroit demander évocation ni renvoi pour cause de son privilege, selon l'article 3.

Ainsi elles portent mandement exprés au Juge auquel elles sont adressées, qu'en procedant à l'enterinement d'icelles, les creanciers apellez, il donne à l'impetrant tel délai qu'il jugera raisonable pour païer ses dettes, mais il ne peut être que de cinq ans, si ce n'est du consentement des deux tiers des creanciers hipotequaires.

Par ces mêmes Lettres, il est accordé à l'impetrant un délai de six mois pour en poursuivre l'enterinement, pendant lequel défenses sont faites d'atenter à la persone & meubles meublans, servans à son usage, sur peine de cent livres d'amande contre chacun des Huissiers ou Sergens, moitié envers le Roi & moitié envers la partie, & dépens, dommages & interêts contre chacun des creanciers contrevenans, ce qui doit être ordoné par le Juge auquel les Lettres sont adressées, au cas qu'il soit requis.

Le délai de surseance porté par les Lettres de Repi, commence à courir du jour de la signification d'icelles, pourveu qu'elles portent conjointement assignation pour proceder à l'enterinement, suivant l'article 5. du titre de Repi, de ladite Ordonance de 1669.

C'est à dire que l'impetrant doit faire signifier ses Lettres, & en même-tems il doit faire doner assignation à ses creanciers, au moins aux plus considerables, pour les voir enteriner.

Ce qui est ainsi introduit, afin que les creanciers empêchent qu'elles ne soient enterinées en cas qu'ils aïent des causes legitimes pour cét éfet, comme si les moïens sur lesquels les Lettres auroient été obtenuës étoient faux & suposés.

Les creanciers nonobstant les Lettres de Repi, peuvent aussi pour la sûreté de leur dû, faire arêter les meubles de leurs débiteurs, & même faire faisir leurs immeubles, les mettre en criées & proceder au bail judiciaire.

Neanmoins pendant le délai acordé par les Lettres ou par le Juge auquel elles ont été adressées, il ne peut pas être procedé à la vente & adjudication des choses faisies, si ce n'est du consentement du debiteur & de ses creanciers, excepté quant aux meubles qui pouroient déperir pendant la faisie.

Il faut cependant observer, que si tous les biens de l'Impetrant ou la plus grande partie d'iceux étoient faisis, provision lui doit être adjugée telle que de raison, sur les fruits & revenus de ses immeubles, ou sur ses meubles, les creanciers apellés pardevant le Juge qui enterine lesdites Lettres de Repi, selon l'article 8.

Les Ordonances tant préparatoires, que définitives du Juge à qui elles font adressées, doivent être executées par provision, nonobstant opositions ou apellations, mais telles Ordonances n'ont qu'un éfet devolutif, & non pas suspensif.

Les apellations des Jugemens & Sentences renduës par les Juges à qui le renvoi des Lettres de Repi est adressé, ressortissent fans moïens aux Cours de Parlemens, suivant l'article 9.

La raison est, afin que passant un degré de jurisdiction, lors que les lettres font presentées à un Juge qui ne ressorti pas nuëment aux Parlemens, l'instance de Repi foit plûtôt terminée pour l'interest des creanciers.

Les coobligés cautions & certificateurs, ne peuvent pas joüir du benefice des Lettres de Repi accordées au principal debiteur, selon article 10.

La raison est, ses Lettres étant un benefice personel, elles ne s'étendent point à d'autre, & ne passent pas ceux auquels elles font acordées, c'est pourquoi les coobligés solidairement, les cautions & certificateurs peuvent cependant être poursuivis nonobstant les Lettres de Repi acordées à un coobligé ou à un debiteur.

Il y a plusieurs choses où les Lettres de Repi n'ont pas lieu.

Primò, Pour pensions & alimens, la raison est, que la cause est favorable, les pensions & alimens n'étans donés ordinairement qu'à ceux qui en ont besoin, & qui n'ont pas le moïen d'atendre.

Secundò, Pour medicamens, parce que c'est une cause qui n'est pas moins favorable que les alimens.

Tertiò, Pour loïers de maisons, la raison est, que le proprietaire étant preferé aux autres creanciers pour les loïers qui lui font dûs fur les meubles qui font dans la maison, par un droit & un privilege special fondé sur ce que les meubles ont ocupé la maison, & que les loïers font plûtôt dûs à raifon des meubles, que de la perfone à qui ils apartienent , les Lettres de Repi ne peuvent pas empêcher qu'il ne pourfuive le païement de fes loïers fur lefdits meubles, en les faifant faifir, executer & vendre, felon la Coûtume ; mais ce privilege n'a pas lieu fur les meubles qui fe trouveroient apartenir au locatai-re & qu'il n'auroient pas ocupés la maifon, pour lefquels les Lettres de Repi auroient leur force.

Quartò, Pour moiffon de grains, la raifon eft, que la caufe en eft favorable , ce que le proprietaire fe nouriffant de fes revenus , il ne feroit pas jufte qu'un Fermier eût confommé les fruits du fonds qui lui auroit été donné à ferme , & qu'il obtint furfeance de païer au préjudice du proprietaire.

Quintò, Eft pour gages domeftiques, journées d'artifans & mercenaires, parce que la faveur de telles détes eft tres-grande, d'autant que ces fortes de gens atendent leurs alimens de ce qu'ils gagnent par leur travail.

Sextò, Eft pour reliquât de compte de Tutelle, parce que les deniers pupillaires font tres-privilegiés, enforte qu'un Tuteur eft contraignable par corps pour paier le reliquât de fon compte, fuivant l'article 3. du titre de la décharge des contraintes par corps, de l'Ordonance de 1667.

Ce qui a lieu pareillement contre ceux qui manient des deniers publics, & des deniers privilegiés, comme ceux des Hôpitaux & des Eglifes.

Septimò, Eft pour dépôt neceffaire , parce que la caufe en eft tres favorables, ainfi que j'ai dit ci-deffus.

Octavò, Eft pour maniment des deniers publics , & ce privilege eft fondé fur l'intereft public.

Nonò, Eft pour Lettres de Change, parce qu'il eft de l'intereft du comerce qu'elles foient paiées fans délai.

Decimò, Eft pour marchandife venduë fur l'étape ; c'eft à dire, au lieu public deftiné pour la vente des Marchandifes.

Undecimò, Eft pour marchandifes achetées aux Foires, Marchez, Hâles & Ports publics, ce qui eft fondé fur l'intereft du commerce.

Duodecimò, Eft pour Poiffon de mer, frais, fec & falé, ce qui a été ainfi ordoné pour entretenir le commerce avec les Marchands Etrangers.

Decimo-tertiò, Eft pour caution judiciaire, à caufe de l'autorité des jugemens, c'eft à dire, que celui qui a fervi de caution judiciaire ne peut pas fe fervir des Lettres de Repi qu'il auroit obtenuës.

Decimo-quartò, Eft pour frais funeraires, parce que cette dette eft
tres-

tres-favorable, de forte qu'elle eft préferée à tous autres, même aux loïers fur les meubles qui occupoient la maifon où demeuroit celui auquel ils apartenoient.

Decimo-quintò, Eft pour arerage de rente fonciere & redevance de Baux emphiteotiques, parce que la caufe de telles rentes & redevances eft tres-favorable, en ce qu'elles femblent étre deftinées pour fervir aux alimens de celui à qui elles font dûës.

D'où il s'enfuit, que les arerages des rentes conftituées ne font pas privilegiées, comme ceux des rentes foncieres.

Decimo-fextò, Eft énoncée en l'article 111. de la Coûtume de Paris, qui dit, que le Repi ne doit avoir lieu contre le dû adjugé par Sentence difinitive & contraditoire, loüage de maifon, arerages de rentes, moiffon de grains & detes de Mineurs contraƌées avec les Mineurs, ou leurs Tuteurs durant leur minorité.

Quant à ce qui eft dit, que le Repi n'a lieu contre le dû adjugé par Sentence, cela n'eft pas obfervé par tout le Roïaume, à moins que ce ne fut pour détes privilegiées, autrement il ariveroit rarement qu'un debiteur peut utilement obtenir des Lettres de Repi, étant affés difficile qu'un homme qui eft mal dans fes afaires n'ait été pourfuivi par quelqu'uns de fes creanciers, & n'ait été condamné envers eux, ainfi il ne pouroit pas fe fervir de Lettres de Repi contre eux, enforte que nonobftant lefdites Lettres, ils ne laifferoient pas de faire vendre fes meubles, & de pourfuivre les criées & adjudications par decret de fes immeubles.

Mais elles n'auroient pas lieu pour fommes adjugées à caufe de reparation de crimes, felon l'article 121. de la Coûtume de Melun, ni pour dépens adjugés par Sentence ou Arreft, parce que cete dette eft privilegiée, d'autant qu'elle eft caufée par la faute du condamné, quoique ce foit en matiere civile, & c'eft auffi la raifon pour laquelle l'Ordonance de 1667. titre 34. qui a défendu les condamnations par corps en matiere civile, permet neanmoins par l'article 2. du méme titre, de les ordoner aprés les quatre mois pour dépens adjugés, s'ils montent à deux cens livres & au deffus.

Quand à ce qui eft dit dans ledit article 111. de la Coûtume de Paris, des detes contraƌés avec les Mineurs ou avec les Tuteurs, quoique l'Ordouance n'en parle point, neanmoins il eft obfervé en faveur des Mineurs, quand les détes ont été contraƌées de leurs deniers, & non quand c'eft des deniers dûs à ceux aufquels ils ont fucedé ; c'eft pourquoi cet article ne parle que des détes contraƌées avec les Mineurs, ou avec leurs Tuteurs.

Il femble qu'on ne foit pas exclut du Repi, quand on a pris une

Tome I.   Z Z z

obligation dans les cas qui en font exceptez, à moins que la caufe de la déte ne foit changée ou omife dans l'obligation.

Autre chofe eft du privilege qui fe perd, quand on fe contente d'un écrit aprés avoir laiffé emporter les chofes fur lefquelles on avoit fon privilege , comme les meubles d'un locataire ou les fruits d'un fermier.

Plufieurs de nos Praticiens du fiecle veulent , que celui qui revend en détail ce qu'il achete en gros, eft indigne d'urépi; mais fi cette opinion étoit toûjours fuivie, il n'y auroit pas de Marchand qui pût obtenir de lettres de répi, l'Ordonance de 1669 ne parlant, comme j'ai dit ci deffus, que du poiffon frais , fec & falé, qui fe revend en détail.

Les Arrêts ont auffi exclus les Bouchers du répi , & de la ceffion.

La même raifon d'exclufion a encore lieu pour une infinité d'autres perfones; mais la prudence du Juge eft neceffaire pour diftinguer ceux qui en font indignes; car fouvent un homme eft moins criminel quand il a emploïé par contrainte les deniers procedans de la revente , à aquiter des charges publiques dont on l'a furchargé.

L'article 12. défend expreffément de renoncer au benefice des lettres de répi , declarant telles renonciations nulles & de nul éfet, lequel article neanmoins n'a pas lieu dans les Coûtumes qui en difpofent au contraire, comme par exemple, celles d'Auvergne & plufieurs autres.

La raifon pour laquelle on ne peut pas renoncer valablement au benefice des lettres de répi, c'eft qu'il feroit prefque inutile d'acorder ce benefice , veu que les creanciers ne manqueroient jamais de faire renoncer leurs debiteurs à l'impetration defdites lettres, & cete claufe dans la fuite du tems entreroit toûjours dans le ftile des Notaires dans les contrats & obligations qu'ils pafferoient.

C'eft auffi pour cette même raifon qu'on ne peut renoncer au benefice de ceffion.

Ceux qui ont obtenu des premieres lettres de repi , n'en peuvent pas obtenir des fecondes fans exprimer les premieres , & fans une nouvelle caufe.

Il y a cinq claufes qui doivent être contenuës dans les lettres de répi.

La premiere eft la claufe pour laquelle elles font demandées, fçavoir les pertes que l'impetrant a faites , foit par banqueroutes, ou autrement, dont il doit avoir comencement de preuves par actes autent tiques atachés fous le contre-fcel, fuivant l'article 2.

La deuxiéme eft l'adreffe des lettres au Juge Roïal plus prochain du lieu du domicile de l'impetrant, ou de celui auquel il y a inftance pendante avec la plus grande partie des creanciers hipotequaires, felon l'article 3.

La troifiéme eft, le mandement exprés au Juge de doner un délai raifonable, les creanciers étant apellez pardevant lui.

La quatriéme eft, le délai de fix mois acordé à l'impetrant pour pourfuivre l'enterinement de fes lettres.

La cinquiéme eft, la défenfe à tous Huiffiers & Sergens d'atenter à la perfone de l'impetrant & à fes meubles meublans.

A l'égard du terme des défenfes generales, il s'entend des défenfes qui font acordées par les Parlemens, au lieu que les lettres de répi ne font acordées que par le Roi.

Ceux qui ont acheté aux foires de Lyon & autres privilegiées, ne peuvent pas obtenir lettres de répi, à moins que l'on n'ait fuivi leur foi, en donant terme, quoique d'ailleurs le terme acordé ne favorife pas les lettres.

En éfet, ceux qui ont paffé contrat d'atermoyement avec leurs creanciers en font indignes.

Si on avoit fait fignifier des lettres de répi pour des cas exceptez par l'Ordonance, comme ceux expliquez ci-deffus, elles n'ont aucun éfet.

Neanmoins pour la reverence des lettres, on fait affigner le debiteur au jour, ou heure prefcrite par le Juge, fans atendre les délais; quelques-uns même en vertu d'une fimple Ordonance au bas d'une requête, exercent leurs contraintes.

Les Negocians, Marchands, ou Banquiers, qui veulent obtenir des défenfes generales, ou lettres de répi, doivent avant toutes chofes, mettre au Gréfe de la Jurifdiction dans laquelle les défenfes, ou l'enterinement des lettres devront être pourfuivies; de la Jurifdiction Confulaire, s'il y en a, ou de l'Hôtel comun de la Ville, un état certifié de tous leurs éfets, tant meubles, qu'immeubles, & de leurs détes, & qu'ils ayent reprefentez à leurs creanciers, ou à ceux qui auront pouvoir d'eux, s'ils le requierent, les livres & regiftres dont ils font tenus d'atacher le Certificat fousle Contre fcel des lettres, ainfi qu'il eft dit par l'article 1. du titre des défenfes & lettres de répi du Code Marchand.

La raifon de cet article eft, afin que ceux qui obtienent des défenfes generales, ou des lettres de répi ne puiffent pas détourner leurs éfets pendant le délai qui leur a été acordé, & afin qu'ils ne puiffent pas facilement tromper leurs creanciers, ils font obligez de leur reprefenter leurs regiftres & leurs papiers journaux, pour voir fi l'état qu'ils ont mis au Gréfe eft conforme à leurs regiftres & à leurs livres.

Quant à ce qui eft dit dans cet article , que celui qui veut obtenir des défenfes generales, ou des lettres de répi , doit auparavant reprefenter à fes creanciers, s'ils le requierent, leurs livres & regiftres, cela ne s'obferve pas, d'autant que les creanciers comenceroient par emprifonner leurs debiteurs , fans vouloir voir ni examiner leurs regiftres, ainfi cela leur eft inutile.

Mais le debiteur doit comencer d'abord par obtenir des défenfes generales, c'eft à dire, un Arrêt de défenfes contre tous fes creanciers , ou des lettres de répi , & enfuite reprefenter les livres à fes creanciers pour les examiner & voir s'ils font conformes à l'état qu'il a mis au Gréfe de tous leurs éfets.

Or il s'enfuit , que fi l'état fe trouvoit frauduleux, & qu'il ne fût pas conforme aux regiftres ou aux livres des impetrans , ils feroient déchus du benefice d'icelles, quoiqu'elles fuffent enterinées ou acordées contradictoirement, & ils ne pouroient plus en obtenir d'autres, parce que par ce moïen ils s'en feroient rendus indignes , étant prefumez avoir voulu tromper leurs creanciers , & avoir caché leurs éfets.

Ils ne feroient pas auffi reçus au benefice de ceffion, fuivant l'article 2. du même titre.

Les défenfes generales & les lettres de répi doivent être fignifiées aux creanciers, ou à ceux qui y ont interêt, dans huitaine, à compter du jour de leur impetration, felon l'article 3. qui veut qu'elles n'aient éfet qu'à l'égard de ceux aufquels elles auront été fignifiées.

Ce qui a été ainfi établi, afin que les creanciers informez des lettres de répi , ou des défenfes obtenuës par leurs debiteurs , puiffent déduire leurs caufes & moïens d'opofitions contre, & qu'ils puiffent faire conoître le dol & la fraude de leurs debiteurs.

Ceux qui ont obtenu des défenfes generales, ou lettres de répi, ne peuvent pas païer un de leurs creanciers au préjudice des autres, fur peine de décheoir defdites défenfes & lettres de répi, fuivant l'art. 4.

La raifon eft, que par le moïen de ces défenfes, & de ces lettres, tous leurs biens font comme fous la main & l'autorité de juftice, dont par confequent il ne peut plus difpofer au profit de l'un , au prejudice de tous les autres.

Ceux qui obtiennent des défenfes generales, des lettres de répi, ou qui font ceffion de biens, ne peuvent pas être élus Maires, ni Eche-

vins des villes, Juges, ou Consuls des Marchands, ni avoir voix active
& passive dans les Corps & Comunautez, ni être administrateurs des
Hôpitaux, ni parvenir aux autres fonctions publiques, & même ils
en sont exclus, encore qu'ils soient actuelement en charge au tems de
l'impetration desdites défenses generales, ou répi, selon l'article 5.

La Cession est un benefice de droit, qui s'acorde en France par
lettres du Prince, expediées en Chancellerie pour cause Civile, &
non pou cause Criminelle, de même que les lettres de répi, avec
cette diference, que le répi s'expedie au grand Sceau, & les lettres
de cession & abandonnement de biens en la Chancellerie.

Le profit qu'un debiteur tire de la cession, est d'être à couvert
des pourfuites rigoureuses de ses creanciers, & de ne pouvoir être
mis en prison, ensorte que s'il y est, il doit être mis en liberté, &
suposé que ce debiteur retablisse ses afaires dans la suite, & fasse une
meilleure fortune, ses creanciers n'ont plus droit de l'y troubler.

L'article 1. de l'Ordonance de 1673. au Titre des Cessions, veut que
ceux qui obtiennent des lettres de cession de biens, soient tenus de
comparoir en persone à l'Audiance de la Jurisdiction Consulaire,
s'il y en a, sinon à l'assemblée de l'Hôtel comun des Villes, pour y
declarer leur nom, surnom, qualité & demeure, & qu'ils ont été reçus à faire cession de biens, & leur declaration leuë en public par le
Gréfier, & inserée dans un tableau public.

Celui qui fait cession doit comme pour le répi indiquer tous ses
biens à ses creanciers; je dits *tous*, parce que n'en declarant qu'une
partie, il se rend indigne de la grace & du benefice de la Loy, qui
veut que la cession se fasse de tous les biens.

Ce benefice est denié aux banqueroutiers & à ceux qui par dol &
fraude ne satisfont pas leurs creanciers, en sorte que toutes les formalités qui sont observées pour ces Lettres de répi, à l'égard de ceux
qui en sont exclus, sont aussi observées pour les lettres de cession &
abandonnement de biens.

Un stellionataire est pareillement exclu & privé du benefice de
cession, aussi bien que celui qui a obtenu lettres de répi, neanmoins
une femme caution de son mari stelionataire, a été reçuë au benefice de cession par Arrêt de la Cour du 6. May 1659. raporté dans le
second Tome du Journal des Audiances, chapitre 18.

Il y a encore un autre Arrêt dans le même Tome du 19. Janvier
1657. qui a reçu aussi une femme à faire cession, pour une obligation
qu'elle avoit donée pour loyer de maison.

Z Z z iij

Lettres de ceßion & abandonement de biens.

LOUIS, &c... au Prévôt de Paris, ou son Lieutenant Civil en nôtre Châtelet dudit lieu ; SALUT, de la partie de nôtre amé tel.... Marchand à .... nous a été exposé, que pour soûtenir & faire valoir le Negoce dont il se mêle, il a été contraint dépuis quelques années de prendre plusieurs Marchandises à crédit de divers particuliers, mais les grands procés que la malice de ses ennemis lui a suscités, les maladies longues & dangereuses des persones de sa famille, & les pertes considerables qu'il a fait sur le débit de ses Marchandises, jointes aux Banqueroutes de plusieurs de ses debiteurs, l'ont tellement incomodé dans ses afaires, que n'étant pas quant à present en son pouvoir de satisfaire ses creanciers, aucuns d'eux le poursuivant avec tant de riguenr, que quoi qu'ils soient tres-bien informés que la ruïne de l'Exposant ne procede d'aucuns mauvais ménage & dissipation, mais seulement du malheur du temps, & de l'insolvabilité de ses debiteurs, neanmoins pour profiter d'une conjecture si facheuse, qui les flate dans l'esperance ou plûtôt par l'avidité qu'ils ont de faire saisir le bien du Supliant & se le faire ajuger à prix, ils sont assés durs que de le vouloir faire emprisoner, de sorte que sur le refus qu'ils font de lui doner du tems pour travailler au recouvrement de ses éfets, il est obligé, pour éviter l'emprisonement de sa persone d'avoir recours au benefice de cession & abandonement de biens, ce qu'il ne peut faire sans avoir nos Lettres sur ce necessaire, qu'il nous a tres humblement fait suplier lui acorder ; A CES CAUSES, voulant subvenir à nos Sujets, selon l'exigence des cas, Nous vous mandons, que les Parties comparentes pardevant Vous, s'il vous apert ce que dessus, notament que l'Exposant ait vêcu avec honeur dans son trafic & sans reproche, qu'il ait soûfert des pertes considerables, que le desordre de ses afaires ne procede d'aucune dissipation & mauvois ménage, mais du fait d'autrui & des faillites & banqueroutes qui lui ont été faites, que ses creanciers l'aïent consumé en plusieurs frais de Justice, fait lui doner du tems pour prevenir ladite cession, & autres choses, tant que suffire doive, en ce cas receviés ledit Exposant à faire l'abandonement & cession de ses biens au profit de ses creanciers, faites défenses à ses Parties de le poursuivre & inquiéter pour raison de ce, & à tous Huissiers & Sergens de mettre à execution aucune contrainte à l'encontre de lui ... *(Cette derniere clause se met quand l'Impetrant n'est pas actuellement prisonier)* CAR tel est nôtre plaisir. DONNÉ à, &c...

Par le Conseil,
tel. . . .

Autre exposé plus succint.

LOUIS, &c... à nôtre Prévôt ou Baillif de, &c... SALUT, de la part de nôtre amé tel, &c.... Nous a été exposé que dans l'impuissance où il est quant à present, de païer & aquiter les sommes de deniers qu'il doit à plusieurs particuliers ses créanciers, il desireroit leur faire cession & abandonement de tous les biens à lui apartenans ; ce qu'il ne peut faire sans avoir nos Lettres à ce necessaires, qu'il Nous a tres humblement fait suplier lui acorder ; A CES CAUSES, desirant subvenir à nos sujets, selon l'exigence des cas, Nous vous mandons que les creanciers de l'Expofant, comparans ou dûement affignés pardevant Vous, par le premier de nos Huiffiers ou Sergens fur ce requis, s'il vous apert de ce que deffus, en ce cas ayés à le recevoir, & permetés audit Expofant de faire ceffion & abandonement de tous fes biens à fefdits creanciers, & en confequence le faire joüir & ufer du benefice des Prefentes fans aucun trouble ; C A R tel eft nôtre plaifir. D O N N E´ à, &c.

Rehabilitation de ceffion.

L O U I S, &c. . . . à nôtre Sénéchal de, &c. . . ou fon Lieutenant General audit lieu ; S A L U T, de la partie de nôtre amé tel. . . . Nous a été expofé que les pertes confiderables qu'il a ci-devant faites dans fon trafic & negoce, tant par les banquerontes d'aucuns de fes debiteurs, que par le malheur du tems & rigueur extraordinaire que fes creanciers ont exercées contre lui l'ont confumé en frais, l'aïant reduit dans une telle extremité, qu'il n'a plus été en pouvoir de les fatisfaire, il a été contraint de leur faire ceffion & abandonement de fes biens, à laquelle il a été reçû par Sentence du. . . mais comme céte ceffion n'a point l'éfet dans une diffipation de biens, caufée par jeu ou débauche, mais d'un pur malheur des tems & de l'infolvabilité de fes debiteurs, fes mêmes creanciers qui l'ont fi peu épargné dans les premiers tems, aïant reconnu fa bonne foi & fidelité dans le fait de fon commerce, auroient bien voulu dans la fuite lui faire encore credit ; en forte que comme fa bonne reputation s'eft toûjours maintenuë envers eux, il s'eft en peu de tems par fon grand ménage & œconomie, rétabli dans un trafic confiderable, qui lui a donné moïen de païer & fatisfaire entierement tout ce qu'il devoit à fes creanciers ; mais d'autant qu'à caufe de ladite Sentence dudit. . . il demeure noté & fujet aux reproches du public, il a été confeillé, pour s'en mettre à couvert, d'avoir recours à nos Lettres de rehabiiltation fur ce neceffaires, qu'il nous a tres-humblement fait fuplier lui octoïer ; A C E S C A U S E S, voulant favorablement traiter l'Expofant de nôtre grace fpeciale, Nous l'avons relevé & difpenfé, relevons & difpenfons par fes Prefentes de la rigueur de ladite Sentence de ceffion & abandonement de fes biens, icelui remis, reftitué & rétabli, remettons, reftituons & rétabliffons en fa benne rénomée, trafic & negoce, fans qu'à l'avenir il lui puiffe refter aucune notte ni reproche en aucuns Actes, tant en jugement que dehors, que nous avons levées & ôtées, & fait défenfes à toutes perfones de lui méfaire ni médire en fa perfone & biens, pour raifon de ce, à peine de . . . . d'amende, dépens, domages & interêts, pourvû toutefois qu'il ait entierement païé & fatisfait fes creanciers, S I V O U S M A N D O N S, que du contenu en ces Prefentes, vous faffiés joüir & ufer ledit Expofant pleinement & paifiblement, ceffant & faifant ceffer tous reproches, troubles & empêchemens contraires ; C A R tel eft nôtre plaifir. D O N N E´ à, &c.

Par le Confeil,
Tel . . .

Autre plus fuccint.

L O U I S, &c. . . . à nôtre Bailli de, &c. . . de la partie de nôtre amé tel. . . nous a été expofé qu'il auroit ci-devant fait ceffion & abandonement à fes . . .

au profit de fes creanciers , à laquelle il a été reçû par Sentence de nôtre Prévôt de tel lieu , &c. . . le tel jour. . . . afin de fortir des Prifons où il étoit détenû : Et d'autant qu'il a dû dépuis païé & fatisfait entierement tous fes creanciers , ou du moins qu'il s'eft acomodé avec eux , enforte qu'ils font contens & fatis-faits , il a été confeillé pour fe mettre à couvert de la rigueur de nos Ordonan-ces & des reproches du public , aufquels il eft fujet , d'avoir recours à nos Let-tres de rehabilitation fur ce convenables , qu'il nous à tres-humblement fait fup-plier lui acorder ; A CES CAUSES , voulant fubvenir à nos Sujets , felon l'exi-gence des cas , Nous avons ledit Supliant rehabilité , remis & reftitué en fes bonnes fames & rénomée , & tout ainfi qu'il étoit & pouvoit être aupara vant ladite ceffion & abandonement ; SI VOUS MANDONS , que du contenu en ces Prefentes , nos Lettres de Grace & rehabilitation , vous faffiés , foûfriés & laiffiés ledit Supliant joüir & ufer plainement & paifiblement , ceffant & faifant ceffer tous reproches , troubles & empêchemens contraires , pourveu qu'en tout cas il foit acomodé avec eux ; CAR tel eft nôtre plaifir. DONNE'à , &c.

CHAPITRE CXI.

Des défenfes & exceptions peremptoires.

EXception peremptoire eft celle qui détruit entierement l'ac-tion intentée au moïen de laquelle le Demandeur eft débouté de fes fins & conclufions.

Comme par exemple , fur les fins de non-recevoir , c'eft à dire , quand on fait demande de quelque chofe dans un tems qu'on n'y eft plus recevable , parce que l'action feroit prefcrite.

Ainfi le nombre des exceptions peremptoires eft infini ; car con-tre chacune action particuliere , il peut y avoir plufieurs exceptions peremptoires , mais il y en a de certaines qui font generales , & fe peuvent opofer prefque contre toutes fortes d'actions , comme les refcifions , les compenfations , les accords , tranfactions , païement de la chofe demandée , ferment deferé & prêté , de dol , & de crain-te , de minorité ; & autres femblables.

Il faut obferver quant aux exceptions de dol & de crainte qu'elles ne font pas recevables fans Lettres de refciffion.

Pareillement quand nous prétendons que la piece en vertu de laquelle on nous a fait affigner eft fauffe , il faut fe pourvoir en in-fcription de faux contre , comme je dirai ci-aprés au fecond Tome du Livre , au Chapitre des Infcriptions en faux.

Si le défandeur a de bones défenfes & exceptions peremptoires , il doit les propofer dans la huitaine aprés l'écheance de l'affignation qui lui a été donée , fuivant l'article 3. du titre 5. de l'Ordonance de 1667.

L'ufage

L'ufage des déboutez de défenfes & des réajournemens, a été abrogé par l'article 2. du même titre ; & en ce cas fi le défendeur ne fourni pas de défenfes dans le délai ci-deffus, le demandeur poura prendre fon défaut en Audiance fans aucun acte, ni fommation préalablement faits, & le profit lui en fera adjugé fur le champ, qui emportera gain de caufe & adjudication de fes conclufions avec dépens, fi fa demande fe trouve jufte & bien verifiée.

Il faut dire auffi que fi le défendeur, dans le même délai de la huitaine après l'écheance de l'affignation, ne baille pas copie des pieces juftificatives de fes défenfes, le demandeur obtiendra défaut contre lui à l'Audiance, tout ainfi que s'il n'avoit pas fourni de défenfes.

A l'égard des inftances qui font pourfuivies au Parlement & Cours Souveraines, fi le défendeur, après avoir mis Procureur, ne fournit pas fes défenfes dans le même délai qui lui eft doné pour fe prefenter, & ne baille pas copie de fes pieces juftificatives, le demandeur doit prendre fon défaut, faute de défendre, au Gréfe, le faire fignifier au Procureur du défendeur, & huitaine après le bailler à juger, felon l'article 4.

Pour le profit duquel défaut, les conclufions font adjugées audit demandeur, fi elles font trouvées juftes & bien verifiées, tout ainfi qu'aux Cours & Jurifdictions inferieures.

Si après le défaut aquis, & avant le jugement d'icelui, le défendeur conftituë Procureur, fournit des défenfes, & baille copie de fes pieces juftificatives, l'article 6. du titre 14 de ladite Ordonance de 1667. porte que les dépens font aquis au demandeur.

Les défenfes & exceptions peremptoires fe peuvent dreffer fuivant les diferens moïens que le défendeur peut opofer à la demande qui eft intentée contre lui ; mais je me contenterai de raporter feulement ici quelque formule d'exceptions peremptoires.

Elles fe peuvent propofer en tout état de caufe, pourveu que ce foit avant le jugement ; car comme elles terminent la conteftation dont il s'agit, tant qu'elle dure, il s'enfuit qu'elles peuvent être propofées jufqu'à ce qu'elles foient terminées par la Sentence du Juge, & non après, d'autant que pour lors il n'y a plus de conteftation à décider.

Exceptions peremptoires.

C..... défendereffe, &c.
    Contre P.... Demandeur, fuivant fon Exploit du tel jour.....
    Dit pardevant vous, Monfieur le Prevôt, ou Bailli de..... pour défenfes

Tome I.   A A a a

contre ladite demande , que ledit P . . . a fait contre elle, eſt mal fondée, d'autant qu'elle a renoncé à la Comunauté des biens qui étoit entre ledit défunt &
elle , par acte paſſé pardevant E . . . Notaire , le tel jour . . . . par lequel ladite
telle declare ſe tenir à ſes droits, & conventions matrimoniales.

Pour ce qui regarde les enfans de ladite telle . . . elle declare qu'ils ſont ſeulement heritiers dudit défunt leur pere par benefice d'inventaire.

Et partant ſoûtient qu'elle n'a dû être aſſignée, ni en qualité de comune, avec
ledit défunt ſon mari , ni en qualité de mere & tutrice de ſeſdits enfans , comme heritiers purs & ſimples de leur pere, en conſequence requiert d'être déchargée à ſon égard de toutes les demandes & concluſions contr'elles priſes par le
demandeur , & à l'égard de ſes enfans , il n'a qu'un compte à leur demander de
la ſucceſſion du défunt leur pere, qu'elle ofre de rendre dans tel tems qu'il plaira à la Cour ordoner , par le moïen duquel ledit demandeur conoîtra qu'il ne
peut pretendre aucune choſe du reliqua , la défendereſſe l'abſorbant de ſon
chef pour le paiement de ſes conventions matrimoniales , pourquoi elle a une
hipoteque anterieure à celle du demandeur.

Aprés quoi elle ſoûtient devoir être pareillement renvoyée de la demande en
qualité de tutrice de ſes enfans avec dépens.

Réplique du Demandeur.

T . . . . Demandeur aux fins de ſon Exploit du , &c. . . .
     Contre C . . . . défendereſſe.

Dit pardevant vous, &c . . . pour réponſe aux défenſes ſignifiées le tel jour. . .
par ladite telle, qu'il ne lui ſuſit pas de dire qu'elle a renoncé à la Comunauté de biens qui étoit entre ledit défunt ſon mari & elle , & que ſes enfans ſont
heritiers dudit défunt leur pere ſous benefice d'inventaire ; Mais que ladite telle . . . . a dû bailler copie audit demandeur , tant de l'inventaire fait des biens
dudit défunt aprés ſon décez , que du procez verbal de vente d'iceux , & de
l'acte de renonciation qu'elle pretend avoir fait à ladite Comunauté, auſſi bien
que des lettres de benefice d'inventaire.

Ce que la défendereſſe n'aïant pas fait , le demandeur conclut à ce que les
concluſions contr'elle priſes eſdits noms lui ſoient adjugées avec dépens.

Suivant l'article 3 du titre 14. de la nouvelle Ordonance , les tripliques, aditions, premieres & ſecondes, & autres écritures ſemblables ſont abrogées , cependant on en fait tous les jours ſous le nom
de réponſe.

Réponſe au dire precedant.

C . . . . . &c . . . Veuve , &c . . . .
     Contre P . . . . demandeur.

Dit pardevant vous , &c . . . pour réponſe au dire ſignifié par ledit demandeur , le tel jour . . . . que c'eſt mal-à-propos qu'il requiert par icelui copie de
l'inventaire des biens delaiſſez de G . . . . ſon mari , du procez verbal de la vente d'iceux , & de l'acte de renonciation que ladite telle . . . . a faite à la Comunauté, enſemble des lettres de benefice d'inventaire de ſes enfans, d'autant qu'il

n'en peut douter, en aïant une conoiſſance parfaite, cependant pour ôter au demandeur tout pretexte d'incidenter & faire les choſes dans l'ordre , il lui en ſera baillé copie , & au ſurplus la défendereſſe perſiſte en ſes défenſes ſignifiées le tel jour , &c . . . .

Acte de bailler copie des pieces.

A la requête de I . . . Procureur de C . . . défendereſſe.

Soit ſignifié & baillé copie à L . . . Procureur de P . . . de quatre pieces.

La premiere du tel jour & an . . . eſt l'inventaire fait aprés le décez du défunt G . . . mari de ladite telle des biens qu'il a delaiſſez.

La deuxiéme , du tel jour & an . . . ſont les lettres de benefice d'inventaire obtenuës par tels . . . enfans dudit défunt & de ladite défendereſſe.

La troiſiéme , du tel jour & an . . . eſt l'acte de renonciation à la Comunauté de biens, d'entre ledit défunt & ladite telle.

La quatriéme & derniere , du tel jour & an . . . eſt, le procez verbal de vente des biens delaiſſez par ledit défunt G . . . .

Et ce pour ſatisfaire au requiſitoire dudit P . . . du tel jour . . . & pour juſtifier du contenu aux défenſes de ladite telle . . . à ce qu'il n'en ignore.

Autre Exception peremptoire.

P . . . . défendeur.

Contre D . . . demandeur , ſuivant ſon Exploit , &c . . . .

Dit pardevant vous , Noſſeigneurs de , &c . . . qu'il a lieu d'être ſurpris de la demande qui lui eſt faite d'une ſomme de , &c . . . qui à la verité il ne conteſte pas que ladite ſomme ne ſoit legitimement deuë au demandeur ; mais qu'elle a été compenſée à pareille ſomme de , &c . . . que ledit D . . . lui devoit en vertu de , &c . . . . (Il faut ici énoncer comme on prétend que la ſomme nous eſt deuë) au moïen dequoi ledit défendeur conclut à ce qu'il ſoit renvoyé abſous de ladite demande avec dépens.

Autre.

I . . . défendeur.

Contre R . . . . demandeur.

Dit pardevant vous , &c . . . . que la demande dudit R . . . . tend à ce que ledit I . . . ſoit condamné à lui païer une telle choſe . . . . qu'il prétend lui être deuë par obligation du tel jour , &c . . . le défendeur a tout lieu d'être ſupris de telle demande , puiſque le demandeur ſçait tres-bien qu'il a païé en ſon aquit la ſomme de . . . à Q . . . ſuivant ſa quitance du tel jour . . . . dont copie lui ſera donée avec ces preſentes.

Ainſi ſoutient le défendeur devoir être renvoyé de la demande avec dépens.

CHAPITRE CXII.

Des offres & confignations.

LOrs que la demande intentée eft jufte & raifonable, & qu'elle ne peut pas être conteftée au fond par aucuns moïens valables, le défendeur doit faire des ofres de fatisfaire à tout ce qu'on lui demande, ou à une partie.

L'éfet des ofres eft, de conftituer le demandeur en mauvaife foi, fi elles font fufifantes, en forte que s'il ne les acepte pas, & qu'il les contefte mal à propos, il doit être condamné aux dépens faits dépuis les ofres.

Si au contraire il les acepte, il doit prononcer conformément aux ofres, en ces termes, *aïant egard aux ofres, & fuivant icelles, Nous avons condamné le défendeur de fon confentement à païer telle fomme, ou à faire telle chofe, & fi l'avons condamné aux dépens, faits jufqu'au jour des ofres.*

Ainfi il faut que le Juge fuive entierement les ofres, ou qu'il les rejete entierement, fi les juges infufifantes, & qu'en ce cas il prononce, *fans avoir égard aux ofres*; jugé par Arrêt du 7. Mars 1519. raporté par Bouchel en fa Biblioteque du Droit François, fur le mot, *ofrir.*

Par autre Arrêt du 2. Octobre 1582. raporté au même lieu, il a auffi été jugé que des ofres de paffer condamnation, pourvû que ce fut fans dépens, ne fe pouvoient divifer, & qu'il les faloit acepter avec céte condition, ou les rejeter, & décider l'afaire par fon mérite, & non par la confideration des ofres.

Les ofres peuvent être faites en tout état de caufe, mais il eft de l'interêt du defendeur de faire fes ofres le plûtôt qu'il peut, d'autant que quand elles font déclarées valables, il doit les dépens qui ont été faits jufqu'au jour qu'il les a faites.

Neanmoins elles peuvent être revoquées, tant qu'elles ne font pas aceptées par la partie adverfe, mais aprés l'aceptation, elles ne peuvent plus être revoquées.

Les ofres ne peuvent point être valablement faites par un Procureur, fans un pouvoir fpecial de fa partie, & s'il le fait, il peut être defavoüe.

Elles doivent être faites en jugement, & en ce cas le Juge en doit doner acte, ou par écrit, bien deuëment fignifié à la partie adverfe.

Si le demandeur ne veut pas acepter les ofres , le défendeur, doit conclure à ce que ſes ofres ſoient déclarées bonnes & valables , & qu'en conſequence ledit demandeur ſoit condamné aux dépens faits dépuis qu'elles ont été faites.

Pour rendre les ofres bonnes & valables , il faut qu'elles ſoient conformes à l'obligation de celui qui les fait , c'eſt à dire , qu'il ofre de païer, ou de faire ce à quoi il eſt obligé, autrement s'il n'ofre qu'une partie de ce à quoi il eſt obligé, ſes ofres ſont inſufiſantes & ne lui profitent de rien , ſi ce n'étoit que par ſon obligation il lui fut permis de païer par parcelles , & en divers païemens.

Cependant s'il ofre de païer entierement dans un an, ce qu'il doit aujourd'hui , ſes ofres ne ſont pas inſufiſantes , parce qu'il ofre moins qu'il ne doit , en ofrant de païer en un autre tems , que celui auquel il eſt obligé de païer.

Mais s'il ofroit de païer à Paris , ce qu'il doit païer à Lion , ſes ofres ne ſont pas bonnes ; car il faut qu'il ofre de païer au tems & au lieu porté par ſon obligation.

Il en eſt de même d'un Marchand ou d'un Fermier qui doit livrer du grain à Paris, s'il ofroit ſeulement de le livrer dans ſa grange ou en un autre lieu que celui auquel il s'eſt obligé de le livrer.

Ainſi toute obligation doit être aquitée en la même eſpece pour laquelle elle eſt conçuë.

De ſorte , que celui qui doit du grain , du vin , ou autre eſpece , doit être condamné à le livrer , & fournir, ſinon la juſte valeur avec domages & intereſts , ſur tout quand le demandeur en a ſoûfert faute de livraiſon.

A l'égard de celui qui doit de l'argent , il doit être condamné à païer , ſans avoir égard à ſes ofres, de païer en grain , vin ou autres Marchandiſes, & même de doner en paiement des immeubles, pour à quoi il eſt permis au demandeur de faire ſaiſir & vendre les eſpeces , marchandiſes ou immeubles oferts en paiement , pour être païé ſur le prix d'iceux.

Il n'eſt pas neceſſaire pour la validité des ofres qu'elles ſoient toûjours réelles, c'eſt à dire, qu'il y ait deniers oferts à découvert; car il y a des cas auſquels ces ſortes d'ofres réelles ne peuvent pas avoir lieu.

Premierement, quand il s'agit d'un immeuble, le défendeur pourſuivi en action petitoire , poſſeſſoire , ou hipotequaire , ofrant de ſe deſiſter de la proprieté, de reparer un troublé , ou déguerpir, ne le peut faire que par écrit , ou en jugement.

Secondement , il y a d'autres cas , auſquels bien qu'il ne s'agiſſe que de deniers , neanmoins , il n'eſt pas neceſſaire de faire les ofres en deniers découverts.

A A a a ij

Comme par exemple, en l'espece du retrait lignager, en laquelle il sufit au rétraïant de faire ofre d'une Bourse, de quelques pieces d'argent, loïaux cousts & à parfaire, sans être obligé d'ofrir à deniers découverts, le prix de l'heritage qu'il veut retirer, neanmoins du jour de ses ofres, ce rétraïant gagne les fruits, suivant l'art. 134. de la Coûtume de Paris.

Il en est de même des ofres que le Vassal doit faire à son Seigneur dominant, en lui portant la foi & homage, parce qu'il n'est pas obligé de porter ses deniers avec lui, il sufit qu'en se presentant pour faire la foi & homage, il ofre à son Seigneur de lui païer les droits Seigneuriaux qui lui sont dûs.

Ainsi les ofres réelles ne sont necessaires, que tout & quantes fois que le debiteur veut purger sa demeure de païer, & constituër son creancier en demeure de recevoir, pour en tirer avantage au cas que ledit creancier refuse de recevoir mal-à-propos, & sans raison.

Cependant elles ne sont pas sufisantes pour arrêter le cours d'une rente ou les interêts d'une somme ajugé par Sentence, si en cas de refus de les acepter, elles ne sont suivies d'une consignation ; c'est pourquoi, il faut faire ordoner en jugement, partie presente ou deüement apellée, qu'en consequence du refus fait par tel, de recevoir telles ofres, les deniers oferts seront consignés à telle fin que de raison; en sorte, que si la consignation est jugée valablement faite, elle libere le debiteur de sa dette, lors que le creancier n'a pas voulu acepter les ofres, & outre qu'elle fait cesser les interêts, elle charge encore ledit creancier du peril des deniers consignés.

Il faut dire le contraire, quand la consignation est jugée defectueuse, soit pour n'avoir pas été faite en tems & lieu, ou de la somme entiere qui étoit dûë, soit pour quelqu'autre raison.

Autrefois la consignation pouvoit être faite entre les mains d'un Gréfier, d'un Notaire, ou d'un notable Bourgeois.

Maintenant, si elle est ordonée en justice, elle ne peut être faite qu'entre les mains du Receveur des Consignations, suivant l'art. 20. de la Declaration du Roi du 18. Août 1669. qui porte, que toutes consignations & dépôts de deniers,& sommes mobiliaires consignées & deposées par ordonance de Justice, seront faites entre les mains du Receveur des Consignations, sans qu'elles puissent être faites, ni ordonées en d'autres mains.

L'article 12. porte que lesdits Receveurs des Consignations ne pourront prendre plus grands droits, que deux deniers pour livre desdites sommes consignées, & aussi déposées en leurs mains.

Et par l'article 13. il est dit, que si des sommes mobiliaires dépofées en fes mains, il en apartient quelque part à des Mineurs, à des Eglifes, ou Hôpitaux, il ne poura rien prendre fur ces parts, ni même prendre aucune indemnité ou récompenfe fur le furplus defdits deniers, qui fe trouvera apartenir à d'autres particuliers non privilegiés.

Si fans ordonance de Juftice, les parties conviennent de depofer ou configner quelques fommes de deniers, cete confignation peut être faite entre les mains de la perfone dont les parties feront convenuës, n'y aiant que les dépôts, & les confignations ordonées en Juftice, qui foient comprifes en ladite Declaration du vingt-huitiéme Mars mil fix cens foixante-neuf.

O F R E S.

A la Requête de A... Procureur de B....

S o i t manuellement ofert deniers à découvert, la fomme de...à C...Procureur de H.... qu'il doit audit H... pour telle chofe, &c.... & ce pour fatisfaire à la demande qui lui en a été faite le tel jour.... par ledit B... fuivant fon Exploit d'un tel jour & an... & en confequence defdits ofres, foit déclaré audit C.... Procureur dudit H.... que ledit B.... entend demeurer quitte entierement avec lui de toutes chofes quelconques, & à faute par lui d'accepter ladite ofre, protefte ledit B... de n'être tenu des frais qui pouroient être faits au préjudice d'icelles.

Acceptation d'ofres.

A la Requête de C.... Procureur de H...

S o i t fignifié & déclaré à A.... Procureur de B.... qu'il acepte les ofres faites par ledit A... audit nom, par Acte du tel jour... & à faute par ledit A... de paier prefentement la fomme de, &c. par lui oferte, ledit C.. déclare qu'il protefte de nullité defd. ofres, & entend continuër fes pourfuites contre led. B..

CHAPITRE CXIII.

Des Sermens.

LE ferment decifoire, eft l'invocation du nom de Dieu, par laquelle nous le prions d'être témoins de nôtre afirmation & nous punir, fi fous un menfonge, nous déguifons la verité.

Ce ferment eft deferé par le Juge d'Ofice, au cas qu'il ne puiffe pas avoir autrement la conoiffance d'un fait decifif.

Il eft auffi deferé par la partie adverfe, & celui à qui il eft deferé ne le peut pas refufer, quand il s'agit d'un fait, dont il a conoiffance.

Par exemple, fi j'ai prêté anuellement à Titius une fomme, fans en tirer aucune reconoiſſance par écrit , ou que Mevius obligé par écrit, ait paié ſans tirer quitance, s'il arive que Titius dénie la déte, ou que le creancier dénie le paiement , & que le diferend ſoit porté en Juſtice , il eſt certain , qu'il ne peut être prouvé que par le ſerment deciſoire de l'une ou de l'autre des parties , ſi la ſomme dont il s'agit eſt de cent livres & au deſſus.

C'eſt à dire , que le creancier après avoir intenté ſon action , ſe voiant deſtitué de preuve par écrit , ou non-recevable à la faire par témoins , ne peut faire autre choſe que de ſe raporter au ſerment deciſoire du debiteur , & s'il dénie la déte , il doit être renvoié ab-ſous avec dépens.

Si au contraire le debiteur pourſuivi en vertu de ſa promeſſe , a-legue un paiement dont-il n'y a point de preuve , tout ce qu'il peut faire , eſt de s'en raporter au ſerment du creancier ; & ſi le crean-cier auquel le ſerment aura été deferé , dénie le paiement , le debi-teur doit être condamné à paier , & aux dépens.

Que ſi la demande étoit faite entre Marchands pour marchandi-ſes venduës & livrées , l'un à l'autre , & que le Livre du demandeur fut en bonne & dûë forme , foi y ſeroit ajoûtée en Juſtice , ainſi qu'il a été jugé par Arreſt du 2. Decembre 1659. raporté en la con-tinuation du Journal des Audiances , contre un Marchand Paſſe-mantier , au profit d'un Marchand de ſoye en bottes.

Mais , ſi la demande étoit faite contre un particulier non Mar-chand , qui deniât la dette , le Livre du demandeur ne feroit aucune preuve contre lui.

On juge neanmoins ſouvent au contraire pour des Marchands dont la reputation n'a pas ſoûfert d'ateinte , & qui ne ſont pas acoû-tumés à demander ce qu'il ne leur eſt pas dû.

Le demandeur qui a deferé le ſerment , n'eſt pas recevable par après à juſtifier par témoins que la ſomme lui eſt dûë , comme il a été jugé par les Arreſts raportés par Monſieur Loüet , & ſon Comen-tateur , lettre S. chapitre 4. parce que celui qui a deferé le ſerment à ſa partie adverſe , doit s'imputer de s'être raporté à ſa conſcience , en ſorte que cete délation de ſerment , & la preſtation qui s'en eſt faite en conſequence, a la force d'une tranſaction, ſuivant la diſpoſi-des Loix Romaines , que nous ſuivons en ce cas, *l. quod ſi deferente 22. ff. de dolo malo.*

Cependant , ſi la preuve qui ſeroit raportée contre le ſerment étoit par écrit , comme par exemple , ſi après le ſerment fait par le creancier qui n'a pas été païé , le debiteur raportoit une quitance dudit creancier , qu'il auroit retrouvée , en ce cas , il eſt ſans difi-culté ,

culté, que la preuve en doit être receuë, atendu que les Arrêts raportez par Monſieur Loüet & ſon Comentateur, ne s'entendent que
de la preuve par témoins, qui n'eſt point recevable aprés le ſerment
deciſoire, & non pas de la preuve par écrit.

Deſorte, que la quitance qui ſeroit raportée par le debiteur, non
ſeulement détruiroit la preuve reſultante du ſerment, mais encore
convaincroit le creancier d'un parjure, dont il ſeroit puniſſable avec
note d'infamie.

L'Ordonance du Roi Saint Loüis de l'an 1254. autoriſe cette opinion, elle porte, *Si quis ab alio facto proprio vel dicto conventus, factum
ſuum proprium, ſive dictum poſt juramentum præſtitum, in judicio negare
præſumpſerit, & per legitimam probationem convictus fuerit condemna-
tus, beneficium appellationis amittit.*

Par céte Ordonance le parjure peut être convaincu du parjure
par de preuves legitimes, & par conſequent le demandeur peut demander à prouver qu'il a fait un faux ſerment ; mais, ſelon mon avis,
il faut reſtreindre les preuves à celles qui ſe font par actes, écritures,
& inſtrumens faits ou ſignez par le défendeur.

Ce qui ſe prouve encore par l'Ordonance du Roi Charles VII.
article 13. de l'année 1456. & autres Reglemens faits en conſequence, par laquelle il eſt permis aux Fermiers de ſa Majeſté, aprés que
la partie, au ſujet des droits d'Aydes & autres droits dûs au Roi a juré, d'informer & faire preuve au pardeſſus de l'afirmation.

D'où on peut conclure, qu'il n'eſt pas aux particuliers d'informer
par preuves teſtimoniales du contraire du ſerment ; mais qu'ils le
peuvent par des pieces & actes écrits & ſignez de la main de celui
qui a prêté le ſerment.

Un creancier par contrat de conſtitution de rente, ou autre obligation en bone forme, portant numeration de deniers en telles eſpeces, comme en Ecus d'or, ou autres monoyes de Roi, ne peut pas
être obligé de jurer ſur la verité de céte numeration, quoi qu'il en
fût requis par le debiteur, qui met en fait que la numeration a été
faite en eſpeces étrangeres, & ſur leſquelles il a beaucoup perdu,
ainſi qu'il a été jugé par deux Arrêts raportez par Dufreſne en ſon
Journal liv. 1. chapitre 32. Le premier eſt du 14. Janvier 1625. & le
deuxiéme eſt du 33. Mars 1637.

Le même Dufreſne à la fin de ce chapitre, croit qu'il auroit été
jugé autrement, ſi le debiteur s'étoit inſcrit en faux contre le contrat, en ce qu'il portoit ladite numeration.

Mais il n'y a pas d'aparence de croire, que ſur une ſimple inſcription en faux, on reçoive la preuve par témoins du contraire,

de ce qui eſt porté par un contrat en forme autentique, à moins qu'il n'y ait d'autres admiticules & de puiſſantes preſomptions de fraude ou d'uſure.

Je ne laiſſe pas de croire neanmoins qu'on ne puiſſe obliger d'afirmer ſur les faits que ne concerne pas le Notaire, comme par exemple, ſi l'argent, aprés avoir été mis ſur table, avoit été retiré.

On peut ſe plaindre auſſi du peu de ſoin qu'ont pluſieurs Notaires, de voir nombrer les deniers dans les tranſports & autres actes.

La Coûtume de Paris oblige auſſi en matiere de retrait, d'afirmer ſur la verité du prix exprimé dans le contrat, nonobſtant la foi des Notaires, enſorte que l'uſage du Châtelet eſt, que le demandeur fondé ſur une obligation, contrat, ou autre acte paſſé par le défendeur, peut être contraint de prêter le ſerment, ſçavoir ſi la ſomme lui a été prêtée, & ſi elle ne lui a pas été païée.

C'eſt auſſi le ſentiment de Brodeau ſur Monſieur Loüet, *loco citato*, de Monarc ſur la Loy *in contractibus* 14. §. *illo, C. de non numer. pecun.* & la diſpoſition expreſſe de la Coûtume de Bourbonnois article 36. & de celle de Berry, titre 2. des Jugemens & Juges, article 31.

L'uſage eſt, que le défendeur qui opoſe la fin de non recevoir, reſultant de la preſcription au cas des Ordonances, peut être contraint de prêter ſerment.

Ce qui ſe trouve decidé dés-à preſent par la Coûtume d'Orleans, article 265. en ces termes, *Deniers ou choſes deuës pour façon, ou vente d'ouvrages, façons de vignes, voitures, & auſſi pour ſalaires de ſerviteurs, nourritures & inſtructions d'enfans, & autres menuës denrées & marchandiſes, tant en gros qu'en détail, ſe preſcrivent par ſix mois, ou un an, & aprés ledit tems paſſé, on n'en peut valablement rien demander, ſinon qu'il y ait obligation, promeſſes, ou action intentée.*

Neanmoins ſi celui qui ſe prétend creancier, veut du païement croire ſa partie par ſerment, elle eſt tenuë de le prêter, & où elle ne voudroit jurer avoir païé, en ce cas ſera tenu de païer, nonobſtant ladite preſcription, en afirmant par le demandeur.

Maître Charles Dumoulin *tract. de uſur. num.* 128. dit que céte Ordonance & les autres ſemblables, auſſi-bien que les Coûtumes qui ont introduit la preſcription de ſix mois, ou d'un an, n'ont point de lieu quand le debiteur reconoit la verité & la bone foi.

Ce qui me paroit auſſi tres-juſte & tres-raiſonable, d'autant que la preſcription n'a pas été introduite à l'éfet de faire perdre aux creanciers ce qui leur eſt legitimement dû.

Le ſerment ayant été prêté par un prétendu debiteur à la requête d'un coheritier, il ne peut pas lui être deferé derechef par les autres coheritiers pour le même fait, ainsi qu'il a été jugé par Arrêt du 2. Mars 1610. raporté par Brodeau sur Monsieur Loüet *loco citato.*

Il faut dire la même chose quand le serment est deferé par un des coheritiers à un comun creancier.

La raison est, qu'un seul des coheritiers represente tous les autres, & qu'ils sont parties interessées;car autrement le serment ne nuit jamais à un tiers qui ne l'a pas deferé, comme si quelqu'un avoit deferé le serment à un autre particulier pour jurer qu'il ne doit rien à un tel son creancier, outre que la partie à qui le serment seroit deferé en ce cas, ne feroit pas tenuë de jurer, quand bien même elle jureroit ne rien devoir audit tel son creancier ; neanmoins cela ne porteroit aucun préjudice à ce creancier, il pouroit se pourvoir par aprés comme bon lui sembleroit pour repeter contre son debiteur la somme qui lui seroit deuë.

Le Procureur, ou Syndic d'une Comunauté, peut deferer le serment au creancier, ou au debiteur de cète Comunauté, pourveu qu'il soit fondé de procuration speciale pour ce faire, & non autrement.

Un heritier convenu en justice pour la dète d'un défunt,est obligé de jurer, si le serment lui est deferé, & que le fait dont il s'agit soit de sa conoissance,autrement il ne peut pas y être contraint.

Celui à qui le serment a été deferé,& qui le refere à sa partie adverse, s'en raportant à son serment, cète partie adverse ne peut pas se dispenser de jurer, étant obligée de subir à la loy qu'il veut imposer à autrui ; tellement que s'il refuse de le prêter, son refus doit emporter gain de cause au profit de celui qui lui a referé.

Il faut dire aussi, que celui qui doné de l'argent à un homme qui s'est raporté sur sa bone foi, doit afirmer qu'il l'a compté avec une exactitude qui n'a pû être trompée, sinon le serment doit être referé au demandeur qui veut afirmer precisément de son fait, pourveu que ce soit un homme dont la conduite & la reputation soient sans soupçon, & le défendeur n'en est pas quite en afirmant qu'il croit avoir tout fourni,lors que l'on s'est plaint dans le tems, d'autant que ce seroit afirmer sur un doute manifeste, *Turpitudini est nolle jurare, nec juramentum referre,* leg. 36. *ff. de jurejur.*

Le serment peut être referé en tout état de cause, même aprés les délais de faire enquête expirez,à moins que celui auquel le serment seroit deferé, n'eût fait son enquête, & que par icelle il y eût preuve entiere du fait par lui articulé, auquel cas il ne seroit pas tenu de prêter ledit ferment ; mais on ne doit pas profiter de l'erreur d'un témoin qui se tromperoit à son profit.

Il n'en feroit pas de même, fi aprés la confection de son enquête, il reftoit encore quelque doute du fait en queftion , & en ce cas on peut dire qu'il feroit tenu de prêter le ferment , nonobftant son enquête.

Si le ferment avoit été deferé au mari & à la femme , le Juge ne peut pas decider fur la feule afirmation du mari , fi la femme ne le prête pareillement, quoi qu'elle ne foit pas partie en caufe , parce que le ferment doit être prêté en la forme en laquelle il a été deferé ; & en cas de refus par la femme, la caufe doit être decidée par la verité des titres & pieces des parties.

On peut revoquer fa declaration , fur tout quand on s'en raporte au ferment de la partie adverfe, les chofes étant encore entieres, & le ferment n'ayant point encore été prêté.

Le défendeur à qui le ferment a été deferé , & qui a reconu la déte ; mais qui par même afirmation declare l'avoir payé & en être quite, fon afirmation ne peut pas être divifée & lui condamné fuivant fa reconoiffance, fans avoir égard à l'exception contenuë dans fon afirmation.

La raifon eft, que l'afirmation doit être prife en fon entier , & ne peut être divifée, bien que le ferment ne lui ait été deferé que fur la verité du prêt , & non fur la verité du païement par lui prétendu fait , ainfi qu'il a été jugé par plufieurs Arrêts, tant du Parlement de Paris que des autres.

Neanmoins il faut ici obferver , que toutes fortes de fermens ne font pas decifoires, il n'y a que ceux qui font deferez par la partie adverfe, pour s'y tenir & s'y raporter ; car les autres fermens ne font pas la decifion du procez , & on eft reçu à verifier le contraire de ce qui eft afirmé.

Comme par exemple, fi le debiteur d'un debiteur, entre les mains duquel on a faifi , affigné pour afirmer ce qu'il doit, afirme qu'il ne doit rien, ou peu de chofe, ce ferment n'eft pas decifoire, & le faififfant contre lequel il fe fait, eft bien recevable à verifier le contraire du contenu en l'afirmation , fçavoir que le debiteur doit, ou qu'il doit plus qu'il n'a afirmé.

Il faut dire auffi, que le ferment prêté par une perfone interrogée fur faits & articles n'eft pas decifoire ; car fi la partie interrogée par fes réponfes dénie quelques faits qui foient veritables, la partie adverfe n'eft pas excluë de faire preuve du contraire, s'il en a de bons moiens.

Le debiteur ne peut pas obliger le creancier d'afirmer, parce qu'il n'a aucun interêt à qui il païe, pourveu que l'acte soit veritable.

Cependant je crois qu'un Avocat, Procureur, ou Solliciteur y peuvent être contraints, lors que le transport est fait, moïenant bon païement, sans specifier la somme, à cause que l'on en est quite à leur ofrir les deniers, qu'ils ont actuellement païé ou promis.

Un tiers peut aussi obliger le cessionaire d'affirmer sur la verité du transport, & qu'il ne prête pas son nom au cedant pour frustrer ses creanciers.

Le Mineur de vingt-cinq ans peut valablement deferer le serment, sans pouvoir être restitué en entier pour cela, sinon qu'il fasse aparoir au Juge qu'en cela il a été trompé, *leg. nam poste à* 9. §. *si minor.* 4. *D. de jurejur. nec enim utique qui minor est, statim & circumscriptum se docuit, dict.* §. 4.

Mais le Pupille ne peut pas deferer le serment, sans l'autorité de son Tuteur, autrement ce qui a été fait est invalable, *l. jusjurandum quod* 17, §. *Pupillus* 1. *ff. de jurejur.* & *l.* 1. §. *si Pupillus* 1. *ff. quar. rer. act. non detur*, soit qu'il l'ait deferé à un creancier, ou à son Tuteur même, *l. si ad excludendam* 4. *C. de reb. credit.*

Le Tuteur peut au défaut de toutes autres preuves, deferer valablement le serment au nom de son Pupille, ensorte qu'aprés le Pupille ne poura pas agir contre celui qui aura juré sur telle délation.

Il en est de même du Curateur, mais hors dudit cas, ils ne peuvent pas deferer le serment, autrement telle délation seroit nulle, ainsi qu'il a été jugé par Arrest du Parlement de Brétagne le 2. Avril 1586. raporté par Belord en ses Controverses, lettre T. liv. 8. chapitre 42.

Le serment ne peut pas être deferé par le prodigue, *l. tutor Pupilli* 35. §. *prodigus* 1. *D. de jurejur.* ni par autre persone qui lui est semblable, *d.* §. 2.

Celui qui est convenu de quelque action infamante, ne peut pas aussi referer le serment qui lui a été deferé, & le fils de famille ne peut point non plus le deferer en une cause de son pere, ni en le referant, il ne peut pas rendre la condition de son pere deterieure, *leg. multo magis* 24. *ff. de jurejur.*

CHAPITRE CXIV.

Des interrogatoires sur faits & articles.

INterrogatoire, est un Acte, par lequel le Juge interroge une partie sur la verité de certains faits, pour en faire l'éclaircissement par sa bouche, & pour cet éfet, il faut rediger ses réponses par écrit.

Il y a de deux sortes d'Interrogatoires, les uns se font en matiere criminelle, dont il ne s'agit pas ici, & les autres en matiere civile.

A l'égard de ceux qui se font en matiere civile, les faits & articles sur lesquels on demande que la partie soit interrogée, lui doivent être préalablement signifiés & communiqués.

Les Interrogatoires en matiere civile ne se font que pour tirer l'éclaircissement de la verité de la bouche de l'une ou de l'autre des parties, sur certains faits de procés qui sont douteux.

On ne suit pas en France la maxime qui veut que sur une proposition, partie vraie, ou partie fausse, on puisse nier le tout, l'Ordonance ne s'entendent pas des cas ausquels il n'est pas permis d'obliger de jurer, comme s'il s'agissoit de la verité ou fausseté d'un Acte.

Celui qui veut faire interroger sa partie, doit premierement faire dresser les faits & articles, & prendre garde qu'ils soient pertinens, concernans la cause & matiere dont il est question entr'eux, parce que si lesdits faits ou aucun d'iceux étoient impertinens & étrangers du diferend qui est à juger, la partie ne seroit pas obligée d'y répondre.

Les faits & articles, doivent être dressés en la forme qui suit.

Faits pour Interroger.

Faits & Articles sur lesquels T.. entend faire interroger H...

Premierement, sera interrogé s'il n'est pas vrai, qu'il y a plus de six mois, que H... lui a promis de l'associer au Traité de ... fait sous le nom de ..

S'il n'est pas vrai qu'il fut convenu entr'eux que H... avanceroit la somme de... & T... celle de ...

S'il n'est pas vrai que T... fit porter en la maison de H... la somme de...

S'il n'est pas vrai que l'argent aiant été compté par B.... Commis de H. .... il fut fait un borderau des especes que B... dona à H... en presence de... &c.

On peut aussi articuler les faits qui peuvent servir à faire avoüer la verité à la Partie qui doit être interrogée.

Les faits & articles dreſſés, il faut prendre l'Ordonance du Juge, pardevant lequel le procés ſera pendant, ſans aucune Comiſſion du Gréfier, pour faire aſſigner pardevant lui à certain jour & heure, la Partie que l'on veut faire interroger, & pour cet éfet il faut preſenter Requête, qui ſera dreſſée ainſi.

Requête pour demander la permiſſion de faire interroger ſur faits & articles.

A Monſieur le Prevôt, ou Bailli de....

Suplie humblement T....

DISANT, qu'il lui eſt neceſſaire de faire interroger H.... ſur faits & articles, pour lui ſervir en l'inſtance d'entre les Parties pendante pardevant Vous.

Ce conſideré, MONSIEUR, il vous plaiſe, permettre au Supliant de faire aſſigner H.... au premier jour, deux heures de relevée en vôtre Hôtel, pour être oüi & interrogé ſur faits & articles pertinens, concernent ce dont eſt queſtion entre les Parties, dont il lui ſera doné copie, Et vous ferés bien.

Le Juge met au bas de cete Requête, *ſoit fait comme il eſt requis, fait ce, &c.* ſans toutefois que le Juge ou le Gréfier puiſſent rien prendre.

Si la Partie eſt demeurante hors du Siége de la Juriſdiction où le procés eſt pendant & en païs éloigné, en ce cas le Juge pardevant lequel eſt le diferend, comettra le plus prochain Juge du lieu du domicile de la Partie, pardevant lequel elle ſera tenuë de préter ſon interrogatoire, ofrant en pareil cas d'en faire autant.

Enſuite on prend une Ordonance du Juge pour faire aſſigner pardevant lui la Partie qui doit ſubir l'interrogatoire, en ſon Hôtel à tel jour, à telle heure, pour confeſſer, averer, ou nier les faits dont lui ſera doné copie, ſinon & à faute de comparoir, que leſdits faits ſeront tenus pour confeſſés & averés.

Quand c'eſt aux Requétes, ou à la Cour, ou autres Juriſdictions où il y a des Conſeillers, ou au Châtelet de Paris où il y des Comiſſaires dont la fonction eſt de faire les interrogatoires en matiere civile, la Requeſte que l'on donera ſera afin de faire comettre un Conſeiller de Cour ſuperieure, ou au Châtelet un Comiſſaire.

Requête de Committitur pour avoir permiſſion de faire interroger ſur faits & articles.

A Noſſeigneurs de....

Suplie humblement T. &c... qu'il vous plaiſe comettre l'un de Meſſieurs les Conſeillers, ou l'un des Comiſſaires au Châtelet, pour proceder à l'interrogatoire de H.. ſur faits & articles pertinans préalablement ſignifiés, concernant ce dont eſt queſtion entre les Parties en l'inſtance pendante en la Cour, Et vous ferés bien.

Au bas de laquelle Requête le Preſident met, *Commis Maître tel, aux fins de la preſente Requête, fait, &c...*

Lors qu'il y a inſtance au Châtelet contre les Notaires de Paris, pour raiſon du fait de leur charge, c'eſt le Lieutenant civil qui fait les interrogatoires, ſur faits & articles.

Il faut aprés demander une Ordonance au Conſeiller ou Comiſſaire commis, laquelle doit être expediée en la forme qui ſuit.

Ordonance portant permiſſion pour faire aſſigner la Partie pour être interrogée ſur faits & articles.

De l'Ordonance de Nous A... à la Requête de P... ſoit donée aſſignation à I... à comparoir au premier jour ... heure de... pardevant Nous, pour être oüi, & interrogé ſur faits & articles pertinans, concernant ce dont eſt queſtion entre les Parties, deſquels il lui ſera doné copie, ſuivant l'Ordonance; Mandons au premier Huiſſier ou Sergent Roïal requis, de faire ledit Exploit. Fait ce, &c...

Il faut doner copie de l'Ordonance du Juge, & des faits & articles; & ſi la Partie qu'on veut faire interroger eſt malade, & qu'elle ne puiſſe pas ſe tranſporter en la maiſon du Juge, il faut que le Juge ſe tranſporte chés le malade pour prendre ſon interrogatoire, s'il eſt en état de le prêter.

L'aſſignation doit être donée à la perſone ou au domicile de la Partie, & non à aucun domicile élû, ni à celui du Procureur, en vertu de l'Ordonance du Juge, ſans que pour cet efet, il ſoit beſoin d'autre comiſſion, enſorte que je peus faire doner l'aſſignation aujourd'hui aprés midi pour demain matin à huit heures, ou autre heure du jour.

Si la Partie aſſignée ne comparoît pas à l'aſſignation, ou refuſe de répondre, le Juge pardevant lequel elle ſera donée, dreſſera ſon procés verbal, ſommaire; faiſant mention, tant de l'aſſignation, que du refus, & ſur ce procés verbal, les faits ſont tenus pour confeſſés & averés en toutes Juriſdictions & Juſtices, même aux Cours de Parlement, Grand Conſeil & Chambre des Comptes, Cours des Aides & autres Cours, ſans qu'il ſoit beſoin d'obtenir aucune Sentence ou Arrêt, & ſans réaſſignation, ſuivant l'article 4. du titre de l'Ordonance de 1667. qui a abrogé l'ancien Uſage.

Neanmoins la Partie peut demander un délai pour répondre, & ce délai lui doit être acordé, ſelon le texte de la Loi, *qui interrogatur*, D. *de interrog. in jur. fac. qui interrogatur an heres, vel quota ex parte*

*parte fit, vel an in poteftate habeat cum cujus nomine noxali judicio agi-
tur, ad deliberandum tempus impetrare debet.* Et la raifon que la Loi
en rend, eft que *Si perperam confeffus fuerit, incommodo afficitur.*

Que fi la Partie comparoît avant le jugement du procés pour fubir
l'interrogatoire, elle fera reçuë à y répondre, à la charge de refou-
dre les frais de l'interrogatoire, & d'en bailler copie à la Partie adverfe, & même de rembourfer les frais du premier procés verbal,
fans les pouvoir repeter, & fans retardation du jugement du procés.

Pour cet éfet, il faut que la Partie prefente Requête pour être
reçuë à répondre & qu'elle faffe ofre de fatisfaire à l'Ordonance, &
céte Requête fera comme celle qui fuit.

Requête pour être reçu à répondre fur les faits & articles.

A Monfieur, &c. ...

Suplie humb'ement H. &c.

Qu'il vous plaife, le recevoir à répondre fur les faits & articles à lui fignifiés à la Requête de T.... aux ofres qu'il fait de fatisfaire à l'Ordonance de fa
Majefté, Et vous ferés bien.

Au bas de laquelle Requéte le Juge met, *Nous avons reçû le Supliant
à répondre, &c.*

Si la Requête eft prefentée à la Cour fuperieure, qui a permis
de faire interroger, l'Ordonance ne fe met pas au bas de la Requête, on expedie un Arrêt en cette forme.

Arrêt portant permiffion de faire interroger fur faits & articles.

Extrait des Regiftres de ...

VEU par la Cour la Requête prefentée par H....à ce qu'il plût à la Cour,
le recevoir à répondre fur les faits & articles à lui fignifiés à la Requête de T...
aux ofres qu'il fait de fatisfaire à l'Ordonance de fa Majefté, ladite Requête
fignifiée à F.... Procureur du Supliant, oüi le raport de... Confeiller, & tout
confidré, *la Cour a reçû le Supliant à répondre, &c...*

La partie doit répondre en perfone, & non pas par Procureur, ni
par écrit, ainfi qu'il eft dit par l'article 6. dudit titre 10 de l'Ordonance de 1667.

Ce qui eft auffi conforme à l'Ordonance du Roi Charles IX. de
l'an 1563. article 6.

Et d'autant qu'aprés céte Ordonance on s'opiniatroit encore à
foûtenir, que les réponfes categoriques fe pouvoient faire par procuration fpeciale, céte Ordonance fut confirmée par un Arreft du
Parlement de Paris du 26. Novembre 1584. raporté par Papon en
fon Recüeil d'Arrefts, livre 6. titre 3. Arreft dernier.

Tome I.   CCcc

Il arrive quelquefois que le défendeur preuve l'interrogatoire qu'on veut exiger de lui par l'aveu qu'il fait, & par l'explication qu'il done des principaux faits par un dire qu'il fait fignifier, & en ce cas là le Juge en doit doner acte, & renvoyer à l'Audiâce pour être fait droit aux parties ; mais s'il y a des faits de confequence, fur lef-quels le défendeur ne fe foit pas bien expliqué, le Juge peut obli-ger la partie à répondre fur les faits & articles fur lefquels elle ne s'eft pas bien expliquée.

Le Juge aprés avoir pris le ferment de celui qui veut fubir l'inter-rogatoire, recevra fes réponfes, & l'interiogera fur chaques faits & articles contenus dans le memoire.

Les réponfes doivent être precifes & pertinentes fur chacuns faits, fans ufer de termes injurieux & calomnieux.

Le Juge peut aufli interroger d'ofice fur chacuns faits, quand mê-me il n'en n'auroit pas été doné copie.

L'interrogatoire d'ofice fe peut faire, lors que par les réponfes de celui qui eft interrogé fur des articles dont il lui a été doné copie, le Juge voit qu'il y a lieu de l'interroger encore fur des faits qui re-fultent de fa reconoiffance, ou de fa denegation, ou de quelques cir-conftances particulieres qui n'auroient pas été affez expliquées par les faits fignifiez, ou par les réponfes.

Mais ce feroit une grande erreur de croire que le Juge puiffe en matiere Civile, interroger d'ofice fur des faits par écrit dont il n'a pas été fignifié de copie, que le demandeur lui auroit fecretement donée pour furprendre celui qui eft interrogé, & l'obliger de ré-pondre à un fait qu'il n'a pas préveu.

Ce qui eft directement contraire à la difpofition formelle de l'ar-ticle 3. du titre 10. de l'Ordonance du mois d'Avril 1667. & contre l'honneur du Juge qui voudroit entreprendre de faire un tel inter-rogatoire, à quoi celui qui eft interrogé peut abfolument refufer de répondre.

Il n'y a que dans les matieres Criminelles où les parties Civiles puiffent doner des memoires au Juge pour interroger l'acufé, tant fur les faits portez par l'information, que fur d'autres faits, pour fe fervir par le Juge de ces memoires ainfi qu'il avifera, felon l'arti-cle 3 du titre 14. de l'Ordonance de 1670. & non dans les matie-res Civiles.

Les Chapitres, Corps, & Comunautez, font aufli obligez de prê-ter l'interrogatoire fur faits & articles, tout ainfi que les parties, & pour cela ils font tenus de nommer un Syndic, ou Procureur, & lui paffer un pouvoir & procuration fpeciale, dans laquelle les ré-

ponses qu'il devra faire seront expliquées, & afirmées veritables, sinon & à faute de ce faire, les faits sont tenus pour confessés &
averés en la maniere qu'il est dit ci-dessus.

Sans préjudice de faire interroger les Syndics, Procureurs, & autres qui ont agi par les ordres de la Comunauté sur les faits qui les
concernent en particulier, pour y avoir tel égard par le Juge que
de raison.

L'assignation au Corps, ou à la Comunauté qu'on veut faire interroger, doit être donée dans le lieu où reside le Chapitre, le Chapitre étant assemblé, & pour cet éfet il faut presenter Requête au
Juge.

Requête à ce qu'il soit permis de faire interroger un Chapitre.

A Monsieur le Prevôt ou Bailly de . . .

Suplie humblement P . . . .

D i s a n t, que pour raison de l'entreprise de Q . . . Fermier des Terres du
Chapitre de l'Eglise de . . . . a faite sur les Terres du Supliant, il a été obligé
de le faire assigner, à ce que, &c. . . . & de faire aussi assigner les Doyen,
Chantre & Chanoines dudit Chapitre, pour voir declarer le Jugement qui interviendra entre le le Supliant & Q . . . comun avec eux ; le Supliant est per-
suadé qu'ils ne disconviendront pas de certains faits decisifs, par les réponses
qu'ils feront, s'ils sont interrogez, ainsi il est obligé d'avoir recours à Vous.

C e c o n s i d e r e', Monsieur, il vous plaise permetre au Supliant de faire
assigner pardevant Vous, les Doyen, Chanoines, & Chapitres de l'Eglise de . . .
pour répondre aux faits & articles qui leur seront comuniquez, & à cette fin
qu'ils seront tenus de nommer un Procureur, auquel ils passeront un pouvoir
special, dans lequel les réponses seront expliquées & afirmées veritables, sinon
que les faits seront tenus pour confessez & averez, Et vous ferez bien.

Le Juge met au bas de céte Requête son Ordonance, en ces termes, *Nous avons permis au Supliant de faire assigner les Doyens, Chanoines, & Chapitre de l'Eglise de, &c. . . en nôtre Hôtel, pour répondre sur
faits & articles pertinens, concernant ce dont il s'agit entre les parties,
&c.* Suivre au surplus les Conclusions de la Requête.

Si c'est un Corps d'Oficiers, l'assignation doit être donée en la
Chambre du Conseil, en parlant à celui qui preside ; & si c'est une
Comunauté d'Habitans, elle doit être donée à la porte l'Eglise, quand
ils sortent de la Messe Paroissiale, ou des Vêpres, un jour de Fête,
ou Dimanche, ou quand ils sont assemblez au son de la cloche,
pour les afaires comunes.

Ceux qui ne sont pas partie au procez, ne peuvent pas être interrogez sur faits & articles, quand même ils auroient une entiere

& parfaite conoiſſance du fait , & qu'ils y fuſſent même impliquez; ainſi qu'il a été jugé par Arreſt du Parlement de Dijon raporté par Bouvot en ſes Arrêts, Tome 1. partie 2. ſous le mot *Acheteur*, quæſt. 1. au profit d'un retrayant lignager , auquel on objeƈtoit qu'il prêtoit ſon nom à un tiers , lequel tiers on vouloit faire interroger ſur faits & articles pour en ſçavoir la verité.

Cependant ſi le mari agiſſoit , ou étoit pourſuivi ſeul pour cauſe mobiliaire concernant ſa femme, la partie adverſe peut requerir que ladite femme ſoit tenuë de répondre ſur les faits & articles qui ſeroient de ſa conoiſſance , quoi qu'elle ne fût pas partie au procez; ſuivant le ſentiment d'Imbert , en ſa Pratique Civile & Criminelle; livre 7. chapitre 38. & un Arreſt du 7. Fevrier 1655. raporté par Rebuffe ſur les Ordonances, qui l'a ainſi jugé.

Un tuteur agiſſant , ou pourſuivi pour le fait de ſon mineur , eſt auſſi obligé de répondre ſur faits & articles , ſi leſdits faits ſont de ſa conoiſſance; mais s'il fait défaut & ne veut pas répondre , aucuns ſont d'avis que pour ſa coutumace, les faits ne doivent pas être tenus pour confeſſez & averez au domage & prejudice de ſon mineur.

Ce qui peut recevoir de la dificulté , parce qu'il y a beaucoup d'autres cas auſquels la faute ou la negligence du tuteur nuit au mineur , comme par exemple , en matiere de retrait lignager , & des decrets, s'il a obmis de s'opoſer afin de diſtraire, ou afin de conſerver, ſauf au mineur ſon recours contre ſon tuteur.

L'interrogatoire ſur faits & articles peut être demandé en tout état de cauſe, pourveu que ce ſoit aprés la conteſtation en cauſe, parce qu'avant que les faits ſoient conteſtez , cet interrogatoire ne peut être demandé que par deux raiſons.

La premiere , que l'Ordonance ne permet aux parties de ſe faire interroger l'un l'autre que pendant le procez; or à proprement parler , le procez ne comence que par la conteſtation , & partant, avant la conteſtation , les parties n'ont pas droit de ſe faire interroger l'un l'autre.

La ſeconde eſt , que réponſes ſur faits & articles, eſt une eſpece de preuve que l'on veut tirer de la bouche de la partie , & qu'il eſt certain qu'on n'eſt pas recevable à faire la preuve d'un fait avant qu'il ſoit conteſté.

Il peut encore être demandé en cauſe d'apel , auſſi-bien qu'en cauſe principale, ſuivant l'article 5. dudit titre 10. de l'Ordonance de 1667. & ce juſqu'au Jugement du procez; mais par les Ordonances, tant anciennes que nouvelles , il eſt dit , que cela ſe doit faire ſans retardation du procez.

Les interrogatoires se doivent faire aux frais & dépens de ceux qui seront requis, sans en pouvoir faire aucune repetition, ni les faire entrer en taxe, même en cas de condamnation de dépens, selon l'article 10.

Mais quand c'est par Arrest ou Sentence, qui a ordoné qu'avant faire droit, la partie seroit interrogée sur faits & articles, si celui qui est interrogé est condamné aux dépens, il paie les dépens de l'interrogatoire, parce qu'il n'a pas été fait à la requête de sa partie adverse.

L'Ordonance de 1539. article 38. porte que les parties seront tenuës par les réponses de leur interrogatoire, de confesser les faits qui seront de leur science, & de leur conoissance, & par l'article 39. que ceux qui contreviendront, seront condamnez à dix livres d'amende envers le Roi, pour chacuns faits par eux calomnieusement déniez en Cour Souveraine, & à cens sols aux Jurisdictions inferieures, & la moitié moins envers les parties, & semblable peine est statuée par l'article 40. contre ceux qui auront posé & articulé calomnieusement des faits qui par l'évenement se trouveront faux; mais tous ces articles sont peu observez.

Si celui qu'on veut faire interroger est absent, le Juge où le diferent est pendant, peut commettre un autre Juge pour faire l'interrogatoire sans retardation de l'instruction & Jugement de l'instance.

La Requête de *Committitur*, sera en la forme qui suit.

A Monsieur le Prevôt, ou Bailli,

Suplie humblement G . . . .

Disant qu'en l'instance d'entre le Supliant & A . . . . le Supliant a demandé que A . . . . fût condamné à &c . . . mais comme le fait qui peut servir à établir les conclusions prises par le Supliant, n'est pas assez clairement expliqué par l'acte fait entre les parties le . . . . le Supliant desire faire interroger A . . . sur faits & articles.

Ce considere', Monsieur, il vous plaise permettre au Supliant de faire interroger A . . . . sur faits & articles pertinens, concernant ce dont il s'agit entre les parties; & atendù que A . . . . est demeuré en la Ville de . . . . commettre le sieur Lieutenant General du Bailliage de la même Ville, & à cet éfet ordoner que Commission rogatoire sera expediée, & vous ferez bien.

Le Juge met au bas de cete Requête, *Nous avons permis au Supliant de faire interroger A . . . sur faits & articles pertinens, concernant ce dont est question, iceux prealablement comuniquez, pardevant le Sieur Lieutenant General de . . . . auquel Commission rogatoire sera expediée, & à faute par A . . . de comparoir à l'assignation qui lui sera donée, ou en cas*

C C c c iij

de refus de répondre, sera par ledit Sieur Lieutenant General dressé pro-
cez verbal sommaire, faisant mention de l'assignation & du refus sur le-
quel les faits seront tenus pour confessez & averez, suivant l'Ordonance
de sa Majesté, le tout sans retardation de l'instruction & jugement de l'in-
stance. Fait ce, &c.

Si on expedie une Commission rogatoire sur cete Ordonance, elle
sera ainsi.

Commission Rogatoire.

M.... au Sieur Lieutenant General de.... SALUT, ayant par nôtre Ordonance de ce jourd'hui ci-atachée sous le Contre-seel dudit Bailliage, permis à
I... de faire interroger pardevant Vous B... sur faits & articles pertinens,
concernans ce dont est question entre les parties, prealablement comuniqués,
Nous vous prions de proceder audit interrogatoire, & à faute par B.... de
comparoir à l'assignation qui lui sera donée, ou au cas de refus par lui de répondre, dresser procez verbal sommaire, faisant mention de l'assignation & du
refus sur lequel les faits seront par vous tenus pour confessez & averez, suivant
l'Ordonance, le tout sans retardation de l'instruction & jugement de l'instance
d'entre les parties pendante pardevant nous. FAIT le, &c....

Si le Juge qui commet est superieur, la Commission ne sera pas
Rogatoire, elle sera en cete forme.

Commission d'une Cour superieure à un Juge inferieur pour interroger.

LOUIS, &c... au Lieutenant General de.... SALUT. Veu par nôtre
Cour de.... la Requête presentée par tel... à ce qu'il lui fût permis de faire
interroger tel, &c... nôtredite Cour a permis à tel... de faire interroger ledit
tel.... pardevant vous, sur faits & articles pertinens, concernans ce dont est
question, prealablement comuniquez, suivant l'Ordonance, & à cet éfet vous
a commis pour faire l'interrogatoire, & à faute par tel... de comparoir à l'af-
signation qui lui sera donée pardevant vous, ou en cas de refus de répondre,
sera par vous dressé procez verbal sommaire, faisant mention de l'assignation,
& du refus, sur lequel procez verbal, les faits seront tenus pour confessez &
averez, suivant l'Ordonance, le tout sans retardation de l'instruction & jugement de l'instance. DONNE', à, &c...

Il faut presenter la Commission au Juge qui est commis, demander son Ordonance pour faire assigner la partie que l'on veut
faire interroger, & observer la méme procedure que celle dont j'ai
parlé ci dessus.

Sur quoi voyez mon Ancien Clerc du Palais reformé suivant les
nouvelles Ordonances, vous y trouverez la formule de tous les procez verbaux & actes necessaires sur le fait de l'interrogatoire sur faits
& articles, jusqu'à Jugemement definitif.

Le ferment prêté par une partie interrogée, n'exclut pas la preuve par témoins du contraire de ce qu'elle a répondu, par la raison qu'il n'est pas decisoire.

En matiere Criminelle la confession se peut diviser, & non pas en matiere Civile, à moins qu'elle ne soit de faits sufisamment justifiez; d'ailleurs la confession peut être aussi divisée, lors qu'il y a une presomption de droit contre celui qui la fait, selon le sentiment de Bartole sur la Loi *Aurelius*, §. *idem quæsitum, ff. de liberali causa.*

CHAPITRE CXV.

De l'Inscription en faux.

LA fausseté d'une Promesse, Contrat, ou Obligation, produite au procez ne se peut justifier que par l'Inscription en faux, & la nullité par des Lettres de Recision.

Desorte que si le défendeur trouve que l'acte, ou piece en vertu de laquelle il est poursuivi soit fausse, il faut qu'il forme son Inscription en faux au Gréfe de la Jurisdiction en laquelle il est poursuivi.

Inscription en faux, est une instance criminelle incidente, que forme le défendeur pour détruire le titre en vertu duquel il est poursuivi, ou dont en quelque maniere que ce soit le demandeur se veut prévaloir contre lui.

On peut aussi s'inscrire en faux contre les Ecrits sous seing privé; mais si on veut, celui qui s'en sert est obligé de les faire reconoître & verifier, enforte que la peine ne laisse pas d'avoir lieu contre ceux qui falsifient les Ecritures privées, à l'intention de nuire à autrui, & lors qu'elles sont en état de faire préjudice.

Il en est de même de celui qui inscrit une fausseté sur son journal, lors qu'il peut faire quelque foi en justice.

Tous les Juges qui sont saisis de l'instance principale en laquelle est produite ou comuniquée la piece fausse, peuvent conoître incidemment de l'inscription en faux formée contre cete piece, à la reserve seulement des Juges & Consuls, & des bas & moïens Justiciers, qui en sont exceptez par l'article 20. du titre 1. de l'Ordonance Criminelle de 1670.

Le demandeur en faux ne peut pas former au Gréfe son inscription sans permission du Juge, ainsi il faut bailler sa requête afin d'avoir cete permission, laquelle requête doit être signée du demandeur en faux, ou de fon Procureur fondé de pouvoir fpecial, lequel doit être ataché à fadite requête, & enfuite pour faire recevoir fon infcription, il faut configner l'amende au Gréfe de la Jurifdiction où elle fe pourfuit.

Aux Cours Souveraines l'amende eft de cent livres, aux Sieges qui y reffortiffent immediatement foixante livres, & aux autres Juftices inferieures vingt livres, & atacher l'acte de confignation à la requête.

Mais par une Declaration du Roi du 13. Janvier 1683. il eft permis à Meffieurs du Parlement, d'obliger ceux qui forment infcription en faux dépuis le 15. Juillet jufqu'à la fin du Parlement, afin de retarder le jugement de leurs procez, de configner une plus grande fomme, telle qu'ils jugeront à propos.

La requête prefentée le Juge ordone fur icelle, que l'infcription fera faite au Gréfe, & que prealablement le défendeur en faux fera tenu de declarer, dans le délai competant qui lui fera doné, fuivant la diftance de fon domicile, s'il veut fe fervir ou non de la piece acufée de faux.

Il faut enfuite lui faire fignifier la requête & l'Ordonance du Juge, & fi étant fommé, il declare ne fe vouloir fervir de la piece, en cela elle fera rejettée & paffé outre au jugement de la caufe, ou procez, fauf à Monfieur le Procureur General, fes Subftituts dans les Jurifdictions, ou aux Procureurs des Seigneurs, dans les jurifdictions defquels les procez font pendans, à pourfuivre le faux extraordinairement, fi bon leur femble, & en ce cas celui à l'égard duquel on s'eft voulu fervir de la piece, peut demeurer partie, fi bon lui femble.

Si au contraire il declare fe vouloir fervir de la piece, il faut que lui-même mette au Gréfe la piece dont il aura declaré fe vouloir fervir, & qu'il faffe fignifier l'acte de mis au demandeur en faux, & s'il ne le fait pas, faut faire ordoner qu'il fera tenu de le mettre dans un bref délai, qui lui fera doné, finon que ladite piece fera rejettée, & paffé outre au jugement du procez fans y avoir aucun égard.

Mais fi le défendeur en faux met ladite piece au Gréfe, & fait fignifier le mis, le demandeur eft tenu de former fon infcription au Gréfe dans les vingt-quatre heures après la fignification du mis, fuivant l'article 9. de l'Ordonance de 1670.

L'acte d'infcription en faux fe fait par le demandeur, affifté de fon Procureur, en la juftice en laquelle l'inftance eft pourfuivie, ou par le Procureur feul en vertu d'une procuration fpeciale de fa partie.

Elle

Elle doit contenir la qualité de la piece inscrite de faux , si c'est un contrat, sentence , ou promesse , & la date de la piece.

Si la piece contre laqüelle l'inscription est formée , est une promesse sous écriture privée , ou quelqu'autre piece qui n'ait pas de minute , il n'a qu'à bailler ses moïens de faux ; mais si c'est une Sentence, ou contrat , ou quelqu'autre piece qui doive avoir minute , & qu'on prétende que la grosse , ou l'expedition soit fausse, en ce cas il faudra faire ordoner que la minute sera aportée au Gréfe de la Jurisdiction où l'inscription de faux sera poursuivie,dans un certain délai , suivant la distance des lieux , sinon & à faute de faire aporter ladite minute , que la piece sera rejetée au procez.

Ainsi quoique la grosse , ou l'expedition de l'acte soit diferente de la minute , cela n'empêche pas qu'il ne faille aussi faire raporter la minute ; car elle peut être fausse aussi-bien que la grosse , ou copie qui a été expediée.

Comme, par exemple, si en la minute on a contrefait la signature de l'une ou de l'autre des parties , si dans le corps de l'écriture il y a des aditions, ou des ratures qui n'aïent pas été aprouvées , & autres cas semblables.

Si l'inscription en faux est poursuivie devant un Juge inferieur, il faut en vertu de l'Ordonance de ce Juge , faire faire comandement au Notaire, ou Gréfier, d'aporter ladite minute , & à son refus l'assigner, pour voir dire qu'il y sera contraint.

Mais si l'inscription est poursuivie au Parlement , ou en quelque autre Cour Souveraine , le défendeur en faux doit obtenir Commission en Chancellerie , pour faire comandement au Notaire, ou Gréfier d'envoyer la minute de la piece inscrite de faux , & en vertu de cete Commission, un Sergent peut faire le comandement , & pour le refus du Gréfier , ou Notaire , l'assigner en la Cour où l'instance est pendante , pour le faire condamner par corps.

Et si le Notaire, ou Gréfier, suivant le commandement à lui fait, aporte au Gréfe la minute inscrite de faux, il faudra que le défendeur en faux fasse signifier au demandeur un acte contenant le jour qu'elle aura été mise au Gréfe , à ce qu'il ait à fournir ses moïens de faux.

Aprés que l'acte de mis a été signifié au demandeur, il faut qu'il fasse remettre au Juge la piece prétenduë falsifiée , pour dresser procez verbal de l'état où elle se trouvera, selon l'article 2 du titre 9 de ladite Ordonance de 1670.

Par les moïens de faux il faut observer , ce que l'on aura reconu à l'écriture, signature, & corps de la piece, la diference de l'ancre, la marque qui eſt dans le corps du papier , l'alteration ou éfaçure des lettres, & l'antidate.

Enſuite, outre la reparation civile, on conclut par leſdits moïens de faux, que la piece ſoit rejettée du procez, & le défendeur condamné en tous les domages & intereſts du demandeur en faux & dépens , ſauf à Monſieur le Procureur du Roi, (*Si c'eſt une Juriſdiction inferieure,*) ou à Monſieur le Procureur General, (*Si c'eſt une Cour Souveraine,*) de prendre pour la vindicte publique, telle concluſion qu'il aviſera bon être.

Aprés quoi il faut narrer le fait ſommairement , & enſuite articuler les faits & moïens par leſquels on prétend prouver que la piece eſt fauſſe.

Comme, par exemple, que les ſignatures des parties, ou des temoins ont été contrfaites, ou qu'aprés les ſignatures, & aprés coupt, on a fait des ratures & des aditions à l'inſçu des parties, ou que la partie qu'on a fait declarer ne ſçavoir écrire, ni ſigner, étoit abſente du lieu le jour qu'on prétend que le contrat, ou obligation a été paſſé, & une infinité d'autres ſemblables faits pour leſquels des pieces peuvent être declarées fauſſes.

Ces moïens de faux dreſſez, il faut que le demandeur en faux les mette dans un ſac, aprés les faſſe joindra à la piece maintenuë fauſſe, & faire prendre le tout par le Raporteur.

S'ils ſont frivoles & impertinens, le Juge les declare tels, & inadmiſſibles, & ordone que ſans y avoir égard, il ſera paſſé outre au jugement du procez civil, ou les joindre audit procez, pour en jugeant y avoir tel égard que de raiſon.

Si au contraire il les trouve pertinens, il les declarera tels, & admiſſibles, & permettra au demandeur d'en faire la preuve, tant par titres, que par témoins, & par comparaiſon d'écritures & ſignatures, qui ſera faite par Experts, que le Juge ſera tenu de nommer d'ofice, ſuivant l'article 9. de l'Ordonance Criminelle de 1670. & s'ils ſont ſuſpects à l'une ou à l'autre des parties, ils les peuvent recuſer, ainſi qu'il eſt dit à la fin du méme article.

Que ſi les moïens de faux ne concernent que l'écriture, ou les ſignatures qu'on prétendra avoir été contrefaites, la preuve de la fauſſeté ne ſe faiſant que par comparaiſon d'écriture, il n'eſt pas beſoin de faire oüir d'autres témoins que les Experts qui ſont Maîtres Ecrivains.

Mais ſi les moïens de faux ſont fondez ſur d'autres faits, comme ſur l'abſence de la partie au tems qu'on aura ſupoſé qu'elle ſera obligée, ou qu'elle aura ſigné, ou ſur ſa mort, au cas qu'on prétendît qu'elle fût decedée au tems auquel on l'a fait parler dans quelques contrats ou autres faits semblables ; en tous ces cas il faut faire oüir les témoins qui en pouront dépofer.

Par l'article 15. du titre 9. de l'Ordonance de 1670. il est dit que les pieces infcrites de faux & celles de comparaifon feront mifes entre les mains des Experts, aprés avoir prêté le ferment, pour les voir & examiner, & enfuite declarer leur raport au Juge.

Au défaut des Maîtres Ecrivains, ou quand ils font fufpects, il y a certains lieux où on peut nommer des Notaires, ou des Gréfiers.

Quoique la fauffeté foit de nature à ne pouvoir pas être juftifiée par la comparaifon d'écriture, neanmoins le demandeur en faux ne peut pas faire oüir aucuns témoins en fon information, fur autres faits que fur ceux qu'il a precifément articulez par fes moïens de faux.

Cela lui eft défendu par l'article 14. du titre 9. de ladite Ordonance qui porte, que le jugement par lequel il fera permis d'informer des moïens de faux, contiendra les faits qui auront été declarez admiffibles, & dont il aura été permis d'informer, & qu'il ne poura être fait preuve d'aucun autre.

Celui qui fe fert de la piece eft auffi quelquefois reçu à faire preuve par témoins qu'elle eft veritable, & en ce cas la dépofition des témoins qui difent avoir vû écrire une quitance, & compter l'argent, prévaut à un raport d'Experts, à moins qu'il n'y ait une diffimilitude entiere dans les pieces de comparaifon, d'autant que les Experts ne jugent que fur des conjectures qui peuvent tromper, & que les preuves l'emportent fur les prefomptions, lorfqu'il n'y a pas de reproche contre les témoins.

L'information faite & le raport des Experts delivré, il faut comuniquer le tout aux Gens du Roi, pour bailler leurs conclufions ; & fi par l'information & le raport d'Experts il y a preuve de la fauffeté & charge contre quelque particulier d'en être l'auteur, le Juge decretera contre l'auteur de la fauffeté, & inftruira fon procez par recollement & confrontation.

Deforte que fi celui qui a produit la piece fauffe, fe trouve convaincu d'être l'auteur de la fauffeté, & que la fauffeté foit importante, il jugera le procez criminel feparément, & condamnera le coupable à la mort, aux galeres, ou au banniffement, eu égard aux circonftances du fait & des perfones.

Comme fi celui qui a commis la fauffeté eft un Notaire, ou autre perfone publique, parce que le crime de faux eft un crime capital.

DDdd ij

Mais fi celui qui a produit la piece n'eft pas l'auteur de la fauffeté,

Comme, par exemple, fi c'eft un heritïer qui la trouve entre les titres & papiers du défunt, ou un ceffionaire qui a crût que le titre de la déte à lui cedée, étoit veritable & legitime.

Ou, fi en la fauffeté il y a plus d'imprudence que de malice.

Comme fi par inadvertance, on avoit daté d'un jour pour un autre, & enfin fi les preuves ne font pas tout-à-fait convaincantes, il joindra l'incident du faux au procez civil, & en jugeant il prononcera, aïant égard aux faux, ou fans avoir égard aux faux.

Si l'infcription a été formée en un procez civil pendant aux Enquêtes, & qu'en voiant ledit procez le crime de faux fe trouvât avoir merité la condamnation de mort, ou de galeres, le procez criminel doit être renvoyé en la Tournelle criminelle pour y être jugé.

Que fi au contraire, elle fe trouve calomnieufe, celui qui la temerairement formée, fera condamné en l'amande de trois cens livres aux Cours Souveraines, de fix vingts livres aux Sieges qui y reffortiffent immediatement, & de foixante livres aux autres Jurifdictions Roïales, ou des Seigneurs.

Lefdites amandes aplicables pour les deux tiers au Roi, ou aux Seigneurs, & l'autre tiers à la partie, felon l'article dernier du titre 9 de l'Ordonance de 1670.

Deduction faite de la fomme par lui confignée, qui lui doit être déduite fur fon amande, ainfi qu'il eft porté par ledit article.

Le Juge peut auffi, outre les amandes portées par cet article, punir le calomniateur en une plus grande peine, fuivant la qualité de la calomnie & de la perfone à qui elle aura été faite, & la calomnie pouroit être de telle importance.

Comme fi un Oficier en danger de perdre l'honneur, ou la vie, qu'elle meriteroit non feulement une amande plus grande que celle portée par cet article; mais encore la reparation d'une amande honorable, & même d'une peine capitale.

Le crime de faux fe prefcrit par vingt ans à l'égard du criminel & de la punition d'icelui, dont il eft à couvert aprés les vingt ans, fuivant la Loi *querela* 12. *Cod. ad leg. Cornel. de falf.*

Mais non pas à l'égard de la piece, qui peut être declarée fauffe dans les trente ans.

Par exemple, fi un heritier revendiquant les biens du défunt dans les trente ans contre ceux qui les ont ufurpez, on lui opofe un teftament faux, il poura l'impugner de faux dans les trente ans, parce que la petition d'heredité dure trente ans, bien qu'aprés les vingt ans , le fabricateur de ce faux Teſtament ne puiſſe être puni ni pourſuivi extraordinairement.

Neanmoins il y a certain cas où on n'eſt pas tenu de s'inſcrire en faux contre un Teſtament reçû par Notaire, on ſe contente ſeulement de la preuve par Témoins.

Comme lorsque les faits concernent plus le Teſtateur que la perſone du Notaire , ou ſi, par exemple, on alleguoit qu'il ne fut pas tout-à-fait en ſon bon ſens , ou qu'il eût été intimidé & fortement ſolicité par d'autres perſones , on pouroit en admetre la preuve nonobſtant l'énoncé dans l'Acte , ſain d'eſprit & ſans ſugeſtion.

On permet auſſi tous les jours en pluſieurs Provinces, de faire preuve contre les procés verbaux des Huiſſiers & Sergens , c'eſt-à-dire,lors que toutes les choſes ſaiſies n'y ſont pas compriſes,auſſi-bien que de pluſieurs autres faits, ſans obliger de paſſer à l'inſcription en faux , dont les grands frais autoriſeroient davantage les abus trop notoires.

Mais il faut examiner les Témoins , & ne pas recevoir indiſtinctement tous ceux que l'on pouroit preſenter.

Le Contrat argué de faux ou de nullité , ne laiſſe pas d'avoir ſon execution aux termes de la Loi 2. *C. ad leg. Cornel. de falſ.* à moins que la fauſſeté , ou nullité ne ſoient évidentes.

Vous trouverés au Chapitre du crime de faux des matieres Criminelles du 2.Tit. de ce Liv. la Formule de tous les Actes & Procedures qui ſe font en l'inſtructiõ de faux,tant principal,qu'incident.

CHAPITRE CXVI.

De la reciſion des Contrats & reſtitutions entieres.

SI le titre en vertu duquel le Défendeur eſt pourſuivi eſt nul, d'une nullité établie par l'Ordonance , ou par la Coûtume , il ſuſit pour défenſes d'en alleguer la nullité & la juſtifier ; mais ſi la nullité eſt ſeulement de droit, il faut ſe pourvoir par voïes de reſtitution entiere.

Les Contrats uſuraires ſont nuls par l'Ordonance, & il n'eſt pas beſoin de Lettres de reciſion pour les faire caſſer.

Les Obligations & Contrats paſſes par les femmes non ſeparées de biens, durant leur mariage ſans l'autorité de leurs Maris, ſont auſſi nulles, ſuivant l'article 223. de la Coûtume de Paris ; & pour les faire caſſer, n'elles , ni leurs heritiers , ni leurs maris , n'ont pas befoin de reftitution ; & quand ils font pourfuivis en vertu d'iceux, il fufit d'opofer pour défenfes qu'ils font nuls, pour avoir été paffés par une femme mariée, fans l'autorité de fon mari.

Il en eft de même d'une donation non aceptée, ou infinuée, & d'un Teftament non revêtu des folemnités prefcrites par la Coûtume ; car l'heritier pourfuivi en vertu d'iceux, n'eft pas obligé d'avoir recours à la reftitution, il lui fufit de montrer qu'ils font nuls par le défaut des formalités requifes par l'Ordonance ou par la Coûtume.

Reftitution entiere, eft un benefice de droit par lequel celui qui a été lézé, trompé & circonvenu, en paffant quelques Actes ou Contrats, eft remis en pareil état qu'il étoit avant cet Acte ou Contrat.

Les nullités de droit font celles, qui, fuivant l'ufage general, ne rendent pas les Actes & les Contrats nuls de plein droit, mais donent feulement ouverture à faire caffer, annuller & refcindre les Actes & Contrats par le moïen de la reftitution entiere.

La reftitution entiere ne fe done que par Lettres Roïaux, qu'il faut obtenir en Chancellerie, & les faire enteriner par le Juge, pardevant lequel la caufe ou le procés eft pendant.

Ces Lettres s'apellent Lettres de recifion ou de reftitution entiere.

Cependant quoique ces mots ne fignifient que la même chofe, quelques uns y metent de la diference ; mais cête diference ne fe peut apliquer à l'ufage general, qui confond tous les jours ces termes de recifion & reftitution entiere, & les emploïe peur fignifier une même chofe.

Par exemple, par les Lettres de recifion (fuivant la formule ordinaire) le Roi mande au Juge de caffer & refcindre un Contrat ou quelqu'autre Acte, au cas qu'il lui aparoiffe de la lézion, du dol, ou de la circonvention dont on fe plaint.

Neanmoins le Juge en enterinant ces Lettres, ne prononce pas qu'il caffe, annulle, ou refcindre ce Contrat, mais il prononce, qu'aïant égard aux Lettres, & icelles enterinant, il remet les parties en pareil état qu'elles étoient avant le Contrat, ou l'Acte dont il s'agit, qui eft l'état de la reftitution entiere.

Enteriner des Lettres, eft ordoner en conoiffance de caufe qu'elles feront executées.

Car il faut fçavoir que toutes Lettres de Juftice font toûjours expediées & adreffées aux Juges avec cête claufe, *S'il vous apert de ce qui eft expofé ci-deffus, où de tant que fufir doive.*

Ainsi que celui qui les a obtenuës, les doit faire signifier à celui contre qui il s'en veut prévaloir, & justifier avec lui, que ce qu'il a exposé est veritable; aprés quoi, le Juge instruit de la justice des Lettres, & de la verité de ce qui est exposé, execute ce qui lui est mandé par icelles, & cela s'apelle enteriner des Lettres.

Les Lettres de recision ou restitution entiere, s'acordent, tant aux Mineurs qu'aux Majeurs, mais en divers cas, & pour diverses causes; car elles s'acordent aux Mineurs contre toutes sortes de Contrats, pourveu qu'ils y soient lézés, mais elles ne se donent aux Majeurs, que contre les Contrats de vente de leurs immeubles, quand il y a lézion d'autre moitié de juste prix; ou quãd en d'autres Contrats, ils ont été trompés & circonvenus, par le dol & fraude de leur partie adverse, ou quand ils ont été contraints de les passer par force, violence, ou intimidation.

Si bien, que pour bien entendre les cas ausquels les Mineurs sont restitués, il faut examiner trois choses: 1°. La qualité des Mineurs, ausquels la restitution peut être acordée: 2°. La qualité des Actes & Contrats, contre lesquels ils peuvent être restitués: 3°. l'éfet qu'opere la restitution à leur égard.

Les persones qui sont reputées Mineurs, sont toutes celles qui sont au dessous de vingt-cinq ans, suivant le droit commun & la plûpart de nos Coûtumes.

Cependant il ne sufit pas pour être reputé Majeur d'avoir acquis vingt-cinq ans; c'est à dire, d'avoir entré en la vingt-cinquiéme année, il faut que les vingt-cinq années soient entieres & accomplies, en sorte que par la disposition du Droit, celui qui a contracté en sa vingt-cinquiéme années, & à pareil jour qu'il est né, une heure seulement avant celle de sa naissance, est reputé Mineur, à l'éfet de pouvoir être restitué s'il a été trompé.

C'est aussi la disposition de la Loi 3. §. *Si minor. ff. de minor.*

Neanmoins pour avoir aquis la prescription, il sufit d'avoir possedé un moment dans le dernier jour, selon la Loi *penult. in princip. D. qui testam. fac. poss.* mais il faut pour ce sujet distinguer ce qui est odieux, d'avec ce qui est favorable, où le jour commence être reputé achevé.

Il y a plusieurs Coûtumes qui ont abrogé le temps de la minorité & la font finir à vingt ans acomplis.

Par l'article 235. de la Coûtume d'Amiens, les enfans âgés de vingt-cinq ans, sont reputés majeurs & capables d'ester en jugement, sans être assistés de Tuteur ni Curateur.

Par l'article 444. de la Coûtume d'Anjou, les mâles sont reputés

Majeurs à vingt-ans acomplis, & capables d'aliener leurs biens.

Par l'article 154. de celle d'Artois, les mâles sont aussi reputés majeurs à vingt ans, & les femelles à seize, pour pouvoir obliger, vendre, changer ou aliéner leurs biens & heritages, sans l'autorité de leurs Curateurs, & sans décret de Juge.

La Coûtume de Toûraine dit plus, car elle repute majeur les mâles à dix-huit ans, & les filles à quinze.

Celle de Bourbonois s'éloigne encore davantage de nôtre droit François, parce que par l'article 120. elle repute majeur les mâles âgés de quinze ans, & les filles à onze, pour pouvoir entrer en jugement, faire & passer tous Contrats, excepté ceux qui regardent la vente de leurs immeubles.

Mais toutes ces majorités coûtumieres, & avancées n'empêchent pas que ceux qu'elles émancipent par ces dispositions, ne soient pas restituables contre les Actes & Contrats, par lesquels ils ont été trompés & lézés, comme le remarque Maître Charles du Moulin en ses Apostilles sur lesdites Coûtumes.

Neanmoins en la Coûtume d'Amiens, où un Majeur de vingt ans peut contracter de ses meubles & aquêts, il n'est pas restitué d'un cautionement par lui fait, mais l'obligation demeure restrainte aux termes de la Coûtume, & on saisit même les fruits qui procedent des propres.

Par l'article 32. & 41. de la Coûtume de Paris, l'homme tenant Fief est reputé âgé à vingt ans, & la fille à quinze ans acomplis; mais quant à la foi & homage seulement, & aux charges de Fiefs.

Suivant le Droit Romain la Tutelle des Mineurs finit à quatorze ans pour les mâles, & à douze pour les filles, mais la plûpart des autres Coûtumes la font durer jusqu'à vingt cinq ans acomplis, qui est l'âge auquel elle termine la minorité, si ce n'est qu'avant ce tems les Mineurs soient émancipés ou mariés, auxquels cas ils sortent de Tutelle, & n'ont plus besoin que de Curateurs.

Par l'article 268. de ladite Coûtume de Paris, la garde-noble pour les mâles, fini à vingt-cinq ans acomplis, & pour les filles à quinze ans, & la garde-bourgeoise, pour les mâles à quatorze ans, & pour les femelles à douze ans acomplis.

Ceux qui sont émancipés par Lettres du Prince, ont bien moins de liberté que ceux qui sont déclarés Majeurs par les Coûtumes de leurs domiciles.

Ces derniers peuvent ester en jugement sans être assistés de Curateur, & en quelques Coûtumes ils aliénent même leurs immeubles.   Mais

Mais ceux qui font émancipez ne peuvent pas efter en jugement, foit en demandant, ou en défendant, s'ils ne font affiftez d'un cura-teur, ils n'ont la difpofition que de leurs meubles & de leurs reve-nus, l'alienation de leurs immeubles leur eft interdite, & par confe-quent l'hipoteque a trait à l'alienation.

D'où il s'enfuit que s'ils alienent leurs immeubles fans autorité de juftice, ou s'ils les hipotequent fans neceffité, ou utilité éviden-te, ils en doivent être reftituez.

Si les Mineurs mariés ont été lezez en chofes mobiliaires, ou en ce qui concerne le revenu de leurs immeubles, comme par exemple, s'ils en ont fait des baux à moindre prix que leur jufte valeur, ou s'ils en ont baillé quitance, ou fait quelques autres actes femblables, la reftitution leur eft déniée, parce que par l'article 239. de la Coûtu-me de Paris, *Hommes & femmes conjoints par mariage font reputez ufans de leurs droits, pour avoir l'adminiftration de leurs biens* ; mais s'ils ont vendu & aliené leurs immeubles fans autorité de juftice, ou s'ils les ont engagez & hipotequez fans neceffité, ou autre caufe legiti-me, ils en font relevez & reftituez ; car le même article qui leur per-met l'adminiftration de leurs biens, leur en défend auffi l'alienation & l'hipoteque.

Il faut dire encore, que fi une femme mineure s'eft obligée foli-dairement avec fon mari au païement d'étoffes pour habits à fon ufa-ge, ou pour païer vin & viandes pour la nouriture d'elle & de fa fa-mille, & qu'aprés la mort de fon mari elle ait renoncé à la Comu-nauté, elle peut être reftituée, ainfi qu'il a été jugé par un Arreft doné en la Chambre de l'Edit le 17. Decembre 1614. raporté par M. Leprêtre, centurie 3. chapitre 33.

La raifon eft, qu'on ne peut pas dire en ce cas, que l'obligation folidaire, en laquelle la femme eft obligée, ait tourné à fon profit, parce que durant le mariage, le mari eft obligé de nourir fa femme, & lui fournir fes habits & autres neceffitez, attendu qu'il joüit de fa dot.

La queftion, fçavoir, fi un Mineur, qui en contractant s'eft de-claré Majeur, & a même reprefenté un faux Extrait baptiftaire, peut être reftitué contre fon obligation, a été diverfement jugée par les Arreft, y en aïant eu plufieurs, tant pour la negative, que pour l'afir-mative, qui font raportez par Monfieur Loüet & fon Comentateur lettre M, nombre 7.

Les plus anciens, qui ont été pour la negative, étoient fondez, fur ce que le Mineur qui fe dit Majeur, eft fupofé un faux Extrait baptiftaire, & en fraude, & commet un delit qui le rend indigne de

Tome I.   E E e e la reſtitution , parce que les Loix donent leurs ſecours à ceux qui ſont trompez , & non pas à ceux qui trompent.

Mais comme on a reconu dans la ſuite du tems que ces declarations de Majorité & ſupoſition de faux Extraits baptiſtaires, étoient tournez en ſtile ordinaire par les Notaires , & que ceux qui prêtoient à des fils de famille mineurs pour favoriſer leurs débauches, ne manquoient jamais de faire inſerer dans leurs obligations ces declarations de Majorité & repreſentation d'Extrait baptiſtaire ; la Cour par ſes derniers Arreſts a jugé pour l'afirmative, & même par un reglement general du 9. Mars 1620. qu'elle ordona être ſignifié au Syndic des Notaires , à la requête du Subſtitut de Monſieur le Procureur General , a fait défenſes auſdits Notaires de plus inſerer dans leurs contrats & obligations conceuës pour prêts , les declarations de Majorité, & Extraits baptiſtaires, à peine de nullité,& d'en répondre en leur propre & privé nom.

Fondé ſur ce que les creanciers tirent ces declarations des Mineurs, auſquels ils prêtent avec la même facilité avec laquelle ils les font obliger.

En conſequence dequoi , par autre Arrêt celebre rendu toutes les Chambres aſſemblées, au raport de Monſieur de la Grange , le 26. Mars 1624. au profit du ſieur Duluc , défenſes furent faites à toutes perſones , de quelque condition qu'elles puſſent être , de prêter argent aux enfans de famille, bien qu'ils ſe declarent Majeurs, & mettent leurs Extraits baptiſtaires entre les mains du creancier , à peine de nullité des promeſſes & obligations des choſes prêtées , & de punition corporelle , & ordone que l'Arrêt ſeroit publié à ſon de trompe & cry public.

Et quoique ces reglemens ſemblent n'avoir été faits que pour les fils de famille mineurs qui empruntent pour fournir à leurs debauches , neanmoins par Arrêt du 26. Avril 1629. raporté par Dufreſne , livre 2. chapitre 25. une femme mineure a été reſtituée contre une obligation ſolidaire par elle paſſée conjointement avec ſon mari , nonobſtant qu'elle ſe fût declarée majeure , & eût ſupoſé un faux Extrait baptiſtaire; la Cour aïant jugé que par la même facilité avec laquelle céte femme mineure avoit été induite par ſon mari à ſe declarer majeure , elle avoit pû être induite à ſupoſer ce faux baptiſtaire.

Tellement qu'il faut tenir pour regle en céte matiere, que les Mineurs de l'un & de l'autre ſexe , ſont reſtituables contre les obligations par eux paſſées, quand les deniers n'ont pas tournez à leur profit , ſi ce n'eſt que par les circonſtances du fait il paroiſſe manifestement que toute la fraude est de la part du Mineur,& la bone foi de la part du creancier.

Cependant les Mineurs pourveus d'Ofice Roïaux , ni les Avocats reputez Majeurs à l'éfet de se pouvoir obliger sans esperance de restitution pour cause de minorité , ne sont pas recevables à l'égard de la fonction de leurs Ofices, ou de leur qualité d'Avocat; mais la dificulté est de sçavoir s'ils sont reputez Mineurs, & peuvent être restituez à l'égard des contrats & obligations qu'ils passent , atendu que cête question a été diversement jugée par les Arrêts raportez par Monsieur Loüet & son Comentateur, lettre G, nombre 9.

Par les anciens Arrêts les Notaires & les Gréfiers Mineurs , ont été declarez non recevables à se pourvoir par Lettres de restitution contre leurs contrats & obligations , parce qu'on a jugé que pouvant obliger les autres, ils étoient capables de s'obliger eux-mêmes.

Dépuis on a jugé la même chose contre des Sergens, des Elûs , & des Conseillers Presidiaux , fondé sur ce que par l'article 82. de l'Ordonance d'Orleans, ils n'avoient pû être reçus en leur charge avant l'âge de vingt-cinq ans , & que s'ils y avoient été reçus avant cet âge, ce n'avoit pû être qu'en comettant une fausseté, & en suposant un faux Extrait baptistaire.

Mais dépui , la coruption des mœurs s'étant rélâchée de l'observation de l'Ordonance d'Orleans par la facilité des dispenses, & la reception en toutes sortes d'Ofices de persones incapables de les exercer, par défaut d'âge & d'experience , les derniers Arrêts ont établi une nouvelle Jurisprudence , & ont acordé le benefice de restitution à toutes sortes d'Oficiers mineurs, & même aux Oficiers des Cours Souveraines , jugeant que pour exclure la restitution des Oficiers mineurs, une Majorité civile & legale ne sufit pas, & qu'il faut une veritable Majorité , que les Loix ont fixé à vingt-cinq ans acomplis.

Et de fait, par Arrêt du 22 Juin 1673.rendu en la troisiéme Chambre des Enquêtes , & raporté en la troisiéme partie du Journal du Palais , Hubert Comissaire au Châtelet de Paris, âgé de vingt-cinq ans , s'étant obligé solidairement avec Lunet son beau-pere, au païement d'une somme de trois mille livers , sous l'indemnité à lui baillée par sondit beau-pere, il a été restitué contre son obligation.

Quant aux Avocats, comme il n'y a pas d'Ordonance qui défende de les recevoir avant l'âge de vingt-cinq ans , qu'au contraire il y en a plusieurs qui sont reçus à l'âge de dix-sept à dix-huit ans, leur reception ne les a jamais fait présumer majeurs , sinon pour ce qui concerne la fonction de leur profeſſion.

La même choſe a auſſi été jugée pour les Referendaires au ſceau, & pour les Secretaires du Roi, par la même raiſon qu'il n'y a pas d'Ordonance qui regle l'âge auquel ils doivent être reçus, & qu'en l'information qui ſe fait de leur vie & mœurs, on n'informe pas de leur âge.

Un mari mineur peut valablement autoriſer ſa femme majeure, & l'obligation de la femme majeure vaudra ſans eſperance de reſtitution, ſi le mari mineur n'y eſt point intereſſé & n'en ſoufre aucun préjudice; mais s'il y eſt intereſſé, & en ſoufre préjudice, il peut ſe faire reſtituer contre l'autoriſation qu'il a donée à ſa femme, & par ce moïen faire caſſer l'obligation de ſa femme, qui ne poura plus ſubſiſter par le défaut d'autoriſation.

Ainſi jugé par le même Arrêt rendu au profit dudit Comiſſaire Hubert, parce qu'ayant fait obliger ſolidairement avec lui ſa femme qui étoit majeure, & l'ayant pour cet éfet autoriſée, il avoit incidamment obtenu des Lettres pour être reſtitué contre cete autoriſation, qui furent enterinées, & ſa femme déchargée auſſi-bien que lui du contenu en l'obligation.

Il n'en eſt pas de même des Marchands mineurs, leſquels ne peuvent pas être reſtituez contre leurs obligations, ſur tout à l'égard de celles qu'ils contractent pour raiſon de leur trafic & commerce, parce qu'à l'égard de tout ce qui concerne leurdit commerce, ils ſont reputez majeurs, & ſe peuvent valablement obliger, en ſorte que leur interdire la faculté de s'obliger, ce ſeroit leur interdire le commerce, qu'ils ne peuvent pas exercer ſans s'obliger.

Autre choſe eſt, à l'égard de tous autres contrats non concernans leur commerce, s'ils ont été lezez, ils peuvnt être reſtituez du chef de leur Minorité.

Par Arrêt de la Cour des Aydes de Paris du mois d'Aouſt 1601. raporté par Monſieur Lebret plaidoïé 3. un Marchand mineur, qui s'étoit rendu certificateur de la caution d'un Receveur des tailles, a été reſtitué entier contre ce cautionnement, & par Arrêt du Parlement de Dijon du 28. Juillet 1614. raporté par Bouvot, tome 1. ſous le mot, *Fidejuſſeur*, un Marchand qui avoit cautionné un autre Marchand pour marchandiſe, a été déchargé de ſon cautionnement.

Les Beneficiers mineurs ſont auſſi reputez majeurs pour ce qui concerne les Benefices dont ils ſont pourveus, ſuivant l'article 14. du titre 15 de l'Ordonance de 1667. où il eſt dit en termes exprés, que les Mineurs de vingt ans, pourveus de Benefice, ſont declarez capables d'agir en juſtice, ſans l'autorité ni aſſiſtance d'aucun Tuteur ni

Curateur , tant en ce qui concerne le poſſeſſoire , que pour les droits , fruits & revenus de leurs Benefices.

Neanmoins ils ne peuvent pas reſigner directement ou indirectement leur Benefice au profit de leur Tuteur ou Curateur , Precepteur , ou autres perſones , ſous la puiſſance ou la conduite deſquels ils ſont , ni en faveur de leurs enfans , par eux ou autres perſones par eux interpoſées;mais hors ce cas les Arrêts ont varié, ſuivant les circonſtances particulieres qui ſe ſont trouvées dans le fait.

Par Arrêt du 23. Juin 1626. raporté par Dufreſne livre 1. chapitre 110. un Mineur âgé de dix ans , s'étant engagé en des promeſſes de mariage , à l'inſçû de ſon Pere , & aïant reſigné deux Benefices dont il étoit pourvû, les promeſſes de mariage & les reſignations ont été caſſées ſur la plainte du Pere , qui ſe plaignoit que ſon Fils lui avoit été ravi & ſeduit par de mauvais artifices.

Par autre Arrêt du 15. Juin 1628. raporté par le même Dufreſne, livre 2. chapitre 18. la reſignation faite par un Fils de famille, âgé de vingt-deux ans, avec rétention de penſion, a été déclarée bonne & valable , nonobſtant l'opoſition du Pere, qui ſoûtenoit la reſignation avoir dû être faite à l'un de ſes autres enfans.

Les circonſtances de cet Arrêt étoient , 1°. l'âge du reſignant, âgé de vingt-deux ans , 2°. qu'il ne ſe plaignoit pas, au contraire il étoit intervenant contre ſon Pere , pour ſoûtenir ſa reſignation, 3°. qu'il n'avoit point été pourvû de ſon Benefice par le credit & faveur de ſon Pere.

Par un troiſiéme Arrêt du 2. Mars 1645. raporté auſſi par Dufreſne , livre 4. chapitre 19. Un particulier nommé la Tour, Bachelier en Theologie a été condamné de ſon conſentement à paſſer Procuration *ad reſignandum* , d'un Benefice que le fils de Monſieur Gaudar Conſeiller d'Etat lui avoit reſigné étant âgé de vingt ans, & ainſi jugé , que la reſignation qui lui avoit été faite par le fils de Monſieur Gaudar étoit bonne & valable ; car autrement la Cour l'auroit caſſée & déclarée nulle.

Et défait Dufreſne en raportant cét Arrêt , remarque , que la Cour aprés avoir long-tems balancé l'afaire aux opinions, ne trouva pas qu'il y eût lieu de déclarer nulle la reſignation faite par le fils de Monſieur Gaudar , mais que le reſignataire aïant déclaré en l'Audiance qu'il étoit prêt de remettre le Benefice entre les mains du reſignant , en déclarant par lui qu'il vouloit demeurer dans l'Etat Eccleſiaſtique , la Cour ſuivant ſes ofres , le condamna à paſſer ladite Procuration *ad reſignandum.*

Dans la fuite du Journal des Audiances livre 8. chapitre 5. il eft raporté un quatriéme Arrêt du 15. Février 1666. par lequel les Lettres de recifion obtenuës par un Mineur de la ville d'Amiens, contre la refignation par lui faite d'une Prébande, en l'Eglife Cathedrale dudit lieu, ont été enterinées, ce faifant la refignation déclarée nulle, & lui maintenu en fon Benefice, nonobftant que fon Pere eut figné avec lui la Procuration *ad refignandum*, parce qu'il y avoit preuve que le Pere en fraude de fon Fils avoit commincé & s'étoit entendu avec le refignataire.

Enfin par un dernier Arrêt du Parlement de Metz, du 12. Septembre 1672. raporté en la feconde partie du Journal du Palais, la refignation faite par un Mineur âgé de vingt-un an, d'une Chanoinie, dont il avoit été pourvû, a été déclarée nulle fur la plainte de fon Pere, parce qu'il y avoit preuve qu'il avoit été furpris, & induit à refigner, par le mauvais artifice du refignataire.

Les Mineurs peuvent s'engager par des vœux folemnels, & faire profeffion dans un Monaftere, pourveu qu'ils aïent acompli l'âge de feize ans, tant mâles que femelles, felon l'article 28. de l'Ordonance de Blois; car encore qu'ils ne puiffent vendre ni engager leurs biens avant l'âge de majorité, neanmoins, ils peuvent engager leurs perfones & leurs libertés aprés l'âge de feize ans acomplis.

Mais, fi avant cet âge ils avoient fait Profeffion, ils peuvent être reftitués contre leurs vœux, dans les cinq années, à compter du jour de la Profeffion, fuivant la difpofition du Concile de Trente, ceffion 25. chapitre 19. qui a été favorablement reçuë en ce Roïaume, enforte qu'aprés les cinq ans, il n'eft plus recevable à réclamer contre fes vœux, foit qu'il les ait fait avant les feize ans, ou aprés les feize ans, comme contraint par force & violence; & fi par Bref du Pape, il s'étoit fait difpenfer & relever du Laps aprés les cinq années, ce Bref & la Sentence du Juge qui l'auroit fulminé, feroient déclarés abufifs, ainfi qu'il a été jugé par plufieurs Arrêts, tant du Parlement de Paris, que des autres, raportés par Brodeau fur Monfieur Loüet, lettre C. nombre 8,

Quoique j'aye dit ci-deffus qu'un Mineur n'eft pas regulierement reftitué, quand il contracte pour chofe qui concerne fa profeffion, fon art & le negoce dont il fe mêle, neanmoins par Arrêt du 9. Avril 1620. raporté par Dufrefne en fon Journal des Audiances, livre 2. chapitre 58. la Cour enterinant des Lettres obtenuës par les heritiers du Baron de Chantal, contre une obligation de mille cinq cens livres par lui paffée en minorité, pour le prix d'un

Cheval qui lui avoit été vendu, caſſe ladite obligation & condamna leſdits heritiers à païer ſeulement la ſomme de mille livres, à
laquelle elle reduiſoit le prix du Cheval, avec les interêts qui
avoient été demandés ſix ans auparavant, nonobſtant que ledit
Baron de Chantal fut Lieutenant d'une Compagnie de Cavalerie,
& eut acheté ce Cheval pour aller faire ſa charge.

Il y a un pareil Arrêt de l'année 1603. au profit de Monſieur le
General des Galeres, qui avoit acheté un Cheval deux mille écus.

Dépuis jugé au contraire, par Arrêt rendu à la Tournelle Civile en l'année 1676. par lequel un Soldat mineur aïant acheté deux
Chevaux pour aller à la Guerre, dont l'un étoit mort peu de tems
aprés l'achat, & aïant obtenu Lettres pour être reſtitué contre le
Contrat, il a été déclaré non-recevable.

La raiſon de ce dernier Arrêt eſt, que le Soldat ne ſe plaignoit
pas tant d'avoir été trompé aux prix, que de la perte qui lui étoit
arrivée, par la mort de l'un deſdits Chevaux, ce qui étoit un malheur, & un cas-fortuit arrivé dépuis le Contract, qui ne pouvoit
pas doner ouverture à une reſtitution.

Or, il s'enſuit, que ſi un Mineur agiſſant pour autrui en vertu
d'une Procuration avoit été trompé, il ne peut pas être reſtitué;
car en ce cas il n'eſt pas lézé, mais celui pour qui il auroit agi,
ſe doit imputer à lui-même la faute d'avoir confié à un Mineur la
conduite de ſes afaires.

Autre choſe eſt, d'un Majeur agiſſant en vertu de la Procuration
d'un Mineur, qui auroit paſſé un Contrat préjudiciable au Mineur,
il ſeroit reſtitué contre ſa Procuration, & en conſequence contre
le Contrat paſſé en vertu d'icelle.

Les Mineurs qui ſont reputés Majeurs, pour être Marchands, ou
Marchandes publiques, mariés, ou pourvû d'Ofices Roïaux, ne
peuvent pas diſpoſer de leur propre, ni de portion d'iceux, ſoit
par Donation entre vif, ou par Teſtament, attendu que la majorité preſumée ne ſufit pas pour cela, il faut, ſuivant mon ſentiment,
une veritable majorité de vingt-cinq ans acomplis, ſinon dans certaines Coûtumes, qui par des diſpoſitions expreſſes, permettent
de diſpoſer des propres avant l'âge de vingt-cinq ans, par Donation ou par Teſtament.

La reſtitution peut être demandée, contre tous les Actes &
Contrats, dans leſquels les Mineurs ſont lézés, en ſorte que quand
même la lézion ne ſeroit qu'en choſe purement mobiliaire, ils
ſeroient reſtitués, pourveu toutefois, qu'ils ne ſoient pas émancipés, mariés, Marchands ou Oficiers, comme il a été dit ci-deſſus.

si ce n'étoit que la lézion énorme, & pour chose qui ne concernât point le fait de marchandise, ou la fonction de leurs Ofices.

Si les Actes & Contrats contre lesquels le mineur demande d'être restitué, ont été faits dans les formes, comme par exemple, s'il s'est obligé étant assisté de son Tuteur & Curateur, si ses immeubles ont été vendus par avis de ses parens homologué en Justice, c'est à lui à justifier la lézion dont il se plaint, parce qu'en ces cas, elle n'est pas présumée.

Mais, s'il s'est obligé sans être assisté de Tuteur ni de Curateur, s'il a vendu, aliéné ou hipotequé ses meubles, sans avis de parens ou autorité de Justice, en ce cas, c'est au creancier qui a prêté ou à l'aquereur qui a acheté de lui, à justifier que les deniers qui lui ont été baillés sont rétournés à son profit.

Il peut aussi être restitué contre les Actes & Contrats passés par son Tuteur, si ces Actes & Contrats lui font préjudice.

De plus, s'il avoit vendu un heritage pour sa juste valeur, & qu'il en eut emploïé le prix, il seroit pareillement restitué contre le Contrat, parce qu'il y reste un interêt d'afection, qui donne ouverture à la restitution, & c'est pour cela que l'aliénation de ses immeubles lui est interdite.

Il seroit encore par la même raison restitué, s'il l'avoit échangé contre un heritage de pareille valeur, tout ainsi que la faveur du Contrat de Mariage, & la minorité du donataire n'empêcheroit pas que le donataire ne fut restitué, quand même en se mariant il auroit fait une donation immense de ses immeubles, ou un ameublissement excessif, elle seroit reduite à une juste proportion, eu égard à l'avantage que recevroit le Mineur par le Contrat de mariage, ce qui se doit entendre, si l'ameublissement étoit fait par Mineur; car s'il avoit été fait par l'avis de ses pere ou mere, ou de ses parens, il subsisteroit pour le tout.

Il n'en seroit pas de même de la donation mutuelle, car en ce cas; il n'échet pas de restitution, parce que l'avantage est reciproque, & dépend d'un évenement incertain, duquel le Mineur a plus sujet d'esperer, que le Majeur, parce que suivant le commun cours de la nature, il doit survivre.

Par Arrest du Parlement de Bourdeau, du 11. Juin 1672. raporté dans le premier Volume du Journal du Palais, une femme mineure a été restituée contre un Testament mutuël qu'elle avoit fait avec son mari, en faveur de leurs enfans comuns, fondée sur ce qu'un Testament de céte qualité étant obligatoire, emporte en quelque façon aliénation des immeubles privant celui qui les fait,

de

de la liberté d'en pouvoir plus difpofer.

Un Mineur peut auffi être reftitué contre l'aceptation d'une fuceffion, & contre la rénonciation, fur tout lors que l'aceptation lui eft
préjudiciable & onereufe, ou fi la fuceffion 'eft chargée de détes,
comme auffi la repudiation, lors que la fuceffion eft avantageufe, enforte que hors le cas de fraude & de mauvaife foi, comme par exemple, s'il n'avoit pas eu un fidel inventaire, le Mineur devenu Majeur,
eft auffi reftitué dans les dix ans du jour de fa majorité, pourveu qu'il
n'aît pas fait d'Actes aprobatifs, *ex certa fcientia*, comme s'il avoit
ratifié.

Mais les Actes qu'il auroit fait en majorité en execution des Actes
précedens, *ex forma communi*, ne lui peuvent préjudicier.

La quittance donnée en Majorité du rembourfement d'une charge fuprimée, ne feroit pas un acte d'heritier fufifant, à caufe du peril qu'il y a dans la demeure, le Treforier n'ayant pas voulu recevoir la quitance fans céte qualité, c'eft pourquoi Dumoulin fur
l'article 325. de la Coûtume de Bourbonnois, met une exception *in
funerali & perituris*.

Il en eft de même d'une femme mineure, qui auroit accepté ou
renoncé à la Comunauté, pourveu qu'elle ait fait faire bon & loyal
inventaire, fuivant l'art. 237. de ladite Coûtume de Paris, & qu'elle
n'ait rien détourné ou diverti; car fi elle n'avoit fait aucun inventaire, & qu'elle eût recelé ou diverti, elle ne feroit pas reftituée
contre l'acceptation de la Comunauté, encore qu'elle fût mineure.

A l'égard de la fille mineure, fi elle a renoncé aux fucceffions fu-
tures & à écheoir de fes pere & mere, moïennant la dot qui lui a été
païée, elle ne fera pas reftituée, ainfi qu'il a été jugé par les Arrêts,
à caufe que la fortune de fes pere & mere, qui l'ont dotée, eft incertaine tant qu'ils vivent, & qu'il peut arriver qu'il ne fe trouvera
rien en leur fucceffion; mais fi la renonciation par elle faite eft à la
fucceffion de fon pere ou de fa mere déja écheuë, elle fera reftituée,
fi ce qu'on lui a doné pour renoncer, eft de moindre valeur que la
portion hereditaire à laquelle elle a renoncé.

Par les anciens Arrêts le Mineur étoit reftitué contre le défaut
d'acceptation, ou infinuation, d'une donation faite à fon profit; mais
à prefent on juge le contraire, & il n'eft plus reftitué, ni contre le
défaut d'acceptation, ni contre le défaut d'infinuation, non plus que
contre les omiffions faites par lui, ou fon tuteur, de s'opofer à des
criées, parce que la fureté des adjudications par décrets, eft jugée
plus favorable que le privilege des Mineurs.

Neanmoins par Arrêt du 17. Mars 1621. raporté par Maître Julien Brodeau sur Monsieur Loüet, lettre C, nombre 37. un Mineur qui avoit fait une enchere judiciairement, en a été déchargé, nonobstant que le poursuivant criées s'y oposât, & que ce Mineur fût marié, & proche de sa Majorité, conformement aux conclusions de défunt Monsieur l'Avocat General Servin, qui soutint qu'un Mineur étoit restituable, non seulement contre un contrat volontaire, mais aussi contre une adjudication par decret, ou une enchere par lui judiciairement faite & receuë.

Ce qui pourtant recevroit aujourd'hui beaucoup de dificultez.

Si les Lettres de Recision obtenuës par un Mineur contre un Echange ou autre contrat par lui fait, ont été enterinées durant sa Minorité, il peut changer de volonté, & être restitué, parce que tant que sa Minorité dure, je soutiens qu'il est restituable contre les actes qu'il fait, quand il en soufre de la perte & de la lézion.

Mais si céte Sentence a été renduë depuis sa Majorité aquise, il n'est plus recevable à changer de volonté; la raison est, qu'il ne peut pas être restitué contre un acte par lui fait en Minorité, quand il l'a une fois ratifié étant Majeur.

La restitution est aussi acordée à un Mineur contre la transaction faite par son Tuteur, pourveu qu'il puisse justifier la lesion; mais si la transaction avoit été faite pour choses legeres, comme pour injures, il ne seroit pas restitué; ainsi qu'il a été jugé par Arrêt raporté par Papon, livre 16 des Restitutions.

Il seroit encore restitué, si par transaction il avoit déchargé son Tuteur sans qu'aucun compte lui eût été rendu, quand même il auroit doné céte décharge en Majorité; mais il n'y a en ce cas que dix ans du jour de la Majorité pour se faire restituer, au lieu qu'ils auroient eu trente ans pour se faire rendre compte, cessant céte décharge.

Toutefois si un Mineur, ou une Mineure s'étoit obligé pour retirer de prison son pere, son frere, ou son mari, il n'y auroit pas lieu à la restitution, contre une obligation de céte qualité.

Comme il a été jugé à l'égard du pere, par Arrêt raporté par Brodeau sur Monsieur Loüet, lettre A, nombre 9. & par Montholon, Arrêt 130. ni à l'égard du frere, par Arrêt du Parlement de Provence du 20. Février 1672 raporté en la deuxiéme partie du Journal du Palais; mais à l'égard du mari il faut distinguer.

Si la femme s'est obligée par un contrat, ou acte volontaire, pour retirer son mari de prison, elle ne peut être restituée, ainsi qu'il a été jugé par Arrêt du 2. Janvier 165. raporté par Dufresne en son Journal des Audiances, livre 6. chapitre 14. Mais fi pour même caufe elle s'étoit obligée en juftice, étant prefente en perfone, le benefice de reftitution lui feroit dénié, fuivant la diftinction faite par défunt Monfieur l'Avocat General Talon, en fon Plaidoyé audit Arrêt, du 2. Janvier 1651.

L'éfet de la reftitution, ou recifion, eft de remettre les parties en pareil état qu'elles étoient avant le contrat, ou l'acte qui eft refcindé.

Cependant il y a céte diference entre la reftitution des Mineurs & celle des Majeurs, que le Majeur reftitué eft obligé de rendre ce qu'il a touché, par exemple, s'il eft reftitué contre la vente d'un heritage, il eft obligé de rendre ce qui lui a été païé pour le prix de cet heritage.

Mais il n'en eft pas de même du Mineur, il n'eft pas obligé de reftituer ce qui lui a été païé, pour le prix d'un heritage par lui vendu, fi l'aquereur évincé ne juftifie que ce qu'il lui a païé eft tourné à fon profit & utilité, & à plus forte raifon, quand il eft reftitué contre une obligation par lui paffée pour argent prêté, quand cet argent a été par lui diffipé, & n'eft pas tourné à fon profit.

Si moïenant une fomme d'argent il avoit déchargé fon Tuteur de lui rendre compte, étant reftitué contre céte décharge, il n'eft pas auffi obligé de rendre à fon Tuteur la fomme qu'il auroit receuë ; il pouroit feulement la mettre en dépenfes en fon compte, pour y être allouée jufqu'à la concurrence feulement de ce qui fe trouvera être tourné au profit dudit Mineur, ainfi qu'il a été jugé par Arrêt du 29. Decembre 1609. raporté par Monarc fur la Loi unique *Codic. de reputationibus quæ fiunt in judic. in integr. reftitut.*

Les Lettres de Reftitution doivent être obtenuës par les Mineurs dans les dix ans, à compter du jour de leur Majorité, aprés lequel tems ils ne font plus recevables.

CHAPITRE CXVII.

De la Reftitution des Majeurs.

IL y a trois claufes en ufage parmi nous, pour lefquelles les Majeurs peuvent être reftituez contre les actes, contrats, & obligations par eux paffez.

Sçavoir, la crainte, le dol, & la lezion.

C'eft à dire, que quand un Majeur a été contraint par la crainte

de quelque violence, ou mauvais traitement, ou induit par fraude &
mauvais artifices, a paſſé quelque contrat, ou qu'il ſe trouve énor-
mement lezé, il peut faire caſſer, ou annuller cet acte, ou contrat,
par la voïe de la reſtitution.

Neanmoins toutes ſortes de craintes ne peuvent pas doner ouverture à la reſtitution, il n'y a que la crainte d'un mal capable de doner de la terreur à une perſone conſtante & de bon ſens, comme la
crainte de la mort, des tourmens, de la perte de tous ſes biens, ou d'u-
ne grande partie d'iceux.

Il ne ſuſit pas d'expoſer en general par les Lettres de Reciſion, que
l'on a été contraint & forcé par violence, menace & intimidation, à
paſſer le contrat, ou l'acte contre lequel on demande d'être reſtitué;
car s'il n'y avoit que de ſimples menaces, on ne peut pas fonder ſur
icelles des Lettres de Reſtitution; mais s'il y avoit eu des violences
executées enſuite des menaces, il faudroit en articuler le fait preci-
ſément & en marquer toutes les circonſtances, du lieu, du tems, &
des perſones par leſquelles les menaces ont été faites, & les violences
executées, & quel en aura été le ſujet & l'ocaſion.

Cependant la ſeule expoſition du fait & des circonſtances dans
les Lettres ne ſuſit pas pour les faire enteriner, ſi le fait eſt denié par
la parie adverſe, il le faut juſtifier, autrement les Juges n'y auront
aucun égard; enſorte que pour faire céte juſtification, il ne ſuſit
pas de raporter des proteſtations faites pardevant Notaire avant &
aprés la paſſation de l'acte dont on ſe plaint; car ces proteſtations ne
ſuſiſent pas, ſi le contenu en icelles n'eſt verifié par écrit ou par
témoins.

La crainte reventielle qui procede du reſpect que les enfans doivent à leurs pere & mere, & les femmes à leur mari, comme par
exemple, ſi un enfant, crainte de déplaire à ſon pere, ou une femme à ſon mari, a paſſé quelque contrat, ne peut pas auſſi doner lieu
à la reſtitution, ainſi qu'il a été jugé, tant à l'égard des enfans, que
de la femme, par divers Arreſts des Parlemens du Roïaume, raportez
tant par Charondas, qu'autres Compilateurs, ſi ce n'étoit qu'il y eût
eu autre violence exercée par les pere & mere, ou le mari, ou lézion
énorme dans l'acte, ou contrat, le tout bien verifié.

Les tranſactions faites par les Majeurs, ſont ſujetes à reciſion, comme les autres contrats, ſi elles ſe trouvent avoir été extorquées par
force & violence; mais le conſentement poſterieur purge le vice de
la crainte, à moins que la même cauſe de crainte & de violence ne
ſubſiſte encore.

On ne peut être auſſi relevé ſous le ſeul pretexte, que la tranfaction a été paffée dans la prifon, lors qu'il eft certain qu'on y a été mis pour jufte caufe, parce que la voie de droit n'eft pas reputée injurieufe, & qu'on n'a put fe pourvoir contre l'emprifonement; mais fi un homme avoit été emprifonné pour crime, fans aucunes preuves, ou pour chofe non deuë, il pouroit fe faire reftituer.

Celui qui eft pourfuivi par des voleurs, par des enemis, ou par un peuple feditieux, & qui a été porté par la crainte du peril à doner ou promettre quelque chofe à quelqu'un pour fe défendre & fe retirer de ce peril, ne peut pas non plus être reftitué contre le don & la promeffe qu'il a faite, parce que celui auquel il auroit fait ce don ou céte promeffe, n'auroit pas été l'auteur de fa crainte; mais au contraire du remede contre fa crainte, par le fecours qu'il lui auroit doné, dont il a pû tirer recompenfe.

Neanmoins il faut diftinguer; car fi un delinquant avoit été furpris dans le crime par celui même à qui le tort ou l'ofenfe a été faite, & que pour ne pas être acufé & deferé en juftice, il lui eût doné ou promis quelque chofe, il eft fans doute qu'il n'y auroit pas lieu à la reftitution; mais s'il avoit été furpris par un étranger non intereffé dans le crime, & que pour ne le pas declarer, il lui auroit doné ou promis quelque chofe, aucuns tiennent qu'il y auroit lieu à la reftitution.

Ce qui reçoit, fuivant mon fentiment, une grande dificulté, parce que ce delinquant ne la fçauroit demander fans découvrir lui-même fon crime, & alleguer fa turpidité.

La reftitution fondée fur crainte & intimidation, doit être demandée par le Majeur dans les dix ans, à compter du jour de la date du contrat, ou de l'acte extorqué par crainte, ou intimidation, aprés lequel tems expiré, les Lettres de Recifion ne font pas recevables, bienque le fait de force ait été allegué en juftice, & que pour raifon de ce il y ait eu inftance avant les dix dans; mais Rebuffe dit, qu'il a été jugé autrement au Parlement de Paris, au Traité de la Recifion des contrats, article 1. glofe 19.

Si celui qui a été forcé ou violenté étoit decedé, le benefice de reftitution pafferoit en la perfone de fon heritier, & il feroit reftitué du chef de celui auquel il auroit fuccedé, en forte que ce benefice apartiendroit à l'heritier mineur, pendant tout le tems qui auroit pu être demandé par le mineur, s'il fût demeuré majeur, c'eft à dire, dans dix années de pleine Majorité.

Il a même été jugé par Arrèt du 18. Aouft 1678. raporté en la feptiéme partie du journal du Palais, que le Tuteur aïant aprehendé une fuceffion, pour fon Pupille, y pouvoit rénoncer étant devenu fon heritier.

Il faut dire auffi, que fi l'auteur de la crainte & de la violence étoit décedé, ou qu'il eût fait paffer à la perfone d'un tiers, l'heritage, dont il a extorqué la vente, ce tiers détenteur fera condamné à fe defifter & départir de la poffeffion dudit heritage, & en reftituer tous les fruits, fauf, fon récours contre fon vendeur, ou contre l'heritier de fon vendeur.

Le dol, la fraude, & la circonvention, font paroles qui fignifient une même chofe, & qui font ordinairement acumulées dans les Lettres de recifion, qui s'obtienent pour caufe de dol, de maniere qu'on peut dire, que le dol fe prend pour toutes machinations & mauvais artifices, dont on fe fert pour circonvenir, furprendre & tromper autrui, en lui cachant ou déguifant la verité, pour le faire tomber dans le piege qu'on lui a tendu.

Si un homme avoit perdu de l'argent au Jeu par tromperie ou autrement, & qu'il en eût fait promeffe ou obligation, il y a pareillement lieu à la reftitution, ainfi qu'il a été jugé par Arrêt du 12. May 1571. raporté en la troifiéme partie du Journal du Palais; mais comme le perdant étoit en faute auffi-bien que le gagnant, en le reftituant contre fa promeffe qui étoit de 800. livres, il eft ordoné par le même Arrêt qu'il en fera païé 500. livres à trois Hôpitaux.

Les Lettres de reftitution pour caufe de dol, doivent auffi être obtenuës dans les dix ans, ainfi que celles qui font obtenuës pour caufe de crainte & d'intimidation, enforte que fi un Mineur avoit été trompé en paffant une tranfaction, il peut être reftiftué, pourveu qu'il y eût du dol perfonel de la part de celui avec qui il auroit tranfigé; car s'il n'y avoit que du dol réel, c'eft à dire, de la lézion en la chofe, fans aucune fraude ni mauvaife foi, de la part de celui avec lequel il a tranfigé, il ne pourroit pas être reftitué.

Un Majeur n'eft pas reftitué pour chofe mobiliaire; s'il n'a été trompé qu'au prix de la chofe par lui venduë ou achetée, s'il n'y a dol perfonel de la part de celui avec lequel il a contracté, ainfi la lézion ne done pas ouverture à la reftitution, contre toutes fortes de contrats faits pour immeubles, elle ne done feulement ouverture à la reftitution, que contre le contrat de vente.

Neanmoins toute lézion ne donne pes ouverture à cette action, il faut que la lézion foit d'autre moitié de jufte prix, c'eft à dire, que le vendeur n'ait pas reçû pour le prix de fon heritage, la moitié de fa jufte valeur, laquelle doit être dés le tems de la vente; car fi l'heritage au tems de la vente ne valoit pas davantage que le prix

qu'il avoit été vendu , & que dépuis par le benefice du tems la valeur en eût été augmentée de plus de moitié , il n'a pas lieu à la restitution.

Le benefice de Restitution pour cause de lézion, ne doit être acordée qu'au vendeur , qui est présumé avoir vendu par necessité, &
non pas à l'acheteur, qui est presumé avoir acheté, parce qu'il avoit
de l'argent à emploïer , & qu'il a pû acheter plus cherement , par
l'afection qu'il avoit d'aquerir la chose qu'il a achetée ; comme il a
été jugé par Arrêt du 14. Aoust 1592. raporté par Monsieur Loüet,
lettre L, nombre 10. & par autre Arrêt du 13. Aoust 1658. au second
livre du Journal des Audiances, chapitre 55.

Il y a encore un Arrêt du 10 Juillet 1675. qui a jugé que la Loi 2
Cod de rescind. vendit. n'avoit pas lieu en faveur de l'acheteur, nonobstant la raison des correlatifs.

En decret forcé, la lézion telle qu'elle soit, n'est pas considerable,
mais seulement en decret volontaire , comme si par Contract un heritage avoit été vendu moins que la moitié de sa juste valeur, avec
faculté au vendeur de faire decreter pour purger les hipoteques, le
vendeur se faissant restituer contre le Contrat, feroit en consequence casser le decret volontaire , dont l'acheteur ne se pourroit pas
prévaloir contre lui.

Par l'Ordonance du Roi Charle IX. du mois d'Avril 1560. il n'y
a que la force & le dol personel , qui soient reçûs pour moïens de
recision contre une transaction ; car la lézion d'outre moitié est expressement rejetée , avec défenses au Juge d'y avoir aucun égard.

Si l'aquereur qui a eu l'heritage pour moins de la moitié de sa
juste valeur, ofroit de supleer le prix jusqu'à sa juste valeur, il doit
y être reçû , ensorte qu'en faisant ses ofres il ne peut pas être évincé , & par ce moïen se conserver ledit heritage.

En vente de droits successifs, la lézion , telle qu'elle puisse être ,
n'est pas considerable, à cause que ces droits hereditaires ne peuvent avoir de prix certain, pouvant y avoir des détes cachées , qui
absorberoient la valeur des éfets, ainsi qu'il a été jugé par plusieurs
Arrêts, tant du Parlement de Paris, que des autres.

Mais , si en partage l'un des copartageans avoit été lezé, il peut
être restitué, quand même la lézion ne seroit pas de la moitié, pourveu qu'elle fut seulement du tiers au quart.

L'éfet de la restitution entre Majeur , est que les parties sont remises en pareil état qu'elles étoient avant l'acte , contre lequel les
Letres de recision sont enterinées.

Or , il s'ensuit, que quand la restitution est pour cause déferée ou de dol, celui qui eſt évincé de l'heritage, eſt obligé de rendre les fruits, attendu qu'il a toûjours été en mauvaiſe foi.

Le demandeur en reſtitution qui a obtenu Sentence à ſon profit, peut y renoncer, ſi bon lui ſemble ; mais ſi la Sentence avoit été confirmée par Arrêt, il n'y ſeroit plus recevable.

Les Lettres de Reciſion étant obtenuës, il faut en demander l'enterinement avec la partie adverſe, & la faire aſſigner à cet éfet pardevant le Juge qui doit conoître du diferent des parties ; mais il arive le plus ſouvent que la demande en enteriment de Lettres de Reciſion eſt incidente.

De ſorte, que ſi on laiſſe paſſer un an ſans demander l'enterinement deſdites Lettres, il en faut obtenir d'autres, ou obtenir des Lettres de Suranation de reciſion, par leſquelles, atendu que les Lettres de Reciſion obtenuës par tel, n'ont pas été enterinées dans l'an pour telle cauſe, mandement eſt fait au Juge, s'il lui apert du contenu auſdites Lettres, & que l'expoſant ſoit encore dans le tems de reſtitution, qu'il ait à proceder à l'enterinement d'icelles, quoi qu'elles ſoient ſurannées, & en conſequence caſſer, &c.

Les défenſes qu'on peut propoſer contre les Lettres de Reciſion, ſont de dire, qu'elles ſont ſubreptices, & obtenuës ſur un faux expoſé ; ou que celui qui les a obtenuës n'étoit plus dans le tems de la reſtitution, qui eſt le cas de la preſcription ; en ſorte qu'aprés les défenſes fournies, il faut faire ſignifier un acte pour venir plaider.

Que ſi les Lettres ne ſont qu'incidentes en une autre inſtance, il faudra par l'acte, ou par l'avenir ſommer la partie adverſe de venir plaider ſur les Lettres, en venant plaider ſur le principal ; & ſi l'inſtance principale eſt apointée, il faut prendre un apointement en droit ſur les Lettres, & joint à l'inſtance principale.

Mais ſi les faits ſur leſquels les Lettres ont été obtenuës, ſont deniez par le défendeur, on prend un apointement à informer, lorſque l'inſtance eſt pendante pardevant le premier Juge ; mais au Parlement, il n'y a que la Cour en jugeant le procez qui apointe à informer quand elle le juge neceſſaire.

Le Juge ſur la conteſtation & l'enterinement des Lettres, s'il trouve l'expoſé en icelles veritable, il prononce, qu'*ayant égard aux Lettres de Reciſion, & icelles enterinant, il remet les parties en pareil état qu'elles étoient auparavant.*

Que s'il les trouve obtenuës ſur un faux expoſé, il prononce, *Sans avoir égard aux Lettres, & dont il le deboute, ordone, &c.*

Sur

Sur quoi il faut ici obferver, que quand le Juge prononce fur les Lettres de Recifion, & qu'il les enterine, quelquefois il prononce aufli par même jugement fur le refcindant & fur le recifoire, quand la matiere y eft difpofée, & quelquefois feulement fur le refcindant.

Par exemple, en caffant le contrat de vente contre lequel la reftitution eft demandée, il condamne le défendeur à delaiffer au demandeur la poffeffion de l'heritage vendu, & à lui en reftituer les fruits, en forte que s'il étoit de mauvaife foi, comme s'il avoit aquis par violence, ou par tromperie, & qu'il eût laiffé perdre les fruits, ou une partie d'iceux, il feroit non feulement condamné à reftituer les fruits qu'il a perceus, mais encore ceux qu'il a pû percevoir.

Neanmoins il y a diference entre le refcifoire & le refcindant.

Le refcindant eft la caffation de l'acte, ou du contrat, par une des caufes declarée ci-deffus, ou plûtôt c'eft le jugement qui enterine les Lettres de Recifion, & ôte l'obftacle qui empêchoit que l'impetrant n'agît, & ne pourfuivît les droits qui lui apartienent.

La Recifion eft, ce que l'impetrant obtient en vertu du recindant, c'eft pour cela que le Recifoire eft apellé l'execution du recindant.

Comme par exemple, fi le demandeur en Lettres de Recifion a vendu un heritage par le dol de l'acheteur, lequel il n'auroit pas vendu autrement; fi le Juge enterine les Lettres, & qu'en ce cas il caffe le contrat, & condamne l'acheteur à rendre l'heritage au vendeur, en rendant par lui le prix qu'il en auroit reçu avec les loyaux coûts, dans ce jugement il y a la recindante & la recifoire.

Le refcindant eft la caffation du contrat, & la refcifoire la condamnation de rendre au vendeur l'heritage qu'il a vendu, ainfi le refcindant & le refcifoire s'acumulent enfemble, quand l'execution du refcindant, ou le refcifoire s'executent contre celui qui a paffé l'acte, ou contre fon heritier; c'eft pourquoi dans les Lettres on met deux claufes, fçavoir, de *Caffer le contrat, & remettre les parties en pareil état qu'elles étoient auparavant, en ce faifant ordoner, &c.*

Quand le recifoire ne peut être executé contre la même perfone, le recindant & le recifoire ne fe jugent pas par le même Jugement.

Par exemple, fi un Mineur renonce à une fucceffion, ou fon tuteur pour lui, & qu'étant parvenu à fa Majorité, il obtiene Lettres de Recifion contre céte renonciation, par ces Lettres il demande la caffation de fa renonciation, voilà le recindant.

Que fi quelques heritages ont été alienez par celui qui fe feroit porté heritier en fa place, en ce cas il faut qu'après le jugement du recindant, en confequence d'icelui, il pourfuive le recifoire con-

Tome I.   G Ggg

tre les détenteurs & poſſeſſeurs des choſes alienées, & qu'il concluë contre eux, à ce qu'ils ſoient condamnez à les lui reſtituer avec les fruits, & en ce cas le reciſoire ſe juge par un autre Jugement.

Si au contraire il déboute l'impetrant de ſes Lettres de Reciſion, contenant ſeulement la clauſe de recindant, il ne peut plus revenir au reciſoire, d'autant que le reciſoire eſt la ſuite & l'éfet du recindant.

En cas de requête civile, on ne peut pas acumuler le reſcindant & le reſciſoire ; mais en matiere de reſtitution entiere on le peut, & même y faire prononcer par le même jugement ; ce qui ſe fait ordinairement pour éviter la longueur des procez, bienque par la nouvelle Ordonance cela ſoit défendu en matiere de requête civile, comme il ſera dit ci-aprés, au chapitre des Requêtes civiles.

Le demandeur peut auſſi bien que le défendeur, obtenir Lettres de Reciſion en tout état de cauſe.

Par exemple, ſi le demandeur intente une action en vertu d'un contrat, promeſſe, ou obligation, pour être païé d'une ſomme de trois cens livres, que le défendeur lui opoſe une quitance extorquée par force, ou ſurpriſe, par mauvais artifice ; il faut de neceſſité que ce demandeur obtiene des Lettres pour être reſtitué contre céte quitance, & même quelquefois une inſtance peut comencer par des Lettres, quand le demandeur, prévoyant l'obſtacle qui lui ſera opoſé, obtient des Lettres pour faire caſſer ce qu'il prevoit lui devoir être objecté, & conclut en conſequence au païement de ce qui lui eſt dû, ou à la reſtitution de ce qui a été uſurpé ſur lui.

Lettres de Reciſion.

LOUIS, &c. . . . . à nôtre Prevôt ou Bailli de . . . . ou ſon Lieutenant audit lieu. Salut, de la partie de tel. . . Nous a été expoſé que le . . . jour de . . . . il a paſſé un contrat, &c. . . . . (*Il faut ici expoſer le fait par lequel on prétant être leʒé*) & déſirant l'expoſant ſe pourvoir contre icelui, il nous a tres-humblement fait ſuplier lui accorder nos Lettres ſur ce neceſſaires. A ces causes, déſirant ſubvenir à nos Sujets, ſelon l'exigence des cas, Nous vous mandons que les Parties deüement aſſignées pardevant Vous, s'il vous apert de ce que deſſus, notamment, (*on repete ici ſuccintement les cauſes & moïns de reciſion qu'on a étendu dans les Lettres,*) que l'expoſant y ſoit lezé (*par exemple*) de plus d'outre moitié du juſte prix, & d'autres choſes, tant que ſufir doive, & que les parties ſoient dans le tems de reſtitution, Vous, en ce cas, ſans avoir égard audit contrat dudit jour . . . . que nous ne voulons nuire ni préjudicier audit expoſant, & dont en tant que de beſoin eſt, ou ſeroit, nous l'avons relevé & relevons

par ces prefentes , remetiez les parties en tel & femblable état qu'elles étoient
auparavant ledit contrat. C A R , tel eſt nôtre plaiſir , D o n n e' , à &c. . . .

Par le Conſeil.
Tel . . . .

Quand les Lettres ne ſont pas adreſſées à un Juge Roïal , elles
ſe dreſſent en la maniere ſuivante.

L O U I S , &c. au premier nôtre Huiſſier ou Sergent ſur ce requis , de la Partie de tel , Nous a été expoſé , &c. A ces causes , déſirant ſubyenir à nos
ſujets ſuivant l'exigence des cas , Nous vous mandons faire commandement de
par Nous , à tel Juge . . . que s'il lui apert de ce que deſſus notamment , &c....
(le reſte eſt conforme à la formule ci-deſſus.)

Sur an , ſur Reciſion.

LOUIS , &c. . . . à Nôtre . . . . Salut , de la Partie de nôtre Amé tel . . . Nous a
été expoſé que dés le tel jour. . nous lui avons octroyé nos Lettres de reciſion
contre tel , contrat exprimé dans leſdites Lettres ci-atachées ſous le contre-ſcel
de nôtre Chance lerie , leſquelles il n'auroit pû faire ſignifier ſous pretexte *(par
exemple,)* de quelques paroles d'acommodement , & deſirant preſentement s'en
aider , il craint que vous n'y faſſiez quelque dificulté , à cauſe qu'elles ſont ſurannées , ce qui l'oblige à recourir à nos Lettres ſur ce requiſes & neceſſaires,
étant encore dans le tems de reſtitution. A ces causes , deſirant ſubvenir à nos
ſujets , ſelon l'exigence des cas , nous Vous mandons que s'il apert deſdites Lettres de reciſion , & que ledit expoſant ſoit encore dans le tems de reſtitution,
Vous en en cas , ayez , s'il y échet , à proceder à l'enterinement deſdites Lettres
de reciſion , ſelon leur forme & teneur , nonobſtant qu'elles ſoient ſurannées,
ce que nous ne voulons nnire , ni préjudicier audit expoſant , l'en aïant relevé
comme nous le relevons de Nôtre grace ſpeciale par ces preſentes. Car , tel eſt
nôtre plaiſir , Donne' , à &c. .

Par le Conſeil
Tel . . . .

CHAPITRE CXVIII.

Des preſcriptions & des choſes impreſcriptibles.

L'Interêt public a de tout tems été le ſeul motif de la preſcription ; car comme les Loix ont ſagement établi les actions pour
contraindre les hommes de mauvaiſe foi par l'autorité du Magiſtrat à faire ou à païer , ce à quoi ils ſont obligez , auſſi ont-elles eu
le ſoin de preſcrire des bornes & des limites à la durée de ces actions , de peur que ſi la faculté d'agir étoit perpetuelle , les cho-

GGgg ij

ſes demeuraſſent toûjours dans l'incertitude , & qu'il n'y eut rien
d'aſſuré dans leur poſſeſſion.

Ainſi , il y a donc pour chacune action un certain tems limité,
& preſcript,dans lequel on peut agir,& après lequel on n'y eſt plus
recevable , & ce tems limité & preſcrit , eſt ce qui s'apelle, preſcription , dont la conoiſſance eſt neceſſaire à un chacun, parce que
dans la pratique l'uſage en eſt ordinaire & fort frequent.

Or, il s'enſuit, que la preſcription a été trouvée ſi utile au bien
public , qu'elle a paſſé dans tous les Roïaumes de l'Europe , ſuivant l'Empereur Juſtinien, & a été favorablement reçûe en France , & autoriſée par les Ordonances de nos Rois, en ſorte qu'elle
s'obſerve dans le païs de Droit écrit , & toutes nos Coûtumes ont
preſque un traité particulier , dont la diſpoſition eſt en beaucoup
de choſe conforme au Droit écrit , que j'expliquerai en ce lieu,
ſelon les principes des Loix, & des Coûtumes.

La preſcription n'a pas été introduite pour favoriſer la mauvaiſe foi,ni pour autoriſer les fraudes qui ſe comettent par les uſur-
pateurs des biens d'autrui ; mais pour punir la negligence de
ceux qui n'ont pas ſoin de conſerver leurs poſſeſſions , qui permettent qu'elles paſſent en des mains étrangeres ſans leur conſentement , & pour maintenir les aquereurs de bone foi dans leur aquiſition , contre les pourſuites des proprietaires , qui ſeroient faites
contr'eux après le tems requis par la Loi , *Princ. inſtit. de uſu-
capio.*

Il y a quatre conditions requiſes pour la preſcription;la premiere eſt, que la choſe ſoit preſcriptible ; la deuxiéme , qu'elle ſoit
poſſédée continuellement , & ſans interruption pendant le tems
requis par la Loi ; la troiſiéme eſt,la bonne foi en la perſone de celui qui commence la preſcription ; la quatriéme , que la poſſeſſion du poſſeſſeur ſoit fondée ſur un titre ſufiſant pour aquerir la
preſcription de la choſe.

Neanmoins toutes poſſeſſions ne ſufiſent pas pour la preſcription , il n'y a que la civile & la poſſeſſion naturelle , c'eſt-à-dire ,
la détention corporelle d'une choſe , n'étant pas ſuffiſante pour acquerir au poſſeſſeur la proprieté d'icelle ; car il faut qu'un poſſeſſeur croie , & ſoit perſuadé qu'il eſt Maître & proprietaire de la
choſe qu'il poſſede , autrement il ne la peut pas preſcrire ; mais
cete croïance n'eſt requiſe par le Droit qu'au commencement de
la poſſeſſion pour la rendre juſte & legitime.

De ſorte , que quoique le poſſeſſeur reconoiſſe peu de tems
après, que la choſe ne lui apartiene pas , céte conoiſſance ne rend

pas fa poffeffion vicieufe , & ne le fait pas devenir poffeffeur de mauvaife foi.

Cette poffeffion doit être continuée pendant le tems requis par la Loi , fans interruption , autrement la prefcription feroit interrompuë , ce qui feroit un défaut qui en cauferoit la nullité , en forte que cette poffeffion fe continuë non feulement en une même perfonne , mais auffi en plufieurs , ainfi que la poffeffion du défunt fert à fon heritier , & fe continuë en fa perfone , pourvû que la chofe n'ait pas été poffedée par un autre dans un tems intermediaire , & même le temps de la poffeffion du vendeur & de l'acheteur fe joignent.

Ce qui eft fans difficulté , fupofé que la poffeffion de l'un & de l'autre foit acompagnée de bone foi.

Par un injufte titre de poffeffion , on entend , une caufe jufte & legitime qui foit capable de transferer la proprieté de la chofe en la perfonne de celui qui la reçoit , comme par exemple , font les titres d'achat , de tranfaction , de donation , de legs , d'échange & autres femblables , fi bien , que fi une chofes n'eft livrée par une de ces caufes , par une perfonne qui en ait la proprieté & qui ait la faculté d'aliener , fes biens , il eft fans doute que par la tradition qu'il m'en fait , il en transfaire la proprieté en ma perfone.

Mais il y a d'autres caufes de tradition qui ne peuvent jamais doner lieu à la prefcription parce qu'elle ne caufent que la poffeffion naturelle,& non pas la poffeffion, civile, laquelle eft abfolument requife pour la prefcription.

Ces caufes font celles qui obligent ce lui auquel la tradition d'une chofe eft faite, d'en faire la reftitution , comme font le comodat , le gage, le dépôt, & autres femblables.

Cete bone foy n'eft requife par le Droit en la perfonne du poffeffeur , qu'au commencement de la prefcription , c'eft à dire , au tems de la traduction de la chofe , comme j'ay dit cy-deffus ; Mais par le Droit canonique, que nous fuivons en France en cete partie , elle eft requife, pendant tout le tems de la prefcription , *cap. fin. ext. h. t.*

D'où il s'enfuit que celui qui veut fe fervir du tems de la poffeffion jufte de fon auteur, foit à titre particulier ou univerfel, doit auffi être de bone foy , avec cete diftinction toutefois , que le vice de l'auteur à titre univerfel empêche la prefcription en la perfonne de fon fuceffeur, en forte qu'il n'eft pas capable de le comencer, quelque jufte caufe qu'il eut d'ignorer le vice de la poffeffion de celui auquel il fucede à titre univerfel.

Mais le vice du titre particulier n'empefche pas que celui qui lui fucede ne puiffe comencer la prefcription , s'il ignore la mauvaife foy de fon auteur.

Neanmoins nous avons plufieurs Arrèts , tant du Parlement de Paris que des autres , qui ont jugé que la bone foy eft requife pendant tout le tems de la prefcription , & c'eft une maxime dont on ne doute point.

Il y a de plufieurs fortes de prefcriptions, il y en a de dix mois, d'un an , de deux ans , de dix ans , de vingt ans , de trente ans, de quarante ans, & de cent ans, pour l'Eglife Romaine.

Cependant la plus ordinaire, eft celle de dix , ou vingt ans.

Celle de dix ans a lieu entre prefens, & celle de vingt ans entre abfens ; ainfi c'eft dans cete efpece que les quatre conditions dont j'ay parlé au cinquiéme article de ce Chapitre , font abfolument neceffaires.

Les prefens font ceux qui ont leur domicile ordinaire dans la même Province, felon l'article 116. de la Coûtume de Paris, qui porte *font reputez prefens ceux qui font demeurans en la Ville , Prevofté & Vicomté de Paris* , & les abfens font ceux qui demeurent en differents Bailliages, neanmoins on ne laiffe pas de reputer prefents ceux qui n'ont aucun domicile , s'ils ne font abfens pour caufe neceffaire.

On juge la même chofe pour ceux qui ont differens domiciles, qui font reputez prefens en l'un & en l'autre.

La prefence eft auffi confiderée par raport au domicile des deux parties, & non fuivant la coûtume de la fituation de l'heritage hipotequé, quoi qu'il exige un plus long ou moindre tems pour la prefcription , felon les autorités raportées par Fortni en fa Conference.

Or il s'entfuit , que fi la prefcription avoit été comencée contre un homme d'un même Baillage & qu'après il vint à transferer fon domicile en un autre Bailliage , ou à decéder laiffant des heritiers, demeurans en d'autres Bailliages , le tems pour acquerir ladite prefcription doit être le double de ce qui refteroit de tems à courir pour l'acquerir entre prefens.

Par exemple, s'il avoit cinq ans de poffeffion entre prefens avant le decez ou la tranflation du domicile de celui contre lequel on voudroit prefcrire, pour l'achever entre abfens, il faudroit dix ans, au lieu qu'il n'en auroit falut que cinq entre prefens , parce qu'on double toûjours aux abfens le tems de la prefcription d'entre prefens; ainfi qu'il a été jugé en la cinquiéme Chambre des Enquêtes du Parlement de Paris, au profit des Religieufes Hofpitalieres de Gentily, par Arrêt du 7. Aouft, 1671. raporté en la premiere partie du Journal du Palais.

On tient auffi que l'abfence eft prefumée, & que celui qui allegue la prefcription doit prouver la prefence.

Les chofes qui fe prefcrivent par dix ou vingt ans, font de plufieurs efpeces.

Primò, Tous heritages & rentes foncieres, ou autres droits réels, fe prefcrivent par dix ou vingt ans, fuivant l'article 113. de la Coûtume de Paris.

L'action réelle fe prefcrit auffi par dix ans entre prefens, & vingt ans entre abfens, par un tiers aquereur de bone foi; mais elle ne fe prefcrit que par trente ans par celui qui n'a pas de titre tranflatif de propriété.

Je crois qu'un contrat de vente fait par un curateur à la fucceffion vacante, eft un titre fufifant pour aquerir la prefcription, quand il eft fuivi de joüiffance paifible; à la verité un tel titre n'empêche pas un creancier de faire faire des publications; mais en ce cas je crois qu'un creancier pofterieur doit être reçu à ofrir.

J'eftime auffi qu'on peut prefcrire en vertu d'un titre d'aquifition par acte fous feing privé, pourveu que la faifine ait été prife en Juftice, & non fimplement d'un receveur, encore qu'il y ait eu bail paffé pardevant Notaire.

Secundò, L'action hipotequaire fur un heritage, ou vente fonciere, contre un creancier pretendant hipoteque fur un heritage, ou vente fonciere, poffedée par un tiers detenteur de bone foi, fe prefcrit encore par dix ou vingt ans.

Tertiò, Le doüaire, de forte neanmoins que la prefcription ne comence que du jour du decés du mari, fuivant l'article 117. de ladite Coûtume de Paris, au cas que les enfans foient majeurs.

Quartò, Les deniers dotaux, lefquels font préfumez avoir été païez au mari aprés dix ans, au cas qu'il n'en ait pas pourfuivi le païement avant ce tems.

Quintò, Les recifions des contrats & autres actes fe prefcrivent auffi par ce tems, à compter du jour qu'ils ont été paffez, ou de la majorité de ceux qui fe veulent pourvoir pour les faire caffer.

Sextò, Crimes, acufations, interefts civils, & tout ce qui en dépend, fe prefcrivent par vingt ans, contre toutes fortes de perfones, pour quelques caufes que ce foit, même pour un paricide, quoique dans les vingt années, il y eût eu Sentence de mort par contumace.

Neanmoins fi la Sentence avoit été prononcée & executée par efigie , la prefcription de vingt ans feroit interrompuë, & prorogée jufqu'à trente ans , ainfi qu'il a été jugé par Arreft du 26. Avril 1625. raporté par Brodeau fur Monfieur Loüet, lettre C, nombre 47. & par Dufrefne en fon Journal des Audiances , livre 1. chapitre 50. en l'Edition de 1658.

Septimò , Les ouvrages de Maffoneries fe prefcrivent par dix ans, pour ce qui eft du gros mur ; mais pour les autres ouvrages moins confiderables , la prefcription court aprés les trois ans.

Les chofes qui fe prefcrivent par trente ans , font,

Primò , Les heritages, rentes, & autres chofes prifibles poffedées paifiblement , & continuellement fans aucune inquietation par le poffeffeur & fes predeceffeurs, en cas que le poffeffeur ne faffe aparoir aucun titre de fa poffeffion , parce que céte poffeffion fuplée le défaut du titre , felon l'article 218. de la Coûtume de Paris.

Secundò , Le profit du fief, même contre l'Eglife, comme par exemple, le relief, ou le rachat, le quint, les lots & ventes, & autres droits Seigneuriaux , fuivant l'article 12.

Ils fe prefcrivent auffi contre le Roi par ce tems, felon la comune opinion & l'ufage.

Tertiò , Les droits & biens aquis à fa Majefté en vertu du droit d'Aubaine, desherence, bâtardife, confifcation, & autres non incorporez au domaine, fe prefcrivent par trente ans.

Quartò , Les actions purement mobiliaires & perfonelles fe prefcrivent par trente ans , contre ceux qui peuvent agir & pourfuivre leurs droits , foit qu'elles décendent de contrat , ou de quafi contrat.

Par exemple, à l'égard des contrats, on peut dans trente ans demander la reftitution d'une fomme prêtée, d'un dépôt, ou d'un gage baillé, pourveu qu'il y en ait preuve par écrit.

Et à l'égard des quafi contrats, un legataire peut demander la délivrance du leg qui lui eft fait, & un mineur à fon tuteur le compte de fa tutelle dans trente ans.

Quintò , L'action de garantie fe prefcrit auffi par ce tems ; mais parce qu'il peut arriver que l'ocafion de s'en fervir ne fe prefenteroit pas dans le tems du contrat qui y aura doné lieu , ce tems ne comence que du jour que celui à qui elle eft deuë fera inquieté, céte action n'étant pas ouverte auparavant.

De forte, que s'il n'eft inquieté qu'aprés trente ans, ou quarante ans , la prefcription ne comence à courir que du jour de l'inquietation.

Ce

Ce qui ne se doit entendre qu'à l'égard de ceux qui sont obligez à la garantie; car pour les tiers détenteurs de bone foi, ils se prescrivent par dix ou vingt ans, ainsi qu'il a été jugé par Arrest du grand Conseil du 30. Mars 1673. raporté dans la seconde partie du Journal du Palais.

Sexto, Le Cens est prescriptible, par Seigneur contre Seigneur par trente ans, & la quotité du Cens se prescrit aussi contre le Seigneur par le tenancier, suivant l'article 124. de la Coûtume de Paris.

Mais à l'égard de l'heritage aquis par le possesseur de bone foi, le Cens & autres redevances tenans lieu de faux contre un acte, ou contrat, quoique le crime se prescrive par vingt ans contre le criminel, comme les autres crimes.

Céte prescription de trente ans pour l'inscription de faux, ne comence, selon l'opinion comune, que du jour de la fraude découverte, comme il a été jugé par plusieurs Arrests.

Les choses qui se prescrivent par quarante ans, sont aussi en plusieurs especes.

Primo, Les biens apartenans à l'Eglise, suivant l'article 123. de la Coûtume de Paris, encore faut-il que ce soit avec titre & bonne foi.

Secundo, Les dixmes se prescrivent par quarante ans, par l'Eglise contre l'Eglise.

Toutefois, toutes sortes de titres ne sont pas sufisans pour prescrire contre l'Eglise, il faut qu'ils soient revêtus de toutes les formes & solemnitez requises en l'alienation des biens d'Eglise, autrement il n'y auroit pas de prescription.

Sçavoir, la permission du Roi, le consentement du Patron, s'il y en a, l'autorité du Superieur, & l'information de l'utilité qui en peut provenir à l'Eglise, ou de la necessité qu'il y a de le faire.

Les avis sont diferens sur céte question, & les Chambres du Parlement partagées.

Par plusieurs Arrests de la grand'Chambre, de la quatriéme & cinquiéme Chambre des Enquêtes, les alienations faites par l'Eglise sans ces formalitez, ont été cassées, quoique les possesseurs en eussent joüi, & les eussent possedées paisiblement pendant plus de cent ans.

Et par les Arrests de la premiere & de la troisiéme, elles ont été confirmées, aprés une joüissance paisible de quarante années.

Que si l'Eglise dont le bien auroit été dissipé par un Titulaire, quoique l'alienation en eût été faite avec les formalitez susdites,

Tome I.   H H h h

la prescription ne courroit pas pendant sa vie; mais elle ne commence à courir que du jour de son decez.

On tient aussi, que si l'Eglise étoit pendante de Cens envers le Seigneur direct, est imprescriptible, même par cent ans; cependant à l'égard de la quotité du Cens il se prescrit, comme je viens de dire, par trente ans, même au préjudice du titre par lequel elle se trouve fixée à un plus haut denier, pourveu qu'on justifie de cueilliors en bone forme & bien suivis.

Neanmoins la prestation ne sufit pas ordinairement pour augmenter la quotité au préjudice d'un tiers.

Un dernier aveu, quoique suivi de prestation, si elle est moindre de trente ans, ne sufit pas aussi pour diminuer la quotité au préjudice des anciens, d'autant qu'un Seigneur a trente ans pour blâmer un aveu.

Quoique les arerages de cens & rentes se prescrivent par trente ans, toutefois le Seigneur n'en peut demander que vingt-neuf années, toutes les autres precedentes étant prescrites, & à l'égard des rentes constituées cinq années, les precedentes étans prescrites par le laps de cinq ans.

Excepté que la rente ne fût constituée pour le prix d'un heritage vendu; car en ce cas là, le vendeur pouroit demander vingt-neuf années d'arerages de sa rente, à cause que l'acheteur joüit des fruits de l'heritage.

La saisie réelle étant enregistrée, elle tient lieu de diligence à l'égard des creanciers de rente constituée; mais je crois que ceux qui ne sont pas oposans ne peuvent demander que cinq années, s'ils ne raportent des comandemens.

L'Ordonance de cinq années n'a pas lieu contre les coobligez ou caution qui agissent en repetition contre le principal coobligé, pour des arerages qu'ils ont paié pour lui au creancier, parce qu'ils agissent, non comme subrogez aux droits du creancier, mais en leur nom, *& nomine fidejussorio*, en vertu du contrat par lequel le principal obligé a promis de les indemniser de toutes pertes.

Neanmoins la prescription de cinq ans court contre les Mineurs & contre l'Eglise.

Septimò, L'inscription de faux est, quand la piece se prescrit encore par trente ans, c'est à dire, que jusqu'à trente ans, & non pardelà, on peut former l'inscription; en sorte que sans Titulaire, la prescription ne courroit pas, comme étant destituée de Protecteur & de défenseur.

Tertiò, L'action personelle, se trouvant jointe à l'hipotecaire, est

prorogée jusqu'à quarante ans, selon la Loi, *cum notiſſimi. C. de præ-
ſcript.* 30. *vel* 40. *annor.*

Ce qui arive quand un particulier a emprunté de l'argent ſous l'hipoteque de ſes biens, en ce cas s'il paſſe trente ans ſans païer la déte
à ſon creancier, l'action hipotecaire ſubſiſte toûjours juſqu'à quarante ans ſur ſes biens, au cas qu'il poſſede des immeubles, enſorte
que cete action hipotecaire fait durer l'action perſonelle juſqu'à ce
tems, ainſi qu'il a été jugé par Arrêt de 1587. raporté par Monſieur
Loüet, lettre H. chapitre 3.

Autrement céte action ſeroit perie par trente ans, parce que toute
action perſonelle eſt éteinte par ce tems ; mais ſi le creancier ne peut
pas pourſuivre aprés trente ans, l'action hipoteçaire, parce que le
debiteur ne poſſederoit aucun meuble, en ce cas il ne pouroit pas
auſſi ſe ſervir de l'action perſonelle, laquelle ne peut être prorogée
par delà trente ans, ſi ce n'eſt par l'action hipotecaire.

Cependant pluſieurs eſtiment que l'action perſonelle, quoique
jointe à l'hipotecaire ne dure que trente ans, dans la Coûtume de
Paris, & dans celles qui n'en parlent point ; car puiſque la Coûtume de Paris, n'admet la preſcription de quarante ans, que pour les
biens d'Egliſe, elle ne doit pas être acordée à d'autres.

Ce qui ne ſe peut entendre neanmoins que des hipoteques conventionelles, & non des hipoteques legales.

Je crois auſſi que cete Juriſprudence ne doit avoir lieu que pour
les rentes ; mais à l'égard du prix des Contrats de ventes, des baux
& autres actions perſonelles, pour leſquelles il y a hipoteque, conventionelle, la preſcription a lieu par trente ans.

On juge à preſent en Normandie, & on veut introduire ailleurs,
la même maxime, que celui qui a doné une reconoiſſance n'eſt plus
obligé pendant ſa vie, même aprés quarante ans, d'en paſſer une
autre, & que la preſcription de quarante ans, ne comence à courir que contre ſes heritiers, mais nos Coûtumes veulent qui l'hipoteque ſe preſcrive par quarante ans contre l'obligé & ſes heritiers.

Je conviens pourtant qu'il y a de la juſtice de ne pas obliger une
même perſone à deux reconoiſſances pendant ſa vie.

Il y a encore pluſieurs preſcriptions au deſſous de dix ans, qu'on
apelle fin de non-recevoir, dont les principales ſont celles qui ſuivent.

Primò, Eſt celle de vingt-quatre heures, dans leſquelles le parent
lignager eſt tenu de païer ou conſigner le prix principal, à compter
du jour que l'acquereur a mis ſes Lettres au Greffe.

HHhh ij

Les efpaves doivent auffi étre dénoncés dans ledit tems, par celui qui les a trouvées, finon & à faute de ce faire il eft amandable à l'arbitrage du Juge.

Secundò, Eft de huitaine pour les Bouchers, contre les vendeurs de Bétail aux marchés publics, faute de demande & interpellation, fuivant le Reglement de la Cour du 7. Septembre 1657.

Tertiò, Les chofes faifie & executée ne peuvent étre venduës, qu'il ni ait huit jours franc, entre l'execution & la vente.

Ce qui foufre une exception à l'égard des bagues & joyaux & veffeille d'argent de la valeur de trois cens livres, ou au deffus, lefquels ne peuvent étre vendus qu'aprés trois expofitions à trois jours de manchez diferens.

On peut auffi rénoncer à fon apel dans la huitaine, fans encourir aucuns dépens, ni amende, & avant ce tems expiré, celui qui a apelé ne peut étre anticipé fur l'apel.

Quartò, Eft de neuf jours, contre l'action redhibitoire, par laquelle l'acheteur peut dans le tems obliger le vendeur d'un Cheval vicieux de le reprendre, comme il a été jugé par plufieurs Arrefts; & méme j'en ay fait rendre un, moi plaidant en la Tournelle civile, le 19. Juillet 1678. au profit du fieur Marquis de Breves, contre le nommé Guillaume Touffaint marchand de Chevaux, pour un Cheval vicieux qu'il lui avoit vendu cinquante piftoles.

Mais il faut que ce foit pour vices cachés, comme par exemple, la pouffe, la morve & la courbature; de forte que fi un Cheval étoit borgne ou aveugle, le vendeur ne feroit pas fujet à cete action.

Il faut dire auffi, que le tic paffe à prefent pour un vice redhibitoire.

L'action pour les Chevaux vicieux avoit lieu autrefois pendant fix mois, au terme de la Loi 28. & 33. *ff. de Ædilit. edict.* & elle étoit reduite à foixante jours, lors qu'on veut rendre le Cheval, faute de livrer les arnachures, ou qu'on n'a pas ftipulé de garantie, ou que l'on eft convenu de ce tems pour la garantie, autrement elle duroit fix mois à caufe de la convention, & méme aprés les fix mois on pouvoit avant l'an demander des domages & interefts de ce que la chofe vaut moins.

A prefent fuivant nos mœurs, on doit avertir dans neuf jours, ce qui fufit pour perpetuër l'action pendant quarante jours, d'autant qu'on a dû fçavoir pendant les 9. jours, s'il y avoit difpofition au mal.

Il eft vrai, qu'il y a des fecrets pour cacher des glandes pendant quinze jours, & pour arêter les aparences du mal, ce qui pouroit doner lieu de proroger le tems de fe plaindre, & de remettre en ce cas la decision à la prudence du Juge.

Quintò, Eft de dix jours, dans lefquels le porteur d'une Lettre de Change aceptée doit protefter , à faute dequoi elle demeure à fes perils & fortune fans garantie , ainfi qu'il a été jugé par Arreft du 7. Septembre 1630. raporté par Dufrefne.

Ce qui eft à prefent fans dificulté , parce que l'Ordonance du Comerce , Titre des Lettres de Change , article 4. porte , *que les Porteurs de Lettres qui auront été aceptées , ou dont le païement échet à certain jour , font tenus de les faire païer ou protefter dans dix jours , après celui de l'écheance.*

Sextò, Eft de quarante jours , dans lefquels le Seigneur doit exercer le retrait feodal , avant que de proceder à l'adjudication des chofes faifies réellement, & le faifi ajourné pour voir adjuger par décret, quarante jours après le jugement doné , lefquels quarante jours ne courent que du jour de la premiere affiche mife.

Le terme de quarante jours eft auffi le tems de la prefcription feodale , aux art, 7. 8. 9. 10. 11. 20. 60. & 65. de la Coûtume de Paris.

Ce tems eft pareillement doné à l'heritier & à la veuve pour déliberer , par la nouvelle Ordonance de 1667. Titre des délais pour déliberer, ce qui s'obfervoit méme auparavant.

Dans ce méme tems le proprietaire & maître d'une efpaves la doit réclamer dans quarante jours après les proclamations.

Septimò, Eft de deux mois pour la vente des meubles executée par l'article 112. & par l'article 20. du Titre des fequeftres de ladite Ordonance de 1667.

Octavò, Eft de trois mois pour la cloture de l'inventaire , felon l'article 241.

Nonò, Eft de quatre mois , pour l'infinuation des donations , par l'article 284. de l'Ordonance de Moulin.

Decimò , Eft de fix mois , fuivant l'article 57. de la méme Ordonance , pour la publication des fubftitutions , & fe pourvoir par Requéte civile , contre les Jugemens & Arrefts.

Pareillement, les Marchandifes venduës en détail par Boulangers, Patifliers , Couturiers , Celliers , Bouchers , Boureliers , Paffemantiers , Maréchaux , Rôtiffeurs , Cuifiniers , Cabaretiers pour vin par eux fournis à Pot & à Pinte , Aubergiftes & autres femblables, n'ont que fix mois pour intenter leur action.

Cete préfcription, comence du jour de la livraifon de la Marchandife, fans qu'elle foit interrompuë par continuation de fourniture d'autres Marchandifes ou d'Ouvrages, à moins qu'il n'y eût fomation ou interpellation judiciaire, cedule , obligation ou contrat.

H H h h iij

Undecimò, Est d'un an pour les Medecins, Chirurgiens & Apotiquaires, comme aussi les Drapiers, Merciers, Epiciers, Orfévres & autres Marchands grossiers, les Massons, Charpentiers, Couvreurs, Barbiers, Serruriers, Vitriers, Paveurs & serviteurs, doivent intenter leurs actions dans ledit tems pour leurs Marchandises, salaires, & services, autrement il n'y sont plus recevable.

Neanmoins les Marchands & Orfévres peuvent déferer le serment à ceux ausquels la fourniture a été faite & les faires assigner & interroger, & à l'égard des Veuves Tutrices de leurs Enfans, héritiers & aïant cause, ils peuvent lui faire déclarer, s'ils savent que la chose est duë, quoique l'anée ou les six mois soient expirés, ainsi qu'il est dit par l'Article 10. de l'Edit du Roi pour les Artisans & Negotians.

Les prescriptions n'ont pas lieu entre Marchands faisans trafic de même Marchandise pour les livraisons qu'ils se sont faites les uns aux autres, comme il a été jugé par Arrêt du grand Conseil le 12. Juillet 1672. au profit de la Veuve Martin Imprimeur, contre les Héritiers de Sebastien Cramoisi, Marchand Libraire à Paris, ainsi la prescription d'un an ou de six mois, n'est établie qu'en faveur des Bourgeois, contre les Marchands.

Par ce même tems les actions de complanites, & de retrait lignager sont aussi prescrites.

La même prescription a lieu encore contre les Maîtres pour la pension de leurs Ecoliers & pour leurs salaires ; mais Monsieur le Lieutenant Civil le Camus a fait une Ordonance il y a quelques anées, par laquelle il étend cete prescription à deux ans, à compter du jour que les Ecoliers sortent de chez leurs Maîtres.

Les Commissaires & Gardiens sont pareillement déchargez après un an de leur Comision, faute par ceux qui les ont établis de faire vuider leurs diferends dans ledit tems, à moins que par Sentence du Juge ils ne fussent continuez.

C'est la comune opinion, que l'action d'injure se prescrit encore par l'espace d'un an, suivant la loi, *in honorariis ff. de obligatio. & actio. l. Si non convicii. C. de injur.*

Il faut aussi observer ici, que la même prescription à lieu à l'égard des nourices, pour les nouritures des Enfans, & des Procureurs pour les pensions des Clers, qui tienent en payant, & de toutes autres personnes qui ont des Pensionaires, nonobstant la faveur des alimens.

L'action en domage causée par les Bestiaux se prescrit aussi

par l'efpace d'un an, mais il eft bon de faire reconnoître aufi-tôt
le domage.

Duodecimò , Eft de trois ans pour la renonciation faites par les
Enfans Majeurs à la fuceffion de leur Pere & Mere, contre laquelle
par un changement de volonté ils font reftituables dans les trois
ans, les chofes étant entieres.

Par un réglement general doné , les Chambres affemblée , fur
les conclufions de Monfieur le Procureur General , le 21. Novembre 1563. tranfcrit dans les Arrefts de Leveft, chapitre 226. Meffieurs les Confeillers du Parlement, & leurs Veuves & Heritiers,
demeurent déchargez des Procés aprés trois ans.

L'Article 21. du titre des fequeftres de la nouvelle Ordonance de 1667. porte que ceux qui ont fait établir un fequeftre , font
obligez de faire vuider leurs diferends & les opofitions dans trois
ans , à compter du jour de l'établiffement du fequeftre, autrement,
il en demeure déchargé de plein droit , fans qu'il foit befoin d'obtenir d'autre décharge , fi ce n'eft qu'il en fut continué par le Juge
avec conoiffance de caufe.

Elle a auffi lieu pour les meubles , & pour les procedures qu'on
apelle peremption d'inftance, dont je parleray dans le chapitre fuivant.

Decimotertiò , Eft de deux ans , pour les frais , falaires , & vacations des Procureurs, en cas du decés des parties , revocation ,
ou difcontinuation de procedures ; mais hors ces cas , les Procureurs font tenus de faire arrefter leurs frais dans fix ans à compter
du jour qu'ils auront commencé de couper , ainfi qu'il a été jugé
par Arrêt du 7. Septembre 1634. raporté par Brodeau fur Mou-
fieur Loüet, encore qu'ils aïent coûtume d'ocuper, pour les même
Parties.

Neanmoins fi les même Parties aprés ce tems vouloient retirer
les procedures des mains de leurs Procureurs, il femble qu'ils pourroient exiber des falaires qui leurs font dûs ; mais il ne peuvent
pas retenir les titres fous fe prétexte.

Il y a eu dépuis fur cette queftion un Arrêt particulier de la
Cour du 18. Mars 1692. qui eft confirmatif de ce que deffus.

Decimoquartò, Eft de cinq ans feulement, aprés lefquels les Procureurs & Avocats pour les Procés jugé ne peuvent pas être recherchez pour les Sacs & Procés dont ils font chargés par leurs rece-
piffez , & dans dix ans , pour les Procés qui ne font point Jugez.

Mais à l'égard de leurs Veuves & Heritiers ils ne peuvent être
recherchez aprés cinq ans, foit que les Procés foient jugez ou non,

ainfi qu'il a été jugez , par Arreft de la Cour du 14. Mars 1597. fur la verification de l'Edit du Roy Henri IV. du 11. Decembre 1597. raporté par Monfieur Loüet lettre S , nombre 21.

Par l'Article 113. 114. & 118. de la Coûtume de Paris , la prefcription de dix & vingt & trente ans ne courent que contre les Majeurs de vingt-cinq ans , & non contre les Mineurs , & ceux qui font privilegiez.

Ce qui eft fans doute à l'égard des prefcriptions legales, & conforme à la loi , *Non eft incognitum, cod. quib. nob. objicit. long. temp. prafcriptio.*

Neanmoins par le Droit, la prefcription de trente ans court contre le Mineur fous l'efperance de reftitution , fuivant les loix 6. & 7. *Cod. quib. non objicitur longi temp. prafcriptio.*

Ce qui femble auffi devoir être obfervé dans les Coûtumes qui n'en difpofent pas, mais la reftitution doit être demandée dans les dix ans du jour de la majorité , au lieu que par le Droit on exceptoit les années de la pupillarité, *leg. 3. de prafcr. 30. vel 30. annor.* & non compris celles de la puberté ; mais la prefcription doit courir par trente ans contre le Mineur , pour les actions perfonelles , à l'égard defquelles il y a hipoteque legale.

Une obligation qui apartient à un Mineur , & à un Majeur coheritier , pourroit être prefcrite pour la moitié du Majeur, quoi qu'elle foit échuë entiere au lot du Mineur , comme il a été jugé par Arreft du 17. May 1680. raporté dans la huitiéme partie du Journal du Palais.

Henri, Tome 1. Livre 4 Chapitre 6. Queftion 24. & au Tome 2. Livre 4. Queftion 19. decide auffi que le Majeur ne peut profiter de la reftitution du Mineur à qui apartient une partie d'une Rente active, d'autant que la Rente confiftant en quantité , eft divifible.

A mon égard je crois, que fi on avoit fait écheoir le tout au lot du Mineur, par un partage fait aprés la prefcription aquife, la part du Mineur feroit acufé prefcrite cenfée ; cependant le contraire a été jugé en action de défiftement d'un heritage échû par fuceffion , & on a prétendu la même chofe , fi un Majeur avoit vendu avec un Mineur, que le Mineur releve le Majeur, la vente ne pouvant fubfifter pour partie, de même qu'un Mineur profite du défaut de publication d'une fubftitution, à caufe de la Minorité d'un autre ; mais je crois le contraire plus certain , à l'égard de la vente des chofes repurées divifibles.

Un de plufieurs obligez folidairement étant reftitué à caufe de

fa

fa Minorité, les autres ne pouvant être dégagez de la folidité, d'autant que ce n'eft pas une novation qui arrive par le fait du Creancier, lequel n'a doné fon argent qu'à la charge de l'obligation folidaire.

Il faut excepter ici les prefcriptions judiciaires, comme la peremption d'inftance, laquelle court contre les Mineurs, contre l'Eglife & autres Privilegiez, fans efperance de reftitution.

Les prefcriptions Statures ou Coûtumiéres courent auffi contre les Mineurs, foit qu'elles aïent commencé contr'eux, ou contre les Majeurs, aufquels ils auroient fucedé, fauf leur recours contre leur Tuteur.

Ainfi le tems du rétrait lignager, du rétrait feodal, & du rétrait conventionel, court contr'eux, fuivant l'Article 131. de la Coûtume de Paris.

La prefcription de cinq ans pour les arrerages de rentes conftituées court auffi contre les Mineurs.

On excepte la prefcription d'un an pour le poffeffoire, felon la comune opinion, en forte que le Mineur & l'Eglife font receus apellans du poffeffoire du Juge quand ils demandent d'être rétablis en poffeffion par le Privilége de l'âge ou de l'Eglife.

Ce qui eft fondé fur ce que les inftances poffeffoires ont une certaine caufe de propriété mêlée, & que fouvent on perd la propriété des chofes pour n'en avoir pas la poffeffion, faute de pouvoir juftifier les Titres de propriété, contre le poffeffeur d'icelles.

Les prefcriptions Conventionelles, comme par exemple, la faculté de remeré, ou du rachat commencez contre un Majeur continuent leur cours contre le Mineur, fans avoir égard à la lézion énorme, fauf fon recours contre fon Tuteur s'il eft folvable, autrement, felon mon fentiment, il feroit abfurde que l'execution d'un Contrat qui n'a pas été fait par un Mineur fut fufpendu pendant fa Minorité, par ce qu'il auroit fucedé à celui qui auroit paffé le Contrat.

La prefcription ne court pas contre le Majeur & le Mineur en chofe commune & individuë ; car en ce cas l'exception du Mineur fert au Majeur, ainfi qu'il a été jugé par plufieurs Arrêts, comme pour un droit de fervitude prétendu au fonds comun entre le Majeur & le Mineur.

A l'égard de la prefcription contre la femme, on fuit au Palais céte diftinction, que quand le Mari eft garand de l'Acte intenté par fa femme, la prefcription ne court point contr'elle, & qu'au

Tome I. IIii

contraire elle court lors que le Mari n'eſt pas garand.

Par exemple, ſi le Mari a vendu un héritage de ſa femme, ſans ſon conſentement, il eſt ſans doute que l'acquereur de bône foi ne peut point preſcrire contr'elle par quelque tems que ce ſoit pendant la vie de ſon Mari, en ſorte que la preſcription ne commence ſeulement à courir que du jour du déceds de ſon Mari.

La raiſon eſt, qu'autrement la femme ſeroit tenuë de pourſuivre les Aquereus pour interompre la preſcription, leſquels auroient eu recours de garentie contre le Mari, ce qui pourroit donner lieu à des diſſenſions entre le Mari & la femme, ou elle ſe trouveroit en danger de perdre ſes biens.

A l'égard des droits & biens apartenans à la femme, ils ſont ſujets à la preſcription lors que le Mari n'en a pas diſpoſé, mais s'il les a laiſſé preſcrire par ſa faute & negligence, la femme ou ſes heritiers ont un recours contre le mari & contre ſes heritiers, pour en être indemniſez; d'autant que la preſcription eſt une eſpece d'alienation, que le mari n'a pas dû ſoufrir.

L'interruption de la preſcription ſe fait naturellement & civilement.

Naturellement, quand la poſſeſſion de quelqu'un eſt interompuë par quelque fait, comme par la violence d'un fleuve, ou par le fait d'un homme, comme quand quelqu'un s'empare par violence d'un immeuble, expulſant celui qui en eſt poſſeſſeur.

Civilement, quand la preſcription eſt interompuë par quelque acte civil, comme par la conteſtation en cauſe, que nous apellons proprement inquietation.

A l'égard de la preſcription de cinq ans pour les arerages de rentes conſtituées, dont j'ai parlé ci-deſſus, & de celles de dix ans, la plus grande partie de nos Docteurs tienent, que pour interompre céte preſcription, il faut que la cauſe ſoit conteſtée.

Mais ſuivant l'uſage general, un ſimple Exploit de comandement fait au debiteur, ſufit pour interompre la preſcription des cinq années, quoi qu'il n'ait été ſuivi d'aucune pourſuite, enſorte qu'en raportant les Exploits de comandement de cinq ans en cinq ans, on peut ſe défendre de céte preſcription d'arerages de rentes conſtituées.

Et pour l'interuption de la preſcription de dix, vingt, & trente ans, il faut une aſſignation en Juſtice, car une ſimple ſommation n'eſt pas ſufiſante pour l'interruption de céte preſcription; ſi bien que quand même céte aſſignation auroit été ſuivie de procedure, & que l'inſtance fût perie, la preſcription ne ſeroit pas pour cela in-

terrompuë; car céte inftance perie n'auroit aucun éfet , & aura la
prefcription fon cours, comme fi ladite inftance n'avoit jamais été
formée, ainfi qu'il eft dit par l'article 15. de l'Ordonance de Rouffillon.

Plufieurs Avocats du fiecle, eftiment encore aujourd'hui qu'il ne
faut qu'un fimple comandement pour interrompre la prefcription, &
qu'ainfi un fimple Exploit fans aucune procedure, aura plus de force
que celui fur lequel feroit intervenu une conteftation.

Ce qui femble abfurde & contre la raifon , atendu que céte dificulté n'eft pas encore bien refoluë au Palais ; mais ce qui eft de certain, eft que l'inftance perie, quoique conteftée , n'interompt pas
la prefcription; de forte que la dificulté eft feulement de fçavoir , fi
un fimple Exploit le peut ; une inftance & une conteftation , qui
eft quelque chofe de plus fort, ne le pouvant pas.

Ce que l'on peut dire en faveur du comandement eft, qu'il fe fait
en vertu de piece autentique , & qu'on n'a plus befoin de condamnation.

Neanmoins l'opinion la plus fuivie aujourd'hui eft , qu'à l'égard
des rentes & des détes en vertu d'obligations, il faut qu'il y ait un
ajournement non perimé pour interompre la prefcription de trente
& quarante ans, même qu'à l'égard d'un Arrêt & faifie, que le Juge
ait prononcé de défenfes de vuider fes mains, à moins que l'Arrêt
& faifie ne fubfiftent encore.

Il y a auffi Arrêt du 18.May 1684. dans la feconde partie du Journal du Palais , & dans Dufrefne livre 8. chapitre 7. qui a jugé qu'u-
ne fommation ne fufit pas pour interompre la prefcrition du tiers
detenteur.

Ce qui eft tres-jufte à l'égard d'un tiers ; mais il femble qu'on ne
devroit pas obliger d'obtenir de nouvelles condamnations contre
fon debiteur, aïant fait faire une fommation.

L'interuption faite à un coobligé folidairement , nuit aux autres,
& on a jugé qu'elle ne nuifoit pas à leurs heritiers, contre lefquels
l'obligation n'a pas été déclarée executoire & qu'il en étoit de même
de la demande des interefts.

Mais à prefent on tient comme autrefois, que les diligences faites
contre un coobligé , ont éfet contre les heritiers d'un autre coobligé folidairement , d'autant que leur condition eft égale , & qu'ils y
feroient toûjours tenus après la prefcription en vertu du recours.

Aliud , De l'interruption faite à l'un des heritiers, qui n'empêche
pas les autres de prefcrire ; mais on demande fi le coheritier qui a
prefcrit contre le creancier , peut être inquieté par un autre coheri-

tier contre lequel le creancier a fait des diligences, qui veut recourir contre lui.

Je soutiens à cet égard, que tant que dure l'action principale, celle en garentie subsiste aussi.

Les Exceptions de droit, comme la prescription, peuvent être alleguées & oposées en tout état de cause, à la diference des Exceptions qui naissent du défaut de la procedure, qui doivent être aussi-tôt alleguées, sinon elles sont couvertes.

La prescription ne peut pas aussi être suplée par le Juge, parce que plusieurs font scrupule de se servir de ce moïen.

Les choses qui sont imprescriptibles, sont aussi de plusieurs especes.

Primò, Celles qui sont hors le comerce, comme par exemple, les choses sacrées, les choses saintes, & les choses religieuses, & même les biens temporels de l'Eglise, à moins qu'ils ne soient acquis suivant les formalitez pour ce requises.

Secundò, Les Cens, & la foi & homage, selon l'article 12. & 14. de la Coûtume de Paris.

Tertiò, Le domaine du Roi, de même que tous droits de Souveraineté, & qui apartiennent à la Couronne, quoique ce soit par un tems immemorial.

Quartò, Les servitudes des heritages, lesquelles ne se peuvent aquerir sans titres par quelque tems que ce soit.

Quintò, Dixmes dûs aux Ecclesiastiques par les laics.

Sextò, Les droits de Patronage Ecclesiastique; mais le droit de Patronage laic est prescriptible.

Septimò, La Confidance & la Simonie ne se prescrivent point, ainsi qu'il a été jugé par Arrêt du 15. Fevrier 1655. raporté dans le Journal des Audiances.

Il faut dire de même de l'usure, laquelle est prescriptible, & ne se peut couvrir par quelque tems que ce soit.

Octavò, Les crimes de Leze-Majesté.

Nonò, Les choses possedées par un titre contraire à la prescription.

Decimò, Les choses qui sont *meræ facultatis*, comme le droit de Charrois & de Corvées, par la raison, que comme l'usage en est libre & indefini, le tems ne le peut empêcher.

CHAPITRE CXIX.

De la peremption d'inflance.

PEremption d'inflance eft une efpéce de prefcription qui a été reçûe dans tous les Parlemens, excepté dans celui de Roüen, de Touloufe, & de Dauphiné, avec cette modification qu'elle n'a lieu que lors qu'elle empefche la prefcription de l'action perfonnelle ou pour des la arrerages de rentes.

L'Ordonance de Rouffillon, Article 15.pofte, *l'inflance intenté e encore qu'elle foit conteftée, fi par le Laps de trois ans, elle eft difcontinue, n'aura aucun effet de perpetuer ou de proroger l'action, mais aura la prefcription font cours, comme fi ladite inflance n'avoit été formée, ni introduite, & fans qu'on puiffe prétendre ladite prefcription avoir été interrompuë.*

Ces termes, *encore qu'elle ait été conteftée*, fufifent pour faire voir que l'intention de l'Ordonnance a été d'affujettir à la peremption toutes les inflances conteftées ou non.

Ce terme *Intentée*, fignifie proprement la demande fur laquelle il y a eu apointement à écrire & produire dans le premier degré de jurifdiction, où l'affaire a été portée, & c'eft improprement que dans cét Article, il fe prend de celle qui n'eft pas conteftée, foit qu'elle foit pendante dans une Jurifdiction inferieure, ou dans une Cour Souveraine,

Toutefois plufieurs de nos Docteurs eftiment, qu'un fimple exploit de demande, quoique non fuivi de procedure, & qu'il n'y eut point d'inflance, auroit plus de force qu'une action conteftée, de forte qu'il dureroit trente ans, bien que l'inflance conteftée feroit perie par difcontinuation de procedures, ce qui paroît abfurde & contre l'efprit de l'Ordonnance; mais cette queftion n'eft pas arrêtée au Palais.

On tient communément, que les Enquêtes, informations, procés Verbaux & autres Actes légitimes qui fervent à prouver le droit des parties, durent & fubfiftent après que l'inflance eft perie, & les parties peuvent s'en fervir dans l'inftruction de la nouvelle action, ainfi qu'il a été jugé par les Arrêts remarqués par Monfieur Loüet & fon Commentateur, Lettre P, nombre 38.

La raifon eft, qu'aïant été faits par autorité de Juftice, ils ne peuvent être reputez détruits par la peremption, fuivant le fenti-

LLl.l. iiij.

ment de Monſieur Bourdin , ſur l'Article 120. de l'Ordonnance
de 1539.

Il faut neanmoins excepter, au cas que la peremption emporât
la preſcription de l'action ; Car pour lors les Actes probatoires
comme acceſſoires de l'action ſeroient inutiles & ſans éfet, l'acceſſoire ne pouvant ſubſiſter aprés la perte du principal , n'ayant
plus de ſujet, auquel ils ſe puiſſent attacher.

La concluſion à l'interêt , n'a plus auſſi d'éfet, l'inſtance étant
perimée.

Cette Ordonnance ne fait aucune diſtinction , ſi l'inſtance, le
procés & la cauſe, ſont ſujettes à peremption , & ſi la peremption
a lieu dans toute Juriſdiction; Mais elle définit generalement, que
la peremption a lieu dans toutes inſtances conteſtées ou non , d'où
on peut inferer qu'elle a lieu en tous Procés par écrit , ou dans les
cauſes d'Audiance , ce pendant il faut obſerver ici , dans quel cas
elle a lieu.

La peremption eſt receuë dans les cauſes verbales pendantes pardevant les Juges inferieurs, & pour les apellations portées devant
les Juges Superieurs , même pour les affaires pendantes au Parlement , excepté quand il y a apointement de concluſion.

Pour ce qui concerne les Procés qui ont été mis en état de juger
pardevant les Juges inferieurs, ils ſont ſujets à la peremption , ſans
qu'on puiſſe alleguer que le Juge a refuſé de juger le Procés , parce
que conformément aux Ordonnances,il eſt au pouvoir des Parties
d'apeller du déni de Juſtice , aprés trois ſommations préalablement
faites au Juge de juger l'inſtance ou Procés , pendante devant lui,
ou à ſon raport.

Ce qui a lieu pareillement pour les cauſes & Procés pendans
pardevant les Préſidiaux étans au premier Chef de l'Edit.

Les Inſtances pendantes au Parlement qui ont été miſes en état
de juger,ne tombent point dans la peremption,comme il a été jugé
par Arrêts des années 1572. 1586. & 1605. raportez par Brodeau ſur
Monſieur Loüet , lettre P , nombre 16.

La peremption d'inſtance n'eſt pas auſſi receuë au Conſeil Privé
du Roi pour toutes ſortes de cauſes.

Meſſieurs des Requêtes de l'Hôtel & du Palais, jugent auſſi que
les inſtances miſes en état pardevant eux , ne tombent point en
peremption ; mais cette prétention n'eſt pas autoriſée au Parlement.

Monſieur Loüet lettre D,nombre 18. & ſon Commentateur raportent pluſieurs Arrêts , qui ont jugé que la peremption avoit lieu

aux inftances des Requêtes , encore qu'elles foient en état de
juger.

Il faut cependant excepter les inftances mifes en état de juger aux
Requêtes de l'Hôtel au fouverain , lefquelles ne font pas fujetes à
peremption.

Quant aux apellations verbales mifes aux Rôles ordinaires & extraordinaires, & les procez par écrit conclus & reçus pour juger, ils
font exceptez de la peremption.

Mais fi la caufe étant mife au rôle avoit été apointée, & que l'a-
pointement n'eût pas été pourfuivi , elle feroit fujete à peremption,
parce que c'eft par la faute de la partie qu'elle n'a point été jugée,
ne le pouvant pas être quand l'apointement eft delaiffé fans le
pourfuivre.

Que fi par un Arrêt il avoit été dit , que les parties auroient audiance au premier jour, & cependant défenfes de metre la Sentence dont feroit apellé à execution; Brodeau dit, que l'apel ne feroit
plus fujet à peremption, encore que la caufe ne fût pas mife au rôle , ce qui eft fondé fur la dificulté de ne pouvoir pas obtenir
d'audiance.

On ne peut plus renouveller fon action, quand l'inftance d'apel
eft perie , parce que la Sentence dont l'éfet aura été fufpendu par
l'apel, eft confirmée, *ipfo jure*, par la peremption.

Si dans un procez par écrit pendant en la Cour , conclut & mis
en état de juger, il a été formé quelque incident par Lettres , ou
Requête qui eût été jointe, cet incident venant à perir n'emporte
point peremption du procez principal, & ne tomberoit que fur l'in-
cidant, qui aprés la peremption aquife feroit reputé disjoint.

Mais fi cet incident avoit été formé en une inftance principale
introduite en la Cour, & mife en état de juger, Maître Julien Brodeau fur Monfieur Loüet, lettre P, nombre 16. dit, que les derniers
Arrêts ont jugé, que la peremption de l'incident n'emporte pas celle de l'inftance principale; & neanmoins il eftime qu'il n'y a pas lieu
de faire diference entre les procez par écrit , & les inftances introduites en la Cour, & que comme la peremption de l'incident ne fait
point perir le procez par écrit, conclut & mis en état de juger, ainfi
ne doit-il pas perir l'inftance principale introduite en la Cour, qui a
pareillement été mife en état de juger.

Par Arrêt du 18. Mars 1602. remarqué par Brodeau *loco citato*, il a
été jugé, que fi par un jugement interlocutoire il avoit été ordoné
qu'il feroit informé d'ofice, ce jugement interlocutoire n'eft pas
auffi fujet à peremption, par la raifon que l'Enqête eft du fait de la

Cour, & ne dépend point du fait des parties.

L'Ordonance ci-deſſus ne parle que des inſtances, d'où il ſen ſuit qu'une Sentence de proviſion non executée dans trois ans, ne perit point, quoi que l'inſtance principale ſoit ſujette à la peremption, par ce que par cette Sentence l'inſtance de proviſion qui n'a rien de comun, l'incident principal eſt terminé, ainſi le principal étant peri par la peremption, la Sentence de proviſion ne laiſſe pas de durer, comme il a été jugé par Arrêt du 11. Decembre 1609. raporte par Brodeau ſur Monſieur Loüet, lettre P, nombre 15.

On peut dire auſſi qu'un Jugement qui ordone une preuve doit ſubſiſter, nonobſtant la peremption de l'inſtance, d'autant qu'il done atteinte au fond, & que ce n'eſt pas une ſimple procedure, pourveu neanmoins que l'action ne ſe trouve pas preſcrite au moïen de la peremption aquiſe.

Monſieur Leprêtre Centurie ſeconde chapitre. 66. de l'édition de 1679. dit avoir veu diſputer en la Chambre de l'Edit, coment, il faut prononcer en la peremption d'apel, & ſur cette queſtion Meſſieurs de la grand' Chambre réſolurent qu'on devoit dire, *l'Apel interjetté par tel peri, & condamné aux dépens de l'inſtance.*

Que Meſſieurs de la Chambre de l'Edit diſoient, que Monſieur le Préſident Seguier avoit coûtume de prononcer, *l'Apel declaré peri & en concequence ordone, que la Sentence dont eſt Apel ſortira ſon éfet & condamne l'apellant aux dépens, tant de la cauſe d'Apel, que de l'inſtance de peremption.*

La premiere forme de prononciation eſt pour les peremptions des premieres inſtances, à l'égard deſquelles il ſufit de déclarer l'inſtance perie & condamner le Demandeur aux dépens, par la raiſon qu'aprés la peremption jugée il eſt permis de recommencer une nouvelle inſtance, pourveu qu'on ſoit encore dans le tems de l'intenter, & que l'action ne ſoit pas preſcrite.

A l'égard de l'autre forme de prononcer, elle eſt propre aux peremptions des inſtances d'apel, parce qu'elles emportent la confirmation de la Sentence dont il n'eſt plus permis d'interjeter apel une ſeconde fois.

On tient au Parlement de Paris que la peremption d'inſtance n'a pas lieu de droit juſqu'à ce qu'elle ſoit jugée.

Le ſentiment comun des Docteurs eſt, que les inſtances pendantes pardevant les arbitres & les Juges Eccleſiaſtiques, ſont auſſi ſujette à peremption, quoique les Juges d'Egliſes prétendent que non, mais le Parlement juge le contraire, d'autant que les Juges Eccleſiaſtiques ſont obligez de rendre leurs Jugemens conformes aux Ordonances

donances, fuivant l'Article 1. du titre 1. de l'Ordonance du Mois d'Avril 1667.

C'eſt auſſi par cette raiſon que les inſtances pendantes pardevant les Arbitres ſont ſujetes à peremption.

L'Ordonance de Rouſſilion parlant indiſtinctement de la peremption des inſtances, doit être étenduë, tant en matiere Civile, que Criminelle.

Monſieur Loüet lettre P, chapitre 37. raporte un Arrêt du 2. May 1597. qui a jugé que la peremption d'inſtance avoit lieu en Procés Criminel, auquel les parties ſont receuës en Proces ordinaire.

Mais cét Auteur dit, que pour les matiéres Criminelles intentées extraordinairement par information, recolement & confrontation, elles ne ſont pas ſujettes à peremption.

Brodeau neanmoins au même lieu tient indiſtinctement que la peremption a lieu en matiére Criminelle, & dit que la Cour l'a ainſi jugé par pluſieurs Arrêts, entr'autres par un du 11. Fevrier 1604. doné en la Chambre de l'Edit, par lequel la Cour declare l'inſtance perie, & en conſequence l'action preſcrite.

Il s'agiſſoit d'un vol commis en une forêts, & le Défendeur en peremption mit en fait que le Prévôt des Marechaux avoit ſuprimé la minute des Charges & informations & autres pieces, au moïen de quoi il n'avoit peut pourſuivre.

Ainſi il eſt de l'intereſt public, que la peremption n'ait pas lieu en ce cas, car puis qu'elle n'a lieu aux cauſes du Fic, elle ne peut avoir lieu és matieres Criminelles dans leſquelles il s'agit de crimes publics, où le Fic eſt intereſſé; Mais à l'égard des Crimes privés, il faut dire le contraire, c'eſt la diſtinction de Grimeaud en titre des Retraits, livre 10. chapitre 13.

On tient que les cauſes & Procés du Domaine, comme par exemple, la Regale, les apellations comme d'abus & autres cauſes fiſcales où le Roi eſt partie, ne ſont pas non plus ſujettes à peremption, même contre la partie principale en cauſe commune où Monſieur le Procureur General eſt partie, quoi qu'il y ait eu diſcontinuation de procedures pendant pluſieurs anées, comme il a été jugé par Arrêt doné en la grand' Chambre, au raport de Monſieur Pidoux le 17. Feuvrier 1635. remarqué par Brodeau ſur Monſieur Loüet, lettre L, chapitre 16.

Les actions anales ſont les complaintes & actions poſſeſſoires, tant en matiére beneficiaire que profane. le retrait lignager, & l'action d'injures, en ſorte qu'à l'égard de la peremption de ces actiõs, il faut pour la reſolution de la queſtion faire cette diſtinction.

Tome I.   K K k k

Si l'inſtance en retrait lignager n'eſt pas conteſtée, elle perit par la diſcontinuation de pourſuite durant un an, jugeant, ſelon mon ſentiment, qu'il n'eſt pas raiſonable en ce cas que l'inſtance dure plus que l'action ; mais ſi elle eſt conteſtée, la conteſtation a effet de la proroger juſques à trois ans, ſuivant l'Ordonance, laquelle ne diſtingue pas les actions annales, dans les autres, ainſi elle ne peut plus perir que par trois ans.

Brodeau raporte auſſi des Arrêts des années 1566. 1585. 1588. & 1605. qui on jugé qu'un ſimple ajournement ne peut pas proroger l'action annale, comme la conteſtation en cauſe.

Si aprés la peremption aquiſe, le défendeur qui la pouvoit opoſer procede volontairement, ladite peremption peut être couverte, pourveu que ſes procedures ſe faſſent du conſentement exprés du défendeur ; car autrement, & ſi ſon Procureur le faiſoit à ſon inſceu. & ſans ſon ordre il pouroit être deſavoué, n'étant pas a ſon pouvoir de faire perdre à ſa partie un droit qui lui eſt aquis.

L'Aſſignation pour voir declarer la peremption aquiſe peut être donée au domicile du Procureur, & on ordone neanmoins que la partie viendra défendre dans les délais de l'Ordonance.

Il faut dire auſſi que ſi une inſtance pendante pardevant les premiers Juges avoit été entiérement inſtruite & miſe en état de juger, & que la pourſuite du jugement eut été diſcontinué durant trois ans, le Juge venant à rendre ſa Sentence aprés les trois ans, céte Sentence eſt nulle, comme aïant été renduë ſur une inſtance perie, & l'apel en ſeroit indubitablement bien fondé.

On tient que la peremption ne peut pas être ſuplée par le juge, en ſorte qu'elle ne produit aucune éfet s'il n'y a une demande preciſe formée par celui qui s'en veut ſervir aux fins de la peremption, & la demande, comme j'ai dit ci-deſſus inſtruit, à l'ordinaire.

Les dépens des inſtances & procedures qui ſont déclarées peries, ne peuvent pas être adjugez, parce que les procedures ſont cenſées éteintes & détruites, comme ſi elles n'avoient jamais été faites & partant elles ne produiſſent aucun éfet.

L'inſtance des Lettres de reſciſion ou de reſtitution, & Lettres de Requête civile étant peris, le Demandeur n'eſt plus recevable à en obtenir d'autre.

A l'égard de la peremption des ſaiſies réelles & criées il faut diſtinguer :

Si le debiteur a été dépoſſedé par établiſſement de Commiſſaire, & par bail judiciaire, la ſaiſie réelle & les criées durent trente ans, & ne ſont pas ſujettes à peremption ; Mais elles y ſont ſujettes, ſi le debiteur n'a pas été actuellement & réellement depossedé, pour n'y avoir eu établissement de Comissaire, ni bail judiciaire, ainsi qu'il a été jugé par Arrêt raporté par Brodeau sur Monsieur Loüet, lettre S, nombre 14.

Par l'Ordonance de Paris de 1619. article 91. toute saisie en arrêt de déniers, perissent aussi par trente ans, encore qu'il n'y ait aucune assignation donée en consequence d'iceux.

Mais les instances d'oposition afin de distraire, sont sujetes à peremption, par la discontinuation de pourfuites durant trois ans, n'aïant rien de comun avec les criées.

Toutes sortes d'actes sont capables d'interompre la peremption, pourveu qu'ils ne soient pas frustratoires, & qu'ils servent à l'instruction de l'instance; en sorte qu'un simple acte par lequel un Procureur declare qu'il est prêt d'ocuper, est sufisant pour empêcher la peremption, aussi bien qu'un simple Exploit, pourveu qu'il soit valable, & qu'il puisse servir à la cause, comme pareillement tous autres actes passés au Gréfe.

Les Jugemens interlocutoires infcrits sur les cedules des Procureurs, ne sont pas sufisans pour empêcher la peremption, s'il n'y a des actes pour plaider qui les précedent.

Il semble que celui qui a doné un recepicé du procez qu'il a eu en sa possession pendant le tems de la peremption, ne la puisse pas alleguer, afin qu'il ne profite pas de son dol.

A la verité le Juge n'a pas dû doner les pieces en comunication, suivant la rigueur de l'Ordonance, & l'autre a eu la liberté de faire faire une sommation de les rendre; mais aussi a-t'on pû ignorer que les pieces fussent hors des mains du Raporteur.

Il semble aussi contre la bone foi, qu'après que les pieces ont eté mises de part & d'autre entre les mains d'un arbitre, qui a negligé de regler les contestations, l'une des parties veüille se prévaloir de la peremption, & quoi qu'il n'y ait pas eu de compromis par écrit, on doit avoir égard au certificat d'un arbitre digne de foi.

Outre les actes dont je viens de parler, la mort de l'un des Procureurs arête encore la peremption, comme il a été jugé par Arrêts des années 1607. 1611. & 1613. remarquez par Monsieur Loüet, & son Comentateur, lettre P, nombre 14.

La raison est, que le Procureur est reputé *dominus litis*, outre que les parties ignorent pendant beaucoup de tems le décez de leurs Procureurs domiciliez dans les lieux éloignez.

Le décez même de l'une des parties interrompt la prescription en faveur des heritiers du défunt, parce qu'ils peuvent ignorer les procez aufquels le défunt étoit engagé, ainfi qu'il a été jugé par Arrêt du 18.Aouft 1606.raporté par Monfieur Loüet, lettre I, nombre 13. Mais la peremption continuë contre la partie furvivante, qui devoit faire affigner les heritiers en reprifes.

Par la mort du Raporteur la peremption ceffe.

Enfin ce qui peut empêcher le jugement du procez, interrompt la prefcription, par Arrêt du 18. Aouft 1600. raporté par Brodeau, *loco citato*.

Il a été jugé que la maladie contagieufe arivée en la maifon de l'Avocat chargé de la caufe avoit empêché la peremption, & par autre du 12. Decembre 1575. raporté par Bouchel en fa Biblioteque fous le mot de peremption, des Lettres de reftitution contre la peremption d'inftance ont été enterinées, fondé fur ce que les pieces du demandeur en lettres avoient été perduës par accident de feu arivé en la maifon de fon Procureur.

Brodeau fur Monfieur Loüet, lettre I, chapitre 13. eftime que lors que le Mineur fort de tutelle, la peremption comence contre fon tuteur, continuë contre lui étant parvenu en Majorité, & qu'elle n'eft pas interrompuë par le changement arivé en fa perfone, ce qui me femble fans dificulté.

Que fi pendant l'inftance les parties avoient compromis, le tems de la peremption ne couroit pas durant le tems qu'auroit duré le compromis, fi par l'évenement il n'avoit pû être executé, & s'il faloit rétourner pardevant le Juge ordinaire.

Quand une fille, ou veuve fe marie, la prefcription comence contre elle avant fon mariage, ceffe de courir, comme il a été jugé par Arrêt de 1618. & 1622. raporté par Brodeau fur Monfieur Loüet, *loco citato*.

La raifon eft, que dés le moment qu'elle eft mariée, elle n'eft plus capable defter en jugement fans être autorifée par fon mari, lequel il faut faire apeller pour reprendre le procez ou inftance avec elle.

La peremption d'inftance court auffi contre l'Eglife, les Hôpitaux, & Fabriques, comme il a été jugé par Arrêt fans date, doné contre une Comunauté, au raport de Monfieur Sçaron en la Grand' Chambre, remarqué par Brodeau; qui dit, que le contraire s'obferve toutefois à l'égard des œuvres & fabriques des Eglifes Paroiffiales, & il raporte un Arrêt du 13. Decembre 1630. qui l'a jugé ainfi dans un procez où il avoit écrit.

La peremption court contre le Mineur, fauf fon recours contre fon Tuteur, ainfi qu'il a été jugé par les Arrêts raportez par Bouchel en fa Biblioteque, titre de peremption, du mois d'Aouft 1608.

doné en la Chambre de l'Edit, au raport de Monſieur Ribier.

Par l'article 110. de l'Ordonance de 1539. il eſt défendu d'expedier aucunes Lettres de Reſtitution contre la peremption, & conformement à cet article la Cour par Arrêt du 12. May 1570. 19. Janvier & 7. Septembre 1574. la Cour a débouté de ſemblables Lettres
les impetrans.

Neanmoins Monſieur Lemaître, centurie 1. chapitre 56. remarque
un Arrêt doné à l'Audiance le 28. Mars 1605. qui a relevé un Mineur de la peremption d'inſtance, & a relevé un Majeur conjointement avec le Mineur par le même Arrêt.

Ce qui a lieu à l'égard du Mineur, lors qu'il n'a pas de Tuteur
contre lequel il puiſſe exercer ſon recours, ou que ſon Tuteur n'eſt
pas ſolvable, & poſé en ce cas la reſtitution du Mineur, il étoit ſans
dificulté, que le Majeur devoit être auſſi reſtitué avec lui, parce que
c'eſt une choſe qui ne ſe peut diviſer.

Deſorte, que cet article 110. de l'Ordonance de 1539. reçoit céte
exception, quoique conçu generalement & indiſtinctement.

Il y a eu ſur céte matiere un Arrêt de la Cour du 18. Mars 1691.
lû & publié en la Comunauté des Avocats & Procureurs de ladite
Cour le 17. Fevrier enſuivant, dont la teneur enſuit.

Primò, Que les inſtances intentées, bien qu'elles ne ſoient conteſtées, ni les aſſignations ſuivies de conſtitution & de preſentation
de Procureur par aucune des parties, ſeront declarées peries, en cas
que l'on eût ceſſé & diſcontinué les procedures pendant trois années,
& n'auront aucun éfet de perpetuer, ni proroger l'action, ni d'interrompre la preſcription.

Secundò, Que les apellations tomberont en peremption & empor-
teront de plein droit la confirmation des Sentences, ſi ce n'eſt
qu'en la Cour les apellations ſoient concluës, ou apointées au
Conſeil.

Tertiò, Que les ſaiſies réeles & les inſtances de criées des terres,
heritages, & autres immeubles, ne tomberont en pas peremption, lors
qu'il y aura établiſſement de Comiſſaire, & baux faits en conſequence.

Quartò, Que la peremption n'aura lieu dans les afaires qui y ſont
ſujetes, ſi la partie qui a aquis la peremption reprend l'inſtance, ſi
elle forme quelque demande, fournit de défenſes, ou ſi elle fait
quelqu'autre procedure, & s'il intervient quelque apointement, ou
Arrêt interlocutoire, ou definitif, pourveu que leſdites procedures
ſoient conuës de la partie, & faites par ſon ordre.

Quintò, Que les Procureurs ne pourront demander le païemens
KKkk iij.

de leurs frais & salaires & vacations dans un an aprés qu'ils auront été revoquez, ou que les parties seront decedées, encore qu'ils aïent continué d'ocuper pour les mêmes parties, ou pour leurs heritiers en d'autre affaires.

Sextò, Que les Procureurs ne pourront dans les afaires non jugées demander leurs frais, salaires & vacations pour les procedures faites au delà de six années precedentes immediatement, encore qu'ils aïent toûjours continué d'y ocuper, à moins qu'ils ne les aïent fait arrester par les parties, & ce avec calcul de la somme à laquelle ils montent, lors qu'ils excederont celles de deux mille livres.

Septimò, Que les Procureurs seront tenus d'avoir des Regiſtres en bonne forme, d'y écrire toutes les sommes qu'ils ne recevront de leurs parties, ou par leur ordre ; de les réprefenter & afiermer veritables toutes les fois qu'ils en seront requis, à peine contre ceux qui n'auront point de Regiſtres ou qui refuſeront de les reprefenter & afirmer veritables, d'être declarez non recevables en leurs demandes & pretentions de leurs frais, salaires & vacations.

Octavò, Que lors que les gens de main morte auront acquis des heritages ſituez dans la cenſive d'un Seigneur cenſier auquel la haute Juſtice n'apartient pas, & que le Seigneur haut Juſticier demande indemnité l'on pourra lui ajuger la dixiéme partie dans la somme à laquelle le droit d'indemnité qui ſera payé lors de l'aquiſition, ſe trouvera monter, & que céte portion poura encor être diminuées, s'il y a des diſpoſitions dans les Coûtumes des lieux, 'ou des circonſtances particulieres dans les afaires qui donent lieu de le faire.

On tient que la derniere declaration pour les preſentations n'a pas dérogé à l'uſage introduit en conſequence de cét Arreſt, encor qu'il n'y ait pas eu de preſentation.

CHAPITRE CXX.

De la Communication des procés, & inſtance.

J'Ai dit ci deſſus, que quand une cauſe eſt apointée, les Procureurs prenent communication du procés, ou inſtance, ſur leur récepiſé par les mains du Raporteur, c'eſt pourquoi il faut maintenant parler de tout ce qui concerne cette communication.

On peut prédre comunication de la production de ſa partie adverſe quand on a produit de fa part; car auparavant l'Article 9. du titre 14. de l'Ordonance de 1667. défend de prendre communication de la production de fa partie adverfe, à moins qu'on eut renoncé à produire.

Quand le Procureur qui a pris communication du procés, le garde à l'éfet d'en prolonger le jugement, il faut le fommer de rendre l'inftance ou procés, finon qu'on fe pourvoira, & qu'on donnera fa Requête afin de féjour, même on portera fa plainte à la communauté des Avocats & Procureurs de la Cour.

Sur quoi il faut remarquer qu'on peut faire l'un & l'autre en même tems.

La Requête afin de féjour fe dreffe ainfi.

Requête afin de féjour.

A Monfieur le Prevôt, ou Bailli de..., ou
Nos Seigneurs de.....

Suplie humblement A....
Qu'il vous plaife, Monfieur, ordonner Executoire être délivré au fupliant au profit de l'Hôtel Dieu de..... livres par chacun jour à l'encontre de P... Procureur en fon propre & privé nom, jufques à ce qu'il ait rendu le procés d'entre le fupliant & Z..., pendant au raport de Monfieur...., de qui il l'a retiré par communication fous fon Récepifé, dépuis plus de.... jours, & vous ferez bien.

Sur céte Requête Monfieur le Raporteur ou le Gréfier de la Chambre met, *Soit delivré executoire, de... livres. Fait ce tel jour, &c.*

Enfuite on fignifie céte Requête & on l'a porte apés au Gréfier qui dreffe l'executoire en vertu duquel on fait commandement au Procureur de païer le fejour.

Si on veut faire fes pourfuites par plainte, l'on en fait trois.

Par la premiere, *la compagnie*, c'eft à dire les Procureurs de la Communauté, *ordonne fous le bon plaifir de la Cour*, que le *Procureur viendra défendre à la plainte.*

Par la feconde, *Elle ordonne, qu'il fera tenu de rendre dans tel tems, à peine de* 10. 20. *ou* 30. *livres d'amande qui fera declarée encouruë, &c.*

Par la troifiéme, *La peine déclarée encouruë.*

Il a été jugé par Arreft du 31. Août 1682. qu'un Procureur étoit refponfable par corps d'une obligation qui avoit été tirée d'un fac, d'un procés dont il étoit chargé par fon Recepifé.

CHAPITRE CXXI.

Des reprises de procés & constitution de nouveau Procureur.

LE jugement d'un procés qui eſt en état de juger ne peut être differé par la mort d'une des parties ou de ſon Procureur, ſuivant l'Article 1. du titre de la forme de proceder au jugement , de l'Ordonance de 1667.

De ſorte qu'il n'eſt pas neceſſaire de faire apeller en repriſe les heritiers du décedé, ſauf à faire declarer Executoire contre eux , le jugement qui interviendroit.

Ce qui ne ſe doit entendre que des procés Civils, & non des procés Criminels , par ce que les crimes s'éteignent par la mort des Criminels , & les procés Criminels finiſſent auſſi par leur déceds, quant à la vengeance publique.

Si toutefois, il s'agiſſoit de quelque amande ou interêt civil ajugé ou pourſuivi, on y garderoit la même forme qu'en matiéres civiles.

L'Article 2. dudit titre de la forme de proceder au jugemens des procés déclaré nuls, les procedures & jugemens intervenus dépuis le decez de l'une des parties , ou d'un Procureur , ou quand le Procureur ne peut plus poſtuler, ſoit qu'il ait reſigné ou autrement , à moins qu'il n'y ait repriſe de procés ou Conſtitution de nouveau Pocureur.

Neanmoins cét Article ſe doit interpreter par l'Article ſuivant , autrement il y auroit une contrarieté manifeſte.

Cét Article veut, que le Procureur qui ſait le decés de la partie ſoit tenu de le faire ſignifier à l'autre, & que les pourſuites ſoint valables juſques à la ſignification du déces.

C'eſt à dire , que toutes les procedures faites dépuis le déces d'une des parties ſont valables juſqu'à ce qu'il ait été declaré & ſignifié à la partie adverſe , en ſorte que l'Article deuxiéme qui déclaré les procedures & les jugemens intervenus dépuis le déceds de l'une des parties ou du Procureur , nuls , ſe doit entendre au cas que le déceds de la partie ou du Procureur ait été ſignifié, ou quand une partie ſçavoit ledit déceds, ou que le Procureur de ſa partie ne pouvoit plus poſtuler , ou qu'il avoit reſigné , ou autrement.

Afte

Acte de signification du decés de la Partie.

À la Requête de M.... Procureur,

Soit signifié à D.... Procureur de C.... que B·.. pour lequel il a ci-devant ocupé en l'instance, contre C... est decedé, à ce que C... ait à faire assigner en reprise les heritiers de B... ou se pourvoir ainsi qu'il apartiendra, déclarant qu'il proteste de nullité de toutes les poursuites qui pouroient être faites au préjudice du present Acte.

Si celui à qui cete signiffication est faite, soûtient que la Partie n'est pas decédée, l'article 4. du même Titre, luï permet de continuër sa procedure, mais si le decés se trouve veritable, tout ce qui aura été fait depuis la signification sera nul, & de nul éfet, sans que les frais puissent entrer en taxe, ni même être emploïés par le Procureur & sa Partie dans son memoire de frais & salaires, si ce n'est qu'elle eût doné un pouvoir special & par écrit, de continuër la Procedure, nonobstant la signification du decés.

Que si les heritiers du défunt veulent poursuivre, il faut avant que de faire aucune Procedure, faire au Gréfe un Acte de reprise d'instance ou procés, au lieu du défunt, contenant ofre de proceder suivant les derniers erremens, ainsi qu'il ensuit.

Acte de reprise d'Instance.

Extrait des Registres de... du.... jour de...

Est comparu au Gréfe de A...&c...H... heritier de défunt S.... assisté de M... son Procureur, qui a déclaré qu'il réprend au lieu dudit défunt l'Instance pendante en la Cour, entre luï d'une part, & C... d'autre, ofrant de proceder, en ladite Instance, suivant les derniers erremens, dont M... a requis Acte à lui octroïé, les an & jours que dessus.

Il faut ensuite faire signifier cet Acte à la Partie adverse, ou à son Procureur, s'il en a un.

On peut aussi faire les Actes de reprise d'Instance & Procés pardevant Notaire.

Si les heritiers ne font pas l'Acte de reprise, il faut que la partie adverse, les fasse assigner à comparoir un tel jour, pardevant tel Juge, pour réprendre l'Instance ou Procés qui étoit entre lui ce ledit défunt, & proceder en icelle, suivant les derniers erremens, & faisant que les conclusions que C... y a prises lui seront adjugées avec dépens, &c...

Cete assignation dans les Cours Souveraines se done en vertu d'une comission obtenuë en Chancelerie, & qui se dresse ainsi.

Comiſſion en repriſe.

LOUIS, &c. . . . . au premier nôtre Huiſſier, &c. . . . . de la partie de nôtre
Amé tel. . . . Nous te mandons aſſigner à certain & competant jours, en nôtre
Cour de Parlement, tel. . . . la veuve, enfans & heritiers de défunt tel. . . pour
réprendre le procés pendant en nôtredite Cour, entre ledit Expoſant d'une part,
& ledit défunt tel. . . d'autre, & proceder en icelui au lieu dudit défunt tel. . .
ſuivant les derniers erremens, & en outre comme de raiſon ; de ce faire te donons pouvoir, & déclarant que Maître tel. . . . Procureur en nôtredite Cour,
ocupera pour ledit Expoſant ; CAR, tel eſt nôtre plaiſir. Donné, à. . . &c.

Par le Conſeil,
Tel . . .

Il faut ici obſerver, que ſi l'aſſignation ſe done par un Huiſſier
de la Cour, il n'eſt pas beſoin de ces Lettres, il ſuſit de preſenter
Requête à la Cour, comme Nous alons dire.

Si l'Inſtance ou Procés en queſtion eſt pendant aux Requêtes
de l'Hôtel ou du Palais, ou en quelque Juriſdiction Préſidiale en
dernier reſſort, il faut en ce cas preſenter Requête, par laquelle
on conclut de même que dans la Comiſſion ci-deſſus, au bas de
laquelle Requête on fait mettre par le Gréfier, *Soit partie apellée*,
& enſuite on fait aſſigner en conſequence de cete Ordonance les
heritiers par un Huiſſier de la Cour, ſi leſdits heritiers demeurent
dans la Ville & Faubourgs de Paris.

Si au contraire l'aſſignation n'eſt pas donée par un Huiſſier de
la Cour, il faut obtenir une Comiſſion ſur cete Requête, qui ſe
dreſſe en la maniere que j'ai dit ci-deſſus, au Chapitre des Ajournemens & Délais ſur aſſignation.

Si les Parties comparent ſur l'aſſignation à eux donée en repriſe, & qu'ils reprenent l'Inſtance ou Procés, il faut proceder ſuivant
les derniers erremens, mais s'ils comparent & s'ils fourniſſent de
défenſes, le Juge doit ordoner ce que de raiſon.

Que ſi les aſſignés ne comparent pas à l'aſſignation à eux donée,
il intervient Jugement, qui tient l'inſtance ou Procés pour repris
avec eux, & en conſequence, ordone qu'ils y procederont ſuivant
les derniers erremens.

En execution de ce jugement, il faut doner aſſignation auſdits
heritiers pour proceder en l'Inſtance ou Procés tenu pour repris,
& ſur cete aſſignation, s'ils ne comparent pas encore, la Partie levera ſon défaut au Gréfe, & le fera joindre à ladite Inſtance ou
Procés, enſuite de quoi elle en doit pourſuivre le jugement.

Neanmoins, s'il n'avoient pas encore pris la qualité, ou fait acte d'heritier, & que pour cet éfet, il demande un délai pour délibe_rer, ce délai leur doit être acordé, lequel sera de quarante jours, à compter du jour que l'Inventaire aura été parachevé.

L'heritier a trois mois pour faire Inventaire, à comter aussi du jour de l'ouverture de la sucession.

Mais, si lors que l'heritier presomptif est apellé en reprise, il y a plus de quarante jours écoulés dépuis la confection de l'Inventaire, il ne lui sera acordé aucun délai, pourveu que l'Inventaire ait été fait en sa presence, ou de son Procureur, ou lui deüement apelé, ainsi qu'il est porté par l'article 2. du titre 7. de ladite Ordonance de 1667.

Et si au jour de l'écheance de ladite assignation en reprise, ces deux délais de trois mois, & de quarante jours, n'étoient pas encore entierement expirés, on ne lui doit acorder que le délai du tems seulement qui resteroit à expirer de ces deux délais, tant pour faire proceder à l'Inventaire, que pour faire sa déclaration, s'il acepte ou rénonce à la sucession, suivant l'article 3. du même titre.

Mais, si au jour de l'écheance de cete assignation, ces deux délais étoient entierement expirés, sans qu'il ait été fait aucun Inventaire, en ce cas il lui seroit acordé un nouveau délai pour déliberer, ainsi qu'il est porté par ledit article 3. sur la fin.

Si aucontraire cet heritier avoit été absent & n'avoit eu aucune conoissance du decés du défunt, que long-tems aprés qu'il seroit arivé, ou que l'Inventaire n'eût pû être achevé à cause des opositions & contestations qui seroient survenuës, le Juge en ce cas est tenu de lui acorder un délai convenable pour faire Inventaire, & aprés la confection de l'Inventaire, il a quarante jours pour déliberer, selon l'article 4. du même titre.

La veuve apelée en reprise, est aussi renfermée dans le même délai, tant pour la confection de l'Inventaire, que pour déclarer si elle acepte ou rénonce à la Comunauté qui a été entre elle & son défunt mari, suivant ledit article 3.

Le cessionaire de droit litigieux ne peut pas continüer l'Instance sous son nom, le transport n'aïant pû produire aucun éfet à l'égard des Parties.

Si un des Procureurs vient à decéder pendant l'instruction d'une Instance ou Procés, il faut faire assigner la Partie dont le Procureur est decedé, pour constituer nouveau Procureur, ce qui se fait dans les Cours Sóuveraines en vertu d'une Requête ou de Lettres de Chancelerie, suivant la distinction remarquée dans la page precedente.

Commiſſion pour conſtitution de nouveau Procureur.

LOUIS, &c... au premier nôtre Huiſſier, &c.... à la Requête de nôtre amé tel... Nous te mandons aſſigner à certain & comptant jour en nôtre Cour de Parlement tel.... pour conſtituër nouveau Procureur, au lieu de Maître tel.... decedé pendant le cours du procés d'entre les Parties, & y proceder, ſuivant les derniers erremens, & à faute de ce faire, ſe voir condamner en tous les dépens, domages & interêts, déclarant que Maître tel... Procureur en nôtredite Cour, ocupera pour ledit Expoſant, de ce faire te donons pouvoir, CAR tel eſt nôtre plaiſir. DONNE' à, . . &c.

L'aſſignation en conſtitution de nouveau Procureur ſe done aux Requêtes, dans les Juriſdictions Preſidiales en dernier reſſort, en vertu d'une Ordonance, au bas d'une Requête, ou d'une comiſſion obtenuë ſur la Requête, ou en conſequence étant au bas de la Requête, comme je viens de dire, en parlant des repriſes.

Si la Partie compare ſur l'aſſignation à elle donée en conſtitution de nouveau Procureur, & ſi elle conſtituë un Procureur, pour lors les Parties procederont ſuivant les derniers erremens de l'Inſtance ou Procés.

Mais, ſi elle ne compare pas, le Demandeur doit lever ſon défaut au Gréfe, & le faire joindre à l'Inſtance ou Procés, & en cet état pourſuivre le jugement; ce qui ne ſe doit entendre, que lors que l'afaire eſt apointée; car quand elle n'eſt pas, le jugement qui intervient ſur le défaut, emporte adjudication des concluſions priſes en l'Inſtance par le Demandeur en conſtitution de nouveau Procureur.

CHAPITRE CXXII.

Des rediſtributions d'Inſtances, ou Procés.

LA rediſtribution d'Inſtance, ou Procés a lieu dans trois cas. Le premier, lors qu'un Raporteur eſt recuſé injuſtement.

Le ſecond, lors qu'il ſe déporte lui-même du Raport.

Le troiſiéme, lors qu'il vient à decéder.

De ſorte, que ces trois cas ſe rencontrant ainſi, il faut doner un Placet au Gréfier pour Monſieur le premier Préſident, ou Lieutenant General, ſi c'eſt en une Cour inférieure, ſur lequel on met le premier produit, lequel ſe dreſſe ſuivant la Formule ſuivante.

Formule de Placet.

Plaife à Monfeigneur le premier Prefident, rediftribuer le procez au lieu de
fèu Monfieur . . . . . Confeiller, ou qui s'en eft deporté
  Pour tel . . . . .
  Contre tel . . . . .
  Tel Procureur.   Tel Procureur.

Aprés que le Procez eft rediftribué, on va au Gréfé voir fur le
Placet, à qui il a été diftribué, enfuite on le fait fignifier au Procureur de la Partie adverfe.

Acte de declaration de rediftribution de Procez.

M . . . Procureur de tel . . . . fignifie & declare à N . . . Procureur de G . . . . que
le Procez d'entre les parties, a été diftribué à Monfieur, &c . . . Confeiller en la
Cour, à ce qu'il n'en ignore, dont acte.

CHAPITRE CXXIII.

De la Compenfation.

COmpenfation eft un moïen de droit, par lequel le debiteur
pourfuivi pour le païement d'une déte, demande qu'elle foit
compenfée avec ce qui lui eft dû par fon creancier jufqu'à concurrence.

Enforte que fi ce qui lui eft dû, eft de pareille valeur que ce qu'il
doit, la déte qu'on lui demande foit entierement éteinte, comme
étant aquitée par la compenfation qui équipolle à un païementt; &
fi ce qui lui eft dû eft de moindre valeur, la déte qu'on lui demande foit diminuée & éteinte à proportion, & jufqu'à concurrence.

La Compenfation fe peut opofer par le debiteur en tout état de
caufe, même aprés une Sentence de condamnation, le debiteur n'é-
tant pas obligé d'avoir recours à ce moïen avant fa condamnation,
parce qu'il blefferoit les autres qu'il pouroit avoir, fi d'abord il fe re-
conoiffoit debiteur en demandant de compenfer.

En païs de Droit écrit, il fufit de propofer ce moïen par des défenfes, ou par une Requête; mais en païs Coûtumier, il faut obtenir
des Lettres Roïaux adreffantes au Juge pardevant lequel le debiteur
eft pourfuivi.

Par ces Lettres il lui eft mandé, que s'il lui apert qu'il foit dû au
debiteur pourfuivant quelque fomme certaine & liquide par le
creancier qu'il pourfuit, en ce cas il compenfe fes détes refpectives
pour le tout, fi elles font égales, ou jufqu'à concurrence, fi l'une eft
plus forte que l'autre. LLll iiij

En la Coûtume de Paris il n'eſt pas neceſſaire d'obtenir des Lettres de Compenſation, non plus qu'en païs de Droit écrit, parce que la Compenſation y eſt autoriſée par la diſpoſition expreſſe de l'article 105. qui porte, *Compenſation a lieu de detes liquides à liquide.*

D'où il s'enſuit, qu'il faut dire la même choſe pour toutes les autres Coûtumes qui ont pareille diſpoſition.

La compenſation peut s'opoſer contre toutes ſortes de détes, ſuivant la diſpoſition du Droit, à l'exception du dépôt, contre lequel on ne peut opoſer aucune compenſation, de même que contre les alienations, penſions, & nouritures; car contre des alimens dûs, on n'eſt pas recevable à opoſer une compenſation.

Il en eſt de même des deniers publics, recelés, vols, prêts en eſpeces de meubles, dépôts volontaires & neceſſaires, comme auſſi en matiere de delit, ſinon pour les interêts civils.

Le leg fait par le debiteur au profit de ſon creancier, n'eſt pas non plus compenſé avec ce qui étoit dû par le défunt au legataire, à moins que la volonté du teſtateur ne ſoit autrement exprimée.

Ce qui ſe doit ſeulement entendre de alimens du tems à venir qui ſont ſeuls privilegiez, parce qu'il faut que la perſone à laquelle ils ſont dûs, en ſoit nourie & alimentée, ſans quoi elle ne pouroit ſubſiſter.

Mais les alimens du tems paſſé n'ont pas ce privilege, parce que la perſone à laquelle ils ſont dûs aïant été nourie, & aïant vécu d'ailleurs, ce qui lui eſt dû d'arerages n'aïant plus pour cauſe la neceſſité de ſa nouriture & de ſa ſubſiſtance, elle a perdu faveur & a degeneré à une déte ordinaire.

Une proviſion alimentaire adjugée à une perſone bleſſée contre celui qui la batuë & excedée, ne peut pas auſſi être compenſée.

Neanmoins ſi deux perſones en ſe batant étoient mutuellement bleſſées & avoient obtenu de part & d'autre des proviſions de deniers jugez, ces proviſions pouroient être compenſées, comme en ce cas la Cour a fait pluſieurs fois; mais il eſt défendu à un Juge qui inſtruit un procez criminel, d'adjuger des proviſions à l'une & à l'autre des parties, à peine de ſuſpenſion de ſa charge, & des domages & interêts des parties, par l'article 2. du titre 12. de l'Ordonance crimtinelle de l'année 1670.

Toutes ſortes de détes ne peuvent pas être baillées en compenſation d'un déte liquide; on ne peut doner qu'une déte auſſi certaine & liquide que celle dont le païement eſt demandé.

Cependant une déte conditionelle, & qui dépend d'un évenement incertain, ne peut pas être donée en compensation, sinon du jour de l'écheance, ensorte que quand même elle seroit certaine, le terme du païement n'est pas encore échû, il n'y a point de compensation, à moins que celui qui a terme n'y ait renoncé par acte passé devant Notaire signifié, auquel cas la compensation a lieu du jour de la signification.

Si un creancier avoit acordé un délai à son debiteur, ou qu'en Justice ce terme lui eût été doné, ce creancier par quelque ocasiond'évenement, étant debiteur de son debiteur, il pouroit lui doner en compensation la déte pour laquelle il lui auroit acordé ce délai, parce que le délai que le creancier acorde à son debiteur, ou qui lui a été doné par le Juge, est une grace dont le debiteur ne doit pas abuser envers son creancier, ni le poursuivre & molester pendant qu'il joüit de céte grace.

Celui qui a obtenu une condamnation par provision seulement, ne peut pas aussi en demander la compensation avec une déte certaine portée par un contrat ou par une sentence difinitive; car ce qui est adjugé par provision ne laisse pas d'être litigieux, & même la provision peut être reformée en definitif, ainsi on ne peut donner en compensation qu'une déte certaine & liquide.

Si deux particuliers étoient respectivement debiteur l'un envers l'autre, l'un d'une somme d'argent, & l'autre d'une certaine quantité de grain, le debiteur de la somme d'argent étant poursuivi, peut demander la compensation avec la quantité de grains qui lui seroit deuë, parce que par l'article 166. de la Coûtume de Paris, on peut saisir & executer pour grains dûs, aussi-bien que pour une somme d'argent, ensorte qu'il sufit que la déte soit liquidée en somme ou en espece.

Mais en executant, il faut adjourner, afin d'aprecier les grains dûs, ou autres especes, si elles sont sujetes à apreciation; & par la même raison on peut executer pour une déte certaine & liquide en espece, & à la charge de l'apreciation; si bien qu'on peut aussi la bailler en compensation, à la charge de la même apreciation, qui doit être faite dans un certain tems, comme de trois mois, à compter du jour que la compensation a été proposée.

Brodeau sur l'article 105. de lad. Coûtume de Paris, nombre 4. tient, que le creancier d'une rente constituée aïant emprunté une somme de deniers de son debiteur, ou reçu une somme qui lui apartenoit, sans lui en avoir tenu compte, la compensation se fait de plein droit par l'ofice de la Loi sur le principal de ladite rente, deduction preala-

blement faite des arerages échus au tems de la reception de ladite fomme, encore que ce qui refte après la dédu&ion des arerages ne foit pas fufifant pour amortir & racheter entierement le principal, & que par le Contrat de Conftitution, la rente ne foit rachetable qu'en un feul païement, & dit qu'il a ainfi été jugé par un Arrêt celebré du 7. Decembre 1607.

Mais Maître Charles du Moulin en fon Traité de ufures, queftion
43. & Monarc fur la Loi 4. *De compenfationibus*, font d'opinion contraire & font fuivis par plufieurs autres, quand méme la rente feroit
donée au debiteur en compenfation d'une plus grande fomme; car
le debiteur d'une rente ne pouvant pas être contraint de racheter, il
ne peut pareillement pas être contraint de prendre le principal de la
Rente qu'il doit, en compenfation d'une dite qui eft prefentement
exigible.

On ne peut pas aufli opofer la compenfation à un Seigneur demandant les arerages du droit de Cens qui lui eft dûs, ou fes autres
droits Seigneuriaux, atendu que lefdits droits ne confiftent pas
feulement en la fomme pecuniare qui doit être payée; Mais aufli en
la reconoiffance de la Seigneurie dire&e, qui fait la principale partie
de l'obligation du vaffal, ou tenancier, de laquelle toutefois le
Seigneur feroit fruftré, fi ces droits Seigneuriaux fe compenfoient
de plain droit, avec une dete comune & ordinaire.

Il en eft de méme des droits feodaux.

Neanmoins elle fe peut opofer à un ceffionaire, pour la fomme
duë par fon cedant, encore que la fomme cedée n'ait pas été faifie
n'y arêtée avant la fignification du tranfport; car on prefume toûjours que le tranfport a été fait en fraude, & pour éluder la compenfation, qui eft réele, coherente, & atachée à la dete cedée, ainfi
qu'il a été jugé par les Arrêts raportez par Brodeau, *ibid.* nombre 7.
où il dit que céte régle eft fi certaine, qu'on en doute plus au Palais.

Un Tuteur qui pourfuit le païement d'une dette de fon pupille,
on ne peut pas demander qu'elle foit compenfée avec celle que le
Tuteur doit en fon nom & de fon chef au méme debiteur de fon
puille, parce que la compenfation ne doit être opofée que quand
la méme perfone eft debitrice creanciere de fon chef, & non
pas du chef d'autrui.

C'eft pourquoi un Procureur qui agit pour autrui ne fouffre pas
la compenfation de ce qu'il doit en fon nom, afin de ne pas confondre les perfones.

Il n'en eft pas de méme du Procureur en fa chofe, auquel on peut
opofer

opofer la Compenfation qui avoit lieu contre fon cedant, âtendu qu'il en a fait volontairement fa propre afaire,

Autre chofe, fi la dette que je devois à ün défunt, dont partie devoit échoir à mon debiteur, l'un des heritages, étoit écheuë par partage à un autre heritage pour le tout, je ne puis lui doner en compenfation ce qui m'étoit dû, car quoi qu'il foit aux droits de fon co-heritier pour fa part qui étoit divifée de droit, on peut dire que la ceffion eft faite pour caufe neceffaire, c'eft ce qui eft decidé par le Jurifconfulte Ulpien en la Loi, *Servum. 3. in fine dig. de procurat.*

Or il s'enfuit de la régle que je viens de propofer, que pour compenfer, il faut que la méme perfone foit debitrice & créanciere en fon nom, enforte que s'il eft debiteur ou créancier feulement en qualité de Tuteur, ou adminiftrateur du bien d'autrui, il ne peut y avoir lieu à la compenfation.

Ce qui a lieu nonobftant le fentiment de Fabert, en fon Code, *lib. 4. titre 23. definit 8.* qui veut que le Tuteur convenu pour la dette de fon pupille, puiffe egxier de la compenfation de ce qui lui eft dû en fon nom, fous pretexte que le Tuteur doit ou devra à fon pupille la valeur de la dette, dont il eft liberé.

La raifon eft, qu'il ne peut pas y avoir, à ce qu'il dit, des ceffions d'actions de la part du Pupille en faveur de fon Tuteur, avec lequel il ne peut pas contracter ni être par lui autorifé pour ce fujet.

Le debiteur ne peut pas auffi demander la compenfation de ce que fon Creancier doit à un tiers, méme du confentement du Creancier.

L'Heritier pur & fimple, peut demander la compenfation de ce qu'il doit de fon chef, avec ce qui lui eft dû en qualité d'heritier; car l'heritier pur & fimple eft reputé une méme perfonne avec le défunt auquel il fucede.

Il n'en eft pas de méme de l'heritier par benefice d'invantaire, par ce qu'il ne fait aucune fonction de fes biens & droits de la fuceffion beneficiaire, avec les fiens.

La caution pourfuivie pour le païement d'une dette dont elle a répondu, peut auffi opofer la compenfation au Creancier par lequel elle eft pourfuivie, non feulement de ce que ce méme Creancier lui doit, dont il peut demander la compenfation; mais encore de ce qu'il doit au principal debiteur.

De forte que fi la fomme oferte en compenfation, eft moindre que celle qui eft demandée, le debiteur qui eft pourfuivi en juftice, doit demander que la fomme pour laquelle il eft pourfuivi foit com-

Tome I. M M m m

penſée juſques à concurrence , avec ce qui lui eſt dû & ofrir de païer le ſurplus.

Comiſſion ou Compenſation de liquide à liquide.

L O U I S , &c . . . à nos amez & feaux Conſeillirs les gens tenans nos Requétes du Palais à Paris , S A L U T , de la partie de nôtre amé tel . . . . nous a été expoſé qu'il a obtenu un Executoire de dépens de la Cour taxé , preſens les Procureurs des parties , le tel jour & an . . . . . contre tel . . . . montant à la ſomme de . . . . en vertu duquel a été fait comandement audit tel . . . . de païer, ce qu'il a refuſé de faire , & d'autan que ledit tel . . . . a obtenu auſſi un Executoire de dépens taxez , preſens les Procureurs des parties pour dépens de telle choſe, contre ledit Expoſant, le tel jour . . . . montant à la ſomme de . . . . . déſireroit ledit Expoſant, que la ſomme de . . . deuë audit Expoſant par ledit tel . . . . humb'ement ſur ce requerant nos Lettres à ce neceſſaires, A CES CAUSES, deſirant ſubvenir à nos ſujets ſelon l'exigence des cas ; Vous mandons que les parties devëment aſſignées pardevant vous, par le premier de nos Huiſſier & autres ſur ce requis, s'il vous apert de ce quedeſſus , & que les ſommes deſquelles ledit Expoſant demande la Compenſation ſoient liquides , vous en ce cas compenſiez ladite ſomme deuë par ledit Expoſant audit tel . . . par Executoire du tel jour & an . . . . , Laquelle de nôtre grace ſpeciale nous avons compenſés par ces preſentes avec l'Executoire du tel jour & an . . . . . obtenu par ledit Expoſant , C A R tel eſt nôtre plaiſir. Donné à , &c.

Par le Conſeil tel . . .

CHAPITRE CXXIV.

De la Conteſtation en cauſe.

L A Conteſtation en cauſe , ſuivant l'Article 104. de la coûtume de Paris, eſt quand il y a réglement ſur les demandes & défenſes des parties, ou bien quand le Défendeur eſt défaillant & débouté de défenſe.

La nouvelle Ordonance au Titre de la Conteſtation en cauſe, Article 13. porte, *La cauſe ſera tenuë pour conteſtée par le premier réglement ou jugement qui interviendra aprés les défenſes fournies , encore qu'il n'ait été ſignifié*

Le premier réglement qui intervient , aprés les défenſes fournies, eſt l'apointement en droit à écrire & produire, ou l'apointement à mettre, ou l'apointement à informer.

Sur quoi il faut, il y remarquer , que l'apointement par défaut ſignifié, fait la Conteſtation en cauſe.

Aprés les défenſes fournies la cauſe doit neceſſairement être portée à l'Audiance, pour y être jugée fur le champt fi la matiére y eſt diſpoſée, finon apointée à la pluralité des voix, à peine de nullité, fuivant l'Article 9. du Titre 11. de l'Ordonance de 1667.

Neanmoins, il y a des cauſes, qui notoirement ne peuvent pas être jugées à l'Audiance à l'égard deſquelles il eſt permis aux Procueurs, par l'Article 10. du Titre fuſdit, de prendre des apointemens au Greffe, ſçavoir celles qui font en matiére de rédition de compte, & liquidation de domage & intérêts, apellations de Taxe de dépens lors qu'il y a plus de deux Croix.

Si la cauſe aïant été portée à l'Audience, le Juge fur la remontrance des Avocats ou Procureurs des parties, l'avoit remiſe ou continuée au premier jour, ce jugement formeroit auſſi conteſtation, parce que ce feroit le premier réglement qui interviendroit fur les demandes & défenſes, ſelon les Articles ci-devant citez, tant de la coutume de Paris, que de l'Ordonance de 1667.

Mais s'il n'y avoit qu'un fimple Acte figné du Procureur, portant Sommation de venir plaider qui eut été fignifié, cet acte ne formeroit pas conteſtation; car pour cela il faut neceſſairement un jugement ou réglement prononcé par le Juge à l'Audiance, dans les matiéres qui y doivent être portées.

Par la nouvelle Ordonnance titre 11. article 8. & titre 14. article 1. il eſt expreſſement défendu de prendre aucuns avenir au Greffe, ni aucuns jugemens pour plaider au premier jour, à peine de nullité & de vingt livres d'amende contre chacun des Procureurs & les Gréfiers, qui les auront pris & expediez.

Tellement qu'aujourd'hui à cauſe de céte nouvelle diſpoſition de l'Ordonance, il faut neceſſairement un réglement prononcé par le Juge en l'Audiance pour former une conteſtation, finon aux matieres pour leſquelles, il eſt permis aux Procureurs de prendre l'apointement aux Greffe, ſuivant l'Article 10. du titre 11. de ladite Ordonance de 1667.

La Coûtume de Paris en l'Article 104. ci-devant cité, dit, qu'il y a conteſtation en cauſe, lors que le défendeur eſt débouté de défenſes.

Mais aujourd'hui cela ne peut plus avoir lieu, parce que par l'Article 2. du titre 5. de ladite Ordonance, en toutes cauſes l'uſage des déboutez de défenſes & des réajournemens fur iceux, eſt abrogé, avec défenſes aux Procureurs, Gréfiers, Huiſſiers & Sergens, de les obtenir, expedier ni fignifier, à peine de nullité & de vingt livres d'amende, en leur nom; en forte que quand le Défendeur ne compare point, le Demandeur prend contre lui défaut au Greffe, &

en demande le profit à l'Audiance, qui lui est adjugé, si les Conclusions sont justes, & bien verifiées.

Cependant, il semble que ce défaut devroit avoir le même éfet qu'avoit le débouté de défenses, & comme après le débouté de défenses, quand le Défendeur se faisoit restituer contre icelui, en refondant, les parties étoient remises en leurs entiers, en sorte qu'il n'y avoit plus de Contestation, ainsi qu'il a été jugé par Arrêt du 5. Septembre 1614. raporté par Brodeau sur l'Article 104. de la Coûtume de Paris.

De même aujourd'hui quand après le défaut levé au Greffe & avant qu'il soit jugé, le Défendeur constitue Procureur & fournit de défenses, on ne peut pas dire qu'il y ait contestation, parce que par l'Article 6. du titre 11. de la nouvelle Ordonance, il est dit qu'en ce cas les parties se doivent pourvoir à l'Audiance, comme s'il n'y avoit point de défaut obtenu, en païant toutefois par le Défendeur les dépens dudit défaut.

Par l'Ordonance de Charles V.I I. de l'an 1413. Article 72. de François I. à Villiers Coteréts en Août 1536. Article 16.17.& Henri III. article 1585. Le Défendeur ajourné par Exploit libellé étoit tenu de se tenir prêt à défendre, au jour de l'assignation premiere, sinon que pour grande & évidente cause, il lui fut baillé un seul délai pour venir défendre.

Le motif de ces Ordonances, est afin qu'on n'abuse pas de la longueur des délais, étant de ceux qui abusent des délais, comme des mauvais Medecins, qui font prendre aux malades des medeciens inutiles pour les entretenir plus long-tems, dans l'opinion qu'ils sont malades, comme remarque le Caron en son Code Henri, livre 5. titre 4. article 1,

Ainsi pour bien entendre ce que c'est que Contestation, il faut sçavoir que toutes les Contestations qui resultent des demandes & défenses des parties, aboutissent toûjours à une question de droit, ou à une question de fait.

A une question de droit, comme de sçavoir si une prescription est valablement aquise, ou non; si un Contrat en vertu duquel on agit, est bon & valable; si une donation entre-vifs, ou un Testament dont on demande l'execution, sont nuls, ou s'ils doivent subsister.

A une question de fait, comme de savoir si le Défendeur a ocupé la Maison dont on lui demande les loïers, ou s'il ne la pas ocupé; s'il a troublé le Demandeur en la possession de son heritage; si une veuë ou un heritier ont diverti & recelé les biens d'une sucession.

Aīnſi cela ſupoſé , ſi la cauſe aboutit à un point de droit qui ſoit jugeable à l'Audiance, elle ſera jugée & decidée ſur le champ.

Si elle n'eſt pas jugeable à l'Audiance, ſoit parce que la queſtion eſt dificile , ou qu'il y a beaucoup de titres à voir & examiner , les parties ſont apointées en droit à écrire , produire , bailler contredits & ſalvations dans le tems de l'Ordonance.

Mais ſi l'afaire bien que non jugeable à l'Audiance, eſt toutefois legere & de peu d'importance , ou s'il ne s'agit que de la proviſion; les parties ſont ſeulement apointées à mettre; mais quand la cauſe aboutit à une queſtion de fait, qui ſe doit decider par la depoſition des Temoins , les parties ſont apointées à informer & à faire enqueſte.

On apointe auſſi en droit, auquel cas l'afaire eſt jugée à la Chambre.

Les éfets de la Conteſtation en cauſe , conſiſtent en quatre choſe.

Primò , Elle empeſche de propoſer les exceptions dilatoires & declinatoires.

Secundò , Elle interrompt la preſcription, à moins que dépuis il n'y ait peremption d'inſtance.

Tertiò , Elle fait paſſer les actions penales provenans de délit contre les heritiers, & ſolidairement.

Quartò , Elle induit la mauvaiſe fois & oblige à la reſtitution des fruits & au païement des interêts.

CHAPITRE CXXV.

Des Apointemens.

APointement eſt un Reglement qui ſe rend par le Juge pour l'inſtruction de la Conteſtation des parties.

Il y a cinq ſortes d'Apointemens, ſavoir l'Apointement à mettre , l'Apointement en Droit , l'Apointement à informer , l'Apointement au Conſeil, & l'Apointement de Concluſion. Sur quoi il faut remarquer,

Premierement, que l'Apointement a mettre & l'Apointement en Droit ne ſe donent qu'en premiere inſtance.

En ſecond lieu, que l'Apointement à informer ſe done, tant en premiere inſtance, que cauſe d'Apel.

En troiſiéme lieu, que l'Apointement au Conſeil & l'Apointement

MMmm iij

de conclufion, ne fe donent qu'en caufe d'apel.

A l'égard de l'Apointement à informer, voyez ci-aprés ce qui eft dit de cet Apointement au Chapitre des Enquêtes, & les procedures qui fe font en confequence; & quant à l'Apointement au Confeil & l'Apointement de Conclufion, j'en traiterai auffi en parlant des Apellations.

L'Apointement à mettre, eft un Apointement qui fe done dans les afaires provifoires, ou de peu de confequence; cet Apointement fe dreffe ainfi.

Apointement à metre dans trois jours.

Extrait des Regiftres de ...

Entre A.... Demandeur aux fins de, &c... à ce que le défendeur ci-aprés nommé, fût condamné à, &c... d'une part, & B.... défendeur d'autre; Aprés que M... pour le demandeur, & N... pour le défendeur, ont été oüis, LA COUR a ordoné & ordone, que les parties metront leurs Requêtes épicées pardevant Maître.... Confeiller, dans trois jours, pour leur être fait droit ainfi que de raifon.

En confequence de cet Apointement, les parties doivent produire pardevant le Confeiller qui eft comis, & non au Gréfe: mais il faut remarquer ici, que cet Apointement ne porte point reglement à contredire, & que fur les productions des parties l'afaire doit être jugée.

L'Apointement en droit, eft un reglement qui fe done à l'Audiance quand les pieces & titres dont les parties fe fervent pour maintenir leurs pretenfions, font conteftées, ou même quand il s'agit d'une queftion de droit, ou de Coûtume qui fe trouve dificile à decider, par lequel la Cour done un Apointement en droit, qui fe dreffe ainfi.

Apointement en droit.

Entre A... demandeur, &c... d'une part, & B.... défendeur, d'autre; Aprés que M. pour le demandeur, & N... pour le défendeur, ont été oüis; LA COUR, fur les demandes & défenfes apointe les parties en droit à écrice & produire, bailler contredits & falvations dans le tems de l'Ordonance, &c...

Cet Apointement eft de huitaine & emporte auffi reglement à contredire dans pareil délai, fuivant l'article 12. du titre 11. de l'Ordonance de 1667. quoique cela ne foit pas exprimé dans l'Apointement.

En execution de cet Apointement, il faut produire au Gréfe, &

les productions y étant, le procez se distribuë à un des Conseillers dans le tems que se font les distributions, lesquelles se font dans diferens tems, selon l'usage des Jurisdictions.

Si l'Apointement est rendu par un Juge inferieur, il prononce, *Nous avons apointé les parties en droit, &c.* Au lieu de, *La Cour a apointé, les parties en droit*, ce qui est une regle pour toutes les sentences & jugemens, ausquels il n'y aura qu'à changer ces mots, *La Cour ordone*, en ceux de, *Nous ordonons.*

Les Apointemens n'ont pas lieu dans les Sieges des Maîtrises particulieres des Eaux & Forests, Elections, Greniers à Sel, Traites Foraines, & aux Justices des Hôtels & Maisons de Ville, & quelques autres Jurisdictions inferieures.

L'Apointement en droit, ou à metre, n'est pas ordoné dans les matieres sommaires; car elles doivent être vuidées à l'Audiance, & sur le champ, en toutes Cours & Jurisdictions, incontinent aprés les délais échus sur un simple à venir, sans autres procedures ni formalitez, suivant l'article 7. du titre des Matieres sommaires de l'Ordonance de 1667. qui veut que pour cet éfet il y ait des Audiances particulieres.

Si le diferent ne peut être jugé sur le champ, les pieces sont mises sur le Bureau sans inventaire de production, écritures, ni memoires, pour y être déliberé, & le jugement doit être prononcé au premier jour à l'Audiance, sans épices ni vacations, à peine de restitution du quadruple contre celui qui a presidé, selon l'article 10.

Pour lever l'Apointement en droit, ou à metre, il faut que la partie la plus diligente fasse signifier les qualitez qui se dressent ainsi.

Qualitez des Parties.

Entre A.... demandeur aux fins de la Requête par lui presentée à la Cour le.... tendante à ce que, &c.... d'une part & B... defendeur d'autre; aprés que M.... pour le demandeur, & N... pour le défendeur, ont été oüis, LA COUR, &c.....

Les qualitez étant signifiées au Procureur de la partie adverse, il les faut porter au Gréfier, qui ensuite expedie la sentence ou Arrest, & la délivre à la partie à qui elle apartient.

Aux Requêtes, quand l'Apointement est rendu par défaut, ou qu'i se prend par l'une des parties au Gréfe dans les cas permis par l'Ordonance, on dresse la sentence, sans dresser ni signifier les qualitez, & on fait seulement une minute de céte sentence pour le Gréfier.

En vertu d'un Apointement à metre, on fait un inventaire de production, dans le comencement duquel on fait pour l'ordinaire un petit preambule, & fur tout quand il n'y a pas de Requête dans laquelle le fait foit expliqué.

En vertu d'un Apointement en droit, avant que de produire, on fait un avertiffement qui contient le fait & les raifons tirées des pieces qu'on veut produire, cet avertiffement fe dreffe ainfi.

Avertiffement que met & baille pardevant vous, Noffeigneurs, de, &c... D.... demandeur,

Contre G .... défendeur,

A ce qu'il plaife à la Cour, par l'Arrêt, ou Sentence qui interviendra, ordoner, que, &c... ou condamner le défendeur à, &c...

Pour l'établiffement de ces conclufions, il convient d'obferver à la Cour, que, &c.... (*Il faut ici metire le fait, & enfuite déduire fes moïens, & apres fuivre ainfi.*)

Par ces moïens & autres qu'il plaira à la Cour fupléer de droit & équité, le demandeur conclut comme deffus & demande dépens.

Cet Avertiffement étant fignifié, il faut faire un inventaire qui fe dreffe de la maniere que je dirai ci-apres; avant quoi il faut remarquer qu'on peut faire l'Avertiffemen & la production par la même Requête, auquel cas il ne faut pas faire d'autre inventaire.

Céte Requête fe dreffe ainfi.

A Noffeigneurs de ....

Suplie bumblement D, &c...

DISANT que, &c... (*Aprés avoir expliqué le fait, il faut déduire les raifons, & enfuite tirer les induétions de fes pieces & les procedure, comme on feroit dans un inventaire de procedures, aprés quoi on conclut*)

CE CONSIDERE', Noffeigneurs, il vous plaife doner afte au Supliant de ce que pour écritures & production, pour fatisfaire à l'Arrêt, ou Sentence du tel jour.... renduë entre les parties, il emploïe le contenu en la prefente Requête, & ce qu'il plaire à la Cour fupléer, ce faifant lui adjuger fes fins & conclufions prifes par fon Exploit contenant demande du tel jour.... avec dépens, (*Ou fi c'eft pour le défendeur, il faut dire,*) ce faifant debouter le Demandeur de fa demande, & le condamner aux dépens.

Ce qu'il y a de comun dans l'Apointement à mettre, & dans l'Apointement en droit, c'eft que les parties doivent produire, c'eft à dire,

dire, faire une deſcription de leurs pieces, titres, & actes judiciaires & en tirer des inductions qui ſervent à leur faire adjuger leurs fins & concluſions.

A l'égard de l'Inventaire de production il ſe dreſſe ainſi.

Inventaire des pieces que produit pardevant vous, Noſſeigneurs de .... A .... demandeur aux fins de la Requête par lui preſentée à la Cour le ....

Contre B .... défendeur.

Suivant & pour ſatisfaire à l'Apointement en droit intervenu en l'inſtance le ....

A ce qu'il plaiſe à la Cour ordoner que, &c .... *(Il faut ici tranſcrire les demandes qui ont été reglées par les apointemens & concluſions des Requêtes jointes.*

Et pour juſtifier que, &c. *(Il faut induire ce qui ſera équitable des pieces que l'on produit.*

Produit .... pieces.

La premiere eſt un Contrat ....

La ſeconde eſt une Sentence ....

La troiſiéme eſt, &c ....

Et ſont leſdites pieces cotées A ....

Item pour juſtifier que.... *(Et ainſi de toutes les pieces que l'on veut produire)* ..

Et pour juſtifier de l'état & inſtruction de l'inſtance, le demandeur produit .... pieces.

La premiere eſt la Requête par lui preſentée à la Cour, au bas de laquelle eſt l'Ordonance d'icelle du .... portant que le défendeur ſeroit apellé.

La deuxiéme eſt, l'Aſſignation donée au défendeur le .... en vertu de ladite Requête.

La troiſiéme, ſont les défenſes fournies par le défendeur le ....

La quatriéme, ſont les repliques du demandeur.

La cinquiéme, eſt un acte ſignifié au Procureur du défendeur pour venir plaider.

La ſixiéme & derniere eſt, l'Apointement en droit du .... & ſont leſdites pieces cotées B ....

Item produit le preſent Inventaire, coté C ....

Par l'article 33. du titre 11. de la nouvelle Ordonance, il eſt fait défenſe aux Procureurs de metre au Gréfe des productions en blanc, ni des inventaires dont les cotes ne ſoient remplies, & aux Gréfiers de les recevoir, & en cas qu'il s'en trouve de céte qualité, le Procureur qui les auroit miſes, & le Gréfier qui les auroit reçuës ſeroient condamnez chacun en cent cinquante livres d'amande, aplicable motié au Roi, & moitié aux reparations de l'Auditoire.

De ſorte, que le procez ſeroit jugé ſans qu'il fût beſoin de faire aucune pourſuite pour remplir l'inventaire, pour empêcher l'abus qui ſe cometoit par quelques uns qui ne produiſoient qu'en blanc, pour avoir ocaſion de demander de nouveaux délais pour remplir leurs inventaires.

Aprés que le Procureur aura produit, il doit faire ſignifier un acte à la partie adverſe qu'il a mis ſa production au Gréfe, ſi la production eſt faite en vertu d'un apointement en droit, ou par devers Monſieur le Raporteur, ſi la production eſt faite en vertu d'un apointement à metre, à ce qu'il ait à faire le ſemblable, ſinon forclos.

Les délais, tant de produire, que de contredire, ſe comptent du jour de la ſignification des actes, à celui qui n'a point ſatisfait à l'apointement, leſquels délais étant expirez, il demeurera forclos, ſans doner aucune requête, ni prendre à l'Audiance, ou au Gréfe aucun acte de comandement, ou de forcluſion de produire & de contredire, dont l'uſage eſt abrogé par l'article 8. de l'Ordonance de 1667. avec défenſes aux Procureurs de s'en ſervir, ni les emploïer dans les declarations de dépens, ni dans les memoires de frais & ſalaires, à peine de vingt livres d'amande en leur nom.

On fait diference entre le défaut & la forcluſion, en ce que le défaut ne s'obtient qu'avant conteſtation en cauſe, & qu'il emporte gain de cauſe, quand la demande du demandeur eſt bien verifiée, comme, par exemple, ſont les défauts faute de ſe preſenter, de défendre, ou de plaider.

Mais la forcluſion ne ſe dit qu'aprés la conteſtation en cauſe, quand une partie manque de ſatisfaire au reglement, ou apointement rendu par le Juge dans le tems de l'Ordonance; comme quand la partie adverſe ne met pas ſa production dans la huitaine, comme il eſt dit ci-deſſus, on dit qu'elle eſt forcloſe de produire.

Neanmoins la forcluſion n'emporte pas gain de cauſe pour celui qui a ſatisfait à l'Ordonance; mais elle fait que le Juge peut juger le procez ſur la ſeule production de celui qui a produit.

Or il s'enſuit, que celui qui n'a pas produit de ſa part, ne peut pas prendre comunication de la production de ſa partie adverſe, ſi ce n'eſt que par acte duëment ſignifié, il ait renoncé à produire, & qu'il ſe reſerve à contredire la production de ſa partie adverſe, aprés qu'il en aura pris comunication.

La comunication du procez aprés qu'on a produit, ou renoncé à produire, ſe prend par les mains du Raporteur, ſur les recipiſſez des Procureurs, ſelon l'article 10. du titre 14. de l'Ordonance de 1667.

Et par l'article 11. il eſt dit, que les Gréfiers ne peuvent plus délivrer aux Huiſſiers les procez mis au Gréfe, ni les bailler en co-

munications aux Procureur ni autres , avant la diſtribution, à peine de cent livre d'amande aplicable moitié au Roi , & la moitié à
la partie qui en fera la plainte.

Aprés avoir pris comunicatio de la production , il faut faire faire
des contredits par un Avocat, par leſquels il contredit toutes les Inductions tirées par la partie adverſe , des pieces qu'il a produites
dans ſon inventaire, les unes aprés les autres , & les contredits commencent ainſi.

Contredits de Production.

Contredits que met pardevant vous Nos Seigneurs de .... B ..... Demandeur aux fins de &c. . . .

Contre la production de C . . . Défendeur.

A ce qu'il plaiſe à la Cour pour les raiſons & moïens qui ſeront ci-aprés dé-
duits ſans s'arrêter aux pieces produites par ledit Défendeur , & aux inductions qu'il en a tirées , adjuger au Demandeur ſes Concluſions avec dépens.

Sous la Cotte A , Le Défendeur a produit .... pieces.

La premiere deſquelles eſt un contrat . . . . .

Contre cette piece le Demandeur dit , &c. (*Il faut dire les raiſons que l'on a
pour détruire l'induction que celui qui la produite en veut tirer , & ainſi de toutes les
pieces,*)

La deuxiéme eſt , &c.

Par ces moïens & autres qu'il plaira à la Cour ſupléer de droit & équité par
ſa juſtice ordinaire & prudence accoûtumée , ledit Demandeur conclut comme
deſſus.

Les contredits ſe peuvent auſſi faire par requête, laquelle ſe dreſſe
ainſi.

Requête d'emploi pour contredits.

Noſſeigneurs de . . . .

Suplie humblement P . . . .

Diſant , qu'étant intervenu Sentence ou Arrêt, le tel jour,... par lequel les
parties ont été apointées , &c. . . . ; Le ſupliant aïant pris communication de
la production de B...., il a trouvé que ledit B... a produit ſous la cotte A...,
telle piece,&c. . . .

Et pour contredits le ſupliant répond , &c ..

CE CONSIDERE' , Noſſeigneurs, il vous plaiſe doner Acte au ſupliant de ce que
pour contredits , contre la production dudit B.... il emploïe le contenu en
la preſente Requête , aſemble ce qu'il a dit , écrit & produit en l'inſtance
ou *procés* ce faiſant lui ajuger les fins & concluſions qu'il à priſe,& vous ferez
bien.

Il faut doner copie des contredits, & si la partie fournit des salvations pour répondre aux contredits, elle en doit aussi doner copie,
autrement les contredits & salvations seroient rejetez du procés selon l'Article 12. du titre des contestations de l'Ordonance de 1667.
qui abroge l'usage d'offrir les contredits.

Les Salvations se dressent ainsi.

Salvations.

Salvations que met & baille pardevant vous, Nosseigneurs, de . . . .G. . . . Demandeur aux fins de son exploit du . . . .

Contre I . . . . Défendeur.

A ce qu'il plaise à la Cour , &c.

Et pour doner d'abord une idée generale & avantageuse de l'affaire l'on peut
comencer ainsi.

Le Défendeur ne sachant plus de quelle maniere pouvoir se défendre légiti-
mement contre la demande qui lui a été faite par le Demandeur a recours à des
moïens étrangers qu'il fait convenir à un fait qui n'a aucun raport à celui sur
lequel la contestation est formée , de maniere que le Demandeur a creu avant de
répondre aux contredits du Défendeur de le rétablir dans ses veritables circonstances & pour cét efet la Cour observera s'il lui plait , que,&c....

Cela présuposé pour constant , il est certain qu'il faut d'abord rétrancher ce
que ledit Défnedeur dit au comencement de ses contredits, &c.... (*Il faut en ce
lieu faire mention de ce que dit le Défendeur dans ses contredits par Articles, & ensuite y répondre*) aprés quoi on finit comme dans la formule des contredits raportée ci dessus.

Les Salvations étant faites , il les faut faire signifier à la partie &
en cas que d'ailleurs le procés soit en état avec la partie adverse &
avec toutes les autres parties , s'il y en a , il faut en poursuivre le jugement.

Les Instances & procez se jugent à l'ordinaire dans toutes les
Cours, Siéges , & Justices , au raport d'un des Conseillers , sans
qu'ils puissent se juger par Comissaires , excepté au Parlement de
Paris , & au grand Conseil.

Sur quoi il faut voir l'Edit du mois de Mars 1673. touchant les
Epices, vacations de Comissaires , & autres frais de Justice , dans
l'Article 17. lequel est mis à la fin du Chapitre des dépens,au second
de ce livre.

C H A P I T R E   CXXVI.

Des faits qui giſſent en preuve vocale ou literale.

LA preuve teſtimoniale a été receuë pour juſtifier les faits qui ſont articulez par une partie & niez par l'autre, comme un fait de poſſeſſion, de l'execution & acompliſſement d'un Contrat, ou de la perte & ſouſtraction d'icelui, du dol comis dans un Contrat, de la ſouſtraction des biens de la comunauté faite par la femme aprés le décés de ſon Mari ; & autres choſes ſemblables.

Enſorte, que l'Ordonance de Moulins ne s'entend que des conventions de bonne foi, & non pas de celles où il y a fraudes & déguiſement, ainſi qu'a remarqué Charondas, livre 7. de ſes réponſes, chapitre 187. n'étant pas poſſible de prouver la ſimulation autrement que par conjectures, & par témoins.

Ainſi toutes ſortes de faits peuvent être juſtifiés par témoins ; mais toutes conventions pour choſes excedantes la valeur de cent livres ne ſe peuvent pas verifier par la preuve Teſtimoniale, ſuivant l'Article 2. du titre 20. de l'Ordonance de 1667. par ce que, *facta, non pacta probantur.*

Par exemple, je ſerai reçû à faire preuve par témoins que Mévius a ocupé m'a maiſon pendant un tel tems, parce que c'eſt un fait dont la preuve par témoins eſt receuë, pour choſe excedant la valeur du cent livres.

Mais je ne ſerai pas receu à prouver par témoins que Mévius eſt convenu avec moi de la ſomme de mille livres par chacun an, pour les loïers de ma maiſon, parce que ce n'eſt pas un fait, c'eſt une convention dont la preuve par témoins n'eſt pas receuë que pour choſes qui n'excédent pas la valeur de cent livres.

C'eſt pour quoi, toutes conventions pour choſes excedant ladite ſomme de cent livres, doivent être ridigées par écrit, ſoit patdevant Notaires, ou ſous écritures privées, ſelon l'Article 54. de l'Ordonance de Moulins, & l'Article 2. dudit titre 20. de celle de 1667.

Neanmoins il y a quelques exceptions de cette régiez que j'epliquerai dans la queſtion ſuivante.

A la verité la preuve peut être receuë plus facilement, quand il s'agit d'une livraiſon de grains, ou autres denrées, dont on ne prend pas toûjours de quitance, d'autant que ce qui conſiſte en fait, eſt plus fufceptible de preuve , mais fi on acordoit la mêmechofe aux païemens prétendus faits en argent au deffous de cent livres, on autoriferoit la malice.

Les livraifons fervent auffi fouvent à acquiter d'autres caufes , dont on ne peut plus rien juftifier , ainfi pour juftifier fon acquit par une livraifon au deffous de cent livres , il ne faut pas qu'il paroiffe qu'il y a eu d'autres afaires , fur lefquelles elle ait pû être imputée.

Cependant il y a certains cas où la preuve par témoins eft reçuë pour convention , excedant la valeur de cent livres, comme dans les cas fuivans.

Premierement , les Juges & Confuls admettent fouvent la preuve teftimoniale pour convention , excedant ladite fomme de cent livres , faite de Marchands à Marchands, & pour fait de marchandifes , entr'eux venduës ou livrées, ou pour paiement fait d'icelles, ou en deduction du prix , ou autres conventions femblables verbalement faites entre les Parties qui plaident en leurs Jurifdictions.

En deuxiéme lieu , la preuve par témoins eft reçuë pour dépôt neceffaire , mais elle n'eft pas reçuë à l'égard du dépôt volontaire, ainfi qu'il a été jugé par plufieurs Arrêts , tant du Parlement de Paris , que des autres.

On fait diference entre le dépôt volontaire , & le dépôt neceffaire.

Le dépôt volontaire eft celui qui fe fait de libre volonté entre les mains d'un ami qu'on choifit , & duquel on peut facilement tirer une reconoiffance par écrit , de la fomme ou de la chofe qu'on dépofe ; & fi on ne le fait point , on fe doit imputer la faute de s'être confié à un ami infidele.

Le dépôt neceffaire , eft celui qui fe fait par neceffité , dans les cas d'incendie , de rüine , de naufrage , de guerre , de pefte , de tumulte , ou fedition populaire, & femblables acidens , dans lefquels on fauve ce qu'on peut , non pas entre les mains d'un depofitaire choifi , mais entre les mains du premier que la fortune prefente.

Ainfi , c'eft pour cela que la preuve de ce dépôt eft reçuë par témoins, ne pouvant être prouvé autrement , parce que la neceffité preffante en laquelle on fe trouve en tous les cas ci-deffus mentionés , ne done pas le tems de choifir un dépofitaire , & de tirer de lui une reconoiffance par écrit de la chofe qu'on lui confie.

En troifiéme lieu , l'article 4. permet au Juge de recevoir auffi la preuve par témoins pour dépôts faits en logeant dans une hôtellerie, entre les mains de l'Hôte ou de l'Hôteffe, fuivant la qualité des perfones & les circonftances du fait.

Neanmoins, l'Hôte ne feroit pas refponfable du vol qui auroit été fait dans fon hôtellerie des chofes depofées, foit qu'il eût été fait par quelqu'un logeant, ou par quelqu'autre, pourveu que ce ne foit pas par quelqu'un de fes domeftiques; car en ce cas, il en feroit refponfable, de même que de toutes les ardes qui auroient été prifes, fuivant le Titre *Naut. caup. ftabul.*

En quatriéme lieu, quand il y a comencement de preuve par écrit, felon l'article 5 dudit titre 20. de l'Ordonance de 1667

Par exemple, un homme m'écrit un billet, par lequel il me prie de lui vouloir prêter cinquante piftoles, & qu'il m'en donera une reconoiffance pardevant Notaire, quand je voudrai, je lui mande qu'il vienne & que je les lui préterai, & d'autant qu'il m'affure qu'il me les rendra dans peu de tems, je les lui prête en prefence de quelques perfones, fans en exiger aucune reconoiffance.

Dans ce cas, s'il nie que je les lui prêtées, je fuis tenû d'en faire preuve par témoins, parce qu'il y a comencement de preuve par témoins, qui eft le billet par lequel il me prie de les lui prêter.

Cependant le Juge, fuivant mon fentiment, doit examiner la qualité & condition des témoins, & de toutes les partïes avant que de condamner le Défendeur au païement de la fomme, dans cete efpece.

En cinquiéme lieu, fi durant l'abfence d'un homme, fon ami prend le foin de fes afaires, fait reparer fes maifons ou cultiver & enfemencer fes terres, où les labourer & cultiver lui même, étant de condition pour le faire, il fera reçû à la preuve téftimoniale pour le rembourfement des dépenfes qu'il a utilement faites pour lui pendant fon abfence, ou pour le païement de fon travail.

Que fi au contraire, cet ami s'immiffant à l'adminiftration des biens de l'abfent en avoit abufé, s'il avoit diffipé les fruits des heritages, démoli les bâtimens, dégradé les bois, ou fait quelqu'autres chofes femblables, l'abfent à fon rétour poura verifier par témoins toutes ces dégradations & diffipations, pour obtenir la condamnation de fes domages & interêts, à quelques fommes que lefdits domages & interêts puiffent monter.

En fixiéme lieu, il en eft de même de tous ceux qui s'immiffent en la poffeffion des biens d'un mineur parvenu en majorité, leur peut demander la reftitution de tous les fruits qu'ils ont perçûs, & pour cet éfet, verifier par témoins la joüiffance qu'ils ont eû de fes heritages, ou leur injufte détention.

Si bien, que toutes poffeffions, & toutes fortes de troubles qui fe font à la poffeffion par voye de fait, fe peuvent verifier par témoins.

En feptiéme lieu, fi en une inftance poffeffoire j'articule que je fuis en poffeffion par an & par jour, ou en une inftance au petitoire que j'ay prefcrit par une poffeffion, de dix, vingt, ou trente ans, & que cela me foit dénié, ou contefté, je puis faire la preuve par témoins.

Comme auffi, fi je fuis troublé en ma poffeffion par voye de fait par celui qui fe prétend proprietaire de l'heritage que je poffede, foit en labourant les terres, fauchant les prez, coupant les bois, ou faifant quelques autres chofes femblables, je puis verifier ce trouble par témoins, parce que tous ces faits de poffeffion, ou de trouble en la poffeffion, ne font pas compris en la difpofition de l'Ordonance ci-deffus citée.

En huitiéme lieu, quand la reparation d'un delit fe pourfuit extraordinairement par plaintes & informations, il eft fans doute que la preuve s'en fait par témoins, qui font oüis en l'information, & qu'elle ne fe peut pas faire autrement.

Tellement, qu'il ne peut y avoir de queftion, que quand la reparation fe pourfuit civilement par des demàdes & défenfes, & en ce cas, la même preuve eft recevable par témoins, dont voici des exemples.

Primò, Un homme enleve les gerbes de mon champ, fait faucher l'herbe de mon pré, coupe mes bois, ou me fait quelque autre tort, je puis, fi bon me femble, le pourfuivre criminellement, faire informer & decreter contre lui; mais auffi je puis agir contre lui par voye civile feulement, & demander qu'il foit condamné à reparer le tort qu'il m'a fait, & s'il le dénie par fes défenfes, je ferai reçu à en faire la preuve par témoins.

Secundò, La femme demandant contre fon mari la feparation de corps & de biens, peut faire preuve par témoins de fon mauvais ménage, de la diffipation de fes biens, des fervices & mauvais traitemens dont il a ufé envers elle, qui font toutes efpeces de delits.

Tertiò, Celui qui a obtenu des Lettres de Récifion contre quelque contrat, ou acte extorqué de lui par force & par violence, peut auffi faire preuve par témoins, des faits de force & de violence par lui articulez; & s'il les verifie, le contrat ou l'acte fera caffé, encore qu'il s'agiffe en icelui d'une fomme beaucoup plus grande que celle de cent livres.

Si la femme avoit dépofé les éfets recelez entre les mains d'un tiers, à la verité le dépôt eft volontaire entre la femme & le dépofitaire; mais il eft involontaire à l'égard de celui à qui ils doivent apartenir, contre la volonté duquel ils font entre les mains d'autrui, & le dépofitaire positaire est tenu lui-même à la restitution, s'il les a reçus avec conoissance certaine qu'ils apartenoient à autrui.

Ce sont là des cas impréveus par l'Ordonance ci-dessus citée, pour lesquels on ne peut pas avoir d'autres preuves que par témoins.

En neuviéme lieu, si un Charetier passant par la rüe, blesse quelqu'un, ou rompt & brise quelque chose, pour n'avoir pas bien conduit sa charete, ou pour ne pouvoir pas gouverner ses chevaux, la preuve de ce fait sera reçuë par témoins, bienque les domages & interests qui en sont dûs excedent la valeur de cent livres.

En dixiéme lieu, si par imprudence on jette, ou on laisse tomber quelque chose de la fenêtre d'une maison dans la rüe, par le moïen dequoi quelque passant soit blessé, quelque habit, ou quelques marchandises gâtées, ou quelqu'autre chose rompuë & brisée, la preuve de ce fait est aussi reçuë par témoins, à quelque somme que se puissent monter les domages & interests.

Neanmoins la preuve testimoniale n'est pas reçuë dans une instance où on fait plusieurs demandes, & dont il n'y a pas eu au comencement de preuves par écrit, & qui jointes ensemble excedent la somme de cent livres, quand même ce seroit diverses sommes venant de diferentes causes, & en diferens tems, excepté que ce ne fût pour droits procedans de diverses persones, par succession, donation, ou par autres manieres d'aquerir.

Par exemple, je peux demander à un particulier la somme de cent cinquante livres, & demander de faire preuve par écrit, sçavoir, soixante & quinze livres qu'il devoit à un autre qui m'avoit legué tous ses meubles & éfets mobiliaires.

Mais d'autant qu'on pouroit faire plusieurs demandes dans diferens tems, & dans divers Exploits, dont il n'y auroit pas de preuve testimoniale, l'article 7. du titre des Enquêtes de l'Ordonance de 1667. veut que toutes les demandes, à quelque titre que ce soit, qui ne seroient pas entierement justifiées par écrit, soient formées par un même Exploit, & que par aprés les autres demandes dont il n'y aura pas de preuve par écrit ne soient reçuës.

L'article 1. veut, que les faits dont la preuve par témoins est reçuë, soient articulez succintement, & que les réponses soient sommaires, sans alleguer aucune raison de droit, avec défenses de fournir de repliques & aditions, d'y avoir égard, & de les metre en taxe, ni de les comprendre dans les memoires de frais & salaires des Procureurs, à peine de repetition du quadruple.

Tome I. O O o o

Les faits qui giſſent en preuve vocale ou literale , començent ainſi.

Faits d'un dépôt neceſſaire.

Faits articulés par A... Demandeur...

   Contre I.... Défendeur....

Sçavoir , que le.... jour de... les parties s'embarquerent au Port de.... dans le Vaiſſeau du Capitaine.... pour paſſer enſemble en....

   Que le Demandeur avoit une Caſſette , laquelle il ouvrit étant dans le Vaiſſeau , en preſence du Défendeur , & lui fit voir.... Lettres de Changes païables au porteur... de diamans d'un prix conſiderable , & remit le tout dans la Caſſette dont il a la clef.

   Que le.. jour de... la tempete écarta le Vaiſſeau de l'eſcadre de.. il fut âtaqué par.... cependant le Défendeur aïant fait métre l'Eſquif en mer , pour y deſcendre , le Demandeur le pria d'emporter ſa Caſſette , pendant qu'il ſoûtiendroit l'ataque , ce que le Défendeur fit , & promit au Demandeur de métre ſa Caſſette en ſûreté & de lui rendre.

   Que le Vaiſſeau n'aïant pû ſoûtenir l'âtaque à cauſe du mauvais état où il étoit , fut coulé bas , & le Demandeur s'étant ſauvé du naufrage , demanda ſa Caſſette au Défendeur , lequel lui dit , qu'il l'avoit portée à.... & qu'il doneroit ordre qu'elle lui fut renduë , n'y pouvant pas aller lui-même , pour quelque afaire qu'il diſoit avoir.

   Que le Défendeur n'y aïant pas ſatisfait , le Demandeur le fait aſſigner pour être condamné à lui rendre la Caſſette qu'il lui a depoſée de bonne foi.

   Deſquels faits le Demandeur ofre de faire preuve par témoins , en cas que le Défendeur ſoûtienne au contraire.

Réponſes aux faits.

I... Défendeur....

   D i t , pour réponſes aux faits articulés par A... Demandeur...

   Qu'il convient de s'être embarqué avec le Défendeur dans le Vaiſſeau de.... & ſe ſouvient d'avoir vû une Caſſette que le Demandeur diſoit lui apartenir , la bien vû ouvrir quelquefois , mais il n'a pas remarqué ce qui y étoit.

   Que le Vaiſſeau aïant été âtaqué , comme dit le Demandeur , le Capitaine donna ordre au Défendeur de faire métre l'Eſquif en mer , & d'aller à.... mais il n'a point emporté la Caſſette qui lui eſt demandée.

   Qu'après le naufrage du Vaiſſeau , le Demandeur étant venu voir le Défendeur , à.... il lui raconta l'acident qui lui étoit arrivé , & en lui parlant de la perte de ſon équipage , diſoit , qu'il n'y avoit rien dont il eut plus de déplaiſir que d'avoir perdu ſa Caſſette.

   Que le Défendeur ne l'aïant jamais euë en dépôt , ni promis de la rendre , le Défendeur eſt mal fondé en ſon action.

Faits de Généalogie de Nobleſſe.

Faits de Généalogie de Nobleſſe articulés par T... Demandeur.

Contre P. . . . Défendeur.

En premier lieu, que G. . . qui avoit épousé Damoiselle F. . . étoit en possession du titre de Noblesse, & prénoit la qualité d'Ecuïer, ou Chevalier dans tous les Actes qu'il faisoit.

Que dudit G. . . . & de ladite F. . . . est issu D. . . . qui prénoit pareillement la qualité d'Ecuïer, vivoit noblement, & avoit épousé Damoiselle R. . . .

Que dudit D. . . & de ladite R. . . est issu I. . . lequel a toûjours vêcu noblement, avoit la qualité d'Ecuïer, & épousa Damoiselle H. . .

Que dudit I. . . . & de ladite H. . . est issu A. . . qui avoit aussi la qualité de d'Ecuïer, & épousa Damoiselle M. . .

Que desdits A. . . & M. . . est issu T. . . Demandeur, lequel est en possession de la qualité d'Ecuïer, & n'a pas fait d'actes qui y dérogent, non plus que ces Ancêtres.

CHAPITRE CXXVII.

De la preuve de l'âge, du Mariage, & du tems du décés.

LEs preuves de l'âge, du Mariage & du tems du décés, se reçoivent par des Registres en bone forme, qui sont foi & preuve en justice, & non autrement, suivant l'article 7. du titre de la preuve par témoins de l'Ordonance de 1667.

Desorte, que pour cet éfet, l'Article 8. ordone que dans chaque Paroisse, il doit être fait par chacun an deux Registres, pour écrire les Baptistaires, Mariages, & Sepultures en chaque Paroisse, un desquels servira de minute, & demeurera ès mains du Curé ou du Vicaire, & l'autre sera porté au Greffe du Juge Roïal, pour servir de grosse.

Lesquels deux Registres doivent être fournis anuellement, au frais de la Fabrique avant le dernier Decembre de chacune année, pour comencer d'y enregistrer par le Curé ou Vicaire les Baptêmes, Mariages, & Sepultures, dépuis le premier Janvier ensuivant, jusques au dernier Decembre inclusivement.

Ce qui est aussi conforme à l'Ordonance de François I. de l'an 1539. Article 50. & suivans, de Henri III. aux Etats de Blois, Article 181. & à l'Ordonance du feu Roi d'heureuse memoire, Article 29. & le motif de ces Ordonances est pour éviter les prévues par témoins, que l'on étoit contraint de faire pour ce régard en justice.

Le veritable origine des Registres, de Baptistaire n'a pas été pour la preuve de l'âge; mais plûtôt pour celle de l'état des Enfans, parce que comme c'est assez aux Enfans d'être nez d'une femme legitime , les plus fages peuples ont voulu qu'il y eut des témoignages publics de leur naiffance.

Ainfi les Regiftres font des dépôts facrés de la foi publique, c'eft là où les peres & meres réconoiffent leurs Enfans nez de leur mariage pour legitimes, en forte que ces reconoiffances toutes volontaires font des titres incomutables pour leurs Enfans , non fujets au défaveu des peres , ni des meres , qui les ont faites , elles font de droit public , & aquiérent un droit public & irevocable, à ceux qui y font infcrits.

Si bien , qu'on peut apliquer à l'extrait tiré de ces Regiftrs , ces paroles de Tertulien , *Apolog. cap. 23. quid eft hoc opere manifeftius? Quid hâc probatione fidelius ? Simplicitas veritatis in medio eft , virtus illi fua affiftit , nihil fufpicari licebit.*

Par l'Ordonance du Roi d'heureufe memoire , Article 40. il eft défendu à tous Juges de recevoir à l'avenir aucune preuve par témoins & autres que par écrit en fait de Mariage, excepté entre les perfones de vilage & de vile & baffe condition , à la charge neanmoins que la preuve n'en pourra être admife que par des plus proche parens de l'un & de l'autre des parties, & au nombre de fix pour témoins.

Mais par l'Ordonance de 1633. Article 7., il eft défendu à tous Juges , même à ceux d'Eglife , de recevoir la preuve par témoins des promeffes de Mariage , ni autrement que par écrit , qui foit arrêté en prefence de quatre proche parens de l'un & de l'autre des parties, encore qu'elles foient de baffe condition.

Neanmoins il peut avoir neceffité en beaucoup de rencontres de recevoir la preuve par témoins, comme fi un enfant avoit été gardé avant le Baptême , ce qui arrive affés fouvent, & ainfi il femble, fuivant mon fentiment, qu'on ne doit pas exclure abfolument la preuve par témoins.

Il doit être fait mention , du jour de la naiffance de l'Enfant, dans l'Article des Baptêmes , le nom du pere & de la mere, le parein & la maraine ; & aux Mariages , il doit être mis, les noms & furnoms, âges , qualitez & demeure de ceux qui fe marient , s'ils font enfans de famille, en Tutelle , Curatelle, ou puiffance d'autrui , & y affifteront quatre témoins qui doivent declarer fur le Regiftre s'ils font parens, de quel côté & en quel degré. Et dans l'Article des Sepultures fera fait mention du jour du déces ainfi qu'il eft dit par l'article 9. du titre de la preuve par témoins, de ladite Ordonance de 1667.

Fontanon en fes aditions fur Bourdin en l'Article 51. de l'Ordonance de 1639. tient que tel Regiftre des Baptêmes n'em pêche pas

qu'on ne foit reçeû à prouver, que celui qui fe dit mineur fur la foi
de ce Regiftre, ne fut né long-tems lauparavant qu'il fut Baptifé,
prouver par fe moïen qu'il eft majeur, d'autant qu'en cela on ne débat pas la foi du Regiftre.

L'Ordonance de 1639. eft la premiere qui a établi le Regiftre des
Batêmes, en forte que l'article 51. vouloit qu'il *fut fait mention, non feu-*
lement du jour de la naiffance; mais encore de l'heure, que par l'extrait des
Regiftres on pût prouver le tems de la majorité ou minorité, & qu'il fit plei-
ne foi, afin que quand il feroit queftion de l'âge, il ne falut pas recourir à autres preuves qu'à ces Regiftres faits par autorité publique,
quia autoritatem impartitur Princeps talia faciendi, autrement, ils ne
feroient pas foi publique, quand un Notaire en retiendroit Acte,
fans autorité de juftice.

La raifon pour laquelle il eft neceffaire de fçavoir l'heure de la
naiffance, eft que les Loix Romaines veulent que le tems de la minorité foit compté de moment à moment, *l. 3. §. minorem. ff. de minor.*
& qu'il feroit impoffible de faire ce calcul, fans un point fixe, & certain, & fans fçavoir la premiere heure.

Les Baptêmes, les Mariages & les Sepultures, doivent être dans
un même Regiftre, felon l'ordre des jours, fans laiffer aucuns blanc,
& auffi tôt qu'ils auront été faits, ils doivent être écrits & fignez,
fçavoir les Baptêmes par le pere de l'Enfant, s'il eft prefent, & par
les parains & maraines. Et les Actes de Mariages par les perfones
mariés, & par quatre de ceux qui y auront affiftez, Les Sepultures
par deux des plus proches parens ou amis qui auront affifté au Con-
voi; & fi aucun d'eux, ne favent pas figner, il en faut faire mention, & de ce interpelés par le Curé ou Vicaire.

Sur quoi il faut ici remarquer, que l'Ordonance de François I. de
l'an 1539. Article 15. fait cette difference, entre les Regiftres des
Baptême & des Sepultures, qu'au lieu qu'en l'Article 50. concernant les Sepultures des perfones qui ont des Benefices, elle s'étoit
contentée de dire que le Regiftre feroit foi, elle dit à l'égard des
Baptêmes qu'ils font plaine foi, Et la raifon eft, à caufe qu'il peut
y avoir quelque préfomption de fraude dans les Regiftres des décès
& Sepultures des Beneficiers pour avoir le tems & les moïens d'obtenir les Benefices, laquelle préfomption ne fe rencontre pas dans les
Regiftres des Baptêmes qui eft une Acte public fait en prefence du
Curé, des peres & des parains.

Auffi c'eft pour cela que le Curé, ou celui du Chapitre qui étoit
commis, étoit tenu de faire non feulement mention du jour; mais
encore de l'heure du décès de celui des Beneficiers, duquel il étoit

queſtion, afin que cela peut ſervir à la déciſion des difficultez qui
peuvent ſurvenir ſur diverſes proviſions faites par divers Collateraux en même jour.

Par Arrêt doné en la grand' Chambre du Parlement de Paris, le 8.
Fevrier 1663. en la cauſe de la veuve du Sieur de Baumon Capitaine
des Chaſſes de ſaint Germain en Laïe, ſur le Requiſitoire de Défunt Monſieur l'Avocat Général Talon, *il fut enjoint à tous Curez
de ne laiſſer aucune feüille blanche dans les Regiſtres des Mariages, publications de Bans, Fiançailles, Baptêmes, & autres, à peine de deux
mille livres d'amande.*

Ce qui a doné lieu à ce Requiſitoire étoit, que les feüilles blan-
ches ainſi laiſſées produiſoient un grand inconvenient dans le public,
& que dans les Regiſtres des Mariages de la Paroiſſe de Saint Roch,
il y en avoit quelques unes laiſſées par le Défunt Curé, à l'ocaſion
du Mariage qu'il avoit célébré entre des perſonnes conſiderables
qui l'avoient prié de ne pas l'inſerer, ou du moins d'en retarder l'enregiſtrement & neanmoins avoient tiré un Certificat de ce Curé de
la célébration de leur Mariage, ce qui l'avoit obligé de mettre au-
bas de céte feüille blanche ; le jour le mois, & l'année qu'il l'avoit
célebré.

L'Ordonance de Blois Article 40. porte ſeulement *que pour té-
moigner de la forme qui aura été obſervée aux Mariages, y aſſiſteront
des témoins dignes de foi, deſquels il ſeroit fait Regiſtre,* & il n'eſt pas
dit que les parties ſigneroient ſur le Regiſtre, s'aſſurant ſi fort de la
légalité des Curez, qu'en ce qui dépendoit de leur Miniſtére les
Regiſtres faiſoient foi des Mariages, ſans qu'il fuſſent obligez de
faire ſigner les parties.

Il eſt important d'obſerver ici une choſe, dont la nouvelle Ordonance ne fait pas mention ; qui eſt, que lors qu'il s'agit, de la
preuve de la mort des gens de Guerre decedez dans le Camp, ou
dans l'ocaſion, le certificat du Capitaine ſur qui il étoit enrôlé
ſuffit.

Par la Novelle 117. Chapitre 11. il faloit pour prouver la mort
des gens de Guerre, avoir cét extrait du Regiſtre des enrollemens
& des mortuaires des Soldats, tenu par le Tribun de la légion, ou
par ceux qui étoient apellés *priores* ou *Chartularii numerorum*, & ſi ce
mortuaire ne ſe trouvoit pas, il faloit les réſumer moïenant ſerment.

Mais comme apreſent il n'y a point de Regiſtres generaux des en-
rôlemens, & que les Capitaines ont chacun le leur, le Certificat du
Capitaine doit être une preuve ſufiſante, puiſque perſone ne peut

mieux fçavoir la mort d'un foldat que fon Capitaine qui le conduit.

Deplus je peux encore ajouter à céte confideration, que les Capitaines ont une efpece de jurifdiction au Confeil de Guerre de leur Regiment,& que leurs certificats font foi en Cour en beaucoup de chofes, fuivant les nouveaux Reglemens de fa Majefté.

Les Tonfures, les Ordres Mineurs & Sacrez, Vétures, Noviciats, & Profeffions de Vœux, fe prouvent par les Regiftres qui en font faits aux Archevêchez, & Evêchez, & aux Comunautez Regulieres ; fçavoir aux Archevêchez & Evêchez pour les Tonfures, Ordres Mineurs & Sacrez; & aux Comunautez Regulieres, pour les Veftures, Noviciats, & Profeffions.

Lefquels Regiftres doivent être en bone forme, reliez, & les feüillets parafez par premiere & derniere, par l'Archevêque, ou Evêque, ou par le Superieur, ou Superieure des Maifons Religieufes, chacun à fon égard, & feront aprouvez par un Acte Capitulaire inferé au comencement du Regiftre, felon l'article 15. du titre de la Preuve par témoins de l'Ordonance de 1667.

Ce qui eft auffi conforme à l'Ordonance de Charles IX. faite aux Etats de Moulins l'an 1566. article 55. par laquelle il eft porté, que les Tonfures & Profeffions de Vœux Monacals, feront reçus par Lettres, & non par témoins, excepté, fi la perte des Regiftres étoit alleguée, auquel cas la perte & teneur peut être prouvée par témoins.

Ainfi c'eft avec beaucoup de raifon que céte Ordonance a lieu à l'égard de tous les Ordres, *Quid una res non debet diverfo jure cenferi, l.eum, ff. de ufucap.* Rebuff. *d.l.num.*27. Et fi pour obtenir une dignité du Prince, il faut avoir des Lettres de lui, il en doit être de même pour le caractere & la dignité des Prêtres.

Dans les premiers fiecles de l'Eglife, l'entrée dans la Religion, la fimple Véture de l'habit, étoient des preuves fufifantes de la Profeffion des Vœux, ainfi que l'on peut voir dans la Novelle 5. de l'Empereur Juftinien, qui eft raportée fur la fin de la Loi 13. *C. de Sacrof. Ecclef.* & dans le Concile d'Orleans, qui fut tenu fous le Pape I. du tems du Roi Childebert.

Mais dépuis y ayant eu du relâchement en la pureté des mœurs, & les plus fages ayant fait reflexion fur l'importance de cet acte, par lequel on s'engage, comme difent les Peres de l'Eglife, dans un martire continuel, on a defiré auffi que la Profeffion fe fît avec plus de folemnité & de précaution qu'auparavant, c'eft à dire, fuivant les formalitez prefcrites par les Conciles de Cartage & de Tolede, qui font raportées par Gratian dans le Canon, *Vidua* 20.*quæſt*.1. *Can. Om-nes fœmina* 27.*quæſt*.1.

Ce qui a encore été confirmé par l'Ordonance de Moulins, article 55. dépuis laquelle la, Profeſſion tacite n'a pas été reçuë dans le Roïaume, quelque marque de Religion qu'on ait porté ; mais quand il y a preuve par écrit de la Profeſſion , & qu'enſuite d'icelle le Religieux a toûjours porté l'habit Regulier, & a poſſedé quelque Benefice Regulier , ſi céte poſſeſſion ſe trouve nulle & defectueuſe, l'habit qu'il a porté pendant un tems, & le Benefice qu'il a poſſedé, le rend profez tacitement, comme l'a obſervé le judicieux Coquille ſur la Coûtume de Nivernois, article 19.

La premiere Declaration du Roi Charles IX. du 10. Juillet 1566. ſur l'article 55. de ladite Ordonance porte, que le Regiſtre fait de la Profeſſion Monacale ſeroit envoïé au Gréfe du Juge ordinaire, pour y avoir recours en cas de beſoin.

Chacun acte de Veſture & de Profeſſion doit être auſſi écrite de ſuite ſans aucun blanc, & ſigné , tant par le Superieur, ou la Superieure , que par celui qui a pris l'habit, ou fait profeſſion, & par deux des plus proches parens, ou amis qui y auront aſſiſté , dont le Superieur ou la Superieure ſont tenus de délivrer extrait vingt-quatre heures aprés qu'ils en auront été requis , ſuivant l'article 16. dudit titre de la preuve par témoins de l'Ordonance de 1667.

Ainſi, il faut que celui qui prend l'habit , ou qui fait Profeſſion, ſigne ſon nom propre ; car encore que dans quelques Convents on change le nom des Religieux , comme il eſt raporté dans la premiere queſtion de la neuviéme partie du Journal du Palais , afin de leur faire perdre les idées du ſiecle , juſques au nom qu'ils y ont porté.

Cependant ce n'eſt qu'une pure ceremonie , qui ne va pas à détruire le nom propre ; pareillement pendant le Noviciat , parce que juſqu'à la Profeſſion un Novice eſt entierement Seculier & Citoïen, pouvant diſpoſer par teſtament , & capable de recevoir ; & comme quand il ſigne quelque acte civil , il ſigne toûjours ſon nom propre , parce qu'autrement on ne pouroit pas ſçavoir quel ſeroit celui qui auroit ſigné , à plus forte raiſon il eſt obligé d'en uſer ainſi quand il fait ſa Profeſſion Religieuſe , qui eſt un contrat purement civil, par lequel il renonce au ſiecle, à ſa famille, & à tous ſes biens, afin qu'on puiſſe ſçavoir de quelle famille il eſt iſſu, & à quels biens il renonce.

Ce même Auteur remarque dans le même endroit , que par l'Ordonance de 1629. article 211. *Les Gentilshommes ſont obligez de ſig-*
ner

ner du nom de leur famille , & non de celui de leurs Seigneuries , en tous Actes qu'ils feront , à peine de nullité des Actes & Contrats.

Les Grands Prieurs de l'Ordre de Saint Jean de Jerufalem , font tenus dans l'an & jour de la Profeffion faite à l'Ordre Monachal, de faire regiftrer l'Acte de Profeffion , & à céte fin, par l'article 17 dudit titre de la Preuve par témoins de l'Ordonance de 1667. il eft enjoint aux Secretaires de chacun Grand Prieur , d'avoir un Regiftre relié , dont les feüillets feront pareillement parafez par premiere & derniere par le Grand Prieur, pour y être écrit la Copie des Actes de Profeffion , & le jour auquel elles auront été faites, & l'Acte d'enregiftrement figné par le Grand Prieur, pour être délivré à ceux qui le requereront , le tout à peine de faifie du Temporel.

Ceux qui auront befoin des Actes de Baptême, de Mariage & Sepultures, Ordres , Vétures, Noviciats, ou Profeffions , peuvent faire compulfer tous les Regiftres entre les mains des Dépofitaires , lefquels font tenus de les reprefenter, pour en être pris des Extraits, & pouront y être contraints nonobftant tous privileges & ufages contraires, à peine de faifie du Temporel , & de privation de leurs Droits , Exemptions & Privileges à eux acordez par fa Majefté & par fes Predeceffeurs.

Il fera païé aux Curez, Vicaires & Gréfiers, dix fols pour Expedition de chacun defdits Extraits & Certificats , és Villes aufquelles il y a Parlement, Evêché , ou Siege Prefidial , & cinq fols és autres lieux , fans qu'ils puiffent exiger ou recevoir plus grande fomme , fous quelque pretexte que ce foit , à peine d'exaction.

Si les Curez , Vicaires , ou autres Depofitaires des Regiftres refufent de les reprefenter, il faut doner la Requête qui enfuit.

Requête pour avoir permiffion de faifir le Temporel des Dépofitaires des Regiftres.

A Monfieur le Prévôt , ou Bailli de , ...

Suplie humblement S . . .

DISANT qu'ayant befoin de l'Acte du Batême de L . . . fait en la Paroiffe de . . . . il a obtenu Comiffion en forme de Compulfoire le . . . . en vertu de laquelle il a fait faire comandement à M . . . Curé de la Paroiffe de . . . de reprefenter ledit Regiftre des Batêmes faits en ladite Eglife en l'année. . . . . pour être pris Extrait de celui de L . . . . ce que M . . . a refufé , ainfi qu'il paroit par le procez verbal de T . . . . Sergent Royal du . . . . c'eft pourquoi il a recours à Vous pour y être pourveu.

CE CONSIDERE', Monfieur , il vous plaife permetre au Supliant de faifir les fruits & revenus du Temporel de ladite Cure , & d'y établir Comiffaire , jufqu'à ce qu'il ait reptefenté ledit Regiftre , fuivant l'Ordonance , & vous ferez bien.

Tome I. P P p p

Le Juge met au bas de céte Requête , *Veu le Procez verbal de T . . . Sergent*
Royal du . . . , Nous ordonons qu'iteratif Comandement sera fait audit M . . . de re-
presenter le Registre des Batêmes faits en ladite Paroisse en l'année . . . . pour être pris
Extrait de celui dudit L . . . sinon & à faute de ce faire , sans qu'il soit besoin d'au-
tre que la presente Ordonance , permetons au Supliant de faire saisir les fruits & re-
venus Temporels de ladite **Cure** *, & d'y établir Comissaire aux fins de la presente Re-*
quête. Fait à . . . . le . . . .

S'il n'y avoit pas de preuve par les Procez verbaux du Sergent, &
que les Depositaires des Registres eussent refusé de les representer,
le Juge , qui ne doit rien ordoner qu'en conoissance de cause , met
sur la Requête, *Soit doné assignation,* sur laquelle il faut obtenir Sentence, comme sur les matieres sommaires.

En vertu de la Sentence, ou Ordonance du Juge , on peut saisir
en la maniere acoûtumée , & en cela voyez le Chapitre des Saisies
& Executions du secend Tome de ce Livre.

Les Curez , ou Vicaires sont tenus , six semaines aprés chaque
année expirées, de porter, ou d'envoyer surement la grosse & la minute du Registre signée d'eux , & certifiée veritable , au Gréfe du
Juge Royal qui l'aura cotée & parafée , & est tenu le Gréfier de la
recevoir , & de faire mention du jour qu'elle a été aportée , & en
doner décharge , aprés neanmoins que la grosse aura été collation-
née à la minute qui demeurera au Curé, ou Vicaire , & que le Gréfier aura barré en l'autre tous les feüillets & blancs qui resteront, le
tout sans frais, laquelle grosse des Registres sera gardée par le Gréfier pour y avoir recours.

Si les grosses des Registres des Batêmes, Mariages, & Sepultures,
ont été mises au Gréfe des Juges Royaux , il est au choix des parties
d'y lever les Extraits dont ils auront besoin , signez & expediez par
le Gréfier , ou de les compulser és mains des Curez , ou Vicaires,
pour lesquels Extraits sera païé de même qu'aux Curez, sçavoir dix
sols és Villes ausquelles il y a Parlement, Evêché, ou Siege Presidial,
& cinq sols és autres lieux , sans qu'ils puissent exiger plus grande
somme.

Si les Registres sont perdus, ou qu'il n'y en ait jamais eu, la preuve en doit être reçüe, tant par titre, que par témoins, en sorte que les
Batêmes, les Mariages, & les Sepultures, peuvent être justifiez, tant
par les Registres, ou papiers domestiques des peres & meres decedés,
que par témoins, sauf à la partie de verifier le contraire, & aux Procureurs Generaux, ou aux Procureurs du Roi sur les lieux , quand il
s'agit des capacitez des Beneficiers, receptions de sermens, & instala-
tions aux Charges & Ofices.

CHAPITRE CXXVIII.

Des Compulſoires & collation d'Epices.

SI avant, ou aprés l'apointement en Droit, l'une ou l'autre des parties a beſoin pour ſe défendre ou pour produire, des pieces, dont les minutes ou les originaux ſoient entre les mains des Gréfiers, Notaires Tabellions & autres perſones publiques, il faut qu'il les faſſe compulſer, c'eſt à dire, qu'il en tire des copies ou extraits collationés, avec celui contre leſquels il s'en veut ſervir, & pour cet éfet, on obtient en Chancelerie des Lettres de Compulſoires.

Ces Lettres doivent contenir deux choſes; 1°. Une comiſſion au premier Huiſſier ou Sergent qui ſera ſur ce requis, par laquelle il lui eſt mandé, qu'à la Requête de l'Impetrant de ladite comiſſion, il faſſe comandement à tous Gréfiers & autres perſones publiques, de lui repreſenter & exhiber tous Titres, Contrats & enſeignemens qui lui ſeront només par ledit Impetrant, pour en être par lui tirés des extraits, copies & *vidimus*, parties preſentes ou deüement apellées. 2°. Qu'en cas de refus par leſdits Notaires ou Gréfiers, ils les aſſigne pardevant le Juge, pardevant lequel eſt pendant le Procés ou Inſtance, en laquelle ont ſe veut ſervir deſdits extraits ou *vidimus*.

Avant l'Ordonance de 1667. on donoit aſſignation pour les compulſoires aux portes des Egliſes ou autres lieux publics, pour delà ſe tranſporter ailleurs, mais par l'article 1. du titre des Compulſoires cela eſt défendu, & il eſt enjoint de doner aſſignation à comparoir au domicile d'un Gréfier ou d'un Notaire, ſoit pour les pieces qui doivent être compulſées ou collationées, ſoient en leur poſſeſſion, ou entre les mains d'une autre perſone.

Ainſi, ces Lettres de Compulſoires obtenuës, il les faut métre entre les mains d'un Sergent, qui en vertu d'icelles aſſignera la partie adverſe, à comparoir un tel jour.... telle heure.... dans l'Etude d'un tel Notaire ...demeurant à... ou au Gréfe de.... avec délai competant, pour voir compulſer, extraire ou collationer telles pieces.... qui ſont és mains deſdits Notaires ou Gréfiers, ſinon & à faute de ce faire, que leſdites pieces ſeront compulſées ou collationées, tant en abſence, que preſence.

Si les pieces dont on a beſoin ſont és mains d'autres perſones, on ne laiſſera pas de donerl'aſſignation dans l'Etude d'un Notaire, ou au domicile d'un Gréfier, pour delà ſe tranſporter dans la maiſon de celui qui a leſdites pieces ou la minute d'icelles en ſa poſſeſſion.

Cependant on ne doit pas abuſer de la liberté de compulſer pour ſe faire repreſenter tous les Titres & tous les Chartulaires d'une Comunanté; car ſelon mon ſentiment, il ſemble qu'on doit cotter par l'Exploit qui ſe done auparavant, le compulſoire, les pieces & les dates dont on a beſoin.

Il faut laiſſer copie, tant des Lettres de compulſoire que de l'aſſignation, laquelle doit être donée au domicile de la partie qu'on aſſigne, ou à celui de ſon Procureur.

Outre cette aſſignation, il faut encore faire comandement en vertu des Lettres, à la perſone qui a les pieces qu'on veut compulſer, en ſa poſſeſſion, de les repreſenter au jour & heure de l'aſſignation, & en cas de refus ou d'abſence, il lui faut faire doner aſſignation pardevant le Juge, duquel les Lettres ſont émanées, pour ſe voir contraindre de repreſenter les pieces en queſtion.

Si les parties comparent à l'aſſignation & comandement, il faut que l'Huiſſier ou Sergent porteur de pieces, dreſſe ſon procés verbal de comparution des parties, de la repreſentation & exhibition des titres & des extraits, ou copie, ou collations aux originaux, & des copies délivrées à la partie, & au bas de chaque piece compulſée, le Sergent doit métre, *collationé à l'Original par moi Huiſſier, &c.*

Que ſi la partie adverſe n'a point comparu, ou a comparu, le Sergent en doit faire mention dans ſon procés verbal.

Quid, Si celui qui a fait doner l'aſſignation ne compare pas, l'article 3. du titre des Compulſoire de l'Ordonance de 1667. ordone qu'il païe à la partie qui a comparu, pour ſes dépens, domages & intérêts, la ſomme de vingt livres, & les frais de ſon voïage s'il y échet, leſquels ſont païés comme frais préjudiciaux; c'eſt à dire, qu'ils doivent être païés auparavant que les parties puiſſent être oüies, & doit prendre Acte de ſa comparution, par un Hüiſſier ou Sergent, lequel doit être mis au bas de l'aſſignation qui lui a été donée.

Quand on a beſoin des Originaux produits dans un procés, ou qu'on les veut retirer, crainte qu'ils ne ſoient perdus, les collations des pieces doivent être faites par Raporteur; & quand il n'y en a pas, il faut preſenter Requête pour faire comettre un Conſeiller aux fins de collationer les Originaux des pieces, dont on na efoin, laquelle doit être dreffée ainfi :.

Requête pour faire comettre un Juge aux fins de collationer des Pieces.

A Monfieur , &c....

Suplie humblement A. . .
Qu'il vous plaife , M o n s i e u r , pour proceder à la collation des Pieces ; dont le Supliant veut fe fervir en l'Inftance pendante en la Cour entre L.. & & B. . . comettre l'un des Confeillers d'icelle : Et vous ferés bien.

Le Juge met au bas de la Requête, *Commis Maître. . Confeiller , aux fins delà prefente Requête ; Fait ce. . &c.*

Enfuite, on prend une Ordonance du Juge commis pour faire affigner la partie adverfe à venir voir collationer les pieces, & en vertu de cête Ordonance , il faut faire affigner la partie , à comparoir à tel jour. . . .telle heure. . . en l'Hôtel de Maître tel. . . Confeiller , &c.

Les procés verbaux de collations de pieces compulfées, ne peuvent être comencés qu'une heure après l'écheance de l'affignation, ainfi qu'il eft dit par l'article 2. du titre des Compulfoires de ladite Ordonance de 1667.

Que fi la partie adverfe ne compare après l'heure paffée , il en eft fait mention dans le procés verbal ; & fi elle fait défaut , la collation des pieces fe fait en fon abfence , dont il eft auffi fait mention dans ledit procés verbal , & les pieces compulfées & collationées en fon abfence , vaudront comme fi elles avoient été collationées en fa prefence.

Sur chaque piece , Monfieur le Comiffaire met, *Collationée à l'Original par Nous , &c.*

L'opofant à des criées doit faire collationer les pieces dont il a befoin , avec le pourfuivant criées , & la partie faifie ; & fi c'eft le faififfant , il fe doit faire avec le faifi feulement.

Quoique dans les regles on ne doive recevoir que ce qui a été volontairement produit dans une Inftance ou Procés, & qu'il n'eft pas permis de juger fur des chofes extrajudiciaires ; neanmoins je crois que l'on ne doit pas refufer à celui qui trouve fa liberation , & la conviction de la mauvaife foi de fa partie dans fon fac , d'employer dans fa production , ce qu'il trouve pour fa juftification.

Voyés mon Stile general des Huiffiers & Sergens , & mon ancien Clerc du Palais , reformé fuivant les Ordonances , vous y trouverés les Formules de toutes fortes d'Actes, Procedures & Jugemens , fur le fait des compulfoires & collations de Pieces.

P P p p iij

Lettres de Compulsoires.

LOUIS, &c... au premier nôtre Huissier, &c... . de la partie de nôtre amé tel... Nous a été exposé que pour justifier du bon droit qu'il a au procés pendant en nôtre Cour de Parlement à Paris, à l'encontre de ..... il a besoin de plusieurs Titres, Contrats, aveus, dénombremens & autres pieces qui sont entre les mains de personnes publiques, qui feroient difficulté de les representer s'ils n'y étoient contraints en vertu de nos Lettres de Compulsoires à ce necessaires, qu'il nous a tres humblement fait suplier de lui accorder, A CES CAUSES, nous te mandons qu'à la Requête dudit exposant, tu fasses commandement de par Nous à tous Notaires, Gréffiers, Curez, Vicaires, & autres personnes publiques de t'exhiber & representer, tout & un chacun les Titres, Contrats, aveus, dénombremens, Sentences & autres Actes qui te seront par l'exposant indiquez, pour en être par toi fait extrait, vidimus & collations, parties presentes, ou à ce faire deuëment apellées pour ce fait être délivrez audit exposant pour s'en servir audit procés & par tout ailleurs, où il apartiendra : Et en cas de refus ou de délai, ajourner en nôtre Cour de Parlement à Paris, pour en dire les causes, de ce faire te donnons pouvoir. CAR tel est nôtre plaisir; DONNE' à, &c.   Par le Conseil
                                                                          tel ...

CHAPITRE CXXIX.

De la reconoissance, & verification d'Ecritures, & signatures privées.

LOrs que celui qui est poursuivi en Justice, a en sa possession des pieces pour se défendre, & que ces pieces soient écritures & signatures privées, qui ne font pas foi en jugement, il faut qu'il les fasse réconoître par la partie contre laquelle il s'en veut servir, & en cas de dénegation, les faire verifier par comparaison d'écritures.

D'où il s'ensuit, que si on prétend qu'elles soient écrites ou signées de la main de celui même à qui on en demande la reconoissance, il est obligé de réconoître, ou de dénier.

Comme si je demande à un home la reconoissance d'une promesse ou d'une quitance, ou autre écriture privée, faite de la main d'un tiers, comme par exemple d'un défunt dont il sera héritier, légataire ou cessionaire, en ce cas il ne sera pas obligé de réconoître ni de dénier précisément, il pourra se défendre, en disant seulement qu'il ne connoît point l'écriture ou signature de celui, par lequel, on prétend que la piéce aura été écrite, ou signée, ensorte qu'après céte declaration celui qui s'en veut servir, & prévaloir contre lui, est obligé de la faire verifier.

Ainfi, fi l'inftance en laquelle on fe veut fervir defdites pieces eft apointée & diftribuée, la reconoiffance & vérification d'icelles doit être faite parties prefentes ou duement apellées pardevant le Raporteur auquel il faut à céte fin bailler Requête ; & fi l'afaire n'eft pas apointée ni diftribuée à l'un des Juges qui fera comis fur ladite Requête, pourveu, & non autrement que la partie contre laquelle on prétent fe fervir des pieces foit domiciliée ou prefente au lieu où l'afaire eft pendante, finon la reconoiffance en doit être faite pardevant le juge Roïal ordinaire du domicile de la partie qui fera affignée à perfonne ou à domicile, fans produire aucune comiffion.

De forte, que lors qu'il échet de faire quelque verification elle doit être faite pardevant le Juge, où eft pendant le procés principal, ou comme j'ai dit ci-deffus, pardevant le Raporteur, & en vertu de fon Ordonance affigner la partie pardevant lui pour proceder à ladite Reconoiffance & verification ; Mais l'Ordonance du Juge n'eft pas neceffaire fuivant l'édit de 1685. il fuffit de faire affigner par un fimple Acte à fon Hôtel, la partie qui dénie la verité d'une écriture ou fignature.

Celui qui demande le païement d'une promeffe ou l'execution d'un autre Acte fous fignature privée, eft tenu d'en faire doner copie à fa partie averfe, avec l'exploit d'affignation, à peine de nulité des procedures qui feroient faites en confequence de ladite affignation.

Le créancier d'un billet ou promeffe, peut auffi faire déclarer à fa partie par l'exploit de fa demande, qu'aprés un délai qui ne peut être plus court que de trois jours, il demandera à l'Audiance du Juge pardevant lequel il la fera affigner, que la promeffe ou billet foient tenus pour reconus, s'il prétend qu'ils foient écrits ou fignez par le Défendeur ; & s'il ne comparoît pas au jour qui aura été marqué par ledit exploit, le Juge doit ordoner que la promeffe ou billet demeurera pour reconnu, & que les parties viendront plaider fur le principal dans les délais ordinaires, fuivant l'Article 2. de l'Ordonance du mois de Decembre 1684. qui a expliqué & augmenté la difpofition de l'Article 5. du Titre 12. de l'Ordonance de 1667.

Par cét Article, eft abrogé l'Ordonance de Rouffillon, Article 10. qui déclare competant tous Juges pour la reconoiffance des cedules & promeffes par écrit.

L'affignation donée, fi le Défendeur a conftitué Procureur & fourni de défenfes, & que par icelles il dénie la verité de l'écriture, ou des fignatures de l'Acte fous feing privé, dont il eft queftion, le

Demandeur le doit faire fommer par un Huiffier ou Sergent de comparoître devant le Juge, pour proceder à la verification de l'Acte, fans qu'il foit befoin de prendre pour cét éfet aucune Ordonance du Juge.

Que fi le Défendeur dénie dans la plaidoier de la caufe, ou pendant l'inftruction d'un procés par écrit, la verité de quelques piéces fous fignature privée, la verification en doit être faite pardevant un des juges qui ont affifté à l'Audiance & qui feront commis fuivant l'ordre du Tableau par celui qui a préfidé, ou pardevant le Raporteur.

Il eft tres neceffaire que la promeffe foit paraphée par le Juge, lors de la reconoiffance, ou lors qu'elle eft tenuë pour réconnuë, en forte qu'elle ne puiffe pas être changée pour en fupofer une autre, ou que fi on l'aquittoit, le débiteur n'en puiffe pas faire une pareille pour en avoir un hipotéque anterieur fous le nom de celui qui en étoit créancier, en fraude de fes créanciers legitimes pofterieurs en hipotéque à la Sentence qui tient la promeffe pour reconnuë.

Ainfis je foûtien que l'hipotéque du jour d'une Sentence de reconoiffance de promeffe non paraphé, pourroit être valablement conteftée par des Créanciers pofterieurs, en fe fervant de témoins indubitables, que peut-être ce n'eft pas la même promeffe qui a été reconnuë, n'étant pas paraphée par le Juge, le paraphe du Juge étant la marque effentielle pour rendre le jour de l'hipotéque certain, qui eft le jour qu'elle a parut en Juftice.

Auffi c'eft dans cét efprit que fa Majefté a expreffement ordonné par l'Article 5. de l'Ordonance du mois de Decembre 1684. que les pieces fous fignatures privés dont on pourfuivra la reconnoiffance, feront paraphées par le Juge & communiquées en fa prefence à la partie.

Ce qui étoit auffi en ufage avant même céte Ordonance; car les promeffes dont ou demandoit la reconoiffance étoient paraphées par le Juge dont il faifoit mention par fon procés verbal.

Au Parlement le Gréfier de l'Audiance paraphé les promeffes dont on demande la reconoiffance, qui eft le moïen d'affurer ladette de l'hipotéque du créancier.

Si le Défendeur ne comparoît pas à l'affignation qui lui a été donée, le Juge doit doner défaut, & pour le profit ordonner que la piece foit tenuë pour reconuë, en cas que le Demandeur n'ait pas obtenu de Jugement à l'Audiance qui l'ait ainfi ordonné & qu'il prétende que la piéce foit écrite ou fignée de la main du Défandeur & le Juge ne doit prendre en ce cas aucune vacation, & la partie qui veut lever le procez verbal doit feulement païer l'expedition de la

groffe

groffe au Clerc, felon l'article 6. du titre de la verification d'écritures privés de l'Ordonance de 1667.

Que fi le Défendeur comparée, & que le Demandeur manque de fe trouver à l'affignation, il obtiendra congé, & pour le profit fera déchargé de l'affignation.

Le Procureur du Défendeur peut auffi reconoître la promeffe ou billet, s'il en a le pouvoir de fa partie.

Si le Défendeur, eft défaillant & qu'on prétende que la piece foit écrite ou fignée d'un'autre main que de la fienne, le Demandeur doit nommer un Expert, & le Juge un autre en l'abfence dudit Défendeur pour proceder à la verification de la piece fur des écritures publiques & autentiques qui doivent être réprefentées par le Demandeur.

Que fi les parties font comparuës, elles doivent convenir d'Experts & des pieces de comparaifons & fi une d'icelle ; refufe d'en nomer, le Juge en doit nomer un pour elle, en forte que fi l'une des partie ne comparoît pas à l'affignation, la vérification fe fera par les Experts nomez par la partie préfenté, & par ceux nomez par le Juge du lieu de la partie défaillante, fur les écritures publiques ou autentiques qui feront réprefentées par la partie prefente.

L'Ordonance permet de verifier les écritures & fignatures privées, tant par témoins, que par comparaifon d'écritures publiques & autentiques, ce qui ne déroge pas à l'Article 7. du titre 12. de la preuve par témoins de la même Ordonance en fait excedant la valeur & fomme de cent livres; d'autant que la preuve par témoins ne femble n'être qu'acceffoire à ce qui eft déja prouvé par l'écriture, ce qui eft caufe qu'on ne prefume pas que les témoins puiffent être corrompus ni fubornez, parce qu'il y a une caufe préexiftante & une efpece de preuve.

Cela eft auffi conforme à la Loi *Comparationis*, & à l'auth. *ad hæc & at fi contract. C. de fide inftr.* dans lefquelles l'Empereur Juftinien veut qu'on ne puiffe faire comparaifon que des inftrumens tirez des archives & tréfors publics, ou des cedules ou écritures privées aufquelles il y a pour prefents & fouffignez trois témoins.

Neanmoins il fuffit que les parties convienent des feings & contrats, fur lefquels ont veut faire comparaifon ; ou fi elles n'y veulent pas confentir, que les inftrumens foient rendus notoires par un fceau public & autentique, ou par quelque autre preuve, *cap. Tabellio. ext. de fid. inftrument.*

Le Juge peut même contraindre la partie d'écrire fur le champ devant lui, pour faire comparaifon d'écritures, s'il y échet ; car on n'eft pas pour cela tenu de prendre droit de céte écriture , d'autant que la partie peut la contrefaire.

La comparaifon d'écritures ne fe fait pas par témoins qui ayent veu écrire l'acte , ou qui afirment de conoître le feing dont il s'agit, pour avoir veu fouvent écrire & figner celui qui l'a fait ; mais par des Maîtres Ecrivains experts qui font apellez à céte fin ; & aprés avoir prêté le ferment, ils regardent les écritures dont il eft queftion, & ils jugent felon leur art.

Si le feing eft femblable & fait des mêmes lettres , traits & caracteres defquels font compofez les feings produits pour faire comparaifon des autres , & dont les parties font demeurées d'acord ; & s'il refulte de la relation que ce foient les feings de celui qui les avoit déniez , il doit être condamné par l'Ordonance de Charles IX. de l'an 1569. article 8. au double de la fomme portée par les cedules , ou promeffes , *Propter inficiationem ex qua condemnatio crefcit.*

Toutefois,fi celui qui dépofe a figné la piece qui doit être verifiée , fa dépofition poura être bone, s'il reconoit fa fignature, & qu'il dépofe avoir veu faire l'écriture, ou quelque fignature de la piece qu'il a fignée; mais il faut prendre garde que le témoin ne fe trompe lui-même, & que fa fignature ne foit pas contrefaite.

Elle peut encore auffi être bone, lors qu'il dira qu'il a veu écrire ou figner la piece de la verification de laquelle il s'agit , & que céte piece qu'il reprefente a toûjours été en fa poffeffion , & qu'il l'a veu écrire , ou figner.

Ainfi ces fortes de verifications font tres-dificiles, & fort incertaines,c'eft pourquoi le Juge ne doit y emploïer que des gens de probité, qui foient experts en l'art d'écrire, comme les Notaires, les Gréfiers, leurs Clercs , ou Commis, les Ecrivains de Profeffion , & autres perfones qui voyent fouvent des écritures , & qui s'apliquent à conoître la diference des caracteres.

Cependant quelques foins que le Juge ait pris de faire choix de gens d'une experience confommée en l'art d'écrire , neanmoins il doit être perfuadé qu'ils n'en peuvent parler que par conjecture; mais comme il n'y a pas d'autres moïens pour découvrir la verité des écritures conteftées, il eft obligé de s'en fervir,fuivant l'Ordonance.

Le Juge ne doit dreffer qu'un feul procez verbal pour la verification d'une ou plufieurs pieces , lors que la verification fe fera en même tems , & à la requête de la même partie , ainfi qu'il eft dit par l'article 20 du titre de la verification des écritures & fignatures privées, de l'Ordonance du mois d'Avril 1667.

Par le même article , il n'eft dû qu'un écu aux Confeillers des

Cours Souveraines, quarante fols aux Lieutenans Generaux, & aux autres Oficiers des Bailliages & Senéchauffées où il y a Siege Prefidial, & vingt fols à ceux des autres Sieges Royaux, & à ceux des Duchez, Pairies, & des autres Juftices apartenantes à des Seigneurs particuliers, lefquels reffortiffent directement aux Cours, & quinze fols aux Oficiers des autres Juftices des Seigneurs, & aux Clercs defdits Juges & Oficiers, pour l'expedition defdits procez verbaux, outre ce qui leur eft dû, fuivant la taxe ordinaire par rôle, dont le Tarif eft à la fin du fecond Tome de ce Livre.

Ceux qui dénient leurs propres fignatures, ou écritures, font condamnez dans les Cours Souveraines à cent livres d'amande envers le Roi, & à cent cinquante livres dans tous les autres Siéges & Jurifdictions, & à pareille fomme envers qui il apartiendra dans les Juftices des Seigneurs particuliers, outre les dépens, domages & interêts des parties.

Si la partie qui apelle en reconoiffance de cedule, ou écriture privée, la dénie, & foutient qu'elle eft fauffe, le demandeur n'eft pas recevable à faire verifier céte cedule & écriture privée; car il femble qu'il faudroit qu'il aparût fi l'écriture privée eft veritable, c'eft à dire, fi celui qui eft pourfuivi pour la reconoître, l'a écrite, ou fignée, d'autant que s'il n'en aparoiffoit point, elle feroit reputée nulle, & il ne feroit pas neceffaire d'entrer en conoiffance du faux, comme il eft dit *in l fin.C.ad leg. Cornel. de falf.*

Neanmoins Charondas livre 4. réponfe 31. dit, qu'il a répondu & veu juger, que la maintenuë de faux propofée dés le comencement, empêche la verification.

La raifon qu'il en raporte eft, parce que le crime de faux eft prejudiciable à la reconoiffance de la cedule, & ce feroit recevoir l'acufé à fa juftification, avant que le crime fût verifié, contre ce qui fe pratique en France.

D'ailleurs, fi dés le comencement que l'action civile eft intentée, le défendeur allegue le faux, & en fait inftance, le criminel doit être le premier inftruit, *l ult. C. de ordine cognit.*

Par l'Ordonance de François I. à Villiers Coterets en Aouft 1543. article 92. & de Charles IX. à Paris en 1573. article 10. tous Juges font competans de l'aveu, même entre Ecclefiaftiques, contre les perfones trouvées fur les lieux hors du domicile, & cela a lieu même à l'égard des heritiers, quoi qu'il femble trop rigoureux de les aftreindre fi étroitement à la reconoiffance de la cedule faite par autrui, *l. ubicumque, ff. de interrog. act.* & s'il n'y a point d'heritier, il faut faire créer un Curateur à l'heredité, & proceder à la verification avec lui.

· Sur quoi il faut ici obferver, que les Ecclefiaftiques peuvent aprés l'aveu demander le renvoi en l'Oficialité pour le principal , cependant fi le Juge devant lequel l'aveu a été fait, eft Juge Royal , il peut aprés la reconoiſſance, ou la verification de la promeſſe, fi elle eft déniée, condamner l'Ecclefiaftique par provifion, avant que de faire le renvoi à l'Oficialité.

La promeſſe reconuë devant le Juge lay porte hipoteque du jour de l'aveu , & non pas fi elle eft averée pardevant le Juge d'Eglife.

Neanmoins la reconoiſſance de la cedule n'atribuë pas pour cela la jurifdiction & conoiſſance de la matiere au principal ; car fi l'aſſigné dénie la fignature, ou declare ne la pouvoir reconoître , il faut renvoïer la cauſe devant fon Juge pour en faire preuve , & en ordoner la reconoiſſance , n'étant que le préparatoire de l'action.

Ce qui eft auſſi conforme à l'Edit de Cremieux , article 16. par lequel les Baillifs & Senéchaux peuvent faire la reconoiſſance de la cedule ; mais ils font tenus de la renvoïer aux Prévôts & aux Juges naturels des parties.

CHAPITRE CXXX.

Des Enquêtes.

ENquête eft une exacte perquifition de la verité d'un fait , qui fe fait par la dépofition des témoins produits pour cet éfet.

C'eſt pourquoi l'Enquête n'eſt ordonée que pour juftifier les faits , mis en avant par une des parties , & dont l'autre ne convient pas ; car autrement il ne feroit pas befoin d'en informer.

Sur quoi il faut obferver ici, que les parties font fimplement contradictoires ou contraires en leurs faits.

Elles font contradictoires , quand l'une avance un fait qui eft nié par l'autre , comme par exemple,s'il s'agit de la poſſeſſion d'un fonds que Mevius pretende l'avoir poſſedé , & que Titius foutienne que Mevius n'en a jamais eu la poſſeſſion , fans articuler poſſeſſion contraire.

En ce cas , c'eſt un fait dont il faut informer , & qu'il faut que Mevius juſtifie ; & pour cet éfet il doit requerir , qu'il lui foit permis d'en faire enquête.

Les parties font contraires en leurs faits,quand l'un aſſure un fait , & que l'autre articule un fait qui lui eſt opoſé , comme s'il s'agit de la poſſeſſion d'un fonds, & que les deux parties ſoûtiennent l'avoir poſſedé l'une & l'autre dans le même tems.

En ce cas, ce ſont deux faits qui ſont contraires l'un à l'autre, & qui ſe détruiſent, ainſi il faut que les deux parties prouvent cha-cune le fait qu'elles ont avancé; & pour cét éfet le Juge apointe les partie à faire enquête reſpective, tant par titres que par té-moins.

C'eſt ce qu'on n'apelle en pratique, deux Enquêtes.

Avant la nouvelle Ordonance, quand les parties étoient contrai-res en faits, il faloit prendre un apointement à écrire par intendits & faits contraires; en vertu de ce réglement le Demandeur faiſoit dreſſer ſes intendits, auſquels la partie adverſe fourniſſoit de ré-ponſes en ſuite de quoi les parties aïant ſatifait à ce premier apoin-tement, la Cour en rendoit un autre à informer ſur les faits des intendits.

Mais a preſent au lieu de ces procedures longues & dificiles, qui dépuis on été abrogées par l'Ordonance de 1667. l'Article 1. du ti-tre 32. veut que le même jugement qui permet de faire enquête, contiéne auſſi les faits dont les parties veulent reſpectivement faire preuve.

Par exemple, le Juge prononce aprés,

Que A... Procureur de C... Demandeur a ſoutenu & mis en avant que C... eſt en poſſeſſion de la Terre de ..... dépuis .... années & que P... Procureur de F... Défendeur a ſoutenu au contraire, que ledit F... eſt en poſſeſſion de ladite Terre dépuis.... années, La Cour a ordoné & or-done, que les parties prouveront reſpectivement leurs fait. pardevant Maître, &c...

Sur quoi je remarquerai ici en paſſant, que ce jugement eſt apellé au Palais apointement à informer.

En execution de cét apointement, la partie la plus diligente doit obtenir du Juge ou du Commiſſaire commis, une Ordonance pour faire aſſigner en ſon Hôtel, les témoins qu'elle veut faire oüir, & l'au-tre partie pour les voir jurer, laquelle Ordonance doit être dreſ-ſée ainſi qu'il enſuit.

Ordonance pour aſſigner les témoins pour dépoſer, & la partie pour les voir jurer.

De l'Ordonance de Nous:.... Conſeiller du Roi en ſa Cour de :.... Comiſ-ſaire en céte partie, à la Requête de C ......; Soit doné aſſignation aux té-moins qu'il voudra faire oüir, à Comparoir de main deux heures de relevée, pardevant nous en nôtre Hôtel, ſcis rüe..... pour dépoſer en l'enquête qui:

sera par nous faite contre F.... en execution de la Sentence du...., auquel jour, lieu & heure sera parrillement assigné ledit F.... au Domicile de P.... son Procureur, pour voir produire & jurer les témoins. Fait le, &c...

En vertu de cête Ordonance, il faut doner assignation aux témoins, pour déposer, & a la partie pour les voir jurer.

Le jour & l'heure pour côparoir doivent êtrem arquez dans les exploits d'assignations qui sont donez aux témoins & aux parties; n'éanmoins si les témoins & les parties ne comparent, il doit être differé d'une heure, aprés laquelle les témoins presens font le serment & sont oüis, à moins que les parties ne consentent la remise à un autre jour, en sorte que les témoins doivent être assignez à persone, & à domicile.

L'assignation à la partie, doit être donée au domicile de son Procureur, suivant l'article 7. du titre 22. de l'Ordonance du mois d'Avril 1667. parce que cête sorte d'assignation fait partie de la procedure de l'instance, & même au Châtelet de Paris, une Enquête a été jugée nulle, à cause que l'assignation avoit été donée à la partie en son Domicile au lieu où se faisoit l'enquête, quoi qu'il y eût fait comparoir un autre Procureur pour lui sur les lieux, à cause que celui du Châtelet avoit la connoissance & direction de l'afaire.

Mais aujourd'hui on n'observe point une si grande rigueur, n'étant pas obligé à une si grande diligence contre une contumace; ainsi il suffit que l'assignation soit donée au domicile du Procureur, pour que la procedure, qui se fait ensuite, & l'enquête soit valable, faute par le Procureur de la partie assignée de comparoir en persone avec sa partie.

Autrefois, on faisoit aussi assigner la partie pour convenir d'ajoints, & les enquêtes faites sans Ajoints, & hors la presence des Ajoints étoient déclarées nulles; mais par l'Article 12. du titre 22. de l'Ordonance de 1667. la fonction des Ajoints en titre d'ofice a été abrogée, sans toutefois rien changer aux cas portés par l'Edit de Nante.

Neanmoins dépuis cête Ordonance, par Edit du mois de Fevrier 1674. la fonction desdits Ajoints a été rétablie, en païant par eux la finance à laquelle ils seront taxez; mais il semble, selon mon sentiment, que cét Edit est purement Bursal, parce qu'il rétablit moïenant finance, ce qui avoit été abrogé par un esprit de reformation.

Si les témoins sont demeurans en un autre ressort, il faut que le

Juge où le diferent eſt pendant, s'il eſt ſuperieur, octroïe comiſſion *ad partes*, & comette pour faire enquête le Juge des lieux inferieurs à lui.

Quand l'Enquête eſt faite au même lieu où le jugement a été rendu, ou dans la diſtance de dix lieües, elle doit être comencée dans la huitaine du jour de la ſignification du jugement faite à la Partie ou à ſon Procureur, & parachevée dans la huitaine ſuivante; mais s'il y a plus grande diſtance, le délai eſt augmenté d'un jour pour dix lieües; neanmoins le Juge peut, ſi l'afaire le requiert, doner un autre huitaine pour la confection de l'Enquête, ſans que le délai puiſſe être prorogé.

Ce qui ſe doit executer nonobſtant opoſition, apellation, recuſation & priſe à partie, & ſans y préjudicier, ainſi qu'il eſt porté par l'article 2. du titre des Enquêtes de l'Ordonance de 1667.

Si l'Enquête étoit parachevée dans les délais requis, la partie adverſe peut pourſuivre l'audiance ſur un ſimple Acte ſans forcluſion de faire Enquête.

Les Témoins aïant été aſſignés, s'ils ne comparoiſſent pas à l'heure de l'aſſignation, ou au plus tard à l'heure ſuivante, ils ſont condānés à l'amande de dix livres, au païement de laquelle ils ſont contraints par ſaiſie & vente de leurs biens, & non par empriſonement de leurs perſones, à moins que le Juge l'eût ordoné en cas de manifeſte deſobéïſſance, & ſon Ordonance executée, nonobſtant opoſitions ou apellations, même celles des Comiſſaires, Enquêteurs & Examinateurs, pour la peine de dix livres ſeulement, quoi qu'ils n'aïent aucune juriſdiction, & ſans tirer à conſequence pour autre choſes, ſuivant l'article 8.

Quoique les Parties aïent conſenti à la remiſe de l'Enquête, le Juge ou Comiſſaire peut neanmoins nonobſtant ladite remiſe prendre le ſerment des Témoins qui ſe trouveront preſens au jour de l'aſſignation qui leur a été donée.

S'il y avoit des opoſitions ou apellations, comme de Juge incompetant, recuſation ou priſe à partie, le Juge peut nonobſtant icelles proceder à la confection de l'Enquête, ſauf à propoſer les moïens & fournir de reproches aprés l'Enquête, ſelon ledit article 8.

L'article ſuivant contient une exception, qui eſt, que ſi le Juge fait l'Enquête dans le lieu de ſa reſidence, & qu'il ſoit recuſé ou pris à partie, il doit ſurſeoir juſqu'à ce que la recuſation & pris à partie aïent été jugées.

Il en faut dire de même de tout autre diferent qui ſurviendroit, dont il ne peut pas conoître, & en ce cas il doit renvoïer les Parties pardevant le Juge par lequel il a été commis , d'autant que le pouvoir de faire Enquête ne lui a été doné que pour la reception & l'audition des Témoins.

La Partie adverse ne peut pas empêcher l'audition d'aucuns Témoins , & il sera passé outre à la reception du serment & audition desdits Témoins, nonobstant ledit empêchement , sauf à la Partie après la confection de l'Enquête , de fournir contre les Témoins ses moïens de reproche.

Il y a sept choses requises, que le Juge ou Comissaire, doit observer en procedant à l'audition des Témoins.

Primò , Il doit recevoir le serment & la déposition de chaque Témoin , sans que le Gréfier ni autre les puisse recevoir ni rediger par écrit hors sa presence.

Secundò, Il doit au comencement de la déposition demander aux Témoins son nom , surnom , âge , qualités & demeure , & en faire mention , & du serment par lui prêté , & s'il est serviteur ou domestique , parent ou alié de l'une ou de l'autre des parties , & en quel dégré.

Tertiò, Il ne doit pas recevoir la déposition des Témoins en presence les uns des autres ; mais il les doit entendre séparément, sans qu'il y ait autre persone que celui qui écrira la déposition,à moins que l'Enquête ne soit faite à l'Audiance.

Quartò , Il doit aprés avoir achevé la déposition d'un Témoin, lui en faire la lecture , & le sommer de déclarer, si ce qu'il a dit contient verité, & s'il persiste, il la lui doit faire signer, & en cas qu'il ne sçût ou ne ne pût signer, il en doit être fait mention sur la minutte & sur la grosse de l'enquête.

Quintò , Il doit faire écrire tout ce qe le témoin veut dire , touchant le fait dont il s'agit entre les parties sans rien retrancher des circonstances.

Sextò , Si le témoin augmente , diminuë ou change quelque chose en sa déposition , il doit le faire écrire par apostille & par renvoi à la marge , lesquels doivent être signez par le Juge & par le témoin , s'il sçait signer, autrement il ne seroit ajoûté aucune foi aux interlignes,ni même aux renvois qui ne seroient pas signez ; & si le témoin ne savoit ou ne pouvoit pas signer, il en doit être faire mention.

Septimò , Il doit demander au témoin s'il requiert taxe ; & si elle est requise, il la doit faire eu égard à la qualité du voïage ou sejour du témoin.

D'où il s'ensuit , que l'enquéte seroit nulle , si le Juge avoit

manqué

manqué dans une de ces circonftances, en forte qu'il faudroit en
faire une nouvelle, laquelle doit être faite aux dépens du Juge, ou
Comiffaire; par la faute duquel elle auroit été declarée nulle, &
dans céte nouvelle Enquéte la partie peut faire oüir de nouveaux
témoins.

Il eft défendu par l'article 21.du titre 22.de l'Ordonance de 1667.
à la partie à la requéte de qui l'Enquéte eft faite, de faire oüir en
matiere civile plus de dix témoins fur chacun fait; & fi l'une ou
l'autre defdites parties en fait oüir plus grand nombre, elle ne fera
pas rembourfée des frais qu'elle aura avancez pour les faire oüir,
encore que tous les dépens du procez lui foient adjugez à fin de
caufe.

Sur quoi il faut ici obferver, que s'il y a de nouveaux faits, on
peut faire oüir plus de dix témoins, quoique ces faits fuffent dépendans des autres.

Un témoin qui n'a pas été affigné ne peut pas être oüi, & ce feroit une raifon pour en rejetter la dépofition, atendu qu'il feroit fufpect, en forte que fi la dépofition avoit été reçuë par le Juge, il pouroit étre valablement reproché.

Le procez verbal d'enquête doit être fommaire, & ne contenir
que le jour & l'heure des affignations donées au témoins pour dépofer, & aux parties pour les voir jurer, le jour & l'heure des affignations échuës, leur comparution, la preftation du ferment des témoins, fi c'eft en la prefence ou abfence des parties, le jour de chacune dépofition, le nom & furnom, âge, qualité, & demeure des
témoins, les requifitions & les actes qui en feront acordez.

Les Gréfiers ou autres qui auront écrit l'enquête & le procez verbal, ne peuvent prétendre autres falaires, vacations, ni journées,
que l'expedition de la groffe, felon le nombre des rôles, au cas que
l'enquête ait été faite au lieu de leur demeure; mais fi elle a été faite
ailleurs, ils ont le choix de prendre leurs journées, qui feront ta-
xées aux deux tiers de celle du Juge, ou Comiffaire, fans qu'ils puiffent prendre enfemble leurs journées & leurs groffes, pour quelque
pretexte que ce foit, felon l'article 23.dudit titre 22.

Les expeditions & procez verbaux d'enquêtes, doivent être délivrées à la partie, à la requéte de qui elles auront été faites, & non
aux autres parties; & fi elles ont été faites d'ofice, elles doivent être
délivrées feulement aux Procureurs Generaux, & aux Procureurs
du Roi fur les lieux, ou aux Procureurs Fifcaux des Juftices des
Seigneurs, à la Requére defquels elles ont ont été faites.

Par l'article 25. du même titre 22.de ladite Ordonance de 1667. il est enjoint à ceux qui ont été pris pour Grefiers en des Comissions particulieres, & qui n'ont pas de dépôt, c'est à dire, qui n'ont pas d'ofice de Gréfiers, & par conséquent point de Regiftres pour garder comme en dépôt les actes qu'ils reçoivent, de mettre la minute des enquêtes & procez verbaux és Gréfes des Jurisdictions où le diferent est pédant, trois mois aprés la Comission achevée, & à faute de ce, les Gréfiers & autres qui ont écrit l'enquête & procez verbal sur le certificat du Gréfier de la Justice où le procez est pendant, que les minutes n'auront pas été remises en son Gréfe, sont condamnez, aprés trois mois, à l'amande de deux cent livres, aplicable, moitié au Roi, & moitié à la partie qui en aura fait la plainte.

Sauf aufdits Gréfiers, ou autres qui ont écrit les minutes, aprés les avoir remises au Gréfe, de prendre l'executoire de leur falaire contre la partie à la Requête de qui l'enquête aura été faite.

On fait diference entre l'Enquête, & le procez verbal d'Enquête.

Le procez verbal d'Enquête, contient tout ce qui fe fait par le Juge, ou Comiffaire, jufqu'à la dépofition des témoins, començant par l'Ordonance par lui donée pour affigner les témoins pour dépofer, & la partie pour les voir jurer, contenant la comparution des parties pour la remife de l'Enquête ou des témoins, ou les défauts & confentemens des parties pour la remife de l'Enquête, & autres circonftances qui précedent l'Enquête dont le Juge dreffe fon procez verbal ; & en ce cas voyez mon Ancien Clerc du Palais, on y trouvera la formule de toutes fortes de procez verbaux & Enquêtes, enfemble la procedure qui doit être faite en céte matiere, & les Sentences, Ordonances, ou Arrêts rendus en confequence.

L'Enquête est faite en un cayer feparé, & contient la dépofition des témoins en la forme qui fuit, _Enquête faite par nous Confeiller, &c._

Celui à la requête de qui l'Enquête a été faite, doit doner copie du procez verbal à la partie adverfe, pour fournir dans huitaine par ladite partie adverfe des moïens de reproche, fi bon lui femble, & cependant il doit être procedé au jugement du procez, fans aucun comandement ni fommation.

Aprés que les reproches ont été fournis contre les témoins, ou que le délai d'en fournir est paffé, la caufe doit être portée à l'Audiance fans aucun acte ni procedure pour la reception de l'Enquéte, & on ne fournit plus de moïens de nullité par écrit ; mais on les propofe à l'Audiance, quand c'est une caufe d'Audiance, ou par contredits, quand c'est un procez par écrit.

Si celui qui fait faire l'Enquéte, refuse, ou neglige de faire fignifier le procez verbal, & d'en doner copie, la partie adverfe le peut
fommer par un fimple acte d'y fatisfaire dans trois jours, ainfi qu'il
enfuit.

Sommation de fournir copie du procez verbal d'Enquête.

A la Requête de G . . , .

Soit fommé & interpellé C . . . . de faire fignifier & doner copie audit G . .
du Procez verbal d'Enquête, fait à la Requête dudit C . . . par Monfieur . . . . .
Confeiller le. . . . finon & à faute de ce faire dans trois jours, protefte de lever
ledit Procez verbal, & d'obtenir Executoire pour le couft de la groffe d'icelui, contre C . . . , fuivant l'Ordonance.

Aprés que les trois jours feront expirez, la partie contre laquelle
l'enquéte a été faite, poura lever le procez verbal, & le Gréfier eft
tenu lui en délivrer une expedition, en lui reprefentant l'acte de
fommation, & lui païant fes falaires de la groffe du procez verbal duquel l'executoire lui doit étre délivré, contre celui qui en doit doner copie.

La raifon de cet article eft, afin que la partie adverfe puiffe conoître la procedure du Juge, ou Comiffaire, & fi elle a été faite fuivant la forme prefcrite par l'Ordonance, & pour aprendre quels
font les témoins produits, pour les reprocher, ou débatre leur témoignage.

La partie qui aura fourni de reproches, ou qui y aura renoncé,
peut demander copie de l'enquéte laquelle lui doit être délivrée par
la partie; & en cas de de refus, l'enquéte eft rejetée, & le juge doit
proceder au jugement fans y avoir égard.

Neanmoins fi la partie contre laquelle l'enquéte auroit été faite,
vouloit en tirer avantage, elle pouroit la lever en faifant aparoir
qu'il a fignifié les moïens de reproches, ou l'acte portant renonciation d'en fournir, dont il doit laiffer copie au Gréfier, en avançant
par lui les droits & falaires du Gréfier, dont il lui eft délivré executoire pour s'en faire rembourfer par celui qui aura fait faire l'enquéte, & dans céte executoire les frais de voiage pour faire lever
les expeditions, ou pour le falaire des Meffagers, c'eft à dire de
ceux qui font en voiage pour lever l'enquefte, doivent être
compris.

Si la partie qui a fait faire l'enquéte, refufe d'en doner copie &
du procez verbal, la partie adverfe aura un délai de huitaine pour
lever le procez verbal, & pareil délai pour lever l'enquéte; mais fi
l'enquéte a été faite hors du lieu où le diferent eft pendant, le délai

est acordé selon la distance du lieu tant pour le voïage que pour le retour de celui qui est envoïé pour lever l'enquête à raison d'un jour pour dix lieües.

Neanmoins quant aux délai de huitaine, il n'est acordé que dans les Cours Souveraines, Baillages, Senéchaussées & Présidiaux ; car à l'égard des autres jurisdictions & des justices des Seigneurs, méme des Duchez & Pairies, & des Juges Ecclesiastique, les délais ne font que de trois jours.

Sur quoi il faut observer ici, que s'il survenoit quelques accidens, comme par exemple, si la partie étoit malade ou un témoin, ou bien qu'il fut absent pour quelques jours, lequel pourra en conoissance de caufe doner un autre délai de huitaine, & ce qui fera par lui fait & ordoné fera executé, nonobstant opositions ou apellations quelconques, recufation ou prife à partie, & fans y préjudicier.

Il femble auffi que le tems des vacations ne doit pas proroger le délai pour faire fon enquête, autrement on auroit le tems de corrompre les témoins.

La partie qui a fait faire l'enquête, ne pourra demander à l'autre partie copie du procés verbal de fon enquête, ni pareillement le lever, qu'il n'ait auparavant fait fignifier le procés verbal de l'enquête faite à fa requête, ni demander copie de l'autre enquête, ni la lever qu'il n'ait doné copie de la fienne.

Celui à qui aura été doné copie, tant du procés verbal, que de l'enquête faite contre lui, ne peut pas en caufe principal ou d'apel faire oüir à fa Requéte aucuns témoins, ni doner aucuns moïens de reproche, contre les témoins oüis en l'enquête de fa partie.

L'ufage d'envoïer les enquétes dans un fac clos & fcellé, méme de celles qui auront été faites en une autre jurisdiction a été abrogé par l'article 6. du titre des Enquétes de l'Ordonance de 1667. & pareillement toutes publications, receptions d'enquétes, & tous jugemens, apointemens, Sentences & Arrefts, portant que la partie donera moïens de nullité & de reproche.

Pour entendre cet article, il faut observer, qu'avant l'Ordonance, l'enquéte étant faite on faifoit fignifier un apointement de reception d'icelle au Procureur de la partie adverfe ; & fi le Procureur étoit refufant de paffer l'apointement, il faloit prefenter Requéte à la Cour pour le recevoir, & en fuite une Acte au Procureur pour venir p'aider au premier jour, & l'apointement de reception étoit ainfi receu à l'Audiance contraditoirement, ou par défaut.

L'enquéte étant receuë, & la partie adverfe aïant fourni de reproches contre les témoins, ou y aïant renoncé, il faloit faire ordonner la publication & comunication de l'enquéte, & en confequence
du jugement de publication la partie adverfe prénoit comunication
de l'enquéte.

Mais toutes ces procedures font abrogées, comme étant inutiles &
ne fervant qu'à prolonger les procez ; en forte que prefentement fi
la permiffion de faire enquéte a été, comme j'ai dit ci-deffus, donne
à l'Audiance, fans que les parties ayent été apointées à écrire, l'enquéte faite & parfaite, la caufe eft portée à l'Audiance pour y eftre
jugée fur lefdites enquétes, en vertu d'un fimple Acte, & fans autres
procedures.

Et fi les parties ont été apointées à écrire & produire, les enquétes font par elles produites de part & d'autre, comme les autres pieces de leur production.

L'Ordonance de 1667. a auffi abrogé toutes enquétes d'examen
futur, & celles par Turbes touchant l'interpretation d'une coûtume,
ou ufage, avec défenfes à tous Juges de les ordonner ni d'y avoir
égard, à peine de nullité.

De forte que prefentement, pour verifier un point de coûtume,
ou un ufage, on prend des Certificats de notorieté du Juge, & des
Praticiens du lieu, & pour cet éfet on prefenté requête au Juge
par laquelle on le requiert de delivrer un Certificat de notorieté.

CHAPITRE CXXXI.

De la preuve d'une negative.

IL y a de trois fortes de negative, fçavoir, la negative de fait,
la negative de droit & la negative de qualité.

Il y a deux negatives de fait.

L'une pure & fimple, qui ne peut eftre prouvée, à moins qu'elle ne
dépende des fçu du témoin, comme fi on difoit que Titius n'avoit
pas fon chapeau fur fa tête.

Il y a encore une autre négative de fait qui eft reftreinte par le
tems ou lieu, ou par la raifon ; mais comme elle contient en foi
une afirmative, & qu'elle met quelque chofe en fait, celui qui
l'opofe pour le fondement de fon intention la doit prouver.

Il en eft de même de ceux qui nient une chofe pour la verité de
laquelle il y a quelque prefomption contr'eux.

A l'égard de la negative du droit où l'on nie une chose permise, ou une chose défenduë, au premier cas celui qui nie est obligé de prouver, & au deuxiéme ce n'est pas celui qui nie, mais son adversaire qui est chargé de la preuve, le mal n'étant pas présumé si quelqu'un nioit qu'un Acte fut dans les formes, il seroit permis de prouver son exception.

Pour ce qui est de la negative de qualité, si on nie une qualité intrinseque naturelle, comme par exemple, qu'un tel, n'est pas sain d'esprit, on est tenu de la prouver à cause que chacun est presumé sain d'esprit.

Mais si on nioit une qualité extrinseque, acidentelle, comme par exemple, qu'un tel, soit Gentil-homme, & celui qui ce ledit en doit faire aparoir, à moins qu'il ne soit fondé en un droit ou possession si apparant, que la preuve en dût être réjetée sur l'adversaire.

Celui qui nie une qualité intrinseque conforme à la nature de la chose, comme s'il nioit qu'une telle piece soit de bon or, il seroit obligé de le prouver, parce que toutes pieces de monnoie est présumée de bon alloi.

Lors que la negative est sujette à preuve, comme contenant en soi une afirmation implicite, on fait preuve de faits positifs.

Par exemple, si on nioit qu'un tel fut sain d'esprit, on feroit preuve qu'il a fait telles actions extravagantes.

On dit que deux témoins qui afirment, prouvent mieux, que mille qui nient.

Ce qui s'entend quand le crime est suffisament prouvé ; mais cete maxime souffre plusieurs exceptions, atendu que ceux qui nient font plus de foi, quand la negative est aidée de fortes présomptions.

On doit aussi ajoûter plus de foi au témoin qui nie quand il parle de son propre fait, ou quand il rend une raison pertinante de sa negotiation.

C'est pourquoi la même maxime ne peut pas avoir lieu que d'une negative pure & vague, & non limitée au tems & au lieu, & qui tombe sous le sens du témoin, qui dit sçavoir que la chose n'a pas été autrement.

Les argumens negatifs tirez de l'autorité ne prouvent pas de même que ceux du non usage de la puissance ; ils ne suffisent pas pour inferer la negation de la puissance.

Il en est de même de ceux qui procedent de la negation du fait à la negation du droit.

Neanmoins l'argument du non ufage de la puiffence prouve la negation de la puiffance, lors qu'il y a eu jufte utilité & neceffaire caufe de l'exercer, comme a tres bien remarqué le Cardinal Du-perron.

CHAPITRE CXXXII.

Des reproches des témoins.

HUitaine aprés copie baillée du procés verbal de l'enquête, la partie doit fournir des moïens de reproche contre les témoins produits par la partie adverfe.

Ces reproches fervent pour empêcher que le Juge n'ajoûte foi à leur dépofition ; mais il faut que les reproches foient circonftan-tiez & pertinens, & non exprimez en termes vagues & generaux, autrement ils feroient rejetez, fuivant l'article 1. de la nouvelle Or-donance, titre des reproches.

Or il fenfuit, qu'il ne fuffit pas d'avancer que le témoin pro-duit par la partie, eft un homicide ; mais il faut declarer le lieu, le tems du délit comis, le jugement de Condamnation qui auroit été rendu contre lui, & autres femblables circonftances.

Ainfi l'article 2. veut, que fi une partie avance dans fes repro-ches qu'un témoin a été emprifonné, mis en décrit, condamné ou repris de juftice, tels faits foient reputez Calomnieux, à moins qu'ils ne foient juftifiez avant le jugement du procez, par l'é-crouë d'emprifonement, décrets, condamnations, ou autres Actes judiciares.

Et quand tels fait ne font pas juftifiez, par l'Ordonance de François I. l'an 1539. Article 41. il y a condamnation d'amande pour chacun faits des reproches, calomnieufement propofez, & non verifiez.

Les Procureurs & Avocats, ne peuvent pas fournir aucuns re-proches contre les témoins, fans être fignez des parties, ou bien que pour cet éfet aïent un pouvoir fpecial par écrit, pour les propofer, felon l'article 6.

Ces trois articles du titre des reproches de la nouvelle Ordo-nance s'éntend des reproches qui peuvent caufer quelque infa-mie aux témoins, & non de ceux qui ne font fondez que fur quel-que caufe de fufpicion & reculation.

Il est aussi plusieurs sortes de reproches pertinens & admissibles.

Primò, Celui qui a été condamné à quelque peine pecuniaire, ou afflictive pour delit par lui commis, il est incapable de porter temoignage en justice, quand même il auroit obtenu Lettres du Prince pour être rehabilité.

Secundò, Il en est de même de ceux qui ont été condamnez comme complices de quelques crimes.

Tertiò, Les Insensez.

Quartò, Les Religieux, ou Moines Reguliers.

Quintò, Les Furieux.

Sextò, Les Impuberes.

Septimò, La Pauvreté, quand elle est extrême, est encore un moïen de reproche sufisant.

Octavò, Ceux qui ont été corrompus, ou subornez par argent par celui qui a fait faire enquête.

Il y a aussi d'autres reproches qui ne laissent pas d'être pertinens, quoi qu'ils ne soient pas fondez sur un soupçon legitime.

Primò, Si le témoin est ennemi de la partie contre laquelle il dépose.

Secundò, Qu'il est proche parent ; car par l'article 11. du titre des Enquêtes de l'Ordonance de 1667. il est dit, que les parens & aliez des parties, jusques aux enfans des Cousins issus de germain inclusivement, ne pourront être témoins en matiere Civile, pour déposer en leur faveur, ou contre eux, & que leurs dépositions seront rejetées.

Tertiò, S'il est intime ami, ou domestique de celui pour qui il dépose.

Quartò, Qu'il a procez contre lui en semblable cause.

Quintò, Qu'il a été Juge, Procureur, ou Avocat de la partie.

Sextò, Muët, sourd, & fol.

Septimò, Les Pupilles.

Octavò, Qu'il n'a aucune conoissance du fait entre les parties.

Nonò, S'il dépose en sa propre cause.

Decimò, Qu'il étoit yvre lors de sa déposition.

Vndecimò, Qu'il n'a point été assigné.

A l'égard des Religieux, ou Moines Reguliers, il faut distinguer.

Dans les afaires civiles ils ne peuvent pas servir de témoins, suivant l'article 8. du titre des Enquêtes de l'Ordonance de 1667. ne prononçant qu'une peine de dix livres contre les témoins qui refu-

sent

fent de comparoir, laquelle ne peut pas être executée contre un Religieux qui n'a rien à lui.

Mais celle de 1670. oblige le Superieur du Convent de les faire comparoir, à peine de fufpenfion de leurs privileges, d'autant que les informations font des actes neceffaires qui fervent au public pour l'éclairciffement des crimes qui nuifent à la focieté civile.

Cependant il me femble que s'il s'agiffoit d'un recelé commis par un heritier dans la maifon d'un malade qu'ils auroient affiftez à la mort, ou exhortés pendant fa maladie ; les Religieux qui l'affiftoient font obligez de dire ce qu'ils ont veu, quoique la reftitution fût pourfuivie civilement, d'autant que les chofes s'étant paffées dans l'interieur de la maifon , ils font témoins neceffaires, auffi bien que les domeftiques mêmes.

J'en peux dire la même chofe à l'égard de ce qu'ils vöient hors de leurs cloîtres ; car voulant fe mêler dans la focieté civile, ils doivent rendre témoignage à la verité.

En éfet ils s'ofrent fouvent volontairemont de dépofer en matiere civile , fous pretexte de la permiffion de leur Superieur ; il ne doit pas dépendre de leur caprice de s'en abftenir ; c'eft pourquoi je foutiens qu'il y a beaucoup de juftice à les y obliger , fous les peines portées par l'Ordonance criminelle , titre des Informations , article 3.

Il n'y auroit pas encore grand inconvenient d'arêter les premieres aumônes qui leur feroient faites, jufqu'à la concurence de la fomme portée par l'Ordonance.

Autre chofe eft des actes volontaires civils , comme les teftamens & les contrats, dans lefquels les Conftitutions Canoniques leur défendent de fe mêler.

Pour ce qui eft des Prêtres , ils peuvent être apelez en témoignage , & s'ils étoient refufans, le Juge les peut condamner à l'amande de dix livres.

L'Ordonance ne parle pas de l'afinité fpirituelle, des Comperes, Parains , & Filleuls.

Neanmoins il me femble auffi qu'on ne peut pas produire celui par qui on a fait tenir fon enfant, ni fon filleul ; mais celui qui a tenu l'enfant, peut produire pour témoins fon compere , étant prefumé n'avoir accepté cet ofice que par honêteté.

Le filleul peut pareillement faire entendre fon Parain.

Ainfi, felon mon fentiment , je crois que céte regle ne doit avoir d'exception qu'au cas de l'article 14. du titre 2. de ladite Ordonance, où il eft dit, que fi les Regiftres des Batêmes , Mariages , & Sepultures, par lesquels doivent être prouvez l'âge, l'état, & le décez des personnes, sont perdus, la preuve en poura être faite, tant par titres, que par témoins.

De sorte, que ces témoins ne peuvent être que les parens & aliez, parce qu'ordinairement on n'apelle que ces sortes de personnes à la naissance, ou au batême des enfans, aux Mariages, & aux enterremens.

C'est pourquoi quand ces choses, ou le tems auquel elles sont arivées sont revoquez en doute, & qu'elles ne peuvent être verifiées par écrit, il n'y a que les parens qui en puissent rendre témoignage.

Elle reçoit encore exception au cas de l'article 386. de la Coûtume de Normandie, qui porte, qu'à l'égard du Mariage qui se fait pour la conoissance du doüaire, les parens & amis qui ont été presens audit Mariage, y sont reçus, & ne peuvent être reprochez.

Comme aussi au cas des articles 254. 255. & 276. de la Coûtume de Rheims.

En cête Coûtume il n'y a point de Comunauté entre les conjoints par Mariage; la femme aprés le décez du mari, ou les heritiers de la femme aprés son décez, ont droit de reprendre, non seulement son aport immobiliaire, mais aussi son aport mobiliaire, c'est à dire, tous les meubles & éfets mobiliaires qu'elle a aportez à son mari au jour de son Mariage, ou qui lui sont échus dépuis par succession, tant en ligne directe que collaterale.

De la quantité desquels & de leur qualité & valeur, la femme, ou ses heritiers doivent être crus à leur serment, suivant la comune renomée, quand il n'a été passé aucun contrat de Mariage, & qu'il n'a été fait aucun Inventaire, ni reconoissance par écrit par le mari, des meubles & éfets mobiliaires échus à sa femme par lesdites successions.

En ce cas il faut donc informer de la comune renomée, & dans l'enquête qui se fait pour cela, il n'y a guére que les parens & aliez du mari & de la femme qui puissent déposer, parce qu'il n'y a qu'eux qui puissent avoir conoissance de ce qui s'est passé dans leur famille.

Ainsi le témoignage des parens & aliez est necessaire, & doit être reçu toutes & quantes fois qu'il s'agit de la verification d'un fait qui s'est passé dans le secret d'une famille, dont les étrangers n'ont pû avoir que peu de conoissance, comme le remarque Monsieur Leprêtre, centurie 3. chapitre 119.

Outre les reproches pertinens & admissibles dont j'ai parlé ci-deſſus, il y a encore les reproches de droit, & voici quels ils ſont.]

Primò, Que le témoin eſt vacillant.

Secundò, Contraire en ſa dépoſition.

Tertiò, Singulier, c'eſt à dire, ſeul qui dépoſe de tel fait.

Quartò, Qu'il ne rend pas raiſon de ſa dépoſition & ſcience.

Quintò, Qu'il ne dépoſe que par oüi dire.

Sextò, Qu'il dépoſe des choſes inpertinentes.

Celui qui a fait faire l'enquête peut auſſi fournir de reponſes aux reproches; mais il eſt obligé de les faire ſignifier à ſa partie, autrement le Juge n'y auroit pas égard.

Ces reproches ſont apellez en termes de pratique, *Salvation*, parce que c'eſt pour apuïer la dépoſition des témoins qui ont été reprochez, & comme pour les ſauver de l'orage des reproches contr'eux propoſez, pour abattre, affoiblir & diminuer la foi de leur témoignage, ou bien parce qu'elle ſauve l'enquête des objections faites contre elle, comme par exemple, ſi on reproche un témoin pour être l'ennemi capital de celui contre lequel il a dépoſé, ou qu'on allegue qu'il étoit furieux ou inſenſé, c'eſt une ſalvation, pertinante de faire voir qu'il a été reconcilié, ou qu'il étoit dans ſon bon ſens lors de la dépoſition.

L'article 4. du titre des reproches, de l'Ordonance de 1667. permet aux Juges en voyant le procez, d'apointer les parties à informer ſur les reproches, en cas que les moyens de reproches ſoient pertinens, & admiſibles, comme ſi on objectoit contre un témoin qu'il auroit receu de l'argent pour dépoſer, ce ſeroit un moyen de reproche admiſible, & en ce cas le Juge pourroit apointer à informer de ce fait allegué contre ce témoin.

Ce qui eſt auſſi conforme à l'Ordonance de Charles VIII. de l'an 1490 article 102. de Loüis XII. de 1510. article 39. François I. de 1525. article 20. Henri III. de l'an 1585.

Et ce qui eſt encore de remarquable, pour éviter aux parties les frais de la longueur des procedures, il eſt porté par ces Ordonances, que ſi le procez ſe pouvoit juger par la dépoſition des témoins non reprochez, & qu'il en reſtat un nombre ſuffiſant, le Juge pouvoit paſſer outre ſans interloquer ſur la preuve deſdits reproches, *Rebuff. tract. de reprobat. teſt. art. 4. Gl. unic. quia reprobatio ſupervacua fugienda eſt.*

Ainſi Jugé par Arreſt raporté par Papon, livre 9. titre 3. des reproches des témoins, article 18.

Il faut encore ici remarquer que le Comiſſaire ne doit pas differer à oüir un témoin reproché, bien qu'on lui faſſe aparoir ſur le champ du reproche ; mais il doit paſſer outre , ſans préjudice d'icelui.

Neanmoins , ſuivant l'article 85. de l'Ordonance de Loüis XI. il eſt vrai que la partie qui eſt preſente à la reception des témoins, doit proteſter de les reprocher, autrement, elle ne ſeroit plus receuë, comme il a auſſi été jugé par Arreſt raporté par ledit Papon livre 9. de ſes Arreſts.

Les reproches des témoins doivent être jugez avant le procez ; car il eſt tres important pour la deciſion d'une cauſe qui conſiſte dans un fait, & ſur la dépoſitiondes témoins, de ſçavoir quils ſont les témoins, dont on doit admettre ou recevoir la dépoſition , en ſorte que ſi les reproches ſont trouvez pertinens & ſuffiſament juſtifiez, les dépoſitions ſon rejettées.

La pratique du droit François fait cette difference entre les reproches ou exceptions contre les témoins, que lors que la preuve d'iceux renverſe entierement la dépoſition, on les apelle , *bona* , & lors qu'ils ſont ſi legers qu'ils ne peuvent pas doner atteinte à la dépoſition , *non bona* , & lors qu'ils peuvent ſervir , *medœria*.

Mais l'uſage du Parlement de Touloſe , eſt de peſer & balancer ſi au juſte la valeur de chaque reproche, que la plus petite diminution n'eſt que d'un quart, qui eſt , *le notctur* , & la plus grande eſt ſept huitiémes, qui reduit le témoin à la valeur de la huitiéme partie de la dépoſition.

Ce qui ſe remarque par *dubia natctur, notâ forti*, qui ſont des vieux mots latins qui étoient en uſage avant l'Ordonance de 1539. & qu'on a dépuis conſervez.

S'il y a des complices , les reproches donez par l'un des accuſez , ſervent aux autres , quoique les complices ne les aïent pas propoſez; mais cela n'a pas lieu à l'égard des complices qui ſont coutumaces & défaillans,en haine de leur coutumace qui les fait déchoir de toutes leurs exceptions.

Il eſt vrai que s'ils ſe repreſentent dans les cinq ans, & qu'ils purgent la coutumace , les reproches leur ſerviront, s'ils ſont pertinans , à cauſe de la liaiſon & de la connexité qu'il y a entre les accuſez.

Reproches contre les témoins.

G . . . . Défendeur.

Dit pour reproche contre les témoins oüis en l'exquête faite à la requête de C . . . . le . . . .

Que M . . . premier témoin a été condamné aux Galéres par Sentence du . . . . confirmée par Arreſt du . . . .

Que I. . . . deuxiéme témoin a été bannip our trois ans de la Ville & Prévôté de . . . . par Sentence du . . . . pour avoir dépofé faux en une enquête faite par-devant le Bailli de . . . .

Que C . . . a doné la fomme de . . . à N . . . . troifiéme témoin pour dépofer en l'Enquête.

Et à l'égard de A . . . . quatriéme témoin , qu'il eſt coufin germain de C .⋮. & n'a pût être témoin au terme de l'Ordonance.

C'eſt pourquoi les dépofitions de ces témoins doivent être réjettées , & en cas de conteſtation , foûtien que les faits de reproches ci-deſſus alleguez font pertinens & admiſiblet & requiet qui lui foit permis d'en informer.

Reponſes aux faits de reproches.

Cᵗ . . . Demandeur.

Dit pour reponfe aux faits de reproches propofez par G . . . contre les té-moins oüis en l'enquête faite à la requête dudit G . . . .

Premierement que M . . . ayant été condamné aux Galéres a obtenu Lettres de rapel qui ont été enterinées, & M . . . rétabli par Arreſt du . . . .

Que I . . . ayant interjetté apel de la Sentence de baniſſement du . . . . la Sentence a été infirmée par Arreſt du . . . & fa partie condamnée à lui faire ré-paration d'honneur.

Qu'il n'a point doné d'argent à N . . . pour dépofer , dit ce fait calomi-nieux.

Que A . . . dernier témoin n'eſt parent de G . . . du moins au degré de l'Or-donance , & par tant foûtient , &c.

CHAPITRE CXXXIII.

Des décentes ſur les lieux , Viſitations & raport d'Experts.

DEcente eſt une viſitation qui ſe fait d'un lieu contentieux par le Juge ou Conſeiller commis en vertu d'un jugement inter-locutoire.

Par exemple dans les queſtions de fait, & principalement des fer-vitudes tant Urbaine , que Ruſtique , il arrive fouvent que les Juges aprés avoir veu & examiné un procés , ne le pouvant pas juger di-finitivement , ils font obligez d'interloquer , foit parce que les faits ne font pas fuffifament expliquez & éclaircis par les écritures des parties , ou que les témoins n'y ont rien de certain , ou que le differend ne peut pas être entendu, fans avoir devant les yeux la fi-gure des lieux pour lefquels les parties font en conteſtation.

Ainfi dans tous ces cas les Juges font obligés d'interloquer diver-fement , fuivant la qualité de la matiére.

Le Juge peut fans la requifition des parties , ordonner que décente fera faite fur les lieux contentieux , en cas que la conteftation le requiere ; mais s'il n'étoit befoin que d'un fimple raport d'Experts, il ne le pourroit par faire s'il n'en étoit requis par écrit par l'une ou l'autre des parties,comme il eft porté par l'Article 1 du Titre des Dé-centes, de l'Ordonance de 1667. à peine de nullité , de reftitution de ce qui auroit été payé pour les vacations , & de tous dépens, do-mages & interefts.

Il y a de deux fortes de décentes, que le Juge ordonne dans les inftances de fervitudes , l'une fur procés par écrit, & l'autre à l'Audiance.

Les décentes qui ont été ordonées fur procés par écrit, le Rapor-teur au raport duquel la décente a été ordonée , ne peut pas être co-mis pour faire la décente , cela eft expreffément défendu par l'arti-cle 2. du titre 21. de ladite Ordonance , il faut que le Juge ou Préfi-dent comette pour cet éfet un des Confeillers qui aura affifté au ju-gement du procez, & à fon refus il en doit nommer un autre de la Chambre.

Si la décente a été ordonée à l'Audiance , le Préfident doit nom-mer un des Confeillers qui y ont affifté , quand c'eft dans une Cour Souveraine,ou aux Requêtes de l'Hôtel ou du Palais,fuivant le mê-me article.

Il y a même un Arreft rendu contre le Lieutenant General de Blois, quia a anullé le procés verbal de décente par lui faite à caufe qu'il n'avoit pas prefidé à l'Audiance le jour qu'il avoit été ordoné, com-me l'on peut voir dans le Recueil des Arrefts en interpretation de l'Ordonance.

Quant aux Bailliages, Sénechauffées, Prefidiaux , & autres Sié-ges , l'ordre du Tableau doit être gardé , pour la comiffion , à co-mencer par le Lieutenant General , & autes principaux Officiers & les Confeillers , qui ont affifté à l'Audiance ou au raport de l'in-ftance.

La Commiffion pour faire une décente doit être donée par le même Arreft ou jugement , qui ordonnera la décente , le Préfident ordon-nant que Maître tel fe tranfportera fur les lieux , &c.

Neanmoins le Commiffaire ne peut pas faire la décente , fi une des parties ne le requiert ; & pour cela , il faut que la partie reque-rante lui remette fa Requête & jugement , entre les mains, & quelle configné les frais ordinaires fuivant l'article 5.

Requête aux fins de faire la décente.

A Monſieur le Prévôt ou Bailli de. . . :

Suplie humblement O. . . .

Qu'il vous plaiſe en execution de l'Arrêt de la Cour du. . . vous tranſporter à. . . & doner jour certain aux Parties pour s'y trouver , Et vous ferés bien.

Aprés la Requête preſentée au Comiſſaire , & le jugement mis entre ſes mains , il faut prendre une Ordonance de lui pour faire doner aſſignation à la partie à comparoir à ſon Hôtel , pour recevoir de lui un jour certain & heure , & un lieu pour s'y trouver, pour proceder à la deſcente & viſitation des lieux contentieux entre les Parties.

Enſuite, la Partie pourſuivante fera ſignifier à la partie adverſe ou à ſon Procureur ‚copie de l'Arrêt ou Jugement , qui ordone la deſcente , & de la requiſition faite au Comiſſaire de ſe tranſporter ſur les lieux.

S'il n'y a que la Partie requerante qui compare à l'aſſignation , le Comiſſaire donera défaut au bas de la ſignification de l'Ordonance de ſoit aſſigné , & pour le profit , il déclarera qu'il ſera paſſé outre , tant en preſence , qu'abſence ; & ſi toutes les Parties comparent devant lui , au lieu de doner défaut , il dreſſe un procés verbal & done acte de leur comparution.

Le Comiſſaire nomé pour faire la décente , doit partir dans le mois à compter du jour de la requiſition qui lui en a été faite , autrement l'article 6. veut qu'il en ſoit ſubrogé un autre en ſa place, ſans que le tems du voïage puiſſe être prorogé , à peine de nullité, & de reſtitution de ce qui aura été reçû.

Ce qui peut s'obtenir ſur une ſimple Requeſte preſentée au Juge , ſur laquelle on obtient un jugement ou Arreſt de ſubrogation, lequel il faut enſuite faire ſignifier à la Partie , & requerir le Comiſſaire qui a été ſubrogé , de ſe tranſporter ſur les lieux , & prendre ſon Ordonance pour doner un jour & lieu certain pour s'y tranſporter , ainſi qu'il a été dit ci-deſſus.

S'il y a cauſe de recuſation contre le Comiſſaire , elles doivent être propoſées trois jours avant ſon départ, pourveu que le jour du départ ait été ſignifié huit jours auparavāt, autrement le Comiſſaire pouroit paſſer outre , & ce qu'il auroit ordoné, Executé, nonobſtant opoſition ou apellation , priſe à partie , & recuſation , méme pour cauſes dépuis ſurvenuës , ſauf à y faire droit aprés le rétour du Comiſſaire.

Signification du jour que le Commissaire doit partir.

A la Requête de O. . . .

S o i t signifié &; déclaré à P. . . . que pour l'execution de l'Arrêt ou Jugement rendu entre les Parties le . . . Monsieur. . . . Conseiller en la Cour, Commissaire à ce député , partira de cete Ville le . . . jour de. . . . pour se transporter à , &c.

La raison de cete disposition, est pour empêcher les rétardement qu'une Partie pouroit causer à dessein, atendant de recuser un Comissaire à la veille qu'il devroit partir.

Le Comissaire étant arivé sur les lieux , il doit continüer son procés verbal , & y faire mention du jour qu'il est parti , des jours qu'il a emploïés pour se transporter sur les lieux , de ceux de son séjour & de son rétour , de ce qui a été consigné par chacune des Parties, & reçû des taxes faites pour la grosse du procés verbal, & de ceux qui ont assistés à la comission , à peine de concussion & de cent livres d'amande, selon l'art. 19. de ladite Ordonance de 1667.

Le Juge ou Comissaire emploïé en même tems en des Comissions diferentes hors le lieu de son domicile, ne peut se faire païer qu'une seule fois de la taxe qui lui apartiendra par chacun jour , laquelle lui doit être païée par égale portion par les Parties interessées.

Si la longueur du voïage est augmentée, à l'ocasion d'une autre comission , les journées seront païées par les parties interessées, à proportion du tems qui aura été emploïé , à cause de l'augmentation du voïage.

Lors que par ocasion de quelque Comission , un Juge est requis d'executer une comission étant sur les lieux , pour vaquer à une descente , il ne sera païé par les Parties interessées à la novelle comission & descente, que pour le tems qu'il y vaquera, & les Parties interessées à la premiere Comission , doivent païer les journées emploïées pour aller sur les lieux où la descente doit être faite , & pour son rétour , suivant l'article 18.

Si le Juge ou Comissaire est trouvé sur les lieux , il ne doit prendre aucune vacation pour son voiage ni rétour , & s'il est à une journée de distance , il ne doit prendre que la taxe d'un jour pour le voiage , & autant pour le rétour.

Lors que les Oficiers qui feront des descentes, ou autres Comissaires hors la Ville & Banlieuë de l'établissement de leur Siége , ils ne doivent prendre pour chacun jour que les sommes qui seront ordonées par une déclaration particuliere de sa Majesté.

Chacune

Chacune des parties doit avancer les vacations de fon Procureur, fauf à les repeter, fi elle obtient condamnation de dépens
en fin de caufe, mais fi outre l'affiftance de fon Procureur, elle veut
métre un Avocat ou quelqu'autre perfone jpour confeil ; chaque
Partie doit païer les vacations, fans repetition.

Toutefois fi la Partie à la Requête de laquelle la décente auroit
été ordonée, avoit été obligée pour quelque caufe d'avancer les
vacations pour fa Partie, elle pouroit prendre un executoire fur
le champ pour s'en faire païer, fans qu'elle foit tenuë d'atendre
le jugement du procés.

L'article 15, du titre des décentes, de l'Ordonance de 1667. défend expreffément à tous Juges, ou Comiffaires, de recevoir aucuns
prefens de l'une, ni de l'autre des parties, ni foufrir aucuns de leurs
domeftiques d'en accepter, foit directement, ou indirectement, à
peine de concuffion, & de trois cent livres d'amande, aplicable
aux pauvres des lieux.

A l'égard de la nomination & raport d'Expert, elle eft requife
quand il s'agit de prifées, & eftimations de quelques lieux, ou de
faire des partages entre heritiers, ou coproprietaires de quelques
heritages, pour en conoître la jufte valeur ; ou quand il eft queftion d'impenfes & ameliorations d'ouvrages de Maffons, Charp-
pentiers, Menuifiers, & autres femblables ; ou que celui qui les a
faites n'a pas acompli l'ouvrage fuivant l'acord qui en avoit été
paffé entre lui & la partie adverfe, ou pour voir & vifiter des
maifons qu'on prétend devoir être reparées en partie ou pour le
tout.

Le jugement qui ordone que les lieux & les ouvrages feront
veus, vifitez, toifez, ou eftimez par Experts, doit contenir trois
chofes. 1º. Les faits fur lefquels les raports doivent être faits. 2º. Le
nom du Juge comis pour proceder à la nomination d'Experts, recevoir leur ferment & raport. 3º. Le délai dans lequel les parties doivent comparoir pardevant le Comiffaire, fuivant l'article 8.

Enfuite il faut prendre une Ordonance du Comiffaire pour affigner la partie adverfe, pour nommer & convenir d'Experts en
un certain jour & heure en fon Hôtel.

Céte Ordonance aïant été fignifiée, fi au jour de l'affignation
l'une des parties ne compare, ou qu'elle foit refufante de nommer,
ou convernir d'Experts, le Comiffaire en doit nommer un d'ofice
pour la partie abfente, ou refufante, pour proceder à la vifitation
avec l'Expert nommé par l'autre partie, & ordonera par le procez
verbal de nomination des Experts le jour & l'heure pour comja-

roir devant lui, & faire le ferment.

Si toutes les parties refufent de nommer des Experts, le Juge en doit nommer d'ofice, pour l'une & pour l'autre des parties.

Neanmoins fi les Experts nommez par le Juge, ou par l'une des parties, font fufpects à l'autre, ils peuvent être recufez, pourveu qu'il y ait caufe legitime, & en ce cas il faudra en convenir, ou en faire nommer d'autres, au lieu de ceux qui auront été recufez.

Il n'y a que les Jurez Maffons & Charpentiers qui doivent être nommez pour Experts en matiere de décente.

Les Bourgeois peuvent auffi être nommez pour Experts, principalement quand les Maffons & Charpentiers, ou autres artifans, font fufpects; ainfi qu'il a été jugé par Arreft du 23. Novembre 1622. raporté par Tournet fur l'article 185. de la Coûtume de Paris, par lequel il eft porté, qu'il demeure à la liberté des parties, en fait de vifitation & raport d'Experts, de nommer pour Experts des Bourgeois, & gens à ce conoiffans, autres que les Jurez, lefquels feront feulement pris & nommez d'ofice par le Juge privativement aux autres, quand ils feront auffi nommez d'ofice.

L'Ordonance de l'année 1667. titre 21. article 11. porte auffi en termes exprez, qu'au cas qu'un artifan foit intereffé en fon nom contre un Bourgeois, qu'on ne poura prendre ni nommer pour Expert qu'un Bourgeois.

Les nouveaux Experts Jurez font tenus de fe faire affifter de gens à ce conoiffans au fait dont il s'agit, fans qu'il en coûte davantage aux parties; & s'ils ne le font pas, le Juge en peut nommer d'autres; fur tout quand l'une des parties demande à faire faire une nouvelle vifitation à fes frais & dépens, d'autant que leurs fonctions font finies, & qu'ils ont été fatisfaits de leurs droits, n'étant pas jufte qu'ils profitent dorenavant de leur inexperience.

Lors qu'il y a des Bourgeois, & des Jurez Maffons, ou Charpentiers nommez conjointement les uns avec les autres pour Experts, ce font les Bourgeois qui doivent figner les premiers le procez verbal de vifitation, fuivant le fentiment de Brodeau, en fon Comentaire fur ledit article 185. de ladite Coûtume de Paris.

Les Experts étant nommez, il faut en vertu de l'Ordonance du Juge, ou Comiffaire, leur faire doner affignation, à comparoir pardevant lui, le tel jour, à telle heure, à fon Hôtel, pour prêter ferment de bien & fidelement faire la vifitation de tels ouvrages de Maffonneries, ou de telles fervitudes de veuës & égoûts, ou de telles entreprifes par tel, fur la maifon de tel; & après la preftation dudit ferment, fe tranfporter en ladite maifon pour proceder à ladite vifitation, leur déclarant qu'ils feront payés de leurs falaires & vacations, fuivant la taxe qui leur en fera faite.

Ce fait, & en même tems faire pareillement affigner la Partie adverfe au même lieu & à la même heure que lefdits Experts, pour leur voir prêter le ferment, & enfuite fe tranfporter avec eux en ladite maifon, pour voir proceder à ladite vifitation ou eftimation, déclarant qu'à faute de ce faire il y fera procedé, tant en prefence, qu'abfence, à ce qu'il n'en ignore.

Les Experts font tenus de comparoir à la premiere affignation qui leur fera donée, pour faire le ferment, lequel étant prêté en la maniere acoûtumée, l'Arrêt ou Jugement qui aura ordoné la vifitation, leur doit en même tems être mis entre les mains, aprés quoi ils y doivent proceder inceffament

Neanmoins il y a certain cas où il eft neceffaire que la vifitation foit faite en prefence du Juge, s'il a été ainfi ordoné, comme quand il s'agit de defcentes fur les lieux; mais lors qu'il n'eft queftion que de vifitation, prifées & eftimation d'ouvrage, & qu'il a été ordoné que les lieux feront vifités par Experts, la prefence du Juge n'eft pas neceffaire, il fufit feulement que les Experts prêtent ferment pardevant lui, à moins qu'il n'en foit requis par écrit, par l'une des Parties.

Requête à ce que defcente foit faite fur les lieux contentieux.

A Monfieur le Prévôt ou Baillif de... ou Noffeigneurs de....

Suplie humblement C....

Qu'il vous plaife cométre l'un de Meffieurs les Confeillers, pour fe tranfporter en une maifon, fcize à.... pour être prefent à la vifitation qui fera faite des lieux dont il s'agit, en execution de l'Arrêt, ou Jugement rendu, entre le Supliant d'une part, & D....d'autre, Et vous ferés bien.

La Cour met au bas de cete Requête, *commis Maître tel, aux fins de la prefente Requête, fait ce, &c...*

Si la Requête eft prefentée à un Lieutenant General, Prévôt ou autres Juges inferieurs, l'Ordonance fur la Requéte fera ainfi.

Nous ordonons que ladite vifite fera faite en nôtre prefence, à l'éfet de quoi Nous nous tranfporterons fur les lieux, parties prefentes ou apellées, & foit fignifié, fait le, &c...

Enfuite de cete Ordonance le Juge doit fe tranfporter fur les lieux, au jour & heure que les Parties & les Experts font affignés, & fera fait la vifitation en fa prefence dont il dreffera procés verbal.

T. Ttt ij

Les Juges font obligez dans les décentes, de fe faire affifter d'un Adjoint, fuivant l'Edit du mois de Fevrier 1674. qui a rétablit les charges d'Adjoints dans toutes leurs fonctions & droits dont elles joüiffoient avant l'Ordonance de 1667. qui les avoit fuprimées, autrement la décente ou enquéte feroit declarée nulle, auffi·bien que les informations & autres actes femblables aufquels ils n'ont pas fignez.

Suivant l'article 185. de la Coûtume de Paris ci-deffus cité, les Experts font tenus de faire rediger par écrit, & figner la minute du raport fur les lieux avant que d'en partir, & remettre à l'inftant ladite minute entre les mains du Clerc qui les affifte, lequel eft tenu dans les vingt-quatre heures aprés de délivrer la groffe dudit raport aux parties qui l'en requierent, & non pas la minute.

Ce qui eft une difpofition merveilleufe pour faire exprimer le fentiment naturel des Experts, qui ne peuvent lors étre follicitez ouvertement d'y rien changer, toutes les parties intereffées étant prefentes fur les lieux , ou quelqu'un pour eux, qui voit ce qui fe paffe ; car fi les Experts avoient la liberté de faire leur raport ailleurs, ils pouroient le compofer felon l'intention de l'une des parties en l'abfence de l'autre, & multiplier les vacations, en groffiffant le raport d'incidens & de faits fugerez.

L'article 12. du titre des décentes de la nouvelle Ordonance veut, que les Experts, aprés avoir fait la vifitation, délivrent au Comiffaire la minute de leur raport , pour étre atachée à fon procez verbal, & tranfcrit dans la groffe dans un méme cahier, & le Comiffaire obligé de declarer dans fon procez verbal que le raport d'Experts lui a été délivré.

Cependant, parce que cet Article détruifoit entierement la fonction de ces Gréfiers ou Clercs de l'Ecritoire, & caufoit un préjudice notable au public, en ce qu'il empéche que les particuliers ne puiffent prendre de groffes defdites actes, la minute ne demeurant plus entre leurs mains, fur leur remontrance ils ont été maintenus dans leurs drois, par Arreft du Confeil du 23. Septembre 1668.

La fonction de ces Gréfiers eft, de rediger par écrit les raports des Jurez Experts des vifitations, alignemens, prifées, & eftimations, & des autres actes qui fe font par lefdits Experts, d'en garder les minutes, & d'en délivrer des copies à ceux qui les en requerroient.

Les Experts en menent un ordinairement avec eux, neanmoins, felon l'Ordonance de Charles IX. en l'an 1567. il n'eft pas neceffaire qu'ils en foient affiftez pour la validité de leur raport.

Si les Experts font contraires en leurs raports, le Juge doit nommer d'ofice un tiers, qui fera affifté des autres en la vifite; & en ce cas le Juge, ou Comiffaire, aprés avoir veu les raports, & redigé ce que les parties voudront dire fur fon procez verbal, done fon Ordonance, & ordone que nouvelle vifitation fera faite des lieux dont il s'agit par tel, qui fera affifté de tel & tel, lequel tel fera affigné à comparoir au premier jour, à telle heure, pardevant lui, en fon Hôtel, pour faire le ferment, &c.

Enfuite il faut doner affignation à l'Expert nommé d'ofice pour faire le ferment, & à la partie pour le voir faire, ainfi qu'il a été obfervé ci-deffus, & affigner auffi les deux autres Experts pour affifter à la vifite.

Si tous les Experts font d'un même avis, ils ne doivent faire qu'un feul raport, finon ils doivent doner chacun le leur.

L'ufage de faire recevoir en juftice les procez verbaux de décentes & raports d'Experts, a été abrogé par l'article 14. de ce titre, ordonant que fi le diferent pour lequel le raport a été fait eft apointé, la partie le peut produire, & en tirer dans fon Inventaire telles inductions qu'elle avifera bon être, aufquelles la partie adverfe poura répondre, en contredifant la cotte fous laquelle il aura été produit.

Mais fi le diferent n'eft pas apointé, il doit être porté à l'Audiance, & la partie qui fe veut fervir dudit raport, doit feulement le faire fignifier, & en bailler copie au Procureur de la partie adverfe, & trois jours aprés pourfuivre l'Audiance fur un fimple acte, & en plaidant en tirer tel avantage qu'il avifera.

Le raport des Experts étant fait, il doit auffi en être mis & doné par eux une groffe au Juge comis pour le partage, lequel dreffe fon procez verbal, & y doit atacher le raport defdits Experts, & le tranfcrire dans la groffe, dans le même Chapitre, fuivant l'article 12.

Le procez verbal doit contenir toutes les procedures qui ont été faites par les Procureurs des parties, leur dire, & leurs requifitions, comparutions des parties, nominations d'Experts, & autres.

Celui qui par écrit requiert la prefence & tranfport du Juge fur les lieux contentieux, lors qu'il n'échet qu'un fimple raport d'Experts, pour être avec lefdits Experts prefens à la vifitation, l'Ordodonance n'aïant pas dit aux dépens de qui la décente doit être faite; en cela il y a lieu de dire que ce doit être aux dépens de celui qui la requife, de même que l'interrogatoire d'une partie fur faits & articles, fe fait aux dépens de celui qui la requiert.

Les vacations aïant été utilement employées fur le lieu pendant trois heures au moins , fçavoir dépuis neuf heures jufqu'à midi , & dépuis deux heures jufqu'à cinq heures , la taxe doit être faite à proportion du travail, & non du tems mal employé à tranfcrire des pieces , & à defçavoir inutilement , ou à feindre qu'il s'eft paffé plufieurs vacations , par une chofe qui fe peut faire en une feule.

On retranche de la groffe le tranfcrit de pieces & le verbal inutile , en forte que ce qui refte de la groffe après la réduction faite, fe taxe à cinq fol par rôle en grand papier bien rempli fuivant l'Ordonance.

Et lors que les Experts raportent qu'ils ont été chez le Greffier ou ailleurs pour faire un cacul , ou pour rediger plus tranquillement leurs avis , il ne leur doit être rien taxé pour cela , encore qu'ils n'ayent pas eu mauvaife intention parce qu'ils doivent exactement fuivre , ce qui leur eft prefcrit par la Coûtume.

Lors que les Experts , qui ont été d'avis contraires , veulent affifter le tiers Expert en fa vifite , il ne leur eft aufli rien taxé pour leur affiftance.

C'eft une grace qui leur eft faite de les y apeller , par ce qu'ils ont perfonellement un intereft fort fenfible, d'expliquer au tiers Expert le motif étrange qu'ils ont eu d'eftimer une même chofe & en même tems, l'un de mil livres , & l'autre moitié moiens , ou de doner differens avis, foutenus par de faux raifonnemens fur une chofe de fait plus claire que le Soleil.

Ainfi , ils ont donc intereft de faire connoître que l'un des deux eft habile & honète-homme, & que l'autre eft ignorant ou de mauvaife foi.

L'Ordonance porte que , *le tiers Expert fera affifté des autres en fa vifite* , c'eft à dire, que le tiers Expert ne peut faire la vifite fans être affifté des autres, ou s'il ne lui paroît par un Acte fignifié qu'ils ont été avertis de s'y trouver pour foutenir leur raport, après quoi le tiers Expert peut faire feul la vifite.

Ce qui arrive fouvent, c'eft pourquoi, en l'un & en l'autre cas, il n'y a qu'un tiers Expert auquel il faut taxer , le falaire.

Le Juge doit cet Examen aux parties, qui ont le foin des raports, auffi bien qu'aux Experts pour taxer équitablement leurs vacations.

Si la figure des lieux eft neceffaire pour l'intelligence & la décifion de la conteftation, le Juge ou le Prefident qui prefidera doit ordoner que figure & defcription en fera faite par un Peintre dont les parties conviendront.

Il y a de deux fortes de defcription, l'une fe fait par peintures, &
l'autre en boffe on relief.

Cette peinture eft une defcription qui fe fait par peinture des
lieux & heritages dont il s'agit.

Celle en boffe ou en relief, eft une reprefentation qui fe fait par
des fculteurs, des Charpentiers, ou des Architectes, en bois, en car-
tes, ou autres matieres, d'une Maifon, d'un Château, ou d'un Moulin, ou de quelque autre édifice.

Mais cette forte de figure fe fait plus rarement que l'autre.

Il n'y a qu'en matiere réelle & poffeffoire, ou en matiere de fervitudes que le Juge ordoné que defcription & figure fera faite de l'é-
tat des lieux.

Aprés qu'elle a été ordonée il faut auffi convenir d'Experts, ou en
faire nomer d'office, comme il a été dit ci deffus, fçavoir pour la figure platte des Peintres, & pour la figure en boffe relief, des Seculp-
teurs, des Charpentiers ou Architectes.

Ces Experts doivent auffi prêter le ferment devant le Juge, ou Comiffaire, & en fuite voir & vifiter les lieux ou batimens, & en dreffer
la figure, ou reprefentation, dont procés verbal doit être dreffé
par ledit Comiffaire, dans lequel eft fait mention de ce qui a été
acordé aux parties, ou contefté par icelles.

Ce qui eft auffi marqué & écrit le plus fouvent fur la figure, afin
qu'elle foit plus facilement entenduë.

Le procés verbal fait, il en faut demander l'enterinement à l'Audiance; & fi le different eft apointé, produire ledit raport, ainfi
qu'il eft porté par l'Ordonance de 1667.

Suivant le droit Romain, un Arpenteur qui n'a pas raporté la jufte
mefure, eft tenu de la faute legere, en cas qu'il ait exigé fon falaire,
leg. 11. dig. si menfor falfum modum dixerit, & il eft tenu des domages & interefts.

Ce qui eft apellé *actio in factum prætoria,* encore qu'il ne puiffe
être accufé, *de lata culpa.*

On peut dire la même chofe, a plus forte raifon d'un Arpendeur
juré en qui on doit avoir toute confiance, & dont l'office eft neceffaire, neanmoins l'Ordonance des Eaux & Forêts excufe l'erreur d'une
petite quantité.

Les procés verbaux de défcentes fur les lieux, & les nominations
& Raports d'Experts, font au Chapitre des jugemens, & Arrefts de
décentes de mon ancien Clerc du Palais, où je renvoïe le
Lecteur.

Executoire pour remboursement de vacations avancées.

LOUIS, &c. . . à la requête de tel. . . Mandons au premier nôtre Huiſſier ou Sergent ſur ce requis , contraindre par toutes voïes deuës & raiſonables tel. . . de païer audit tel. . . . la ſomme de. . . . qu'il a avancées pour la part dont eſt tenu ledit tel. . . . des vacations faites en execution de l'Arreſt du . . . de ce faire lui donons pouvoir , &c. . . . .

CHAPITRE CXXXIV.

De la prononciation des Jugemens & des Sentences interlocutoires, proviſionelles, & definitives.

L Ors que les Procedures marquées ci-deſſus ont été faites, & que l'Inſtance ou Procés, d'entre les Parties eſt en état d'être jugé par raport, le Juge doit rendre ſon Jugement , & il ne doit pas être diferé , ni par la mort des Parties, ni par celle de leur Procureur.

Par le mot de Jugement, nous entendons généralement tout ce que le Juge ordone , en prononçant ſur le diferend qui eſt porté pardevant lui, ſoit qu'il decide, qu'il interloque, ou qu'il adjuge ſeulement la Proviſion.

Les Jugemens ſont ou civils ou criminels , par défaut ou contraditoires, rendus ou en premiere inſtance ou en cauſe d'apel.

Ils ſe deviſent encore en jugemens interlocutoires , proviſionels & definitifs.

Le Jugement interlocutoire , eſt celui par lequel le Juge ordone quelque inſtruction être faite, qu'il juge neceſſaire pour parvenir au jugement definitif , comme quand il apointe les Parties en droit, ou à informer , qu'il ordone une viſitation par Experts , ou que deſcente ſera faite par lui ſur les lieux , & que figure & deſcription en ſera faite par un Peintre, ou autres choſes ſemblables, ſans quoï le diferent des Parties ne peut pas être décidé.

Comme auſſi s'il ſe trouvoit des promeſſes ou écritures privées, deſquelles dépendroit la déciſion du diferend des Parties, qui n'euſſent été ni réconuës ni verifiées, le Juge doit ordoner que la verification en ſera faite dans un certain tems par celui qui les aura produites.

L'interlocutoire eſt encore neceſſaire , quand les témoins de la depoſition deſquels dépend la déciſion du procés , ſont ſufiſament reprochés

reprochés par des reproches concluans; mais en cas il faut que les reproches foient conclus, parce que par l'Ordonance du Roi Loüis XII. art.39. il eſt défendu aux Juges d'apointer les Parties à infor- mer fur faits de reproches, finon en voïant les moïens de reproches conjointement avec le procés principal , & que les faits en foient concluans, ainfi qu'il a été ci-devant remarqué au Chapitre des Reproches de Témoins.

Il y a auffi de deux fortes de Jugemens interlocutoires , qui font les griefs reparables indefinitifs.

Le premier eſt, quand le Juge incompetant, ou valablement re- cufé, ordone que l'on procedera pardevant lui; & le fecond eſt, lors que le Juge, bienque competant, & non recufé, admet l'une des parties à faire preuve par témoins d'une convention pour fom- me excedente cent livres, ou contre la teneur d'un contrat par écrit, ou autres chofes femblables.

Le Jugement provifionel eſt celui, par lequel le Juge reglant les parties fur le principal, ordone que pendant l'inſtruction & atten- dant la decifion d'icelui , a jugé à l'une des parties quelque fom- me , ou fait main-levée de fa perfone; ou de fes biens faifis , fans préjudice de leurs droits audit principal.

On peut encore pendant le procez, adjuger une provifion à l'u- ne ou à l'autre des parties , quand le principal a été reglé par un jugement précedent, & la fentence executée nonobſtant l'apel, en baillant bone & fufifante caution.

Il y a plufieurs matieres où le Juge peut prononcer par pro- vifion.

Primò; En toutes demandes fondées fur contrats & obligations paſſées fous fcel Roïal , ou autentique.

Secundò , Sur promeſſes fous écritures & fignatures privées, reco- nuës , ou bien deuëment verifiées.

Tertiò , En toutes matieres de dot, de doüaire , executions de teſtament, & pour les frais funeraires.

Quartò, De Dotation, de Tutelle, Confection d'Inventaire, Re- dition de Compte , & Reſtitution de dépôt.

Quintò , Salaires de Serviteurs , provifions d'alimens , ventes de beſtiaux faifis , & autre chofes qui fe periſſent , ou fe confument par la longue garde.

Sextò , En matiere de complainte , de reintegrande , ou de fe- queſtre; bref en toutes matieres qui requierent celerité , & qui ne peuvent foufrir de retardation.

Mais on ne doit pas doner de provifion à un contrat reciproquement obligatoire, comme par exemple, un contrat de vente, si le demandeur avoit manqué de satisfaire à quelque clause, à moins que l'on ne soit convenu que ce défaut ne pouroit retarder.

Lors que la demande est fondée sur un contrat, obligatoire, ou promesses reconuës, les Sentences de provisions sont executoires nonobstant l'apel, à quelle somme quelles puissent monter ; mais lors qu'il n'y a ni contrat, ni obligation, ni promesses reconuës, les Juges en matieres sommaires, peuvent seulement juger par provision jusqu'à la somme de mille livres, & jusqu'à la concurence de cête somme, leurs sentences sont executoires nonobstant l'apel.

Les Juges doivent aussi prononcer par le même jugement le passé-outre, s'il y a lieu, afin qu'on ne plaide pas de nouveau sur la même afaire, après que les idées des Juges sont éfacées, & pour éviter aux frais, sinon on doit ordoner que les parties se pourvoiront sur l'apel.

A l'égard des matieres sommaires l'apel est seulement devolutif, au lieu que lors qu'il s'agit *de ordinario & plenario possessorio, non summario*, c'est à sçavoir des sentences de maintenuë, l'apel a éfet, tant suspensif que devolutif, suivant le chapitre 10.& 15. *Extra de rest. spoliat. cap. i. de sequestr frustr.*

Si l'instance sur la provision & sur le principal est en même tems en état de juger, le Juge peut prononcer par le même jugement sur l'un & sur l'autre des diferens, en ordonant, qu'en cas d'apel, la condamnation par lui prononcée sur le principal sera executée, nonobstant opositions ou apellations quelconques & sans préjudice d'icelui.

Lors qu'on ordone que la sentence provisoire demeurera definitive, elle pert son privilege de provision, n'ayant pas été executée, si elle excede le pouvoir du Juge en qualité de definitive.

Le jugement definitif est celui, par lequel on termine le principal diferent des parties, par la condamnation du defendeur, ou son absolution.

Les Sentences & Arrêts sont aussi compris sous le mot de Jugement.

Il y a de trois especes de Sentences ; sçavoir, Sentences passées en force de choses jugées ; Sentences executoires nonobstant l'apel ; & les Sentences dont l'apel suspend l'execution.

Les Sentences qui passent en force de choses jugées, sont celles dont il n'y a point eu d'apel dans le tems prescrit par l'Ordonance, ou dont les apellations ont été declarées péries.

Les Sentences renduës en dernier reſſort, ſont celles contre leſ-quelles on ne ſe peut pas pourvoir par la voye d'apel.

Les Sentences executoires nonobſtant l'apel, ſont les ſentences interlocutoires dont j'ai parlé ci-deſſus, ſi ce n'eſt quand le grief fait par la Sentence n'eſt pas reparable en definitif, les Sentences provi-ſioneles, & autres ſemblables.

A l'égard des Sentences dont l'apel ſuſpend l'execution, ce ſont celles qui ne ſont pas compriſes dans les autres eſpeces de Sen-tences.

Les Sentences de Recreance, ſont auſſi executées à la caution jura-toire, nonobſtant opoſitions ou apellations.

Les Sentences des Juges Auditeurs du Châtelet de Paris, ſont exe-cutoires juſqu'à cinquante livres en baillant caution.

Les Juges Royaux peuvent juger juſqu'à vingt cinq livres no-nobſtant l'apel.

Quant aux Sentences définitives, celles qui ſont renduës en fait de police, tant définitives, que proviſoires & donées en matiere ſo-maire, ſont toutes executoires nonobſtant l'apel à quelque ſomme, qu'elles puiſſent monter, en baillant toutefois caution, ſelon l'arti-cle 12. du titre 17. de l'Ordonance de 1667.

Comme auſſi les Sentences definitives des Baillifs & Senéchaux, des grands Maîtres des Eaux & Forêts, de la Conétablie & des Sie-ges Generaux de l'Amirauté, quand elles n'excedent pas cent livres.

Celles des Requêtes de l'Hôtel & du Palais quand elles n'excedent trois cent livres, & au deſſous.

Celles des Prévôts Royaux, Maîtres particuliers des Eaux & Fo-rêts, Sieges Particuliers de la Mirauté, Election & Grenier à Sel, quand elles n'excedent ſoixante livres.

Celles des juſtices des Duchez & Pairies reſſortiſſans nuement à la Cour, quand elles n'excedent quarante livres.

Les jugemens rendus par les Juges Royaux ſur les demandes en Complainte & Rintegrande ſont auſſi executez par proviſion en do-nant caution, nonobſtant l'apel.

Les Sentences qui ordonent le ſequeſtres, ſont encore executées nonobſtant l'apel.

Pareillement le jugemens qui intervienent ſur les recuſations, ex-cepté quand il eſt queſtion de proceder à une décente.

Les Sentences des Preſidiaux donés au ſecond chef de l'Edit, ſont executoires, nonobſtant l'apel, en baillant caution, ſuivant l'Edit du Roi Henri II. de 1551.

Les Ordonances tant preparatoires, que définitives, du Juge qui

VVuu ij

conoît de l'enterinement des Lettres de répi, font auſſi executées par proviſion, nonobſtant opofitions ou apellations.

Les Sentences des Juges d'Eglife s'executent nonobſtant l'apel juſqu'à vingt cinq livres.

Tous jugemens & Arrêts, doivent être rendus, ſi-tôt que le procés eſt en état de juger, ſoit de la part de toutes les parties, ou de la part ſeulement de celui qui pourſuit le jugement ou Arreſt ; car comme j'ai dit ci-deſſus, les procés ſe jugent par forcluſion & ſur les piéces produites par une des parties, faute de faire ſes productions dans le tems de l'Ordonance.

Les principales prononciations des jugemens, ſont celles qui ſuivent.

Primò, Les Juges Royaux, & même les Preſidiaux ſur l'apel doivent prononcer qu'il a été bien ou mal jugé, & ils ne peuvent pas dire, *l'apellation, & ce dont eſt apellé au neant*, par ce qu'il n'apartient qu'aux Cours Souveraines de prononcer ainſi.

Secundò, Les Preſidiaux jugeant en dernier réfort & ſans apel, ne peuvent pas prononcer *Souverainement*, ou *par jugement Souverain* ; Mais ſeulement, *par jugement dernier* ou *Preſidial*.

Tertiò, En apellation verbale, la Cour prononce ſur un congé, *l'apellant décheu de l'apel & condamné à l'amande & aux dépens*, & ſur un défaut elle prononce, *décheu du profit de la Sentence, condamné aux dépens, tant de la cauſe principale que d'apel.*

Quartò, Quand l'apellation eſt verbale, la Cour prononce, *l'apellation & ce dont eſt apellé, au neant, & en Emendant, ordonne &c.* & quand il y a pluſieurs chefs, & qu'elle en infirme quelques uns, elle dit, *l'apellation & ce, &c. en ce que touche, &c. émendant, &c. les autres au réſidu fortiſſant effet.*

Quintò, En apellation interjettée d'une Sentence ſur productions des parties ou en procés par écrit, la Cour prononce, *l'apellation & Sentence dont eſt apel au neant* ; & c'eſt une difference à remarquer, entre les prononciations de la Cour en apellation verbale & en apellation de procés par écrit ; car en apellation verbale, la Cour ne dit pas, *l'apellation & Sentence, &c.* Elle ne dit pas auſſi ordinairement en apellation ſur Sentence renduë ſur productions des parties *l'apellation & ce dont eſt apellé au neant.*

Sextò, En apellation des Sentences renduës en procés par écrit, quand il n'y a point de grief, la Cour dit, *mal & ſans griefs apellé, l'apellant condamné à l'amande & aux dépens.*

Septimò, En apellation comme d'abus, quand l'intimé gagne ſa cauſe, la Cour prononce, *l'apellant non recevable, condamne à la man-*

de & aux dépens, elle dit quelquefois, *qu'il n'y a point d'abus.*

Octavò, Quand l'apellant gagne sa cause, la Cour prononce, *mal & abusivement jugé & ordoné, &c.*

Nonò, Dans les causes d'apel és Jurisdictions inferieures, les Juges doivent juger *an bene vel male*, sans mettre l'apellation au neant, parce que cela n'apartient qu'aux Cours Souveraines.

Il y a trois choses requises pour rendre juridique une Sentence.

Primò, Qu'elle soit renduë par un Juge comptent.

Secundò, Qu'elle soit renduë dans les formes prescrites par les Ordonances.

Tertiò, Qu'en sa décision elle soit conforme aux loix & aux Coûtumes du païs.

Sur quoi il faut observer ici, que quoi qu'elle fut renduë par un Juge incompetant, elle ne seroit pas nulle pour cela; car si ce Juge incompetant avoit la qualité & le caractere de Juge, & que les parties se fussent volontairement soumises à sa jurisdiction, elle ne peut être reformée que par un apel.

Mais si c'étoit une persone privée sans pouvoir, ni autorité publique, sa Sentence seroit nulle de Droit, sans qu'il fut besoin d'apel pour en empêcher, l'execution, si ce n'étoit qu'il eut jugé en qualité d'arbitre, en vertu d'un compris; par lequel les parties se fussent soumises à son jugement.

Il y a aussi plusieurs formalitez requises par les Ordonances en la prononciation des jugemens, & Sentences définitives.

Primò, Elles doivent être renduës par les Juges dans les Sieges ordinaires de leur jurisdiction, & où on a acoutumé de rendre la justice; car si elles étoient renduës dans un Cabaret ou dans une Maison privée, elles seroient nulles de droit, ainsi qu'il est dit par l'Ordonance de François I. en 1573. & Henri III. en 1585.

Il y a Arrest de réglement du 28. Avril 1673. rendu sur les Conclusions de Monsieur le Procureur General, & raporté au troisiéme volume du Journal des Audiances, par lequel défenses sont faites aux Juges Subalternes de rendre Justice sous les portes des Eglises, dans les Cimitieres, & dans les Cabarets, & enjoint aux Seigneurs hauts Justiciers, qui n'ont pas d'Auditoires d'en faire bâtir dans six mois.

Secundò, Elles doivent être renduës en un jour non ferié, & qui ne soit ni Dimanche, ni Fête comandée par l'Eglise.

Il y a Arrest du 13. Mars 1542. raporté par Guenois en ses Notes sur Imbert, livre 1. chapitre 51. par lequel une Sentence a été declarée nulle, pour avoir été renduë un jour de Fête comandée par l'Eglise. V V u u iij

Tertiò , Il faut que les délais prescrits par les Ordonances aïent été donez aux parties pour défendre en l'Audiance , ou pour produire & contredire , si le procés est par écrit ou autrement, & si elle avoit été renduë précipitément & avant l'expiration des délais , elle ne pouroit subsister.

Quartò , Il faut que la Condamnation soit de choses certaines, comme de telle somme , ou de telle espece , de telle quantité , & non vagues & indefinies, comme si le Juge condamnoit seulement le De-mandeur à payer au Défendeur tout ce qu'il lui peut devoir.

Neanmoins si le Demandeur devoit plusieurs années d'arerages de Rentes ou plusieurs années d'interests d'une somme , le Juge peut le condamner indefiniment à payer lesdits arrerages ou interests , si la Sentence est renduë à l'Audiance ; mais si elle est renduë en pro-cez par écrit , elle doit contenir la liquidation , & le calcul , suivant l'article 6. du titre 26. de l'Ordonance de 1667.

Si la Sentence, est renduë par un Juge Subalterne , ou par un Juge Royal, ou d'un Seigneur , elle doit contenir la taxe & liquidation des dépens , soit qu'elle soit renduë à l'Audiance ou pour procez par écrit ; mais si elle est renduë par des Baillifs , Senechaux ou Juges Presidiaux , les dépens doivent être taxés comme aux Cours Souve-raines , & il est expressement défendu auxdits Baillifs & Senéchaux de les liquider par leur Sentence , ainsi qu'il est porté par la même Ordonance.

Il est aussi défendu aux Arbitres par l'article 2. du même titre , de remettre , moderer , ou liquider les dépens par leurs Sentences ar-bitrale , si le pouvoir ne leur en est doné par cause expresse du Com-promis.

Les Sentences , Jugemens & Arrests doivent être dattez du jour qu'ils ont été arrestez , sans qu'ils puissent avoir d'autres dattes , se-lon l'article 8. qui ordone , que le jour de la Sentence ou Arrest sera écrit de la main du Raporteur , ensuite du *Dictum* , ou dispositif, avant que de la mettre au Greffe , à peine des dépens , domages & interests des parties.

Par l'article 4. du titre 1 de l'Ordonance du mois d'Août 1669. Défenses sont faites à tous Juges de passer outre à l'instruction & ju-gement des causes & procés au préjudice de la signification de Let-tres d'Etat & aux parties de continuer leurs poursuites, ni de s'aider des jugemens qui pourroient être intervenus , à peine de nullité , cassation de procedures & de tous dépens, domages & interests.

Les loix Romaines n'ont pas autorité de loix parmi nous, si non entant que nous les avons receuës & aprouvées par nôtre usage ;

c'eſt pour cela qu'en quelques unes de nos Coûtumes reformées par Monſieur le Preſident de Thou , le droit Romain eſt ſeulement raiſon écrite.

Les Coûtumes du Royaume ſont nôtre veritable Droit écrit, ſuivant leſquelles les Juges, ſont neceſſairement obligez de juger, encore que leur diſpoſition ſoit contraire au Droit Romain.

Les cas obmis dans une Coûtume , ne doivent pas être ſuplées par le Droit Romain, ſinon quand cela ne ſe peut faire par les Coûtumes voiſines , ou par la Coûtume de Paris, à laquelle il faut avoir recours plûtôt qu'au droit Romain, comme il a été dépuis peu jugé par deux Arreſts célebres, l'un du 5. Avril 1672. par lequel on a jugé en la Coûtume de Valois qui ne définit point l'âge pour teſter , que cette omiſſion devoit être ſuplée par la Coûtume de Paris qui définit l'âge de teſter à vingt ans, & non par le droit Romain qui permet de Teſter à quatorze ans.

L'autre rendu le 10 Mars de la même année 1672. en la Cauſe de Madame la Princeſſe de Guimené , par lequel en une Coûtume qui ne réglè point la quotité de la legitime, elle a été reglée à la moitié, ſuivant l'article 298. de la Coûtume de Paris, & non pas au tiers, ou à la moitié , eu égard au nombre des Enfans, ſelon la Novelle *de Triente & Semiſſe.*

Neanmoins pour l'âge de Teſter la Cour a encore égard à l'uſage des lieux , ſi on ſuit la diſpoſition du Droit Romain, ou la Coûtume de Paris, ainſi que je l'ai fait voir au chapitres des Donations.

Quand les Ordonances ſont contraires aux diſpoſitions des Coûtumes , il faut juger ſuivant l'Ordonance, & non pas ſuivant la Coûtume, parce que les Ordonances ſont des Loix generales pour tout le Royaume , qui dérogent aux Coûtumes, qui ne ſont que des Loix particulieres pour les peuples de leurs reſſorts.

Exemple, par l'article 58. de la Coûtume de Vermandois , un Teſtament eſt declaré valable, ſi le Teſtateur a declaré ſa volonté en preſence de quatre témoins.

Ce qui eſt contraire à l'article 54. de l'Ordonance de Moulins , qui réjette la preuve par témoins, de toutes conventions & dépoſitions excedant cent livres.

Ainſi en ce cas, il faut ſuivre l'Ordonance, & non pas la Coûtume à laquelle l'Ordonance a derogé.

Par la pluſpart des Coûtumes du Royaume, il n'eſt pas dû de Lots en ventes en cas de Charge.

Ce qui eſt contraire aux Edits du Roi du 20. Mars 1673. & Fevrier 1674. par lefquels les échanges, tant d'heritages contre des rentes, que d'heritages contre heritages, font affujetis à ce droit,, & partant en jugeant il faut fuivre les Edits, fans s'arêter aux difpofitions des Coûtumes, aufquelles lefdits Edits ont dérogez.

Il y a une chofe importante à remarquer ici fur la forme des fentences, qui eft, que les Gréfiers ne peuvent pas reprendre dans le veu les énoncez des pieces ; mais feulement les conclufions principales & incidentes, & les ofres, outre les noms, les dattes, & les fignifications des pieces neceffaires.

Pour lever une Sentence, jugement, ou Arrêt ; fi le jugement eft rendu à l'Audiance, il faut faire fignifier les qualitez.

Au Parlement, Grand Confeil, & Cour des Aydes, les qualitez des Arrêts rendus par défaut à l'Audiance, doivent auffi être fignifiez.

Ce qui ne fe pratique pas aux Requêtes de l'Hôtel & du Palais, & autres Jurifdictions, que lors que les jugemens & fentences font contradictoires.

Les qualitez étant fignifiées, on les met entre les mains du Gréfier, qui tranfcrit le *Dictum* du jugement, qui eft écrit fur la feüille.

Les qualitez d'un jugement font, l'énonciation des noms des parties, avec les conclufions de toutes les demandes en particulier fur lefquelles le jugement eft intervenu.

Il y a encore ici une petite diftinction à remarquer, qu'il y a entre les qualitez d'un Arrêt, ou d'une Sentence.

Par les qualitez d'un Arrêt, on met à la fin le nom des Avocats, ou Procureurs qui ont plaidé; & par celles des Sentences, on les met; fçavoir pour le demandeur, immediatement aprés les mots, *d'une part, par Maître tel*; & pour le défendeur, aprés les mots, *d'autre, par Maître tel.*

A l'égard des jugemens qui fe rendent par raport, on ne fait pas fignifier des qualitez ; mais les facs étant remis au Gréfe aprés le jugement, de l'inftance, ou procez, le Gréfier dreffe l'Arrêt, ou Sentence.

CHAPITRE

CHAPITRE CXXXV.

Des Apellations.

APel eſt un moïen de droit , pour ſe pourvoir pardevant un Juge ſuperieur contre une Sentence d'un Juge inferieur qu'on prétend être injuſte.

Surquoi il faut ici remarquer , que ſi on prétend que céte Sentence ſoit injuſte en quelques chefs ſeulement , & qu'on veüille aquieſcer aux autres , on le peut.

Il y a de trois ſortes d'Apellations ; ſçavoir , les apellations qui ſe vuident par expedient, les apellations verbales , & les apellations des ſentences renduës ſur procez par écrit , deſquelles je traiterai dans les trois Chapitres ſuivans , aprés avoir parlé en celui-ci, de pluſieurs autres queſtions qui concernent les apellations en general.

Il y a trois degrez en la Juriſdiction Roïale ; le premier eſt , des Prevôts , Châtelains, & autres Juges inferieurs ; le deuxiéme , des Baillifs , Senéchaux , & Preſidiaux ; le troiſiéme eſt , du Parlement, & autres Cours Souveraines.

Les apellations des premiers Juges , vont à ceux qui ſont au ſecond degré ; & les apellations des Juges du ſecond degré reſſortiſſent aux Parlemens.

Neanmoins il y a certaines apellations de Sentences en premiere inſtance , qui vont *rectà* aux Parlemens ; ſçavoir , les apellations des Juges des Pairies, des Conſuls, des dénis de juſtices , & d'incompetance, les apellations comme d'abus, du jugement des arbitres ; mais toute audiance doit être déniée à l'apellant , juſqu'à ce qu'il ait païé la peine portée par le compromis.

Pareillement quand il s'agit de condamnation d'amende contre Procureurs, Gréfiers, ou autres , pour contravention par eux faites aux Ordonances ; quoique les ſentences de condamnation aïent été renduës par les Prevôts & Châtelains, les apellations d'icelles vont directement à la Cour , ſuivant l'Ordonance de Charles IX. de l'an 1574. article 6. & 7. qui défend expreſſément auſdits Baillifs & Senéchaux d'en prendre conoiſſance.

Les apellations des jugemens & ſentences renduës par les Juges auſquels les Lettres de répi ont été adreſſées, reſſortiſſent ſans moïens aux Cours de Parlemens.

L'apel des fentences & jugemens , doit être interjeté par un acte que le Procureur, qui a ocupé pour celui qui veut apeller, dans la Jurifdiction où le jugement, ou la fentence a été renduë, fait fignifier au Procureur qui a ocupé pour celui qui a obtenu gain de caufe, lequel acte doit être dreffé ainfi.

Acte d'Ape'.

A la Requête de **A** . . . Procureur de B. . .

Soit fignifié & declaré à D. . . . Procureur de E. . . que ledit B. . . eft apellant, comme par ces prefentes il apelle , de la Sentence contre lui renduë le. . . par tel Juge . . & de tout ce qui s'en eft enfuivi , pour les caufes & moïens qu'il déduira en tems & lieu, à ce qu'il n'en ignore , dont acte.

Si l'apel eft d'une Sentence renduë fur procez par écrit , au lieu de metre , *Pour les caufes & moïens qu'il déduira en tems & lieu* , on met , *pour les griefs à lui faits, & qu'il déduira en tems & lieu.*

Toutefois l'apellant peut renoncer à fon apel, pourveu qu'il y renonce dans la huitaine , à compter du jour de la fignification de fon'acte d'apel, & qu'il n'ait pas relevé fon apel.

Sur quoi il faut remarque ici , que l'apellant , en cas de renonciation à fon apel, ne doit pas païer l'amande.

Quoiqu'une Sentence foit nulle par la difpofition de droit, il faut neceffairement en apeller, parce que les voïes de nullité établies par le Droit Romain ne font pas reçuës dans ce Roïaume ; de forte qu'une fentence ne laiffe pas de valoir & de fubfifter , bien qu'injufte, ou renduë precipitement , ou contre les formes, jufqu'à ce que celui à qui elle fait tort , l'ait fait reformer par le Juge fuperieur.

Si une fentence eft nulle par la difpofition des Ordonances, il n'eft pas neceffaire d'en apeller, comme au cas de l'article 1. de l'Ordonance de 1667. qui défend à tous Juges, tant Royaux , qu'Eccleſiaſtiques, que des Seigneurs , de retenir aucune caufe dont la conoiffance ne leur apartient pas , à peine de nullité de leurs jugemens , & d'être les Juges intimez en leur propre nom.

Ainfi il s'enfuit qu'on ne peut pas apeller de toutes fortes de fentences.

Premierement, quand les fentences font renduës par les Prefidiaux au premier chef de l'Edit de leur creation ; c'eſt à dire, quand les condamnations au principal, n'excedent pas la fomme de deux cent cinquante livres pour une fois païer, ou la fomme de dix livres de rentes de revenu annuël, on ne peut point en apeller.

En second lieu quand celui contre qui la Sentence a été renduë y a aquiescé, il est aussi décheu de son apel, à moins qu'il n'eut des causes legitimes contre son aquiescement, comme par exemple, le dol, la force & la surprise de la part de la partie adverse, auquel cas il faudroit se faire restituer par Lettres de rescision contre son aquiescement.

En troisiéme lieu, quand l'apel n'est pas interjetté dans le tems de l'Ordonance, on n'y est plus recevable.

Ci-devant on ne recevoit pas favorablement les apellations de ceux qui ne se plaignoient qu'à l'égard des dépens, ou pour y avoir été condamné, ou pour ne leur avoir pas été adjugez.

Aujourd'hui, il en est autrement par la disposition de la nouvelle Ordonance de 1667. titre 21. article 1. qui veut, que quiconque succombe au principal, soit condamné aux dépens indefiniment, & sans qu'ils puissent être moderez, parce que de là il sensuit, que celui qui a succombé, aquiessant au principal, n'est pas recevable à se plaindre de la condamnation des dépens, puis qu'il y a dû necessairement être condamné.

A l'égard de celui qui a gagné sa cause au principal, si les dépens ne lui ont pas été adjugez, son apel est indubitable étant fondé sur cet article de l'Ordonance, & même sans apeller, il peut faire taxer ses dépens tout ainsi que, s'ils lui avoient été adjugez, suivant la faculté qui lui en est donée par cet article, si ce n'étoit que le Juge, pour cause legetime, les lui eut compensez, comme s'il y avoit eu des demandes de part & d'autre, ausquelles les parties eussent respectivement, obtenu ou succombé.

Celui qui n'est pas partie dans une Sentence peut aussi en apeller, si indirectement elle lui fait préjudice, & qu'on s'en veuille servir ou prévaloir contre lui, en une cause d'apel, pardevant le Juge superieur; mais si elle lui est objectée pardevant le même Juge qui la renduë, il s'en peut défendre en demandant d'y être reçû oposant, & il sera receu à son oposition, par la régle, *res aliàs acta, aut judicata, alii non nocet* :

C'est à dire, qu'un Acte passé ou une Sentence renduë, avec un tiers, ne nous fait point préjudice.

Par exemple, un debiteur par collusion, se laisse évincer contraditoirement, ou par défaut ou par forclusion d'un heritage qu'il avoit hipotequé à sa créance, il est certain que la Sentence qui fait céte Eviction, nuit & fait préjudice au créancier, quoi qu'il ne soit pas compris, ni dénomé, parce qu'elle le prive de son hipotéque, en dépoüillant son debiteur de la proprieté de l'heritage qui lui avoit été hipotequé.

C'eſt pourquoi ſi on ſe veut prevaloir contre lui en premiere inſtance, il pourra la faire caſſer & revoquer par la voïe d'opoſition, & ſi c'eſt en cauſe d'apel, il peut incidemment en interjetter apel, & je ſoutiens qu'il y ſera bien fondé.

Si au contraire celui qui eſt partie dans une Sentence n'y avoit aucun intereſt, comme ſi un heritage avoit été vendu & adjugé par décrit ſur un Mineur, pour la dette de ſon Pere, & que depuis il eut renoncé à la ſucceſſion, il n'eſt pas recevable à interjetter apel de ce décret, s'il ne c'eſt fait reſtituer contre ſa renonciation.

Il faut dir auſſi que ſi dans une Sentence, ou dans un Arreſt il reconoît une erreur de calcul, pour la reformer, il ne ſe faut pas pourvoir, ni par apel contre la Sentence, ni par Requête civile contre l'Arreſt, il ſuffit d'en demander la reformation par une Requête.

A l'égard des apellations des Sentences des Juges étrangers, on prétend qu'étant renduës par des Juges qui n'ont aucun pouvoir ni caractere en ce Royaume, elles n'y peuvent pas être executées, quoi qu'intervenuë entre ceux de la Monarchie, ſauf à venir par novelle action.

Neanmoins s'il s'agiſſoit de biens ſituez en France, j'eſtime qu'on pourroit obtenir un *Parcatis*, pour faire executer ces ſortes de Jugemens.

L'apel des mêmes Sentences n'eſt pas auſſi reçeu dans nos Parlemens, & on renvoïe les parties, quoique ſujets du Roi, pardevant les Juges Superieurs qui en doivent connoître, ſi mieux, ils n'aiment venir par nouvelle action, pourveu qu'on ſoit encore dans le tems de pouvoir apeller.

Autrefois, on avoit trente ans pour apeller d'une Sentence; mais l'article 12. du titre 27. de la nouvelle Ordonance, veut que ſi une Sentence a été ſignifiée avec toutes les formalitez ordonées par les ajournemens, qu'après trois ans écoulez depuis cête ſignification, celui qui a obtenu la Sentence aïant ſommé celui qui eſt condamné d'en interjetter apel, l'apel ne ſoit plus recevables ſix mois après la Sommation.

Ce même article contient une exception, pour les Egliſes, Hôpitaux, Colleges, Univerſitez & Maladeries, pour leſquels au lieu de trois ans, il faut ſix ans.

Si celui qui a été condamné venoit à deceder pendant les trois années, ſes heritiers ou legataires univerſels Majeurs, outre le tems qui reſteroit à écouler, auroient encore une année entiere, après laquelle celui qui auroit obtenu la Sentence ſeroit obligé de la lever

& de la faire ſignifier avec Sommation d'en interjetter apel, quoi que pareille Sommation ait été faite au Défunt ; & dans ſix mois, à compter du jour de la nouvelle Sommation, & dans ce tems, ils pouroient en interjetter apel, mais aprés ils ne ſeroient plus recevables.

Ce qui a lieu pareillement à l'égard des Donataires, le gataires particuliers & tiers détenteurs.

Si c'étoit le Titulaire d'un Benefice qui décedât, pendant le délai de ſix ans, ſon ſuceſſeur paiſible auroit encore un an entier avec ce qui reſteroit des ſix années, & ſi ſon décés étoit arrivé dans les ſix mois aprés la Sommation à lui faite, ſon ſuceſſeur n'auroit que ſix mois à compter du jour de la nouvelle Sommation qui lui ſeroit faite.

Les délais marqués ci-deſſus ont lieu, tant contre les abſens que contre les preſens, excepté contre les abſens hors le Roïaume pour le ſervice du Roi, & par ſes ordres.

Quant aux Mineurs, ils ne comencent à courir que du jour qu'ils ont acompli vingt cinq ans.

Si les Sommations ſuſdites n'ont pas été faites, il eſt permis d'apelpeller des Sentences juſqu'à dix ans paſſez, à compter du jour de leur ſignification, & juſques à vingt ans auſſi à l'égard des Domaines de l'Egliſe, Hôpitaux, Colleges, Univerſitez & Maladeries, à compter du jour de la ſignification deſdites Sentences.

D'où il ſenſuit, que ſi les Sentences n'avoient pas été ſignifiées, les délais ſuſdits ne peuvent pas ſe preſcrire par aucun tems.

Il ſemble auſſi qu'à l'égard des Sentences obtenuës avant l'Ordonance, les dix ans courent du jour qu'elle a été publiée.

Je ne crois pas que l'Acte d'apel qui a été declaré déſert, ſoit capable de proroger le tems d'apeller au delà des dix ans, ce qui eſt nul produiſant aucun éfet.

On peut encore apeller d'un Juge qui n'a pas rendu de Sentence, comme du deni de Juſtice, s'il eſt refuſant ou delaïant de la rendre après que la cauſe ou le procez a été, mis en état de juger, pourveu qu'au paravant il ait été ſommé par trois fois ſuivant l'ancien uſage ; mais la nouvelle Ordonance de 1667. titre 25. article 4. ne requiert que deux Sommations, qui doivent être faites par un Sergen aut domicile du Juge ou au Greffe de la Juriſdiction, en parlant au Gréfier ou comis Gréfier, dans les délais portez par ladite Ordonance.

Celles qui feront faites aux Juges réſortiſſans aux Cours Souveraines, doivent être faites de huitaine en huitaine, & celles qui ſeront faites aux Juges inferieurs & non réfortiſſans auſdites Cours Souveraines, de trois jours en trois jours.

L'appellant peut renoncer à ſon apel dans la huitaine, ſans payer l'amende, à compter du jour de la ſignification, de l'Acte d'apel, pourveu toutefois qu'il n'ait pas relevé l'apel, & durant céte huitaine que l'Ordonance lui done pour déliberer, il ne peut être anticipé.

Céte renonciation doit être faite au Gréfe, & ſignifiée au Procureur de la partie adverſe, ou par un acte ſignifié par un Sergent à ladite partie adverſe même, en parlant à ſa perſone, ou à ſon domicile.

Si l'apellant eſt negligent de relever ſon apel, l'intimé doit l'anticiper en vertu de Lettres de Chancelerie, dont voici la formule.

Anticipation.

L O U I S, &c... au premier nôtre Huiſſier, &c. à la requête de nôtre amé tel,... nous te mandons ajourner & anticiper à certain & competant jour en nôtre Cour de Parlement de.... tel... pour proceder ſur l'apel par lui interjetté de la Sentence contre lui renduë par le Prevôt ou Bailli de.... ou ſont Lieutenant Civil, le... tel jour & an, & proceder en outre comme de raiſon, declarant que Maître tel... Procureur en nôtre ditte Cour ocupera pour ledit Expoſant, de ce faire te donons pouvoir, C A R tel, eſt nôtre plaiſir. DONNE', &c.

Par le Conſeil,
Tel.....

Ces Lettres ſignées & Scellées, il faut en ſuite les faire ſignifier à l'apellant, & en vertu d'icelle lui doner aſſignation, ſuivant les régles preſcrites par l'Ordonance, & s'il ne comparoît pas, les délais expirez, le Juge doit contre lui doner défaut; mais s'il comparoît, & que ſur ladite aſſignation il conſtituë Procureur, le jugement de l'apel ſera pourſuivies en la maniere acoutumée.

L'apellant peut être anticipé huitaine aprés la ſignification de l'acte d'apel.

Neanmoins s'il avoit été anticipé pendant céte huitaine, & qu'il n'eût pas renoncé à ſon apel, l'anticipation ſeroit valable, d'autant qu'il ſeroit abſurde de ſe plaindre que l'anticipation eſt precipitée, que quand l'apellant renonce à ſon apel, auquel cas les fraits de l'anticipation retombent ſur l'intimé.

Les apellations doivent être relevée dans quarante jours aux Sieges Preſidiaux & dans les Cours des Aides, dans trois mois, quand c'eſt au Parlement & auſſi pareil tems de quarante jours par les Baillifs, & Senéchauffées, pour les apellations des Juges inferieurs qui y reffortiffent.

Si aprés ces délais l'apellant ne releve pas fon apel, l'intimé a le choix, ou de fe pourvoir pardevant le Juge qui a rendu la fentence, & demander par une requête, qu'atendu que l'apellant n'a pas relevé fon apel dans le tems porté par l'Ordonance, il foit ordoné que ladite fentence fera executée, nonobftant & fans préjudice dudit apel, ou bien d'obtenir des Lettres de Defertion en Chancelerie, en vertu defquelles l'on fait affigner l'apellant devant le Juge où reffortit l'apel.

Defertion d'apel

LOUIS, &c.... au premier nôtre Huiffier, &c... à la requéte de tel... Nous te mandons affigner à certain & competant jour, en nôtre Cour de Parlement A.... tel.... pour voir declarer l'apel par lui interjeté de la fentence contre lui renduë, le... tel jour & an, par le Prevôt de.. nul, frivol & defert, faute de par ledit tel.... de l'avoir relevé, ou à icelui renoncé dans le tems de l'Ordonance, & proceder en outre comme de raifon, & outre affigner auffi ledit tel... pardevant ledit Prevôt de... pour voir dire & ordoner, qu'il fera paffé outre à l'execution de la fentence, nonobftant ledit apel defert, de ce faire te donons pouvoir. CAR tel eft nôtre plaifir. DONE' à, &c.

En execution de ces Lettres l'intimé doit apeller l'apellant en defertion, & en ce cas voyez ci-aprés les procedures qui fe font dans les apellations qui fe vuident par Expedient.

Les apellations fe peuvent relever de plufieurs manieres.

La premiere eft par Requête, ce qui fe fait lors que l'apel eft de quelque fentence renduë dans l'enclos du Palais fur production des parties.

Par exemple, j'ai été condamné par fentence des Requêtes de l'Hôtel, ou du Palais fur production des parties, je pourai relever l'apel par Requête, ainfi qu'il enfuit.

Requête pour apeller.

A Noffeigneurs de...

Suplie humblement Q.....

DISANT qu'en l'inftance pendante aux Requêtes de l'Hôtel, ou du Palais, entre R.... & le Supliant, il eft intervenu fentence fur leurs productions le... par laquelle le Supliant auroit été condamné à &c... c'eft pourquoi il eft obligé d'avoir recours à vous.

CE CONSIDERE', Noffeigneurs, il vous plaife recevoir le Suplian apellant de ladite fentence, le tenir pour bien relevé, ordoner que fur ledi apel, fur lequel il lui fera permis d'intimer qui bon lui femblera les parties procederont comme en procez par écrit , & vous ferez bien.

Sur cète Requête l'un des Meffieurs, ou le Gréfier met, *Tenu pour bien relevé en confignant l'amande, fait ce, &c* ....

L'amande étant confignée , & la quitance fignifiée , il faut faire les procedures qui font obfervées dans les apellations des fentences fur procez par écrit, que j'ai marquées ci-aprés.

La deuxiéme maniere de relever l'apel , eft d'obtenir un Arrêt de défenfes fur Requête, & en cela voïez au Chapitre des Arrêts de défenfes ce que j'en ai dit.

La troifiéme maniere de relever l'apel eft, de le faire par une Comiffion de Chancellerie , apellée, Relief d'apel, lequel fe dreffe ainfi.

Apel.

LOUIS, &c.... au premier nôtre Huiffier , &c. à la requête de nôtre amé tel.... Nous te mandons affigner & intimer à certain & competant jour, en nôtre Cour de Parlement de.... tel.... & tous autres qu'il apartiendra , pour proceder fur l'apel par l'expofant interjeté, & qu'il interjete d'abondant par ces prefentes, d'une fentence contre lui renduë par ... le tel jour & an .... & de tout ce qui s'en eft enfuivi, pour les torts & griefs à deduire en tems & lieux, & proceder en outre comme de raifon ; declarant que Maître tel ... Procureur en nôtredite Cour de Parlement, ocupera fur ledit apel pour ledit Expofant , de ce faire te donons pouvoir. CAR tel eft nôtre plaifir. DONE' à Paris fous le fcel de nôtre Chancellerie le ... jour de ... l'an de Grace mil fept-cent ... & de nôtre Regne le ....

Par le Confeil
Tel ....

Céte comiffion étant obtenuë , il faut en vertu d'icelle doner affignation fur l'apel ; & fi l'intimé ne compare pas dans le tems porté par l'Ordonance , il fera contre lui doné défaut, faute de comparoir, que l'apellant peut faire juger dans un autre délai, fuivant la diftance des lieux ; & en cela voïez le Chapitre des affignations & délais.

Si l'intimé fe prefente fur cète affignation , & que l'apel foit un apel à vuider par expedient, il faudra obferver les procedures remarquées au Chapitre fuivant ; mais fi l'apel eft verbal, il faut en pourfuivre le jugement à l'Audiance, en la maniere qui fera dite au Chapitre des apellations verbales ; & fi l'apel eft d'une fentence renduë fur procez par écrit, il faudra conclure comme és procez par écrit, ainfi que je dirai au Chapitre des apellations fur procez par écrit.

Aprés

Aprés que l'intimé s'eft prefenté fur l'affignation à lui donée, la partie la plus diligente doit configner l'amande, & en faire fignifier la quitance à fa partie; car avant qu'on puiffe faire aucune procedure de part & d'autre fur toutes fortes d'apellations, l'amande doit être confignée préalablement.

Céte amande eft de fix livres pour les apellations des Juges fubalternes, aux Prefidiaux, & de douze livres pour les apellations qui reffortiffent à la Cour des Aydes, aux Parlemens, & aux Requêtes de l'Hôtel.

Quoi qu'une partie interjete apel de plufieurs chefs d'une fentence, neanmoins elle ne doit configner qu'une feule amande, quand même l'apel feroit de plufieurs fentences; mais fi les deux parties étoient refpectivement apellantes, elles doivent chacune configner l'amande, fuivant l'Edit du Roi du mois d'Aouft 1669.

L'amande du fol apel dans les Prefidiaux eft de fix livres feulement, & aùx Cours Souveraines, dans les apellations plaidées par placet, ou au rôle, & dans les procez par écrit, quand la Cour prononce, *l'apellation au neant,* l'amande n'eft que de douze livres; mais dans les cas fuivans, l'amande eft de foixante & quinze livres, qui eft ce qu'on apelle proprement l'amande du fol apel.

Primò, Quand la Cour prononce dans les Congez obtenus par défaut, faute de venir plaider fur placet, ou à tour de rôle, *Congé, l'apellant declaré déchû de l'apel.*

Secundò, Quand dans les claufes d'Audiance, ou dans les procez par écrit la Cour prononce, *Bien jugé, mal & fans grief apellé & amandera.*

Tertiò, Quand à l'Audiance contradictoirement, ou par défaut, ou dans les procez par écrit, la Cour prononce, *l'apellant non recevable en fon apel.*

Quartò, Lors que l'apellant eft déchû de fon apel par le jugement qui intervient fur le Congé à faute de conclure.

CHAPITRE CXXXVI.

Des Apellations qui fe vuident par Expedient.

LEs Apellations de peu de confequence fe terminent par Expedient, les unes par l'avis des Avocats & Procureurs Generaux, & les autres par l'avis d'un ancien Avocat, dont les paties conviennent.

L'Ordonance de 1667. titre 6. article 4. porte, que *Les apellations de déni, de renvoi, & d'incompetance, feront incessament vuidées par l'avis de nos Avocats & Procureurs Generaux, & les foles intimations & desertions d'apel, par l'avis d'un ancien Avocat, dont les parties, ou Procureurs conviendront ; & ceux qui succomberont, feront condamnez aux dépens, qui ne pourront être moderez ; mais feront taxez par les Procureurs des parties sur un simple memoire, sans frais & sans nouveau voiage.*

Or il s'ensuit que les apellations qui se vuident par expedient font les apellations de deni, de renvoi & d'incompetence, les foles intimations & desertions d'apel.

Sur quoi il faut remarquer ici, que par l'article 3. du même titre, il est enjoint à tous Juges à peine de nullité de leurs jugemens de les juger Sommairement à l'Audiance fous pretexte de liticipendance, connexité ou autrement, sans apointer les parties, lors même qu'il en fera deliberé sur le registre, ni reserver & joindre au principal pour y être preallablement, ou autrement fait droit.

Il faut encore auffi observer, que dans les apellations qui se vuident par expedient, quand un Avocat est chargé des pieces, il n'est par necessaire que le Procureur soit au Parquet pour vuider la caufe par l'avis de Messieurs les Gens du Roi.

Par l'article 6 du même titre, il est dit, que dans les apellations de deni, de renvoi & d'incompetance, avant d'aller à l'expedient, les qualitez doivent être fignifiées & les prononciations redigées aussi-tôt qu'elles auront été arrestées.

Les qualitez d'un apointement fur un apel de deni, de renvoi & d'incompetence se dreffent ainfi.

Qualitez d'apointement fur un apel de deni de renvoi & d'incompetence.

Extrait des Regiftres de . . .

Entre A... apellant, tant comme de Juge incompetant, déni de renvoi, qu'autrement, de la Sentence rendüe par le Prevôt ou Bailli de... d'une part, & B . . . . Intimé d'autre, aprés que C. . . . Avocat de l'apellant, & D. . . . pour l'intimé ont communiqué au Parquet des Gens du Roi, & par leurs avis font demeurés d'acord de l'apointement qui en fuit, Apointé est, oüi fur ce le Procureur General du Roi, que la Cour. . . . . .

Il faut en fuite faire fignifier ces qualitez, avec Sommation à la partie adverfe de comparoir au Parquet à telle heure du matin, pour vuider par l'avis de Messieurs les Gens du Roi, la caufe d'entre les parties, lui declarant qu'il y fera procedé, tant en abfence que prefence, & que Maître tel, Avocat dudit tel, eft chargé des pieces.

Aprés deux Sommations de comparoir au Parquet , & qu'on a communiqué à Meſſieurs les Gens du Roi , la partie la plus diligente dreſſe les qualitez & le diſpoſitif du jugement , ſuivant l'avis dis Meſſieurs les Gens du Roi, qu'il faut faire ſignifier, avec Sommation de paſſer l'apointement offert , ſinon l'on déclare qu'un tel jour , l'on pourſuivra la reception à la grand' Chambre ſur un n'avenir.

Si la partie adverſe compare , la reception de l'apointement eſt prononcé contraditoirement ; & ſi elle ne compare pas , elle eſt prononcée par défaut,& on fait ſigner l'apointement par Monſieur l'A-vocat General , en ſuite de quoi on le met ſur la feüille du jour marqué par l'avenir.

Si l'apellant gagne ſa cauſe , l'apointement porte , que *la Cour a mis & met l'apellation & ce dont eſt apellé , auncant , Emendant a ren-voyé & renvoye les parties pardevant tel Juge, pour y proceder ſuivant les dernieres erremens ſur la demande de l'apellant, &c.*

Que ſi l'apellant perd ſa cauſe, l'apointement porte , que *la Cour a mis & met l'apellation au neant, ordonne que ce dont eſt apel, ſortira éfet & condamne l'apellant à l'amende & aux dépens.*

Et ſi l'apellant aquieſſe l'apointement, l'apointement porte, que *la Cour a mis & met l'apellation au neant, ordone que ce dont eſt apel à quoi l'apellant a acquieſcé à l'a ſortira éfet , condamne l'apellant en mende de douze livres & aux dépens.*

Telles apellations ne peuvent être vuidées autrement que par l'a-vis de Meſſieurs les Gens du Roi, quoique les parties fuſſent d'acord de les vuider autrement , & que l'apellant acquieſât à ſon apel.

Ce qui eſt auſſi fondé ſur l'Ordonance de François I. chapitre 5. article 12. par lequel il eſt fait Défenſes aux Procureurs, ſur peine d'amende de faire aucun accord en cas d'amende , d'excez ou au-tres choſes qui touche l'interêt du Roi ou du public, ſans montrer l'a-cord aux Gens du Roi.

Folle intimation, eſt quand l'apel eſt interjetté follement & ſans ſujet , ce qu'on apelle, fol apel ou folles intimations ; & ſi l'intimé pretent avoir été follement intimé , en ce cas avent que d'entrer à plaider l'apellation , il faut que ledit intimé concluë en folle intima-tion & aux dépens, domages & interêts de l'aſſignation & que la Sen-tence dont a été apellé ſortira ſon éfet & ſera miſe à execution.

A l'égard des procedures qui s'obſervent dans les folles intima-tions & dans les deſertions d'apel , il y a deux choſes à obſerver.

Primò, Il faut faire ſignifier les qualitez avant que d'aller à l'expe-dient , ſuivant ledit article 6. de l'Ordonance de 1667.

ſecundò , D'autant que l'article 4. ordone , que les folles intimations & defertions d'apel feront vuidiées par un ancien Avocat, en fignifiant les qualitez, il faut fommer l'apellant de fe trouver un tel jour à dix ou onze-heures du matin au pilier des confultations, pour convenir d'un ancien Avocat, pour par fon avis être les parties réglées fur la folle intimation de l'apellant, ou defertion d'apel, finon protefte d'en communiquer de fa part & de faire doner fon avis, tant en abfence, que préfence.

Si la partie refufe de convenir d'un Avocat, il faut lui faire encore deux autres Sommations, & en fuite prendre l'avis d'un ancien Avocat.

Par l'article 6. du titre 6. de la nouvelle Ordonance, la pronontiation, ou l'avis de l'Avocat doit être redigé & figné dés qu'il aura été arrefté, & en fuite l'apointement doit être mis au Greffe felon l'avis de l'Avocat pris pour Tiers.

Apointement arrefté par un ancien Avocat fur une fole intimation.

Entre H... apellant d'une Sentence renduë, par le Prevôt ou Bailli de.... d'une part, & L... intimé d'autre; Aprés, que S... Procureur de l'apellant, & X... pour l'intimé ont communiqué de la caufe à Z... ancien Avocat convenu par les parties, & par fon avis font demeurez d'acord de l'apointement qui enfuit, Apointé eft, oüi fur ce le Procureur General du Roi, que la Cour a declaré ledit P... folement intimé, l'a renvoyé & renvoye de l'intimation avec dépens.

Si l'apellant gagne fa caufe, l'apointement porte, fi c'eft une fole intimation, *a declaré & declare* ledit P... *bien intimé, & en confequence ordone que fur l' apel les parties procederont en la maniere accoutumée.*

A l'égard des defertions d'apel, la defertion eft toûjours convertie en anticipation, fuivant l'ufage du Palais, & l'apointement doit être dreffé ainfi qu'il enfuit.

Extrait des Regiftres de...

Entre C... Demandeur aux fins de la Comiffion par lui obtenuë en Chancelerie le... tendante à ce que l'apel interjetté par le Défendeur ci aprés nomé de la Sentence contre lui renduë par le Prevôt de... fut declaré nul & defert, faute de l'avoir relevé dans le tems de l'Ordonance, & en confequence ordonné que ladite Sentence fut executée felon fa forme & teneur & le Défendeur condamné en l'ademande & aux dépens, d'une part, & B... Défendeur d'autre, aprés que, &c. Apointé eft, oüi fur ce le Procureur General du Roi, que la Cour a declaré ledit apel nul & defert, faute de l'avoir relevé dans le tems de l'Ordonance, & en confequence ordone que ce dont eft apel fortira éfet, condamne le Défendeur à l'amende & aux dépens.

Si l'Avocat de l'un des parties fait refus de figner l'avis de l'Avo-
at pris pour tiers, l'apointement ne laifferoit pas d'être receu, fans
qu'il fut befoin de Sommation ni d'autres procedures.

Les apointemens fur les apellations qui auront été vuidées par
l'avis des Avocats & Procureurs Generaux, ou par l'avis d'un ancien
Avocat, doivent être prononcez & receus en l'Audiance fur la premiere Sommation, s'il n'y a caufe legitime pour l'empêcher.

C'eft pourquoi l'aprés que les prononciations auront été redigées,
le Procureur de celui qui a gagné, doit faire une Sommation à l'autre
Procureur de figner & paffer dans hui l'apointement arrefté par, &c.
prefentement à lui offert, finon declare qu'au premier jour du matin en la grand'Chambre il en pourfuivra la reception.

Si la partie compare, l'apointement eft receu contraditoirement;
& s'il ne compare pas, il eft receu par défaut en l'un & en l'autre cas.

CHAPITRE CXXXVI.

Des apellations verbales.

APellation verbale, eft celle qui eft interjetté d'une Sentence
renduë à l'Audiance.

L'apellation d'une Sentence qui apointe les parties en Droit, ou
à mettre, eft auffi verbale, de même que l'apellation d'une Sentence
de Congé d'ajuger renduë par défaut.

Aprés l'affignation fur l'apel, & la prefentation, & la quittance
d'amande fignifiée, les apellations verbales fe pourfuivent à l'Audiance.

Sur quoi, il faut remarquer ici, qu'au Parlement les apellations
verbales vont à la grand'Chambre, & il eft au choix des parties de
pourfuivre les apellations qui fe plaident, à la grand'Chambre, foit
par un placet, ou en faifant mettre la caufe au Rôle.

La caufe étant apellée, foit fur le Rôle, ou fur placet, fi une dès
parties ne compare pas, fera doné congé ou défaut, & en confequence les fins & conclufions de la partie comparente lui feront adjugées, & en ce cas voyez le Chapitre des congez & défauts.

Si les parties comparent par Avocat, la Cour Juge l'apel par un
Arreft définitif, fi la caufe y eft difpofée, finon elle apointe les parties au Confeil, comme j'ai dit ci deffus au Chapitre des Apointemens.

Sur quoi il faut aussi observer, que l'apointement au Conseil n'a lieu que dans les apellations verbales, & que les apellations des sentences renduës sur procez par écrit, interjetées par celui qui n'y est point partie, ni dénoncé, ni qui n'est heritier, legataire, donataire, ni cessionaire de la partie qui y est partie, se portent encore à la Grand' Chambre, se vuident à l'Audiance, ou la Cour apointe au Conseil, pour y être jugées par raport.

L'apointement au Conseil doit être levé au Gréfe, & dressé en la forme de celui qui suit.

Apointement au Conseil.

Extrait des Registres de ...

Entre F ... apellant de la sentence renduë par, &c ... d'une part, & L. .. intimé d'autre, après que O ... Avocat de l'appellant, & V ... pour l'intimé, LA COUR a apointé les parties au Conseil, à fournir cause d'apel, réponses, écrire & produire, doner contredits & salvations dans le tems de l'Ordonance, pour lui être fait droit ainsi que de raison.

En faisant signifier cet apointement, l'intimé par le même acte somme l'apellant de fournir de causes & moïens d'apel dans le tems de l'Ordonance, sinon qu'il en sera forclos.

Le délai de fournir des causes d'apel est de huitaine, & comence contre l'apellant du jour de la sommation qui en aura été faite à son Procureur, & le délai de fournir de réponse est aussi de huitaine, & comence contre l'intimé du jour de la signification qui aura été faite à son Procureur des causes d'apel; & à faute par l'une des parties de satisfaire au reglement après les délais ci-dessus, l'instance peut être jugée sur ce qui se trouvera par-devers la Cour.

Les causes & moïens d'apel se dressent comme les griefs; il n'y a qu'à metre au comencement, au lieu du mot, *de griefs*, celui de causes & moïens d'apel.

Il faut dire la même chose des réponses aux causes & moïens d'apel; c'est pourquoi voïez au Chapitre suivant comme se dressent les griefs & les réponses à griefs.

Les causes & moïens d'apel doivent être signifiez au Procureur de l'intimé, & les réponses aux causes d'apel doivent aussi être signifiées au Procureur de l'apellant, autrement on n'y auroit aucun égard.

Après le délai que l'intimé a pour fournir de réponses aux causes & moïens d'apel, l'apellant peut produire & sommer l'intimé de produire de sa part.

Les délais de produire & de contredire, comencent du jour que le Procureur qui aura produit & fait signifier que sa production est au Gréfe.

Celui qui a mis sa production au Gréfe, doit faire distribuer l'instance à un des Conseillers, afin que par ses mains sa partie puisse prendre comunication de sa production, après avoir lui-même produit, & en ce cas voyez le Chapitre des Apointemens, d'autant que le reste de la procedure pour parvenir au jugement definitif en vertu d'un apointement au Conseil, est semblable à celle qui se fait en execution d'apointement en droit.

Si la cause a été mise au rôle, & qu'elle n'ait pas été apellée, il faut prendre un apointement au Conseil tel que dessus, parce que toutes les causes qui sont sur un rôle à la Grand' Chambre, & qui ne sont point apellées, sont apointées de plain droit.

L'intimé en apellation verbale doit communiquer la sentence dont est apel, au lieu qu'en procez par écrit, c'est à l'apellant.

Durant l'instruction de l'apel, soit devant les Presidiaux, ou en une Cour Souveraine, l'apel suspend regulierement l'execution de la sentence, neanmoins il y a plusieurs sentences où l'apel est seulement devolutif, & non pas suspensif.

Comme sont les sentences interlocutoires & autres, dont j'ai parlé ci-dessus au Chapitre des prononciations des Jugemens & Arrêts.

Cependant comme l'apel de Juge incompetant, tient les mains liées au Juge ; mais si on avoit apellé, tant comme de Juge incompetant, qu'autrement, je soutiens qu'on peut faire executer la sentence, nonobstant & sans prejudice de cet apel.

Suivant la Loi 4. *Cod. de tempor. & reparat. appellat.* il est permis d'alleguer en cause d'apel, tous les faits & moïens qui peuvent confirmer ce qui a été soutenu dans le cours de l'instance principale ; mais on ne peut pas demander autre chose que ce à quoi l'on avoit conclu, ni alleguer des faits qui ne sont pas connexés avec ceux qu'on a avancé. *Ut licentia quidem pateat, tam appellatori, quàm adversæ parti nobis etiam assertionibus utendi, vel exceptionibus quæ non ad novum capitulum pertinent, sed ex illis oriuntur, & illis conjunctæ sunt quæ apud anteriorem judicem noscuntur propositæ.*

Je ne crois pas aussi que l'on doive renvoïer la preuve par temoins des faits qui n'ont pas été articulez devant le premier Juge, encore qu'ils tendent à justifier la demande ; mais si la preuve par témoins étoit imparfaite en cause, on pouroit produire des titres pour l'aider en cause d'apel.

CHAPITRE CXXXVII.

Des Apellations des Sentences renduës fur procez par écrit.

LEs Sentences fur des procez par écrit , font celles intervenuës en confequence d'apointement en droit , même par forclufion, ou fur des apointemens à metre , fi les deux parties ont produit.

La raifon eft , quoi qu'il n'y ait pas eu de pieces, quand les parties ont produit , les procez font cenfez procez par écrit.

L'apel étant relevé , ou anticipé , & l'affignation aïant été donée en confequence, foit par l'apellant , ou par l'intimé anticipant, chacune des parties eft tenuë dans la huitaine aprés l'écheance du délai de l'affigation pour comparoir , de metre les productions qui ont été faites en premiere inftance , au Gréfe de la Cour où l'apel reffortit , & le faire fignifier au Procureur de la partie adverfe par un acte femblable à celui qui enfuit.

Acte que la Production principale a été mife au Gréfe.

A la Requête de M ... Procureur de B. .. apellant.

Soit fignifié & declaré à D ... Procureur de C... intimé , que M ... a mis au Gréfe de la Cour fa production principale , fur laquelle eft intervenuë la fentence dont eft apel , à ce que l'intimé ait à faire joindre la fienne, fi bon lui femble , fur les peines de l'Ordonance , dont acte.

Si l'une des parties ne fait pas metre , ou joindre dans là huitaine fa production au Gréfe de la Cour, ou Siege d'apel , & ne le fait pas fignifier au Procureur de la partie adverfe, elle en demeurera forclofe de plein droit , & le procez fera jugé fur ce qui fe trouvera au Gréfe, fans faire aucun comandement, fommation, ni autres procedures; & neanmoins s'il a été tiré quelques inductions des pieces d'écritures & reconoiffances contenuës dans la production du défaillant , elles demeureront pour conftantes & averées contre lui.

Mais cet article n'eft pas obfervé à la rigueur , pour ce qui regarde la forclufion; car l'ufage eft, qu'aprés la huitaine on eft reçu à metre fa production au Gréfe de la Cour.

Aprés que le procez a été remis au Gréfe de la jurifdiction , où la fentence dont eft apel a été renduë, les parties doivent faire retirer leurs productions par les Procureurs qui ont ocupez pour elles

au

au procez en premiere inſtance ; mais il eſt défendu aux Procureurs de retirer les productions des parties adverſes, aux Gréfiers de
les bailler par communication, ni les mettre és mains des Meſſagers, à peine de vingt livres d'amende & de tous dépens, domages
& intereſts, ſauf aux parties de prendre des copies collationées des
pieces qui auront été produites, ainſi qu'il eſt porté par l'article 6. du
titre 11. de l'Ordonance de 1667.

Pour entendre ce qui eſt dit en cet Article touchant les Meſſagers, il faut ſçavoir que Henri III. par ſon Edit à Paris, au Mois de
Novembre 1576. crea en titre d'office en tous les Bailliages, Senéchauſſées & Elections, dont les apellations reſſortiſſoient nuement
és Cours de Parlement & des Aides, un ou deux Meſſagers ordinaires auſquels les Gréfiers Civils & Criminels deſdits Sieges déli-
vroient tous les ſacs des procez par écrit, dont les Gréfiers deſdits
Sieges, & leſdits Meſſagers étoient obligez de tenir regiſtre & les
ſacs leur étoient donez clos & fermez, avec défenſes expreſſes de les
ouvrir à peine de privation de leur Office.

Le même Edit portoit auſſi défenſes aux Gréfiers des ſuſdites
Cours de recevoir des ſacs de procez d'autres que de ces Meſſagers,
ſur les peines y portés.

Mais comme dépuis il eſt arrivé que des ſacs ont été ſouvent perdu par des Meſſagers qui en étoient chargés, la nouvelle Ordonance, dans le ſuſdit article 16. a permis aux parties en matiere civile de
ſe charger de lever productions & de les remettre, elles mêmes au
Gréfier de la Cour où l'apel a été interjetté.

L'intimé eſt auſſi tenu dans la même huitaine aprés l'echeance
de l'aſſignation pour comparoir de mettre au Greffe la Sentence
dont eſt apel, ſoit en forme ou par Extrait, & à faute de ce faire dans
le tems, l'apellant ſans Comandement ni ſignification préalable,
peut lever la Sentence par Extrait aux frais & dépens de l'intimé,
dont il lui doit être délivré Executoire.

Si neanmoins on veut faire une Sommation à l'intimé, elle ſera
dreſſée ainſi.

Sommation à l'intimé de mettre au Greffe la Sentence dont eſt apel.

A la Requête, de M... Procureur de B.... apellant.

Soit ſommé & interpellé D... Procureur de C,.. intimé de mettre au Greffe
de la Cour la Sentence dont eſt apel, renduë entre les parties le... ſoit en forme ou par extrait à ſon choix, autrement lui ſera declaré que B... levera icelle
par Extrait aux frais & dépens de l'intimé dont ledit B... obtiendra Executoire
contre lui ſuivant l'ordonance.

Tome I.   ZZzz

Huitaine après que la Sentence & le procez auront été mis au Greffe, le Procureur le plus diligent doit offrir & faire signifier au Procureur de la partie adverse l'apointement de Conclusion portant réglement de fournir griefs & réponses de huitaine en huitaine.

Apointement de Conclusion.

Le procez par écrit d'entre B… apellant d'une Sentence renduë par le Prevôt ou Bailli de… d'une part & C…. intimé d'autre, est conclut & receu pour juger, si bien ou mal a été apelée, les dépens respectivement requis par les parties, & l'amande pour le Roi, & sont les parties apointées à fournir de griefs & réponses dans le tems de l'Ordonance, & sauf à faire collation.

Si le procez est dependant d'un autre procez conclut, il faut ajoûter l'apointement.

Et joint au procez d'entre E… apellant d'une Sentence renduë par le Bailli de… le…d'une part & B… intimé d'autre conclut par Arrest du… & distribué à Maître P…Conseiller.

S'il y a des apellations verbales, il faut pour les régler ajoûter à l'apointement ci-devant après ces mots, *le tems de l'Ordonance.*

Joint l'apellation verbale interjettée par B… de la Sentence renduë par le Prevôt de… sur laquelle les parties sont apointées au Conseil à écrire par mêmes griefs en réponses, & à produire dans trois jours pour être sur le tout conjointement ou separément, fait droit ainsi qu'il apartiendra, sauf à faire collation.

Si l'intimé pretend avoir des fins de non recevoir contre l'apellant, il faut encore ajoûter

Joint les fins de non recevoir de l'intimé, qu'il sera tenu de fournir, sur lesquelles sera fait droit, défenses au contraire.

Le Procureur qui offre l'apointement de Conclusion doit Sommer, & interpeller le Procureur de la partie adverse, de signer & passer l'apointement de Conclusion à lui presentement offert, declarant qu'il mettra un expedition dudit apointement entre les mains de tel, Gréfier auquel a été ci-devant doné la Sentence dont est apel, à ce qu'il ait à signer ledit apointement, sinon declare qu'il obtiendra défaut.

L'apointement doit être mis és mains dudit Gréfier; & si le Procureur de la partie adverse ne compare pas au Greffe, le Procureur de l'autre partie peut trois jours après faire délivrer un défaut où congé.

Si c'est le Procureur de l'intimé qui refuse de passer & signer l'apointement de Conclusion, le Procureur de l'apellant doit lever le défaut au Greffe, qui est un défaut faute de conclure.

Ce défaut étant levé, il faut le faire fignifier au Procureur de l'intimé & aprés la huitaine franche le doner à juger, de la même maniere qu'il a été dit ci-deffus au Chapitre des congez & défauts.

L'Arreft qui intervient faute de conclure, porte, que *la Cour a declaré & declare le défaut bien & deuëment, obtenu, & pour le profit d'icelui a declaré l'intimé déchû du profit de la Sentence, le condamne aux dépens du défaut.*

Si c'eft l'apellant qui fait refus de paffer l'apointement de Conclufion, l'intime peut obtenir un congé trois jours apés la Sommation de comparoir au Greffe.

Il faut juger ce congé comme le défaut, & l'Arreft qui intervient en confequence, porte, que *la Cour a declaré le congé bien & deuëment obtenu & pour le profit d'icelui, declare l'apellant déchû de fon apel, l'amendera, & la comdamné aux dépens de la caufe d'apel dudit défaut & de tout ce qui s'en eft cufuivi.*

Si au contraire l'apointement de Conclufion eft figné & paffé par les parties, l'apellant doit fournir de griefs, c'eft à dire, doit faire voir les raifons & moyens fur lefquels il a fondé fon apel, & fes moyens font les torts & griefs, qu'il prétend recevoir par la Sentence dont il a interjetté apel.

L'apellant n'eft obligé de fournir de griefs que dans huitaine à compter du jour de la fommation qui en a été faite par le Procureur de l'intimé, lefquels étant dreffés, il faut en fuite les faire fignifier au Procureur dudit intimé, lequel à huitaine pour y fournir de reponfes à compter auffi du jour de la fignification des griefs, fuivant l'article 10. dudit titre 11. de l'Ordonance de 1667.

Neanmoins jufqu'à ce que le procez foit fur le Bureau, les parties peuvent fournir de griefs ou de réponfes à iceux.

Les réponfes à griefs de même que les réponfes aux caufes d'apel doivent être fignifiées, autrement les Juges n'y auroient aucun égard.

Griefs.

Griefs hors le procez que met pardevant vous, Noffeigneur de, &c... B... apellant d'une Sentence renduë par le Prevôt ou Bailli de... le... &c.

Contre C... intimé.

Suivant l'Arreft du... par lequel les parties ont été apointées à doner griefs & réponfes dans le tems de l'Ordonance.

A ce qu'il plaife à la Cour, dire qu'il a été mal jugé, bien apellé, Emendant de charger l'apellant de la Condamnation portée par ladite Sentence, ordoner, &c..... (*il faut mettre ici les Conclufions qu'on a prifes en caufe principale*) & condamner l'intimé aux dépens des caufes principale & d'apel.

Pour faire voir que la Sentence dont eft apel n'eft point juridique, la Cour eft tres supliée d'observer,&c.... *Il faut ici expliquer le fait & prouver les griefs par la Sentence , ce qui se fait par des raisons fondées sur le droit , sur les Coûtumes , sur l'usage , sur l'autorité des Docteurs , sur les Ordonances , selon que la question le requiert.*

Ensuite on met , *Le premier grief fait à l'apellant est en ce que , &c. Ainsi les autres.*

Les griefs finissent par ces moyens & autres qu'il plaira à la Cour supléer de droit par sa prudence ordinaire & sa justice accoutumée , l'apellant conclut comme dessus.

Les griefs se dressent encore par requête, par laquelle aprés avoir exposé les griefs & tors que nous recevons de la Sentence renduë contre, nous on conclut, *à ce qui plaise à la Cour doner acte au supliant de ce que pour griefs contre telle Sentence d'un tel jour, il employé le contenu en la requête, ce faisant en procedant au jugement; du procez mettre l'apellation & ce dont a été apellé au neant, Emendant décharger l'apellant de la condamnation portée par ladite Sentence, &c..* (mettre les conclusions qu'on a prise en cause principale) *& condamner l'intimé aux dépens, tant des causes principales, que d'apel.*

Autrefois les griefs étoient les Articles des plaintes qu'on proposoit contre les Juges qui avoient rendu la Sentence dont étoit apel ; & comme ils ne resultoient point de moïens & raisons déduites au procez, & qu'ils étoient alleguez contre le Juge, on les metroit dans un sac à part, & quoique dépuis, les moïens qu'on allegue contre sa partie, par lesquels on fait voir le tort qu'on a receu par le jugement, soient apellez griefs, neanmoins cet anciens usage est resté de les mettre dans un sac à part, c'est pourquoi on apelle , *griefs hors le procez.*

Les reponses à griefs se dressent aussi ainsi qu'il ensuit.

Reponses à griefs.

Reponses à pretendu griefs , que met pardevant vous, Nosseigneurs, de,&c...C... intimé.

Contre B . . apellant de la Sentence du Prevôt ou Bailli de......

A ce qu'il plaise à la Cour dire qu'il a été bien jugé,mal,& sans griefs apellé, ordoner que la Sentence dont est apel sera Executée & Condamner l'apellant en l'amande & aux dépens , tant de la cause principale que d'apel.

Ensuite il faut faire voir que mal à propos l'apellant prétend recevoir aucuns grief de la Sentence dont est apel , & on peut comencer ainsi aprés les Conclusiocs.

Il ne sera pas difficile à l'intimé de faire voir à la Cour l'enquête de la Sentence dont est apel , & que les griefs proposez par l'apellant sont tres-mal fondez, & pour cela il suplie tres-humblement la Cour d'observer, que la question dont il s'agit entre les parties est, &c. que la Sentence a jugé que, &c. & que les greiefs que l'apellant pretend recevoir de ladite Sentence, sont, &c.

Pour détruire les griefs proposez par l'apellant, il faut que l'intimé deduise ses moïens & allegue les pieces produites au procez qui peuvent servir pour cet éfet.

En suite on finit ainsi, *par ces moyens, &c.*

Les reponses à griefs se dressent aussi quelquefois par requête, par laquelle on conclut, *A ce qu'il platse à la Cour doner acte au Supliant de ce que pour reponses aux pretendus griefs de tel, contre la Sentence d'un tel jour, il employe le contenu en sa requête, ce faisant en procedant au jugemont du procez mettre l'apellation au neant, & en consequence ordonner que ce dont a été apellé sortira son plein & entier éfet & condamner l'apellant en l'amende & aux dépens, tant des causes principales, que d'apel.*

Si la Sentence dont est apel a été renduë par forclusions, l'apellant peut produire ses pieces par production nouvelle, laquelle l'intimé pourra contredire aux dépens de l'apellant, dont on lui délivrera Executoire que l'apellant est obligé de payer, quand même la Sentence dont est apel seroit infirmée.

Si on apelle indifiniment d'une Sentence qui contient plusieurs chefs on peut se restraindre par un acte.

CHAPITRE CXXXIX.

Des apellations comme d'abus.

POur entendre ce que c'est qu'apellation comme d'abus, il faut observer ici, que l'Eglise a une jurisdiction au fort exterieur qui s'exerce par les Evêques ou leurs Officiaux, & qui consiste à juger & décider par la voïe du jugement, les differend d'entre les personnes Ecclesiastiques en matiere pure personelle, & ceux d'entre les personnes Laïques en matiere pure Spirituelles & de Sacrement.

Or il s'ensuit, que quand les Officiaux se contienent dans les bornes de leur jurisdiction, les apellations qui sont interjettées de leurs jugemens, s'apellent apellation à l'ordinaire & se relevent pardevant les Archevêques, des Archevêques pardevant les Primats, & des Primats au Pape, qui donne des Juges ou Comissaires *impartibus,* d'où il y a encore apel au même Pape, jusqu'à ce qu'il y ait trois sentences conformes, après quoi les apellations ne sontplus reçuës en la Jurisdiction Ecclesiastique.

Mais quand les Evêques, Archevêques, Primats, ou leurs Oficiaux, & même le Pape, entreprenent sur la Jurisdiction Temporelle, & de conoître des choses dont la conoissance ne leur apartient pas, on apelle comme d'abus, en ce Royaume, de leurs Jugemens, Ordonances, Bulles, Rescrits, & de tous autres actes, par lesquelles entreprise est faite sur la Jurisdiction Temporelle, & ces apellations ne peuvent être relevées qu'aux Parlemens & Cours Souveraines.

Il y a seulement cête diference à observer ici, que quand l'abus se trouve dans une Bulle, ou dans un Rescrit du Pape, on interjete apel directement de la Bulle, ou du Rescrit; mais par respect que l'on doit à sa Sainteté, qui est le Souverain dans l'Eglise, on interjete seulement apel comme d'abus, de l'execution de la Bulle, ou du Rescrit.

Le premier Auteur des apellations comme d'abus, a été Messire de Fuguieres Avocat General au Parlement de Paris, sous le Regne de Philipe de Valois; & quoi qu'auparavant le mot d'abus fût en usage pour qualifier un acte abusif, lors qu'il avoit été fait sans pouvoir, & au delà de la Jurisdiction ordinaire & naturelle de celui qui avoit excedé les termes de sa puissance; neanmoins les jugemens qui intervenoient ne pouvoient servir de préjugé, d'autant qu'ils n'étoient pas donnez avec conoissance de cause & parties ouïes; mais le plus souvent d'ofice, à la seule poursuite de Monsieur le Procureur General du Roi, & sur les plaintes qu'il faisoit des entreprises contenuës aux Rescrits qui lui tomboient entre les mains.

Il y a plusieurs cas ausquels ces apellations sont reçuës; mais tous ces cas se peuvent raporter à quatre especes; La premiere est celle dont je viens de parler, qui est quand il y entreprise sur la Jurisdiction Temporelle; la seconde, quand il y a contravention aux saints Decrets & Constitutions Canoniques reçuës en ce Roiaume, & aux franchises & libertez de l'Eglise Gallicane; la troisiéme, & quatriéme, quand il y a contravention aux Ordonances de nos Rois, ou autres Arrêts des Parlemens & Cours Souveraines.

Je n'ai point trouvé d'Ordonance, quelques recherches que j'aïe faite, qui ait reglé en particulier & en détail ce qui est de la conoissance des Juges Ecclesiastiques, par où on puisse conoître certainement ce qui eſt de leur Juriſdiction, & ce qui n'en eſt pas, & par conſequent le cas auquel on peut apeller comme d'abus, ſinon l'Ordonance du Roi François I. de l'année 1539. qui la regle en termes generaux, & non en particulier, aux articles 1.2. & 4.

Par le premier, défenſes ſont faites à toutes perſones de faire citer ni convenir les laïques pardevant les Juges d'Egliſe en matiere d'action pure perſonelle, ſur peine de perdition de cauſe, & d'amande arbitraire.

Par le ſecond, défenſes ſont faites à tous Juges Eccleſiaſtiques de bailler aucune Ordonance verbalement ou par écrit, pour faite citer pardevant eux les perſones laïques en matiere d'action perſonelle, ſur pareille peine d'amande arbitraire.

Par la quatriéme il eſt dit, que ces défenſes ſont faites ſans préjudicier à la Juriſdiction Eccleſiaſtique, en matiere de Sacrement & autres pure ſpirituelles & Eccleſiaſtiques, dont les Juges d'Egliſe pouront conoître contre les perſones laïques.

Comme auſſi ſans prejudice à la Juriſdiction temporelle & ſeculiere contre les Clercs mariez & non mariez, exerçans états, ou negociations, pour raiſon deſquelles ils feront tenus de répondre en Cour ſeculiere en toutes matieres civiles & criminelles.

D'où il s'enſuit, que de ces trois articles il reſulte deux choſes.

Primò, Que les perſones laïques ne peuvent pas être apellées ou citées pardevant le Juge d'Egliſe, ſinon en matiere de Sacremens & autres choſes purement ſpirituelles, ou Eccleſiaſtiques.

Secundò, Que les Clercs, ou perſones Eccleſiaſtiques ſont ſujets à la juriſdiction Temporelle & Seculiere, tant en matiere civile que criminelle, pour raiſon des ofices qu'ils exercent, & des negociations & emplois qu'ils ont dans le monde, & par conſequent à plus forte raiſon, pour toutes matieres réelles & dependantes de la réalité, comme ſont toutes les actions hipotequaires, petitoires, poſſeſſoires, & mixtes.

Tellement que ſi un Oficial entreprenoit de conoître une action perſonelle, ou le laïque ſeroit défendeur, ou dans une action réelle en laquelle une perſone Eccleſiaſtique ſeroit demandeur ou défendeur, toute la procedure qui ſe fait pardevant lui eſt vicieuſe, & il y a lieu d'en interjeter apel comme d'abus.

Neanmoins pour mieux conoître ce qui eſt de la conpetance des Juges d'Egliſe & ce qui n'en eſt pas, il faut avoir recours au Chapitre des Juriſdictions Eccleſiaſtiques de ce Livre, où j'ai marqué la plûpart des cas dont la conoiſſance leur apartient, & ceux dont la conoiſſance leur eſt interdite.

Ainſi , ſelon l'Ordonance ci-deſſus citée, ſi un laïque avoit été cité en matiere profane pardevant un Oficial , il peut apeller comme d'abus de ſon jugement, ou de la citation , parce que céte citation ou ce jugement ſeroit une entrepriſe ſur la Juriſdiction Seculiere , quand même le laïque auroit procedé volontairement pardevant l'Oficial ; cas un abus ne ſe peut pas couvrir par aucune procedure volontaire , ni par quelque autre maniere que ce ſoit.

Ce qui eſt ſi vrai , que ſi un laïque avoit fait citer un autre laïque , ou un Eccleſiaſtique pardevant l'Oficial en matiere profane, comme pour l'execution d'un teſtament , pour le païement ou délivrance d'un leg , ou pour quelqu'autre choſe ſemblable , il ſeroit recevable à apeller comme d'abus de ce qu'il auroit fait lui-même; mais parce qu'il auroit doné lieu aux frais de la procedure,il ſeroit tenu de les païer.

On peut auſſi apeller comme d'abus de tous les actes de la Juriſdiction volontaire des Evêques & Archevêques, qu'ils exercent par eux-mêmes, ou par leurs Grands Vicaires, quand il y a contravention aux franchiſes, immunitez, & libertez de l'Egliſe Gallicane , aux Ordonances , ou aux Arreſts de la Cour , comme és matieres de diſputes, d'union , ou de deſunion , de benefices , permiſſions d'aliener le bien temporel des Egliſes , ou autres choſes ſemblables.

Pareillement des Concluſions Capitulaires d'un Chapitre, lors qu'il ſe trouve quelque choſe de contraire à la liberté de l'Egliſe, aux Saints Decrets & Conſtitutions Canoniques.

Par exemple , ſi par des Concluſions Capitulaires , des Chanoines étoient diſpenſez de reſider ſans cauſes legitimes , s'il étoit dit que les Chanoines gagneroient tous les gros fruits de leur prebende , en reſident ſeulement durant la moitié de l'année ; ou qu'ils pouroient gagner toutes les diſtributions d'un jour en aſſiſtant à une ſeule des heures Canoniales; ou s'il étoit ſtatué ou ordoné quelque choſe de contraire aux ſaints Decrets, à la Diſcipline Eccleſiaſtique , ou aux anciens ſtatuts & uſages de l'Egliſe particuliere , dont le Chapitre auroit fait ces Concluſions Capitulaires.

Il en ſeroit de même des Concluſions Capitulaires des Comunautez Regulieres , des demandes, diſpenſes , ou obediences données par les Superieurs des Congregations, ou des Monaſteres particuliers , pourveu qu'il y ait abus , c'eſt à dire contraventions aux droits & libertez de l'Egliſe Gallicane, aux ſaints Decrets, ou aux Ordonances.

Item ,

Item, De la celebration d'un Mariage fait par un Curé sans publication de bans, ni dispense legitime, ou entre des Mineurs, sans le consentement de leurs parens ou Tuteur, contre la prohibition des Ordonances, comme aussi s'il avoit fulminé des excommunications contre des Magistrats, ou persones privées, scandaleusement, & contre les régles, ou fait quelque autres choses prohibées par les saint Décrets, & Ordonances.

Lors qu'il ne s'agit que de la validité d'un Mariage, aufort de la conscience, l'autorité de l'Oficial suffit pour le declarer nul ; mais s'il s'agit des éfets Civils, comme de sçavoir, si les Enfans qui en font provenus, font legitimes, & doivent succeder à leur Pere, ou si la Veuve peut prétendre un doüaire, & des conventions matrimoniales, il faut en cela necessairement apeller comme d'abus de la celebration, pour porter la contestation au Parlement qui est le seul Tribunal qui peut connoître de la valadité des Mariages en ce qui concerne les éfets civils.

Il y a encore plusieurs autres cas particuliers dans lesquels ont peut aussi apeller comme d'abus les rescrits du Pape que je reduis ici en quatre notions generales.

Premierement, toute & quantefois que le Pape veut entreprendre sur les droits du Roi & du Royaume, comme s'il avoit par des Bulles prononcé des Excommunications contre sa personne sacrée, comme ont fait autrefois les Papes Boniface V I I I. contre le Roy Philippe le Bel, Jules second contre le Roi Loüis X I I. Sixte V. contre Henri I I I. & Gregoire X I V. contre Henri I V. ou contre les Princes de son Sang, ou contre ses Principaux Ministres & Officiers, ou s'il avoit mis le Royaume, ou quelques Provinces en interdit en ce cas on interjetteroit apel comme d'abus de ses Bulles & de ses rescrits, & non pas, comme j'ai dit ci-dessus, d'elexecution d'iceux.

En second lieu s'il avoit entrepris sur les biens Temporels du Royaume, comme par exemple, d'imposer des Décimes, ou levées de déniers sur les sujets du Roy, sans sa permission, donné permission, on fait défenses d'aliener des biens Temporels de l'Eglises.

En troisiéme lieu, s'il avoit entrepris de disposer des Benefices, tant Consistoriaux, que non Consistauriaux, autrement qu'il ne lui est permis par le Concordat, s'il avoit derogé expressement aux regles de Chancelerie Romaine, *de publicandis resignationibus, & de verisimili notitia*, qui font registrées au Parlement & receus pour Loix en ce Royaume, s'il dérogeoit aux Indults des Cardinaux ou à celui qui a été acordé au Roi François I. en faveur du Parlement de Paris.

Tome I. A A A a a

En quatriéme lieu, si sur les apellations interjettées en Cour de Rome des Primats de ce Royaume, il retenoit les causes au lieu de les renvoyer pardevant des Comissaires *in partibus*; s'il faisoit des erections, unions ou desunions de Benefices sans conoissance de cause, s'il accordoit des dispenses sans causes legitimes & sans conoissance de cause.

Par exemple s'il accordoit des dispenses à celui qui seroit pourvû aux Ordres Sacrez de se marier, ou à ceux & celles qui ont fait profession, de sortir de leurs Monastéres, en les dispensant de leurs vœux, & se pouvoir marier.

Neanmoins si le Pape avoit declaré par un Bref l'ordre d'un Diacre nul, pour avoir été contraint de le prendre par force & violence, l'apel comme d'abus de ce rescrit en enterinement d'icelui, ne seroit pas recevable, ainsi qu'il a été jugé par Arrest du 12. Decembre 1656. par ce qu'il n'est pas au pouvoir du Parlement ni d'autres persones Laïques, de donner le caractere de cet Ordre Sacré à une personne que l'Eglise a declaré ne l'avoir point, pour ne l'avoir pas receu canoniquement.

Quand l'apellation comme d'abus a été interjettée, les Juges d'Eglise doivent differer & suspendre l'execution de leur jugement, si ce n'est en matiere de correction & de discipline Ecclesiastique, à l'égard desquelles les apellations comme d'abus n'ont aucun éfet suspensif.

Il n'est pas juste aussi que l'on empêche des Mariages sous pretexte d'apellations notoirement frivoles, formées par ceux qui n'ont aucun droit de s'oposer, ni que l'on arreste la Publication d'un Monitoire dans la veuë de faire déperir & détourner les preuves.

Les apellations comme d'abus se plaident ordinairement à la grand'Chambre, même lors qu'elles sont incidentes en des procez pendans aux Enquestes, sauf à les renvoyer, si elles ne peuvent pas être jugées separément.

Pareillement quand elles sont interjettées d'une Sentence renduë par un Official sur Procez par écrit, par ce que toutes apellations comme d'abus passent pour apellations verbales, aussi bien que les Sentence des Arbitres dont j'ai parlé ci-dessus au Chapitre des apellations verbales.

Elles ne peuvent pas être plaidées aux Audiance de relevées, ni mises au rôle, ni par placet, non plus, non plus que les requêtes civiles & les causes beneficiales, ni être apointées qu'en conoissance de cause, & après avoir été comuniquées à Messieurs les Gens du Roi, fuivant une déclaration du mois de Mars 1673. qui ordone que les apellations comme d'abus, qui n'ont pas été plaidées foient mifes dans un rôle feparé de celui des caufes ordinaires.

Les apellations comme d'abus qui ont été apointées, doivent auffi être comuniquées à Monfieur le Procureur General, autrement il y auroit ouverture de requête civile contre l'Arrêt qui auroit été rendu fur lefdits apellations.

Elles ne font pas fujettes à defertion, ni à peremption, car un abus ne fe peut pas couvrir par aucune fin de non recevoir, ni par quelque autre maniere que ce foit, à caufe que le Roi & le public y font intereffés & partie principale, ainfi qu'il a été jugé par plufieurs Arrefts, tant du Parlement de Paris, que des autres.

Auffi c'eft par céte même raifon que les parties privées ne peuvent pas tranfiger, touchant les apellations comme d'abus, fi ce n'eft de l'avis & du confentement de Meffieurs les Avocats & Procureurs Generaux, qui intercedent toûjours en ces fortes d'apellations, & y font les vrayes & legitimes parties en qualité de Protecteurs du bien public.

La poffeffion trienale ne fert auffi de rien quand il eft queftion d'un apellation comme d'abus.

Sur ces fortes d'apellations, quand l'apellant gagne fa caufe, la Cour dit, qu'il a été mal & abufivement jugé, decerné ou ordoné, par la Sentence, ou par l'Arreft dont l'apel eft interjetté.

Si au contraire l'apellant fuccombe, la Cour le declare non recevable en fon apel comme d'abus, ou bien, declare qu'il n'y a point d'abus, & le condamne en l'amende & aux dépens.

L'amande eft de foixante & quinze livres en vers le Roi & de moitie envers la partie.

Les apellations comme d'abus fe relevoient autrefois par reliefs d'apel expediez & fcellés au grand feau; Mais, à prefent on les fcellé au petit fceau, ce qui a été reglé avec beaucoup de dificulté.

Apel comme d'abus.

LOUIS, &c... a premier nôtre Huiffier, &c... de la partie de nôtre amé tel..... (Il faut expofer ici le fait & les moyens d'abus qui donent lieu à l'apel) Sur quoi ayant pris l'avis de tel, & de tel.... Avocats en nôtre Cour de Parlement, dont la confultation eft ci atachée fous le contre fcel de nôtre Chancellerie, ils ont eftimé que l'expofant feroit bien fondé à interjetter apel comme d'abus de ladite Sentence renduë le tel jour..... par ledit Oficial. A CES CAUSES nous te mandons qu'à la requête dudit tel... tu affignes à certain & competant jour en nôtre Cour de Parlement tel.... pour proceder fur l'apel comme d'abus interjetté par ledit Expofant & qu'il interjette par ces prefentes

AAAaa ij

de la Sentence de l'Oficial de... renduë entre les parties le tel jour... & outre procéder comme de raison, declarant que Maître tel... Procureur en nôtre Cour de Parlement occupera sur ledit apel pour ledit Expofant, de ce faire te donons pouvoir, CAR tel eſt nôtre plaiſir. DONNE' à &c.

Par le Conseil
Tel...

Anticipation sur l'apel comme d'abus.

LOUIS, &c. au premier nôtre Huiſſier, &c. à la requête de nôtre amé tel... nous te mandons ajourner & anticiper à certain & compétant jour en nôtre Cour de Parlement tel... pour procéder sur l'apel comme d'abus par lui interjetté de la Sentence contre lui renduë par l'Oficial de... ce tel jour... & en outre comme de raison, declarant que Maître tel... Procureur ocupera pour ledit Expofant, de ce faire, te donons pouvoir, &c.

CHAPITRE CXL.

Des Arreſts de défenſes.

J'Ai dit ci-deſſus que l'apel ſe pouvoit relever par Arreſt, ce qui ſe fait lors qu'on veut empécher l'execution d'une Sentence executoire nonobſtant l'apel; car en ce cas comme le relief d'apel ne porte point de défenſes d'executer la Sentence, pour obtenir ceſ Arreſt, il faut dreſſer la requête qui ſuit.

Requeſte pour obtenir Arreſt de défenſes.

A Noſſeigneurs de...

Suplie humblement A...

DISANT que par Sentence de tel Juge obtenu le tel jour.... par E... il auroit été condamné à &c. de laquelle Sentence ledit tel... ſe ſeroit porté pour apellant, par acte du tel jour... cependant ledit tel... n'auroit pas laiſſé de faire executer les meubles du ſupliant en vertu de ladite Sentence par Exploit de tel... Huiſſier ou Sergent à... le.... ce qui eſt une violence extraoidinaires, d'autant que, &c....

CE CONSIDERE', Noſſeigneurs, il vous plaiſe recevoir le ſupliant apellant de ladite Sentence, le tenir pour bien relevé, ordoner que ſur ledit apel ſur lequel, il lui ſera permis de faire intimer qui bon lui ſemblera, les parties auront audience au premier jour, & cependant faire défenſes audit tel... de mettre ladite Sentence à execution à peine de nullité, de mille livres d'amende & de tous dépens, domages & intereſts, & en conſequence faire main levée des ſaiſies faites ſur le Supliant entre les mains de &c. & vous ferez bien.

La Requête signée du Procureur de l'apellant, elle doit être mise entre les mains du Gréfier avec les pieces justificatives atachées à ladite requête, lequel dresse l'Arrest & le fait signer à un President, & au Conseiller qui en fait son raport à la Chambre.

Si l'afaire concerne le Roi, le Public, la Police, ou les Mineurs, pour lors il est necessaire d'obtenir des conclusions de Messieurs les Gens du Roi, comme je vais dire en parlant des opositions.

L'Arrest de défenses étant expedié, signé, & scellé, il faut le faire signifier à la partie adverse, à sa persone, ou domicile, & ensuite, s'il est oposant à l'Arrest, la cause est portée à l'Audiance sur un simple avenir, ensorte que la Cour, aprés avoir oüi les parties par la bouche de leurs Avocats, elle confirme les défenses, ou en fait main-levée.

CHAPITRE CXLI.

Des Opositions aux Sentences & Arréts.

Oposition est un moïen de se pourvoir contre les jugemens dans la Jurisdiction où ils ont été rendus ; mais ordinairement on ne s'opose qu'aux jugemens rendus par défaut.

Par l'article 3. du Titre des Requestes Civiles de l'Ordonance de 1667. on peut se pourvoir par simple requeste afin d'oposition contre les Arrests & jugemens en dernier ressort, pour empécher l'execution dans les cas suivans.

Le premier est, quand le demandeur en requeste n'a pas été partie.

La raison est, que *Res inter alios judicata alteri non præjudicat.* Comme si un Arrest avoit été rendu au profit d'un particulier, côtre l'un de plusieurs possesseurs d'un heritage, sans y avoir apellé les autres, soit pour une servitude, pour une rente fonciere, ou pour autres droits réels prétendus sur ledit heritage ; ceux qui n'ont pas été apellez peuvent s'opofer à l'execution de cet Arrest, comme n'ayant point été partie.

La deuxiéme est, si le demandeur en requeste, n'a pas été deüement apellé, l'Arrest ayant été rendu par défaut & le Demandeur prétendant qu'il n'a eu aucune conoissance de l'Exploit.

La troisiéme est, quand l'Arrest a été rendu sur requeste ; car l'Arrest ayant été rendu sans avoir oüi ni apellé le demandeur, il est tres-juste de le recevoir oposant à l'execution de l'Arrest.

Il en faut dire de même des autres jugemens, & le Juge cependant fait défenses de metre à execution le jugement ainsi
obtenu.

La quatriéme est, quand un jugement, ou Arrêt a été rendu
à faute de se presenter, ou en l'Audiance à faute de plaider.

Mais afin que l'oposition soit reçuë, il faut que la requête soit
presentée dans la huitaine du jour de l'assignation, à persone, ou
domicile de ceux qui sont condamnez, s'ils n'ont pas constituez
Procureur, ou au Procureur, quand il y en a un de constitué.

Neanmoins cet article contient une exception qui est, que
quand la cause a été apellée à tour de rôle, les parties ne se peuvent pas pourvoir contre les Arrêts ou Jugemens en dernier ressort
intervenus en consequence, que par requête civile; la raison est,
quand une cause a été apellée à tour de rôle, les parties doivent être prêtes à plaiter, & ils ne peuvent avoir aucune excuse
legitime.

Quoi qu'un Arrêt ait été obtenu par défaut aux presentations
contre un absent domicilié dans un lieu éloigné, dedans ou dehors
le ressort du Parlement, & aïant été signifié, il n'est pas exclus à
s'oposer, faute d'avoir pû bailler sa requête d'oposition à la Cour
dans la huitaine à cause de la distance des lieux, pourveu toutefois qu'il ait formé son oposition sur les lieux par un simple
acte signifié par un Sergent, lors de la signification de l'Arrêt.

Ainsi pour être reçu oposant, il faut presenter requête pardevant le Juge qui a rendu le Jugement, ou Arrêt contre lequel on
demande d'être reçu oposant, & céte requête doit être dressée
ainsi qu'il ensuit.

Requête pour être reçu oposant.

A Nosseigneurs de ....

Suplie humblement P......

DISANT qu'il a obtenu sentence du Prevôt, ou Bailli de... contre D....
lequel pour en empêcher l'execution, s'est pourveu en la Cour, où sous un faux
exposé, il a obtenu Arrêt le.... sur simple Requête, sans ouïr ni apeller le Supliant, par lequel il est reçu apellant de ladite Sentence avec défenses particulieres, c'est pourquoi il a recours à vous pour y être pourveu.

CE CONSIDERÉ, Nosseigneurs, il vous plaise recevoir le Supliant oposant à l'execution de l'Arrêt de la Cour du .... faisant droit sur son oposition,
ordoner, &c .... & vous ferez bien.

L'Ordonance au bas de céte Requête sera ainsi, *Viennent les
Parties, fait ce, &c.*

Il faut enfuite la faire fignifier au Procureur de celui qui a obtenu l'Arrêt , avec un avenir pour plaider fur l'opofition en l'Audiance de la Grand' Chambre, les Mercredis & Samedis fur des rôles que Monfieur le premier Prefident fait faire pour toutes ces fortes de requêtes ; & pour cet éfet, il lui faut doner un placet pour faire metre la caufe au rôle ; en forte qu'après que la caufe aura été plaidée , celui qui devra lever l'Arrêt fera fignifier des qualitez & les donera au Gréfier pour l'expedier.

Si la chofe concerne fa Majefté , ou l'Eglife , le Public , ou la Police , il faut en comuniquer au Parquet de Meffieurs les Gens du Roi , à l'un de Meffieurs les Avocats Generaux, & fuivant fon avis faire ofrir un apointement , & enfuite en pourfuivre la receception fur les mêmes rôles des Mercredis & Samedis , fur lefquels la caufe doit être mife, par un Placet prefenté à Monfieur le premier Prefident , & à côté il faut metre , *Apointement à recevoir* , & après que la caufe eft venuë à fon tour , on fait parapher l'apointement par celui de Meffieurs les Avocats Generaux aufquels on a comuniqué de l'afaire , & enfuite on le fait recevoir.

Quid , Si l'Arrêt contre lequel on veut fe pourvoir par opofition a été rendu en une Chambre des Enquêtes , il faut pourfuivre l'Audiance par un avenir , après avoir fait metre fur la requête , *Viennent les parties*, après quoi il le faut faire fignifier pour venir plaider à un jour d'Audiance , fans qu'il y ait aucun intervale ; comme , par exemple , le lendemain , fi c'eft un jour d'Audiance, parce que le défendeur à l'opofition doit être toûjours prêt à plaider dés l'opofition fignifiée , de forte même que l'avenir peut être doné le même jour de l'opofition , pour venir plaider le lendemain.

L'ufage de la Tournelle eft, que les Gréfiers metent toûjours après, *Viennent les parties*, ces mots, *au premier jour*, ce qui fait que le défendeur eft en droit de prendre fon avantage le premier jour de l'Audiance fuivante , fans doner d'avenir, & cela fe tolere dans les afaires qui requierent promte expedition.

Si l'opofition a été formée avec jufte caufe , & que le demandeur foit reçu opofant , on dit ; *La Cour a reçu & reçoit le demandeur opofant à l'execution de l'Arrêt du tel jour , & faifant droit fur fon opofition , ordone que , &c.*

Mais s'il eft débouté de fon opofition , elle dit ; *La Cour a débouté le demandeur de fon opofition , & l'a condamné à cent cinquante livres d'amande , aplicable moitié au Roi , & moitié au défendeur , avec dépens.*

Sur quoi il faut obferver ici, que fi le défendeur eft reçu opofant à un Arreft ou Sentence renduë par défaut à faute de défendre, le Juge en le recevant opofant doit ordoner, qu'il fournira de défenfes contre la demande qui eft faite, autrement j'eftime qu'il ne feroit pas regulier de juger la demande principale, le défendeur n'aïant pas fourni de défenfes.

A l'égard de la converfion d'apel en opofition, elle a lieu principalement dans ce cas, fçavoir quand on a interjeté apel d'une fentence contre laquelle on pouvoit fe pourvoir par opofition.

Par exemple, j'ai été condamné par fentence par défaut, j'ai interjeté apel de céte fentence pardevant un Juge fuperieur, en ce cas je puis revenir pardevant le Juge qui a rendu la fentence, pourvû que je fois dans le tems de former mon opofition, & que je n'aïe pas encore relevé l'apel; car pour lors le Juge fuperieur feroit faifi de l'apel, & il n'y auroit plus de remede pour revenir pardevant le Juge qui a rendu la fentence.

La converfion d'apel en opofition a encore lieu dans ces deux cas.

Le premier, lors qu'on fe veut pourvoir contre une fentence renduë par défaut, qui déboute d'une opofition à l'execution d'une autre fentence; car pour lors je puis apeler de céte fentence, & enfuite convertir mon apel en opofition, ce qui fe fait dans les Jurifdictions où on n'eft pas recevable à former opofition à une fentence qui deboute d'une opofition à l'execution d'une autre fentence.

Le deuxiéme eft, lors qu'on a laiffé paffer la huitaine de l'Ordonance fans former fon opofition, auquel cas, on apelle de la fentence à laquelle on pouvoit former opofition, fi on avoit été dans le tems de l'Ordonance, & aprés on converti fon apel en opofition.

Ainfi pour convertir ledit apel en opofition, il faut prefenter requefte au Juge, par laquelle on demande acte de ce qu'on converti fon apel en opofition, & y faifant droit ordoner, &c.

Au bas de céte requefte on fait metre, *Viennent les parties*, par le Gréfier, & aprés la caufe étant portée à l'Audiance fur un avenir, le principal eft jugé conjointement avec l'incident.

CHAPITRE

CHAPITRE CXLII.

Des requêtes civiles.

LEs Arrests & jugemens en dernier réfort ne peuvent être re-tractez que par Lettres , en forme de requête civile , à l'égard de ceux qui auront été parties ou duement apellez & de leurs heri-tiers fucceffeurs, ou ayans caufe.

Les moyens & ouvertures de requête civile font reglez par l'Or-donance de 1667. tant à l'égard des Majeurs que des Mineurs & des Ecclefiaftiques ; & même il n'eft pas permis d'en recevoir d'autres que ceux qui font fpecifiez par les articles 34. & 35. du titre 35. dont les voici tous.

Primò , Si en l'obtention de l'Arreft contre lequel on fe veut pour-voir, il y a eu dol perfonel de la part de la partie adverfe.

Secundò , Si la procedure prefcrite par l'Ordonance n'y a point été fuivie & obfervée.

Tertiò , S'il prononce fur chofes non demandées ou non con-teftées.

Quartò , S'il adjuge à l'une ou à l'autre des parties plus qu'il n'a été demandé.

Quintò , Si par icelui il a été obmis de prononcer fur quelque cho-fe demandée.

Sextò , S'il y a contrarieté d'Arrefts en même Cour entre' mêmes aprties, & fur mêmes moyens.

Septimò , Si dans un même Arreft , il y a des difpofitions con-traires.

Octavò , Si en chofes concernantes le Roi , l'Eglife, le Public, ou la Police, l'Arreft a été rendu fans que les pieces ou le procez ait été comuniqué à Meffieurs les Gens du Roi.

Nonò , Si l'Arreft a été rendu fur pieces fauffes.

Decimò , S'il a été rendu fur des offres ou fur des confentemens qui ayent été défavoüez, & le defaveu jugé valable.

Il fu fit même, fuivant mon fentiment , de venir par defaveu , ce-pendant fi on avoit été affigné & que l'on fut compris dans l'Arreft , il faudroit une requête civile.

Undecimò , S'il y a des pieces decifives nouvellement recouvrées & detenuës par le fait de la partie.

Les Ecclefiaftiques , les Comunautez & les Mineurs font auffi re-

Tome I. B B B b b

cevables à se pourvoir par requête civile, s'ils n'ont pas été défendus, ou qu'ils ne l'ayent pas été valablement, contre tous les Arrests qui ont été obtenus contre eux par défaut, ou par forclusion, & même contre ceux qui ont été rendus contr'eux contraditoirement ; si dans leurs défenses, ou dans leurs écritures, ont été obmis quelque bons moyens, qui auroient pû mouvoir la Cour à juger à leur avantage.

Quant aux instances ou procez touchant les droits de la Couronne, ou du Domaine, où les Procureurs Generaux, ou les Procureurs du Roi sur les lieux sont parties, ils doivent être mandez en la Chambre du Conseil avant que de mettre l'instance ou le procez sur le bureau, pour sçavoir, s'ils n'ont point d'autres pieces ou moyens, dont ils doit être fait mention dans l'Arrest ou jugement en dernier résort, & à faute d'y avoir satisfait, il y a ouverture à la requête civile pour le Roi.

Il n'en est pas de même des Ecclesiastiques, quand même l'Arrest contre eux rendus, concernoit leur patrimoine particulier & leur biens Temporels, attendu que telle ouverture, ne leur est acordée que contre les Arrests par lesquels les droits d'Eglises ou benefices qu'ils possedent, ont receu quelque domage.

Il faut remarquer ici, qu'on ne peut point se pourvoir contre un Arrest, sous pretexte de mal jugé au fond, à moins qu'il n'y ait ouverture de requête civile.

Les propositions d'erreur de droit, ont été abrogées par la nouvelle Ordonance, & il est fait défenses aux parties de les obtenir & aux Juges de les permettre à peine, de nullité & de tous dépens, domages & interests.

Neanmoins si l'Arrest avoit été jugé directement contre la disposition expresse de l'Ordonance, ou de la Coûtume des lieux, on pourroit se pourvoir en cassation au Conseil privé, d'autant que les Cours Souveraines aussi-bien que les autres Juges sont tenuës de juger conformément aux Ordonances, qui sont les Loix Generales du Royaume, & aux Coûtumes, qui sont les Loix particulieres des lieux, ayant été redigées ou reformées par l'autorité des Rois de Frances.

Quant à l'erreur de fait, si elle provient du fait & de la fraude de celui qui a obtenu gain de cause par l'Arrest, ayant avancé des faits faux, ou en avoir denié de veritables, qui soient justifiez par sa partie adverse, c'est un moyen de requête civile, cette erreur étant fondée sur le dol & la mauvaise foi de la partie adverse.

Mais si l'erreur proce du fait, & de la faute de celui qui a sucombé, pour n'avoir pas assez clairement expliqué le fait sur lequel son droit étoit fondé , comme il ne peut rien inputer à la partie adverſe, auſſi ne peut il pas faire retracter l'Arreſt contre lui rendu , par requête civile, ainſi il ne lui reſte point d'autre moyen que celui de ſe pourvoir au Conſeil pour le faire caſſer ou pour faire convertir ce moyen d'erreur, en moyen de requête civile.

Ce dernier cas eſt dépuis peu arrivé en la Coûtume de Boulonois, dans une affaire où j'ai même écrit , comme Avocat de l'une des parties.

Une femme incidemment , en un procez qu'elle avoit pendant en la Cour, ayant obtenu des Lettres de reſciſion contre un Contrat de vente fait par ſon pere, d'un heritage ſitué en la Coûtume de Boulonois, on lui opoſa pour défenſes deux choſes.

La premiere , la preſcription, & la ſeconde , que ſon pere n'avoit eu qu'un quart en cet heritage, parce que ſon ayeul, duquel il procedoit avoir eu quatre enfans.

Elle ſe défend de la preſcription par ſa minorité , qui en avoit arreſté le cours ; mais à l'égard du ſecond moyen , au lieu de le détruire par la diſpoſition de la Coûtume de Boulonois, qui n'admet qu'un ſeul heritier, tant en ligne directe , que collaterale , & d'en produire les articles , ceux qui avoient écrit pour elle , n'ayant pas fait reflection ſur la Coûtume du lieu où étoit ſitué cet heritage , ſe contentant de dire, qu'en cas de reſtitution pour choſe indiviſe, le Mineur relevoit le Majeur.

Ce qui étoit tacetivement avouër , que le Pere de céte femme qui étoit l'aiſné, avoit eu des coheritiers en la ſucceſſion de ſon Pere , contre la diſpoſition de la Coûtume de Boulonois, qui n'en admet qu'un , ce qui fut cauſe que la Cour ſupoſant qu'en la Coûtume de Boulonois tous les enfans étoient heritiers de leur Pere, comme en la Coûtume de Paris , enterinant les Lettres de réciſion , Ordona ſeulement que céte femme rentreroit en la poſſeſſion du quart de cet heritage.

Ainſi , c'étoit une injuſtice cauſée par une erreur de fait, que céte femme ne pouvoit imputer qu'à elle même, faute d'avoir produit les articles , c'eſt pourquoi elle n'auroit pas été bien fondée à ſe pourvoir par requête civile ; Mais elle n'a pas été dans céte peine , car ayant changé d'Avocat & l'affaire dépuis le jugement m'ayant été remiſe entre les mains, par ſon Procureur , l'Arreſt n'ayant pas encore été ſigné ni levé, j'ai reparé la faute par une requête que j'ai donée à la Cour, à laquelle j'ai joint & produit par production nouvelle, les articles de la Coûtume de Boulonois, ſuivant leſquels l'Arreſt a été reformé , avant que d'être delivré.

Les moyens de requête civile doivent être proposés par Lettres Royaux, obtenuës en Chancelerie par lesquelles on expose que l'Arrest a été obtenu par surprise, dol & fraude de la partie adverse, ou qu'il a été rendu precipitement, ou sur pieces fausses, & en suite il est mandé aux Juges, qui ont rendu l'Arrest, que s'il paroît & leur est justifié que ce qui a été exposé soit veritable, ils remettent les parties en pareil état qu'elles étoient avant ledit Arrest.

L'Ordonance accorde differens tems, pour se pourvoir par requête civile, suivant la diversité des personnes.

Primò, A l'égard des Majeurs les requêtes civiles doivent être obtenuës & signifiées & les assignations donées, soit au Procureur ou à la partie dans six mois, à compter du jour de la signification qui leur a été faite des Arrests & jugemens en dernier ressort, à persone ou à domicile.

Secundò, Le même tems de six mois est aussi doné aux Mineurs; mais à compter du jour de la signification qui leur aura été faite de l'Arrest à persone ou à domicile, dépuis leur Majorité.

Tertiò, Si les jugemens en dernier ressort ont été donez contre ou au préjudice des personnes qui soient decedez dans les six mois, du jour de la signification à eux faite, leurs heretiers, successeurs ou ayant cause ont le même délai de six mois, à compter du jour de la signification qui leur aura été faite des mêmes Arrests & jugemens en dernier ressort, s'ils sont Majeurs; mais s'ils sont Mineurs le délai de six mois ne court que du jour de la signification qui leur sera faite dépuis leur majorité.

Quartò, Les Ecclesiastiques, les Hôpitaux & les Communautez, tant Laïques qu'Ecclesiastiques, Seculiers & Reguliers, & ceux qui sont absens du Royaume pour cause publique, ont un an pour obtenir & faire signifier les requêtes civiles, à compter du jour des significations qui leur ont été faites au lieu ordinaire des benefices, des Bureaux, des Hôpitaux ou aux Sindics, ou Procureurs des Communautez, ou au domicile.

Quintò, Celui qui a succedé à un benefice durant l'année, à compter du jour de la signification faite de l'Arrest ou jugement en dernier ressort à son predecesseur auquel il succedé par autre voïe que par resignation, a encore une année pour se pourvoir par Lettres de requête civile, du jour de la signification qui lui en a été faite.

La raison est, que ce successeur peut ignorer l'Arrest ou jugement en dernier ressort rendu contre son Predecesseur; mais si ce successeur avoit succedé par resignation, il n'auroit que le tems de l'année , qui resteroit à son resignant , par ce qu'il est à presumer que le resignant n'auroit pas manqué de lui faire sçavoir l'Arrest, ou jugement en dernier resort qui lui auroit été signifié, ainsi suivant l'article 9. du titre des requêtes civiles , de l'Ordonance de 1667. le Resignataire n'a pas plus de droit que le Resignant.

Sextò, Si les Lettres de requête civile contre les Arrests ou jugement donez en dernier ressort ou les requêtes donées contre les Sentences presidiales au premier chef de l'Edit sont fondées sur pieces faussees, ou sur pieces nouvelles recouvrées, qui eussent été retenües ou detournées par le fait de la partie adverse, le tems d'obtenir & faire signifier les Lettres ou requête, ne commencera à courir que du jour que la fausseté ou que les pieces auront été découvertes, pourveu qu'il y ait preuve par écrit du jour que la fausseté ou que les pieces ont été découvertes.

Celui qui est encore dans le tems de se pourvoir par requête civile, doit premierement avoir une consultation signée de deux anciens Avocats & de celui qui aura fait le raport, laquelle contiendra les ouvertures de requête civile, y inserer les noms des Avocats qui auront signé cette consultation & les ouvertures de requête civile, qu'ils auront trouvées justes & raisonnables.

Ci-devant les Lettres de requête civile étoient expediées en forme de Lettres clauses avec cette suscription , *A nos amez & feaux Conseillers les Gens tenans nôtre Cour de Parlement à Paris*, avec une Comission qui étoit attachée sous le contre scel, conceuë en ces termes, *LOUIS, &c. A nos amez & feaux Conseillers les Gens tenans nôtre Cour de Parlement, &c. Nous vous envoyons la requête civile obtenuë par tel, à l'encontre de tel, close sous contrescel de nôtre Chancelerie cy-attachée, &c.*

Mais aujourd'hui par la disposition de la nouvelle Ordonance, elles font expediées & délivrées aux impetrans, ouvertes & sans Comission, ensuite de quoi ils sont tenus de presenter leur requête à fin d'enterinement, & consigner la somme de trois cent livres pour l'amande envers le Roi , & cent cinquante livres envers la partie.

Que si les Arrests sont par défaut, il suffit de consigner la somme de cent ciquante livres pour l'amande envers le Roi , & soixante & quinze livres pour celle envers la partie, lesquelles sommes doivent être payées au Receveur des amandes qui s'en chargera, comme depositaire, sans droits ni frais & sans qu'il puisse les employer en recepte, qu'elles n'ayent été définitivement adjugées, pour être après le jugement des requêtes civiles renduës & délivrées aussi sans frais à qui il apartiendra.

Toutes ces regles obfervées, la requefte à fin d'enterinement des Lettres en forme de requefte civile fera dreffée ainfi.

Requête à fin d'enterinement des Lettres, en forme de Requête Civile.

A Noffeigneurs de ...

Suplie humblement F....

Dɪsᴀɴᴛ qu'il a obtenu des Lettres en forme de requête civile en Chancelerie, le .... lefquelles Lettres font dreffées à la Cour, & comme il fouhaiteroit de les faire enteriner, il a recours à vous.

Cᴇ ᴄᴏɴsɪᴅᴇʀᴇ́, Noffeigneurs, il vous plaife enteriner lefdites Lettres felon leur forme & teneur, ce faifant remettre les parties en l'état qu'elles étoient avant ledit Arrêt, & vous ferez bien.

L'Ordonance fur céte Requefte fera, *Soit partie apellée*; enfuite dequoi il la faut faire fignifier avec affignation & doner copie, tant des Lettres de requefte civile, que de la confultation, aprés quoi la caufe doit être mife au rôle, ou portée à l'Audiance fur deux Actes.

Le premier eft pour comuniquer au Parquet, & l'autre pour venir plaider fans autres procedures.

Dans la comunication qui fe fait au Parquet, l'Avocat qui comunique pour le demandeur raporte aux Avocats Generaux l'avis des Avocats qui ont été confultez pour les ouvertures de la requefte civile, & aprés céte comunication, la caufe eft portée à l'Audiance par un fimple avenir, au cas qu'elle n'ait pas été mife au rôle.

Le Procureur qui a ocupé en la caufe, inftance, ou procez, fur lequel eft intervenu l'Arreft, ou Jugement en dernier reffort, eft auffi tenu d'ocuper fur la requefte civile, fans qu'il foit befoin de nouveau pouvoir, pourveu que la requefte civile ait été obtenuë & à lui fignifiée dans l'an du jour & datte de l'Arreft.

Il n'eft pas neceffaire que les Avocats qui ont été confultez fe trouvent à l'Audiance lors de la plaidoirie de la requefte civile, il faut feulement que l'Avocat du demandeur, avant que de plaider, declare les noms des Avocats par l'avis defquels elle a été obtenuë.

Si dépuis les Lettres obtenuës le demandeur en requête civile avoit découvert d'autres moïens contre l'Arrêt, ou Jugement doné en dernier reffort, que ceux emploïez en la requête, il eft tenu de les énoncer dans une requête qu'il fera fignifier au Procureur du défendeur; fans qu'il foit befoin qu'il obtienne pour ce fujet aucunes Lettres d'ampliation.

Par céte Requête, aprés avoir énoncé les nouveaux moïens qu'on a découvert contre l'Arrest, on conclut, à ce qu'il plaife à la Cour, doner acte au Supliant, de ce que pour ampliation de fa requefte civile, il emploïe le contenu ci-deffus, & en confequence ordoner, que lefdites Lettres en forme de requefte civile, feront enterinées, ce faifant remetre les parties en tel état qu'elles étoient avant ledit Arreft.

La raifon pour laquelle le demandeur en Enterinement des Lettres en forme de requefte civile, eft obligé d'alleguer fes nouveaux moïens dans une requefte fignifiée à fa partie adverfe, eft fondée fur l'article 31. du Titre des Requeftes Civiles de l'Ordonance de 1667. qui ne permet pas à l'Avocat du Demandeur d'alleguer amplement d'autres ouvertures que celles qui font mentionées & expliquées dans les Lettres de la requefte civile ; ainfi la requefte tient lieu d'ampliation, parce que ce feroit une furprife, fi l'Avocat du demandeur alleguoit d'autres moïens en plaidant, aufquels l'Avocat du défendeur ne fe feroit pas attendu, & contre lefquels il ne fe feroit pas preparé.

Céte requefte d'ampliation, aprés avoir été fignifiée, doit auffi être comuniquée au Parquet avant le jour de la plaidoirie de la caufe, laquelle aïant été plaidée, fi la Cour juge qu'il ait lieu d'enteriner les Lettres, elle dit ; *Qu'aïant égard aux Lettres obtenuës par le demandeur contre l'Arrêt du.... & icelles enterinant, a remis & remet les parties en l'état qu'elles étoient auparavant ledit Arrêt, & condamne le défendeur aux dépens.*

L'article 33. veut qu'en ce cas les parties foient remifes en pareil état qu'elles étoient avant l'Arreft, quoique ce fût une pure queftion de droit, ou de Coûtume qui en eût été jugée ; la raifon eft, que la Cour ne doit juger que le refcindant, fans toucher à la queftion principale, laquelle eft cenfée n'avoir pas été décidée, au moïen de l'enterinement des Lettres de requefte civile.

Mais s'il n'y a point d'ouverture de requefte civile, ou fi la Cour ne les juge pas fufifantes, *Elle déboute le demandeur des Lettres par lui obtenuës contre l'Arrêt du... & le condamne à l'amande & aux dépens.*

Les Lettres étant enterinées, il faut faire juger le procez principal en la même Chambre où l'Arreft a été rendu, & contre lequel les Lettres ont été obtenuës.

Les requeftes civiles contre les Arrefts rendus aux Chambres des Enqueftes, doivent être portées & plaidées à l'Audiance de la grand' Chambre, fi ce n'eft que par Arreft du Confeil ces requeftes civiles euffent été renvoïées en l'une des Chambres des Enqueftes.

Si les Arrefts, ou jugemens en dernier reffort font interlocutoires, ou dans lefquels le demandeur en requefte civile n'a pas été partie, la requefte civile doit être obtenuë, & fignifiée, & jugée dans la Cour où les Arrefts, ou jugemens en dernier reffort ont été produits & comuniquez.

Mais fi les Arrefts, ou jugemens en dernier reffort produits & comuniquez font definitifs & rendus entre les mêmes parties, ou avec ceux dont ils ont droit, ou caufe, foit contradiftoirement, ou par défaut, ou forclufion, les requeftes civiles doivent être obtenuës & enterinées pardevant les Juges qui les ont renduës, fans que ceux pardevant lefquels elles font produites ou comuniquées en puiffent prendre conoiffance, ni Jurifdiftion, & paffe outre au jugement de ce qui eft pardevant eux; nonobftant les Lettres en forme de requété civile, fans y préjudicier, à moins que les parties confentent refpeftivement qu'il foit procedé fur la requefte civile, où eft produit l'Arreft, ou jugement en dernier reffort, ou qu'il foit furfis au jugement, & qu'il n'y ait autres parties intereffées.

Les requeftes civiles ne fe plaident pas aux l'Audiances de relevée, & même autrefois elles ne pouvoient pas non plus être mifes au rôle de Paris, ni à celui des Jeudis; mais à prefent on les met aux rôles des Provinces d'où viennent les diferens des parties pour lefquels elles ont été obtenuës.

Elles ne peuvent pas auffi être apointées, fi ce n'eft en plaidant, quand elles ne peuvent pas être jugées à l'Audiance, ou du confentement des parties.

La caufe aïant été apointée, celui qui a été Raporteur de l'Arreft contre lequel la requefte civile a été obtenuë, ne peut pas être Raporteur du procez fur le refcindant, ni fur le refciffoire; la raifon eft qu'il y auroit lieu de croire, que le Raporteur ne voudroit pas changer l'avis qu'il auroit eu dans le jugement du procez.

Le refcindant eft la caffation de l'Arreft, ou jugement, & le refciffoire eft la queftion principale décidée par l'Arreft, contre lequel les Lettres en forme de requefte civile ont été obtenuës.

Quoique la requefte civile ait été apointée au Confeil, neanmoins la Cour ne peut pas juger le fond du procez avec la requefte; car l'ufage eft, que les caufes apointées doivent être jugées, tout-ainfi que fi elles étoient jugées à l'Audiance.

Cependant, fi une piece recouvrée donoit ouverture à la requête civile, & faifoit la decifion du principal, il femble, felon mon fentiment, qu'on peut prononcer, tant fur le refcindant, que fur le refciffoire, autrement ce feroit engager les parties en deux procez

pour

pour un, étant fans doute qu'on ne pourroit pas Enteriner la requête civile, fans décharger auffi l'impetrant de la condamnation portée par l'Arreft.

Par Exemple, fi un heritier condamné à payer les legs contenus
dans le Teftament du Défunt, dont il auroit pourfuivi la caffation,
avoit depuis recouvré un acte de revocation de ce Teftament fait en
bonne forme par le Défunt, il ne feroit pas poffible de declarer ce
Teftament nul & revoqué, fans decharger l'heritier de la condamnation de l'executer en prononçant fur la requête civile, par la raifon que dans ce cas, la requête civile, & le principal font infeparables.

Cette dificulté, c'eft prefentée quelquefois au Palais, & pour lors
on a introduit l'ufage d'obtenir des Lettres du Roi, par lefquelles en
dérogeant à l'Ordonance il a été permis aux Juges de prononcer fur
la requête civile & fur le principal.

Celui qui a été debouté de l'Enterinement de fes Lettres en forme de requête civile, il eft non recevable & ne peut plus en obtenir
d'autres, foit contre le premier Arreft ou jugement en dernier reffort,
ou contre celui par lequel il a été debouté de fes Lettres, quand même les Lettres auroient été enterinées fur le refcindant, & que le
Demandeur eut fucombé au refcifoire; car autrement un procez ne
finiroit jamais.

Les requêtes civiles obtenuës & fignifiées n'empefchent pas l'execution des Arrefts ou jugemens rendus en dernier reffort, à caufe de
l'autorité des dits Arrefts, & pour détourner les parties de fe pourvoir par la voïe de requête civile, ainfi qu'il eft porté par l'article 18. de la nouvelle Ordonance, titre des Requêfte civiles,
qui en ce cas défend aux Cours de doner aucunes défenfes ni furfeance.

Ce qui a lieu pareillement pour l'execution des Sentences Prefidiales au premier chef de l'Edit, laquelle n'eft pas auffi retardée ni
fur fifes par les requêtes prefentées contre lefdites Sentences.

L'article fuivant veut & ordone en confequence dudit article 18.
que ceux qui ont été condamnez de quitter la poffeffion & joüiffance d'un benefice ou de laiffer quelque heritage ou autre immeuble,
raportent la preuve de l'entiere execution de l'Arreft ou jugement
en dernier reffort au principal, avant qu'ils puiffent faire aucune
pourfuite, pour comuniquer & plaider fur ces Lettres en forme
de requête civile, & jufqu'à ce qu'ils en ayent fait preuve, ils foient
declarez non recevables.

Si les Arrefts contre lefquels on auroit obtenu les Lettres de re-

Tome I.   C C C c c

quête civile, avoient condamné l'impetrant à restitution de fruits, domages, interests & dépens, le Défendeur en l'enterinement desdites Lettres pourroit faire executer l'Arrest pendant le cours de la requête civile par les autres voïes, sans que lesdites Lettres y puissent mettre aucun empêchement.

Les requêtes civiles n'ont pas lieu à l'égard des Sentences Presidiales donées en dernier résort ; il est même défendu par la nouvelle Ordonance de s'en servir, ordonant qu'on se pourvoira seulement contre lesdites Sentences par simple requête au même Presidial.

Par cête requête, il faut expliquer les moïens & ouvertures, ensuite dequoi, il faut conclure à ce que les parties soient remises en pareil & semblable état qu'elles étoient avant ladite Sentence Présidiale,

Sur quoi il faut ici observer, que l'on n'est dispensé que de la forme, ensorte que par la requête il faut proposer les même moïens necessaires pour les requêtes civiles.

Les jugemens en dernier ressort dont j'ai parlé dans plusieurs articles de ce chapitre, qui vont de pas égal avec les Arrests, sont les jugemens donez par des Cours qui en certains cas jugent Souverainement, comme par exemple, les Requêtes de l'Hôtel, les Eaux & Forests & autres jurisdictions semblables.

Et quoique les Sentences Presidiales soient aussi en dernier ressort & sans apel, neanmoins l'Ordonance les distingue des jugemens donez en dernier résort, & Souverainement, côme ceux qui son rendus par les jurisdictions dont je viens de parler, en certains cas exprimés par les Ordonances, tant anciennes, que nouvelles, que j'ai expliqué au Traité des Jurisdictions.

Par Arrest du 4. Mai 1682. doné à l'Audiance de la grand'Chambre, la question, sçavoir s'il suffit de signifier la requête civile dans le tems de l'Ordonance, sans doner assignation en même tems, a été jugée en faveur de la Comunauté des Maîtres Passementiers de la Ville de Paris, la Cour jugeant que la signification dans le tems de l'Ordonance sufit, ce qui semble contraire à l'article 5. du titre des requêtes civiles de l'Ordonance de 1667. qui porte, que *les requêtes civiles seront obtenuës & signifiées & assignations donées dans les six mois, &c.* Mais l'article 7. ne parle que de la signification des requêtes civiles, & ne parle pas de l'assignation donée en consequence.

Cependant cet article 7. étant relatif au cinquiéme, j'ai lieu de dire, que l'assignation devoit être faite dans le tems de l'Ordonance ; mais la Cour a jugé autrement , par cet Arreſt qui eſt de conſequence ſur ce ſujet.

Les Chanceliers, Garde des ſeaux, & les Maîtres des Requêtes ordinaires de l'Hôtel du Roi , tenant les ſeaux de la grande , ou petite Chancelerie & autres Oficiers de ſa Majeſté, ne peuvent accorder aucunes Lettres en forme de requête civile, que dans le tems & aux conditions ci-deſſus , & ſans qu'il puiſſe y avoir cauſe portant diſpenſe ou reſtitution de tems pour quelque cauſe & pretexte que ce ſoit , en ſorte que ſi quelques unes avoient été obtenuës & ſignifiées aprés le tems & délai porté par l'Ordonance, ou ne contenoient point les ouvertures & les noms des Avocats qui en auroient doné l'avis , elles ſeroient nulles & de nul éfet , & les Juges n'y auroient aucun égard , ſur peine de nullité & de tout ce qui auroit été jugé ou ordoné au contraire.

La ſignification des Arreſts ou jugements , en dernier reſſort ou des Sentences Preſidiales doit être faite aux perſones ou au domicile, quoique les Arreſts , jugemens ou Sentences Preſidiales au premier chef de l'Edit, euſſent été rendus contradictoirement en l'Audiance, ou ſignifiées au Procureur , ſuivant l'article 11. dudit titre des requêtes civiles, de l'Ordonance de 1667.

Ce qui a été ainſi ordoné afin que celui qui pourroit ſe pourvoir par requête civile contre un Arreſt, ne puiſſe pas ignorer le jugement qui auroit été rendu contre lui , car ſi la ſignification s'en faiſoit chez ſon Procureur il pourroit n'en être pas averti.

Cét article neanmoins declare que c'eſt ſans tirer à conſequence pour les hipoteques , ſaiſie & execution, & autres choſes , à l'égard deſquelles les Arreſts , jugemens & Sentences contradictoires donez en l'Audiance ont leur éfet , quoiqu'ils n'ayent pas été ſignifiez & ceux donez par défaut en l'Audiance & ſur procez par écrit, à compter du jour qu'ils ont été ſignifiez aux Procureurs.

L'uſage de toutes les Cours Souveraines eſt , que ſi en enterinant la requête civile, on adjuge plus qu'il n'a été demandé, l'Arreſt doit étre caſſé, pour tout ces chefs par la raiſon qu'on preſume par là que les Juges n'ont pas été ſuffiſament inſtruits.

Il en faut dire de méme au cas que la procedure n'ait pas été obſervée pour un chef ſeulement, auquel cas la requéte civile étant enterinée l'eſt les pour tous les chefs.

On peut auſſi obtenir des Lettres en forme de requéte civile, contre les Arreſts rendus en matiere criminelle , quand méme ils auroient été executez, d'autant que c'eſt par contrainte que l'execution en a été faite.

Requête civile.

L O U I S , &c... A nos amez & feaux Confeillers les Gens tenans nôtre Cour de Parlement à &c. .. S A L U T , nous avons receu l'humble fuplication de nôtre amé tel. . . . . . . contenant. . . . . . (*il faut expofer le fait & narrer le procés le plus fuccintement qu'il fe pourra*) fur tous lefquels moyens ayant pris l'avis de Maîtres tel , & tel. . . . Anciens Avocats en nôtre Cour de Parlement, fur le raport qui leur en a été fait par Maître tel. . . . auffi Avocat en nôtre dite Cour , dont la Confultation eft ci attachée fous le contre feel de nôtre Chancelerie , ils ont eftimé que le fupliant feroit bien fondé à fe pourvoir par la voïe de droit contre ledit Arreft fignifié audit Expofant le tel jour. . . . ce qui l'oblige de recourir à nos Lettres en forme de requête civile , humblement requerant icelles , A CES CAUSES , voulant favorablement traiter ledit Expofant, nous vous mandons que les parties deuëment affignées pardevant vous , s'il vous apert de ce que deffus (*l'on peut recapituler fi on veut les moyens*) & d'autre chofe tant que fuffir doive , & que les parties foient dans le tems prefcrit par notre nouvelle Ordonance de l'année 1667. vous en ce cas remettiez les parties en tel, & femblable état qu'elles étoient auparavant ledit Arreft , & faites au furplus aux parties bonne & brieve juftice , C A R , tel eft nôtre plaifir. D O N N E' à , &c.

Par le Confeil , .
Tel. . . . .

CHAPITRE CXLIII.

Des caffations d'Arrefts.

O N peut fe pourvoir en caffation d'Arrefts , quand des Arrefts directement contraires & repugnans les uns aux autres, ont été rendus en une même , ou deux Cours Souveraines, entre les même parties ; car comme ces Arrefts ne peuvent pas être executez, il faut fe pourvoir ou par requête civile, ou par caffation d'Arreft, ou par interpretation d'Arreft.

Ainfi , quand les Arrefts ont été rendus par la même Cour on fe peut pourvoir par l'un ou l'autre de ces trois moïens.

L'article 38. de l'Ordonance d'Orleans, dit que les contrarietez d'Arrefts des Cours Souveraines feront jugées où les Arrefts auront été rendus.

Neanmoins on peut fe pourvoir au Confeil privé ; mais fi les Arrefts ont été rendus en différentes Cours, on fe peut pourvoir au Grand Confeil, fuivant l'article 34. du titre 35. de la nouvelle Ordonance de l'année 1667. ou au Confeil privé.

Il y a encore plusieurs autres cas, ausquels on peut aussi se pourvoir, au Conseil privé en cassation d'Arrests.

Primò, Ceux qui n'ont point été parties dans un procez, ou deuëment apellez, peuvent demander la cassation des Arrests rendus contr'eux, ou qui leur portent préjudice.

Secundò, Ceux qui ont été condamnez par Arrests rendus sur congez ou défauts, en peuvent poursuivre la cassation.

Tertiò, Quand les Arrests ont été rendus contre les Ordonances. ou contre les Coûtumes, & les loix du Royaume, & en ce cas il y a nullité en la matiere.

Quartò, Si le Parlement connoît en premiere instance d'un principal differend des parties qui n'ont pas droit d'y plaider en premiere instance, celui qui n'aura pas procedé volontairement peut se pourvoir au Conseil en cassation d'Arrest, & pour lors la nullité est en la forme.

Quintò, Il en est de méme, si une autre Cour que la Grand' Chambre du Parlement de Paris, conoissoit d'une matiere de regale; car l'incompetance de Juge est aussi un moïen de nullité & de cassation, par ce qu'il n'y a point de plus grand défaut dans les Juges, que celui de la Competance.

Ainsi lors que les Juges retienent la conoissance d'une affaire qui ne leur apartient pas, ou si les premiers Juges evoquent les causes pendantes pardevant les Juges inferieurs, si ce n'est pour les juger à l'Audiance; leurs jugemens sont sujets à cassation, par ce qu'ils sont incompetans.

Sextò, Si les Juges ordonent une veuë & montrée, ou une enqueste d'Examen à future, leurs jugemens sont sujets à cassation, parce que ces sortes de procedures sont abrogées par l'Ordonance de 1667.

Septimò, Si un Arrest ou jugement en dernier résort ést retracté, autrement que par Lettres en forme de requête civile, à l'égard de ceux qui ont été parties ou deuëment apellés & de leurs heritiers, il y a lieu de se pourvoir au Conseil en cassation.

Octavò, Si un procez evoqué n'a pas été jugé, par les Juges devant lesquels il a été renvoyé, & en ce cas il y a nulité, & on peut se pourvoir en cassation d'Arrest.

Il faut que celui qui veut demander la cassation d'un Arrest rendu en une Cour Souveraine ou d'un jugement en dernier ressort, presenté sa Requeste au Conseil, & qu'il fasse signifier sur les lieux à la Partie ou à son Procureur (& au Procureur General, si c'est en matiere criminelle, ou concernant les Domaines & droits de sa Majesté), qu'il entend fe pourvoir au Confeil en caffation & leur doner copie de fa Requefte & des pieces fur lefquelles il entend fonder la caffation,& les fomme d'y défendre dans huitaine avec le délay d'un jour pour dix lieuë de diftáce,& leur declarer le nom de fon Avocat,ainfi qu'il eft porté par le Reglement du Confeil du 3.Janvier 1673.art.61.

Neanmoins par autre Arreft de Reglement, du 17. Juin 1687. il eft porté que les Requeftes en caffation d'Arrefts rendus en une Cour Souveraine, ou des jugemens en dernier réfort doivent être prefentées au Confeil, fans qu'elles foient fignifiées.

Les Avocats du Confeil ne peuvent figner aucune Requefte pour répondre ou défendre à une demande en caffation d'aucuns Arrefts des Compagnie Superieures, ou jugemens en dernier reffort, fi la demande en caffation n'a été receuë par un Arreft du Confeil d'affigner ou de comuniquer, à peine à l'Avocat qui a figné la Requefte de cinq cens livres d'amende, qui ne peut être reputée comminatoire pour la premiere fois, d'interdictions pour la feconde, & de répondre en fon propre & privé nom du fejour & des dépens des Parties, ainfi qu'il eft dit par Arreft du Confeil privé du Roi du 14. Octobre 1684.

A l'égard des demandes en caffation d'Arreft incidentes aux inftances d'évocation, de Reglement de Juges, ou autres qui font pendantes au Confeil, fa Majefté ordone qu'il ne peut être expedié aucun Arreft de *Somairement oüi*, fur les demandes, fi l'Arreft n'a été deliberé au Confeil, & aprés en avoir été comuniqué aux Comiffaires du Confeil qui ont été deputés en l'inftance, ou autres qui font nomez par fa dite Majefté,excepté les demandes en caffation des Arrefts du Confeil, lefquels peuvent être pourfuivis en la maniere acoûtumée.

Il ne fe reçoit aucune requefte en caffation d'Arreft, tant du Confeil, que des Cours, & des jugemens en dernier reffort, fi la requête qui en contiendra la demande n'a été prefentée dans les fix mois, à compter, à l'égard des Majeurs, du jour de la fignification qui leur aura été faite des Arrefts & jugemens en dernier reffort à perfone ou à domicile;& pour les Mineurs dans fix moix,du jour de la fignification qui leur aura été faite à perfone, ou à domicile, dépuis leur Majorité.

Les Ecclefiaftiques, les Hôpitaux, & les Comunautez, tant Laïques, qu'Ecclefiaftiques, Seculieres & Regulieres, même ceux qui font abfens du Roïaume pour caufe publique, ont un an pour obtenir & faire fignifier les requeftes en caffation, à compter du jour des fignifications qui leur auront été faites au lieu ordinaire des benefices,des Bureaux,des Hôpitaux,ou aux Syndics,ou Procureurs des Comunautez, ou au domicile des abfens.

Si les Arrefts ou jugemens en dernier reffort ont été donez contre & au préjudice des perfones qui feront decedées dans les fix mois du jour de la fignification à eux faite, leurs heritiers, fuccef-feurs, ou aïant caufe, auront encore le même délai de fix mois, à compter du jour de la fignification qui leur aura été faite des mêmes Arrêts & jugemens en dernier reffort, s'ils font Majeurs, finon le délai de fix mois ne courra que du jour de la fignification qui leur fera faite dépuis leur Majorité.

Celui qui aura fuccedé à un Benefice durant l'année, à compter du jour de la fignification faite de l'Arreft, ou jugement en dernier reffort à fon Prédeceffeur, dont il n'eft refignataire, aura encore une année pour fe pourvoir par requefte en caffation,du jour de la fignification qui leur en fera faite.

Les Requeftes en caffation, ne peuvent être prefentées au Confeil, fi elles ne font fignées de deux anciens Avocats du Confeil, du nombre des cinquante premiers, avec celui qui aura figné la requefte.

Elles ne peuvent pas empêcher l'execution des Arrefts, ni des jugemens en dernier reffort.

Aucune requefte en caffation d'Arreft du Confeil, ne peut être raportée, que la copie n'ait été fignifiée à l'Avocat de la partie qui aura obtenu l'Arreft dont on demande la caffation,ni aucun des Meffieurs les Confeillers ne peut être Raporteur d'une requefte en caffation des Arrefts rendus à fon raport, s'il n'y a confentement par écrit de toutes les parties.

L'Avocat qui aura ocupé en une inftance du Confeil, fur laquelle fera intervenu un Arreft dont la caffation en eft demandée, eft tenu de défendre à la caffation, fans nouveau pouvoir, pourveu neanmoins que la Requefte en caffation ait été prefentée au Confeil, & fignifiée à l'Avocat dans les fix mois à compter du jour de la fignification de l'Arreft intervenu entre Majeur ou Mineur & dans l'année, à l'égard des Arrefts rendus contre les Ecclefiaftiques, Hôpitaux & Comunautez.

Aprés la fignification de la Requefte en caffation,il faut faire trois fommations confecutives à l'Avocat du Défendeur d'y fournir de reponfe, à faute de quoi le Demandeur peut pourfuivre pour obtenir un Arreft définitif fur fa Requefte.

Si l'Avocat du Défendeur fournit une Requefte contraire fervant de réponfe, & qu'il ne la remette pas entre les mains du Raporteur.

à qui le demandeur a doné la sienne, l'un ou l'autre des Avocats peut faire signifier un acte contenant declaration, qu'il donera sa requeste pour faire commetre un Raporteur sur les requestes respectives, & ensuite continuer & poursuivre l'instance en la maniere acoûtumée.

Que si les moïens de cassation ne sont pas jugez sufisans, & que l'Arrest contre lequel on s'est pourveu subsiste, en quelque maniere que la prononciation soit conceuë, le demandeur en cassation d'Arrest contradictoire du Conseil, ou discours & jugemens en dernier ressort, qui succombera, sera condamné à trois cent livres d'amande envers le Roi, & à cent cinquante livres envers la partie.

Et si les Arrests, ou jugemens en dernier ressort, dont la cassation est demandée est par défaut, ou par forclusion, le demandeur qui succombera, doit être seulement condamné à cent cinquante livres envers le Roi, & soixante & quinze livres envers la partie.

Sa Majesté décharge les parties qui voudront se pourvoir en cassation d'Arrests, des consignations ordonées par le reglement du Conseil du 3. Janvier 1673. mais sa Majesté veut, que dans les dispositions d'Arrests, les condamnations d'amandes, aux termes de reglemens contre ceux qui succomberont soient emploïées; enjoint aux Avocats du Conseil d'emploïer dans les requestes & instance qu'ils instruiront, les noms, surnoms, qualitez, & demeures de leurs parties, à peine d'interdiction, & du double d'amande, sans que lesdites amandes puissent être remises, ni moderées, sous quelque pretexte que ce puisse être.

S'il n'y a pas lieu à la cassation, le Conseil deboutera le demandeur de sa requeste, & le condamnera à trois cent livres d'amande envers le Roi, & à cent cinquante livres envers la partie, & aux dépens.

Mais si le Conseil casse l'Arrest, la prononciation se fait ainsi qu'il ensuit.

Extrait des Registres du Conseil privé du Roi.

ENTRE, &c.

Le Roi en son Conseil, aïant égard à la Requeste de A... casse & annulle l'Arrest du.... fait sa Majesté défenses à B.... de s'en servir, à peine de nullité des procedures, dépens, domages, & interêts, condamne B.... aux dépens de l'instance.

Celui qui aura été débouté de la cassation par lui demandée, n'est

n'eſt plus reçu à ſe pourvoir en caſſation, ou contre le premier
Arreſt, ou jugement en dernier reſſort, ou contre celui qui l'aura débouté.

CHAPITRE CXLIII.

De l'Execution des Jugemens & Arreſts.

S'Il n'y a point d'apel d'une ſentence, ou qu'elle ſoit executoire, nonobſtant l'apel, il faut avant qu'on la puiſſe metre à execution, la faire ſignifier au Procureur du condamné, s'il y a Procureur conſtitué, & enſuite à la partie, parce que, ſelon l'article
2. du titre 27. de l'Ordonance de 1667. les ſentences ou Arreſts ne
doivent être ſignifiés aux parties qu'ils n'aïent été auparavant
ſignifiez à leurs Procureurs.

La raiſon eſt, qu'aïant été donez avec le Procureur qui a été
conſtitué, il ſçait mieux l'état de la cauſe que la partie même, &
ce qui doit être executé; à quoi on peut encore ajouter, que le
Procureur dés qu'il a été conſtitué, eſt tellement devenu maître
de la choſe, qu'il doit être cité *ad reliquos actus ſucceſſivos. Ita tenet
Bart. in l. procurationibus, C. de procurator. & in l. mutari, ff. eod.*

Si aprés la ſignification faite il y a apel de la ſentence, & qu'elle
ſoit executoire, nonobſtant l'apel en baillant caution, il faut preſenter une caution & un certificateur, & les faire recevoir en la
maniere qui ſera dite au Chapitre ſuivant.

Mais s'il n'y a pas d'apel, ou que la ſentence ait paſſée en
force de choſe jugée, en ce cas il faudra l'executer ſuivant la nature & la qualité de la condamnation.

Si la condamnation eſt en matiere perſonelle, & que le défendeur ſoit condamné à païer quelque ſomme d'argent, ou quelque
quantité de grains, ou de quelqu'autre eſpece, ou bien à faire quelque ouvrage, il faut le contraindre à païer, ou à faire ce à quoi il
eſt condamné, par ſaiſie de ſes meubles & éfets mobiliaires, ou de
ſes immeubles, ou par empriſonnement de ſa perſone, ſi la ſentence eſt contrainiable par corps.

Que ſi la condamnation eſt en matiere réelle, & que le défendeur ſoit condamné de laiſſer la poſſeſſion de quelque heritage, il
faudra, ſuivant l'article 1. dudit titre 27. de ladite Ordonance de
1667. le dépoſſeder, quinzaine aprés la ſignification de l'Arreſt, ou
jugement, faite à ſa perſone, ou domicile, à peine contre ledit dé-

fendeur, en cas de defobéïffance, de cent livres d'amande, moitié envers le Roi, & moitié envers la partie, qui n'a pû être remife, ni moderée.

Ce qui eft auffi conforme à l'Ordonance de François I. de l'an 1539. article 95. qui fait mention expreffe des matieres poffeffoires, ou petitoires; & l'Ordonance de Moulins, article 51. qui parle du délaiffement pur & fimple, c'eft à dire, fans aucune condition qui en fufpende l'éfet, & de Henri III. de 1585.

Mais cela a lieu pourveu qu'il n'y ait pas eu de partie intervenante au procez, qui ait contefté la poffeffion dont il s'agit; auquel cas le poffeffeur n'eft pas tenu de la reftituer en vertu du jugement ou Arreft, qu'en baillant par le demandeur caution de la garantie, & indemnifer de la pourfuite faite par la partie intervenante, fuivant la Loi 15. à que, ff. de rei vind. & que la chofe foit en la poffeffion du défendeur, ou qu'il ne ceffe de l'avoir par dol, ni fraude; car en ce cas, il lui doit être doné un délai pour la reftituer, felon le § 2. inft. de offic. judic.

Si quinzaine après la premiere fommation les parties n'obéïffent pas à l'Arreft, ou jugement, ils doivent être condamnez par corps à délaiffer la poffeffion de l'heritage, & en tous les domages, & interefts de la partie, ainfi qu'il eft dit par l'article 3. du titre 27. de l'Ordonance de 1667.

La peine portée par cet article, eft diferente de celle portée par l'article 1. de ce titre; mais la difpofition n'en eft pas pourtant contradictoire, parce que celle-ci n'a lieu que contre ceux qui perfiftent dans la contumace d'obéïr aux Arrefts après la quinzaine paffée, & elle ne dépend pas de la liberté des parties, ainfi il eft au pouvoir du Juge d'en ufer felon l'article, comme il trouvera raifonnable, c'eft pourquoi il doit bien l'apliquer.

De forte, que pour encourir l'une ou l'autre de ces peines, il faut qu'il paroiffe de la part du détenteur un acte contraire, qui faffe voir qu'au préjudice de la condamnation fignifiée, & de la fommation qui lui a été faite, il s'eft maintenu dans la poffeffion de l'heritage; comme par exemple, s'il s'agit du délaiffement d'un pré, ou d'une terre, comme l'on n'a pas ces chofes en fes mains, il fufit de ne rien faire pour s'en conferver la poffeffion; c'eft à dire qu'il fufit que le détenteur n'ait pas fait des actes contraires.

Neanmoins celui qui aura été condamné à laiffer la poffeffion d'un heritage, en lui rembourfant quelques fommes, efpeces, impenfes, ameliorations, ne poura être contraint de quiter l'heritage, qu'après avoir été rembourfé, & à cet éfet fera tenu de liquider les efpeces , impenfés & ameliorations dans un feul délai qui lui fera doné par Arreft ou jugement ; finon l'autre partie fera mife en poffeffion des lieux, & donant caution de les payer après qu'elles auront été liquidées.

Le terme de payer acordé par une Sentence contraditoire comence à courir du jour de la datte deladite Sentence,& non de la fignification d'icelle, d'autant que c'eft une grace que l'on fait pour empêcher les fraits fi on paye dans le tems ; mais fi on étoit condamné à faire quelque chofe, le délai courroit du jour de la fignification , d'autant qu'il pourroit y avoir quelques conditions pour l'examen defquelles il faut neceffairement voir le jugement.

Les Arrefts de défenfes ou furfeances empêchent l'execution des Sentences qui s'executent, nonobftant & fans prejudice de l'apel, comme il a été dit ci deffus au Chapitre des Arrefts de défenfes ; mais fi le jugement qu'on veut mettre à execution eft un Arreft, il n'y a que l'opofition qui en puiffe empêcher l'execution, & en ce cas voyez le Chapitre des Opofitions.

Il faut que les jugemens foient fcelez du Sceau de la jurifdiction , dont ils font émanez pour être mis à execution.

Le Sceau eft different fuivant la difference des jurifdictionr ainfi il s'enfuit qu'il y a de deux forte de Sceau , le Sceau Royal , & le Sceau des juftices Seigneuriales.

Les fceau Royal, eft de quatres fortes, fçavoir les Sceau de la grande Chancelerie , le Sceau des petites Chancelleries, établie pour chacun Parlement , les Sceau des Chancelleries Prefidiales & les petits Sceaux.

Le Sceau de la grande Chancellerie eft gardé par Monfieur le Garde des Sceaux de France, & on s'en fert pour l'expedition des Lettres de Comandemens ou de Finances, pour celles qui concernent les affaires qui font pendantes au Confeil d'Etat ou au grand Confeil, & ce Sceau eft executoire par tout le Royaume.

Le Sceau des petites Chanceleries, eft celui de chaque Parlement , dont font Scellées les Lettres , Comiffions & Arrefts, il eft ainfi apellé par raport au Sceau de la grande Chancellerie , & n'eft executoire que dans l'étenduë du Parlement.

Les Sceau des Chancelleries Prefidiales , eft gardé par un Officier inftitué pour cet éfet, en chaque Prefidial, qu'on apelle Garde des Sceaux, & il fert pour Sceller les Reliefs d'apel & anticipations és Sieges Prefidiaux & les Sentences Prefidiales & autres actes judiciaires, & il eft executoire par tous les lieux où réfort le Siege Prefidial.

Les petits Sceaux servent à Sceller les Sentences des Juges Royaux, autres que les Presidiaux, & ils sont executoires seulement dans le ressort de la jurisdiction & hors d'icelui il faut la permission du Juge, cependant ce Sceau, comme celui des Chancelleries Presidiales est executoires par tout le Royaume, à l'égard des contrats & obligations.

Le Sceau des justices Seigneuriales, sert pour Sceller les Contrats passez dans l'étenduë de la justice, & les Sentences renduës par les Juges des Seigneurs, & il n'est pas executoire hors le Territoire.

Le Sceau ne s'apose qu'aux Sentences ou Arrests qui sont en forme, c'est à dire en Parchemain, & comencent à l'égard des Arrests, par ces termes, *Loüis par la Grace de Dieu Roi de France & de Navarre, &c.* & si c'est une Sentence renduë en un Presidial, par les termes, *Les Gens tenans le Siege Presidial, à tous ceux qui ces presentes Lettres verront, &c.* avec un Mandement aux Huissiers ou Sergens de les executer, ce qui se met à la fin de l'Arrest ou de la Sentence.

Si on veut executer une Sentence qui n'est pas en forme; mais seulement par extrait, il faut obtenir une Comission sur icelle de la jurisdiction d'où elle est émanée; & à l'égard des Arrests par extrait, il faut une Comission de la Chancellerie du Parlement, par lequel il a été rendu, laquelle doit être dressée ainsi qu'il ensuit.

Comission sur un Arrest par Extrait.

LOUIS, &c... au premier, &c... à la Requeste de nôtre amé tel.... nous te mandons que l'Arrest de nôtre Cour de Parlement, obtenu par l'exposant, le.... dont l'extrait est ci attaché sous le contre Scel de nôtre Chancelerie, tu mettes à duë & entiere execution, selon sa forme & teneur, dans l'étenduë du Ressort de nôtre dite Cour, à l'encontre des y denomez, de ce faire, & tous Exploits de Commandement, & Saisie autres Actes requis & necessaires, Te donons pouvoir, CAR tel est nôtre plaisir, DONNE' à, &c...

Par le Conseil
Tel....

Tous Arrests & jugemens peuvent aussi être executez dans toute l'étenduë du Royaume, en vertu d'un Pareatis du grand Sceau, sans qu'il soit besoin de demander aucune permission aux Cours de Parlement, Baillifs, Senéchaux & autres Juges, dans le ressort ou détroit desquels on les veut faire executer.

Et si quelques unes des Cours ou Sieges empêchent l'execution, &c

qu'ils rendent quelques Arrefts, Jugemens, ou Ordonances portant
défenses ou furfeances de les executer, fa Majefté veut par fon Ordonance de 1667 que le Raporteur & celui qui aura prefidé, foient
tenus folidairement des condamnations portées par les Arrefts, dont
ils auront retardés ou empêché l'execution, & des domages & interefts des parties, & qu'ils foient folidairement condamnez à deux
cent livres d'amendes, de laquelle contravention fadite Majefté s'eft
refervés la connoiffance & à fon Confeil.

Pareatis du grand Sceau.

LOUIS, &c... au premier nôtre Huiffier, &c... Te mandons à la Requefte de tel.... mettre à dûë & entiere execution en tout nôtre Royaume, Païs,
Terres & Seigneuries de nôtre obéïffance, l'Arreft rendu en nôtre Cour de...
le... jour de.... ci attaché fous le contre Scel de nôtre Chancellerie, contre
tel.... y nomé, & faire pour raifon de ce tous Exploits & Actes neceffaires, de
ce faire, te donons pouvoir, fans demander autre permiffion, nonobftant Clameur de Haro, Chartre Normande, prife à parties & autres Lettres à ce contraires, CAR tel eft nôtre plaifir DONNE' à.... le... jour de... l'an de
Grace..... & nôtre Regne le, &c.....

Par le Roi
Tel...

Il eft neanmoins permis aux parties & Executeur des Arrefts hors
l'étenduë des Parlemens & Cours où ils auront été rendus, de prendre un parcatis en la Chancelerie du Parlement, où ils devront être
executez, que les Gardes des Sceaux font tenus de Sceller, à peine
d'interdiction & fans entrer en conoiffance de caufe.

Les parties pourront même prendre une permiffion du Juge des
lieux au bas d'une requefte, fans être tenus en ce cas de prendre
un Pareatis au grand Sceau & petites Chancelleries, étant enjoint à
tous Gouverneurs & Lieutenans Generaux de tenir la main, à ce
que les jugemens foient executez dans les Provinces, fur la fimple reprefentation des Parcatis, ou de la permiffion du Juge des
lieux.

Requefte pour avoir permiffion d'executer un Arreft.

A Monfieur le Prévôt ou Bailli de.....

Suplie humblement D......
Qu'il vous plaife lui permettre de faire executer l'Arreft de la Cour de,...
qu'il a obtenu contre C,... le,.. jour de.... en l'étenduë & reffort de vôtre
jurifdiction, par le premier Huiffier ou Sergent fur ce requis, & vous ferez
bien..

DDDd iij

Le Juge auquel cette Requeste est presentée y met son Ordonance, ainsi, *Nous avons permis au Supliant de faire executer ledit Arrest, élisant domicile, & en cas d'opofition, soit doné affignation pardevant nous, fait à, &c....*

Le Pareatis, n'est autre chose que la permission que les Huissiers ou autres Comissaires sont tenus de demander aux Juges des lieux, avant que d'executer la Sentence, Jugement ou Comissions, des autres Juges, suivant le texte exprès de la Loi, *A divo Pio, §. in verbo, si hoc jussi fuerint, ff. de re jud.* & la Loi *cum unus* 11. *§. his qui, ff. de verb. auctor. jud. possid. quia non paretur judicio ejus qui tulit Sententiam extra territorium.*

Il faut pourtant remarquer ici, que telles Lettres de Pareatis ou Comissions Rogatoires ne font pas necessaires, pour l'execution d'une Sentence Arbitrale, *l. cùm antea, §* 1. *C de arbitr.* Et la raison est, *quia nulla fit priori judici injuria, cum ipfe arbiter non poffit exequi ejus Sententiam* la Sentence Arbitrale n'ayant point d'execution; mais aprés qu'elle a été autorisée par le Juge, alors elle est executée par son autorité.

Ces Lettres de Pareatis ne font pas non plus necessaires pour executer les Comissions du Conservateur des Privileges Royaux de l'Université de Paris, hors cette Ville, ni celles de tous les autres Juges Conservateurs des Universitez de France & autres députez par le Roi.

Les Sentences & Jugemens donez par les Juges & Consuls, font aussi executoires dans toute l'étenduë du Royaume, sans qu'il soit besoin de demander aucun, *Placet*, *Visa*, ni *Pareatis*, suivant l'Edit du Roi Charles I X. & la Declaration par lui donée, le 6. Février 1566. verifiée le 14. Avril ensuivant, & confirmée par le Reglement que sa Majesté a fait elle même, entre les Officiers de la Senéchaussée & Siege Presidial de Lion, & les Juges & Consuls de la même Ville, parlequel elle a ordoné la même chose.

Lors que les Arrests ont été rendus par les Parlemens & autres Cours dans l'étenduë de leur Jurisdiction, il n'est pas necessaire d'avoir la permission des Juges des lieux pour les executer; mais les Juges inferieurs, s'ils n'ont leur Siege établi dans le Palais ou que la Cour ne l'ait permis, ils ne peuvent pas faire executer leurs jugemens dans l'enclos du Palais Royal, qui est le Siege du Parlement, d'autant que nul n'a pouvoir ni autorité dans le Palais pour y faire Acte de justice, qu'il ne soit Officier; & tout ainsi que tous les Officiers des Provinces, même les Proconsuls entrans dans la Ville de Rome perdoient leur pouvoir, de même tout ce qui est dans l'enclos du Palais, s'il n'y a Jurifdiction établie, comme à Paris, où il y a plufieurs Jurifdictions dans le Palais.

Il faut encore obferver ici, que fi le Juge d'Eglife s'émancipoit de doner Pareatis, il comet abus, d'autant qu'il n'a pas droit d'exe-cuter, ni de permettre l'execution; mais en ce cas, il faut recourir au Juge Royal, & lui demander la permiffion, ainfi qu'il a été jugé par Arreft du Parlement de Grenoble, récueilli par Baffet, livre 2. de fes Arrefts, titre 20. chapitre 2.

Les condamnations obtenuës contre une Comunauté d'habitans, ne peuvent pas être mifes à execution par faifie & execution Mo-biliaire, par faifie relle des biens des particuliers, ni par la con-trainte par corps, il faut, pour cet éfet que le Procureur Sindic de la Comunauté obtienne Lettres d'affiette pour faire l'impofition fur tous les Habitans de la fomme à laquelle toute la Comunauté a été condamnée par le jugement de condamnation.

Par ces Lettres, il eft enjoint aux Treforiers de France d'impofer la fomme de laquelle ils font redevables, fur tous ceux qui font cot-tifez à la Taille étans de ladite Comunauté, fans que cette impofi-tion puiffe nuire, ni préjudicier aux Tailles & autres droits dus au Roi.

Ces Lettres doivent être expediées au petit Sceau jufqu'à la fomme de cent cinquante livres, & par Arreft jufqu'à trois cent livres; mais quand la fomme excede celle de cent cinquante livres, ou par Arreft celle de trois cent livres, il faut les obtenir en la grande Chancelle-rie, la formule eft au chapitre.....

Le procez doit être extraordinairement fait & parfait à ceux qui par violence ou voïe de fait auront empêché directement ou indi-rectement l'execution des Arrefts ou Jugemens, & doivent être con-damnez folidairement aux domages & interefts des parties, & rai-fponfables des condamnations portées par lefdits Arrefts ou Juge-mens, & a deux cent livre d'amendes, moitié envers le Roi, & moitié envers la partie, qui ne pourra être remife ni moderée, ainfi qu'il eft dit par l'article 7. dudit titre 27. de l'Ordonance de 1667.

Par Arreft du Confeil d'Etat raporté dans le Recueil des Arrefts donez en interpretation de la nouvelle Ordonance, il fut ordoné que le Lieutenant General de Gifors, & le Procureur du Roi, fe ren-droient dans quinzaine à la fuite du Confeil, pour rendre compte de leur conduite, fur ce qu'on fe plaignoit qu'ils avoient empêché qu'une obligé par corps auparavant 1667. ne fut conduit prifon-nier en 1668.

Les furfeances pour retarder l'execution des Arrefts, ou jugemens, ont aussi été déclarées nulles par un autre Arrest du Conseil d'Etat du deuxième Avril 1669. raporté dans le même recueil, page 144.

La manière de dresser toutes sortes de significations, saisies, contraintes & actes pour l'execution des sentences, jugemens & Arrefts, est au Chapitre des Saisies & Executions de mon Stile general des Huissiers, & Sergens, où je renvoi le Lecteur.

Debitis.

L O U I S, &c... au premier nôtre Huissier, &c... à la Requête de nôtre Amé tel... Nous te mandons, que toutes les dêtes qui te paroîtront lui bien & legitimement dûës, tu les lui fasses païer incontinent & sans délai, y contraignant ses debiteurs par toutes voïes dûës & raisonables, & ainsi qu'ils y sont obligez ; & en cas de refus, opositions, ou délais, nôtre main sufisament garnie des sommes contenuës esdites Lettres obligatoires, contrats & actes passez sou scel Roïal, sentences, ou Arrêts, ajourner les oposans, refusans, ou deleïans à certains & competans jours, pardevant les Juges qui en doivent conoître pour en dire la cause, & en outre répondre & proceder ainsi que de raison, de ce faire te donons pouvoir. C A R tel est nôtre plaisir. DONE' à, &c...

Par le Conseil
Tel....

C H A P I T R E   CXLIV·

Des Receptions de Caution.

LES Sentences de provision, ou definitives, qui sont executoires nonobstant l'apel, ne peuvent pas être executées sans bailler caution, quand bien même la partie condamnée ne le requereroit pas, ainsi il faut que celui qui les veut faire metre à execution, avant que rien faire, baille caution.

Une execution a été declarée tortionaire & injurieuse, pour avoir été faite en vertu d'une sentence de provision, avant que la caution eût été reçuë, par Arrest du 12. Juillet 1519. cité par Guenois en ses Annotations sur Imbert, livre 1. chapitre 72.

Tous jugemens qui ordoneront de doner caution, doivent faire mention du Juge devant lequel les parties se pourvoiront pour la reception de la caution.

En execution de ce jugement, il faut presenter sa caution avec un certificateur par un acte signifié à sa partie, ou à son Procureur qui soit conçu en céte forme.

Acte

Acte de Prefentation de Caution.

À la Requête de N... demandeur en execution de la Sentence de Provifion renduë entre les parties le.....

Soit fignifié à L.... défendeur, que pour l'execution de ladite Sentence, il prefente pour Caution la perfone de O.... & pour Certificateur celle de Q... dont acte.

Si la caution n'eft pas conteftée, elle fera fa foûmiffion au Gréfe conjointement avec le Certificateur.

Acte de Soûmiffion de Caution & Certificateur.

Aujourd'hui eft comparu au Gréfe O.... affifté de Maître P... fon Procureur, lequel pour fatisfaire à la Sentence du tel jour.... a dit, qu'il fe conftituë Caution judiciaire de N.... & a été ledit O.... certifié folvable par Z.... auffi prefent en perfone, & ont tous deux fait les foumiffions en tel cas requifes & acoûtumées, élifant domicile en la maifon dudit Maître P... Procureur en la Cour, qu'ils ont conftitué pour leur Procureur, & ont fignez.

Si la partie adverfe veut contefter la caution, elle demandera par un acte la declaration des biens & facultez de ladite caution, & la comunication des pieces juftificatives.

Enfuite il faut prendre une Ordonance du Juge, ou du Comiffaire nommé pour la reception de la caution, & en vertu d'icelle faire apeler le défendeur, pour voir dire, que la Caution & Certificateur par lui prefentez feront reçus, nonobftant & fans avoir égard aux empêchemens formez par ledit défendeur.

Si le défendeur ne comparoit pas à la premiere affignation qui lui fera donée pardevant ledit Comiffaire, il donera défaut, & pour le profit, il fera par lui procedé fur le champ à la reception ou rejet de ladite caution; & fi ledit défendeur au lieu de comparoir pardevant lui, interjete apel de fon Ordonance, ledit Comiffaire doit paffer outre, nonobftant opofitions, ou apellations quelconques.

Mais fi la partie compare pardevant lui, il rejetera ladite caution, fi les empêchemens du défendeur font raifonables; & s'ils ne le font pas, il recevra la caution, & dreffera fon procez verbal, ainfi qu'il enfuit.

Procez verbal de reception de Caution.

L'an, &c... pardevant nous.... Confeiller du Roi en la Cour de... Comiffaire en céte partie, en nôtre Hôtel fis ruë.... eft comparu N.... qui nous a

Tome I. EEEee

dit, qu'ayant obtenu Sentence le .... par laquelle L .... est condamné de lui païer la somme de .... par provision, en donant caution, N .... en execution de ladite Sentence a presenté O ... pour caution, & declaré les biens qui lui apartiennent, même comuniqué les pieces justificatives de la proprieté d'iceux, requerant qu'il nous plût ordoner, que L .... sera assigné à comparoir au premier jour pardevant nous, pour voir dire que O .... sera reçu pour caution.

SURQUOI Nous Conseiller & Comissaire susdit, avons doné acte à N .... de sa comparution & requisition ci-dessus, & ordoné que L ... sera assigné à comparoir demain deux heures de relevée pardevant nous en nôtre Hôtel, pour voir dire que O .... presenté pour caution par N .... sera reçu s'il y échet.

Et le .... pardevant nous Comissaire susdit, est comparu N ... qui nous a dit, qu'en vertu de nôtre Ordonance du ... il a fait assigner à ce jour, lieu, & heure L .... pour voir dire que la persone de O .... presentée pour caution par N .... sera reçu.

A la laquelle assignation est comparu L .... qui a dit, que les titres qui lui ont été comuniquez ne justifient pas que O .... soit proprietaire de ....

Et par N .... a été dit, que &c...

SURQUOI Nous Conseiller & Comissaire susdit, avons doné acte aux parties de leurs comparutions & requisitions ci dessus, & y faisant droit, avons reçu pour caution O ... presenté par N .... pour l'execution de la Sentence renduë entre les parties le .... & en consequence ordonons que O ... fera ses soumissions au Gréfe ; & sera nôtre presente Ordonance executée, nonobstant opositions ou apellations quelconques, & sans y prejudicier, & soit signifié. Fait les jour & an que dessus.

Ce qui a été dit ci-dessus de la declaration des biens de la caution, doit être entendu des immeubles, d'autant que les meubles, de quelque prix qu'ils soient, n'aïant pas de suite par hipoteque, se peuvent facilement divertir, enforte qu'il n'y auroit aucune sureté de prendre une caution qui n'auroit point d'immeubles, ce qui ne fait aucune dificulté ; & si le Juge avoit reçu une caution qui n'eût que des meubles, quoique de tres grande valeur, comme un Marchand qui auroit pour plus de cent mille livres de Marchandise, seroit tenu des domages & interests des parties, en cas que céte caution devînt insolvable, à moins qu'il ne s'agît d'une somme peu considerable, pour le païement de laquelle il y auroit lieu de présumer solvable celui qui seroit presenté pour caution.

Ainsi, si par la declaration de ses biens & la comunication de ses pieces justificatives, il n'est pas sufisament justifié qu'il soit solvable pour la restitution de la somme dont il s'est rendu caution, il doit être rejeté, & le Juge ou Comissaire ne doit y avoir aucun égard.

Une femme peut aussi être presentée pour caution, pourveu qu'elle soit autorisée par son mari ; & même tous les jours on reçoit les femmes à cautioner leurs maris.

A l'égard d'un Prêtre, il ne peut pas être presenté pour caution, parce qu'il ne peut pas être contraint par corps, comme doivent être les cautions judiciaires.

Une caution donée en execution d'une Sentence pour obtenir terme, n'est pas obligée au delà du debiteur, si son obligation n'est pas par corps, à la diference de la caution pour main-levée des choses saisies, ou pour sureté de la restitution d'une somme païée au préjudice de l'apel, lesquels sont contraignables après un jugement obtenu contr'eux & un comandement qui leur a été fait d'y satisfaire, parce que ceux-ci sont reputez sequestres & depositaires des biens de justice, encore que le debiteur ne soit pas obligé par corps; mais ils doivent avoir leurs recours par les mêmes voïes, par lesquelles ils ont été contraints contre celui à qui ils ont fait plaisir.

Les certificateurs des cautions judiciaires ne sont pas sujets à la contrainte par corps.

Si la caution comme sufisante a été reçuë, il faut faire signifier l'acte, ou procez verbal de reception au défendeur, ou à son Procureur, & ensuite la caution doit faire les soûmissions au Gréfe, après quoi le demandeur peut metre sa sentence de provision à execution.

Neanmoins si la somme adjugée étoit fort modique, & que celui à qui elle a été adjugée fût notoirement tres-solvable pour la restituer, au cas que faire se doive, le Juge peut ordoner qu'il la touchera à sa caution juratoire, & en faisant par lui les soûmissions, comme feroit une caution étrangere,

Les soûmissions faites au Gréfe, obligent la caution à rendre & restituer par corps la somme touchée par provision, au cas que par la sentence definitive, ou par Arrest la restitution en soit ordonée.

Si céte somme modique & de peu de consequence étoit adjugée par provision à une Abbaïe ou autre Comunauté Ecclesiastique, en ce cas céte Comunauté est dispensée de bailler caution, & le Juge ordone qu'elle touchera la somme qui lui a été adjugée, à la caution de son revenu temporel; la Cour l'a même ainsi ordoné plusieurs fois par ses Arrests.

Quand il est ordoné par sentence definitive, ou par Arrest, que la somme adjugée par provision sera renduë & restituée, il faut directement s'adresser à la caution judiciaire, sans que prealablement il soit besoin de discuter celui qui est condamné à la restitution; comme il a été jugé par plusieurs Arrests, tant du Parlement

de Paris, que des autres, raportez par Monfieur Leprêtre, centurie
1. chapitre 76. car c'eft une maxime certaine au Palais, qu'à l'é-
gard de la caution judiciaire, la difcuffion n'a pas lieu.

À l'égard du certificateur, il y a diverfes opinions contraires
les unes aux autres fur ce fujet.

Monfieur Loüet, lettre F, nombre 23. ne fait point de diference
à cet égard, entre la caution & le certificateur, & dit, que cela fe
fait _propter authoritatem judiciorum_, & qu'autrement on rendroit
les jugemens illufoires.

Monfieur Leprêtre, centurie 2. chapitre 84. tient le contraire,
& que le principal debiteur & la caution doivent être difcutez
avant qu'on puiffe s'adreffer au Certificateur.

Maître Julien Brodeau fur Monfieur Loüet, en l'endroit ci-
deffus cité, dit, que le certificateur n'eft obligé que fubfidiairement, & en cas d'infolvabilité de la caution, & qu'avant que s'a-
dreffer à lui, il faut difcuter le principal obligé & fa caution, &
que cela fe pratique tous les jours ; il raporte même deux Arrefts,
par lefquels il dit avoir été ainfi jugé, l'un rendu à la Grand'
Chambre, prononcé par défunt Monfieur le premier Préfident
Dethou, le 25. Janvier 1575. l'autre en la premiere des Enquêtes, au raport de Monfieur Savari, le 23. Decembre 1614.

Il y a Arreft dans Montholon chapitre 114. qui a jugé, que la
remife faite au principal obligé, qui a fait faillite, profite à la
caution.

Neanmoins par Arreft du Parlement de Grenoble du 22. Mai,
1780. huitiéme partie du Journal du Palais, celui qui a des cautions,
étant affigné pour confentir au contrat fait entre les creanciers,
doit repeter le furplus contre fes cautions, les aïant fommez de s'o-
pofer à l'homologation.

L'Ordonance de 1669. Titre des Répis, article 10. porte auffi
que les coobligez cautions & certificateurs ne pourront joüir du benefice des Lettres de Répis acordées au principal debiteur.

Celui qui a cautioné pour une déte adjugée avec terme, en
païant l'intereft, eft tenu auffi des interefts, quoi qu'il n'en foit pas
parlé par l'acte de cautionement, d'autant que le cautionement
étant acceffoire de l'obligation principale, il s'entend _in omnem
caufam_, ainfi qu'il a été jugé par Arrêt du 23. Juin 1673. raporté en
la troifiéme partie du Journal du Palais.

Autre chofe, fi le Fidejuffeur s'étoit obligé pour une fomme qui
auroit dépuis couru à intereft par la contumace du principal obligé ; ou bien fi c'étoit une déte adjugée avec l'intereft, & que l'on

fe fût rendu caution pardevant Notaires pour la fomme, fans faire mention des interefts.

Cependant on excepté les Fidéjuffeurs pour dettres deuës à des Mineurs qui fon prefumez s'être obligez *in omnem caufam*, fuivant la Loi 10.*dig. rem Pup. falv. fore.*

On ne doute pas auffi que celui qui s'eft rendu caution de raporter une fomme pour laquelle on a été colloqué provifoirement dans un ordre, ne raporte les interefts, s'étant mis en la place du Creancier, & ne pouvant alleguer aucune difcuffion; mais il n'eft pas tenus des dépens pour les conteftations ou il n'a pas été partie.

Une caution fe peut faire décharger de cautionnement par lui fait aprésdix ans, & contraindre celui pour lequel elle s'eft renduë caution de ce liberer, foit en acquittant ladite, ou foit en donnant une autre caution.

La caution pour reprefenter un acufé eft pareillement déchargé quand il y a Arreft contre lequel il y a requête civile, comme il a été jugé par Arreft du Parlement de Bourdeaux du 16. Janvier 1672.raporté en la feconde partie du Journal du Palais,d'autant qu'il n'y a plus du fait de la caution.

Il a été auffi jugé par Arreft du 12. Juin 1671. en la premiere des Enquêtes, raporté au troifieme Tome du Journal des Audiances, livre 6. chapitre 19.que la caution qui avoit promis de reprefenter un accufé, lequel s'eft reprefenté lors du Jugement, demeureroit déchargée après Sentence définitive, encore qu'il y en eut apel.

CHAPITRE CXLIV.

De la Reftitution des fruits & de la Liquidation d'iceux.

LA Reftitution des fruits, s'adjuge en matiere réelle, lors que le Défendeur eft condamné à fe defifter & départir de la poffeffion d'un Heritage & de reftituer les fruits qu'il en a perçus durant le tems de fon injufte détention.

Celui qui eft condamné à la Reftitution des fruits eft obligé de reftituer, non feulement ceux qu'il a effectivement perçus; mais encore ceux qu'il a laiffez perdre par fa faute & que le veritable Proprietaire auroit pû percevoir, s'il n'en avoit pas été empêché par fa jufte détention.

Cependant, comme il feroit impoffible qu'il reftituât en efpece;

EEEee iij

les fruits de plusieurs années, l'article premier du titre de la Liquidation des fruits, de l'Ordonance de 1667.ordone que les fruits de la
derniere année seront raportez & délivrez & en espece; & quant
à ceux des années précedentes, il en restituera seulement le prix,
suivant la Liquidation qui en sera faite sur les Extraits des Registres
des gros fruits, eu égard aux quatre saisons, & prix comun de chaque année, à moins qu'il n'en eut été ordoné autrement par le Juge
ou convenu entre les parties.

Le Juge qui ordone la Restitution des fruits doit nomer le Comissaire pardevant qui s'en doit faire la Liquidation.

En execution de la Sentence,ou Jugement portant condamnation
de restituer les fruits, il faut faire assigner celui qui est condamné,
ou ses Heritiers pardevant le Juge ou Comissaire pour les voir liquider, & à céte fin obtenir delai une Ordonance, laquelle doit
être en la forme de celle qui ensuit.

Ordonance aux fins d'assigner pour voir proceder à la liquidation des fruits.

De l'Ordonance de Nous.... Conseiller du Roi..... à la requeste de C........
Soit donée assignation à D.... à Comparoir de main huit heures du matin
pardevant Nous en nôtre Hôtel seis rüe.... pour voir par nous proceder à la liquidation des fruits adjugez à C.... par Sentence rendüe entre les parties,
le.... & a céte fin representer par D....., les comptes, papiers de Recepte &
Beau à ferme des Heritages en question, & doner par declaration les frais de
labours, semences & recolte de ce qu'il à fait valoir par ses mains, ensemble
de la quantité des fruits qui en sont provenus, & en outre proceder come de raison, fait à, &c...

Les parties qui auront été condamnées à la restitution des fruits
ou leurs Heritiers, sont tenus au jour de la premiere assignation donée en execution de la Sentence, Jugement ou Arrest, de representer pardevant le Juge ou Comissaire, les comptes, papiers de recepte
& Baux à ferme des heritages, & doner par declaration les fruits
de la Bours, Semences, & recoltes de ce qu'ils auront fait valoir par
leur mains, ensemble de la quantité des fruits qui en sont provenus,
pour aprés la déduction faite des fruits, être le surplus, si aucun y a
payé dans un mois pour tout délai, suivant l'Ordonance.

Si celui qui a obtenu jugement à son profit soûtient que le contenu
& la declaration des fruits donée par la partie adverse n'est pas veritable, le Juge les doit apointer à faire preuve respective, tant par Titre
que par Témoins, de la qualité des fuits récueillis par le Défendeur;
Mais quant à la valeur, la preuve en sera doit être par les Extraits
des Registres des gros fruits, du Greffe les plus prochain du lieu,

ou font fituez les Heritages dont les fruits doivent être reftituez, & les Labours, Semences & fruits de Recolte, feront eftimez par Experts.

Quid, Si par le jugement de l'inftance la declaration baillée par le Défendeur fe trouve défectueufe, & que par les preuves refultantes des Enqueftes, la quantité des grains recueillis fe trouve exceder, le contenu en icelle, le Défendeur fera condamné aux dépens de l'inftance de Liquidation, qui feront liquidez par le même jugement.

Si au contraire le contenu en la declaration fe trouve jufte & veritable, & que ledit Défendeur y ait compris tout ce qu'il a récueilli, le Demandeur, pour l'avoir mal à propos contefté doit être condamné aux dépens de l'inftance envers lui, qui feront pareillement liquidez par le même jugement.

Proces verbal de Liquidation de fruits.

L'an, &c.... Pardevant nous N... Confeiller du Roi.... en nôtre Hôtel fcis ruë.... eft comparu B.... Procureur de C.... qui nous a dit que par Sentence du.... D.... a été condamné de lui reftituer les fruits par lui perçus des Heritages fcis à...., fuivant la liquidation qui en fera faite pardevant nous, en execution de laquelle Sentence B... requiert qu'il nous plaife ordoner que D.... fera affigné à comparoir pardevant nous, pour voir proceder à ladite liquidation, & à cète fin reprefenter les comptes, papiers de Recepte & Baux à Ferme defdits Heritages, & doner par déclaration les frais de Labours, Semences & recolte, de ce qu'il a fait valoir par fes mains, enfemble de la quantité des fruits qui en font provenus, pour après, la liquidation faite des fruits, être le furplus payé a C.... à quoi il conclut.

Surquoi nous Confeiller & Comiffaire fufdit avons doné acte à B.... de fa comparution, & ordoné qu'aux fins ci-deffus D.... fera affigné à comparoir demain deux heures de relevée pardevant nous en nôtre Hôtel,

Et le.... pardevant nous Confeiller & Comiffaire fufdit en nôtre Hôtel, eft comparu B.... Procureur de C.... qui a dit qu'en vertu de nôtre Ordonance du.... il a fait affigner D.... à comparoir à ce jour, lieu & heure, pour proceder aux fins d'icelle.

Eft auffi comparu E.... Procureur de D.... lequel en execution de ladite Ordonance, a reprefenté.... pieces, fçavoir un Bail à ferme par lui fait d'une Maifon & Heritage fcis à.... un Regiftre de la recepte de.... contenant.... feuillets, & une declaration des frais de Labours, Semences & recolte des terres que D.... a fait valoir par fes mains, de laquelle reprefentation, il nous a requis acte, confentant qu'il foit par nous procedé fur lefdites pieces à la liquidation dont il s'agit.

Ledit C... a repliqué après avoir vû la declaration defdits Extraits, Labour, Semences & recolte, que cette declaration n'eft pas veritable, &c...

Perfifté au contraire par D.....

Surquoi nous avons doné Acte aux parties de leur dire & contestation, même à D. ... de la representation desdites pieces; & avant que de proceder à la Liquidation dont il s'agit, ordonons que dans. ... pour tout délai, les parties feront preuve respectivement pardevant nous, tant par Titres que par témoins, de la quantité des fruits perçus par D. ... & dans le même délai les Labours, Semences & frajts de Recolte seront estimez par Experts, dont les parties conviendront aussi pardevant nous, sinon il en sera par nous nommez d'Office, ce qui sera executé sans préjudice de l'apel. Fait ce, &c. . .

Si les parties veulent faire preuve par témoins, il faut suivre la procedure qui est au Chapitre des Enquestes, tant pour la preuve que pour l'estimation qui doit être faite par les Experts.

Dans toutes les Villes & Bourgs où il y a Marché, les Marchands faisant trafic de Bleds & autres especes de gros fruits où les Mesureurs, sont obligez de faire leur raport par chacune semaine de la valeur & estimation comune des fruits, sans prendre aucun salaire, sur peine d'amande & autre peine arbitraire, ainsi qu'il est porté par l'article 6. du titre 30. de l'Ordonance de 1667.

Ce qui a été auparavent ordoné par l'Ordonance de François I. article 102. pour connoître la valeur des fruits quand on en a besoin; car comme la valeur en change presque toutes les Semaines, il surviendroit des contestations pour la valeur des fruits qui ne se pourroient décider qu'au préjudice de l'une ou de l'autre des parties.

Ainsi, pour obliger les Marchands à executer ce point de l'Ordonance, il leur est enjoint, de nomer & députer deux ou trois d'entr'eux pour faire par chacune Semaine leur Raport pardevant le Juge du lieu, de ce que chacune espece de grain a été venduë en chacun Mraché, sans être apellés ni ajournez, & afirmer leur raport, dont le Gréfier est obligé de faire registre sur le champ, sans faire séjourner ni attendre lesdits Marchands, & sans exiger d'eux aucuns salaires ni vacations, à peine d'exaction.

Le raport des Marchands doit contenir trois sortes de prix de chacune espece de grains, sçavoir, le plus haut prix, le moyen, & le plus bas.

Par exemple, en un tel marché, le septier du meilleur froment a été vendu quinze livres, du mediocre, douze livres, & du moindre dix livres.

Cete maniere de faire preuve de la valeur des fruits est publique, & on peut y avoir recours toutes & quantes fois qu'il s'agit de faire des liquidations & évaluations des fruits, & sçavoir ce qu'ils ont valu, en telle & telle année, ce qui est de grande utilité

pour

pour le public , & fert à remedier à beaucoup d'inconveniens
qui avoient cours avant les Ordonances qui ont établi les raports ; car en ce tems-là , on ne pouvoit pas juftifier ce que les
grains avoient valu en plufieurs années , & en divers tems, finon par des enquêtes , qui fe faifoient à grands frais , & fouvent
fans fruit , à caufe de de l'incertitude qui fe trouvoit en la dépofition des témoins , quand il s'agiffoit de fçavoir ce que des
grains avoient valu par chacun an , durant vingt & trente années, ne fe trouvant que tres-dificilement des perfones qui en euffent pû conferver la memoire.

Mais aujourd'hui tous ces inconveniens ceffent par les Regiftres qui fe tienent defdits raports , dont chacun peut lever des extraits quand il en eft befoin, au Gréfe des Juftices ordinaires des
Villes & Bourgs où il y a marché.

C'eft la raifon pour laquelle il eft défendu par la nouvelle
Ordonance , foit en execution de jugement , ou de toutes autres
matieres, où il eft queftion d'apreciation , de faire preuve autrement que par les Regiftres defdits Gréfiers pour la valeur des
fruits, en forte qu'on ne feroit pas recevable à vouloir prouver
le contraire ; & le Juge pour quelque raifon que ce fût ne le pouroit pas ordoner, parce que les Marchands, n'ont point d'interêt , de faire de faux raports , & s'ils le faifoient , ils feroient
puniffables , fuivant ledit article 102. de l'Ordonance de François Premier.

Aprés les Enquêtes, Raports, & preuves faites, le Juge, ou Comiffaire procede à la liquidation , ainfi qu'il enfuit.

Ordonance de liquidation.

Sur quoi nous avons doné acte aux parties de leurs comparutions, & conteftations ci-deffus , & y faifant droit , ordonons qu'il fera par nous prefentement procedé à la liquidation des fruits dont il s'agit , & y procedant en prefence des parties , avons trouvé que le prix des baux à ferme faits par D . . .
pendant . . . . années fe monte à . . . .

Pour . . . . Muids de bled, provenus des terres que D . . . . a fait valoir par fes
mains ; fçavoir , en l'année . . . . la quantité de . . . . à raifon de . . . . le tout fuivant la valeur & eftimation comune des fruits lefdites années la fomme de . . . .

Toutes lefquelles fommes reviennent enfemble à . . . . fur quoi deduction
faite de la fomme de . . . . pour les frais de labour , femences , & recolte , faits
par D . . . . fuivant l'eftimation des Experts nommez par les parties , les fruits
en queftion fe font trouvez monter à . . . . .

Tome I.   FFFff

La liquidation faite, il faut doner au Juge la Requête qui suit.

Requête à ce que le défendeur soit condamné à païer la somme à laquelle les fruits ont été liquidez.

A Monsieur, &c....

Suplie humblement, &c....

DISANT que par Jugement du... D.... a été condamné à restituer au Supliant les fruits par lui recueillis sur la terre de.... lesquels ont été liquidez par le procez verbal du.... à la somme de.... toutes déductions faites des fruits de labour, semences, & de la recolte; de sorte que pour en avoir païement, il est obligé d'avoir recours à vous.

CE CONSIDERE', Monsieur, il vous plaise condamner D'... à païer au Supliant la somme de.... avec l'interêt qu'il requiert, jusqu'à l'actuel païement, suivant l'Ordonance, & aux dépens, & vous ferez bien.

Si le défendeur a constitué un Procureur, le Juge met sur cête Requête, *Viennent les parties*; & s'il n'y a point de Procureur, l'Ordonance sera, *Soit partie apellée*, après quoi il la faut faire signifier, & faire l'instruction à l'ordinaire.

Si le Juge qui a condamné à la restitution des fruits, avoit ordoné par sentence, pour certaine consideration resultante du procez, que la restitution en seroit faite sur le pied du plus haut prix de l'année; ou si les parties par un contrat étoient convenuës, qu'à faute de livrer par l'une ou l'autre certaine quantité de grains dans un certain tems, l'apreciation en sera faite sur le pied du plus haut prix de l'année; il faut en cela executer la sentence, ou la convention, autrement la demande en domages & interêts auroit lieu contre la partie qui n'auroit pas fait la livraison.

Il y a des Arrêts qui ont aussi jugé, que lorsque la rente étoit portable, l'apreciation devoit être faite au plus haut prix de l'année.

Il faut encore observer ici, que lorsqu'il y a eu demande judiciaire dans l'année, & avant la Saint Jean, la livraison doit être faite au plus haut prix, ainsi qu'il est porté par l'article 157. de la Coûtume de Senlis; mais cet usage, selon mon sentiment, devroit être reformé, parce que les Fermiers peuvent être ruinez, à cause de la cherté de grains, c'est assez qu'ils païent sur le pied des quatre saisons.

Si quelqu'un a prêté du vin, ou autre chose semblable, pour le

vendre dans un certain tems, l'estimation s'en doit aussi faire, suivant que le vin valoit au tems qu'il devoit être vendu, selon la Loi
Si calend. ff. de re jud.

Que s'il n'a pas été convenu du tems auquel il devoit être vendu, l'estimation s'en doit faire, eu égard à celui de la contestation
en cause.

Les Gréfiers, ou Commis ne peuvent prendre, ni recevoir plus
de cinq sols, pour l'expedition de l'Extrait du Registre des quatre Saisons de chacune année, à peine d'exaction.

Fin du premier Tome.

A LYON,

De l'Imprimerie, DE FRANÇOIS SARRAZIN, Imprimeur
de Monseigneur le Gouverneur.

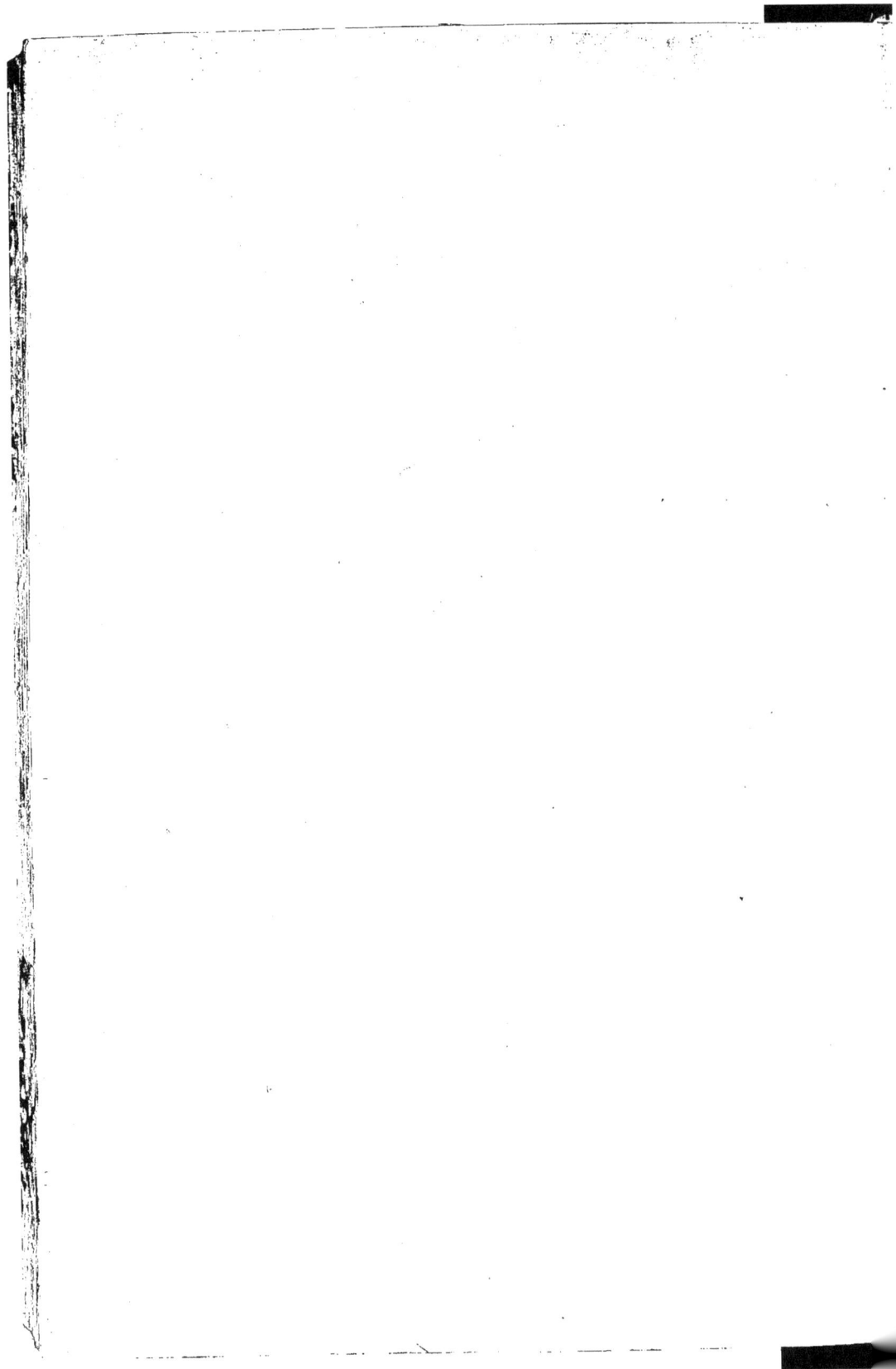